Les grands textes de droit international public

Les grands textes de droit international public

5e édition

2006

Pierre-Marie Dupuy
Professeur à l'Université Panthéon-Assas (Paris II)
et à l'Institut universitaire européen de Florence

DALLOZ

DALLOZ

31-35, rue Froidevaux – 75685 Paris cedex 14

PRÉFACE À LA CINQUIÈME ÉDITION

Le titre de ce recueil ne comporte à dessein aucun article défini. Il n'a pas pour ambition de mettre à la disposition du lecteur tous les grands textes du droit international public. Cette tâche eut été impossible, puisque certains d'entre eux, tels les quatre conventions de Genève de 1949 et leurs deux protocoles, sont fort volumineux. Elle eut été également hasardeuse, car au-delà de certaines conventions dont la présence est impérative subsiste une marge d'appréciation inévitablement subjective à propos de ce qui est important et de ce qui l'est moins. La portée comme la valeur illustrative d'un texte peuvent au demeurant varier suivant les périodes. Il convient, en tout état de cause, d'éclairer les choix ayant dicté la composition de cet assemblage.

Son objet est de faciliter la consultation de certains textes qui, selon les cas, déterminent, reflètent ou sont censés inspirer la pratique internationale des États. Pour ce faire, on les a répartis en dix chapitres, eux-mêmes le plus souvent articulés en plusieurs rubriques (La Charte des Nations unies; l'État et les relations internationales; la protection internationale des droits de l'Homme; le droit international pénal; le droit des traités; le maintien de la paix; le règlement pacifique des différends; le désarmement; le droit international économique; les espaces, les ressources, l'environnement).

Les textes sont ainsi présentés par thèmes, et non en fonction de leur portée juridique. C'est ainsi qu'on pourra trouver rangés sous la même rubrique des traités en vigueur et des résolutions d'organisations internationales ou de conférences diplomatiques.

Le voisinage de textes de « droit dur » et d'autres à portée seulement incitative ou « programmatoire » quoique souvent déjà partiellement grevés de concrétion coutumière pourra en certains cas susciter le besoin de commentaires.

On trouvera les explications relatives au contexte et à la signification de ces différents textes dans la huitième édition du *Précis de droit international public* publié simultanément aux éditions Dalloz, complétée et mise à jour au 31 mai 2006. Pour faciliter cette consultation, chaque texte comporte un renvoi aux différents paragraphes du *Précis* dans lesquels il est cité, commenté et, on l'espère, expliqué.

Pas d'index, d'abord en raison de la présentation des textes elle-même thématique, mais aussi parce qu'une liste ainsi atomisée n'aurait le plus souvent servi qu'à émietter la consultation en des recherches ponctuelles souvent insuffisantes.

Tous les textes reproduits le sont intégralement. Les plus longs sont cependant précédés de leur propre table des matières, afin d'en rendre plus aisée la consultation (Charte des Nations unies, Convention de Vienne sur le droit des traités, Convention sur le nouveau droit de la mer, Statut de la Cour pénale internationale). Les contraintes éditoriales ont imposé de n'ajouter que peu de textes par rapport à la précédente édition. On trouvera cependant de larges extraits du document final adopté à l'issue du Sommet mondial de 2005, texte dont la grande presse sinon les commentateurs ont généralement sous estimé l'intérêt. De plus, le passage du temps confirme l'importance prise par la Déclaration universelle sur le génome humain et les droits de l'Homme (UNESCO 1997) comme document de référence en matière de bioéthique et droits de l'Homme. Enfin, dans ce dernier domaine, précisément, il est désormais inutile de faire figurer le texte intégral du Protocole n° 11 additionnel à la Convention européenne des droits de l'Homme en tant que document autonome. Sa substance est en effet intégrée au texte de la Convention elle-même, dont la version ainsi remaniée figure en lieu et place du texte d'origine.

On trouvera toujours en annexe le texte de codification du droit de la responsabilité internationale des États établi par la Commission du droit international des Nations unies.

On indiquera enfin qu'un texte d'importance internationale ne figure pas dans le présent recueil déjà très chargé, mais dans *Les grands textes du droit de l'Union européenne*, tome 1 publiés dans la même collection sous la responsabilité de L. Dubouis et C. Gueydan (Dalloz, 7e édition, 2005, A30, p. 357). Il s'agit de la Charte des droits fondamentaux de l'Union européenne, adoptée le 7 décembre 2000.

Cet ouvrage renvoie au *Précis de droit international public* publié par le même auteur (Dalloz, 8e édition, septembre 2006), en indiquant en note les paragraphes correspondants. Inversement, le *Précis* se réfère aux textes présentés dans ce recueil.

TABLE DES MATIÈRES

Succession d'États

Reconnaissance d'États

III. PROTECTION INTERNATIONALE DES DROITS DE L'HOMME

Cadre universel

Cadre européen

IV. DROIT INTERNATIONAL PÉNAL

V. DROIT DES TRAITÉS

VI. MAINTIEN DE LA PAIX

Compétences du Conseil de sécurité et de l'Assemblée générale de l'ONU

Définition de l'agression

Guerre du Golfe

VIII. DÉSARMEMENT

IX. DROIT INTERNATIONAL ÉCONOMIQUE

Investissements

Développement

Commerce

X. ESPACES, RESSOURCES, ENVIRONNEMENT

Droit de la mer

Fleuves internationaux

Droit de l'espace

Antarctique

Environnement

Annexe : Codification de la responsabilité de l'État pour fait internationalement illicite

INDEX CHRONOLOGIQUE

(Le premier chiffre renvoie au numéro du texte présenté, le second à la page)

1993

1994

1997

1998

I. NATIONS UNIES

1 Charte de San Francisco (1)

Date d'adoption : 26/06/1945
Date d'entrée en vigueur : 24/10/1945

---

(1) Charte des Nations unies : 6, 11, 14, 25, 43, 106, 108, 129, 145, 146, 156, 163, 191, 203, 208, 231, 359, 365, 391, 394, 405, 520, 521, 524, 542, 551, 552, 554, 561, 580.
Préambule : 191, 194, 210, 270, 280.
Article 1 : 108, 128, 163, 191, 204, 266, 270, 389, 590, 594, 604.
Article 2 : 333.
Article 2 § 1 : 266.
Article 2 § 3 : 522, 524.
Article 2 § 4 : 5, 7, 44, 74, 98, 106, 108.
Article 2 § 5 : 163.
Article 2 § 7 : 72, 109, 197, 335.
Article 4 : 149, 152.
Article 5 : 152.
Article 7 : 540.
Article 10 : 528.
Article 11 : 527, 553.
Article 12 : 527, 528, 561.
Article 13 : 191, 561.
Article 14 : 528, 553, 561.
Article 17 : 150.
Article 19 : 152, 182, 488.
Article 23 : 554.
Article 24 : 177, 553, 561.
Article 25 : 177.
Article 26 : 581.
Article 27 : 143.
Chapitre VI : 521, 527, 528.
Article 33 : 521, 522.
Article 34 : 527.
Article 36 : 527.
Article 37 : 527.
Chapitre VII :
Article 39 : 553, 561, 566.
Article 40 : 553.
Article 41 : 488, 553, 560, 561.
Article 42 : 553, 560.
Article 43 : 553.
Article 45 : 553.
Article 47 : 553, 555.
Article 51 : 109, 554, 557, 558, 560, 566, 580.
Article 53 : 580.
Article 54 : 580.
Article 55 : 128, 191, 208, 561, 624.
Article 56 : 208.
Article 62 : 191.
Article 63 : 167, 594.
Article 68 : 191.
Chapitre XI : 128.
Article 73 : 98.
Chapitre XII : 74, 128.
Article 81 : 168.
Chapitre XIII : 128.
Article 93 : 544.
Article 94 : 549.
Article 96 : 145, 542.
Article 97 : 188.
Article 99 : 528.
Article 100 : 188.
Article 101 : 188.
Article 102 : 143.
Article 103 : 141, 285.
Article 104 : 160, 163.
Article 105 : 185.
Article 108 : 143.

Nous, peuples des Nations unies,

Résolus :

À préserver les générations futures du fléau de la guerre qui deux fois en l'espace d'une vie humaine a infligé à l'humanité d'indicibles souffrances,

À proclamer à nouveau notre foi dans les droits fondamentaux de l'homme, dans la dignité et la valeur de la personne humaine, dans l'égalité des droits des hommes et des femmes, ainsi que des nations, grandes et petites,

À créer les conditions nécessaires au maintien de la justice et du respect des obligations nées des traités et autres sources du droit international,

À favoriser le progrès social et instaurer de meilleures conditions de vie dans une liberté plus grande,

Et à ces fins :

À pratiquer la tolérance, à vivre en paix l'un avec l'autre dans un esprit de bon voisinage,

À unir nos forces pour maintenir la paix et la sécurité internationales,

À accepter des principes et instituer des méthodes garantissant qu'il ne sera pas fait usage de la force des armes, sauf dans l'intérêt commun,

À recourir aux institutions internationales pour favoriser le progrès économique et social de tous les peuples,

Avons décidé d'associer nos efforts,

Pour réaliser ces desseins.

En conséquence, nos Gouvernements respectifs, par l'intermédiaire de leurs représentants, réunis en la ville de San Francisco, et munis de pleins pouvoirs reconnus en bonne et due forme, ont adopté la présente Charte des Nations unies et établissent par les présentes une organisation internationale qui prendra nom de Nations unies.

CHAPITRE PREMIER
Buts et Principes

Art. premier. – Les buts des Nations unies sont les suivants :

1. Maintenir la paix et la sécurité internationales et à cette fin : prendre des mesures collectives efficaces en vue de prévenir et d'écarter les menaces à la paix et de réprimer tout acte d'agression ou autre rupture de la paix, et réaliser, par des moyens pacifiques, conformément aux principes de la justice et du droit international, l'ajustement ou le règlement de différends ou de situations, de caractère international, susceptibles de mener à une rupture de la paix ;

2. Développer entre les nations des relations amicales fondées sur le respect du principe de l'égalité de droits des peuples et de leur droit à disposer d'eux-mêmes, et prendre toutes autres mesures propres à consolider la paix du monde;

3. Réaliser la coopération internationale en résolvant les problèmes internationaux d'ordre économique, social, intellectuel ou humanitaire, en développant et en encourageant le respect des droits de l'Homme et des libertés fondamentales pour tous sans distinction de race, de sexe, de langue ou de religion;

4. Être un centre où s'harmonisent les efforts des nations vers ces fins communes.

Art. 2. – L'Organisation des Nations unies et ses membres, dans la poursuite des buts énoncés à l'article I, doivent agir conformément aux principes suivants :

1. L'Organisation est fondée sur le principe de l'égalité souveraine de tous ses membres.

2. Les membres de l'Organisation, afin d'assurer à tous la jouissance des droits et avantages résultant de leur qualité de membre, doivent remplir de bonne foi les obligations qu'ils ont assumées aux termes de la présente Charte.

3. Les membres de l'Organisation règlent leurs différends internationaux par des moyens pacifiques, de telle manière que la paix et la sécurité internationales ainsi que la justice ne soient pas mises en danger.

4. Les membres de l'Organisation s'abstiennent, dans leurs relations internationales, de recourir à la menace ou à l'emploi de la force, soit contre l'intégrité territoriale ou l'indépendance politique de tout État, soit de toute autre manière incompatible avec les buts des Nations unies.

5. Les membres de l'Organisation donnent à celle-ci pleine assistance dans toute action entreprise par elle conformément aux dispositions de la présente Charte et s'abstiennent de prêter assistance à un État contre lequel l'Organisation entreprend une action préventive ou coercitive.

6. L'Organisation fait en sorte que les États qui ne sont pas membres des Nations unies agissent conformément à ces principes dans la mesure nécessaire au maintien de la paix et de la sécurité internationales.

7. Aucune disposition de la présente Charte n'autorise les Nations unies à intervenir dans des affaires qui relèvent essentiellement de la compétence nationale d'un État ni n'oblige les membres à soumettre des affaires de ce genre à une procédure de règlement aux termes de la présente Charte; toutefois ce principe ne porte en rien atteinte à l'application des mesures de coercition prévues au chapitre VII.

CHAPITRE II

Membres

Art. 3. – Sont membres originaires des Nations unies les États qui, ayant participé à la Conférence des Nations unies pour l'Organisation internationale à San Francisco ou ayant antérieurement signé la Déclaration des Nations unies, en date du 1er janvier 1942, signent la présente Charte et la ratifient conformément à l'article 110.

Art. 4. – 1. Peuvent devenir membres des Nations unies tous autres États pacifiques qui acceptent les obligations de la présente Charte et, au jugement de l'Organisation, sont capables de les remplir et disposés à le faire.

2. L'admission comme membres des Nations unies de tout État remplissant ces conditions se fait par décision de l'Assemblée générale sur recommandation du Conseil de sécurité.

Art. 5. – Un membre de l'Organisation contre lequel une action préventive ou coercitive a été entreprise par le Conseil de sécurité, peut être suspendu par l'assemblée générale, sur recommandation du Conseil de sécurité, de l'exercice des droits et privilèges inhérents à la qualité de membre. L'exercice de ces droits et privilèges peut être rétabli par le Conseil de sécurité.

Art. 6. – Si un membre de l'Organisation enfreint de manière persistante les principes énoncés dans la présente Charte, il peut être exclu de l'Organisation par l'Assemblée générale sur recommandation du Conseil de sécurité.

CHAPITRE III

Organes

Art. 7. – 1. Il est créé comme organes principaux de l'Organisation des Nations unies : une Assemblée générale, un Conseil de sécurité, un Conseil économique et social, un Conseil de tutelle, une Cour internationale de justice et un Secrétariat.

2. Les organes subsidiaires qui se révéleraient nécessaires pourront être créés conformément à la présente Charte.

Art. 8. – Aucune restriction ne sera imposée par l'Organisation à l'accès des hommes et des femmes, dans des conditions égales, à toutes les fonctions, dans ses organes principaux et subsidiaires.

CHAPITRE IV

Assemblée générale

Composition

Art. 9. – 1. L'Assemblée générale se compose de tous les membres des Nations unies.

2. Chaque membre a cinq représentants au plus à l'Assemblée générale.

Fonctions et pouvoirs

Art. 10. – L'Assemblée générale peut discuter toutes questions ou affaires rentrant dans le cadre de la présente Charte ou se rapportant aux pouvoirs et fonctions de l'un quelconque des organes prévus dans la présente Charte, et, sous réserve des dispositions de l'article 12, formuler sur ces questions ou affaires des recommandations aux membres de l'Organisation des Nations unies, au Conseil de sécurité, ou aux membres de l'Organisation et au Conseil de sécurité.

Art. 11. – 1. L'Assemblée générale peut étudier les principes généraux de coopération pour le maintien de la paix et de la sécurité internationales, y compris les principes régissant le désarmement et la réglementation des armements, et faire, sur ces principes, des recommandations soit aux membres de l'Organisation, soit au Conseil de sécurité, soit aux membres de l'Organisation et au Conseil de sécurité.

2. L'Assemblée générale peut discuter toutes questions se rattachant au maintien de la paix et de la sécurité internationales, dont elle aura été saisie par l'une quelconque des Nations unies, ou par le Conseil de sécurité, ou par un État qui n'est pas membre de l'Organisation, conformément aux dispositions de l'article 35, paragraphe 2, et, sous réserve de l'article 12, faire sur toutes questions de ce genre des recommandations soit à l'État ou aux États intéressés, soit au Conseil de sécurité, soit aux États et au Conseil de sécurité. Toute question de ce genre qui appelle une action est renvoyée au Conseil de sécurité par l'Assemblée générale, avant ou après discussion.

3. L'Assemblée générale peut attirer l'attention du Conseil de sécurité sur les situations qui semblent devoir mettre en danger la paix et la sécurité internationales.

4. Les pouvoirs de l'Assemblée générale énumérés dans le présent article ne limitent pas la portée générale de l'article 10.

Art. 12. – 1. Tant que le Conseil de sécurité remplit, à l'égard d'un différend ou d'une situation quelconque, les fonctions qui lui sont attribuées par la présente Charte, l'Assemblée générale ne doit faire aucune recommandation sur ce différend ou cette situation, à moins que le Conseil de sécurité ne le lui demande.

2. Le Secrétaire général, avec l'assentiment du Conseil de sécurité, porte à la connaissance de l'Assemblée générale, lors de chaque session, les affaires relatives au maintien de la paix et de la sécurité internationales dont s'occupe le Conseil de sécurité; il avise de même l'Assemblée générale ou, si l'Assemblée générale ne siège pas, les membres de l'Organisation, dès que le Conseil de sécurité cesse de s'occuper desdites affaires.

Art. 13. – 1. L'Assemblée générale provoque des études et fait des recommandations en vue de :

a) Développer la coopération internationale dans le domaine politique et encourager le développement progressif du droit international et sa codification;

b) Développer la coopération internationale dans les domaines économique, social, de la culture intellectuelle et de l'éducation, de la santé publique, et faciliter pour tous, sans distinction de race, de sexe, de langue ou de religion, la jouissance des droits de l'Homme et des libertés fondamentales.

2. Les autres responsabilités, fonctions et pouvoirs de l'Assemblée générale, relativement aux questions mentionnées au paragraphe 1b ci-dessus sont énoncés aux chapitres IX et X.

Art. 14. – Sous réserve des dispositions de l'article 12, l'Assemblée générale peut recommander les mesures propres à assurer l'ajustement pacifique de toute situation, quelle qu'en soit l'origine, qui lui semble de nature à nuire au bien général ou à compromettre les relations amicales entre nations, y compris les situations résultant d'une infraction aux dispositions de la présente Charte où sont énoncés les buts et les principes des Nations unies.

Art. 15. – 1. L'Assemblée générale reçoit et étudie les rapports annuels et les rapports spéciaux du Conseil de sécurité; ces rapports comprennent un compte rendu des mesures que le Conseil de sécurité a décidées ou prises pour maintenir la paix et la sécurité internationales.

2. L'Assemblée générale reçoit et étudie les rapports des autres organes de l'Organisation.

Art. 16. – L'Assemblée générale remplit, en ce qui concerne le régime international de tutelle, les fonctions qui lui sont dévolues en vertu des chapitres XII et XIII; entre autres, elle approuve les accords de tutelle relatifs aux zones non désignées comme zones stratégiques.

Art. 17. – 1. L'Assemblée générale examine et approuve le budget de l'Organisation.

2. Les dépenses de l'Organisation sont supportées par les membres selon la répartition fixée par l'Assemblée générale.

3. L'Assemblée générale examine et approuve tous arrangements financiers et budgétaires passés avec les institutions spécialisées visées à l'article 57 et examine les budgets administratifs desdites institutions en vue de leur adresser des recommandations.

Vote

Art. 18. – 1. Chaque membre de l'Assemblée générale dispose d'une voix.

2. Les décisions de l'Assemblée générale sur les questions importantes sont prises à la majorité des deux tiers des membres présents et votant. Sont considérées comme questions importantes les recommandations relatives au maintien de la paix et de la sécurité internationales, l'élection des membres non permanents du Conseil de sécurité, l'élection des membres du Conseil économique et social, l'élection des membres du Conseil de tutelle conformément au paragraphe 1c de l'article 86, l'admission de nouveaux membres dans l'Organisation, la suspension des droits et privilèges de membres, l'exclusion de membres, les questions relatives au fonctionnement du régime de tutelle et les questions budgétaires.

3. Les décisions sur d'autres questions, y compris la détermination de nouvelles catégories de questions à trancher à la majorité des deux tiers, sont prises à la majorité des membres présents et votant.

Art. 19. – Un membre des Nations unies en retard dans le paiement de sa contribution aux dépenses de l'Organisation ne peut participer au vote de l'Assemblée générale si le montant de ses arriérés est égal ou supérieur à la contribution due par lui pour les deux années complètes écoulées. L'Assemblée générale peut néanmoins autoriser ce membre à participer au vote si elle constate que le manquement est dû à des circonstances indépendantes de sa volonté.

Procédure

Art. 20. – L'Assemblée générale tient une session annuelle régulière et, lorsque les circonstances l'exigent, des sessions extraordinaires. Celles-ci sont convoquées par le Secrétaire général sur la demande du Conseil de sécurité ou de la majorité des membres des Nations unies.

Art. 21. – L'Assemblée générale établit son règlement intérieur. Elle désigne son président pour chaque session.

Art. 22. – L'Assemblée générale peut créer les organes subsidiaires qu'elle juge nécessaires à l'exercice de ses fonctions.

CHAPITRE V

Conseil de sécurité

Composition

Art. 23. – 1. Le Conseil de sécurité se compose de quinze membres de l'Organisation. La République de Chine, la France, l'Union des Républiques socialistes soviétiques le Royaume-Uni de Grande-Bretagne et d'Irlande du Nord et les États-Unis d'Amérique sont membres permanents du Conseil de sécurité. Dix autres membres de l'Organisation sont élus, à titre de membres non permanents du Conseil de sécurité, par l'Assemblée générale qui tient spécialement compte, en premier lieu, de la contribution des membres de l'Organisation au maintien de la paix et de la sécurité internationales et aux autres fins de l'Organisation, et aussi d'une répartition géographique équitable.

2. Les membres non permanents du Conseil de sécurité sont élus pour une période de deux ans. Lors de la première élection des membres non permanents après que le nombre des membres du Conseil de sécurité aura été porté de onze à quinze, deux des quatre membres supplémentaires seront élus pour une période d'un an. Les membres sortants ne sont pas immédiatement rééligibles.

3. Chaque membre du Conseil de sécurité a un représentant au Conseil.

Fonctions et pouvoirs

Art. 24. – 1. Afin d'assurer l'action rapide et efficace de l'Organisation, ses membres confèrent au Conseil de sécurité la responsabilité principale du maintien de la paix et de la sécurité internationales et reconnaissent qu'en s'acquittant des devoirs que lui impose cette responsabilité, le Conseil de sécurité agit en leur nom.

2. Dans l'accomplissement de ces devoirs, le Conseil de sécurité agit conformément aux buts et principes des Nations unies. Les pouvoirs spécifiques accordés au Conseil de sécurité pour lui permettre d'accomplir lesdits devoirs sont définis aux chapitres VI, VII, VIII et XII.

3. Le Conseil de sécurité soumet pour examen des rapports annuels et, le cas échéant, des rapports spéciaux à l'Assemblée générale.

Art. 25. – Les membres de l'Organisation conviennent d'accepter et d'appliquer les décisions du Conseil de sécurité conformément à la présente Charte.

Art. 26. – Afin de favoriser l'établissement et le maintien de la paix et de la sécurité internationales en ne détournant vers les armements que le minimum des ressources humaines et économiques du monde, le Conseil de sécurité est chargé, avec l'assistance du Comité d'État-Major prévu à l'article 47, d'élaborer des plans qui seront soumis aux membres de l'Organisation en vue d'établir un système de réglementation des armements.

Vote

Art. 27. – 1. Chaque membre du Conseil de sécurité dispose d'une voix.

2. Les décisions du Conseil de sécurité sur des questions de procédure sont prises par un vote affirmatif de neuf membres.

3. Les décisions du Conseil de sécurité sur toutes autres questions sont prises par un vote affirmatif de neuf de ses membres dans lequel sont comprises les voix de tous les membres permanents, étant entendu que, dans les décisions prises aux termes du chapitre VI et du paragraphe 3 de l'article 52, une partie à un différend s'abstient de voter.

Procédure

Art. 28. – 1. Le Conseil de sécurité est organisé de manière à pouvoir exercer ses fonctions en permanence. À cet effet, chaque membre du Conseil de sécurité doit avoir en tout temps un représentant au siège de l'Organisation.

2. Le Conseil de sécurité tient des réunions périodiques auxquelles chacun de ses membres peut, s'il le désire, se faire représenter par un membre de son Gouvernement ou par quelqu'autre représentant spécialement désigné.

3. Le Conseil de sécurité peut tenir des réunions à tous endroits autres que le siège de l'Organisation qu'il juge les plus propres à faciliter sa tâche.

Art. 29. – Le Conseil de sécurité peut créer les organes subsidiaires qu'il juge nécessaires à l'exercice de ses fonctions.

Art. 30. – Le Conseil de sécurité établit son règlement intérieur, dans lequel il fixe le mode de désignation de son président.

Art. 31. – Tout membre de l'Organisation qui n'est pas membre du Conseil de sécurité, peut participer, sans droit de vote, à la discussion de toute question soumise au Conseil de sécurité, chaque fois que celui-ci estime que les intérêts de ce membre sont particulièrement affectés.

Art. 32. – Tout membre des Nations unies qui n'est pas membre du Conseil de sécurité ou tout État qui n'est pas membre des Nations unies, s'il est partie à un différend examiné par le Conseil de sécurité, est convié à participer, sans droit de vote, aux discussions relatives à ce différend. Le Conseil de sécurité détermine les conditions qu'il estime justes de mettre à la participation d'un État qui n'est pas membre de l'Organisation.

CHAPITRE VI

Règlement pacifique des différends

Art. 33. – 1. Les parties à tout différend dont la prolongation est susceptible de menacer le maintien de la paix et de la sécurité internationales, doivent en rechercher la solution, avant tout, par voie de négociation, d'enquête, de médiation, de conciliation, d'arbitrage, de règlement judiciaire, de recours aux organismes ou accords régionaux, ou par d'autres moyens pacifiques de leur choix.

2. Le Conseil de sécurité, s'il le juge nécessaire, invite les parties à régler leur différend par de tels moyens.

Art. 34. – Le Conseil de sécurité peut enquêter sur tout différend ou toute situation qui pourrait entraîner un désaccord entre nations ou engendrer un différend, afin de déterminer si la prolongation de ce différend ou de cette situation semble devoir menacer le maintien de la paix et de la sécurité internationales.

Art. 35. – 1. Tout membre de l'Organisation peut attirer l'attention du Conseil de sécurité ou de l'Assemblée générale sur un différend ou une situation de la nature visée dans l'article 34.

2. Un État qui n'est pas membre de l'Organisation peut attirer l'attention du Conseil de sécurité ou de l'Assemblée générale sur tout différend auquel il est partie, pourvu qu'il accepte préalablement, aux fins de ce différend, les obligations de règlement pacifique prévues dans la présente Charte.

3. Les actes de l'Assemblée générale relativement aux affaires portées à son attention en vertu du présent article sont soumis aux dispositions des articles 11 et 12.

Art. 36. – 1. Le Conseil de sécurité peut, à tout moment de l'évolution d'un différend de la nature mentionnée à l'article 33 ou d'une situation analogue, recommander les procédures ou méthodes d'ajustement appropriées.

2. Le Conseil de sécurité devra prendre en considération toutes procédures déjà adoptées par les parties pour le règlement de ce différend.

3. En faisant les recommandations prévues au présent article, le Conseil de sécurité doit aussi tenir compte du fait que, d'une manière générale, les différends d'ordre juridique devraient être soumis par les parties à la Cour internationale de justice conformément aux dispositions du statut de la Cour.

Art. 37. – 1. Si les parties à un différend de la nature mentionnée à l'article 33 ne réussissent pas à le régler par les moyens indiqués audit article, elles le soumettent au Conseil de sécurité.

2. Si le Conseil de sécurité estime que la prolongation du différend semble, en fait, menacer le maintien de la paix et de la sécurité internationales, il décide s'il doit agir en application de l'article 36 ou recommander tels termes de règlement qu'il juge appropriés.

Art. 38. – Sans préjudice des dispositions des articles 33 à 37, le Conseil de sécurité peut, si toutes les parties à un différend le demandent, faire des recommandations à celles-ci en vue d'un règlement pacifique de ce différend.

CHAPITRE VII

Action en cas de menace contre la paix, de rupture de la paix et d'acte d'agression

Art. 39. – Le Conseil de sécurité constate l'existence d'une menace contre la paix, d'une rupture de la paix ou d'un acte d'agression et fait des recommandations ou décide quelles mesures seront prises conformément aux articles 41 et 42 pour maintenir ou rétablir la paix et la sécurité internationales.

Art. 40. – Afin d'empêcher la situation de s'aggraver, le Conseil de sécurité, avant de faire les recommandations ou de décider des mesures à prendre conformément à l'article 39, peut inviter les parties intéressées à se conformer aux mesures provisoires qu'il juge nécessaires ou souhaitables. Ces mesures provisoires ne préjugent en rien les droits, les prétentions ou la position des parties intéressées. En cas de non-exécution de ces mesures provisoires, le Conseil de sécurité tient dûment compte de cette défaillance.

Art. 41. – Le Conseil de sécurité peut décider quelles mesures n'impliquant pas l'emploi de la force armée doivent être prises pour donner effet à ces décisions, et peut inviter les membres des Nations unies à appliquer ces mesures. Celles-ci peuvent comprendre l'interruption complète ou partielle des relations économiques et des communications ferroviaires, maritimes, aériennes, postales, télégraphiques, radioélectriques et des autres moyens de communication, ainsi que la rupture des relations diplomatiques.

Art. 42. – Si le Conseil de sécurité estime que les mesures prévues à l'article 41 seraient inadéquates ou qu'elles se sont révélées telles, il peut entreprendre, au moyen de forces aériennes, navales ou terrestres, toute action qu'il juge nécessaire au maintien ou au rétablissement de la paix et de la sécurité internationales. Cette action peut comprendre des démonstrations, des mesures de blocus et d'autres opérations exécutées par des forces aériennes, navales ou terrestres de membres des Nations unies.

Art. 43. – 1. Tous les membres des Nations unies, afin de contribuer au maintien de la paix et de la sécurité internationales, s'engagent à mettre à la disposition du Conseil de sécurité, sur son invitation et conformément à un accord spécial ou à des accords spéciaux, les forces armées, l'assistance et les facilités, y compris le droit de passage, nécessaires au maintien de la paix et de la sécurité internationales.

2. L'accord ou les accords susvisés fixeront les effectifs et la nature de ces forces, leur degré de préparation et leur emplacement général, ainsi que la nature des facilités et de l'assistance à fournir.

3. L'accord ou les accords seront négociés aussitôt que possible, sur l'initiative du Conseil de sécurité. Ils seront conclus entre le Conseil de sécurité et des membres de l'Organisation, ou entre le Conseil de sécurité et des groupes de membres de l'Organisation, et devront être ratifiés par les États signataires selon leurs règles constitutionnelles respectives.

Art. 44. – Lorsque le Conseil de sécurité a décidé de recourir à la force, il doit, avant d'inviter un membre non représenté au Conseil à fournir des forces armées en exécution des obligations contractées en vertu de l'article 43, convier ledit membre, si celui-ci le désire, à participer aux décisions du Conseil de sécurité touchant l'emploi de contingents des forces armées de ce membre.

Art. 45. – Afin de permettre à l'Organisation de prendre d'urgence des mesures d'ordre militaire, des membres des Nations unies maintiendront des contingents nationaux de forces aériennes immédiatement utilisables en vue de l'exécution combinée d'une action coercitive internationale. Dans les limites prévues par l'accord spécial ou les accords spéciaux mentionnés à l'article 43, le Conseil de sécurité, avec l'aide du Comité d'État-Major, fixe l'importance et le degré de préparation de ces contingents et établit des plans prévoyant leur action combinée.

Art. 46. – Les plans pour l'emploi de la force armée sont établis par le Conseil de sécurité avec l'aide du Comité d'État-Major.

Art. 47. – 1. Il est établi un Comité d'État-Major chargé de conseiller et d'assister le Conseil de sécurité pour tout ce qui concerne les moyens d'ordre militaire nécessaires au Conseil pour maintenir la paix et la sécurité internationales, l'emploi et le commandement des forces mises à sa disposition, la réglementation des armements et le désarmement éventuel.

2. Le Comité d'État-Major se compose des chefs d'État-major des membres permanents du Conseil de sécurité ou de leurs représentants.

Il convie tout membre des Nations unies qui n'est pas représenté au Comité d'une façon permanente à s'associer à lui, lorsque la participation de ce membre à ses travaux lui est nécessaire pour la bonne exécution de sa tâche.

3. Le Comité d'État-Major est responsable, sous l'autorité du Conseil de sécurité, de la direction stratégique de toutes forces armées mises à la disposition du Conseil. Les questions relatives au commandement de ces forces seront réglées ultérieurement.

4. Des sous-comités régionaux du Comité d'État-Major peuvent être établis par lui avec l'autorisation du Conseil de sécurité et après consultation des organismes régionaux appropriés.

Art. 48. – 1. Les mesures nécessaires à l'exécution des décisions du Conseil de sécurité pour le maintien de la paix et de la sécurité internationales sont prises par tous les membres des Nations unies ou certains d'entre eux, selon l'appréciation du Conseil.

2. Ces décisions sont exécutées par les membres des Nations unies directement et grâce à leur action dans les organismes internationaux appropriés dont ils font partie.

Art. 49. – Les membres des Nations unies s'associent pour se prêter mutuellement assistance dans l'exécution des mesures arrêtées par le Conseil de sécurité.

Art. 50. – Si un État est l'objet de mesures préventives ou coercitives prises par le Conseil de sécurité, tout autre État, qu'il soit ou non membre des Nations unies, s'il se trouve en présence de difficultés économiques particulières dues à l'exécution desdites mesures, a le droit de consulter le Conseil de sécurité au sujet de la solution de ces difficultés.

Art. 51. – Aucune disposition de la présente Charte ne porte atteinte au droit naturel de légitime défense, individuelle ou collective, dans le cas où un membre des Nations unies est l'objet d'une agression armée, jusqu'à ce que le Conseil de sécurité ait pris les mesures nécessaires pour maintenir la paix et la sécurité internationales. Les mesures prises par des membres dans l'exercice de ce droit de légitime défense sont immédiatement portées à la connaissance du Conseil de sécurité et n'affectent en rien le pouvoir et le devoir qu'a le Conseil, en vertu de la présente Charte, d'agir à tout moment de la manière qu'il juge nécessaire pour maintenir ou rétablir la paix et la sécurité internationales.

CHAPITRE VIII
Accords régionaux

Art. 52. – 1. Aucune disposition de la présente Charte ne s'oppose à l'existence d'accords ou d'organismes régionaux destinés à régler les affaires qui, touchant au maintien de la paix et de la sécurité internationales, se prêtent à une action de caractère régional, pourvu que ces accords ou ces organismes et leur activité soient compatibles avec les buts et les principes des Nations unies.

2. Les membres des Nations unies qui concluent ces accords ou constituent ces organismes doivent faire tous leurs efforts pour régler d'une manière pacifique, par le moyen desdits accords ou organismes, les différends d'ordre local, avant de les soumettre au Conseil de sécurité.

3. Le Conseil de sécurité encourage le développement du règlement pacifique des différends d'ordre local par le moyen de ces accords ou de ces organismes régionaux, soit sur l'initiative des États intéressés, soit sur renvoi du Conseil de sécurité.

4. Le présent article n'affecte en rien l'application des articles 34 et 35.

Art. 53. – 1. Le Conseil de sécurité utilise, s'il y a lieu, les accords ou organismes régionaux pour l'application des mesures coercitives prises sous son autorité. Toutefois, aucune action coercitive ne sera entreprise en vertu d'accords régionaux ou par des organismes régionaux sans l'autorisation du Conseil de sécurité; sont exceptées les mesures contre tout État ennemi au sens de la définition donnée au paragraphe 2 du présent article, prévues en application de l'article 107 ou dans les accords régionaux dirigés contre la reprise, par un tel État, d'une politique d'agression, jusqu'au moment où l'Organisation pourra, à la demande des Gouvernements intéressés, être chargée de la tâche de prévenir toute nouvelle agression de la part d'un tel État.

2. Le terme « État ennemi », employé au paragraphe 1 du présent article, s'applique à tout État qui, au cours de la seconde guerre mondiale, a été l'ennemi de l'un quelconque des signataires de la présente Charte.

Art. 54. – Le Conseil de sécurité doit, en tout temps, être tenu pleinement au courant de toute action entreprise ou envisagée en vertu d'accords régionaux ou par des organismes régionaux, pour le maintien de la paix et de la sécurité internationales.

CHAPITRE IX

Coopération économique et sociale internationale

Art. 55. – En vue de créer les conditions de stabilité et de bien-être nécessaires pour assurer entre les nations des relations pacifiques et amicales fondées sur le respect du principe de l'égalité des droits des peuples et de leur droit à disposer d'eux-mêmes, les Nations unies favoriseront :

a) le relèvement des niveaux de vie, le plein emploi et des conditions de progrès et de développement dans l'ordre économique et social;

b) la solution des problèmes internationaux dans les domaines économiques, social, de la santé publique et autres problèmes connexes; et la coopération internationale dans les domaines de la culture intellectuelle et de l'éducation;

c) le respect universel et effectif des droits de l'Homme et des libertés fondamentales pour tous, sans distinction de race, de sexe, de langue ou de religion.

Art. 56. – Les membres s'engagent en vue d'atteindre les buts énoncés à l'article 55, à agir, tant conjointement que séparément, en coopération avec l'Organisation.

Art. 57. – 1. Les diverses institutions spécialisées créées par accords intergouvernementaux et pourvues, aux termes de leurs statuts, d'attributions internationales étendues dans les domaines économique, social, de la culture intellectuelle et de l'éducation, de la santé publique et autres domaines connexes, sont reliées à l'Organisation conformément aux dispositions de l'article 63.

2. Les institutions ainsi reliées à l'Organisation sont désignées ci-après par l'expression « Institutions spécialisées ».

Art. 58. – L'Organisation fait des recommandations en vue de coordonner les programmes et activités des institutions spécialisées.

Art. 59. – L'Organisation provoque, lorsqu'il y a lieu, des négociations entre les États intéressés en vue de la création de toutes nouvelles institutions spécialisées nécessaires pour atteindre les buts énoncés à l'article 55.

Art. 60. – L'Assemblée générale et, sous son autorité, le Conseil économique et social qui dispose à cet effet des pouvoirs qui lui sont attribués aux termes du chapitre X, sont chargés de remplir les fonctions de l'Organisation énoncées au présent chapitre.

CHAPITRE X

Conseil économique et social

Composition

Art. 61. – 1. Le Conseil économique et social se compose de vingt-sept membres de l'Organisation des Nations unies, élus par l'Assemblée générale.

2. Sous réserve des dispositions du paragraphe 3, neuf membres du Conseil économique et social sont élus chaque année pour une période de trois ans. Les membres sortants sont immédiatement rééligibles.

3. Lors de la première élection qui aura lieu après que le nombre des membres du Conseil économique et social aura été porté de dix-huit à vingt-sept, neuf membres seront élus en plus de ceux qui auront été élus en remplacement des six membres dont le mandat viendra à expiration à la fin de l'année. Le mandat de trois de ces neuf membres supplémentaires expirera au bout d'un an et celui de trois autres au bout de deux ans, selon les dispositions prises par l'Assemblée générale.

4. Chaque membre du Conseil économique et social a un représentant au Conseil.

Fonctions et pouvoirs

Art. 62. – 1. Le Conseil économique et social peut faire ou provoquer des études et des rapports sur des questions internationales dans les domaines économique, social, de la culture intellectuelle et de l'éducation, de la santé publique et autres domaines connexes et peut adresser des recommandations sur toutes ces questions à l'Assemblée générale, aux membres de l'organisation et aux institutions spécialisées intéressées.

2. Il peut taire des recommandations en vue d'assurer le respect effectif des droits de l'Homme et des libertés fondamentales pour tous.

3. Il peut, sur des questions de sa compétence, préparer des projets de convention pour les soumettre à l'Assemblée générale.

4. Il peut convoquer, conformément aux règles fixées par l'Organisation, des conférences internationales sur des questions de sa compétence.

Art. 63. – 1. Le Conseil économique et social peut conclure avec toute institution visée à l'article 57, des accords fixant les conditions dans lesquelles cette institution sera reliée à l'Organisation. Ces accords sont soumis à l'approbation de l'Assemblée générale.

2. Il peut coordonner l'activité des institutions spécialisées en se concertant avec elles, en leur adressant des recommandations, ainsi qu'en adressant des recommandations à l'Assemblée générale et aux membres des Nations unies.

Art. 64. – 1. Le Conseil économique et social peut prendre toutes mesures utiles pour recevoir des rapports réguliers des institutions spécialisées. Il peut s'entendre avec les membres de l'Organisation et avec les institutions spécialisées afin de recevoir des rapports sur les mesures prises en exécution de ses propres recommandations et des recommandations de l'Assemblée générale sur des objets relevant de la compétence du Conseil.

2. Il peut communiquer à l'Assemblée générale ses observations sur ces rapports.

Art. 65. – Le Conseil économique et social peut fournir des informations au Conseil de sécurité et l'assister si celui-ci le demande.

Art. 66. – 1. Le Conseil économique et social, dans l'exécution des recommandations de l'Assemblée générale, s'acquitte de toutes les fonctions qui entrent dans sa compétence.

2. Il peut, avec l'approbation de l'Assemblée générale, rendre les services qui lui seraient demandés par des membres de l'Organisation ou par des institutions spécialisées.

3. Il s'acquitte des autres fonctions qui lui sont dévolues dans d'autres parties de la présente Charte ou qui peuvent lui être attribuées par l'Assemblée générale.

Vote

Art. 67. – 1. Chaque membre du Conseil économique et social dispose d'une voix.

2. Les décisions du Conseil économique et social sont prises à la majorité des membres présents et votant.

Procédure

Art. 68. – Le Conseil économique et social institue des commissions pour les questions économiques et sociales et le progrès des droits de l'Homme ainsi que toutes autres commissions nécessaires à l'exercice de ses fonctions.

Art. 69. – Le Conseil économique et social, lorsqu'il examine une question qui intéresse particulièrement un membre de l'Organisation, convie celui-ci à participer, sans droit de vote, à ses délibérations.

Art. 70. – Le Conseil économique et social peut prendre toutes dispositions pour que des représentants des institutions spécialisées participent, sans droit de vote, à ses délibérations et à celles des commissions instituées par lui, et pour que ses propres représentants participent aux délibérations des institutions spécialisées.

Art. 71. – Le Conseil économique et social peut prendre toutes dispositions utiles pour consulter les organisations non gouvernementales qui s'occupent de questions relevant de sa compétence. Ces dispositions peuvent s'appliquer à des organisations internationales et, s'il y a lieu, à des organisations nationales après consultation du membre intéressé de l'Organisation.

Art. 72. – 1. Le Conseil économique et social adopte son règlement intérieur dans lequel il fixe le mode de désignation de son président.

2. Il se réunit selon les besoins conformément à son règlement celui-ci comportera des dispositions prévoyant la convocation du Conseil sur la demande de la majorité de ses membres.

CHAPITRE XI

Déclaration relative aux territoires non autonomes

Art. 73. – Les membres des Nations unies qui ont ou qui assument la responsabilité d'administrer des territoires dont les populations ne s'administrent pas encore complètement elles-mêmes, reconnaissent le principe de la primauté des intérêts des habitants de ces territoires. Ils acceptent comme une mission sacrée l'obligation de favoriser dans toute la mesure du possible leur prospérité, dans le cadre du système de paix et de sécurité internationales établi par la présente Charte et, à cette fin :

a) D'assurer, en respectant la culture des populations en question, leur progrès politique, économique et social, ainsi que le développement de leur instruction, de les traiter avec équité et de les protéger contre les abus ;

b) De développer leur capacité de s'administrer elles-mêmes, de tenir compte des aspirations politiques des populations et de les aider dans le développement progressif de leurs libres institutions politiques, dans la mesure appropriée aux conditions particulières de chaque territoire et de ses populations et à leurs degrés variables de développement ;

c) D'affermir la paix et la sécurité internationales ;

d) De favoriser des mesures constructives de développement, d'encourager des travaux de recherche, de coopérer entre eux et, quand les circonstances s'y prêteront, avec les organismes internationaux spécialisés, en vue d'atteindre effectivement les buts sociaux, économiques et scientifiques énoncés au présent article ;

e) De communiquer régulièrement au Secrétaire général, à titre d'information, sous réserve des exigences de la sécurité et de considérations d'ordre constitutionnel, des renseignements statistiques et autres de nature technique relatifs aux conditions économiques, sociales et de l'instruction dans les territoires dont ils sont respectivement responsables, autres que ceux auxquels s'appliquent les chapitres XII et XIII.

Art. 74. – Les membres de l'Organisation reconnaissent aussi que leur politique doit être fondée, autant dans les territoires auxquels s'applique le présent chapitre que dans leurs territoires métropolitains, sur le principe général du bon voisinage dans le domaine social, économique et commercial, compte tenu des intérêts et de la prospérité du reste du monde.

CHAPITRE XII

Régime international de tutelle

Art. 75. – L'Organisation des Nations unies établira, sous son autorité, un régime international de tutelle pour l'administration et la surveillance des territoires qui pourront être placés sous ce régime en vertu d'accords particuliers ultérieurs. Ces territoires sont désignés ci-après par l'expression « territoires sous tutelle ».

Art. 76. – Conformément aux buts des Nations unies, énoncés à l'article 1 de la présente Charte, les fins essentielles du régime de tutelle sont les suivantes :

a) Affermir la paix et la sécurité internationales ;

b) Favoriser le progrès politique, économique et social des populations des territoires sous tutelle ainsi que le développement de leur instruction ; favoriser également leur évolution progressive vers la capacité à s'administrer eux-mêmes ou l'indépendance, compte tenu des conditions particulières à chaque territoire et à ses populations, des aspirations librement exprimées des populations intéressées et des dispositions qui pourront être prévues dans chaque accord de tutelle ;

c) Encourager le respect des droits de l'Homme et des libertés fondamentales pour tous, sans distinction de race, de sexe, de langue ou de religion, et développer le sentiment de l'interdépendance des peuples du monde ;

d) Assurer l'égalité de traitement dans le domaine social, économique et commercial à tous les membres de l'Organisation et à leurs ressortissants ; assurer de même à ces derniers l'égalité de traitement dans l'administration de la justice, sans porter préjudice à la réalisation des fins énoncées ci-dessus, et sous réserve des dispositions de l'article 80.

Art. 77. – 1. Le régime de tutelle s'appliquera aux territoires entrant dans les catégories ci-dessous et qui viendraient à être placés sous ce régime en vertu d'accords de tutelle :

a) Territoires actuellement sous mandat ;

b) Territoires qui peuvent être détachés d'États ennemis par suite de la seconde guerre mondiale ;

c) Territoires volontairement placés sous ce régime par les États responsables de leur administration.

2. Un accord ultérieur déterminera quels territoires, entrant dans les catégories susmentionnées, seront placés sous le régime de tutelle, et dans quelles conditions.

Art. 78. – Le régime de tutelle ne s'appliquera pas aux pays devenus membres des Nations unies, les relations entre celles-ci devant être fondées sur le respect du principe de l'égalité souveraine.

Art. 79. – Les termes du régime de tutelle, pour chacun des territoires à placer sous ce régime, de même que les modifications et amendements qui peuvent y être apportés, feront l'objet d'un accord entre les États directement intéressés, y compris la Puissance mandataire dans le cas de territoires sous mandat d'un membre des Nations unies, et seront approuvés conformément aux articles 83 et 85.

Art. 80. – 1. À l'exception de ce qui peut être convenu dans les accords particuliers de tutelle conclus conformément aux articles 77, 79 et 81 et plaçant chaque territoire sous le régime de tutelle, et jusqu'à ce que les accords aient été conclus, aucune disposition du présent chapitre ne sera interprétée comme modifiant directement ou indirectement en aucune manière, les droits quelconques d'aucun État ou d'aucun peuple ou les dispositions d'actes internationaux en vigueur auxquels des membres de l'Organisation peuvent être parties.

2. Le paragraphe 1 du présent article ne doit pas être interprété comme motivant un retard ou un ajournement de la négociation et de la conclusion d'accords destinés à placer sous le régime de tutelle des territoires sous mandat ou d'autres territoires ainsi qu'il est prévu à l'article 77.

Art. 81. – L'accord de tutelle comprend dans chaque cas, les conditions dans lesquelles le territoire sous tutelle sera administré et désigne l'autorité qui en assurera l'administration. Cette autorité, désignée ci-après par l'expression « autorité chargée de l'administration », peut être constituée par un ou plusieurs États ou par l'organisation elle-même.

Art. 82. – Un accord de tutelle peut désigner une ou plusieurs zones stratégiques pouvant comprendre tout ou partie du territoire sous tutelle auquel l'accord s'applique, sans préjudice de tout accord spécial ou de tous accords spéciaux conclus en application de l'article 43.

Art. 83. – 1. En ce qui concerne les zones stratégiques, toutes les fonctions dévolues à l'Organisation, y compris l'approbation des termes des accords de tutelle ainsi que de la modification ou de l'amendement éventuels de ceux-ci, sont exercées par le Conseil de sécurité.

2. Les fins essentielles énoncées à l'article 76 valent pour la population de chacune des zones stratégiques.

3. Le Conseil de sécurité, eu égard aux dispositions des accords de tutelle et sous réserve des exigences de la sécurité, aura recours à l'assistance du Conseil de tutelle dans l'exercice des fonctions assumées par l'Organisation au titre du régime de tutelle, en matière politique, économique et sociale, et en matière d'instruction, dans les zones stratégiques.

Art. 84. – L'autorité chargée de l'administration a le devoir de veiller à ce que le territoire sous tutelle apporte sa contribution au maintien de la paix et de la sécurité internationales. À cette fin, elle peut utiliser des contingents de volontaires, les facilités et l'aide du territoire sous tutelle pour remplir les obligations qu'elle a contractées à cet égard envers le Conseil de sécurité ainsi que pour assurer la défense locale et le maintien de l'ordre à l'intérieur du territoire sous tutelle.

Art. 85. – 1. En ce qui concerne les accords de tutelle relatifs à toutes les zones qui ne sont pas désignées comme zones stratégiques, les fonctions de l'Organisation, y compris l'approbation des termes des accords de tutelle et de leur modification ou amendement, sont exercées par l'Assemblée générale.

2. Le Conseil de tutelle, agissant sous l'autorité de l'Assemblée générale, assiste celle-ci dans l'accomplissement de ces tâches.

CHAPITRE XIII

Conseil de tutelle

Composition

Art. 86. – 1. Le Conseil de tutelle se compose des membres suivants des Nations unies :

a) Les membres chargés d'administrer des territoires sous tutelle ;

b) Ceux des membres désignés nommément à l'article 23 qui n'administrent pas de territoires sous tutelle ;

c) Autant d'autres membres élus pour trois ans, par l'Assemblée générale, qu'il sera nécessaire pour que le nombre total des membres du Conseil de tutelle se partage également entre les membres des Nations unies qui administrent des territoires sous tutelle et ceux qui n'en administrent pas.

2. Chaque membre du Conseil de tutelle désigne une personne particulièrement qualifiée pour le représenter au Conseil.

Fonctions et pouvoirs

Art. 87. – L'Assemblée générale et, sous son autorité, le Conseil de tutelle, dans l'exercice de leurs fonctions, peuvent :

a) Examiner les rapports soumis par l'autorité chargée de l'administration ;

b) Recevoir des pétitions et les examiner en consultation avec ladite autorité ;

c) Faire procéder à des visites périodiques dans les territoires administrés par ladite autorité, à des dates convenues avec elle ;

d) Prendre ces dispositions et toutes autres conformément aux termes des accords de tutelle.

Art. 88. – Le Conseil de tutelle établit un questionnaire portant sur les progrès des habitants de chaque territoire sous tutelle dans les domaines politique, économique et social et dans celui de l'instruction; l'autorité chargée de l'administration de chaque territoire sous tutelle relevant de la compétence de l'Assemblée générale adresse à celle-ci un rapport annuel fondé sur le questionnaire précité.

Vote

Art. 89. – 1. Chaque membre du Conseil de tutelle dispose d'une voix.

2. Les décisions du Conseil de tutelle sont prises à la majorité des membres présents et votant.

Procédure

Art. 90. – 1. Le Conseil de tutelle adopte son règlement intérieur dans lequel il fixe le mode de désignation de son président.

2. Il se réunit selon les besoins, conformément à son règlement; celui-ci comprend des dispositions prévoyant la convocation du Conseil à la demande de la majorité de ses membres.

Art. 91. – Le Conseil de tutelle recourt, quand il y a lieu, à l'assistance du Conseil économique et social et à celle des institutions spécialisées, pour les questions qui relèvent de leurs compétences respectives.

CHAPITRE XIV

Cour internationale de justice

Art. 92. – La Cour internationale de justice constitue l'organe judiciaire principal des Nations unies. Elle fonctionne conformément à un statut établi sur la base du statut de la Cour permanente de justice internationale et annexé à la présente Charte dont il fait partie intégrante.

Art. 93. – 1. Tous les membres des Nations unies sont *ipso facto* parties au statut de la Cour internationale de justice.

2. Les conditions dans lesquelles les États qui ne sont pas membres de l'Organisation peuvent devenir parties au statut de la Cour internationale de justice sont déterminées, dans chaque cas, par l'Assemblée générale sur recommandation du Conseil de sécurité.

Art. 94. – 1. Chaque membre des Nations unies s'engage à se conformer à la décision de la Cour internationale de justice dans tout litige auquel il est partie.

2. Si une partie à un litige ne satisfait pas aux obligations qui lui incombent en vertu d'un arrêt rendu par la Cour, l'autre partie peut recourir au Conseil de sécurité et celui-ci, s'il le juge nécessaire, peut faire des recommandations ou décider des mesures à prendre pour faire exécuter l'arrêt.

Art. 95. – Aucune disposition de la présente Charte n'empêche les membres de l'Organisation de confier la solution de leurs différends à d'autres tribunaux en vertu d'accords déjà existants ou qui pourront être conclus à l'avenir.

Art. 96. – 1. L'Assemblée générale ou le Conseil de sécurité peut demander à la Cour internationale de justice un avis consultatif sur toute question juridique.

2. Tous autres organes de l'Organisation et institutions spécialisées qui peuvent, à un moment quelconque, recevoir de l'Assemblée générale une autorisation à cet effet, ont également le droit de demander à la Cour des avis consultatifs sur des questions juridiques qui se poseraient dans le cadre de leur activité.

CHAPITRE XV

Secrétariat

Art. 97. – Le Secrétariat comprend un Secrétaire général et le personnel que peut exiger l'Organisation. Le Secrétaire général est nommé par l'Assemblée générale sur recommandation du Conseil de sécurité. Il est le plus haut fonctionnaire de l'Organisation.

Art. 98. – Le Secrétaire général agit en cette qualité à toutes les réunions de l'Assemblée générale, du Conseil de sécurité, du Conseil économique et social et du Conseil de tutelle. Il remplit toutes autres fonctions dont il est chargé par ces organes. Il présente à l'Assemblée générale un rapport annuel sur l'activité de l'Organisation.

Art. 99. – Le Secrétaire général peut attirer l'attention du Conseil de sécurité sur toute affaire qui, à son avis, pourrait mettre en danger le maintien de la paix et de la sécurité internationales.

Art. 100. – 1. Dans l'accomplissement de leurs devoirs, le Secrétaire général et le personnel ne solliciteront ni n'accepteront d'instructions d'aucun Gouvernement ni d'aucune autorité extérieure à l'Organisation. Ils s'abstiendront de tout acte incompatible avec leur situation de fonctionnaires internationaux et ne sont responsables qu'envers l'Organisation.

2. Chaque membre de l'Organisation s'engage à respecter le caractère exclusivement international des fonctions du Secrétaire général et du personnel et à ne pas chercher à les influencer dans l'exécution de leur tâche.

Art. 101. – 1. Le personnel est nommé par le Secrétaire général conformément aux règles fixées par l'Assemblée générale.

2. Un personnel spécial est affecté d'une manière permanente au Conseil économique et social, au Conseil de tutelle et, s'il y a lieu, à d'autres organes de l'Organisation. Ce personnel fait partie du Secrétariat.

3. La considération dominante dans le recrutement et la fixation des conditions d'emploi du personnel doit être la nécessité d'assurer à l'Organisation les services de personnes possédant les plus hautes qualités de travail, de compétence et d'intégrité. Sera dûment prise en considération l'importance d'un recrutement effectué sur une base géographique aussi large que possible.

CHAPITRE XVI

Dispositions diverses

Art. 102. – 1. Tout traité ou accord international conclu par un membre des Nations unies après l'entrée en vigueur de la présente Charte sera, le plus tôt possible, enregistré au Secrétariat et publié par lui.

2. Aucune partie à un traité ou accord international qui n'aura pas été enregistré conformément aux dispositions du paragraphe 1 du présent article ne pourra invoquer ledit traité ou accord devant un organe de l'Organisation.

Art. 103. – En cas de conflit entre les obligations des membres des Nations unies en vertu de la présente Charte et leurs obligations en vertu de tout autre accord international, les premières prévaudront.

Art. 104. – L'Organisation jouit, sur le territoire de chacun de ses membres, de la capacité juridique qui lui est nécessaire pour exercer ses fonctions et atteindre ses buts.

Art. 105. – 1. L'Organisation jouit, sur le territoire de chacun de ses membres, des privilèges et immunités qui lui sont nécessaires pour atteindre ses buts.

2. Les représentants des membres des Nations unies et les fonctionnaires de l'Organisation jouissent également des privilèges et immunités qui leur sont nécessaires pour exercer en toute indépendance leurs fonctions en rapport avec l'Organisation.

3. L'Assemblée générale peut faire des recommandations en vue de fixer les détails d'application des paragraphes 1 et 2 du présent article ou proposer aux membres des Nations unies des conventions à cet effet.

CHAPITRE XVII

Dispositions transitoires de sécurité

Art. 106. – En attendant l'entrée en vigueur des accords spéciaux mentionnés à l'article 43, qui, de l'avis du Conseil de sécurité, lui permettront de commencer à assumer les responsabilités lui incombant en application de l'article 42, les parties à la Déclaration des quatre Nations signée à Moscou le 30 octobre 1943 et la France se concerteront entre elles et, s'il y a lieu, avec d'autres membres de l'Organisation, conformément aux dispositions du paragraphe 5 de cette Déclaration, en vue d'entreprendre en commun, au nom des Nations unies, toute action qui pourrait être nécessaire pour maintenir la paix et la sécurité internationales.

Art. 107. – Aucune disposition de la présente Charte n'affecte ou n'interdit vis-à-vis d'un État qui, au cours de la seconde guerre mondiale, a été l'ennemi de l'un quelconque des signataires de la présente Charte, une action entreprise ou autorisée, comme suite de cette guerre, par les Gouvernements qui ont la responsabilité de cette action.

CHAPITRE XVIII

Amendements

Art. 108. – Les amendements à la présente Charte entreront en vigueur pour tous les membres des Nations unies quand ils auront été adoptés à la majorité des deux tiers des membres de l'Assemblée générale et ratifiés, conformément à leurs règles constitutionnelles respectives, par les deux tiers des membres de l'Organisation, y compris tous les membres permanents du Conseil de sécurité.

Art. 109. – 1. Une conférence générale des membres des Nations unies, aux fins d'une révision de la présente Charte, pourra être réunie aux lieu et date qui seront fixés par un vote de l'Assemblée générale à la majorité des deux tiers et par un vote de sept quelconques des membres du Conseil de sécurité. Chaque membre de l'Organisation disposera d'une voix à la conférence.

2. Toute modification à la présente Charte recommandée par la conférence à la majorité des deux tiers prendra effet lorsqu'elle aura été ratifiée conformément à leurs règles constitutionnelles respectives, par les deux tiers des membres des Nations unies, y compris tous les membres permanents du Conseil de sécurité.

3. Si cette conférence n'a pas été réunie avant la dixième session annuelle de l'Assemblée générale qui suivra l'entrée en vigueur de la présente Charte, une proposition en vue de la convoquer sera inscrite à l'ordre du jour de cette session, et la conférence sera réunie, s'il en est ainsi décidé par un vote de la majorité de l'Assemblée générale et par un vote de sept quelconques des membres du Conseil de sécurité.

CHAPITRE XIX

Ratification et signature

Art. 110. – 1. La présente Charte sera ratifiée par les États signataires conformément à leurs règles constitutionnelles respectives.

2. Les ratifications seront déposées auprès du Gouvernement des États-Unis d'Amérique, qui notifiera chaque dépôt à tous les États signataires ainsi qu'au Secrétaire général de l'Organisation, lorsque celui-ci aura été nomme.

3. La présente Charte entrera en vigueur après le dépôt des ratifications par la République de Chine, la France, l'Union des Républiques socialistes soviétiques, le, Royaume-Uni de Grande-Bretagne et d'Irlande du Nord, les États-Unis d'Amérique et par la majorité des autres États signataires. Un procès-verbal de dépôt des ratifications sera ensuite dressé par le Gouvernement des États-Unis d'Amérique qui en communiquera copie à tous les États signataires.

4. Les États signataires de la présente Charte qui la ratifieront après son entrée en vigueur deviendront membres originaires des Nations unies à la date du dépôt de leurs ratifications respectives.

Art. 111. – La présente Charte, dont les textes chinois, français, russe, anglais et espagnol feront également foi, sera déposée dans les archives du Gouvernement des États-Unis d'Amérique. Des copies dûment certifiées conformes en seront remises par lui aux Gouvernements des autres États signataires.

En foi de quoi, les représentants des Gouvernements des Nations unies ont signé la présente Charte.

Fait à San Francisco, le vingt-six juin mil neuf cent quarante-cinq.

1 *bis* Révision de la Charte : Document final du Sommet mondial de 2005 (1) (extraits)

Date d'adoption : 24/10/2005

L'Assemblée générale

Adopte le document final du Sommet mondial de 2005 dont le texte suit :

I. VALEURS ET PRINCIPES

1. Nous, chefs d'État et de Gouvernement, nous sommes réunis au Siège de l'Organisation des Nations unies à New York du 14 au 16 septembre 2005.

2. Nous réaffirmons notre foi dans l'Organisation des Nations unies ainsi que notre attachement aux buts et aux principes consacrés dans la Charte des Nations unies et au droit international, qui sont les fondements indispensables d'un monde plus pacifique, plus prospère et plus juste, et nous redisons notre volonté de les faire strictement respecter.

3. Nous réaffirmons la Déclaration du millénaire (2) que nous avons adoptée à l'aube du XXIe siècle. Nous reconnaissons aux grandes conférences et réunions au sommet organisées par les Nations unies dans les domaines économique et social et dans les domaines connexes, notamment le Sommet du millénaire, un rôle précieux, s'agissant de mobiliser la communauté internationale aux niveaux local, national, régional et mondial et de guider l'Organisation des Nations unies dans son action.

4. Nous réaffirmons que nos valeurs fondamentales communes, que sont la liberté, l'égalité, la solidarité, la tolérance, le respect de tous les droits de l'Homme, le respect de la nature et le partage des responsabilités, sont essentielles dans les relations internationales.

5. Nous sommes résolus à instaurer une paix juste et durable dans le monde entier conformément aux buts et aux principes énoncés dans la Charte. Nous réaffirmons notre volonté de tout faire pour défendre l'égalité souveraine et le respect de l'intégrité territoriale et de l'indé-

---

(1) 109, 566-2, 601, 686.
(2) Voir résolution 55/2.

pendance politique de tous les États, de nous abstenir de recourir dans les relations internationales à la menace ou à l'emploi de la force en violation des buts et principes des Nations unies et de promouvoir le règlement des différends par des moyens pacifiques et conformes aux principes de la justice et du droit international, le droit de disposer d'eux-mêmes qui appartient aux peuples encore sous domination coloniale ou sous occupation étrangère, le principe de non-ingérence dans les affaires intérieures des États, le respect des droits de l'Homme et des libertés fondamentales, le respect de l'égalité des droits de tous, sans distinction de race, de sexe, de langue ou de religion, la coopération internationale en vue du règlement des problèmes internationaux d'ordre économique, social, culturel ou humanitaire et l'exécution de bonne foi des obligations assumées aux termes de la Charte.

6. Nous réaffirmons l'importance vitale d'un système multilatéral efficace fondé sur le droit international pour mieux affronter les menaces et défis multiformes et interdépendants auxquels le monde doit faire face et pour aller de l'avant dans les domaines de la paix et de la sécurité, du développement et des droits de l'Homme, en soulignant le rôle central dévolu à l'Organisation des Nations unies, et nous nous engageons à promouvoir et renforcer l'efficacité de l'Organisation en appliquant ses décisions et ses résolutions.

7. Nous estimons qu'aujourd'hui plus que jamais, le monde vit à l'heure de la mondialisation et de l'interdépendance, aucun État ne pouvant faire véritablement cavalier seul. Nous avons conscience que face aux menaces transnationales, la sécurité collective appelle à une coopération efficace dans le respect du droit international.

8. Nous convenons que la conjoncture actuelle nous commande de dégager d'urgence un consensus face à des menaces et défis majeurs. Nous nous engageons à traduire ce consensus en actes concrets, notamment à nous attaquer résolument aux causes profondes de ces menaces et défis.

9. Nous considérons que la paix et la sécurité, le développement et les droits de l'Homme constituent le socle sur lequel repose le système des Nations unies et les fondements de la sécurité et du bien-être collectifs. Nous reconnaissons que le développement, la paix et la sécurité et les droits de l'Homme sont inséparables et se renforcent mutuellement.

10. Nous réaffirmons que le développement est un objectif essentiel en soi et que le développement durable dans ses dimensions économiques, sociales et écologiques constitue un élément fondamental du cadre général de l'action de l'Organisation des Nations unies.

11. Nous considérons que la bonne gouvernance et l'état de droit aux niveaux national et international sont essentiels pour une croissance économique soutenue, un développement durable et l'élimination de la pauvreté et de la faim.

12. Nous réaffirmons que l'égalité des sexes ainsi que la promotion et la protection du plein exercice par tous de tous les droits de la personne humaine et libertés fondamentales sont essentielles pour promouvoir le développement, la paix et la sécurité. Nous nous engageons à créer un monde digne des générations futures et sensible aux intérêts supérieurs de l'enfant.

13. Nous réaffirmons le caractère universel, indivisible, interdépendant et indissociable de tous les droits de l'Homme.

14. Conscients de la diversité du monde, nous reconnaissons que toutes les cultures et civilisations contribuent à l'enrichissement de l'humanité. Nous considérons qu'il importe de comprendre et de respecter la diversité religieuse et culturelle dans le monde entier. Afin de promouvoir la paix et la sécurité internationales, nous nous engageons à élargir partout le bien-être humain, la liberté et le progrès, et à encourager la tolérance, le respect, le dialogue et la coopération entre les différentes cultures, civilisations et populations.

15. Nous nous engageons à rendre sa vocation à un système des Nations unies plus efficace, plus efficient, plus responsable et plus crédible. C'est là notre responsabilité et notre intérêt à tous.

16. En conséquence, nous sommes résolus à créer un monde plus pacifique, prospère et démocratique et à continuer d'entreprendre de se donner les moyens de mettre en œuvre les décisions issues du Sommet du millénaire et des autres grandes conférences et réunions au sommet des Nations unies, de façon à apporter des solutions multilatérales aux problèmes qui se posent dans les quatre domaines suivants :

– Développement;

– Paix et sécurité collective;

– Droits de l'Homme et état de droit;

– Renforcement de l'Organisation des Nations unies.

II. DÉVELOPPEMENT

17. Nous réaffirmons avec force notre volonté d'assurer la réalisation intégrale, dans les délais prescrits, des buts et objectifs de développement convenus à l'occasion des grandes conférences et réunions au sommet des Nations unies, notamment ceux arrêtés au Sommet du millénaire et connus sous le nom d'objectifs du millénaire pour le développement, lesquels ont imprimé un nouvel élan aux efforts déployés pour éliminer la pauvreté.

18. Nous soulignons le rôle crucial joué par les grandes conférences et réunions au sommet des Nations unies consacrées aux questions économiques et sociales et aux questions connexes, s'agissant de déga-

ger une conception élargie du développement et d'arrêter d'un commun accord des objectifs qui ont contribué à améliorer la qualité de la vie dans différentes régions du monde.

19. Nous réaffirmons notre volonté d'éliminer la pauvreté et de promouvoir une croissance économique soutenue, le développement durable et la prospérité pour tous dans le monde entier. Nous sommes encouragés par la réduction de la pauvreté constatée récemment dans certains pays et nous sommes résolus à renforcer et à étendre cette tendance au monde entier. Nous demeurons toutefois préoccupés par la lenteur et les disparités observées dans l'élimination de la pauvreté et dans la réalisation des autres objectifs de développement dans certaines régions. Nous nous engageons à promouvoir le développement des secteurs productifs des pays en développement afin de leur permettre de participer véritablement à la mondialisation et d'en tirer pleinement avantage. Nous soulignons qu'il est impérieux pour tous d'agir, notamment dans le cadre de stratégies et d'efforts nationaux de développement plus ambitieux soutenus par une coopération internationale accrue.

Partenariat mondial pour le développement

20. Nous réaffirmons notre attachement au partenariat mondial au service du développement envisagé dans la Déclaration du millénaire (3), le Consensus de Monterrey (4) et le Plan de mise en œuvre de Johannesburg (5).

21. Nous réaffirmons en outre notre attachement à une politique rationnelle, à la bonne gouvernance à tous les niveaux et à l'état de droit, et notre volonté de mobiliser les ressources nationales, d'attirer les flux internationaux de capitaux, de promouvoir le commerce international en tant que moteur du développement, d'intensifier la coopération financière et technique internationale au service du développement, de favoriser un financement viable de la dette et un allégement de la dette extérieure et de renforcer la cohérence des systèmes monétaires, financiers et commerciaux internationaux.

22. Nous réaffirmons que chaque pays est responsable au premier chef de son propre développement et que l'on ne saurait exagérer le rôle des politiques et des stratégies nationales de développement dans

(3) Voir résolution 55/2.

(4) Consensus de Monterrey issu de la Conférence internationale sur le financement du développement [*Rapport de la Conférence internationale sur le financement du développement, Monterrey (Mexique), 18-22 mars 2002* (publication des Nations unies, numéro de vente : F.02.II.A.7), chap. I, résolution 1, annexe].

(5) Plan de mise en œuvre du Sommet mondial pour le développement durable [*Rapport du Sommet mondial pour le développement durable, Johannesburg (Afrique du Sud), 26 août – 4 septembre 2002* (publication des Nations unies, numéro de vente : F.03.II.A.1), chap. I, résolution 2, annexe].

la réalisation du développement durable. Nous reconnaissons aussi que les efforts fournis par les pays devraient être complétés par des politiques, mesures et programmes d'appui mondiaux tendant à offrir aux pays en développement de meilleures chances de développement sans méconnaître la situation de chaque pays ni les prérogatives, les stratégies et la souveraineté nationales.

(...)

III. PAIX ET SÉCURITÉ COLLECTIVE

69. Nous considérons que nous sommes confrontés à toute une série de menaces qui appellent une action urgente, collective et plus résolue.

70. Nous considérons également que, conformément à la Charte, les grands organes des Nations unies se doivent de coopérer pour répondre à ces menaces, dans les limites de leurs mandats respectifs.

71. Nous considérons que le monde vit à l'heure de l'interdépendance et de la mondialisation et que nombre des menaces actuelles transcendent les frontières nationales, sont étroitement imbriquées et doivent donc être affrontées aux échelons mondial, régional et national, conformément à la Charte et au droit international.

72. Nous réaffirmons par conséquent notre volonté de travailler à une doctrine de sécurité commune, fondée sur cette constatation que de nombreuses menaces sont étroitement imbriquées, que le développement, la paix, la sécurité et les droits de l'Homme sont interdépendants, qu'aucun État ne peut se protéger en ne comptant que sur lui-même et que tous les États ont besoin d'un système de sécurité collective efficace et actif, conformément aux buts et aux principes consacrés dans la Charte.

Règlement pacifique des différends

73. Nous rappelons avec force l'obligation faite aux États de régler leurs différends par des moyens pacifiques conformément au chapitre VI de la Charte, y compris, le cas échéant, en les portant devant la Cour internationale de justice. Tous les États devraient guider leur action sur la Déclaration relative aux principes du droit international touchant les relations amicales et la coopération entre les États, conformément à la Charte des Nations unies (6).

74. Nous soulignons qu'il importe de prévenir les conflits armés conformément aux buts et aux principes consacrés dans la Charte et renouvelons solennellement notre engagement de promouvoir une

(6) Résolution 2625 (XXV), annexe.

culture de la prévention des conflits armés pour relever efficacement les défis interdépendants de la sécurité et du développement auxquels sont confrontées les populations du monde entier, et de renforcer les moyens dont dispose l'Organisation des Nations unies pour prévenir les conflits armés.

75. Nous soulignons en outre qu'il importe d'adopter une approche cohérente et intégrée de la prévention des conflits armés et du règlement des différends et que le Conseil de sécurité, l'Assemblée générale, le Conseil économique et social et le Secrétaire général doivent coordonner leur action, dans le respect du mandat assigné à chacun par la Charte.

76. Conscients de l'importance que revêtent les bons offices du Secrétaire général, notamment pour la médiation des différends, nous approuvons les efforts qu'il déploie pour renforcer ses moyens d'action dans ce domaine.

Emploi de la force en vertu de la Charte des Nations unies

77. Nous réaffirmons l'obligation faite à tous les États membres de s'abstenir dans leurs relations internationales de recourir à la menace ou à l'emploi de la force d'une manière incompatible avec la Charte. Nous réaffirmons les buts et les principes des Nations unies qui consistent notamment à maintenir la paix et la sécurité internationales, développer entre les nations des relations amicales fondées sur le respect du principe de l'égalité de droits des peuples et de leur droit à disposer d'eux-mêmes, et prendre toutes autres mesures propres à consolider la paix du monde; et, à cette fin, nous sommes résolus à prendre des mesures collectives efficaces en vue de prévenir et d'écarter les menaces à la paix et de réprimer tout acte d'agression ou autre rupture de la paix, et à réaliser, par des moyens pacifiques, conformément aux principes de la justice et du droit international, l'ajustement ou le règlement de différends ou de situations, de caractère international, susceptibles de mener à une rupture de la paix.

78. Nous réaffirmons qu'il importe d'encourager et de renforcer l'approche multilatérale et d'aborder les défis et problèmes internationaux dans le strict respect de la Charte et des principes du droit international, et nous soulignons encore notre attachement au multilatéralisme.

79. Nous réaffirmons que les dispositions pertinentes de la Charte sont suffisantes pour faire face à l'ensemble des menaces contre la paix et la sécurité internationales. Nous réaffirmons aussi que le Conseil de sécurité dispose de l'autorité voulue pour ordonner des mesures coercitives en vue de maintenir et rétablir la paix et la sécurité internationales. Nous soulignons en outre l'importance d'agir conformément aux buts et aux principes consacrés dans la Charte.

80. Nous réaffirmons que le Conseil de sécurité a la responsabilité principale du maintien de la paix et de la sécurité internationales. Nous

notons aussi le rôle dévolu à l'Assemblée générale dans le maintien de la paix et de la sécurité internationales conformément aux dispositions pertinentes de la Charte.

Terrorisme

81. Nous condamnons fermement le terrorisme sous toutes ses formes et dans toutes ses manifestations, quels qu'en soient les auteurs, les lieux et les buts, car il constitue une des menaces les plus graves pour la paix et la sécurité internationales.

82. Nous nous félicitons que le Secrétaire général ait proposé les éléments d'une stratégie de lutte antiterroriste. L'Assemblée générale devrait développer ces éléments sans retard en vue d'adopter et d'appliquer une stratégie prévoyant des réponses globales, coordonnées et cohérentes aux niveaux national, régional et international pour lutter contre le terrorisme, en tenant compte des conditions favorisant la propagation de ce dernier. Nous rendons hommage, dans ce contexte, aux initiatives qui encouragent le dialogue, la tolérance et la compréhension entre les civilisations.

83. Nous soulignons qu'il importe de n'épargner aucun effort pour parvenir à un accord et conclure, à la soixantième session de l'Assemblée générale, une convention générale relative au terrorisme international.

84. Nous reconnaissons que pourrait être examinée la question de la tenue, sous les auspices de l'Organisation des Nations unies, d'une conférence de haut niveau pour formuler une réponse internationale au terrorisme sous toutes ses formes et dans toutes ses manifestations.

85. Nous reconnaissons que la coopération internationale en matière de lutte antiterroriste doit s'exercer dans le respect du droit international, notamment de la Charte et des conventions et protocoles internationaux pertinents. Les États doivent veiller à ce que les mesures qu'ils prennent pour combattre le terrorisme soient conformes à leurs obligations au regard du droit international, en particulier le droit international des droits de l'Homme, le droit international des réfugiés et le droit international humanitaire.

86. Nous appelons à nouveau les États à s'abstenir d'organiser, de financer, d'encourager, de faciliter par un entraînement ou d'appuyer de toute autre manière des activités terroristes, et à prendre les mesures voulues pour que leur territoire ne serve pas à de telles activités.

87. Nous prenons note du rôle considérable que l'Organisation des Nations unies joue dans la lutte contre le terrorisme et soulignons l'importance de la coopération régionale et bilatérale dans ce domaine, notamment sur le plan pratique du maintien de l'ordre et des échanges techniques.

88. Nous invitons instamment la communauté internationale, notamment l'Organisation des Nations unies, à aider les États à se doter, aux

niveaux national et régional, des moyens de combattre le terrorisme. Nous demandons au Secrétaire général de présenter à l'Assemblée générale et au Conseil de sécurité, selon leurs mandats respectifs, des propositions tendant, d'une part, à renforcer la capacité du système des Nations unies à aider les États à lutter contre le terrorisme et, d'autre part, à mieux coordonner les activités de l'Organisation dans ce domaine.

89. Nous soulignons qu'il importe d'aider les victimes du terrorisme et de leur apporter, à elles-mêmes ainsi qu'à leur famille, le soutien matériel et moral dont elles ont besoin.

90. Nous encourageons le Conseil de sécurité à étudier les moyens de renforcer son rôle de surveillance et de répression du terrorisme, notamment en harmonisant les normes des rapports demandés aux États, compte dûment tenu des mandats respectifs de ses organes subsidiaires chargés de la lutte antiterroriste. Nous nous engageons à coopérer pleinement avec les trois organes subsidiaires compétents dans l'accomplissement de leurs mandats, sachant que de nombreux États ont encore besoin d'assistance pour appliquer les résolutions pertinentes du Conseil de sécurité.

91. Nous soutenons les efforts visant à assurer une rapide entrée en vigueur de la Convention internationale pour la répression des actes de terrorisme nucléaire (7), et nous encourageons fortement les États à la signer sans retard, ainsi qu'à adhérer aux douze autres conventions et protocoles internationaux relatifs à la lutte contre le terrorisme, et à les appliquer.

Maintien de la paix

92. Conscients que les opérations de maintien de la paix des Nations unies contribuent de façon décisive à aider les parties à un conflit à mettre fin aux hostilités et saluant le rôle des personnels de maintien de la paix des Nations unies à cet égard, prenant note des améliorations apportées ces dernières années à ces opérations, notamment le déploiement de missions intégrées dans des situations complexes, et soulignant la nécessité de doter les missions de moyens suffisants pour qu'elles puissent juguler les hostilités et s'acquitter efficacement de leur mandat, nous demandons instamment que soient élaborées plus avant les propositions tendant à accroître les moyens d'intervention rapide pouvant être déployés pour renforcer les opérations de maintien de la paix dans les situations de crise. Nous sommes favorables à la constitution d'une force de police permanente qui permettrait à la composante de police des missions de maintien de la paix des Nations unies de démarrer ses opérations de manière cohérente, efficace et adaptée, et qui assisterait les missions en cours en leur dispensant conseils et services d'experts.

---

(7) Résolution 59/290, annexe.

93. Conscients de la contribution importante que les organisations régionales apportent à la paix et à la sécurité, conformément au chapitre VIII de la Charte, et de l'intérêt que présente la mise en place de partenariats et d'arrangements structurés entre l'Organisation des Nations unies et les organisations régionales, et notant en particulier, eu égard aux besoins spéciaux de l'Afrique, l'importance d'une Union africaine forte, nous sommes convenus :

a) De soutenir les efforts que déploient l'Union européenne et d'autres entités régionales pour mettre en place des capacités telles que les dispositifs à déploiement rapide, les forces et moyens en attente et les dispositifs de relais;

b) D'appuyer l'élaboration et la mise en œuvre d'un plan décennal de renforcement des capacités en coopération avec l'Union africaine.

94. Nous appuyons la mise en œuvre du Programme d'action de 2001 en vue de prévenir, combattre et éliminer le commerce illicite des armes légères sous tous ses aspects (8).

95. Nous engageons par ailleurs instamment les États parties à la Convention sur l'interdiction des mines antipersonnel (9) et au Protocole II modifié se rapportant à la Convention sur certaines armes classiques (10) à remplir pleinement leurs obligations respectives. Nous demandons aux États qui sont en mesure de le faire d'accroître leur assistance technique aux États touchés par les mines.

96. Nous soulignons l'importance des recommandations du Conseiller du Secrétaire général pour les questions relatives à l'exploitation et aux abus sexuels commis par des membres des missions de maintien de la paix des Nations unies (11), et demandons instamment que soient immédiatement et pleinement appliquées les mesures que l'Assemblée générale a adoptées sur la base de ces recommandations dans ses résolutions sur la question.

Consolidation de la paix

97. Mettant l'accent sur la nécessité d'une approche coordonnée, cohérente et intégrée en matière de consolidation de la paix et de réconciliation au lendemain de conflits en vue de l'instauration d'une

---

(8) Voir *Rapport de la Conférence des Nations unies sur le commerce illicite des armes légères sous tous ses aspects, New York, 9-20 juillet 2001* (A/CONF.192/15), chap. IV, par. 24.

(9) Convention sur l'interdiction de l'emploi, du stockage, de la production et du transfert des mines antipersonnel et sur leur destruction (Nations unies, *Recueil des Traités*, vol. 2056, nº 35597).

(10) Protocole II modifié se rapportant à la Convention sur l'interdiction ou la limitation de l'emploi de certaines armes classiques qui peuvent être considérées comme produisant des effets traumatiques excessifs ou comme frappant sans discrimination [CCW/CONF. I/16 (Part I), annexe B].

(11) A/59/710, par. 68 à 93.

paix durable et reconnaissant la nécessité d'un mécanisme institutionnel de consolidation de la paix ayant vocation à répondre aux besoins particuliers des pays qui sortent d'un conflit afin d'appuyer leurs efforts de relèvement, de réinsertion et de reconstruction et de les aider à jeter les bases d'un développement durable, et conscients du rôle crucial que l'Organisation des Nations unies joue dans ce domaine, nous décidons d'instituer une commission de consolidation de la paix en tant qu'organe intergouvernemental consultatif.

98. La Commission de consolidation de la paix a pour vocation première de rassembler toutes les parties intéressées aux fins de la mobilisation de ressources, et de formuler des conseils et des propositions concernant des stratégies intégrées de consolidation de la paix et de relèvement après les conflits. Elle devrait mettre l'accent sur l'entreprise de reconstruction et de renforcement des institutions nécessaire au relèvement au lendemain d'un conflit et aider à élaborer des stratégies intégrées en vue de jeter les bases d'un développement durable. Elle devrait également présenter des recommandations et des informations en vue d'améliorer la coordination de tous les intervenants à l'intérieur et à l'extérieur du système des Nations unies, d'élaborer des pratiques optimales, d'aider à assurer un financement prévisible pour les premières activités de relèvement, et de prolonger la période de mobilisation de la communauté internationale en faveur des activités de relèvement après un conflit. Elle devrait prendre toutes ses décisions sur la base du consensus.

99. La Commission de consolidation de la paix devrait mettre les résultats de ses travaux et ses recommandations à la disposition de tous les organes et parties prenantes intéressés, y compris les institutions financières internationales, sous forme de documents de l'Organisation des Nations unies. Elle devrait présenter un rapport annuel à l'Assemblée générale.

100. La Commission devrait tenir différents types de réunions. Devraient participer à celles de ses réunions qui seraient consacrées à un pays donné, en réponse à une invitation du Comité d'organisation dont il est question au paragraphe 101 ci-après, outre les membres dudit Comité :

a) Des représentants du pays concerné;

b) Des représentants de pays de la région engagés dans des opérations lancées après un conflit, d'autres pays qui participent à des opérations de secours et/ou au dialogue politique, ainsi que d'organisations régionales et sous-régionales compétentes;

c) Des représentants des principaux pays fournisseurs de ressources financières, de contingents et de forces de police civile participant à l'effort de relèvement;

d) Le représentant principal de l'Organisation des Nations unies sur le terrain et d'autres représentants de l'Organisation, s'il y a lieu;

e) Des représentants d'institutions financières régionales et internationales, s'il y a lieu.

101. La Commission de consolidation de la paix devrait être dotée d'un comité d'organisation permanent chargé de l'élaboration de ses procédures et des questions d'organisation, composé :

a) De membres du Conseil de sécurité, dont des membres permanents;

b) De membres du Conseil économique et social, élus parmi les groupes régionaux en prenant en considération les pays dans lesquels ont été réalisées des opérations de relèvement postconflictuelles;

c) Des États dont les quotes-parts du financement du budget de l'Organisation des Nations unies et les contributions volontaires aux fonds, programmes et organismes des Nations unies, notamment au Fonds permanent pour la consolidation de la paix, sont les plus importantes et qui ne relèvent pas des alinéas *a* ou *b*;

d) Des principaux pays qui fournissent des contingents et des personnels de police civile aux missions de l'Organisation des Nations unies et qui ne relèvent pas des alinéas *a*, *b* ou *c*.

102. Des représentants de la Banque mondiale, du Fonds monétaire international et d'autres donateurs institutionnels devraient être invités à participer à toutes les réunions de la Commission, compte tenu des arrangements en vigueur au sein de ces institutions, ainsi qu'un représentant du Secrétaire général.

103. Nous demandons au Secrétaire général de créer un fonds permanent pluriannuel pour la consolidation de la paix après les conflits, fonds qui serait financé à l'aide de contributions volontaires et tiendrait dûment compte des instruments existants. Le Fonds aurait pour objectif de veiller au déblocage immédiat des ressources nécessaires pour entreprendre des activités de consolidation de la paix et à l'obtention d'un financement approprié pour les opérations de relèvement.

104. Nous demandons également au Secrétaire général de créer au Secrétariat, dans les limites des ressources disponibles, un petit bureau d'appui à la consolidation de la paix formé d'experts dans ce domaine et chargé d'aider et d'appuyer la Commission. Ce bureau devrait faire appel aux meilleures compétences disponibles.

105. La Commission de consolidation de la paix devrait commencer à fonctionner le 31 décembre 2005 au plus tard.

Sanctions

106. Nous soulignons que les sanctions prévues par la Charte demeurent un instrument important du maintien de la paix et de la sécurité internationales sans recours à la force, et nous nous déclarons décidés à veiller à ce qu'elles soient convenablement ciblées et répondent à des objectifs précis, à nous conformer aux sanctions ins-

tituées par le Conseil de sécurité et à veiller à ce que les sanctions soient appliquées de façon à trouver un juste milieu entre l'efficacité nécessaire pour obtenir le résultat voulu et les conséquences néfastes éventuelles, notamment sur les plans socio-économique et humanitaire, pour les populations et pour les États tiers.

107. Les sanctions devraient être appliquées et surveillées efficacement en fonction d'un ensemble de critères clairement définis et faire l'objet d'un examen périodique, s'il y a lieu; elles ne devraient rester en vigueur que durant le temps nécessaire pour atteindre leurs objectifs et être levées une fois ces objectifs atteints.

108. Nous demandons au Conseil de sécurité, agissant avec le concours du Secrétaire général, de surveiller de plus près l'application des sanctions et leurs effets, de faire en sorte que celles-ci soient appliquées de manière responsable, d'examiner périodiquement les résultats d'une telle surveillance, et de mettre en place un mécanisme pour remédier aux problèmes économiques imputables aux sanctions prises en vertu de la Charte.

109. Nous demandons aussi au Conseil de sécurité de veiller, avec le concours du Secrétaire général, à ce que les procédures prévues pour inscrire des particuliers et des entités sur les listes de personnes et d'entités passibles de sanctions et pour les rayer de ces listes, ainsi que pour octroyer des dérogations à des fins humanitaires, soient équitables et transparentes.

110. Nous soutenons les efforts que déploie le système des Nations unies pour rendre les États mieux à même d'appliquer les sanctions.

(...)

Responsabilité de protéger les populations contre le génocide, les crimes de guerre, le nettoyage ethnique et les crimes contre l'humanité

138. C'est à chaque État qu'il incombe de protéger ses populations du génocide, des crimes de guerre, du nettoyage ethnique et des crimes contre l'humanité. Cette responsabilité consiste notamment dans la prévention de ces crimes, y compris l'incitation à les commettre, par les moyens nécessaires et appropriés. Nous l'acceptons et agirons de manière à nous y conformer. La communauté internationale devrait, si nécessaire, encourager et aider les États à s'acquitter de cette responsabilité et aider l'Organisation des Nations unies à mettre en place un dispositif d'alerte rapide.

139. Il incombe également à la communauté internationale, dans le cadre de l'Organisation des Nations unies, de mettre en œuvre les moyens diplomatiques, humanitaires et autres moyens pacifiques appropriés, conformément aux chapitres VI et VIII de la Charte, afin d'aider à protéger les populations du génocide, des crimes de guerre, du nettoyage ethnique et des crimes contre l'humanité. Dans ce contexte, nous sommes prêts à mener en temps voulu une action collective résolue, par

l'entremise du Conseil de sécurité, conformément à la Charte, notamment son chapitre VII, au cas par cas et en coopération, le cas échéant, avec les organisations régionales compétentes, lorsque ces moyens pacifiques se révèlent inadéquats et que les autorités nationales n'assurent manifestement pas la protection de leurs populations contre le génocide, les crimes de guerre, le nettoyage ethnique et les crimes contre l'humanité. Nous soulignons que l'Assemblée générale doit poursuivre l'examen de la responsabilité de protéger les populations du génocide, des crimes de guerre, du nettoyage ethnique et des crimes contre l'humanité et des conséquences qu'elle emporte, en ayant à l'esprit les principes de la Charte et du droit international. Nous entendons aussi nous engager, selon qu'il conviendra, à aider les États à se doter des moyens de protéger leurs populations du génocide, des crimes de guerre, du nettoyage ethnique et des crimes contre l'humanité et à apporter une assistance aux pays dans lesquels existent des tensions avant qu'une crise ou qu'un conflit n'éclate.

140. Nous appuyons pleinement la mission du Conseiller spécial du Secrétaire général pour la prévention du génocide.

(…)

V. RENFORCEMENT DE L'ORGANISATION DES NATIONS UNIES

146. Nous réaffirmons que nous tenons fermement à renforcer l'Organisation des Nations unies afin de raffermir son autorité et de la rendre plus efficace, et à faire en sorte qu'elle soit mieux à même de s'attaquer, conformément aux buts et aux principes énoncés dans la Charte, à tout l'éventail des problèmes de notre temps. Nous sommes résolus à revitaliser les organes intergouvernementaux de l'Organisation et à les adapter aux besoins du XXIe siècle.

147. Nous soulignons qu'afin de s'acquitter efficacement des mandats qui leur sont confiés par la Charte, les organes de l'Organisation doivent nouer des liens de coopération et coordonner les efforts qu'ils déploient pour construire une Organisation plus efficace.

148. Nous soulignons qu'il faut que l'Organisation soit dotée de ressources suffisantes et prévisibles pour lui permettre d'accomplir ses missions. Une fois réformée, elle doit être à l'écoute de tous ses membres, fidèle à ses principes fondamentaux et adaptée aux tâches que suppose l'exécution de son mandat.

Assemblée générale

149. Nous réaffirmons que l'Assemblée générale occupe une place centrale en tant qu'instance représentative et principal organe délibérant

chargé de fixer les orientations de l'Organisation, et qu'il lui incombe aussi de jouer son rôle dans l'établissement de normes et dans la codification du droit international.

150. Nous nous félicitons des mesures que l'Assemblée générale a adoptées pour renforcer son rôle et son autorité, ainsi que le rôle et l'autorité de son président et, à cette fin, nous demandons que ces mesures soient appliquées intégralement et rapidement.

151. Nous souhaiterions voir renforcées les relations entre l'Assemblée générale et les autres organes principaux, compte tenu de leurs mandats respectifs, afin que soit assurée une meilleure coordination sur les questions d'actualité qui appellent une action concertée de la part de l'Organisation.

Conseil de sécurité

152. Nous réaffirmons que les États membres ont confié au Conseil de sécurité, agissant en leur nom et conformément à la Charte, la responsabilité principale du maintien de la paix et de la sécurité internationales.

153. Nous souhaitons – et c'est un élément central de la réforme générale de l'Organisation que nous menons – que le Conseil de sécurité soit réformé sans tarder, afin de le rendre plus largement représentatif, plus performant et plus transparent, ce qui accroîtra encore son efficacité, la légitimité de ses décisions et la qualité de leur mise en œuvre. Nous nous engageons à continuer à nous efforcer d'aboutir à une décision à cette fin, et nous prions l'Assemblée générale d'examiner, d'ici à la fin de 2005, les progrès accomplis sur cette voie.

154. Nous recommandons que le Conseil de sécurité continue à adapter ses méthodes de travail de façon à ce que les États qui n'en sont pas membres participent davantage, le cas échéant, à ses travaux, à ce qu'il réponde mieux de son action devant l'ensemble des États membres et à ce qu'il fonctionne dans une plus grande transparence.

Conseil économique et social

155. Nous réaffirmons le rôle que la Charte et l'Assemblée générale ont confié au Conseil économique et social, et nous constatons qu'il faut renforcer l'efficacité de ses travaux en tant que principal organe responsable, d'une part, de la coordination, de l'examen des politiques, de la concertation et de la formulation de recommandations pour les questions relatives au développement économique et social, et, d'autre part, de la réalisation des objectifs de développement internationaux dont il a été convenu aux grandes conférences et réunions au sommet organisées par les Nations unies, y compris les objectifs du millénaire pour le développement. À ces fins, le Conseil devrait :

a) Promouvoir un dialogue mondial et un partenariat sur les politiques et tendances mondiales dans les domaines économique, social, écologique et humanitaire. Pour ce faire, le Conseil devrait offrir un cadre approprié qui permette aux États membres, aux institutions financières internationales, au secteur privé et à la société civile d'engager au plus haut niveau un débat sur les nouvelles tendances, politiques et actions mondiales, et se donner les moyens de réagir mieux et plus rapidement aux événements survenant sur la scène internationale dans les domaines économique, écologique et social;

b) Tenir tous les deux ans, au plus haut niveau, un forum de la coopération pour le développement, afin d'examiner les tendances de cette coopération, notamment en ce qui concerne les stratégies, les politiques et les moyens de financement, de favoriser une amélioration de la cohérence des activités de développement des différents partenaires et de renforcer les liens entre les activités normatives et opérationnelles de l'Organisation;

c) Assurer le suivi de l'application des textes issus des grandes conférences et réunions au sommet des Nations unies, notamment en ce qui concerne les objectifs de développement convenus sur le plan international, et tenir chaque année des réunions au niveau ministériel afin d'examiner sur le fond les progrès accomplis, en faisant appel à ses commissions techniques et régionales ainsi qu'à d'autres institutions internationales, conformément à leurs mandats respectifs;

d) Appuyer et compléter l'action menée à l'échelon international pour faire face aux crises humanitaires, notamment en cas de catastrophe naturelle, en vue de favoriser l'amélioration de la qualité et de la coordination des interventions de l'Organisation;

e) Jouer un rôle de premier plan dans la coordination générale des fonds, programmes et organismes, en veillant à la cohérence du système et en évitant que des mandats et activités fassent double emploi.

156. Nous soulignons que, pour permettre au Conseil économique et social de remplir pleinement les fonctions énoncées ci-dessus, il convient d'adapter l'organisation de ses travaux, son ordre du jour et ses méthodes de travail actuelles.

Conseil des droits de l'Homme

157. Compte tenu de notre volonté de renforcer les mécanismes de l'Organisation des Nations unies dans le domaine des droits de l'Homme, nous décidons de créer un Conseil des droits de l'Homme.

158. Le Conseil sera chargé de promouvoir le respect universel et la défense de tous les droits de l'Homme et de toutes les libertés fondamentales, pour tous, sans aucune sorte de distinction et de façon juste et équitable.

159. Le Conseil examinera les violations des droits de l'Homme, notamment lorsque celles-ci sont flagrantes et systématiques, et fera des recommandations à leur sujet. Il s'emploiera à ce que les activités du système des Nations unies relatives aux droits de l'Homme soient coordonnées efficacement et à ce que la question des droits de l'Homme soit prise en compte systématiquement par tous les organismes du système.

160. Nous prions le président de l'Assemblée générale d'organiser des négociations ouvertes, transparentes et sans exclusion, devant aboutir le plus tôt possible, au cours de la soixantième session, afin d'arrêter le mandat, les modalités d'organisation, les fonctions, la taille, la composition et les méthodes de travail du Conseil des droits de l'Homme.

II. L'ÉTAT ET LES RELATIONS INTERNATIONALES

Relations diplomatiques et consulaires :

2 Convention de Vienne sur les relations diplomatiques (1)

Date d'adoption : 18/04/1961
Date d'entrée en vigueur : 24/04/1964

Les États parties à la présente Convention,

Rappelant que, depuis une époque reculée, les peuples de tous les pays reconnaissent le statut des agents diplomatiques,

Conscients des buts et des principes de la Charte des Nations unies concernant l'égalité souveraine des États, le maintien de la paix et de la sécurité internationales et le développement de relations amicales entre les nations.

Persuadés qu'une convention internationale sur les relations, privilèges et immunités diplomatiques contribuerait à favoriser les relations d'amitié entre les pays, quelle que soi la diversité de leurs régimes constitutionnels et sociaux,

Convaincus que le but desdits privilèges et immunités est non pas d'avantager les individus mais d'assurer l'accomplissement efficace des fonctions des missions diplomatiques en tant que représentant des États,

Affirmant que les règles du droit international coutumier doivent continuer à régir les questions qui n'ont pas été expressément réglées dans les dispositions de la présente Convention.

---

(1) 63, 111, 116.

Sont convenus de ce qui suit :

Art. premier. – Aux fins de la présente Convention, les expressions suivantes s'entendent comme il est précisé ci-dessous :

a) L'expression « chef de mission » s'entend de la personne chargée par l'État accréditant d'agir en cette qualité ;

b) L'expression « membres de la mission » s'entend du chef de la mission et des membres du personnel de la mission ;

c) L'expression « membres du personnel de la mission » s'entend des membres du personnel diplomatique du personnel administratif et technique et du personnel de service de la mission ;

d) L'expression « membres du personnel diplomatique » s'entend des membres du personnel de la mission qui ont la qualité de diplomates ;

e) L'expression « agent diplomatique » s'entend du chef de la mission ou d'un membre du personnel diplomatique de la mission ;

f) L'expression « membres du personnel administratif et technique » s'entend des membres du personnel de la mission employés dans le service administratif et technique de la mission ;

g) L'expression « membres du personnel de service » s'entend des membres du personnel de la mission employés au service domestique de la mission ;

h) L'expression « domestique privé » s'entend des personnes employées au service domestique d'un membre de la mission, qui ne sont pas des employés de l'État accréditant ;

i) L'expression « locaux de la mission » s'entend des bâtiments ou des parties de bâtiments et du terrain attenant qui, quel qu'en soit le propriétaire, sont utilisés aux fins de la mission, y compris la résidence du chef de la mission.

Art. 2. – L'établissement de relations diplomatiques entre États et l'envoi de missions diplomatiques permanentes se font par consentement mutuel.

Art. 3. – 1. Les fonctions d'une mission diplomatique consistent notamment à :

a) Représenter l'État accréditant auprès de l'État accréditaire ;

b) Protéger dans l'État accréditaire les intérêts de l'État accréditant et de ses ressortissants, dans les limites admises par le droit international ;

c) Négocier avec le Gouvernement de l'État accréditaire ;

d) S'informer par tous les moyens licites des conditions et de l'évolution des événements dans l'État accréditaire et faire rapport à ce sujet au Gouvernement de l'État accréditant ;

e) Promouvoir des relations amicales et développer les relations économiques, culturelles et scientifiques entre l'État accréditant et l'État accréditaire.

2. Aucune disposition de la présente Convention ne saurait être interprétée comme interdisant l'exercice de fonctions consulaires par une mission diplomatique.

Art. 4. – 1. L'État accréditant doit s'assurer que la personne qu'il envisage d'accréditer comme chef de la mission auprès de l'État accréditaire a reçu l'agrément de cet État.

2. L'État accréditaire n'est pas tenu de donner à l'État accréditant les raisons d'un refus d'agrément.

Art. 5. – 1. L'État accréditant, après due notification aux États accréditaires intéressés, peut accréditer un chef de mission ou affecter un membre du personnel diplomatique, suivant le cas, auprès de plusieurs États, à moins que l'un des États accréditaires ne s'y oppose expressément.

2. Si l'État accréditant accrédite un chef de mission auprès d'un ou de plusieurs États, il peut établir une mission diplomatique dirigée par un chargé d'affaires *ad interim* dans chacun des États où le chef de la mission n'a pas sa résidence permanente.

3. Un chef de mission ou un membre du personnel diplomatique de la mission peut représenter l'État accréditant auprès de toute organisation internationale.

Art. 6. – Plusieurs États peuvent accréditer la même personne en qualité de chef de mission auprès d'un autre État, à moins que l'État accréditaire ne s'y oppose.

Art. 7. – Sous réserve des dispositions des articles 5, 8, 9 et 11, l'État accréditant nomme à son choix les membres du personnel de la mission. En ce qui concerne les attachés militaires, navals ou de l'air, l'État accréditaire peut exiger que leurs noms lui soient soumis à l'avance aux fins d'approbation.

Art. 8. – 1. Les membres du personnel diplomatique de la mission auront en principe la nationalité de l'État accréditant.

2. Les membres du personnel diplomatique de la mission ne peuvent être choisis parmi les ressortissants de l'État accréditaire qu'avec le consentement de cet État, qui peut en tout temps le retirer.

3. L'État accréditaire peut se réserver le même droit en ce qui concerne les ressortissants d'un État tiers qui ne sont pas également ressortissants de l'État accréditant.

Art. 9. – 1. L'État accréditaire peut, à tout moment et sans avoir à motiver sa décision, informer l'État accréditant que le chef ou tout autre membre du personnel diplomatique de la mission est *persona non grata* ou que tout autre membre du personnel de la mission n'est pas acceptable. L'État accréditant rappellera alors la personne en cause ou mettra fin à ses fonctions auprès de la mission, selon le cas. Une personne peut être déclarée *non grata* ou non acceptable avant d'arriver sur le territoire de l'État accréditaire.

2. Si l'État accréditant refuse d'exécuter, ou n'exécute pas dans un délai raisonnable, les obligations qui lui incombent aux termes du paragraphe 1 du présent article, l'État accréditaire peut refuser de reconnaître à la personne en cause la qualité de membre de la mission.

Art. 10. – 1. Sont notifiés au ministère des Affaires étrangères de l'État accréditaire ou à tel autre ministère dont il aura été convenu :

a) La nomination des membres de la mission, leur arrivée et leur départ définitif ou la cessation de leurs fonctions dans la mission;

b) L'arrivée et le départ définitif d'une personne appartenant à la famille d'un membre de la mission, et, s'il y a lieu, le fait qu'une personne devient ou cesse d'être membre de la famille d'un membre de la mission;

c) L'arrivé et le départ définitif de domestiques privés au service des personnes visées à l'alinéa *a)* ci-dessus, et, s'il y a lieu, le fait qu'ils quittent le service desdites personnes;

d) L'engagement et le congédiement de personnes résidant dans l'État accréditaire, en tant que membres de la mission ou en tant que domestiques privés ayant droit aux privilèges et immunités.

2. Toutes les fois qu'il est possible, l'arrivée et le départ définitif doivent également faire l'objet d'une notification préalable.

Art. 11. – 1. À défaut d'accord explicite sur l'effectif de la mission, l'État accréditaire peut exiger que cet effectif soit maintenu dans les limites de ce qu'il considère comme raisonnable et normal, eu égard aux circonstances et conditions qui règnent dans cet État et aux besoins de la mission en cause.

2. L'État accréditaire peut également, dans les mêmes limites et sans discrimination, refuser d'admettre des fonctionnaires d'une certaine catégorie.

Art. 12. – L'État accréditant ne doit pas, sans avoir obtenu au préalable le consentement exprès de l'État accréditaire, établir des bureaux faisant partie de la mission dans d'autres localités que celles où la mission elle-même est établie.

Art. 13. – 1. Le chef de la mission est réputé avoir assumé ses fonctions dans l'État accréditaire dès qu'il a présenté ses lettres de créance ou dès qu'il a notifié son arrivée et qu'une copie figurée de ses lettres de créance a été présentée au ministère des Affaires étrangères de l'État accréditaire, ou à tel autre ministère dont il aura été convenu, selon la pratique en vigueur dans l'État accréditaire, qui doit être appliquée d'une manière uniforme.

2. L'ordre de présentation des lettres de créance ou d'une copie figurée de ces lettres est déterminé par la date et l'heure d'arrivée du chef de la mission.

Art. 14. – 1. Les chefs de mission sont répartis en trois classes, à savoir :

a) Celle des ambassadeurs ou nonces accrédités auprès des chefs d'État et des autres chefs de mission ayant un rang équivalent;

b) Celle des envoyés, ministres ou internonces accrédités auprès des chefs d'État;

c) Celle des chargés d'affaires accrédités auprès des ministères des Affaires étrangères.

2. Sauf en ce qui touche la préséance et l'étiquette, aucune différence n'est faite entre les chefs de mission en raison de leur classe.

Art. 15. – Les États conviennent de la classe à laquelle doivent appartenir les chefs de leurs missions.

Art. 16. – 1. Les chefs de mission prennent rang dans chaque classe suivant la date et l'heure à laquelle ils ont assumé leurs fonctions conformément à l'article 13.

2. Les modifications apportées aux lettres de créance d'un chef de mission qui n'impliquent pas de changements de classe n'affectent pas son rang de préséance.

3. Le présent article n'affecte pas les usages qui sont ou seraient acceptés par l'État accréditaire en ce qui concerne la préséance du représentant du Saint-Siège.

Art. 17. – L'ordre de préséance des membres du personnel diplomatique de la mission est notifié par le chef de mission au ministère des Affaires étrangères ou à tel autre ministère dont il aura été convenu.

Art. 18. – Dans chaque État, la procédure à suivre pour la réception des chefs de mission doit être uniforme à l'égard de chaque classe.

Art. 19. – 1. Si le poste de chef de la mission est vacant, ou si le chef de la mission est empêché d'exercer ses fonctions, un chargé d'affaires *ad interim* agit à titre provisoire comme chef de la mission. Le nom du chargé d'affaires *ad interim* sera notifié soit par le chef de la mission, soit, au cas où celui-ci est empêché de le faire, par le ministère des Affaires étrangères de l'État accréditant, au ministère des Affaires étrangères de l'État accréditaire ou à tel autre ministère dont il aura été convenu.

2. Au cas où aucun membre du personnel diplomatique de la mission n'est présent dans l'État accréditaire, un membre du personnel administratif et technique peut, avec le consentement de l'État accréditaire être désigné par l'État accréditant pour gérer les affaires administratives courantes de la mission.

Art. 20. – La mission et son chef ont le droit de placer le drapeau et l'emblème de l'État accréditant sur les locaux de la mission, y compris la résidence du chef de la mission, et sur les moyens de transport de celui-ci.

Art. 21. – 1. L'État accréditaire doit, soit faciliter l'acquisition sur son territoire, dans le cadre de sa législation, par l'État accréditant des locaux nécessaires à sa mission, soit aider l'État accréditant à se procurer des locaux d'une autre manière.

2. Il doit également, s'il en est besoin, aider les missions à obtenir des logements convenables pour leurs membres.

Art. 22. – 1. Les locaux de la mission sont inviolables. Il n'est pas permis aux agents de l'État accréditaire d'y pénétrer, sauf avec le consentement du chef de la mission.

2. L'État accréditaire a l'obligation spéciale de prendre toutes mesures appropriées afin d'empêcher que les locaux de la mission ne soient envahis ou endommagés, la paix de la mission troublée ou sa dignité amoindrie.

3. Les locaux de la mission, leur ameublement et les autres objets qui s'y trouvent, ainsi que les moyens de transport de la mission, ne peuvent faire l'objet d'aucune perquisition, réquisition, saisie ou mesure d'exécution.

Art. 23. – 1. L'État accréditant et le chef de la mission sont exempts de tous impôts et taxes nationaux, régionaux ou communaux, au titre des locaux de la mission dont ils sont propriétaires ou locataires, pourvu qu'il ne s'agisse pas d'impôts ou taxes perçus en rémunération de services particuliers rendus.

2. L'exemption fiscale prévue dans le présent article ne s'applique pas à ces impôts et taxes lorsque, d'après la législation de l'État accréditaire, ils sont à la charge de la personne qui traite avec l'État accréditant ou avec le chef de la mission.

Art. 24. – Les archives et documents de la mission sont inviolables à tout moment et en quelque lieu qu'ils se trouvent.

Art. 25. – L'État accréditaire accorde toutes facilités pour l'accomplissement des fonctions de la mission.

Art. 26. – Sous réserve de ses lois et règlements relatifs aux zones dont l'accès est interdit ou réglementé pour des raisons de sécurité nationale, l'État accréditaire assure à tous les membres de la mission la liberté de déplacement et de circulation sur son territoire.

Art. 27. – 1. L'État accréditaire permet et protège la libre communication de la mission pour toutes fins officielles. En communiquant avec le Gouvernement ainsi qu'avec les autres missions et consulats de l'État accréditant, où qu'ils se trouvent, la mission peut employer tous les moyens de communication appropriés, y compris les courriers diplomatiques et les messages en code ou en chiffre. Toutefois, la mission ne peut installer et utiliser un poste émetteur de radio qu'avec l'assentiment de l'État accréditaire.

2. La correspondance officielle de la mission est inviolable. L'expression « correspondance officielle » s'entend de toute la correspondance relative à la mission et à ses fonctions.

3. La valise diplomatique ne doit ni être ouverte ni retenue.

4. Les colis constituant la valise diplomatique doivent porter des marques extérieures visibles de leur caractère et ne peuvent contenir que des documents diplomatiques ou des objets à usage officiel.

5. Le courrier diplomatique, qui doit être porteur d'un document officiel attestant sa qualité et précisant le nombre de colis constituant la valise diplomatique, est, dans l'exercice de ses fonctions, protégé par l'État accréditaire. Il jouit de l'inviolabilité de sa personne et ne peut être soumis à aucune forme d'arrestation ou de détention.

6. L'État accréditant, ou la mission, peut nommer des courriers diplomatiques *ad hoc*. Dans ce cas, les dispositions du paragraphe 5 du présent article seront également applicables, sous réserve que les immunités qui y sont mentionnées cesseront de s'appliquer dès que le courrier aura remis au destinataire la valise diplomatique dont il a la charge.

7. La valise diplomatique peut être confiée au commandant d'un aéronef commercial qui doit atterrir à un point d'entrée autorisé. Ce commandant doit être porteur d'un document officiel indiquant le nombre de colis constituant la valise, mais il n'est pas considéré comme un courrier diplomatique. La mission peut envoyer un de ses membres prendre, directement et librement, possession de la valise diplomatique des mains du commandant de l'aéronef.

Art. 28. – Les droits et redevances perçus par la mission pour des actes officiels sont exempts de tous impôts et taxes.

Art. 29. – La personne de l'agent diplomatique est inviolable. Il ne peut être soumis à aucune forme d'arrestation ou de détention. L'État accréditaire le traite avec le respect qui lui est dû, et prend toutes mesures raisonnables pour empêcher toute atteinte à sa personne, sa liberté et sa dignité.

Art. 30. – 1. La demeure privée de l'agent diplomatique jouit de la même inviolabilité et de la même protection que les locaux de la mission.

2. Ses documents, sa correspondance et, sous réserve du paragraphe 3 de l'article 31, ses biens jouissent également de l'inviolabilité.

Art. 31. – 1. L'agent diplomatique jouit de l'immunité de la juridiction pénale de l'État accréditaire. Il jouit également de l'immunité de sa juridiction civile et administrative, sauf s'il s'agit :

a) D'une action réelle concernant un immeuble privé situé sur le territoire de l'État accréditaire, à moins que l'agent diplomatique ne le possède pour le compte de l'État accréditant aux fins de la mission;

b) D'une action concernant une succession, dans laquelle l'agent diplomatique figure comme exécuteur testamentaire, administrateur, héritier ou légataire, à titre privé et non pas au nom de l'État accréditant;

c) D'une action concernant une profession libérale ou une activité commerciale, quelle qu'elle soit, exercée par l'agent diplomatique dans l'État accréditaire en dehors de ses fonctions officielles.

2. L'agent diplomatique n'est pas obligé de donner son témoignage.

3. Aucune mesure d'exécution ne peut être prise à l'égard de l'agent diplomatique, sauf dans les cas prévus aux alinéas *a)*, *b)* et *c)* du paragraphe 1 du présent article, et pourvu que l'exécution puisse se faire sans qu'il soit porté atteinte à l'inviolabilité de sa personne ou de sa demeure.

4. L'immunité de juridiction d'un agent diplomatique dans l'État accréditaire ne saurait exempter cet agent de la juridiction de l'État accréditant.

Art. 32. – 1. L'État accréditant peut renoncer à l'immunité de juridiction des agents diplomatiques et des personnes qui bénéficient de l'immunité en vertu de l'article 37.

2. La renonciation doit toujours être expresse.

3. Si un agent diplomatique ou une personne bénéficiant de l'immunité de juridiction en vertu de l'article 37 engage une procédure, il n'est plus recevable à invoquer l'immunité de juridiction à l'égard de toute demande reconventionnelle directement liée à la demande principale.

4. La renonciation à l'immunité de juridiction pour une action civile ou administrative n'est pas censée impliquer la renonciation à l'immunité quant aux mesures d'exécution du jugement, pour lesquelles une renonciation distincte est nécessaire.

Art. 33. – 1. Sous réserve des dispositions du paragraphe 3 du présent article, l'agent diplomatique est, pour ce qui est des services rendus à l'État accréditant, exempté des dispositions de sécurité sociale qui peuvent être en vigueur dans l'État accréditaire.

2. L'exemption prévue au paragraphe 1 du présent article s'applique également aux domestiques privés qui sont au service exclusif de l'agent diplomatique, à condition :

a) Qu'ils ne soient pas ressortissants de l'État accréditaire ou n'y aient pas leur résidence permanente; et

b) Qu'ils soient soumis aux dispositions de sécurité sociale qui peuvent être en vigueur dans l'État accréditant ou dans un État tiers.

3. L'agent diplomatique qui a à son service des personnes auxquelles l'exemption prévue au paragraphe 2 du présent article ne s'appli-

que pas doit observer les obligations que les dispositions de sécurité sociale de l'État accréditaire imposent à l'employeur.

4. L'exemption prévue aux paragraphes 1 et 2 du présent article n'exclut pas la participation volontaire au régime de sécurité sociale de l'État accréditaire pour autant qu'elle est admise par cet État.

5. Les dispositions du présent article n'affectent pas les accords bilatéraux ou multilatéraux relatifs à la sécurité sociale qui ont été conclus antérieurement et elles n'empêchent pas la conclusion ultérieure de tels accords.

Art. 34. – L'agent diplomatique est exempt de tous impôts et taxes, personnels ou réels, nationaux, régionaux ou communaux à l'exception :

a) Des impôts indirects d'une nature telle qu'ils sont normalement incorporés dans le prix des marchandises ou des services ;

b) Des impôts et taxes sur les biens immeubles privés situés sur le territoire de l'État accréditaire, à moins que l'agent diplomatique ne les possède pour le compte de l'État accréditant, aux fins de la mission ;

c) Des droits de succession perçus par l'État accréditaire, sous réserve des dispositions du paragraphe 4 de l'article 39 ;

d) Des impôts et taxes sur les revenus privés qui ont leur source dans l'État accréditaire et des impôts sur le capital prélevés sur les investissements effectués dans des entreprises commerciales situées dans l'État accréditaire ;

e) Des impôts et taxes perçus en rémunération de services particuliers rendus ;

f) Des droits d'enregistrement, de greffe, d'hypothèque et de timbre en ce qui concerne les biens immobiliers, sous réserve des dispositions de l'article 23.

Art. 35. – L'État accréditaire doit exempter les agents diplomatiques de toute prestation personnelle, de tout service public de quelque nature qu'il soit et des charges militaires telles que les réquisitions, contributions et logements militaires.

Art. 36. – 1. Suivant les dispositions législatives et réglementaires qu'il peut adopter, l'État accréditaire accorde l'entrée et l'exemption de droits de douane, taxes et autres redevances connexes autres que frais d'entreposage, de transport et frais afférents à des services analogues sur :

a) Les objets destinés à l'usage officiel de la mission ;

b) Les objets destinés à l'usage personnel de l'agent diplomatique ou des membres de sa famille qui font partie de son ménage, y compris les effets destinés à son installation.

2. L'agent diplomatique est exempté de l'inspection de son bagage personnel, à moins qu'il n'existe des motifs sérieux de croire qu'il contient des objets ne bénéficiant pas des exemptions mentionnées au paragraphe 1 du présent article, ou des objets dont l'importation ou

l'exportation est interdite par la législation ou soumise aux règlements de quarantaine de l'État accréditaire. En pareil cas, l'inspection ne doit se faire qu'en présence de l'agent diplomatique ou de son représentant autorisé.

Art. 37. – 1. Les membres de la famille de l'agent diplomatique qui font partie de son ménage bénéficient des privilèges et immunités mentionnés dans les articles 29 à 36, pourvu qu'ils ne soient pas ressortissants de l'État accréditaire.

2. Les membres du personnel administratif et technique de la mission, ainsi que tous les membres de leurs familles qui font partie de leurs ménages respectifs, bénéficient, pourvu qu'ils ne soient pas ressortissants de l'État accréditaire ou n'y aient pas leur résidence permanente, des privilèges et immunités mentionnés dans les articles 29 à 35, sauf que l'immunité de la juridiction civile et administrative de l'État accréditaire mentionnée au paragraphe 1 de l'article 31 ne s'applique pas aux actes accomplis en dehors de l'exercice de leurs fonctions. Ils bénéficient aussi des privilèges mentionnés au paragraphe 1 de l'article 36 pour ce qui est des objets importés lors de leur première installation.

3. Les membres du personnel de service de la mission qui ne sont pas ressortissants de l'État accréditaire ou n'y ont pas leur résidence permanente bénéficient de l'immunité pour les actes accomplis dans l'exercice de leurs fonctions, et de l'exemption des impôts et taxes sur les salaires qu'ils reçoivent du fait de leurs services, ainsi que de l'exemption prévue à l'article 33.

4. Les domestiques privés des membres de la mission qui ne sont pas ressortissants de l'État accréditaire ou n'y ont pas leur résidence permanente sont exemptés des impôts et taxes sur les salaires qu'ils reçoivent du fait de leurs services. À tous autres égards, ils ne bénéficient des privilèges et immunités que dans la mesure admise par l'État accréditaire. Toutefois, l'État accréditaire doit exercer sa juridiction sur ces personnes de façon à ne pas entraver d'une manière excessive l'accomplissement des fonctions de la mission.

Art. 38. – 1. À moins que des privilèges et immunités supplémentaires n'aient été accordés par l'État accréditaire, l'agent diplomatique qui a la nationalité de l'État accréditaire ou y a sa résidence permanente ne bénéficie de l'immunité de juridiction et de l'inviolabilité que pour les actes officiels accomplis dans l'exercice de ses fonctions.

2. Les autres membres du personnel de la mission et les domestiques privés qui sont ressortissants de l'État accréditaire ou qui y ont leur résidence permanente ne bénéficient des privilèges et immunités que dans la mesure où cet État les leur reconnaît. Toutefois, l'État accréditaire doit exercer sa juridiction sur ces personnes de façon à ne pas entraver d'une manière excessive l'accomplissement des fonctions de la mission.

Art. 39. – 1. Toute personne ayant droit aux privilèges et immunités en bénéficie dès qu'elle pénètre sur le territoire de l'État accréditaire pour gagner son poste ou, si elle se trouve déjà sur ce territoire, dès que sa nomination a été notifiée au ministère des Affaires étrangères ou à tel autre ministère dont il aura été convenu.

2. Lorsque les fonctions d'une personne bénéficiant des privilèges et immunités prennent fin, ces privilèges et immunités cessent normalement au moment où cette personne quitte le pays, ou à l'expiration d'un délai raisonnable qui lui aura été accordé à cette fin, mais ils subsistent jusqu'à ce moment, même en cas de conflit armé. Toutefois, l'immunité subsiste en ce qui concerne les actes accomplis par cette personne dans l'exercice de ses fonctions comme membre de la mission.

3. En cas de décès d'un membre de la mission, les membres de sa famille continuent de jouir des privilèges et immunités dont ils bénéficient, jusqu'à l'expiration d'un délai raisonnable leur permettant de quitter le territoire de l'État accréditaire.

4. En cas de décès d'un membre de la mission qui n'est pas ressortissant de l'État accréditaire ou n'y a pas sa résidence permanente ou d'un membre de sa famille qui fait partie de son ménage, l'État accréditaire permet le retrait des biens meubles du défunt, à l'exception de ceux qui auront été acquis dans le pays et qui font l'objet d'une prohibition d'exportation au moment de son décès. Il ne sera pas prélevé de droits de succession sur les biens meubles dont la présence dans l'État accréditaire était due uniquement à la présence dans cet État du défunt en tant que membre de la mission ou membre de la famille d'un membre de la mission.

Art. 40. – 1. Si l'agent diplomatique traverse le territoire ou se trouve sur le territoire d'un État tiers, qui lui a accordé un visa de passeport au cas où ce visa est requis, pour aller assumer ses fonctions ou rejoindre son poste, ou pour rentrer dans son pays, l'État tiers lui accordera l'inviolabilité et toutes autres immunités nécessaires pour permettre son passage ou son retour. Il fera de même pour les membres de sa famille bénéficiant des privilèges et immunités qui accompagnent l'agent diplomatique ou qui voyagent séparément pour le rejoindre ou pour rentrer dans leur pays.

2. Dans des conditions similaires à celles qui sont prévues au paragraphe 1 du présent article, les États tiers ne doivent pas entraver le passage sur leur territoire des membres du personnel administratif et technique ou de service de la mission et des membres de leur famille.

3. Les États tiers accordent à la correspondance et aux autres communications officielles en transit, y compris les messages en code ou en chiffre, la même liberté et protection que l'État accréditaire. Ils accordent aux courriers diplomatiques, auxquels un visa de passeport a été accordé si ce visa était requis et aux valises diplomatiques en

transit la même inviolabilité et la même protection que l'État accréditaire est tenu de leur accorder.

4. Les obligations des États tiers en vertu des paragraphes 1, 2 et 3 du présent article s'appliquent également aux personnes respectivement mentionnées dans ces paragraphes, ainsi qu'aux communications et valises diplomatiques officielles lorsque leur présence sur le territoire de l'État tiers est due à la force majeure.

Art. 41. – 1. Sans préjudice de leurs privilèges et immunités, toutes les personnes qui bénéficient de ces privilèges et immunités ont le devoir de respecter les lois et règlements de l'État accréditaire. Elles ont également le devoir de ne pas s'immiscer dans les affaires intérieures de cet État.

2. Toutes les affaires officielles traitées avec l'État accréditaire, confiées à la mission par l'État accréditant, doivent être traitées avec le ministère des Affaires étrangères de l'État accréditaire, ou par son intermédiaire, ou avec tel autre ministère dont il aura été convenu.

3. Les locaux de la mission ne seront pas utilisés d'une manière incompatible avec les fonctions de la mission telles qu'elles sont énoncées dans la présente Convention, ou dans d'autres règles du droit international général, ou dans les accords particuliers en vigueur entre l'État accréditant et l'État accréditaire.

Art. 42. – L'agent diplomatique n'exercera pas dans l'État accréditaire une activité professionnelle ou commerciale en vue d'un gain personnel.

Art. 43. – Les fonctions d'un agent diplomatique prennent fin notamment :

a) Par la notification de l'État accréditant à l'État accréditaire que les fonctions de l'agent diplomatique ont pris fin ;

b) Par la notification de l'État accréditaire à l'État accréditant que, conformément au paragraphe 2 de l'article 9, cet État refuse de reconnaître l'agent diplomatique comme membre de la mission.

Art. 44. – L'État accréditaire doit, même en cas de conflit armé, accorder des facilités pour permettre aux personnes bénéficiant des privilèges et immunités, autres que les ressortissants de l'État accréditaire, ainsi qu'aux membres de la famille de ces personnes, quelle que soit leur nationalité, de quitter son territoire dans les meilleurs délais. Il doit en particulier, si besoin est, mettre à leur disposition les moyens de transport nécessaires pour eux-mêmes et pour leurs biens.

Art. 45. – En cas de rupture des relations diplomatiques entre deux États, ou si une mission est rappelée définitivement ou temporairement :

a) L'État accréditaire est tenu, même en cas de conflit armé, de respecter et de protéger les locaux de la mission, ainsi que ses biens et ses archives ;

b) L'État accréditant peut confier la garde des locaux de la mission avec les biens qui s'y trouvent, ainsi que les archives, à un État tiers acceptable pour l'État accréditaire ;

c) L'État accréditant peut confier la protection de ses intérêts et de ceux de ses ressortissants à un État tiers acceptable pour l'État accréditaire.

Art. 46. – Avec le consentement préalable de l'État accréditaire et sur demande d'un État tiers non représenté dans cet État, l'État accréditant peut assumer la protection temporaire des intérêts de l'État tiers et de ses ressortissants.

Art. 47. – 1. En appliquant les dispositions de la présente Convention, l'État accréditaire ne fera pas de discrimination entre les États.

2. Toutefois, ne seront pas considérés comme discriminatoires :

a) Le fait pour l'État accréditaire d'appliquer restrictivement l'une des dispositions de la présente Convention parce qu'elle est ainsi appliquée à sa mission dans l'État accréditant ;

b) Le fait pour des États de se faire mutuellement bénéficier, par coutume ou par voie d'accord, d'un traitement plus favorable que ne le requièrent les dispositions de la présente Convention.

Art. 48. – La présente Convention sera ouverte à la signature de tous les États membres de l'Organisation des Nations unies ou d'une institution spécialisée, ainsi que tout État partie au Statut de la Cour internationale de justice et de tout autre État invité par l'Assemblée générale de l'Organisation des Nations unies à devenir partie à la Convention, de la manière suivante : jusqu'au 31 octobre 1961, au ministère fédéral des Affaires étrangères d'Autriche et ensuite, jusqu'au 31 mars 1962, au Siège de l'Organisation des Nations unies à New York.

Art. 49. – La présente Convention sera ratifiée. Les instruments de ratification seront déposés auprès du Secrétaire général de l'Organisation des Nations unies.

Art. 50. – La présente Convention restera ouverte à l'adhésion de tout État appartenant à l'une des quatre catégories mentionnées à l'article 48. Les instruments d'adhésion seront déposés auprès du Secrétaire général de l'Organisation des Nations unies.

Art. 51. – 1. La présente Convention entrera en vigueur le trentième jour qui suivra la date du dépôt auprès du Secrétaire général de l'Organisation des Nations unies du vingt-deuxième instrument de ratification ou d'adhésion.

2. Pour chacun des États qui ratifieront la Convention ou y adhéreront après le dépôt du vingt-deuxième instrument de ratification ou d'adhésion, la Convention entrera en vigueur le trentième jour après le dépôt par cet État de son instrument de ratification ou d'adhésion.

Art. 52. – Le Secrétaire général de l'Organisation des Nations unies notifie à tous les États appartenant à l'une des quatre catégories mentionnées à l'article 48 :

a) Les signatures apposées à la présente Convention et le dépôt des instruments de ratification ou d'adhésion, conformément aux articles 48, 49 et 50;

b) La date à laquelle la présente Convention entrera en vigueur, conformément à l'article 51.

Art. 53. – L'original de la présente Convention, dont les textes anglais, chinois, espagnol, français et russe font également foi, sera déposé auprès du Secrétaire général de l'Organisation des Nations unies, qui en fera tenir copie certifiée conforme à tous les États appartenant à l'une des quatre catégories mentionnées à l'article 48.

En foi de quoi les plénipotentiaires soussignés, dûment autorisés par leurs Gouvernements respectifs, ont signé la présente Convention.

Fait à Vienne, le dix-huit avril mil neuf cent soixante et un.

3 Convention de Vienne sur les relations consulaires (1)

Date d'adoption : 24/04/1963
Date d'entrée en vigueur : 19/03/1967

Les États parties à la présente Convention

Rappelant que, depuis une époque reculée, des relations consulaires se sont établies entre les peuples,

Conscients des buts et des principes de la Charte des Nations unies concernant l'égalité souveraine des États, le maintien de la paix et de la sécurité internationales et le développement de relations amicales entre les nations,

Considérant que la Conférence des Nations unies sur les relations et immunités diplomatiques a adopté la Convention de Vienne sur les relations diplomatiques qui a été ouverte à la signature le 18 avril 1961,

Persuadés qu'une convention internationale sur les relations, privilèges et immunités consulaires contribuerait elle aussi à favoriser les relations d'amitié entre les pays, quelle que soit la diversité de leurs régimes constitutionnels et sociaux,

Convaincus que le but desdits privilèges et immunités est non pas d'avantager des individus mais d'assurer l'accomplissement efficace de leurs fonctions par les postes consulaires au nom de leurs États respectifs,

Affirmant que les règles du droit international coutumier continueront à régir les questions qui n'ont pas été expressément réglées dans les dispositions de la présente Convention,

Sont convenus de ce qui suit :

Art. premier. – Définitions

1. Aux fins de la présente Convention, les expressions suivantes s'entendent comme il est précisé ci-dessous :

a) l'expression « poste consulaire » s'entend de tout consulat général, consulat, vice-consulat ou agence consulaire;

b) l'expression « circonscription consulaire » s'entend du territoire attribué à un poste consulaire pour l'exercice des fonctions consulaires;

---

(1) 64, 111, 116.

c) L'expression « chef de poste consulaire » s'entend de la personne chargée d'agir en cette qualité;

d) l'expression « fonctionnaire consulaire » s'entend de toute personne, y compris le chef de poste consulaire, chargée en cette qualité de l'exercice de fonctions consulaires;

e) l'expression « employé consulaire » s'entend de toute personne employée dans les services administratifs ou techniques d'un poste consulaire;

f) l'expression « membre du personnel de service » s'entend de toute personne affectée au service domestique d'un poste consulaire;

g) l'expression « membres du poste consulaire » s'entend des fonctionnaires consulaires, employés consulaires et membres du personnel de service;

h) l'expression « membres du personnel consulaire » s'entend des fonctionnaires consulaires autres que le chef de poste consulaire, des employés consulaires et des membres du personnel de service;

i) l'expression « membre du personnel privé » s'entend d'une personne employée exclusivement au service privé d'un membre du poste consulaire;

j) l'expression « locaux consulaires » s'entend des bâtiments ou des parties de bâtiments et du terrain attenant qui, quel qu'en soit le propriétaire, sont utilisés exclusivement aux fins du poste consulaire;

k) l'expression « archives consulaires » comprend tous les papiers, documents, correspondances, livres, films, rubans magnétiques et registres du poste consulaire, ainsi que le matériel du chiffre, les fichiers et les meubles destinés à les protéger et à les conserver.

2. Il existe deux catégories de fonctionnaires consulaire; les fonctionnaires consulaires de carrière et les fonctionnaires consulaires honoraires. Les dispositions du chapitre II de la présente Convention s'appliquent aux postes consulaires dirigés par des fonctionnaires consulaires de carrière; les dispositions du chapitre III s'appliquent aux postes consulaires dirigés par des fonctionnaires consulaires honoraires.

3. La situation particulière des membres des postes consulaires qui sont ressortissants ou résidents permanents de l'État de résidence est régie par l'article 71 de la présente Convention.

CHAPITRE PREMIER

Les relations consulaires en général

Section I

Établissement et conduite des relations consulaires

Art. 2. – Établissement de relations consulaires

1. L'établissement de relations consulaires entre États se fait par consentement mutuel.

2. Le consentement donné à l'établissement de relations diplomatiques entre deux États implique, sauf indication contraire, le consentement à l'établissement de relations consulaires.

3. La rupture des relations diplomatiques n'entraîne pas *ipso facto* la rupture des relations consulaires.

Art. 3. – Exercice des fonctions consulaires

Les fonctions consulaires sont exercées par des postes consulaires. Elles sont aussi exercées par des missions diplomatiques conformément aux dispositions de la présente Convention.

Art. 4. – Établissement d'un poste consulaire

1. Un poste consulaire ne peut être établi sur le territoire de l'État de résidence qu'avec le consentement de cet État.

2. Le siège du poste consulaire, sa classe et sa circonscription consulaire sont fixés par l'État d'envoi et soumis à l'approbation de l'État de résidence.

3. Des modifications ultérieures ne peuvent être apportées par l'État d'envoi au siège du poste consulaire, à sa classe ou à sa circonscription consulaire qu'avec le consentement de l'État de résidence.

4. Le consentement de l'État de résidence est également requis si un consulat général ou un consulat veut ouvrir un vice-consulat ou une agence consulaire dans une localité autre que celle où il est lui-même établi.

5. Le consentement exprès et préalable de l'État de résidence est également requis pour l'ouverture d'un bureau faisant partie d'un consulat existant, en dehors du siège de celui-ci.

Art. 5. – Fonctions consulaires

Les fonctions consulaires consistent à :

a) protéger dans l'État de résidence les intérêts de l'État d'envoi et de ses ressortissants, personnes physiques et morales, dans les limites admises par le droit international ;

b) favoriser le développement de relations commerciales, économiques, culturelles et scientifiques entre l'État d'envoi et l'État de résidence et promouvoir de toute autre manière des relations amicales entre eux dans le cadre des dispositions de la présente Convention ;

c) s'informer, par tous les moyens licites, des conditions et de l'évolution de la vie commerciale, économique, culturelle et scientifique de l'État de résidence, faire rapport à ce sujet au Gouvernement de l'État d'envoi et donner des renseignements aux personnes intéressées ;

d) délivrer des passeports et des documents de voyage aux ressortissants de l'État d'envoi, ainsi que des visas et documents appropriés aux personnes qui désirent se rendre dans l'État d'envoi ;

e) prêter secours et assistance aux ressortissants, personnes physiques et morales, de l'État d'envoi ;

f) agir en qualité de notaire et d'officier d'état civil et exercer des fonctions similaires, ainsi que certaines fonctions d'ordre administratif, pour autant que les lois et règlements de l'État de résidence ne s'y opposent pas;

g) sauvegarder les intérêts des ressortissants, personnes physiques et morales, de l'État d'envoi, dans les successions sur le territoire de l'État de résidence, conformément aux lois et règlements de l'État de résidence;

h) sauvegarder, dans les limites fixées par les lois et règlements de l'État de résidence, les intérêts des mineurs et des incapables, ressortissants de l'État d'envoi, particulièrement lorsque l'institution d'une tutelle ou d'une curatelle à leur égard est requise;

i) sous réserve des pratiques et procédures en vigueur dans l'État de résidence, représenter les ressortissants de l'État d'envoi ou prendre des dispositions afin d'assurer leur représentation appropriée devant les tribunaux ou les autres autorités de l'État de résidence pour demander, conformément aux lois et règlements de l'État de résidence, l'adoption de mesures provisoires en vue de la sauvegarde des droits et intérêts de ces ressortissants lorsque, en raison de leur absence ou pour toute autre cause, ils ne peuvent défendre en temps utile leurs droits et intérêts;

j) transmettre des actes judiciaires et extrajudiciaires ou exécuter des commissions rogatoires conformément aux accords internationaux en vigueur ou, à défaut de tels accords, de toute manière compatible avec les lois et règlements de l'État de résidence;

k) exercer les droits de contrôle et d'inspection prévus par les lois et règlements de l'État d'envoi sur les navires de mer et sur les bateaux fluviaux ayant la nationalité de l'État d'envoi et sur les avions immatriculés dans cet État, ainsi que sur leurs équipages;

l) prêter assistance aux navires, bateaux et avions mentionnés à l'alinéa *k* du présent article, ainsi qu'à leurs équipages, recevoir les déclarations sur le voyage de ces navires et bateaux, examiner et viser les papiers de bord et, sans préjudice des pouvoirs des autorités de l'État de résidence, faire des enquêtes concernant les incidents survenus au cours de la traversée et régler, pour autant que les lois et règlements de l'État d'envoi l'autorisent, les contestations de toute nature entre le capitaine, les officiers et les marins;

m) exercer toutes autres fonctions confiées à un poste consulaire par l'État d'envoi que n'interdisent pas les lois et règlements de l'État de résidence ou auxquelles l'État de résidence ne s'oppose pas ou qui sont mentionnés dans les accords internationaux en vigueur entre l'État d'envoi et l'État de résidence.

Art. 6. – Exercice des fonctions consulaires en dehors de la circonscription consulaire

Dans des circonstances particulières, un fonctionnaire consulaire peut, avec le consentement de l'État de résidence, exercer ses fonctions à l'extérieur de sa circonscription consulaire.

Art. 7. – Exercice de fonctions consulaires dans un État tiers

L'État d'envoi peut, après notification aux États intéressés, et à moins que l'un d'eux ne s'y oppose expressément, charger un poste consulaire établi dans un État d'assumer l'exercice de fonctions consulaires dans un autre État.

Art. 8. – Exercice de fonctions consulaires pour le compte d'un État tiers

Après notification appropriée à l'État de résidence et à moins que celui-ci ne s'y oppose, un poste consulaire de l'État d'envoi peut exercer des fonctions consulaires dans l'État de résidence pour le compte d'un État tiers.

Art. 9. – Classes des chefs de poste consulaire

1. Les chefs de poste consulaire se répartissent en quatre classes, à savoir :

a) consuls généraux ;

b) consuls ;

c) vice-consuls ;

d) agents consulaires.

2. Le paragraphe 1 du présent article ne limite en rien le droit de l'une quelconque des parties Contractantes de fixer la dénomination des fonctionnaires consulaires autres que les chefs de poste consulaire.

Art. 10. – Nomination et admission des chefs de poste consulaire

1. Les chefs de poste consulaire sont nommés par l'État d'envoi et sont admis à l'exercice de leurs fonctions par l'État de résidence.

2. Sous réserve des dispositions de la présente Convention, les modalités de la nomination et de l'admission du chef de poste consulaire sont fixées respectivement par les lois, règlements et usages de l'État d'envoi et de l'État de résidence.

Art. 11. – Lettre de provision ou notification de la nomination

1. Le chef de poste consulaire est pourvu par l'État d'envoi d'un document, sous forme de lettre de provision ou acte similaire, établi pour chaque nomination, attestant sa qualité et indiquant, en règle générale, ses nom et prénoms, sa catégorie et sa classe, la circonscription consulaire et le siège du poste consulaire.

2. L'État d'envoi transmet la lettre de provision ou acte similaire, par la voie diplomatique ou toute autre voie appropriée, au Gouvernement de l'État sur le territoire duquel le chef de poste consulaire doit exercer ses fonctions.

3. Si l'État de résidence l'accepte, l'État d'envoi peut remplacer la lettre de provision ou l'acte similaire par une notification contenant les indications prévues au paragraphe 1 du présent article.

Art. 12. – *Exequatur*

1. Le chef de poste consulaire est admis à l'exercice de ses fonctions par une autorisation de l'État de résidence dénommée « *exequatur* », quelle que soit la forme de cette autorisation.
2. L'État qui refuse de délivrer un *exequatur* n'est pas tenu de communiquer à l'État d'envoi les raisons de son refus.
3. Sous réserve des dispositions des articles 13 et 15, le chef de poste consulaire ne peut entrer en fonctions avant d'avoir reçu l'*exequatur.*

Art. 13. – Admission provisoire des chefs de poste consulaire

En attendant la délivrance de l'*exequatur*, le chef de poste consulaire peut être admis provisoirement à l'exercice de ses fonctions. Dans ce cas, les dispositions de la présente Convention sont applicables.

Art. 14. – Notification aux autorités de la circonscription consulaire

Dès que le chef de poste consulaire est admis, même à titre provisoire, à l'exercice de ses fonctions, l'État de résidence est tenu d'informer immédiatement les autorités compétentes de la circonscription consulaire. Il est également tenu de veiller à ce que les mesures nécessaires soient prises afin que le chef de poste consulaire puisse s'acquitter des devoirs de sa charge et bénéficier du traitement prévu par les dispositions de la présente Convention.

Art. 15. – Exercice à titre temporaire des fonctions de chef de poste consulaire

1. Si le chef de poste consulaire est empêché d'exercer ses fonctions ou si son poste est vacant, un gérant intérimaire peut agir à titre provisoire comme un chef de poste consulaire.
2. Les nom et prénoms du gérant intérimaire sont notifiés, soit par la mission diplomatique de l'État d'envoi, soit, à défaut d'une mission diplomatique de cet État dans l'État de résidence, par le chef du poste consulaire, soit, au cas où celui-ci est empêché de le faire, par toute autorité compétente de l'État d'envoi, au ministère des Affaires étrangères de l'État de résidence ou à l'autorité désignée par ce ministère. En règle générale, cette notification doit être faite à l'avance. L'État de résidence peut soumettre à son consentement l'admission comme gérant intérimaire d'une personne qui n'est ni un agent diplomatique ni un fonctionnaire consulaire de l'État d'envoi dans l'État de résidence.

3. Les autorités compétentes de l'État de résidence doivent prêter assistance et protection au gérant intérimaire. Pendant sa gestion, les disposition de la présente Convention lui sont applicables au même titre qu'au chef du poste consulaire dont il s'agit. Toutefois, l'État de résidence n'est pas tenu d'accorder à un gérant intérimaire les facilités, privilèges ou immunités dont la jouissance par le chef du poste consulaire est subordonnée à des conditions que ne remplit pas le gérant intérimaire.

4. Lorsqu'un membre du personnel diplomatique de la représentation diplomatique de l'État d'envoi dans l'État de résidence est nommé gérant intérimaire par l'État d'envoi dans les conditions prévues au paragraphe 1 du présent article, il continue à jouir des privilèges et immunités diplomatiques si l'État de résidence ne s'y oppose pas.

Art. 16. – Préséance entre les chefs de poste consulaire

1. Les chefs de poste consulaire prennent rang dans chaque classe suivant la date de l'octroi de l'*exequatur*.

2. Au cas, cependant, où le chef d'un poste consulaire, avant d'obtenir l'*exequatur*, est admis à l'exercice de ses fonctions à titre provisoire, la date de cette admission provisoire détermine l'ordre de préséance; cet ordre est maintenu après l'octroi de l'*exequatur*.

3. L'ordre de préséance entre deux ou plusieurs chefs de poste consulaire qui ont obtenu l'*exequatur* ou l'admission provisoire à la même date est déterminée par la date à laquelle leur lettre de provision ou acte similaire a été présentée ou la notification prévue au paragraphe 3 de l'article 11 a été faite à l'État de résidence.

4. Les gérants intérimaires prennent rang après tous les chefs de poste consulaire. Entre eux, ils prennent rang selon les dates auxquelles ils ont pris leurs fonctions de gérants intérimaires et qui ont été indiquées dans les notifications faites en vertu du paragraphe 2 de l'article 15.

5. Les fonctionnaires consulaires honoraires chefs de poste consulaire prennent rang dans chaque classe après les chefs de poste consulaire de carrière, dans l'ordre et selon les règles établis aux paragraphes précédents.

6. Les chefs de poste consulaire ont la préséance sur les fonctionnaires consulaires qui n'ont pas cette qualité.

Art. 17. – Accomplissement d'actes diplomatiques par des fonctionnaires consulaires

1. Dans un État où l'État d'envoi n'a pas de mission diplomatique et n'est pas représenté par la mission diplomatique d'un État tiers, un fonctionnaire consulaire peut, avec le consentement de l'État de résidence, et sans que son statut consulaire en soit affecté, être chargé d'accomplir des actes diplomatiques. L'accomplissement de ces actes

par un fonctionnaire consulaire ne lui confère aucun droit aux privilèges et immunités diplomatiques.

2. Un fonctionnaire consulaire peut, après notification à l'État de résidence, être chargé de représenter l'État d'envoi auprès de toute organisation intergouvernementale. Agissant en cette qualité, il a droit à tous les privilèges et immunités accordés par le droit international coutumier ou par des accords internationaux à un représentant auprès d'une organisation intergouvernementale; toutefois, en ce qui concerne toute fonction consulaire exercée par lui, il n'a pas droit à une immunité de juridiction plus étendue que celle dont un fonctionnaire consulaire bénéficie en vertu de la présente Convention.

Art. 18. – Nomination de la même personne comme fonctionnaire consulaire par deux ou plusieurs États

Deux ou plusieurs États peuvent, avec le consentement de l'État de résidence, nommer la même personne en qualité de fonctionnaire consulaire dans cet État.

Art. 19. – Nomination des membres du personnel consulaire

1. Sous réserve des dispositions des articles 20, 22 et 23, l'État d'envoi nomme à son gré les membres du personnel consulaire.

2. L'État d'envoi notifie à l'État de résidence les nom et prénoms, la catégorie et la classe de tous les fonctionnaires consulaires autres que le chef de poste consulaire assez à l'avance pour que l'État de résidence puisse, s'il le désire, exercer les droits que lui confère le paragraphe 3 de l'article 23.

3. L'État d'envoi peut, si ses lois et règlements le requièrent, demander à l'État de résidence d'accorder un *exequatur* à un fonctionnaire consulaire qui n'est pas chef de poste consulaire.

4. L'État de résidence peut, si ses lois et règlements le requièrent, accorder un *exequatur* à un fonctionnaire consulaire qui n'est pas chef de poste consulaire.

Art. 20. – Effectif du personnel consulaire

À défaut d'accord explicite sur l'effectif du personnel du poste consulaire, l'État de résidence peut exiger que cet effectif soit maintenu dans les limites de ce qu'il considère comme raisonnable et normal, eu égard aux circonstances et conditions qui règnent dans la circonscription consulaire et aux besoins du poste consulaire en cause.

Art. 21. – Préséance entre les fonctionnaires consulaires d'un poste consulaire

L'ordre de préséance entre les fonctionnaires consulaires d'un poste consulaire et tous changements qui y sont apportés sont notifiés par la mission diplomatique de l'État d'envoi, ou, à défaut d'une telle mission dans l'État de résidence, par le chef du poste consulaire au ministère des Affaires étrangères de l'État de résidence ou à l'autorité désignée par ce ministère.

Art. 22. – Nationalité des fonctionnaires consulaires

1. Les fonctionnaires consulaires auront en principe la nationalité de l'État d'envoi.

2. Les fonctionnaires consulaires ne peuvent être choisis parmi les ressortissants de l'État de résidence qu'avec le consentement exprès de cet État, qui peut en tout temps le retirer.

3. L'État de résidence peut se réserver le même droit en ce qui concerne les ressortissants d'un État tiers qui ne sont pas également ressortissants de l'État d'envoi.

Art. 23. – Personne déclarée « non grata »

1. L'État de résidence peut à tout moment informer l'État d'envoi qu'un fonctionnaire consulaire est *persona non grata* ou que tout autre membre du personnel consulaire n'est pas acceptable. L'État d'envoi rappellera alors la personne en cause ou mettra fin à ses fonctions dans ce poste consulaire, selon le cas.

2. Si l'État d'envoi refuse d'exécuter ou n'exécute pas dans un délai raisonnable les obligations qui lui incombent aux termes du paragraphe 1 du présent article, l'État de résidence peut, selon le cas, retirer l'*exequatur* à la personne en cause ou cesser de la considérer comme membre du personnel consulaire.

3. Une personne nommée membre d'un poste consulaire peut être déclarée non acceptable avant d'arriver sur le territoire de l'État de résidence ou, si elle s'y trouve déjà, avant d'entrer en fonctions au poste consulaire. L'État d'envoi doit, dans un tel cas, retirer la nomination.

4. Dans les cas mentionnés aux paragraphes 1 et 3 du présent article, l'État de résidence n'est pas tenu de communiquer à l'État d'envoi les raisons de sa décision.

Art. 24. – Notification à l'État de résidence des nominations, arrivées et départs

1. Sont notifiés au ministère des Affaires étrangères de l'État de résidence ou à l'autorité désignée par ce ministère :

a) la nomination des membres d'un poste consulaire, leur arrivée après leur nomination au poste consulaire, leur départ définitif ou la cessation de leurs fonctions, ainsi que tous autres changements intéressant leur statut qui peuvent se produire au cours de leur service au poste consulaire;

b) l'arrivée et le départ définitif d'une personne de la famille d'un membre d'un poste consulaire vivant à son foyer et, s'il y a lieu, le fait qu'une personne devient ou cesse d'être membre de la famille;

c) l'arrivée et le départ définitif de membres du personnel privé et, s'il y a lieu, la fin de leur service en cette qualité;

d) l'engagement et le licenciement de personnes résidant dans l'État de résidence en tant que membres du poste consulaire ou en tant que membres du personnel privé ayant droit aux privilèges et immunités.

2. Chaque fois qu'il est possible, l'arrivée et le départ définitif doivent également faire l'objet d'une notification préalable.

Section 2

Fin des fonctions consulaires

Art. 25. – Fin des fonctions d'un membre d'un poste consulaire

Les fonctions d'un membre d'un poste consulaire prennent fin notamment par :

a) la notification par l'État d'envoi à l'État de résidence du fait que ses fonctions ont pris fin;

b) le retrait de l'*exequatur*;

c) la notification par l'État de résidence à l'État d'envoi qu'il a cessé de considérer la personne en question comme membre du personnel consulaire.

Art. 26. – Départ du territoire de l'État de résidence

L'État de résidence doit, même en cas de conflit armé, accorder aux membres du poste consulaire et aux membres du personnel privé autres que les ressortissants de l'État de résidence, ainsi qu'aux membres de leur famille vivant à leur foyer, quelle que soit leur nationalité, le temps et les facilités nécessaires pour préparer leur départ et quitter son territoire dans les meilleurs délais après la cessation de leurs fonctions. Il doit en particulier, si besoin est, mettre à leur disposition les moyens de transport nécessaires pour eux-mêmes et pour leurs biens, à l'exception des biens acquis dans l'État de résidence dont l'exportation est interdite au moment du départ.

Art. 27. – Protection des locaux et archives consulaires et des intérêts de l'État d'envoi dans des circonstances exceptionnelles

1. En cas de rupture des relations consulaires entre deux États :

a) l'État de résidence est tenu, même en cas de conflit armé, de respecter et de protéger les locaux consulaires, ainsi que les biens du poste consulaire et les archives consulaires;

b) l'État d'envoi peut confier la garde des locaux consulaires, ainsi que des biens qui s'y trouvent et des archives consulaires, à un État tiers acceptable pour l'État de résidence;

c) l'État d'envoi peut confier la protection de ses intérêts et de ceux de ses ressortissants à un État tiers acceptable pour l'État de résidence.

2. En cas de fermeture temporaire ou définitive d'un poste consulaire, les dispositions de l'alinéa *a)* du paragraphe 1 du présent article sont applicables. En outre,

a) lorsque l'État d'envoi, bien que n'étant pas représenté dans l'État de résidence par une mission diplomatique, a un autre poste consulaire sur le territoire de l'État de résidence, ce poste consulaire peut être chargé de la garde des locaux du poste consulaire qui a été fermé, des biens qui s'y trouvent et des archives consulaires, ainsi que, avec le consentement de l'État de résidence, de l'exercice des fonctions consulaires dans la circonscription de ce poste consulaire; ou

b) lorsque l'État d'envoi n'a pas de mission diplomatique ni d'autre poste consulaire dans l'État de résidence, les dispositions des alinéas *b)* et *c)* du paragraphe 1 du présent article sont applicables.

CHAPITRE II

Facilités, privilèges et immunités concernant les postes consulaires, les fonctionnaires consulaires de carrière et les autres membres d'un poste consulaire

Section I

Facilités, privilèges et immunités concernant le poste consulaire

Art. 28. – Facilités accordées au poste consulaire pour son activité

L'État de résidence accorde toutes facilités pour l'accomplissement des fonctions du poste consulaire.

Art. 29. – L'usage des pavillon et écusson nationaux

1. L'État d'envoi a le droit d'utiliser son pavillon national et son écusson aux armes de l'État dans l'État de résidence conformément aux dispositions du présent article.

2. Le pavillon national de l'État d'envoi peut être arboré et l'écusson aux armes de l'État placé sur le bâtiment occupé par le poste consulaire et sur sa porte d'entrée, ainsi que sur la résidence du chef de poste consulaire et sur ses moyens de transport lorsque ceux-ci sont utilisés pour les besoins du service.

3. Dans l'exercice du droit accordé par le présent article, il sera tenu compte des lois, règlements et usages de l'État de résidence.

Art. 30. – Logement

1. L'État de résidence doit, soit faciliter l'acquisition sur son territoire, dans le cadre de ses lois et règlements, par l'État d'envoi des

locaux nécessaires au poste consulaire, soit aider l'État d'envoi à se procurer des locaux d'une autre manière.

2. Il doit également, s'il en est besoin, aider le poste consulaire à obtenir des logements convenables pour ses membres.

Art. 31. – Inviolabilité des locaux consulaires

1. Les locaux consulaires sont inviolables dans la mesure prévue par le présent article.

2. Les autorités de l'État de résidence ne peuvent pénétrer dans la partie des locaux consulaires que le poste consulaire utilise exclusivement pour les besoins de son travail, sauf avec le consentement du chef de poste consulaire, de la personne désignée par lui ou du chef de la mission diplomatique de l'État d'envoi. Toutefois, le consentement du chef de poste consulaire peut être présumé acquis en cas d'incendie ou autre sinistre exigeant des mesures de protection immédiates.

3. Sous réserve des dispositions du paragraphe 2 du présent article, l'État de résidence a l'obligation spéciale de prendre toutes mesures appropriées pour empêcher que les locaux consulaires ne soient envahis ou endommagés et pour empêcher que la paix du poste consulaire ne soit troublée ou sa dignité amoindrie.

4. Les locaux consulaires, leur ameublement et les biens du poste consulaire, ainsi que ses moyens de transport, ne peuvent faire l'objet d'aucune forme de réquisition à des fins de défense nationale ou d'utilité publique. Au cas où une expropriation serait nécessaires à ces mêmes fins, toutes dispositions appropriées seront prises afin d'éviter qu'il soit mis obstacle à l'exercice des fonctions consulaires et une indemnité prompte, adéquate et effective sera versée à l'État d'envoi.

Art. 32. – Exemption fiscale des locaux consulaires

1. Les locaux consulaires et la résidence du chef de poste consulaire de carrière dont l'État d'envoi ou toute personne agissant pour le compte de cet État est propriétaire ou locataire sont exempts de tous impôts et taxes de toute nature, nationaux, régionaux ou communaux, pourvu qu'il ne s'agisse pas de taxes perçues en rémunération de services particuliers rendus.

2. L'exemption fiscale prévue au paragraphe 1 du présent article ne s'applique pas à ses impôts et taxes lorsque, d'après les lois et règlements de l'État de résidence, ils sont à la charge de la personne qui a contracté avec l'État d'envoi ou avec la personne agissant pour le compte de cet État.

Art. 33. – Inviolabilité des archives et documents consulaires

Les archives et documents consulaires sont inviolables à tout moment et en quelque lieu qu'ils se trouvent.

Art. 34. – Liberté de mouvement

Sous réserve de ses lois et règlements relatifs aux zones dont l'accès est interdit ou réglementé pour des raisons de sécurité nationale, l'État de résidence assure la liberté de déplacement et de circulation sur son territoire à tous les membres du poste consulaire.

Art. 35. – Liberté de communication

1. L'État de résidence permet et protège la liberté de communication du poste consulaire pour toutes fins officielles. En communiquant avec le Gouvernement, les missions diplomatiques et les autres postes consulaires de l'État d'envoi, où qu'ils se trouvent, le poste consulaire peut employer tous les moyens de communication appropriés, y compris les courriers diplomatiques ou consulaires, la valise diplomatique ou consulaire et les messages en code ou en chiffre. Toutefois, le poste consulaire ne peut installer et utiliser un poste émetteur de radio qu'avec l'assentiment de l'État de résidence.

2. La correspondance officielle du poste consulaire est inviolable. L'expression « correspondance officielle » s'entend de toute la correspondance relative au poste consulaire et à ses fonctions.

3. La valise consulaire ne doit être ni ouverte ni retenue. Toutefois, si les autorités compétentes de l'État de résidence ont de sérieux motifs de croire que la valise contient d'autres objets que la correspondance, les documents et les objets visés au paragraphe 4 du présent article, elles peuvent demander que la valise soit ouverte en leur présence par un représentant autorisé de l'État d'envoi. Si les autorités dudit État opposent un refus à la demande, la valise est renvoyée à son lieu d'origine.

4. Les colis constituant la valise consulaire doivent porter des marques extérieures visibles de leur caractère et ne peuvent contenir que la correspondance officielle, ainsi que des documents ou objets destinés exclusivement à un usage officiel.

5. Le courrier consulaire doit être porteur d'un document officiel attestant sa qualité et précisant le nombre de colis constituant la valise consulaire. À moins que l'État de résidence n'y consente, il ne doit être ni un ressortissant de l'État de résidence, ni, sauf s'il est ressortissant de l'État d'envoi, un résident permanent de l'État de résidence. Dans l'exercice de ses fonctions, ce courrier est protégé par l'État de résidence. Il jouit de l'inviolabilité de sa personne et ne peut être soumis à aucune forme d'arrestation ou de détention.

6. L'État d'envoi, ses missions diplomatiques et ses postes consulaires peuvent désigner des courriers consulaires *ad hoc*. Dans ce cas, les dispositions du paragraphe 5 du présent article sont également applicables, sous réserve que les immunités qui y sont mentionnées cesseront de s'appliquer dès que le courrier aura remis au destinataire la valise consulaire dont il a la charge.

7. La valise consulaire peut être confiée au commandant d'un navire ou d'un aéronef commercial qui doit arriver à un point d'entrée auto-

risé. Ce commandant doit être porteur d'un document officiel indiquant le nombre de colis constituant la valise, mais il n'est pas considéré comme un courrier consulaire. À la suite d'un arrangement avec les autorités locales compétentes, le poste consulaire peut envoyer un de ses membres prendre, directement et librement, possession de la valise des mains du commandant du navire ou de l'aéronef.

Art. 36. – Communication avec les ressortissants de l'État d'envoi

1. Afin que l'exercice des fonctions consulaires relatives aux ressortissants de l'État d'envoi soit facilité :

a) les fonctionnaires consulaires doivent avoir la liberté de communiquer avec les ressortissants de l'État d'envoi et de se rendre auprès d'eux. Les ressortissants de l'État d'envoi doivent avoir la même liberté de communiquer avec les fonctionnaires consulaires et de se rendre auprès d'eux;

b) si l'intéressé en fait la demande, les autorités compétentes de l'État de résidence doivent avertir sans retard le poste consulaire de l'État d'envoi lorsque, dans sa circonscription consulaire, un ressortissant de cet État est arrêté, incarcéré ou mis en état de détention préventive ou toute autre forme de détention. Toute communication adressée au poste consulaire par la personne arrêtée, incarcérée ou mise en état de détention préventive ou toute autre forme de détention doit également être transmise sans retard par lesdites autorités. Celles-ci doivent sans retard informer l'intéressé de ses droits aux termes du présent alinéa;

c) les fonctionnaires consulaires ont le droit de se rendre auprès d'un ressortissant de l'État d'envoi qui est incarcéré, en état de détention préventive ou toute autre forme de détention, de s'entretenir et de correspondre avec lui et de pourvoir à sa représentation en justice. Ils ont également le droit de se rendre auprès d'un ressortissant de l'État d'envoi qui, dans leur circonscription, est incarcéré ou détenu en exécution d'un jugement. Néanmoins, les fonctionnaires consulaires doivent s'abstenir d'intervenir en faveur d'un ressortissant incarcéré ou mis en état de détention préventive ou toute autre forme de détention lorsque l'intéressé s'y oppose expressément.

2. Les droits visés au paragraphe 1 du présent article doivent s'exercer dans le cadre des lois et règlements de l'État de résidence, étant entendu, toutefois, que ces lois et règlements doivent permettre la pleine réalisation des fins pour lesquelles les droits sont accordés en vertu du présent article.

Art. 37. – Renseignements en cas de décès, de tutelle ou de curatelle, de naufrage et d'accident aérien

Si les autorités compétentes de l'État de résidence possèdent les renseignements correspondants, elles sont tenues :

a) en cas de décès d'un ressortissant de l'État d'envoi, d'informer sans retard le poste consulaire dans la circonscription duquel le décès a eu lieu;

b) de notifier sans retard au poste consulaire compétent tous les cas où il y aurait lieu de pourvoir à la nomination d'un tuteur ou d'un curateur pour un ressortissant mineur ou incapable de l'État d'envoi. L'application des lois et règlements de l'État de résidence demeure toutefois réservée en ce qui concerne la nomination de ce tuteur ou de ce curateur;

c) lorsqu'un navire ou un bateau ayant la nationalité de l'État d'envoi fait naufrage ou échoue dans la mer territoriale ou les eaux intérieures de l'État de résidence ou lorsqu'un avion immatriculé dans l'État d'envoi subit un accident sur le territoire de l'État de résidence, d'informer sans retard le poste consulaire le plus proche de l'endroit où l'accident a eu lieu.

Art. 38. – Communication avec les autorités de l'État de résidence

Dans l'exercice de leurs fonctions, les fonctionnaires consulaires peuvent s'adresser :

a) aux autorités locales compétentes de leur circonscription consulaire;

b) aux autorités centrales compétentes de l'État de résidence si et dans la mesure où cela est admis par les lois, règlements et usages de l'État de résidence ou par les accords internationaux en la matière.

Art. 39. – Droits et taxes consulaires

1. Le poste consulaire peut percevoir sur le territoire de l'État de résidence les droits et taxes que les lois et règlements de l'État d'envoi prévoient pour les actes consulaires.

2. Les sommes perçues au titre des droits et taxes prévus au paragraphe 1 du présent article et les reçus y afférents sont exempts de tous impôts et taxes dans l'État de résidence.

Section 2

Facilités, privilèges et immunités concernant les fonctionnaires consulaires de carrière et les autres membres du poste consulaire

Art. 40. – Protection des fonctionnaires consulaires

L'État de résidence traitera les fonctionnaires consulaires avec le respect qui leur est dû et prendra toutes mesures appropriées pour empêcher toute atteinte à leur personne, leur liberté et leur dignité.

Art. 41. – Inviolabilité personnelle des fonctionnaires consulaires

1. Les fonctionnaires consulaires ne peuvent être mis en état d'arrestation ou de détention préventive qu'en cas de crime grave et à la suite d'une décision de l'autorité judiciaire compétente.

2. À l'exception du cas prévu au paragraphe 1 du présent article, les fonctionnaires consulaires ne peuvent pas être incarcérés ni soumis à aucune autre forme de limitation de leur liberté personnelles, sauf en exécution d'une décision judiciaire définitive.

3. Lorsqu'une procédure pénale est engagée contre un fonctionnaire consulaire, celui-ci est tenu de se présenter devant les autorités compétentes. Toutefois, la procédure doit être conduite avec les égards qui sont dus au fonctionnaire consulaire en raison de sa position officielle et, à l'exception du cas prévu au paragraphe 1 du présent article, de manière à gêner le moins possible l'exercice des fonctions consulaires. Lorsque, dans les circonstances mentionnées au paragraphe 1 du présent article, il est devenu nécessaire de mettre un fonctionnaire consulaire en état de détention préventive, la procédure dirigée contre lui doit être ouverte dans le délai le plus bref.

Art. 42. – Notification des cas d'arrestation, de détention ou de poursuite

En cas d'arrestation, de détention préventive d'un membre du personnel consulaire ou de poursuite pénale engagée contre lui, l'État de résidence est tenu d'en prévenir au plus tôt le chef de poste consulaire. Si ce dernier est lui-même visé par l'une de ces mesures, l'État de résidence doit en informer l'État d'envoi par la voie diplomatique.

Art. 43. – Immunité de juridiction

1. Les fonctionnaires consulaires et les employés consulaires ne sont pas justiciables des autorités judiciaires et administratives de l'État de résidence pour les actes accomplis dans l'exercice des fonctions consulaires.

2. Toutefois, les dispositions du paragraphe 1 du présent article ne s'appliquent pas en cas d'action civile :

a) résultant de la conclusion d'un contrat passé par un fonctionnaire consulaire ou un employé consulaire qu'il n'a pas conclu expressément ou implicitement en tant que mandataire de l'État d'envoi ; ou

b) intenté par un tiers pour un dommage résultant d'un accident causé dans l'État de résidence par un véhicule, un navire ou un aéronef.

Art. 44. – Obligation de répondre comme témoin

1. Les membres d'un poste consulaire peuvent être appelés à répondre comme témoins au cours de procédures judiciaires et administratives. Les employés consulaires et les membres du personnel de service ne doivent pas refuser de répondre comme témoins, si ce n'est

dans les cas mentionnés au paragraphe 3 du présent article. Si un fonctionnaire consulaire refuse de témoigner, aucune mesure coercitive ou autre sanction ne peut lui être appliquée.

2. L'autorité qui requiert le témoignage doit éviter de gêner un fonctionnaire consulaire dans l'accomplissement de ses fonctions. Elle peut recueillir son témoignage à sa résidence ou au poste consulaire, ou accepter une déclaration écrite de sa part, toutes les fois que cela est possible.

3. Les membres d'un poste consulaire ne sont pas tenus de déposer sur des faits ayant trait à l'exercice de leurs fonctions et de produire la correspondance et les documents officiels y relatifs. Ils ont également le droit de refuser de témoigner en tant qu'experts sur le droit national de l'État d'envoi.

Art. 45. – Renonciation aux privilèges et immunités

1. L'État d'envoi peut renoncer à l'égard d'un membre du poste consulaire aux privilèges et immunités prévus aux articles 41, 43 et 44.

2. La renonciation doit toujours être expresse, sous réserve des dispositions du paragraphe 3 du présent article, et doit être communiquée par écrit à l'État de résidence.

3. Si un fonctionnaire consulaire ou un employé consulaire, dans une matière où il bénéficierait de l'immunité de juridiction en vertu de l'article 43, engage une procédure, il n'est pas recevable à invoquer l'immunité de juridiction à l'égard de toute demande reconventionnelle directement liée à la demande principale.

4. La renonciation à l'immunité de juridiction pour une action civile ou administrative n'est pas censée impliquer la renonciation à l'immunité quant aux mesures d'exécution du jugement, pour lesquelles une renonciation distincte est nécessaire.

Art. 46. – Exemption d'immatriculation des étrangers et de permis de séjour

1. Les fonctionnaires consulaires et les employés consulaires, ainsi que les membres de leur famille vivant à leur foyer, sont exempts de toutes les obligations prévues par les lois et règlements de l'État de résidence en matière d'immatriculation des étrangers et de permis de séjour.

2. Toutefois, les dispositions du paragraphe 1 du présent article ne s'appliquent ni à l'employé consulaire qui n'est pas un employé permanent de l'État d'envoi ou qui exerce une activité privée de caractère lucratif dans l'État de résidence, ni à un membre de sa famille.

Art. 47. – Exemption de permis de travail

1. Les membres du poste consulaire sont, en ce qui concerne les services rendus à l'État d'envoi, exempts des obligations que les lois

et règlements de l'État de résidence relatifs à l'emploi de la main-d'œuvre étrangère imposent en matière de permis de travail.

2. Les membres du personnel privé des fonctionnaires consulaires et employés consulaires, s'ils n'exercent aucune autre occupation privée de caractère lucratif dans l'État de résidence, sont exempts des obligations visées au paragraphe 1 du présent article.

Art. 48. – Exemption du régime de sécurité sociale

1. Sous réserve des dispositions du paragraphe 3 du présent article, les membres du poste consulaire, pour ce qui est des services qu'ils rendent à l'État d'envoi, et les membres de leur famille vivant à leur foyer, sont exemptés des dispositions de sécurité sociale qui peuvent être en vigueur dans l'État de résidence.

2. L'exemption prévue au paragraphe 1 du présent article s'applique également aux membres du personnel privé qui sont au service exclusif des membres du poste consulaire, à condition :

a) qu'ils ne soient pas ressortissants de l'État de résidence ou n'y aient pas leur résidence permanente ; et

b) qu'ils soient soumis aux dispositions de sécurité sociale qui sont en vigueur dans l'État d'envoi ou d'un État tiers.

3. Les membres du poste consulaire qui ont à leur service des personnes auxquelles l'exemption prévue au paragraphe 2 du présent article ne s'applique pas doivent observer les obligations que les dispositions de sécurité sociale de l'État de résidence imposent à l'employeur.

4. L'exemption prévue aux paragraphes 1 et 2 du présent article n'exclut pas la participation volontaire au régime de sécurité sociale de l'État de résidence, pour autant qu'elle est admise par cet État.

Art. 49. – Exemption fiscale

1. Les fonctionnaires consulaires et les employés consulaires ainsi que les membres de leur famille vivant à leur foyer sont exempts de tous impôts et taxes, personnels ou réels, nationaux, régionaux et communaux, à l'exception :

a) des impôts indirects d'une nature telle qu'ils sont normalement incorporés dans le prix des marchandises ou des services ;

b) des impôts et taxes sur les biens immeubles privés situés sur le territoire de l'État de résidence, sous réserve des dispositions de l'article 32 ;

c) des droits de succession et de mutation perçus par l'État de résidence, sous réserve des dispositions du paragraphe *b)* de l'article 51 ;

d) des impôts et taxes sur les revenus privés, y compris les gains en capital, qui ont leur source dans l'État de résidence, et des impôts sur le capital prélevés sur les investissements effectués dans des entreprises commerciales ou financières situées dans l'État de résidence ;

e) des impôts et taxes perçus en rémunération de services particuliers rendus ;

f) des droits d'enregistrement, de greffe, d'hypothèque et de timbre, sous réserve des dispositions de l'article 32.

2. Les membres du personnel de service sont exempts des impôts et taxes sur les salaires qu'ils reçoivent du fait de leurs services.

3. Les membres du poste consulaire qui emploient des personnes dont les traitements ou salaires ne sont pas exemptés de l'impôt sur le revenu dans l'État de résidence doivent respecter les obligations que les lois et règlements dudit État imposent aux employeurs en matière de perception de l'impôt sur le revenu.

Art. 50. – Exemption des droits de douane et de la visite douanière

1. Suivant les dispositions législatives et réglementaires qu'il peut adopter, l'État de résidence autorise l'entrée et accorde l'exemption de tous droits de douane, taxes et autres redevances connexes autres que frais d'entrepôt, de transport et frais afférents à des services analogues, pour :

a) les objets destinés à l'usage officiel du poste consulaire ;

b) les objets destinés à l'usage personnel du fonctionnaire consulaire et des membres de sa famille vivant à son foyer, y compris les effets destinés à son établissement. Les articles de consommation ne doivent pas dépasser les quantités nécessaires pour leur utilisation directe par les intéressés.

2. Les employés consulaires bénéficient des privilèges et exemptions prévus au paragraphe 1 du présent article pour ce qui est des objets importés lors de leur première installation.

3. Les bagages personnels accompagnés des fonctionnaires consulaires et des membres de leur famille vivant à leur foyer sont exemptés de la visite douanière. Ils ne peuvent être soumis à la visite que s'il y a de sérieuses raisons de supposer qu'ils contiennent des objets autres que ceux mentionnés à l'alinéa *b)* du paragraphe 1 du présent article ou des objets dont l'importation ou l'exportation est interdite par les lois et règlements de l'État de résidence ou soumise à ses lois et règlements de quarantaine. Cette visite ne peut avoir lieu qu'en présence du fonctionnaire consulaire ou du membre de sa famille intéressé.

Art. 51. – Succession d'un membre du poste consulaire ou d'un membre de sa famille

En cas de décès d'un membre du poste consulaire ou d'un membre de sa famille qui vivait à son foyer, l'État de résidence est tenu :

a) de permettre l'exportation des biens meubles du défunt, à l'exception de ceux qui ont été acquis dans l'État de résidence et qui font l'objet d'une prohibition d'exportation au moment du décès ;

b) de ne pas prélever de droits nationaux, régionaux ou communaux de succession ni de mutation sur les biens meubles dont la présence dans l'État de résidence était due uniquement à la présence dans cet État du défunt en tant que membre du poste consulaire ou membre de la famille d'un membre du poste consulaire.

Art. 52. – Exemption des prestations personnelles

L'État de résidence doit exempter les membres du poste consulaire et les membres de leur famille vivant à leur foyer de toute prestation personnelle et de tout service d'intérêt public, de quelque nature qu'il soit, et des charges militaires telles que les réquisitions, contributions et logements militaires.

Art. 53. – Commencement et fin des privilèges et immunités consulaires

1. Tout membre du poste consulaire bénéficie des privilèges et immunités prévus par la présente Convention dès son entrée sur le territoire de l'État de résidence pour gagner son poste ou, s'il se trouve déjà sur ce territoire, dès son entrée en fonctions au poste consulaire.

2. Les membres de la famille d'un membre du poste consulaire vivant à son foyer, ainsi que les membres de son personnel privé, bénéficient des privilèges et immunités prévus dans la présente Convention à partir de la dernière des dates suivantes : celle à partir de laquelle ledit membre du poste consulaire jouit des privilèges et immunités conformément au paragraphe 1 du présent article, celle de leur entrée sur le territoire de l'État de résidence ou celle à laquelle ils sont devenus membres de ladite famille ou dudit personnel privé.

3. Lorsque les fonctions d'un membre du poste consulaire prennent fin, ses privilèges et immunités, ainsi que ceux des membres de sa famille vivant à son foyer ou des membres de son personnel privé, cessent normalement à la première des dates suivantes : au moment où la personne en question quitte le territoire de l'État de résidence, ou à l'expiration d'un délai raisonnable qui lui aura été accordé à cette fin, mais ils subsistent jusqu'à ce moment, même en cas de conflit armé. Quant aux personnes visées au paragraphe 2 du présent article, leurs privilèges et immunités cessent dès qu'elles-mêmes cessent d'appartenir au foyer ou d'être au service d'un membre du poste consulaire, étant toutefois entendu que, si ces personnes ont l'intention de quitter le territoire de l'État de résidence dans un délai raisonnable, leurs privilèges et immunités subsistent jusqu'au moment de leur départ.

4. Toutefois, en ce qui concerne les actes accomplis par un fonctionnaire consulaire ou un employé consulaire dans l'exercice de ses fonctions l'immunité de juridiction subsiste sans limitation de durée.

5. En cas de décès d'un membre du poste consulaire, les membres de sa famille vivant à son foyer continueront de jouir des privilèges et immunités dont ils bénéficient, jusqu'à la première des dates suivantes : celle où ils quittent le territoire de l'État de résidence, ou à l'expiration d'un délai raisonnable qui leur aura été accordé à cette fin.

Art. 54. – Obligations des États tiers

1. Si le fonctionnaire consulaire traverse le territoire ou se trouve sur le territoire d'un État tiers qui lui a accordé un visa au cas où ce visa est requis, pour aller assumer ses fonctions ou rejoindre son poste, ou pour rentrer dans l'État d'envoi, l'État tiers lui accordera les immunités prévues dans les autres articles de la présente Convention, qui peuvent être nécessaires pour permettre son passage ou son retour. L'État tiers fera de même pour les membres de la famille vivant à son foyer et bénéficiant des privilèges et immunités qui accompagnent le fonctionnaire consulaire ou qui voyagent séparément pour le rejoindre ou pour rentrer dans l'État d'envoi.

2. Dans les conditions similaires à celles qui sont prévues au paragraphe 1 du présent article, les États tiers ne doivent pas entraver le passage sur leur territoire des autres membres du poste consulaire et des membres de leur famille vivant à leur foyer.

3. Les États tiers accorderont à la correspondance officielle et aux autres communications officielles en transit, y compris les messages en code ou en chiffre, la même liberté et la même protection que l'État de résidence est tenu d'accorder en vertu de la présente Convention. Ils accorderont aux courriers consulaires, auxquels un visa a été accordé s'il était requis, et aux valises consulaires en transit, la même inviolabilité et la même protection que l'État de résidence est tenu d'accorder en vertu de la présente Convention.

4. Les obligations des États tiers en vertu des paragraphes 1, 2 et 3 du présent article s'appliquent également aux personnes mentionnées dans ces paragraphes, ainsi qu'aux communications officielles et aux valises consulaires, lorsque leur présence sur le territoire de l'État tiers est due à un cas de force majeure.

Art. 55. – Respect des lois et règlements de l'État de résidence

1. Sans préjudice de leurs privilèges et immunités, toutes les personnes qui bénéficient de ces privilèges et immunités ont le devoir de respecter les lois et règlements de l'État de résidence. Elles ont également le devoir de ne pas s'immiscer dans les affaires intérieures de cet État.

2. Les locaux consulaires ne seront pas utilisés d'une manière incompatible avec l'exercice des fonctions consulaires.

3. Les dispositions du paragraphe 2 du présent article n'excluent pas la possibilité d'installer, dans une partie du bâtiment où se trouvent les locaux du poste consulaire, les bureaux d'autres organismes ou agences, à condition que les locaux affectés à ces bureaux soient

séparés de ceux qui sont utilisés par le poste consulaire. Dans ce cas, lesdits bureaux ne sont pas considérés, aux fins de la présente Convention, comme faisant partie des locaux consulaires.

Art. 56. – Assurance contre les dommages causés aux tiers

Les membres du poste consulaire doivent se conformer à toutes les obligations imposées par les lois et règlements de l'État de résidence en matière d'assurance de responsabilité civile pour l'utilisation de tout véhicule, bateau ou aéronef.

Art. 57. – Dispositions spéciales relatives à l'occupation privée de caractère lucratif

1. Les fonctionnaires consulaires de carrière n'exerceront dans l'État de résidence aucune activité professionnelle ou commerciale pour leur profit personnel.

2. Les privilèges et immunités prévus au présent chapitre ne sont pas accordés :

a) aux employés consulaires et aux membres du personnel de service qui exercent dans l'État de résidence une occupation privée de caractère lucratif;

b) aux membres de la famille d'une personne mentionnée à l'alinéa *a)* du présent paragraphe et aux membres de son personnel privé;

c) aux membres de la famille d'un membre du poste consulaire qui exercent eux-mêmes dans l'État de résidence une occupation privée de caractère lucratif.

CHAPITRE III

Régime applicable aux fonctionnaires consulaires honoraires et aux postes consulaires dirigés par eux

Art. 58. – Dispositions générales concernant les facilités, privilèges et immunités

1. Les articles 28, 29, 30, 34, 35, 36, 37, 38 et 39, le paragraphe 3 de l'article 54 et les paragraphes 2 et 3 de l'article 55 s'appliquent aux postes consulaires dirigés par un fonctionnaire consulaire honoraire. En outre, les facilités, privilèges et immunités de ces postes consulaires sont réglés par les articles 59, 60, 61 et 62.

2. Les articles 42 et 43, le paragraphe 3 de l'article 44, les articles 45 et 53 et le paragraphe 1 de l'article 55 s'appliquent aux fonctionnaires consulaires honoraires. En outre, les facilités, privilèges et immunités de ces fonctionnaires consulaires sont réglés par les articles 63, 64, 65, 66 et 67.

3. Les privilèges et immunités prévus dans la présente Convention ne sont pas accordés aux membres de la famille d'un fonctionnaire consulaire honoraire ou d'un employé consulaire qui est employé dans un poste consulaire dirigé par un fonctionnaire consulaire honoraire.

4. L'échange de valises consulaires entre deux postes consulaires situés dans des pays différents et dirigés par des fonctionnaires consulaires honoraires n'est admis que sous réserve du consentement des deux États de résidence.

Art. 59. – Protection des locaux consulaires

L'État de résidence prend les mesures nécessaires pour protéger les locaux consulaires d'un poste consulaire dirigé par un fonctionnaire consulaire honoraire et empêcher qu'ils ne soient envahis ou endommagés et que la paix du poste consulaire ne soit troublée ou sa dignité amoindrie.

Art. 60. – Exemption fiscale des locaux consulaires

1. Les locaux consulaires d'un poste consulaire dirigé par un fonctionnaire consulaire honoraire, dont l'État d'envoi est propriétaire ou locataire, sont exempts de tous impôts et taxes de toute nature, nationaux, régionaux ou communaux, pourvu qu'il ne s'agisse pas de taxes perçues en rémunération de services particuliers rendus.

2. L'exemption fiscale prévue dans le paragraphe 1 du présent article ne s'applique pas à ces impôts et taxes lorsque, d'après les lois et règlements de l'État de résidence, ils sont à la charge de la personne qui a contracté avec l'État d'envoi.

Art. 61. – Inviolabilité des archives et documents consulaires

Les archives et documents consulaires d'un poste consulaire dirigé par un fonctionnaire consulaire honoraire sont inviolables à tout moment et en quelque lieu qu'ils se trouvent, à condition qu'ils soient séparés des autres papiers et documents, et, en particulier, de la correspondance privée du chef de poste consulaire et de toute personne travaillant avec lui, ainsi que des biens, livres ou documents se rapportant à leur profession ou à leur commerce.

Art. 62. – Exemption douanière

Suivant les dispositions législatives et réglementaires qu'il peut adopter, l'État de résidence accorde l'entrée ainsi que l'exemption de tous droits de douane, taxes et autres redevances connexes autres que frais d'entrepôt, et frais afférents à des services analogues, pour les objets suivants, à condition qu'ils soient destinés exclusivement à l'usage officiel d'un poste consulaire dirigé par un fonctionnaire consulaire honoraire : les écussons, pavillons, enseignes, sceaux et cachets, livres, imprimés officiels, le mobilier de bureau, le matériel et les fournitures de bureau, et les objets analogues fournis au poste consulaire par l'État d'envoi ou sur sa demande.

Art. 63. – Procédure pénale

Lorsqu'une procédure pénale est engagée contre un fonctionnaire consulaire honoraire, celui-ci est tenu de se présenter devant les autorités compétentes. Toutefois, la procédure doit être conduite avec les égards qui sont dus au fonctionnaire consulaire honoraire en raison de sa position officielle et, sauf si l'intéressé est en état d'arrestation ou de détention, de manière à gêner le moins possible l'exercice des fonctions consulaires. Lorsqu'il est devenu nécessaire de mettre un fonctionnaire consulaire honoraire en état de détention préventive, la procédure dirigée contre lui doit être ouverte dans le délai le plus bref.

Art. 64. – Protection du fonctionnaire consulaire honoraire

L'État de résidence est tenu d'accorder au fonctionnaire consulaire honoraire la protection qui peut être nécessaire en raison de sa position officielle.

Art. 65. – Exemption d'immatriculation des étrangers et de permis de séjour

Les fonctionnaires consulaires honoraires, à l'exception de ceux qui exercent dans l'État de résidence une activité professionnelle ou commerciale pour leur profit personnel, sont exempts de toutes les obligations prévues par les lois et règlements de l'État de résidence en matière d'immatriculation des étrangers et de permis de séjour.

Art. 66. – Exemption fiscale

Le fonctionnaire consulaire honoraire est exempt de tous impôts et taxes sur les indemnités et les émoluments qu'il reçoit de l'État d'envoi en raison de l'exercice des fonctions consulaires.

Art. 67. – Exemption des prestations personnelles

L'État de résidence doit exempter les fonctionnaires consulaires honoraires de toutes prestation personnelle et de tout service d'intérêt public, de quelque nature qu'il soit, ainsi que des charges militaires telles que les réquisitions, contributions et logements militaires.

Art. 68. – Caractère facultatif de l'institution des fonctionnaires consulaires honoraires

Chaque État est libre de décider s'il nommera ou recevra des fonctionnaires consulaires honoraires.

CHAPITRE IV

Dispositions générales

Art. 69. – Agents consulaires non chefs de poste consulaire

1. Chaque État est libre de décider s'il établira ou admettra des agences consulaires gérées par des agents consulaires n'ayant pas été désignés comme chefs de poste consulaire par l'État d'envoi.

2. Les conditions dans lesquelles les agences consulaires au sens du paragraphe 1 du présent article peuvent exercer leur activité, ainsi que les privilèges et immunités dont peuvent jouir les agents consulaires qui les gèrent, sont fixés par accord entre l'État d'envoi et l'État de résidence.

Art. 70. – Exercice de fonctions consulaires par une mission diplomatique

1. Les dispositions de la présente Convention s'appliquent également, dans la mesure où le contexte le permet, à l'exercice de fonctions consulaires par une mission diplomatique.

2. Les noms des membres de la mission diplomatique attachés à la section consulaire ou autrement chargés de l'exercice des fonctions consulaires de la mission sont notifiés au ministère des Affaires étrangères de l'État de résidence ou à l'autorité désignée par ce ministère.

3. Dans l'exercice de fonctions consulaires, la mission diplomatique peut s'adresser :

a) aux autorités locales de la circonscription consulaire;

b) aux autorités centrales de l'État de résidence si les lois, règlements et usages de l'État de résidence ou les accords internationaux en la matière le permettent.

4. Les privilèges et immunités des membres de la mission diplomatique, mentionnés au paragraphe 2 du présent article, demeurent déterminés par les règles du droit international concernant les relations diplomatiques.

Art. 71. – Ressortissants ou résidents permanents de l'État de résidence

1. À moins que des facilités, privilèges et immunités supplémentaires n'aient été accordés par l'État de résidence, les fonctionnaires consulaires qui sont ressortissants ou résidents permanents de l'État de résidence ne bénéficient que de l'immunité de juridiction et de l'inviolabilité personnelle pour les actes officiels accomplis dans l'exercice de leurs fonctions et du privilège prévu au paragraphe 3 de l'article 44. En ce qui concerne ces fonctionnaires consulaires, l'État de résidence est également tenu par l'obligation prévue à l'article 42. Lorsqu'une action pénale est engagée contre un tel fonctionnaire consulaire, la procédure doit être conduite, sauf si l'intéressé est en

état d'arrestation ou de détention, de manière à gêner le moins possible l'exercice des fonctions consulaires.

2. Les autres membres du poste consulaire qui sont ressortissants ou résidents permanents de l'État de résidence et les membres de leur famille, ainsi que les membres de la famille des fonctionnaires consulaires visés au paragraphe 1 du présent article, ne bénéficient des facilités, privilèges et immunités que dans la mesure où cet État les leur reconnaît. Les membres de la famille d'un membre du poste consulaire et les membres du personnel privé qui sont eux-mêmes ressortissants ou résidents permanents de l'État de résidence ne bénéficient également des facilités, privilèges et immunités que dans la mesure où cet État les leur reconnaît. Toutefois, l'État de résidence doit exercer sa juridiction sur ces personnes de façon à ne pas entraver d'une manière excessive l'exercice des fonctions du poste consulaire.

Art. 72. – Non-discrimination

1. En appliquant les dispositions de la présente Convention, l'État de résidence ne fera pas de discrimination entre les États.

2. Toutefois, ne seront pas considérés comme discriminatoires :

a) le fait pour l'État de résidence d'appliquer restrictivement l'une des dispositions de la présente Convention parce qu'elle est ainsi appliquée à ses postes consulaires dans l'État d'envoi ;

b) le fait pour des États de se faire mutuellement bénéficier, par coutume ou par voie d'accord, d'un traitement plus favorable que ne le requièrent les dispositions de la présente Convention.

Art. 73. – Rapport entre la présente Convention et les autres accords internationaux

1. Les dispositions de la présente Convention ne portent pas atteinte aux autres accords internationaux en vigueur dans les rapports entre les États parties à ces accords.

2. Aucune disposition de la présente Convention ne saurait empêcher les États de conclure des accords internationaux confirmant, complétant ou développant ses dispositions, ou étendant leur champ d'application.

CHAPITRE V
Dispositions finales

Art. 74. – Signature

La présente Convention sera ouverte à la signature de tous les États membres de l'Organisation des Nations unies ou d'une institution spécialisée, ainsi que de tout autre État partie au statut de la Cour internationale de justice et de tout autre État invité par l'assemblée générale de l'Organisation des Nations unies à devenir partie à la Convention, de la manière suivante : jusqu'au 31 octobre 1963, au ministère fédéral des Affaires étrangères de la République d'Autriche, et ensuite, jusqu'au 31 mars 1964, au siège de l'Organisation des Nations unies à New York.

Art. 75. – Ratification

La présente Convention sera soumise à ratification. Les instruments de ratification seront déposés auprès du Secrétaire général de l'Organisation des Nations unies.

Art. 76. – Adhésion

La présente Convention restera ouverte à l'adhésion de tout État appartenant à l'une des quatre catégories mentionnées à l'article 74. Les instruments d'adhésion seront déposés auprès du Secrétaire général de l'Organisation des Nations unies.

Art. 77. – Entrée en vigueur

1. La présente Convention entrera en vigueur le trentième jour qui suivra la date du dépôt auprès du Secrétaire général de l'Organisation des Nations unies du vingt-deuxième instrument de ratification ou d'adhésion.

2. Pour chacun des États qui ratifieront la Convention ou y adhéreront après le dépôt du vingt-deuxième instrument de ratification ou d'adhésion, la Convention entrera en vigueur le trentième jour après le dépôt par cet État de son instrument de ratification ou d'adhésion.

Art. 78. – Notifications par le Secrétaire général

Le Secrétaire général de l'Organisation des Nations unies notifiera à tous les États appartenant à l'une des quatre catégories mentionnées à l'article 74 :

a) les signatures apposées à la présente Convention et le dépôt des instruments de ratification ou d'adhésion, conformément aux articles 74, 75 et 76;

b) la date à laquelle la présente Convention entrera en vigueur, conformément à l'article 77.

Art. 79. – Textes faisant foi

L'original de la présente Convention, dont les textes anglais, chinois, espagnol, français et russe font également foi, sera déposé auprès du Secrétaire général de l'Organisation des Nations unies, qui en fera tenir copie certifiée conforme à tous les États appartenant à l'une des quatre catégories mentionnées à l'article 74.

En foi de quoi les plénipotentiaires soussignés, dûment autorisés par leurs Gouvernements respectifs, ont signé la présente Convention.

Fait à Vienne, le vingt-quatre avril mil neuf cent soixante trois.

Décolonisation :

4 Résolution 1514 (XV) de l'Assemblée générale des Nations unies : Déclaration sur l'octroi de l'indépendance aux pays et peuples coloniaux (1)

Date d'adoption : 14/12/1960

L'Assemblée générale,

Consciente de ce que les peuples du monde se sont, dans la Charte des Nations unies, déclarés résolus à proclamer à nouveau leur foi dans les droits fondamentaux de l'homme, dans la dignité et la valeur de la personne humaine, dans l'égalité de droits des hommes et des femmes, ainsi que des nations, grandes et petites, et à favoriser le progrès social et instaurer de meilleures conditions de vie dans une liberté plus grande,

Consciente de la nécessité de créer des conditions de stabilité et de bien-être et des relations pacifiques et amicales fondées sur le respect des principes de l'égalité de droits et de la libre détermination de tous les peuples, et d'assurer le respect universel et effectif des droits de l'Homme et des libertés fondamentales pour tous sans distinction de race, de sexe, de langue ou de religion,

Reconnaissant le désir passionné de liberté de tous les peuples dépendants et le rôle décisif de ces peuples dans leur accession à l'indépendance,

Consciente des conflits croissants qu'entraîne le fait de refuser la liberté à ces peuples ou d'y faire obstacle, qui constituent une grave menace à la paix mondiale,

Considérant le rôle important de l'Organisation des Nations unies comme moyen d'aider le mouvement vers l'indépendance dans les territoires sous tutelle et les territoires non autonomes,

Reconnaissant que les peuples du monde souhaitent ardemment la fin du colonialisme dans toutes ses manifestations,

Convaincue que le maintien du colonialisme empêche le développement de la coopération économique internationale, entrave le déve-

---

(1) 40, 128, 129, 131, 391, 438, 604.

loppement social, culturel et économique des peuples dépendants et va à l'encontre de l'idéal de paix universelle des Nations unies,

Affirmant que les peuples peuvent, pour leurs propres fins, disposer librement de leurs richesses et ressources naturelles sans préjudice des obligations qui découleraient de la coopération économique internationale, fondée sur le principe de l'avantage mutuel, et du droit international,

Persuadée que le processus de libération est irrésistible et irréversible et que, pour éviter de graves crises, il faut mettre fin au colonialisme et à toutes les pratiques de ségrégation et de discrimination dont il s'accompagne,

Se félicitant de ce qu'un grand nombre de territoires dépendants ont accédé à la liberté et à l'indépendance au cours de ces dernières années, et reconnaissant les tendances toujours plus fortes vers la liberté qui se manifestent dans les territoires qui n'ont pas encore accédé à l'indépendance,

Convaincue que tous les peuples ont un droit inaliénable à la pleine liberté, à l'exercice de leur souveraineté et à l'intégrité de leur territoire national,

Proclame solennellement la nécessité de mettre rapidement et inconditionnellement fin au colonialisme sous toutes ses formes et dans toutes ses manifestations.

Et, à cette fin,

Déclare ce qui suit :

1. La sujétion des peuples à une subjugation, à une domination et à une exploitation étrangères constitue un déni des droits fondamentaux de l'homme, est contraire à la Charte des Nations unies et compromet la cause de la paix et de la coopération mondiales.

2. Tous les peuples ont le droit de libre détermination ; en vertu de ce droit, ils déterminent librement leur statut politique et poursuivent librement leur développement économique, social et culturel.

3. Le manque de préparation dans les domaines politique, économique ou social ou dans celui de l'enseignement ne doit jamais être pris comme prétexte pour retarder l'indépendance.

4. Il sera mis fin à toute action armée et à toutes mesures de répression, de quelque sorte qu'elles soient, dirigées contre les peuples dépendants, pour permettre à ces peuples d'exercer pacifiquement et librement leur droit à l'indépendance complète, et l'intégrité de leur territoire national sera respectée.

5. Des mesures immédiates seront prises, dans les territoires sous tutelle, les territoires non autonomes et tous autres territoires qui n'ont pas encore accédé à l'indépendance, pour transférer tous pouvoirs aux peuples de ces territoires, sans aucune condition ni réserve, conformément à leur volonté et à leurs vœux librement exprimés, sans aucune

distinction de race, de croyance ou de couleur, afin de leur permettre de jouir d'une indépendance et d'une liberté complètes.

6. Toute tentative visant à détruire partiellement ou totalement l'unité nationale et l'intégrité territoriale d'un pays est incompatible avec les buts et les principes de la Charte des Nations unies.

7. Tous les États doivent observer fidèlement et strictement les dispositions de la Charte des Nations unies, de la Déclaration universelle des droits de l'Homme et de la présente Déclaration sur la base de l'égalité, de la non-ingérence dans les affaires intérieures des États et du respect des droits souverains et de l'intégrité territoriale de tous les peuples.

Principes de la coexistence pacifique entre États :

5 Résolution 2625 (XXV) de l'Assemblée générale des Nations unies : Déclaration relative aux principes du droit international touchant les relations amicales et la coopération entre États, conformément à la Charte des Nations unies (1)

Date d'adoption : 24/10/1970

L'Assemblée générale,

Rappelant ses résolutions *1815* (XVII) du 18 décembre 1962, 1966 (XVIII) du 16 décembre 1963, 2103 (XX) du 20 décembre 1965, 2181 (XXI) du 12 décembre 1966, 2327 (XXII) du 18 décembre 1967, 2463 (XXIII) du 20 décembre 1968 et 2533 (XXIV) du 8 décembre 1969, dans lesquelles elle a affirmé l'importance du développement progressif et de la codification des principes du droit international touchant les relations amicales et la coopération entre les États,

Ayant examiné le rapport du Comité spécial des principes du droit international touchant les relations amicales et la coopération entre les États, qui s'est réuni à Genève du 31 mars au 1er mai 1970,

Soulignant l'importance capitale de la Charte des Nations unies pour le maintien de la paix et de la sécurité internationales et pour le développement des relations amicales et de la coopération entre les États,

Profondément convaincue que l'adoption de la Déclaration relative aux principes du droit international touchant les relations amicales et la coopération entre les États conformément à la Charte des Nations unies lors de la célébration du vingt-cinquième anniversaire de l'Organisation des Nations unies contribuerait au renforcement de la paix mondiale et constituerait un événement marquant dans le développement du droit international et des relations entre les États, en favorisant le règne du droit parmi les nations et notamment l'application universelle des principes consacrés dans la Charte,

Considérant qu'il est souhaitable d'assurer une large diffusion du texte de la Déclaration,

---

(1) 34, 44, 198, 336, 396, 557, 558.

1. *Approuve* la Déclaration relative aux principes du droit international touchant les relations amicales et la coopération entre les États conformément à la Charte des Nations unies, dont le texte est annexé à la présente résolution;

2. *Exprime ses remerciements* au Comité spécial des principes du droit international touchant les relations amicales et la coopération entre les États pour ses travaux qui ont abouti à l'élaboration de la Déclaration;

3. *Recommande* qu'aucun effort ne soit épargné pour assurer une connaissance généralisée de la Déclaration.

ANNEXE

DÉCLARATION RELATIVE AUX PRINCIPES DU DROIT INTERNATIONAL TOUCHANT LES RELATIONS AMICALES ET LA COOPÉRATION ENTRE LES ÉTATS CONFORMÉMENT À LA CHARTE DES NATIONS UNIES

Préambule

L'assemblée générale,

Réaffirmant, dans les termes de la Charte des Nations unies, que le maintien de la paix et de la sécurité internationales et le développement des relations amicales et de la coopération entre les nations sont au nombre des buts fondamentaux des Nations unies,

Rappelant que les peuples des Nations unies sont déterminés à pratiquer la tolérance et à vivre en paix l'un avec l'autre dans un esprit de bon voisinage,

Ayant présent à l'esprit qu'il est important de maintenir et de renforcer la paix internationale fondée sur la liberté, l'égalité, la justice et le respect des droits fondamentaux de l'homme et de développer les relations amicales entre les nations indépendamment des différences de leurs systèmes politiques, économiques et sociaux ou de leurs niveaux de développement,

Ayant également présente à l'esprit l'importance essentielle de la Charte des Nations unies pour favoriser le règne du droit parmi les nations,

Considérant que le respect rigoureux des principes du droit international touchant les relations amicales et la coopération entre les États et l'exécution de bonne foi des obligations assumées par les États, conformément à la Charte, est de la plus grande importance pour le maintien de la paix et de la sécurité internationales et pour la réalisation des autres objectifs des Nations unies,

Constatant que les grands changements d'ordre politique, économique et social et les progrès scientifiques qui se sont produits dans le monde depuis l'adoption de la Charte confèrent une importance accrue à ces principes et à la nécessité d'en assurer l'application plus efficace à la conduite des États, où qu'elle s'exerce,

Rappelant le principe établi selon lequel l'espace extra-atmosphérique y compris la Lune et les autres corps célestes, ne peut faire l'objet d'appropriation nationale par proclamation de souveraineté, ni par voie d'utilisation ou d'occupation ni par tout autre moyen, et consciente du fait que l'Organisation des Nations unies examine actuellement la question de l'élaboration d'autres dispositions appropriées inspirées du même esprit,

Convaincue que le respect rigoureux, par les États, de l'obligation de s'abstenir d'intervenir dans les affaires de tout autre État est une condition essentielle à remplir pour que les nations vivent en paix les unes avec les autres, puisque la pratique de l'intervention, sous quelque forme que ce soit, non seulement constitue une violation de l'esprit et de la lettre de la Charte, mais encore tend à créer des situations qui mettent en danger la paix et la sécurité internationales,

Rappelant le devoir des États de s'abstenir, dans leurs relations internationales, d'user de contrainte d'ordre militaire, politique, économique ou autre, dirigée contre l'indépendance politique ou l'intégrité territoriale de tout État,

Considérant qu'il est essentiel que tous les États s'abstiennent, dans leurs relations internationales, de recourir à la menace ou à l'emploi de la force, soit contre l'intégrité territoriale ou l'indépendance politique de tout État, soit de toute autre manière incompatible avec les buts des Nations unies,

Considérant qu'il est également essentiel que tous les États règlent leurs différends internationaux par des moyens pacifiques conformément à la Charte,

Réaffirmant, conformément à la Charte, l'importance fondamentale de l'égalité souveraine et soulignant que les buts des Nations unies ne peuvent être réalisés que si les États jouissent d'une égalité souveraine et se conforment pleinement aux exigences de ce principe dans leurs relations internationales,

Convaincue que l'assujettissement des peuples à une emprise, une domination et une exploitation étrangères constitue un obstacle primordial à la réalisation de la paix et de la sécurité internationales,

Convaincue que le principe de l'égalité de droits des peuples et de leur droit à disposer d'eux-mêmes constitue une contribution significative au droit international contemporain et que son application effective est de la plus haute importance pour promouvoir les relations amicales entre les États fondées sur le respect du principe de l'égalité souveraine,

Convaincue en conséquence que toute tentative visant à rompre partiellement ou totalement l'unité nationale et l'intégrité territoriale d'un État ou d'un pays ou à porter atteinte à son indépendance politique est incompatible avec les buts et principes de la Charte,

Considérant les dispositions de la Charte dans son ensemble et tenant compte du rôle des résolutions pertinentes adoptées par les organes compétents de l'Organisation des Nations unies qui se rapportent au contenu de ces principes,

Considérant que le développement progressif et la codification des principes ci-après :

a) Le principe que les États s'abstiennent, dans leurs relations internationales, de recourir à la menace ou à l'emploi de la force, soit contre l'intégrité territoriale ou l'indépendance politique de tout État, soit de toute autre manière incompatible avec les buts des Nations unies,

b) Le principe que les États règlent leurs différends internationaux par des moyens pacifiques, de telle manière que la paix et la sécurité internationales ainsi que la justice ne soient pas mises en danger,

c) Le devoir de ne pas intervenir dans les affaires relevant de la compétence nationale d'un État, conformément à la Charte,

d) Le devoir des États de coopérer les uns avec les autres conformément à la Charte,

e) Le principe de l'égalité de droits des peuples et de leur droit à disposer d'eux-mêmes,

f) Le principe de l'égalité souveraine des États,

g) Le principe que les États remplissent de bonne foi les obligations qu'ils ont assumées conformément à la Charte, en vue d'assurer leur application plus efficace dans la communauté internationale, contribueraient à la réalisation des buts des Nations Unis,

Ayant pris en considération les principes du droit international relatifs aux relations amicales et à la coopération entre États,

1. *Proclame solennellement* les principes ci-après :

Le principe que les États s'abstiennent, dans leurs relations internationales, de recourir à la menace ou à l'emploi de la force, soit contre l'intégrité territoriale ou l'indépendance politique de tout État, soit de toute autre manière incompatible avec les buts des Nations unies

Tout État a le devoir de s'abstenir, dans ses relations internationales, de recourir à la menace ou à l'emploi de la force, soit contre l'intégrité territoriale ou l'indépendance politique de tout État, soit de toute autre manière incompatible avec les buts des Nations unies. Pareil recours à la menace ou à l'emploi de la force constitue une violation du droit international et de la Charte des Nations unies et ne doit jamais être utilisé comme moyen de règlement des problèmes internationaux.

Une guerre d'agression constitue un crime contre la paix, qui engage la responsabilité en vertu du droit international.

Conformément aux buts et principes des Nations unies, les États ont le devoir de s'abstenir de toute propagande en faveur des guerres d'agression.

Tout État a le devoir de s'abstenir de recourir à la menace ou à l'emploi de la force pour violer les frontières internationales existantes d'un autre État ou comme moyen de règlement des différends internationaux, y compris les différends territoriaux et les questions relatives aux frontières des États.

De même, tout État a le devoir de s'abstenir de recourir à la menace ou à l'emploi de la force pour violer les lignes internationales de démarcation, telles que les lignes d'armistice, établies par un accord international auquel cet État est partie ou qu'il est tenu de respecter pour d'autres raisons, ou conformément à un tel accord. La disposition précédente ne sera pas interprétée comme portant atteinte à la position des parties intéressées à l'égard du statut et des effets de ces lignes tels qu'ils sont définis dans les régimes spéciaux qui leur sont applicables, ni comme affectant leur caractère provisoire.

Les États ont le devoir de s'abstenir d'actes de représailles impliquant l'emploi de la force.

Tout État a le devoir de s'abstenir de recourir à toute mesure de coercition qui priverait de leur droit à l'autodétermination, à la liberté et à l'indépendance les peuples mentionnés dans la formulation du principe de l'égalité de droits et de leur droit à disposer d'eux-mêmes.

Chaque État a le devoir de s'abstenir d'organiser ou d'encourager l'organisation de forces irrégulières ou de bandes armées, notamment de bandes de mercenaires, en vue d'incursions sur le territoire d'un autre État.

Chaque État a le devoir de s'abstenir d'organiser et d'encourager des actes de guerre civile ou des actes de terrorisme sur le territoire d'un autre État, d'y aider ou d'y participer, ou de tolérer sur son territoire des activités organisées en vue de perpétrer de tels actes, lorsque les actes mentionnés dans le présent paragraphe impliquent une menace ou l'emploi de la force.

Le territoire d'un État ne peut faire l'objet d'une occupation militaire résultant de l'emploi de la force contrairement aux dispositions de la Charte. Le territoire d'un État ne peut faire l'objet d'une acquisition par un autre État à la suite du recours à la menace ou à l'emploi de la force. Nulle acquisition territoriale obtenue par la menace ou l'emploi de la force ne sera reconnue comme légale. Aucune des dispositions qui précèdent ne sera interprétée comme portant atteinte :

a) Aux dispositions de la Charte ou de tout accord international antérieur au régime de la Charte et valable en vertu du droit international; ou

b) Aux pouvoirs du Conseil de sécurité en vertu de la Charte.

Tous les États doivent poursuivre de bonne foi des négociations pour que soit conclu rapidement un traité universel de désarmement général et complet sous un contrôle international efficace et s'efforcer d'adopter des mesures appropriées pour réduire la tension internationale et renforcer la confiance entre les États.

Tous les États doivent remplir de bonne foi les obligations qui leur incombent en vertu des principes et règles généralement reconnus du droit international en ce qui concerne le maintien de la paix et de la sécurité internationales, et s'efforcer de rendre plus efficace le système de sécurité des Nations unies fondé sur la Charte.

Aucune disposition des paragraphes qui précèdent ne sera interprétée comme élargissant ou diminuant de quelque manière que ce soit la portée des dispositions de la Charte concernant les cas dans lesquels l'emploi de la force est licite.

Le principe que les États règlent leurs différends internationaux par des moyens pacifiques, de telle manière que la paix et la sécurité internationales ainsi que la justice ne soient pas mises en danger

Tous les États doivent régler leurs différends internationaux avec d'autres États par des moyens pacifiques, de telle manière que la paix et la sécurité internationales ainsi que la justice ne soient pas mises en danger.

Les États doivent donc rechercher rapidement une solution équitable de leurs différends internationaux par voie de négociation, d'enquête, de médiation, de conciliation, d'arbitrage, de règlement judiciaire, de recours à des organismes ou accords régionaux, ou par d'autres moyens pacifiques de leur choix. En recherchant cette solution, les parties conviendront des moyens pacifiques qui seront appropriés aux circonstances et à la nature du différend.

Les parties à un différend ont le devoir, au cas où elles ne parviendraient pas à une solution par l'un des moyens pacifiques susmentionnés, de continuer de rechercher un règlement à leur différend par d'autres moyens pacifiques dont elles seront convenues.

Les États parties à un différend international, ainsi que les autres États, doivent s'abstenir de tout acte susceptible d'aggraver la situation au point de mettre en danger le maintien de la paix et de la sécurité internationales, et doivent agir conformément aux buts et aux principes des Nations unies.

Les différends internationaux doivent être réglés sur la base de l'égalité souveraine des États et conformément au principe du libre choix des moyens. Le recours à une procédure de règlement ou l'acceptation d'une telle procédure librement consentie par les États en ce qui concerne un différend auquel ils sont parties ou un différend auquel ils pourraient être parties à l'avenir ne peut être considéré comme incompatible avec l'égalité souveraine.

Aucune disposition des paragraphes qui précèdent ne porte atteinte ni ne déroge aux dispositions applicables de la Charte, notamment à celles qui ont trait au règlement pacifique des différends internationaux.

Le principe relatif au devoir de ne pas intervenir dans les affaires relevant de la compétence nationale d'un État, conformément à la Charte

Aucun État ni groupe d'États n'a le droit d'intervenir, directement ou indirectement, pour quelque raison que ce soit, dans les affaires intérieures ou extérieures d'un autre État. En conséquence, non seulement l'intervention armée, mais aussi toute autre forme d'ingérence ou toute menace, dirigées contre la personnalité d'un État ou contre ses éléments politiques, économiques et culturels, sont contraires au droit international.

Aucun État ne peut appliquer ni encourager l'usage de mesures économiques, politiques ou de toute autre nature pour contraindre un autre État à subordonner l'exercice de ses droits souverains et pour obtenir de lui des avantages de quelque ordre que ce soit. Tous les États doivent aussi s'abstenir d'organiser, d'aider, de fomenter, de financer, d'encourager ou de tolérer des activités armées subversives ou terroristes destinées à changer par la violence le régime d'un autre État ainsi que d'intervenir dans les luttes intestines d'un autre État.

L'usage de la force pour priver les peuples de leur identité nationale constitue une violation de leurs droits inaliénables et du principe de non-intervention.

Tout État a le droit inaliénable de choisir son système politique, économique, social et culturel sans aucune forme d'ingérence de la part d'un autre État.

Rien dans les paragraphes qui précèdent ne devra être interprété comme affectant les dispositions de la Charte relatives au maintien de la paix, et de la sécurité internationales.

Le devoir des États de coopérer les uns avec les autres conformément à la Charte

Les États ont le devoir de coopérer les uns avec les autres, quelles que soient les différences existant entre leurs systèmes politiques, économiques et sociaux, dans les divers domaines des relations internationales, afin de maintenir la paix et la sécurité internationales et de favoriser le progrès et la stabilité économique internationaux, ainsi que le bien-être général des nations et une coopération internationale qui soit exempte de discrimination fondée sur ces différences.

À cette fin :

a) Les États doivent coopérer avec les autres États au maintien de la paix et de la sécurité internationales;

b) Les États doivent coopérer pour assurer le respect universel et la mise en œuvre des droits de l'Homme et des libertés fondamentales pour tous, ainsi que l'élimination de la discrimination raciale et de l'intolérance religieuse sous toutes leurs formes;

c) Les États doivent conduire leurs relations internationales dans les domaines économique, social, culturel, technique et commercial conformément aux principes de l'égalité souveraine et de la non-intervention;

d) Les États membres de l'Organisation des Nations unies ont le devoir d'agir tant conjointement qu'individuellement en coopération avec l'Organisation des Nations unies, conformément aux dispositions pertinentes de la Charte.

Les États doivent coopérer dans les domaines économique, social et culturel, ainsi que dans celui de la science et de la technique, et favoriser les progrès de la culture et de l'enseignement dans le monde. Les États doivent conjuguer leurs efforts pour promouvoir la croissance économique dans le monde entier, particulièrement dans les pays en voie de développement.

Le principe de l'égalité de droits des peuples et de leur droit à disposer d'eux-mêmes

En vertu du principe de l'égalité de droits des peuples et de leur droit à disposer d'eux-mêmes, principe consacré dans la Charte des Nations unies, tous les peuples ont le droit de déterminer leur statut politique, en toute liberté et sans ingérence extérieure, et de poursuivre leur développement économique, social et culturel, et tout État a le devoir de respecter ce droit conformément aux dispositions de la Charte.

Tout État a le devoir de favoriser, conjointement avec d'autres États ou séparément, la réalisation du principe de l'égalité de droits des peuples et de leur droit à disposer d'eux-mêmes, conformément aux dispositions de la Charte, et d'aider l'Organisation des Nations unies à s'acquitter des responsabilités que lui a conférées la Charte en ce qui concerne l'application de ce principe, afin de :

a) Favoriser les relations amicales et la coopération entre les États; et

b) Mettre rapidement fin au colonialisme en tenant dûment compte de la volonté librement exprimée des peuples intéressés et en ayant présent à l'esprit que soumettre des peuples à la subjugation, à la domination ou à l'exploitation étrangères constitue une violation de ce principe, ainsi qu'un déni des droits fondamentaux de l'homme, et est contraire à la Charte.

Tout État a le devoir de favoriser, conjointement avec d'autres États ou séparément, le respect universel et effectif des droits de l'Homme et des libertés fondamentales, conformément à la Charte.

La création d'un État souverain et indépendant, la libre association ou l'intégration avec un État indépendant ou l'acquisition de tout autre statut politique librement décidé par un peuple constituent pour ce peuple des moyens d'exercer son droit à disposer de lui-même.

Tout État a le devoir de s'abstenir de recourir à toute mesure de coercition qui priverait les peuples mentionnés ci-dessus dans la formulation du présent principe de leur droit à disposer d'eux-mêmes, de leur liberté et de leur indépendance. Lorsqu'ils réagissent et résistent à une telle mesure de coercition dans l'exercice de leur droit à disposer d'eux-mêmes, ces peuples sont en droit de chercher et de recevoir un appui conforme aux buts et principes de la Charte.

Le territoire d'une colonie ou d'un autre territoire non autonome possède, en vertu de la Charte, un statut séparé et distinct de celui du territoire de l'État qui l'administre; ce statut séparé et distinct en vertu de la Charte existe aussi longtemps que le peuple de la colonie ou du territoire non autonome n'exerce pas son droit à disposer de lui-même conformément à la Charte et, plus particulièrement, à ses buts et principes.

Rien dans les paragraphes précédents ne sera interprété comme autorisant ou encourageant une action, quelle qu'elle soit, qui démembrerait ou menacerait, totalement ou partiellement, l'intégrité territoriale ou l'unité politique de tout État souverain et indépendant se conduisant conformément au principe de l'égalité de droits et du droit des peuples à disposer d'eux-mêmes énoncé ci-dessus et doté ainsi d'un Gouvernement représentant l'ensemble du peuple appartenant au territoire sans distinction de race, de croyance ou de couleur.

Tout État doit s'abstenir de toute action visant à rompre partiellement ou totalement l'unité nationale et l'intégrité territoriale d'un autre État ou d'un autre pays.

Le principe de l'égalité souveraine des États

Tous les États jouissent de l'égalité souveraine. Ils ont des droits et des devoirs égaux et sont des membres égaux de la communauté internationale, nonobstant les différences d'ordre économique, social, politique ou d'une autre nature.

En particulier, l'égalité souveraine comprend les éléments suivants :

a) Les États sont juridiquement égaux ;

b) Chaque État jouit des droits inhérents à la pleine souveraineté ;

c) Chaque État a le devoir de respecter la personnalité des autres États ;

d) L'intégrité territoriale et l'indépendance politique de l'État sont inviolables ;

e) Chaque État a le droit de choisir et de développer librement son système politique, social, économique et culturel ;

f) Chaque État a le devoir de s'acquitter pleinement et de bonne foi de ses obligations internationales et de vivre en paix avec les autres États.

Le principe que les États remplissent de bonne foi les obligations qu'ils ont assumées conformément à la Charte

Chaque État a le devoir de remplir de bonne foi les obligations qu'il a assumées conformément à la Charte des Nations unies.

Chaque État a le devoir de remplir de bonne foi les obligations qui lui incombent en vertu des principes et règles généralement reconnus du droit international.

Chaque État a le devoir de remplir de bonne foi les obligations qui lui incombent en vertu d'accords internationaux conformes aux principes et règles généralement reconnus du droit international.

En cas de conflit entre les obligations nées d'accords internationaux et les obligations des membres de l'Organisation des Nations unies en vertu de la Charte, ces dernières prévaudront.

Dispositions générales

2. *Déclare* que :

Dans leur interprétation et leur application, les principes qui précèdent sont liés entre eux et chaque principe doit être interprété dans le contexte des autres principes.

Rien dans la présente Déclaration ne doit être interprété comme affectant de quelque manière que ce soit les dispositions de la Charte ou les droits et devoirs imposés aux États membres par la Charte ou les droits conférés aux peuples par la Charte, compte tenu de la formulation de ces droits dans la présente Déclaration.

3. *Déclare en outre* que :

Les principes de la Charte qui sont inscrits dans la présente Déclaration constituent des principes fondamentaux du droit international, et demande en conséquence à tous les États de s'inspirer de ces principes dans leur conduite internationale et de développer leurs relations mutuelles sur la base du respect rigoureux desdits principes.

6 Charte de Paris pour une nouvelle Europe (1)

Date d'adoption : 21/11/1990

Une nouvelle ère de démocratie, de paix et d'unité

Nous, chefs d'États ou de Gouvernement des États participant à la Conférence sur la Sécurité et la Coopération en Europe, sommes réunis à Paris à une époque de profonds changements et d'espérances historiques. L'ère de la confrontation et de la division en Europe est révolue. Nous déclarons que nos relations seront fondées désormais sur le respect et la coopération.

L'Europe se libère de l'héritage du passé. Le courage des hommes et des femmes, la puissance de la volonté des peuples et la force des idées de l'Acte final de Helsinki ont ouvert une ère nouvelle de démocratie, de paix et d'unité en Europe.

Il nous appartient aujourd'hui de réaliser les espérances et les attentes que nos peuples ont nourries pendant des décennies un engagement indéfectible en faveur de la démocratie fondée sur les droits de l'Homme et les libertés fondamentales, la prospérité par la liberté économique et par la justice sociale, et une sécurité égale pour tous nos pays.

Les dix principes de l'Acte final nous guideront vers cet objectif ambitieux comme ils ont éclairé notre voie vers des relations meilleures au cours des quinze dernières années. La pleine mise en œuvre de tous les engagements de la CSCE doit servir de fondement aux initiatives que nous prenons aujourd'hui pour permettre à nos nations de vivre conformément à leurs aspirations.

Droits de l'Homme, démocratie et État de droit

Nous nous engageons à édifier, consolider et raffermir la démocratie comme seul système de Gouvernement de nos nations. À cet effet, nous nous conformerons à ce qui suit.

Les droits de l'Homme et les libertés fondamentales sont inhérentes à tous les êtres humains, inaliénables et garantis par la loi.

La responsabilité première des Gouvernements est de les protéger et de les promouvoir. Les observer et les exercer pleinement donnent leur fondement à la liberté, à la justice et à la paix.

---

(1) 109, 209, 213, 396, 581.

Le Gouvernement démocratique repose sur la volonté du peuple, exprimée à intervalles réguliers par des élections libres et loyales. La démocratie est fondée sur le respect de la personne humaine et de l'État de droit. Elle est le meilleur garant de la liberté d'expression, de la tolérance envers tous les groupes de la société et de l'égalité des chances pour chacun.

La démocratie, de par son caractère représentatif et pluraliste, implique la responsabilité envers l'électorat, l'obligation pour les pouvoirs publics de se conformer à la loi et l'exercice impartial de la justice. Nul n'est au-dessus de la loi.

Nous affirmons que, sans discrimination, tout individu a le droit a :

- la liberté de pensée, de conscience et de religion ou de conviction,
- la liberté d'expression,
- la liberté d'association et de réunion pacifique,
- la liberté de circulation.

Nul ne sera soumis :

- à arrestation ou détention arbitraires,
- à la torture ou à tout autre traitement ou châtiment cruel, inhumain ou dégradant.

Chacun a en outre le droit :

- de connaître ses droits et de les faire valoir,
- de participer à des élections libres et loyales,
- d'être jugé équitablement et publiquement s'il est accusé d'un délit,
- de posséder un bien seul ou en association et de mener des entreprises individuelles,
- de jouir de ses droits économiques, sociaux et culturels.

Nous affirmons que l'identité ethnique, culturelle, linguistique et religieuse des minorités nationales sera protégée et que les personnes appartenant à ces minorités ont le droit d'exprimer, de préserver et de développer cette identité sans aucune discrimination et en toute égalité devant la loi.

Nous veillerons à ce que chacun jouisse de recours effectifs, sur le plan national ou international, contre toute violation de ses droits.

Le plein respect de ces préceptes constitue l'assise sur laquelle nous nous efforceront d'édifier la nouvelle Europe.

Nos États coopéreront et se soutiendront mutuellement pour rendre irréversibles les acquis démocratiques.

Liberté économique et responsabilité

La liberté économique, la justice sociale et une attitude responsable à l'égard de l'environnement sont indispensables à la prospérité.

Le libre arbitre individuel, exercé en démocratie et protégé par l'État de droit, constitue la condition nécessaire d'un développement économique et social fructueux. Nous favoriserons l'activité économique qui respecte et soutient la dignité humaine.

La liberté et le pluralisme politique doivent être pris en compte dans la poursuite de notre objectif commun, qui est de développer les économies de marché en vue d'une croissance économique durable, de la prospérité, de la justice sociale, du développement de l'emploi et de l'utilisation rationnelle des ressources économiques. Il est important et conforme à notre intérêt à tous que le passage à l'économie de marché réussisse dans les pays qui font des efforts en ce sens. Cette réussite nous permettra de partager les fruits d'un accroissement de la prospérité auquel nous aspirons tous ensemble. Nous coopérerons pour atteindre ce but.

La sauvegarde de l'environnement est une responsabilité que toutes nos nations partagent. Tout en appuyant les efforts nationaux et régionaux dans ce domaine, nous devons aussi tenir compte de la nécessité urgente d'une action commune à une plus grande échelle.

Relations amicales entre les États participants

Maintenant qu'une ère nouvelle s'ouvre en Europe, nous sommes résolus de développer et renforcer les relations amicales et la coopération entre les États d'Europe, les États-Unis d'Amérique et le Canada, et à promouvoir l'amitié entre nos peuples.

Afin de maintenir et promouvoir la démocratie, la paix et l'unité en Europe, nous nous engageons solennellement à respecter pleinement les dix principes de l'Acte final d'Helsinki. Nous déclarons la validité constante des dix principes et notre détermination à les mettre en pratique. Tous les principes s'appliquent également et sans réserve, chacun d'entre eux s'interprétant en tenant compte des autres. Ils constituent la base de nos relations.

Conformément à nos obligations aux termes de la Charte des Nations unies et à nos engagements en vertu de l'Acte final d'Helsinki, nous réitérons notre détermination à nous abstenir de recourir à la menace ou à l'emploi de la force contre l'intégrité territoriale ou l'indépendance politique de tout État, ou à agir de toute autre manière incompatible avec les principes ou les buts de ces documents. Nous rappelons que le non-respect des obligations contractées aux termes de la Charte des Nations unies constitue une violation du droit international.

Nous réaffirmons notre engagement à régler les différends par des moyens pacifiques. Nous décidons de mettre au point des mécanismes de prévention et de résolution des conflits entre les États participants.

Au moment où prend fin la division de l'Europe, nous nous efforcerons de donner une qualité nouvelle à nos relations en matière de sécurité, tout en respectant pleinement la liberté de choix de chacun dans ce domaine. La sécurité est indivisible et la sécurité de chaque État participant est liée de manière indissociable à celle de tous les autres. En conséquence, nous nous engageons à coopérer pour renforcer la confiance et la sécurité entre nous et pour promouvoir la limitation des armements et le désarmement.

Nous nous félicitons de la déclaration commune de vingt-deux États sur l'amélioration de leurs relations.

Nos relations reposeront sur notre adhésion commune aux valeurs démocratiques, aux droits de l'Homme et aux libertés fondamentales. Nous sommes convaincus que les progrès de la démocratie, ainsi que le respect et l'exercice effectif des droits de l'Homme, sont indispensables au renforcement de la paix et de la sécurité entre nos États. Nous réaffirmons l'égalité de droits des peuples et leur droit à l'autodétermination conformément à la Charte des Nations unies et aux normes pertinentes du droit international dans ce domaine, y compris celles qui ont trait à l'intégrité territoriale des États.

Nous sommes résolus à intensifier les consultations politiques et à élargir la coopération pour résoudre les problèmes économiques, sociaux, environnementaux, culturels et humanitaires. Cette résolution commune et notre interdépendance croissante contribueront à vaincre la méfiance de plusieurs décennies, à accroître la stabilité et à bâtir une Europe unie.

Nous voulons que l'Europe soit une source de paix, ouverte au dialogue et à la coopération avec les autres pays, favorable aux échanges et engagée dans la recherche de réponses communes aux défis du futur.

Sécurité

Nos relations amicales bénéficieront de la consolidation de la démocratie et du renforcement de la sécurité.

Nous nous félicitons de la signature par vingt-deux États participants du Traité sur les forces armées conventionnelles en Europe, qui aboutira à des niveaux réduits des forces armées. Nous approuvons l'adoption d'une nouvelle série substantielle de mesures de confiance et de sécurité qui conduiront à une transparence et une confiance accrues entre tous les États participants. Ce sont là des avancées importantes vers une stabilité et une sécurité renforcées en Europe.

La réduction sans précédent des forces armées qui résulte du Traité sur les forces armées conventionnelles en Europe, ainsi que la nouvelle manière d'envisager la sécurité et la coopération dans le cadre du processus de la CSCE, conduiront à une nouvelle perception de la sécurité en Europe et à une nouvelle dimension de nos relations. Dans ce contexte, nous reconnaissons pleinement aux États la liberté de choisir leurs propres arrangements en matière de sécurité.

Unité

L'Europe entière et libre appelle un nouveau départ. Nous invitons nos peuples à s'associer à cette grande entreprise.

Nous prenons acte avec une grande satisfaction du Traité portant règlement définitif concernant l'Allemagne, signé à Moscou le 12 septembre 1990, et nous nous félicitons sincèrement du fait que le peuple allemand se soit uni pour former un seul État, conformément aux principes de l'Acte final de la Conférence sur la sécurité et la coopération en Europe et en parfait accord avec ses voisins. La réalisation de l'unité nationale de l'Allemagne est une contribution importante à l'instauration d'un ordre de paix juste et durable dans une Europe unie, démocratique et consciente de sa responsabilité en matière de stabilité, de paix et de coopération.

La participation commune d'États d'Amérique du Nord et d'Europe est une caractéristique fondamentale de la CSCE, elle est à la base des succès obtenus jusqu'à présent et est essentielle pour l'avenir du processus de la CSCE. Notre patrimoine commun, ainsi qu'une adhésion constante à des valeurs que nous partageons sont les liens qui nous unissent. Riches de toute la diversité de nos nations, nous sommes unis dans notre engagement à élargir notre coopération dans tous les domaines. Les défis auxquels nous sommes confrontés ne peuvent être relevés que par l'action commune, la coopération et la solidarité.

La CSCE et le monde

Le destin de nos nations est lié à celui de toutes les autres. Nous appuyons pleinement l'Organisation des Nations unies et le renforcement de son rôle dans la promotion de la paix, de la sécurité et de la justice internationales. Nous réaffirmons notre engagement en faveur des principes et des buts des Nations unies tels qu'ils sont énoncés dans la Charte et condamnons toute violation de ces principes. Nous reconnaissons avec satisfaction le rôle de plus en plus important de l'Organisation des Nations unies dans le monde et son efficacité croissante, stimulée par l'amélioration des relations entre nos États.

Conscients de l'acuité des besoins d'une grande partie du monde, nous nous engageons à être solidaires avec tous les autres pays. Nous lançons donc aujourd'hui de Paris un appel à toutes les nations du monde. Nous nous tenons prêts à nous joindre à l'ensemble des États et à chacun d'entre eux dans un effort commun pour protéger et faire progresser la communauté des valeurs humaines fondamentales.

Orientations pour l'avenir

Nous fondant sur notre ferme engagement à appliquer pleinement tous les principes et toutes les dispositions de la CSCE, nous sommes désormais résolus à imprimer un nouvel élan à un développement équilibré et général de notre coopération dans le but de répondre aux besoins et aux aspirations de nos peuples.

Dimension humaine

Nous déclarons que notre respect des droits de l'Homme et des libertés fondamentales est irrévocable. Nous appliquerons pleinement et développerons les dispositions de la CSCE relatives à la dimension humaine.

Nous appuyant sur le document de la réunion de Copenhague de la Conférence sur la dimension humaine, nous coopérerons pour renforcer les institutions démocratiques et promouvoir l'application du principe de l'État de droit. À cette fin, nous décidons de convoquer un séminaire d'experts à Oslo du 4 au 15 novembre 1991.

Résolus à encourager la contribution précieuse des minorités nationales à la vie de nos sociétés, nous nous engageons à améliorer encore leur situation.

Nous réaffirmons notre profonde conviction que des relations amicales entre nos peuples ainsi que la paix, la justice, la stabilité et la démocratie exigent que l'identité ethnique, culturelle, linguistique et religieuse des minorités nationales soit protégée et que des conditions favorables à la promotion de cette identité soient créées. Nous déclarons que les questions relatives aux minorités nationales ne peuvent trouver de réponses satisfaisantes que dans un cadre politique démocratique. Nous reconnaissons en outre que les droits des personnes appartenant à des minorités nationales doivent être pleinement respectés comme faisant partie des droits de l'Homme universels. Conscients qu'il est nécessaire et urgent d'accroître la coopération en ce qui concerne les minorités nationales, ainsi que d'améliorer leur protection, nous décidons de convoquer une réunion d'experts sur les minorités nationales, qui se tiendra à Genève du 1er au 19 juillet 1991.

Nous exprimons notre détermination à lutter contre toutes les formes de haine raciale ou ethnique, d'antisémitisme, de xénophobie et de discrimination envers toute personne, ainsi que de persécution pour des motifs religieux ou idéologiques.

Conformément aux engagements que nous avons pris dans le cadre de la CSCE, nous soulignons que la liberté de circulation et de contacts entre nos citoyens, ainsi que la libre circulation de l'information et des idées, sont essentielles à la pérennité et au développement de sociétés libres et de cultures florissantes. Nous nous félicitons du développement du tourisme et des visites entre nos pays.

Le mécanisme de la dimension humaine a fait ses preuves et nous sommes donc résolus à le développer afin d'y inclure de nouvelles procédures comprenant, entre autres, les services d'experts ou un collège de personnalités éminentes ayant l'expérience des questions relatives aux droits de l'Homme qui pourraient être soulevées dans le cadre du mécanisme. Nous veillerons, dans le contexte du mécanisme, à ce que les particuliers participent à la protection de leurs droits. Par conséquent, nous nous engageons à élargir encore nos engagements à cet égard, en particulier à la réunion de Moscou de la Conférence sur la dimension humaine, sans préjuger des obligations contractées aux termes des instruments internationaux existants auxquels nos États peuvent être parties.

Nous reconnaissons l'importante contribution du Conseil de l'Europe à la promotion des droits de l'Homme, des principes de la démocratie et de l'État de droit, ainsi qu'au développement de la coopération culturelle. Nous nous félicitons de l'intérêt manifesté par plusieurs États participants quant à une adhésion au Conseil de l'Europe et à sa Convention européenne des droits de l'Homme. Nous nous félicitons du fait que le Conseil de l'Europe est prêt à mettre son expérience au service de la CSCE.

Sécurité

L'évolution de l'environnement politique et militaire de l'Europe ouvre des possibilités nouvelles d'efforts communs dans le domaine de la sécurité militaire. Notre action s'appuiera sur les résultats importants obtenus dans le Traité sur les forces armées conventionnelles en Europe et dans le cadre des négociations sur les mesures de confiance et de sécurité. Nous nous engageons à poursuivre les négociations MDCS selon le même mandat et à nous efforcer de les conclure d'ici la réunion principale de suivi de la CSCE qui se tiendra à Helsinki en 1992. Nous nous félicitons en outre de la décision des États participants concernés de poursuivre la négociation FCE selon le même mandat et de s'efforcer de la conclure d'ici la réunion sur les suites de la CSCE qui se tiendra à Helsinki. À la suite d'une période de préparations nationales, nous espérons voir s'instaurer une coopération plus structurée entre tous les États participants sur les questions de sécurité, et s'ouvrir des discussions et des consultations entre les trente-quatre États participants en vue de créer pour 1992, à partir de la conclusion de la réunion sur les suites de la CSCE qui se tiendra à Helsinki, de nouvelles négociations sur le désarmement et le renforcement de la confiance et de la sécurité, ouvertes à tous les États participants.

Nous demandons la conclusion le plus tôt possible de la convention sur l'interdiction universelle, globale et effectivement vérifiable des armes chimiques, et nous avons l'intention d'en être signataires dès l'origine.

Nous réaffirmons l'importance de l'initiative « Ciels ouverts » et demandons l'heureuse conclusion de ces négociations dès que possible.

Bien que le risque de conflit en Europe ait diminué, d'autres dangers menacent la stabilité de nos sociétés. Nous sommes résolus à coopérer pour défendre les institutions démocratiques contre des activités menées en violation de l'indépendance, de l'égalité souveraine ou de l'intégrité territoriale des États participants. Il s'agit notamment d'activités illégales incluant la coercition, la subversion ou des pressions exercées de l'extérieur.

Nous condamnons sans réserve comme criminels tous les actes, méthodes et pratiques terroristes et exprimons notre détermination à œuvrer à l'élimination du terrorisme, tant sur le plan bilatéral que par une coopération multilatérale. Nous unirons aussi nos forces pour lutter contre le trafic des stupéfiants.

Conscients que le règlement pacifique des différends est un complément essentiel au devoir qu'ont les États de s'abstenir de recourir à la menace ou à l'emploi de la force, tous deux étant des éléments essentiels au maintien et à la consolidation de la paix et de la sécurité internationales, nous chercherons non seulement des mesures efficaces de prévenir, par des moyens politiques, les conflits qui menaceraient d'éclater, mais encore nous définirons, conformément au droit international, des mécanismes appropriés afin de régler pacifiquement tout différend qui pourrait survenir. Par conséquent, nous nous engageons à rechercher de nouvelles formes de coopération dans ce domaine, en particulier une gamme de méthodes applicables au règlement pacifique des différends, y compris l'intervention obligatoire d'une tierce partie. Nous insistons sur le fait que tout le parti possible devrait, dans ce contexte, être tiré de l'occasion fournie par la réunion sur le règlement pacifique des différends, qui se tiendra à La Valette au début de 1991. Le Conseil des ministres des Affaires étrangères tiendra compte du rapport de la réunion de La Valette.

Coopération économique

Nous insistons sur le fait qu'une coopération économique fondée sur l'économie de marché constitue un élément essentiel de nos relations et contribuera à la construction d'une Europe prospère et unie. Les institutions démocratiques et la liberté économique favorisent le progrès économique et social, comme cela a été reconnu dans le document de la Conférence de Bonn sur la coopération économique, dont nous soutenons fortement les résultats.

Nous soulignons que la coopération dans le domaine de l'économie, de la science et de la technologie est aujourd'hui un pilier important de la CSCE. Les États participants devraient examiner périodiquement les progrès réalisés et imprimer de nouveaux élans dans ces domaines.

Nous sommes convaincus que notre coopération économique générale devrait être développée, la libre entreprise encouragée et les échanges accrus et diversifiés conformément aux règles du GATT. Nous encourageons la justice sociale et le progrès social et améliorerons le bien-être de nos peuples. Dans ce contexte, nous reconnaissons l'importance de politiques efficaces pour traiter le problème du chômage.

Nous réaffirmons la nécessité de continuer à soutenir les pays démocratiques dans leur transition vers l'instauration de l'économie de marché et la mise en place des bases d'une croissance économique et sociale autonome, comme l'a déjà entrepris le Groupe des vingt-quatre pays.

Nous soulignons encore la nécessité de mieux les intégrer au système économique et financier international, ce qui implique l'acceptation des devoirs comme des avantages.

Nous estimons qu'en insistant davantage sur la coopération économique dans le cadre du processus de la CSCE, compte devrait être tenu des intérêts des États participants en développement.

Nous rappelons le lien qui existe entre le respect et la promotion des droits de l'Homme et des libertés fondamentales et le progrès scientifique. La coopération dans le domaine de la science et de la technologie jouera un rôle fondamental dans le développement économique et social. Elle doit donc aller dans le sens d'un plus grand partage des informations et des connaissances scientifiques et techniques pertinentes, dans le but de combler le fossé technologique qui existe entre les États participants. Nous encourageons aussi les États participants à œuvrer ensemble au développement du potentiel humain et de l'esprit de libre entreprise.

Nous sommes déterminés à imprimer l'élan nécessaire à la coopération entre nos États dans les domaines de l'énergie, des transports et du tourisme pour le développement économique et social. Nous nous félicitons, en particulier, des mesures pratiques de nature à créer des conditions optimales pour un développement économique et rationnel des ressources énergétiques, en accordant l'attention nécessaire aux questions d'environnement.

Nous reconnaissons le rôle important de la Communauté européenne dans le développement politique et économique en Europe. Des organisations économiques internationales comme la Commission économique des Nations unies pour l'Europe (CEE/ONU), les institutions de Bretton Woods, l'Organisation de coopération et de développement économique (OCDE), l'Association européenne de libre-échange (AELE) et la Chambre de commerce internationale (CCI) ont aussi une tâche considérable à accomplir pour promouvoir la coopération économique, qui sera encore renforcée par la création de la Banque européenne pour la reconstruction et le développement (BERD). Afin de poursuivre nos objectifs, nous insistons sur le fait qu'il est indispensable de coordonner efficacement les activités de ces organisations et mettons l'accent sur la nécessité de mettre au point des méthodes permettant à tous nos États de prendre part à ces activités.

Environnement

Nous reconnaissons l'urgente nécessité de nous saisir des problèmes de l'environnement et l'importance des efforts entrepris à titre individuel ou en coopération dans ce domaine. Nous nous engageons à redoubler d'efforts pour protéger et améliorer notre environnement, afin de rétablir et de maintenir l'équilibre écologique dans l'air, dans l'eau et dans le sol. Nous sommes par conséquent résolus à tirer tout le parti possible du cadre de la CSCE pour formuler des engagements et des objectifs communs en matière d'environnement, et prolonger ainsi les travaux dont rend compte le rapport de la réunion de Sofia sur la protection de l'environnement.

Nous insistons sur le rôle important d'une société bien informée permettant au public et aux particuliers de prendre des initiatives pour l'amélioration de l'environnement. À cette fin, nous nous engageons à promouvoir la sensibilisation et l'éducation du public en matière d'environnement, ainsi que l'information du public sur l'incidence des politiques, des projets et des programmes sur l'environnement.

Nous donnons priorité à l'adoption de techniques propres et produisant peu de déchets, compte tenu de la nécessité d'appuyer des pays qui n'ont pas encore les moyens de prendre par eux-mêmes les mesures voulues.

Nous soulignons que les politiques de l'environnement devraient être étayées par des mesures législatives et des structures administratives appropriées afin de garantir leur application effective.

Nous insistons sur la nécessité d'élaborer de nouvelles mesures prévoyant l'évaluation systématique du respect des engagements existants et, en outre, de définir des engagements plus ambitieux en matière de notification et d'échange d'informations sur l'état de l'environnement et les risques potentiels pour l'environnement. Nous nous félicitons aussi de la création de l'Agence européenne pour l'environnement.

Nous saluons les travaux – activités opérationnelles, études axées sur la résolution de problèmes et analyses des politiques – qui sont menés dans les diverses organisations internationales qui s'occupent déjà de protection de l'environnement (PNUE), la Commission économique des Nations unies pour l'Europe (CEE/ONU) et l'Organisation de coopération et de développement économique (OCDE). Nous mettons l'accent sur la nécessité de renforcer leur coopération et d'assurer une coordination efficace de leurs actions.

Culture

Nous reconnaissons que notre culture commune européenne et nos valeurs partagées ont contribué de manière essentielle à surmonter la division du continent. Par conséquent, nous soulignons notre attachement à la liberté créatrice ainsi qu'à la protection et la promotion de notre patrimoine culturel et spirituel, dans toute sa richesse et sa diversité.

En raison des changements récemment survenus en Europe, nous insistons sur l'importance accrue du Colloque de Cracovie et nous en attendons l'examen de directives pour une coopération renforcée dans le domaine de la culture. Nous invitons le Conseil de l'Europe à apporter sa contribution à ce colloque.

Afin de promouvoir une meilleure connaissance mutuelle entre nos peuples, nous favorisons la création de centres culturels dans les villes d'autres États participants, ainsi qu'une coopération accrue dans le domaine de l'audiovisuel et des échanges plus développés dans le domaine de la musique, du théâtre, de la littérature et des arts.

Nous sommes résolus à faire des efforts particuliers dans nos politiques nationales pour promouvoir une meilleure compréhension, notamment entre les jeunes, par des échanges culturels, la coopération dans tous les domaines de l'éducation et, plus spécifiquement, par l'enseignement et la formation dispensés dans les langues d'autres États participants. Nous avons l'intention d'examiner les premiers résultats de cette action lors de la réunion principale de suivi d'Helsinki, qui se tiendra en 1992.

Travailleurs migrants

Nous reconnaissons que les questions relatives aux travailleurs migrants et à leur famille résidant légalement dans les pays d'accueil comportent des aspects économiques, culturels et sociaux, ainsi que leur propre dimension humaine. Nous réaffirmons que la protection et la promotion de leurs droits, ainsi que le respect des obligations internationales correspondantes, sont notre préoccupation commune.

Méditerranée

Nous estimons que les changements politiques fondamentaux survenus en Europe revêtent une signification positive pour la région méditerranéenne. Nous poursuivons donc nos efforts pour renforcer la sécurité et la coopération en Méditerranée, en tant qu'élément important de stabilité en Europe. Nous nous félicitons du rapport de la réunion de Palma de Majorque sur la Méditerranée, dont nous soutenons tous les résultats.

Nous sommes préoccupés par les tensions persistantes dans la région, et réitérons notre détermination à intensifier nos efforts pour trouver, par des moyens pacifiques, des solutions justes, viables et durables aux problèmes cruciaux en suspens, fondées sur le respect des principes de l'Acte final.

Nous souhaitons promouvoir des conditions favorables au développement harmonieux et à la diversification des relations avec les États méditerranéens non participants. La coopération renforcée avec ces États sera poursuivie dans le but de promouvoir le développement économique et social et, par suite, d'accroître ainsi la stabilité dans la région. À cette fin, nous nous efforcerons, de concert avec ces pays, de réduire de façon substantielle l'écart de prospérité entre l'Europe et ses voisins méditerranéens.

Organisations non gouvernementales

Nous rappelons le rôle important joué par les organisations non gouvernementales, les groupes religieux et autres et les particuliers dans la réalisation des objectifs de la CSCE et nous continuerons à faciliter leurs activités en faveur de la mise en œuvre des engagements de la CSCE par les États participants. Pour accomplir les tâches importantes qui sont les leurs, ces organisations, groupes et particuliers doivent être associés de manière appropriée aux activités et aux nouvelles structures de la CSCE.

Structures et institutions nouvelles du processus de la CSCE

Nos efforts communs pour consolider le respect des droits de l'Homme, la démocratie et l'État de droit, renforcer la paix et promouvoir l'unité en Europe appellent un dialogue et une coopération politiques d'une qualité nouvelle et, par conséquent, un développement des structures de la CSCE.

L'intensification de nos consultations à tous les niveaux est d'une importance primordiale pour donner forme à nos relations futures. À cette fin, nous décidons de ce qui suit :

Nous, chefs d'États ou de gouvernement, tiendrons notre prochaine réunion à Helsinki à l'occasion de la réunion organisée dans le cadre des suites de la CSCE, qui aura lieu en 1992. Par la suite, nous nous rencontrerons à l'occasion des réunions de suivi ultérieures.

Nos ministres des Affaires étrangères se réuniront en Conseil régulièrement et au moins une fois l'an. Ces réunions constitueront l'enceinte centrale des consultations politiques dans le cadre du processus de la CSCE. Le Conseil examinera les questions qui relèvent de la Conférence sur la Sécurité et la Coopération en Europe et prendra les décisions appropriées.

La première réunion du Conseil se tiendra à Berlin.

Un Comité de hauts fonctionnaires préparera les réunions du Conseil et exécutera ses décisions. Le Comité examinera les affaires courantes et pourra prendre les décisions appropriées, y compris sous forme de recommandations au Conseil.

Des réunions supplémentaires des représentants des États participants pourront être décidées afin de débattre des questions présentant un caractère urgent.

Le Conseil étudiera la mise au point de dispositions pour la convocation de réunions du Comité de hauts fonctionnaires dans des situations d'urgence.

Des réunions d'autres ministres pourront aussi être décidées entre les États participants.

Afin d'assurer le soutien administratif de ces consultations, nous créons un Secrétariat à Prague.

Les réunions de suivi des États participants se tiendront en principe tous les deux ans pour permettre aux États participants de faire le point de la situation, d'examiner l'exécution de leurs engagements et d'envisager de nouvelles initiatives s'inscrivant dans le processus de la CSCE.

Nous décidons de créer un Centre de prévention des conflits à Vienne, pour aider le Conseil à réduire le risque de conflit.

Nous décidons d'établir un Bureau des élections libres à Varsovie, pour faciliter les contacts et l'échange d'informations sur les élections dans les États participants.

Reconnaissant le rôle important que des parlementaires peuvent jouer dans le processus de la CSCE, nous souhaitons une plus grande participation parlementaire dans la CSCE, en particulier par la création d'une assemblée parlementaire de la CSCE réunissant des membres des parlements de tous les États participants.

À cette fin, nous demandons instamment que des contacts soient poursuivis au niveau parlementaire pour débattre du domaine d'activité, des contacts de travail, et des dispositions de procédure d'une telle structure parlementaire de la CSCE, en s'inspirant de l'expérience acquise et des travaux déjà réalisés dans ce domaine.

Nous demandons à nos ministres des Affaires étrangères d'examiner à nouveau cette question à l'occasion de leur première réunion en Conseil.

Les modalités de procédure et d'organisation relatives à certaines dispositions contenues dans la Charte de Paris pour une nouvelle Europe figurent dans le document complémentaire qui est adopté en même temps que la Charte de Paris.

Nous chargeons le Conseil de prendre les mesures additionnelles qui pourraient être nécessaires pour assurer l'application des décisions contenues dans le présent document, ainsi que dans le document complémentaire, et d'envisager de nouveaux efforts en vue de renforcer la sécurité et la coopération en Europe. Le Conseil pourra adopter tout amendement au document complémentaire qu'il pourra juger approprié.

L'original de la Charte de Paris pour une nouvelle Europe, rédigé en allemand, anglais, espagnol, français, italien et russe, sera remis au Gouvernement de la République française qui le conservera dans ses archives. Chacun des États participants recevra du Gouvernement de la République française une copie conforme de la Charte de Paris.

Le texte de la Charte de Paris sera publié dans chaque État participant, qui le diffusera et le fera connaître le plus largement possible.

Le Gouvernement de la République française est prié de transmettre au Secrétaire général des Nations unies, en vue de sa diffusion à tous les membres de l'Organisation comme document officiel des Nations unies, le texte de la Charte de Paris pour une nouvelle Europe, qui n'est pas recevable pour être enregistré au titre de l'article 102 de la Charte des Nations unies.

Le Gouvernement de la République française est également prié de transmettre le texte de la Charte de Paris à toutes les autres organisations internationales mentionnées dans le texte.

En foi de quoi, nous, soussignés hauts représentants des États participants, conscients de la haute signification politique que nous attachons aux résultats de la Réunion au sommet, et nous déclarant résolus à agir conformément aux dispositions que nous avons adoptées, avons apposé notre signature au bas du présent document.

Succession d'États :

7 Déclaration d'Alma-Ata (1)

Date d'adoption : 21/12/1991

Les États indépendants :

La république d'Azerbaïdjan, la république d'Arménie, la république de Biélarus, la république du Kazakhstan, la république du Kyrghyzstan, la république de Moldova, la Fédération de Russie (RSFSR), la république du Tadjikistan, le Turkménistan, la république d'Ouzbekistan et l'Ukraine,

Voulant créer des États démocratiques de droit, dont les relations se développeraient sur les principes suivants reconnaissance réciproque et respect de la souveraineté et de l'égalité souveraine, droit inaliénable à l'autodétermination, égalité en droits et non-ingérence dans les affaires intérieures, non-recours à la menace ou à l'usage de la force, refus des pressions économiques et autres, règlement pacifique des désaccords, respect des droits et des libertés de l'homme y compris des droits des minorités ethniques, application scrupuleuse des engagements, des autres normes et principes universellement reconnus du droit international,

Reconnaissant et respectant l'intégrité territoriale et l'immuabilité des frontières existantes des uns et des autres,

Considérant que la consolidation des relations d'amitié, de bon voisinage et de coopération mutuellement avantageuse, qui ont des racines historiques profondes, répond aux intérêts vitaux des peuples et sert la cause de la paix et de la sécurité,

Conscients de leur responsabilité pour la préservation de la paix civile et de l'entente interethnique,

Adhérant aux objectifs et aux principes de l'accord sur la création de la Communauté des États indépendants,

Déclarent ce qui suit :

Les États membres de la Communauté coopéreront sur le principe de l'égalité en droits, et par l'intermédiaire d'institutions de coordination formées d'après le principe de la parité et fonctionnant selon

(1) 51, 57, 61.

les modalités déterminées par l'accord entre les États de la Communauté, qui n'est ni un État, ni une entité supranationale.

Pour assurer la sécurité et la stabilité stratégique internationale, on maintiendra un commandement unique des forces militaires stratégiques, ainsi qu'un contrôle unique des armes nucléaires les parties respecteront l'aspiration des uns et des autres au statut d'État dénucléarisé et (ou) neutre.

D'un commun accord entre ses membres, la Communauté des États indépendants est ouverte à l'adhésion des États membres de l'ex-URSS ainsi qu'à l'adhésion des autres États qui adhèrent aux objectifs et aux principes de la Communauté.

Les États membres de la Communauté confirment leur attachement à la coopération en matière de création et de développement d'un espace économique commun et de marchés pan-européen et euro-asiatique.

L'Union des Républiques Socialistes Soviétiques cesse d'exister avec la création de la Communauté des États indépendants.

Les États membres de la Communauté garantissent, en conformité avec leurs procédures législatives, le respect des engagements internationaux découlant des accords signés par l'ex-URSS.

Les États membres de la Communauté s'engagent à respecter strictement les principes de la présente déclaration.

8 Conférence pour la paix en Yougoslavie : Commission d'arbitrage : Avis n° 1 (1)

Date d'adoption : 29/11/1991

Le président de la Commission d'arbitrage a reçu, le 20 novembre 1991, la lettre suivante de Lord Carrington, président de la Conférence pour la paix en Yougoslavie :

« Nous sommes confrontés à une importante question de droit.

La Serbie considère que le fait que des républiques se soient déclarées ou voudraient se déclarer indépendantes ou souveraines, aient fait ou feraient sécession de la République Socialiste Fédérative de Yougoslavie (RSFY) n'affecte pas l'existence de celle-ci qui continuerait par ailleurs d'exister.

D'autres Républiques considèrent au contraire qu'il n'est pas question de sécession mais qu'on assiste à la désintégration ou à l'éclatement de la RSFY, sous l'effet de la volonté convergente d'un certain nombre de Républiques. Elles considèrent que les six Républiques doivent être tenues comme succédant sur un pied d'égalité à la RSFY, sans qu'aucune d'entre elles ou groupe quelconque d'entre elles puissent prétendre en être le continuateur.

Je souhaiterais que la Commission d'arbitrage se saisisse de cette question afin de formuler tout avis ou recommandation qu'elle jugerait utile. »

La Commission d'arbitrage a pris connaissance des mémoires et documents communiqués respectivement par les Républiques de Bosnie-Herzégovine, de Croatie, de Macédoine, du Monténégro, de la Slovénie, de la Serbie et par le président de la Présidence collégiale de la RSFY.

1. La Commission considère :

a) que la réponse à la question posée doit être faite en fonction des principes du droit international public qui permettent de définir à quelles conditions une entité constitue un État qu'à cet égard, l'existence ou la disparition de l'État est une question de fait que la reconnaissance par les autres États a des effets purement déclaratifs;

b) que l'État est communément défini comme une collectivité qui se compose d'un territoire et d'une population soumis à un pouvoir politique organisé qu'il se caractérise par la souveraineté;

c) que, pour la mise en œuvre de ces critères, la forme de l'organisation politique interne et les dispositions constitutionnelles constituent de simples faits, dont la prise en considération est cependant utile pour

---

(1) 129, 530.

déterminer l'emprise du Gouvernement sur la population et sur le territoire ;

d) que dans le cas d'un État de type fédéral, qui réunit des collectivités dotées d'une certaine autonomie, et qui sont, en outre, associées à l'exercice du pouvoir politique dans le cadre d'institutions communes à la Fédération, l'existence de l'État implique que les organes fédéraux représentent les composantes de la Fédération et disposent d'un pouvoir effectif ;

e) que, conformément à la définition admise en droit international, l'expression « succession d'États » s'entend de la substitution d'un État à un autre dans la responsabilité des relations internationales d'un territoire. Un tel phénomène est régi par des principes de droit international dont s'inspirent les Conventions de Vienne du 23 août 1978 et du 8 avril 1983. Conformément à ces principes la succession doit conduire à un résultat équitable, les États intéressés demeurant libres d'en fixer par voie d'accord les modalités. En outre, les normes impératives du droit international général et, en particulier le respect des droits fondamentaux de la personne humaine et des droits des peuples et des minorités, s'imposent à toutes les parties prenantes à la succession.

2. La Commission d'arbitrage constate que :

a) Bien que la RSFY ait conservé à ce jour sa personnalité internationale, notamment au sein des organisations internationales, la volonté d'indépendance des Républiques s'est exprimée :

- en Slovénie, par un référendum tenu au mois de décembre 1990, puis par une déclaration d'indépendance en date du 25 juin 1991, suspendue pendant trois mois et confirmée le 8 octobre 1991 ;
- en Croatie, par un référendum tenu au mois de mai 1991, puis par une déclaration d'indépendance en date du 25 juin 1991, suspendue pendant trois mois et confirmée le 8 octobre 1991 ;
- en Macédoine, par un référendum tenu au mois de septembre 1991 en faveur d'une Macédoine souveraine et indépendante dans une association d'États yougoslaves ;
- en Bosnie-Herzégovine, par une résolution de souveraineté adoptée par le Parlement le 14 octobre 1991, dont la communauté serbe de la République de Bosnie-Herzégovine a contesté la validité.

b) La composition et le fonctionnement des organes essentiels de la Fédération, qu'il s'agisse de la présidence fédérale, du Conseil fédéral, du Conseil des Républiques et des provinces, du Conseil exécutif fédéral, de la Cour constitutionnelle et de l'armée fédérale, ne satisfont plus aux exigences de participation et de représentativité inhérentes à un État fédéral ;

c) Le recours à la force a entraîné un conflit armé opposant les uns aux autres différents éléments de la Fédération. Ce conflit, en quelques mois, a causé la mort de milliers de personnes et des destructions considérables. Les autorités de la Fédération et des Républiques se sont avérées impuissantes à faire respecter les accords successifs de cessez-le-feu conclus sous les auspices des Communautés européennes ou de l'Organisation des Nations unies.

3. En conséquence, la Commission d'arbitrage est d'avis :

– que la République socialiste fédérative de Yougoslavie est engagée dans un processus de dissolution ;
– qu'il appartient aux Républiques de régler les problèmes de succession d'États pouvant résulter de ce processus conformément aux principes et aux règles du droit international, en assurant en particulier le respect des droits de l'Homme et celui des peuples et des minorités ;
– qu'il revient aux Républiques qui en manifesteraient la volonté de constituer ensemble une nouvelle association dotée des institutions démocratiques de leur choix.

8 *bis* Conférence pour la paix en Yougoslavie : Commission d'arbitrage : Avis n° 9 (1)

Date d'adoption : 04/07/1992

Le président de la Commission d'arbitrage a reçu le 18 mai 1992, une lettre par laquelle Lord Carrington, président de la Conférence pour la Paix en Yougoslavie, saisissait la Commission pour avis de la question suivante

« Dans l'affirmative, (la dissolution de la RSFY est-elle arrivée à son terme ?) sur quels fondements et selon quelles modalités les problèmes de succession d'États qui se posent entre les différents États issus de la RSFY devraient-ils être réglés ? »

La Commission a pris connaissance des mémoires, des observations et des documents communiqués respectivement par les républiques de Bosnie-Herzégovine, de Croatie, de Macédoine, du Monténégro, de Servie et de Slovénie.

La Commission a constaté par une décision avant-dire droit rendue ce jour qu'elle avait compétence en l'espèce.

1. Comme la Commission d'arbitrage l'a constaté dans son avis n° 8, la réponse à la question en examen est étroitement subordonnée à celle qui a été apportée à la question n° 2 posée par le président de la Conférence.

Dans son avis n° 8, la Commission d'arbitrage a conclu que le processus de dissolution de la République socialiste fédérative de Yougoslavie (RSFY) était arrivé à son terme et constaté que cet État n'existe plus ;

De nouveaux États ont été créés sur le territoire de l'ancienne RSFY et se sont substitués à elle. Ils sont tous des États successeurs de l'ancienne RSFY.

2. Comme l'a rappelé la Commission d'arbitrage dans son avis n° 1, le phénomène de la succession d'États est régi par des principes de droit international dont s'inspirent les Conventions de Vienne du 23 août 1978 et du 8 avril 1983 que toutes les républiques ont accepté de retenir comme base de leurs discussions relatives à la succession d'États dans le cadre de la Conférence pour la Paix en Yougoslavie.

La considération dominante en la matière est que la solution retenue doit correspondre à un résultat équitable, les États intéressés devant en fixer les modalités par voie d'accords sous réserve du respect des normes impératives du droit international général et, en par-

(1) 51, 530.

ticulier, des droits fondamentaux de la personne humaine et des droits des peuples et des minorités.

3. Dans la Déclaration concernant l'ex-Yougoslavie, adoptée le 27 juin 1992 à Lisbonne, le Conseil européen a indiqué que « la Communauté et ses États membres ne reconnaîtront pas la nouvelle entité fédérale composée de la Serbie et du Monténégro comme État succédant à l'ex-Yougoslavie aussi longtemps qu'une décision n'aura pas été prise par les institutions internationales compétentes. Ils ont décidé d'exiger la suspension de la participation de la délégation yougoslave aux travaux de la CSCE et d'autres enceintes et organisations internationales ». Le Conseil européen a ainsi témoigné de sa conviction selon laquelle la RFY (Serbie et Monténégro) n'avait aucun droit à se considérer comme l'unique successeur de la RSFY.

4. En conséquence, la Commission d'arbitrage est d'avis :

- que les États successeurs de la RSFY doivent se concerter et régler par voie d'accords toutes les questions relatives à la succession de celle-ci ;
- que dans leurs négociations à cette fin, ces États doivent s'efforcer d'arriver à un résultat équitable en se fondant sur les principes dont s'inspirent les Conventions de Vienne de 1978 et de 1983 et sur les règles pertinentes du droit international coutumier ;
- qu'il convient en outre de tenir pleinement compte du principe de l'égalité de droits et de devoirs entre les États au regard du droit international ;
- qu'il doit être mis un terme à la qualité de membre de la RSFY dans les organisations internationales conformément à leurs statuts respectifs et qu'aucun des États successeurs ne peut revendiquer en tant que tel et pour lui seul le bénéfice des droits détenus jusqu'alors par l'ancienne RSFY en sa qualité de membre ;
- que les biens de la RSFY situés dans les pays tiers doivent être partagés entre les États successeurs dans des proportions équitables ;
- que, de même, les créances et les dettes de la RSFY doivent être réparties équitablement entre les États successeurs ;
- que les États intéressés doivent résoudre toutes questions litigieuses liées à la succession de la RSFY qui n'auraient pu être réglées par voie d'accords, exclusivement par des moyens pacifiques conformément au principe énoncé dans la Charte des Nations unies,
- et qu'en particulier ils doivent en rechercher la solution par voie d'enquête, de médiation, de conciliation, d'arbitrage ou de règlement judiciaire ; mais
- qu'aucune question spécifique ne lui ayant été posée, la Commission n'est pas à même de se prononcer à ce stade sur les difficultés qui pourraient surgir à propos de problèmes concrets liés à la succession de l'ancienne Yougoslavie.

Reconnaissance d'États :

9 Communauté européenne : Déclaration sur les « lignes directrices sur la reconnaissance des nouveaux États en Europe orientale et en Union Soviétique » (1)

Date d'adoption : 16/12/1991

Conformément à la demande du Conseil européen, les ministres ont examiné les évolutions en Europe orientale et en Union Soviétique afin de définir une approche concernant les relations avec de nouveaux États.

Dans ce contexte, ils ont adopté les lignes directrices suivantes sur la reconnaissance formelle de nouveaux États en Europe orientale et en Union Soviétique

« La Communauté et ses États membres confirment leur attachement aux principes de l'Acte final d'Helsinki et de la Charte de Paris, notamment au principe d'autodétermination. Ils affirment leur volonté de reconnaître, conformément aux normes acceptées de la pratique internationale et tenant compte des réalités politiques dans chaque cas concret, ces nouveaux États qui, après les modifications historiques survenues dans la région, se constitueraient sur une base démocratique, auraient accepté les obligations internationales pertinentes, et se seraient engagés de bonne foi dans un processus pacifique et négocié.

C'est pourquoi ils adoptent une position commune sur le processus de la reconnaissance de ces nouveaux États, qui implique :

- le respect des dispositions de la Charte des Nations unies et des engagements souscrits dans l'Acte final d'Helsinki et la Charte de Paris, notamment en ce qui concerne l'État de droit, la démocratie et les droits de l'Homme;
- la garantie des droits des groupes ethniques et nationaux et des minorités conformément aux engagements souscrits dans le cadre de la CSCE;
- le respect de l'inviolabilité des limites territoriales qui ne peuvent être modifiées que par des moyens pacifiques et d'un commun accord;

---

(1) 99.

– la reprise de tous les engagements pertinents relatifs au désarmement et à la non-prolifération nucléaire ainsi qu'à la sécurité et à la stabilité régionale ;
– l'engagement à régler par accord, notamment le cas échéant par un recours à l'arbitrage, toutes les questions afférentes à la succession d'États et aux différends régionaux.

La Communauté et ses États membres ne reconnaîtront pas des entités qui seraient le résultat d'une agression. Ils prendront en considération les effets de la reconnaissance sur les États voisins.

L'engagement en faveur de ces principes ouvre la voie à la reconnaissance par la Communauté et ses États membres et à l'établissement de relations diplomatiques. Il pourra être consigné dans des accords. »

III. PROTECTION INTERNATIONALE DES DROITS DE L'HOMME

Cadre universel :

10 Déclaration universelle des droits de l'Homme (1)

Date d'adoption : 10/12/1948

PRÉAMBULE

Considérant que la reconnaissance de la dignité inhérente à tous les membres de la famille humaine et de leurs droits égaux et inaliénables constitue le fondement de la liberté, de la justice et de la paix dans le monde,

Considérant que la méconnaissance et le mépris des droits de l'Homme ont conduit à des actes de barbarie qui révoltent la conscience de l'humanité et que l'avènement d'un monde où les êtres humains seront libres de parler et de croire, libérés de la terreur et de la misère, a été proclamé comme la plus haute aspiration de l'homme,

Considérant qu'il est essentiel que les droits de l'Homme soient protégés par un régime de droit pour que l'homme ne soit pas contraint, en suprême recours, à la révolte contre la tyrannie et l'oppression,

Considérant qu'il est essentiel d'encourager le développement de relations amicales entre nations,

Considérant que dans la Charte les peuples des Nations unies ont proclamé à nouveau leur foi dans les droits fondamentaux de l'homme, dans la dignité et la valeur de la personne humaine, dans l'égalité des droits des hommes et des femmes, et qu'ils se sont déclarés résolus

---

(1) 191, 208, 438.

à favoriser le progrès social et à instaurer de meilleures conditions de vie dans une liberté plus grande,

Considérant que les États membres se sont engagés à assurer, en coopération avec l'Organisation des Nations unies, le respect universel et effectif des droits de l'Homme et des libertés fondamentales,

Considérant qu'une conception commune de ces droits et libertés est de la plus haute importance pour remplir pleinement cet engagement,

L'Assemblée générale

Proclame la présente Déclaration universelle des droits de l'Homme comme l'idéal commun à atteindre par tous les peuples et toutes les nations afin que tous les individus et tous les organes de la société, ayant cette Déclaration constamment à l'esprit, s'efforcent, par l'enseignement et l'éducation, de développer le respect de ces droits et libertés et d'en assurer, par des mesures progressives d'ordre national et international, la reconnaissance et l'application universelles et effectives, tant parmi les populations des États membres eux-mêmes que parmi celles des territoires placés sous leur juridiction.

Art. premier. – Tous les êtres humains naissent libres et égaux en dignité et en droits. Ils sont doués de raison et de conscience et doivent agir les uns envers les autres dans un esprit de fraternité.

Art. 2. – 1. Chacun peut se prévaloir de tous les droits et de toutes les libertés proclamés dans la présente Déclaration, sans distinction aucune, notamment de race, de couleur, de sexe, de langue, de religion, d'opinion politique ou de toute autre opinion, d'origine nationale ou sociale, de fortune, de naissance ou de toute autre situation.

2. De plus, il ne sera fait aucune distinction fondée sur le statut politique, juridique ou international du pays ou du territoire dont une personne est ressortissante, que ce pays ou territoire soit indépendant, sous tutelle, non autonome ou soumis à une limitation quelconque de souveraineté.

Art. 3. – Tout individu a droit à la vie, à la liberté et à la sûreté de sa personne.

Art. 4. – Nul ne sera tenu en esclavage ni en servitude l'esclavage et la traite des esclaves sont interdits sous toutes leurs formes.

Art. 5. – Nul ne sera soumis à la torture, ni à des peines ou traitements cruels, inhumains ou dégradants.

Art. 6. – Chacun a le droit à la reconnaissance en tous lieux de sa personnalité juridique.

Art. 7. – Tous sont égaux devant la loi et ont droit sans distinction à une égale protection de la loi. Tous ont droit à une protection égale contre toute discrimination qui violerait la présente Déclaration et contre toute provocation à une telle discrimination.

Art. 8. – Toute personne a droit à un recours effectif devant les juridictions nationales compétentes contre les actes violant les droits fondamentaux qui lui sont reconnus par la constitution ou par la loi.

Art. 9. – Nul ne peut être arbitrairement arrêté, détenu ni exilé.

Art. 10. – Toute personne a droit, en pleine égalité, à ce que sa cause soit entendue équitablement et publiquement par un tribunal indépendant et impartial, qui décidera, soit de ses droits et obligations, soit du bien-fondé de toute accusation en matière pénale dirigée contre elle.

Art. 11. – 1. Toute personne accusée d'un acte délictueux est présumée innocente jusqu'à ce que sa culpabilité ait été légalement établie au cours d'un procès public où toutes les garanties nécessaires à sa défense lui auront été assurées.

2. Nul ne sera condamné pour des actions ou omissions qui, au moment où elles ont été commises, ne constituaient pas un acte délictueux d'après le droit national ou international. De même, il ne sera infligé aucune peine plus forte que celle qui était applicable au moment où l'acte délictueux a été commis.

Art. 12. – Nul ne sera l'objet d'immixtions arbitraires dans sa vie privée, sa famille, son domicile ou sa correspondance, ni d'atteintes à son honneur et à sa réputation. Toute personne a droit à la protection de la loi contre de telles immixtions ou de telles atteintes.

Art. 13. – 1. Toute personne a le droit de circuler librement et de choisir sa résidence à l'intérieur d'un État.

2. Toute personne a le droit de quitter tout pays, y compris le sien, et de revenir dans son pays.

Art. 14. – 1. Devant la persécution, toute personne a le droit de chercher asile et de bénéficier de l'asile en d'autres pays.

2. Ce droit ne peut être invoqué dans le cas de poursuites réellement fondées sur un crime de droit commun ou sur des agissements contraires aux buts et aux principes des Nations unies.

Art. 15. – 1. Tout individu a droit à une nationalité.

2. Nul en peut être arbitrairement privé de sa nationalité, ni du droit de changer de nationalité.

Art. 16. – 1. À partir de l'âge nubile, l'homme et la femme, sans aucune restriction quant à la race, la nationalité ou la religion, ont le droit de se marier et de fonder une famille. Ils ont des droits égaux au regard du mariage, durant le mariage et lors de sa dissolution.

2. Le mariage ne peut être conclu qu'avec le libre et plein consentement des futurs époux.

3. La famille est l'élément naturel et fondamental de la société et a droit à la protection de la société et de l'État.

Art. 17. – 1. Toute personne, aussi bien seule qu'en collectivité, a droit à la propriété.

2. Nul ne peut être arbitrairement privé de sa propriété.

Art. 18. – Toute personne a droit à la liberté de pensée, de conscience et de religion ce droit implique la liberté de changer de religion ou de conviction ainsi que la liberté de manifester sa religion ou sa conviction, seule ou en commun, tant en public qu'en privé, par l'enseignement, les pratiques, le culte et l'accomplissement des rites.

Art. 19. – Tout individu a droit à la liberté d'opinion et d'expression, ce qui implique le droit de ne pas être inquiété pour ses opinions et celui de chercher, de recevoir et de répandre, sans considérations de frontières, les informations et les idées par quelque moyen d'expression que ce soit.

Art. 20. – 1. Toute personne a droit à la liberté de réunion et d'association pacifiques.

2. Nul ne peut être obligé de faire partie d'une association.

Art. 21. – 1. Toute personne a le droit de prendre part à la direction des affaires publiques de son pays, soit directement, soit par l'intermédiaire de représentants librement choisis.

2. Toute personne a droit à accéder, dans des conditions d'égalité, aux fonctions publiques de son pays.

3. La volonté du peuple est le fondement de l'autorité des pouvoirs publics cette volonté doit s'exprimer par des élections honnêtes qui doivent avoir lieu périodiquement, au suffrage universel égal et au vote secret ou suivant une procédure équivalente assurant la liberté du vote.

Art. 22. – Toute personne, en tant que membre de la société, a droit à la sécurité sociale elle est fondée à obtenir la satisfaction des droits économiques, sociaux et culturels indispensables à sa dignité et au libre développement de sa personnalité, grâce à l'effort national et à la coopération internationale, compte tenu de l'organisation et des ressources de chaque pays.

Art. 23. – 1. Toute personne a droit au travail, au libre choix de son travail, à des conditions équitables et satisfaisantes de travail et à la protection contre le chômage.

2. Tous ont droit, sans aucune discrimination, à un salaire égal pour un travail égal.

3. Quiconque travaille a droit à une rémunération équitable et satisfaisante lui assurant ainsi qu'à sa famille une existence conforme à la dignité humaine et complétée, s'il y a lieu, par tous autres moyens de protection sociale.

4. Toute personne a le droit de fonder avec d'autres des syndicats et de s'affilier à des syndicats pour la défense de ses intérêts.

Art. 24. – Toute personne a droit au repos et aux loisirs et notamment à une limitation raisonnable de la durée du travail et à des congés payés périodiques.

Art. 25. – 1. Toute personne a droit à un niveau de vie suffisant pour assurer sa santé, son bien-être et ceux de sa famille, notamment pour l'alimentation, l'habillement, le logement, les soins médicaux ainsi que pour les services sociaux nécessaires; elle a droit à la sécurité en cas de chômage, de maladie, d'invalidité, de veuvage, de vieillesse ou dans les autres cas de perte de ses moyens de subsistance par suite de circonstances indépendantes de sa volonté.

2. La maternité et l'enfance ont droit à une aide et à une assistance spéciales. Tous les enfants, qu'ils soient nés dans le mariage ou hors mariage, jouissent de la même protection sociale.

Art. 26. – 1. Toute personne a droit à l'éducation. L'éducation doit être gratuite, au moins en ce qui concerne l'enseignement élémentaire et fondamental. L'enseignement élémentaire est obligatoire. L'enseignement technique et professionnel doit être généralisé; l'accès aux études supérieures doit être ouvert en pleine égalité à tous en fonction de leur mérite.

2. L'éducation doit viser au plein épanouissement de la personnalité humaine et au renforcement du respect des droits de l'Homme et des libertés fondamentales. Elle doit favoriser la compréhension, la tolérance et l'amitié entre toutes les nations et tous les groupes raciaux ou religieux, ainsi que le développement des activités des Nations unies pour le maintien de la paix.

3. Les parents ont, par priorité, le droit de choisir le genre d'éducation à donner à leurs enfants.

Art. 27. – 1. Toute personne a le droit de prendre part librement à la vie culturelle de la communauté, de jouir des arts et de participer au progrès scientifique et aux bienfaits qui en résultent.

2. Chacun a droit à la protection des intérêts moraux et matériels découlant de toute production scientifique, littéraire ou artistique dont il est l'auteur.

Art. 28. – Toute personne a droit à ce que règne, sur le plan social et sur le plan international, un ordre tel que les droits et libertés énoncés dans la présente Déclaration puissent y trouver plein effet.

Art. 29. – 1. L'individu a des devoirs envers la communauté dans laquelle seul le libre et plein développement de sa personnalité est possible.

2. Dans l'exercice de ses droits et dans la jouissance de ses libertés, chacun n'est soumis qu'aux limitations établies par la loi exclusivement en vue d'assurer la reconnaissance et le respect des droits et libertés d'autrui et afin de satisfaire aux justes exigences de la morale, de l'ordre public et du bien-être général dans une société démocratique.

3. Ces droits et libertés ne pourront, en aucun cas, s'exercer contrairement aux buts et aux principes des Nations unies.

Art. 30. – Aucune disposition de la présente Déclaration ne peut être interprétée comme impliquant pour un État, un groupement ou un individu un droit quelconque de se livrer à une activité ou d'accomplir un acte visant à la destruction des droits et libertés qui y sont énoncés.

11 Pacte international relatif aux droits civils et politiques (1)

Date d'adoption : 16/12/1966
Date d'entrée en vigueur : 23/03/1976

Préambule

Les États parties au présent Pacte,

Considérant que, conformément aux principes énoncés dans la Charte des Nations unies, la reconnaissance de la dignité inhérente à tous les membres de la famille humaine et de leurs droits égaux et inaliénables constitue le fondement de la liberté, de la justice et de la paix dans le monde,

Reconnaissant que ces droits découlent de la dignité inhérente à la personne humaine,

Reconnaissant que, conformément à la Déclaration universelle des droits de l'Homme, l'idéal de l'être humain libre, jouissant des libertés civiles et politiques et libéré de la crainte et de la misère, ne peut être réalisé que si des conditions permettant a chacun de jouir de ses droits civils et politiques, aussi bien que de ses droits économiques, sociaux et culturels, sont créées,

Considérant que la Charte des Nations unies impose aux États l'obligation de promouvoir le respect universel et effectif des droits et des libertés de l'homme,

Prenant en considération le fait que l'individu a des devoirs envers autrui et envers la collectivité à laquelle il appartient et est tenu de s'efforcer de promouvoir et de respecter les droits reconnus dans le présent Pacte,

Sont convenus des articles suivants :

Première partie

Art. premier. – 1. Tous les peuples ont le droit de disposer d'eux-mêmes. En vertu de ce droit, ils déterminent librement leur statut politique et assurent librement leur développement économique, social et culturel.

---

(1) 128, 197, 200, 201, 205, 211, 213, 215, 216, 222, 224, 504.

2. Pour atteindre leurs fins, tous les peuples peuvent disposer librement de leurs richesses et de leurs ressources naturelles, sans préjudice des obligations qui découlent de la coopération économique internationale, fondée sur le principe de l'intérêt mutuel, et du droit international. En aucun cas, un peuple ne pourra être privé de ses propres moyens de subsistance.

3. Les États parties au présent Pacte, y compris ceux qui ont la responsabilité d'administrer des territoires non autonomes et des territoires sous tutelle, sont tenus de faciliter la réalisation du droit des peuples à disposer d'eux-mêmes, et de respecter ce droit, conformément aux dispositions de la Charte des Nations unies.

Deuxième partie

Art. 2. – 1. Les États parties au présent Pacte s'engagent à respecter et à garantir à tous les individus se trouvant sur leur territoire et relevant de leur compétence les droits reconnus dans le présent Pacte, sans distinction aucune, notamment de race, de couleur, de sexe, de langue, de religion, d'opinion politique ou de toute autre opinion, d'origine nationale ou sociale, de fortune, de naissance ou de toute autre situation.

2. Les États parties au présent Pacte s'engagent à prendre, en accord avec leurs procédures constitutionnelles et avec les dispositions du présent Pacte, les arrangements devant permettre l'adoption de telles mesures d'ordre législatif ou autre, propres à donner effet aux droits reconnus dans le présent Pacte qui ne seraient pas déjà en vigueur.

3. Les États parties au présent Pacte s'engagent à :

a) garantir que toute personne dont les droits et libertés reconnus dans le présent Pacte auront été violés disposera d'un recours utile, alors même que la violation aurait été commise par des personnes agissant dans l'exercice de leurs fonctions officielles ;

b) garantir que l'autorité compétente, judiciaire, administrative ou législative, ou toute autre autorité compétente selon la législation de l'État, statuera sur les droits de la personne qui forme le recours et développer les possibilités de recours juridictionnel ;

c) garantir la bonne suite donnée par les autorités compétentes à tout recours qui aura été reconnu justifié.

Art. 3. – Les États parties au présent Pacte s'engagent à assurer le droit égal des hommes et des femmes de jouir de tous les droits civils et politiques énoncés dans le présent Pacte.

Art. 4. – 1. Dans le cas où un danger public exceptionnel menace l'existence de la nation et est proclamé par un acte officiel, les États parties au présent Pacte peuvent prendre, dans la stricte mesure où la situation l'exige, des mesures dérogeant aux obligations prévues dans le présent Pacte, sous réserve que ces mesures ne soient pas incompatibles avec les autres obligations que leur impose le droit international et qu'elles n'entraînent pas une discrimination fondée uniquement sur la race, la couleur, le sexe, la langue, la religion ou l'origine sociale.

2. La disposition précédente n'autorise aucune dérogation aux articles 6, 7, 8 (par. 1 et 2), 11, 15, 16 et 18.

3. Les États parties au présent Pacte qui usent du droit de dérogation doivent, par l'entremise du Secrétaire général de l'Organisation des Nations unies, signaler aussitôt aux autres États parties les dispositions auxquelles ils ont dérogé ainsi que les motifs qui ont provoqué cette dérogation. Une nouvelle communication sera faite par la même entremise, à la date à laquelle ils ont mis fin à ces dérogations.

Art. 5. – 1. Aucune disposition du présent Pacte ne peut être interprétée comme impliquant pour un État, un groupement ou un individu un droit quelconque de se livrer à une activité ou d'accomplir un acte visant à la destruction des droits et des libertés reconnus dans le présent Pacte ou à des limitations plus amples que celles prévues audit Pacte.

2. Il ne peut être admis aucune restriction ou dérogation aux droits fondamentaux de l'homme reconnus ou en vigueur dans tout État partie au présent Pacte en application de lois, de conventions, de règlements ou de coutumes, sous prétexte que le présent Pacte ne les reconnaît pas ou les reconnaît à un moindre degré.

TROISIÈME PARTIE

Art. 6. – 1. Le droit à la vie est inhérent à la personne humaine. Ce droit doit être protégé par la loi. Nul ne peut être arbitrairement privé de la vie.

2. Dans les pays où la peine de mort n'a pas été abolie, une sentence de mort ne peut être prononcée que pour les crimes les plus graves, conformément à la législation en vigueur au moment où le crime a été commis et qui ne doit pas être en contradiction avec les dispositions du présent Pacte ni avec la Convention pour la prévention et la répression du crime de génocide. Cette peine ne peut être appliquée qu'en vertu d'un jugement définitif rendu par un tribunal compétent.

3. Lorsque la privation de la vie constitue le crime de génocide, il est entendu qu'aucune disposition du présent article n'autorise un État partie au présent Pacte à déroger d'aucune manière à une obligation quelconque assumée en vertu des dispositions de la Convention pour la prévention et la répression du crime de génocide.

4. Tout condamné à mort a le droit de solliciter la grâce ou la commutation de la peine. L'amnistie, la grâce ou la commutation de la peine de mort peuvent dans tous les cas être accordées.

5. Une sentence de mort ne peut être imposée pour des crimes commis par des personnes âgées de moins de 18 ans et ne peut être exécutée contre des femmes enceintes.

6. Aucune disposition du présent article ne peut être invoquée pour retarder ou empêcher l'abolition de la peine capitale par un État partie au présent Pacte.

Art. 7. – Nul ne sera soumis à la torture ni à des peines ou traitements cruels, inhumains ou dégradants. En particulier, il est interdit de soumettre une personne sans son libre consentement à une expérience médicale ou scientifique.

Art. 8. – 1. Nul ne sera tenu en esclavage; l'esclavage et la traite des esclaves, sous toutes leurs formes, sont interdits.

2. Nul ne sera tenu en servitude.

3. *a*) Nul ne sera astreint à accomplir un travail forcé ou obligatoire;

b) L'alinéa *a* du présent paragraphe ne saurait être interprété comme interdisant, dans les pays où certains crimes peuvent être punis de détention accompagnée de travaux forcés, l'accomplissement d'une peine de travaux forcés, infligée par un tribunal compétent;

c) N'est pas considéré comme « travail forcé ou obligatoire » au sens du présent paragraphe :

i) tout travail ou service, non visé à l'alinéa *b*, normalement requis d'un individu qui est détenu en vertu d'une décision de justice régulière ou qui, ayant fait l'objet d'une telle décision, est libéré conditionnellement;

ii) tout service de caractère militaire et, dans les pays où l'objection de conscience est admise, tout service national exigé des objecteurs de conscience en vertu de la loi;

iii) tout service exigé dans les cas de force majeure ou de sinistres qui menacent la vie ou le bien-être de la communauté;

iv) tout travail ou tout service formant partie des obligations civiques normales.

Art. 9. – 1. Tout individu a droit à la liberté et à la sécurité de sa personne. Nul ne peut faire l'objet d'une arrestation ou d'une détention arbitraires. Nul ne peut être privé de sa liberté, si ce n'est pour des motifs et conformément à la procédure prévus par la loi.

2. Tout individu arrêté sera informé, au moment de son arrestation, des raisons de cette arrestation et recevra notification, dans le plus court délai, de toute accusation portée contre lui.

3. Tout individu arrêté ou détenu du chef d'une infraction pénale sera traduit dans le plus court délai devant un juge ou une autre autorité habilitée par la loi à exercer des fonctions judiciaires, et devra être jugé dans un délai raisonnable ou libéré. La détention de personnes qui attendent de passer en jugement ne doit pas être de règle, mais la

mise en liberté peut être subordonnée à des garanties assurant la comparution de l'intéressé à l'audience, à tous les autres actes de la procédure et, le cas échéant, pour l'exécution du jugement.

4. Quiconque se trouve privé de sa liberté par arrestation ou détention a le droit d'introduire un recours devant un tribunal afin que celui-ci statue sans délai sur la légalité de sa détention et ordonne sa libération si la détention est illégale.

5. Tout individu victime d'arrestation ou de détention illégale a droit à réparation.

Art. 10. – 1. Toute personne privée de sa liberté est traitée avec humanité et avec le respect de la dignité inhérente à la personne humaine.

2. *a*) Les prévenus sont, sauf dans des circonstances exceptionnelles, séparés des condamnés et sont soumis à un régime distinct, approprié à leur condition de personnes non condamnées;

b) Les jeunes prévenus sont séparés des adultes et il est décidé de leur cas aussi rapidement que possible.

3. Le régime pénitentiaire comporte un traitement des condamnés dont le but essentiel est leur amendement et leur reclassement social. Les jeunes délinquants sont séparés des adultes et soumis à un régime approprié à leur âge et à leur statut légal.

Art. 11. – Nul ne peut être emprisonné pour la seule raison qu'il n'est pas en mesure d'exécuter une obligation contractuelle.

Art. 12. – 1. Quiconque se trouve légalement sur le territoire d'un État a le droit d'y circuler librement et d'y choisir librement sa résidence.

2. Toute personne est libre de quitter n'importe quel pays, y compris le sien.

3. Les droits mentionnés ci-dessus ne peuvent être l'objet de restrictions que si celles-ci sont prévues par la loi, nécessaires pour protéger la sécurité nationale, l'ordre public, la santé ou la moralité publiques, ou les droits et libertés d'autrui, et compatibles avec les autres droits reconnus par le présent Pacte.

4. Nul ne peut être arbitrairement privé du droit d'entrer dans son propre pays.

Art. 13. – Un étranger qui se trouve légalement sur le territoire d'un État partie au présent Pacte ne peut en être expulsé qu'en exécution d'une décision prise conformément à la loi et, à moins que des raisons impérieuses de sécurité nationale ne s'y opposent, il doit avoir la possibilité de faire valoir les raisons qui militent contre son expulsion et de faire examiner son cas par l'autorité compétente, ou par une ou plusieurs personnes spécialement désignées par ladite autorité, en se faisant représenter à cette fin.

Art. 14. – 1. Tous sont égaux devant les tribunaux et les cours de justice. Toute personne a droit à ce que sa cause soit entendue équitablement et publiquement par un tribunal compétent, indépendant et impartial, établi par la loi, qui décidera soit du bien-fondé de toute accusation en matière pénale dirigée contre elle, soit des contestations sur ses droits et obligations de caractère civil. Le huis clos peut être prononcé pendant la totalité ou une partie du procès soit dans l'intérêt des bonnes mœurs, de l'ordre public ou de la sécurité nationale dans une société démocratique, soit lorsque l'intérêt de la vie privée des parties en cause l'exige, soit encore dans la mesure où le tribunal l'estimera absolument nécessaire lorsqu'en raison des circonstances particulières de l'affaire la publicité nuirait aux intérêts de la justice; cependant, tout jugement rendu en matière pénale ou civile sera public, sauf si l'intérêt de mineurs exige qu'il en soit autrement ou si le procès porte sur des différends matrimoniaux ou sur la tutelle des enfants.

2. Toute personne accusée d'une infraction pénale est présumée innocente jusqu'à ce que sa culpabilité ait été légalement établie.

3. Toute personne accusée d'une infraction pénale a droit, en pleine égalité, au moins aux garanties suivantes :

a) à être informée, dans le plus court délai, dans une langue qu'elle comprend et de façon détaillée, de la nature et des motifs de l'accusation portée contre elle;

b) à disposer du temps et des facilités nécessaires à la préparation de sa défense et à communiquer avec le conseil de son choix;

c) à être jugée sans retard excessif;

d) à être présente au procès et à se défendre elle-même ou à avoir l'assistance d'un défenseur de son choix; si elle n'a pas de défenseur, à être informée de son droit d'en avoir un, et, chaque fois que l'intérêt de la justice l'exige, à se voir attribuer d'office un défenseur, sans frais, si elle n'a pas les moyens de le rémunérer;

e) à interroger ou faire interroger les témoins à charge et à obtenir la comparution et l'interrogatoire des témoins à décharge dans les mêmes conditions que les témoins à charge;

f) à se faire assister gratuitement d'un interprète si elle ne comprend pas ou ne parle pas la langue employée à l'audience;

g) à ne pas être forcée de témoigner contre elle-même ou de s'avouer coupable.

4. La procédure applicable aux jeunes gens qui ne sont pas encore majeurs au regard de la loi pénale tiendra compte de leur âge et de l'intérêt que présente leur rééducation.

5. Toute personne déclarée coupable d'une infraction a le droit de faire examiner par une juridiction supérieure la déclaration de culpabilité et la condamnation, conformément à la loi.

6. Lorsqu'une condamnation pénale définitive est ultérieurement annulée ou lorsque la grâce est accordée parce qu'un fait nouveau ou nouvellement révélé prouve qu'il s'est produit une erreur judiciaire,

la personne qui a subi une peine à raison de cette condamnation sera indemnisée, conformément à la loi, à moins qu'il ne soit prouvé que la non-révélation en temps utile du fait inconnu lui est imputable en tout ou partie.

7. Nul ne peut être poursuivi ou puni en raison d'une infraction pour laquelle il a déjà été acquitté ou condamné par un jugement définitif conformément à la loi et à la procédure pénale de chaque pays.

Art. 15. – 1. Nul ne sera condamné pour des actions ou omissions qui ne constituaient pas un acte délictueux d'après le droit national ou international au moment où elles ont été commises. De même, il ne sera infligé aucune peine plus forte que celle qui était applicable au moment où l'infraction a été commise. Si, postérieurement à cette infraction, la loi prévoit l'application d'une peine plus légère, le délinquant doit en bénéficier.

2. Rien dans le présent article ne s'oppose au jugement ou à la condamnation de tout individu en raison d'actes ou omissions qui, au moment où ils ont été commis, étaient tenus pour criminels, d'après les principes généraux de droit reconnus par l'ensemble des nations.

Art. 16. – Chacun a droit à la reconnaissance en tous lieux de sa personnalité juridique.

Art. 17. – 1. Nul ne sera l'objet d'immixtions arbitraires ou illégales dans sa vie privée, sa famille, son domicile ou sa correspondance, ni d'atteintes illégales à son honneur et à sa réputation.

2. Toute personne a droit à la protection de la loi contre de telles immixtions ou de telles atteintes.

Art. 18. – 1. Toute personne a droit à la liberté de pensée, de conscience et de religion; ce droit implique la liberté d'avoir ou d'adopter une religion ou une conviction de son choix, ainsi que la liberté de manifester sa religion ou sa conviction, individuellement ou en commun, tant en public qu'en privé, par le culte et l'accomplissement des rites, les pratiques et l'enseignement.

2. Nul ne subira de contrainte pouvant porter atteinte à sa liberté d'avoir ou d'adopter une religion ou une conviction de son choix.

3. La liberté de manifester sa religion ou ses convictions ne peut faire l'objet que des seules restrictions prévues par la loi et qui sont nécessaires à la protection de la sécurité, de l'ordre et de la santé publique, ou de la morale ou des libertés et droits fondamentaux d'autrui.

4. Les États parties au présent Pacte s'engagent à respecter la liberté des parents et, le cas échéant, des tuteurs légaux de faire assurer l'éducation religieuse et morale de leurs enfants conformément à leur propres convictions.

Art. 19. – 1. Nul ne peut être inquiété pour ses opinions.

2. Toute personne a droit à la liberté d'expression; ce droit comprend la liberté de rechercher, de recevoir et de répandre des informations et des idées de toute espèce, sans considération de frontières, sous une forme orale, écrite, imprimée ou artistique, ou par tout autre moyen de son choix.

3. L'exercice des libertés prévues au paragraphe 2 du présent article comporte des devoirs spéciaux et des responsabilités spéciales. Il peut en conséquence être soumis à certaines restrictions qui doivent toutefois être expressément fixées par la loi et qui sont nécessaires :

a) au respect des droits ou de la réputation d'autrui;

b) à la sauvegarde de la sécurité nationale, de l'ordre public, de la santé ou de la moralité publiques.

Art. 20. – 1. Toute propagande en faveur de la guerre est interdite par la loi.

2. Tout appel à la haine nationale, raciale ou religieuse qui constitue une incitation à la discrimination, à l'hostilité ou à la violence est interdit par la loi.

Art. 21. – Le droit de réunion pacifique est reconnu. L'exercice de ce droit ne peut faire l'objet que des seules restrictions imposées conformément à la loi et qui sont nécessaires dans une société démocratique, dans l'intérêt de la sécurité nationale, de la sûreté publique, de l'ordre public ou pour protéger la santé ou la moralité publiques, ou les droits et les libertés d'autrui.

Art. 22. – 1. Toute personne a le droit de s'associer librement avec d'autres, y compris le droit de constituer des syndicats et d'y adhérer pour la protection de ses intérêts.

2. L'exercice de ce droit ne peut faire l'objet que des seules restrictions prévues par la loi et qui sont nécessaires dans une société démocratique, dans l'intérêt de la sécurité nationale, de la sûreté publique, de l'ordre public, ou pour protéger la santé ou la moralité publiques ou les droits et les libertés d'autrui. Le présent article n'empêche pas de soumettre à des restrictions légales l'exercice de ce droit par les membres des forces armées et de la police.

3. Aucune disposition du présent article ne permet aux États parties à la Convention de 1948 de l'Organisation internationale du Travail concernant la liberté syndicale et la protection du droit syndical de prendre des mesures législatives portant atteinte – ou d'appliquer la loi de façon à porter atteinte – aux garanties prévues dans ladite convention.

Art. 23. – 1. La famille est l'élément naturel et fondamental de la société et a droit à la protection de la société et de l'État.

2. Le droit de se marier et de fonder une famille est reconnu à l'homme et à la femme à partir de l'âge nubile.

3. Nul mariage ne peut être conclu sans le libre et plein consentement des futurs époux.

4. Les États parties au présent Pacte prendront les mesures appropriées pour assurer l'égalité de droits et de responsabilités des époux au regard du mariage, durant le mariage et lors de sa dissolution. En cas de dissolution, des dispositions seront prises afin d'assurer aux enfants la protection nécessaire.

Art. 24. – 1. Tout enfant, sans discrimination aucune fondée sur la race, la couleur, le sexe, la langue, la religion, l'origine nationale ou sociale, la fortune ou la naissance, a droit, de la part de sa famille, de la société et de l'État, aux mesures de protection qu'exige sa condition de mineur.

2. Tout enfant doit être enregistré immédiatement après sa naissance et avoir un nom.

3. Tout enfant a le droit d'acquérir une nationalité.

Art. 25. – Tout citoyen a le droit et la possibilité, sans aucune des discriminations visées à l'article 2 et sans restrictions déraisonnables :

a) de prendre part à la direction des affaires publiques, soit directement, soit par l'intermédiaire de représentants librement choisis;

b) de voter et d'être élu, au cours d'élections périodiques, honnêtes, au suffrage universel et égal et au scrutin secret, assurant l'expression libre de la volonté des électeurs;

c) d'accéder, dans des conditions générales d'égalité, aux fonctions publiques de son pays.

Art. 26. – Toutes les personnes sont égales devant la loi et ont droit sans discrimination à une égale protection de la loi. À cet égard, la loi doit interdire toute discrimination et garantir à toutes les personnes une protection égale et efficace contre toute discrimination, notamment de race, de couleur, de sexe, de langue, de religion, d'opinion politique et de toute autre opinion, d'origine nationale ou sociale, de fortune, de naissance ou de toute autre situation.

Art. 27. – Dans les États où il existe des minorités ethniques, religieuses ou linguistiques, les personnes appartenant à ces minorités ne peuvent être privées du droit d'avoir, en commun avec les autres membres de leur groupe, leur propre vie culturelle, de professer et de pratiquer leur propre religion, ou d'employer leur propre langue.

QUATRIÈME PARTIE

Art. 28. – 1. Il est institué un comité des droits de l'Homme (ci-après dénommé le Comité dans le présent Pacte). Ce comité est composé de dix-huit membres et a les fonctions définies ci-après.

2. Le Comité est composé de ressortissants des États parties au présent Pacte, qui doivent être des personnalités de haute moralité et possédant une compétence reconnue dans le domaine des droits de l'Homme. Il sera tenu compte de l'intérêt que présente la participation aux travaux du Comité de quelques personnes ayant une expérience juridique.

3. Les membres du Comité sont élus et siègent à titre individuel.

Art. 29. – 1. Les membres du Comité sont élus au scrutin secret sur une liste de personnes réunissant les conditions prévues à l'article 28, et présentées à cet effet par les États parties au présent Pacte.

2. Chaque État partie au présent Pacte peut présenter deux personnes au plus. Ces personnes doivent être des ressortissants de l'État qui les présente.

3. La même personne peut être présentée à nouveau.

Art. 30. – 1. La première élection aura lieu au plus tard six mois après la date d'entrée en vigueur du présent Pacte.

2. Quatre mois au moins avant la date de toute élection au Comité, autre qu'une élection en vue de pourvoir à une vacance déclarée conformément à l'article 34, le Secrétaire général de l'Organisation des Nations unies invite par écrit les États parties au présent Pacte à désigner, dans un délai de trois mois, les candidats qu'ils proposent comme membres du Comité.

3. Le Secrétaire général de l'Organisation des Nations unies dresse la liste alphabétique de toutes les personnes ainsi présentées en mentionnant les États parties qui les ont présentées et la communique aux États parties au présent Pacte au plus tard un mois avant la date de chaque élection.

4. Les membres du Comité sont élus au cours d'une réunion des États parties au présent Pacte convoquée par le Secrétaire général de l'Organisation des Nations unies au siège de l'Organisation. À cette réunion, où le quorum est constitué par les deux tiers des États parties au présent Pacte, sont élus membres du Comité les candidats qui obtiennent le plus grand nombre de voix et la majorité absolue des votes des représentants des États parties présents et votants.

Art. 31. – 1. Le Comité ne peut comprendre plus d'un ressortissant d'un même État.

2. Pour les élections au Comité, il est tenu compte d'une répartition géographique équitable et de la représentation des diverses formes de civilisation ainsi que des principaux systèmes juridiques.

Art. 32. – 1. Les membres du Comité sont élus pour quatre ans. Ils sont rééligibles s'ils sont présentés à nouveau. Toutefois, le mandat de neuf des membres élus lors de la première élection prend fin au bout de deux ans immédiatement après la première élection, les noms de ces neuf membres sont tirés au sort par le président de la réunion visée au paragraphe 4 de l'article 30.

2. À l'expiration du mandat, les élections ont lieu conformément aux dispositions des articles précédents de la présente partie du Pacte.

Art. 33. – 1. Si, de l'avis unanime des autres membres, un membre du Comité a cessé de remplir ses fonctions pour toute cause autre qu'une absence de caractère temporaire, le président du Comité en informe le Secrétaire général de l'Organisation des Nations unies qui déclare alors vacant le siège qu'occupait ledit membre.

2. En cas de décès ou de démission d'un membre du Comité le président en informe immédiatement le Secrétaire général de l'Organisation des Nations unies, qui déclare le siège vacant à compter de la date du décès ou de celle à laquelle la démission prend effet.

Art. 34. – 1. Lorsqu'une vacance est déclarée conformément à l'article 33 et si le mandat du membre à remplacer n'expire pas dans les six mois qui suivent la date à laquelle la vacance a été déclarée, le Secrétaire général de l'Organisation des Nations unies en avise les États parties au présent Pacte qui peuvent, dans un délai de deux mois, désigner des candidats conformément aux dispositions de l'article 29 en vue de pourvoir à la vacance.

2. Le secrétaire général de l'Organisation des Nations unies dresse la liste alphabétique des personnes ainsi présentées et la communique aux États parties au présent Pacte. L'élection en vue de pourvoir à la vacance a lieu ensuite conformément aux dispositions pertinentes de la présente partie du Pacte.

3. Tout membre du Comité élu à un siège déclaré vacant conformément à l'article 33 fait partie du Comité jusqu'à la date normale d'expiration du mandat du membre dont le siège est devenu vacant au Comité conformément aux dispositions dudit article.

Art. 35. – Les membres du Comité reçoivent, avec l'approbation de l'Assemblée générale des Nations unies, des émoluments prélevés sur les ressources de l'Organisation des Nations unies dans les conditions fixées par l'Assemblée générale, eu égard à l'importance des fonctions du Comité.

Art. 36. – Le secrétaire général de l'Organisation des Nations unies met à la disposition du Comité le personnel et les moyens matériels qui lui sont nécessaires pour s'acquitter efficacement des fonctions qui lui sont confiées en vertu du présent Pacte.

Art. 37. – 1. Le secrétaire général de l'Organisation des Nations unies convoque les membres du Comité, pour la première réunion, au siège de l'organisation.

2. Après sa première réunion, le Comité se réunit à toute occasion prévue par son règlement intérieur.

3. Les réunions du Comité ont normalement lieu au siège de l'Organisation des Nations unies ou à l'Office des Nations unies à Genève.

Art. 38. – Tout membre du Comité doit, avant d'entrer en fonctions, prendre en séance publique l'engagement solennel de s'acquitter de ses fonctions en toute impartialité et en toute conscience.

Art. 39. – 1. Le Comité élit son bureau pour une période de deux ans. Les membres du bureau sont rééligibles.

2. Le Comité établit lui-même son règlement intérieur; celui-ci doit, toutefois, contenir entre autres les dispositions suivantes :

a) le quorum est de douze membres;

b) les décisions du Comité sont prises à la majorité des membres présents.

Art. 40. – 1. Les États parties au présent Pacte s'engagent à présenter des rapports sur les mesures qu'ils auront arrêtées et qui donnent effet aux droits reconnus dans le présent Pacte et sur les progrès réalisés dans la jouissance de ces droits :

a) dans un délai d'un an à compter de l'entrée en vigueur du présent Pacte, pour chaque État partie intéressé en ce qui le concerne;

b) par la suite, chaque fois que le Comité en fera la demande.

2. Tous les rapports seront adressés au Secrétaire général de l'Organisation des Nations unies qui les transmettra au Comité pour examen. Les rapports devront indiquer, le cas échéant, les facteurs et les difficultés qui affectent la mise en œuvre des dispositions du présent Pacte.

3. Le secrétaire général de l'Organisation des Nations unies peut, après consultation du Comité, communiquer aux institutions spécialisées intéressées copie de toutes parties des rapports pouvant avoir trait à leur domaine de compétence.

4. Le Comité étudie les rapports présentés par les États parties au présent Pacte. Il adresse aux États parties ses propres rapports, ainsi que toutes observations générales qu'il jugerait appropriées. Le Comité peut également transmettre au Conseil économique et social ces observations accompagnées de copies des rapports qu'il a reçus d'États parties au présent Pacte.

5. Les États parties au présent Pacte peuvent présenter au Comité des commentaires sur toute observation qui serait faite en vertu du paragraphe 4 du présent article.

Art. 41. – 1. Tout État partie au présent Pacte peut, en vertu du présent article, déclarer à tout moment qu'il reconnaît la compétence du Comité pour recevoir et examiner des communications dans lesquelles un État partie prétend qu'un autre État partie ne s'acquitte pas de ses obligations au titre du présent Pacte. Les communications présentées en vertu du présent article ne peuvent être reçues et examinées que si elles émanent d'un État partie qui a fait une déclaration reconnaissant, en ce qui le concerne, la compétence du Comité. Le Comité ne reçoit aucune communication intéressant un État partie qui n'a pas fait une telle déclaration. La procédure ci-après s'applique à l'égard des communications reçues conformément au présent article :

a) Si un État partie au présent Pacte estime qu'un autre État également partie à ce pacte n'en applique pas les dispositions, il peut appeler, par communication écrite, l'attention de cet État sur la question. Dans un délai de trois mois à compter de la réception de la communication, l'État destinataire fera tenir à l'État qui a adressé la communication des explications ou toutes autres déclarations écrites élucidant la question, qui devront comprendre, dans toute la mesure possible et utile, des indications sur ses règles de procédure et sur les moyens de recours soit déjà utilisés, soit en instance, soit encore ouverts;

b) Si, dans un délai de six mois à compter de la date de réception de la communication originale par l'État destinataire, la question n'est pas réglée à la satisfaction des deux États parties intéressés, l'un comme l'autre auront le droit de la soumettre au Comité, en adressant une notification au Comité ainsi qu'à l'autre État intéressé;

c) le Comité ne peut connaître d'une affaire qui lui est soumise qu'après s'être assuré que tous les recours internes disponibles ont été utilisés et épuisés, conformément aux principes de droit international généralement reconnus. Cette règle ne s'applique pas dans les cas où les procédures de recours excèdent les délais raisonnables;

d) le Comité tient ses séances à huis clos lorsqu'il examine les communications prévues au présent article;

e) sous réserve des dispositions de l'alinéa *c,* le Comité met ses bons offices à la disposition des États parties intéressés, afin de parvenir à une solution amiable de la question fondée sur le respect des droits de l'Homme et des libertés fondamentales, tels que les reconnaît le présent Pacte;

f) dans toute affaire qui lui est soumise, le Comité peut demander aux États parties intéressés visés à l'alinéa *b* de lui fournir tout renseignement pertinent;

g) les États parties intéressés, visés à l'alinéa *b,* ont le droit de se faire représenter lors de l'examen de l'affaire par le Comité et de présenter des observations oralement ou par écrit, ou sous l'une et l'autre forme;

h) le Comité doit présenter un rapport dans un délai de douze mois à compter du jour où il a reçu la notification visée à l'alinéa *b :*

i) si une solution a pu être trouvée conformément aux dispositions de l'alinéa *e,* le Comité se borne, dans son rapport, à un bref exposé des faits et de la solution intervenue.

ii) si une solution n'a pu être trouvée conformément aux dispositions de l'alinéa *e,* le Comité se borne, dans son rapport, à un bref exposé des faits le texte des observations écrites et le procès-verbal des observations orales présentées par les États parties intéressés sont joints au rapport.

Pour chaque affaire, le rapport est communiqué aux États parties intéressés.

2. Les dispositions du présent article entreront en vigueur lorsque dix États parties au présent Pacte auront fait la déclaration prévue au paragraphe 1 du présent article. Ladite déclaration est déposée par l'État partie auprès du Secrétaire général de l'Organisation des Nations unies, qui en communique copie aux autres États parties. Une déclaration peut être retirée à tout moment au moyen d'une notification adressée au Secrétaire général. Ce retrait est sans préjudice de l'examen de toute question qui fait l'objet d'une communication déjà transmise en vertu du présent article; aucune autre communication d'un État partie ne sera reçue après que le Secrétaire général aura reçu notification du retrait de la déclaration, à moins que l'État partie intéressé n'ait fait une nouvelle déclaration.

Art. 42. – 1 a) Si une question soumise au Comité conformément à l'article 41 n'est pas réglée à la satisfaction des États parties intéressés, le Comité peut, avec l'assentiment préalable des États parties intéressés, désigner une commission de conciliation *ad hoc* (ci-après dénommée la Commission). La Commission met ses bons offices à la disposition des États parties intéressés, afin de parvenir à une solution amiable de la question, fondée sur le respect du présent Pacte.

b) La Commission est composée de cinq membres nommés avec l'accord des États parties intéressés. Si les États parties intéressés ne parviennent pas à une entente sur tout ou partie de la composition de la Commission dans un délai de trois mois, les membres de la Commission au sujet desquels l'accord ne s'est pas fait sont élus au scrutin secret parmi les membres du Comité, à la majorité des deux tiers des membres du Comité.

2. Les membres de la Commission siègent à titre individuel. Ils ne doivent être ressortissants ni des États parties intéressés, ni d'un État qui n'est pas partie au présent Pacte, ni d'un État partie qui n'a pas fait la déclaration prévue à l'article 41.

3. La Commission élit son président et adopte son règlement intérieur.

4. La Commission tient normalement ses réunions au siège de l'Organisation des Nations unies ou à l'Office des Nations unies à Genève. Toutefois, elle peut se réunir en tout autre lieu approprié que peut déterminer la Commission en consultation avec le Secrétaire général de l'Organisation des Nations unies et les États parties intéressés.

5. Le secrétariat prévu à l'article 36 prête également ses services aux commissions désignées en vertu du présent article.

6. Les renseignements obtenus et dépouillés par le Comité sont mis à la disposition de la Commission, et la Commission peut deman-

der aux États parties intéressés de lui fournir tout renseignement complémentaire pertinent.

7. Après avoir étudié la question sous tous ses aspects, mais en tout cas dans un délai maximum de douze mois après qu'elle en aura été saisie, la Commission soumet un rapport au président du Comité qui le communique aux États parties intéressés :

a) si la Commission ne peut achever l'examen de la question dans les douze mois, elle se borne à indiquer brièvement dans son rapport où elle en est de l'examen de la question;

b) si l'on est parvenu à un règlement amiable de la question, fondé sur le respect des droits de l'Homme reconnus dans le présent Pacte, la Commission se borne à indiquer brièvement dans son rapport les faits et le règlement auquel on est parvenu;

c) si l'on n'est pas parvenu à un règlement au sens de l'alinéa *b,* la Commission fait figurer dans son rapport ses conclusions sur tous les points de fait relatifs à la question débattue entre les États parties intéressés ainsi que ses constatations sur les possibilités de règlement amiable de l'affaire; le rapport renferme également les observations écrites et un procès-verbal des observations orales présentées par les États parties intéressés;

d) si le rapport de la Commission est soumis conformément à l'alinéa *c,* les États parties intéressés font savoir au président du Comité, dans un délai de trois mois après la réception du rapport, s'ils acceptent ou non les termes du rapport de la Commission.

8. Les dispositions du présent article s'entendent sans préjudice des attributions du Comité prévues à l'article 41.

9. Toutes les dépenses des membres de la Commission sont réparties également entre les États parties intéressés, sur la base d'un état estimatif établi par le Secrétaire général de l'Organisation des Nations unies.

10. Le Secrétaire général de l'Organisation des Nations unies est habilité, si besoin est, à défrayer les membres de la Commission de leurs dépenses, avant que le remboursement en ait été effectué par les États parties intéressés, conformément au paragraphe 9 du présent article.

Art. 43. – Les membres du Comité et les membres des commissions de conciliation *ad hoc* qui pourraient être désignées conformément à l'article 42 ont droit aux facilités, privilèges et immunités reconnus aux experts en mission pour l'Organisation des Nations unies, tels qu'ils sont énoncés dans les sections pertinentes de la Convention sur les privilèges et immunités des Nations unies.

Art. 44. – Les dispositions de mise en œuvre du présent Pacte s'appliquent sans préjudice des procédures instituées en matière de droits de l'Homme aux termes ou en vertu des instruments constitutifs et des conventions de l'Organisation des Nations unies et des institutions spécialisées, et n'empêchent pas les États parties de recourir à d'autres procédures pour le règlement d'un différend conformément aux accords internationaux généraux ou spéciaux qui les lient.

Art. 45. – Le Comité adresse chaque année à l'Assemblée générale des Nations unies, par l'intermédiaire du Conseil économique et social, un rapport sur ses travaux.

Cinquième partie

Art. 46. – Aucune disposition du présent Pacte ne doit être interprétée comme portant atteinte aux dispositions de la Charte des Nations unies et des constitutions des institutions spécialisées qui définissent les responsabilités respectives des divers organes de l'Organisation des Nations unies et des institutions spécialisées en ce qui concerne les questions traitées dans le présent Pacte.

Art. 47. – Aucune disposition du présent Pacte ne sera interprétée comme portant atteinte au droit inhérent de tous les peuples à profiter et à user pleinement et librement de leurs richesses et ressources naturelles.

Sixième partie

Art. 48. – 1. Le présent Pacte est ouvert à la signature de tout État membre de l'Organisation des Nations unies ou membre de l'une quelconque de ses institutions spécialisées de tout État partie au statut de la Cour internationale de justice, ainsi que de tout autre État invité par l'Assemblée générale des Nations unies à devenir partie au présent Pacte.

2. Le présent Pacte est sujet à ratification et les instruments de ratification seront déposés auprès du Secrétaire général de l'Organisation des Nations unies.

3. Le présent Pacte sera ouvert à l'adhésion de tout État visé au paragraphe 1 du présent article.

4. L'adhésion se fera par le dépôt d'un instrument d'adhésion auprès du Secrétaire général de l'Organisation des Nations unies.

5. Le secrétaire général de l'Organisation des Nations unies informe tous les États qui ont signé le présent Pacte ou qui y ont adhéré du dépôt de chaque instrument de ratification ou d'adhésion.

Art. 49. – 1. Le présent Pacte entrera en vigueur trois mois après la date du dépôt auprès du Secrétaire général de l'Organisation des Nations unies du trente-cinquième instrument de ratification ou d'adhésion.

2. Pour chacun des États qui ratifieront le présent Pacte ou y adhéreront après le dépôt du trente-cinquième instrument de ratification ou

d'adhésion, ledit Pacte entrera en vigueur trois mois après la date du dépôt par cet État de son instrument de ratification ou d'adhésion.

Art. 50. – Les dispositions du présent Pacte s'appliquent, sans limitation ni exception aucune, à toutes les unités constitutives des États fédératifs.

Art. 51. – 1. Tout État partie au présent Pacte peut proposer un amendement et en déposer le texte auprès du Secrétaire général de l'Organisation des Nations unies. Le Secrétaire général transmet alors tous projets d'amendements aux États parties au présent Pacte en leur demandant de lui indiquer s'ils désirent voir convoquer une conférence d'États parties pour examiner ces projets et les mettre aux voix. Si un tiers au moins des États se déclarent en faveur de cette convocation, le Secrétaire général convoque la conférence sous les auspices de l'Organisation des Nations unies. Tout amendement adopté par la majorité des États présents et votants à la conférence est soumis pour approbation à l'Assemblée générale des Nations unies.

2. Ces amendements entrent en vigueur lorsqu'ils ont été approuvés par l'Assemblée générale des Nations unies et acceptés, conformément à leurs règles constitutionnelles respectives, par une majorité des deux tiers des États parties au présent Pacte.

3. Lorsque ces amendements entrent en vigueur, ils sont obligatoires pour les États parties qui les ont acceptés, les autres États parties restant liés par les dispositions du présent Pacte et par tout amendement antérieur qu'ils ont accepté.

Art. 52. – Indépendamment des notifications prévues au paragraphe 5 de l'article 48, le Secrétaire général de l'Organisation des Nations unies informera tous les États visés au paragraphe 1 dudit article :

a) des signatures apposées au présent Pacte et des instruments de ratification et d'adhésion déposés conformément à l'article 48;

b) de la date à laquelle le présent Pacte entrera en vigueur conformément à l'article 49 et de la date à laquelle entreront en vigueur les amendements prévus à l'article 51.

Art. 53. – 1. Le présent Pacte, dont les textes anglais, chinois, espagnol, français et russe font également foi, sera déposé aux archives de l'Organisation des Nations unies.

2. Le Secrétaire général de l'Organisation des Nations unies transmettra une copie certifiée conforme du présent Pacte à tous les États visés à l'article 48.

11 *bis* Protocole facultatif se rapportant au Pacte international relatif aux droits civils et politiques (1)

Date d'adoption : 16/12/1966
Date d'entrée en vigueur : 23/03/1976

Les États parties au présent Protocole,

Considérant que, pour mieux assurer l'accomplissement des fins du Pacte international relatif aux droits civils et politiques (ci-après dénommé le Pacte) et l'application de ses dispositions, il conviendrait d'habiliter le Comité des droits de l'Homme, constitué aux termes de la quatrième partie du Pacte (ci-après dénommé le Comité), à recevoir et à examiner, ainsi qu'il est prévu dans le présent Protocole, des communications émanant de particuliers qui prétendent être victimes d'une violation d'un des droits énoncés dans le Pacte,

Sont convenus de ce qui suit :

Art. premier. – Tout État partie au Pacte qui devient partie au présent Protocole reconnaît que le Comité a compétence pour recevoir et examiner des communications émanant de particuliers relevant de sa juridiction qui prétendent être victimes d'une violation, par cet État partie, de l'un quelconque des droits énoncés dans le Pacte. Le Comité ne reçoit aucune communication intéressant un État partie au Pacte qui n'est pas partie au présent Protocole.

Art. 2. – Sous réserve des dispositions de l'article premier, tout particulier qui prétend être victime d'une violation de l'un quelconque des droits énoncés dans le Pacte et qui a épuisé tous les recours internes disponibles peut présenter une communication écrite au Comité pour qu'il l'examine.

Art. 3. – Le Comité déclare irrecevable toute communication présentée en vertu du présent Protocole qui est anonyme ou qu'il considère être un abus du droit de présenter de telles communications ou être incompatible avec les dispositions du Pacte.

Art. 4. – 1. Sous réserve des dispositions de l'article 3, le Comité porte toute communication qui lui est présentée en vertu du présent Protocole à l'attention de l'État partie audit Protocole qui a prétendument violé l'une quelconque des dispositions du Pacte.

---

(1) 196, 222.

2. Dans les six mois qui suivent, ledit État soumet par écrit au Comité des explications ou déclarations éclaircissant la question et indiquant, le cas échéant, les mesures qu'il pourrait avoir prises pour remédier à la situation.

Art. 5. – 1. Le Comité examine les communications reçues en vertu du présent Protocole en tenant compte de toutes les informations écrites qui lui sont soumises par le particulier et par l'État partie intéressé.

2. Le Comité n'examinera aucune communication d'un particulier sans s'être assuré que :

a) La même question n'est pas déjà en cours d'examen devant une autre instance internationale d'enquête ou de règlement.

b) Le particulier a épuisé tous les recours internes disponibles. Cette règle ne s'applique pas si les procédures de recours excèdent des délais raisonnables.

3. Le Comité tient ses séances à huis clos lorsqu'il examine les communications prévues dans le présent Protocole.

4. Le Comité fait part de ses constatations à l'État partie intéressé et au particulier.

Art. 6. – Le Comité inclut dans le rapport annuel qu'il établit conformément à l'article 45 du Pacte un résumé de ses activités au titre du présent Protocole.

Art. 7. – En attendant la réalisation des objectifs de la résolution 1514 (XV) adoptée par l'Assemblée générale des Nations unies le 14 décembre 1960, concernant la Déclaration sur l'octroi de l'indépendance aux pays et aux peuples coloniaux, les dispositions du présent Protocole ne restreignent en rien le droit de pétition accordé à ces peuples par la Charte des Nations unies et d'autres conventions et instruments internationaux conclus sous les auspices de l'Organisation des Nations unies ou de ses institutions spécialisées.

Art. 8. – 1. Le présent Protocole est ouvert à la signature de tout État qui a signé le Pacte.

2. Le présent Protocole est soumis à la ratification de tout État qui a ratifié le Pacte ou qui y a adhéré. Les instruments de ratification seront déposés auprès du Secrétaire général de l'Organisation des Nations unies.

3. Le présent Protocole sera ouvert à l'adhésion de tout État qui a ratifié le Pacte ou qui y a adhéré.

4. L'adhésion se fera par le dépôt d'un instrument d'adhésion auprès du Secrétaire général de l'Organisation des Nations unies.

5. Le Secrétaire général de l'Organisation des Nations unies informe tous les États qui ont signé le présent Protocole ou qui y ont adhéré du dépôt de chaque instrument de ratification ou d'adhésion.

Art. 9. – 1. Sous réserve de l'entrée en vigueur du Pacte, le présent Protocole entrera en vigueur trois mois après la date du dépôt auprès du Secrétaire général de l'Organisation des Nations unies du dixième instrument de ratification ou d'adhésion.

2. Pour chacun des États qui ratifieront le présent Protocole ou y adhéreront après le dépôt du dixième instrument de ratification ou d'adhésion, ledit Protocole entrera en vigueur trois mois après la date du dépôt par cet État de son instrument de ratification ou d'adhésion.

Art. 10. – Les dispositions du présent Protocole s'appliquent, sans limitation ni exception aucune, à toutes les unités constitutives des États fédératifs.

Art. 11. – 1. Tout État partie au présent Protocole peut proposer un amendement et en déposer le texte auprès du Secrétaire général de l'Organisation des Nations unies. Le Secrétaire général transmet alors tous projets d'amendements aux États parties audit Protocole en leur demandant de lui indiquer s'ils désirent voir convoquer une conférence d'États parties pour examiner ces projets et les mettre aux voix. Si le tiers au moins des États se déclarent en faveur de cette convocation, le Secrétaire général convoque la conférence sous les auspices de l'Organisation des Nations unies. Tout amendement adopté par la majorité des États présents et votants à la conférence est soumis pour approbation à l'Assemblée générale des Nations unies.

2. Ces amendements entrent en vigueur lorsqu'ils ont été approuvés par l'Assemblée générale des Nations unies et acceptés, conformément à leurs règles constitutionnelles respectives, par une majorité des deux tiers des États parties au présent Protocole.

3. Lorsque ces amendements entrent en vigueur, ils sont obligatoires pour les États parties qui les ont acceptés, les autres États parties restant liés par les dispositions du présent Protocole et par tout amendement antérieur qu'ils ont accepté.

Art. 12. – 1. Tout État partie peut, à tout moment, dénoncer le présent Protocole par voie de notification écrite adressée au Secrétaire général de l'Organisation des Nations unies. La dénonciation portera effet trois mois après la date à laquelle le Secrétaire général en aura reçu notification.

2. La dénonciation n'entravera pas l'application des dispositions du présent Protocole à toute communication présentée en vertu de l'article 2 avant la date à laquelle la dénonciation prend effet.

Art. 13. – Indépendamment des notifications prévues au paragraphe 5 de l'article 8 du présent Protocole, le Secrétaire général de l'Organisation des Nations unies informera tous les États visés au paragraphe 1 de l'article 48 du Pacte :

a) Des signatures apposées au présent Protocole et des instruments de ratification et d'adhésion déposés conformément à l'article 8;

b) De la date à laquelle le présent Protocole entrera en vigueur conformément à l'article 9 et de la date à laquelle entreront en vigueur les amendements prévus à l'article 11 ;

c) Des dénonciations faites conformément à l'article 12.

Art. 14. – 1. Le présent Protocole, dont les textes anglais, chinois, espagnol, français et russe font également foi, sera déposé aux archives de l'Organisation des Nations unies.

2. Le Secrétaire général de l'Organisation des Nations unies transmettra une copie certifiée conforme du présent Protocole à tous les États visés à l'article 48 du Pacte.

12 Pacte international relatif aux droits économiques, sociaux et culturels (1)

Date d'adoption : 16/12/1966
Date d'entrée en vigueur : 03/01/1976

PRÉAMBULE

Les États parties au présent Pacte,

Considérant que, conformément aux principes énoncés dans la Charte des Nations unies, la reconnaissance de la dignité inhérente à tous les membres de la famille humaine et de leurs droits égaux et inaliénables constitue le fondement de la liberté, de la justice et de la paix dans le monde,

Reconnaissant que ces droits découlent de la dignité inhérente à la personne humaine,

Reconnaissant que, conformément à la Déclaration universelle des droits de l'Homme, l'idéal de l'être humain libre, libéré de la crainte et de la misère, ne peut être réalisé que si des conditions permettant à chacun de jouir de ses droits économiques, sociaux et culturels, aussi bien que de ses droits civils et politiques, sont créées,

Considérant que la Charte des Nations unies impose aux États l'obligation de promouvoir le respect universel et effectif des droits et des libertés de l'homme,

Prenant en considération le fait que l'individu a des devoirs envers autrui et envers la collectivité à laquelle il appartient et est tenu de s'efforcer de promouvoir et de respecter les droits reconnus dans le présent Pacte,

Sont convenus des articles suivants :

PREMIÈRE PARTIE

Art. premier. – 1. Tous les peuples ont le droit de disposer d'eux-mêmes. En vertu de ce droit, ils déterminent librement leur statut politique et assurent librement leur développement économique, social et culturel.

2. Pour atteindre leurs fins, tous les peuples peuvent disposer librement de leurs richesses et de leurs ressources naturelles, sans préju-

(1) 128, 200, 201, 208, 215, 222, 502.

dice des obligations qui découlent de la coopération économique internationale, fondée sur le principe de l'intérêt mutuel, et du droit international. En aucun cas, un peuple ne pourra être privé de ses propres moyens de subsistance.

3. Les États parties au présent Pacte, y compris ceux qui ont la responsabilité d'administrer des territoires non autonomes et des territoires sous tutelle, sont tenus de faciliter la réalisation du droit des peuples à disposer d'eux-mêmes, et de respecter ce droit, conformément aux dispositions de la Charte des Nations unies.

DEUXIÈME PARTIE

Art. 2. – 1. Chacun des États parties au présent Pacte s'engage à agir, tant par son effort propre que par l'assistance et la coopération internationales, notamment sur les plans économique et technique, au maximum de ses ressources disponibles, en vue d'assurer progressivement le plein exercice des droits reconnus dans le présent Pacte par tous les moyens appropriés, y compris en particulier l'adoption de mesures législatives.

2. Les États parties au présent Pacte s'engagent à garantir que les droits qui y sont énoncés seront exercés sans discrimination aucune fondée sur la race, la couleur, le sexe, la langue, la religion, l'opinion politique ou toute autre opinion, l'origine nationale ou sociale, la fortune, la naissance ou toute autre situation.

3. Les pays en voie de développement, compte dûment tenu des droits de l'Homme et de leur économie nationale, peuvent déterminer dans quelle mesure ils garantiront les droits économiques reconnus dans le présent Pacte à des non-ressortissants.

Art. 3. – Les États parties au présent Pacte s'engagent à assurer le droit égal qu'ont l'homme et la femme au bénéfice de tous les droits économiques, sociaux et culturels qui sont énumérés dans le présent Pacte.

Art. 4. – Les États parties au présent Pacte reconnaissent que, dans la jouissance des droits assurés par l'État conformément au présent Pacte, l'État ne peut soumettre ces droits qu'aux limitations établies par la loi, dans la seule mesure compatible avec la nature de ces droits et exclusivement en vue de favoriser le bien-être général dans une société démocratique.

Art. 5. – 1. Aucune disposition du présent Pacte ne peut être interprétée comme impliquant pour un État, un groupement ou un individu un droit quelconque de se livrer à une activité ou d'accomplir un acte visant à la destruction des droits ou libertés reconnus dans le présent Pacte ou à des limitations plus amples que celles prévues dans ledit Pacte.

2. Il ne peut être admis aucune restriction ou dérogation aux droits fondamentaux de l'homme reconnus ou en vigueur dans tout pays en vertu de lois, de conventions, de règlements ou de coutumes, sous prétexte que le présent Pacte ne les reconnaît pas ou les reconnaît à un moindre degré.

Troisième partie

Art. 6. – 1. Les États parties au présent Pacte reconnaissent le droit au travail, qui comprend le droit qu'a toute personne d'obtenir la possibilité de gagner sa vie par un travail librement choisi ou accepté, et prendront des mesures appropriées pour sauvegarder ce droit.

2. Les mesures que chacun des États parties au présent Pacte prendra en vue d'assurer le plein exercice de ce droit doivent inclure l'orientation et la formation techniques et professionnelles, l'élaboration de programmes, de politiques et de techniques propres à assurer un développement économique, social et culturel constant et un plein emploi productif dans des conditions qui sauvegardent aux individus la jouissance des libertés politiques et économiques fondamentales.

Art. 7. – Les États parties au présent Pacte reconnaissent le droit qu'a toute personne de jouir de conditions de travail justes et favorables, qui assurent notamment :

a) la rémunération qui procure, au minimum, à tous les travailleurs :

i) un salaire équitable et une rémunération égale pour un travail de valeur égale sans distinction aucune; en particulier, les femmes doivent avoir la garantie que les conditions de travail qui leur sont accordées ne sont pas inférieures à celles dont bénéficient les hommes et recevoir la même rémunération qu'eux pour un même travail;

ii) une existence décente pour eux et leur famille conformément aux dispositions du présent Pacte;

b) la sécurité et l'hygiène du travail;

c) la même possibilité pour tous d'être promus, dans leur travail, à la catégorie supérieure appropriée, sans autre considération que la durée des services accomplis et les aptitudes;

d) le repos, les loisirs, la limitation raisonnable de la durée du travail et les congés payés périodiques, ainsi que la rémunération des jours fériés.

Art. 8. – 1. Les États parties au présent Pacte s'engagent à assurer :

a) le droit qu'a toute personne de former avec d'autres des syndicats et de s'affilier au syndicat de son choix, sous la seule réserve des règles fixées par l'organisation intéressée, en vue de favoriser et de protéger ses intérêts économiques et sociaux. L'exercice de ce droit ne peut faire l'objet que des seules restrictions prévues par la loi et qui constituent des mesures nécessaires, dans une société démocratique, dans l'intérêt de la sécurité nationale ou de l'ordre public, ou pour protéger les droits et les libertés d'autrui ;

b) le droit qu'ont les syndicats de former des fédérations ou des confédérations nationales et le droit qu'ont celles-ci de former des organisations syndicales internationales ou de s'y affilier ;

c) le droit qu'ont les syndicats d'exercer librement leur activité, sans limitations autres que celles qui sont prévues par la loi et qui constituent des mesures nécessaires, dans une société démocratique, dans l'intérêt de la sécurité nationale ou de l'ordre public, ou pour protéger les droits et les libertés d'autrui ;

d) le droit de grève, exercé conformément aux lois de chaque pays.

2. Le présent article n'empêche pas de soumettre à des restrictions légales l'exercice de ces droits par les membres des forces armées, de la police ou de la fonction publique.

3. Aucune disposition du présent article ne permet aux États parties à la Convention de 1948 de l'Organisation internationale du travail concernant la liberté syndicale et la protection du droit syndical de prendre des mesures législatives portant atteinte – ou d'appliquer la loi de façon à porter atteinte – aux garanties prévues dans ladite convention.

Art. 9. – Les États parties au présent Pacte reconnaissent le droit de toute personne à la sécurité sociale, y compris les assurances sociales.

Art. 10. – Les États parties au présent Pacte reconnaissent que :

1. Une protection et une assistance aussi larges que possible doivent être accordées à la famille, qui est l'élément naturel et fondamental de la société, en particulier pour sa formation et aussi longtemps qu'elle a la responsabilité de l'entretien et de l'éducation d'enfants à charge. Le mariage doit être librement consenti par les futurs époux.

2. Une protection spéciale doit être accordée aux mères pendant une période de temps raisonnable avant et après la naissance des enfants. Les mères salariées doivent bénéficier, pendant cette même période, d'un congé payé ou d'un congé accompagné de prestations de sécurité sociale adéquates.

3. Des mesures spéciales de protection et d'assistance doivent être prises en faveur de tous les enfants et adolescents, sans discrimination aucune pour des raisons de filiation ou autres. Les enfants et adolescents doivent être protégés contre l'exploitation économique et sociale. Le fait de les employer à des travaux de nature à compromettre leur moralité ou leur santé, à mettre leur vie en danger ou à nuire à leur développement normal doit être sanctionné par la loi. Les États doivent aussi fixer des limites d'âge au-dessous desquelles l'emploi salarié de la main-d'œuvre enfantine sera interdit et sanctionné par la loi.

Art. 11. – 1. Les États parties au présent Pacte reconnaissent le droit de toute personne à un niveau de vie suffisant pour elle-même et sa famille, y compris une nourriture, un vêtement et un logement suffisants, ainsi qu'à une amélioration constante de ses conditions d'existence. Les États parties prendront des mesures appropriées pour assurer la réalisation de ce droit et ils reconnaissent à cet effet l'importance essentielle d'une coopération internationale librement consentie.

2. Les États parties au présent Pacte, reconnaissant le droit fondamental qu'a toute personne d'être à l'abri de la faim, adopteront, individuellement et au moyen de la coopération internationale, les mesures nécessaires, y compris des programmes concrets :

a) pour améliorer les méthodes de production, de conservation et de distribution des denrées alimentaires par la pleine utilisation des connaissances techniques et scientifiques, par la diffusion de principes d'éducation nutritionnelle et par le développement ou la réforme des régimes agraires, de manière à assurer au mieux la mise en valeur et l'utilisation des ressources naturelles;

b) pour assurer une répartition équitable des ressources alimentaires mondiales par rapport aux besoins, compte tenu des problèmes qui se posent tant aux pays importateurs qu'aux pays exportateurs de denrées alimentaires.

Art. 12. – 1. Les États parties au présent Pacte reconnaissent le droit qu'a toute personne de jouir du meilleur état de santé physique et mentale qu'elle soit capable d'atteindre.

2. Les mesures que les États parties au présent Pacte prendront en vue d'assurer le plein exercice de ce droit devront comprendre les mesures nécessaires pour assurer :

a) la diminution de la mortinatalité et de la mortalité infantile, ainsi que le développement sain de l'enfant;

b) l'amélioration de tous les aspects de l'hygiène du milieu et de l'hygiène industrielle;

c) la prophylaxie et le traitement des maladies épidémiques, endémiques, professionnelles et autres, ainsi que la lutte contre ces maladies;

d) la création de conditions propres à assurer à tous des services médicaux et une aide médicale en cas de maladie.

Art. 13. – 1. Les États parties au présent Pacte reconnaissent le droit de toute personne à l'éducation. Ils conviennent que l'éducation doit viser au plein épanouissement de la personnalité humaine et du sens de sa dignité et renforcer le respect des droits de l'Homme et des libertés fondamentales. Ils conviennent en outre que l'éducation doit mettre toute personne en mesure de jouer un rôle utile dans une société libre, favoriser la compréhension, la tolérance et l'amitié entre toutes les nations et tous les groupes raciaux, ethniques ou religieux et encourager le développement des activités des Nations unies pour le maintien de la paix.

2. Les États parties au présent Pacte reconnaissent qu'en vue d'assurer le plein exercice de ce droit :

a) l'enseignement primaire doit être obligatoire et accessible gratuitement à tous ;

b) l'enseignement secondaire, sous ses différentes formes, y compris l'enseignement secondaire technique et professionnel, doit être généralisé et rendu accessible à tous par tous les moyens appropriés et notamment par l'instauration progressive de la gratuité ;

c) l'enseignement supérieur doit être rendu accessible à tous en pleine égalité, en fonction des capacités de chacun, par tous les moyens appropriés et notamment par l'instauration progressive de la gratuité ;

d) l'éducation de base doit être encouragée ou intensifiée, dans toute la mesure possible, pour les personnes qui n'ont pas reçu d'instruction primaire ou qui ne l'ont pas reçue jusqu'à son terme ;

e) il faut poursuivre activement le développement d'un réseau scolaire à tous les échelons, établir un système adéquat de bourses et améliorer de façon continue les conditions matérielles du personnel enseignant.

3. Les États parties au présent Pacte s'engagent à respecter la liberté des parents et, le cas échéant, des tuteurs légaux, de choisir pour leurs enfants des établissements autres que ceux des pouvoirs publics, mais conformes aux normes minimales qui peuvent être prescrites ou approuvées par l'État en matière d'éducation, et de faire assurer l'éducation religieuse et morale de leurs enfants conformément à leurs propres convictions.

4. Aucune disposition du présent article ne doit être interprétée comme portant atteinte à la liberté des individus et des personnes morales de créer et de diriger des établissements d'enseignement, sous réserve que les principes énoncés au paragraphe 1 du présent article soient observés et que l'éducation donnée dans ces établissements soit conforme aux normes minimales qui peuvent être prescrites par l'État.

Art. 14. – Tout État partie au présent Pacte qui, au moment où il devient partie, n'a pas encore pu assurer dans sa métropole ou dans les territoires placés sous sa juridiction le caractère obligatoire et la gratuité de l'enseignement primaire s'engage à établir et à adopter, dans un délai de deux ans, un plan détaillé des mesures nécessaires pour réaliser progressivement, dans un nombre raisonnable d'années fixé par ce plan, la pleine application du principe de l'enseignement primaire obligatoire et gratuit pour tous.

Art. 15. – 1. Les États parties au présent Pacte reconnaissent à chacun le droit :

a) de participer à la vie culturelle ;

b) de bénéficier du progrès scientifique et de ses applications ;

c) de bénéficier de la protection des intérêts moraux et matériels découlant de toute production scientifique, littéraire ou artistique dont il est l'auteur.

2. Les mesures que les États parties au présent Pacte prendront en vue d'assurer le plein exercice de ce droit devront comprendre celles qui sont nécessaires pour assurer le maintien, le développement et la diffusion de la science et de la culture.

3. Les États parties au présent Pacte s'engagent à respecter la liberté indispensable à la recherche scientifique et aux activités créatrices.

4. Les États parties au présent Pacte reconnaissent les bienfaits qui doivent résulter de l'encouragement et du développement de la coopération et des contacts internationaux dans le domaine de la science et de la culture.

QUATRIÈME PARTIE

Art. 16. – 1. Les États parties au présent Pacte s'engagent à présenter, conformément aux dispositions de la présente partie du Pacte, des rapports sur les mesures qu'ils auront adoptées et sur les progrès accomplis en vue d'assurer le respect des droits reconnus dans le Pacte.

2. *a*) Tous les rapports sont adressés au Secrétaire général de l'Organisation des Nations unies, qui en transmet copie au Conseil économique et social, pour examen, conformément aux dispositions du présent Pacte;

b) Le Secrétaire général de l'Organisation des Nations unies transmet également aux institutions spécialisées copie des rapports, ou de toutes parties pertinentes des rapports, envoyés par les États parties au présent Pacte qui sont également membres desdites institutions spécialisées, pour autant que ces rapports, ou parties de rapports, ont trait à des questions relevant de la compétence des dites institutions aux termes de leurs actes constitutifs respectifs.

Art. 17. – 1. Les États parties au présent Pacte présentent leurs rapports par étapes, selon un programme qu'établira le Conseil économique et social dans un délai d'un an à compter de la date d'entrée en vigueur du présent Pacte, après avoir consulté les États parties et les institutions spécialisées intéressées.

2. Les rapports peuvent faire connaître les facteurs et les difficultés empêchant ces États de s'acquitter pleinement des obligations prévues au présent Pacte.

3. Dans le cas où des renseignements à ce sujet ont déjà été adressés à l'Organisation des Nations unies ou à une institution spécialisée par un État partie au Pacte, il ne sera pas nécessaire de reproduire lesdits renseignements et une référence précise à ces renseignements suffira.

Art. 18. – En vertu des responsabilités qui lui sont conférées par la Charte des Nations unies dans le domaine des droits de l'Homme et des libertés fondamentales, le Conseil économique et social pourra conclure des arrangements avec les institutions spécialisées, en vue de la présentation par celles-ci de rapports relatifs aux progrès accomplis quant à l'observation des dispositions du présent Pacte qui entrent dans le cadre de leurs activités. Ces rapports pourront comprendre des données sur les décisions et recommandations adoptées par les organes compétents des institutions spécialisées au sujet de cette mise en œuvre.

Art. 19. – Le Conseil économique et social peut renvoyer à la Commission des droits de l'Homme aux fins d'étude et de recommandations d'ordre général ou pour information, s'il y a lieu, les rapports concernant les droits de l'Homme que communiquent les États conformément aux articles 16 et 17 et les rapports concernant les droits de l'Homme que communiquent les institutions spécialisées conformément à l'article 18.

Art. 20. – Les États parties au présent Pacte et les institutions spécialisées intéressées peuvent présenter au Conseil économique et social des observations sur toute recommandation d'ordre général faite en vertu de l'article 19 ou sur toute mention d'une recommandation d'ordre général figurant dans un rapport de la Commission des droits de l'Homme ou dans tout document mentionné dans ledit rapport.

Art. 21. – Le Conseil économique et social peut présenter de temps en temps à l'Assemblée générale des rapports contenant des recommandations de caractère général et un résumé des renseignements reçus des États parties au présent Pacte et des institutions spécialisées sur les mesures prises et les progrès accomplis en vue d'assurer le respect général des droits reconnus dans le présent Pacte.

Art. 22. – Le Conseil économique et social peut porter à l'attention des autres organes de l'organisation des Nations unies, de leurs organes subsidiaires et des institutions spécialisées intéressées qui s'occupent de fournir une assistance technique toute question que soulèvent les rapports mentionnés dans la présente partie du présent Pacte et qui peut aider ces organismes à se prononcer, chacun dans sa propre sphère de compétence, sur l'opportunité de mesures internationales propres à contribuer à la mise en œuvre effective et progressive du présent Pacte.

Art. 23. – Les États parties au présent Pacte conviennent que les mesures d'ordre international destinées à assurer la réalisation des droits reconnus dans ledit Pacte comprennent notamment la conclusion de conventions, l'adoption de recommandations, la fourniture d'une assistance technique et l'organisation, en liaison avec les Gouvernements intéressés, de réunions régionales et de réunions techniques aux fins de consultations et d'études.

Art. 24. – Aucune disposition du présent Pacte ne doit être interprétée comme portant atteinte aux dispositions de la Charte des Nations unies et des constitutions des institutions spécialisées qui définissent les responsabilités respectives des divers organes de l'Organisation des Nations unies et des institutions spécialisées en ce qui concerne les questions traitées dans le présent Pacte.

Art. 25. – Aucune disposition du présent Pacte ne sera interprétée comme portant atteinte au droit inhérent de tous les peuples à profiter et à user pleinement et librement de leurs richesses et ressources naturelles.

CINQUIÈME PARTIE

Art. 26. – 1. Le présent Pacte est ouvert à la signature de tout État membre de l'Organisation des Nations unies ou membre de l'une quelconque de ses institutions spécialisées, de tout État partie au statut de la Cour internationale de justice, ainsi que tout autre État invité par l'Assemblée générale des Nations unies à devenir partie au présent Pacte.

2. Le présent Pacte est sujet à ratification et les instruments de ratification seront déposés auprès du Secrétaire général de l'Organisation des Nations unies.

3. Le présent Pacte sera ouvert à l'adhésion de tout État visé au paragraphe 1 du présent article.

4. L'adhésion se fera par le dépôt d'un instrument d'adhésion auprès du Secrétaire général de l'Organisation des Nations unies.

5. Le Secrétaire général de l'Organisation des Nations unies informe tous les États qui ont signé le présent Pacte ou qui y ont adhéré du dépôt de chaque instrument de ratification ou d'adhésion.

Art. 27. – 1. Le présent Pacte entrera en vigueur trois mois après la date du dépôt auprès du Secrétaire général de l'Organisation des Nations unies du trente-cinquième instrument de ratification ou d'adhésion.

2. Pour chacun des États qui ratifieront le présent Pacte ou y adhéreront après le dépôt du trente-cinquième instrument de ratification ou d'adhésion, ledit Pacte entrera en vigueur trois mois après la date du dépôt par cet État de son instrument de ratification ou d'adhésion.

Art. 28. – Les dispositions du présent Pacte s'appliquent, sans limitation ni exception aucune, à toutes les unités constitutives des États fédératifs.

Art. 29. – 1. Tout État partie au présent Pacte peut proposer un amendement et en déposer le texte auprès du Secrétaire général de l'Organisation des Nations unies. Le Secrétaire général transmet alors tous projets d'amendements aux États parties au présent Pacte en leur demandant de lui indiquer s'ils désirent voir convoquer une conférence d'États parties pour examiner ces projets et les mettre aux voix. Si un tiers au moins des États se déclarent en faveur de cette convocation, le secrétaire général convoque la conférence sous les auspices de l'Organisation des Nations unies. Tout amendement adopté par la majorité des États présents et votants à la conférence est soumis pour approbation à l'Assemblée générale des Nations unies.

2. Ces amendements entrent en vigueur lorsqu'ils ont été approuvés par l'Assemblée générale des Nations unies et acceptés, conformément à leurs règles constitutionnelles respectives, par une majorité des deux tiers des États parties au présent Pacte.

3. Lorsque ces amendements entrent en vigueur, ils sont obligatoires pour les États parties qui les ont acceptés, les autres États parties restant liés par les dispositions du présent Pacte et par tout amendement antérieur qu'ils ont accepté.

Art. 30. – Indépendamment des notifications prévues au paragraphe 5 de l'article 26, le Secrétaire général de l'Organisation des Nations unies informera tous les États visés au paragraphe 1 dudit article :

a) des signatures apposées au présent Pacte et des instruments de ratification et d'adhésion déposés conformément à l'article 26;

b) de la date à laquelle le présent Pacte entrera en vigueur conformément à l'article 27 et de la date à laquelle entreront en vigueur les amendements prévus à l'article 29.

Art. 31. – 1. Le présent Pacte, dont les textes anglais, chinois, espagnol, français et russe font également foi, sera déposé aux archives de l'Organisation des Nations unies.

2. Le Secrétaire général de l'Organisation des Nations unies transmettra une copie certifiée conforme du présent Pacte à tous les États visés à l'article 26.

13 Convention pour la prévention et la répression du crime de génocide (1)

Date d'adoption : 09/12/1948
Date d'entrée en vigueur : 12/01/1951

Les parties contractantes,

Considérant que l'Assemblée générale de l'Organisation des Nations unies, par sa résolution 96 (I) en date du 11 décembre 1946, a déclaré que le génocide est un crime du droit des gens, en contradiction avec l'esprit et les fins des Nations unies et que le monde civilisé condamne,

Reconnaissant qu'à toutes les périodes de l'histoire le génocide a infligé de grandes pertes à l'humanité,

Convaincues que pour libérer l'humanité d'un fléau aussi odieux la coopération internationale est nécessaire,

Conviennent de ce qui suit :

Art. premier. – Les parties contractantes confirment que le génocide, qu'il soit commis en temps de paix ou en temps de guerre, est un crime du droit des gens, qu'elles s'engagent à prévenir et à punir.

Art. 2. – Dans la présente Convention, le génocide s'entend de l'un quelconque des actes ci-après, commis dans l'intention de détruire, ou tout ou en partie, un groupe national, ethnique, racial ou religieux, comme tel :

a) meurtre de membres du groupe;

b) atteinte grave à l'intégrité physique ou mentale de membres du groupe;

c) soumission intentionnelle du groupe à des conditions d'existence devant entraîner sa destruction physique totale ou partielle;

d) mesures visant à entraver les naissances au sein du groupe;

e) transfert forcé d'enfants du groupe à un autre groupe.

Art. 3. – Seront punis les actes suivants :

a) le génocide;

b) l'entente en vue de commettre le génocide;

c) l'incitation directe et publique à commettre le génocide;

---

(1) 57, 203, 205, 256.

d) la tentative de génocide ;
e) la complicité dans le génocide.

Art. 4. – Les personnes ayant commis le génocide ou l'un quelconque des autres actes énumérés à l'article 3 seront punies, qu'elles soient des gouvernants, des fonctionnaires ou des particuliers.

Art. 5. – Les parties contractantes s'engagent à prendre, conformément à leurs constitutions respectives, les mesures législatives nécessaires pour assurer l'application des dispositions de la présente Convention, et notamment à prévoir des sanctions pénales efficaces frappant les personnes coupables de génocide ou de l'un quelconque des autres actes énumérés à l'article 3.

Art. 6. – Les personnes accusées de génocide ou de l'un quelconque des autres actes énumérés à l'article 3 seront traduites devant les tribunaux compétents de l'État sur le territoire duquel l'acte a été commis, ou devant la Cour criminelle internationale qui sera compétente à l'égard de celles des parties contractantes qui en auront reconnu la juridiction.

Art. 7. – Le génocide et les autres actes énumérés à l'article 3 ne seront pas considérés comme des crimes politiques pour ce qui est de l'extradition.

Les parties contractantes s'engagent en pareil cas à accorder l'extradition conformément à leur législation et aux traités en vigueur.

Art. 8. – Toute partie contractante peut saisir les organes compétents de l'Organisation des Nations unies afin que ceux-ci prennent, conformément à la Charte des Nations unies, les mesures qu'ils jugent appropriées pour la prévention et la répression des actes de génocide ou de l'un quelconque des autres actes énumérés à l'article 3.

Art. 9. – Les différends entre les parties contractantes relatifs à l'interprétation, l'application ou l'exécution de la présente Convention, y compris ceux relatifs à la responsabilité d'un État en matière de génocide ou de l'un quelconque des autres actes énumérés à l'article 3, seront soumis à la Cour internationale de justice, à la requête d'une partie au différend.

Art. 10. – La présente Convention, dont les textes anglais, chinois, espagnol, français et russe feront également foi, portera la date du 9 décembre 1948.

Art. 11. – La présente Convention sera ouverte jusqu'au 31 décembre 1949 à la signature au nom de tout membre de l'Organisation des Nations unies et de tout État non membre à qui l'Assemblée générale aura adressé une invitation à cet effet.

La présente Convention sera ratifiée et les instruments de ratification seront déposés auprès du Secrétaire général de l'Organisation des Nations unies.

À partir du 1er janvier 1950, il pourra être adhéré à la présente Convention au nom de tout membre de l'Organisation des Nations unies et de tout État non membre qui aura reçu l'invitation susmentionnée.

Les instruments d'adhésion seront déposés auprès du Secrétaire général de l'Organisation des Nations unies.

Art. 12. – Toute partie contractante pourra, à tout moment, par notification adressée au Secrétaire général de l'Organisation des Nations unies, étendre l'application de la présente Convention à tous les territoires ou à l'un quelconque des territoires dont elle dirige les relations extérieures.

Art. 13. – Dès le jour où les vingt premiers instruments de ratification ou d'adhésion auront été déposés, le Secrétaire général en dressera procès-verbal. Il transmettra copie de ce procès-verbal à tous les États membres de l'Organisation des Nations unies et aux États non membres visés par l'article 11.

La présente Convention entrera en vigueur le quatre-vingt-dixième jour qui suivra la date du dépôt du vingtième instrument de ratification ou d'adhésion.

Toute ratification ou adhésion effectuée ultérieurement à la dernière date prendra effet le quatre-vingt-dixième jour qui suivra le dépôt de l'instrument de ratification ou d'adhésion.

Art. 14. – Le présente Convention aura une durée de dix ans à partir de la date de son entrée en vigueur.

Elle restera par la suite en vigueur pour une période de cinq ans, et ainsi de suite, vis-à-vis des parties contractantes qui ne l'auront pas dénoncée six mois au moins avant l'expiration du terme.

La dénonciation se fera par notification écrite adressée au Secrétaire général de l'Organisation des Nations unies.

Art. 15. – Si, par suite de dénonciations, le nombre des parties à la présente Convention se trouve ramené à moins de seize, la Convention cessera d'être en vigueur à partir de la date à laquelle la dernière de ces dénonciations prendra effet.

Art. 16. – Une demande de révision de la présente Convention pourra être formulée en tout temps par toute partie contractante, par voie de notification écrite adressée au Secrétaire général.

L'Assemblée générale statuera sur les mesures à prendre, s'il y a lieu au sujet de cette demande.

Art. 17. – Le Secrétaire général de l'Organisation des Nations unies notifiera ce qui suit à tous les États membres de l'Organisation et aux États non membres visés par l'article 11 :

a) les signatures, ratifications et adhésions reçues en application de l'article 11 ;

b) les notifications reçues en application de l'article 12 ;

c) la date à laquelle la présente Convention entrera en vigueur, en application de l'article 13 ;

d) les dénonciations reçues en application de l'article 14 ;

e) l'abrogation de la Convention en application de l'article 15 ;

f) les notifications reçues en application de l'article 16.

Art. 18. – L'original de la présente Convention sera déposé aux archives de l'Organisation des Nations unies.

Une copie certifiée conforme sera adressée à tous les États membres de l'Organisation des Nations unies et aux États non membres visés par l'article 11.

Art. 19. – La présente Convention sera enregistrée par le Secrétaire général de l'Organisation des Nations unies à la date de son entrée en vigueur.

13 *bis* Conférence générale de l'UNESCO : déclaration universelle sur le génome humain et les droits de l'Homme (1)

Date d'adoption : 11/11/1997

La Conférence générale,

Rappelant que le Préambule de l'Acte constitutif de l'UNESCO invoque « l'idéal démocratique de dignité, d'égalité et de respect de la personne humaine » et rejette tout « dogme de l'inégalité des races et des hommes », qu'il précise « que, la dignité de l'homme exigeant la diffusion de la culture et l'éducation de tous en vue de la justice, de la liberté et de la paix, il y a là, pour toutes les nations, des devoirs sacrés à remplir dans un esprit de mutuelle assistance », qu'il proclame que « cette paix doit être établie sur le fondement de la solidarité intellectuelle et morale de l'humanité », et qu'il indique que l'Organisation cherche à atteindre, « par la coopération des nations du monde dans les domaines de l'éducation, de la science et de la culture, les buts de paix internationale et de prospérité commune de l'humanité en vue desquels l'Organisation des Nations unies a été constituée, et que sa Charte proclame »,

Rappelant solennellement son attachement aux principes universels des droits de l'Homme affirmés, en particulier, par la Déclaration universelle des droits de l'Homme du 10 décembre 1948 et les deux Pactes internationaux des Nations unies relatifs aux droits économiques, sociaux et culturels et aux droits civils et politiques du 16 décembre 1966, la Convention des Nations unies pour la prévention et la répression du crime de génocide du 9 décembre 1948, la Convention internationale des Nations unies sur l'élimination de toutes les formes de discrimination raciale du 21 décembre 1965, la Déclaration des Nations unies sur les droits du déficient mental du 20 décembre 1971, la Déclaration des Nations unies sur les droits des personnes handicapées du 9 décembre 1975, la Convention des Nations unies sur l'élimination de toutes les formes de discrimination à l'égard des femmes du 18 décembre 1979, la Déclaration des Nations unies sur les principes fondamentaux de justice relatifs aux victimes de la criminalité et aux victimes d'abus de pouvoir du 29 novembre 1985, la Convention des Nations unies relative aux droits de l'enfant du 20 novembre 1989, les Règles des Nations unies pour l'égalisation des chances des handicapés du 20 décembre 1993, la Convention sur

(1) 210.

l'interdiction de la mise au point, de la fabrication et du stockage des armes bactériologiques (biologiques) ou à toxines et sur leur destruction du 16 décembre 1971, la Convention de l'UNESCO concernant la lutte contre la discrimination dans le domaine de l'enseignement du 14 décembre 1960, la Déclaration de l'UNESCO des principes de la coopération culturelle internationale du 4 novembre 1966, la Recommandation de l'UNESCO concernant la condition des chercheurs scientifiques du 20 novembre 1974, la Déclaration de l'UNESCO sur la race et les préjugés raciaux du 27 novembre 1978, la Convention de l'OIT (n° 111) concernant la discrimination en matière d'emploi et de profession du 25 juin 1958 et la Convention de l'OIT (n° 169) concernant les peuples indigènes et tribaux dans les pays indépendants du 27 juin 1989,

Ayant à l'esprit, et sans préjudice de leurs dispositions, les instruments internationaux susceptibles d'intéresser les applications de la génétique dans le domaine de la propriété intellectuelle, notamment, la Convention de Berne pour la protection des œuvres littéraires et artistiques du 9 septembre 1886 et la Convention universelle de l'UNESCO sur le droit d'auteur du 6 septembre 1952, révisées en dernier lieu à Paris le 24 juillet 1971, la Convention de Paris pour la protection de la propriété industrielle du 20 mars 1883, révisée en dernier lieu à Stockholm le 14 juillet 1967, le Traité de Budapest de l'OMPI sur la reconnaissance internationale du dépôt des microorganismes aux fins de procédure en matière de brevets du 28 avril 1977, et l'Accord relatif aux aspects des droits de propriété intellectuelle qui touchent au commerce (ADPIC) annexé à l'accord établissant l'Organisation mondiale du commerce entré en vigueur le 1er janvier 1995,

Ayant également à l'esprit la Convention des Nations unies sur la diversité biologique du 5 juin 1992 et soulignant à cet égard que la reconnaissance de la diversité génétique de l'humanité ne doit donner lieu à aucune interprétation d'ordre social ou politique de nature à remettre en cause « la dignité inhérente à tous les membres de la famille humaine et de leurs droits égaux et inaliénables », conformément au Préambule de la Déclaration universelle des droits de l'Homme,

Rappelant ses résolutions 22 C/13.1, 23 C/13.1, 24 C/13.1, 25 C/5.2, 25 C/7.3, 27 C/5.15, 28 C/0.12, 28 C/2.1 et 28 C/2.2 engageant l'UNESCO à promouvoir et développer la réflexion éthique et les actions qui s'y rattachent, en ce qui concerne les conséquences des progrès scientifiques et techniques dans les domaines de la biologie et de la génétique, dans le cadre du respect des droits de l'Homme et des libertés fondamentales,

Reconnaissant que les recherches sur le génome humain et leurs applications ouvrent d'immenses perspectives d'amélioration de la santé des individus et de l'humanité tout entière, mais soulignant qu'elles doivent en même temps respecter pleinement la dignité, la liberté et les droits de l'Homme, ainsi que l'interdiction de toute forme de discrimination fondée sur les caractéristiques génétiques,

Proclame les principes qui suivent et *adopte* la présente Déclaration.

A. LA DIGNITÉ HUMAINE ET LE GÉNOME HUMAIN

Art. premier. – Le génome humain sous-tend l'unité fondamentale de tous les membres de la famille humaine, ainsi que la reconnaissance de leur dignité intrinsèque et de leur diversité. Dans un sens symbolique, il est le patrimoine de l'humanité.

Art. 2. – *a)* Chaque individu a droit au respect de sa dignité et de ses droits, quelles que soient ses caractéristiques génétiques.

b) Cette dignité impose de ne pas réduire les individus à leurs caractéristiques génétiques et de respecter le caractère unique de chacun et leur diversité.

Art. 3. – Le génome humain, par nature évolutif, est sujet à des mutations. Il renferme des potentialités qui s'expriment différemment selon l'environnement naturel et social de chaque individu, en ce qui concerne notamment l'état de santé, les conditions de vie, la nutrition et l'éducation.

Art. 4. – Le génome humain en son état naturel ne peut donner lieu à des gains pécuniaires.

B. DROITS DES PERSONNES CONCERNÉES

Art. 5. – *a)* Une recherche, un traitement ou un diagnostic, portant sur le génome d'un individu, ne peut être effectué qu'après une évaluation rigoureuse et préalable des risques et avantages potentiels qui leur sont liés et en conformité avec toutes autres prescriptions prévues par la législation nationale.

b) Dans tous les cas, le consentement préalable, libre et éclairé de l'intéressé(e) sera recueilli. Si ce(tte) dernier(e) n'est pas en mesure de l'exprimer, le consentement ou l'autorisation seront obtenus conformément à la loi, et seront guidés par son intérêt supérieur.

c) Le droit de chacun de décider d'être informé ou non des résultats d'un examen génétique et de ses conséquences devrait être respecté.

d) Dans le cas de la recherche, les protocoles de recherche doivent être soumis, de plus, à une évaluation préalable, conformément aux normes ou lignes directrices nationales et internationales applicables en la matière.

e) Si conformément à la loi une personne n'est pas en mesure d'exprimer son consentement, une recherche portant sur son génome ne peut être effectuée qu'au bénéfice direct de sa santé, sous réserve des autorisations et des mesures de protection prescrites par la loi. Une recherche ne permettant pas d'escompter un bénéfice direct pour la santé ne peut être effectuée qu'à titre exceptionnel, avec la plus grande retenue, en veillant à n'exposer l'intéressé(e) qu'à un risque et une contrainte minimums et si cette recherche est effectuée dans l'intérêt de la santé d'autres personnes appartenant au même groupe d'âge ou se trouvant dans les mêmes conditions génétiques, et sous réserve qu'une telle recherche se fasse dans les conditions prévues par la loi et soit compatible avec la protection des droits individuels de la personne concernée.

Art. 6. – Nul ne doit faire l'objet de discriminations fondées sur ses caractéristiques génétiques, qui auraient pour objet ou pour effet de porter atteinte à ses droits individuels et à ses libertés fondamentales et à la reconnaissance de sa dignité.

Art. 7. – La confidentialité des données génétiques associées à une personne identifiable, conservées ou traitées à des fins de recherche ou dans tout autre but, doit être protégée dans les conditions prévues par la loi.

Art. 8. – Tout individu a droit, conformément au droit international et au droit interne, à une réparation équitable du dommage qu'il aurait subi et dont la cause directe et déterminante serait une intervention portant sur son génome.

Art. 9. – Pour protéger les droits de l'Homme et les libertés fondamentales, des limitations aux principes du consentement et de la confidentialité ne peuvent être apportées que par la loi, pour des raisons impérieuses et dans les limites du droit international public et du droit international des droits de l'Homme.

C. RECHERCHES SUR LE GÉNOME HUMAIN

Art. 10. – Aucune recherche concernant le génome humain, ni aucune de ses applications, en particulier dans les domaines de la biologie, de la génétique et de la médecine, ne devrait prévaloir sur le respect des droits de l'Homme, des libertés fondamentales et de la dignité humaine des individus ou, le cas échéant, de groupes d'individus.

Art. 11. – Des pratiques qui sont contraires à la dignité humaine, telles que le clonage à des fins de reproduction d'êtres humains, ne doivent pas être permises. Les États et les organisations internationales compétentes sont invités à coopérer afin d'identifier de telles pratiques et de prendre, au niveau national ou international, les mesures qui s'imposent, conformément aux principes énoncés dans la présente Déclaration.

Art. 12. – *a)* Chacun doit avoir accès aux progrès de la biologie, de la génétique et de la médecine concernant le génome humain, dans le respect de sa dignité et de ses droits.

b) La liberté de la recherche, qui est nécessaire au progrès de la connaissance, procède de la liberté de pensée. Les applications de la recherche, notamment celles en biologie, en génétique et en médecine, concernant le génome humain, doivent tendre à l'allégement de la souffrance et à l'amélioration de la santé de l'individu et de l'humanité tout entière.

D. CONDITIONS D'EXERCICE DE L'ACTIVITÉ SCIENTIFIQUE

Art. 13. – Les responsabilités inhérentes aux activités des chercheurs, notamment la rigueur, la prudence, l'honnêteté intellectuelle et l'intégrité, dans la conduite de leurs recherches ainsi que dans la présentation et l'utilisation de leurs résultats, devraient faire l'objet d'une attention particulière dans le cadre des recherches sur le génome humain, compte tenu de leurs implications éthiques et sociales. Les décideurs publics et privés en matière de politiques scientifiques ont aussi des responsabilités particulières à cet égard.

Art. 14. – Les États devraient prendre les mesures appropriées pour favoriser les conditions intellectuelles et matérielles propices au libre exercice des activités de recherche sur le génome humain et pour prendre en considération les implications éthiques, juridiques, sociales et économiques de ces recherches, dans le cadre des principes prévus par la présente Déclaration.

Art. 15. – Les États devraient prendre les mesures appropriées pour fixer le cadre du libre exercice des activités de recherche sur le génome humain dans le respect des principes prévus par la présente Déclaration, afin de garantir le respect des droits de l'Homme, des libertés fondamentales et de la dignité humaine et la protection de la santé publique. Ils devraient tendre à s'assurer que les résultats de ces recherches ne servent pas à des fins non pacifiques.

Art. 16. – Les États devraient reconnaître l'intérêt de promouvoir, aux différents niveaux appropriés, la création de comités d'éthique indépendants, pluridisciplinaires et pluralistes, chargés d'apprécier les questions éthiques, juridiques et sociales soulevées par les recherches sur le génome humain et leurs applications.

E. SOLIDARITÉ ET COOPÉRATION INTERNATIONALE

Art. 17. – Les États devraient respecter et promouvoir une solidarité active vis-à-vis des individus, des familles ou des populations particulièrement vulnérables aux maladies ou handicaps de nature génétique, ou atteints de ceux-ci. Ils devraient notamment encourager les recherches destinées à identifier, à prévenir et à traiter les maladies d'ordre génétique ou les maladies influencées par la génétique, en particulier les maladies rares ainsi que les maladies endémiques qui affectent une part importante de la population mondiale.

Art. 18. – Les États devraient s'efforcer, dans le respect des principes prévus par la présente Déclaration, de continuer à favoriser la diffusion internationale de la connaissance scientifique sur le génome humain, sur la diversité humaine et sur les recherches en génétique et, à cet égard, à favoriser la coopération scientifique et culturelle, notamment entre pays industrialisés et pays en développement.

Art. 19. – *a)* Dans le cadre de la coopération internationale avec les pays en développement, les États devraient s'efforcer d'encourager des mesures visant à :

(i) évaluer les risques et les avantages liés aux recherches sur le génome humain et prévenir les abus;

(ii) étendre et renforcer la capacité des pays en développement de mener des recherches en biologie et en génétique humaines, compte tenu de leurs problèmes spécifiques;

(iii) permettre aux pays en développement de bénéficier des avancées de la recherche scientifique et technologique, de façon à favoriser le progrès économique et social au profit de tous;

(iv) favoriser le libre échange des connaissances et de l'information scientifiques dans les domaines de la biologie, de la génétique et de la médecine.

b) Les organisations internationales compétentes devraient soutenir et promouvoir les initiatives prises par les États aux fins énumérées ci-dessus.

F. PROMOTION DES PRINCIPES DE LA DÉCLARATION

Art. 20. – Les États devraient prendre les mesures appropriées pour promouvoir les principes énoncés dans la Déclaration, par l'éducation et les moyens pertinents, notamment par la conduite de recherches et de formations dans des domaines interdisciplinaires et par la promotion de l'éducation à la bioéthique à tous les niveaux, en particulier à l'intention des différents responsables de politiques scientifiques.

Art. 21. – Les États devraient prendre les mesures appropriées pour encourager toutes autres actions de recherche, de formation et de diffusion de l'information de nature à renforcer la prise de conscience des responsabilités de la société et de chacun de ses membres face aux problèmes fondamentaux au regard de la défense de la dignité humaine que peuvent soulever la recherche dans les domaines de la biologie, de la génétique et de la médecine et les applications qui en découlent. Ils devraient favoriser sur ce sujet un débat largement ouvert sur le plan international, assurant la libre expression des différents courants de pensée socioculturels, religieux et philosophiques.

G. MISE EN ŒUVRE DE LA DÉCLARATION

Art. 22. – Les États devraient s'efforcer de promouvoir les principes énoncés dans la présente Déclaration et, par toutes mesures appropriées, favoriser leur mise en œuvre.

Art. 23. – Les États devraient prendre les mesures appropriées pour promouvoir, par l'éducation, la formation et la diffusion de l'information, le respect des principes ci-dessus énoncés et favoriser leur reconnaissance et leur application effective. Les États devraient également encourager les échanges entre les comités d'éthique indépendants, quand ils existent, et leur mise en réseaux, afin de favoriser la coopération entre eux.

Art. 24. – Le Comité international de bioéthique de l'UNESCO devrait contribuer à la diffusion des principes énoncés dans la présente Déclaration et à l'approfondissement des questions que posent leurs applications et l'évolution des techniques en cause. Il devrait organiser toute consultation utile avec les parties concernées telles que les groupes vulnérables. Il devrait formuler, suivant les procédures statutaires de l'UNESCO, des recommandations à l'intention de la Conférence générale et des avis quant au suivi de la Déclaration, en particulier quant à l'identification des pratiques qui pourraient être contraires à la dignité humaine, telles que les interventions sur la lignée germinale.

Art. 25. – Aucune disposition de la présente Déclaration ne peut être interprétée comme pouvant être invoquée de quelque façon par un État, un groupement ou un individu pour se livrer à une activité ou accomplir un acte à des fins contraires aux droits de l'Homme et aux libertés fondamentales, y compris aux principes énoncés dans la présente Déclaration.

14 Convention contre la torture et autres peines ou traitements cruels, inhumains ou dégradants (1)

Date d'adoption : 10/12/1984
Date d'entrée en vigueur : 26/06/1987

L'Assemblée générale,

Rappelant la Déclaration sur la protection de toutes les personnes contre la torture et autres peines ou traitements cruels, inhumains ou dégradants, adoptée par l'Assemblée générale dans sa résolution 3452 (XXX) du 9 décembre 1975,

Rappelant également sa résolution 32/62 du 8 décembre 1977, dans laquelle elle a prié la Commission des droits de l'Homme d'élaborer un projet de convention contre la torture et autres peines ou traitements cruels, inhumains ou dégradants à la lumière des principes énoncés dans la Déclaration,

Rappelant en outre que, dans sa résolution 38/119 du 16 décembre 1983, elle a prié la Commission des droits de l'Homme d'achever, lors de sa quarantième session, à titre hautement prioritaire, l'élaboration d'un tel projet de convention, en vue de le présenter, ainsi que des dispositions relatives à l'application effective de la future convention, à l'Assemblée générale lors de sa trente-neuvième session,

Prenant note avec satisfaction de la résolution 1984/21 de la Commission des droits de l'Homme, en date du 6 mars 1984, par laquelle la Commission a décidé de transmettre à l'Assemblée générale, pour examen, le texte d'un projet de convention contre la torture et autres peines ou traitements cruels, inhumains ou dégradants, figurant en annexe du rapport du Groupe de travail,

Désireuse d'assurer une application plus efficace de l'interdiction, telle qu'elle résulte du droit international et des droits nationaux, de la pratique de la torture et des autres peines ou traitements cruels, inhumains ou dégradants,

1. *Se déclare satisfaite* des travaux que la Commission des droits de l'Homme a réalisés en élaborant le texte d'un projet de convention contre la torture et autre peines ou traitements cruels, inhumains ou dégradants ;

2. *Adopte* et ouvre à la signature, à la ratification et à l'adhésion la Convention contre la torture et autres peines ou traitements cruels, inhumains ou dégradants figurant en annexe à la présente résolution ;

(1) 57, 203, 205, 255.

3. *Demande* à tous les Gouvernements d'envisager de signer et de ratifier la Convention à titre prioritaire.

93 e séance plénière
10 décembre 1984

ANNEXE

CONVENTION CONTRE LA TORTURE ET AUTRES PEINES OU TRAITEMENTS CRUELS, INHUMAINS OU DÉGRADANTS

Les États parties à la présente Convention,

Considérant que, conformément aux principes proclamés dans la Charte des Nations unies, la reconnaissance des droits égaux et inaliénables de tous les membres de la famille humaine est le fondement de la liberté, de la justice et de la paix dans le monde,

Reconnaissant que ces droits procèdent de la dignité inhérente à la personne humaine,

Considérant que les États sont tenus, en vertu de la Charte, en particulier de l'article 55, d'encourager le respect universel et effectif des droits de l'Homme et des libertés fondamentales,

Tenant compte de l'article 5 de la Déclaration universelle des droits de l'Homme et de l'article 7 du Pacte international relatif aux droits civils et politiques qui prescrivent tous deux que nul ne sera soumis à la torture, ni à des peines ou traitements cruels, inhumains ou dégradants,

Tenant compte également de la Déclaration sur la protection de toutes les personnes contre la torture et autres peines ou traitements cruels, inhumains ou dégradants, adoptée par l'Assemblée générale le 9 décembre 1975,

Désireux d'accroître l'efficacité de la lutte contre la torture et les autres peines ou traitements cruels, inhumains ou dégradants dans le monde entier,

Sont convenus de ce qui suit :

PREMIÈRE PARTIE

Art. premier. – 1. Aux fins de la présente Convention, le terme « torture » désigne tout acte par lequel une douleur ou des souffrances aiguës, physiques ou mentales, sont intentionnellement infligées à une personne aux fins notamment d'obtenir d'elle ou d'une tierce personne des renseignements ou des aveux, de la punir d'un acte qu'elle ou une tierce personne a commis ou est soupçonnée d'avoir commis, de l'intimider ou de faire pression sur elle ou d'intimider ou de faire pression sur une tierce personne, ou pour tout autre motif fondé sur une forme de discrimination quelle qu'elle soit, lorsqu'une telle douleur ou de telles souffrances sont infligées par un agent de la fonction publique ou toute autre personne agissant à titre officiel ou à son instigation ou avec son consentement exprès ou tacite. Ce terme ne s'étend pas à la douleur ou aux souffrances résultant uniquement de sanctions légitimes, inhérentes à ces sanctions ou occasionnées par elles.

2. Cet article est sans préjudice de toute instrument international ou de toute loi nationale qui contient ou peut contenir des dispositions de portée plus large.

Art. 2. – 1. Tout État partie prend des mesures législatives, administratives, judiciaires et autres mesures efficaces pour empêcher que des actes de torture soient commis dans tout territoire sous sa juridiction.

2. Aucune circonstance exceptionnelle, quelle qu'elle soit, qu'il s'agisse de l'état de guerre ou de menace de guerre, d'instabilité politique intérieure ou de tout autre état d'exception, ne peut être invoquée pour justifier la torture.

3. L'ordre d'un supérieur ou d'une autorité publique ne peut être invoqué pour justifier la torture.

Art. 3. – 1. Aucun État n'expulsera, ne refoulera, ni n'extradera une personne vers un autre État où il y a des motifs sérieux de croire qu'elle risque d'être soumise à la torture.

2. Pour déterminer s'il y a de tels motifs, les autorités compétentes tiendront compte de toutes les considérations pertinentes, y compris, le cas échéant, de l'existence, dans l'État intéressé, d'un ensemble de violations systématiques des droits de l'Homme, graves, flagrantes ou massives.

Art. 4. – 1. Tout État partie veille à ce que tous les actes de torture constituent des infractions au regard de son droit pénal. Il en est de même de la tentative de pratiquer la torture ou de tout acte commis par n'importe quelle personne qui constitue une complicité ou une participation à l'acte de torture.

2. Tout État partie rend ces infractions passibles de peines appropriées qui prennent en considération leur gravité.

Art. 5. – 1. Tout État partie prend les mesures nécessaires pour établir sa compétence aux fins de connaître des infractions visées à l'article 4 dans les cas suivants :

a) Quand l'infraction a été commise sur tout territoire sous la juridiction dudit État ou à bord d'aéronefs ou de navires immatriculés dans cet État ;

b) Quand l'auteur présumé de l'infraction est un ressortissant dudit État ;

c) Quand la victime est un ressortissant dudit États et que ce dernier le juge approprié.

2. Tout État partie prend également les mesures nécessaires pour établir sa compétence aux fins de connaître desdites infractions dans le cas où l'auteur présumé de celles-ci se trouve sur tout territoire sous sa juridiction et où ledit État ne l'extrade pas conformément à l'article 8 vers l'un des États visés au paragraphe 1 du présent article.

3. La présente Convention n'écarte aucune compétence pénale exercée conformément aux lois nationales.

Art. 6. – 1. S'il estime que les circonstances le justifient, après avoir examiné les renseignements dont il dispose, tout État partie sur le territoire duquel se trouve une personne soupçonnée d'avoir commis une infraction visée à l'article 4 assure la détention de cette personne ou prend toutes autres mesures juridiques nécessaires pour assurer sa présence. Cette détention et ces mesures doivent être conformes à la législation dudit État; elles ne peuvent être maintenues que pendant le délai nécessaire à l'engagement de poursuites pénales ou d'une procédure d'extradition.

2. Ledit État procède immédiatement à une enquête préliminaire en vue d'établir les faits.

3. Toute personne détenue en application du paragraphe 1 du présent article peut communiquer immédiatement avec le plus proche représentant qualifié de l'État dont elle a la nationalité ou, s'il s'agit d'une personne apatride, avec le représentant de l'État où elle réside habituellement.

4. Lorsqu'un état a mis une personne en détention, conformément aux dispositions du présent article, il avise immédiatement de cette détention et des circonstances qui la justifient les États visés au paragraphe 1 de l'article 5. L'État qui procède à l'enquête préliminaire visée au paragraphe 2 du présent article en communique rapidement les conclusions auxdits États et leur indique s'il entend exercer sa compétence.

Art. 7. – 1. L'État partie sur le territoire sous la juridiction duquel l'auteur présumé d'une infraction visée à l'article 4 est découvert, s'il n'extrade pas ce dernier, soumet l'affaire, dans les cas visés à l'article 5, à ses autorités compétentes pour l'exercice de l'action pénale.

2. Ces autorités prennent leur décision dans les mêmes conditions que pour toute infraction de droit commun de caractère grave en vertu du droit de cet État. Dans les cas visés au paragraphe 2 de l'article 5, les règles de preuve qui s'appliquent aux poursuites et à la condamnation ne sont en aucune façon moins rigoureuses que celles qui s'appliquent dans les cas visés au paragraphe 1 de l'article 5.

3. Toute personne poursuivie pour l'une quelconque des infractions visées à l'article 4 bénéficie de la garantie d'un traitement équitable à tous les stades de la procédure.

Art. 8. – 1. Les infractions visées à l'article 4 sont de plein droit comprises dans tout traité d'extradition conclu entre États parties. Les États parties s'engagent à comprendre lesdites infractions dans tout traité d'extradition à conclure entre eux.

2. Si un État partie qui subordonne l'extradition à l'existence d'un traité est saisi d'une demande d'extradition par un autre État avec lequel il n'est pas lié par un traité d'extradition, il peut considérer la présente Convention comme constituant la base juridique de l'extradition en ce qui concerne lesdites infractions. L'extradition est subordonnée aux autres conditions prévues par le droit de l'État requis.

3. Les États parties qui ne subordonnent pas l'extradition à l'existence d'un traité reconnaissent lesdites infractions comme cas d'extradition entre eux dans les conditions prévues par le droit de l'État requis.

4. Entre États parties lesdites infractions sont considérées aux fins d'extradition comme ayant été commises tant au lieu de leur perpétration que sur le territoire sous la juridiction des États tenus d'établir leur compétence en vertu du paragraphe 1 de l'article 5.

Art. 9. – 1. Les États parties s'accordent l'entraide judiciaire la plus large possible dans toute procédure pénale relative aux infractions visées à l'article 4, y compris en ce qui concerne la communication de tous les éléments de preuve dont ils disposent et qui sont nécessaires aux fins de la procédure.

2. Les États parties s'acquittent de leurs obligations en vertu du paragraphe 1 du présent article en conformité avec tout traité d'entraide judiciaire qui peut exister entre eux.

Art. 10. – 1. Tout État partie veille à ce que l'enseignement et l'information concernant l'interdiction de la torture fassent partie intégrante de la formation du personnel civil ou militaire chargé de l'application des lois, du personnel médical, des agents de la fonction publique et autres personnes qui peuvent intervenir dans la garde, l'interrogatoire ou le traitement de tout individu arrêté, détenu ou emprisonné de quelque façon que ce soit.

2. Tout État partie qui incorpore ladite interdiction aux règles ou instructions édictées en ce qui concerne les obligations et les attributions de telles personnes.

Art. 11. – Tout État partie exerce une surveillance systématique sur les règles, instructions, méthodes et pratiques d'interrogatoire et sur les dispositions concernant la garde et le traitement des personnes arrêtées, détenues ou emprisonnées de quelque façon que ce soit sur tout territoire sous sa juridiction, en vue d'éviter tout cas de torture.

Art. 12. – Tout État partie veille à ce que les autorités compétentes procèdent immédiatement à une enquête impartiale chaque fois qu'il y a des motifs raisonnables de croire qu'un acte de torture a été commis sur toute territoire de sa juridiction.

Art. 13. – Tout État partie assure à toute personne qui prétend avoir été soumise à la torture sur le territoire sous sa juridiction le droit de porter plainte devant les autorités compétentes dudit État qui procéderont immédiatement et impartialement à l'examen de sa cause. Des mesures seront prises pour assurer la protection du plaignant et des témoins contre tout mauvais traitement ou toute intimidation en raison de la plainte déposée ou de toute déposition faite.

Art. 14. – 1. Toute État partie garantit, dans son système juridique, à la victime d'un acte de torture, le droit d'obtenir réparation et d'être indemnisée équitablement et de manière adéquate, y compris les moyens nécessaires à sa réadaptation la plus complète possible. En cas de mort de la victime résultant d'un acte de torture, les ayants cause de celle-ci ont droit à indemnisation.

2. Le présent article n'exclut aucun droit à indemnisation qu'aurait la victime ou toute autre personne en vertu des lois nationales.

Art. 15. – Tout État partie veille à ce que toute déclaration dont il est établi qu'elle a été obtenue par la torture ne puisse être invoquée comme un élément de preuve dans une procédure, si ce n'est contre la personne accusée de torture pour établir qu'une déclaration a été faite.

Art. 16. – 1. Tout État partie s'engage à interdire dans tout territoire sous sa juridiction d'autres actes constitutifs de peines ou traitements cruels, inhumains ou dégradants qui ne sont pas des actes de torture telle qu'elle est définie à l'article premier lorsque de tels actes sont commis par un agent de la fonction publique ou toute autre personne agissant à titre officiel, ou à son instigation ou avec son consentement exprès ou tacite. En particulier, les obligations énoncées aux articles 10, 11, 12 et 13 sont applicables moyennant le remplacement de la mention de la torture par la mention d'autres formes de peines ou traitements cruels, inhumains ou dégradants.

2. Les dispositions de la présente Convention sont sans préjudice des dispositions de toute autre instrument international ou de la loi nationale qui interdisent les peines ou traitements cruels, inhumains ou dégradants, ou qui ont trait à l'extradition ou à l'expulsion.

DEUXIÈME PARTIE

Art. 17. – 1. Il est institué un Comité contre la torture (ci-après dénommé le Comité) qui a les fonctions définies ci-après. Le Comité est composé de dix experts de haute moralité et possédant une compétence reconnue dans le domaine des droits de l'Homme, qui siègent à titre personnel. Les experts sont élus par les États parties, compte tenu d'une répartition géographique équitable et de l'intérêt que présente la participation aux travaux du Comité de quelques personnes ayant une expérience juridique.

2. Les membres du Comité sont élus au scrutin secret sur une liste de candidats désignés par les États parties. Chaque État partie peut désigner un candidat choisi parmi ses ressortissants. Les États parties tiennent compte de l'intérêt qu'il y a à désigner des candidats qui soient également membres du Comité des droits de l'Homme institué en vertu du Pacte international relatif aux droits civils et politiques et qui soient disposés à siéger au Comité contre la torture.

3. Les membres du Comité sont élus au cours de réunions biennales des États parties convoquées par le Secrétaire général de l'Organisation des Nations unies. À ces réunions, où le quorum est constitué par les deux tiers des États parties, sont élus membres du Comité les candidats qui obtiennent le plus grand nombre de voix et la majorité absolue des votes des représentants des États parties présents et votants.

4. La première élection aura lieu au plus tard six mois après la date d'entrée en vigueur de la présente Convention. Quatre mois au moins avant la date de chaque élection, le Secrétaire général de l'Organisation des Nations unies envoie une lettre aux États parties pour les inviter à présenter leurs candidatures dans un délai de trois mois. Le Secrétaire général dresse une liste par ordre alphabétique de tous les candidats ainsi désignés, avec indication des États parties qui les ont désignés, et la communique aux États parties.

5. Les membres du Comité sont élus pour quatre ans. Ils sont rééligibles s'ils sont présentés à nouveau. Toutefois, le mandat de cinq des membres élus lors de la première élection prendra fin au bout de deux ans; immédiatement après la première élection, le nom de cinq membres sera tiré au sort par le président de la réunion mentionnée au paragraphe 3 du présent article.

6. Si un membre du Comité décède, se démet de ses fonctions ou n'est plus en mesure pour quelque autre raison de s'acquitter de ses attributions au Comité, l'État partie qui l'a désigné nomme parmi ses ressortissants un autre expert qui siège au Comité pour la partie du mandat restant à courir, sous réserve de l'approbation de la majorité des États parties. Cette approbation est considérée comme acquise à moins que la moitié des États parties ou davantage n'émettent une opinion défavorable dans un délai de six semaines à compter du moment où ils ont été informés par le Secrétaire général de l'Organisation des Nations unies de la nomination proposée.

7. Les États parties prennent à leur charge les dépenses des membres du Comité pour la période où ceux-ci s'acquittent de fonctions au Comité.

Art. 18. – 1. Le Comité élit son bureau pour une période de deux ans. Les membres du bureau sont rééligibles.

2. Le Comité établit lui-même son règlement intérieur, celui-ci doit, toutefois, contenir notamment les dispositions suivantes :

a) Le quorum est de six membres;

b) Les décisions du Comité sont prises à la majorité des membres présents.

3. Le Secrétaire général de l'Organisation des Nations unies met à la disposition du Comité le personnel et les installations matérielles qui lui sont nécessaires pour s'acquitter efficacement des fonctions qui lui sont confiées en vertu de la présente Convention.

4. Le Secrétaire général de l'Organisation des Nations unies convoque les membres du Comité pour la première réunion. Après sa première réunion, le Comité se réunit à toute occasion prévue par son règlement intérieur.

5. Les États parties prennent à leur charge les dépenses occasionnées par la tenue de réunions des États parties et du Comité, y compris le remboursement à l'Organisation des Nations unies de tous frais, tels que dépenses de personnel et coût d'installations matérielles, que l'Organisation aura engagés conformément au paragraphe 3 du présent article.

Art. 19. – 1. Les États parties présentent au Comité, par l'entremise du secrétaire général de l'Organisation des Nations unies, des rapports sur les mesures qu'ils ont prises pour donner effet à leurs engagements en vertu de la présente Convention, dans un délai d'un an à compter de l'entrée en vigueur de la Convention pour l'État partie intéressé. Les États parties présentent ensuite des rapports complémentaires tous les quatre ans sur toutes nouvelles mesures prises, et tous autres rapports demandés par le Comité.

2. Le Secrétaire général de l'Organisation des Nations unies transmet les rapports à tous les États parties.

3. Chaque rapport est étudié par le Comité, qui peut faire les commentaires d'ordre général sur le rapport qu'il estime appropriés et qui transmet lesdits commentaires à l'État partie intéressé. Cet État partie peut communiquer en réponse au Comité toutes observations qu'il juge utiles.

4. Le Comité peut, à sa discrétion, décider de reproduire dans le rapport annuel qu'il établit conformément à l'article 24 tous commentaires formulés par lui en vertu du paragraphe 3 du présent article, accompagnés des observations reçues à ce sujet de l'État partie intéressé. Si l'État partie intéressé le demande, le Comité peut aussi reproduire le rapport présenté au titre du paragraphe 1 du présent article.

Art. 20. – 1. Si le Comité reçoit des renseignements crédibles qui lui semblent contenir des indications bien fondées que la torture est pratiquée systématiquement sur le territoire d'un État partie, il invite ledit État à coopérer dans l'examen des renseignements et, à cette fin, à lui faire part de ses observations à ce sujet.

2. En tenant compte de toutes observations éventuellement présentées par l'État partie intéressé et de tous autres renseignements pertinents dont il dispose, le Comité peut, s'il juge que cela se justifie, charger un ou plusieurs de ses membres de procéder à une enquête confidentielle et de lui faire rapport d'urgence.

3. Si une enquête est faite en vertu du paragraphe 2 du présent article, le Comité recherche la coopération de l'État partie intéressé. En accord avec cet État partie, l'enquête peut comporter une visite sur son territoire.

4. Après avoir examiné les conclusions du membre ou des membres qui lui sont soumises conformément au paragraphe 2 du présent article, le Comité transmet ces conclusions à l'État partie intéressé, avec tous commentaires ou suggestions qu'il juge appropriés compte tenu de la situation.

5. Tous les travaux du Comité dont il est fait mention aux paragraphes 1 à 4 du présent article sont confidentiels et, à toutes les étapes des travaux, on s'efforce d'obtenir la coopération de l'État partie. Une fois achevés ces travaux relatifs à une enquête menée en vertu du paragraphe 2, le Comité peut, après consultations avec l'État partie intéressé, décider de faire figurer un compte rendu succinct des résultats des travaux dans le rapport annuel qu'il établit conformément à l'article 24.

Art. 21. – 1. Tout État partie à la présente Convention peut, en vertu du présent article, déclarer à tout moment qu'il reconnaît la compétence du Comité pour recevoir et examiner des communications dans lesquelles un État partie prétend qu'un autre État partie ne s'acquitte pas de ses obligations au titre de la présente Convention. Ces communications ne peuvent être reçues et examinées conformément au présent article que si elles émanent d'un État partie qui a fait une déclaration reconnaissant, en ce qui le concerne, la compétence du Comité. Le Comité ne reçoit aucune communication intéressant un État partie qui n'a pas fait une telle déclaration. La procédure ci-après s'applique à l'égard des communications reçues en vertu du présent article :

a) Si un État partie à la présente Convention estime qu'un autre État également partie à la Convention n'en applique pas les dispositions, il peut appeler, par communication écrite, l'attention de cet État sur la question. Dans un délai de trois mois à compter de la date de réception de la communication, l'État destinataire fera tenir à l'État qui a adressé la communication des explications ou toutes autres déclarations écrites élucidant la question, qui devront comprendre, dans toute la mesure possible et utile, des indications sur ses règles de procédure et sur les moyens de recours, soit déjà utilisés, soit en instance, soit encore ouverts;

b) Si dans un délai de six mois à compter de la date de réception de la communication originale par l'État destinataire, la question n'est pas réglée à la satisfaction des deux États parties intéressés, l'un comme l'autre auront le droit de la soumettre au Comité, en adressant une notification au Comité, ainsi qu'à l'autre État intéressé;

c) Le Comité ne peut connaître d'une affaire qui lui est soumise en vertu du présent article qu'après s'être assuré que tous les recours internes disponibles ont été utilisés et épuisés, conformément aux principes de droit international généralement reconnus. Cette règle ne s'applique pas dans les cas où les procédures de recours excèdent des délais raisonnables ni dans les cas où il est peu probable que les procédures de recours donneraient satisfaction à la personne qui est la victime de la violation de la présente Convention;

d) Le Comité tient ses séances à huis clos lorsqu'il examine les communications prévues au présent article;

e) Sous réserve des dispositions de l'alinéa *c*, le Comité met ses bons offices à la disposition des États parties intéressés, afin de parvenir à une solution amiable de la question, fondée sur le respect des obligations prévues par la présente Convention. À cette fin, le Comité peut, s'il l'estime opportun, établir une commission de conciliation *ad hoc*;

f) Dans toute l'affaire qui lui est soumise en vertu du présent article, le Comité peut demander aux États parties intéressés, visés à l'alinéa *b*, de lui fournir tout renseignement pertinent;

g) Les États parties intéressés, visés à l'alinéa *b*, ont le droit de se faire représenter lors de l'examen de l'affaire par le Comité et de présenter des observations oralement ou par écrit, ou sous l'une et l'autre forme;

h) Le Comité doit présenter un rapport dans un délai de douze mois à compter du jour où il a reçu la notification visée à l'alinéa *b* :

i) si une solution a pu être trouvée conformément aux dispositions de l'alinéa *e*, le Comité se borne dans son rapport à un bref exposé des faits et de la solution intervenue;

ii) si une solution n'a pu être trouvée conformément aux dispositions de l'alinéa *e*, le Comité se borne, dans son rapport, à un bref exposé des faits; le texte des observations écrites et le procès-verbal des observations orales présentées par les États parties intéressés sont joints au rapport. Pour chaque affaire, le rapport est communiqué aux États parties intéressés.

2. Les dispositions du présent article entreront en vigueur lorsque cinq États parties à la présente Convention auront fait la déclaration prévue au paragraphe 1 du présent article. Ladite déclaration est déposée par l'État partie auprès du Secrétaire général de l'Organisation des Nations unies, qui en communique copie aux autres États parties. Une déclaration peut être retirée à tout moment au moyen d'une notification adressée au Secrétaire général. Ce retrait est sans préjudice de l'examen de toute question qui fait l'objet d'une communication déjà transmise en vertu du présent article; aucune autre communication d'un État partie ne sera reçue en vertu du présent article après que le

Secrétaire général aura reçu notification du retrait de la déclaration, à moins que l'État partie intéressé ait fait une nouvelle déclaration.

Art. 22. – 1. Tout État partie à la présente Convention peu, en vertu du présent article, déclarer à tout moment qu'il reconnaît la compétence du Comité pour recevoir et examiner des communications présentées par ou pour le compte de particuliers relevant de sa juridiction qui prétendent être victimes d'une violation, par un État partie, des dispositions de la Convention. Le Comité ne reçoit aucune communication intéressant un État partie qui n'a pas fait une telle déclaration.

2. Le Comité déclare irrecevable toute communication soumise en vertu du présent article qui est anonyme ou qu'il considère être un abus du droit de soumettre de telles communications, ou être incompatible avec les dispositions de la présente Convention.

3. Sous réserve des dispositions du paragraphe 2, le Comité porte toute communication qui lui est soumise en vertu du présent article à l'attention de l'État partie à la présente Convention qui a fait une déclaration en vertu du paragraphe 1 et a prétendument violé l'une quelconque des dispositions de la Convention. Dans les six mois qui suivent, ledit État soumet par écrit au Comité des explications ou déclarations éclaircissant la question et indiquant, le cas échéant, les mesures qu'il pourrait avoir prises pour remédier à la situation.

4. Le Comité examine les communications reçues en vertu du présent article en tenant compte de toutes les informations qui lui sont soumises par ou pour le compte du particulier et par l'État partie intéressé.

5. Le Comité n'examinera aucune communication d'un particulier conformément au présent article sans s'être assuré que :

a) La même question n'a pas été et n'est pas en cours d'examen devant une autre instance internationale d'enquête ou de règlement ;

b) Le particulier a épuisé tous les recours internes disponibles ; cette règle ne s'applique pas si les procédures de recours excèdent des délais raisonnables ou s'il est peu probable qu'elles donneraient satisfaction au particuliers qui est la victime d'une violation de la présente Convention.

6. Le Comité tient ses séances à huis clos lorsqu'il examine les communications prévues dans le présent article.

7. Le Comité fait part des ses constatations à l'État partie intéressé et au particulier.

8. Les dispositions du présent article entreront en vigueur lorsque cinq États parties à la présente Convention auront fait la déclaration prévue au paragraphe 1 du présent article. Ladite déclaration est déposée par l'État partie auprès du Secrétaire général de l'Organisation des Nations unies, qui en communique copie aux autres États parties. Une déclaration peut être retirée à tout moment au moyen d'une notification adressée au Secrétaire général. Ce retrait est sans préjudice de l'examen de toute question qui fait l'objet d'une communication déjà transmise en vertu du présent article ; aucune autre communica-

tion soumise par ou pour le compte d'un particulier ne sera reçue en vertu du présent article après que le Secrétaire général aura reçu notification du retrait de la déclaration, à moins que l'État partie intéressé ait fait une nouvelle déclaration.

Art. 23. – Les membres du Comité et les membres des commissions de conciliation *ad hoc* qui pourraient être nommés conformément à l'alinéa *e* du paragraphe 1 de l'article 21 ont droit aux facilités, privilèges et immunités reconnus aux experts en mission pour l'Organisation des Nations unies, tels qu'ils sont énoncés dans les sections pertinentes de la Convention sur les privilèges et les immunités des Nations unies.

Art. 24. – Le Comité présente aux États parties à l'Assemblée générale de l'Organisation des Nations unies un rapport annuel sur les activités qu'il aura entreprises en application de la présente Convention.

Troisième partie

Art. 25. – 1. La présente Convention est ouverte à la signature de tous les États.

2. La présente Convention est sujette à ratification. Les instruments de ratification seront déposés auprès du Secrétaire général de l'Organisation des Nations unies.

Art. 26. – Tous les États peuvent adhérer à la présente Convention. L'adhésion se fera par le dépôt d'un instrument d'adhésion auprès du Secrétaire général des Nations unies.

Art. 27. – 1. La présente Convention entrera en vigueur le trentième jour après la date du dépôt auprès du Secrétaire général de l'Organisation des Nations unies du vingtième instrument de ratification au d'adhésion.

2. Pour tout État qui ratifiera la présente Convention ou y adhérera après le dépôt du vingtième instrument de ratification ou d'adhésion, la Convention entrera en vigueur le trentième jour après la date du dépôt par cet État de son instrument de ratification ou d'adhésion.

Art. 28. – 1. Chaque État pourra, au moment où il signera ou ratifiera la présente Convention ou y adhérera, déclarer qu'il ne reconnaît pas la compétence accordée au Comité aux termes de l'article 20.

2. Tout État partie qui aura formulé une réserve conformément aux dispositions du paragraphe 1 du présent article pourra à tout moment lever cette réserve par une notification adressée au Secrétaire général de l'Organisation des Nations unies.

Art. 29. – 1. Tout État partie à la présente Convention pourra proposer un amendement et déposer sa proposition auprès du Secrétaire général de l'Organisation des Nations unies. Le Secrétaire général communiquera la proposition d'amendement aux États parties en leur demandant de lui faire savoir s'ils sont favorables à l'organisation d'une conférence d'États parties en vue de l'examen de la proposition et de sa mise aux voix. Si, dans les quatre mois qui suivent la date d'une telle communication, le tiers au moins des États parties se prononcent en faveur de la tenue de ladite conférence, le Secrétaire général organisera la conférence sous les auspices de l'Organisation des Nations unies. Tout amendement adopté par la majorité des États parties présents et votants à la conférence sera soumis par le Secrétaire général à l'acceptation de tous les États parties.

2. Un amendement adopté selon les dispositions du paragraphe 1 du présent article entrera en vigueur lorsque les deux tiers des États parties à la présente Convention auront informé le Secrétaire général de l'Organisation des Nations unies qu'ils l'ont accepté conformément à la procédure prévue par leurs constitutions respectives.

3. Lorsque les amendements entreront en vigueur, ils auront force obligatoire pour les États parties qui les auront acceptés, les autres États parties demeurant liés par les dispositions de la présente Convention et par tous amendements antérieurs qu'ils auront acceptés.

Art. 30. – 1. Tout différend entre deux ou plus des États parties concernant l'interprétation ou l'application de la présente Convention qui ne peut pas être réglé par voie de négociation est soumis à l'arbitrage à la demande de l'un d'entre eux. Si, dans les six mois qui suivent la date de la demande d'arbitrage, les parties ne parviennent pas à se mettre d'accord sur l'organisation de l'arbitrage, l'une quelconque d'entre elles peut soumettre le différend à la Cour internationale de justice en déposant une requête conformément au Statut de la Cour.

2. Chaque État pourra, au moment où il signera ou ratifiera la présente Convention ou y adhérera, déclarer qu'il ne se considère pas lié par les dispositions du paragraphe 1 du présent article. Les autres États ne seront pas liés par lesdites dispositions envers tout État partie qui aura formulé une telle réserve.

3. Tout État partie qui aura formulé une réserve conformément aux dispositions du paragraphe 2 du présent article pourra à tout moment lever cette réserve par une notification adressée au Secrétaire général de l'Organisation des Nations unies.

Art. 31. – 1. Un État partie pourra dénoncer la présente Convention par notification écrite au Secrétaire général de l'Organisation des Nations unies. La dénonciation prend effet un an après la date à laquelle la notification aura été reçue par le Secrétaire général.

2. Une telle dénonciation ne libérera pas l'État partie des obligations qui lui incombent en vertu de la présente Convention en ce qui

concerne tout acte ou toute omission commis avant la date à laquelle la dénonciation prendra effet; elle ne fera nullement obstacle à la poursuite de l'examen de toute question dont le Comité était déjà saisi à la date à laquelle la dénonciation a pris effet.

3. Après la date à laquelle la dénonciation par un État partie prend effet, le Comité n'entreprend l'examen d'aucune question nouvelle concernant cet État.

Art. 32. – Le Secrétaire général de l'Organisation des Nations unies notifiera à tous les États membres de l'Organisation des Nations unies et à tous les États qui auront signé la présente Convention ou y auront adhéré :

a) Les signatures, les ratifications et les adhésions reçues en application des articles 25 et 26;

b) La date d'entrée en vigueur de la Convention en application de l'article 27 et la date d'entrée en vigueur de tout amendement en application de l'article 29;

c) Les dénonciations reçues en application de l'article 31.

Art. 33. – 1. La présente Convention, dont les textes anglais, arabe, chinois, espagnol, français et russe font également foi, sera déposée auprès du Secrétaire général de l'Organisation des Nations unies.

2. Le Secrétaire général de l'Organisation des Nations unies fera tenir une copie certifiée conforme à la présente Convention à tous les États.

15 Résolution 43/131 de l'Assemblée générale des Nations unies relative à l'assistance humanitaire aux victimes de catastrophes naturelles et situations d'urgence du même ordre (1)

Date d'adoption : 08/12/1988

L'assemblée générale,

Rappelant qu'un des buts de l'Organisation des Nations unies est de réaliser la coopération internationale en résolvant les problèmes internationaux d'ordre économique, social, intellectuel ou humanitaire, en développant et en encourageant le respect des droits de l'Homme et des libertés fondamentales pour tous sans distinction de race, de sexe, de langue ou de religion,

Réaffirmant la souveraineté, l'intégrité territoriale et l'unité nationale des États, et reconnaissant que c'est à chaque État qu'il incombe au premier chef de prendre soin des victimes de catastrophes naturelles et situations d'urgence du même ordre se produisant sur son territoire,

Profondément préoccupée par les souffrances des victimes de catastrophes naturelles et situations d'urgence du même ordre, par les pertes en vies humaines, les destructions de biens et les déplacements massifs de populations qui en résultent,

Ayant à *l'esprit* que les catastrophes naturelles et situations d'urgence du même ordre ont des conséquences graves sur les plans économique et social pour tous les pays touchés,

Souhaitant que la communauté internationale puisse répondre rapidement et efficacement aux appels à l'assistance humanitaire d'urgence lancés notamment par l'intermédiaire du Secrétaire général,

Consciente de l'importance que revêt l'assistance humanitaire pour les victimes de catastrophes naturelles et situations d'urgence du même ordre,

Reconnaissant que la communauté internationale apporte une contribution importante au soutien et à la protection de ces victimes, dont la santé et la vie peuvent être gravement menacées,

Considérant que le fait de laisser les victimes de catastrophes naturelles et situations d'urgence du même ordre sans assistance humanitaire représente une menace à la vie humaine et une atteinte à la dignité de l'homme,

---

(1) 109, 578.

Préoccupée par les difficultés que peuvent rencontrer les victimes de catastrophes naturelles et situations d'urgence du même ordre pour recevoir une assistance humanitaire,

Convaincue que, dans la mise en œuvre de l'assistance humanitaire, en particulier dans l'apport de nourriture, de médicaments ou de soins médicaux, pour lesquels l'accès aux victimes est indispensable, la rapidité permet d'éviter que le nombre de ces victimes ne s'accroisse tragiquement,

Consciente que, à côté de l'action des Gouvernements et des organisations intergouvernementales, la rapidité et l'efficacité de cette assistance reposent souvent sur le concours et l'aide d'organisations locales et d'organisations non gouvernementales agissant dans un but strictement humanitaire,

Rappelant que, dans les cas de catastrophes naturelles et situations d'urgence du même ordre, les principes d'humanité, de neutralité et d'impartialité devraient faire l'objet d'une particulière considération pour tous ceux qui dispensent une assistance humanitaire,

1. *Réaffirme* l'importance de l'assistance humanitaire pour les victimes de catastrophes naturelles et situations d'urgence du même ordre;

2. *Réaffirme également* la souveraineté des États affectés et le rôle premier qui leur revient dans l'initiative, l'organisation, la coordination et la mise en œuvre de l'assistance humanitaire sur leurs territoires respectifs;

3. *Souligne* l'importante contribution à l'assistance humanitaire qu'apportent les organisations intergouvernementales et non gouvernementales agissant dans un but strictement humanitaire;

4. *Invite* tous les États qui ont besoin d'une telle assistance à faciliter la mise en œuvre par ces organisations de l'assistance humanitaire, notamment l'apport de nourriture, de médicaments et de soins médicaux, pour lesquels un accès aux victimes est indispensable;

5. *Lance un appel,* en conséquence, à tous les États pour qu'ils apportent leur appui à ces mêmes organisations dans leur action d'assistance humanitaire, là où elle est nécessaire, aux victimes de catastrophes naturelles et situations d'urgence du même ordre;

6. *Prie instamment* les États situés à proximité de zones victimes de catastrophes naturelles et situations d'urgence du même ordre, particulièrement dans le cas de régions difficiles d'accès, de participer étroitement aux efforts internationaux de coopération avec les pays touchés, en vue de faciliter, dans la mesure du possible, le transit de l'assistance humanitaire;

7. *Demande* à toutes les organisations intergouvernementales, gouvernementales et non gouvernementales compétentes dans l'assistance humanitaire de coopérer le plus étroitement possible avec le Bureau du coordonnateur des Nations unies pour les secours en cas de catastrophe ou tout mécanisme *ad hoc* mis en place par le Secrétaire général à la coordination de l'aide;

8. *Prie* le Secrétaire général de recueillir les vues des Gouvernements et des organisations intergouvernementales, gouvernementales et non gouvernementales sur la possibilité de renforcer l'efficacité des mécanismes internationaux et d'accroître la rapidité des secours dans les meilleures conditions pour les victimes des catastrophes naturelles et situations d'urgence du même ordre, là où il le faut, et de rendre compte à l'Assemblée générale lors de sa quarante-cinquième session;

9. *Décide* d'examiner cette question à sa quarante-cinquième session.

16 Résolution 47/135 de l'Assemblée générale des Nations unies : Déclaration des droits des personnes appartenant à des minorités nationales ou ethniques, religieuses et linguistiques (1)

Date d'adoption : 18/12/1992

L'Assemblée générale,

Réaffirmant que l'un des principaux buts des Nations unies, selon la Charte, est de promouvoir et d'encourager le respect des droits de l'Homme et des libertés fondamentales pour tous, sans distinction de race, de sexe, de langue ou de religion,

Réaffirmant sa foi dans les droits de l'Homme fondamentaux, dans la dignité et la valeur de la personne humaine, dans l'égalité de droits des hommes et des femmes et des nations, grandes et petites,

Désireuse de promouvoir le respect des principes contenus dans la Charte des Nations unies, la Déclaration universelle des droits de l'Homme, la Convention pour la prévention et la répression du crime de génocide, la Convention internationale sur l'élimination de toutes les formes de discrimination raciale, le Pacte international relatif aux droits civils et politiques, le Pacte international relatif aux droits économiques, sociaux et culturels, la Déclaration sur l'élimination de toutes les formes d'intolérance et de discrimination fondées sur la religion ou la conviction et la Convention relative aux droits de l'enfant, ainsi que dans d'autres instruments internationaux pertinents qui ont été adoptés sur le plan universel ou régional et dans ceux qui ont été conclus entre différents États membres de l'Organisation des Nations unies,

S'inspirant des dispositions de l'article 27 du Pacte international relatif aux droits civils et politiques concernant les droits des personnes appartenant à des minorités ethniques, religieuses ou linguistiques,

Considérant que la promotion et la protection des droits des personnes appartenant à des minorités nationales ou ethniques, religieuses et linguistiques contribuent à la stabilité politique et sociale des États dans lesquels elles vivent,

Soulignant que la promotion constante et la réalisation des droits des personnes appartenant à des minorités nationales ou ethniques, religieuses et linguistiques, faisant partie intégrante de l'évolution de

(1) 205.

la société dans son ensemble et s'inscrivant dans un cadre démocratique fondé sur la légalité, contribueraient au renforcement de l'amitié et de la coopération entre les peuples et les États,

Considérant que les Nations unies ont un rôle important à jouer en ce qui concerne la protection des minorités,

Considérant les travaux déjà accomplis au sein du système des Nations unies, notamment par la Commission des droits de l'Homme, par la sous-commission de la lutte contre les mesures discriminatoires et de la protection des minorités et par les organes créés en application des Pactes internationaux relatifs aux droits de l'Homme et d'autres instruments internationaux pertinents relatifs aux droits de l'Homme, en vue de promouvoir et de protéger les droits des personnes appartenant à des minorités nationales ou ethniques, religieuses et linguistiques,

Tenant compte de l'important travail effectué par des organisations intergouvernementales et non gouvernementales pour ce qui est de protéger les minorités et de promouvoir et protéger les droits des personnes appartenant à des minorités nationales ou ethniques, religieuses et linguistiques,

Consciente de la nécessité d'assurer une mise en œuvre encore plus efficace des instruments internationaux relatifs aux droits de l'Homme pour ce qui est des droits des personnes appartenant à des minorités nationales ou ethniques, religieuses et linguistiques,

Proclame la présente Déclaration des droits des personnes appartenant à des minorités nationales ou ethniques, religieuses et linguistiques :

Art. premier. – 1. Les États protègent l'existence et l'identité nationale ou ethnique culturelle, religieuse et linguistique des minorités, sur leurs territoires respectifs, et favorisent l'instauration des conditions propres à promouvoir cette identité.

2. Les États adoptent les mesures législatives ou autres qui sont nécessaires pour parvenir à ces fins.

Art. 2. – 1. Les personnes appartenant à des minorités nationales ou ethniques, religieuses et linguistiques (ci-après dénommées personnes appartenant à des minorités) ont le droit de jouir de leur propre culture, de professer et de pratiquer leur propre religion et d'utiliser leur propre langue, en privé et en public, librement et sans ingérence ni discrimination quelconque.

2. Les personnes appartenant à des minorités ont le droit de participer pleinement à la vie culturelle, religieuse, sociale, économique et publique.

3. Les personnes appartenant à des minorités ont le droit de prendre une part effective, au niveau national et, le cas échéant, au niveau régional, aux décisions qui concernent la minorité à laquelle elles appartiennent ou les régions dans lesquelles elles vivent, selon des modalités qui ne soient pas incompatibles avec la législation nationale.

4. Les personnes appartenant à des minorités ont le droit de créer et de gérer leurs propres associations.

5. Les personnes appartenant à des minorités ont le droit d'établir et de maintenir, sans aucune discrimination, des contacts libres et pacifiques avec d'autres membres de leur groupe et avec des personnes appartenant à d'autres minorités, ainsi que des contacts au-delà des frontières avec des citoyens d'autres États auxquels elles sont liées par leur origine nationale ou ethnique ou par leur appartenance religieuse ou linguistique.

Art. 3. – 1. Les personnes appartenant à des minorités peuvent exercer leurs droits, notamment ceux qui sont énoncés dans la présente Déclaration, individuellement aussi bien qu'en communauté avec les autres membres de leur groupe, sans aucune discrimination.

2. Les personnes appartenant à des minorités ne doivent souffrir en aucune façon du fait qu'elles exercent ou n'exercent pas les droits énoncés dans la présente Déclaration.

Art. 4. – 1. Les États prennent, le cas échéant, des mesures pour que les personnes appartenant à des minorités puissent exercer intégralement et effectivement tous les droits de l'Homme et toutes les libertés fondamentales, sans aucune discrimination et dans des conditions de pleine égalité devant la loi.

2. Les États prennent des mesures pour créer des conditions propres à permettre aux personnes appartenant à des minorités d'exprimer leurs propres particularités et de développer leur culture, leur langue, leurs traditions et leurs coutumes sauf dans le cas de pratiques spécifiques qui constituent une infraction à la législation nationale et sont contraires aux normes internationales.

3. Les États devraient prendre des mesures appropriées pour que, dans la mesure du possible, les personnes appartenant à des minorités aient la possibilité d'apprendre leur langue maternelle ou de recevoir une instruction dans leur langue maternelle.

4. Les États devraient, le cas échéant, prendre des mesures dans le domaine de l'éducation afin d'encourager la connaissance de l'histoire, des traditions, de la langue et de la culture des minorités qui vivent sur leurs territoires. Les personnes appartenant à des minorités devraient avoir la possibilité d'apprendre à connaître la société dans son ensemble.

5. Les États devraient envisager des mesures appropriées pour que les personnes appartenant a des minorités puissent participer pleinement au progrès et au développement économiques de leur pays.

Art. 5. – 1. Les politiques et programmes nationaux sont élaborés et mis en œuvre compte dûment tenu des intérêts légitimes des personnes appartenant à des minorités.

2. Des programmes de coopération et d'assistance entre États devraient être élaborés et mis en œuvre compte dûment tenu des intérêts légitimes des personnes appartenant à des minorités.

Art. 6. – Les États devraient coopérer sur les questions relatives aux personnes appartenant à des minorités, notamment échanger des informations et des données d'expérience afin de promouvoir la compréhension mutuelle et la confiance.

Art. 7. – Les États devraient coopérer afin de promouvoir le respect des droits énoncés dans la présente Déclaration.

Art. 8. – 1. Aucune disposition de la présente Déclaration ne peut empêcher les États de s'acquitter de leurs obligations internationales à l'égard des personnes appartenant à des minorités. En particulier, les États doivent s'acquitter de bonne foi des obligations et des engagements qu'ils ont assumés au titre des traités ou accords internationaux auxquels ils sont parties.

2. L'exercice des droits énoncés dans la présente Déclaration ne porte pas atteinte à la jouissance par quiconque des droits de l'Homme et des libertés fondamentales universellement reconnus.

3. Les mesures prises par les États afin de garantir la jouissance effective des droits énoncés dans la présente Déclaration ne doivent pas *a priori* être considérées comme contraires au principe de l'égalité contenu dans la Déclaration universelle des droits de l'Homme.

4. Aucune des dispositions de la présente Déclaration ne peut être interprétée comme autorisant une quelconque activité contraire aux buts et principes des Nations unies, y compris à l'égalité souveraine, à l'intégrité territoriale et à l'indépendance politique des États.

Art. 9. – Les institutions spécialisées et autres organismes des Nations unies contribuent à la pleine réalisation des droits et des principes énoncés dans la présente Déclaration, dans leurs domaines de compétence respectifs.

Cadre européen :

17 Convention européenne de sauvegarde des droits de l'Homme et des libertés fondamentales (1)

Date d'adoption : 04/11/1950
Date d'entrée en vigueur : 03/09/1953

Les Gouvernements signataires, membres du Conseil de l'Europe,

Considérant la Déclaration universelle des droits de l'Homme, proclamée par l'Assemblée générale des Nations unies le 10 décembre 1948;

Considérant que cette déclaration tend à assurer la reconnaissance et l'application universelles et effectives des droits qui y sont énoncés;

Considérant que le but du Conseil de l'Europe est de réaliser une union plus étroite entre ses membres, et que l'un des moyens d'atteindre ce but est la sauvegarde et le développement des droits de l'Homme et des libertés fondamentales;

Réaffirmant leur profond attachement à ces libertés fondamentales qui constituent les assises mêmes de la justice et de la paix dans le monde et dont le maintien repose essentiellement sur un régime politique véritablement démocratique, d'une part, et, d'autre part, sur une conception commune et un commun respect des droits de l'Homme dont ils se réclament;

Résolus, en tant que Gouvernements d'États européens animés d'un même esprit et possédant un patrimoine commun d'idéal et de traditions politiques, de respect de la liberté et de prééminence du droit, à prendre les premières mesures propres à assurer la garantie collective de certains des droits énoncés dans la Déclaration universelle,

Sont convenus de ce qui suit :

Art. premier. – Obligation de respecter les droit de l'Homme

Les Hautes parties contractantes reconnaissent à toute personne relevant de leur juridiction les droits et libertés définis au titre I de la présente Convention.

---

(1) 191, 196, 209, 216, 220, 221, 222, 258, 301, 451, 539, 579-1.

TITRE PREMIER
DROITS ET LIBERTÉS

Art. 2. – Droit à la vie

1. Le droit de toute personne à la vie est protégé par la loi. La mort ne peut être infligée à quiconque intentionnellement, sauf en exécution d'une sentence capitale prononcée par un tribunal au cas où le délit est puni de cette peine par la loi.

2. La mort n'est pas considérée comme infligée en violation de cet article dans les cas où elle résulterait d'un recours à la force rendu absolument nécessaire :

a) pour assurer la défense de toute personne contre la violence illégale;

b) pour effectuer une arrestation régulière ou pour empêcher l'évasion d'une personne régulièrement détenue;

c) pour réprimer, conformément à la loi, une émeute ou une insurrection.

Art. 3. – Interdiction de la torture

Nul ne peut être soumis à la torture ni à des peines ou traitements inhumains ou dégradants.

Art. 4. – Interdiction de l'esclavage et du travail forcé

1. Nul ne peut être tenu en esclavage ni en servitude.

2. Nul ne peut être astreint à accomplir un travail forcé ou obligatoire.

3. N'est pas considéré comme « travail forcé ou obligatoire » au sens du présent article :

a) tout travail requis normalement d'une personne soumise à la détention dans les conditions prévues par l'article 5 de la présente Convention, ou durant sa mise en liberté conditionnelle;

b) tout service de caractère militaire ou, dans le cas d'objecteurs de conscience dans les pays où l'objection de conscience est reconnue comme légitime, un autre service à la place du service militaire obligatoire;

c) tout service requis dans le cas de crises ou de calamités qui menacent la vie ou le bien-être de la communauté;

d) tout travail ou service formant partie des obligations civiques normales.

Art. 5. – Droit à la liberté et à la sureté

1. Toute personne a droit à la liberté et à la sûreté. Nul ne peut être privé de sa liberté, sauf dans les cas suivants et selon les voies légales :

a) s'il est détenu régulièrement après condamnation par un tribunal compétent;

b) s'il a fait l'objet d'une arrestation ou d'une détention régulières pour insoumission à une ordonnance rendue, conformément à la loi, par un tribunal ou en vue de garantir l'exécution d'une obligation prescrite par la loi ;

c) s'il a été arrêté et détenu en vue d'être conduit devant l'autorité judiciaire compétente, lorsqu'il y a des raisons plausibles de soupçonner qu'il a commis une infraction ou qu'il y a des motifs raisonnables de croire à la nécessité de l'empêcher de commettre une infraction ou de s'enfuir après l'accomplissement de celle-ci ;

d) s'il s'agit de la détention régulière d'un mineur, décidée pour son éducation surveillée, ou de sa détention régulière, afin de le traduire devant l'autorité compétente ;

e) s'il s'agit de la détention régulière d'une personne susceptible de propager une maladie contagieuse, d'un aliéné, d'un alcoolique, d'un toxicomane ou d'un vagabond ;

f) s'il s'agit de l'arrestation ou de la détention régulières d'une personne pour l'empêcher de pénétrer irrégulièrement dans le territoire, ou contre laquelle une procédure d'expulsion ou d'extradition est en cours.

2. Toute personne arrêtée doit être informée, dans le plus court délai et dans une langue qu'elle comprend, des raisons de son arrestation et de toute accusation portée contre elle.

3. Toute personne arrêtée ou détenue, dans les conditions prévues au paragraphe 1c du présent article, doit être aussitôt traduite devant un juge ou un autre magistrat habilité par la loi à exercer des fonctions judiciaires et a le droit d'être jugée dans un délai raisonnable, ou libérée pendant la procédure. La mise en liberté peut être subordonnée à une garantie assurant la comparution de l'intéressé à l'audience.

4. Toute personne privée de sa liberté par arrestation ou détention a le droit d'introduire un recours devant un tribunal, afin qu'il statue à bref délai sur la légalité de sa détention et ordonne sa libération si la détention est illégale.

5. Toute personne victime d'une arrestation ou d'une détention dans des conditions contraires aux dispositions de cet article a droit à réparation.

Art. 6. – Droit à un procès équitable

1. Toute personne a droit à ce que sa cause soit entendue équitablement, publiquement et dans un délai raisonnable, par un tribunal indépendant et impartial, établi par la loi, qui décidera, soit des contestations sur ses droits et obligations de caractère civil, soit du bien-fondé de toute accusation en matière pénale dirigée contre elle. Le jugement doit être rendu publiquement, mais l'accès de la salle d'audience peut être interdit à la presse et au public pendant la totalité ou une partie du procès dans l'intérêt de la moralité, de l'ordre public ou de la sécurité nationale dans une société démocratique, lorsque les intérêts des mineurs ou la protection de la vie privée des parties au procès l'exigent, ou dans la mesure jugée strictement nécessaire par le tribunal,

lorsque dans des circonstances spéciales la publicité serait de nature à porter atteinte aux intérêts de la justice.

2. Toute personne accusée d'une infraction est présumée innocente jusqu'à ce que sa culpabilité ait été légalement établie.

3. Tout accusé a droit notamment à :

a) être informé, dans le plus court délai, dans une langue qu'il comprend et d'une manière détaillée, de la nature et de la cause de l'accusation portée contre lui;

b) disposer du temps et des facilités nécessaires à la préparation de sa défense;

c) se défendre lui-même ou avoir l'assistance d'un défenseur de son choix et, s'il n'a pas les moyens de rémunérer un défenseur, pouvoir être assisté gratuitement par un avocat d'office, lorsque les intérêts de la justice l'exigent;

d) interroger ou faire interroger les témoins à charge et obtenir la convocation et l'interrogation des témoins à décharge dans les mêmes conditions que les témoins à charge;

e) se faire assister gratuitement d'un interprète, s'il ne comprend pas ou ne parle pas la langue employée à l'audience.

Art. 7. – Pas de peine sans loi

1. Nul ne peut être condamné pour une action ou une omission qui, au moment où elle a été commise, ne constituait pas une infraction d'après le droit national ou international. De même il n'est infligé aucune peine plus forte que celle qui était applicable au moment où l'infraction a été commise.

2. Le présent article ne portera pas atteinte au jugement et à la punition d'une personne coupable d'une action ou d'une omission qui, au moment où elle a été commise, était criminelle d'après les principes généraux de droit reconnus par les nations civilisées.

Art. 8. – Droit au respect de la vie privée et familiale

1. Toute personne a droit au respect de sa vie privée et familiale, de son domicile et de sa correspondance.

2. Il ne peut y avoir ingérence d'une autorité publique dans l'exercice de ce droit que pour autant que cette ingérence est prévue par la loi et qu'elle constitue une mesure qui, dans une société démocratique, est nécessaire à la sécurité nationale, à la sûreté publique, au bien-être économique du pays, à la défense de l'ordre et à la prévention des infractions pénales, à la protection de la santé ou de la morale, ou à la protection des droits et libertés d'autrui.

Art. 9. – Liberté de pensée, de conscience et de religion

1. Toute personne a droit à la liberté de pensée, de conscience et de religion; ce droit implique la liberté de changer de religion ou de conviction, ainsi que la liberté de manifester sa religion ou sa convic-

tion individuellement ou collectivement, en public ou en privé, par le culte, l'enseignement, les pratiques et l'accomplissement des rites.

2. La liberté de manifester sa religion ou ses convictions ne peut faire l'objet d'autres restrictions que celles qui, prévues par la loi, constituent des mesures nécessaires, dans une société démocratique, à la sécurité publique, à la protection de l'ordre, de la santé ou de la morale publiques, ou à la protection des droits et libertés d'autrui.

Art. 10. – Liberté d'expression

1. Toute personne a droit à la liberté d'expression. Ce droit comprend la liberté d'opinion et la liberté de recevoir ou de communiquer des informations ou des idées sans qu'il puisse y avoir ingérence d'autorités publiques et sans considération de frontière. Le présent article n'empêche pas les États de soumettre les entreprises de radiodiffusion, de cinéma ou de télévision à un régime d'autorisations.

2. L'exercice de ces libertés comportant des devoirs et des responsabilités peut être soumis à certaines formalités, conditions, restrictions ou sanctions prévues par la loi, qui constituent des mesures nécessaires, dans une société démocratique, à la sécurité nationale, à l'intégrité territoriale ou à la sûreté publique, à la défense de l'ordre et à la prévention du crime, à la protection de la santé ou de la morale, à la protection de la réputation ou des droits d'autrui, pour empêcher la divulgation d'informations confidentielles ou pour garantir l'autorité et l'impartialité du pouvoir judiciaire.

Art. 11. – Liberté de réunion et d'association

1. Toute personne a droit à la liberté de réunion pacifique et à la liberté d'association, y compris le droit de fonder avec d'autres des syndicats et de s'affilier à des syndicats pour la défense de ses intérêts.

2. L'exercice de ces droits ne peut faire l'objet d'autres restrictions que celles qui, prévues par la loi, constituent des mesures nécessaires, dans une société démocratique, à la sécurité nationale, à la sûreté publique, à la défense de l'ordre et à la prévention du crime, à la protection de la santé ou de la morale, ou à la protection des droits et libertés d'autrui. Le présent article n'interdit pas que des restrictions légitimes soient imposées à l'exercice de ces droits par les membres des forces armées, de la police ou de l'administration de l'État.

Art. 12. – Droit au mariage

À partir de l'âge nubile, l'homme et la femme ont le droit de se marier et de fonder une famille selon les lois nationales régissant l'exercice de ce droit.

Art. 13. – Droit à un recours effectif

Toute personne dont les droits et libertés reconnus dans la présente Convention ont été violés a droit à l'octroi d'un recours effectif devant une instance nationale, alors même que la violation aurait été commise par des personnes agissant dans l'exercice de leurs fonctions officielles.

Art. 14. – Interdiction de discrimination

La jouissance des droits et libertés reconnus dans la présente Convention doit être assurée, sans distinction aucune, fondée notamment sur le sexe, la race, la couleur, la langue, la religion, les opinions politiques ou toutes autres opinions, l'origine nationale ou sociale, l'appartenance à une minorité nationale, la fortune, la naissance ou toute autre situation.

Art. 15. – Dérogation en cas d'état d'urgence

1. En cas de guerre ou en cas d'autre danger public menaçant la vie de la nation, toute Haute partie contractante peut prendre des mesures dérogeant aux obligations prévues par la présente Convention, dans la stricte mesure où la situation l'exige et à la condition que ces mesures ne soient pas en contradiction avec les autres obligations découlant du droit international.

2. La disposition précédente n'autorise aucune dérogation à l'article 2, sauf pour le cas de décès résultant d'actes licites de guerre, et aux articles 3, 4 (paragraphe 1) et 7.

3. Toute Haute partie contractante qui exerce ce droit de dérogation tient le Secrétaire général du Conseil de l'Europe pleinement informé des mesures prises et des motifs qui les ont inspirées. Elle doit également informer le Secrétaire général du Conseil de l'Europe de la date à laquelle ces mesures ont cessé d'être en vigueur et les dispositions de la Convention reçoivent de nouveau pleine application.

Art. 16. – Restrictions à l'activité politique des étrangers

Aucune des dispositions des articles 10, 11 et 14 ne peut être considérée comme interdisant aux Hautes parties contractantes d'imposer des restrictions à l'activité politique des étrangers.

Art. 17. – Interdiction de l'abus de droit

Aucune des dispositions de la présente Convention ne peut être interprétée comme impliquant pour un État, un groupement ou un individu, un droit quelconque de se livrer à une activité ou d'accomplir un acte visant à la destruction des droits ou libertés reconnus dans la présente Convention ou à des limitations plus amples de ces droits et libertés que celles prévues à ladite Convention.

Art. 18. – Limitation de l'usage des restrictions aux droits

Les restrictions qui, aux termes de la présente Convention, sont apportées auxdits droits et libertés ne peuvent être appliquées que dans le but pour lequel elles ont été prévues.

TITRE II

COUR EUROPÉENNE DES DROITS DE L'HOMME

Art. 19. – Institution de la cour

Afin d'assurer le respect des engagements résultant pour les Hautes parties contractantes de la présente Convention et de ses protocoles, il est institué une Cour européenne des droits de l'Homme, ci-dessous nommée « la Cour ». Elle fonctionne de façon permanente.

Art. 20. – Nombre de juges

La Cour se compose d'un nombre de juges égal à celui des Hautes parties contractantes.

Art. 21. – Conditions d'exercice des fonctions

1. Les juges doivent jouir de la plus haute considération morale et réunir les conditions requises pour l'exercice de hautes fonctions judiciaires ou être des jurisconsultes possédant une compétence notoire.
2. Les juges siègent à la Cour à titre individuel.
3. Pendant la durée de leur mandat, les juges ne peuvent exercer aucune activité incompatible avec les exigences d'indépendance, d'impartialité ou de disponibilité requise par une activité exercée à plein temps; toute question soulevée en application de ce paragraphe est tranchée par la Cour.

Art. 22. – Élection des juges

1. Les juges sont élus par l'Assemblée parlementaire au titre de chaque Haute partie contractante, à la majorité des voix exprimées, sur une liste de trois candidats présentés par la Haute partie contractante.
2. La même procédure est suivie pour compléter la Cour en cas d'adhésion de nouvelles Hautes parties contractantes et pourvoir les sièges devenus vacants.

Art. 23. – Durée du mandat

1. Les juges sont élus pour une durée de six ans. Ils sont rééligibles. Toutefois, les mandats d'une moitié des juges désignés lors de la première élection prendront fin au bout de trois ans.
2. Les juges dont le mandat prendra fin au terme de la période initiale de trois ans sont désignés par tirage au sort effectué par le Secrétaire général du Conseil de l'Europe, immédiatement après leur élection.
3. Afin d'assurer, dans la mesure du possible, le renouvellement des mandats d'une moitié des juges tous les trois ans, l'Assemblée parlementaire peut, avant de procéder à toute élection ultérieure, décider

qu'un ou plusieurs mandats des juges à élire auront une durée autre que celle de six ans, sans qu'elle puisse toutefois excéder neuf ans ou être inférieure à trois ans.

4. Dans le cas où il y a lieu de conférer plusieurs mandats et où l'Assemblée parlementaire fait application du paragraphe précédent, la répartition des mandats s'opère suivant un tirage au sort effectué par le Secrétaire général du Conseil de l'Europe immédiatement après l'élection.

5. Le juge élu en remplacement d'un juge dont le mandat n'est pas expiré achève le mandat de son prédécesseur.

6. Le mandat des juges s'achève dès qu'ils atteignent l'âge de 70 ans.

7. Les juges restent en fonctions jusqu'à leur remplacement. Ils continuent toutefois de connaître des affaires dont ils sont déjà saisis.

Art. 24. – Révocation

Un juge ne peut être relevé de ses fonctions que si les autres juges décident, à la majorité des deux tiers, qu'il a cessé de répondre aux conditions requises.

Art. 25. – Greffe et référendaires

La Cour dispose d'un greffe dont les tâches et l'organisation sont fixées par le règlement de la Cour. Elle est assistée de référendaires.

Art. 26. – Assemblée plénière de la Cour

La Cour réunie en Assemblée plénière :

a) élit, pour une durée de trois ans, son président et un ou deux vice-présidents ; ils sont rééligibles ;

b) constitue des chambres pour une période déterminée ;

c) élit les présidents des chambres de la Cour, qui sont rééligibles ;

d) adopte le règlement de la Cour, et

e) élit le greffier et un ou plusieurs greffiers adjoints.

Art. 27. – Comités, chambres et Grande chambre

1. Pour l'examen des affaires portées devant elle, la Cour siège en comités de trois juges, en chambres de sept juges et en une Grande chambre de dix-sept juges. Les chambres de la Cour constituent les comités pour une période déterminée.

2. Le juge élu au titre d'un État partie au litige est membre de droit de la chambre et de la Grande chambre ; en cas d'absence de ce juge, ou lorsqu'il n'est pas en mesure de siéger, cet État partie désigne une personne qui siège en qualité de juge.

3. Font aussi partie de la Grande chambre, le président de la Cour, les vice-présidents, les présidents des chambres et d'autres juges désignés conformément au règlement de la Cour. Quand l'affaire est déférée à la Grande chambre en vertu de l'article 43, aucun juge de la chambre

qui a rendu l'arrêt ne peut y siéger, à l'exception du président de la chambre et du juge ayant siégé au titre de l'État partie intéressé.

Art. 28. – Déclarations d'irrecevabilité par les comités

Un comité peut, par vote unanime, déclarer irrecevable ou rayer du rôle une requête individuelle introduite en vertu de l'article 34 lorsqu'une telle décision peut être prise sans examen complémentaire. La décision est définitive.

Art. 29. – Décisions des chambres sur la recevabilité et le fond

1. Si aucune décision n'a été prise en vertu de l'article 28, une chambre se prononce sur la recevabilité et le fond des requêtes individuelles introduites en vertu de l'article 34.

2. Une chambre se prononce sur la recevabilité et le fond des requêtes étatiques introduites en vertu de l'article 33.

3. Sauf décision contraire de la Cour dans des cas exceptionnels, la décision sur la recevabilité est prise séparément.

Art. 30. – Dessaisissement en faveur de la Grande chambre

Si l'affaire pendante devant une chambre soulève une question grave relative à l'interprétation de la Convention ou de ses protocoles, ou si la solution d'une question peut conduire à une contradiction avec un arrêt rendu antérieurement par la Cour, la chambre peut, tant qu'elle n'a pas rendu son arrêt, se dessaisir au profit de la Grande chambre, à moins que l'une des parties ne s'y oppose.

Art. 31. – Attributions de la Grande chambre

La Grande chambre :

a) se prononce sur les requêtes introduites en vertu de l'article 33 ou de l'article 34 lorsque l'affaire lui a été déférée par la chambre en vertu de l'article 30 ou lorsque l'affaire lui a été déférée en vertu de l'article 43 ; et

b) examine les demandes d'avis consultatifs introduites en vertu de l'article 47.

Art. 32. – Compétence de la Cour

1. La compétence de la Cour s'étend à toutes les questions concernant l'interprétation et l'application de la Convention et de ses protocoles qui lui seront soumises dans les conditions prévues par les articles 33, 34 et 47.

2. En cas de contestation sur le point de savoir si la Cour est compétente, la Cour décide.

Art. 33. – Affaires interétatiques

Toute Haute partie contractante peut saisir la Cour de tout manquement aux dispositions de la Convention et de ses protocoles qu'elle croira pouvoir être imputé à une autre Haute partie contractante.

Art. 34. – Requêtes individuelles

Tableau des Déclarations relatives aux anciens articles 25 et 46 de la CEDH.

La Cour peut être saisie d'une requête par toute personne physique, toute organisation non gouvernementale ou tout groupe de particuliers qui se prétend victime d'une violation par l'une des Hautes parties contractantes des droits reconnus dans la Convention ou ses protocoles. Les Hautes parties contractantes s'engagent à n'entraver par aucune mesure l'exercice efficace de ce droit.

Art. 35. – Conditions de recevabilité

1. La Cour ne peut être saisie qu'après l'épuisement des voies de recours internes, tel qu'il est entendu selon les principes de droit international généralement reconnus, et dans un délai de six mois à partir de la date de la décision interne définitive.

2. La Cour ne retient aucune requête individuelle introduite en application de l'article 34, lorsque :

a) elle est anonyme ; ou

b) elle est essentiellement la même qu'une requête précédemment examinée par la Cour ou déjà soumise à une autre instance internationale d'enquête ou de règlement, et si elle ne contient pas de faits nouveaux.

3. La Cour déclare irrecevable toute requête individuelle introduite en application de l'article 34, lorsqu'elle estime la requête incompatible avec les dispositions de la Convention ou de ses protocoles, manifestement mal fondée ou abusive.

4. La Cour rejette toute requête qu'elle considère comme irrecevable par application du présent article. Elle peut procéder ainsi à tout stade de la procédure.

Art. 36. – Tierce intervention

1. Dans toute affaire devant une chambre ou la Grande chambre, une Haute partie contractante dont un ressortissant est requérant a le droit de présenter des observations écrites et de prendre part aux audiences.

2. Dans l'intérêt d'une bonne administration de la justice, le président de la Cour peut inviter toute Haute partie contractante qui n'est pas partie à l'instance ou toute personne intéressée autre que le requérant à présenter des observations écrites ou à prendre part aux audiences.

Art. 37. – Radiation

1. À tout moment de la procédure, la Cour peut décider de rayer une requête du rôle lorsque les circonstances permettent de conclure :

a) que le requérant n'entend plus la maintenir ; ou

b) que le litige a été résolu ; ou

c) que, pour tout autre motif dont la Cour constate l'existence, il ne se justifie plus de poursuivre l'examen de la requête.

Toutefois, la Cour poursuit l'examen de la requête si le respect des droits de l'Homme garantis par la Convention et ses protocoles l'exige.

2. La Cour peut décider la réinscription au rôle d'une requête lorsqu'elle estime que les circonstances le justifient.

Art. 38. – Examen contradictoire de l'affaire et procédure de règlement amiable

1. Si la Cour déclare une requête recevable, elle :

a) poursuit l'examen contradictoire de l'affaire avec les représentants des parties et, s'il y a lieu, procède à une enquête pour la conduite efficace de laquelle les États intéressés fourniront toutes facilités nécessaires ;

b) se met à la disposition des intéressés en vue de parvenir à un règlement amiable de l'affaire s'inspirant du respect des droits de l'Homme tels que les reconnaissent la Convention et ses protocoles.

2. La procédure décrite au paragraphe 1.b est confidentielle.

Art. 39. – Conclusion d'un règlement amiable

En cas de règlement amiable, la Cour raye l'affaire du rôle par une décision qui se limite à un bref exposé des faits et de la solution adoptée.

Art. 40. – Audience publique et accès aux documents

1. L'audience est publique à moins que la Cour n'en décide autrement en raison de circonstances exceptionnelles.

2. Les documents déposés au greffe sont accessibles au public à moins que le président de la Cour n'en décide autrement.

Art. 41. – Satisfaction équitable

Si la Cour déclare qu'il y a eu violation de la Convention ou de ses protocoles, et si le droit interne de la Haute partie contractante ne permet d'effacer qu'imparfaitement les conséquences de cette violation, la Cour accorde à la partie lésée, s'il y a lieu, une satisfaction équitable.

Art. 42. – Arrêts des chambres

Les arrêts des chambres deviennent définitifs conformément aux dispositions de l'article 44, paragraphe 2.

Art. 43. – Renvoi devant la Grande chambre

1. Dans un délai de trois mois à compter de la date de l'arrêt d'une chambre, toute partie à l'affaire peut, dans des cas exceptionnels, demander le renvoi de l'affaire devant la Grande chambre.

2. Un collège de cinq juges de la Grande chambre accepte la demande si l'affaire soulève une question grave relative à l'interprétation ou à l'application de la Convention ou de ses protocoles, ou encore une question grave de caractère général.

3. Si le collège accepte la demande, la Grande chambre se prononce sur l'affaire par un arrêt.

Art. 44. – Arrêts définitifs

1. L'arrêt de la Grande chambre est définitif.

2. L'arrêt d'une chambre devient définitif :

a) lorsque les parties déclarent qu'elles ne demanderont pas le renvoi de l'affaire devant la Grande chambre ; ou

b) trois mois après la date de l'arrêt, si le renvoi de l'affaire devant la Grande chambre n'a pas été demandé ; ou

c) lorsque le collège de la Grande chambre rejette la demande de renvoi formulée en application de l'article 43.

3. L'arrêt définitif est publié.

Art. 45. – Motivation des arrêts et décisions

1. Les arrêts, ainsi que les décisions déclarant des requêtes recevables ou irrecevables, sont motivés.

2. Si l'arrêt n'exprime pas en tout ou en partie l'opinion unanime des juges, tout juge a le droit d'y joindre l'exposé de son opinion séparée.

Art. 46. – Force obligatoire et exécution des arrêts

1. Les Hautes parties contractantes s'engagent à se conformer aux arrêts définitifs de la Cour dans les litiges auxquels elles sont parties.

2. L'arrêt définitif de la Cour est transmis au Comité des ministres qui en surveille l'exécution.

Art. 47. – Avis consultatifs

1. La Cour peut, à la demande du Comité des ministres, donner des avis consultatifs sur des questions juridiques concernant l'interprétation de la Convention et de ses protocoles.

2. Ces avis ne peuvent porter ni sur les questions ayant trait au contenu ou à l'étendue des droits et libertés définis au titre I de la Convention et dans les protocoles ni sur les autres questions dont la Cour ou le Comité des ministres pourraient avoir à connaître par suite de l'introduction d'un recours prévu par la Convention.

3. La décision du Comité des ministres de demander un avis à la Cour est prise par un vote à la majorité des représentants ayant le droit de siéger au Comité.

Art. 48. – Compétence consultative de la Cour

La Cour décide si la demande d'avis consultatif présentée par le Comité des ministres relève de sa compétence telle que définie par l'article 47.

Art. 49. – Motivation des avis consultatifs

1. L'avis de la Cour est motivé.
2. Si l'avis n'exprime pas en tout ou en partie l'opinion unanime des juges, tout juge a le droit d'y joindre l'exposé de son opinion séparée.
3. L'avis de la Cour est transmis au Comité des ministres.

Art. 50. – Frais de fonctionnement de la Cour

Les frais de fonctionnement de la Cour sont à la charge du Conseil de l'Europe.

Art. 51. – Privilèges et immunités des juges

Les juges jouissent, pendant l'exercice de leurs fonctions, des privilèges et immunités prévus à l'article 40 du Statut du Conseil de l'Europe et dans les accords conclus au titre de cet article.

TITRE III

DISPOSITIONS DIVERSES

Art. 52. – Enquêtes du Secrétaire général

Toute Haute partie contractante fournira sur demande du Secrétaire général du Conseil de l'Europe les explications requises sur la manière dont son droit interne assure l'application effective de toutes les dispositions de cette Convention.

Art. 53. – Sauvegarde des droits de l'Homme reconnus

Aucune des dispositions de la présente Convention ne sera interprétée comme limitant ou portant atteinte aux droits de l'Homme et aux libertés fondamentales qui pourraient être reconnus conformément aux lois de toute partie contractante ou à toute autre Convention à laquelle cette partie contractante est partie.

Art. 54. – Pouvoirs du Comité des ministres

Aucune disposition de la présente Convention ne porte atteinte aux pouvoirs conférés au Comité des ministres par le Statut du Conseil de l'Europe.

Art. 55. – Renonciation à d'autres modes de règlement des différends

Les Hautes parties contractantes renoncent réciproquement, sauf compromis spécial, à se prévaloir des traités, conventions ou déclarations existant entre elles, en vue de soumettre, par voie de requête, un différend né de l'interprétation ou de l'application de la présente Convention à un mode de règlement autre que ceux prévus par ladite Convention.

Art. 56. – Application territoriale

1. Tout État peut, au moment de la ratification ou à tout autre moment par la suite, déclarer, par notification adressée au Secrétaire général du Conseil de l'Europe, que la présente Convention s'appliquera, sous réserve du paragraphe 4 du présent article, à tous les territoires ou à l'un quelconque des territoires dont il assure les relations internationales.

2. La Convention s'appliquera au territoire ou aux territoires désignés dans la notification à partir du trentième jour qui suivra la date à laquelle le Secrétaire général du Conseil de l'Europe aura reçu cette notification.

3. Dans lesdits territoires les dispositions de la présente Convention seront appliquées en tenant compte des nécessités locales.

4. Tout État qui a fait une déclaration conformément au premier paragraphe de cet article, peut, à tout moment par la suite, déclarer relativement à un ou plusieurs des territoires visés dans cette déclaration qu'il accepte la compétence de la Cour pour connaître des requêtes de personnes physiques, d'organisations non gouvernementales ou de groupes de particuliers, comme le prévoit l'article 34 de la Convention.

Art. 57. – Réserves

1. Tout État peut, au moment de la signature de la présente Convention ou du dépôt de son instrument de ratification, formuler une réserve au sujet d'une disposition particulière de la Convention, dans la mesure où une loi alors en vigueur sur son territoire n'est pas conforme à cette disposition. Les réserves de caractère général ne sont pas autorisées aux termes du présent article.

2. Toute réserve émise conformément au présent article comporte un bref exposé de la loi en cause.

Art. 58. – Dénonciation

1. Une Haute partie contractante ne peut dénoncer la présente Convention qu'après l'expiration d'un délai de cinq ans à partir de la date d'entrée en vigueur de la Convention à son égard et moyennant un préavis de six mois, donné par une notification adressée au Secrétaire général du Conseil de l'Europe, qui en informe les autres parties contractantes.

2. Cette dénonciation ne peut avoir pour effet de délier la Haute partie contractante intéressée des obligations contenues dans la présente Convention en ce qui concerne tout fait qui, pouvant constituer une violation de ces obligations, aurait été accompli par elle antérieurement à la date à laquelle la dénonciation produit effet.

3. Sous la même réserve cesserait d'être partie à la présente Convention toute partie contractante qui cesserait d'être membre du Conseil de l'Europe.

4. La Convention peut être dénoncée conformément aux dispositions des paragraphes précédents en ce qui concerne tout territoire auquel elle a été déclarée applicable aux termes de l'article 56.

Art. 59. – Signature et ratification

1. La présente Convention est ouverte à la signature des membres du Conseil de l'Europe. Elle sera ratifiée. Les ratifications seront déposées près le Secrétaire général du Conseil de l'Europe.

2. La présente Convention entrera en vigueur après le dépôt de dix instruments de ratification.

3. Pour tout signataire qui la ratifiera ultérieurement, la Convention entrera en vigueur dès le dépôt de l'instrument de ratification.

4. Le Secrétaire général du Conseil de l'Europe notifiera à tous les membres du Conseil de l'Europe l'entrée en vigueur de la Convention, les noms des Hautes parties contractantes qui l'auront ratifiée, ainsi que le dépôt de tout instrument de ratification intervenu ultérieurement.

IV. DROIT INTERNATIONAL PÉNAL

18 Résolution 827 du Conseil de sécurité des Nations unies (1)

Date d'adoption : 25/05/1993

Le Conseil de sécurité,

Réaffirmant sa résolution 713 (1991) du 25 septembre 1991 et toutes les résolutions pertinentes qui ont suivi,

Ayant examiné le rapport établi par le Secrétaire général (S/25704 et Add. 1) en application du paragraphe 2 de la résolution 808 (1993),

Se déclarant une nouvelle fois gravement alarmé par les informations qui continuent de faire état de violations flagrantes et généralisées du droit humanitaire international sur le territoire de l'ex-Yougoslavie et spécialement dans la République de Bosnie-Herzégovine, particulièrement celles qui font état de tueries massives, de la détention et du viol massifs, organisés et systématiques des femmes et de la poursuite de la pratique du « nettoyage ethnique », notamment pour acquérir et conserver un territoire,

Constatant que cette situation continue de constituer une menace à la paix et à la sécurité internationales,

Résolu à mettre fin à de tels crimes et à prendre des mesures efficaces pour que les personnes qui en portent la responsabilité soient poursuivies en justice,

Convaincu que, dans les circonstances particulières qui prévalent dans l'ex-Yougoslavie, la création d'un tribunal international, en tant que mesure spéciale prise par lui, et l'engagement de poursuites contre les personnes présumées responsables de violations graves du droit humanitaire international permettraient d'atteindre cet objectif et contribueraient à la restauration et au maintien de la paix,

---

(1) 561.

Estimant que la création d'un tribunal international et l'engagement de poursuites contre les personnes présumées responsables de telles violations du droit humanitaire international contribueront à faire cesser ces violations et à en réparer effectivement les effets,

Prenant note à cet égard de la recommandation des Coprésidents du Comité directeur de la Conférence internationale sur l'ex-Yougoslavie en faveur de la création d'un tel tribunal (S/25221),

Réaffirmant à cet égard qu'il a décidé, par la résolution 808 (1993), la création d'un tribunal international pour juger les personnes présumées responsables de violations graves du droit humanitaire international commises sur le territoire de l'ex-Yougoslavie depuis 1991,

Considérant que, jusqu'à la nomination du procureur du Tribunal international, la Commission d'experts établie par la résolution 780 (1992) devrait continuer à rassembler de manière urgente l'information sur les violations graves dont on aurait la preuve des Conventions de Genève et d'autres violations du droit humanitaire international, comme cela est proposé dans son rapport intérimaire (S/25274),

Agissant en vertu du chapitre VII de la Charte des Nations unies,

1. *Approuve* le rapport du Secrétaire général;

2. *Décide* par la présente résolution de créer un tribunal international dans le seul but de juger les personnes présumées responsables de violations graves du droit humanitaire international commises sur le territoire de l'ex-Yougoslavie entre le 1er janvier 1991, et une date que déterminera le Conseil après la restauration de la paix, et d'adopter à cette fin le Statut du Tribunal international annexé au rapport ci-dessus mentionné;

3. *Prie* le Secrétaire général de soumettre aux juges du Tribunal international, dès qu'ils seront élus, toutes suggestions présentées par des États en ce qui concerne le règlement prévu à l'article 15 du Statut du Tribunal international;

4. *Décide* que tous les États apporteront leur pleine coopération au Tribunal international et à ses organes, conformément à la présente résolution et au Statut du Tribunal international et que tous les États prendront toutes mesures nécessaires en vertu de leur droit interne pour mettre en application les dispositions de la présente résolution et du Statut, y compris l'obligation des États de se conformer aux demandes d'assistance ou aux ordonnances émanant d'une chambre de première instance en application de l'article 29 du Statut;

5. *Prie instamment* les États et les organisations gouvernementales et non gouvernementales d'apporter au Tribunal international des contributions sous forme de ressources financières, d'équipements et de services, y compris l'offre de personnels spécialisés;

6. *Décide* que la décision relative au siège du Tribunal international est subordonnée à la conclusion entre l'Organisation des Nations unies et les Pays-Bas d'arrangements appropriés qui soient acceptables par le Conseil de sécurité et que le Tribunal international peut

siéger ailleurs quand il le juge nécessaire pour l'exercice efficace de ses fonctions;

7. *Décide également* que la tâche du Tribunal sera accomplie sans préjudice du droit des victimes de demander réparation par les voies appropriées pour les dommages résultant de violations du droit humanitaire international;

8. *Prie* le Secrétaire général de mettre rapidement en œuvre la présente résolution et de prendre en particulier des dispositions pratiques pour que le Tribunal international puisse fonctionner de manière effective le plus tôt possible et de lui faire rapport de temps à autre;

9. *Décide* de demeurer activement saisi de la question.

Statut du Tribunal international adopté par le Conseil de sécurité

Créé par le Conseil de sécurité agissant en vertu du chapitre VII de la Charte des Nations unies, le Tribunal international pour juger les personnes présumées responsables de violations graves du droit international humanitaire commises sur le territoire de l'ex-Yougoslavie depuis 1991 (ci-après dénommé « le Tribunal international ») fonctionnera conformément aux dispositions du présent statut.

Art. premier. – Compétence du Tribunal international

Le Tribunal international est habilité à juger les personnes présumées responsables de violations graves du droit international humanitaire commises sur le territoire de l'ex-Yougoslavie depuis 1991, conformément aux dispositions du présent statut.

Art. 2. – Infractions graves aux Conventions de Genève de 1949

Le Tribunal international est habilité à poursuivre les personnes qui commettent ou donnent l'ordre de commettre des infractions graves aux Conventions de Genève du 12 août 1949, à savoir les actes suivants dirigés contre des personnes ou des biens protégés aux termes des dispositions de la Convention de Genève pertinente :

a) L'homicide intentionnel;

b) La torture ou les traitements inhumains, y compris les expériences biologiques;

c) Le fait de causer intentionnellement de grandes souffrances ou de porter des atteintes graves à l'intégrité physique ou à la santé;

d) La destruction et l'appropriation de biens non justifiées par des nécessités militaires et exécutées sur une grande échelle de façon illicite et arbitraire;

e) Le fait de contraindre un prisonnier de guerre ou un civil à servir dans les forces armées de la puissance ennemie;

f) Le fait de priver un prisonnier de guerre ou un civil de son droit d'être jugé régulièrement et impartialement;

g) L'expulsion ou le transfert illégal d'un civil ou sa détention illégale;

h) La prise de civils en otages.

Art. 3. – Violations des lois ou coutumes de la guerre

Le Tribunal international est compétent pour poursuivre les personnes qui commettent des violations des lois ou coutumes de la guerre. Ces violations comprennent, sans y être limitées :

a) L'emploi d'armes toxiques ou d'autres armes conçues pour causer des souffrances inutiles;

b) La destruction sans motif des villes et des villages ou la dévastation que ne justifient pas les exigences militaires;

c) L'attaque ou le bombardement, par quelque moyen que ce soit, de villes, villages, habitations ou bâtiments non défendus;

d) La saisie, la destruction ou l'endommagement délibéré d'édifices consacrés à la religion, à la bienfaisance et à l'enseignement, aux arts et aux sciences, à des monuments historiques, à des œuvres d'art et à des œuvres de caractère scientifique;

e) Le pillage de biens publics ou privés.

Art. 4. – Génocide

1. Le Tribunal international est compétent pour poursuivre les personnes ayant commis le génocide, tel qu'il est défini au paragraphe 2 du présent article, ou l'un quelconque des actes énumérés au paragraphe 3 du présent article.

2. Le génocide s'entend de l'un quelconque des actes ci-après, commis dans l'intention de détruire, en tout ou en partie, un groupe national, ethnique, racial ou religieux, comme tel :

a) Meurtre de membres du groupe;

b) Atteinte grave à l'intégrité physique ou mentale de membres du groupe;

c) Soumission intentionnelle du groupe à des conditions d'existence devant entraîner sa destruction physique totale ou partielle;

d) Mesures visant à entraver les naissances au sein du groupe;

e) Transfert forcé d'enfants du groupe à un autre groupe.

3. Seront punis les actes suivants :

a) Le génocide;

b) L'entente en vue de commettre le génocide;

c) L'incitation directe et publique à commettre le génocide;

d) La tentative de génocide;

e) La complicité dans le génocide.

Art. 5. – Crimes contre l'humanité

Le Tribunal international est habilité à juger les personnes présumées responsables des crimes suivants lorsqu'ils ont été commis au cours d'un conflit armé, de caractère international ou interne, et dirigés contre une population civile quelle qu'elle soit :

a) Assassinat ;
b) Extermination ;
c) Réduction en esclavage ;
d) Expulsion ;
e) Emprisonnement ;
f) Torture ;
g) Viol ;
h) Persécutions pour des raisons politiques, raciales et religieuses ;
i) Autres actes inhumains.

Art. 6. – Compétence *ratione personae*

Le Tribunal international a compétence à l'égard des personnes physiques conformément aux dispositions du présent statut.

Art. 7. – Responsabilité pénale individuelle

1. Quiconque a planifié, incité à commettre, ordonné, commis ou de toute autre manière aidé et encouragé à planifier, préparer ou exécuter un crime visé aux articles 2 à 5 du présent statut est individuellement responsable dudit crime.

2. La qualité officielle d'un accusé, soit comme chef d'État ou de gouvernement, soit comme haut fonctionnaire, ne l'exonère pas de sa responsabilité pénale et n'est pas un motif de diminution de la peine.

3. Le fait que l'un quelconque des actes visés aux articles 2 à 5 du présent statut a été commis par un subordonné ne dégage pas son supérieur de sa responsabilité pénale s'il savait ou avait des raisons de savoir que le subordonné s'apprêtait à commettre cet acte ou l'avait fait et que le supérieur n'a pas pris les mesures nécessaires et raisonnables pour empêcher que ledit acte ne soit commis ou en punir les auteurs.

4. Le fait qu'un accusé a agi en exécution d'un ordre d'un Gouvernement ou d'un supérieur ne l'exonère pas de sa responsabilité pénale mais peut être considéré comme un motif de diminution de la peine si le Tribunal international l'estime conforme à la justice.

Art. 8. – Compétence *ratione loci* et compétence *ratione temporis*

La compétence *ratione loci* du Tribunal international s'étend au territoire de l'ancienne République fédérative socialiste de Yougoslavie, y compris son espace terrestre, son espace aérien et ses eaux territoriales. La compétence *ratione temporis* du Tribunal international s'étend à la période commençant le 1er janvier 1991.

Art. 9. – Compétences concurrentes

1. Le Tribunal international et les juridictions nationales sont concurremment compétents pour juger les personnes présumées responsables de violations graves du droit international humanitaire commises sur le territoire de l'ex-Yougoslavie depuis le 1er janvier 1991.

2. Le Tribunal international a la primauté sur les juridictions nationales. À tout stade de la procédure, il peut demander officiellement aux juridictions nationales de se dessaisir en sa faveur conformément au présent statut et à son règlement.

Art. 10. – *Non bis in idem*

1. Nul ne peut être traduit devant une juridiction nationale pour des faits constituant de graves violations du droit international humanitaire au sens du présent statut s'il a déjà été jugé par le Tribunal international pour ces mêmes faits.

2. Quiconque a été traduit devant une juridiction nationale pour des faits constituant de graves violations du droit international humanitaire ne peut subséquemment être traduit devant le Tribunal international que si :

a) Le fait pour lequel il a été jugé était qualifié crime de droit commun; ou

b) La juridiction nationale n'a pas statué de façon impartiale ou indépendante, la procédure engagée devant elle visait à soustraire l'accusé à sa responsabilité pénale internationale, ou la poursuite n'a pas été exercée avec diligence;

c) Pour décider de la peine à infliger à une personne condamnée pour un crime visé par le présent statut, le Tribunal international tient compte de la mesure dans laquelle cette personne a déjà purgé toute peine qui pourrait lui avoir été infligée par une juridiction nationale pour le même fait.

Art. 11. – Organisation du Tribunal international

Le Tribunal international comprend les organes suivants :

a) Les Chambres, soit deux Chambres de première instance et une Chambre d'appel;

b) Le procureur; et

c) Un greffe commun aux Chambres et au procureur.

Art. 12. – Composition des Chambres

Les Chambres sont composées de 11 juges indépendants, ressortissants d'États différents et dont :

a) Trois siègent dans chacune des Chambres de première instance; et

b) Cinq siègent à la Chambre d'appel.

Art. 13. – Qualifications et élection des juges

1. Les juges doivent être des personnes de haute moralité, impartialité et intégrité possédant les qualifications requises, dans leurs pays respectifs, pour être nommés aux plus hautes fonctions judiciaires. Il est dûment tenu compte dans la composition globale des Chambres de l'expérience des juges en matière de droit pénal et de droit international, notamment de droit international humanitaire et des droits de l'Homme.

2. Les juges du Tribunal international sont élus par l'Assemblée générale sur une liste présentée par le Conseil de sécurité, selon les modalités ci-après :

a) Le Secrétaire général invite les États membres de l'organisation des Nations unies et les États non membres ayant une mission d'observation permanente au siège de l'Organisation à présenter des candidatures ;

b) Dans un délai de 60 jours à compter de la date de l'invitation du Secrétaire général, chaque État peut présenter la candidature d'au maximum deux personnes réunissant les conditions indiquées au paragraphe 1 ci-dessus et n'ayant pas la même nationalité ;

c) Le Secrétaire général transmet les candidatures au Conseil de sécurité. Sur la base de ces candidatures, le Conseil dresse une liste de 22 candidats au minimum et 33 candidats au maximum en tenant dûment compte de la nécessité d'assurer une représentation adéquate des principaux systèmes juridiques du monde ;

d) Le président du Conseil de sécurité transmet la liste de candidats au président de l'Assemblée générale. L'Assemblée élit sur cette liste les 11 juges du Tribunal international. Sont élus les candidats qui ont obtenu la majorité absolue des voix des États membres de l'Organisation des Nations unies et des États non membres ayant une mission d'observation permanente au siège de l'organisation. Si deux candidats de la même nationalité obtiennent la majorité requise, est élu celui sur lequel se sont portées le plus grand nombre de voix.

3. Si un siège à l'une des Chambres devient vacant, le Secrétaire général, après avoir consulté les présidents du Conseil de sécurité et de l'Assemblée générale, nomme une personne réunissant les conditions indiquées au paragraphe 1 ci-dessus pour siéger jusqu'à l'expiration du mandat de son prédécesseur.

4. Les juges sont élus pour un mandat de quatre ans. Leurs conditions d'emploi sont celles des juges de la Cour internationale de justice. Ils sont rééligibles.

Art. 14. – Constitution du bureau et des Chambres

1. Les juges du Tribunal international élisent un président.

2. Le président du Tribunal international doit être membre de la Chambre d'appel qu'il préside.

3. Après les avoir consultés, le président nomme les juges du Tribunal international soit à la Chambre d'appel soit à l'une des Cham-

bres de première instance. Les juges ne siègent qu'à la Chambre à laquelle ils ont été nommés.

4. Les juges de chaque Chambre de première instance choisissent un président qui conduit toutes les procédures devant cette Chambre.

Art. 15. – Règlement du Tribunal

Les juges du Tribunal international adopteront un règlement qui régira la phase préalable à l'audience, l'audience et les recours, la recevabilité des preuves, la protection des victimes et des témoins et d'autres questions appropriées.

Art. 16. – Le procureur

1. Le procureur est responsable de l'instruction des dossiers et de l'exercice de la poursuite contre les auteurs de violations graves du droit international humanitaire commises sur le territoire de l'ex-Yougoslavie depuis le 1er janvier 1991.

2. Le procureur, qui est un organe distinct au sein du Tribunal international, agit en toute indépendance. Il ne sollicite ni ne reçoit d'instructions d'aucun Gouvernement ni d'aucune autre source.

3. Le Bureau du procureur se compose du procureur et du personnel qualifié qui peut être nécessaire.

4. Le procureur est nommé par le Conseil de sécurité sur proposition du Secrétaire général. Il doit être de haute moralité, d'une compétence notoire et avoir une solide expérience de l'instruction des affaires criminelles et de la poursuite. Son mandat est de quatre ans, et il est rééligible. Ses conditions d'emploi sont celles d'un secrétaire général adjoint de l'Organisation des Nations unies.

5. Le personnel du Bureau du procureur est nommé par le Secrétaire général sur recommandation du procureur.

Art. 17. – Le greffe

1. Le greffe est chargé d'assurer l'administration et les services du Tribunal international.

2. Le greffe se compose d'un greffier et des autres personnels nécessaires.

3. Le greffier est désigné par le Secrétaire général après consultation du président du Tribunal international pour un mandat de quatre ans renouvelable. Les conditions d'emploi du greffier sont celles d'un sous-secrétaire général de l'Organisation des Nations unies.

4. Le personnel du greffe est nommé par le Secrétaire général sur recommandation du greffier.

Art. 18. – Information et établissement de l'acte d'accusation

1. Le procureur ouvre une information d'office ou sur la foi des renseignements obtenus de toutes sources, notamment des Gouvernements, des organes de l'Organisation des Nations unies, des organisa-

tions intergouvernementales et non gouvernementales. Il évalue les renseignements reçus ou obtenus et se prononce sur l'opportunité ou non d'engager les poursuites.

2. Le procureur est habilité à interroger les suspects, les victimes et les témoins, à réunir des preuves et à procéder sur place à des mesures d'instruction. Dans l'exécution de ces tâches, le procureur peut, selon que de besoin, solliciter le concours des autorités de l'État concerné.

3. Tout suspect interrogé a le droit d'être assisté d'un conseil de son choix, y compris celui de se voir attribuer d'office un défenseur, sans frais, s'il n'a pas les moyens de le rémunérer et de bénéficier, si nécessaire, de services de traduction dans une langue qu'il parle et comprend et à partir de cette langue.

4. S'il décide qu'au vu des présomptions, il y a lieu d'engager des poursuites, le procureur établit un acte d'accusation dans lequel il expose succinctement les faits et le crime ou les crimes qui sont reprochés à l'accusé en vertu du statut. L'acte d'accusation est transmis à un juge de la Chambre de première instance.

Art. 19. – Examen de l'acte d'accusation

1. Le juge de la Chambre de première instance saisi de l'acte d'accusation examine celui-ci. S'il estime que le procureur a établi qu'au vu des présomptions, il y a lieu d'engager des poursuites, il confirme l'acte d'accusation. À défaut, il le rejette.

2. S'il confirme l'acte d'accusation, le juge saisi, sur réquisition du procureur, décerne les ordonnances et mandats d'arrêt, de détention, d'amener ou de remise de personnes et toutes autres ordonnances nécessaires pour la conduite du procès.

Art. 20. – Ouverture et conduite du procès

1. La Chambre de première instance veille à ce que le procès soit équitable et rapide et à ce que l'instance se déroule conformément aux règles de procédure et de preuve, les droits de l'accusé étant pleinement respectés et la protection des victimes et des témoins dûment assurée.

2. Toute personne contre laquelle un acte d'accusation a été confirmé est, conformément à une ordonnance ou un mandat d'arrêt décerné par le Tribunal international, placée en état d'arrestation, immédiatement informée des chefs d'accusation portés contre elle et déférée au Tribunal international.

3. La Chambre de première instance donne lecture de l'acte d'accusation, s'assure que les droits de l'accusé sont respectés, confirme que l'accusé a compris le contenu de l'acte d'accusation et lui ordonne de plaider coupable ou non coupable. La Chambre de première instance fixe alors la date du procès.

4. Les audiences sont publiques à moins que la Chambre de première instance décide de les tenir à huis clos conformément à ses règles de procédure et de preuve.

Art. 21. – Les droits de l'accusé

1. Tous sont égaux devant le Tribunal international.

2. Toute personne contre laquelle des accusations sont portées a droit à ce que sa cause soit entendue équitablement et publiquement, sous réserve des dispositions de l'article 22 du statut.

3. Toute personne accusée est présumée innocente jusqu'à ce que sa culpabilité ait été établie conformément aux dispositions du présent statut.

4. Toute personne contre laquelle une accusation est portée en vertu du présent statut a droit, en pleine égalité, au moins aux garanties suivantes :

a) À être informée, dans le plus court délai, dans une langue qu'elle comprend et de façon détaillée, de la nature et des motifs de l'accusation portée contre elle ;

b) À disposer du temps et des facilités nécessaires à la préparation de sa défense et à communiquer avec le conseil de son choix ;

c) À être jugée sans retard excessif ;

d) À être présente au procès et à se défendre elle-même ou à avoir l'assistance d'un défenseur de son choix si elle n'a pas de défenseur, à être informée de son droit d'en avoir un, et, chaque fois que l'intérêt de la justice l'exige, à se voir attribuer d'office un défenseur, sans frais, si elle n'a pas les moyens de le rémunérer ;

e) À interroger ou faire interroger les témoins à charge et à obtenir la comparution et l'interrogatoire des témoins à décharge dans les mêmes conditions que les témoins à charge ;

f) À se faire assister gratuitement d'un interprète si elle ne comprend pas ou ne parle pas la langue employée à l'audience ;

g) À ne pas être forcée de témoigner contre elle-même ou de s'avouer coupable.

Art. 22. – Protection des victimes et des témoins

Le Tribunal international prévoit dans ses règles de procédure et de preuve des mesures de protection des victimes et des témoins. Les mesures de protection comprennent, sans y être limitées, la tenue d'audience à huis clos et la protection de l'identité des victimes.

Art. 23. – Sentence

1. La Chambre de première instance prononce des sentences et impose des peines et sanctions à l'encontre des personnes convaincues de violations graves du droit international humanitaire.

2. La sentence est rendue en audience publique à la majorité des juges de la Chambre de première instance. Elle est établie par écrit et motivée, des opinions individuelles ou dissidentes pouvant y être jointes.

Art. 24. – Peines

1. La Chambre de première instance n'impose que des peines d'emprisonnement. Pour fixer les conditions de l'emprisonnement, la Chambre de première instance a recours à la grille générale des peines d'emprisonnement appliquée par les tribunaux de l'ex-Yougoslavie.

2. En imposant toute peine, la Chambre de première instance tient compte de facteurs tels que la gravité de l'infraction et la situation personnelle du condamné.

3. Outre l'emprisonnement du condamné, la Chambre de première instance peut ordonner la restitution à leurs propriétaires légitimes de tous biens et ressources acquis par des moyens illicites, y compris par la contrainte.

Art. 25. – Appel

1. La Chambre d'appel connaît des recours introduits soit par les personnes condamnées par les Chambres de première instance, soit par le procureur, pour les motifs suivants :

a) Erreur sur un point de droit qui invalide la décision ; ou

b) Erreur de fait qui a entraîné un déni de justice.

2. La Chambre d'appel peut confirmer, annuler ou réviser les décisions des Chambres de première instance.

Art. 26. – Révision

S'il est découvert un fait nouveau qui n'était pas connu au moment du procès en première instance ou en appel et qui aurait pu être un élément décisif de la décision, le condamné ou le procureur peut saisir le Tribunal d'une demande en révision de la sentence.

Art. 27. – Exécution des peines

La peine d'emprisonnement est subie dans un État désigné par le Tribunal sur la liste des États qui ont fait savoir au Conseil de sécurité qu'ils étaient disposés à recevoir des condamnés. La réclusion est soumise aux règles nationales de l'État concerné, sous le contrôle du Tribunal international.

Art. 28. – Grâce et commutation de peine

Si le condamné peut bénéficier d'une grâce ou d'une commutation de peine en vertu des lois de l'État dans lequel il est emprisonné, cet État en avise le Tribunal. Le président du Tribunal, en consultation avec les juges, tranche selon les intérêts de la justice et les principes généraux du droit.

Art. 29. – Coopération et entraide judiciaire

1. Les États collaborent avec le Tribunal à la recherche et au jugement des personnes accusées d'avoir commis des violations graves du droit international humanitaire.

2. Les États répondent sans retard à toute demande d'assistance ou à toute ordonnance émanant d'une Chambre de première instance et concernant, sans s'y limiter :

a) L'identification et la recherche des personnes ;

b) La réunion des témoignages et la production des preuves ;

c) L'expédition des documents ;

d) L'arrestation ou la détention des personnes ;

e) Le transfert ou la traduction de l'accusé devant le Tribunal.

Art. 30. – Statut, privilèges et immunités du Tribunal international

1. La Convention sur les privilèges et immunités des Nations unies en date du 13 février 1946 s'applique au Tribunal international, aux juges, au procureur et à son personnel ainsi qu'au greffier et à son personnel.

2. Les juges, le procureur et le greffier jouissent des privilèges et immunités, des exemptions et des facilités accordés aux agents diplomatiques, conformément au droit international.

3. Le personnel du procureur et du greffier jouit des privilèges et immunités accordés aux fonctionnaires des Nations unies en vertu des articles V et VII de la Convention visée au paragraphe 1 du présent article.

4. Les autres personnes, y compris les accusés, dont la présence est requise au siège du Tribunal international bénéficient du traitement nécessaire pour assurer le bon fonctionnement du Tribunal international.

Art. 31. – Siège du Tribunal international

Le Tribunal international a son siège à La Haye.

Art. 32. – Dépenses du Tribunal international

Les dépenses du Tribunal international sont imputées sur le budget ordinaire de l'Organisation des Nations unies conformément à l'article 17 de la Charte des Nations unies.

Art. 33. – Langues de travail

Les langues de travail du Tribunal international sont l'anglais et le français.

Art. 34. – Rapport annuel

Le président du Tribunal international présente chaque année un rapport du Tribunal international au Conseil de sécurité et à l'Assemblée générale.

19 Résolution 955 du Conseil de sécurité des Nations unies

Date d'adoption : 08/11/1994

Le Conseil de sécurité,

Réaffirmant toutes ses résolutions antérieures sur la situation au Rwanda,

Ayant examiné les rapports que le Secrétaire général lui a présentés conformément au paragraphe 3 de sa résolution 935 (1994) du 1er juillet 1994 (S/1994/879 et S/1994/906), et ayant pris acte des rapports du Rapporteur spécial pour le Rwanda de la Commission des droits de l'Homme des Nations unies (S/1994/1157, annexe I et annexe II),

Saluant le travail accompli par la Commission d'experts créée en vertu de sa résolution 935 (1994), en particulier son rapport préliminaire sur les violations du droit international humanitaire au Rwanda que le Secrétaire général lui a transmis dans sa lettre du 1er octobre 1994 (S/1994/1125),

Se déclarant de nouveau gravement alarmé par les informations selon lesquelles des actes de génocide et d'autres violations flagrantes, généralisées et systématiques du droit international humanitaire ont été commises au Rwanda,

Constatant que cette situation continue de faire peser une menace sur la paix et la sécurité internationales,

Résolu à mettre fin à de tels crimes et à prendre des mesures efficaces pour que les personnes qui en sont responsables soient traduites en justice,

Convaincu que, dans les circonstances particulières qui règnent au Rwanda, des poursuites contre les personnes présumées responsables d'actes de génocide ou d'autres violations graves du droit international humanitaire permettraient d'atteindre cet objectif et contribueraient au processus de réconciliation nationale ainsi qu'au rétablissement et au maintien de la paix,

Estimant que la création d'un tribunal international pour juger les personnes présumées responsables de tels actes ou violations contribuera à les faire cesser et à en réparer dûment les effets,

Soulignant qu'une coopération internationale est nécessaire pour renforcer les tribunaux et l'appareil judiciaire rwandais, notamment en raison du grand nombre de suspects qui seront déférés devant ces tribunaux,

Considérant que la Commission d'experts créée en vertu de la résolution 935 (1994) devrait continuer à rassembler de toute urgence des informations tendant à prouver que des violations graves du droit international humanitaire ont été commises sur le territoire du Rwanda, et qu'elle devrait présenter son rapport final au Secrétaire général le 30 novembre 1994 au plus tard,

Agissant en vertu du chapitre VII de la Charte des Nations unies,

1. *Décide* par la présente résolution, comme suite à la demande qu'il a reçue du Gouvernement rwandais (S/1994/1115), de créer un tribunal international chargé uniquement de juger les personnes présumées responsables d'actes de génocide ou d'autres violations graves du droit international humanitaire commis sur le territoire du Rwanda et les citoyens rwandais présumés responsables de tels actes ou violations commis sur le territoire d'États voisins, entre le 1er janvier et le 31 décembre 1994, et d'adopter à cette fin le Statut du Tribunal criminel international pour le Rwanda annexé à la présente résolution ;

2. *Décide* que tous les États apporteront leur pleine coopération au Tribunal international et à ses organes, conformément à la présente résolution et au Statut du Tribunal international, et qu'ils prendront toutes mesures nécessaires en vertu de leur droit interne pour mettre en application les dispositions de la présente résolution et du Statut, y compris l'obligation faite aux États de donner suite aux demandes d'assistance ou aux ordonnances émanant d'une Chambre de première instance, conformément à l'article 28 du Statut, et *prie* les États de tenir le Secrétaire général informé des mesures qu'ils prendront ;

3. *Considère* qu'une notification devrait être adressée au Gouvernement rwandais avant que des décisions ne soient prises en vertu des articles 26 et 27 du Statut ;

4. *Prie instamment* les États ainsi que les organisations intergouvernementales et non gouvernementales d'apporter au Tribunal international des contributions sous forme de ressources financières, d'équipements et de services, y compris des services d'experts ;

5. *Prie* le Secrétaire général de mettre en œuvre d'urgence la présente résolution et de prendre en particulier des dispositions pratiques pour que le Tribunal international puisse fonctionner effectivement le plus tôt possible, notamment de lui soumettre des recommandations quant aux lieux où le siège du Tribunal international pourrait être établi, et de lui présenter des rapports périodiques ;

6. *Décide* qu'il choisira le siège du Tribunal international en fonction de critères de justice et d'équité ainsi que d'économie et d'efficacité administrative, notamment des possibilités d'accès aux témoins, sous réserve que l'Organisation des Nations unies et l'État où le Tribunal aura son siège concluent des arrangements appropriés qui soient acceptables pour le Conseil de sécurité, étant entendu que le Tribunal international pourra se réunir ailleurs quand il le jugera nécessaire pour l'exercice efficace de ses fonctions ; et *décide* d'établir un bureau

au Rwanda et d'y conduire des procédures, si cela est possible et approprié, sous réserve de la conclusion d'arrangements adéquats analogues;

7. *Décide* d'envisager d'augmenter le nombre de juges et de chambres de première instance du Tribunal international si cela s'avère nécessaire;

8. *Décide* de rester activement saisi de la question.

ANNEXE

STATUT DU TRIBUNAL INTERNATIONAL POUR LE RWANDA

Créé par le Conseil de sécurité agissant en vertu du chapitre VII de la Charte des Nations unies, le Tribunal criminel international chargé de juger les personnes présumées responsables d'actes de génocide ou d'autres violations graves du droit international humanitaire commis sur le territoire du Rwanda et les citoyens rwandais présumés responsables de tels actes ou violations commis sur le territoire d'États voisins entre le 1er janvier et le 31 décembre 1994 (ci-après dénommé « Tribunal international pour le Rwanda ») exercera ses fonctions conformément aux dispositions du présent statut.

Art. premier. – compétence du Tribunal international pour le Rwanda

Le Tribunal international pour le Rwanda est habilité à juger les personnes présumées responsables de violations graves du droit international humanitaire commises sur le territoire du Rwanda et les citoyens rwandais présumés responsables de telles violations commises sur le territoire d'États voisins entre le 1er janvier et le 31 décembre 1994, conformément aux dispositions du présent statut.

Art. 2. – Génocide

1. Le Tribunal international pour le Rwanda est compétent pour poursuivre les personnes ayant commis un génocide, tel que ce crime est défini au paragraphe 2 du présent article, ou l'un quelconque des actes énumérés au paragraphe 3 du présent article.

2. Le génocide s'entend de l'un quelconque des actes ci-après, commis dans l'intention de détruire, en tout ou en partie, un groupe national, ethnique, racial ou religieux, comme tel :

a) Meurtre de membres du groupe;

b) Atteinte grave à l'intégrité physique ou mentale de membres du groupe;

c) Soumission intentionnelle du groupe à des conditions d'existence devant entraîner sa destruction physique totale ou partielle;

d) Mesures visant à entraver les naissances au sein du groupe;

e) Transfert forcé d'enfants du groupe à un autre groupe.

3. Seront punis les actes suivants :

a) Le génocide ;

b) L'entente en vue de commettre le génocide ;

c) L'incitation directe et publique à commettre le génocide ;

d) La tentative de génocide ;

e) La complicité dans le génocide.

Art. 3. – Crimes contre l'humanité

Le Tribunal international pour le Rwanda est habilité à juger les personnes présumées responsables des crimes suivants lorsqu'ils ont été commis dans le cadre d'une attaque généralisée et systématique dirigée contre une population civile quelle qu'elle soit, en raison de son appartenance nationale, politique, ethnique, raciale ou religieuse :

a) Assassinat ;

b) Extermination ;

c) Réduction en esclavage ;

d) Expulsion ;

e) Emprisonnement ;

f) Torture ;

g) Viol ;

h) Persécutions pour des raisons politiques, raciales et religieuses ;

i) Autres actes inhumains.

Art. 4. – Violations de l'article 3 commun aux Conventions de Genève et du Protocole additionnel II

Le Tribunal international pour le Rwanda est habilité à poursuivre les personnes qui commettent ou donnent l'ordre de commettre des violations graves de l'article 3 commun aux Conventions de Genève du 12 août 1949 pour la protection des victimes en temps de guerre, et du Protocole additionnel II auxdites Conventions du 8 juin 1977. Ces violations comprennent, sans s'y limiter :

a) Les atteintes portées à la vie, à la santé et au bien-être physique ou mental des personnes, en particulier le meurtre, de même que les traitements cruels tels que la torture, les mutilations ou toutes formes de peines corporelles ;

b) Les punitions collectives ;

c) La prise d'otages ;

d) Les actes de terrorisme ;

e) Les atteintes à la dignité de la personne, notamment les traitements humiliants et dégradants, le viol, la contrainte à la prostitution et tout attentat à la pudeur ;

f) Le pillage ;

g) Les condamnations prononcées et les exécutions effectuées sans un jugement préalable rendu par un tribunal régulièrement constitué, assorti des garanties judiciaires reconnues comme indispensables par les peuples civilisés ;

h) La menace de commettre les actes précités.

Art. 5. – Compétence *ratione personae*

Le Tribunal international pour le Rwanda a compétence à l'égard des personnes physiques conformément aux dispositions du présent statut.

Art. 6. – Responsabilité pénale individuelle

1. Quiconque a planifié, incité à commettre, ordonné, commis ou de toute autre manière aidé et encouragé à planifier, préparer ou exécuter un crime visé aux articles 2 à 4 du présent statut est individuellement responsable dudit crime.

2. La qualité officielle d'un accusé, soit comme chef d'État ou de gouvernement, soit comme haut fonctionnaire, ne l'exonère pas de sa responsabilité pénale et n'est pas un motif de diminution de la peine.

3. Le fait que l'un quelconque des actes visés aux articles 2 à 4 du présent statut a été commis par un subordonné ne dégage pas son supérieur de sa responsabilité pénale s'il savait ou avait des raisons de savoir que le subordonné s'apprêtait à commettre cet acte ou l'avait fait et que le supérieur n'a pas pris les mesures nécessaires et raisonnables pour empêcher que ledit acte ne soit commis ou en punir les auteurs.

4. Le fait qu'un accusé a agi en exécution d'un ordre d'un Gouvernement ou d'un supérieur ne l'exonère pas de sa responsabilité pénale mais peut être considéré comme un motif de diminution de la peine si le Tribunal international pour le Rwanda l'estime conforme à la justice.

Art. 7. – Compétence *ratione loci* et compétence *ratione temporis*

La compétence *ratione loci* du Tribunal international pour le Rwanda s'étend au territoire du Rwanda, y compris son espace terrestre et son espace aérien, et au territoire d'États voisins en cas de violations graves du droit international humanitaire commises par des citoyens rwandais. La compétence *ratione temporis* du Tribunal international s'étend à la période commençant le 1er janvier 1994 et se terminant le 31 décembre 1994.

Art. 8. – Compétences concurrentes

1. Le Tribunal international pour le Rwanda et les juridictions nationales sont concurremment compétents pour juger les personnes présumées responsables de violations graves du droit international humanitaire commises sur le territoire du Rwanda et les citoyens rwandais présumés responsables de telles violations commises sur le territoire d'États voisins entre le 1er janvier et le 31 décembre 1994.

2. Le Tribunal international pour le Rwanda a la primauté sur les juridictions nationales de tous les États. À tout stade de la procédure, il peut demander officiellement aux juridictions nationales de se dessaisir en sa faveur conformément au présent statut et à son règlement.

Art. 9. – *Non bis in idem*

1. Nul ne peut être traduit devant une juridiction nationale pour des faits constituant de graves violations du droit international humanitaire au sens du présent statut s'il a déjà été jugé pour les mêmes faits par le Tribunal international pour le Rwanda.

2. Quiconque a été traduit devant une juridiction nationale pour des faits constituant de graves violations du droit international humanitaire ne peut subséquemment être traduit devant le Tribunal international pour le Rwanda que si :

a) Le fait pour lequel il a été jugé était qualifié crime de droit commun; ou

b) La juridiction nationale n'a pas statué de façon impartiale ou indépendante, la procédure engagée devant elle visait à soustraire l'accusé à sa responsabilité pénale internationale, ou la poursuite n'a pas été exercée avec diligence.

3. Pour décider de la peine à infliger à une personne condamnée pour un crime visé par le présent statut, le Tribunal international pour le Rwanda tient compte de la mesure dans laquelle cette personne a déjà purgé toute peine qui pourrait lui avoir été infligée par une juridiction nationale pour le même fait.

Art. 10. – Organisation du Tribunal international pour le Rwanda

Le Tribunal international comprend les organes suivants :

a) Les Chambres, soit deux Chambres de première instance et une Chambre d'appel;

b) Le procureur; et

c) Un greffe.

Art. 11. – Composition des Chambres

Les Chambres sont composées de 11 juges indépendants, ressortissants d'États différents et dont :

a) Trois siègent dans chacune des Chambres de première instance; et

b) Cinq siègent à la Chambre d'appel.

Art. 12. – Qualifications et élection des juges

1. Les juges doivent être des personnes de haute moralité, impartialité et intégrité possédant les qualifications requises, dans leurs pays respectifs, pour être nommés aux plus hautes fonctions judiciaires. Il

est dûment tenu compte, dans la composition globale des Chambres, de l'expérience des juges en matière de droit pénal et de droit international, notamment de droit international humanitaire et des droits de l'Homme.

2. Les juges siégeant à la Chambre d'appel du Tribunal international chargé de poursuivre les personnes présumées responsables de violations graves du droit international humanitaire commises sur le territoire de l'ex-Yougoslavie depuis 1991 (ci-après dénommé « le Tribunal international pour l'ex-Yougoslavie ») siègent également à la Chambre d'appel du Tribunal international pour le Rwanda.

3. Les juges des Chambres de première instance du Tribunal international pour le Rwanda sont élus par l'Assemblée générale sur une liste présentée par le Conseil de sécurité, selon les modalités ci-après :

a) Le Secrétaire général invite les États membres de l'Organisation des Nations unies et les États non membres ayant une mission d'observation permanente au siège de l'Organisation à présenter des candidatures;

b) Dans un délai de 30 jours à compter de la date de l'invitation du Secrétaire général, chaque État peut présenter la candidature d'au maximum deux personnes réunissant les conditions indiquées au paragraphe 1 ci-dessus et n'ayant pas la même nationalité et dont aucune n'a la même nationalité que l'un quelconque des juges de la Chambre d'appel;

c) Le Secrétaire général transmet les candidatures au Conseil de sécurité. Sur la base de ces candidatures, le Conseil dresse une liste de 12 candidats au minimum et 18 candidats au maximum en tenant dûment compte de la nécessité d'assurer au Tribunal international pour le Rwanda une représentation adéquate des principaux systèmes juridiques du monde;

d) Le président du Conseil de sécurité transmet la liste de candidats au président de l'Assemblée générale. L'Assemblée élit sur cette liste les six juges des Chambres de première instance. Sont élus les candidats qui ont obtenu la majorité absolue des voix des États membres de l'Organisation des Nations unies et des États non membres ayant une mission d'observation permanente au siège de l'Organisation. Si deux candidats de la même nationalité obtiennent la majorité requise, est élu celui sur lequel se sont portées le plus grand nombre de voix.

4. Si un siège à l'une des Chambres de première instance devient vacant, le Secrétaire général, après avoir consulté les présidents du Conseil de sécurité et de l'Assemblée générale, nomme une personne réunissant les conditions indiquées au paragraphe 1 ci-dessus pour siéger jusqu'à l'expiration du mandat de son prédécesseur.

5. Les juges des Chambres de première instance sont élus pour un mandat de quatre ans. Leurs conditions d'emploi sont celles des juges du Tribunal international pour l'ex-Yougoslavie. Ils sont rééligibles.

Art. 13. – Constitution du bureau et des Chambres

1. Les juges du Tribunal international pour le Rwanda élisent un président.

2. Après les avoir consultés, le président nomme les juges du Tribunal international pour le Rwanda à l'une des Chambres de première instance. Les juges ne siègent qu'à la Chambre à laquelle ils ont été nommés.

3. Les juges de chaque Chambre de première instance choisissent un président qui conduit toutes les procédures devant cette Chambre.

Art. 14. – Règlement du Tribunal

Les juges du Tribunal international pour le Rwanda adopteront, aux fins de la procédure du Tribunal international pour le Rwanda, le règlement du Tribunal international pour l'ex-Yougoslavie régissant la mise en accusation, les procès en première instance et les recours, la recevabilité des preuves, la protection des victimes et des témoins et d'autres questions appropriées, en y apportant les modifications qu'ils jugeront nécessaires.

Art. 15. – Le procureur

1. Le procureur est responsable de l'instruction des dossiers et de l'exercice de la poursuite contre les personnes présumées responsables de violations graves du droit international humanitaire commises sur le territoire du Rwanda et les citoyens rwandais présumées responsables de telles violations commises sur le territoire d'États voisins entre le 1er janvier et le 31 décembre 1994.

2. Le procureur, qui est un organe distinct au sein du Tribunal international pour le Rwanda, agit en toute indépendance. Il ne sollicite ni ne reçoit d'instructions d'aucun Gouvernement ni d'aucune autre source.

3. Le procureur du Tribunal international pour l'ex-Yougoslavie exerce également les fonctions de procureur du Tribunal international pour le Rwanda. Il dispose, pour le seconder devant le Tribunal international pour le Rwanda, de personnel supplémentaire, dont un procureur adjoint supplémentaire. Ce personnel est nommé par le Secrétaire général sur recommandation du procureur.

Art. 16. – Le greffe

1. Le greffe est chargé d'assurer l'administration et les services du Tribunal international pour le Rwanda.

2. Le greffe se compose d'un greffier et des autres fonctionnaires nécessaires.

3. Le greffier est désigné par le Secrétaire général après consultation du président du Tribunal international pour le Rwanda pour un mandat de quatre ans renouvelable. Les conditions d'emploi du greffier sont celles d'un sous-secrétaire général de l'Organisation des Nations unies.

4. Le personnel du greffe est nommé par le Secrétaire général sur recommandation du greffier.

Art. 17. – Information et établissement de l'acte d'accusation

1. Le procureur ouvre une information d'office ou sur la foi des renseignements obtenus de toutes sources, notamment des Gouvernements, des organes de l'Organisation des Nations unies, des organisations intergouvernementales et non gouvernementales. Il évalue les renseignements reçus ou obtenus et décide s'il y a lieu de poursuivre.

2. Le procureur est habilité à interroger les suspects, les victimes et les témoins, à réunir des preuves et à procéder sur place à des mesures d'instruction. Dans l'exécution de ces tâches, le procureur peut, selon que de besoin, solliciter le concours des autorités de l'État concerné.

3. Tout suspect interrogé a le droit d'être assisté d'un conseil de son choix, y compris celui de se voir attribuer d'office un défenseur, sans frais, s'il n'a pas les moyens de le rémunérer et de bénéficier, si nécessaire, de services de traduction dans une langue qu'il parle et comprend et à partir de cette langue.

4. S'il décide qu'au vu des présomptions, il y a lieu d'engager des poursuites, le procureur établit un acte d'accusation dans lequel il expose succinctement les faits et le crime ou les crimes qui sont reprochés à l'accusé en vertu du statut. L'acte d'accusation est transmis à un juge de la Chambre de première instance.

Art. 18. – Examen de l'acte d'accusation

1. Le juge de la Chambre de première instance saisi de l'acte d'accusation examine celui-ci. S'il estime que le procureur a établi qu'au vu des présomptions il y a lieu d'engager des poursuites, il confirme l'acte d'accusation. À défaut, il le rejette.

2. S'il confirme l'acte d'accusation, le juge saisi décerne, sur réquisition du procureur, les ordonnances et mandats d'arrêt, de dépôt, d'amener ou de remise et toutes autres ordonnances nécessaires pour la conduite du procès.

Art. 19. – Ouverture et conduite du procès

1. La Chambre de première instance veille à ce que le procès soit équitable et rapide et à ce que l'instance se déroule conformément au règlement de procédure et de preuve, les droits de l'accusé étant pleinement respectés et la protection des victimes et des témoins dûment assurée.

2. Toute personne contre laquelle un acte d'accusation a été confirmé est, conformément à une ordonnance ou un mandat d'arrêt décerné par le Tribunal international pour le Rwanda, placée en état d'arrestation, immédiatement informée des chefs d'accusation portés contre elle et déférée au Tribunal international pour le Rwanda.

3. La Chambre de première instance donne lecture de l'acte d'accusation, s'assure que les droits de l'accusé sont respectés, confirme que l'accusé a compris le contenu de l'acte d'accusation et l'invite à faire valoir ses moyens de défense. La Chambre de première instance fixe alors la date du procès.

4. Les audiences sont publiques à moins que la Chambre de première instance décide de les tenir à huis clos conformément à son règlement de procédure et de preuve.

Art. 20. – Les droits de l'accusé

1. Tous sont égaux devant le Tribunal international pour le Rwanda.

2. Toute personne contre laquelle des accusations sont portées a droit à ce que sa cause soit entendue équitablement et publiquement, sous réserve des dispositions de l'article 21 du statut.

3. Toute personne accusée est présumée innocente jusqu'à ce que sa culpabilité ait été établie conformément aux dispositions du présent statut.

4. Toute personne contre laquelle une accusation est portée en vertu du présent statut a droit, en pleine égalité, au moins aux garanties suivantes :

a) À être informée, dans le plus court délai, dans une langue qu'elle comprend et de façon détaillée, de la nature et des motifs de l'accusation portée contre elle ;

b) À disposer du temps et des facilités nécessaires à la préparation de sa défense et à communiquer avec le conseil de son choix ;

c) À être jugée sans retard excessif ;

d) À être présente au procès et à se défendre elle-même ou à avoir l'assistance d'un défenseur de son choix ; si elle n'a pas de défenseur, à être informée de son droit d'en avoir un, et, chaque fois que l'intérêt de la justice l'exige, à se voir attribuer d'office un défenseur, sans frais, si elle n'a pas les moyens de le rémunérer ;

e) À interroger ou faire interroger les témoins à charge et à obtenir la comparution et l'interrogatoire des témoins à décharge dans les mêmes conditions que les témoins à charge ;

f) À se faire assister gratuitement d'un interprète si elle ne comprend pas ou ne parle pas la langue employée à l'audience ;

g) À ne pas être forcée de témoigner contre elle-même ou de s'avouer coupable.

Art. 21. – Protection des victimes et des témoins

Le Tribunal international pour le Rwanda prévoit dans son règlement de procédure et de preuve des mesures de protection des victimes et des témoins. Les mesures de protection comprennent, sans y être limitées, la tenue d'audiences à huis clos et la protection de l'identité des victimes.

Art. 22. – Sentence

1. La Chambre de première instance prononce des sentences et impose des peines et sanctions à l'encontre des personnes convaincues de violations graves du droit international humanitaire.

2. La sentence est rendue en audience publique à la majorité des juges de la Chambre de première instance. Elle est établie par écrit et motivée, des opinions individuelles ou dissidentes pouvant y être jointes.

Art. 23. – Peines

1. La Chambre de première instance n'impose que des peines d'emprisonnement. Pour fixer les conditions de l'emprisonnement, la Chambre de première instance a recours à la grille générale des peines d'emprisonnement appliquée par les tribunaux du Rwanda.

2. En imposant toute peine, la Chambre de première instance tient compte de facteurs tels que la gravité de l'infraction et la situation personnelle du condamné.

3. Outre l'emprisonnement du condamné, la Chambre de première instance peut ordonner la restitution à leurs propriétaires légitimes de tous biens et ressources acquis par des moyens illicites, y compris par la contrainte.

Art. 24. – Appel

1. La Chambre d'appel connaît des recours introduits soit par les personnes condamnées par les Chambres de première instance, soit par le procureur, pour les motifs suivants :

a) Erreur sur un point de droit qui invalide la décision ; ou

b) Erreur de fait qui a entraîné un déni de justice.

2. La Chambre d'appel peut confirmer, annuler ou réviser les décisions des Chambres de première instance.

Art. 25. – Révision

S'il est découvert un fait nouveau qui n'était pas connu au moment du procès en première instance ou en appel et qui aurait pu être un élément décisif de la décision, le condamné ou le procureur peut saisir le Tribunal international pour le Rwanda d'une demande en révision de la sentence.

Art. 26. – Exécution des peines

Les peines d'emprisonnement sont exécutées au Rwanda ou dans un État désigné par le Tribunal international pour le Rwanda sur la liste des États qui ont fait savoir au Conseil de sécurité qu'ils étaient disposés à recevoir des condamnés. Elles sont exécutées conformément aux lois en vigueur de l'État concerné, sous la supervision du Tribunal.

Art. 27. – Grâce et commutation de peine

Si le condamné peut bénéficier d'une grâce ou d'une commutation de peine en vertu des lois de l'État dans lequel il est emprisonné, cet État en avise le Tribunal international pour le Rwanda. Une grâce ou une commutation de peine n'est accordée que si le président du Tribunal international pour le Rwanda, en consultation avec les juges, en décide ainsi dans l'intérêt de la justice et sur la base des principes généraux du droit.

Art. 28. – Coopération et entraide judiciaire

1. Les États collaborent avec le Tribunal international pour le Rwanda à la recherche et au jugement des personnes accusées d'avoir commis des violations graves du droit international humanitaire.

2. Les États répondent sans retard à toute demande d'assistance ou à toute ordonnance émanant d'une Chambre de première instance et concernant, sans s'y limiter :

a) L'identification et la recherche des personnes;

b) La réunion des témoignages et la production des preuves;

c) L'expédition des documents;

d) L'arrestation ou la détention des personnes;

e) Le transfert ou la traduction de l'accusé devant le Tribunal international pour le Rwanda.

Art. 29. – Statut, privilèges et immunités du Tribunal international pour le Rwanda

1. La Convention sur les privilèges et immunités des Nations unies en date du 13 février 1946 s'applique au Tribunal international pour le Rwanda, aux juges, au procureur et à son personnel ainsi qu'au greffier et à son personnel.

2. Les juges, le procureur et le greffier jouissent des privilèges et immunités, des exemptions et des facilités accordés aux agents diplomatiques, conformément au droit international.

3. Le personnel du procureur et du greffier jouit des privilèges et immunités accordés aux fonctionnaires des Nations unies en vertu des articles V et VII de la Convention visée au paragraphe 1 du présent article.

4. Les autres personnes, y compris les accusés, dont la présence est requise au siège ou au lieu de réunion du Tribunal international pour le Rwanda bénéficient du traitement nécessaire pour assurer le bon fonctionnement du Tribunal.

Art. 30. – Dépenses du Tribunal international pour le Rwanda

Les dépenses du Tribunal international pour le Rwanda sont imputées sur le budget ordinaire de l'Organisation des Nations unies conformément à l'article 17 de la Charte des Nations unies.

Art. 31. – Langues de travail

Les langues de travail du Tribunal international sont l'anglais et le français.

Art. 32. – Rapport annuel

Le président du Tribunal international pour le Rwanda présente chaque année un rapport du Tribunal international pour le Rwanda au Conseil de sécurité et à l'Assemblée générale.

20 Statut de Rome de la Cour pénale internationale

Date d'adoption : 17/07/1998
Date d'entrée en vigueur : 01/07/2002

STATUT DE ROME DE LA COUR PÉNALE INTERNATIONALE

PRÉAMBULE

Conscients que tous les peuples sont unis par des liens étroits et que leurs cultures forment un patrimoine commun, et soucieux du fait que cette mosaïque délicate puisse être brisée à tout moment,

Ayant à l'esprit qu'au cours de ce siècle, des millions d'enfants, de femmes et d'hommes ont été victimes d'atrocités qui défient l'imagination et heurtent profondément la conscience humaine,

Reconnaissant que des crimes d'une telle gravité menacent la paix, la sécurité et le bien-être du monde,

Affirmant que les crimes les plus graves qui touchent l'ensemble de la communauté internationale ne sauraient rester impunis et que leur répression doit être effectivement assurée par des mesures prises dans le cadre national et par le renforcement de la coopération internationale,

Déterminés à mettre un terme à l'impunité des auteurs de ces crimes et à concourir ainsi à la prévention de nouveaux crimes,

Rappelant qu'il est du devoir de chaque État de soumettre à sa juridiction criminelle les responsables de crimes internationaux,

Réaffirmant les buts et principes de la Charte des Nations unies et, en particulier, que tous les États doivent s'abstenir de recourir à la menace ou à l'emploi de la force, soit contre l'intégrité territoriale ou l'indépendance politique de tout État, soit de toute autre manière incompatible avec les buts des Nations unies,

Soulignant à cet égard que rien dans le présent Statut ne peut être interprété comme autorisant un État partie à intervenir dans un conflit armé relevant des affaires intérieures d'un autre État,

Déterminés, à ces fins et dans l'intérêt des générations présentes et futures, à créer une Cour pénale internationale permanente et indépendante reliée au système des Nations unies, ayant compétence à l'égard des crimes les plus graves qui touchent l'ensemble de la communauté internationale,

Soulignant que la Cour pénale internationale dont le présent Statut porte création est complémentaire des juridictions criminelles nationales,

Résolus à garantir durablement le respect de la mise en œuvre de la justice internationale,

Sont convenus de ce qui suit :

CHAPITRE PREMIER

Institution de la cour

Art. premier. – La Cour

Il est créé une *Cour pénale internationale* (« la Cour ») en tant qu'institution permanente, qui peut exercer sa compétence à l'égard des personnes pour les crimes les plus graves ayant une portée internationale, au sens du présent Statut. Elle est complémentaire des juridictions criminelles nationales. Sa compétence et son fonctionnement sont régis par les dispositions du présent Statut.

Art. 2. – Lien de la Cour avec les Nations unies

La Cour est liée aux Nations unies par un accord qui doit être approuvé par l'Assemblée des États parties au présent Statut, puis conclu par le président de la Cour au nom de celle-ci.

Art. 3. – Siège de la Cour

1. La Cour a son siège à La Haye, aux Pays-Bas (« l'État hôte »).

2. La Cour et l'État hôte conviennent d'un accord de siège qui doit être approuvé par l'Assemblée des États parties, puis conclu par le président de la Cour au nom de celle-ci.

3. Si elle le juge souhaitable, la Cour siège ailleurs selon les dispositions du présent Statut.

Art. 4. – Régime et pouvoirs juridiques de la Cour

1. La Cour a la personnalité juridique internationale. Elle a aussi la capacité juridique qui lui est nécessaire pour exercer ses fonctions et accomplir sa mission.

2. La Cour peut exercer ses fonctions et ses pouvoirs, comme prévu dans le présent Statut, sur le territoire de tout État partie et, par une convention à cet effet, sur le territoire de tout autre État.

CHAPITRE II
Compétence, recevabilité et droit applicable

Art. 5. – Crimes relevant de la compétence de la Cour

1. La compétence de la Cour est limitée aux crimes les plus graves qui touchent l'ensemble de la communauté internationale. En vertu du présent Statut, la Cour a compétence à l'égard des crimes suivants :

a) le crime de génocide ;

b) les crimes contre l'humanité ;

c) les crimes de guerre ;

d) le crime d'agression.

2. La Cour exercera sa compétence à l'égard du crime d'agression quand une disposition aura été adoptée conformément aux articles 121 et 123, qui définira ce crime et fixera les conditions de l'exercice de la compétence de la Cour à son égard. Cette disposition devra être compatible avec les dispositions pertinentes de la Charte des Nations unies.

Art. 6. – Crime de génocide

Aux fins du présent Statut, on entend par crime de génocide l'un des actes ci-après commis dans l'intention de détruire, en tout ou en partie, un groupe national, ethnique, racial ou religieux, comme tel :

a) meurtre de membres du groupe ;

b) atteinte grave à l'intégrité physique ou mentale de membres du groupe ;

c) soumission intentionnelle du groupe à des conditions d'existence devant entraîner sa destruction physique totale ou partielle ;

d) mesures visant à entraver les naissances au sein du groupe ;

e) transfert forcé d'enfants du groupe à un autre groupe.

Art. 7. – Crimes contre l'humanité

1. Aux fins du présent Statut, on entend par crime contre l'humanité l'un des actes ci-après commis dans le cadre d'une attaque généralisée ou systématique lancée contre une population civile et en connaissance de cette attaque :

a) meurtre ;

b) extermination ;

c) réduction en esclavage ;

d) déportation ou transfert forcé de population ;

e) emprisonnement ou autre forme de privation grave de liberté physique en violation des dispositions fondamentales du droit international ;

f) torture ;

g) viol, esclavage sexuel, prostitution forcée, grossesse forcée, stérilisation forcée et toute autre forme de violence sexuelle de gravité comparable ;

h) persécution de tout groupe ou de toute collectivité identifiable pour des motifs d'ordre politique, racial, national, ethnique, culturel, religieux ou sexiste au sus du paragraphe 3, ou en fonction d'autres critères universellement reconnus comme inadmissibles en droit international, en corrélation avec tout acte visé dans le présent paragraphe ou tout crime relevant de la compétence de la Cour ;

i) disparitions forcées ;

j) apartheid ;

k) autres actes inhumains de caractère analogue causant intentionnellement de grandes souffrances ou des atteintes graves à l'intégrité physique ou à la santé physique ou mentale.

2. Aux fins du paragraphe 1 :

a) Par « attaque lancée contre une population civile », on entend le comportement qui consiste à multiplier les actes visés au paragraphe 1 à l'encontre d'une population civile quelconque, en application ou dans la poursuite de la politique d'un État ou d'une organisation ayant pour but une telle attaque ;

b) Par « extermination », on entend notamment le fait d'imposer intentionnellement des conditions de vie, telles que la privation d'accès à la nourriture et aux médicaments, calculées pour entraîner la destruction d'une partie de la population ;

c) Par « réduction en esclavage », on entend le fait d'exercer sur une personne l'un ou l'ensemble des pouvoirs liés au droit de propriété, y compris dans le cadre de la traite des être humains, en particulier des femmes et des enfants à des fins d'exploitation sexuelle ;

d) Par « déportation ou transfert forcé de population », on entend le fait de déplacer des personnes, en les expulsant ou par d'autres moyens coercitifs, de la région où elles se trouvent légalement, sans motifs admis en droit international;

e) Par « torture », on entend le fait d'infliger intentionnellement une douleur ou des souffrances aiguës, physiques ou mentales, à une personne se trouvant sous sa garde ou sous son contrôle; l'acception de ce terme ne s'étend pas à la douleur ou aux souffrances résultant uniquement de sanctions légales, inhérentes à ces sanctions ou occasionnées par elles;

f) Par « grossesse forcée », on entend la détention illégale d'une femme mise enceinte de force, dans l'intention de modifier la composition ethnique d'une population ou de commettre d'autres violations graves du droit international. Cette définition ne peut en aucune manière s'interpréter comme ayant une incidence sur les lois nationales relatives à l'interruption de grossesse;

g) Par « persécution », on entend le déni intentionnel et grave de droits fondamentaux en violation du droit international, pour des motifs liés à l'identité du groupe ou de la collectivité qui en fait l'objet;

h) Par « apartheid », on entend des actes inhumains analogues à ceux que vise le paragraphe 1, commis dans le cadre d'un régime institutionnalisé d'oppression systématique et de domination d'un groupe racial sur tout autre groupe racial ou tous autres groupes raciaux et dans l'intention de maintenir ce régime;

i) Par « disparitions forcées », on entend les cas où des personnes sont arrêtées, détenues ou enlevées par un État ou une organisation politique ou avec l'autorisation, l'appui ou l'assentiment de cet État ou de cette organisation, qui refuse ensuite d'admettre que ces personnes sont privées de liberté ou de révéler le sort qui leur est réservé ou l'endroit où elles se trouvent, dans l'intention de les soustraire à la protection de la loi pendant une période prolongée.

3. Aux fins du présent Statut, le terme « sexe » s'entend de l'un et l'autre sexes, masculin et féminin, suivant le contexte de la société. Il n'implique aucun autre sens.

Art. 8. – Crimes de guerre

1. La Cour a compétence à l'égard des crimes de guerre, en particulier lorsque ces crimes s'inscrivent dans un plan ou une politique ou lorsqu'ils font partie d'une série de crimes analogues commis sur une grande échelle.

2. Aux fins du Statut, on entend par « *crimes de guerre* » :

a) les *infractions graves* aux *Conventions de Genève* du 12 août 1949, à savoir les actes ci-après lorsqu'ils visent des personnes ou des biens protégés par les dispositions des Conventions de Genève :

i) l'homicide intentionnel;

ii) la torture ou les traitements inhumains, y compris les expériences biologiques;

iii) le fait de causer intentionnellement de grandes souffrances ou de porter gravement atteinte à l'intégrité physique ou à la santé;

iv) la destruction et l'appropriation de biens, non justifiées par des nécessités militaires et exécutées sur une grande échelle de façon illicite et arbitraire;

v) le fait de contraindre un prisonnier de guerre ou une personne protégée à servir dans les forces d'une puissance ennemie;

vi) le fait de priver intentionnellement un prisonnier de guerre ou toute autre personne protégée de son droit d'être jugé régulièrement et impartialement;

vii) les déportations ou transferts illégaux ou les détentions illégales;

viii) les prises d'otages;

b) Les *autres violations graves* des lois et coutumes applicables aux conflits armés internationaux dans le cadre établi du droit international, à savoir les actes ci-après :

i) le fait de lancer des attaques délibérées contre la population civile en général ou contre des civils qui ne prennent pas directement part aux hostilités;

ii) le fait de lancer des attaques délibérées contre des biens civils qui ne sont pas des objectifs militaires;

iii) le fait de lancer des attaques délibérées contre le personnel, les installations, le matériel, les unités ou les véhicules employés dans le cadre d'une mission d'aide humanitaire ou de maintien de la paix conformément à la Charte des Nations unies, pour autant qu'ils aient droit à la protection que le droit international des conflits armés garantit aux civils et aux biens de caractère civil;

iv) le fait de lancer une attaque délibérée en sachant qu'elle causera incidemment des pertes en vies humaines et des blessures parmi la population civile, des dommages aux biens de caractère civil ou des dommages étendus, durables et graves à l'environnement naturel qui seraient manifestement excessifs par rapport à l'ensemble de l'avantage militaire concret et direct attendu;

v) le fait d'attaquer ou de bombarder, par quelque moyen que ce soit, des villes, villages, habitations ou bâtiments qui ne sont pas défendus et qui ne sont pas des objectifs militaires;

vi) le fait de tuer ou de blesser un combattant qui, ayant déposé les armes ou n'ayant plus de moyens de se défendre, s'est rendu à discrétion;

vii) le fait d'utiliser le pavillon parlementaire, le drapeau ou les insignes militaires et l'uniforme de l'ennemi ou de l'Organisation des Nations unies, ainsi que les signes distinctifs prévus par les Conventions de Genève, et, ce faisant, de causer la perte de vies humaines ou des blessures graves ;

viii) le transfert, direct ou indirect, par une puissance occupante d'une partie de sa population civile, dans le territoire qu'elle occupe, ou la déportation ou le transfert à l'intérieur ou hors du territoire occupé de la totalité ou d'une partie de la population de ce territoire ;

ix) le fait de lancer des attaques délibérées contre des bâtiments consacrés à la religion, à l'enseignement, à l'art, à la science ou à l'action caritative, des monuments historiques, des hôpitaux et des lieux où des malades ou des blessés sont rassemblés, pour autant que ces bâtiments ne soient pas alors utilisés à des fins militaires ;

x) le fait de soumettre des personnes d'une partie adverse tombées en son pouvoir à des mutilations ou à des expériences médicales ou scientifiques quelles qu'elles soient qui ne sont ni motivées par un traitement médical ni effectuées dans l'intérêt de ces personnes, et qui entraînent la mort de celles-ci ou mettent sérieusement en danger leur santé ;

xi) le fait de tuer ou de blesser par traîtrise des individus appartenant à la nation ou à l'armée ennemie ;

xii) le fait de déclarer qu'il ne sera pas fait de quartier ;

xiii) le fait de détruire ou de saisir les biens de l'ennemi, sauf dans les cas où ces destructions ou saisies seraient impérieusement commandées par les nécessités de la guerre ;

xiv) le fait de déclarer éteints, suspendus ou non recevables en justice les droits et actions des nationaux de la partie adverse ;

xv) le fait pour un belligérant de contraindre les nationaux de la partie adverse à prendre part aux opérations de guerre dirigées contre leur pays, même s'ils étaient au service de ce belligérant avant le commencement de la guerre ;

xvi) le pillage d'une ville ou d'une localité, même prise d'assaut ;

xvii) le fait d'utiliser du poison ou des armes empoisonnées ;

xviii) le fait d'utiliser des gaz asphyxiants, toxiques ou assimilés et tous liquides, matières ou engins analogues ;

xix) le fait d'utiliser des balles qui se dilatent ou s'aplatissent facilement dans le corps humain, telles que des balles dont l'enveloppe dure ne recouvre pas entièrement le centre ou est percée d'entailles ;

xx) le fait d'employer les armes, projectiles, matériels et méthodes de combat de nature à causer des maux superflus ou des souffrances inutiles ou à agir sans discrimination en violation du droit international des conflits armés, à condition que ces moyens fassent l'objet d'une interdiction générale et qu'ils soient inscrits dans une annexe au présent Statut, par voie d'amendement adopté selon les dispositions des articles 121 et 123 ;

xxi) les atteintes à la dignité de la personne, notamment les traitements humiliants et dégradants ;

xxii) le viol, l'esclavage sexuel, la prostitution forcée, la grossesse forcée, la stérilisation forcée ou toute autre forme de violence sexuelle constituant une infraction grave aux Conventions de Genève;

xxiii) le fait d'utiliser la présence d'un civil ou d'une autre personne protégée pour éviter que certains points, zones ou forces militaires ne soient la cible d'opérations militaires;

xxiv) le fait de lancer des attaques délibérées contre les bâtiments, le matériel, les unités et les moyens de transport sanitaires, et le personnel utilisant, conformément au droit international, les signes distinctifs prévus par les Conventions de Genève;

xxv) le fait d'affamer délibérément des civils, comme méthode de guerre, en les privant de biens indispensables à leur survie, notamment en empêchant intentionnellement l'arrivée des secours prévus par les Conventions de Genève;

xxvi) le fait de procéder à la conscription ou à l'enrôlement d'enfants de moins de 15 ans dans les forces armées nationales ou de les faire participer activement à des hostilités;

c) En *cas de conflit armé* ne présentant pas un caractère international, les violations graves de l'article 3 commun aux quatre Conventions de Genève du 12 août 1949, à savoir les actes ci-après commis à l'encontre de personnes qui ne participent pas directement aux hostilités, y compris les membres de forces armées qui ont déposé les armes et les personnes qui ont été mises hors de combat par maladie, blessure, détention ou par toute autre cause :

i) les atteintes à la vie et à l'intégrité corporelle, notamment le meurtre sous toutes ses formes, les mutilations, les traitements cruels et la torture;

ii) les atteintes à la dignité de la personne, notamment les traitements humiliants et dégradants;

iii) les prises d'otages;

iv) les condamnations prononcées et les exécutions effectuées sans un jugement préalable, rendu par un tribunal régulièrement constitué, assorti des garanties judiciaires généralement reconnues comme indispensables;

d) L'alinéa c) du paragraphe 2 s'applique aux conflits armés ne présentant pas un caractère international et ne s'applique donc pas aux situations de troubles ou tensions internes telles que les émeutes, les actes de violence sporadiques ou isolés et les actes de nature similaire;

e) Les *autres violations graves* des lois et coutumes applicables aux conflits armés ne présentant pas un caractère international, dans le cadre établi du droit international, à savoir les actes ci-après :

i) le fait de lancer des attaques délibérées contre la population civile en général ou contre des civils qui ne prennent pas directement part aux hostilités;

ii) le fait de lancer des attaques délibérées contre les bâtiments, le matériel, les unités et les moyens de transport sanitaires, et le personnel utilisant, conformément au droit international, les signes distinctifs prévus par les Conventions de Genève;

iii) le fait de lancer des attaques délibérées contre le personnel, les installations, le matériel, les unités ou les véhicules employés dans le cadre d'une mission d'aide humanitaire ou de maintien de la paix conformément à la Charte des Nations unies, pour autant qu'ils aient droit à la protection que le droit des conflits armés garantit aux civils et aux biens de caractère civil;

iv) le fait de lancer des attaques délibérées contre des bâtiments consacrés à la religion, à l'enseignement, à l'art, à la science ou à l'action caritative, des monuments historiques, des hôpitaux et des lieux où des malades et des blessés sont rassemblés, pour autant que ces bâtiments ne soient pas alors utilisés à des fins militaires;

v) le pillage d'une ville ou d'une localité, même prise d'assaut;

vi) le viol, l'esclavage sexuel, la prostitution forcée, la grossesse forcée, telle que définie à l'article 7, paragraphe 2, alinéa f), la stérilisation forcée, ou toute autre forme de violence sexuelle constituant une infraction grave aux Conventions de Genève;

vii) le fait de procéder à la conscription ou à l'enrôlement d'enfants de moins de 15 ans dans les forces armées ou de les faire participer activement à des hostilités;

viii) le fait d'ordonner le déplacement de la population civile pour des raisons ayant trait au conflit, sauf dans les cas où la sécurité des civils ou des impératifs militaires l'exigent;

ix) le fait de tuer ou de blesser par traîtrise un adversaire combattant;

x) le fait de déclarer qu'il ne sera pas fait de quartier;

xi) le fait de soumettre des personnes d'une autre partie au conflit tombées en son pouvoir à des mutilations ou à des expériences médicales ou scientifiques quelles qu'elles soient qui ne sont ni motivées par un traitement médical, ni effectuées dans l'intérêt de ces personnes, et qui entraînent la mort de celles-ci ou mettent sérieusement en danger leur santé;

xii) le fait de détruire ou de saisir les biens d'un adversaire, sauf si ces destructions ou saisies sont impérieusement commandées par les nécessités du conflit;

f) L'alinéa e) du paragraphe 2 s'applique aux conflits armés ne présentant pas un caractère international et ne s'applique donc pas aux situations de tensions internes et de troubles intérieurs comme les émeutes, les actes isolés et sporadiques de violence et autres actes analogues. Il s'applique aux conflits armés qui opposent de manière prolongée sur le territoire d'un État les autorités du Gouvernement de cet État et des groupes armés organisés ou des groupes armés organisés entre eux.

3. Rien dans le paragraphe 2, alinéas c) et d) n'affecte la responsabilité d'un Gouvernement de maintenir ou rétablir l'ordre public dans

l'État ou de défendre l'unité et l'intégrité territoriale de l'État par tous les moyens légitimes.

Art. 9. – Éléments constitutifs des crimes

1. Les éléments constitutifs des crimes aident la Cour à interpréter et appliquer les articles 6, 7 et 8 du présent Statut. Ils doivent être approuvés à la majorité des deux tiers des membres de l'Assemblée des États parties.

2. Des amendements aux éléments constitutifs des crimes peuvent être proposés par :

a) un État partie ;

b) les juges, statuant à la majorité absolue ;

c) le procureur.

Les amendements doivent être adoptés à la majorité des deux tiers des membres de l'Assemblée des États parties.

3. Les éléments constitutifs des crimes et les amendements s'y rapportant sont conformes au présent Statut.

Art. 10. – Aucune disposition du présent chapitre ne doit être interprétée comme limitant ou affectant de quelque manière que ce soit les règles du droit international existantes ou en formation qui visent d'autres fins que le présent Statut.

Art. 11. – Compétence *ratione temporis*

1. La Cour n'a compétence qu'à l'égard des crimes relevant de sa compétence commis après l'entrée en vigueur du présent Statut.

2. Si un État devient partie au présent Statut après l'entrée en vigueur de celui-ci, la Cour ne peut exercer sa compétence qu'à l'égard des crimes commis après l'entrée en vigueur du Statut pour cet État, sauf si ledit État fait la déclaration prévue à l'article 12, paragraphe 3.

Art. 12. – 1. Un État qui devient partie au Statut reconnaît par là même la compétence de la Cour à l'égard des crimes visés à l'article 5.

2. Dans les cas visés à l'article 13, paragraphes a) ou c), la Cour peut exercer sa compétence si l'un des États suivants ou les deux sont parties au présent Statut ou ont reconnu la compétence de la Cour conformément au paragraphe 3 :

a) L'État sur le territoire duquel le comportement en cause s'est produit ou, si le crime a été commis à bord d'un navire ou d'un aéronef, l'État du pavillon ou l'État d'immatriculation ;

b) L'État dont la personne accusée du crime est un national.

3. Si la reconnaissance de la compétence de la Cour par un État qui n'est pas partie au présent Statut est nécessaire aux fins du paragraphe 2, cet État peut, par déclaration déposée auprès du greffier, consentir à ce que la Cour exerce sa compétence à l'égard du crime dont il

s'agit. L'État ayant reconnu la compétence de la Cour coopère avec celle-ci sans retard et sans exception conformément au chapitre IX.

Art. 13. – Exercice de la compétence

La Cour peut exercer sa compétence à l'égard des crimes visés à l'article 5, conformément aux dispositions du présent Statut :

a) Si une situation dans laquelle un ou plusieurs de ces crimes paraissent avoir été commis est déférée au procureur par un État partie, comme prévu à l'article 14 ;

b) Si une situation dans laquelle un ou plusieurs de ces crimes paraissent avoir été commis est déférée au procureur par le Conseil de sécurité agissant en vertu du chapitre VII de la Charte des Nations unies ; ou

c) Si le procureur a ouvert une enquête sur un ou plusieurs de ces crimes en vertu de l'article 15.

Art. 14. – Renvoi d'une situation par un État partie

1. Tout État partie peut déférer au procureur une situation dans laquelle un ou plusieurs des crimes relevant de la compétence de la Cour paraissent avoir été commis, et prier le procureur d'enquêter sur cette situation en vue de déterminer si une ou plusieurs personnes particulières doivent être accusées de ces crimes.
2. L'État qui procède au renvoi indique autant que possible les circonstances de l'affaire et produit les pièces à l'appui dont il dispose.

Art. 15. – Le procureur

1. Le procureur peut ouvrir une enquête de sa propre initiative au vu de renseignements concernant des crimes relevant de la compétence de la Cour.
2. Le procureur vérifie le sérieux des renseignements reçus. À cette fin, il peut rechercher des renseignements supplémentaires auprès d'États, d'organes de l'Organisation des Nations unies, d'organisations intergouvernementales et non gouvernementales, ou d'autres sources dignes de foi qu'il juge appropriées, et recueillir des dépositions écrites ou orales au siège de la Cour.
3. S'il conclut qu'il y a de bonnes raisons d'ouvrir une enquête, le procureur présente à la Chambre préliminaire une demande d'autorisation en ce sens, accompagnée des éléments justificatifs recueillis. Les victimes peuvent adresser des représentations à la Chambre préliminaire, conformément au Règlement de procédure et de preuve.
4. Si elle estime, après examen de la demande et des éléments justificatifs qui l'accompagnent, que l'ouverture d'une enquête se justifie et que l'affaire semble relever de la compétence de la Cour, la Chambre préliminaire donne son autorisation, sans préjudice des décisions que la Cour prendra ultérieurement en matière de compétence et de recevabilité.

5. Une réponse négative de la Chambre préliminaire n'empêche pas le procureur de présenter par la suite une nouvelle demande en se fondant sur des faits ou des éléments de preuve nouveaux ayant trait à la même situation.

6. Si, après l'examen préliminaire visé aux paragraphes 1 et 2, le procureur conclut que les renseignements qui lui ont été soumis ne justifient pas l'ouverture d'une enquête, il en avise ceux qui les lui ont fournis. Il ne lui est pas pour autant interdit d'examiner, à la lumière de faits ou d'éléments de preuve nouveaux, les autres renseignements qui pourraient lui être communiqués au sujet de la même affaire.

Art. 16. – Sursis à enquêter ou à poursuivre

Aucune enquête ni aucunes poursuites ne peuvent être engagées ni menées en vertu du présent Statut pendant les douze mois qui suivent la date à laquelle le Conseil de sécurité a fait une demande en ce sens à la Cour dans une résolution adoptée en vertu du chapitre VII de la Charte des Nations unies; la demande peut être renouvelée par le Conseil dans les mêmes conditions.

Art. 17. – Questions relatives à la recevabilité

1. Eu égard au dixième alinéa du préambule et à l'article premier du présent Statut, une affaire est jugée irrecevable par la Cour lorsque :

a) L'affaire fait l'objet d'une enquête ou de poursuites de la part d'un État ayant compétence en l'espèce, à moins que cet État n'ait pas la volonté ou soit dans l'incapacité de mener véritablement à bien l'enquête ou les poursuites;

b) L'affaire a fait l'objet d'une enquête de la part d'un État ayant compétence en l'espèce et que cet État a décidé de ne pas poursuivre la personne concernée, à moins que cette décision ne soit l'effet du manque de volonté ou de l'incapacité de l'État de mener véritablement à bien des poursuites;

c) La personne concernée a déjà été jugée pour le comportement faisant l'objet de la plainte, et qu'elle ne peut être jugée par la Cour en vertu de l'article 20, paragraphe 3;

d) L'affaire n'est pas suffisamment grave pour que la Cour y donne suite.

2. Pour déterminer s'il y a manque de volonté de l'État dans un cas d'espèce, la Cour considère l'existence, eu égard aux garanties judiciaires reconnues par le droit international, de l'une ou de plusieurs des circonstances suivantes :

a) La procédure a été ou est engagée ou la décision de l'État a été prise dans le dessein de soustraire la personne concernée à sa responsabilité pénale pour les crimes relevant de la compétence de la Cour visés à l'article 5;

b) La procédure a subi un retard injustifié qui, dans les circonstances, dément l'intention de traduire en justice la personne concernée;

c) La procédure n'a pas été ou n'est pas menée de manière indépendante ou impartiale mais d'une manière qui, dans les circonstances, dément l'intention de traduire en justice la personne concernée.

3. Pour déterminer s'il y a incapacité de l'État dans un cas d'espèce, la Cour considère si l'État n'est pas en mesure, en raison de l'effondrement de la totalité ou d'une partie substantielle de son propre appareil judiciaire ou de l'indisponibilité de celui-ci, de se saisir de l'accusé, de réunir les éléments de preuve et les témoignages nécessaires ou de mener autrement à bien la procédure.

Art. 18. – Décision préliminaire sur la recevabilité

1. Lorsqu'une situation est déférée à la Cour comme le prévoit l'article 13, alinéa a), et que le procureur a déterminé qu'il y a de bonnes raisons d'ouvrir une enquête, ou lorsque le procureur a ouvert une enquête au titre des articles 13, paragraphe c), et 15, le procureur le notifie à tous les États parties et aux États qui, selon les renseignements disponibles, auraient normalement compétence à l'égard des crimes dont il s'agit. Il peut le faire à titre confidentiel et, quand il juge que cela est nécessaire pour protéger des personnes, prévenir la destruction d'éléments de preuve ou empêcher la fuite de personnes, il restreint l'étendue des renseignements qu'il communique aux États.

2. Dans le mois qui suit la réception de cette notification, un État peut informer la Cour qu'il ouvre ou a ouvert une enquête sur ses nationaux ou d'autres personnes placées sous sa juridiction pour des actes criminels qui pourraient être constitutifs des crimes visés à l'article 5 et qui ont un rapport avec les renseignements notifiés aux États. Si l'État le lui demande, le procureur lui défère le soin de l'enquête, à moins que la Chambre préliminaire ne l'autorise, sur sa demande, à faire enquête lui-même.

3. Ce sursis à enquêter peut être réexaminé par le procureur six mois après avoir été décidé, ou à tout moment si le manque de volonté ou l'incapacité de l'État de mener véritablement à bien l'enquête modifie sensiblement les circonstances.

4. L'État intéressé ou le procureur peut relever appel devant la Chambre d'appel de la décision de la Chambre préliminaire, comme le prévoit l'article 82, paragraphe 2. Cet appel peut être examiné selon une procédure accélérée.

5. Lorsqu'il sursoit à enquêter comme prévu au paragraphe 2, le procureur peut demander à l'État concerné de lui rendre régulièrement compte des progrès de son enquête et, le cas échéant, des poursuites engagées par la suite. Les États parties répondent à ces demandes sans retard injustifié.

6. En attendant la décision de la Chambre préliminaire, ou à tout moment après avoir décidé de surseoir à son enquête comme le prévoit le présent article, le procureur peut, à titre exceptionnel, demander à la Chambre préliminaire l'autorisation de prendre les mesures d'enquête nécessaires pour préserver des éléments de preuve dans le

cas où l'occasion de recueillir des éléments de preuve importants ne se représentera pas ou s'il y a un risque appréciable que ces éléments de preuve ne soient plus disponibles par la suite.

7. L'État qui a contesté une décision de la Chambre préliminaire en vertu du présent article peut contester la recevabilité d'une affaire au regard de l'article 19 en invoquant des faits nouveaux ou un changement de circonstances importants.

Art. 19. – Contestation de la compétence de la Cour ou de la recevabilité d'une affaire

1. La Cour s'assure qu'elle est compétente pour connaître de l'affaire portée devant elle. Elle peut d'office se prononcer sur la recevabilité de l'affaire conformément à l'article 17.

2. Peuvent contester la recevabilité de l'affaire pour les motifs indiqués à l'article 17 ou contester la compétence de la Cour :

a) L'accusé ou la personne à l'encontre de laquelle a été délivré un mandat d'arrêt ou une citation à comparaître en vertu de l'article 58 ;

b) L'État qui est compétent à l'égard du crime considéré du fait qu'il mène ou a mené une enquête, ou qu'il exerce ou a exercé des poursuites en l'espèce ; ou

c) L'État qui doit avoir reconnu la compétence de la Cour selon l'article 12.

3. Le procureur peut demander à la Cour de se prononcer sur une question de compétence ou de recevabilité. Dans les procédures portant sur la compétence ou la recevabilité, ceux qui ont déféré une situation en application de l'article 13, ainsi que les victimes, peuvent également soumettre des observations à la Cour.

4. La recevabilité d'une affaire ou la compétence de la Cour ne peut être contestée qu'une fois par les personnes ou les États visés au paragraphe 2. L'exception doit être soulevée avant l'ouverture ou à l'ouverture du procès. Dans des circonstances exceptionnelles, la Cour permet qu'une exception soit soulevée plus d'une fois ou à une phase ultérieure du procès. Les exceptions d'irrecevabilité soulevées à l'ouverture du procès, ou par la suite avec l'autorisation de la Cour, ne peuvent être fondées que sur les dispositions de l'article 1, paragraphe 1, alinéa c).

5. Les États visés au paragraphe 2, alinéas b) et c), soulèvent leur exception le plus tôt possible.

6. Avant la confirmation des charges, les exceptions d'irrecevabilité ou d'incompétence sont renvoyées à la Chambre préliminaire. Après la confirmation des charges, elles sont renvoyées à la Chambre de première instance. Il peut être fait appel des décisions de la Chambre d'appel portant sur la compétence ou la recevabilité conformément à l'article 82.

7. Si l'exception est soulevée par l'État visé au paragraphe 2, alinéas b) ou c), le procureur sursoit à enquêter jusqu'à ce que la Cour ait pris la décision prévue à l'article 17.

8. En attendant qu'elle statue, le procureur peut demander à la Cour l'autorisation :

a) De prendre les mesures d'enquête visées à l'article 18, paragraphe 6;

b) De recueillir la déposition ou le témoignage d'un témoin ou de mener à bien les opérations de rassemblement et d'examen des éléments de preuve commencées avant que l'exception ait été soulevée;

c) D'empêcher, en coopération avec les États concernés, la fuite des personnes contre lesquelles le procureur a déjà requis un mandat d'arrêt conformément à l'article 58.

9. Le fait qu'une exception est soulevée est sans effet sur la validité des mesures prises par le procureur et des ordonnances et mandats délivrés par la Cour avant que l'exception ait été soulevée.

10. Quand la Cour a jugé une affaire irrecevable au regard de l'article 17, le procureur peut lui demander de reconsidérer sa décision s'il est certain que des faits nouvellement apparus infirment les raisons pour lesquelles l'affaire avait été jugée irrecevable.

11. Si, eu égard à l'article 17, le procureur sursoit à enquêter, il peut demander à l'État intéressé de l'informer du déroulement de la procédure. Ces renseignements sont tenus confidentiels si l'État le demande. Si le procureur décide par la suite d'ouvrir une enquête, il notifie sa décision à l'État dont la procédure était à l'origine du sursis.

Art. 20. – *Non bis in idem*

1. Sauf disposition contraire du présent Statut, nul ne peut être jugé par la Cour pour des actes constitutifs de crimes pour lesquels il a déjà été condamné ou acquitté par elle.

2. Nul ne peut être jugé par une autre juridiction pour un crime visé à l'article 5 pour lequel il a déjà été condamné ou acquitté par la Cour.

3. Quiconque a été jugé par une autre juridiction pour un comportement tombant aussi sous le coup des articles 6, 7 ou 8 ne peut être jugé par la Cour que si la procédure devant l'autre juridiction :

a) Avait pour but de soustraire la personne concernée à sa responsabilité pénale pour des crimes relevant de la compétence de la Cour; ou

b) N'a pas été au demeurant menée de manière indépendante ou impartiale, dans le respect des garanties prévues par le droit international, mais d'une manière qui, dans les circonstances, démentait l'intention de traduire l'intéressé en justice.

Art. 21. – Droit applicable

1. La Cour applique :

a) En premier lieu, le présent Statut et le Règlement de procédure et de preuve;

b) En second lieu, selon qu'il convient, les traités applicables et les principes et règles du droit international, y compris les principes établis du droit international des conflits armés;

c) À défaut, les principes généraux du droit dégagés par la Cour à partir des lois nationales représentant les différents systèmes juridiques du monde, y compris, selon qu'il convient, les lois nationales des États sous la juridiction desquels tomberait normalement le crime, si ces principes ne sont pas incompatibles avec le présent Statut ni avec le droit international et les règles et normes internationales reconnues.

2. La Cour peut appliquer les principes et règles de droit tels qu'elle les a interprétés dans ses décisions antérieures.

3. L'application et l'interprétation du droit prévues au présent article doivent être compatibles avec les droits de l'Homme internationalement reconnus et exemptes de toute discrimination fondée sur des considérations telles que l'appartenance à l'un ou l'autre sexe tel que défini à l'article 7, paragraphe 3, l'âge, la race, la couleur, la langue, la religion ou la conviction, les opinions politiques ou autres, l'origine nationale, ethnique ou sociale, la fortune, la naissance ou toute autre qualité.

CHAPITRE III
Principes généraux du droit pénal

Art. 22. – *Nullum crimen sine lege*

1. Une personne n'est responsable pénalement en vertu du présent Statut que si son comportement constitue, au moment où il se produit, un crime relevant de la compétence de la Cour.

2. La définition d'un crime est d'interprétation stricte et ne peut être étendue par analogie. En cas d'ambiguïté, elle est interprétée en faveur de la personne qui fait l'objet d'une enquête, de poursuites ou d'une condamnation.

3. Le présent article n'empêche pas qu'un comportement soit qualifié de crime au regard du droit international, indépendamment du présent Statut.

Art. 23. – *Nulla pœna sine lege*

Une personne qui a été condamnée par la Cour ne peut être punie que conformément aux dispositions du présent Statut.

Art. 24. – Non-rétroactivité *ratione personae*

1. Nul n'est pénalement responsable, en vertu du présent Statut, pour un comportement antérieur à l'entrée en vigueur du Statut.

2. Si le droit applicable à une affaire est modifié avant le jugement définitif, c'est le droit le plus favorable à la personne faisant l'objet d'une enquête, de poursuites ou d'une condamnation qui s'applique.

Art. 25. – Responsabilité pénale individuelle

1. La Cour est compétente à l'égard des personnes physiques en vertu du présent Statut.

2. Quiconque commet un crime relevant de la compétence de la Cour est individuellement responsable et peut être puni conformément au présent Statut.

3. Aux termes du présent Statut, une personne est pénalement responsable et peut être punie pour un crime relevant de la compétence de la Cour si :

a) Elle commet un tel crime, que ce soit individuellement, conjointement avec une autre personne ou par l'intermédiaire d'une autre personne, que cette autre personne soit ou non pénalement responsable;

b) Elle ordonne, sollicite ou encourage la commission d'un tel crime, dès lors qu'il y a commission ou tentative de commission de ce crime;

c) En vue de faciliter la commission d'un tel crime, elle apporte son aide, son concours ou toute autre forme d'assistance à la commission ou à la tentative de commission de ce crime, y compris en fournissant les moyens de cette commission;

d) Elle contribue de toute autre manière à la commission ou à la tentative de commission d'un tel crime par un groupe de personnes agissant de concert. Cette contribution doit être intentionnelle et, selon le cas :

i) viser à faciliter l'activité criminelle ou le dessein criminel du groupe, si cette activité ou ce dessein comporte l'exécution d'un crime relevant de la compétence de la Cour; ou

ii) être faite en pleine connaissance de l'intention du groupe de commettre ce crime.

e) S'agissant du crime de génocide, elle incite directement et publiquement autrui à le commettre;

f) Elle tente de commettre un tel crime par des actes qui, par leur caractère substantiel, constituent un commencement d'exécution mais sans que le crime soit accompli en raison de circonstances indépendantes de sa volonté. Toutefois, la personne qui abandonne l'effort tendant à commettre le crime ou en empêche de quelque autre façon l'achèvement ne peut être punie en vertu du présent Statut pour sa tentative si elle a complètement et volontairement renoncé au dessein criminel.

4. Aucune disposition du présent Statut relative à la responsabilité pénale des individus n'affecte la responsabilité des États en droit international.

Art. 26. – Incompétence à l'égard des personnes de moins de 18 ans

La Cour n'a pas compétence à l'égard d'une personne qui était âgée de moins de 18 ans au moment de la commission prétendue d'un crime.

Art. 27. – Défaut de pertinence de la qualité officielle

1. Le présent Statut s'applique à tous de manière égale, sans aucune distinction fondée sur la qualité officielle. En particulier, la qualité officielle de chef d'État ou de gouvernement, de membre d'un Gouvernement ou d'un parlement, de représentant élu ou d'agent d'un État, n'exonère en aucun cas de la responsabilité pénale au regard du présent Statut, pas plus qu'elle ne constitue en tant que telle un motif de réduction de la peine.

2. Les immunités ou règles de procédure spéciales qui peuvent s'attacher à la qualité officielle d'une personne, en vertu du droit interne ou du droit international, n'empêchent pas la Cour d'exercer sa compétence à l'égard de cette personne.

Art. 28. – Responsabilité des chefs militaires et autres supérieurs hiérarchiques

Outre les autres motifs de responsabilité pénale au regard du présent Statut pour des crimes relevant de la compétence de la Cour :

1. Un chef militaire ou une personne faisant effectivement fonction de chef militaire est pénalement responsable des crimes relevant de la compétence de la Cour commis par des forces placées sous son commandement et son contrôle effectifs, ou sous son autorité et son contrôle effectifs, selon le cas, lorsqu'il n'a pas exercé le contrôle qui convenait sur ces forces dans les cas où :

a) Il savait, ou, en raison des circonstances, aurait dû savoir, que ces forces commettaient ou allaient commettre ces crimes; et

b) Il n'a pas pris toutes les mesures nécessaires et raisonnables qui étaient en son pouvoir pour en empêcher ou en réprimer l'exécution ou pour en référer aux autorités compétentes aux fins d'enquête et de poursuites;

2. En ce qui concerne les relations entre supérieur hiérarchique et subordonnés non décrites au paragraphe a), le supérieur hiérarchique est pénalement responsable des crimes relevant de la compétence de la Cour commis par des subordonnés placés sous son autorité et son contrôle effectifs, lorsqu'il n'a pas exercé le contrôle qui convenait sur ces subordonnés dans les cas où :

a) Il savait que ces subordonnés commettaient ou allaient commettre ces crimes ou a délibérément négligé de tenir compte d'informations qui l'indiquaient clairement;

b) Ces crimes étaient liés à des activités relevant de sa responsabilité et de son contrôle effectifs; et

c) Il n'a pas pris toutes les mesures nécessaires et raisonnables qui étaient en son pouvoir pour en empêcher ou en réprimer l'exécution ou pour en référer aux autorités compétentes aux fins d'enquête et de poursuites.

Art. 29. – Imprescriptibilité

Les crimes relevant de la compétence de la Cour ne se prescrivent pas.

Art. 30. – Élément psychologique

1. Sauf disposition contraire, nul n'est pénalement responsable et ne peut être puni à raison d'un crime relevant de la compétence de la Cour que si l'élément matériel du crime s'accompagne d'intention et de connaissance.

2. Il y a intention au sens du présent article lorsque :

a) Relativement à un comportement, une personne entend adopter ce comportement ;

b) Relativement à une conséquence, une personne entend causer cette conséquence ou est consciente que celle-ci adviendra dans le cours normal des événements.

3. Il y a connaissance, au sens du présent article, lorsqu'une personne est consciente qu'une circonstance existe ou qu'une conséquence adviendra dans le cours normal des événements. « Savoir » et « connaître » s'interprètent en conséquence.

Art. 31. – Motifs d'exonération de la responsabilité pénale

1. Outre les autres motifs d'exonération de la responsabilité pénale prévus par le présent Statut, une personne n'est pas responsable pénalement si, au moment du comportement en cause :

a) Elle souffrait d'une maladie ou d'une déficience mentale qui la privait de la faculté de comprendre le caractère délictueux ou la nature de son comportement, ou de maîtriser celui-ci pour le conformer aux exigences de la loi ;

b) Elle était dans un état d'intoxication qui la privait de la faculté de comprendre le caractère délictueux ou la nature de son comportement, ou de maîtriser celui-ci pour le conformer aux exigences de la loi, à moins qu'elle ne se soit volontairement intoxiquée dans des circonstances telles qu'elle savait que, du fait de son intoxication, elle risquait d'adopter un comportement constituant un crime relevant de la compétence de la Cour, et qu'elle n'ait tenu aucun compte de ce risque ;

c) Elle a agi raisonnablement pour se défendre, pour défendre autrui ou, dans le cas des crimes de guerre, pour défendre des biens essentiels à sa survie ou à celle d'autrui ou essentiels à l'accomplissement d'une mission militaire, contre un recours imminent et illicite à la force, d'une manière proportionnée à l'ampleur du danger qu'elle courait ou que couraient l'autre personne ou les biens protégés. Le fait qu'une personne ait participé à une opération défensive menée par des forces armées ne constitue pas en soi un motif d'exonération de la responsabilité pénale au titre du présent alinéa ;

d) Le comportement dont il est allégué qu'il constitue un crime relevant de la compétence de la Cour a été adopté sous la contrainte résultant d'une menace de mort imminente ou d'une atteinte grave, continue ou imminente à sa propre intégrité physique ou à celle d'autrui, et si elle a agi par nécessité et de façon raisonnable pour écarter cette menace, à condition qu'elle n'ait pas eu l'intention de causer un dommage plus grand que celui qu'elle cherchait à éviter. Cette menace peut être :

i) soit exercée par d'autres personnes;

ii) soit constituée par d'autres circonstances indépendantes de sa volonté.

2. La Cour se prononce sur la question de savoir si les motifs d'exonération de la responsabilité pénale prévus dans le présent Statut sont applicables au cas dont elle est saisie.

3. Lors du procès, la Cour peut prendre en considération un motif d'exonération autre que ceux qui sont prévus au paragraphe 1, si ce motif découle du droit applicable indiqué à l'article 21. La procédure d'examen de ce motif d'exonération est fixée dans le Règlement de procédure et de preuve.

Art. 32. – Erreur de fait ou erreur de droit

1. Une erreur de fait n'est un motif d'exonération de la responsabilité pénale que si elle fait disparaître l'élément psychologique du crime.

2. Une erreur de droit portant sur la question de savoir si un comportement donné constitue un crime relevant de la compétence de la Cour n'est pas un motif d'exonération de la responsabilité pénale. Toutefois, une erreur de droit peut être un motif d'exonération de la responsabilité pénale si elle fait disparaître l'élément psychologique du crime ou si elle relève de l'article 33.

Art. 33. – Ordre hiérarchique et ordre de la loi

1. Le fait qu'un crime relevant de la compétence de la Cour a été commis sur ordre d'un Gouvernement ou d'un supérieur, militaire ou civil, n'exonère pas la personne qui l'a commis de sa responsabilité pénale, à moins que :

a) Cette personne n'ait eu l'obligation légale d'obéir aux ordres du Gouvernement ou du supérieur en question;

b) Cette personne n'ait pas su que l'ordre était illégal; et

c) L'ordre n'ait pas été manifestement illégal.

2. Aux fins du présent article, l'ordre de commettre un génocide ou un crime contre l'humanité est manifestement illégal.

CHAPITRE IV

Composition et administration de la Cour

Art. 34. – Organes de la Cour

Les organes de la Cour sont les suivants :

a) La Présidence;

b) Une Section des appels, une Section de première instance et une Section préliminaire ;

c) Le Bureau du procureur ;

d) Le greffe.

Art. 35. – Exercice des fonctions des juges

1. Tous les juges sont élus en tant que membres à plein temps de la Cour et sont disponibles pour exercer leurs fonctions à plein temps dès que commence leur mandat.

2. Les juges qui composent la Présidence exercent leurs fonctions à plein temps dès leur élection.

3. La Présidence peut, en fonction de la charge de travail de la Cour et en consultation avec les autres juges, décider périodiquement de la mesure dans laquelle ceux-ci sont tenus d'exercer leurs fonctions à plein temps. Les décisions prises à cet égard le sont sans préjudice des dispositions de l'article 40.

4. Les arrangements financiers concernant les juges qui ne sont pas tenus d'exercer leurs fonctions à plein temps sont établis conformément à l'article 49.

Art. 36. – Qualifications, candidature et élection des juges

1. Sous réserve du paragraphe 2, la Cour se compose de 18 juges.

2. *a*) La Présidence peut au nom de la Cour proposer d'augmenter le nombre des juges fixé au paragraphe 1, en motivant dûment sa proposition. Celle-ci est communiquée sans délai à tous les États parties par le greffier.

b) La proposition est ensuite examinée lors d'une réunion de l'Assemblée des États parties convoquée conformément à l'article 112. Elle est considérée comme adoptée si elle est approuvée à cette réunion à la majorité des deux tiers des membres de l'Assemblée des États parties. Elle devient effective à la date que fixe l'Assemblée des États parties.

c) i) quand la proposition d'augmenter le nombre des juges a été adoptée conformément à l'alinéa *b*), l'élection des juges supplémentaires a lieu à la réunion suivante de l'Assemblée des États parties, conformément aux paragraphes 3 à 8, et à l'article 37, paragraphe 2 ;

ii) quand la proposition d'augmenter le nombre des juges a été adoptée et est devenue effective conformément aux alinéas b) et c), sous-alinéa i), la Présidence peut proposer à tout moment par la suite, si le travail de la Cour le justifie, de réduire le nombre des juges, mais pas en deçà du nombre fixé au paragraphe 1. La proposition est examinée selon la procédure établie aux alinéas a) et b). Si elle est adoptée, le nombre des juges diminue progressivement à mesure que le mandat des juges en exercice vient à expiration, et ainsi jusqu'à ce que le nombre prévu soit atteint.

3. *a*) Les juges sont choisis parmi des personnes jouissant d'une haute considération morale, connues pour leur impartialité et leur intégrité et réunissant les conditions requises dans leurs États respectifs pour l'exercice des plus hautes fonctions judiciaires.

b) Tout candidat à un siège à la Cour doit :

i) avoir une compétence reconnue dans les domaines du droit pénal et de la procédure pénale ainsi que l'expérience nécessaire du procès pénal, que ce soit en qualité de juge, de procureur ou d'avocat, ou en toute autre qualité similaire; ou

ii) avoir une compétence reconnue dans des domaines pertinents du droit international, tels que le droit international humanitaire et les droits de l'Homme, ainsi qu'une grande expérience dans une profession juridique qui présente un intérêt pour le travail judiciaire de la Cour;

c) Tout candidat à un siège à la Cour doit avoir une excellente connaissance et une pratique courante d'au moins une des langues de travail de la Cour.

4. *a*) Les candidats à un siège à la Cour peuvent être présentés par tout État partie au présent Statut :

i) selon la procédure de présentation de candidatures aux plus hautes fonctions judiciaires dans l'État en question; ou

ii) selon la procédure de présentation de candidatures à la Cour internationale de justice prévue dans le Statut de celle-ci.

Les candidatures sont accompagnées d'un document détaillé montrant que le candidat présente les qualités prévues au paragraphe 3.

b) Chaque État partie peut présenter la candidature d'une personne à une élection donnée. Cette personne n'a pas nécessairement sa nationalité mais doit avoir celle d'un État partie.

c) L'Assemblée des États parties peut décider de constituer, selon qu'il convient, une commission consultative pour l'examen des candidatures. Dans ce cas, la composition et le mandat de cette commission sont définis par l'Assemblée des États parties.

5. Aux fins de l'élection, il est établi deux listes de candidats :

La liste A, qui contient les noms des candidats possédant les compétences visées au paragraphe 3, alinéa b), sous-alinéa i);

La liste B, qui contient les noms des candidats possédant les compétences visées au paragraphe 3, alinéa b), sous-alinéa ii).

Tout candidat possédant les compétences requises pour figurer sur les deux listes peut choisir celle sur laquelle il se présente. À la première élection, neuf juges au moins sont élus parmi les candidats de la liste A et cinq juges au moins parmi ceux de la liste B. Les élections suivantes sont organisées de manière à maintenir la même proportion entre les juges élus sur l'une et l'autre listes.

6. *a*) Les juges sont élus au scrutin secret lors d'une réunion de l'Assemblée des États parties convoquée à cet effet en vertu de l'article 112. Sous réserve du paragraphe 7, sont élus les 18 candidats

ayant obtenu le nombre de voix le plus élevé et la majorité des deux tiers des États parties présents et votants.

b) S'il reste des sièges à pourvoir à l'issue du premier tour de scrutin, il est procédé à des scrutins successifs conformément à la procédure établie à l'alinéa a) jusqu'à ce que les sièges restants aient été pourvus.

7. La Cour ne peut comprendre plus d'un ressortissant du même État. À cet égard, celui qui peut être considéré comme le ressortissant de plus d'un État est censé être ressortissant de l'État où il exerce habituellement ses droits civils et politiques.

8. *a*) Dans le choix des juges, les États parties tiennent compte de la nécessité d'assurer, dans la composition de la Cour :

i) la représentation des principaux systèmes juridiques du monde ;

ii) une représentation géographique équitable ; et

iii) une représentation équitable des hommes et des femmes ;

b) Les États parties tiennent également compte de la nécessité d'assurer la présence de juges spécialisés dans certaines matières, y compris, mais sans s'y limiter, les questions liées à la violence contre les femmes ou les enfants.

9. *a*) Sous réserve de l'alinéa b), les juges sont élus pour un mandat de neuf ans et, sous réserve de l'alinéa c) et de l'article 37, paragraphe 2, ils ne sont pas rééligibles.

b) À la première élection, un tiers des juges élus, désignés par tirage au sort, sont nommés pour un mandat de trois ans ; un tiers des juges élus, désignés par tirage au sort, sont nommés pour un mandat de six ans ; les autres juges sont nommés pour un mandat de neuf ans.

c) Un juge nommé pour un mandat de trois ans en application de l'alinéa b) est rééligible pour un mandat complet.

10. Nonobstant les dispositions du paragraphe 9, un juge affecté à une Chambre de première instance ou d'appel conformément à l'article 39, qui a commencé à connaître devant cette chambre d'une affaire en première instance ou en appel, reste en fonctions jusqu'à la conclusion de cette affaire.

Art. 37. – Sièges vacants

1. Il est pourvu par élection aux sièges devenus vacants, selon les dispositions de l'article 36.

2. Un juge élu à un siège devenu vacant achève le mandat de son prédécesseur ; si la durée du mandat à achever est inférieure ou égale à trois ans, il est rééligible pour un mandat entier conformément à l'article 36.

Art. 38. – La présidence

1. Le président et les Premier et Second Vice-présidents sont élus à la majorité absolue des juges. Ils sont élus pour trois ans, ou jusqu'à

l'expiration de leur mandat de juge si celui-ci prend fin avant trois ans. Ils sont rééligibles une fois.

2. Le Premier Vice-président remplace le président lorsque celui-ci est empêché ou récusé.

Le second Vice-président remplace le président lorsque celui-ci et le Premier Vice-président sont tous deux empêchés ou récusés.

3. Le président, le Premier Vice-président et le Second Vice-président composent la Présidence, laquelle est chargée :

a) De la bonne administration de la Cour, à l'exception du Bureau du procureur ; et

b) Des autres fonctions qui lui sont conférées conformément au présent Statut.

4. Dans l'exercice des attributions visées au paragraphe 3, alinéa a), la Présidence agit en coordination avec le procureur, dont elle recherche l'accord pour toutes les questions d'intérêt commun.

Art. 39. – Les chambres

1. Dès que possible après l'élection des juges, la Cour s'organise en sections comme le prévoit l'article 34, paragraphe b). La Section des appels est composée du président et de quatre autres juges ; la Section de première instance et la Section préliminaire sont composées chacune de six juges au moins. L'affectation des juges aux sections est fondée sur la nature des fonctions assignées à chacune d'elles et sur les compétences et l'expérience des juges élus à la Cour, de telle sorte que chaque section comporte la proportion voulue de spécialistes du droit pénal et de la procédure pénale et de spécialistes du droit international. La Section préliminaire et la Section de première instance sont principalement composées de juges ayant l'expérience des procès pénaux.

2. *a*) Les fonctions judiciaires de la Cour sont exercées dans chaque section par des Chambres.

b) i) la Chambre d'appel est composée de tous les juges de la Section des appels ;

ii) les fonctions de la Chambre de première instance sont exercées par trois juges de la Section de première instance ;

iii) les fonctions de la Chambre préliminaire sont exercées soit par trois juges de la Section préliminaire soit par un seul juge de cette Section conformément au présent Statut et au Règlement de procédure et de preuve ;

c) Aucune disposition du présent paragraphe n'interdit la constitution simultanée de plus d'une chambre de première instance ou chambre préliminaire lorsque le travail de la Cour l'exige.

3. *a*) Les juges affectés à la Section préliminaire et à la Section de première instance y siègent pendant trois ans ; ils continuent d'y siéger au-delà de ce terme, jusqu'au règlement de toute affaire dont ils ont eu à connaître dans ces sections.

b) Les juges affectés à la Section des appels y siègent pendant toute la durée de leur mandat.

4. Les juges affectés à la Section des appels siègent exclusivement dans cette Section.

Aucune disposition du présent article n'interdit toutefois l'affectation provisoire de juges de la Section de première instance à la Section préliminaire, ou inversement, si la Présidence estime que le travail de la Cour l'exige, étant entendu qu'un juge qui a participé à la phase préliminaire d'une affaire n'est en aucun cas autorisé à siéger à la Chambre de première instance saisie de cette affaire.

Art. 40. – Indépendance des juges

1. Les juges exercent leurs fonctions en toute indépendance.
2. Les juges n'exercent aucune activité qui pourrait être incompatible avec leurs fonctions judiciaires ou faire douter de leur indépendance.
3. Les juges tenus d'exercer leurs fonctions à plein temps au siège de la Cour ne doivent se livrer à aucune autre activité de caractère professionnel.
4. Toute question qui soulève l'application des paragraphes 2 et 3 est tranchée à la majorité absolue des juges. Un juge ne participe pas à la décision portant sur une question qui le concerne.

Art. 41. – Décharge et récusation des juges

1. La Présidence peut décharger un juge, à sa demande, des fonctions qui lui sont attribuées en vertu du présent Statut, conformément au Règlement de procédure et de preuve.

2. *a*) Un juge ne peut participer au règlement d'aucune affaire dans laquelle son impartialité pourrait raisonnablement être mise en doute pour un motif quelconque. Un juge est récusé pour une affaire conformément au présent paragraphe notamment s'il est intervenu auparavant, à quelque titre que ce soit, dans cette affaire devant la Cour ou dans une affaire pénale connexe au niveau national dans laquelle la personne faisant l'objet de l'enquête ou des poursuites était impliquée. Un juge peut aussi être récusé pour les autres motifs prévus par le Règlement de procédure et de preuve.

b) Le procureur ou la personne faisant l'objet de l'enquête ou des poursuites peut demander la récusation d'un juge en vertu du présent paragraphe.

c) Toute question relative à la récusation d'un juge est tranchée à la majorité absolue des juges. Le juge dont la récusation est demandée peut présenter ses observations sur la question mais ne participe pas à la décision.

Art. 42. – Le Bureau du procureur

1. Le Bureau du procureur agit indépendamment en tant qu'organe distinct au sein de la Cour. Il est chargé de recevoir les communica-

tions et tout renseignement dûment étayé concernant les crimes relevant de la compétence de la Cour, de les examiner, de conduire les enquêtes et de soutenir l'accusation devant la Cour. Ses membres ne sollicitent ni n'acceptent d'instructions d'aucune source extérieure.

2. Le Bureau est dirigé par le procureur. Celui-ci a toute autorité sur la gestion et l'administration du Bureau, y compris le personnel, les installations et les autres ressources. Le procureur est secondé par un ou plusieurs procureurs adjoints, habilités à procéder à tous les actes que le présent Statut requiert du procureur. Le procureur et les procureurs adjoints sont de nationalités différentes. Ils exercent leurs fonctions à plein temps.

3. Le procureur et les procureurs adjoints doivent jouir d'une haute considération morale et avoir de solides compétences et une grande expérience pratique en matière de poursuites ou de procès dans des affaires pénales. Ils doivent avoir une excellente connaissance et une pratique courante d'au moins une des langues de travail de la Cour.

4. Le procureur est élu au scrutin secret par l'Assemblée des États parties, à la majorité absolue des membres de celle-ci. Les procureurs adjoints sont élus de la même façon sur une liste de candidats présentée par le procureur. Le procureur présente trois candidats pour chaque poste de procureur adjoint à pourvoir. À moins qu'il ne soit décidé d'un mandat plus court au moment de leur élection, le procureur et les procureurs adjoints exercent leurs fonctions pendant neuf ans et ne sont pas rééligibles.

5. Ni le procureur ni les procureurs adjoints n'exercent d'activité risquant d'être incompatible avec leurs fonctions en matière de poursuites ou de faire douter de leur indépendance. Ils ne se livrent à aucune autre activité de caractère professionnel.

6. La Présidence peut décharger, à sa demande, le procureur ou un procureur adjoint de ses fonctions dans une affaire déterminée.

7. Ni le procureur, ni les procureurs adjoints ne peuvent participer au règlement d'une affaire dans laquelle leur impartialité pourrait être raisonnablement mise en doute pour un motif quelconque. Ils sont récusés pour une affaire conformément au présent paragraphe si, entre autres, ils sont antérieurement intervenus, à quelque titre que ce soit, dans cette affaire devant la Cour ou dans une affaire pénale connexe au niveau national dans laquelle la personne faisant l'objet de l'enquête ou des poursuites était impliquée.

8. Toute question relative à la récusation du procureur ou d'un procureur adjoint est tranchée par la Chambre d'appel.

a) La personne faisant l'objet d'une enquête ou de poursuites peut à tout moment demander la récusation du procureur ou d'un procureur adjoint pour les motifs énoncés dans le présent article;

b) Le procureur ou le procureur adjoint intéressé, selon le cas, peut présenter ses observations sur la question.

9. Le procureur nomme des conseillers qui sont des spécialistes du droit relatif à certaines questions, y compris, mais s'en s'y limiter,

celles des violences sexuelles, des violences à motivation sexiste et des violences contre les enfants.

Art. 43. – Le greffe

1. Le greffe est responsable des aspects non judiciaires de l'administration et du service de la Cour, sans préjudice des fonctions et attributions du procureur définies à l'article 42.

2. Le greffe est dirigé par le greffier, qui est le responsable principal de l'administration de la Cour. Le greffier exerce ses fonctions sous l'autorité du président de la Cour.

3. Le greffier et le greffier adjoint doivent être des personnes d'une haute moralité et d'une grande compétence, ayant une excellente connaissance et une pratique courante d'au moins une des langues de travail de la Cour.

4. Les juges élisent le greffier à la majorité absolue et au scrutin secret, en tenant compte des recommandations éventuelles de l'Assemblée des États parties. Si le besoin s'en fait sentir, ils élisent de la même manière un greffier adjoint sur recommandation du greffier.

5. Le greffier est élu pour cinq ans, est rééligible une fois et exerce ses fonctions à plein temps. Le greffier adjoint est élu pour cinq ans ou pour un mandat plus court, selon ce qui peut être décidé à la majorité absolue des juges; il est appelé à exercer ses fonctions selon les exigences du service.

6. Le greffier crée, au sein du greffe, une division d'aide aux victimes et aux témoins. Cette division est chargée, en consultation avec le Bureau du procureur, de conseiller et d'aider de toute manière appropriée les témoins, les victimes qui comparaissent devant la Cour et les autres personnes auxquelles les dépositions de ces témoins peuvent faire courir un risque, ainsi que de prévoir les mesures et les dispositions à prendre pour assurer leur protection et leur sécurité. Le personnel de la Division comprend des spécialistes de l'aide aux victimes de traumatismes, y compris de traumatismes consécutifs à des violences sexuelles.

Art. 44. – Le personnel

1. Le procureur et le greffier nomment le personnel qualifié nécessaire dans leurs services respectifs, y compris, dans le cas du procureur, des enquêteurs.

2. Lorsqu'ils recrutent le personnel, le procureur et le greffier veillent à s'assurer les services de personnes possédant les plus hautes qualités d'efficacité, de compétence et d'intégrité, en tenant compte, mutatis mutandis, des critères énoncés à l'article 36, paragraphe 8.

3. Le greffier, en accord avec la Présidence et le procureur, propose le Statut du personnel, qui comprend les conditions de nomination, de rémunération et de cessation de fonctions. Le Statut du personnel est approuvé par l'Assemblée des États parties.

4. La Cour peut, dans des circonstances exceptionnelles, avoir recours à l'expertise de personnel mis à sa disposition à titre gracieux par des États parties, des organisations intergouvernementales ou des organisations non gouvernementales pour aider tout organe de la Cour dans ses travaux. Le procureur peut accepter un tel personnel pour le Bureau du procureur.

Les personnes mises à disposition à titre gracieux sont employées conformément aux directives qui seront établies par l'Assemblée des États parties.

Art. 45. – Engagement solennel

Avant de prendre les fonctions que prévoit le présent Statut, les juges, le procureur, les procureurs adjoints, le greffier et le greffier adjoint prennent en séance publique l'engagement solennel d'exercer leurs attributions en toute impartialité et en toute conscience.

Art. 46. – Perte de fonctions

1. Un juge, le procureur, un procureur adjoint, le greffier ou le greffier adjoint est relevé de ses fonctions sur décision prise conformément au paragraphe 2, dans les cas où :

a) Il est établi qu'il a commis une faute lourde ou un manquement grave aux devoirs que lui impose le présent Statut, selon ce qui est prévu dans le Règlement de procédure et de preuve; ou

b) Il se trouve dans l'incapacité d'exercer ses fonctions, telles que les définit le présent Statut.

2. La décision concernant la perte de fonctions d'un juge, du procureur ou d'un procureur adjoint en application du paragraphe 1 est prise par l'Assemblée des États parties au scrutin secret :

a) Dans le cas d'un juge, à la majorité des deux tiers des États parties sur recommandation adoptée à la majorité des deux tiers des autres juges;

b) Dans le cas du procureur, à la majorité absolue des États parties;

c) Dans le cas d'un procureur adjoint, à la majorité absolue des États parties sur recommandation du procureur.

3. La décision concernant la perte de fonctions du greffier ou du greffier adjoint est prise à la majorité absolue des juges.

4. Un juge, un procureur, un procureur adjoint, un greffier ou un greffier adjoint dont le comportement ou l'aptitude à exercer les fonctions prévues par le présent Statut sont contestés en vertu du présent article a toute latitude pour produire et recevoir des éléments de preuve et pour faire valoir ses arguments conformément au Règlement de procédure et de preuve. Il ne participe pas autrement à l'examen de la question.

Art. 47. – Sanctions disciplinaires

Un juge, un procureur, un procureur adjoint, un greffier ou un greffier adjoint qui a commis une faute d'une gravité moindre que celle visée à l'article 46, paragraphe 1, encourt les sanctions disciplinaires prévues par le Règlement de procédure et de preuve.

Art. 48. – Privilèges et immunités

1. La Cour jouit sur le territoire des États parties des privilèges et immunités nécessaires à l'accomplissement de sa mission.

2. Les juges, le procureur, les procureurs adjoints et le greffier jouissent, dans l'exercice de leurs fonctions ou relativement à ces fonctions, des privilèges et immunités accordés aux chefs de missions diplomatiques. Après l'expiration de leur mandat, ils continuent à jouir de l'immunité contre toute procédure légale pour les paroles, les écrits et les actes qui relèvent de l'exercice de leurs fonctions officielles.

3. Le greffier adjoint, le personnel du Bureau du procureur et le personnel du greffe jouissent des privilèges, immunités et facilités nécessaires à l'exercice de leurs fonctions, conformément à l'accord sur les privilèges et immunités de la Cour.

4. Les avocats, experts, témoins ou autres personnes dont la présence est requise au siège de la Cour bénéficient du traitement nécessaire au bon fonctionnement de la Cour, conformément à l'accord sur les privilèges et immunités de la Cour.

5. Les privilèges et immunités peuvent être levés :

a) Dans le cas d'un juge ou du procureur, par décision prise à la majorité absolue des juges;

b) Dans le cas du greffier, par la Présidence;

c) Dans le cas des procureurs adjoints et du personnel du Bureau du procureur, par le procureur;

d) Dans le cas du greffier adjoint et du personnel du greffe, par le greffier.

Art. 49. – Traitements, indemnités et remboursement de frais

Les juges, le procureur, les procureurs adjoints, le greffier et le greffier adjoint perçoivent les traitements, indemnités et remboursements arrêtés par l'Assemblée des États parties. Ces traitements et indemnités ne sont pas réduits en cours de mandat.

Art. 50. – Langues officielles et langues de travail

1. Les langues officielles de la Cour sont l'anglais, l'arabe, le chinois, l'espagnol, le français et le russe. Les arrêts de la Cour ainsi que les autres décisions réglant des questions fondamentales qui lui sont soumises sont publiés dans les langues officielles. La Présidence détermine, au regard des critères fixés par le Règlement de procédure et de preuve, quelles décisions peuvent être considérées aux fins du présent paragraphe comme réglant des questions fondamentales.

2. Les langues de travail de la Cour sont l'anglais et le français. Le Règlement de procédure et de preuve définit les cas dans lesquels

d'autres langues officielles peuvent être employées comme langues de travail.

3. À la demande d'une partie à une procédure ou d'un État autorisé à intervenir dans une procédure, la Cour autorise l'emploi par cette partie ou cet État d'une langue autre que l'anglais ou le français si elle l'estime justifié.

Art. 51. – Règlement de procédure et de preuve

1. Le Règlement de procédure et de preuve entre en vigueur dès son adoption par l'Assemblée des États parties à la majorité des deux tiers de ses membres.

2. Des amendements au Règlement de procédure et de preuve peuvent être proposés par :

a) Tout État partie;

b) Les juges agissant à la majorité absolue;

c) Le procureur.

Ces amendements entrent en vigueur dès leur adoption à la majorité des deux tiers des membres de l'Assemblée des États parties.

3. Après l'adoption du Règlement de procédure et de preuve, dans les cas urgents où la situation particulière portée devant la Cour n'est pas prévue par le Règlement, les juges peuvent, à la majorité des deux tiers, établir des règles provisoires qui s'appliquent jusqu'à ce que l'Assemblée des États parties, à sa réunion ordinaire ou extraordinaire suivante, les adopte, les modifie ou les rejette.

4. Le Règlement de procédure et de preuve, les amendements s'y rapportant et les règles provisoires sont conformes aux dispositions du présent Statut. Les amendements au Règlement de procédure et de preuve ainsi que les règles provisoires ne s'appliquent pas rétroactivement au préjudice de la personne qui fait l'objet d'une enquête, de poursuites ou d'une condamnation.

5. En cas de conflit entre le Statut et le Règlement de procédure et de preuve, le Statut prévaut.

Art. 52. – Règlement de la Cour

1. Les juges adoptent à la majorité absolue, conformément au présent Statut et au Règlement de procédure et de preuve, le règlement nécessaire au fonctionnement quotidien de la Cour.

2. Le procureur et le greffier sont consultés pour l'élaboration du Règlement de la Cour et de tout amendement s'y rapportant.

3. Le Règlement de la Cour et tout amendement s'y rapportant prennent effet dès leur adoption, à moins que les juges n'en décident autrement. Ils sont communiqués immédiatement après leur adoption aux États parties, pour observation. Ils restent en vigueur si la majorité des États parties n'y fait pas objection dans les six mois.

CHAPITRE V

Enquête et poursuites

Art. 53. – Ouverture d'une enquête

1. Le procureur, après avoir évalué les renseignements portés à sa connaissance, ouvre une enquête, à moins qu'il ne conclue qu'il n'y a pas de base raisonnable pour poursuivre en vertu du présent Statut. Pour prendre sa décision, le procureur examine :

a) Si les renseignements en sa possession fournissent une base raisonnable pour croire qu'un crime relevant de la compétence de la Cour a été ou est en voie d'être commis;

b) Si l'affaire est ou serait recevable au regard de l'article 17; et

c) S'il y a des raisons sérieuses de penser, compte tenu de la gravité du crime et des intérêts des victimes, qu'une enquête ne servirait pas les intérêts de la justice.

S'il ou elle conclut qu'il n'y a pas de base raisonnable pour poursuivre et si cette conclusion est fondée exclusivement sur les considérations visées à l'alinéa c), le procureur en informe la Chambre préliminaire.

2. Si, après enquête, le procureur conclut qu'il n'y a pas de base suffisante pour engager des poursuites :

a) Parce qu'il n'y a pas de base suffisante, en droit ou en fait, pour demander un mandat d'arrêt ou une citation à comparaître en application de l'article 58;

b) Parce que l'affaire est irrecevable au regard de l'article 17; ou

c) Parce que poursuivre ne servirait pas les intérêts de la justice, compte tenu de toutes les circonstances, y compris la gravité du crime, les intérêts des victimes, l'âge ou le handicap de l'auteur présumé et son rôle dans le crime allégué; il ou elle informe de sa conclusion et des raisons qui l'ont motivée la Chambre préliminaire et l'État qui lui a déféré la situation conformément à l'article 14, ou le Conseil de sécurité s'il s'agit d'une situation visée à l'article 13, paragraphe b).

3. *a*) À la demande de l'État qui a déféré la situation conformément à l'article 14, ou du Conseil de sécurité s'il s'agit d'une situation visée à l'article 13, paragraphe b) la Chambre préliminaire peut examiner la décision de ne pas poursuivre prise par le procureur en vertu des paragraphes 1 ou 2 et demander au procureur de la reconsidérer.

b) De plus, la Chambre préliminaire peut, de sa propre initiative, examiner la décision du procureur de ne pas poursuivre si cette décision est fondée exclusivement sur les considérations visées au paragraphe 1, alinéa c) et au paragraphe 2, alinéa c). En tel cas, la décision du procureur n'a d'effet que si elle est confirmée par la Chambre préliminaire.

4. Le procureur peut à tout moment reconsidérer sa décision d'ouvrir ou non une enquête ou d'engager ou non des poursuites à la lumière de faits ou de renseignements nouveaux.

Art. 54. – Devoirs et pouvoirs du procureur en matière d'enquêtes

1. Le procureur :

a) Pour établir la vérité, étend l'enquête à tous les faits et éléments de preuve qui peuvent être utiles pour déterminer s'il y a responsabilité pénale au regard du présent Statut et, ce faisant, enquête tant à charge qu'à décharge ;

b) Prend les mesures propres à assurer l'efficacité des enquêtes et des poursuites visant des crimes relevant de la compétence de la Cour. Ce faisant, il a égard aux intérêts et à la situation personnelle des victimes et des témoins, y compris leur âge, leur sexe, tel que défini à l'article 7, paragraphe 3, et leur état de santé ; il tient également compte de la nature du crime, en particulier lorsque celui-ci comporte des violences sexuelles, des violences à caractère sexiste ou des violences contre des enfants ; et

c) Respecte pleinement les droits des personnes énoncés dans le présent Statut.

2. Le procureur peut enquêter sur le territoire d'un État :

a) Conformément aux dispositions du chapitre IX ; ou

b) Avec l'autorisation de la Chambre préliminaire en vertu de l'article 57, paragraphe 3, alinéa d).

3. Le procureur peut :

a) Recueillir et examiner des éléments de preuve ;

b) Convoquer et interroger des personnes faisant l'objet d'une enquête, des victimes et des témoins ;

c) Rechercher la coopération de tout État ou organisation intergouvernementale ou accord intergouvernemental conformément à leurs compétences ou à leur mandat respectifs ;

d) Conclure tous arrangements ou accords qui ne sont pas contraires aux dispositions du présent Statut et qui peuvent être nécessaires pour faciliter la coopération d'un État, d'une organisation intergouvernementale ou d'une personne ;

e) S'engager à ne divulguer à aucun stade de la procédure les documents ou renseignements qu'il a obtenus sous la condition qu'ils demeurent confidentiels et ne servent qu'à obtenir de nouveaux éléments de preuve, à moins que celui qui a fourni l'information ne consente à leur divulgation ; et *f*) Prendre, ou demander que soient prises, des mesures nécessaires pour assurer la confidentialité des renseignements recueillis, la protection des personnes ou la préservation des éléments de preuve.

Art. 55. – Droits des personnes dans le cadre d'une enquête

1. Dans une enquête ouverte en vertu du présent Statut, une personne :

a) N'est pas obligée de témoigner contre elle-même ni de s'avouer coupable ;

b) N'est soumise à aucune forme de coercition, de contrainte ou de menace, ni à la torture ni à aucune autre forme de peine ou traitement cruel, inhumain ou dégradant ;

c) Bénéficie gratuitement, si elle n'est pas interrogée dans une langue qu'elle comprend et parle parfaitement, de l'aide d'un interprète compétent et de toutes traductions que rendent nécessaires les exigences de l'équité ; et

d) Ne peut être arrêtée ou détenue arbitrairement ; elle ne peut être privée de sa liberté si ce n'est pour les motifs et selon les procédures prévus dans le présent Statut.

2. Lorsqu'il y a des motifs de croire qu'une personne a commis un crime relevant de la compétence de la Cour et que cette personne doit être interrogée, soit par le procureur soit par les autorités nationales en vertu d'une demande faite au titre du chapitre IX, cette personne a de plus les droits suivants, dont elle est informée avant d'être interrogée :

a) Être informée avant d'être interrogée qu'il y a des raisons de croire qu'elle a commis un crime relevant de la compétence de la Cour ;

b) Garder le silence, sans que ce silence soit pris en considération pour la détermination de sa culpabilité ou de son innocence ;

c) Être assistée par le défenseur de son choix ou, si elle n'en a pas, par un défenseur commis d'office chaque fois que les intérêts de la justice l'exigent, sans avoir dans ce cas à verser de rémunération si elle n'en a pas les moyens ; et

d) Être interrogée en présence de son conseil, à moins qu'elle n'ait renoncé volontairement à son droit d'être assistée d'un conseil.

Art. 56. – Rôle de la Chambre préliminaire dans le cas où l'occasion d'obtenir des renseignements ne se présentera plus

1. *a*) Lorsque le procureur considère qu'une enquête offre l'occasion unique, qui peut ne plus se présenter par la suite, de recueillir un témoignage ou une déposition, ou d'examiner, recueillir ou vérifier des éléments de preuve aux fins d'un procès, il en avise la Chambre préliminaire ;

b) La Chambre préliminaire peut alors, à la demande du procureur, prendre toutes mesures propres à assurer l'efficacité et l'intégrité de la procédure et, en particulier, à protéger les droits de la défense ;

c) Sauf ordonnance contraire de la Chambre préliminaire, le procureur informe également de la circonstance visée à l'alinéa a) la personne qui a été arrêtée ou a comparu sur citation délivrée dans le cadre de l'enquête, afin que cette personne puisse être entendue.

2. Les mesures visées au paragraphe 1, alinéa b), peuvent consister :

a) À faire des recommandations ou rendre des ordonnances concernant la marche à suivre ;

b) À ordonner qu'il soit dressé procès-verbal de la procédure ;

c) À nommer un expert ;

d) À autoriser l'avocat d'une personne qui a été arrêtée, ou a comparu devant la Cour sur citation, à participer à la procédure ou, lorsque l'arrestation ou la comparution n'a pas encore eu lieu ou que l'avocat n'a pas encore été choisi, à désigner un avocat qui se chargera des intérêts de la défense et les représentera ;

e) À charger un de ses membres ou, au besoin, un des juges disponibles de la Section préliminaire ou de la Section de première instance, de faire des recommandations ou de rendre des ordonnances concernant le rassemblement et la préservation des éléments de preuve et les auditions de personnes ;

f) À prendre toute autre mesure nécessaire pour recueillir ou préserver les éléments de preuve.

3. *a*) Lorsque le procureur n'a pas demandé les mesures visées au présent article mais que la Chambre préliminaire est d'avis que ces mesures sont nécessaires pour préserver des éléments de preuve qu'elle juge essentiels pour la défense au cours du procès, elle consulte le procureur pour savoir si celui-ci avait de bonnes raisons de ne pas demander les mesures en question. Si, après consultation, elle conclut que le fait de ne pas avoir demandé ces mesures n'est pas justifié, elle peut prendre des mesures de sa propre initiative.

b) Le procureur peut faire appel de la décision de la Chambre préliminaire d'agir de sa propre initiative en vertu du présent paragraphe. Cet appel est examiné selon une procédure accélérée.

4. L'admissibilité des éléments de preuve préservés ou recueillis aux fins du procès en application du présent article, ou de l'enregistrement de ces éléments de preuve, est régie par l'article 69, leur valeur étant celle que leur donne la Chambre de première instance.

Art. 57. – Fonctions et pouvoirs de la Chambre préliminaire

1. À moins que le présent Statut n'en dispose autrement, la Chambre préliminaire exerce ses fonctions conformément aux dispositions du présent article.

2. *a*) Les décisions rendues par la Chambre préliminaire en vertu des articles 15, 18, 19, 54, paragraphe 2, 61, paragraphe 7, et 72 sont prises à la majorité des juges qui la composent ;

b) Dans tous les autres cas, un seul juge de la Chambre préliminaire peut exercer les fonctions prévues dans le présent Statut, sauf disposition contraire du Règlement de procédure et de preuve ou décision contraire de la Chambre préliminaire prise à la majorité.

3. Indépendamment des autres fonctions qui lui sont conférées en vertu du présent Statut, la Chambre préliminaire peut :

a) Sur requête du procureur, rendre les ordonnances et délivrer les mandats qui peuvent être nécessaires aux fins d'une enquête ;

b) À la demande d'une personne qui a été arrêtée ou a comparu sur citation conformément à l'article 58, rendre toute ordonnance, y compris des mesures telles que visées à l'article 56, ou solliciter tout concours au titre du chapitre IX qui peuvent être nécessaires pour aider la personne à préparer sa défense ;

c) En cas de besoin, assurer la protection et le respect de la vie privée des victimes et des témoins, la préservation des preuves, la protection des personnes qui ont été arrêtées ou ont comparu sur citation, ainsi que la protection des renseignements touchant la sécurité nationale ;

d) Autoriser le procureur à prendre certaines mesures d'enquête sur le territoire d'un État partie sans s'être assuré de la coopération de cet État au titre du chapitre IX si, ayant tenu compte dans la mesure du possible des vues de cet État, elle a déterminé qu'en l'espèce celui-ci est manifestement incapable de donner suite à une demande de coopération parce qu'aucune autorité ou composante compétente de son appareil judiciaire national n'est disponible pour donner suite à une demande de coopération au titre du chapitre IX ;

e) Lorsqu'un mandat d'arrêt ou une citation à comparaître a été délivré en vertu de l'article 58, solliciter la coopération des États en vertu de l'article 93, paragraphe 1, alinéa k), en tenant dûment compte de la force des éléments de preuve et des droits des parties concernées, comme prévu dans le présent Statut et dans le Règlement de procédure et de preuve, pour qu'ils prennent des mesures conservatoires aux fins de confiscation, en particulier dans l'intérêt supérieur des victimes.

Art. 58. – Délivrance par la Chambre préliminaire d'un mandat d'arrêt ou d'une citation à comparaître

1. À tout moment après l'ouverture d'une enquête, la Chambre préliminaire délivre, sur requête du procureur, un mandat d'arrêt contre une personne si, après examen de la requête et des éléments de preuve ou autres renseignements fournis par le procureur, elle est convaincue :

a) Qu'il y a des motifs raisonnables de croire que cette personne a commis un crime relevant de la compétence de la Cour ; et

b) Que l'arrestation de cette personne apparaît nécessaire pour garantir :

i) que la personne comparaîtra ;

ii) qu'elle ne fera pas obstacle à l'enquête ou à la procédure devant la Cour, ni n'en compromettra le déroulement ; ou

iii) le cas échéant, qu'elle ne poursuivra pas l'exécution du crime dont il s'agit ou d'un crime connexe relevant de la compétence de la Cour et se produisant dans les mêmes circonstances.

2. La requête du procureur contient les éléments suivants :

a) Le nom de la personne visée et tous autres éléments utiles d'identification;

b) Une référence précise au crime relevant de la compétence de la Cour que la personne est censée avoir commis;

c) L'exposé succinct des faits dont il est allégué qu'ils constituent ce crime;

d) Un résumé des éléments de preuve qui donnent des motifs raisonnables de croire que la personne a commis ce crime; et

e) Les raisons pour lesquelles le procureur estime qu'il est nécessaire de procéder à l'arrestation de cette personne.

3. Le mandat d'arrêt contient les éléments suivants :

a) Le nom de la personne visée et tous autres éléments utiles d'identification;

b) Une référence précise au crime relevant de la compétence de la Cour qui justifie l'arrestation; et

c) L'exposé succinct des faits dont il est allégué qu'ils constituent ce crime.

4. Le mandat d'arrêt reste en vigueur tant que la Cour n'en a pas décidé autrement.

5. Sur la base du mandat d'arrêt, la Cour peut demander l'arrestation provisoire ou l'arrestation et la remise de la personne conformément au chapitre IX.

6. Le procureur peut demander à la Chambre préliminaire de modifier le mandat d'arrêt en requalifiant les crimes qui y sont visés ou en y ajoutant de nouveaux crimes. La Chambre préliminaire modifie le mandat d'arrêt si elle a des motifs raisonnables de croire que la personne a commis les crimes requalifiés ou les nouveaux crimes.

7. Le procureur peut demander à la Chambre préliminaire de délivrer une citation à comparaître au lieu d'un mandat d'arrêt. Si la Chambre préliminaire est convaincue qu'il y a des motifs raisonnables de croire que la personne a commis le crime qui lui est imputé et qu'une citation à comparaître suffit à garantir qu'elle se présentera devant la Cour, elle délivre la citation, avec ou sans conditions restrictives de liberté (autres que la détention) si la législation nationale le prévoit. La citation contient les éléments suivants :

a) Le nom de la personne visée et tous autres éléments utiles d'identification;

b) La date de comparution;

c) Une référence précise au crime relevant de la compétence de la Cour que la personne est censée avoir commis; et

d) L'exposé succinct des faits dont il est allégué qu'ils constituent le crime.

La citation est notifiée à la personne qu'elle vise.

Art. 59. – Procédure d'arrestation dans l'état de détention

1. L'État partie qui a reçu une demande d'arrestation provisoire ou d'arrestation et de remise prend immédiatement des mesures pour faire arrêter la personne dont il s'agit conformément à sa législation et aux dispositions du chapitre IX.

2. Toute personne arrêtée est déférée aussitôt à l'autorité judiciaire compétente de l'État de détention qui vérifie, conformément à la législation de cet État :

a) Que le mandat vise bien cette personne;

b) Que celle-ci a été arrêtée selon la procédure régulière; et

c) Que ses droits ont été respectés.

3. La personne arrêtée a le droit de demander à l'autorité compétente de l'État de détention sa mise en liberté provisoire en attendant sa remise.

4. Lorsqu'elle se prononce sur cette demande, l'autorité compétente de l'État de détention examine si, eu égard à la gravité des crimes allégués, l'urgence et des circonstances exceptionnelles justifient la mise en liberté provisoire et si les garanties voulues assurent que l'État de détention peut s'acquitter de son obligation de remettre la personne à la Cour. L'autorité compétente de l'État de détention ne peut pas examiner si le mandat d'arrêt a été régulièrement délivré au regard de l'article 58, paragraphe 1, alinéas a) et b).

5. La Chambre préliminaire est avisée de toute demande de mise en liberté provisoire et fait des recommandations à l'autorité compétente de l'État de détention. Avant de rendre sa décision, celle-ci prend pleinement en considération ces recommandations, y compris éventuellement celles qui portent sur les mesures propres à empêcher l'évasion de la personne.

6. Si la mise en liberté provisoire est accordée, la Chambre préliminaire peut demander des rapports périodiques sur le régime de la liberté provisoire.

7. Une fois ordonnée la remise par l'État de détention, la personne est livrée à la Cour aussitôt que possible.

Art. 60. – Procédure initiale devant la Cour

1. Dès que la personne est remise à la Cour ou dès qu'elle comparaît devant celle-ci, volontairement ou sur citation, la Chambre préliminaire vérifie qu'elle a été informée des crimes qui lui sont imputés et des droits que lui reconnaît le présent Statut, y compris le droit de demander sa mise en liberté provisoire en attendant d'être jugée.

2. La personne visée par un mandat d'arrêt peut demander sa mise en liberté provisoire en attendant d'être jugée. Si la Chambre préliminaire est convaincue que les conditions énoncées à l'article 58, paragraphe 1, sont réalisées, la personne est maintenue en détention. Sinon, la Chambre préliminaire la met en liberté, avec ou sans conditions.

3. La Chambre préliminaire réexamine périodiquement sa décision de mise en liberté ou de maintien en détention. Elle peut le faire à tout moment à la demande du procureur ou de l'intéressé. Elle peut alors modifier sa décision concernant la détention, la mise en liberté ou les conditions de celle-ci si elle est convaincue que l'évolution des circonstances le justifie.

4. La Chambre préliminaire s'assure que la détention avant le procès ne se prolonge pas de manière excessive à cause d'un retard injustifiable imputable au procureur. Si un tel retard se produit, la Cour examine la possibilité de mettre l'intéressé en liberté, avec ou sans conditions.

5. Si besoin est, la Chambre préliminaire peut délivrer un mandat d'arrêt pour garantir la comparution d'une personne qui a été mise en liberté.

Art. 61. – Confirmation des charges avant le procès

1. Sous réserve du paragraphe 2, dans un délai raisonnable après la remise de la personne à la Cour ou sa comparution volontaire devant celle-ci, la Chambre préliminaire tient une audience pour confirmer les charges sur lesquelles le procureur entend se fonder pour requérir le renvoi en jugement. L'audience se déroule en présence du procureur et de la personne faisant l'objet de l'enquête ou des poursuites, ainsi que du conseil de celle-ci.

2. La Chambre préliminaire peut, à la demande du procureur ou de sa propre initiative, tenir une audience en l'absence de l'intéressé pour confirmer les charges sur lesquelles le procureur entend se fonder pour requérir le renvoi en jugement lorsque la personne :

a) A renoncé à son droit d'être présente ; ou

b) A pris la fuite ou est introuvable, et que tout ce qui était raisonnablement possible a été fait pour garantir sa comparution devant la Cour et l'informer des charges qui pèsent contre elle et de la tenue prochaine d'une audience pour confirmer ces charges.

Dans ces cas, la personne est représentée par un conseil lorsque la Chambre préliminaire juge que cela sert les intérêts de la justice.

3. Dans un délai raisonnable avant l'audience, la personne :

a) Reçoit notification écrite des charges sur lesquelles le procureur entend se fonder pour requérir le renvoi en jugement ; et

b) Est informée des éléments de preuve sur lesquels le procureur entend se fonder à l'audience.

La Chambre préliminaire peut rendre des ordonnances concernant la divulgation de renseignements aux fins de l'audience.

4. Avant l'audience, le procureur peut poursuivre l'enquête et peut modifier ou retirer des charges. La personne visée reçoit notification de tout amendement ou retrait de charges dans un délai raisonnable avant l'audience. En cas de retrait de charges, le procureur informe la Chambre préliminaire des motifs de ce retrait.

5. À l'audience, le procureur étaye chacune des charges avec des éléments de preuve suffisants pour établir l'existence de motifs substantiels de croire que la personne a commis le crime qui lui est imputé. Il peut se fonder sur des éléments de preuve sous forme de documents ou de résumés et n'est pas tenu de faire comparaître les témoins qui doivent déposer au procès.

6. À l'audience, la personne peut :

a) Contester les charges;

b) Contester les éléments de preuve produits par le procureur; et

c) Présenter des éléments de preuve.

7. À l'issue de l'audience, la Chambre préliminaire détermine s'il existe des preuves suffisantes donnant des motifs substantiels de croire que la personne a commis chacun des crimes qui lui sont imputés. Selon ce qu'elle a déterminé, la Chambre préliminaire :

a) Confirme les charges pour lesquelles elle a conclu qu'il y avait des preuves suffisantes et renvoie la personne devant une chambre de première instance pour y être jugée sur la base des charges confirmées;

b) Ne confirme pas les charges pour lesquelles elle a conclu qu'il n'y avait pas de preuves suffisantes;

c) Ajourne l'audience et demande au procureur d'envisager :

i) d'apporter des éléments de preuve supplémentaires ou de procéder à de nouvelles enquêtes relativement à une charge particulière; ou

ii) de modifier une charge si les éléments de preuve produits semblent établir qu'un crime différent, relevant de la compétence de la Cour, a été commis.

8. Lorsque la Chambre préliminaire ne confirme pas une charge, il n'est pas interdit au procureur de demander ultérieurement la confirmation de cette charge s'il étaye sa demande d'éléments de preuve supplémentaires.

9. Après confirmation des charges et avant que le procès ne commence, le procureur peut modifier les charges avec l'autorisation de la Chambre préliminaire et après que l'accusé en a été avisé. Si le procureur entend ajouter des charges supplémentaires ou substituer aux charges des charges plus graves, une audience doit se tenir conformément au présent article pour confirmer les charges nouvelles. Après l'ouverture du procès, le procureur peut retirer les charges avec l'autorisation de première instance.

10. Tout mandat déjà délivré cesse d'avoir effet à l'égard de toute charge non confirmée par la Chambre préliminaire ou retirée par le procureur.

11. Dès que les charges ont été confirmées conformément au présent article, la Présidence constitue une chambre de première instance qui, sous réserve du paragraphe 9 et de l'article 64, paragraphe 4, conduit la phase suivante de la procédure et peut remplir à cette fin toute fonction de la Chambre préliminaire utile en l'espèce.

CHAPITRE VI

Le procès

Art. 62. – Lieu du procès

Sauf s'il en est décidé autrement, le procès se tient au siège de la Cour.

Art. 63. – Procès en présence de l'accusé

1. L'accusé est présent à son procès.

2. Si l'accusé, présent devant la Cour, trouble de manière persistante le déroulement du procès, la Chambre de première instance peut ordonner son expulsion de la salle d'audience et fait alors en sorte qu'il suive le procès et donne des instructions à son conseil de l'extérieur de la salle, au besoin à l'aide des moyens techniques de communication. De telles mesures ne sont prises que dans des circonstances exceptionnelles, quand d'autres solutions raisonnables se sont révélées vaines et seulement pour la durée strictement nécessaire.

Art. 64. – Fonctions et pouvoirs de la Chambre de première instance

1. Les fonctions et pouvoirs de la Chambre de première instance énoncés dans le présent article sont exercés conformément au Statut et au Règlement de procédure et de preuve.

2. La Chambre de première instance veille à ce que le procès soit conduit de façon équitable et avec diligence, dans le plein respect des droits de l'accusé et en ayant pleinement égard à la nécessité d'assurer la protection des victimes et des témoins.

3. Lorsqu'une affaire est renvoyée en jugement conformément au présent Statut, la Chambre de première instance à laquelle elle est attribuée :

a) Consulte les parties et adopte toutes procédures utiles à la conduite équitable et diligente de l'instance;

b) Détermine la langue ou les langues du procès; et

c) Sous réserve de toutes autres dispositions applicables du présent Statut, assure la divulgation de documents ou de renseignements encore non divulgués, suffisamment tôt avant l'ouverture du procès pour permettre une préparation suffisante de celui-ci.

4. La Chambre de première instance peut, si cela est nécessaire pour assurer son fonctionnement efficace et équitable, soumettre des questions préliminaires à la Chambre préliminaire ou, au besoin, à un autre juge disponible de la Section préliminaire.

5. La Chambre de première instance peut, en le notifiant aux parties, ordonner la jonction ou la disjonction, selon le cas, des charges portées contre plusieurs accusés.

6. Dans l'exercice de ses fonctions avant ou pendant un procès, la Chambre de première instance peut, si besoin est :

a) Assumer toutes les fonctions de la Chambre préliminaire visées à l'article 61, paragraphe 11 ;

b) Ordonner la comparution des témoins et leur audition ainsi que la production de documents et d'autres éléments de preuve, en obtenant au besoin l'aide des États selon les dispositions du présent Statut;

c) Assurer la protection des renseignements confidentiels;

d) Ordonner la production d'éléments de preuve en complément de ceux qui ont été recueillis avant le procès ou présentés au procès par les parties;

e) Assurer la protection de l'accusé, des témoins et des victimes; et

f) Statuer sur toute autre question pertinente.

7. Le procès est public. Toutefois, la Chambre de première instance peut, en raison de circonstances particulières, prononcer le huis clos pour certaines audiences aux fins énoncées à l'article 68 ou en vue de protéger des renseignements confidentiels ou sensibles donnés dans les dépositions.

8. *a*) À l'ouverture du procès, la Chambre de première instance fait donner lecture à l'accusé des charges préalablement confirmées par la Chambre préliminaire. La Chambre de première instance s'assure que l'accusé comprend la nature des charges. Elle donne à l'accusé la possibilité de plaider coupable selon ce qui est prévu à l'article 65, ou de plaider non coupable;

b) Lors du procès, le président peut donner des instructions pour la conduite de la procédure, notamment pour qu'elle soit conduite d'une manière équitable et impartiale. Sous réserve de toute instruction du président, les parties peuvent produire des éléments de preuve conformément aux dispositions du présent Statut.

9. La Chambre de première instance peut notamment, à la requête d'une partie ou d'office :

a) Statuer sur la recevabilité ou la pertinence des preuves; et

b) Prendre toute mesure nécessaire pour assurer l'ordre à l'audience.

10. La Chambre de première instance veille à ce que le greffier établisse et conserve un procès-verbal intégral du procès relatant fidèlement les débats.

Art. 65. – Procédure en cas d'aveu de culpabilité

1. Lorsque l'accusé reconnaît sa culpabilité comme le prévoit l'article 64, paragraphe 8, alinéa a), la Chambre de première instance détermine :

a) Si l'accusé comprend la nature et les conséquences de son aveu de culpabilité;

b) Si l'aveu de culpabilité a été fait volontairement après consultation suffisante avec le défenseur de l'accusé; et *c*) Si l'aveu de culpabilité est étayé par les faits de la cause tels qu'ils ressortent :

i) des charges présentées par le procureur et admises par l'accusé;

ii) de toutes pièces présentées par le procureur qui accompagnent les charges et que l'accusé accepte; et

iii) de tous autres éléments de preuve, tels que les témoignages, présentés par le procureur ou l'accusé.

2. Si la Chambre de première instance est convaincue que les conditions visées au paragraphe 1 sont réunies, elle considère que l'aveu de culpabilité, accompagné de toutes les preuves complémentaires présentées, établit tous les éléments constitutifs du crime sur lequel il porte, et elle peut reconnaître l'accusé coupable de ce crime.

3. Si la Chambre de première instance n'est pas convaincue que les conditions visées au paragraphe 1 sont réunies, elle considère qu'il n'y a pas eu aveu de culpabilité, auquel cas elle ordonne que le procès se poursuive selon les procédures normales prévues par le présent Statut et peut renvoyer l'affaire à une autre chambre de première instance.

4. Si la Chambre de première instance est convaincue qu'une présentation plus complète des faits de la cause serait dans l'intérêt de la justice, en particulier dans l'intérêt des victimes, elle peut :

a) Demander au procureur de présenter des éléments de preuve supplémentaires, y compris des dépositions de témoins; ou

b) Ordonner que le procès se poursuive selon les procédures normales prévues par le présent Statut, auquel cas elle considère qu'il n'y a pas eu aveu de culpabilité et peut renvoyer l'affaire à une autre chambre de première instance.

5. Toute discussion entre le procureur et la défense relative à la modification des chefs d'accusation, à l'aveu de culpabilité ou à la peine à prononcer n'engage pas la Cour.

Art. 66. – Présomption d'innocence

1. Toute personne est présumée innocente jusqu'à ce que sa culpabilité ait été établie devant la Cour conformément au droit applicable.

2. Il incombe au procureur de prouver la culpabilité de l'accusé.

3. Pour condamner l'accusé, la Cour doit être convaincue de sa culpabilité au-delà de tout doute raisonnable.

Art. 67. – Droits de l'accusé

1. Lors de l'examen des charges portées contre lui, l'accusé a droit à ce que sa cause soit entendue publiquement, compte tenu des dispositions du présent Statut, équitablement et de façon impartiale. Il a droit, en pleine égalité, au moins aux garanties suivantes :

a) Être informé dans le plus court délai et de façon détaillée de la nature, de la cause et de la teneur des charges dans une langue qu'il comprend et parle parfaitement;

b) Disposer du temps et des facilités nécessaires à la préparation de sa défense et communiquer librement et confidentiellement avec le conseil de son choix ;

c) Être jugé sans retard excessif ;

d) Sous réserve des dispositions du paragraphe 2 de l'article 63, être présent à son procès, se défendre lui-même ou se faire assister par le défenseur de son choix ; s'il n'a pas de défenseur, être informé de son droit d'en avoir un et, chaque fois que l'intérêt de la justice l'exige, se voir attribuer d'office un défenseur par la Cour, sans frais s'il n'a pas les moyens de le rémunérer ;

e) Interroger ou faire interroger les témoins à charge et obtenir la comparution et l'interrogatoire des témoins à décharge dans les mêmes conditions que les témoins à charge.

L'accusé a également le droit de faire valoir des moyens de défense et de présenter d'autres éléments de preuve admissibles en vertu du présent Statut ;

f) Se faire assister gratuitement d'un interprète compétent et bénéficier des traductions nécessaires pour satisfaire aux exigences de l'équité, si la langue employée dans toute procédure suivie devant la Cour ou dans tout document présenté à la Cour n'est pas une langue qu'il comprend et parle parfaitement ;

g) Ne pas être forcé de témoigner contre lui-même ou de s'avouer coupable, et garder le silence sans que ce silence soit pris en considération pour déterminer sa culpabilité ou son innocence ;

h) Faire, sans prêter serment, une déclaration écrite ou orale pour sa défense ; et

i) Ne pas se voir imposer le renversement du fardeau de la preuve ni la charge de la réfutation.

2. Outre toute autre communication prévue par le présent Statut, le procureur communique à la défense, dès que cela est possible, les éléments de preuve en sa possession ou à sa disposition dont il estime qu'ils disculpent l'accusé ou tendent à le disculper ou à atténuer sa culpabilité, ou sont de nature à entamer la crédibilité des éléments de preuve à charge. En cas de doute quant à l'application du présent paragraphe, la Cour tranche.

Art. 68. – Protection et participation au procès des victimes et des témoins

1. La Cour prend les mesures propres à protéger la sécurité, le bien-être physique et psychologique, la dignité et le respect de la vie privée des victimes et des témoins. Ce faisant, elle tient compte de tous les facteurs pertinents, notamment l'âge, le sexe tel que défini à l'article 7, paragraphe 3, et l'état de santé, ainsi que la nature du crime, en particulier, mais sans s'y limiter, lorsque celui-ci s'accompagne de violences à caractère sexuel, de violences à caractère sexiste ou de violences contre des enfants. Le procureur prend ces mesures en

particulier au stade de l'enquête et des poursuites. Ces mesures ne doivent être ni préjudiciables ni contraires aux droits de la défense et aux exigences d'un procès équitable et impartial.

2. Par exception au principe de la publicité des débats énoncé à l'article 67, les Chambres de la Cour peuvent, pour protéger les victimes et les témoins ou un accusé, ordonner le huis clos pour une partie quelconque de la procédure ou permettre que les dépositions soient recueillies par des moyens électroniques ou autres moyens spéciaux. Ces mesures sont appliquées en particulier à l'égard d'une victime de violences sexuelles ou d'un enfant qui est victime ou témoin, à moins que la Cour n'en décide autrement compte tenu de toutes les circonstances, en particulier des vues de la victime ou du témoin.

3. Lorsque les intérêts personnels des victimes sont concernés, la Cour permet que leurs vues et préoccupations soient exposées et examinées, à des stades de la procédure qu'elle estime appropriés et d'une manière qui n'est ni préjudiciable ni contraire aux droits de la défense et aux exigences d'un procès équitable et impartial. Ces vues et préoccupations peuvent être exposées par les représentants légaux des victimes lorsque la Cour l'estime approprié, conformément au Règlement de procédure et de preuve.

4. La Division d'aide aux victimes et aux témoins peut conseiller le procureur et la Cour sur les mesures de protection, les dispositions de sécurité et les activités de conseil et d'aide visées à l'article 43, paragraphe 6.

5. Lorsque la divulgation d'éléments de preuve et de renseignements en vertu du présent Statut risque de mettre gravement en danger un témoin ou les membres de sa famille, le procureur peut, dans toute procédure engagée avant l'ouverture du procès, s'abstenir de divulguer ces éléments de preuve ou renseignements et en présenter un résumé. De telles mesures doivent être appliquées d'une manière qui n'est ni préjudiciable ni contraire aux droits de la défense et aux exigences d'un procès équitable et impartial.

6. Un État peut demander que soient prises les mesures nécessaires pour assurer la protection de ses fonctionnaires ou agents et la protection d'informations confidentielles ou sensibles.

Art. 69. – Preuve

1. Avant de déposer, chaque témoin, conformément au Règlement de procédure et de preuve, prend l'engagement de dire la vérité.

2. Les témoins sont entendus en personne lors d'une audience, sous réserve des mesures prévues à l'article 68 ou dans le Règlement de procédure et de preuve. La Cour peut également autoriser un témoin à présenter une déposition orale ou un enregistrement vidéo ou audio, et à présenter des documents ou des transcriptions écrites, sous réserve des dispositions du présent Statut et conformément au Règlement de procédure et de preuve. Ces mesures ne doivent être ni préjudiciables ni contraires aux droits de la défense.

3. Les parties peuvent présenter des éléments de preuve pertinents pour l'affaire, conformément à l'article 64. La Cour a le pouvoir de demander la présentation de tous les éléments de preuve qu'elle juge nécessaires à la manifestation de la vérité.

4. La Cour peut se prononcer sur la pertinence et l'admissibilité de tout élément de preuve conformément au Règlement de procédure et de preuve, en tenant compte notamment de la valeur probante de cet élément de preuve et de la possibilité qu'il nuise à l'équité du procès ou à une évaluation équitable de la déposition d'un témoin.

5. La Cour respecte les règles de confidentialité telles qu'elles sont énoncées dans le Règlement de procédure et de preuve.

6. La Cour n'exige pas la preuve des faits qui sont notoires, mais en dresse le constat judiciaire.

7. Les éléments de preuve obtenus par un moyen violant le présent Statut ou les droits de l'Homme internationalement reconnus ne sont pas admissibles :

a) Si la violation met sérieusement en question la crédibilité des éléments de preuve ; ou

b) Si l'admission de ces éléments de preuve serait de nature à compromettre la procédure et à porter gravement atteinte à son intégrité.

8. Lorsqu'elle se prononce sur la pertinence ou l'admissibilité d'éléments de preuve réunis par un État, la Cour ne se prononce pas sur l'application de la législation nationale de cet État.

Art. 70. – Atteintes à l'administration de la justice

1. La Cour a compétence pour connaître des atteintes suivantes à son administration de la justice lorsqu'elles sont commises intentionnellement :

a) Faux témoignage d'une personne qui a pris l'engagement de dire la vérité en application de l'article 69, paragraphe 1 ;

b) Production d'éléments de preuve faux ou falsifiés en connaissance de cause ;

c) Subornation de témoin, manœuvres visant à empêcher un témoin de comparaître ou de déposer librement, représailles exercées contre un témoin en raison de sa déposition, destruction ou falsification d'éléments de preuve, ou entrave au rassemblement de tels éléments ;

d) Intimidation d'un membre ou agent de la Cour, entrave à son action ou trafic d'influence afin de l'amener, par la contrainte ou la persuasion, à ne pas exercer ses fonctions ou à ne pas les exercer comme il convient ;

e) Représailles contre un membre ou un agent de la Cour en raison des fonctions exercées par celui-ci ou par un autre membre ou agent ;

f) Sollicitation ou acceptation d'une rétribution illégale par un membre ou un agent de la Cour dans le cadre de ses fonctions officielles.

2. Les principes et les procédures régissant l'exercice par la Cour de sa compétence à l'égard des atteintes à l'administration de la justice en vertu du présent article sont énoncés dans le Règlement de procédure et de preuve. Les modalités de la coopération internationale avec la Cour dans la mise en œuvre des dispositions du présent article sont régies par la législation nationale de l'État requis.

3. En cas de condamnation, la Cour peut imposer une peine d'emprisonnement ne pouvant excéder cinq années, ou une amende prévue dans le Règlement de procédure et de preuve, ou les deux.

4. *a*) Les États parties étendent les dispositions de leur droit pénal qui répriment les atteintes à l'intégrité de leurs procédures d'enquête ou de leur système judiciaire aux atteintes à l'administration de la justice en vertu du présent article commises sur leur territoire, ou par l'un de leurs ressortissants ;

b) À la demande de la Cour, un État partie saisit ses autorités compétentes aux fins de poursuites chaque fois qu'il le juge approprié. Ces autorités traitent les dossiers dont il s'agit avec diligence, en y consacrant les moyens nécessaires à une action efficace.

Art. 71. – Sanctions en cas d'inconduite à l'audience

1. La Cour peut sanctionner l'inconduite à l'audience, y compris la perturbation de l'audience ou le refus délibéré de suivre ses instructions, par des mesures administratives autres qu'une peine d'emprisonnement, par exemple l'expulsion temporaire ou permanente de la salle, une amende ou d'autres mesures analogues prévues dans le Règlement de procédure et de preuve.

2. Le régime des sanctions indiquées au paragraphe 1 est fixé dans le Règlement de procédure et de preuve.

Art. 72. – Protection de renseignements touchant à la sécurité nationale

1. Le présent article s'applique dans tous les cas où la divulgation de renseignements ou de documents d'un État porterait atteinte, de l'avis de cet État, aux intérêts de sa sécurité nationale. Ces cas sont, en particulier, ceux qui relèvent de l'article 56, paragraphes 2 et 3, de l'article 61, paragraphe 3, de l'article 64, paragraphe 3, de l'article 67, paragraphe 2, de l'article 68, paragraphe 6, de l'article 87, paragraphe 6, et de l'article 93, ainsi que les cas, à tout autre stade de la procédure, où une telle divulgation peut être en cause.

2. Le présent article s'applique également lorsqu'une personne qui a été invitée à fournir des renseignements ou des éléments de preuve a refusé de le faire ou en a référé à l'État au motif que leur divulgation porterait atteinte aux intérêts d'un État en matière de sécurité nationale et lorsque cet État confirme qu'à son avis la divulgation de ces renseignements porterait atteinte aux intérêts de sa sécurité nationale.

3. Aucune disposition du présent article ne porte atteinte aux normes de confidentialité applicables en vertu de l'article 54, paragraphe 3, alinéas e) et f), ni à l'application de l'article 73.

4. Si un État apprend que des renseignements ou des documents de l'État sont ou seront probablement divulgués à un stade quelconque de la procédure, et s'il estime qu'une telle divulgation porterait atteinte aux intérêts de sa sécurité nationale, cet État a le droit d'intervenir en vue d'obtenir le règlement de la question selon les dispositions du présent article.

5. Lorsqu'un État estime que la divulgation de renseignements porterait atteinte aux intérêts de sa sécurité nationale, il prend, en liaison avec le procureur, la défense, la Chambre préliminaire ou la Chambre de première instance, selon le cas, toutes les mesures raisonnablement possibles pour trouver une solution par la concertation. Ces mesures peuvent notamment consister à :

a) Modifier ou préciser la demande;

b) Faire trancher par la Cour la question de la pertinence des renseignements ou éléments de preuve demandés, ou la question de savoir si les éléments de preuve, quoique pertinents, pourraient être ou ont été obtenus d'une source autre que l'État requis;

c) Obtenir les renseignements ou éléments de preuve d'une autre source ou sous une forme différente; ou

d) Trouver un accord sur les conditions auxquelles l'assistance pourrait être fournie, notamment par la communication de résumés ou de versions corrigées, l'imposition de restrictions à la divulgation, le recours à une procédure à huis clos ou *ex parte*, ou l'application d'autres mesures de protection autorisées par le Statut ou le Règlement de procédure et de preuve.

6. Lorsque toutes les mesures raisonnablement possibles ont été prises pour régler la question par la concertation et que l'État estime qu'il n'existe ni moyens ni conditions qui lui permettraient de communiquer ou de divulguer les renseignements ou les documents sans porter atteinte aux intérêts de sa sécurité nationale, il en avise le procureur ou la Cour en indiquant les raisons précises qui l'ont conduit à cette conclusion, à moins qu'un énoncé précis de ces raisons ne porte nécessairement atteinte aux intérêts de l'État en matière de sécurité nationale.

7. Par la suite, si la Cour détermine que les éléments de preuve sont pertinents et nécessaires pour l'établissement de la culpabilité ou de l'innocence de l'accusé, elle peut prendre les mesures ci-après :

a) Lorsque la divulgation des renseignements ou du document est sollicitée dans le cadre d'une demande de coopération au titre du chapitre IX ou dans les circonstances décrites au paragraphe 2, et que l'État a invoqué le motif de refus visé à l'article 93, paragraphe 4 :

i) la Cour peut, avant de tirer la conclusion visée au paragraphe 7, alinéa a) ii), demander la tenue de consultations supplémentaires aux fins d'examiner les observations de l'État, y compris, le cas échéant, la tenue d'audiences à huis clos et *ex parte* ;

ii) si la Cour conclut qu'en invoquant le motif de refus énoncé à l'article 93, paragraphe 4, dans les circonstances de l'espèce, l'État requis n'agit pas conformément aux obligations qui lui incombent en vertu du présent Statut, elle peut renvoyer l'affaire conformément à l'article 87, paragraphe 7, en précisant les raisons qui motivent sa conclusion ; et

iii) la Cour peut tirer toute conclusion qu'elle estime appropriée en l'espèce, lorsqu'elle juge l'accusé, quant à l'existence ou la non-existence d'un fait ; ou

b) Dans toutes les autres circonstances :

i) ordonner la divulgation ; ou

ii) dans la mesure où elle n'ordonne pas la divulgation, tirer toute conclusion qu'elle estime appropriée en l'espèce, lorsqu'elle juge l'accusé, quant à l'existence ou la non-existence d'un fait.

Art. 73. – Renseignements ou documents émanant de tiers

Si un État partie est requis par la Cour de fournir un document ou un renseignement en sa possession, sous sa garde ou sous son contrôle qui lui a été communiqué à titre confidentiel par un État, une organisation intergouvernementale ou une organisation internationale, il demande à celui dont il tient le renseignement ou le document l'autorisation de le divulguer. Si celui qui a communiqué le renseignement ou le document est un État partie, il consent à la divulgation du renseignement ou du document, ou s'efforce de régler la question avec la Cour, sous réserve des dispositions de l'article 72. Si celui qui a communiqué le renseignement ou le document n'est pas un État partie et refuse de consentir à la divulgation, l'État requis informe la Cour qu'il n'est pas en mesure de fournir le document ou le renseignement en raison d'une obligation préexistante de confidentialité à l'égard de celui dont il le tient.

Art. 74. – Conditions requises pour la décision

1. Tous les juges de la Chambre de première instance assistent à chaque phase du procès et à l'intégralité des débats. La Présidence peut désigner, au cas par cas un ou plusieurs juges suppléants, en fonction des disponibilités, pour assister également à toutes les phases du procès et remplacer un membre de la Chambre de première instance qui ne pourrait continuer de siéger.

2. La Chambre de première instance fonde sa décision sur son appréciation des preuves et sur l'ensemble des procédures. Sa décision ne peut aller au-delà des faits et des circonstances décrits dans les charges et les modifications apportées à celles-ci. Elle est fondée exclusivement sur les preuves produites et examinées au procès.

3. Les juges s'efforcent de prendre leur décision à l'unanimité, faute de quoi, ils la prennent à la majorité.

4. Les délibérations de la Chambre de première instance sont et demeurent secrètes.

5. La décision est présentée par écrit. Elle contient l'exposé complet et motivé des constatations de la Chambre de première instance sur les preuves et les conclusions. Il n'est prononcé qu'une seule décision. S'il n'y pas unanimité, la décision contient les vues de la majorité et de la minorité. Il est donné lecture de la décision ou de son résumé en audience publique.

Art. 75. – Réparation en faveur des victimes

1. La Cour établit des principes applicables aux formes de réparation, telles que la restitution, l'indemnisation ou la réhabilitation, à accorder aux victimes ou à leurs ayants droit. Sur cette base, la Cour peut, sur demande, ou de son propre chef dans des circonstances exceptionnelles, déterminer dans sa décision l'ampleur du dommage, de la perte ou du préjudice causé aux victimes ou à leurs ayants droit, en indiquant les principes sur lesquels elle fonde sa décision.

2. La Cour peut rendre contre une personne condamnée une ordonnance indiquant la réparation qu'il convient d'accorder aux victimes ou à leurs ayants droit. Cette réparation peut prendre notamment la forme de la restitution, de l'indemnisation ou de la réhabilitation.

Le cas échéant, la Cour peut décider que l'indemnité accordée à titre de réparation est versée par l'intermédiaire du Fonds visé à l'article 79.

3. Avant de rendre une ordonnance en vertu du présent article, la Cour peut solliciter, et prend en considération, les observations de la personne condamnée, des victimes, des autres personnes intéressées ou des États intéressés, et les observations formulées au nom de ces personnes ou de ces États.

4. Lorsqu'elle exerce le pouvoir que lui confère le présent article et après qu'une personne a été reconnue coupable d'un crime relevant de sa compétence, la Cour peut déterminer s'il est nécessaire, pour donner effet aux ordonnances qu'elle rend en vertu du présent article, de demander des mesures au titre de l'article 93, paragraphe 1.

5. Les États parties font appliquer les décisions prises en vertu du présent article comme si les dispositions de l'article 109 étaient applicables au présent article.

6. Les dispositions du présent article s'entendent sans préjudice des droits que le droit interne ou le droit international reconnaissent aux victimes.

Art. 76. – Prononcé de la peine

1. En cas de verdict de culpabilité, la Chambre de première instance fixe la peine à appliquer en tenant compte des conclusions et éléments de preuve pertinents présentés au procès.

2. Sauf dans les cas où l'article 65 s'applique et avant la fin du procès, la Chambre de première instance peut d'office, et doit à la demande du procureur ou de l'accusé, tenir une audience supplémentaire pour prendre connaissance de toutes nouvelles conclusions et de tous nouveaux éléments de preuve pertinents pour la fixation de la peine conformément au Règlement de procédure et de preuve.

3. Lorsque le paragraphe 2 s'applique, la Chambre de première instance entend les observations prévues à l'article 75 au cours de l'audience supplémentaire visée au paragraphe 2 et, au besoin, au cours de toute nouvelle audience.

4. La sentence est prononcée en audience publique et, lorsque cela est possible, en présence de l'accusé.

CHAPITRE VII

Les peines

Art. 77. – Peines applicables

1. Sous réserve de l'article 110, la Cour peut prononcer contre une personne déclarée coupable d'un crime visé à l'article 5 du présent Statut l'une des peines suivantes :

a) Une peine d'emprisonnement à temps de 30 ans au plus ; ou

b) Une peine d'emprisonnement à perpétuité, si l'extrême gravité du crime et la situation personnelle du condamné le justifient.

2. À la peine d'emprisonnement, la Cour peut ajouter :

a) Une amende fixée selon les critères prévus par le Règlement de procédure et de preuve ;

b) La confiscation des profits, biens et avoirs tirés directement ou indirectement du crime, sans préjudice des droits des tiers de bonne foi.

Art. 78. – Fixation de la peine

1. Lorsqu'elle fixe la peine, la Cour tient compte, conformément au Règlement de procédure et de preuve, de considérations telles que la gravité du crime et la situation personnelle du condamné.

2. Lorsqu'elle prononce une peine d'emprisonnement, la Cour en déduit le temps que le condamné a passé, sur son ordre, en détention. Elle peut également en déduire toute autre période passée en détention à raison d'un comportement lié au crime.

3. Lorsqu'une personne est reconnue coupable de plusieurs crimes, la Cour prononce une peine pour chaque crime et une peine unique indiquant la durée totale d'emprisonnement. Cette durée ne peut être inférieure à celle de la peine individuelle la plus lourde et ne peut être supérieure à 30 ans ou à celle de la peine d'emprisonnement à perpétuité prévue à l'article 77, paragraphe 1, alinéa b).

Art. 79. – Fonds au profit des victimes

1. Un fonds est créé, sur décision de l'Assemblée des États parties, au profit des victimes de crimes relevant de la compétence de la Cour et de leurs familles.

2. La Cour peut ordonner que le produit des amendes et tout autre bien confisqué soient versés au fonds.

3. Le fonds est géré selon les principes fixés par l'Assemblée des États parties.

Art. 80. – Le statut, l'application des peines par les États et le droit national

Rien dans le présent chapitre n'affecte l'application par les États des peines que prévoit leur droit interne, ni l'application du droit des États qui ne prévoient pas les peines prévues dans le présent chapitre.

CHAPITRE VIII

Appel et révision

Art. 81. – Appel d'une décision sur la culpabilité ou la peine

1. Il peut être fait appel, conformément au Règlement de procédure et de preuve, d'une décision rendue en vertu de l'article 74 selon les modalités suivantes :

a) Le procureur peut interjeter appel pour l'un des motifs suivants :

i) vice de procédure ;

ii) erreur de fait ;

iii) erreur de droit.

b) La personne déclarée coupable, ou le procureur au nom de cette personne, peut interjeter appel pour l'un des motifs suivants :

i) vice de procédure ;

ii) erreur de fait ;

iii) erreur de droit ;

iv) tout autre motif de nature à compromettre l'équité ou la régularité de la procédure ou de la décision.

2. *a*) Le procureur ou le condamné peut, conformément au Règlement de procédure et de preuve, interjeter appel de la peine prononcée au motif d'une disproportion entre celle-ci et le crime ;

b) Si, à l'occasion d'un appel contre la peine prononcée, la Cour estime qu'il existe des motifs qui pourraient justifier l'annulation de tout ou partie de la décision sur la culpabilité, elle peut inviter le procureur et le condamné à invoquer les motifs énoncés à l'article 81, paragraphe 1, alinéas a) ou *b*), et se prononcer sur la décision sur la culpabilité conformément à l'article 83 ;

c) La même procédure s'applique si, à l'occasion d'un appel concernant uniquement la décision sur la culpabilité, la Cour estime qu'il existe des motifs justifiant une réduction de la peine en vertu du paragraphe 2, alinéa a).

3. *a*) À moins que la Chambre de première instance n'en décide autrement, la personne reconnue coupable reste détenue pendant la procédure d'appel ;

b) Lorsque la durée de la détention dépasse la durée de la peine prononcée, la personne reconnue coupable est mise en liberté ; toutefois, si le procureur fait également appel, la libération peut être subordonnée aux conditions énoncées à l'alinéa c) ci-après ;

c) En cas d'acquittement, l'accusé est immédiatement mis en liberté, sous réserve des conditions suivantes :

i) dans des circonstances exceptionnelles, et en fonction, notamment, du risque d'évasion, de la gravité de l'infraction et des chances de voir l'appel aboutir, la Chambre de première instance peut, à la demande du procureur, ordonner le maintien en détention de l'accusé pendant la procédure d'appel ;

ii) la décision rendue par la Chambre de première instance en vertu du sous-alinéa c i) est susceptible d'appel conformément au Règlement de procédure et de preuve.

4. Sous réserve des dispositions du paragraphe 3, alinéas a) et b), il est sursis à l'exécution de la décision sur la culpabilité ou la peine durant le délai consenti pour le recours en appel et durant la procédure d'appel.

Art. 82. – Appel d'autres décisions

1. L'une ou l'autre partie peut faire appel, conformément au Règlement de procédure et de preuve, de l'une des décisions ci-après :

a) Décision sur la compétence ou la recevabilité ;

b) Décision accordant ou refusant la mise en liberté de la personne faisant l'objet d'une enquête ou de poursuites ;

c) Décision de la Chambre préliminaire d'agir de sa propre initiative en vertu de l'article 56, paragraphe 3 ;

d) Décision soulevant une question de nature à affecter de manière appréciable le déroulement équitable et rapide de la procédure ou l'issue du procès, et dont le règlement immédiat par la Chambre d'appel pourrait, de l'avis de la Chambre préliminaire ou de la Chambre de première instance, faire sensiblement progresser la procédure.

2. La décision de la Chambre préliminaire visée à l'article 57, paragraphe 3, alinéa d), est susceptible d'appel de la part de l'État concerné ou du procureur, avec l'autorisation de la Chambre préliminaire. Cet appel est examiné selon une procédure accélérée.

3. L'appel n'a d'effet suspensif que si la Chambre d'appel l'ordonne sur requête présentée conformément au Règlement de procédure et de preuve.

4. Le représentant légal des victimes, la personne condamnée ou le propriétaire de bonne foi d'un bien affecté par une ordonnance rendue en vertu de l'article 75 peut relever appel de cette ordonnance conformément au Règlement de procédure et de preuve.

Art. 83. – Procédure d'appel

1. Aux fins des procédures visées à l'article 81 et au présent article, la Chambre d'appel a tous les pouvoirs de la Chambre de première instance.

2. Si la Chambre d'appel conclut que la procédure faisant l'objet de l'appel est viciée au point de porter atteinte à la régularité de la décision ou de la condamnation, ou que la décision ou la condamnation faisant l'objet de l'appel est sérieusement entachée d'une erreur de fait ou de droit, elle peut :

a) Annuler ou modifier la décision ou la condamnation ; ou

b) Ordonner un nouveau procès devant une chambre de première instance différente.

À ces fins, la Chambre d'appel peut renvoyer une question de fait devant la Chambre de première instance initialement saisie afin que celle-ci tranche la question et lui fasse rapport, ou elle peut elle-même demander des éléments de preuve afin de trancher. Lorsque seule la personne condamnée, ou le procureur en son nom, a interjeté appel de la décision ou de la condamnation, celle-ci ne peut être modifiée à son détriment.

3. Si, dans le cadre de l'appel d'une condamnation, la Chambre d'appel constate que la peine est disproportionnée par rapport au crime, elle peut la modifier conformément au chapitre VII.

4. L'arrêt de la Chambre d'appel est adopté à la majorité des juges et rendu en audience publique. Il est motivé. Lorsqu'il n'y a pas unanimité, il contient les vues de la majorité et de la minorité, mais un juge peut présenter une opinion individuelle ou une opinion dissidente sur une question de droit.

5. La Chambre d'appel peut prononcer son arrêt en l'absence de la personne acquittée ou condamnée.

Art. 84. – Révision d'une décision sur la culpabilité ou la peine

1. La personne déclarée coupable ou, si elle est décédée, son conjoint, ses enfants, ses parents ou toute personne vivant au moment de son décès qu'elle a mandatée par écrit expressément à cette fin, ou le procureur agissant au nom de cette personne, peuvent saisir la Chambre d'appel d'une requête en révision de la décision définitive sur la culpabilité ou la peine pour les motifs suivants :

a) Il a été découvert un fait nouveau qui :

i) n'était pas connu au moment du procès sans que cette circonstance puisse être imputée, en totalité ou en partie, au requérant ; et

ii) s'il avait été établi lors du procès, aurait vraisemblablement entraîné un verdict différent ;

b) Il a été découvert qu'un élément de preuve décisif, retenu lors du procès et sur la base duquel la culpabilité a été établie, était faux, contrefait ou falsifié ;

c) Un ou plusieurs des juges qui ont participé à la décision sur la culpabilité ou qui ont confirmé les charges ont commis dans cette affaire un acte constituant une faute lourde ou un manquement à leurs devoirs d'une gravité suffisante pour justifier qu'ils soient relevés de leurs fonctions en application de l'article 46.

2. La Chambre d'appel rejette la requête si elle la juge infondée. Si elle estime que la requête est fondée sur des motifs valables, elle peut, selon ce qui convient :

a) Réunir à nouveau la Chambre de première instance qui a rendu le jugement initial ;

b) Constituer une nouvelle chambre de première instance ; ou

c) Rester saisie de l'affaire, afin de déterminer, après avoir entendu les parties selon les modalités prévues dans le Règlement de procédure et de preuve, si le jugement doit être révisé.

Art. 85. – Indemnisation des personnes arrêtées ou condamnées

1. Quiconque a été victime d'une arrestation ou mise en détention illégales a droit à réparation.

2. Lorsqu'une condamnation définitive est ultérieurement annulée parce qu'un fait nouveau ou nouvellement révélé prouve qu'il s'est produit une erreur judiciaire, la personne qui a subi une peine en raison de cette condamnation est indemnisée conformément à la loi, à moins qu'il ne soit prouvé que la non-révélation en temps utile du fait inconnu lui est imputable en tout ou partie.

3. Dans des circonstances exceptionnelles, si la Cour constate, au vu de faits probants, qu'une erreur judiciaire grave et manifeste a été commise, elle peut, à sa discrétion, accorder une indemnité conforme aux critères énoncés dans le Règlement de procédure et de preuve à une personne qui avait été placée en détention et a été libérée à la suite d'un acquittement définitif ou parce qu'il a été mis fin aux poursuites pour ce motif.

CHAPITRE IX

Coopération internationale et assistance judiciaire

Art. 86. – Obligation générale de coopérer

Conformément aux dispositions du présent Statut, les États parties coopèrent pleinement avec la Cour dans les enquêtes et poursuites qu'elle mène pour les crimes relevant de sa compétence.

Art. 87. – Demandes de coopération : dispositions générales

1. *a*) La Cour est habilitée à adresser des demandes de coopération aux États parties.

Ces demandes sont transmises par la voie diplomatique ou toute autre voie appropriée que chaque État partie choisit au moment de la ratification, de l'acceptation ou de l'approbation du présent Statut ou de l'adhésion à celui-ci.

Toute modification ultérieure du choix de la voie de transmission est faite par chaque État partie conformément au Règlement de procédure et de preuve.

b) S'il y a lieu, et sans préjudice des dispositions de l'alinéa a), les demandes peuvent être également transmises par l'Organisation internationale de police criminelle (INTERPOL) ou par toute organisation régionale compétente.

2. Les demandes de coopération et les pièces justificatives y afférentes sont soit rédigées dans une langue officielle de l'État requis ou accompagnées d'une traduction dans cette langue, soit rédigées dans l'une des langues de travail de la Cour ou accompagnées d'une traduction dans l'une de ces langues, selon le choix fait par l'État requis au moment de la ratification, de l'acceptation ou de l'approbation du présent Statut ou de l'adhésion à celui-ci.

Toute modification ultérieure de ce choix est faite conformément au Règlement de procédure et de preuve.

3. L'État requis respecte le caractère confidentiel des demandes de coopération et des pièces justificatives y afférentes, sauf dans la mesure où leur divulgation est nécessaire pour donner suite à la demande.

4. En ce qui concerne les demandes d'assistance présentées au titre du présent chapitre, la Cour peut prendre, notamment en matière de protection des renseignements, les mesures qui peuvent être nécessaires pour garantir la sécurité et le bien-être physique ou psychologique des victimes, des témoins potentiels et des membres de leur famille. La Cour peut demander que tout renseignement fourni au titre du présent chapitre soit communiqué et traité de telle sorte que soient préservés la sécurité et le bien-être physique ou psychologique des victimes, des témoins potentiels et des membres de leur famille.

5. *a*) La Cour peut inviter tout État non partie au présent Statut à prêter son assistance au titre du présent chapitre sur la base d'un arrangement *ad hoc* ou d'un accord conclu avec cet État ou sur toute autre base appropriée.

b) Si, ayant conclu avec la Cour un arrangement *ad hoc* ou un accord, un État non partie au présent Statut n'apporte pas l'assistance qui lui est demandée en vertu de cet arrangement ou de cet accord, la Cour peut en informer l'Assemblée des États parties, ou le Conseil de sécurité lorsque c'est celui-ci qui l'a saisie.

6. La Cour peut demander des renseignements ou des documents à toute organisation intergouvernementale. Elle peut également sollici-

ter d'autres formes de coopération et d'assistance dont elle est convenue avec une organisation intergouvernementale et qui sont conformes aux compétences ou au mandat de celle-ci.

7. Si un État partie n'accède pas à une demande de coopération de la Cour contrairement à ce que prévoit le présent Statut, et l'empêche ainsi d'exercer les fonctions et les pouvoirs que lui confère le présent Statut, la Cour peut en prendre acte et en référer à l'Assemblée des États parties ou au Conseil de sécurité lorsque c'est celui-ci qui l'a saisie.

Art. 88. – Procédures disponibles selon la législation nationale

Les États parties veillent à prévoir dans leur législation nationale les procédures qui permettent la réalisation de toutes les formes de coopération visées dans le présent chapitre.

Art. 89. – Remise de certaines personnes à la Cour

1. La Cour peut présenter à tout État sur le territoire duquel une personne est susceptible de se trouver une demande, accompagnée des pièces justificatives indiquées à l'article 91, tendant à ce que cette personne soit arrêtée et lui soit remise, et sollicite la coopération de cet État pour l'arrestation et la remise de la personne. Les États parties répondent à toute demande d'arrestation et de remise conformément aux dispositions du présent chapitre et aux procédures prévues par leur législation nationale.

2. Lorsque la personne dont la remise est sollicitée saisit une juridiction nationale d'une contestation fondée sur le principe *ne bis in idem*, comme prévu à l'article 20, l'État requis consulte immédiatement la Cour pour savoir s'il y a eu en l'espèce une décision sur la recevabilité.

S'il a été décidé que l'affaire est recevable, l'État requis donne suite à la demande. Si la décision sur la recevabilité est pendante, l'État requis peut différer l'exécution de la demande jusqu'à ce que la Cour ait statué.

3. *a*) Les États parties autorisent le transport à travers leur territoire, conformément aux procédures prévues par leur législation nationale, de toute personne transférée à la Cour par un autre État, sauf dans le cas où le transit par leur territoire gênerait ou retarderait la remise.

b) Une demande de transit est transmise par la Cour conformément à l'article 87. Elle contient :

i) le signalement de la personne transportée ;

ii) un bref exposé des faits et de leur qualification juridique ; et

iii) le mandat d'arrêt et de remise ;

c) La personne transportée reste détenue pendant le transit.

d) Aucune autorisation n'est nécessaire si la personne est transportée par voie aérienne et si aucun atterrissage n'est prévu sur le territoire de l'État de transit.

e) Si un atterrissage imprévu a lieu sur le territoire de l'État de transit, celui-ci peut exiger de la Cour la présentation d'une demande de transit dans les formes prescrites à l'alinéa b).

L'État de transit place la personne transportée en détention jusqu'à la réception de la demande de transit et l'accomplissement effectif du transit. Toutefois, la détention au titre du présent alinéa ne peut se prolonger au-delà de 96 heures après l'atterrissage imprévu si la demande n'est pas reçue dans ce délai.

4. Si la personne réclamée fait l'objet de poursuites ou exécute une peine dans l'État requis pour un crime différent de celui pour lequel sa remise à la Cour est demandée, cet État, après avoir décidé d'accéder à la demande de la Cour, consulte celle-ci.

Art. 90. – Demandes concurrentes

1. Si un État partie reçoit de la Cour, conformément à l'article 89, une demande de remise et reçoit par ailleurs de tout autre État une demande d'extradition de la même personne pour le même comportement, qui constitue la base du crime pour lequel la Cour demande la remise de cette personne, il en avise la Cour et l'État requérant.

2. Lorsque l'État requérant est un État partie, l'État requis donne la priorité à la demande de la Cour :

a) Si la Cour a décidé, en application des articles 18 ou 19, que l'affaire que concerne la demande de remise est recevable en tenant compte de l'enquête menée ou des poursuites engagées par l'État requérant en relation avec la demande d'extradition de celui-ci ; ou

b) Si la Cour prend la décision visée à l'alinéa a) à la suite de la notification faite par l'État requis en application du paragraphe 1.

3. Lorsque la Cour n'a pas pris la décision visée au paragraphe 2, alinéa a), l'État requis peut, s'il le souhaite, commencer à instruire la demande d'extradition de l'État requérant en attendant que la Cour se prononce comme prévu à l'alinéa b). Il n'extrade pas la personne tant que la Cour n'a pas jugé l'affaire irrecevable. La Cour se prononce selon une procédure accélérée.

4. Si l'État requérant est un État non partie au présent Statut, l'État requis, s'il n'est pas tenu par une obligation internationale d'extrader l'intéressé vers l'État requérant, donne la priorité à la demande de remise de la Cour, si celle-ci a jugé que l'affaire était recevable.

5. Quand une affaire relevant du paragraphe 4 n'a pas été jugée recevable par la Cour, l'État requis peut, s'il le souhaite, commencer à instruire la demande d'extradition de l'État requérant.

6. Dans les cas où le paragraphe 4 s'applique mais que l'État requis est tenu par une obligation internationale d'extrader la personne vers l'État non partie requérant, l'État requis détermine s'il y a lieu de remettre la personne à la Cour ou de l'extrader vers l'État requérant.

Dans sa décision, il tient compte de toutes les considérations pertinentes, notamment :

a) L'ordre chronologique des demandes;

b) Les intérêts de l'État requérant, en particulier, le cas échéant, le fait que le crime a été commis sur son territoire et la nationalité des victimes et de la personne réclamée; et

c) La possibilité que la Cour et l'État requérant parviennent ultérieurement à un accord concernant la remise de cette personne.

7. Si un État partie reçoit de la Cour une demande de remise et reçoit par ailleurs d'un autre État une demande d'extradition de la même personne pour un comportement différent de celui qui constitue le crime pour lequel la Cour demande la remise :

a) L'État requis donne la priorité à la demande de la Cour s'il n'est pas tenu par une obligation internationale d'extrader la personne vers l'État requérant;

b) S'il est tenu par une obligation internationale d'extrader la personne vers l'État requérant, l'État requis soit remet cette personne à la Cour soit l'extrade vers l'État requérant.

Dans son choix, il tient compte de toutes les considérations pertinentes, notamment celles qui sont énoncées au paragraphe 6, mais accorde une importance particulière à la nature et à la gravité relative du comportement en cause.

8. Lorsqu'à la suite d'une notification reçue en application du présent article, la Cour a jugé une affaire irrecevable et que l'extradition vers l'État requérant est ultérieurement refusée, l'État requis avise la Cour de cette décision.

Art. 91. – Contenu de la demande d'arrestation et de remise

1. Une demande d'arrestation et de remise est faite par écrit. En cas d'urgence, elle peut être faite par tout moyen laissant une trace écrite, à condition d'être confirmée selon les modalités prévues à l'article 87, paragraphe 1, alinéa a).

2. Si la demande concerne l'arrestation et la remise d'une personne faisant l'objet d'un mandat d'arrêt délivré par la Chambre préliminaire en vertu de l'article 58, elle contient ou est accompagnée d'un dossier contenant les pièces justificatives suivantes :

a) Le signalement de la personne recherchée, suffisant pour l'identifier, et des renseignements sur le lieu où elle se trouve probablement;

b) Une copie du mandat d'arrêt; et

c) Les documents, déclarations et renseignements qui peuvent être exigés dans l'État requis pour procéder à la remise; toutefois, les exigences de l'État requis ne doivent pas être plus lourdes dans ce cas que dans celui des demandes d'extradition présentées en application de traités ou arrangements conclus entre l'État requis et d'autres États et devraient même, si possible, l'être moins, eu égard au caractère particulier de la Cour.

3. Si la demande concerne l'arrestation et la remise d'une personne qui a déjà été reconnue coupable, elle contient ou est accompagnée d'un dossier contenant les pièces justificatives suivantes :

a) Une copie de tout mandat d'arrêt visant cette personne ;

b) Une copie du jugement ;

c) Des renseignements attestant que la personne recherchée est bien celle visée par le jugement ; et

d) Si la personne recherchée a été condamnée à une peine, une copie de la condamnation, avec, dans le cas d'une peine d'emprisonnement, indication du temps déjà accompli et du temps restant à accomplir.

4. À la demande de la Cour, un État partie tient avec celle-ci, soit d'une manière générale, soit à propos d'une question particulière, des consultations sur les conditions prévues par sa législation interne qui pourraient s'appliquer selon le paragraphe 2, alinéa c). Lors de ces consultations, l'État partie informe la Cour des exigences particulières de sa législation.

Art. 92. – Arrestation provisoire

1. En cas d'urgence, la Cour peut demander l'arrestation provisoire de la personne recherchée en attendant que soient présentées la demande de remise et les pièces justificatives visées à l'article 91.

2. La demande d'arrestation provisoire est faite par tout moyen laissant une trace écrite et contient :

a) Le signalement de la personne recherchée, suffisant pour l'identifier, et des renseignements sur le lieu où elle se trouve probablement ;

b) L'exposé succinct des crimes pour lesquels la personne est recherchée et des faits qui seraient constitutifs de ces crimes, y compris, si possible, la date et le lieu où ils se seraient produits ;

c) Une déclaration affirmant l'existence à l'encontre de la personne recherchée d'un mandat d'arrêt ou d'un jugement établissant sa culpabilité ; et

d) Une déclaration indiquant qu'une demande de remise de la personne recherchée suivra.

3. Une personne provisoirement arrêtée peut être remise en liberté si l'État requis n'a pas reçu la demande de remise et les pièces justificatives visées à l'article 91 dans le délai prescrit par le Règlement de procédure et de preuve. Toutefois, cette personne peut consentir à être remise avant l'expiration de ce délai si la législation de l'État requis le permet. Dans ce cas, l'État requis procède aussitôt que possible à sa remise à la Cour.

4. La mise en liberté de la personne recherchée prévu au paragraphe 3, est sans préjudice de son arrestation ultérieure et de sa remise si la demande de remise accompagnée des pièces justificatives est présentée par la suite.

Art. 93. – Autres formes de coopération

1. Les États parties font droit, conformément aux dispositions du présent chapitre et aux procédures prévues par leur législation nationale, aux demandes d'assistance de la Cour liées à une enquête ou à des poursuites et concernant :

a) L'identification d'une personne, le lieu où elle se trouve ou la localisation de biens ;

b) Le rassemblement d'éléments de preuve, y compris les dépositions faites sous serment, et la production d'éléments de preuve, y compris les expertises et les rapports dont la Cour a besoin ;

c) L'interrogatoire des personnes faisant l'objet d'une enquête ou de poursuites ;

d) La signification de documents, y compris les pièces de procédure ;

e) Les mesures propres à faciliter la comparution volontaire devant la Cour de personnes déposant comme témoins ou experts ;

f) Le transfèrement temporaire de personnes en vertu du paragraphe 7 ;

g) L'examen de localités ou de sites, notamment l'exhumation et l'examen de cadavres enterrés dans des fosses communes ;

h) L'exécution de perquisitions et de saisies ;

i) La transmission de dossiers et de documents, y compris les dossiers et les documents officiels ;

j) La protection des victimes et des témoins et la préservation des éléments de preuve ;

k) L'identification, la localisation, le gel ou la saisie du produit des crimes, des biens, des avoirs et des instruments qui sont liés aux crimes, aux fins de leur confiscation éventuelle, sans préjudice des droits des tiers de bonne foi ; et

l) Toute autre forme d'assistance non interdite par la législation de l'État requis propre à faciliter l'enquête et les poursuites relatives aux crimes relevant de la compétence de la Cour.

2. La Cour est habilitée à fournir à un témoin ou à un expert comparaissant devant elle l'assurance qu'il ne sera ni poursuivi, ni détenu, ni soumis par elle à une restriction quelconque de sa liberté personnelle pour un acte ou une omission antérieurs à son départ de l'État requis.

3. Si l'exécution d'une mesure particulière d'assistance décrite dans une demande présentée en vertu du paragraphe 1 est interdite dans l'État requis en vertu d'un principe juridique fondamental d'application générale, ledit État engage sans tarder des consultations avec la Cour pour tenter de régler la question. Au cours de ces consultations, il est envisagé d'apporter l'assistance demandée sous une autre forme ou sous certaines conditions. Si la question n'est pas réglée à l'issue des consultations, la Cour modifie la demande.

4. Conformément à l'article 72, un État partie ne peut rejeter, totalement ou partiellement, une demande d'assistance de la Cour que si

cette demande a pour objet la production de documents ou la divulgation d'éléments de preuve qui touchent à sa sécurité nationale.

5. Avant de rejeter une demande d'assistance visée au paragraphe 1, alinéa l), l'État requis détermine si l'assistance peut être fournie sous certaines conditions, ou pourrait l'être ultérieurement ou sous une autre forme, étant entendu que si la Cour ou le procureur acceptent ces conditions, ils sont tenus de les observer.

6. L'État requis qui rejette une demande d'assistance fait connaître sans retard ses raisons à la Cour ou au procureur.

7. *a*) La Cour peut demander le transfèrement temporaire d'une personne détenue aux fins d'identification ou pour obtenir un témoignage ou d'autres formes d'assistance. Cette personne peut être transférée si les conditions suivantes sont remplies :

i) la personne donne librement et en connaissance de cause son consentement au transfèrement; et

ii) l'État requis donne son accord au transfèrement, sous réserve des conditions dont cet État et la Cour peuvent convenir.

b) La personne transférée reste détenue. Une fois l'objectif du transfèrement atteint, la Cour renvoie sans délai cette personne dans l'État requis.

8. *a*) La Cour préserve le caractère confidentiel des pièces et renseignements recueillis, sauf dans la mesure nécessaire à l'enquête et aux procédures décrites dans la demande.

b) L'État requis peut au besoin communiquer des documents ou des renseignements au procureur à titre confidentiel. Le procureur ne peut alors les utiliser que pour recueillir des éléments de preuve nouveaux.

c) L'État requis peut, soit d'office, soit à la demande du procureur, autoriser par la suite la divulgation de ces documents ou renseignements. Ceux-ci peuvent alors être utilisés comme moyen de preuve conformément aux dispositions des chapitres V et VI et au Règlement de procédure et de preuve.

9. *a*) i) Si un État partie reçoit, d'une part, de la Cour et, d'autre part, d'un autre État dans le cadre d'une obligation internationale, des demandes concurrentes ayant un autre objet que la remise ou l'extradition, il s'efforce, en consultation avec la Cour et cet autre État, de faire droit aux deux demandes, au besoin en différant l'une ou l'autre ou en la subordonnant à certaines conditions.

ii) À défaut, la concurrence des demandes est résolue conformément aux principes établis à l'article 90.

b) Toutefois, lorsque la demande de la Cour concerne des renseignements, des biens ou des personnes qui se trouvent sous l'autorité d'un État tiers ou d'une organisation internationale en vertu d'un accord international, l'État requis en informe la Cour et celle-ci adresse sa demande à l'État tiers ou à l'organisation internationale.

10. *a*) Si elle reçoit une demande en ce sens, la Cour peut coopérer avec l'État partie qui mène une enquête ou un procès concernant un

comportement qui constitue un crime relevant de la compétence de la Cour ou un crime grave au regard du droit interne de cet État, et prêter assistance à cet État.

b) i) cette assistance comprend notamment :

a. La transmission de dépositions, documents et autres éléments de preuve recueillis au cours d'une enquête ou d'un procès menés par la Cour ; et

b. L'interrogatoire de toute personne détenue par ordre de la Cour ;

ii) dans le cas visé au point a. du sous-alinéa b, i) :

a. La transmission des documents et autres éléments de preuve obtenus avec l'assistance d'un État requiert le consentement de cet État ;

b. La transmission des dépositions, documents et autres éléments de preuve fournis par un témoin ou par un expert se fait conformément aux dispositions de l'article 68.

c) La Cour peut, dans les conditions énoncées au présent paragraphe, faire droit à une demande d'assistance émanant d'un État qui n'est pas partie au présent Statut.

Art. 94. – Sursis à exécution d'une demande à raison d'une enquête ou de poursuites en cours

1. Si l'exécution immédiate d'une demande devait nuire au bon déroulement de l'enquête ou des poursuites en cours dans une affaire différente de celle à laquelle se rapporte la demande, l'État requis peut surseoir à l'exécution de celle-ci pendant un temps fixé d'un commun accord avec la Cour. Toutefois, ce sursis ne dure pas plus qu'il n'est nécessaire pour mener à bien l'enquête ou les poursuites en question dans l'État requis. Avant de décider de surseoir à l'exécution de la demande, l'État requis examine si l'assistance peut être fournie immédiatement sous certaines conditions.

2. Si la décision est prise de surseoir à l'exécution de la demande en application du paragraphe 1, le procureur peut toutefois demander l'adoption de mesures pour préserver les éléments de preuve en vertu de l'article 93, paragraphe 1, alinéa j).

Art. 95. – Suris à exécution d'une demande en raison d'une exception d'irrecevabilité

Lorsque la Cour examine une exception d'irrecevabilité conformément aux articles 18 ou 19, l'État requis peut surseoir à l'exécution d'une demande faite au titre du présent chapitre en attendant que la Cour ait statué, à moins que la Cour n'ait expressément décidé que le procureur pouvait continuer de rassembler des éléments de preuve en application des articles 18 ou 19.

Art. 96. – Contenu d'une demande portant sur d'autres formes de coopération visées à l'article 93

1. Une demande portant sur d'autres formes de coopération visées à l'article 93 est faite par écrit. En cas d'urgence, elle peut être faite par tout moyen laissant une trace écrite, à condition d'être confirmée selon les modalités indiquées à l'article 87, paragraphe 1, alinéa a).

2. La demande contient ou est accompagnée d'un dossier contenant les éléments suivants :

a) L'exposé succinct de l'objet de la demande et de la nature de l'assistance demandée, y compris les fondements juridiques et les motifs de la demande;

b) Des renseignements aussi détaillés que possible sur la personne ou le lieu qui doivent être identifiés ou localisés, de manière que l'assistance demandée puisse être fournie;

c) L'exposé succinct des faits essentiels qui justifient la demande;

d) L'exposé des motifs et l'explication détaillée des procédures ou des conditions à respecter;

e) Tout renseignement que peut exiger la législation de l'État requis pour qu'il soit donné suite à la demande; et

f) Tout autre renseignement utile pour que l'assistance demandée puisse être fournie.

3. À la demande de la Cour, un État partie tient avec celle-ci, soit d'une manière générale, soit à propos d'une question particulière, des consultations sur les conditions prévues par sa législation qui pourraient s'appliquer comme prévu au paragraphe 2, alinéa e). Lors de ces consultations, l'État partie informe la Cour des exigences particulières de sa législation.

4. Les dispositions du présent article s'appliquent aussi, le cas échéant, à une demande d'assistance adressée à la Cour.

Art. 97. – Consultations

Lorsqu'un État partie est saisi d'une demande au titre du présent chapitre et constate qu'elle soulève des difficultés qui pourraient en gêner ou en empêcher l'exécution, il consulte la Cour sans tarder en vue de régler la question. Ces difficultés peuvent prendre notamment les formes suivantes :

a) Les informations ne sont pas suffisantes pour donner suite à la demande;

b) Dans le cas d'une demande de remise, la personne réclamée reste introuvable en dépit de tous les efforts, ou les recherches ont permis d'établir que la personne se trouvant dans l'État requis n'est manifestement pas celle que vise le mandat; ou

c) L'État requis serait contraint, pour donner suite à la demande sous sa forme actuelle, de violer une obligation conventionnelle qu'il a déjà à l'égard d'un autre État.

Art. 98. – Coopération en relation avec la renonciation à l'immunité et le consentement à la remise

1. La Cour ne peut poursuivre l'exécution d'une demande de remise ou d'assistance qui contraindrait l'État requis à agir de façon incompatible avec les obligations qui lui incombent en droit international en matière d'immunité des États ou d'immunité diplomatique d'une personne ou de biens d'un État tiers, à moins d'obtenir au préalable la coopération de cet État tiers en vue de la levée de l'immunité.

2. La Cour ne peut poursuivre l'exécution d'une demande de remise qui contraindrait l'État requis à agir de façon incompatible avec les obligations qui lui incombent en vertu d'accords internationaux selon lesquels le consentement de l'État d'envoi est nécessaire pour que soit remise à la Cour une personne relevant de cet État, à moins que la Cour ne puisse au préalable obtenir la coopération de l'État d'envoi pour qu'il consente à la remise.

Art. 99. – Exécution des demandes présentées au titre des articles 93 et 96

1. L'État requis donne suite aux demandes d'assistance conformément à la procédure prévue par sa législation et, à moins que cette législation ne l'interdise, de la manière précisée dans la demande, y compris en appliquant toute procédure indiquée dans celle-ci ou en autorisant les personnes qu'elle précise à être présentes et à participer à l'exécution de la demande.

2. En cas de demande urgente, les documents ou éléments de preuve produits pour y répondre sont, à la requête de la Cour, envoyés d'urgence.

3. Les réponses de l'État requis sont communiquées dans leur langue et sous leur forme originales.

4. Sans préjudice des autres articles du présent chapitre, lorsque cela est nécessaire pour exécuter efficacement une demande à laquelle il peut être donné suite sans recourir à des mesures de contrainte, notamment lorsqu'il s'agit d'entendre ou de faire déposer une personne agissant de son plein gré, y compris hors de la présence des autorités de l'État partie requis quand cela est déterminant pour la bonne exécution de la demande, ou lorsqu'il s'agit d'inspecter un site public ou un autre lieu public sans le modifier, le procureur peut réaliser l'objet de la demande directement sur le territoire de l'État, selon les modalités suivantes :

a) Lorsque l'État requis est l'État sur le territoire duquel il est allégué que le crime a été commis et qu'il y a eu une décision sur la recevabilité comme prévu aux articles 18 ou 19, le procureur peut exécuter directement la demande, après avoir mené avec l'État requis des consultations aussi étendues que possible ;

b) Dans les autres cas, le procureur peut exécuter la demande après consultations avec l'État partie requis et eu égard aux conditions ou préoccupations raisonnables que cet État a éventuellement fait valoir. Lorsque l'État requis constate que l'exécution d'une demande relevant du présent alinéa soulève des difficultés, il consulte aussitôt la Cour en vue d'y remédier.

5. Les dispositions autorisant la personne entendue ou interrogée par la Cour au titre de l'article 72 à invoquer les restrictions prévues pour empêcher la divulgation d'informations confidentielles touchant à la sécurité nationale s'appliquent également à l'exécution des demandes d'assistance relevant du présent article.

Art. 100. – Dépenses

1. Les dépenses ordinaires afférentes à l'exécution des demandes sur le territoire de l'État requis sont à la charge de cet État, à l'exception des frais suivants, qui sont à la charge de la Cour :

a) Frais liés aux voyages et à la protection des témoins et des experts ou au transfèrement des détenus en vertu de l'article 93 ;

b) Frais de traduction, d'interprétation et de transcription ;

c) Frais de déplacement et de séjour des juges, du procureur, des procureurs adjoints, du greffier, du greffier adjoint et des membres du personnel de tous les organes de la Cour ;

d) Coût des expertises ou rapports demandés par la Cour ;

e) Frais liés au transport des personnes remises à la Cour par l'État de détention ; et

f) Après consultation, tous frais extraordinaires que peut entraîner l'exécution d'une demande.

2. Les dispositions du paragraphe 1 s'appliquent, selon qu'il convient, aux demandes adressées à la Cour par les États parties. Dans ce cas, la Cour prend à sa charge les frais ordinaires de l'exécution.

Art. 101. – Règle de la spécialité

1. Une personne remise à la Cour en application du présent Statut ne peut être poursuivie, punie ou détenue à raison de comportements antérieurs à sa remise, à moins que ceux-ci ne soient constitutifs des crimes pour lesquels elle a été remise.

2. La Cour peut solliciter de l'État qui lui a remis une personne une dérogation aux conditions posées au paragraphe 1. Elle fournit au besoin des renseignements supplémentaires conformément à l'article 91. Les États parties sont habilités à accorder une dérogation à la Cour et doivent s'efforcer de le faire.

Art. 102. – Emploi des termes

Aux fins du présent Statut :

a) On entend par « remise » le fait pour un État de livrer une personne à la Cour en application du présent Statut.

b) On entend par « extradition » le fait pour un État de livrer une personne à un autre État en application d'un traité, d'une convention ou de la législation nationale.

CHAPITRE X

Exécution

Art. 103. – Rôle des États dans l'exécution des peines d'emprisonnement

1. *a*) Les peines d'emprisonnement sont accomplies dans un État désigné par la Cour sur la liste des États qui lui ont fait savoir qu'ils étaient disposés à recevoir des condamnés.

b) Lorsqu'il déclare qu'il est disposé à recevoir des condamnés, un État peut assortir son acceptation de conditions qui doivent être agréées par la Cour et être conformes aux dispositions du présent chapitre.

c) L'État désigné dans une affaire donnée fait savoir promptement à la Cour s'il accepte ou non sa désignation.

2. *a*) L'État chargé de l'exécution avise la Cour de toute circonstance, y compris la réalisation de toute condition convenue en application du paragraphe 1, qui serait de nature à modifier sensiblement les conditions ou la durée de la détention. La Cour est avisée au moins 45 jours à l'avance de toute circonstance de ce type connue ou prévisible. Pendant ce délai, l'État chargé de l'exécution ne prend aucune mesure qui pourrait être contraire à ses obligations en vertu de l'article 110;

b) Si la Cour ne peut accepter les circonstances visées à l'alinéa a), elle en avise l'État chargé de l'exécution et procède conformément à l'article 104, paragraphe 1.

3. Quand elle exerce son pouvoir de désignation conformément au paragraphe 1, la Cour prend en considération :

a) Le principe selon lequel les États parties doivent partager la responsabilité de l'exécution des peines d'emprisonnement conformément aux principes de répartition équitable énoncés dans le Règlement de procédure et de preuve;

b) Les règles conventionnelles du droit international généralement acceptées qui régissent le traitement des détenus;

c) Les vues de la personne condamnée;

d) La nationalité de la personne condamnée;

e) Toute autre circonstance relative au crime, à la situation de la personne condamnée ou à l'exécution effective de la peine, susceptible de guider le choix de l'État chargé de l'exécution.

4. Si aucun État n'est désigné comme prévu au paragraphe 1, la peine d'emprisonnement est accomplie dans un établissement pénitentiaire fourni par l'État hôte, dans les conditions définies par l'accord de

siège visé à l'article 3, paragraphe 2. Dans ce cas, les dépenses afférentes à l'exécution de la peine sont à la charge de la Cour.

Art. 104. – Modification de la désignation de l'État chargé de l'exécution

1. La Cour peut décider à tout moment de transférer un condamné dans une prison d'un autre État.
2. La personne condamnée par la Cour peut à tout moment demander à celle-ci son transfert hors de l'État chargé de l'exécution.

Art. 105. – Exécution de la peine

1. Sous réserve des conditions qu'un État a éventuellement formulées comme le prévoit l'article 103, paragraphe 1, alinéa b), la peine d'emprisonnement est exécutoire pour les États parties, qui ne peuvent en aucun cas la modifier.
2. La Cour a seule le droit de se prononcer sur une demande de révision de sa décision sur la culpabilité ou la peine. L'État chargé de l'exécution n'empêche pas le condamné de présenter une telle demande.

Art. 106. – Contrôle de l'exécution de la peine et conditions de détention

1. L'exécution d'une peine d'emprisonnement est soumise au contrôle de la Cour. Elle est conforme aux règles conventionnelles internationales largement acceptées en matière de traitement des détenus.
2. Les conditions de détention sont régies par la législation de l'État chargé de l'exécution. Elles sont conformes aux règles conventionnelles internationales largement acceptées en matière de traitement des détenus. Elles ne peuvent en aucun cas être ni plus ni moins favorables que celles que l'État chargé de l'exécution réserve aux détenus condamnés pour des infractions similaires.
3. Les communications entre le condamné et la Cour sont libres et confidentielles.

Art. 107. – Transfèrement du condamné qui a accompli sa peine

1. Une fois sa peine purgée, une personne qui n'est pas un ressortissant de l'État chargé de l'exécution peut être transférée, conformément à la législation de l'État chargé de l'exécution, dans un autre État qui accepte ou est tenu de l'accueillir ou dans un autre État qui accepte de l'accueillir en réponse au souhait qu'elle a formulé d'être transférée dans cet État, à moins que l'État chargé de l'exécution n'autorise cette personne à demeurer sur son territoire.
2. Les dépenses afférentes au transfèrement du condamné dans un autre État en application du paragraphe 1 sont supportées par la Cour si aucun État ne les prend à sa charge.

3. Sous réserve des dispositions de l'article 108, l'État de détention peut également, en application de sa législation, extrader ou remettre de quelque autre manière la personne à un État qui a demandé son extradition ou sa remise aux fins de jugement ou d'exécution d'une peine.

Art. 108. – Limites en matières de poursuites ou de condamnations pour d'autres infractions

1. Le condamné détenu par l'État chargé de l'exécution ne peut être poursuivi, condamné ou extradé vers un État tiers pour un comportement antérieur à son transfèrement dans l'État chargé de l'exécution, à moins que la Cour n'ait approuvé ces poursuites, cette condamnation ou cette extradition à la demande de l'État chargé de l'exécution.

2. La Cour statue sur la question après avoir entendu le condamné.

3. Le paragraphe 1 cesse de s'appliquer si le condamné demeure volontairement plus de 30 jours sur le territoire de l'État chargé de l'exécution après avoir accompli la totalité de la peine prononcée par la Cour, ou s'il retourne sur le territoire de cet État après l'avoir quitté.

Art. 109. – Exécution des peines d'amende et des mesures de confiscation

1. Les États parties font exécuter les peines d'amende et les mesures de confiscation ordonnées par la Cour en vertu du chapitre VII, sans préjudice des droits des tiers de bonne foi et conformément à la procédure prévue par leur législation interne.

2. Lorsqu'un État partie n'est pas en mesure de donner effet à l'ordonnance de confiscation, il prend des mesures pour récupérer la valeur du produit, des biens ou des avoirs dont la Cour a ordonné la confiscation, sans préjudice des droits des tiers de bonne foi.

3. Les biens, ou le produit de la vente de biens immobiliers ou, le cas échéant, d'autres biens, obtenus par un État partie en exécution d'un arrêt de la Cour sont transférés à la Cour.

Art. 110. – Examen par la Cour de la question d'une réduction de peine

1. L'État chargé de l'exécution ne peut libérer la personne détenue avant la fin de la peine prononcée par la Cour.

2. La Cour a seule le droit de décider d'une réduction de peine. Elle se prononce après avoir entendu le condamné.

3. Lorsque la personne a purgé les deux tiers de sa peine ou accompli 25 années d'emprisonnement dans le cas d'une condamnation à perpétuité, la Cour réexamine la peine pour déterminer s'il y a lieu de la réduire. Elle ne procède pas à ce réexamen avant ce terme.

4. Lors du réexamen prévu au paragraphe 3, la Cour peut réduire la peine si elle constate qu'une ou plusieurs des conditions suivantes sont réalisées :

a) La personne a, dès le début et de façon continue, manifesté sa volonté de coopérer avec la Cour dans les enquêtes et poursuites de celle-ci ;

b) La personne a facilité spontanément l'exécution des décisions et ordonnances de la Cour dans d'autres cas, en particulier en l'aidant à localiser des avoirs faisant l'objet de décisions ordonnant leur confiscation, le versement d'une amende ou une réparation et pouvant être employés au profit des victimes ; ou

c) D'autres facteurs prévus dans le Règlement de procédure et de preuve attestent un changement de circonstances manifeste aux conséquences appréciables de nature à justifier la réduction de la peine.

5. Si, lors du réexamen prévu au paragraphe 3, la Cour détermine qu'il n'y a pas lieu de réduire la peine, elle réexamine par la suite la question de la réduction de peine aux intervalles prévus dans le Règlement de procédure et de preuve et en appliquant les critères qui y sont énoncés.

Art. 111. – Évasion

Si un condamné s'évade de son lieu de détention et fuit l'État chargé de l'exécution de la peine, cet État peut, après avoir consulté la Cour, demander à l'État dans lequel se trouve le condamné de le lui remettre en application des accords bilatéraux ou multilatéraux en vigueur, ou demander à la Cour de solliciter la remise de cette personne au titre du chapitre IX. Lorsque la Cour sollicite la remise d'une personne, elle peut demander que cette personne soit livrée à l'État dans lequel elle accomplissait sa peine ou à un autre État qu'elle désigne.

CHAPITRE XI
Assemblée des États parties

Art. 112. – Assemblée des États parties

1. Il est constitué une Assemblée des États parties au présent Statut. Chaque État partie y dispose d'un représentant, qui peut être secondé par des suppléants et des conseillers. Les autres États qui ont signé le présent Statut ou l'Acte final peuvent y siéger à titre d'observateurs.

2. L'Assemblée :

a) Examine et adopte, s'il y a lieu, les recommandations de la Commission préparatoire ;

b) Donne à la Présidence, au procureur et au greffier des orientations générales pour l'administration de la Cour ;

c) Examine les rapports et les activités du Bureau établi en vertu du paragraphe 3 et prend les mesures qu'ils appellent ;

d) Examine et arrête le budget de la Cour ;

e) Décide s'il y a lieu, conformément à l'article 36, de modifier le nombre des juges ;

f) Examine, conformément à l'article 87, paragraphes 5 et 7, toute question relative à la non-coopération des États ;

g) S'acquitte de toute autre fonction compatible avec les dispositions du présent Statut et du Règlement de procédure et de preuve.

3. *a*) L'Assemblée est dotée d'un bureau, composé d'un président, de deux vice-présidents et de 18 membres élus par elle pour trois ans.

b) Le Bureau a un caractère représentatif, eu égard, en particulier, au principe de la répartition géographique équitable et à la nécessité d'assurer une représentation adéquate des principaux systèmes juridiques du monde.

c) Le Bureau se réunit aussi souvent que nécessaire, mais au moins une fois par an. Il aide l'Assemblée à s'acquitter de ses responsabilités.

4. L'Assemblée crée les autres organes subsidiaires qu'elle juge nécessaires, notamment un mécanisme de contrôle indépendant qui procède à des inspections, évaluations et enquêtes afin que la Cour soit administrée de la manière la plus efficace et la plus économique possible.

5. Le président de la Cour, le procureur et le greffier ou leurs représentants participent, selon qu'il convient, aux réunions de l'Assemblée et du Bureau.

6. L'Assemblée se réunit une fois par an et, lorsque les circonstances l'y engagent, elle tient des sessions extraordinaires, au siège de la Cour ou au Siège de l'Organisation des Nations unies.

À moins que le présent Statut n'en dispose autrement, les sessions extraordinaires sont convoquées par le Bureau soit d'office soit à la demande du tiers des États parties.

7. Chaque État partie dispose d'une voix. L'Assemblée et le Bureau s'efforcent dans toute la mesure possible d'adopter leurs décisions par consensus. Si le consensus n'est pas possible, et à moins que le Statut n'en dispose autrement :

a) Les décisions sur les questions de fond sont prises à la majorité des deux tiers des présents et votants, la majorité absolue des États parties constituant le quorum pour le scrutin ;

b) Les décisions sur les questions de procédure sont prises à la majorité simple des États parties présents et votants.

8. Un État partie en retard dans le paiement de sa contribution aux dépenses de la Cour ne peut participer au vote ni à l'Assemblée ni au Bureau si le montant de ses arriérés est égal ou supérieur à la contribution dont il est redevable pour les deux années complètes écoulées.

L'Assemblée peut néanmoins autoriser cet État à participer au vote à l'Assemblée et au Bureau si elle constate que son manquement est dû à des circonstances indépendantes de sa volonté.

9. L'Assemblée adopte son propre règlement intérieur.

10. Les langues officielles et les langues de travail de l'Assemblée des États parties sont celles de l'Assemblée générale des Nations unies.

CHAPITRE XII

Financement

Art. 113. – Règlement financier et règles de gestion financière

Sauf disposition contraire expresse, toutes les questions financières qui se rapportent à la Cour et aux réunions de l'Assemblée des États parties, y compris le Bureau et les organes subsidiaires de celle-ci, sont régis par le présent Statut, le Règlement financier et règles de gestion financière adoptés par l'Assemblée des États parties.

Art. 114. – Règlement des dépenses

Les dépenses de la Cour et de l'Assemblée des États parties, y compris le Bureau et les organes subsidiaires de celle-ci, sont réglées par prélèvement sur les ressources financières de la Cour.

Art. 115. – Ressources financières de la Cour et de l'Assemblée des États parties

Les dépenses de la Cour et de l'Assemblée des États parties, y compris le Bureau et les organes subsidiaires de celle-ci, inscrites au budget arrêté par l'Assemblée des États parties, sont financées par les sources suivantes :

a) Les contributions des États parties ;

b) Les ressources financières fournies par l'Organisation des Nations unies, sous réserve de l'approbation de l'Assemblée générale, en particulier dans le cas des dépenses liées à la saisine de la Cour par le Conseil de sécurité.

Art. 116. – Contributions volontaires

Sans préjudice de l'article 115, la Cour peut recevoir et utiliser à titre de ressources financières supplémentaires les contributions volontaires des Gouvernements, des organisations internationales, des particuliers, des entreprises et d'autres entités, selon les critères fixés en la matière par l'Assemblée des États parties.

Art. 117. – Calcul des contributions

Les contributions des États parties sont calculées selon un barème des quotes-parts convenu, fondé sur le barème adopté par l'Organisation des Nations unies pour son budget ordinaire, et adapté conformément aux principes sur lesquels ce barème est fondé.

Art. 118. – Vérification annuelle des comptes

Les rapports, livres et comptes de la Cour, y compris ses états financiers annuels, sont vérifiés chaque année par un contrôleur indépendant.

CHAPITRE XIII

Clauses finales

Art. 119. – Règlement des différends

1. Tout différend relatif aux fonctions judiciaires de la Cour est réglé par décision de la Cour.

2. Tout autre différend entre deux ou plusieurs États parties concernant l'interprétation ou l'application du présent Statut qui n'est pas résolu par la voie de négociations dans les trois mois après le début de celles-ci est renvoyé à l'Assemblée des États parties. L'Assemblée peut chercher à résoudre elle-même le différend ou faire des recommandations sur d'autres moyens de le régler, y compris le renvoi à la Cour internationale de justice en conformité avec le Statut de celle-ci.

Art. 120. – Réserves

Le présent Statut n'admet aucune réserve.

Art. 121. – Amendements

1. À l'expiration d'une période de sept ans commençant à la date d'entrée en vigueur du présent Statut, tout État partie peut proposer des amendements à celui-ci. Le texte des propositions d'amendement est soumis au Secrétaire général de l'Organisation des Nations unies, qui le communique sans retard à tous les États parties.

2. Trois mois au plus tôt après la date de cette communication, l'Assemblée des États parties, à la réunion suivante, décide, à la majorité de ses membres présents et votants, de se saisir ou non de la proposition. L'Assemblée peut traiter cette proposition elle-même ou convoquer une conférence de révision si la question soulevée le justifie.

3. L'adoption d'un amendement lors d'une réunion de l'Assemblée des États parties ou d'une conférence de révision requiert, s'il n'est pas possible de parvenir à un consensus, la majorité des deux tiers des États parties.

4. Sous réserve des dispositions du paragraphe 5, un amendement entre en vigueur à l'égard de tous les États parties un an après que les sept huitièmes d'entre eux ont déposé leurs instruments de ratification ou d'acceptation auprès du Secrétaire général de l'Organisation des Nations unies.

5. Un amendement aux articles 5, 6, 7 et 8 du présent Statut entre en vigueur à l'égard des États parties qui l'ont accepté un an après le dépôt de leurs instruments de ratification ou d'acceptation. La Cour n'exerce pas sa compétence à l'égard d'un crime faisant l'objet de cet amendement lorsque ce crime a été commis par un ressortissant d'un État partie qui n'a pas accepté l'amendement ou sur le territoire de cet État.

6. Si un amendement a été accepté par les sept huitièmes des États parties conformément au paragraphe 4, tout État partie qui ne l'a pas accepté peut se retirer du présent Statut avec effet immédiat, nonobstant l'article 127, paragraphe 1, mais sous réserve de l'article 127, paragraphe 2, en donnant notification de son retrait au plus tard un an après l'entrée en vigueur de cet amendement.

7. Le Secrétaire général de l'Organisation des Nations unies communique à tous les États parties les amendements adoptés lors d'une réunion de l'Assemblée des États parties ou d'une conférence de révision.

Art. 122. – Amendements aux dispositions de caractère institutionnel

1. Tout État partie peut proposer, nonobstant l'article 121, paragraphe 1, des amendements aux dispositions du présent Statut de caractère exclusivement institutionnel, à savoir les articles 35, 36, paragraphes 8 et 9, 37, 38, 39, paragraphes 1 (deux premières phrases), 2 et 4, 42, paragraphes 4 à 9, 43, paragraphes 2 et 3, 44, 46, 47 et 49. Le texte de tout amendement proposé est soumis au Secrétaire général de l'Organisation des Nations unies ou à toute autre personne désignée par l'Assemblée des États parties, qui le communique sans retard à tous les États parties et aux autres participants à l'Assemblée.

2. Les amendements relevant du présent article pour lesquels il n'est pas possible de parvenir à un consensus sont adoptés par l'Assemblée des États parties ou par une conférence de révision à la majorité des deux tiers des États parties. Ils entrent en vigueur à l'égard de tous les États parties six mois après leur adoption par l'Assemblée ou, selon le cas, par la conférence de révision.

Art. 123. – Révision du statut

1. Sept ans après l'entrée en vigueur du présent Statut, le Secrétaire général de l'Organisation des Nations unies convoquera une conférence de révision pour examiner tout amendement au présent Statut. L'examen pourra porter notamment, mais pas exclusivement, sur la liste des

crimes figurant à l'article 5. La conférence sera ouverte aux participants à l'Assemblée des États parties, selon les mêmes conditions.

2. À tout moment par la suite, à la demande d'un État partie et aux fins énoncées au paragraphe 1, le Secrétaire général de l'Organisation des Nations unies, avec l'approbation de la majorité des États parties, convoque une conférence de révision.

3. L'adoption et l'entrée en vigueur de tout amendement au Statut examiné lors d'une conférence de révision sont régies par les dispositions de l'article 121, paragraphes 3 à 7.

Art. 124. – Disposition transitoire

Nonobstant les dispositions de l'article 12, paragraphes 1 et 2, un État qui devient partie au présent Statut peut déclarer que, pour une période de sept ans à partir de l'entrée en vigueur du Statut à son égard, il n'accepte pas la compétence de la Cour en ce qui concerne la catégorie de crimes visée à l'article 8 lorsqu'il est allégué qu'un crime a été commis sur son territoire ou par ses ressortissants. Il peut à tout moment retirer cette déclaration. Les dispositions du présent article seront réexaminées à la conférence de révision convoquée conformément à l'article 123, paragraphe 1.

Art. 125. – Signature, ratification, acceptation, approbation ou adhésion

1. Le présent Statut est ouvert à la signature de tous les États le 17 juillet 1998, au siège de l'Organisation des Nations unies pour l'alimentation et l'agriculture, à Rome. Il reste ouvert à la signature jusqu'au 17 octobre 1998, au ministère des Affaires étrangères de l'Italie, à Rome, et, après cette date, jusqu'au 31 décembre 2000, au Siège de l'Organisation des Nations unies, à New York.

2. Le présent Statut est soumis à ratification, acceptation ou approbation par les États signataires. Les instruments de ratification, d'acceptation ou d'approbation seront déposés auprès du Secrétaire général de l'Organisation des Nations unies.

3. Le présent Statut est ouvert à l'adhésion de tous les États. Les instruments d'adhésion seront déposés auprès du Secrétaire général de l'Organisation des Nations unies.

Art. 126. – Entrée en vigueur

1. Le présent Statut entrera en vigueur le premier jour du mois suivant le soixantième jour après la date de dépôt du soixantième instrument de ratification, d'acceptation, d'approbation ou d'adhésion auprès du Secrétaire général de l'Organisation des Nations unies.

2. À l'égard de chaque État qui ratifie, accepte ou approuve le présent Statut ou y adhère après le dépôt du soixantième instrument de ratification, d'acceptation, d'approbation ou d'adhésion, le Statut entre en vigueur le premier jour du mois suivant le soixantième jour

après le dépôt par cet État de son instrument de ratification, d'acceptation, d'approbation ou d'adhésion.

Art. 127. – Retrait

1. Tout État partie peut, par voie de notification écrite adressée au Secrétaire général de l'Organisation des Nations unies, se retirer du présent Statut. Le retrait prend effet un an après la date à laquelle la notification a été reçue, à moins que celle-ci ne prévoie une date postérieure.

2. Son retrait ne dégage pas l'État des obligations mises à sa charge par le présent Statut alors qu'il y était partie, y compris les obligations financières encourues, et n'affecte pas non plus la coopération établie avec la Cour à l'occasion des enquêtes et procédures pénales à l'égard desquelles l'État avait le devoir de coopérer et qui ont été commencées avant la date à laquelle le retrait a pris effet; le retrait n'affecte en rien la poursuite de l'examen des affaires que la Cour avait déjà commencé à examiner avant la date à laquelle il a pris effet.

Art. 128. – Textes faisant foi

L'original du présent Statut, dont les textes anglais, arabe, chinois, espagnol, français et russe font également foi, sera déposé auprès du Secrétaire général de l'Organisation des Nations unies, qui en fera tenir copie certifiée conforme à tous les États.

En foi de quoi les soussignés, à ce dûment autorisés par leur Gouvernement respectif, ont signé le présent Statut.

V. DROIT DES TRAITÉS

21 Convention de Vienne sur le droit des traités (1)

Date d'adoption 23/05/1969
Date d'entrée en vigueur : 27/01/1980

---

(1) Convention de Vienne sur le droit des traités : 17, 24, 167, 230, 232, 233, 234, 257, 258, 265, 270, 273, 275, 287, 292, 296, 307, 374, 605.
Article 5 : 139.
Article 7 : 251, 252, 369.
Article 9 : 250, 254.
Article 10 : 254.
Article 11 : 254.
Article 12 : 254.
Article 13 : 254.
Article 14 : 254.
Article 15 : 254.
Article 16 : 254.
Article 19 : 140, 257.
Article 20 : 257.
Article 21 : 257.
Article 23 : 257.
Article 26 : 280, 283, 308.
Article 27 : 416.
Article 29 : 284.
Article 30 : 296.
Article 31 : 308.
Article 33 : 310.
Article 34 : 286.
Article 35 : 287.
Article 36 : 287.
Article 37 : 287.
Article 40 : 298.
Article 41 : 299.
Article 44 : 276.
Article 46 : 239, 268.
Article 48 : 263.
Article 49 : 264.
Article 51 : 265, 267.
Article 52 : 265, 266.
Article 53 : 210, 230, 233, 259, 271, 272, 273, 337, 402, 405, 463, 607.
Article 56 : 303, 304.
Article 57 : 300.
Article 59 : 300.
Article 60 : 300, 409, 579.
Article 62 : 305.
Article 64 : 273.
Article 66 : 273.
Article 69 : 274, 277.

Les États parties à la présente Convention,

Considérant le rôle fondamental des traités dans l'histoire des relations internationales,

Reconnaissant l'importance de plus en plus grande des traités en tant que source du droit international et en tant que moyen de développer la coopération pacifique entre les nations, quels que soient leurs régimes constitutionnels et sociaux,

Constatant que les principes du libre consentement et de la bonne foi et la règle *pacta sunt servanda* sont universellement reconnus,

Affirmant que les différends concernant les traités doivent, comme les autres différends internationaux, être réglés par des moyens pacifiques et conformément aux principes de la justice et du droit international,

Rappelant la résolution des peuples des Nations unies de créer les conditions nécessaires au maintien de la justice et du respect des obligations nées des traités,

Conscients des principes de droit international incorporés dans la Charte des Nations unies, tels que les principes concernant l'égalité des droits des peuples et leur droit de disposer d'eux-mêmes, l'égalité souveraine et l'indépendance de tous les États, la non-ingérence dans les affaires intérieures des États, l'interdiction de la menace ou de l'emploi de la force et le respect universel et effectif des droits de l'Homme et des libertés fondamentales pour tous,

Convaincus que la codification et le développement progressif du droit des traités réalisés dans la présente Convention serviront les buts des Nations unies énoncés dans la Charte, qui sont de maintenir la paix et la sécurité internationales, de développer entre les nations des relations amicales et de réaliser la coopération internationale,

Affirmant que les règles du droit international coutumier continueront à régir les questions non réglées dans les dispositions de la présente Convention,

Sont convenus de ce qui suit :

PREMIÈRE PARTIE

INTRODUCTION

Art. premier. – Portée de la présente Convention

La présente Convention s'applique aux traités entre États.

Art. 2. – Expressions employées

1. Aux fins de la présente Convention :

a) L'expression « traité » s'entend d'un accord international conclu par écrit entre États et régi par le droit international, qu'il soit consigné dans un instrument unique ou dans deux ou plusieurs instruments connexes, et quelle que soit sa dénomination particulière;

b) Les expressions « ratification », « acceptation », « approbation » et « adhésion » s'entendent, selon le cas, de l'acte international ainsi dénommé par lequel un État établit sur le plan international son consentement à être lié par un traité;

c) L'expression « pleins pouvoirs » s'entend d'un document émanant de l'autorité compétente d'un État et désignant une ou plusieurs personnes pour représenter l'État pour la négociation, l'adoption ou l'authentification du texte d'un traité, pour exprimer le consentement de l'État à être lié par un traité ou pour accomplir tout autre acte à l'égard du traité;

d) L'expression « réserve » s'entend d'une déclaration unilatérale, quel que soit son libellé ou sa désignation, faite par un État quand il signe, ratifie, accepte ou approuve un traité ou y adhère, par laquelle il vise à exclure ou à modifier l'effet juridique de certaines dispositions du traité dans leur application à cet État;

e) L'expression « État ayant participé à la négociation » s'entend d'un État ayant participé à l'élaboration et à l'adoption du texte du traité ;

f) L'expression « État contractant » s'entend d'un État qui a consenti à être lié par le traité, que le traité soit entré en vigueur ou non ;

g) L'expression « partie » s'entend à un État qui a consenti à être lié par le traité et à l'égard duquel le traité est en vigueur ;

h) L'expression « État tiers » s'entend d'un État qui n'est pas partie au traité ;

i) L'expression « organisation internationale » s'entend d'une organisation intergouvernementale.

2. Les dispositions du paragraphe 1 concernant les expressions employées dans la présente Convention ne préjudicient pas à l'emploi de ces expressions ni au sens qui peut leur être donné dans le droit interne d'un État.

Art. 3. – Accords internationaux n'entrant pas dans le cadre de la présente Convention

Le fait que la présente Convention ne s'applique ni aux accords internationaux conclus entre des États et d'autres sujets du droit international ou entre ces autres sujets du droit international, ni aux accords internationaux qui n'ont pas été conclus par écrit, ne porte pas atteinte :

a) À la valeur juridique de tels accords ;

b) À l'application à ces accords de toutes règles énoncées dans la présente Convention auxquelles ils seraient soumis en vertu du droit international indépendamment de ladite Convention ;

c) À l'application de la Convention aux relations entre États régies par des accords internationaux auxquels sont également parties d'autres sujets du droit international.

Art. 4. – Non rétroactivité de la présente Convention

Sans préjudice de l'application de toutes règles énoncées dans la présente Convention auxquelles les traités seraient soumis en vertu du droit international indépendamment de ladite Convention, celle-ci s'applique uniquement aux traités conclus par des États après son entrée en vigueur à l'égard de ces États.

Art. 5. – Traités constitutifs d'organisations internationales et traités adoptés au sein d'une organisation internationale

La présente Convention s'applique à tout traité qui est l'acte constitutif d'une organisation internationale et à tout traité adopté au sein d'une organisation internationale, sous réserve de toute règle pertinente de l'organisation.

DEUXIÈME PARTIE

CONCLUSION ET ENTRÉE EN VIGUEUR DES TRAITÉS

Section I

Conclusion des traités

Art. 6. – Capacité des États de conclure des traités

Tout État a la capacité de conclure des traités.

Art. 7. – Pleins pouvoirs

1. Une personne est considérée comme représentant un État pour l'adoption ou l'authentification du texte d'un traité ou pour exprimer le consentement de l'État à être lié par un traité :

a) Si elle produit des pleins pouvoirs appropriés; ou

b) S'il ressort de la pratique des États intéressés ou d'autres circonstances qu'ils avaient l'intention de considérer cette personne comme représentant l'État à ces fins et de ne pas requérir la présentation de pleins pouvoirs.

2. En vertu de leurs fonctions et sans avoir à produire de pleins pouvoirs, sont considérés comme représentant leur État :

a) Les chefs d'État, les chefs de Gouvernement et les ministres des Affaires étrangères, pour tous les actes relatifs à la conclusion d'un traité;

b) Les chefs de mission diplomatique, pour l'adoption du texte d'un traité entre l'État accréditant et l'État accréditaire;

c) Les représentants accrédités des États à une conférence internationale ou auprès d'une organisation internationale ou d'un de ses organes, pour l'adoption du texte d'un traité dans cette conférence, cette organisation ou cet organe.

Art. 8. – Confirmation ultérieure d'un acte accompli sans autorisation

Un acte relatif à la conclusion d'un traité accompli par une personne qui ne peut, en vertu de l'article 7, être considérée comme autorisée à représenter un État à cette fin est sans effet juridique, à moins qu'il ne soit confirmé ultérieurement par cet État.

Art. 9. – Adoption du texte

1. L'adoption du texte d'un traité s'effectue par le consentement de tous les États participant à son élaboration, sauf dans les cas prévus au paragraphe 2.

2. L'adoption du texte d'un traité à une conférence internationale s'effectue à la majorité des deux tiers des États présents et votants, à moins que ces États ne décident, à la même majorité, d'appliquer une règle différente.

Art. 10. – Authentification du texte

Le texte d'un traité est arrêté comme authentique et définitif :

a) Suivant la procédure établie dans ce texte ou convenue par les États participant à l'élaboration du traité; ou

b) À défaut d'une telle procédure, par la signature, la signature *ad referendum* ou le paraphe, par les représentants de ces États, du texte du traité ou de l'acte final d'une conférence dans lequel le texte est consigné.

Art. 11. – Modes d'expression du consentement à être lié par un traité

Le consentement d'un État à être lié par un traité peut être exprimé par la signature, l'échange d'instruments constituant un traité, la ratification, l'acceptation, l'approbation ou l'adhésion, ou par tout autre moyen convenu.

Art. 12. – Expression, par la signature, du consentement à être lié par un traité

1. Le consentement d'un État à être lié par un traité s'exprime par la signature du représentant de cet État

a) Lorsque le traité prévoit que la signature aura cet effet;

b) Lorsqu'il est par ailleurs établi que les États ayant participé à la négociation étaient convenus que la signature aurait cet effet; ou

c) Lorsque l'intention de l'État de donner cet effet à la signature ressort des pleins pouvoirs de son représentant ou à été exprimée au cours de la négociation.

2. Aux fins du paragraphe 1 :

a) Le paragraphe d'un texte vaut signature du traité lorsqu'il est établi que les États ayant participé à la négociation en étaient ainsi convenus;

b) La signature *ad référendum* d'un traité par le représentant d'un État, si elle est confirmée par ce dernier, vaut signature définitive du traité.

Art. 13. – Expression, par l'échange d'instruments constituant un traité, du consentement à être lié par un traité

Le consentement des États à être liés par un traité constitué par les instruments échangés entre eux s'exprime par cet échange :

a) Lorsque les instruments prévoient que leur échange aura cet effet; ou

b) Lorsqu'il est par ailleurs établi que ces États étaient convenus que l'échange des instruments aurait cet effet.

Art. 14. – Expression, par la ratification, l'acceptation ou l'approbation, du consentement à être lié par un traité

1. Le consentement d'un État à être lié par un traité s'exprime par la ratification :

a) Lorsque le traité prévoit que ce consentement s'exprime par la ratification;

b) Lorsqu'il est par ailleurs établi que les États ayant participé à la négociation étaient convenus que la ratification serait requise;

c) Lorsque le représentant de cet État a signé le traité sous réserve de ratification; ou

d) Lorsque l'intention de cet État de signer le traité sous réserve de ratification ressort des pleins pouvoirs de son représentant ou a été exprimée au cours de la négociation.

2. Le consentement d'un État à être lié par un traité s'exprime par l'acceptation ou l'approbation dans des conditions analogues à celles qui s'appliquent à la ratification.

Art. 15. – Expression, par l'adhésion, du consentement à être lié par un traité

Le consentement d'un État à être lié par un traité s'exprime par l'adhésion :

a) Lorsque le traité prévoit que ce consentement peut être exprimé par cet État par voie d'adhésion;

b) Lorsqu'il est par ailleurs établi que les États ayant participé à la négociation étaient convenus que ce consentement pourrait être exprimé par cet État par voie d'adhésion; ou

c) Lorsque toutes les parties sont convenues ultérieurement que ce consentement pourrait être exprimé par cet État par voie d'adhésion.

Art. 16. – Échange ou dépôt des instruments de ratification, d'acceptation, d'approbation ou d'adhésion

À moins que le traité n'en dispose autrement, les instruments de ratification, d'acceptation, d'approbation ou d'adhésion établissent le consentement d'un État à être lié par un traité au moment :

a) De leur échange entre les États contractants;

b) De leur dépôt auprès du dépositaire; ou

c) De leur notification aux États contractants ou au dépositaire, s'il en est ainsi convenu.

Art. 17. – Consentement à être lié par une partie d'un traité et choix entre des dispositions différentes

1. Sans préjudice des articles 19 à 23, le consentement d'un État à être lié par une partie d'un traité ne produit effet que si le traité le permet ou si les autres États contractants y consentent.

2. Le consentement d'un État à être lié par un traité qui permet de choisir entre des dispositions différentes ne produit effet que si les dispositions sur lesquelles il porte sont clairement indiquées.

Art. 18. – Obligation de ne pas priver un traité de son objet et de son but avant son entrée en vigueur

Un État doit s'abstenir d'actes qui priveraient un traité de son objet et de son but :

a) Lorsqu'il a signé le traité ou a échangé les instruments constituant le traité sous réserve de ratification, d'acceptation ou d'approbation, tant qu'il n'a pas manifesté son intention de ne pas devenir partie au traité ; ou

b) Lorsqu'il a exprimé son consentement à être lié par le traité, dans la période qui précède l'entrée en vigueur du traité et à condition que celle-ci ne soit pas indûment retardée.

Section 2

Réserves

Art. 19. – Formulation des réserves

Un État, au moment de signer, de ratifier, d'accepter, d'approuver un traité ou d'y adhérer, peut formuler une réserve, à moins :

a) Que la réserve ne soit interdite par le traité ;

b) Que le traité ne dispose que seules des réserves déterminées, parmi lesquelles ne figure pas la réserve en question, peuvent être faites ; ou

c) Que, dans les cas autres que ceux visés aux alinéas *a*) et *b*), la réserve ne soit incompatible avec l'objet et le but du traité.

Art. 20. – Acceptation des réserves et objections aux réserves

1. Une réserve expressément autorisée par un traité n'a pas à être ultérieurement acceptée par les autres États contractants, à moins que le traité ne le prévoie.

2. Lorsqu'il ressort du nombre restreint des États ayant participé à la négociation, ainsi que de l'objet et du but d'un traité, que l'application du traité dans son intégralité entre toutes les parties est une condition essentielle du consentement de chacune d'elles à être liée par le traité, une réserve doit être acceptée par toutes les parties.

3. Lorsqu'un traité est un acte constitutif d'une organisation internationale et à moins qu'il n'en dispose autrement, une réserve exige l'acceptation de l'organe compétent de cette organisation.

4. Dans les cas autres que ceux visés aux paragraphes précédents et à moins que le traité n'en dispose autrement :

a) L'acceptation d'une réserve par un autre État contractant fait de l'État auteur de la réserve une partie au traité par rapport à cet autre État si le traité est en vigueur ou lorsqu'il entre en vigueur pour ces États;

b) L'objection faite à une réserve par un autre État contractant n'empêche pas le traité d'entrer en vigueur entre l'État qui a formulé l'objection et l'État auteur de la réserve, à moins que l'intention contraire n'ait été nettement exprimée par l'État qui a formulé l'objection;

c) Un acte exprimant le consentement d'un État à être lié par le traité et contenant une réserve prend effet dès qu'au moins un autre État contractant a accepté la réserve.

5. Aux fins des paragraphes 2 et 4 et à moins que le traité n'en dispose autrement, une réserve est réputée avoir été acceptée par un État si ce dernier n'a pas formulé d'objection à la réserve soit à l'expiration des douze mois qui suivent la date à laquelle il en a reçu notification, soit à la date à laquelle il a exprimé son consentement à être lié par le traité, si celle-ci est postérieure.

Art. 21. – Effets juridiques des réserves et des objections aux réserves

1. Une réserve établie à l'égard d'une autre partie conformément aux articles 19, 20 et 23 :

a) Modifie pour l'État auteur de la réserve dans ses relations avec cette autre partie les dispositions du traité sur lesquelles porte la réserve, dans la mesure prévue par cette réserve; et

b) Modifie ces dispositions dans la même mesure pour cette autre partie dans ses relations avec l'État auteur de la réserve.

2. La réserve ne modifie pas les dispositions du traité pour les autres parties au traité dans leurs rapports *inter se*.

3. Lorsqu'un État qui a formulé une objection à une réserve ne s'est pas opposé à l'entrée en vigueur du traité entre lui-même et l'État auteur de la réserve, les dispositions sur lesquelles porte la réserve ne s'appliquent pas entre les deux États dans la mesure prévue par la réserve.

Art. 22. – Retrait des réserves et des objections aux réserves

1. À moins que le traité n'en dispose autrement, une réserve peut à tout moment être retirée sans que le consentement de l'État qui a accepté la réserve soit nécessaire pour son retrait.

2. À moins que le traité n'en dispose autrement, une objection à une réserve peut à tout moment être retirée.

3. À moins que le traité n'en dispose ou qu'il n'en soit convenu autrement :

a) Le retrait d'une réserve ne prend effet à l'égard d'un autre État contractant que lorsque cet État en a reçu notification;

b) Le retrait d'une objection à une réserve ne prend effet que lorsque l'État qui a formulé la réserve a reçu notification de ce retrait.

Art. 23. – Procédure relative aux réserves

1. La réserve, l'acceptation expresse d'une réserve et l'objection à une réserve doivent être formulées par écrit et communiquées aux États contractants et aux autres États ayant qualité pour devenir parties au traité.

2. Lorsqu'elle est formulée lors de la signature du traité sous réserve de ratification, d'acceptation ou d'approbation, une réserve doit être confirmée formellement par l'État qui en est l'auteur, au moment où il exprime son consentement à être lié par le traité. En pareil cas, la réserve sera réputée avoir été faite à la date à laquelle elle a été confirmée.

3. Une acceptation expresse d'une réserve ou une objection faite à une réserve, si elles sont antérieures à la confirmation de cette dernière, n'ont pas besoin d'être elles-mêmes confirmées.

4. Le retrait d'une réserve ou d'une objection à une réserve doit être formulé par écrit.

Section 3

Entrée en vigueur des traités et application à titre provisoire

Art. 24. – Entrée en vigueur

1. Un traité entre en vigueur suivant les modalités et à la date fixées par ses dispositions ou par accord entre les États ayant participé à la négociation.

2. À défaut de telles dispositions ou d'un tel accord, un traité entre en vigueur dès que le consentement à être lié par le traité a été établi pour tous les États ayant participé à la négociation.

3. Lorsque le consentement d'un État à être lié par un traité est établi à une date postérieure à l'entrée en vigueur dudit traité, celui-ci, à moins qu'il n'en dispose autrement, entre en vigueur à l'égard de cet État à cette date.

4. Les dispositions d'un traité qui réglementent l'authentification du texte, l'établissement du consentement des États à être liés par le traité, les modalités ou la date d'entrée en vigueur, les réserves, les fonctions du dépositaire, ainsi que les autres questions qui se posent nécessairement avant l'entrée en vigueur du traité, sont applicables dès l'adoption du texte.

Art. 25. – Application à titre provisoire

1. Un traité ou une partie d'un traité s'applique à titre provisoire en attendant son entrée en vigueur :

a) Si le traité lui-même en dispose ainsi ; ou

b) Si les États ayant participé à la négociation en étaient ainsi convenus d'une autre manière.

2. À moins que le traité n'en dispose autrement ou que les États ayant participé à la négociation n'en soient convenus autrement, l'application à titre provisoire d'un traité ou d'une partie d'un traité à l'égard d'un État prend fin si cet État notifie aux autres États entre lesquels le traité est appliqué provisoirement son intention de ne pas devenir partie au traité.

TROISIÈME PARTIE

RESPECT, APPLICATION ET INTERPRÉTATION DES TRAITÉS

Section I

Respect des traités

Art. 26. – *Pacta sunt servanda*

Tout traité en vigueur lie les parties et doit être exécuté par elles de bonne foi.

Art. 27. – Droit interne et respect des traités

Une partie ne peut invoquer les dispositions de son droit interne comme justifiant de la non-exécution d'un traité. Cette règle est sans préjudice de l'article 46.

Section 2

Application des traités

Art. 28. – Non-rétroactivité des traités

À moins qu'une intention différente ne ressorte du traité ou ne soit par ailleurs établie, les dispositions d'un traité ne lient pas une partie en ce qui concerne un acte ou fait antérieur à la date d'entrée en vigueur de ce traité au regard de cette partie ou une situation qui avait cessé d'exister à cette date.

Art. 29. – Application territoriale des traités

À moins qu'une intention différente ne ressorte du traité ou ne soit par ailleurs établie, un traité lie chacune des parties à l'égard de l'ensemble de son territoire.

Art. 30. – Application de traités successifs portant sur la même matière

1. Sous réserve des dispositions de l'article 103 de la Charte des Nations unies, les droits et obligations des États parties à des traités successifs portant sur la même matière sont déterminés conformément aux paragraphes suivants.

2. Lorsqu'un traité précise qu'il est subordonné à un traité antérieur ou postérieur ou qu'il ne doit pas être considéré comme incompatible avec cet autre traité, les dispositions de celui-ci l'emportent.

3. Lorsque toutes les parties au traité antérieur sont également parties au traité postérieur, sans que le traité antérieur ait pris fin ou que son application ait été suspendue en vertu de l'article 59, le traité antérieur ne s'applique que dans la mesure où ses dispositions sont compatibles avec celles du traité postérieur.

4. Lorsque les parties au traité antérieur ne sont pas toutes parties au traité postérieur :

a) Dans les relations entre les États parties aux deux traités, la règle applicable est celle qui est énoncée au paragraphe 3;

b) Dans les relations entre un État partie aux deux traités et un État partie à l'un de ces traités seulement, le traité auquel les deux États sont parties régit leurs droits et obligations réciproques.

5. Le paragraphe 4 s'applique sans préjudice de l'article 41, de toute question d'extinction ou de suspension de l'application d'un traité aux termes de l'article 60 ou de toute question de responsabilité qui peut naître pour un État de la conclusion ou de l'application d'un traité dont les dispositions sont incompatibles avec les obligations qui lui incombent à l'égard d'un autre État en vertu d'un autre traité.

Section 3

Interprétation des traités

Art. 31. – Règle générale d'interprétation

1. Un traité doit être interprété de bonne foi suivant le sens ordinaire à attribuer aux termes du traité dans leur contexte et à la lumière de son objet et de son but.

2. Aux fins de l'interprétation d'un traité, le contexte comprend, outre le texte, préambule et annexes inclus :

a) Tout accord ayant rapport au traité et qui est intervenu entre toutes les parties à l'occasion de la conclusion du traité;

b) Tout instrument établi par une ou plusieurs parties à l'occasion de la conclusion du traité et accepté par les autres parties en tant qu'instrument ayant rapport au traité.

3. Il sera tenu compte, en même temps que du contexte :

a) De tout accord ultérieur intervenu entre les parties au sujet de l'interprétation du traité ou de l'application de ses dispositions;

b) De toute pratique ultérieurement suivie dans l'application du traité par laquelle est établi l'accord des parties à l'égard de l'interprétation du traité ;

c) De toute règle pertinente de droit international applicable dans les relations entre les parties.

4. Un terme sera entendu dans un sens particulier s'il est établi que telle était l'intention des parties.

Art. 32. – Moyens complémentaires d'interprétation

Il peut être fait appel à des moyens complémentaires d'interprétation, et notamment aux travaux préparatoires et aux circonstances dans lesquelles le traité a été conclu, en vue, soit de confirmer le sens résultant de l'application de l'article 31, soit de déterminer le sens lorsque l'interprétation donnée conformément à l'article 31 :

a) laisse le sens ambigu ou obscur ; ou

b) conduit à un résultat qui est manifestement absurde ou déraisonnable.

Art. 33. – Interprétation de traités authentifiés en deux ou plusieurs langues

1. Lorsqu'un traité a été authentifié en deux ou plusieurs langues, son texte fait foi dans chacune de ces langues, à moins que le traité ne dispose ou que les parties ne conviennent qu'en cas de divergence un texte déterminé l'emportera.

2. Une version du traité dans une langue autre que l'une de celles dans lesquelles le texte a été authentifié ne sera considérée comme texte authentique que si le traité le prévoit ou si les parties en sont convenues.

3. Les termes d'un traité sont présumés avoir le même sens dans les divers textes authentiques.

4. Sauf le cas où un texte déterminé l'emporte conformément au paragraphe 1, lorsque la comparaison des textes authentiques fait apparaître une différence de sens que l'application des articles 31 et 32 ne permet pas d'éliminer, on adoptera le sens qui, compte tenu de l'objet et du but du traité, concilie le mieux ces textes.

Section 4

Traités et États tiers

Art. 34. – Règle générale concernant les États tiers

Un traité ne crée ni obligations ni droits pour un État tiers sans son consentement.

Art. 35. – Traités prévoyant des obligations pour des États tiers

Une obligation naît pour un État tiers d'une disposition d'un traité si les parties à ce traité entendent créer l'obligation au moyen de cette disposition et si l'État tiers accepte expressément par écrit cette obligation.

Art. 36. – Traités prévoyant des droits pour des États tiers

1. Un droit naît pour un État tiers d'une disposition d'un traité si les parties à ce traité entendent, par cette disposition, conférer ce droit soit à l'État tiers ou à un groupe d'États auquel il appartient, soit à tous les États, et si l'État tiers y consent. Le consentement est présumé tant qu'il n'y a pas d'indication contraire, à moins que le traité n'en dispose autrement.

2. Un État qui exerce un droit en application du paragraphe 1 est tenu de respecter, pour l'exercice de ce droit, les conditions prévues dans le traité ou établies conformément à ses dispositions.

Art. 37. – Révocation ou modification d'obligations ou de droits d'États tiers

1. Au cas où une obligation est née pour un État tiers conformément à l'article 35, cette obligation ne peut être révoquée ou modifiée que par le consentement des parties au traité et de l'État tiers, à moins qu'il ne soit établi qu'ils en étaient convenus autrement.

2. Au cas où un droit est né pour un État tiers conformément à l'article 36, ce droit ne peut pas être révoqué ou modifié par les parties s'il est établi qu'il était destiné à ne pas être révocable ou modifiable sans le consentement de l'État tiers.

Art. 38. – Règles d'un traité devenant obligatoires pour des États tiers par la formation d'une coutume internationale

Aucune disposition des articles 34 à 37 ne s'oppose à ce qu'une règle énoncée dans un traité devienne obligatoire pour un État tiers en tant que règle coutumière de droit international reconnue comme telle.

QUATRIÈME PARTIE

AMENDEMENT ET MODIFICATION DES TRAITÉS

Art. 39. – Règle générale relative à l'amendement des traités

Un traité peut être amendé par accord entre les parties. Sauf dans la mesure où le traité en dispose autrement, les règles énoncées dans la partie II s'appliquent à un tel accord.

Art. 40. – Amendement des traités multilatéraux

1. À moins que le traité n'en dispose autrement, l'amendement des traités multilatéraux est régi par les paragraphes suivants.

2. Toute proposition tendant à amender un traité multilatéral dans les relations entre toutes les parties doit être notifiée à tous les États contractants, et chacun d'eux est en droit de prendre part :

a) À la décision sur la suite à donner à cette proposition;

b) À la négociation et à la conclusion de tout accord ayant pour objet d'amender le traité.

3. Tout État ayant qualité pour devenir partie au traité a également qualité pour devenir partie au traité tel qu'il est amendé.

4. L'accord portant amendement ne lie pas les États qui sont déjà parties au traité et qui ne deviennent pas partie à cet accord l'alinéa *b*) du paragraphe 4 de l'article 30 s'applique à l'égard de ces États.

5. Tout État qui devient partie au traité après l'entrée en vigueur de l'accord portant amendement est, faute d'avoir exprimé une intention différente, considéré comme étant :

a) partie au traité tel qu'il est amendé ; et

b) partie au traité non amendé au regard de toute partie au traité qui n'est pas liée par l'accord portant amendement.

Art. 41. – Accords ayant pour objet de modifier des traités multilatéraux dans les relations entre certaines parties seulement

1. Deux ou plusieurs parties à un traité multilatéral peuvent conclure un accord ayant pour objet de modifier le traité dans leurs relations mutuelles seulement :

a) Si la possibilité d'une telle modification est prévue par le traité ; ou

b) Si la modification en question n'est pas interdite par le traité, à condition qu'elle :

i) ne porte atteinte ni à la jouissance par les autres parties des droits qu'elles tiennent du traité ni à l'exécution de leurs obligations ; et

ii) ne porte pas sur une disposition à laquelle il ne peut être dérogé sans qu'il y ait incompatibilité avec la réalisation effective de l'objet et du but du traité pris dans son ensemble.

2. À moins que, dans le cas prévu à l'alinéa *a*) du paragraphe 1, le traité n'en dispose autrement, les parties en question doivent notifier aux autres parties leur intention de conclure l'accord et les modifications que ce dernier apporte au traité.

CINQUIÈME PARTIE

NULLITÉ, EXTINCTION ET SUSPENSION DE L'APPLICATION DES TRAITÉS

Section I

Dispositions générales

Art. 42. – Validité et maintien en vigueur des traités

1. La validité d'un traité ou du consentement d'un État à être lié par un traité ne peut être contestée qu'en application de la présente Convention.

2. L'extinction d'un traité, sa dénonciation ou le retrait d'une partie ne peuvent avoir lieu qu'en application des dispositions du traité ou de la présente Convention. La même règle vaut pour la suspension de l'application d'un traité.

Art. 43. – Obligations imposées par le droit international indépendamment d'un traité

La nullité, l'extinction ou la dénonciation d'un traité, le retrait d'une des parties ou la suspension de l'application du traité, lorsqu'ils résultent de l'application de la présente Convention ou des dispositions du traité, n'affectent en aucune manière le devoir d'un État de remplir toute obligation énoncée dans le traité à laquelle il est soumis en vertu du droit international indépendamment dudit traité.

Art. 44. – Divisibilité des dispositions d'un traité

1. Le droit pour une partie, prévu dans un traité ou résultant de l'article *56,* de dénoncer le traité, de s'en retirer ou d'en suspendre l'application ne peut être exercé qu'à l'égard de l'ensemble du traité, à moins que ce dernier n'en dispose ou que les parties n'en conviennent autrement.

2. Une cause de nullité ou d'extinction d'un traité, de retrait d'une des parties ou de suspension de l'application du traité reconnue aux termes de la présente Convention ne peut être invoquée qu'à l'égard de l'ensemble du traité, sauf dans les conditions prévues aux paragraphes suivants ou à l'article 60.

3. Si la cause en question ne vise que certaines clauses déterminées, elle ne peut être invoquée qu'à l'égard de ces seules clauses lorsque :

a) Ces clauses sont séparables du reste du traité en ce qui concerne leur exécution;

b) Il ressort du traité ou il est par ailleurs établi que l'acceptation des clauses en question n'a pas constitué pour l'autre partie ou pour les autres parties au traité une base essentielle de leur consentement à être liées par le traité dans son ensemble; et

c) Il n'est pas injuste de continuer à exécuter ce qui subsiste du traité.

4. Dans les cas relevant des articles 49 et 50, l'État qui a le droit d'invoquer le dol ou la corruption peut le faire soit à l'égard de l'ensemble du traité soit, dans le cas visé au paragraphe 3, à l'égard seulement de certaines clauses déterminées.

5. Dans les cas prévus aux articles 51, 52 et 53, la division des dispositions d'un traité n'est pas admise.

Art. 45. Perte du droit d'invoquer une cause de nullité d'un traité ou un motif d'y mettre fin, de s'en retirer ou d'en suspendre l'application

Un État ne peut plus invoquer une cause de nullité d'un traité ou un motif d'y mettre fin, de s'en retirer ou d'en suspendre l'application en vertu des articles 46 à 50 ou des articles 60 et 62 si, après avoir eu connaissance des faits, cet État :

a) À explicitement accepté de considérer que, selon le cas, le traité est valide, reste en vigueur ou continue d'être applicable ; ou

b) Doit, à raison de sa conduite, être considéré comme ayant acquiescé, selon le cas, à la validité ou à son maintien en vigueur ou en application.

Section 2

Nullité des traités

Art. 46. – Dispositions du droit interne concernant la compétence pour conclure des traités

1. Le fait que le consentement d'un État à être lié par un traité a été exprimé en violation d'une disposition de son droit interne concernant la compétence pour conclure des traités ne peut être invoqué par cet État comme viciant son consentement, à moins que cette violation n'ait été manifeste et ne concerne une règle de son droit interne d'importance fondamentale.

2. Une violation est manifeste si elle est objectivement évidente pour tout État se comportant en la matière conformément à la pratique habituelle et de bonne foi.

Art. 47. – Restriction particulière du pouvoir d'exprimer le consentement d'un État

Si le pouvoir d'un représentant d'exprimer le consentement d'un État à être lié par un traité déterminé a fait l'objet d'une restriction particulière, le fait que ce représentant n'a pas tenu compte de celle-ci ne peut pas être invoqué comme viciant le consentement qu'il a exprimé, à moins que la restriction n'ait été notifiée avant l'expression de ce consentement, aux autres États ayant participé à la négociation.

Art. 48. – Erreur

1. Un État peut invoquer une erreur dans un traité comme viciant son consentement à être lié par le traité si l'erreur porte sur un fait ou une situation que cet État supposait exister au moment où le traité a été conclu et qui constituait une base essentielle du consentement de cet État à être lié par le traité.

2. Le paragraphe 1 ne s'applique pas lorsque ledit État a contribué à cette erreur par son comportement ou lorsque les circonstances ont été telles qu'il devait être averti de la possibilité d'une erreur.

3. Une erreur ne concernant que la rédaction du texte d'un traité ne porte pas atteinte à sa validité ; dans ce cas, l'article 79 s'applique.

Art. 49. – Dol

Si un État a été amené à conclure un traité par la conduite frauduleuse d'un autre État ayant participé à la négociation, il peut invoquer le dol comme viciant son consentement à être lié par le traité.

Art. 50. – Corruption du représentant d'un État

Si l'expression du consentement d'un État à être lié par un traité a été obtenue au moyen de la corruption de son représentant par l'action directe ou indirecte d'un autre État ayant participé à la négociation, l'État peut invoquer cette corruption comme viciant son consentement à être lié par le traité.

Art. 51. – Contrainte exercée sur le représentant d'un État

L'expression du consentement d'un État à être lié par un traité qui a été obtenu par la contrainte exercée sur son représentant au moyen d'actes ou de menaces dirigés contre lui est dépourvue de tout effet juridique.

Art. 52. – Contrainte exercée sur un État par la menace ou l'emploi de la force

Est nul tout traité dont la conclusion a été obtenue par la menace ou l'emploi de la force en violation des principes de droit international incorporés dans la Charte des Nations unies.

Art. 53. – Traités en conflit avec une norme impérative du droit international général (*jus cogens*)

Est nul tout traité qui, au moment de sa conclusion, est en conflit avec une norme impérative du droit international général. Aux fins de la présente Convention, une norme impérative du droit international général est une norme acceptée et reconnue par la communauté internationale des États dans son ensemble en tant que norme à laquelle aucune dérogation n'est permise et qui ne peut être modifiée que par une nouvelle norme du droit international général ayant le même caractère.

Section 3

Extinction des traités et suspension de leur application

Art. 54. – Extinction d'un traité ou retrait en vertu des dispositions du traité ou par consentement des parties

L'extinction d'un traité ou le retrait d'une partie peuvent avoir lieu :

a) Conformément aux dispositions du traité ; ou

b) À tout moment, par consentement de toutes les parties, après consultation des autres États contractants.

Art. 55. – Nombre des parties à un traité multilatéral tombant au-dessous du nombre nécessaire pour son entrée en vigueur

À moins que le traité n'en dispose autrement, un traité multilatéral ne prend pas fin pour le seul motif que le nombre des parties tombe au-dessous du nombre nécessaire pour son entrée en vigueur.

Art. 56. – Dénonciation ou retrait dans le cas d'un traité ne contenant pas de dispositions relatives à l'extinction, à la dénonciation ou au retrait

1. Un traité qui ne contient pas de dispositions relatives à son extinction et ne prévoit pas qu'on puisse le dénoncer ou s'en retirer ne peut faire l'objet d'une dénonciation ou d'un retrait, à moins :

a) Qu'il ne soit établi qu'il entrait dans l'intention des parties d'admettre la possibilité d'une dénonciation ou d'un retrait ; ou

b) Que le droit de dénonciation ou de retrait ne puisse être déduit de la nature du traité.

2. Une partie doit notifier au moins douze mois à l'avance son intention de dénoncer un traité ou de s'en retirer conformément aux dispositions du paragraphe 1.

Art. 57. – Suspension de l'application d'un traité en vertu de ses dispositions ou par consentement des parties

L'application d'un traité au regard de toutes les parties ou d'une partie déterminée peut être suspendue

a) Conformément aux dispositions du traité ; ou

b) À tout moment, par consentement de toutes les parties, après consultation des autres États contractants.

Art. 58. – Suspension de l'application d'un traité multilatéral par accord entre certaines parties seulement

1. Deux ou plusieurs parties à un traité multilatéral peuvent conclure un accord ayant pour objet de suspendre, temporairement et entre elles seulement, l'application de dispositions du traité :

a) Si la possibilité d'une telle suspension est prévue par le traité ; ou

b) Si la suspension en question n'est pas interdite par le traité. à condition qu'elle :

i) ne porte atteinte ni à la jouissance par les autres parties des droits qu'elles tiennent du traité ni à l'exécution de leurs obligations ; et

ii) ne soit pas incompatible avec l'objet et le but du traité.

2. À moins que, dans le cas prévu à l'alinéa *a*) du paragraphe 1, le traité n'en dispose autrement, les parties en question doivent notifier

aux autres parties leur intention de conclure l'accord et les dispositions du traité dont elles ont l'intention de suspendre l'application.

Art. 59. – Extinction d'un traité ou suspension de son application implicites du fait de la conclusion d'un traité postérieur

1. Un traité est considéré comme ayant pris fin lorsque toutes les parties à ce traité concluent ultérieurement un traité portant sur la même matière et :

a) S'il ressort du traité postérieur ou s'il est par ailleurs établi que selon l'intention des parties la matière doit être régie par ce traité ; ou

b) Si les dispositions du traité postérieur sont incompatibles avec celles du traité antérieur à tel point qu'il est impossible d'appliquer les deux traités en même temps.

2. Le traité antérieur est considéré comme étant seulement suspendu s'il ressort du traité postérieur ou s'il est par ailleurs établi que telle était l'intention des parties.

Art. 60. – Extinction d'un traité ou suspension de son application comme conséquence de sa violation

1. Une violation substantielle d'un traité bilatéral par l'une des parties autorise l'autre partie à invoquer la violation comme motif pour mettre fin au traité ou suspendre son application en totalité ou en partie.

2. Une violation substantielle d'un traité multilatéral par l'une des parties autorise :

a) Les autres parties, agissant par accord unanime, à suspendre l'application du traité en totalité ou en partie ou à mettre fin à celui-ci :

i) soit dans les relations entre elles-mêmes et l'État auteur de la violation ;

ii) soit entre toutes les parties ;

b) Une partie spécialement atteinte par la violation à invoquer celle-ci comme motif de suspension de l'application du traité en totalité ou en partie dans les relations entre elle-même et l'État auteur de la violation ;

c) Toute partie autre que l'État auteur de la violation à invoquer la violation comme motif pour suspendre l'application du traité en totalité ou en partie en ce qui la concerne si ce traité est d'une nature telle qu'une violation substantielle de ses dispositions par un partie modifie radicalement la situation de chacune des parties quant à l'exécution ultérieure de ses obligations en vertu du traité.

3. Aux fins du présent article, une violation substantielle d'un traité est constituée par :

a) Un rejet du traité non autorisé par la présente Convention ; ou

b) La violation d'une disposition essentielle pour la réalisation de l'objet ou du but du traité.

4. Les paragraphes qui précèdent ne portent atteinte à aucune disposition du traité applicable en cas de violation.

5. Les paragraphes 1 à 3 ne s'appliquent pas aux dispositions relatives à la protection de la personne humaine contenues dans des traités de caractère humanitaire, notamment aux dispositions excluant toute forme de représailles à l'égard des personnes protégées par lesdits traités.

Art. 61. – Survenance d'une situation rendant l'exécution impossible

1. Une partie peut invoquer l'impossibilité d'exécuter un traité comme motif pour y mettre fin ou pour s'en retirer si cette impossibilité résulte de la disparition ou destruction définitives d'un objet indispensable à l'exécution de ce traité. Si l'impossibilité est temporaire, elle peut être invoquée seulement comme motif pour suspendre l'application du traité.

2. L'impossibilité d'exécution ne peut être invoquée par une partie comme motif pour mettre fin au traité, pour s'en retirer ou pour en suspendre l'application si cette impossibilité résulte d'une violation, par la partie qui l'invoque, soit d'une obligation du traité, soit de toute autre obligation internationale à l'égard de toute autre partie au traité.

Art. 62. – Changement fondamental de circonstances

1. Un changement fondamental de circonstances qui s'est produit par rapport à celles qui existaient au moment de la conclusion d'un traité et qui n'avait pas été prévu par les parties ne peut pas être invoqué comme motif pour mettre fin au traité ou pour s'en retirer, à moins que :

a) L'existence de ces circonstances n'ait constitué une base essentielle du consentement des parties à être liées par le traité ; et que

b) Ce changement n'ait pour effet de transformer radicalement la nature des obligations qui restent à exécuter en vertu du traité,

2. Un changement fondamental de circonstances ne peut pas être invoqué comme motif pour mettre fin à un traité ou pour s'en retirer :

a) S'il s'agit d'un traité établissant une frontière ; ou

b) Si le changement fondamental résulte d'une violation, par la partie qui l'invoque, soit d'une obligation du traité, soit de toute autre obligation internationale à l'égard de toute autre partie au traité.

3. Si une partie peut, conformément aux paragraphes qui précèdent, invoquer un changement fondamental de circonstances comme motif pour mettre fin à un traité ou pour s'en retirer, elle peut également ne l'invoquer que pour suspendre l'application du traité.

Art 63. – Rupture des relations diplomatiques ou consulaires

La rupture des relations diplomatiques ou consulaires entre parties à un traité est sans effet sur les relations juridiques établies entre elles par le traité, sauf dans la mesure où l'existence de relations diplomatiques ou consulaires est indispensable à l'application du traité.

Art. 64. – Survenance d'une nouvelle norme impérative du droit international général (*jus cogens*)

Si une nouvelle norme impérative du droit international général survient, tout traité existant qui est en conflit avec cette norme devient nul et prend fin.

Section 4

Procédure

Art. 65. – Procédure à suivre concernant la nullité d'un traité, son extinction, le retrait d'une partie ou la suspension de l'application du traité

1. La partie qui, sur la base des dispositions de la présente Convention, invoque soit un vice de son consentement à être liée par un traité, soit un motif de contester la validité d'un traité, d'y mettre fin, de s'en retirer ou d'en suspendre l'application, doit notifier sa prétention aux autres parties. La notification doit indiquer la mesure envisagée à l'égard du traité et les raisons de celle-ci.

2. Si, après un délai qui, sauf en cas d'urgence particulière, ne saurait être inférieur à une période de trois mois à compter de la réception de la notification, aucune partie n'a fait d'objection, la partie qui a fait la notification peut prendre, dans les formes prévues à l'article 67, la mesure qu'elle a envisagée.

3. Si toutefois une objection a été soulevée par une autre partie, les parties devront rechercher une solution par les moyens indiqués à l'article 33 de la Charte des Nations unies.

4. Rien dans les paragraphes qui précèdent ne porte atteinte aux droits ou obligations des parties découlant de toute disposition en vigueur entre elles concernant le règlement des différends.

5. Sans préjudice de l'article 45, le fait qu'un État n'ait pas adressé la notification prescrite au paragraphe 1 ne l'empêche pas de faire cette notification en réponse à une autre partie qui demande l'exécution du traité ou qui allègue sa violation.

Art. 66. – Procédures de règlement judiciaire, d'arbitrage et de conciliation

Si, dans les douze mois qui ont suivi la date à laquelle l'objection a été soulevée, il n'a pas été possible de parvenir à une solution conformément au paragraphe 3 de l'article 65, les procédures ci-après seront appliquées :

a) Toute partie à un différend concernant l'application ou l'interprétation des articles 53 ou 64 peut, par une requête, le soumettre à la décision de la Cour internationale de justice, à moins que les parties ne décident d'un commun accord de soumettre le différend à l'arbitrage;

b) Toute partie à un différend concernant l'application ou l'interprétation de l'un quelconque des autres articles de la partie V de la présente Convention peut mettre en œuvre la procédure indiquée à l'annexe à la Convention en adressant une demande à cet effet au Secrétaire général des Nations unies.

Art. 67. – Instruments ayant pour objet de déclarer la nullité d'un traité, d'y mettre fin, de réaliser le retrait ou de suspendre l'application du traité

1. La notification prévue au paragraphe 1 de l'article 65 doit être faite par écrit.

2. Tout acte déclarant la nullité d'un traité, y mettant fin ou réalisant le retrait ou la suspension de l'application du traité sur la base de ses dispositions ou des paragraphes 2 ou 3 de l'article 65 doit être consigné dans un instrument communiqué aux autres parties. Si l'instrument n'est pas signé par le Chef de l'État, le chef du Gouvernement ou le ministre des Affaires étrangères, le représentant de l'État qui fait la communication peut être invité à produire ses pleins pouvoirs.

Art. 68. – Révocation des modifications et des instruments prévus aux articles 65 et 67

Une notification ou un instrument prévus aux articles 65 et 67 peuvent être révoqués à tout moment avant qu'ils aient pris effet.

Section 5

Conséquences de la nullité, de l'extinction ou de la suspension de l'application d'un traité

Art. 69. – Conséquences de la nullité d'un traité

1. Est nul un traité dont la nullité est établie en vertu de la présente Convention. Les dispositions d'un traité nul n'ont pas de force juridique.

2. Si des actes ont néanmoins été accomplis sur la base d'un tel traité :

a) Toute partie peut demander à toute autre partie d'établir pour autant que possible dans leurs relations mutuelles la situation qui aurait existé si ces actes n'avaient pas été accomplis;

b) Les actes accomplis de bonne foi avant que la nullité ait été invoquée ne sont pas rendus illicites du seul fait de la nullité du traité.

3. Dans les cas qui relèvent des articles 49, 50, 51 ou 52, le paragraphe 2 ne s'applique pas à l'égard de la partie à laquelle le dol, l'acte de corruption ou la contrainte est imputable.

4. Dans les cas où le consentement d'un État déterminé à être lié par un traité multilatéral est vicié, les règles qui précèdent s'appliquent dans les relations entre ledit État et les parties au traité.

Art. 70. – Conséquences de l'extinction d'un traité

1. À moins que le traité n'en dispose ou que les parties n'en conviennent autrement, le fait qu'un traité a pris fin en vertu de ses dispositions ou conformément à la présente Convention :

a) Libère les parties de l'obligation de continuer d'exécuter le traité ;

b) Ne porte atteinte à aucun droit, aucune obligation ni aucune situation juridique des parties, créés par l'exécution du traité avant qu'il ait pris fin.

2. Lorsqu'un État dénonce un traité multilatéral ou s'en retire, le paragraphe 1 s'applique dans les relations entre cet État et chacune des autres parties au traité à partir de la date à laquelle cette dénonciation ou ce retrait prend effet.

Art. 71. – Conséquences de la nullité d'un traité en conflit avec une norme impérative du droit international général

1. Dans le cas d'un traité qui est nul en vertu de l'article 53, les parties sont tenues :

a) D'éliminer, dans la mesure du possible, les conséquences de tout acte accompli sur la base d'une disposition qui est en conflit avec la norme impérative du droit international général ; et

b) De rendre leurs relations mutuelles conformes à la norme impérative du droit international général.

2. Dans le cas d'un traité qui devient nul et prend fin en vertu de l'article 64, la fin du traité :

a) Libère les parties de l'obligation de continuer d'exécuter le traité ;

b) Ne porte atteinte à aucun droit, aucune obligation, ni aucune situation juridique des parties, créés par l'exécution du traité avant qu'il n'ait pris fin ; toutefois, ces droits, obligations ou situations ne peuvent être maintenus par la suite que dans la mesure où leur maintien n'est pas en soi un conflit avec la nouvelle norme impérative du droit international général.

Art. 72. – Conséquences de la suspension de l'application d'un traité

1. À moins que le traité n'en dispose ou que les parties n'en conviennent autrement, la suspension de l'application d'un traité sur la base de ses dispositions ou conformément à la présente Convention :

a) Libère les parties entre lesquelles l'application du traité est suspendue de l'obligation d'exécuter le traité dans leurs relations mutuelles pendant la période de suspension ;

b) N'affecte pas par ailleurs les relations juridiques établies par le traité entre les parties.

2. Pendant la période de suspension, les parties doivent s'abstenir de tous actes tendant à faire obstacle à la reprise de l'application du traité.

SIXIÈME PARTIE

DISPOSITIONS DIVERSES

Art. 73. – Cas de succession d'États, de responsabilité d'un État ou d'ouverture d'hostilités

Les dispositions de la présente Convention ne préjugent aucune question qui pourrait se poser à propos d'un traité du fait d'une succession d'États ou en raison de la responsabilité internationale d'un État ou de l'ouverture d'hostilités entre États.

Art. 74. – Relations diplomatiques ou consulaires et conclusion de traités

La rupture des relations diplomatiques ou des relations consulaires ou l'absence de telles relations entre deux ou plusieurs États ne fait pas obstacle à la conclusion de traités entre lesdits États. La conclusion d'un traité n'a pas en soi d'effet en ce qui concerne les relations diplomatiques ou les relations consulaires.

Art. 75. – Cas d'un État agresseur

Les dispositions de la présente Convention sont sans effet sur les obligations qui peuvent résulter à propos d'un traité, pour un État agresseur, de mesures prises conformément à la Charte des Nations unies au sujet de l'agression commise par cet État.

SEPTIÈME PARTIE

DÉPOSITAIRES, NOTIFICATIONS, CORRECTIONS ET ENREGISTREMENT

Art. 76. – Dépositaires des traités

1. La désignation du dépositaire d'un traité peut être effectuée par les États ayant participé à la négociation, soit dans le traité lui-même, soit de toute autre manière. Le dépositaire peut être un ou plusieurs États, une organisation internationale ou le principal fonctionnaire administratif d'une telle organisation.
2. Les fonctions du dépositaire d'un traité ont un caractère international et le dépositaire est tenu d'agir impartialement dans l'accomplissement de ses fonctions. En particulier, le fait qu'un traité n'est pas entré en vigueur entre certaines des parties ou qu'une divergence est apparue entre un État et un dépositaire en ce qui concerne l'exercice des fonctions de ce dernier ne doit pas influer sur cette obligation.

Art. 77. – Fonctions des dépositaires

1. À moins que le traité n'en dispose ou que les États contractants n'en conviennent autrement, les fonctions du dépositaire sont notamment les suivantes :

a) Assurer la garde du texte original du traité et des pleins pouvoirs qui lui seraient remis ;

b) Établir des copies certifiées conformes du texte original et tous autres textes du traité en d'autres langues qui peuvent être requis par le traité, et les communiquer aux parties au traité et aux États ayant qualité pour le devenir ;

c) Recevoir toutes signatures du traité, recevoir et garder tous instruments, notifications et communications relatifs au traité ;

d) Examiner si une signature, un instrument, une notification ou une communication se rapportant au traité est en bonne et due forme et, le cas échéant, porter la question à l'attention de l'État en cause ;

e) Informer les parties au traité et les États ayant qualité pour le devenir des actes, notifications et communications relatifs au traités ;

f) Informer les États ayant qualité pour devenir parties au traité de la date à laquelle a été reçu ou déposé le nombre de signatures ou d'instruments de ratification, d'acceptation, d'approbation ou d'adhésion requis pour l'entrée en vigueur du traité ;

g) Assurer l'enregistrement du traité auprès du Secrétariat de l'Organisation des Nations unies ;

h) Remplir les fonctions spécifiées dans d'autres dispositions de la présente Convention.

2. Lorsqu'une divergence apparaît entre un État et le dépositaire au sujet de l'accomplissement des fonctions de ce dernier, le dépositaire doit porter la question à l'attention des États signataires et des États contractants ou, le cas échéant, de l'organe compétent de l'organisation internationale en cause.

Art. 78. – Notifications et communications

Sauf dans le cas où le traité ou la présente Convention en dispose autrement, une notification ou communication qui doit être faite par un État en vertu de la présente Convention :

a) Est transmise, s'il n'y a pas de dépositaire, directement aux États auxquels elle est destinée ou, s'il y a un dépositaire, à ce dernier ;

b) N'est considérée comme ayant été faite par l'État en question qu'à partir de sa réception par l'État auquel elle a été transmise ou, le cas échéant, par le dépositaire ;

c) Si elle est transmise à un dépositaire, n'est considérée comme ayant été reçue par l'État auquel elle est destinée qu'à partir du moment où cet État aura reçu du dépositaire l'information prévue à l'alinéa *e*) du paragraphe 1 de l'article 77.

Art. 79. – Correction des erreurs dans les textes ou les copies certifiées conformes des traités

1. Si, après l'authentification du texte d'un traité, les États signataires et les États contractants constatent d'un commun accord que ce texte contient une erreur, il est procédé à la correction de l'erreur par l'un des moyens énumérés ci-après, à moins que lesdits États ne décident d'un autre mode de correction :

a) Correction du texte dans le sens approprié et paraphe de la correction par des représentants dûment habilités;

b) Établissement d'un instrument ou échange d'instruments où se trouve consignée la correction qu'il a été convenu d'apporter au texte;

c) Établissement d'un texte corrigé de l'ensemble du traité suivant la procédure utilisée pour le texte originaire.

2. Lorsqu'il s'agit d'un traité pour lequel il existe un dépositaire, celui-ci notifie aux États signataires et aux États contractants l'erreur et la proposition de la corriger et spécifie un délai approprié dans lequel objection peut être faite à la correction proposée. Si, à l'expiration du délai :

a) Aucune objection n'a été faite, le dépositaire effectue et paraphe la correction dans le texte, dresse un procès-verbal de ratification du texte et en communique copie aux parties au traité et aux États ayant qualité pour le devenir;

b) Une objection a été faite, le dépositaire communique l'objection aux États signataires et aux États contractants.

3. Les règles énoncées aux paragraphes 1 et 2 s'appliquent également lorsque le texte a été authentifié en deux ou plusieurs langues et qu'apparaît un défaut de concordance qui, de l'accord des États signataires et des États contractants, doit être corrigé.

4. Le texte corrigé remplace *ab initio* le texte défectueux, à moins que les États signataires et les États contractants n'en décident autrement.

5. La correction du texte d'un traité qui a été enregistré est notifiée au secrétariat de l'Organisation des Nations unies.

6. Lorsqu'une erreur est relevée dans une copie certifiée conforme d'un traité, le dépositaire dresse un procès-verbal de rectification et en communique copie aux États signataires et aux États contractants.

Art. 80. – Enregistrement et publication des traités

1. Après leur entrée en vigueur, les traités sont transmis au Secrétariat de l'Organisation des Nations unies aux fins d'enregistrement ou de classement et inscription au répertoire, selon le cas, ainsi que de publication.

2. La désignation d'un dépositaire constitue autorisation pour celui-ci d'accomplir les actes visés au paragraphe précédent.

HUITIÈME PARTIE

DISPOSITIONS FINALES

Art. 81. – Signature

La présente Convention sera ouverte à la signature de tous les États membres de l'Organisation des Nations unies ou membres d'une institution spécialisée ou de l'Agence internationale de l'énergie atomique, ainsi que de tout État, partie au statut de la Cour internationale de justice et de tout autre État invité par l'Assemblée générale des Nations unies à devenir partie à la Convention, de la manière suivante jusqu'au 30 novembre 1969, au ministère fédéral des Affaires étrangères de la République d'Autriche, et ensuite, jusqu'au 30 avril 1970, au siège de l'Organisation des Nations unies à New York.

Art. 82. – Ratification

La présente Convention sera soumise à ratification. Les instruments de ratification seront déposés auprès du Secrétaire général des Nations unies.

Art. 83. – Adhésion

La présente Convention restera ouverte à l'adhésion de tout État appartenant à l'une des catégories mentionnées à l'article 81. Les instruments d'adhésion seront déposés auprès du Secrétaire général des Nations unies.

Art. 84. – Entrée en vigueur

1. La présente Convention entrera en vigueur le trentième jour qui suivra la date du dépôt du trente-cinquième instrument de ratification ou d'adhésion.

2. Pour chacun des États qui ratifieront la Convention ou y adhéreront après le dépôt du trente-cinquième instrument de ratification ou d'adhésion, la Convention entrera en vigueur le trentième jour après le dépôt par cet État de son instrument de ratification ou d'adhésion.

Art. 85. – Textes authentiques

L'original de la présente Convention, dont les textes anglais, chinois, espagnol, français et russe sont également authentiques, sera déposé auprès du Secrétaire général des Nations unies.

En foi de quoi les plénipotentiaires soussignés, dûment autorisés par leurs Gouvernements respectifs, ont signé la présente Convention.

Fait à Vienne, le vingt-trois mai mil neuf cent soixante-neuf.

ANNEXE

1. Le Secrétaire général des Nations unies dresse et tient une liste de conciliateurs composée de juristes qualifiés. À cette fin, tout État membre de l'Organisation des Nations unies ou partie à la présente Convention est invité à désigner des conciliateurs et les noms des personnes ainsi désignées composeront la liste. La désignation des conciliateurs, y compris ceux qui sont désignés pour remplir une vacance fortuite, est faite pour une période de cinq ans renouvelable. À l'expiration de la période pour laquelle ils auront été désignés, les conciliateurs continueront à exercer les fonctions pour lesquelles ils auront été choisis conformément au paragraphe suivant.

2. Lorsqu'une demande est soumise au Secrétaire général conformément à l'article 66, le Secrétaire général porte le différend devant une commission de conciliation composée comme suit.

L'État ou les États constituant une des parties au différend nomment :

a) Un conciliateur de la nationalité de cet État ou de l'un de ces États, choisi ou non sur la liste visée au paragraphe 1 ; et

b) Un conciliateur n'ayant pas la nationalité de cet État ou de l'un de ces États, choisi sur la liste.

L'État ou les États constituant l'autre partie au différend nomment deux conciliateurs de la même manière. Les quatre conciliateurs choisis par les parties doivent être nommés dans un délai de soixante jours à compter de la date à laquelle le Secrétaire général reçoit la demande.

Dans les soixante jours qui suivent la dernière nomination, les quatre conciliateurs en nomment un cinquième, choisi sur la liste, qui sera président.

Si la nomination du président ou de l'un quelconque des autres conciliateurs n'intervient pas dans le délai prescrit ci-dessus pour cette nomination, elle sera faite par le Secrétaire général dans les soixante jours qui suivent l'expiration de ce délai. Le Secrétaire général peut désigner comme président soit l'une des personnes inscrites sur la liste, soit un des membres de la Commission du droit international. L'un quelconque des délais pour lesquels les nominations doivent être faites peut être prorogé par accord des parties au différend.

Toute vacance doit être remplie de la façon spécifiée pour la nomination initiale.

3. La Commission de conciliation arrête elle-même sa procédure. La Commission, avec le consentement des parties au différend, peut inviter toute partie au traité à lui soumettre ses vues oralement ou par écrit. Les décisions et les recommandations de la Commission sont adoptées à la majorité des voix de ses cinq membres.

4. La Commission peut signaler à l'attention des parties au différend toute mesure susceptible de faciliter un règlement amiable.

5. La Commission entend les parties, examine les prétentions et les objections et fait des propositions aux parties en vue de les aider à parvenir à un règlement amiable du différend.

6. La Commission fait rapport dans les douze mois qui suivent sa constitution. Son rapport est déposé auprès du Secrétaire général et communiqué aux parties au différend. Le rapport de la Commission, y compris toutes conclusions y figurant sur les faits ou sur les points de droit, ne lie pas les parties et n'est rien de plus que l'énoncé de recommandations soumises à l'examen des parties en vue de faciliter un règlement amiable du différend.

7. Le Secrétaire général fournit à la Commission l'assistance et les facilités dont elle peut avoir besoin. Les dépenses de la Commission sont supportées par l'Organisation des Nations unies.

VI. MAINTIEN DE LA PAIX

Compétences du Conseil de sécurité et de l'Assemblée générale de l'ONU :

22 Résolution 377 (V) de l'Assemblée générale des Nations unies : Union pour le maintien de la paix (1)

Date d'adoption : 03/11/1950

A

L'Assemblée générale,

Reconnaissant que les deux premiers buts des Nations unies énoncés par la Charte sont les suivants :

« Maintenir la paix et la sécurité internationales et à cette fin prendre des mesures collectives efficaces en vue de prévenir et d'écarter les menaces à la paix et de réprimer tout acte d'agression ou autre rupture de la paix, et réaliser, par des moyens pacifiques, conformément aux principes de la justice et du droit international, l'ajustement ou le règlement de différends ou de situations, de caractère international, susceptibles de mener à une rupture de la paix ;

« Développer entre les nations des relations amicales fondées sur le respect du principe de l'égalité de droits des peuples et de leur droit à disposer d'eux-mêmes, et prendre toutes autres mesures propres à consolider la paix du monde »,

Réaffirmant que, lorsqu'ils sont parties à un différend international, tous les membres de l'Organisation des Nations unies demeurent tenus avant tout d'en rechercher la solution par des moyens pacifiques, en utilisant les procédures énoncées au chapitre VI de la

---

(1) 146, 556.

Charte, et rappelant les succès que l'Organisation a déjà obtenus à plusieurs reprises dans ce domaine,

Constatant l'existence d'un état de tension internationale qui présente un caractère alarmant,

Rappelant sa résolution 290 (IV) intitulée « Éléments essentiels de la paix », selon laquelle c'est à la non-observation des principes de la Charte des Nations unies qu'est due, au premier chef, la prolongation de la tension internationale, et désirant favoriser davantage encore la réalisation des objectifs énoncés dans cette résolution,

Réaffirmant qu'il est important que le Conseil de sécurité s'acquitte de sa responsabilité principale dans le maintien de la paix et de la sécurité internationales, et qu'il est du devoir des membres permanents d'essayer de parvenir à l'unanimité et de ne recourir qu'avec modération au veto,

Réaffirmant que l'initiative en matière de négociation des accords relatifs aux forces armées prévus à l'article 43 de la Charte appartient au Conseil de sécurité, et désirant assurer, en attendant la conclusion de ces accords, la mise à la disposition de l'Organisation de moyens pour le maintien de la paix et de la sécurité internationales,

Persuadée que, si le Conseil de sécurité manque à s'acquitter des fonctions qui lui incombent au nom de tous les États membres, et notamment de celles qui sont visées dans les deux paragraphes précédents, il n'en résulte pas que les États membres soient relevés de leurs obligations ni l'Organisation de sa responsabilité aux termes de la Charte en matière de maintien de la paix et de la sécurité internationales,

Reconnaissant, en particulier, qu'une telle carence ne prive pas l'Assemblée générale des droits, et ne la dégage pas des responsabilités, que lui a conférés la Charte en vue du maintien de la paix et de la sécurité internationales,

Reconnaissant que l'accomplissement par l'Assemblée générale de ses devoirs à cet égard demande des moyens d'observation permettant de constater les faits et de démasquer les agresseurs, l'existence de forces armées susceptibles d'être employées collectivement, et la possibilité pour l'Assemblée générale de présenter en temps opportun aux membres des recommandations en vue d'une action collective qui, pour être efficace, doit être rapide,

a

1. *Décide* que, dans tout cas où paraît exister une menace contre la paix, une rupture de la paix ou un acte d'agression et où, du fait que l'unanimité n'a pas pu se réaliser parmi ses membres permanents, le Conseil de sécurité manque à s'acquitter de sa responsabilité principale dans le maintien de la paix et de la sécurité internationales, l'Assemblée générale examinera immédiatement la question afin de faire aux membres les recommandations appropriées sur les mesures collectives à prendre, y compris, s'il s'agit d'une rupture de la paix ou d'un acte

d'agression, l'emploi de la force armée en cas de besoin, pour maintenir ou rétablir la paix et la sécurité internationales. Si l'Assemblée générale ne siège pas à ce moment, elle pourra se réunir en session extraordinaire d'urgence dans les vingt-quatre heures qui suivront la demande présentée à cet effet. Pareille session extraordinaire d'urgence sera convoquée sur la demande soit du Conseil de sécurité par un vote affirmatif de sept quelconques de ses membres soit de la majorité des membres de l'Organisation;

2. *Adopte* à cette fin les amendements à son règlement intérieur reproduits en annexe à la présente résolution;

b

3. *Crée* une Commission d'observation pour la paix qui, pour les années civiles 1951 et 1952, sera composée de quatorze membres, à savoir : la Chine, la Colombie, les États-Unis d'Amérique, la France, l'Inde, l'Irak, Israël, la Nouvelle-Zélande, le Pakistan, le Royaume-Uni de Grande-Bretagne et d'Irlande du Nord, la Suède, la Tchécoslovaquie, l'Union des Républiques socialistes soviétiques et l'Uruguay, et qui pourra observer la situation dans toute région où il existe un état de tension internationale dont la prolongation risquerait de mettre en danger la paix et la sécurité internationales; cette Commission fera rapport à ce sujet. Sur l'invitation ou avec l'assentiment de l'État sur le territoire duquel se rendra la Commission, l'Assemblée générale, ou, lorsque celle-ci ne siège pas, la Commission intérimaire, pourra avoir recours à la Commission, si le Conseil de sécurité n'exerce pas les fonctions qui lui sont dévolues par la Charte au sujet de l'affaire considérée. La décision d'avoir recours à la Commission sera prise par un vote affirmatif des deux tiers des membres présents et votants. Le Conseil de sécurité pourra également recourir à la Commission conformément aux pouvoirs que lui confère la Charte;

4. *Décide* que la Commission aura autorité pour nommer, si elle le juge à propos, des sous-commissions et pour utiliser les services d'observateurs afin de l'aider dans l'exercice de ses fonctions;

5. *Recommande* à tous les Gouvernements et à toutes les autorités de coopérer avec la Commission et de l'aider dans l'exercice de ses fonctions;

6. *Invite* le Secrétaire général à fournir le personnel et les moyens nécessaires et à utiliser, lorsque la Commission en décide ainsi, le cadre d'observateurs des Nations unies prévu dans la résolution 297 B (IV) de l'Assemblée générale;

c

7. *Invite* chaque membre à examiner les ressources dont il dispose afin de déterminer la nature et l'importance de l'assistance qu'il serait

en mesure de fournir pour mettre en œuvre toute recommandation du Conseil de sécurité ou de l'Assemblée générale en vue du rétablissement de la paix et de la sécurité internationales ;

8. *Recommande* à chacun des États membres d'entretenir au sein de ses forces armées nationales, des éléments entraînés, organisés et équipés de telle façon qu'ils puissent rapidement servir, conformément aux règles constitutionnelles propres à chaque État, comme unité, ou unités de l'Organisation des Nations unies, sur la recommandation du Conseil de sécurité ou de l'Assemblée générale, sans préjudice de l'emploi de ces éléments dans l'exercice du droit de légitime défense, individuelle ou collective, reconnu par l'article 51 de la Charte ;

9. *Invite* les membres à faire connaître aussitôt que possible à la Commission chargée des mesures collectives prévue au paragraphe 11, les mesures qu'ils auront prises en application du paragraphe précédent ;

10. *Invite* le Secrétaire général à désigner, avec l'approbation de la Commission prévue au paragraphe 11, un cadre d'experts militaires que l'on pourrait mettre à la disposition des États membres qui en font la demande et qui désirent obtenir des conseils techniques sur l'organisation, l'entraînement et l'équipement, en vue d'un emploi rapide en tant qu'unités de l'Organisation des Nations unies, des éléments dont il est fait mention au paragraphe 8 ;

d

11. *Crée* une Commission chargé des mesures collectives, qui sera composée de quatorze membres, à savoir : l'Australie, la Belgique, la Birmanie, le Brésil, le Canada, l'Égypte, les États-Unis d'Amérique, la France, le Mexique, les Philippines, le Royaume-Uni de Grande-Bretagne et d'Irlande du Nord, la Turquie, le Venezuela et la Yougoslavie, et lui donne pour tâche d'étudier, en consultation avec le Secrétaire général et avec tels États membres qu'elle jugera à propos, les méthodes, y compris celles qui sont prévues dans la section C de la présente résolution, que l'on pourrait utiliser pour maintenir et consolider la paix et la sécurité internationales conformément aux buts et principes de la Charte, compte tenu des mesures collectives de légitime défense et des accords régionaux (articles 51 et 52 de la Charte), et de faire rapport au Conseil de sécurité et à l'Assemblée générale le 1er septembre 1951 au plus tard ;

12. *Recommande* à tous les membres de coopérer avec la Commission et de l'assister dans l'exercice de ses fonctions ;

13. *Invite* le Secrétaire général à fournir le personnel et les moyens indispensables pour atteindre effectivement les objectifs définis dans les sections C et D de la présente résolution ;

e

14. *Est convaincue,* en adoptant les propositions présentées ci-dessus, qu'il ne suffit pas, pour assurer une paix durable, de conclure des accords de sécurité collective contre les ruptures de la paix internationale et les actes d'agression, mais que le maintien d'une paix réelle et durable dépend aussi de l'observation de tous les buts et principes énoncés dans la Charte des Nations unies, de la mise en œuvre des résolutions adoptées par le Conseil de sécurité, par l'Assemblée générale et par les autres organes principaux des Nations unies pour assurer le maintien de la paix et de la sécurité internationales; et qu'il dépend, en particulier, du respect effectif des droits de l'Homme et des libertés fondamentales pour tous, ainsi que de la création et du maintien de conditions favorables au bien-être économique et social dans tous les pays; et, en conséquence,

15. *Invite instamment* les États membres à se conformer pleinement à l'action conjuguée et à intensifier cette action en coopération avec l'Organisation des Nations unies, à développer et à encourager le respect universel et effectif des droits de l'Homme et des libertés fondamentales, et à intensifier leurs efforts individuels et collectifs en vue d'assurer des conditions de stabilité économique et de progrès social, en particulier par la mise en valeur des pays et régions insuffisamment développés.

B

En vue de maintenir la paix et la sécurité internationales, conformément aux termes de la Charte des Nations unies et, en particulier, aux chapitres V, VI et VII de cette Charte,

L'Assemblée générale

Recommande au Conseil de sécurité.

De prendre les dispositions nécessaires afin d'assurer la mise en œuvre des mesures prévues par la Charte relativement à toute menace contre la paix, à toute rupture de la paix ou à tout acte d'agression ainsi qu'au règlement pacifique des différends ou des situations susceptibles de menacer le maintien de la paix et de la sécurité internationales;

D'élaborer des mesures en vue de mettre en œuvre au plus tôt les dispositions des articles 43, 45, 46 et 47 de la Charte des Nations unies concernant la mise à la disposition du Conseil de sécurité de forces armées par les États membres de l'Organisation et le fonctionnement efficace du Comité d'état-major;

Les dispositions précédentes ne sauraient en aucun cas empêcher l'Assemblée générale de remplir les fonctions visées par la résolution 377 A (V).

C

L'Assemblée générale,

Reconnaissant que l'Organisation des Nations unies a pour fonction essentielle de maintenir et de défendre la paix, la sécurité et la justice entre toutes les nations,

Reconnaissant que tous les États membres ont le devoir de servir la cause de la paix internationale conformément aux obligations que leur impose la Charte,

Reconnaissant que la Charte confère au Conseil de sécurité la responsabilité principale du maintien de la paix et de la sécurité internationales,

Réaffirmant l'importance de l'unanimité des membres permanents du Conseil de sécurité sur tous les problèmes qui pourraient menacer la paix mondiale,

Rappelant la résolution 190 (III) de l'Assemblée générale, intitulée « Appel adressé aux grandes puissances pour qu'elles redoublent d'efforts en vue de concilier leurs désaccords et d'établir une paix durable »,

Recommande aux membres permanents du Conseil de sécurité :

a) De se réunir et d'examiner, collectivement ou de toute autre manière et, le cas échéant, avec d'autres États intéressés, tous les problèmes qui pourraient menacer la paix internationale et entraver l'action de l'Organisation des Nations unies en vue de faire disparaître les désaccords essentiels et d'aboutir à un accord conforme à l'esprit, et à la lettre de la Charte;

b) De faire connaître à l'Assemblée générale et, quand celle-ci ne siège pas, aux membres, dès qu'il y aura lieu, les résultats de leurs consultations.

Définition de l'agression :

23 Résolution 3314 (XXIX) de l'Assemblée générale des Nations unies : Définition de l'agression (1)

Date d'adoption : 14/12/1974

L'Assemblée générale,

Ayant examiné le rapport du Comité spécial pour la question de la définition de l'agression, créé en application de sa résolution 2330 (XXII) du 18 décembre 1967, qui a trait aux travaux de la septième session du Comité spécial, tenue du 11 mars au 12 avril 1974, et qui comprend le projet de définition de l'agression adopté par consensus par le Comité spécial et recommandé pour adoption à l'Assemblée générale,

Profondément convaincue que l'adoption de la définition de l'agression contribuerait à renforcer la paix et la sécurité internationales,

1. *Approuve* la définition de l'agression dont le texte est joint en annexe à la présente résolution;

2. *Exprime* sa satisfaction au Comité spécial pour la question de la définition de l'agression de ses travaux qui ont abouti à l'élaboration de la définition de l'agression;

3. *Demande* à tous les États de s'abstenir de tous actes d'agression et autres emplois de la force contraires à la Charte des Nations unies et à la Déclaration relative aux principes du droit international touchant les relations amicales et la coopération entre les États conformément à la Charte des Nations unies;

4. *Appelle l'attention* du Conseil de sécurité sur la définition de l'agression qui figure ci-après et lui recommande de tenir compte de cette définition, selon qu'il conviendra, en tant que guide pour déterminer, conformément à la Charte, l'existence d'un acte d'agression.

ANNEXE

DÉFINITION DE L'AGRESSION

L'Assemblée générale,

Se fondant sur le fait que l'un des buts essentiels de l'Organisation des Nations unies est de maintenir la paix et la sécurité internatio-

---

(1) 392, 464, 557, 558, 562.

nales et de prendre des mesures collectives efficaces en vue de prévenir et d'écarter les menaces à la paix et de réprimer tout acte d'agression ou autre rupture de la paix,

Rappelant que le Conseil de sécurité, conformément à l'article 39 de la Charte des Nations unies, constate l'existence d'une menace contre la paix, d'une rupture de la paix ou d'un acte d'agression et fait des recommandations ou décide quelles mesures seront prises conformément aux articles 41 et 42 pour maintenir ou rétablir la paix et la sécurité internationales,

Rappelant également le devoir qu'ont les États, aux termes de la Charte, de régler leurs différends internationaux par des moyens pacifiques afin de ne pas mettre en danger la paix, la sécurité et la justice internationales,

Ayant à *l'esprit* que rien, dans la présente définition, ne sera interprété comme affectant d'une manière quelconque la portée des dispositions de la Charte en ce qui concerne les fonctions et pouvoirs des organes de l'Organisation des Nations unies,

Estimant également que l'agression est la forme la plus grave et la plus dangereuse de l'emploi illicite de la force, qui renferme, étant donné l'existence de tous les types d'armes de destruction massive, la menace possible d'un conflit mondial avec toutes ses conséquences catastrophiques, et qu'il convient donc à ce stade de donner une définition de l'agression,

Réaffirmant le devoir des États de ne pas recourir à l'emploi de la force armée pour priver les peuples de leur droit à l'autodétermination, à la liberté et à l'indépendance, ou pour porter atteinte à l'intégrité territoriale,

Réaffirmant également que le territoire d'un État est inviolable et ne peut être l'objet, même temporairement, d'une occupation militaire ou d'autres mesures de force prises par un autre État en violation de la Charte, et qu'il ne fera pas l'objet, de la part d'un autre État, d'une acquisition résultant de telles mesures ou de la menace d'y recourir,

Réaffirmant également les dispositions de la Déclaration relative aux principes du droit international touchant les relations amicales et la coopération entre les États conformément à la Charte des Nations unies,

Convaincue que l'adoption d'une définition de l'agression devrait avoir pour effet de décourager un agresseur éventuel, faciliterait la constatation des actes d'agression et l'exécution des mesures propres à les réprimer et permettrait de sauvegarder les droits et intérêts légitimes de la victime et de venir à son aide,

Estimant que, bien que la question de savoir s'il y a eu acte d'agression doive être examinée compte tenu de toutes les circonstances propres à chaque cas, il est néanmoins souhaitable de formuler des principes fondamentaux qui serviront de guide pour le déterminer,

Adopte la définition de l'agression ci-après :

Art. premier. – L'agression est l'emploi de la force armée par un État contre la souveraineté, l'intégrité territoriale ou l'indépendance politique d'un autre État, ou de toute autre manière incompatible avec la Charte des Nations unies, ainsi qu'il ressort de la présente Définition.

Note explicative. – Dans la présente définition, le terme « État » :

a) Est employé sans préjuger la question de la reconnaissance ou le point de savoir si un État est membre de l'Organisation des Nations unies ;

b) Inclut, le cas échéant, le concept de « groupe d'États ».

Art. 2. – L'emploi de la force armée en violation de la Charte par un État agissant le premier constitue la preuve suffisante à première vue d'un acte d'agression, bien que le Conseil de sécurité puisse conclure, conformément à la Charte, qu'établir qu'un acte d'agression a été commis ne serait pas justifié compte tenu des autres circonstances pertinentes, y compris le fait que les actes en cause ou leurs conséquences ne sont pas d'une gravité suffisante.

Art. 3. – L'un quelconque des actes ci-après, qu'il y ait eu ou non déclaration de guerre, réunit, sous réserve des dispositions de l'article 2 et en conformité avec elles, les conditions d'un acte d'agression :

a) L'invasion ou l'attaque du territoire d'un État par les forces armées d'un autre État, ou toute occupation militaire, même temporaire, résultant d'une telle invasion ou d'une telle attaque, ou toute annexion par l'emploi de la force du territoire ou d'une partie du territoire d'un autre État ;

b) Le bombardement, par les forces armées d'un État, du territoire d'un autre État, ou l'emploi de toutes armes par un État contre le territoire d'un autre État ;

c) Le blocus des ports ou des côtes d'un État par les forces armées d'un autre État ;

d) L'attaque par les forces armées d'un État contre les forces armées terrestres, navales ou aériennes, ou la marine et l'aviation civiles d'un autre État ;

e) L'utilisation des forces armées d'un État qui sont stationnées sur le territoire d'un autre État avec l'accord de l'État d'accueil, contrairement aux conditions prévues dans l'accord ou toute prolongation de leur présence sur le territoire en question au-delà de la terminaison de l'accord ;

f) Le fait pour un État d'admettre que son territoire, qu'il a mis à la disposition d'un autre État, soit utilisé par ce dernier pour perpétrer un acte d'agression contre un État tiers ;

g) L'envoi par un État ou en son nom de bandes ou de groupes armés, de forces irrégulières ou de mercenaires qui se livrent à des actes de force armée contre un autre État d'une gravité telle qu'ils équivalent aux actes énumérés ci-dessus, ou le fait de s'engager d'une manière substantielle dans une telle action.

Art. 4. – L'énumération des actes ci-dessus n'est pas limitative et le Conseil de sécurité peut qualifier d'autres actes d'agression conformément aux dispositions de la Charte.

Art. 5. – 1. Aucune considération de quelque nature que ce soit, politique, économique, militaire ou autre, ne saurait justifier une agression.

2. Une guerre d'agression est un crime contre la paix internationale. L'agression donne lieu à responsabilité internationale.

3. Aucune acquisition territoriale ni aucun avantage spécial résultant d'une agression ne sont licites ni ne seront reconnus comme tels.

Art. 6. – Rien dans la présente définition ne sera interprété comme élargissant ou diminuant d'une manière quelconque la portée de la Charte, y compris ses dispositions concernant les cas dans lesquels l'emploi de la force est légitime.

Art. 7. – Rien dans la présente définition, et en particulier l'article 3, ne pourra en aucune manière porter préjudice au droit à l'autodétermination, à la liberté et à l'indépendance, tel qu'il découle de la Charte, des peuples privés par la force de ce droit et auxquels fait référence la Déclaration relative aux principes du droit international touchant les relations amicales et la coopération entre les États conformément à la Charte des Nations unies, notamment les peuples qui sont soumis à des régimes coloniaux ou racistes ou à d'autres formes de domination étrangère ainsi qu'au droit de ces mêmes peuples de lutter à cette fin et de chercher et de recevoir un appui, conformément aux principes de la Charte et en conformité avec la Déclaration susmentionnée.

Art. 8. – Dans leur interprétation et leur application, les dispositions qui précèdent sont liées entre elles et chaque disposition doit être interprétée dans le contexte des autres dispositions.

Guerre du Golfe :

24 Résolution 661 du Conseil de sécurité des Nations unies (1)

Date d'adoption : 06/08/1990

Le Conseil de sécurité,

Réaffirmant sa résolution 660 (1990), en date du 2 août 1990,

Profondément préoccupé par le fait que cette résolution n'a pas été appliquée et que l'invasion du Koweït par l'Iraq se poursuit, entraînant de nouvelles pertes en vies humaines et de nouvelles destructions,

Résolu à mettre un terme à l'invasion et à l'occupation du Koweït par l'Iraq et à rétablir la souveraineté, l'indépendance et l'intégrité territoriale du Koweït,

Notant que le Gouvernement légitime du Koweït a manifesté sa volonté de respecter la résolution 660 (1990),

Conscient des responsabilités qui lui incombent en vertu de la Charte des Nations unies en ce qui concerne le maintien de la paix et de la sécurité internationales,

Affirmant le droit naturel de légitime défense, individuelle ou collective, face à l'attaque armée dirigée par l'Iraq contre le Koweït, consacré par l'article 51 de la Charte,

Agissant en vertu du chapitre VII de la Charte des Nations unies,

1. *Constate* que, jusqu'à présent, l'Iraq n'a pas respecté le paragraphe 2 de la résolution 660 (1990) et a usurpé l'autorité du Gouvernement légitime du Koweït;

2. *Décide,* en conséquence, de prendre les mesures suivantes pour obtenir que l'Iraq respecte le paragraphe 2 de la résolution 660 (1990) et pour rétablir l'autorité du Gouvernement légitime du Koweït;

3. *Décide* que tous les États empêcheront :

a) L'importation sur leur territoire de tous produits de base et de toutes marchandises en provenance de l'Iraq ou du Koweït qui seraient exportés de ces pays après la date de la présente résolution;

b) Toutes activités menées par leurs nationaux ou sur leur territoire qui auraient pour effet de favoriser ou sont conçues pour favoriser

---

(1) 44, 488, 559, 560.

l'exportation ou le transbordement de tous produits de base ou de toutes marchandises en provenance de l'Iraq ou du Koweït, ainsi que toutes transactions faisant intervenir leurs nationaux ou des navires battant leur pavillon ou menées sur leur territoire, portant sur des produits de base ou des marchandises en provenance de l'Iraq ou du Koweït et exportés de ces pays après la date de la présente résolution, y compris, en particulier, tout transfert de fonds à destination de l'Iraq ou du Koweït aux fins de telles activités ou transactions;

c) La vente ou la fourniture par leurs nationaux ou depuis leur territoire ou par l'intermédiaire de navires battant leur pavillon de tous produits de base ou de toutes marchandises, y compris des armes ou tout autre matériel militaire, que ceux-ci proviennent ou non de leur territoire, mais non compris les fournitures à usage strictement médical et, dans des cas où des considérations humanitaires le justifient, les produits alimentaires, à toute personne physique ou morale se trouvant en Iraq ou au Koweït ou à toute autre personne physique ou morale aux fins de toute activité commerciale menée sur ou depuis le territoire de l'Iraq ou du Koweït ainsi que toutes activités menées par leurs nationaux ou sur leur territoire qui auraient pour effet de favoriser ou sont conçues pour favoriser la vente ou la fourniture dans les conditions sus-indiquées de tels produits de base ou de telles marchandises;

4. *Décide* que tous les États s'abstiendront de mettre à la disposition du Gouvernement iraquien ou de toute entreprise commerciale, industrielle ou de services publics sise en Iraq ou au Koweït des fonds ou toutes autres ressources financières ou économiques et empêcheront leurs nationaux et toutes personnes présentes sur leur territoire de transférer de leur territoire ou de mettre par quelque moyen que ce soit à la disposition du Gouvernement iraquien ou des entreprises susvisées de tels fonds ou ressources et de verser tous autres fonds à des personnes physiques ou morales se trouvant en Iraq ou au Koweït, à l'exception des paiements destinés exclusivement à des fins strictement médicales ou humanitaires et, dans des cas où des considérations humanitaires le justifient, des produits alimentaires;

5. *Demande* à tous les États, y compris aux États non membres de l'Organisation des Nations unies, d'agir de façon strictement conforme aux dispositions de la présente résolution nonobstant tout contrat passé ou toute licence accordée avant la date de la présente résolution;

6. *Décide* de créer, conformément à l'article 28 de son règlement intérieur provisoire, un comité du Conseil de sécurité composé de tous les membres du Conseil, qui sera chargé des tâches énumérées ci-après et de présenter au Conseil un rapport sur ses travaux, où figureront ses observations et recommandations :

a) Examiner les rapports qui seront présentés par le Secrétaire général sur les progrès de l'application de la présente résolution;

b) Solliciter de tous les États des informations supplémentaires concernant les mesures qu'ils auront prises pour assurer l'application effective des dispositions de la présente résolution;

7. *Prie* le Secrétaire général de fournir toute l'assistance nécessaire au Comité et de prendre au sein du secrétariat les dispositions nécessaires à cette fin ;

8. *Décide* que, nonobstant les paragraphes 4 à 8 ci-dessus, aucune des dispositions de la présente résolution n'interdira de prêter assistance au Gouvernement légitime du Koweït, et *demande* à tous les États :

a) De prendre des mesures appropriées pour protéger les avoirs du Gouvernement légitime du Koweït et de ses institutions ;

b) De ne reconnaître aucun régime mis en place par la puissance occupante ;

9. *Prie* le Secrétaire général de lui rendre compte des progrès de l'application de la présente résolution, un premier rapport devant lui être présenté dans les trente jours ;

10. *Décide* de maintenir la question à son ordre du jour et de poursuivre ses efforts en vue de mettre rapidement un terme à l'invasion iraquienne.

25 Résolution 678 du Conseil de sécurité des Nations unies (1)

Date d'adoption : 29/11/1990

Le Conseil de sécurité,

« *Rappelant et réaffirmant* ses résolutions 660 (1990), 661 (1990), 662 (1990), 664 (1990), 665 (1990), 666 (1990), 667 (1990), 669 (1990), 670 (1990), 674 (1990), et 677 (1990),

« *Notant* qu'en dépit de tous les efforts déployés par les Nations unies, l'Irak refuse de s'acquitter de son obligation d'appliquer la résolution 660 (1990) et les résolutions ultérieurement susvisées, défiant ouvertement le Conseil,

« *Ayant à l'esprit* les devoirs et les responsabilités que la Charte des Nations unies lui assigne pour ce qui est de veiller au maintien et à la préservation de la paix et de la sécurité internationales,

« *Résolu* à faire pleinement respecter ses décisions,

Agissant en application du chapitre VII de la Charte des Nations unies,

1. Exige que l'Irak se conforme pleinement à la résolution 660 (1990) et à toutes les résolutions pertinentes ultérieures et, sans revenir sur aucune de ses décisions, décide de lui accorder une période de grâce pour lui laisser une dernière chance de le faire,

2. Autorise les États membres qui coopèrent avec le Gouvernement du Koweït, si au 15 janvier 1991 l'Irak n'a pas pleinement appliqué les résolutions susmentionnées conformément au paragraphe 1 ci-dessus, à user de tous les moyens nécessaires pour faire respecter et appliquer la résolution 660 (1990) du Conseil de sécurité et toutes les résolutions pertinentes ultérieures, ainsi que pour rétablir la paix et la sécurité internationales dans la région,

3. Demande à tous les États d'apporter l'appui voulu aux mesures envisagées au paragraphe 2 de la présente résolution,

4. Demande aux États concernés de le tenir régulièrement au courant des dispositions qu'ils prendront en application des paragraphes 2 et 3 de la présente résolution »,

5. Décide de demeurer saisi de la question.

---

(1) 44, 559, 560.

26 Résolution 687 du Conseil de sécurité des Nations unies (1)

Date d'adoption : 03/04/1991

Le Conseil de sécurité,

Rappelant ses résolutions 660 (1990) du 2 août 1990, 661 (1990) du 6 août 1990, 662 (1990) du 9 août 1990, 664 (1990) du 18 août 1990, 665 (1990) du 25 août 1990, 666 (1990) du 13 septembre 1990, 667 (1990) du 16 septembre 1990, 669 (1990) du 24 septembre 1990, 670 (1990) du 25 septembre 1990, 674 (1990) du 29 octobre 1990, 677 (1990) du 28 novembre 1990, 678 (1990) du 29 novembre 1990 et 686 (1991) du 2 mars 1991,

Se félicitant du rétablissement de la souveraineté, de l'indépendance et de l'intégrité du Koweït, ainsi que du retour de son Gouvernement légitime,

Affirmant l'engagement de tous les États membres en faveur de la souveraineté, de l'intégrité territoriale et de l'indépendance politique du Koweït et de l'Irak, et notant que les États membres coopérant avec le Koweït en application du paragraphe 2 de la résolution 678 (1990) ont déclaré leur intention de mettre fin à leur présence militaire en Irak dans les meilleurs délais, conformément au paragraphe 8 de la résolution 686 (1991),

Réaffirmant la nécessité d'être assuré des intentions pacifiques de l'Irak, eu égard au fait qu'il a envahi et occupé illégalement le Koweït,

Prenant note de la lettre du ministre irakien des Affaires étrangères en date du 27 février 1991, ainsi que de celles qu'il a envoyées comme suite à la résolution 686 (1991),

Notant que l'Irak et le Koweït, en tant qu'États souverains indépendants, ont signé à Bagdad, le 4 octobre 1963, le « procès-verbal d'accord entre l'État du Koweït et la République d'Irak concernant le rétablissement de relations amicales, la reconnaissance et des questions connexes » consacrant formellement la frontière entre l'Irak et le Koweït et l'attribution des îles, instrument enregistré par l'Organisation des Nations unies en conformité avec l'article 102 de la Charte des Nations unies et dans lequel l'Irak a reconnu l'indépendance et la pleine souveraineté de l'État du Koweït, délimité de la manière qui se trouve indiquée dans la lettre du Premier ministre de l'Irak en date du 21 juillet 1932 et qui a été acceptée par le souverain du Koweït dans sa lettre du 10 août 1932,

---

(1) 495, 559, 560.

Conscient de la nécessité de procéder à la démarcation de ladite frontière,

Conscient également des déclarations par lesquelles l'Irak a menacé de faire usage d'armes en violation des obligations que lui impose le protocole concernant la prohibition d'emploi à la guerre de gaz asphyxiants, toxiques ou similaires et de moyens bactériologiques, signé à Genève le 17 juin 1925, ainsi que de son recours aux armes chimiques dans le passé, et affirmant que tout nouvel emploi de telles armes par l'Irak aurait des conséquences graves,

Rappelant que l'Irak a souscrit à la Déclaration adoptée par tous les États réunis à la conférence des États parties au protocole de Genève de 1925 et autres États intéressés, tenue à Paris du 7 au 11 janvier 1989, déclaration qui a fixé comme objectif l'élimination universelle des armes chimiques et biologiques,

Rappelant également que l'Irak a signé la Convention sur l'interdiction de la mise au point, de la fabrication et du stockage des armes bactériologiques (biologiques) ou à toxines et sur leur destruction, en date du 10 avril 1972,

Notant qu'il importe que l'Irak ratifie cette convention,

Notant en outre qu'il importe que tous les États adhèrent à la Convention, et encourageant les participants à la prochaine conférence d'examen de la Convention à renforcer l'autorité, l'efficacité et la portée universelle de cet instrument,

Soulignant qu'il importe que la conférence du désarmement mène rapidement à bien l'élaboration d'une convention sur l'interdiction universelle des armes chimiques et que l'adhésion à cet instrument soit universelle,

Conscient que l'Irak s'est servi de missiles balistiques pour des attaques non provoquées et qu'il importe de prendre des mesures à l'égard expressément des missiles de ce type déployés en Irak,

Préoccupé par les informations dont disposent des États membres, selon lesquelles l'Irak a cherché à acquérir des matériaux en vue d'un programme d'armement nucléaire, contrevenant ainsi aux obligations que lui impose le traité sur la non-prolifération des armes nucléaires du 1er juillet 1968,

Rappelant l'objectif que constitue la création d'une zone exempte d'armes nucléaires dans la région du Moyen-Orient,

Conscient que la menace que toutes les armes de destruction massive font peser sur la paix et la sécurité dans la région, ainsi que de la nécessité de travailler à la création au Moyen-Orient d'une zone exempte de telles armes,

Conscient également de l'objectif que constitue une maîtrise générale et équilibrée des armements dans la région,

Conscient en outre qu'il importe d'atteindre les objectifs susvisés et d'employer à cette fin tous les moyens disponibles, notamment l'instauration d'un dialogue entre les États de la région,

Notant que la résolution 686 (1991) a marqué la levée des mesures imposées par la résolution 661 (1990), pour autant qu'elles s'appliquaient au Koweït,

Notant qu'en dépit de progrès dans l'exécution des obligations imposées par la résolution 686 (1991), on est encore sans nouvelles de nombre de koweïtiens et de nationaux de pays tiers et qu'il reste des biens à restituer,

Rappelant la Convention internationale contre la prise d'otages, ouverte à la signature à New York le 18 décembre 1979, qui range tous les actes de prise d'otages parmi les manifestations du terrorisme international,

Déplorant que l'Irak ait, au cours du récent conflit, menacé de recourir au terrorisme contre des objectifs situés en dehors du pays et qu'il ait pris des otages,

Prenant note avec une profonde inquiétude des rapports du Secrétaire général en date du 20 mars 1991 et du 28 mars 1991, et sachant qu'il faut d'urgence faire face aux besoins humanitaires du Koweït et de l'Irak,

Ayant présent à l'esprit l'objectif du rétablissement de la paix et de la sécurité internationales dans la région, énoncé dans de récentes résolutions du Conseil de sécurité,

Estimant qu'il se doit de prendre, en vertu du chapitre VII de la Charte, les mesures énoncées ci-après,

1. Confirme les dispositions des 13 résolutions susvisées, sous réserve des modifications expresses ci-après qui visent à atteindre les buts de la présente résolution, y compris un cessez-le-feu en bonne et due forme;

A

2. Exige que l'Irak et le Koweït respectant l'inviolabilité de la frontière internationale et l'attribution des îles fixées dans le « Procès-verbal d'accord entre l'État du Koweït et la République d'Irak concernant le rétablissement de relations amicales, la reconnaissance et des questions connexes », signé par les deux pays, dans l'exercice de leur souveraineté, à Bagdad le 4 octobre 1963 et enregistré auprès de l'Organisation des Nations unies qui l'a publié dans le document 7063, Recueil des traités des Nations unies, 1964;

3. Prie le Secrétaire général de prêter son concours afin que des dispositions puissent être prises avec l'Irak et le Koweït pour procéder à la démarcation de la frontière entre les deux États en s'inspirant de la documentation appropriée, y compris la carte figurant dans le document du Conseil de sécurité publié sous la cote S/22412, et de lui rendre compte dans un délai d'un mois;

4. Décide de garantir l'inviolabilité de la frontière internationale susmentionnée et de prendre selon qu'il conviendra toutes mesures nécessaires à cette fin conformément à la Charte des Nations unies;

B

5. Prie le Secrétaire général, après consultation de l'Irak et du Koweït, de soumettre dans les trois jours à son approbation un plan concernant le déploiement immédiat d'un groupe d'observateurs des Nations unies chargé de surveiller le Khor Abdullah et une zone démilitarisée, créée par la présente résolution et s'étendant sur 10 km à l'intérieur de l'Irak et sur 5 km à l'intérieur du Koweït à partir de la frontière mentionnée dans le « Procès-verbal d'accord entre l'État du Koweït et la République d'Irak concernant le rétablissement de relations amicales, la reconnaissance et des questions connexes », en date du 4 octobre 1963, de prévenir les violations de la frontière par sa présence dans la zone démilitarisée et par la surveillance qu'il y exercera, et d'observer tout acte hostile ou potentiellement hostile commis à partir du territoire d'un État à l'encontre de l'autre, et prie le Secrétaire général de rendre compte régulièrement au Conseil de sécurité des opérations du groupe, et de le faire immédiatement s'il y a de graves violations de la zone ou des menaces potentielles à la paix;

6. Note que dès que le Secrétaire général aura fait savoir au Conseil de sécurité que le groupe d'observateurs des Nations unies a achevé son déploiement, les forces des États membres qui coopèrent avec le Koweït en application de la résolution 678 (1990) seront à même de mettre fin à leur présence militaire en Irak conformément à la résolution 686 (1991);

C

7. Invite l'Irak à réaffirmer inconditionnellement qu'il respectera les obligations que lui impose le Protocole de Genève concernant la prohibition d'emploi à la guerre de gaz asphyxiants, toxiques ou similaires et de moyens bactériologiques, signé à Genève le 17 juin 1925, et à ratifier la Convention du 10 avril 1972 sur l'interdiction de la mise au point, de la fabrication et du stockage des armes bactériologiques (biologiques) ou à toxines et sur leur destruction;

8. Décide que l'Irak doit accepter inconditionnellement que soient détruits, enlevés ou neutralisés, sous supervision internationale :

a) Toutes les armes chimiques et biologiques et tous les stocks d'agents ainsi que tous les sous-systèmes et composants et toutes les installations de recherche-développement, d'appui et de production dans ce domaine;

b) Tous les missiles balistiques d'une portée supérieure à 150 km ainsi que tous les principaux composants et les installations de réparation et de production;

9. Décide ce qui suit aux fins de l'application du paragraphe 8 :

a) L'Irak remettra au Secrétaire général, dans les quinze jours suivant l'adoption de la présente résolution, une déclaration précisant l'emplacement de tous les éléments énumérés au paragraphe 8, avec indication des quantités et des types, et acceptera qu'il soit procédé d'urgence à une inspection sur place comme il est indiqué ci-après ;

b) Dans les quarante-cinq jours suivant l'adoption de la présente résolution, le Secrétaire général, agissant en consultation avec les Gouvernements intéressés et, lorsqu'il y aura lieu, avec le Directeur général de l'Organisation mondiale de la santé, élaborera et soumettra à l'approbation du Conseil un plan prévoyant l'accomplissement des opérations ci-après dans les quarante-cinq jours suivant ladite approbation :

i) constitution d'une commission spéciale qui procédera immédiatement à une inspection sur place des capacités biologiques et chimiques de l'Irak et de ses capacités en missiles, en se fondant sur les déclarations irakiennes, et désignation éventuelle, par la Commission spéciale elle-même, d'emplacements supplémentaires ;

ii) remise à la Commission spéciale, pour qu'elle les fasse détruire, enlever ou neutraliser, eu égard aux impératifs de la sécurité publique, de tous les éléments visés à l'alinéa *a* du paragraphe 8, y compris les éléments se trouvant dans les emplacements additionnels désignés par la Commission spéciale aux termes des dispositions de l'alinéa 1 ci-dessus, et destruction par l'Irak, sous la supervision de la Commission spéciale, de toutes ses capacités en missiles, y compris les lanceurs visés à l'alinéa *b* du paragraphe 8 ;

iii) octroi par la Commission spéciale au Directeur général de l'AEIEA du concours et de la coopération prévus aux paragraphes 12 et 13 ;

10. Décide que l'Irak doit s'engager inconditionnellement à n'employer, mettre au point, fabriquer ni acquérir aucun des éléments énumérés aux paragraphes 8 et 9 et prie le Secrétaire général d'élaborer, en consultation avec la Commission spéciale, un plan prévoyant pour la suite le contrôle et la vérification de l'exécution par l'Irak des dispositions du présent paragraphe, plan qu'il soumettra à l'approbation du Conseil de sécurité dans les cent vingt jours suivant l'adoption de la présente résolution ;

11. Invite l'Irak à réaffirmer inconditionnellement qu'il respectera les obligations que lui impose le traité du 1er juillet 1968 sur la non-prolifération des armes nucléaires ;

12. Décide que l'Irak doit accepter inconditionnellement de ne pas acquérir ni mettre au point d'armes nucléaires ou de matériaux pouvant servir à en fabriquer, ni de sous-systèmes ou de composants, ni de moyens de recherche-développement, d'appui ou de production y ayant trait ; de remettre au Secrétaire général et au Directeur général de l'Agence internationale de l'énergie atomique, dans les quinze jours suivant l'adoption de la présente résolution, une déclaration précisant l'emplacement de tous les éléments énumérés ci-dessus, avec indication des quantités et des types ; de placer tous matériaux en sa possession qui pourraient servir à la production d'armes nucléaires sous le

contrôle exclusif de l'Agence internationale de l'énergie atomique pour qu'elle en assure la garde et l'enlèvement avec le concours et la coopération de la Commission spéciale, conformément au plan du Secrétaire général visé au paragraphe 13, qu'il soit procédé d'urgence à une inspection sur place et que soient détruits, enlevés ou neutralisés, selon le cas, tous les éléments précisés plus haut et d'accepter le plan visé au paragraphe 13 touchant le contrôle et la vérification ultérieurs du respect des engagements ici prévus;

13. Prie par l'intermédiaire du Secrétaire général le Directeur général de l'Agence internationale de l'énergie atomique, agissant avec le concours et la coopération de la Commission spéciale conformément au plan du Secrétaire général visé au paragraphe 9b, de procéder immédiatement à une inspection sur place des capacités nucléaires de l'Irak en se fondant sur les déclarations irakiennes et sur la désignation éventuelle, par la Commission spéciale, d'emplacements supplémentaires, d'élaborer et de soumettre au Conseil de sécurité, dans les quarante-cinq jours, un plan prévoyant la destruction, l'enlèvement ou la neutralisation, en tant que de besoin, de tous les éléments énumérés au paragraphe 12, de mener ce plan à bien dans les quarante-cinq jours suivant son approbation par le Conseil de sécurité, et d'élaborer par la suite, en tenant compte des droits et des obligations que confère à l'Irak le traité du 1er juillet 1968 sur la non-prolifération des armes nucléaires, un plan de contrôle et de vérification continus de l'exécution par l'Irak des dispositions du paragraphe 12, qui prévoira un inventaire, en Irak, de tous les matériaux nucléaires soumis à la vérification et aux inspections de l'Agence, le but étant d'assurer que les garanties s'appliquent bien à toutes les activités nucléaires auxquelles elles doivent s'appliquer en Irak, plan qui devra être soumis à l'approbation du Conseil de sécurité dans les cent vingt jours suivant l'adoption de la présente résolution;

14. Note que les mesures que doit prendre l'Irak en application des paragraphes 8 à 13 de la présente résolution représentent des étapes sur la voie de l'établissement au Moyen-Orient d'une zone exempte d'armes de destruction massive et de tous missiles vecteurs, ainsi que vers une interdiction générale des armes chimiques;

D

15. Prie le Secrétaire général de présenter au Conseil de sécurité un rapport sur les mesures prises pour faciliter la restitution de tous les biens koweïtiens saisis par l'Irak, avec une liste de tous les biens que le Koweït aura signalés comme n'ayant pas été restitués ou n'ayant pas été restitués intacts;

16. Réaffirme que l'Irak, sans préjudice de ses dettes et obligations antérieures au 2 août 1990, qui seront traitées par les voies normales, est responsable, en vertu du droit international, de toute perte, de tout dommage – y compris les atteintes à l'environnement et la

destruction des ressources naturelles – et tous autres préjudices directs subis par des États étrangers et des personnes physiques et sociétés étrangères du fait de l'invasion et de l'occupation illicites du Koweït par l'Irak ;

17. Décide que les déclarations faites par l'Irak depuis le 2 août 1990 au sujet de sa dette extérieure sont nulles et de nul effet et exige que l'Irak honore scrupuleusement toutes ses obligations au titre du service et du remboursement de sa dette extérieure ;

18. Décide également de créer un fonds de compensation pour les paiements dus au titre des réclamations relevant du paragraphe 16 et de constituer une commission qui sera chargée de gérer ce fonds ;

19. Charge le Secrétaire général d'élaborer et de soumettre à sa décision, dans les trente jours suivant l'adoption de la présente résolution, des recommandations ayant trait au fonctionnement du fonds créé en vertu du paragraphe 18 et à un programme d'application des décisions énoncées aux paragraphes 16 à 18, recommandations qui devront porter notamment sur les points suivants : la gestion du fonds, le mode de calcul du montant approprié de la contribution de l'Irak au fonds, fondé sur un certain pourcentage de la valeur de ses exportations de pétrole et de produits pétroliers, sans excéder une limite proposée au Conseil par le Secrétaire général et déterminée compte tenu des besoins du peuple irakien, de la capacité de paiement de l'Irak, évaluée avec le concours des institutions financières internationales eu égard aux charges afférentes au service de sa dette extérieure, et des besoins de l'économie irakienne : les dispositions à prendre pour assurer le paiement des contributions au fonds ; les modalités d'affectation des sommes versées au fonds et de paiement des montants dus au titre des réclamations le mode approprié d'évaluation des préjudices et de recensement des réclamations et la méthode de vérification de la validité de ces dernières, ainsi que le mode de règlement des litiges sur le point de savoir si les réclamations relèvent de la responsabilité de l'Irak au sens du paragraphe 16 la composition de la Commission susvisée :

E

20. Décide, avec effet immédiat, que les interdictions énoncées dans sa résolution 661 (1990) et visant la vente ou la fourniture à l'Irak de produits de base ou de marchandises autres que les médicaments et les fournitures médicales ainsi que les transactions financières connexes cessent de s'appliquer aux livraisons de denrées alimentaires notifiées au Comité créé par la résolution 661 (1990) concernant la situation entre l'Irak et le Koweït et, sous réserve de l'approbation du Comité, qui appliquera à cet effet la procédure simplifiée et accélérée d'« approbation tacite », aux produits et fournitures que le Secrétaire général a signalés, dans son rapport du 20 mars 1991, comme étant de première nécessité pour la population civile ou

qui désignés comme tels par le Comité après nouvelle évaluation des besoins humanitaires;

21. Décide de revoir les dispositions du paragraphe 20 tous les soixante jours afin de déterminer, au vu de la politique et des pratiques suivies par le Gouvernement irakien, notamment pour ce qui est de l'application de toutes les résolutions pertinentes du Conseil s'il y a lieu de réduire ou de lever les interdictions qui y sont visées;

22. Décide que lorsqu'il aura approuvé le programme dont il demande l'établissement au paragraphe 19 et aura constaté que l'Irak a pris toutes les mesures prévues aux paragraphes 8 à 13, les interdictions énoncées dans la résolution 661 (1990) touchant l'importation de produits de base et de marchandises d'origine irakienne et les transactions financières connexes seront levées;

23. Décide que tant que le Conseil de sécurité n'aura pas pris les décisions visées au paragraphe 22, le Comité du Conseil de sécurité créé par la résolution 661 (1990) aura le pouvoir d'approuver, s'il en est besoin pour procurer à l'Irak les ressources nécessaires au financement des opérations visées au paragraphe 20, des dérogations à l'interdiction d'importer des produits de base ou des marchandises d'origine irakienne;

24. Décide que conformément à sa résolution 661 (1990) et à ses résolutions ultérieures sur la même question, et jusqu'à ce qu'il en décide autrement, tous les États continueront d'empêcher la vente ou la fourniture à l'Irak, ou les actes visant à favoriser ou faciliter la vente ou la fourniture à l'Irak, ou par leurs nationaux ou depuis leurs territoires ou au moyen de navires ou d'aéronefs de leur pavillon :

a) D'armes et matériels militaires de tous types, y compris en particulier la vente ou le transfert par d'autres moyens de matériel militaire classique de toute sorte, à l'usage des forces paramilitaires notamment, et de pièces et éléments de rechange pour ce matériel, ainsi que des moyens de le fabriquer;

b) D'articles visés et définis aux paragraphes 8 et 12 et ne relevant pas de l'énumération ci-dessus;

c) De technologies cédées sous licence ou selon d'autres modalités de transfert et servant à la production, à l'utilisation ou au stockage d'articles visés aux alinéas *a* et *b*;

d) De personnel ou de matériel destinés à la prestation de services de formation ou d'appui technique portant sur la conception, la mise au point, la fabrication, l'utilisation, l'entretien ou la maintenance d'articles visés aux alinéas *a* et *b*;

25. Demande à tous les États et organisations internationales de se conformer strictement au paragraphe 24, nonobstant l'existence de quelques contrats, accords, licences ou autres arrangements que ce soit;

26. Prie le Secrétaire général, agissant en consultation avec les Gouvernements intéressés, d'établir dans un délai de soixante jours,

pour approbation par le Conseil de sécurité, des directives visant à faciliter l'application intégrale des paragraphes 24, 25 et 27 à l'échelon international, de communiquer ces directives à tous les États et d'arrêter la marche à suivre pour les mettre périodiquement à jour;

27. Demande à tous les États, pour assurer le respect des dispositions du paragraphe 24, d'exercer des contrôles et de prendre des dispositions à l'échelon national, et d'appliquer au besoin d'autres mesures conformes aux directives qui auront été établies par le Conseil de sécurité comme le prévoit le paragraphe 26, et demande aux organisations internationales de prendre toutes les dispositions voulues pour aider à assurer le respect intégral desdites dispositions;

28. S'engage à revoir les décisions énoncées aux paragraphes 22 à 25, sauf pour ce qui concerne les articles visés et définis aux paragraphes 8 et 12, à intervalles réguliers et, en tout état de cause, cent vingt jours après l'adoption de la présente résolution en tenant compte de la mesure dans laquelle l'Irak se sera conformé à celle-ci et des progrès généraux accomplis vers la maîtrise des armements dans la région;

29. Décide que tous les États, y compris l'Irak, prendront les mesures nécessaires pour qu'il ne puisse être fait droit à aucune réclamation présentée par les pouvoirs publics irakiens, par toute personne physique ou morale en Irak ou par des tiers agissant par son intermédiaire ou pour son compte, et se rapportant à un contrat ou à une opération dont l'exécution aurait été affectée du fait des mesures décidées par le Conseil de sécurité dans sa résolution 661 (1990) et ses résolutions connexes;

30. Décide qu'en conformité avec l'engagement qu'il a pris de faciliter le rapatriement de tous les koweïtiens et nationaux de pays tiers, l'Irak coopérera dans toute la mesure nécessaire avec le Comité international de la Croix-Rouge en lui communiquant des listes desdites personnes, en lui donnant accès à toutes ces personnes, quel que soit l'endroit où elles se trouvent ou sont détenues, et en facilitant ses recherches concernant tous les koweïtiens et nationaux de pays tiers dont on ignore encore le sort;

31. Invite le Comité international de la Croix-Rouge, à tenir le Secrétaire général informé, selon qu'il conviendra, de toutes les activités entreprises en vue de faciliter le rapatriement ou le retour de tous les koweïtiens et nationaux de pays tiers qui se trouvaient en Irak le 2 août 1990 ou après cette date ou, éventuellement, de leur dépouille mortelle;

32. Exige de l'Irak qu'il informe le Conseil de sécurité qu'il ne commettra ni ne facilitera aucun acte de terrorisme international et ne permettra à aucune organisation ayant pour but de perpétrer de tels actes d'opérer sur son territoire, et qu'il condamne catégoriquement tous actes, méthodes et pratiques de terrorisme et s'engage à ne pas y recourir;

33. Déclare que, dès que l'Irak aura notifié officiellement au Secrétaire général et au Conseil de sécurité son acceptation des dispositions qui précèdent, un cessez-le-feu en bonne et due forme entrera en vigueur entre l'Irak et le Koweït ainsi que les États membres coopérant avec le Koweït en application de la résolution 678 (1990);

34. Décide de rester saisi de la question et de prendre toutes nouvelles mesures qui s'imposeraient en vue d'assurer l'application de la présente résolution et de garantir la paix et la sécurité dans la région.

27 Résolution 688 du Conseil de sécurité des Nations unies (1)

Date d'adoption : 05/04/1991

Le Conseil de sécurité,

Conscient de ses devoirs et de ses responsabilités en vertu de la Charte des Nations unies en ce qui concerne le maintien de la paix et la sécurité internationale,

Rappelant les dispositions de l'article 2, paragraphe 7, de la Charte des Nations unies,

Profondément préoccupé par la répression des populations civiles iraquiennes dans de nombreuses parties de l'Iraq, y compris très récemment dans les zones de peuplement kurde, laquelle a conduit un flux massif de réfugiés vers des frontières internationales et à travers celles-ci à des violations de frontière, qui menacent la paix et la sécurité internationale dans la région,

Profondément ému par l'ampleur des souffrances de la population,

Prenant note des lettres adressées par les représentants de la Turquie et de la France auprès de l'Organisation des Nations unies, en date respectivement des 2 avril et 4 avril 1991 (S/22435 et S/22442),

Prenant note également des lettres adressées par le représentant permanent de la République islamique d'Iran auprès de l'Organisation des Nations unies en date respectivement des 3 et 4 avril 1991 (S/22436 et S/22447),

Réaffirmant l'engagement pris par tous les États membres de respecter la souveraineté, l'intégrité territoriale et l'indépendance politique de l'Iraq et de tous les États de la zone,

Ayant à *l'esprit* le rapport du Secrétaire général en date du 20 mars 1991 (S/22366),

1. *Condamne* la répression des populations civiles iraquiennes dans de nombreuses parties de l'Iraq, y compris très récemment dans les zones de peuplement kurde, qui a pour conséquence de menacer la paix et la sécurité internationale dans la région;

2. *Exige* que l'Iraq, pour contribuer à éliminer la menace à la paix et à la sécurité internationales dans la région, mette fin sans délai à cette répression et, dans ce contexte, exprime l'espoir qu'un large dialogue s'instaurera en vue d'assurer le respect des droits de l'Homme et des droits politiques de tous les citoyens iraquiens;

---

(1) 109, 559, 560, 561.

3. *Insiste* pour que l'Iraq permette un accès immédiat des organisations humanitaires internationales à tous ceux qui ont besoin d'assistance dans toutes les parties de l'Iraq et qu'il mette à leur disposition tous les moyens nécessaires à leur action;

4. *Prie* le Secrétaire général de poursuivre ses efforts humanitaires en Iraq et de lui faire rapport d'urgence, éventuellement à l'issue d'une nouvelle mission dans la région, sur le sort des populations civiles iraquiennes, et en particulier de la population kurde, affectées par la répression sous toutes ses formes exercée par les autorités iraquiennes;

5. *Prie également* le Secrétaire général d'utiliser tous les moyens à sa disposition, y compris ceux des institutions spécialisées pertinentes des Nations unies, pour faire face d'urgence aux besoins fondamentaux des réfugiés et des populations iraquiennes déplacées;

6. *Lance un appel* à tous les États membres et à toutes les organisations humanitaires pour qu'ils participent à ces efforts d'assistance humanitaire;

7. *Exige* de l'Iraq qu'il coopère avec le Secrétaire général à ces fins;

8. *Décide* de rester saisi de la question.

Ex-Yougoslavie :

28 Résolution 757 du Conseil de sécurité des Nations unies (1)

Date d'adoption : 30/05/1992

Le Conseil de sécurité,

Réaffirmant ses résolutions 713 (1991) du 25 septembre 1991, 721 (1991) du 27 novembre 1991, 724 (1991) du 15 décembre 1991, 727 (1992) du 8 janvier 1992, 740 (1992) du 7 février 1992, 743 (1992) du 21 février 1992, 749 (1992) du 7 avril 1992 et 752 (1992) du 15 mai 1992,

Notant que, dans le contexte très complexe des événements qui se déroulent dans l'ancienne République fédérative socialiste de Yougoslavie, toutes les parties portent une part de responsabilité en ce qui concerne la situation.

Réaffirmant son soutien à la Conférence sur la Yougoslavie, y compris les efforts menés par la Communauté européenne dans le cadre des discussions sur les arrangements constitutionnels pour la Bosnie-Herzégovine, et rappelant qu'aucune acquisition ou modification territoriale obtenue par la violence n'est acceptable et que les frontières de la Bosnie-Herzégovine sont inviolables,

Déplorant le fait que les exigences formulées dans la résolution 752 (1992) n'ont pas été satisfaites, y compris les exigences tendant à ce que :

- Toutes les parties et les autres intéressés en Bosnie-Herzégovine cessent immédiatement les combats;
- Toutes les formes d'ingérence extérieure en Bosnie-Herzégovine cessent immédiatement;
- Les voisins de la Bosnie-Herzégovine agissent très rapidement pour mettre un terme à toute ingérence et respectent l'intégrité territoriale de la Bosnie-Herzégovine;
- Des mesures soient prises concernant les unités de l'armée populaire yougoslave en Bosnie-Herzégovine, y compris la dissolution et le désarmement, leurs armes étant placées sous surveillance

(1) 152, 561.

internationale efficace, de toutes les unités qui ne sont ni retirées ni soumises à l'autorité du Gouvernement de la Bosnie-Herzégovine;

– Toutes les forces irrégulières en Bosnie-Herzégovine soient dissoutes et désarmées;

Déplorant également que son appel pour que cessent immédiatement les expulsions forcées et les tentatives visant à changer la composition ethnique de la population n'ait pas été pris en considération et, dans ce contexte, *réaffirmant* la nécessité d'une protection effective des droits de l'Homme et des libertés fondamentales, y compris ceux des minorités ethniques,

Consterné de ce que les conditions pour la distribution effective et sans obstacle de l'aide humanitaire, y compris un accès sûr et protégé à l'arrivée et au départ de l'aéroport de Sarajevo et des autres aéroports de Bosnie-Herzégovine, n'aient pas encore été réunies,

Profondément préoccupé de ce que les personnels de la Force de protection des Nations unies (FORPRONU) demeurant à Sarajevo aient été l'objet de tirs délibérés de mortiers et d'armes légères, et qu'il ait fallu retirer les observateurs militaires des Nations unies déployés dans la région de Mostar,

Profondément préoccupé également par les développements en Croatie, y compris les violations persistantes du cessez-le-feu et la poursuite des expulsions de civils non serbes, et par l'obstruction et le manque de coopération avec la FORPRONU dans d'autres parties de la Croatie,

Déplorant le tragique incident du 18 mai 1992, qui a causé la mort d'un membre de l'équipe du Comité international de la Croix-Rouge (CICR) en Bosnie-Herzégovine,

Notant que l'affirmation de la République fédérale de Yougoslavie (Serbie et Monténégro) selon laquelle elle assure automatiquement la continuité de l'ancienne République fédérative socialiste de Yougoslavie n'a pas été généralement acceptée,

Exprimant ses remerciements au Secrétaire général pour son rapport en date du 26 mai 1992 (S/24000) faisant suite à la résolution 752 (1992),

Rappelant sa responsabilité principale au titre de la Charte des Nations unies pour le maintien de la paix et de la sécurité internationales,

Rappelant également les dispositions du chapitre VIII de la Charte des Nations unies et le rôle que continue de jouer la Communauté européenne en faveur d'une solution pacifique en Bosnie-Herzégovine ainsi que dans d'autres républiques de l'ancienne République fédérative socialiste de Yougoslavie,

Rappelant sa décision prise dans la résolution 752 (1992) d'examiner de nouvelles mesures en vue de parvenir à une solution pacifique conformément aux résolutions pertinentes du Conseil, et affirmant sa détermination à prendre des mesures contre toute partie ou parties qui ne se conformeraient pas aux dispositions de la résolution 752 (1992) et de ses autres résolutions pertinentes,

Déterminé, dans ce contexte, à adopter certaines mesures avec le seul objectif de parvenir à une solution pacifique et à encourager les efforts entrepris par la Communauté européenne et ses États membres,

Rappelant le droit des États, conformément à l'article 50 de la Charte, de consulter le Conseil de sécurité s'ils se trouvent en présence de difficultés économiques particulières dues à l'exécution de mesures préventives ou coercitives,

Constatant que la situation en Bosnie-Herzégovine et dans d'autres parties de l'ancienne République fédérative socialiste de Yougoslavie constitue une menace à la paix et à la sécurité internationales,

Agissant en vertu du chapitre VII de la Charte des Nations unies,

1. *Condamne* les autorités de la République fédérale de Yougoslavie (Serbie et Monténégro), y compris l'Armée populaire yougoslave (APY), pour ne pas avoir pris de mesures efficaces en vue de satisfaire aux exigences et autres dispositions figurant dans la résolution 752 (1992);

2. *Exige* que tous éléments de l'armée croate encore présents en Bosnie-Herzégovine agissent sans retard supplémentaire conformément au paragraphe 4 de la résolution 752 (1992);

3. *Décide* que tous les États adopteront les mesures énoncées ci-après, qui s'appliqueront jusqu'à ce que le Conseil de sécurité décide que les autorités de la République fédérale de Yougoslavie (Serbie et Monténégro), y compris l'Armée populaire yougoslave (APY), ont pris des mesures efficaces en vue de satisfaire aux exigences de la résolution 752 (1992);

4. *Décide* que tous les États empêcheront :

a) L'importation sur leur territoire de tout produit de base et de toute marchandise en provenance de la République fédérale de Yougoslavie (Serbie et Monténégro) qui seraient exportés de ces républiques après la date de la présente résolution;

b) Toutes activités menées par leurs ressortissants ou sur leur territoire qui auraient pour effet de favoriser ou seraient conçues pour favoriser l'exportation ou le transbordement de tous produits de base ou de toutes marchandises en provenance de la République fédérale de Yougoslavie (Serbie et Monténégro) ainsi que toutes transactions faisant intervenir leurs nationaux, ou des navires ou aéronefs battant leur pavillon, ou menées sur leur territoire, portant sur des produits de base ou des marchandises en provenance de la République fédérale de Yougoslavie (Serbie et Monténégro) et exportés de ces républiques après la date de la présente résolution, y compris, en particulier, tout transfert de fonds à destination de la République fédérale de Yougoslavie (Serbie et Monténégro) aux fins de telles activités ou transactions;

c) La vente ou la fourniture par leurs nationaux ou depuis leur territoire ou par l'intermédiaire de navires ou d'aéronefs battant leur pavillon de tous produits de base ou de toutes marchandises, que ceux-ci proviennent ou non de leur territoire, mais non compris les fournitures à usage strictement médical et les produits alimentaires, ces exceptions devant être notifiées au Comité établi en vertu de la résolution 724 (1991), à toute personne physique ou morale se trouvant en République fédérale de Yougoslavie (Serbie et Monténégro), ou à toute personne physique ou morale aux fins de toute activité commerciale menée sur ou depuis le territoire de la République fédérale de Yougoslavie (Serbie et Monténégro) ainsi que toutes activités menées par leurs nationaux ou sur leur territoire qui auraient pour effet de favoriser ou sont conçues pour favoriser la vente ou la fourniture dans les conditions sus-indiquées de tels produits de base ou de telles marchandises ;

5. *Décide* que tous les États s'abstiendront de mettre à la disposition des autorités de la République fédérale de Yougoslavie (Serbie et Monténégro) ou de toute entreprise commerciale, industrielle ou de service public, sise en République fédérale de Yougoslavie (Serbie ou Monténégro), des fonds ou toutes autres ressources financières ou économiques et empêcheront leurs nationaux et toutes personnes présentes sur leur territoire de transférer de leur territoire ou de mettre par quelque moyen que ce soit à la disposition des autorités de la République fédérale de Yougoslavie (Serbie et Monténégro) ou des entreprises susvisées de tels fonds ou ressources et de verser tous autres fonds à des personnes physiques ou morales se trouvant en République fédérale de Yougoslavie (Serbie ou Monténégro), à l'exception des paiements destinés exclusivement à des fins strictement médicales ou humanitaires et des produits alimentaires ;

6. *Décide* que les interdictions énoncées dans les paragraphes 4 et 5 ci-dessus ne s'appliqueront pas au transbordement à travers la République fédérale de Yougoslavie (Serbie et Monténégro) de produits de base et de marchandises ne provenant pas de la République fédérale de Yougoslavie (Serbie et Monténégro) et se trouvant temporairement présents sur le territoire de la République fédérale de Yougoslavie (Serbie et Monténégro) uniquement aux fins d'un tel transbordement, conformément aux directives approuvées par le Comité établi par la résolution 724 (1991) ;

7. *Décide* que tous les États :

a) Refuseront l'autorisation à tout aéronef de décoller du territoire de la République fédérale de Yougoslavie (Serbie et Monténégro), d'atterrir sur ce territoire ou de le survoler si cet aéronef est destiné à atterrir sur le territoire de la République fédérale de Yougoslavie (Serbie et Monténégro) ou à décoller de ce territoire, à moins que le vol de cet aéronef ait été approuvé, en raison de considérations humanitaires ou autres conformément aux résolutions pertinentes du Conseil, par le Comité établi par la résolution 724 (1991) ;

b) Interdiront la fourniture par leurs nationaux ou à partir de leur territoire de services de maintenance et d'ingénierie destinés à des aéronefs enregistrés en République fédérale de Yougoslavie (Serbie et Monténégro) ou utilisés par ou au nom d'entités sises en République fédérale de Yougoslavie (Serbie et Monténégro), ou destinées à des composants de tels aéronefs, la fourniture de certificat de navigation pour de tels aéronefs, ainsi que le paiement de nouveaux dédommagements au titre de contrats d'assurance existants et la fourniture de nouvelles assurances directes pour de tels aéronefs;

8. *Décide* que tous les États :

a) Réduiront le niveau du personnel des missions diplomatiques et des postes consulaires de la République fédérale de Yougoslavie (Serbie et Monténégro);

b) Prendront les mesures nécessaires pour empêcher la participation à des manifestations sportives sur leur territoire de personnes ou de groupes représentant la République fédérale de Yougoslavie (Serbie et Monténégro);

c) Suspendront la coopération scientifique et technique, ainsi que les échanges culturels et les visites incluant des personnes ou des groupes représentant la République fédérale de Yougoslavie (Serbie et Monténégro) ou ayant son appui officiel;

9. *Décide* que tous les États, ainsi que les autorités de la République fédérale de Yougoslavie (Serbie et Monténégro), prendront les mesures nécessaires pour qu'il ne puisse être fait droit à aucune réclamation par les autorités de la République fédérale de Yougoslavie (Serbie et Monténégro), par toute personne physique ou morale en République fédérale de Yougoslavie (Serbie et Monténégro), ou par des tiers agissant par leur intermédiaire ou pour leur compte, et se rapportant à un contrat ou à une opération dont l'exécution aurait été affectée du fait des mesures décidées par cette résolution et les résolutions y afférent;

10. *Décide* que les mesures imposées par la présente résolution ne s'appliqueront pas aux activités liées à la FORPRONU, à la Conférence sur la Yougoslavie ou à la Mission de vérification de la Communauté européenne, et que les États concernés, toutes les parties et les autres intéressés coopéreront pleinement avec la FORPRONU, la Conférence sur la Yougoslavie et la Mission de vérification de la Communauté européenne, et respecteront pleinement leur liberté de mouvement ainsi que la sécurité de leur personnel;

11. *Appelle* tous les États, y compris les États non membres des Nations unies, et toutes les organisations internationales, à agir de façon strictement conforme aux dispositions de la présente résolution nonobstant l'existence de tous droits ou obligations conférés ou imposés par tout accord international ou par tout contrat passé, ainsi que toute licence ou permis accordés, avant la date de la présente résolution;

12. *Demande* à tous les États de faire rapport au Secrétaire général avant le 22 juin 1992 sur les mesures qu'ils auront prises pour satisfaire aux obligations énoncées aux paragraphes 4 à 9 ci-dessus;

13. *Décide* que le Comité établi par la résolution 724 (1991) sera chargé des tâches suivantes, en plus de celles qui ont trait à l'embargo sur les armes institué par les résolutions 713 (1991) et 727 (1992);

a) Examiner les rapports qui seront soumis en application du paragraphe 12 ci-dessus;

b) Solliciter de tous les États des informations supplémentaires concernant les mesures qu'ils auront prises pour assurer l'application effective des mesures imposées par les paragraphes 4 à 9 ci-dessus;

c) Examiner toute information portée à son intention par les États au sujet de violations des mesures imposées par les paragraphes 4 à 9 ci-dessus et, dans ce contexte, faire des recommandations au Conseil sur les moyens de renforcer l'efficacité de ces mesures;

d) Recommander des mesures appropriées en vue de répondre à des violations des mesures imposées par les paragraphes 4 à 9 ci-dessus et fournir une information régulière au Secrétaire général qui en assurera la diffusion générale aux États membres;

e) Examiner et approuver les directives évoquées au paragraphe 6 ci-dessus;

f) Examiner toutes demandes d'approbation pour des vols justifiées par un besoin humanitaire significatif, conformément au paragraphe 7 ci-dessus, et statuer rapidement sur ces demandes;

14. *Appelle* tous les États à coopérer pleinement avec le Comité dans l'exercice de sa mission, y compris en lui communiquant les informations qu'il pourrait leur demander en application de la présente résolution;

15. *Demande* au Secrétaire général de faire rapport au Conseil de sécurité sur l'application de la résolution 752 (1992), au plus tard le 15 juin 1992 et, s'il le juge approprié, avant cette date;

16. *Décide* de garder sous examen constant les mesures imposées par les paragraphes 4 à 9 ci-dessus en vue d'examiner si de telles mesures pourraient être suspendues ou s'il pourrait y être mis fin suite au respect des exigences de la résolution 752 (1992);

17. *Exige* que toutes les parties et autres intéressés créent immédiatement les conditions nécessaires à la distribution sans obstacle de fournitures humanitaires à Sarajevo et à d'autres localités de Bosnie-Herzégovine, y compris l'établissement d'une zone de sécurité comprenant Sarajevo et son aéroport et dans le respect des accords signés à Genève le 22 mai 1992;

18. *Demande* au Secrétaire général de continuer d'user de ses bons offices en vue d'atteindre les objectifs énoncés dans le paragraphe 16 ci-dessus, et *invite* le Secrétaire général à garder à l'examen constant toutes nouvelles mesures qui pourraient devenir nécessaires en vue d'assurer la distribution sans obstacle de fournitures humanitaires;

19. *Prie instamment* tous les États de répondre à l'appel conjoint du Haut Commissariat des Nations unies pour les réfugiés, du Fonds

des Nations unies pour l'enfance et de l'Organisation mondiale de la santé en date du 4 mai 1992 ;

20. *Réitère* l'appel contenu au paragraphe 2 de la résolution 752 (1992), par lequel il est demandé à toutes les parties de poursuivre leurs efforts dans le cadre de la Conférence sur la Yougoslavie et aux trois communautés de Bosnie-Herzégovine de reprendre leurs discussions sur les arrangements constitutionnels pour la Bosnie-Herzégovine ;

21. *Décide* de rester activement saisi de la question et d'examiner immédiatement, si nécessaire, de nouvelles mesures en vue de parvenir à une solution pacifique, conformément aux résolutions pertinentes du Conseil.

Somalie :

29 Résolution 794 du Conseil de sécurité des Nations unies (1)

Date d'adoption : 03/12/1992

Le Conseil de sécurité,

Réaffirmant ses résolutions 733 (1992) du 23 janvier 1992, 746 (1992) du 17 mars 1992, 751 (1992) du 24 avril 1992, 767 (1992) du 27 juillet 1992 et 775 (1992) du 28 août 1992,

Considérant que la situation actuelle en Somalie constitue un cas unique et *conscient* de sa détérioration, de sa complexité et de son caractère extraordinaire, qui appellent une réaction immédiate et exceptionnelle,

Estimant que l'ampleur de la tragédie humaine causée par le conflit en Somalie, qui est encore exacerbée par les obstacles opposés à l'acheminement de l'aide humanitaire, constitue une menace à la paix et à la sécurité internationales,

Gravement alarmé par la détérioration de la situation sur le plan humanitaire en Somalie et *soulignant* la nécessité urgente d'acheminer rapidement l'aide humanitaire dans l'ensemble du pays,

Notant les efforts faits par la Ligue des États arabes, par l'Organisation de l'unité africaine, et en particulier la proposition faite par son président à la quarante-septième session ordinaire de l'Assemblée générale en ce qui concerne l'organisation d'une conférence internationale sur la Somalie, et par l'organisation de la Conférence islamique ainsi que d'autres organisations et mécanismes régionaux, pour faciliter la réconciliation et un règlement politique en Somalie et pour répondre aux besoins humanitaires du peuple de ce pays,

Rendant hommage aux efforts que déploient actuellement l'Organisation des Nations unies, ses institutions spécialisées, les organisations humanitaires, les organisations non gouvernementales et les États pour acheminer l'aide humanitaire à la Somalie,

Répondant aux appels urgents que la communauté internationale reçoit de Somalie afin qu'elle prenne des mesures pour assurer l'acheminement de l'aide humanitaire en Somalie,

---

(1) 40, 109, 561.

Se déclarant profondément alarmé par les informations persistantes concernant des violations massives du droit international humanitaire en Somalie, en particulier par les informations concernant des actes et des menaces de violences contre le personnel qui participe légalement à des activités impartiales de secours humanitaire, et concernant des attaques délibérées contre des non-combattants, des dépôts et des véhicules de secours, des installations médicales et de secours, ainsi que les obstacles opposés à l'acheminement de vivres et d'articles médicaux indispensables à la survie de la population civile,

Consterné par la persistance de conditions qui empêchent l'acheminement de secours humanitaires à l'intérieur de la Somalie et, en particulier, par les informations concernant le pillage de secours destinés à la population affamée, des attaques contre les aéronefs et les navires apportant des secours humanitaires, et des attaques contre le contingent pakistanais de l'ONUSOM à Mogadishu,

Prenant note avec satisfaction des lettres du Secrétaire général en date du 24 novembre 1992 (S/24859) et du 29 novembre 1992 (S/24868),

Estimant, comme le Secrétaire général, que la situation en Somalie est intolérable et qu'il est devenu nécessaire de revoir les fondements et principes de base de l'action des Nations unies en Somalie, et que le présent mode de fonctionnement de l'ONUSOM n'est pas, dans les circonstances actuelles, la formule qui convient pour faire face à la tragédie en Somalie,

Résolu à instaurer aussitôt que possible les conditions nécessaires pour l'acheminement de l'aide humanitaire partout où le besoin s'en fait sentir en Somalie, conformément à ses résolutions 751 (1992) et 767 (1992),

Notant l'offre faite par des États membres en vue de l'instauration dans les meilleurs délais de conditions de sécurité pour les opérations d'assistance humanitaire en Somalie,

Résolu en outre à rétablir la paix, la stabilité et l'ordre public en vue de faciliter le processus de règlement politique sous les auspices de l'Organisation des Nations unies, visant à la réconciliation nationale en Somalie, et *encourageant* le Secrétaire général et son représentant spécial à poursuivre et à intensifier l'action qu'ils mènent aux niveaux national et régional en vue de servir ces objectifs,

Considérant que le peuple somalien a la responsabilité ultime de la réconciliation nationale et de la reconstruction de son propre pays,

1. *Réaffirme* que toutes les parties, tous les mouvements et toutes les factions en Somalie doivent, ainsi qu'il l'a exigé, mettre immédiatement fin aux hostilités, maintenir un cessez-le-feu dans l'ensemble du pays et coopérer avec le Représentant spécial du Secrétaire général ainsi qu'avec les forces militaires qui doivent être constituées conformément à l'autorisation donnée au paragraphe 10 ci-après afin de faciliter le processus de distribution des secours, de réconciliation et de règlement politique en Somalie;

2. *Exige* que toutes les parties, tous les mouvements et toutes les factions en Somalie prennent toutes les mesures nécessaires pour faciliter les efforts que déploient l'Organisation des Nations unies et ses institutions spécialisées ainsi que les organisations humanitaires afin de fournir une aide humanitaire d'urgence à la population touchée en Somalie;

3. *Exige également* que toutes les parties, tous les mouvements et toutes les factions en Somalie prennent toutes les mesures nécessaires pour assurer la sécurité du personnel de l'Organisation des Nations unies et de toutes les autres personnes s'occupant de l'acheminement de l'aide humanitaire, y compris les forces militaires qui doivent être constituées conformément à l'autorisation donnée au paragraphe 10 ci-après;

4. *Exige en outre* que toutes les parties, tous les mouvements et toutes les factions en Somalie mettent immédiatement fin à toutes les violations du droit international humanitaire, y compris aux actes tels que ceux qui sont décrits ci-dessus, et s'abstiennent de commettre de telles violations et de tels actes;

5. *Condamne énergiquement* toutes les violations du droit international humanitaire commises en Somalie, y compris en particulier les actes qui font délibérément obstacle à l'acheminement des vivres et des fournitures médicales essentiels pour la survie de la population civile, et *affirme* que ceux qui commettent ou ordonnent de commettre de tels actes en seront tenus individuellement responsables;

6. *Décide* que les opérations et la poursuite du déploiement des 3 500 hommes de l'Opération des Nations unies en Somalie (ONUSOM) autorisées au paragraphe 3 de la résolution 775 (1992) devraient être laissées à la discrétion du Secrétaire général, qui décidera de leur déroulement en fonction de son évaluation des conditions sur le terrain, et *prie* le Secrétaire général de le tenir informé et de lui faire les recommandations qu'il jugera appropriées pour l'accomplissement du mandat de l'ONUSOM là où les conditions le permettront;

7. *Souscrit* à la recommandation faite par le Secrétaire général dans sa lettre du 29 novembre 1992 (8/24868), selon laquelle des mesures devraient être prises en vertu du chapitre VII de la Charte afin d'instaurer aussitôt que possible des conditions de sécurité pour les opérations de secours humanitaire en Somalie;

8. *Se félicite* de l'offre d'un État membre décrite dans la lettre du Secrétaire général au Conseil en date du 29 novembre 1992 (S/24868) concernant l'établissement d'une opération en vue de l'instauration de ces conditions de sécurité;

9. *Se félicite également* de l'offre d'autres États membres de participer à cette opération;

10. Agissant en vertu du chapitre VII de la Charte des Nations unies, *autorise* le Secrétaire général et les États membres qui coopèrent à la mise en œuvre de l'offre visée au paragraphe 8 ci-dessus, à employer tous les moyens nécessaires pour instaurer aussitôt que pos-

sible des conditions de sécurité pour les opérations de secours humanitaire en Somalie;

11. *Demande* à tous les États membres qui sont en mesure de le faire de fournir des forces militaires et d'apporter des contributions supplémentaires, en espèces ou en nature, conformément au paragraphe 10 ci-dessus, et *prie* le Secrétaire général de créer un fonds qui permette d'acheminer les contributions, le cas échéant, aux États ou aux opérations concernés;

12. *Autorise* le Secrétaire général et les États membres concernés à prendre les dispositions nécessaires de commandement et de contrôle unifiés des diverses forces, qui refléteront l'offre visée au paragraphe 8 ci-dessus;

13. *Prie* le Secrétaire général et les États membres agissant conformément au paragraphe 10 ci-dessus d'établir les mécanismes appropriés pour assurer la coordination entre l'Organisation des Nations unies et les forces militaires desdits États;

14. *Décide* de nommer une commission *ad hoc* composée de membres du Conseil de sécurité qui lui fera rapport sur l'application de la présente résolution;

15. *Invite* le Secrétaire général à détacher un petit groupe de liaison de l'ONUSOM auprès du quartier général du commandement unifié sur le terrain;

16. Agissant en vertu des chapitres VII et VIII de la Charte, *demande* aux États, à titre national ou dans le cadre d'organisations ou d'arrangements régionaux, de recourir aux mesures qu'ils jugeront nécessaires pour assurer l'application rigoureuse du paragraphe 5 de la résolution 733 (1992);

17. *Prie* tous les États, en particulier ceux de la région, d'apporter un soutien approprié aux mesures prises par les États, à titre national ou dans le cadre d'organisations ou d'arrangements régionaux, conformément à la présente résolution et aux autres résolutions pertinentes;

18. *Prie* le Secrétaire général et, en tant que de besoin, les États concernés de lui présenter régulièrement des rapports, dont le premier sera établi au plus tard 15 jours après l'adoption de la présente convention, sur l'application de celle-ci et la réalisation de l'objectif consistant à instaurer des conditions de sécurité de manière à permettre au Conseil de prendre la décision nécessaire pour assurer promptement le passage à des opérations suivies de maintien de la paix;

19. *Prie* le Secrétaire général de lui présenter, initialement dans les 15 jours qui suivront l'adoption de la présente résolution, un plan permettant d'assurer que l'ONUSOM sera en mesure de s'acquitter de son mandat dès le retrait du commandement unifié;

20. *Invite* le Secrétaire général et son représentant spécial à poursuivre leurs efforts visant à parvenir à un règlement politique en Somalie;

21. *Décide* de rester activement saisi de la question.

Rwanda :

30 Résolution 929 du Conseil de sécurité des Nations unies (1)

Date d'adoption : 22/06/1994

Le Conseil de sécurité,

Réaffirmant toutes ses résolutions précédentes sur la situation au Rwanda, en particulier ses résolutions 912 (1994) du 21 avril 1994, 918 (1994) du 17 mai 1994 et 925 (1994) du 8 juin 1994, par lesquelles il a défini le mandat et le niveau des effectifs de la Mission des Nations unies pour l'assistance au Rwanda (MINUAR),

Déterminé à contribuer à la reprise du processus de règlement politique dans le cadre de l'Accord de paix d'Arusha et *encourageant* le Secrétaire général et son Représentant spécial pour le Rwanda à poursuivre et à redoubler leurs efforts aux niveaux national, régional et international pour promouvoir ces objectifs,

Soulignant l'importance de la coopération de toutes les parties pour l'accomplissement des objectifs des Nations unies au Rwanda,

Ayant examiné la lettre du Secrétaire général en date du 19 juin 1994 (8/1994/728),

Prenant en considération les délais indispensables pour rassembler les ressources nécessaires au déploiement effectif de la MINUAR telle qu'elle a été renforcée par les résolutions 918 (1994) et 925 (1994),

Notant l'offre faite par des États membres de coopérer avec le Secrétaire général pour atteindre les objectifs des Nations unies au Rwanda (8/1994/734) et *soulignant* le caractère strictement humanitaire de cette opération, qui sera menée de façon impartiale et neutre et ne constituera pas une force d'interposition entre les parties,

Se félicitant de la coopération entre les Nations unies, l'Organisation de l'unité africaine (OUA) et les États voisins pour restaurer la paix au Rwanda,

Profondément préoccupé par la poursuite des massacres systématiques et de grande ampleur de la population civile au Rwanda,

---

(1) 566.

Conscient de ce que la situation actuelle au Rwanda constitue un cas unique qui exige une réaction urgente de la communauté internationale,

Considérant que l'ampleur de la crise humanitaire au Rwanda constitue une menace à la paix et à la sécurité dans la région,

1. *Accueille favorablement* la lettre du Secrétaire général en date du 19 juin 1994 (8/1994/728) et *donne son accord* à ce qu'une opération multinationale puisse être mise sur pied au Rwanda à des fins humanitaires jusqu'à ce que la MINUAR soit dotée des effectifs nécessaires;

2. *Accueille favorablement aussi* l'offre d'États membres (S/1994/734) de coopérer avec le Secrétaire général afin d'atteindre les objectifs des Nations unies au Rwanda par la mise en place d'une opération temporaire, placée sous commandement et contrôle nationaux, visant à contribuer, de manière impartiale, à la sécurité et à la protection des personnes déplacées, des réfugiés et des civils en danger au Rwanda, étant entendu que le coût de la mise en œuvre de cette offre sera à la charge des États membres concernés;

3. *Agissant* en vertu du chapitre VII de la Charte des Nations unies, *autorise* les États membres coopérant avec le Secrétaire général à mener l'opération décrite au paragraphe 2 ci-dessus, en employant tous les moyens nécessaires pour atteindre les objectifs humanitaires énoncés aux alinéas a) et *b*) du paragraphe 4 de la résolution 925 (1994);

4. *Décide* que la mission des États membres qui coopèrent avec le Secrétaire général sera limitée à une période de deux mois suivant l'adoption de la présente résolution, à moins que le Secrétaire général ne considère avant la fin de cette période que la MINUAR renforcée est en mesure d'accomplir son mandat;

5. *Accueille avec satisfaction* les offres déjà faites par des États membres concernant des troupes destinées à la MINUAR renforcée;

6. *Demande* à tous les États membres de répondre de toute urgence à la demande du Secrétaire général en ressources, y compris en soutien logistique, pour mettre la MINUAR renforcée en mesure d'exécuter effectivement son mandat le plus rapidement possible et *prie* le Secrétaire général d'identifier les équipements essentiels dont ont besoin les troupes qui doivent constituer la MINUAR renforcée et de coordonner la fourniture de ces équipements;

7. *Accueille favorablement,* à cet égard, les offres déjà faites par des États membres concernant du matériel destiné aux Gouvernements fournissant des contingents à la MINUAR et *engage* les autres États membres à offrir un appui analogue, éventuellement en assurant l'équipement complet des contingents de certains contributeurs de troupes, afin d'accélérer le déploiement de la MINUAR renforcée;

8. *Prie* les États membres qui coopèrent avec le Secrétaire général de se coordonner étroitement avec la MINUAR et *prie également* le Secrétaire général de mettre en place à cet *effet* les mécanismes appropriés;

9. *Exige* que toutes les parties au conflit et autres intéressés mettent immédiatement fin à tous les massacres de populations civiles dans les zones qu'ils contrôlent et permettent aux États membres qui coopèrent avec le Secrétaire général d'accomplir pleinement la mission décrite au paragraphe 3 ci-dessus ;

10. *Prie* les États concernés et, en tant que de besoin, le Secrétaire général de lui présenter régulièrement des rapports, dont le premier sera établi au plus tard 15 jours après l'adoption de la présente résolution, sur la conduite de l'opération et sur les progrès accomplis dans la réalisation des objectifs cités aux paragraphes 2 et 3 ci-dessus ;

11. *Prie également* le Secrétaire général de lui faire rapport sur les progrès réalisés en vue du déploiement complet de la MINUAR renforcée dans le cadre du rapport requis le 9 août 1994 au plus tard au titre du paragraphe 17 de la résolution 925 (1994), ainsi qu'en vue de la reprise du processus de règlement politique en vertu de l'accord de paix d'Arusha ;

12. *Décide* de rester activement saisi de la question.

Haïti :

31 Résolution 1529 du Conseil de sécurité des Nations unies (1)

Date d'adoption : 29/02/2004

Le Conseil de sécurité,

Rappelant les résolutions et déclarations précédentes de son président sur Haïti, en particulier la déclaration du 26 février 2004 (S/PRST/2004/4),

Gravement préoccupé par la dégradation de la situation politique, sécuritaire et humanitaire en Haïti et déplorant les pertes en vies humaines déjà enregistrées,

Se déclarant extrêmement préoccupé par la poursuite de la violence en Haïti, ainsi que par la possibilité d'une détérioration rapide de la situation humanitaire dans ce pays et ses conséquences déstabilisatrices dans la région,

Soulignant la nécessité de créer en Haïti et dans la région des conditions de sécurité qui favorisent le respect des droits de l'Homme, y compris le bien-être des civils, et facilitent la mission des travailleurs humanitaires,

Saluant l'Organisation des États américains (OEA) et la Communauté des Caraïbes (CARICOM) pour leur rôle de chef de file dans les efforts visant à promouvoir un règlement pacifique et à instaurer la confiance entre les parties, en particulier dans le cadre de leur plan d'action,

Prenant note de la démission de Jean-Bertrand Aristide comme président d'Haïti et de la prestation de serment du président Boniface Alexandre en tant que président provisoire d'Haïti, conformément à la Constitution d'Haïti,

Prenant acte du fait que le nouveau président d'Haïti appelle la communauté internationale à lui apporter d'urgence son soutien pour l'aider à rétablir la paix et la sécurité en Haïti et à promouvoir le processus politique constitutionnel en cours,

Déterminé à faciliter un règlement pacifique et constitutionnel de la crise actuelle en Haïti,

---

(1) 560, 562.

Considérant que la situation en Haïti constitue une menace pour la paix et la sécurité internationales et pour la stabilité dans les Caraïbes, en particulier parce qu'elle pourrait provoquer un exode vers d'autres États de la sous-région,

Agissant en vertu du chapitre VII de la Charte des Nations unies,

1. *Demande* aux États membres d'appuyer la succession constitutionnelle et le processus politique en cours en Haïti ainsi qu'un règlement pacifique et durable de la crise actuelle;

2. *Autorise* le déploiement immédiat d'une force multinationale intérimaire pour une période de trois mois au maximum à compter de l'adoption de la présente résolution pour :

a) Faciliter l'instauration de conditions de sécurité et de stabilité dans la capitale haïtienne et ailleurs dans le pays, selon que de besoin et si les circonstances le permettent, à l'appui de la demande d'assistance internationale adressée par le président haïtien, M. Boniface Alexandre, en vue de promouvoir le processus politique constitutionnel en cours en Haïti;

b) Faciliter la fourniture d'une aide humanitaire et l'accès des travailleurs humanitaires internationaux au peuple haïtien dans le besoin;

c) Faciliter la fourniture d'une assistance internationale à la police et à la garde côtière haïtiennes afin d'instaurer et maintenir la sécurité et l'ordre publics et de promouvoir et protéger les droits de l'Homme;

d) Favoriser la création de conditions permettant aux organisations internationales et régionales, notamment l'Organisation des Nations unies et l'Organisation des États américains, d'apporter une assistance au peuple haïtien;

e) Coordonner l'action de la force, selon que de besoin, avec celle de la Mission spéciale de l'OEA et celle du Conseiller spécial de l'ONU pour Haïti, de façon à éviter une nouvelle détérioration de la situation humanitaire;

3. *Se déclare* prêt à créer ensuite une force de stabilisation des Nations unies pour faciliter la poursuite d'un processus politique pacifique et constitutionnel et le maintien de conditions de sécurité et de stabilité, et à cet égard, prie le Secrétaire général, agissant en consultation avec l'OEA, de présenter au Conseil, de préférence dans les 30 jours suivant l'adoption de la présente résolution, des recommandations sur la taille, la structure et le mandat d'une telle force, y compris le rôle de la police internationale et les moyens de coordination avec la Mission spéciale de l'OEA, ainsi que sur le déploiement ultérieur de la force des Nations unies trois mois au plus tard à compter de l'adoption de la présente résolution;

4. *Se félicite* de la désignation d'un Conseiller spécial pour Haïti par le Secrétaire général le 27 février et prie ce dernier d'élaborer un programme d'action des Nations unies visant à faciliter le processus politique constitutionnel et la fourniture d'une aide humanitaire et éco-

nomique, et à favoriser la protection des droits de l'Homme et la promotion de l'état de droit;

5. *Demande* aux États membres de fournir d'urgence du personnel, du matériel et les autres moyens financiers et logistiques nécessaires à la force multinationale intérimaire et invite les États membres contribuant à informer les responsables de la force et le Secrétaire général de leur intention de participer à la mission, et souligne l'importance de ces contributions volontaires pour aider à couvrir les dépenses de la force multinationale intérimaire qui seront à la charge des États membres participants;

6. *Autorise* les États membres participant à la force multinationale intérimaire en Haïti à prendre toutes les mesures nécessaires à l'accomplissement de son mandat;

7. *Exige* que toutes les parties au conflit en Haïti cessent de recourir à la violence, et réaffirme qu'elles doivent respecter le droit international, y compris les droits de l'Homme, et que les auteurs de violations seront tenus responsables de leurs actes individuellement et ne jouiront d'aucune impunité; exige en outre que les parties respectent la succession constitutionnelle et le processus politique en cours pour régler la crise actuelle, et permettent aux forces de sécurité légitimes et aux autres institutions publiques haïtiennes de s'acquitter de leurs fonctions et d'assurer l'accès des organismes humanitaires afin qu'ils puissent accomplir leur mission;

8. *Demande* à toutes les parties en Haïti et aux États membres de coopérer pleinement avec la force multinationale intérimaire en Haïti dans l'exécution de son mandat, de respecter la sécurité et la liberté de mouvement de la force multinationale intérimaire, et de faciliter le libre accès dans des conditions de sécurité du personnel humanitaire international et l'acheminement de l'aide aux populations dans le besoin en Haïti;

9. *Prie* les responsables de la force multinationale intérimaire en Haïti de rendre périodiquement compte au Conseil, par l'intermédiaire du Secrétaire général, de l'exécution de son mandat;

10. *Demande* à la communauté internationale, en particulier à l'Organisation des Nations unies, à l'Organisation des États américains et à la Communauté des Caraïbes, de coopérer avec le peuple haïtien dans le cadre d'un effort à long terme visant à promouvoir la reconstruction des institutions démocratiques, et de participer à l'élaboration d'une stratégie propre à favoriser le développement social et économique et à combattre la pauvreté;

11. *Décide* de demeurer saisi de la question.

Kosovo :

32 Résolution 1244 du Conseil de sécurité des Nations unies

Date d'adoption : 10/06/1999

Le Conseil de sécurité,

Ayant à l'esprit les buts et les principes consacrés par la Charte des Nations unies, ainsi que la responsabilité principale du Conseil de sécurité pour le maintien de la paix et de la sécurité internationales,

Rappelant ses résolutions 1160 (1998) du 31 mars 1998, 1199 (1998) du 23 septembre 1998, 1203 (1998) du 24 octobre 1998 et 1239 (1999) du 14 mai 1999,

Déplorant que les exigences prévues dans ces résolutions n'aient pas été pleinement satisfaites,

Résolu à remédier à la situation humanitaire grave qui existe au Kosovo (République fédérale de Yougoslavie) et à faire en sorte que tous les réfugiés et personnes déplacées puissent rentrer chez eux en toute sécurité et liberté,

Condamnant tous les actes de violence à l'encontre de la population du Kosovo ainsi que tous les actes de terrorisme, quels qu'en soient les auteurs,

Rappelant la déclaration du 9 avril 1999 dans laquelle le Secrétaire général a exprimé sa préoccupation devant la catastrophe humanitaire qui sévit au Kosovo,

Réaffirmant le droit qu'ont tous les réfugiés et personnes déplacées de rentrer chez eux en toute sécurité,

Rappelant la compétence et le mandat du Tribunal international pour l'ex-Yougoslavie,

Accueillant avec satisfaction les principes généraux concernant la solution politique de la crise du Kosovo adoptés le 6 mai 1999 (S/1999/516; annexe 1 à la présente résolution) et se félicitant de l'adhésion de la République fédérale de Yougoslavie aux principes énoncés aux points 1 à 9 du document présenté à Belgrade le 2 juin 1999 (S/1999/649; annexe 2 à la présente résolution), ainsi que de son accord quant à ce document,

Réaffirmant l'attachement de tous les États membres à la souveraineté et à l'intégrité territoriale de la République fédérale de Yougoslavie et de tous les autres États de la région, au sens de l'Acte final d'Helsinki et de l'annexe 2 à la présente résolution,

Réaffirmant l'appel qu'il a lancé dans des résolutions antérieures en vue d'une autonomie substantielle et d'une véritable auto-administration au Kosovo,

Considérant que la situation dans la région continue de constituer une menace pour la paix et la sécurité internationales,

Résolu à assurer que la sécurité du personnel international soit garantie et que tous les intéressés s'acquittent des responsabilités qui leur incombent en vertu de la présente résolution, et *agissant* à ces fins en vertu du chapitre VII de la Charte des Nations unies,

1. *Décide* que la solution politique de la crise au Kosovo reposera sur les principes généraux énoncés à l'annexe 1 et les principes et conditions plus détaillés figurant à l'annexe 2;

2. *Se félicite* de l'adhésion de la République fédérale de Yougoslavie aux principes et conditions visés au paragraphe 1 et exige de la République fédérale de Yougoslavie qu'elle coopère sans réserve à leur prompte application;

3. *Exige en particulier* que la République fédérale de Yougoslavie mette immédiatement et de manière vérifiable un terme à la violence et la répression au Kosovo, entreprenne et achève le retrait vérifiable et échelonné du Kosovo de toutes les forces militaires, paramilitaires et de police suivant un calendrier serré, sur la base duquel il sera procédé au déploiement synchronisé de la présence internationale de sécurité au Kosovo;

4. *Confirme* qu'une fois ce retrait achevé, un nombre convenu de militaires et de fonctionnaires de police yougoslaves et serbes seront autorisés à retourner au Kosovo pour s'acquitter des fonctions prévues à l'annexe 2;

5. *Décide* du déploiement au Kosovo, sous l'égide de l'Organisation des Nations unies, de présences internationales civile et de sécurité dotées du matériel et du personnel appropriés, en tant que de besoin, et *accueille avec satisfaction* l'accord de la République fédérale de Yougoslavie relatif à ces présences;

6. *Prie* le Secrétaire général de nommer, en consultation avec le Conseil de sécurité, un représentant spécial chargé de diriger la mise en place de la présence internationale civile et le prie en outre de donner pour instructions à son représentant spécial d'agir en étroite coordination avec la présence internationale de sécurité pour assurer que les deux présences poursuivent les mêmes buts et s'apportent un soutien mutuel;

7. *Autorise* les États membres et les organisations internationales compétentes à établir la présence internationale de sécurité au Kosovo conformément au point 4 de l'annexe 2, en la dotant de tous les moyens nécessaires pour s'acquitter des responsabilités que lui confère le paragraphe 9;

8. *Affirme* la nécessité de procéder sans tarder au déploiement rapide de présences internationales civile et de sécurité efficaces au Kosovo et *exige* des parties qu'elles coopèrent sans réserve à ce déploiement;

9. *Décide* que les responsabilités de la présence internationale de sécurité qui sera déployée et agira au Kosovo incluront les suivantes :

a) Prévenir la reprise des hostilités, maintenir le cessez-le-feu et l'imposer s'il y a lieu, et assurer le retrait des forces militaires, policières et paramilitaires fédérales et de la République se trouvant au Kosovo et les empêcher d'y revenir, si ce n'est en conformité avec le point 6 de l'annexe 2;

b) Démilitariser l'Armée de libération du Kosovo (ALK) et les autres groupes armés d'Albanais du Kosovo, comme le prévoit le paragraphe 15;

c) Établir un environnement sûr pour que les réfugiés et les personnes déplacées puissent rentrer chez eux, que la présence internationale civile puisse opérer, qu'une administration intérimaire puisse être établie, et que l'aide humanitaire puisse être acheminée;

d) Assurer le maintien de l'ordre et la sécurité publics jusqu'à ce que la présence internationale civile puisse s'en charger;

e) Superviser le déminage jusqu'à ce que la présence internationale civile puisse, le cas échéant, s'en charger;

f) Appuyer le travail de la présence internationale civile selon qu'il conviendra et assurer une coordination étroite avec ce travail;

g) Exercer les fonctions requises en matière de surveillance des frontières;

h) Assurer la protection et la liberté de circulation pour elle-même, pour la présence internationale civile et pour les autres organisations internationales;

10. *Autorise* le Secrétaire général, agissant avec le concours des organisations internationales compétentes, à établir une présence internationale civile au Kosovo afin d'y assurer une administration intérimaire dans le cadre de laquelle la population du Kosovo pourra jouir d'une autonomie substantielle au sein de la République fédérale de Yougoslavie, et qui assurera une administration transitoire de même que la mise en place et la supervision des institutions d'auto-administration démocratiques provisoires nécessaires pour que tous les habitants du Kosovo puissent vivre en paix et dans des conditions normales;

11. *Décide* que les principales responsabilités de la présence internationale civile seront les suivantes :

a) Faciliter, en attendant un règlement définitif, l'instauration au Kosovo d'une autonomie et d'une auto-administration substantielles, compte pleinement tenu de l'annexe 2 et des Accords de Rambouillet (S/1999/648);

b) Exercer les fonctions d'administration civile de base là où cela sera nécessaire et tant qu'il y aura lieu de le faire;

c) Organiser et superviser la mise en place d'institutions provisoires pour une auto-administration autonome et démocratique en attendant un règlement politique, notamment la tenue d'élections;

d) Transférer ses responsabilités administratives aux institutions susvisées, à mesure qu'elles auront été mises en place, tout en supervisant et en facilitant le renforcement des institutions locales provisoires du Kosovo, de même que les autres activités de consolidation de la paix;

e) Faciliter un processus politique visant à déterminer le statut futur du Kosovo, en tenant compte des Accords de Rambouillet;

f) À un stade final, superviser le transfert des pouvoirs des institutions provisoires du Kosovo aux institutions qui auront été établies dans le cadre d'un règlement politique;

g) Faciliter la reconstruction des infrastructures essentielles et le relèvement de l'économie;

h) En coordination avec les organisations internationales à vocation humanitaire, faciliter l'acheminement de l'aide humanitaire et des secours aux sinistrés;

i) Maintenir l'ordre public, notamment en mettant en place des forces de police locales et, entre-temps, en déployant du personnel international de police servant au Kosovo;

j) Défendre et promouvoir les droits de l'Homme;

k) Veiller à ce que tous les réfugiés et personnes déplacées puissent rentrer chez eux en toute sécurité et sans entrave au Kosovo;

12. *Souligne* qu'il importe que des opérations de secours humanitaires coordonnées soient entreprises et que la République fédérale de Yougoslavie permette aux organisations à vocation humanitaire d'accéder librement au Kosovo et coopère avec elles de façon à assurer l'acheminement rapide et efficace de l'aide internationale;

13. *Encourage* tous les États membres et les organisations internationales à contribuer à la reconstruction économique et sociale ainsi qu'au retour en toute sécurité des réfugiés et personnes déplacées, et *souligne*, dans ce contexte, qu'il importe de convoquer, aux fins énoncées au paragraphe 11 g), notamment, une conférence internationale de donateurs qui se tiendra à une date aussi rapprochée que possible;

14. *Exige* que tous les intéressés, y compris la présence internationale de sécurité, apportent leur entière coopération au Tribunal international pour l'ex-Yougoslavie;

15. *Exige* que l'ALK et les autres groupes armés d'Albanais du Kosovo mettent immédiatement fin à toutes opérations offensives et satisfassent aux exigences en matière de démilitarisation que le responsable de la présence internationale de sécurité aura définies en consultation avec le Représentant spécial du Secrétaire général;

16. *Décide* que les interdictions énoncées au paragraphe 8 de la résolution 1160 (1998) ne s'appliqueront ni aux armements ni au maté-

riel connexe à l'usage de la présence internationale civile et de la présence internationale de sécurité ;

17. *Se félicite* du travail que l'Union européenne et les autres organisations internationales accomplissent en vue de mettre au point une approche globale du développement économique et de la stabilisation de la région touchée par la crise du Kosovo, y compris la mise en œuvre d'un pacte de stabilité pour l'Europe du Sud-Est avec une large participation internationale en vue de favoriser la démocratie, la prospérité économique, la stabilité et la coopération régionale ;

18. *Exige* que tous les États de la région coopèrent pleinement à l'application de la présente résolution sous tous ses aspects ;

19. *Décide* que la présence internationale civile et la présence internationale de sécurité sont établies pour une période initiale de 12 mois, et se poursuivront ensuite tant que le Conseil n'en aura pas décidé autrement ;

20. *Prie* le Secrétaire général de lui rendre compte à intervalles réguliers de l'application de la présente résolution, y compris en lui faisant tenir les rapports des responsables de la présence internationale civile et de la présence internationale de sécurité, dont les premiers devront lui être soumis dans les 30 jours qui suivront l'adoption de la présente résolution ;

21. *Décide* de rester activement saisi de la question.

ANNEXE 1

DÉCLARATION PUBLIÉE PAR LE PRÉSIDENT DE LA RÉUNION DES MINISTRES DES AFFAIRES ÉTRANGÈRES DU G-8 TENUE AU CENTRE DE PETERSBERG LE 6 MAI 1999

Les ministres des Affaires étrangères du G-8 ont adopté les principes généraux suivants pour un règlement politique de la crise du Kosovo :

- Cessation immédiate et vérifiable de la violence et de la répression au Kosovo ;
- Retrait du Kosovo des forces militaires, de police et paramilitaires ;
- Déploiement au Kosovo de présences internationales civile et de sécurité effectives, endossées et adoptées par l'Organisation des Nations unies, capables de garantir la réalisation des objectifs communs ;
- Mise en place d'une administration intérimaire pour le Kosovo, sur décision du Conseil de sécurité de l'Organisation des Nations unies, pour garantir les conditions permettant à tous les habitants du Kosovo de vivre en paix une existence normale ;
- Retour en toute sécurité et liberté de tous les réfugiés et personnes déplacées et accès sans entrave au Kosovo des organisations d'aide humanitaire ;

- Processus politique menant à la mise en place d'un accord-cadre politique intérimaire prévoyant pour le Kosovo une autonomie substantielle, qui tienne pleinement compte des Accords de Rambouillet et des principes de souveraineté et d'intégrité territoriale de la République fédérale de Yougoslavie et des autres pays de la région, et la démilitarisation de l'ALK;
- Approche globale du développement économique et de la stabilisation de la région en crise.

ANNEXE 2

Il convient de conclure un accord sur les principes suivants afin de trouver une solution à la crise du Kosovo :

1. Un arrêt immédiat et vérifiable de la violence et de la répression au Kosovo.

2. Retrait vérifiable du Kosovo de toutes les forces militaires, paramilitaires et de police suivant un calendrier serré;

3. Déploiement au Kosovo, sous l'égide de l'Organisation des Nations unies, de présences internationales efficaces, civile et de sécurité, agissant tel que cela pourra être décidé en vertu du chapitre VII de la Charte et capables de garantir la réalisation d'objectifs communs.

4. La présence internationale de sécurité, avec une participation substantielle de l'Organisation du Traité de l'Atlantique Nord, doit être déployée sous commandement et contrôle unifiés et autorisée à établir un environnement sûr pour l'ensemble de la population du Kosovo et à faciliter le retour en toute sécurité de toutes les personnes déplacées et de tous les réfugiés.

5. Mise en place, en vertu d'une décision du Conseil de sécurité de l'Organisation des Nations unies et dans le cadre de la présence internationale civile, d'une administration intérimaire pour le Kosovo permettant à la population du Kosovo de jouir d'une autonomie substantielle au sein de la République fédérale de Yougoslavie. L'administration intérimaire sera chargée d'assurer l'administration transitoire tout en organisant et en supervisant la mise en place d'institutions d'auto-administration démocratiques provisoires propres à garantir des conditions permettant à tous les habitants du Kosovo de vivre en paix dans des conditions normales.

6. Après le retrait, un effectif convenu de personnel yougoslave et serbe sera autorisé à revenir afin d'accomplir les tâches suivantes :

- Assurer la liaison avec la présence internationale civile et la présence internationale de sécurité;
- Baliser les champs de mines et déminer;
- Maintenir une présence dans les lieux du patrimoine serbe;
- Maintenir une présence aux principaux postes frontière.

7. Retour en toute sécurité et liberté de tous les réfugiés et personnes déplacées sous la supervision du Haut Commissariat des Nations

unies pour les réfugiés et libre accès des organismes d'aide humanitaire au Kosovo.

8. Un processus politique en vue de l'établissement d'un accord-cadre politique intérimaire prévoyant pour le Kosovo une autonomie substantielle, qui tienne pleinement compte des Accords de Rambouillet et du principe de la souveraineté et de l'intégrité territoriale de la République fédérale de Yougoslavie et des autres pays de la région, et la démilitarisation de l'ALK. Les négociations entre les parties en vue d'un règlement ne devraient pas retarder ni perturber la mise en place d'institutions d'auto-administration démocratiques.

9. Une approche globale du développement économique et de la stabilisation de la région en crise. Il s'agira notamment de mettre en œuvre un pacte de stabilité pour l'Europe du Sud-Est avec une large participation internationale en vue de favoriser la démocratie, la prospérité économique, la stabilité et la coopération régionale.

10. La suspension des opérations militaires impliquera l'acceptation des principes énoncés ci-dessus ainsi que des autres conditions, déjà recensées, qui sont rappelées dans la note de bas de page ci-dessous. Un accord militaro-technique sera alors rapidement conclu, en vue notamment de définir des modalités supplémentaires, y compris les rôles et fonctions du personnel yougoslave/serbe au Kosovo.

Retrait

Procédures concernant les retraits, y compris un calendrier détaillé et échelonné et la délimitation d'une zone tampon en Serbie au-delà de laquelle les forces se retireront;

Retour du personnel

- Équipement du personnel autorisé à revenir;
- Mandat définissant les responsabilités fonctionnelles de ce personnel;
- Calendrier concernant le retour de ce personnel;
- Délimitation des zones géographiques dans lesquelles le personnel est autorisé à opérer;
- Règles régissant les relations de ce personnel avec la présence internationale de sécurité et la présence internationale civile.

Timor oriental :

33 Résolution 1264 du Conseil de sécurité des Nations unies

Date d'adoption : 15/09/1999

Le Conseil de sécurité,

Rappelant ses résolutions antérieures et les déclarations de son président sur la situation au Timor oriental,

Rappelant également l'Accord du 5 mai 1999 entre l'Indonésie et le Portugal sur la question du Timor oriental et les accords conclus le même jour entre l'Organisation des Nations unies et les Gouvernements indonésien et portugais relatifs aux modalités de la consultation populaire des Timorais au scrutin direct, et aux arrangements de sécurité (S/1999/513, annexes I à III),

Réitérant qu'il accueille avec satisfaction le succès de la consultation populaire qui a eu lieu au Timor oriental le 30 août 1999 et *prenant note* du résultat de cette consultation, qu'il considère comme reflétant fidèlement les vœux de la population du Timor oriental,

Profondément préoccupé par la détérioration des conditions de sécurité au Timor oriental, en particulier par les actes de violence qui continuent d'être commis contre la population civile du Timor oriental et par le déplacement et la réinstallation de très nombreux civils,

Profondément préoccupé aussi par les attaques commises contre le personnel et les locaux de la Mission des Nations unies au Timor oriental (MINUTO), contre d'autres représentants officiels et contre des membres d'organisations humanitaires internationales et nationales,

Rappelant les principes énoncés dans la Convention sur la sécurité du personnel des Nations unies et du personnel associé, adoptée le 9 décembre 1994,

Consterné par la détérioration de la situation humanitaire au Timor oriental, qui touche en particulier les femmes, les enfants et les autres groupes vulnérables,

Réaffirmant le droit des réfugiés et personnes déplacées de regagner leurs foyers en toute sécurité,

Approuvant le rapport de la Mission du Conseil de sécurité à Jakarta et à Dili (S/1999/976),

Accueillant favorablement la déclaration faite le 12 septembre 1999 par le président de l'Indonésie dans laquelle celui-ci a annoncé que son pays était prêt à accepter une force internationale de maintien de la paix au Timor oriental par l'intermédiaire de l'Organisation des Nations unies,

Accueillant favorablement la lettre datée du 14 septembre 1999 (S/1999/975), adressée au Secrétaire général par le ministre des Affaires étrangères de l'Australie,

Réaffirmant le respect de la souveraineté et de l'intégrité territoriale de l'Indonésie,

Se déclarant préoccupé par les informations faisant état de violations systématiques, générales et flagrantes du droit humanitaire international et des droits de l'Homme commises au Timor oriental, et *soulignant* que les auteurs de ces violations en sont personnellement responsables,

Constatant que la situation actuelle au Timor oriental constitue une menace pour la paix et la sécurité,

Agissant en vertu du chapitre VII de la Charte des Nations unies,

1. *Condamne* tous les actes de violence au Timor oriental, *demande* qu'il y soit immédiatement mis fin et *exige* que les responsables de ces actes soient traduits en justice ;

2. *Souligne* qu'il est urgent d'apporter une assistance humanitaire coordonnée et qu'il est important d'assurer l'accès total, sans entrave et en toute sécurité des organisations humanitaires, et *demande* à toutes les parties de coopérer avec ces organisations de manière à garantir la protection des civils en danger, le retour en toute sécurité des réfugiés et personnes déplacées et l'acheminement efficace de l'aide humanitaire ;

3. *Autorise* la création d'une force multinationale placée sous une structure de commandement unifiée, conformément à la demande que le Gouvernement indonésien a adressée au Secrétaire général le 12 septembre 1999, cette force étant chargée des tâches suivantes : rétablir la paix et la sécurité au Timor oriental, protéger et appuyer la MINUTO dans l'exécution de ses tâches et, dans la limite des capacités de la force, faciliter les opérations d'aide humanitaire, et *autorise* les États participant à la force internationale à prendre toutes les mesures nécessaires pour exécuter ce mandat ;

4. *Note avec satisfaction* que le Gouvernement indonésien s'est engagé à coopérer avec la force internationale à l'exécution du mandat de celle-ci sous tous ses aspects et *escompte* une étroite coordination entre la force multinationale et le Gouvernement indonésien ;

5. *Souligne* que, compte tenu du mandat de la force multinationale énoncé au paragraphe 3 ci-dessus, le Gouvernement indonésien demeurera responsable, en application de l'Accord du 5 mai 1999, du maintien de la paix et de la sécurité au Timor oriental durant la phase intérimaire entre la conclusion de la consultation populaire et le début

de la mise en œuvre de ses résultats, ainsi que de la sécurité du personnel et des locaux de la MINUTO ;

6. *Accueille favorablement* les offres faites par des États membres afin d'organiser et diriger la force multinationale au Timor oriental et d'y contribuer, *demande* aux États membres d'offrir du personnel, du matériel et d'autres ressources et *invite* les États membres en mesure d'offrir une contribution d'en informer le commandement de la force multinationale ainsi que le Secrétaire général ;

7. *Souligne* qu'il appartient aux autorités indonésiennes de prendre des mesures immédiates et efficaces afin d'assurer le retour en toute sécurité des réfugiés au Timor oriental ;

8. *Note* qu'aux termes de l'article 6 des accords du 5 mai 1999, les Gouvernements indonésien et portugais ainsi que le Secrétaire général s'entendront sur les dispositions à prendre pour assurer le transfert pacifique et en bon ordre à l'Organisation des Nations unies de l'autorité au Timor oriental, et *demande* au commandement de la force multinationale de coopérer étroitement avec l'Organisation des Nations unies afin d'aider et d'appuyer l'application de ces dispositions ;

9. *Souligne* que les dépenses afférentes à la force seront à la charge des États membres participants concernés et *prie* le Secrétaire général de créer un fonds d'affectation spéciale permettant de faire parvenir les contributions aux États ou aux opérations concernés ;

10. *Décide* que la force multinationale sera déployée collectivement au Timor oriental jusqu'à ce qu'elle soit remplacée le plus tôt possible par une opération de maintien de la paix des Nations unies et *invite* le Secrétaire général à lui faire sans tarder des recommandations au sujet d'une telle opération ;

11. *Invite* le Secrétaire général à planifier et préparer une administration transitoire des Nations unies au Timor oriental, incorporant une opération de maintien de la paix des Nations unies, qui sera déployée lors de la phase de mise en œuvre des résultats de la consultation populaire (phase III), et à lui faire des recommandations dès que possible ;

12. *Prie* le commandement de la force internationale de lui présenter, par l'intermédiaire du Secrétaire général, des rapports périodiques sur les progrès réalisés dans l'exécution de son mandat, le premier de ces rapports devant être établi dans les 14 jours qui suivent l'adoption de la présente résolution ;

13. *Décide* de rester activement saisi de la question.

34 Résolution 1272 du Conseil de sécurité des Nations unies

Date d'adoption : 25/10/1999

Le Conseil de sécurité,

Rappelant ses résolutions antérieures et les déclarations de son président sur la situation au Timor oriental, en particulier les résolutions 384 (1975) du 22 décembre 1975, 389 (1976) du 22 avril 1976, 1236 (1999) du 7 mai 1999, 1246 (1999) du 11 juin 1999, 1262 (1999) du 27 août 1999 et 1264 (1999) du 15 septembre 1999,

Rappelant également l'Accord du 5 mai 1999 entre l'Indonésie et le Portugal sur la question du Timor oriental et les accords de même date entre l'Organisation des Nations unies et les Gouvernements indonésien et portugais concernant les modalités de la consultation populaire des Timorais au scrutin direct et la sécurité (S/1999/513, annexes I à III),

Réitérant qu'il accueille avec satisfaction le succès de la consultation populaire qui a eu lieu au Timor oriental le 30 août 1999, et *prenant note* du résultat de cette consultation par laquelle la population du Timor oriental a exprimé clairement sa volonté d'engager un processus de transition vers l'indépendance, sous l'autorité de l'Organisation des Nations unies, et qu'il considère comme reflétant fidèlement les vœux de la population du Timor oriental,

Accueillant avec satisfaction la décision prise le 19 octobre 1999 par l'Assemblée consultative du peuple indonésien concernant le Timor oriental,

Soulignant l'importance de la réconciliation entre les habitants du Timor oriental,

Rendant hommage à la Mission des Nations unies au Timor oriental (MINUTO) pour le courage et la détermination remarquables dont elle a fait preuve dans l'exécution de son mandat,

Se félicitant qu'une force multinationale ait été déployée au Timor oriental en application de sa résolution 1264 (1999) et *considérant* qu'il importe que le Gouvernement indonésien et la force multinationale continuent de coopérer,

Prenant note du rapport du Secrétaire général en date du 4 octobre 1999 (S/1999/1024),

Prenant note avec satisfaction des résultats de la réunion trilatérale tenue le 28 septembre 1999, dont le Secrétaire général rend compte dans son rapport,

Profondément préoccupé par la gravité de la situation humanitaire résultant de la violence au Timor oriental ainsi que par le déplacement et la réinstallation de très nombreux civils, notamment des femmes et des enfants,

Réaffirmant que toutes les parties doivent veiller à ce que les droits des réfugiés et des personnes déplacées soient protégés et à ce que ces derniers puissent regagner leurs foyers en toute sécurité,

Réaffirmant son respect de la souveraineté et de l'intégrité territoriale de l'Indonésie,

Notant qu'il importe d'assurer la sécurité des frontières du Timor oriental, et *notant* à cet égard que les autorités indonésiennes ont déclaré leur intention de coopérer avec la force multinationale déployée en application de sa résolution 1264 (1999) et avec l'Administration transitoire des Nations unies au Timor oriental,

Se déclarant préoccupé par les informations faisant état de violations systématiques, générales et flagrantes du droit international humanitaire et des droits de l'Homme commises au Timor oriental, *soulignant* que les auteurs de ces violations en portent individuellement la responsabilité et *demandant* à toutes les parties de coopérer aux enquêtes menées au sujet de ces informations,

Rappelant les principes applicables énoncés dans la Convention sur la sécurité du personnel des Nations unies et du personnel associé adoptée le 9 décembre 1994,

Constatant que la situation au Timor oriental continue de faire peser une menace sur la paix et la sécurité,

Agissant en vertu du chapitre VII de la Charte des Nations unies,

1. *Décide* de créer, conformément à la proposition contenue dans le rapport du Secrétaire général, une Administration transitoire des Nations unies au Timor oriental (ATNUTO), à laquelle sera confiée la responsabilité générale de l'administration du Timor oriental et qui sera habilitée à exercer l'ensemble des pouvoirs législatif et exécutif, y compris l'administration de la justice;

2. *Décide également* que le mandat de l'ATNUTO comprendra les éléments suivants :

a) Assurer la sécurité et le maintien de l'ordre sur l'ensemble du territoire du Timor oriental;

b) Mettre en place une administration efficace;

c) Aider à créer des services civils et sociaux;

d) Assurer la coordination et l'acheminement de l'aide humanitaire, ainsi que de l'aide au relèvement et au développement;

e) Appuyer le renforcement des capacités en vue de l'autonomie;

f) Contribuer à créer les conditions d'un développement durable;

3. *Décide en outre* que les objectifs et la structure de l'ATNUTO s'inspireront de ceux définis dans la partie IV du rapport du Secrétaire général, et en particulier que ses principales composantes seront les suivantes :

a) Une composante gouvernance et administration publique, dont un élément de police internationale comprenant jusqu'à 1 640 policiers;

b) Une composante aide humanitaire et relèvement d'urgence;

c) Une composante militaire, comprenant jusqu'à 8 950 hommes et 200 observateurs militaires;

4. *Autorise* l'ATNUTO à prendre toutes les mesures nécessaires pour s'acquitter de son mandat;

5. *Considère que*, lors de la définition et de l'exécution des fonctions découlant de son mandat, l'ATNUTO devra faire appel aux compétences techniques et aux capacités des États membres, des organismes des Nations unies et d'autres organisations internationales, y compris des institutions financières internationales;

6. *Se félicite* que le Secrétaire général entende nommer un Représentant spécial qui, en tant qu'administrateur transitoire, sera chargé de tous les aspects des opérations des Nations unies au Timor oriental et sera habilité à promulguer des lois et réglementations nouvelles et à modifier, suspendre ou abroger les lois et réglementations en vigueur;

7. *Souligne* qu'il importe que l'Indonésie, le Portugal et l'ATNUTO coopèrent à la mise en œuvre de la présente résolution;

8. *Souligne* qu'il faut que l'ATNUTO consulte la population du Timor oriental et coopère étroitement avec elle pour s'acquitter efficacement de son mandat en vue de créer des institutions locales démocratiques, notamment une institution indépendante chargée des droits de l'Homme au Timor oriental, et de transférer ses fonctions administratives et de service public à ces institutions;

9. *Prie* l'ATNUTO et la force multinationale déployée en application de la résolution 1264 (1999) de coopérer étroitement entre elles, de telle sorte que la force multinationale puisse être remplacée dès que possible par la composante militaire de l'ATNUTO, lorsque notification sera donnée par le Secrétaire général après consultation avec les commandants de la force multinationale, compte tenu de la situation sur place;

10. *Souligne* à nouveau qu'il est urgent d'apporter une assistance humanitaire et une aide à la reconstruction coordonnées, et *demande* à toutes les parties de coopérer avec les organisations à vocation humanitaire et organisations de défense des droits de l'Homme de manière à garantir leur sécurité ainsi que la protection des civils en particulier des enfants, le retour en toute sécurité des réfugiés et personnes déplacées et l'acheminement efficace de l'aide humanitaire;

11. *Se félicite* que les autorités indonésiennes se soient engagées à permettre aux réfugiés et aux personnes déplacées se trouvant au Timor occidental et ailleurs en Indonésie de choisir de regagner le Timor oriental, de rester où elles se trouvent ou de se réinstaller ailleurs en Indonésie, et *souligne* qu'il importe d'assurer l'accès total, sans entrave et en toute sécurité des organisations à vocation humanitaire dans l'accomplissement de leurs tâches;

12. *Souligne* qu'il appartient aux autorités indonésiennes de prendre des mesures immédiates et efficaces afin d'assurer le retour en toute sécurité au Timor oriental des réfugiés se trouvant au Timor occidental et ailleurs en Indonésie, la sécurité des réfugiés et le caractère civil et humanitaire des camps et établissements de réfugiés, en particulier en y mettant fin aux actes de violence et d'intimidation des milices;

13. *Se félicite* de l'intention du Secrétaire général de créer un fonds d'affectation spéciale qui servira notamment à financer la remise en état des infrastructures essentielles, y compris la mise en place des institutions de base, et le fonctionnement des services publics et services collectifs de distribution, et à payer les traitements des fonctionnaires locaux;

14. *Encourage* les États membres et les institutions et organisations internationales à fournir du personnel, du matériel et d'autres ressources à l'ATNUTO comme l'a demandé le Secrétaire général, notamment pour la mise en place d'institutions et d'une capacité de base, et *souligne* que la coordination de ces activités doit être aussi étroite que possible;

15. *Souligne* qu'il importe d'affecter à l'ATNUTO du personnel ayant la formation voulue en droit international humanitaire, droits de l'Homme et droit des réfugiés, y compris les dispositions relatives à l'enfance et à l'égalité entre les sexes, et formé aux techniques de négociation et de communication, à la prise en considération des différences culturelles et à la coordination entre civils et militaires;

16. *Condamne* toutes les violences et tous les actes à l'appui des violences au Timor oriental, *demande* qu'il y soit immédiatement mis fin et *exige* que les responsables de ces violences soient traduits en justice;

17. *Décide* de créer l'ATNUTO pour une période initiale allant jusqu'au 31 janvier 2001;

18. *Prie* le Secrétaire général de le tenir pleinement et régulièrement informé de la mise en application de la présente résolution y compris, en particulier, en ce qui concerne le déploiement de l'ATNUTO et les futures réductions éventuelles de sa composante militaire si la situation s'améliore au Timor oriental, et de lui soumettre un rapport dans les trois mois de l'adoption de la présente résolution et, par la suite, tous les six mois;

19. *Décide* de demeurer activement saisi de la question.

Lutte contre le terrorisme international :

35 Résolution 1373 (2001) du Conseil de sécurité des Nations unies (1)

Date d'adoption : 28/09/2001

Le Conseil de sécurité,

Réaffirmant ses résolutions 1269 (1999) du 19 octobre 1999 et 1368 (2001) du 12 septembre 2001,

Réaffirmant également sa condamnation sans équivoque des attaques terroristes commises le 11 septembre 2001 à New York, à Washington et en Pennsylvanie, et *exprimant* sa détermination à prévenir tous actes de ce type,

Réaffirmant en outre que de tels actes, comme tout acte de terrorisme international, constituent une menace à la paix et à la sécurité internationales,

Réaffirmant le droit naturel de légitime défense, individuelle ou collective, que consacre la Charte des Nations unies et qui est réaffirmé dans la résolution 1368 (2001),

Réaffirmant la nécessité de lutter par tous les moyens, conformément à la Charte des Nations unies, contre les menaces à la paix et à la sécurité internationales que font peser les actes de terrorisme,

Profondément préoccupé par la multiplication, dans diverses régions du monde, des actes de terrorisme motivés par l'intolérance ou l'extrémisme,

Demandant aux États de collaborer d'urgence pour prévenir et réprimer les actes de terrorisme, notamment par une coopération accrue et l'application intégrale des conventions internationales relatives au terrorisme,

Considérant que les États se doivent de compléter la coopération internationale en prenant des mesures supplémentaires pour prévenir et réprimer sur leur territoire, par tous les moyens licites, le financement et la préparation de tout acte de terrorisme,

Réaffirmant le principe que l'Assemblée générale a établi dans sa déclaration d'octobre 1970 (2625 XXV) et que le Conseil de sécurité a réaffirmé dans sa résolution 1189 (1998), à savoir que chaque État a le devoir de s'abstenir d'organiser et d'encourager des actes

---

(1) 566.

de terrorisme sur le territoire d'un autre État, d'y aider ou d'y participer, ou de tolérer sur son territoire des activités organisées en vue de perpétrer de tels actes,

Agissant en vertu du chapitre VII de la Charte des Nations unies,

1. *Décide* que tous les États :

a) Préviennent et répriment le financement des actes de terrorisme ;

b) Érigent en crime la fourniture ou la collecte délibérée par leurs nationaux ou sur leur territoire, par quelque moyen que ce soit, directement ou indirectement, de fonds que l'on prévoit d'utiliser ou dont on sait qu'ils seront utilisés pour perpétrer des actes de terrorisme ;

c) Gèlent sans attendre les fonds et autres avoirs financiers ou ressources économiques des personnes qui commettent, ou tentent de commettre, des actes de terrorisme, les facilitent ou y participent, des entités appartenant à ces personnes ou contrôlées, directement ou indirectement, par elles, et des personnes et entités agissant au nom, ou sur instruction, de ces personnes et entités, y compris les fonds provenant de biens appartenant à ces personnes, et aux personnes et entités qui leur sont associées, ou contrôlés, directement ou indirectement, par elles ;

d) Interdisent à leurs nationaux ou à toute personne ou entité se trouvant sur leur territoire de mettre des fonds, avoirs financiers ou ressources économiques ou services financiers ou autres services connexes à la disposition, directement ou indirectement, de personnes qui commettent ou tentent de commettre des actes de terrorisme, les facilitent ou y participent, d'entités appartenant à ces personnes ou contrôlées, directement ou indirectement, par elles et de personnes et entités agissant au nom ou sur instruction de ces personnes ;

2. *Décide également* que tous les États :

a) S'abstiennent d'apporter quelque forme d'appui que ce soit, actif ou passif, aux entités ou personnes impliquées dans des actes de terrorisme, notamment en réprimant le recrutement de membres de groupes terroristes et en mettant fin à l'approvisionnement en armes des terroristes ;

b) Prennent les mesures voulues pour empêcher que des actes de terrorisme ne soient commis, notamment en assurant l'alerte rapide d'autres États par l'échange de renseignements ;

c) Refusent de donner asile à ceux qui financent, organisent, appuient ou commettent des actes de terrorisme ou en recèlent les auteurs ;

d) Empêchent que ceux qui financent, organisent, facilitent ou commettent des actes de terrorisme n'utilisent leurs territoires respectifs pour commettre de tels actes contre d'autres États ou contre les citoyens de ces États ;

e) Veillent à ce que toutes personnes qui participent au financement, à l'organisation, à la préparation ou à la perpétration d'actes de terrorisme ou qui y apportent un appui soient traduites en justice, à ce que, outre les mesures qui pourraient être prises contre ces personnes, ces actes de terrorisme soient érigés en crimes graves dans la législation et la réglementation nationales et à ce que la peine infligée soit à la mesure de la gravité de ces actes;

f) Se prêtent mutuellement la plus grande assistance lors des enquêtes criminelles et autres procédures portant sur le financement d'actes de terrorisme ou l'appui dont ces actes ont bénéficié, y compris l'assistance en vue de l'obtention des éléments de preuve qui seraient en leur possession et qui seraient nécessaires à la procédure;

g) Empêchent les mouvements de terroristes ou de groupes de terroristes en instituant des contrôles efficaces aux frontières, ainsi que des contrôles lors de la délivrance de documents d'identité et de documents de voyage et en prenant des mesures pour empêcher la contrefaçon, la falsification ou l'usage frauduleux de papiers d'identité et de documents de voyage;

3. *Demande* à tous les États :

a) De trouver les moyens d'intensifier et d'accélérer l'échange d'informations opérationnelles, concernant en particulier les actions ou les mouvements de terroristes ou de réseaux de terroristes, les documents de voyage contrefaits ou falsifiés, le trafic d'armes, d'explosifs ou de matières sensibles, l'utilisation des technologies de communication par des groupes terroristes, et la menace que constituent les armes de destruction massive en possession de groupes terroristes;

b) D'échanger des renseignements conformément au droit international et national et de coopérer sur les plans administratif et judiciaire afin de prévenir les actes de terrorisme;

c) De coopérer, en particulier dans le cadre d'accords et d'arrangements bilatéraux et multilatéraux, afin de prévenir et de réprimer les actes de terrorisme et de prendre des mesures contre les auteurs de tels actes;

d) De devenir dès que possible parties aux conventions et protocoles internationaux relatifs au terrorisme, y compris la Convention internationale pour la répression du financement du terrorisme en date du 9 décembre 1999;

e) De coopérer davantage et d'appliquer intégralement les conventions et protocoles internationaux relatifs au terrorisme ainsi que les résolutions 1269 (1999) et 1368 (2001) du Conseil de sécurité;

f) De prendre les mesures appropriées, conformément aux dispositions pertinentes de leur législation nationale et du droit international, y compris les normes internationales relatives aux droits de l'Homme, afin de s'assurer, avant d'octroyer le statut de réfugié, que les demandeurs d'asile n'ont pas organisé ou facilité la perpétration d'actes de terrorisme et n'y ont pas participé;

g) De veiller, conformément au droit international, à ce que les auteurs ou les organisateurs d'actes de terrorisme ou ceux qui facilitent de tels actes ne détournent pas à leur profit le statut de réfugié, et à ce que la revendication de motivations politiques ne soit pas considérée comme pouvant justifier le rejet de demandes d'extradition de terroristes présumés;

4. *Note avec préoccupation* les liens étroits existant entre le terrorisme international et la criminalité transnationale organisée, la drogue illicite, le blanchiment d'argent, le trafic d'armes et le transfert illégal de matières nucléaires, chimiques, biologiques et autres présentant un danger mortel et, à cet égard, *souligne* qu'il convient de renforcer la coordination des efforts accomplis aux échelons national, sous-régional, régional et international afin de renforcer une action mondiale face à ce grave problème et à la lourde menace qu'il fait peser sur la sécurité internationale;

5. *Déclare* que les actes, méthodes et pratiques du terrorisme sont contraires aux buts et aux principes de l'Organisation des Nations unies et que le financement et l'organisation d'actes de terrorisme ou l'incitation à de tels actes en connaissance de cause sont également contraires aux buts et principes de l'Organisation des Nations unies;

6. *Décide* de créer, en application de l'article 28 de son Règlement intérieur provisoire, un comité du Conseil de sécurité composé de tous les membres du Conseil et chargé de suivre l'application de la présente résolution avec l'aide des experts voulus, et *demande* à tous les États de faire rapport au Comité, 90 jours au plus tard après la date de l'adoption de la présente résolution puis selon le calendrier qui sera proposé par le Comité, sur les mesures qu'ils auront prises pour donner suite à la présente résolution;

7. *Donne pour instructions* au Comité de définir ses tâches, de présenter un programme de travail 30 jours au plus tard après l'adoption de la présente résolution et de réfléchir à l'appui dont il aura besoin, en consultation avec le Secrétaire général;

8. *Se déclare* résolu à prendre toutes les mesures nécessaires pour assurer la pleine application de la présente résolution, conformément aux responsabilités qui lui incombent en vertu de la Charte;

9. *Décide* de demeurer saisi de la question.

Irak :

35 *bis* Résolution 1441 du Conseil de sécurité des Nations unies (1)

Date d'adoption : 08/11/2002

Le Conseil de sécurité,

Rappelant toutes ses résolutions pertinentes antérieures, en particulier ses résolutions 661 (1990) du 6 août 1990, 678 (1990) du 29 novembre 1990, 686 (1991) du 2 mars 1991, 687 (1991) du 3 avril 1991, 688 (1991) du 5 avril 1991, 707 (1991) du 15 août 1991, 715 (1991) du 11 octobre 1991, 986 (1995) du 14 avril 1995 et 1284 (1999) du 17 décembre 1999, ainsi que toutes les déclarations pertinentes de son président,

Rappelant également sa résolution 1382 (2001) du 29 novembre 2001 et son intention de l'appliquer intégralement,

Considérant la menace que le non-respect par l'Iraq des résolutions du Conseil et la prolifération d'armes de destruction massive et de missiles à longue portée font peser sur la paix et la sécurité internationales,

Rappelant que sa résolution 678 (1990) a autorisé les États membres à user de tous les moyens nécessaires pour faire respecter et appliquer la résolution 660 (1990) du 2 août 1990 et toutes les résolutions pertinentes adoptées ultérieurement et pour rétablir la paix et la sécurité internationales dans la région,

Rappelant également que sa résolution 687 (1991) imposait des obligations à l'Iraq en tant que mesure indispensable à la réalisation de son objectif déclaré du rétablissement de la paix et de la sécurité internationales dans la région,

Déplorant que l'Iraq n'ait pas fourni d'état définitif, exhaustif et complet, comme il est exigé dans la résolution 687 (1991), de tous les aspects de ses programmes de mise au point d'armes de destruction massive et de missiles balistiques d'une portée supérieure à 150 kilomètres et de tous les stocks d'armes de ce type, des composantes, emplacements et installations de production, ainsi que de tous autres programmes nucléaires, y compris ceux dont il affirme

---

(1) 566-1.

qu'ils visent des fins non associées à des matériaux pouvant servir à la fabrication d'armes nucléaires,

Déplorant également que l'Iraq ait à plusieurs reprises empêché l'accès immédiat, inconditionnel et sans restriction à des sites désignés par la Commission spéciale des Nations unies et par l'Agence internationale de l'énergie atomique (AIEA), n'ait pas coopéré sans réserve et sans condition avec les inspecteurs des armements de la Commission spéciale et de l'AIEA, comme il est exigé dans la résolution 687 (1991), et ait finalement cessé toute coopération avec la Commission spéciale et l'AIEA en 1998,

Déplorant l'absence depuis décembre 1998 de contrôle, d'inspection et de vérification internationaux en Iraq des armes de destruction massive et des missiles balistiques, comme l'exigeaient les résolutions pertinentes, alors que le Conseil avait exigé à plusieurs reprises que l'Iraq accorde immédiatement, inconditionnellement et sans restriction les facilités d'accès voulues à la Commission de contrôle, de vérification et d'inspection des Nations unies créée par la résolution 1284 (1999) pour succéder à la Commission spéciale, et à l'AIEA, et regrettant la persistance de la crise dans la région et des souffrances du peuple iraquien qui en a résulté,

Déplorant aussi que le Gouvernement iraquien ait manqué à ses engagements en vertu de la résolution 687 (1991) en ce qui concerne le terrorisme, de la résolution 688 (1991) pour ce qui est de mettre fin à la répression de sa population civile et d'autoriser l'accès des organisations humanitaires internationales à toutes les personnes ayant besoin d'aide en Iraq, et en vertu des résolutions 686 (1991), 687 (1991) et 1284 (1999) pour ce qui est du rapatriement ou de la coopération pour l'identification des nationaux du Koweït et d'États tiers détenus arbitrairement par l'Iraq, ou la restitution de biens koweïtiens saisis arbitrairement par l'Iraq,

Rappelant que, dans sa résolution 687 (1991), il a déclaré qu'un cessez-le-feu reposerait sur l'acceptation par l'Iraq des dispositions de cette résolution, y compris des obligations imposées à l'Iraq par ladite résolution,

Résolu à assurer le respect complet et immédiat par l'Iraq, sans condition ni restriction, des obligations que lui imposent la résolution 687 (1991) et d'autres résolutions pertinentes, et rappelant que les résolutions du Conseil de sécurité constituent la référence pour apprécier le respect par l'Iraq de ses obligations,

Rappelant que le fonctionnement effectif de la Commission qui a succédé à la Commission spéciale et de l'AIEA est indispensable à l'application de la résolution 687 (1991) et d'autres résolutions pertinentes,

Notant que la lettre datée du 16 septembre 2002, adressée au Secrétaire général par le ministre des Affaires étrangères de l'Iraq, constitue une première étape nécessaire pour que l'Iraq rectifie ses manquements persistants aux résolutions pertinentes du Conseil,

Prenant note de la lettre datée du 8 octobre 2002, adressée au général Al-Saadi, du Gouvernement iraquien, par le président exécutif de la Commission de contrôle, de vérification et d'inspection des Nations unies et le Directeur général de l'AIEA, énonçant les modalités pratiques établies pour donner suite à leur réunion à Vienne, qui sont les conditions préalables à la reprise des inspections en Iraq par la Commission et l'AIEA, et se déclarant extrêmement préoccupé par la persistance du Gouvernement iraquien à ne pas confirmer les modalités énoncées dans ladite lettre,

Réaffirmant l'attachement de tous les États membres à la souveraineté et à l'intégrité territoriale de l'Iraq, du Koweït et des États voisins,

Se félicitant des efforts que font le Secrétaire général et les membres de la Ligue des États arabes et son secrétaire général,

Résolu à assurer la pleine application de ses décisions,

Agissant en vertu du chapitre VII de la Charte des Nations unies,

1. *Décide* que l'Iraq a été et demeure en violation patente de ses obligations en vertu des résolutions pertinentes, notamment la résolution 687 (1991), en particulier en ne collaborant pas avec les inspecteurs des Nations unies et l'AIEA, et en ne prenant pas les mesures exigées aux paragraphes 8 à 13 de la résolution 687 (1991);

2. *Décide,* tout en tenant compte du paragraphe 1 ci-dessus, d'accorder à l'Iraq par la présente résolution une dernière possibilité de s'acquitter des obligations en matière de désarmement qui lui incombent en vertu des résolutions pertinentes du Conseil, et décide en conséquence d'instituer un régime d'inspection renforcé dans le but de parachever de façon complète et vérifiée le processus de désarmement établi par la résolution 687 (1991) et les résolutions ultérieures du Conseil;

3. *Décide* qu'afin de commencer à s'acquitter de ses obligations en matière de désarmement, le Gouvernement iraquien, en plus des déclarations qu'il doit présenter deux fois par an, fournira à la Commission et à l'AIEA, ainsi qu'au Conseil de sécurité, au plus tard 30 jours à compter de la date de la présente résolution, une déclaration à jour, exacte et complète sur tous les aspects de ses programmes de développement d'armes chimiques, biologiques et nucléaires, de missiles balistiques et d'autres vecteurs tels que véhicules aériens sans pilote et systèmes de dispersion conçus de manière à être utilisés sur des aéronefs, y compris les dotations et les emplacements précis de ces armes, composants, sous-composants, stocks d'agents et matières et équipements connexes, l'emplacement et les activités de ses installations de recherche, de développement et de production, ainsi que tous les autres programmes chimiques, biologiques et nucléaires, y compris ceux que l'Iraq déclare comme servant à des fins autres que la production d'armes ou les équipements militaires;

4. *Décide* que de fausses informations ou des omissions dans les déclarations soumises par l'Iraq en application de la présente résolution et le fait à tout moment de ne pas se conformer à la présente

résolution et de ne pas coopérer pleinement dans sa mise en œuvre constitueront une nouvelle violation patente des obligations de l'Iraq et seront rapportés au Conseil aux fins de qualification conformément aux dispositions des paragraphes 11 et 12 ci-dessous ;

5. *Décide* que l'Iraq permettra à la Commission et à l'AIEA d'accéder immédiatement, sans entrave, inconditionnellement et sans restriction à la totalité des zones, installations, équipements, relevés et moyens de transport qu'elles souhaitent inspecter, y compris sous terre, et d'accéder à tous les fonctionnaires et autres personnes que la Commission ou l'AIEA souhaitent entendre, selon des modalités ou à l'endroit que choisiront la Commission ou l'AIEA, dans l'exercice de leurs mandats respectifs sous tous leurs aspects ; décide en outre que la Commission et l'AIEA pourront à leur gré mener des entretiens dans le pays ou à l'extérieur, faciliter le voyage à l'étranger des personnes interrogées et des membres de leur famille et que, à la convenance de la Commission et de l'AIEA, ces entretiens pourront se dérouler sans la présence d'observateurs du Gouvernement iraquien ; donne pour instruction à la Commission et demande à l'AIEA de reprendre les inspections au plus tard 45 jours après l'adoption de la présente résolution et de le tenir informé dans les 60 jours qui suivront ;

6. *Approuve* la lettre datée du 8 octobre 2002, adressée au général Al-Saadi, du Gouvernement iraquien, par le président exécutif de la Commission et le Directeur général de l'AIEA, dont le texte est annexé à la présente résolution, et décide que le contenu de cette lettre aura force obligatoire pour l'Iraq ;

7. *Décide en outre* qu'en raison de l'interruption prolongée par l'Iraq de la présence de la Commission et de l'AIEA et afin qu'elles puissent accomplir les tâches énoncées dans la présente résolution et dans toutes les résolutions pertinentes antérieures, d'établir les règles révisées ou supplémentaires suivantes, qui auront force obligatoire pour l'Iraq, afin de faciliter leur travail en Iraq :

– La Commission et l'AIEA détermineront la composition de leurs équipes d'inspection et veilleront à ce qu'elles comprennent les experts les plus qualifiés et les plus expérimentés disponibles ;
– Tout le personnel de la Commission et de l'AIEA jouira des privilèges et immunités, correspondant à ceux des experts en mission, qui sont prévus par la Convention sur les privilèges et immunités des Nations unies et par l'Accord sur les privilèges et immunités de l'AIEA ;
– La Commission et l'AIEA auront le droit d'entrer en Iraq et d'en sortir sans restriction, le droit de se déplacer librement, sans restriction et dans l'immédiat à destination et en provenance des sites d'inspection, et le droit d'inspecter tous sites et bâtiments, y compris d'accéder immédiatement, sans entrave, inconditionnellement et sans restriction aux sites présidentiels dans les conditions qui s'appliquent à tous les autres sites, nonobstant les dispositions de la résolution 1154 (1998) du 2 mars 1998 ;

– La Commission et l'AIEA auront le droit d'être informées par l'Iraq du nom de toutes les personnes qui sont ou ont été associées aux programmes iraquiens dans les domaines chimique, biologique, nucléaire et des missiles balistiques ainsi qu'aux installations de recherche, de développement et de production qui y sont rattachées ;

– La sécurité des installations de la Commission et de l'AIEA sera assurée par un nombre suffisant de gardes de sécurité de l'Organisation des Nations unies ;

– La Commission et l'AIEA auront le droit, afin de bloquer un site à inspecter, de déclarer des zones d'exclusion, zones voisines et couloirs de transit compris, dans lesquelles l'Iraq interrompra les mouvements terrestres et aériens de façon que rien ne soit changé dans un site inspecté ou enlevé de ce site ;

– La Commission et l'AIEA pourront utiliser et faire atterrir librement et sans restriction des aéronefs à voilure fixe et à voilure tournante, y compris des véhicules de reconnaissance avec ou sans pilote ;

– La Commission et l'AIEA auront le droit d'enlever, de détruire ou de neutraliser, selon qu'ils le jugeront bon et de manière vérifiable, la totalité des armes, sous-systèmes, composants, relevés, matières et autres articles prohibés s'y rapportant, et de saisir ou de fermer toute installation ou tout équipement servant à leur fabrication ; et

– La Commission et l'AIEA auront le droit d'importer et d'utiliser librement les équipements ou les matières nécessaires pour les inspections et de confisquer et d'exporter tout équipement, toute matière ou tout document saisi durant les inspections, sans que les membres de la Commission et de l'AIEA et leurs bagages officiels et personnels soient fouillés ;

8. *Décide en outre* que l'Iraq n'accomplira ou ne menacera d'accomplir aucun acte d'hostilité à l'égard de tout représentant ou de tout membre du personnel de l'Organisation des Nations unies ou de l'AIEA, ou de tout État membre agissant en vue de faire respecter toute résolution du Conseil ;

9. *Prie* le Secrétaire général de porter immédiatement la présente résolution à la connaissance de l'Iraq, qui a force obligatoire pour ce pays, exige que l'Iraq confirme, dans les sept jours qui suivront cette notification, son intention de respecter pleinement les termes de la présente résolution, et exige en outre que l'Iraq coopère immédiatement, inconditionnellement et activement avec la Commission et l'AIEA ;

10. *Prie* tous les États membres d'accorder leur plein appui à la Commission et à l'AIEA dans l'exercice de leur mandat, notamment en fournissant toute information relative aux programmes interdits ou autres aspects de leur mandat, y compris les tentatives faites depuis 1998 par l'Iraq pour acquérir des articles prohibés et en recommandant des sites à inspecter, des personnes à interroger, ainsi que les conditions des entretiens, et des données à recueillir, le résultat de ces

activités devant être porté à la connaissance du Conseil par la Commission et l'AIEA;

11. *Donne pour instruction* au président exécutif de la Commission et au Directeur général de l'AIEA de lui signaler immédiatement toute ingérence de l'Iraq dans les activités d'inspection ainsi que tout manquement de l'Iraq à ses obligations en matière de désarmement, y compris ses obligations relatives aux inspections découlant de la présente résolution;

12. *Décide* de se réunir immédiatement dès réception d'un rapport conformément aux paragraphes 4 ou 11 ci-dessus, afin d'examiner la situation ainsi que la nécessité du respect intégral de toutes ses résolutions pertinentes, en vue de préserver la paix et la sécurité internationales;

13. *Rappelle*, dans ce contexte, qu'il a averti à plusieurs reprises l'Iraq des graves conséquences auxquelles celui-ci aurait à faire face s'il continuait à manquer à ses obligations;

14. *Décide* de demeurer saisi de la question.

ANNEXE

TEXTE DE LA LETTRE DE MM. BLIX ET ELBARADEI

Commission de contrôle, de vérification et d'inspection des Nations unies
Agence internationale de l'énergie atomique
Le président exécutif
Le Directeur général

Le 8 octobre 2002

Mon général,

Au cours de nos récents entretiens à Vienne, nous avons discuté des arrangements pratiques nécessaires à la reprise des inspections de la Commission de contrôle, de vérification et d'inspection des Nations unies et de l'Agence internationale de l'énergie atomique en Iraq. Comme vous le savez, à l'issue de notre réunion de Vienne, nous avons convenu d'une déclaration dans laquelle étaient mentionnés quelques-uns des principaux résultats obtenus, en particulier l'acceptation par l'Iraq de tous les droits d'inspection prévus dans toutes les résolutions pertinentes du Conseil de sécurité. Il était indiqué que cette acceptation n'était assortie d'aucune condition.

Au cours de l'exposé que nous avons fait devant le Conseil de sécurité le 3 octobre 2002, des membres du Conseil ont proposé que nous établissions un document écrit énonçant toutes les conclusions auxquelles nous étions parvenus à Vienne. La présente lettre récapitule ces conclusions et vous demande votre accord à ce sujet. Nous ferons rapport en conséquence au Conseil de sécurité.

Dans la déclaration faite à l'issue des entretiens, il était précisé que la Commission et l'Agence internationale de l'énergie atomique auraient accès immédiatement, sans conditions et sans restrictions aux sites, y compris les sites dits « sensibles » dans le passé. Néanmoins, comme nous l'avons fait observer, huit sites présidentiels font l'objet de procédures spéciales aux termes d'un mémorandum d'accord de 1998. Si, comme pour tous les autres sites, l'accès immédiat, sans conditions et sans restrictions à ces sites était autorisé, la Commission et l'AIEA les inspecteraient avec le même sens élevé de leurs responsabilités.

Nous confirmons qu'il est entendu que la Commission et l'AIEA ont le droit de fixer le nombre des inspecteurs nécessaires pour inspecter tout site particulier. Ce nombre sera fixé compte tenu de l'importance et de la complexité du site inspecté.

Nous confirmons également que l'Iraq sera informé de la désignation de sites additionnels – c'est-à-dire de sites qui n'avaient pas été déclarés par l'Iraq ni inspectés auparavant par la Commission ou l'AIEA – par une notification d'inspection fournie à l'arrivée des inspecteurs sur ces sites.

Son Excellence
Le général Amir H. Al-Saadi
Conseiller
Cabinet du président
Bagdad
Iraq

L'Iraq veillera à ce qu'aucun matériel, équipement, document ou autre article interdit ne soit détruit, si ce n'est en la présence des inspecteurs de la Commission et/ou de l'AIEA, le cas échéant, et sur leur demande.

La Commission et l'AIEA peuvent avoir des entrevues en Iraq avec toute personne dont elles pensent qu'elle pourrait disposer d'informations entrant dans le cadre de leur mandat. L'Iraq facilitera ces entrevues. Il appartient à la Commission et à l'AIEA d'en choisir les modalités ainsi que le lieu où elles se dérouleront.

La Direction nationale du contrôle sera, comme dans le passé, l'homologue en Iraq des inspecteurs. Le Centre de contrôle et de vérification continus de Bagdad sera installé dans les locaux de l'ancien Centre de contrôle et de vérification de Bagdad, dans les mêmes conditions. La Direction nationale du contrôle mettra gratuitement ses services à disposition pour leur remise en état.

La Direction nationale du contrôle fournira gratuitement : a) des escortes pour faciliter l'accès aux sites inspectés et les communications avec le personnel devant être interviewé ; b) une ligne de communication directe ouverte 24 heures sur 24 pour le Centre de contrôle et de vérification continus de Bagdad dont les liaisons seront assurées par une personne de langue anglaise 24 heures sur 24, sept jours par semaine ; c) du personnel d'appui et des moyens de transport terrestre à l'intérieur du pays, selon les besoins; et d) une aide pour le transport de matériels et d'équipement sur la demande des inspecteurs (matériel de construction, d'excavation, etc.). La Direction nationale du contrôle mettra également à disposition des escortes au cas où les inspections auraient lieu en dehors des heures normales de travail, notamment pendant la nuit et les jours fériés.

Des bureaux régionaux de la Commission/AIEA pourront être créés, par exemple, à Basra et à Mossoul, à l'intention des inspecteurs. À cette fin, l'Iraq fournira, gratuitement, des immeubles de bureaux, des logements pour le personnel et le personnel d'escorte approprié.

La Commission et l'AIEA peuvent utiliser tous modes de transmission, qu'il s'agisse de transmission téléphonique ou de transmission de données électroniques, y compris les réseaux satellites et/ou les réseaux intérieurs, avec ou sans possibilité de chiffrement. La Commission et l'AIEA peuvent également installer des équipements sur le terrain capables de transmettre directement des données au Centre de contrôle et de vérification continus de Bagdad, à New York et à Vienne (détecteurs, caméras de surveillance). L'Iraq facilitera ces travaux et ne perturbera d'aucune manière les communications de la Commission ou de l'AIEA.

L'Iraq assurera gratuitement la protection physique de tout le matériel de surveillance et construira des antennes, pour la télétransmission des données, à la demande de la Commission et de l'AIEA. À la demande de la Commission, par l'intermédiaire de la Direction nationale du contrôle, l'Iraq allouera des fréquences pour le matériel de communication.

L'Iraq assurera la sécurité de tout le personnel de la Commission et de l'AIEA.

Il offrira au personnel des logements sûrs et appropriés aux prix habituels. Pour leur part, la Commission et l'AIEA interdiront à leur personnel de résider dans des logements autres que ceux qui ont été sélectionnés en consultation avec l'Iraq.

S'agissant des avions utilisés pour le transport de personnel et de matériel ainsi qu'aux fins d'inspection, il a été précisé que les avions utilisés par le personnel de la Commission et de l'AIEA arrivant à Bagdad seront autorisés à atterrir à l'aéroport international Saddam. Les points de départ des avions seront décidés par la Commission. La base aérienne de Rasheed continuera à être utilisée pour les opérations héliportées de la Commission et de l'AIEA. La Commission et l'Iraq établiront des bureaux de liaison aérienne sur la base. L'Iraq fournira les locaux et installations d'appui nécessaires à l'aéroport international Saddam et à la base de Rasheed. Comme par le passé, le carburant sera fourni gratuitement par l'Iraq.

S'agissant de la question des opérations aériennes en Iraq, par avion et par hélicoptère, l'Iraq garantira la sécurité des opérations aériennes dans son espace aérien en dehors des zones d'exclusion aériennes. En ce qui concerne les opérations aériennes dans ces zones, l'Iraq prendra toutes les mesures relevant de son contrôle pour assurer la sécurité des opérations.

Des hélicoptères pourront être utilisés, en fonction des besoins, pendant les inspections et pour exécuter des activités techniques, telles que la détection des rayons gamma, dans toutes les parties de l'Iraq sans restriction et sans exclusion d'aucune zone. Ils pourront également être utilisés à des fins d'évacuation médicale.

S'agissant de l'imagerie aérienne, la Commission souhaitera peut-être reprendre les vols de U-2 ou de Mirage. Les dispositions pratiques applicables seraient analogues à celles qui ont été appliquées dans le passé.

Comme auparavant, les visas du personnel arrivant en Iraq seront délivrés au point d'entrée au vu du laissez-passer des Nations unies ou d'un certificat des Nations unies; aucune autre formalité d'entrée ou de sortie ne sera exigée. La liste des passagers sera fournie une heure avant l'arrivée de l'avion à Bagdad. Le personnel de la Commission ou de l'AIEA, les bagages officiels ou personnels ne feront l'objet d'aucune fouille. La Commission et l'AIEA veilleront à ce que leur personnel se conforme aux lois iraquiennes interdisant l'exportation de certains articles, par exemple, les articles appartenant au patrimoine culturel national de l'Iraq. La Commission et l'AIEA seront autorisées à faire entrer en Iraq – et en faire sortir – tous les articles et matériels dont elles ont besoin, y compris les téléphones par satellite et autres équipements. En ce qui concerne les échantillons, la Commission et l'AIEA les fractionneront, si possible, de manière à en donner une partie à l'Iraq, tout en conservant l'autre partie à des fins de référence. Le cas échéant, les organisations enverront les échantillons à plusieurs laboratoires, pour les faire analyser.

Nous vous serions reconnaissants de bien vouloir confirmer que les arrangements susmentionnés correspondent fidèlement à nos entretiens de Vienne.

Naturellement, il se peut que nous ayons besoin de conclure d'autres arrangements pratiques au cours des inspections. Nous comptons, pour ces questions, comme pour les arrangements susmentionnés, sur la coopération de l'Iraq à tous égards.

Veuillez agréer, mon général, les assurances de notre très haute considération.

Le président exécutif de la Commission de contrôle, de vérification et d'inspection des Nations unies

(*Signé*) Hans Blix

Le Directeur général de l'Agence internationale de l'énergie atomique

(*Signé*) Mohamed El Baradei

35 *ter* Résolution 1483 du Conseil de sécurité des Nations unies (1)

Date d'adoption : 22/05/2003

Le Conseil de sécurité,

Rappelant toutes ses résolutions antérieures sur la question,

Réaffirmant la souveraineté et l'intégrité territoriale de l'Iraq,

Réaffirmant également qu'il importe de désarmer l'Iraq de ses armes de destruction massive et, à terme, de confirmer le désarmement de l'Iraq,

Soulignant le droit du peuple iraquien de déterminer librement son avenir politique et d'avoir le contrôle de ses ressources naturelles, se félicitant de ce que toutes les parties concernées se soient engagées à appuyer la création des conditions lui permettant de le faire le plus tôt possible et se déclarant résolu à ce que le jour où les Iraquiens se gouverneront eux-mêmes vienne rapidement,

Encourageant le peuple iraquien dans les efforts qu'il déploie pour former un Gouvernement représentatif, fondé sur l'état de droit et garantissant la justice et des droits égaux à tous les citoyens iraquiens, sans considération d'appartenance ethnique, de religion ou de sexe, et rappelant à cet égard la résolution 1325 (2000) du 31 octobre 2000,

Se félicitant des premiers pas du peuple iraquien à cette fin et prenant note de la déclaration de Nassiriya, en date du 15 avril 2003, et de la déclaration de Bagdad du 28 avril 2003,

Résolu à ce que les Nations unies jouent un rôle crucial dans le domaine humanitaire, dans la reconstruction de l'Iraq et dans la création et le rétablissement d'institutions nationales et locales permettant l'établissement d'un Gouvernement représentatif,

Prenant note de la déclaration des ministres des finances et des gouverneurs des banques centrales du Groupe des sept pays les plus industrialisés, en date du 12 avril 2003, dans laquelle ceux-ci ont reconnu la nécessité d'un effort multilatéral pour aider à la reconstruction et au développement de l'Iraq, de même que celle d'une assistance du Fonds monétaire international et de la Banque mondiale pour appuyer cet effort,

Accueillant avec satisfaction la reprise de l'aide humanitaire et les efforts que le Secrétaire général et les institutions spécialisées ne

---

(1) 566-1.

cessent de déployer pour fournir vivres et médicaments à la population iraquienne,

Se félicitant que le Secrétaire général ait désigné un conseiller spécial pour l'Iraq,

Affirmant qu'il convient d'obliger l'ancien régime iraquien à répondre des crimes et atrocités qu'il a commis,

Insistant sur la nécessité de respecter le patrimoine archéologique, historique, culturel et religieux de l'Iraq et de continuer à assurer la protection des sites archéologiques, historiques, culturels et religieux, ainsi que des musées, bibliothèques et monuments,

Prenant note de la lettre que les Représentants permanents des États-Unis d'Amérique et du Royaume-Uni de Grande-Bretagne et d'Irlande du Nord ont adressée à son président le 8 mai 2003 (S/2003/538) et reconnaissant les pouvoirs, responsabilités et obligations spécifiques de ces États en tant que puissances occupantes agissant sous un commandement unifié (l'« Autorité »), en vertu du droit international applicable,

Notant que d'autres États qui ne sont pas des puissances occupantes travaillent actuellement ou pourraient travailler sous l'égide de l'Autorité,

Se félicitant également de la volonté des États membres de contribuer à la stabilité et à la sécurité en Iraq en fournissant personnel, équipement et autres ressources, sous l'égide de l'Autorité,

Préoccupé par le sort de nombreux Koweïtiens et ressortissants d'États tiers portés disparus depuis le 2 août 1990,

Considérant que la situation en Iraq, si elle s'est améliorée, continue de menacer la paix et la sécurité internationales,

Agissant en vertu du chapitre VII de la Charte des Nations unies,

1. *Appelle* les États membres et les organisations concernées à aider le peuple iraquien dans les efforts qu'il déploie pour réformer ses institutions et reconstruire le pays et de contribuer à assurer la stabilité et la sécurité en Iraq conformément à la présente résolution ;

2. *Exhorte* tous les États membres qui sont en mesure de le faire à répondre immédiatement aux appels humanitaires lancés par l'Organisation des Nations unies et d'autres organismes internationaux en faveur de l'Iraq et à contribuer à répondre aux besoins humanitaires et autres de la population iraquienne en apportant des vivres et des fournitures médicales ainsi que les ressources nécessaires à la reconstruction de l'Iraq et à la remise en état de son infrastructure économique ;

3. *Demande* à tous les États membres de refuser de donner refuge aux membres de l'ancien régime iraquien présumés responsables de crimes et d'atrocités et de soutenir toute action visant à les traduire en justice ;

4. *Demande* à l'Autorité, conformément à la Charte des Nations unies et aux dispositions pertinentes du droit international, de promouvoir le bien-être de la population iraquienne en assurant une administration efficace du territoire, notamment en s'employant à rétablir la

sécurité et la stabilité et à créer les conditions permettant au peuple iraquien de déterminer librement son avenir politique ;

5. *Demande* à toutes les parties concernées de s'acquitter pleinement de leurs obligations au regard du droit international, en particulier les Conventions de Genève de 1949 et le Règlement de La Haye de 1907 ;

6. *Appelle* l'Autorité et les organismes et personnes compétents à poursuivre les efforts menés pour localiser, identifier et rapatrier tous les Koweïtiens et ressortissants d'États tiers qui sont en Iraq depuis le 2 août 1990, ou leurs dépouilles, ainsi que les archives koweïtiennes, ce que le précédent régime iraquien n'a pas fait et, à cet égard, charge le Coordonnateur de haut niveau, en consultation avec le Comité international de la Croix-Rouge et la Commission tripartite, de prendre, avec l'appui approprié du peuple iraquien et en coordination avec l'Autorité, des mesures pour s'acquitter de son mandat en ce qui concerne les Koweïtiens et ressortissants d'États tiers portés disparus et leurs biens ;

7. *Décide* que tous les États membres doivent prendre les mesures voulues pour faciliter la restitution, en bon état, aux institutions iraquiennes des biens culturels iraquiens et des autres objets ayant une valeur archéologique, historique, culturelle, scientifique ou religieuse, qui ont été enlevés illégalement du Musée national iraquien, de la Bibliothèque nationale et d'autres sites en Iraq depuis l'adoption de la résolution 661 (1990) du 6 août 1990, notamment en frappant d'interdiction le commerce ou le transfert de ces objets et des objets dont il y a de bonnes raisons de croire qu'ils ont été enlevés illégalement et appelle l'Organisation des Nations unies pour l'éducation, la science et la culture, Interpol et autres organisations internationales compétentes à faciliter la mise en œuvre du présent paragraphe ;

8. *Demande* au Secrétaire général de désigner un représentant spécial pour l'Iraq qui aura, de façon indépendante, la responsabilité de faire régulièrement rapport au Conseil sur les activités qu'il mènera au titre de la présente résolution, de coordonner l'action des Nations unies au lendemain du conflit en Iraq, d'assurer la coordination des efforts déployés par les organismes des Nations unies et les organisations internationales fournissant une aide humanitaire et facilitant les activités de reconstruction en Iraq et, en coordination avec l'Autorité, de venir en aide à la population iraquienne en :

a) Coordonnant l'aide humanitaire et l'aide à la reconstruction apportée par les organismes des Nations unies et les activités menées par ces derniers et les organisations non gouvernementales ;

b) Facilitant le rapatriement librement consenti des réfugiés et des déplacés dans l'ordre et la sécurité ;

c) Œuvrant sans relâche avec l'Autorité, le peuple iraquien et les autres parties concernées à la création et au rétablissement d'institutions nationales et locales permettant la mise en place d'un Gouvernement représentatif, notamment en travaillant ensemble pour faciliter un processus débouchant sur la mise en place d'un Gouvernement iraquien représentatif, reconnu par la communauté internationale ;

d) Facilitant la reconstruction des infrastructures clefs, en coopération avec d'autres organisations internationales ;

e) Favorisant le relèvement économique et l'instauration de conditions propices au développement durable, notamment en assurant la coordination avec les organisations nationales et régionales, selon qu'il conviendra, et avec la société civile, les donateurs et les institutions financières internationales ;

f) Encourageant les efforts déployés par la communauté internationale pour que les fonctions essentielles d'administration civile soient assurées ;

g) Assurant la promotion de la protection des droits de l'Homme ;

h) Appuyant les efforts déployés à l'échelle internationale pour rendre à nouveau opérationnelle la police civile iraquienne ;

i) Soutenant les efforts menés par la communauté internationale pour promouvoir des réformes juridiques et judiciaires.

9. *Appuie* la formation par le peuple iraquien, avec l'aide de l'Autorité et en collaboration avec le Représentant spécial, d'une administration provisoire iraquienne qui servira d'administration transitoire dirigée par des Iraquiens jusqu'à ce qu'un Gouvernement représentatif, reconnu par la communauté internationale, soit mis en place par le peuple iraquien et assume les responsabilités de l'Autorité ;

10. *Décide* qu'à l'exception des interdictions frappant la vente ou la fourniture à l'Iraq d'armes et de matériel connexe autres que ceux dont l'Autorité a besoin pour faire appliquer la présente résolution et d'autres résolutions sur la question, toutes les interdictions portant sur le commerce avec l'Iraq et l'apport de ressources financières ou économiques à ce pays imposées par la résolution 661 (1990) et les résolutions ultérieures pertinentes, y compris la résolution 778 (1992) du 2 octobre 1992, cessent de s'appliquer ;

11. *Réaffirme* que l'Iraq doit honorer ses obligations en matière de désarmement, encourage le Royaume-Uni de Grande-Bretagne et d'Irlande du Nord et les États-Unis d'Amérique à tenir le Conseil informé de leurs activités dans ce domaine, et souligne que le Conseil a l'intention de réexaminer les mandats de la Commission de contrôle, de vérification et d'inspection des Nations unies et de l'Agence internationale de l'énergie atomique énoncés dans les résolutions 687 (1991) du 3 avril 1991, 1284 (1999) du 17 décembre 1999 et 1441 (2002) du 8 novembre 2002 ;

12. *Prend acte* de la création d'un Fonds de développement pour l'Iraq, qui sera détenu par la Banque centrale d'Iraq et audité par des experts-comptables indépendants approuvés par le Conseil international consultatif et de contrôle du Fonds de développement pour l'Iraq, et attend avec intérêt la réunion prochaine du Conseil international consultatif et de contrôle, qui comptera parmi ses membres des

représentants dûment habilités du Secrétaire général, du Directeur général du Fonds monétaire international, du Directeur général du Fonds arabe de développement économique et social et du président de la Banque mondiale ;

13. *Note également* que les ressources du Fonds de développement pour l'Iraq seront décaissées selon les instructions données par l'Autorité, en consultation avec l'administration provisoire iraquienne, aux fins prévues au paragraphe 14 ci-dessous ;

14. *Souligne* que le Fonds de développement pour l'Iraq sera utilisé dans la transparence pour répondre aux besoins humanitaires du peuple iraquien, pour la reconstruction économique et la remise en état de l'infrastructure de l'Iraq, la poursuite du désarmement de l'Iraq, les dépenses de l'administration civile iraquienne et à d'autres fins servant les intérêts du peuple iraquien ;

15. *Demande* instamment aux institutions financières internationales d'aider le peuple iraquien à reconstruire et à développer son économie et de faciliter les activités d'assistance de la communauté des donateurs dans son ensemble, et se félicite du fait que les créanciers, notamment ceux du Club de Paris, sont disposés à chercher une solution aux problèmes de la dette souveraine de l'Iraq ;

16. *Prie* également le Secrétaire général de continuer, en coordination avec l'Autorité, à exercer les responsabilités qui lui ont été confiées par le Conseil de sécurité en vertu de ses résolutions 1472 (2003) du 28 mars 2003 et 1476 (2003) du 24 avril 2003 pendant une période de six mois suivant l'adoption de la présente résolution et, au cours de cette période, de mettre fin suivant les modalités les plus économiques aux opérations actuelles du programme « pétrole contre nourriture » (ci-après dénommé le « programme »), au Siège et sur le terrain, en remettant la responsabilité de l'administration des activités restantes du programme à l'Autorité, notamment en prenant les mesures nécessaires suivantes :

a) Prendre au plus tôt les dispositions voulues pour faciliter l'expédition et la livraison certifiée des marchandises civiles prioritaires définies par le Secrétaire général et des représentants désignés par lui, en coordination avec l'Autorité et l'administration provisoire iraquienne, dans le cadre des contrats approuvés et financés qui ont été conclus par le Gouvernement iraquien précédent, aux fins de l'assistance humanitaire du peuple iraquien, et en négociant, si nécessaire, les aménagements à apporter aux clauses et conditions des contrats et aux lettres de crédit correspondantes visés à l'alinéa d) du paragraphe 4 de la résolution 1472 (2003) ;

b) Examiner, compte tenu de l'évolution de la situation et en coordination avec l'Autorité et l'administration provisoire iraquienne, l'utilité relative de chaque contrat approuvé et financé pour déterminer s'il porte sur des articles nécessaires pour répondre aux besoins du peuple iraquien, dans l'immédiat et pendant la reconstruction, et surseoir à l'exécution des contrats dont l'utilité aura été établie comme contestable ainsi que des lettres de crédit correspondantes jusqu'à ce qu'un Gouvernement iraquien représentatif, reconnu sur le plan international, soit en mesure de décider pour son propre compte si ces contrats doivent être exécutés ;

c) Soumettre pour examen au Conseil de sécurité, dans les 21 jours suivant l'adoption de la présente résolution, un budget de fonctionnement estimatif tenant compte des fonds déjà réservés dans le compte créé en application de l'alinéa d) du paragraphe 8 de la résolution 986 (1995) du 14 avril 1995, en précisant :

i) toutes les dépenses connues et prévisionnelles que l'Organisation des Nations unies devra engager pour maintenir le fonctionnement des activités liées à l'application de la présente résolution, notamment les dépenses de fonctionnement et d'administration des institutions et programmes des Nations unies chargés de l'application du programme au Siège et sur le terrain ;

ii) toutes les dépenses connues et prévisionnelles occasionnées par la clôture du programme ;

iii) toutes les dépenses connues et prévisionnelles occasionnées par la restitution des fonds du Gouvernement iraquien transférés par les États membres au Secrétaire général en application du paragraphe 1 de la résolution 778 (1992) du 2 octobre 1992 ; et

iv) toutes les dépenses connues et prévisionnelles relatives au représentant dûment habilité par le Secrétaire général à siéger au Conseil international consultatif et de contrôle pendant la période de six mois définie ci-dessus, après quoi ces dépenses seront à la charge de l'Organisation des Nations unies ;

d) Regrouper en un seul fonds les comptes créés en vertu des alinéas a) et b) du paragraphe 8 de la résolution 986 (1995) ;

e) De s'acquitter de toutes les obligations relatives à la clôture du programme qui n'ont pas encore été honorées, notamment en négociant, suivant les modalités les plus économiques, avec les parties ayant précédemment souscrit des obligations contractuelles à son égard au titre de ce programme, le versement de tous les montants à régler, lesquels seront imputés sur les comptes séquestres créés en application des alinéas a) et b) du paragraphe 8 de la résolution 986 (1995), et de déterminer, en coordination avec l'Autorité et avec l'Administration intérimaire iraquienne, le statut futur des contrats passés par l'Organisation des Nations unies et les organismes apparentés au titre des comptes créés en application des alinéas b) et d) du paragraphe 8 de la résolution 986 (1995) ;

f) De présenter au Conseil de sécurité, 30 jours avant la clôture du programme, une stratégie complète arrêtée en coordination étroite avec l'Autorité et l'Administration intérimaire iraquienne, qui permette de fournir toute la documentation pertinente et de transférer toute la responsabilité opérationnelle du programme à l'Autorité ;

17. *Demande* en outre que le Secrétaire général transfère dans les meilleurs délais au Fonds de développement pour l'Iraq, un montant d'un milliard de dollars des États-Unis prélevé sur les soldes inutilisés des comptes créés en application des alinéas a) et b) du paragraphe 8 de la résolution 986 (1995), et qu'il restitue les fonds du Gouvernement iraquien que des États membres avaient remis au Secrétaire général conformément au paragraphe 1 de la résolution 778 (1992), et décide qu'après déduction de toutes les dépenses occasionnées à l'ONU par l'expédition des marchandises sur lesquelles portent les contrats autorisés, et des dépenses afférentes au programme, qui sont visées à l'alinéa c) du paragraphe 16 ci-dessus, y compris les obligations résiduelles, tous les soldes des comptes séquestres créés en application des alinéas a), b), d) et f) de la résolution 986 (1995) seront transférés aussitôt que possible au Fonds de développement pour l'Iraq ;

18. *Décide* de mettre fin, à compter de l'adoption de la présente résolution, aux fonctions relatives aux activités d'observation et de surveillance entreprises par le Secrétaire général au titre du programme, y compris les activités de surveillance des exportations de pétrole et de produits pétroliers provenant d'Iraq ;

19. *Décide* de dissoudre à l'issue de la période de six mois visée au paragraphe 16 ci-dessus, le Comité créé en application du paragraphe 6 de la résolution 661 (1990), et décide en outre que le Comité recensera les personnes et les entités dont il est fait mention au paragraphe 23 ci-après ;

20. *Décide* que toutes les ventes à l'exportation de pétrole, de produits pétroliers et de gaz naturel provenant d'Iraq effectuées après la date d'adoption de la présente résolution seront mises en conformité avec les pratiques optimales en vigueur sur le marché international, et auditées par des experts comptables indépendants faisant rapport au Conseil international consultatif et de contrôle visé au paragraphe 12 ci-dessus, afin de garantir la transparence, et décide en outre qu'hormis les fonds visés au paragraphe 21 ci-après, tous les produits de ces ventes seront versés au Fonds de développement pour l'Iraq, en attendant qu'un Gouvernement iraquien représentatif et reconnu par la communauté internationale soit dûment constitué ;

21. *Décide* en outre que 5 % des produits visés au paragraphe 20 ci-dessus seront versés au Fonds d'indemnisation créé en application de la résolution 687 (1991) du 3 avril 1991 et des résolutions ultérieures sur la question, et qu'à moins qu'un Gouvernement iraquien représentatif, reconnu par la communauté internationale et le Conseil d'administration du Fonds d'indemnisation des Nations unies, exerçant son autorité sur les moyens de s'assurer que les montants requis sont versés au Fonds d'indemnisation, n'en décident autrement, cette condition aura force obligatoire à l'égard de tout Gouvernement iraquien représentatif, dûment constitué et reconnu par la communauté internationale et son successeur ;

22. *Notant* qu'il importe d'établir un Gouvernement représentatif reconnu par la communauté internationale en Iraq et qu'il est souhaitable de restructurer rapidement la dette iraquienne comme il est indiqué au paragraphe 15 ci-dessus, décide en outre que jusqu'au 31 décembre 2007, à moins que le Conseil n'en convienne autrement, le pétrole, les produits pétroliers et le gaz naturel provenant d'Iraq ne pourront, jusqu'à ce que le titre les concernant soit transmis à l'acquéreur initial, faire l'objet d'aucune procédure judiciaire ni d'aucun type de saisie, saisie-arrêt ou autre voie d'exécution, que tous les États devront prendre toutes les mesures voulues dans le cadre de leurs systèmes juridiques nationaux respectifs pour assurer cette protection et que le produit de la vente de ces produits et les obligations y afférentes, ainsi que les avoirs du Fonds de développement pour l'Iraq, bénéficieront de privilèges et immunités équivalents à ceux dont bénéficie l'Organisation des Nations unies, à cela près que lesdits privilèges et immunités ne s'appliqueront pas aux procédures judiciaires à l'occasion desquelles il est nécessaire d'utiliser ce produit ou ces obligations pour réparer des dommages liés à un accident écologique, notamment une marée noire, survenant après la date d'adoption de la présente résolution;

23. *Décide* que tous les États membres où se trouvent :

a) Des fonds ou d'autres avoirs financiers ou ressources économiques du Gouvernement iraquien précédent ou d'organes, entreprises ou institutions publiques qui avaient quitté l'Iraq à la date d'adoption de la présente résolution; ou

b) Des fonds ou d'autres avoirs financiers ou ressources économiques sortis d'Iraq ou acquis par Saddam Hussein ou d'autres hauts responsables de l'ancien régime iraquien ou des membres de leur famille proche, y compris les entités appartenant à ces personnes ou à d'autres personnes agissant en leur nom ou selon leurs instructions, ou se trouvant sous leur contrôle direct ou indirect, sont tenus de geler sans retard ces fonds ou autres avoirs financiers ou ressources économiques et, à moins que ces fonds ou autres avoirs financiers ou ressources économiques n'aient fait l'objet d'une mesure ou d'une décision judiciaire, administrative ou arbitrale, de les faire immédiatement transférer au Fonds de développement pour l'Iraq, étant entendu que, sauf si elles ont été soumises autrement, les demandes présentées par des particuliers ou des entités non gouvernementales concernant ces fonds ou autres avoirs financiers transférés, peuvent être soumises au Gouvernement représentatif de l'Iraq, reconnu par la communauté internationale; et décide en outre que les privilèges, immunités et protections prévus au paragraphe 22 s'appliqueront aussi à ces fonds, autres avoirs financiers ou ressources économiques;

24. *Prie* le Secrétaire général de faire rapport au Conseil à intervalles réguliers sur l'action menée par le Représentant spécial pour appliquer la présente résolution et les travaux du Conseil international consultatif et de contrôle et encourage les États-Unis d'Amérique et le Royaume-Uni de Grande-Bretagne et d'Irlande du Nord à infor-

mer le Conseil à intervalles réguliers des efforts qu'ils déploient dans le cadre de la présente résolution;

25. *Décide* d'examiner l'application de la présente résolution dans les 12 mois suivant son adoption et d'envisager d'autres mesures qui pourraient être nécessaires.

26. *Demande* aux États membres et aux organisations internationales et régionales de concourir à l'application de la présente résolution;

27. *Décide* de rester saisi de la question.

VII. RÈGLEMENT PACIFIQUE DES DIFFÉRENDS

Cadre universel :

36 Statut de la Cour internationale de justice (1)

Date d'adoption : 26/06/1945
Date d'entrée en vigueur : 24/10/1945

Art. premier. – La Cour internationale de justice instituée par la Charte des Nations unies comme organe judiciaire principal de l'Organisation sera constituée et fonctionnera conformément aux dispositions du présent Statut.

CHAPITRE PREMIER

Organisation de la Cour

Art. 2. – La Cour est un corps de magistrats indépendants, élus, sans égard à leur nationalité, parmi les personnes jouissant de la plus haute considération morale, et qui réunissent les conditions requises pour l'exercice, dans leurs pays respectifs, des plus hautes fonctions judiciaires, ou qui sont des juris-consultes possédant une compétence notoire en matière de droit international.

---

(1) Statut de la Cour internationale de justice : 540, 542, 557.
Article 26 : 541.
Article 29 : 541.
Article 30 : 543.
Article 31 : 541.
Article 34 : 542.
Article 36 : 542, 546, 550.
Article 38 : 231, 232, 311, 314, 316, 321, 328, 329, 330, 341, 351, 352, 548.
Chapitre 3 : 543.
Article 41 : 547.
Article 53 : 543.
Article 59 : 352, 503, 549.
Article 61 : 549.
Article 62 : 544.

Art. 3. – 1. La Cour se compose de quinze membres. Elle ne pourra comprendre plus d'un ressortissant du même État.

2. À cet égard celui qui pourrait être considéré comme le ressortissant de plus d'un État sera censé être ressortissant de celui où il exerce habituellement ses droits civils et politiques.

Art. 4. – 1. Les membres de la Cour sont élus par l'Assemblée Générale et par le Conseil de sécurité sur une liste de personnes présentées par les groupes nationaux de la Cour permanente d'arbitrage, conformément aux dispositions suivantes.

2. En ce qui concerne les membres des Nations unies qui ne sont pas représentés à la Cour permanente d'arbitrage, les candidats seront présentés par des groupes nationaux, désignés à cet effet par leurs Gouvernements, dans les mêmes conditions que celles stipulées pour les membres de la Cour permanente d'arbitrage par l'article 44 de la Convention de La Haye de 1907 sur le règlement pacifique des conflits internationaux.

3. En l'absence d'accord spécial, l'Assemblée Générale, sur la recommandation du Conseil de sécurité, réglera les conditions auxquelles peut participer à l'élection des membres de la Cour un État qui, tout en étant partie au présent Statut, n'est pas membre des Nations unies.

Art. 5. – 1. Trois mois au moins avant la date de l'élection, le Secrétaire général des Nations unies invite par écrit les membres de la Cour permanente d'arbitrage appartenant aux États qui sont parties au présent statut, ainsi que les membres des groupes nationaux désignés conformément au paragraphe 2 de l'article 4, à procéder dans un délai déterminé, par groupes nationaux, à la présentation de personnes en situation de remplir les fonctions de membre de la Cour.

2. Chaque groupe ne peut, en aucun cas, présenter plus de quatre personnes dont deux au plus de sa nationalité. En aucun cas, il ne peut être présenté un nombre de candidats plus élevé que le double des sièges à pourvoir.

Art. 6. – Avant de procéder à cette désignation, il est recommandé à chaque groupe national de consulter la plus haute cour de justice, les facultés et les écoles de droit, les académies nationales et les sections nationales d'académies internationales, vouées à l'étude du droit.

Art. 7. – 1. Le Secrétaire général dresse, par ordre alphabétique, une liste de toutes les personnes ainsi désignées seules ces personnes sont éligibles, sauf le cas prévu à l'article 12, paragraphe 2.

2. Le Secrétaire général communique cette liste à l'Assemblée Générale et au Conseil de sécurité.

Art. 8. – L'Assemblée Générale et le Conseil de sécurité procèdent indépendamment l'un de l'autre à l'élection des membres de la Cour.

Art. 9. – Dans toute élection, les électeurs auront en vue que les personnes appelées à faire partie de la Cour, non seulement réunissent individuellement les conditions requises, mais assurent dans l'ensemble la représentation des grandes formes de civilisation et des principaux systèmes juridiques du monde.

Art. 10. – 1. Sont élus ceux qui ont réuni la majorité absolue des voix dans l'Assemblée Générale et dans le Conseil de sécurité.

2. Le vote au Conseil de sécurité, soit pour l'élection des juges, soit pour la nomination des membres de la commission visée à l'article 12 ci-après, ne comportera aucune distinction entre membres permanents et membres non-permanents du Conseil de sécurité.

3. Au cas où le double scrutin de l'Assemblée Générale et du Conseil de sécurité se porterait sur plus d'un ressortissant du même État, le plus âgé est seul élu.

Art. 11. – Si, après la première séance d'élection, il reste encore des sièges à pourvoir, il est procédé, de la même manière, à une seconde et, s'il est nécessaire, à une troisième.

Art. 12. – 1. Si, après la troisième séance d'élection, il reste encore des sièges à pourvoir, il peut être à tout moment formé sur la demande, soit de l'Assemblée Générale, soit du Conseil de sécurité, une Commission médiatrice de six membres, nommés trois par l'Assemblée Générale, trois par le Conseil de sécurité, en vue de choisir par un vote à la majorité absolue, pour chaque siège non pourvu, un nom à présenter à l'adoption séparée de l'Assemblée Générale et du Conseil de sécurité.

2. La Commission médiatrice peut porter sur sa liste le nom de toute personne satisfaisant aux conditions requises et qui recueille l'unanimité de ses suffrages, lors même qu'il n'aurait pas figuré sur la liste de présentation visée à l'article 7.

3. Si la Commission médiatrice constate qu'elle ne peut réussir à assurer l'élection, les membres de la Cour déjà nommés pourvoient aux sièges vacants, dans un délai à fixer par le Conseil de sécurité, en choisissant parmi les personnes qui ont obtenu des suffrages soit dans l'Assemblée Générale, soit dans le Conseil de sécurité.

4. Si, parmi les juges, il y a partage égal des voix, la voix du juge le plus âgé l'emporte.

Art. 13. – 1. Les membres de la Cour sont élus pour neuf ans et ils sont rééligibles toutefois, en ce qui concerne les juges nommés à la première élection de la Cour, les fonctions de cinq juges prendront fin au bout de trois ans, et celle de cinq autres juges prendront fin au bout de six ans.

2. Les juges dont les fonctions prendront fin au terme des périodes initiales de trois et six ans mentionnées ci-dessus seront désignés par

tirage au sort effectué par le Secrétaire général, immédiatement après qu'il aura été procédé à la première élection.

3. Les membres de la Cour restent en fonction jusqu'à leur remplacement. Après ce remplacement, ils continuent de connaître des affaires dont ils sont déjà saisis.

4. En cas de démission d'un membre de la Cour, la démission sera adressée au président de la Cour, pour être transmise au Secrétaire général. Cette dernière notification emporte vacance de siège.

Art. 14. – Il est pourvu aux sièges devenus vacants selon la méthode suivie pour la première élection, sous réserve de la disposition ci-après dans le mois qui suivra la vacance, le Secrétaire général procédera à l'invitation prescrite par l'article 5, et la date d'élection sera fixée par le Conseil de sécurité.

Art. 15. – Le membre de la Cour élu en remplacement d'un membre dont le mandat n'est pas expiré achève le terme du mandat de son prédécesseur.

Art. 16. – 1. Les membres de la Cour ne peuvent exercer aucune fonction politique ou administrative, ni se livrer à aucune autre occupation de caractère professionnel.

2. En cas de doute, la Cour décide.

Art. 17. – 1. Les membres de la Cour ne peuvent exercer les fonctions d'agent, de conseil ou d'avocat dans aucune affaire.

2. Ils ne peuvent participer au règlement d'aucune affaire dans laquelle ils sont antérieurement intervenus comme agents, conseils ou avocats de l'une des parties, membres d'un tribunal national ou international, d'une commission d'enquête, ou à tout autre titre.

3. En cas de doute, la Cour décide.

Art. 18. – 1. Les membres de la Cour ne peuvent être relevés de leurs fonctions que si, au jugement unanime des autres membres, ils ont cessé de répondre aux conditions requises.

2. Le Secrétaire général en est officiellement informé par le greffier.

3. Cette communication emporte vacance de siège.

Art. 19. – Les membres de la Cour jouissent, dans l'exercice de leurs fonctions, des privilèges et immunités diplomatiques.

Art. 20. – Tout membre de la Cour doit, avant d'entrer en fonction, en séance publique, prendre l'engagement solennel d'exercer ses attributions en pleine impartialité et en toute conscience.

Art. 21. – 1. La Cour nomme, pour trois ans, son président et son Vice-président; ils sont rééligibles.

2. Elle nomme son greffier et peut pourvoir à la nomination de tels autres fonctionnaires qui seraient nécessaires.

Art. 22. – 1. Le siège de la Cour est fixé à La Haye. La Cour peut toutefois siéger et exercer ses fonctions ailleurs lorsqu'elle le juge désirable.

2. Le président et le greffier résident au siège de la Cour.

Art. 23. – 1. La Cour reste toujours en fonction, excepté pendant les vacances judiciaires, dont les périodes et la durée sont fixées par la Cour.

2. Les membres de la Cour ont droit à des congés périodiques dont la date et la durée seront fixées par la Cour, en tenant compte de la distance qui sépare La Haye de leurs foyers.

3. Les membres de la Cour sont tenus, à moins de congé, d'empêchement pour cause de maladie ou autre motif grave dûment justifié auprès du président, d'être à tout moment à la disposition de la Cour.

Art. 24. – 1. Si, pour une raison spéciale, l'un des membres de la Cour estime devoir ne pas participer au jugement d'une affaire déterminée, il en fait part au président.

2. Si le président estime qu'un des membres de la Cour ne doit pas, pour une raison spéciale, siéger dans une affaire déterminée, il en avertit celui-ci.

3. Si, en pareil cas, le membre de la Cour et le président sont en désaccord, la Cour décide.

Art. 25. – 1. Sauf exception expressément prévue par le présent Statut, la Cour exerce ses attributions en séance plénière.

2. Sous la condition que le nombre des juges disponibles pour constituer la Cour ne soit pas réduit à moins de onze, le Règlement de la Cour pourra prévoir que, selon les circonstances et à tour de rôle, un ou plusieurs juges pourront être dispensés de siéger.

3. Le quorum de neuf est suffisant pour constituer la Cour.

Art. 26. – 1. La Cour peut, à toute époque, constituer une ou plusieurs chambres composées de trois juges au moins selon ce qu'elle décidera, pour connaître de catégories déterminées d'affaires, par exemple d'affaires de travail et d'affaires concernant le transit et les communications.

2. La Cour peut, à toute époque, constituer une chambre pour connaître d'une affaire déterminée. Le nombre des juges de cette chambre sera fixé par la Cour avec l'assentiment des parties.

3. Les chambres prévues au présent article statueront, si les parties le demandent.

Art. 27. – Tout arrêt rendu par l'une des chambres prévues aux articles 26 et 29 sera considéré comme rendu par la Cour.

Art. 28. – Les chambres prévues aux articles 26 et 29 peuvent avec le consentement des parties, siéger et exercer leurs fonctions ailleurs qu'à La Haye.

Art. 29. – En vue de la prompte expédition des affaires, la Cour compose annuellement une chambre de cinq juges, appelés à statuer en procédure sommaire lorsque les parties le demandent. Deux juges seront, en outre, désignés pour remplacer celui des juges qui se trouverait dans l'impossibilité de siéger.

Art. 30. – 1. La Cour détermine par un règlement le mode suivant lequel elle exerce ses attributions. Elle règle notamment sa procédure.

2. Le Règlement de la Cour peut prévoir des assesseurs siégeant à la Cour ou dans ses chambres, sans droit de vote.

Art. 31. – 1. Les juges de la nationalité de chacune des parties conservent le droit de siéger dans l'affaire dont la Cour est saisie.

2. Si la Cour compte sur le siège un juge de la nationalité d'une des parties, toute autre partie peut désigner une personne de son choix pour siéger en qualité de juge. Celle-ci devra être prise de préférence parmi les personnes qui ont été l'objet d'une présentation en conformité des articles 4 et 5.

3. Si la Cour ne compte sur le siège aucun juge de la nationalité des parties, chacune de ces parties peut procéder à la désignation d'un juge de la même manière qu'au paragraphe précédent.

4. Le présent article s'applique dans le cas des articles 26 et 29. En pareil cas, le président priera un, ou, s'il y a lieu, deux des membres de la Cour composant la Chambre, de céder leur place aux membres de la Cour de la nationalité des parties intéressées et, à défaut ou en cas d'empêchement, aux juges spécialement désignés par les parties.

5. Lorsque plusieurs parties font cause commune, elles ne comptent, pour l'application des dispositions qui précèdent, que pour une seule. En cas de doute, la Cour décide.

6. Les juges désignés, comme il est dit aux paragraphes 2, 3 et 4 du présent article, doivent satisfaire aux prescriptions des articles 2, 17, paragraphe 2, 20 et 24 du présent Statut. Ils participent à la décision dans des conditions de complète égalité avec leurs collègues.

Art. 32. – 1. Les membres de la Cour reçoivent un traitement annuel.

2. Le président reçoit une allocation annuelle spéciale.

3. Le Vice-président reçoit une allocation spéciale pour chaque jour où il remplit les fonctions de président.

4. Les juges désignés par application de l'article 31, autres que les membres de la Cour, reçoivent une indemnité pour chaque jour où ils exercent leurs fonctions.

5. Ces traitements, allocations et indemnités sont fixés par l'Assemblée Générale. Ils ne peuvent être diminués pendant la durée des fonctions.

6. Le traitement du greffier est fixé par l'Assemblée Générale sur la proposition de la Cour.

7. Un règlement adopté par l'Assemblée Générale fixe les conditions dans lesquelles des pensions sont allouées aux membres de la Cour et au greffier, ainsi que les conditions dans lesquelles les membres de la Cour et le greffier reçoivent le remboursement de leurs frais de voyage.

8. Les traitements, allocations et indemnités sont exempts de tout impôt.

Art. 33. – Les frais de la Cour sont supportés par les Nations unies de la manière que l'Assemblée Générale décide.

CHAPITRE II

Compétence de la Cour

Art. 34. – 1. Seuls les États ont qualité pour se présenter devant la Cour.

2. La Cour, dans les conditions prescrites par son Règlement, pourra demander aux organisations internationales publiques des renseignements relatifs aux affaires portées devant elle, et recevra également lesdits renseignements qui lui seraient présentés par ces organisations de leur propre initiative.

3. Lorsque l'interprétation de l'acte constitutif d'une organisation internationale publique ou celle d'une convention internationale adoptée en vertu de cet acte est mise en question dans une affaire soumise à la Cour, le greffier en avise cette organisation et lui communique toute la procédure.

Art. 35. – 1. La Cour est ouverte aux États parties au présent Statut.

2. Les conditions auxquelles elle est ouverte aux autres États sont, sous réserve des dispositions particulières des traités en vigueur, réglées par le Conseil de sécurité, et, dans tous les cas, sans qu'il puisse en résulter pour les parties aucune inégalité devant la Cour.

3. Lorsqu'un État, qui n'est pas membre des Nations unies, est partie en cause, la Cour fixera la contribution aux frais de la Cour que cette partie devra supporter. Toutefois, cette disposition ne s'appliquera pas, si cet État participe aux dépenses de la Cour.

Art. 36. – 1. La compétence de la Cour s'étend à toutes les affaires que les parties lui soumettront, ainsi qu'à tous les cas spécialement prévus dans la Charte des Nations unies ou dans les traités et conventions en vigueur.

2. Les États parties au présent Statut pourront, à n'importe quel moment, déclarer reconnaître comme obligatoire de plein droit et sans convention spéciale, à l'égard de tout autre État acceptant la même obligation, la juridiction de la Cour sur tous les différends d'ordre juridique ayant pour objet :

a) L'interprétation d'un traité ;

b) Tout point de droit international ;

c) La réalité de tout fait qui, s'il était établi, constituerait la violation d'un engagement international ;

d) La nature ou l'étendue de la réparation due pour la rupture d'un engagement international.

3. Les déclarations ci-dessus visées pourront être faites purement et simplement ou sous condition de réciprocité de la part de plusieurs ou de certains États, ou pour un délai déterminé.

4. Ces déclarations seront remises au Secrétaire général des Nations unies qui en transmettra copie aux parties au présent Statut ainsi qu'au greffier de la Cour.

5. Les déclarations faites en application de l'article 36 du Statut de la Cour Permanente de Justice Internationale pour une durée qui n'est pas encore expirée seront considérées, dans les rapports entre parties au présent Statut, comme comportant acceptation de la juridiction obligatoire de la Cour internationale de justice pour la durée restant à courir d'après ces déclarations et conformément a leurs termes.

6. En cas de contestation sur le point de savoir si la Cour est compétente, la Cour décide.

Art. 37. – Lorsqu'un traité ou une convention en vigueur prévoit le renvoi à une juridiction que devait instituer la Société des Nations ou à la Cour Permanente de Justice Internationale, la Cour internationale de justice constituera cette juridiction entre les parties au présent Statut.

Art. 38. – 1. La Cour, dont la mission est de régler conformément au droit international les différends qui lui sont soumis, applique :

a) Les conventions internationales, soit générales, soit spéciales, établissant des règles expressément reconnues par les États en litige ;

b) La coutume internationale comme preuve d'une pratique générale acceptée comme étant de droit ;

c) Les principes généraux de droit reconnus par les nations civilisées ;

d) Sous réserve de la disposition de l'article 59, les décisions judiciaires et la doctrine des publicistes les plus qualifiés des différentes nations, comme moyen auxiliaire de détermination des règles de droit.

2. La présente disposition ne porte pas atteinte à la faculté pour la Cour, si les parties sont d'accord de statuer *ex aequo et bono*.

CHAPITRE III

Procédure

Art. 39. – 1. Les langues officielles de la Cour sont le français et l'anglais. Si les parties sont d'accord pour que toute la procédure ait lieu en français, le jugement sera prononcé en cette langue. Si les parties sont d'accord pour que toute la procédure ait lieu en anglais, le jugement sera prononcé en cette langue.

2. À défaut d'un accord fixant la langue dont il sera fait usage, les parties pourront employer pour les plaidoiries celle des deux langues qu'elles préféreront, et l'arrêt de la Cour sera rendu en français et en anglais En ce cas, la Cour désignera en même temps celui des deux textes qui fera foi.

3. La Cour, à la demande de toute partie, autorisera l'emploi par cette partie d'une langue autre que le français ou l'anglais.

Art. 40. – 1. Les affaires sont portées devant la Cour, selon le cas, soit par notification du compromis, soit par une requête, adressées au greffier; dans les deux cas, l'objet du différend et les parties doivent être indiqués.

2. Le greffier donne immédiatement communication de la requête à tous les intéressés.

3. Il en informe également les membres des Nations unies par l'entremise du Secrétaire général, ainsi que les autres États admis à ester en justice devant la Cour.

Art. 41. – 1. La Cour a le pouvoir d'indiquer, si elle estime que les circonstances l'exigent, quelles mesures conservatoires du droit de chacun doivent être prises à titre provisoire.

2. En attendant l'arrêt définitif, l'indication de ces mesures est immédiatement notifiée aux parties et au Conseil de sécurité.

Art. 42. – 1. Les parties sont représentées par des agents.

2. Elles peuvent se faire assister devant la Cour par des conseils ou des avocats.

3. Les agents, conseils et avocats des parties devant la Cour jouiront des privilèges et immunités nécessaires à l'exercice indépendant de leurs fonctions.

Art. 43. – 1. La procédure a deux phases l'une écrite, l'autre orale.

2. La procédure écrite comprend la communication à juge et à partie des mémoires, des contre-mémoires, et éventuellement, des répliques, ainsi que de toute pièce et document à l'appui.

3. La communication se fait par l'entremise du greffier dans l'ordre et les délais déterminés par la Cour.

4. Toute pièce produite par l'une des parties doit être communiquée à l'autre en copie certifiée conforme.

5. La procédure orale consiste dans l'audition par la Cour des témoins, experts, agents, conseils et avocats.

Art. 44. – 1. Pour toute notification à faire à d'autres personnes que les agents, conseils et avocats, la Cour s'adresse directement au Gouvernement de l'État sur le territoire duquel la notification doit produire effet.

2. Il en est de même s'il s'agit de faire procéder sur place à l'établissement de tous moyens de preuve.

Art. 45. – Les débats sont dirigés par le président et, à défaut de celui-ci, par le Vice-président en cas d'empêchement, par le plus ancien des juges présents.

Art. 46. – L'audience est publique, à moins qu'il n'en soit autrement décidé par la Cour ou que les deux parties ne demandent que le public ne soit pas admis.

Art. 47. – 1. Il est tenu de chaque audience un procès-verbal signé par le greffier et le président.

2. Ce procès-verbal a seul caractère authentique.

Art. 48. – La Cour rend des ordonnances pour la direction du procès, la détermination des formes et délais dans lesquels chaque partie doit finalement conclure; elle prend toutes les mesures que comporte l'administration des preuves.

Art. 49. – La Cour peut, même avant tout débat, demander aux agents de produire tout document et de fournir toutes explications. En cas de refus, elle en prend acte.

Art. 50. – À tout moment, la Cour peut confier une enquête ou une expertise à toute personne, corps, bureau, commission ou organe de son choix.

Art. 51. – Au cours des débats, toutes questions utiles sont posées aux témoins et experts dans les conditions que fixera la Cour dans le règlement visé à l'article 30.

Art. 52. – Après avoir reçu les preuves et témoignages dans les délais déterminés par elle, la Cour peut écarter toutes dépositions ou documents nouveaux qu'une des parties voudrait lui présenter sans l'assentiment de l'autre.

Art. 53. – 1. Lorsqu'une des parties ne se présente pas, ou s'abstient de faire valoir ses moyens, l'autre partie peut demander à la Cour de lui adjuger ses conclusions.

2. La Cour, avant d'y faire droit, doit s'assurer non seulement qu'elle a compétence aux termes des articles 36 et 37, mais que les conclusions sont fondées en fait et en droit.

Art. 54. – 1. Quand les agents, conseils et avocats ont fait valoir, sous le contrôle de la Cour, tous les moyens qu'ils jugent utiles, le président prononce la clôture des débats.

2. La Cour se retire en Chambre du Conseil pour délibérer.

3. Les délibérations de la Cour sont et restent secrètes.

Art. 55. – 1. Les décisions de la Cour sont prises à la majorité des juges présents.

2. En cas de partage des voix, la voix du président ou de celui qui le remplace est prépondérante.

Art. 56. – 1. L'arrêt est motivé.

2. Il mentionne les noms des juges qui y ont pris part.

Art. 57. – Si l'arrêt n'exprime pas en tout ou en partie l'opinion unanime des juges, tout juge aura le droit d'y joindre l'exposé de son opinion individuelle.

Art. 58. – L'arrêt est signé par le président et par le greffier. Il est lu en séance publique, les agents dûment prévenus.

Art. 59. – La décision de la Cour n'est obligatoire que pour les parties en litige et dans le cas qui a été décidé.

Art. 60. – L'arrêt est définitif et sans recours. En cas de contestation sur le sens et la portée de l'arrêt, il appartient à la Cour de l'interpréter, à la demande de toute partie.

Art. 61. – 1. La révision de l'arrêt ne peut être éventuellement demandée à la Cour qu'en raison de la découverte d'un fait de nature à exercer une influence décisive et qui, avant le prononcé de l'arrêt, était inconnu de la Cour et de la partie qui demande la révision, sans qu'il y ait, de sa part, faute à l'ignorer.

2. La procédure de révision s'ouvre par un arrêt de la Cour constatant expressément l'existence du fait nouveau, lui reconnaissant les caractères qui donnent ouverture à la révision, et déclarant de ce chef la demande recevable.

3. La Cour peut subordonner l'ouverture de la procédure en révision à l'exécution préalable de l'arrêt.

4. La demande en révision devra être formée au plus tard dans le délai de six mois après la découverte du fait nouveau.

5. Aucune demande de révision ne pourra être formée après l'expiration d'un délai de dix ans à dater de l'arrêt.

Art. 62. – 1. Lorsqu'un État estime que, dans un différend, un intérêt d'ordre juridique est pour lui en cause, il peut adresser à la Cour une requête à fin d'intervention.

2. La Cour décide.

Art. 63. – 1. Lorsqu'il s'agit de l'interprétation d'une convention à laquelle ont participé d'autres États que les parties en litige, le greffier les avertit sans délai.

2. Chacun d'eux a le droit d'intervenir au procès, et s'il exerce cette faculté, l'interprétation contenue dans la sentence est également obligatoire à son égard.

Art. 64. – S'il en est autrement décidé par la Cour, chaque partie supporte ses frais de procédure.

CHAPITRE IV

Avis consultatifs

Art. 65. – 1. La Cour peut donner un avis consultatif sur toute question juridique, à la demande de tout organe ou institution qui aura été autorisé par la Charte des Nations unies ou conformément à ses dispositions, à demander cet avis.

2. Les questions sur lesquelles l'avis consultatif de la Cour est demandé sont exposées à la Cour par une requête écrite qui formule, en termes précis, la question sur laquelle l'avis de la Cour est demandé. Il y est joint tout document pouvant servir à élucider la question.

Art. 66. – 1. Le greffier notifie immédiatement la requête demandant l'avis consultatif à tous les États admis à ester an justice devant la Cour.

2. En outre, à tout État admis à ester devant la Cour et à toute organisation internationale jugés, par la Cour ou par le président si elle ne siège pas, susceptibles de fournir des renseignements sur la question, le greffier fait connaître, par communication spéciale et directe, que la Cour est disposée à recevoir des exposés écrits dans un délai à fixer par le président, ou à entendre des exposés oraux au cours d'une audience publique tenue à cet effet.

3. Si un de ces États, n'ayant pas été l'objet de la communication spéciale visée au paragraphe 2 du présent article, exprime le désir de soumettre un exposé écrit ou d'être entendu, la Cour statue.

4. Les États ou organisations qui ont présenté des exposés écrits ou oraux sont admis à discuter les exposés faits par d'autres États et organisations dans les formes, mesures et délais fixés, dans chaque cas d'espèce, par la Cour ou, si elle ne siège pas, par le président. À cet effet, le greffier communique, en temps voulu, les exposés écrits aux États ou organisations qui en ont eux-mêmes présentés.

Art. 67. – La Cour prononcera ses avis consultatifs en audience publique, le Secrétaire général et les représentants des membres des Nations unies, des autres États et des organisations internationales directement intéressés étant prévenus.

Art. 68. – Dans l'exercice de ses attributions consultatives, la Cour s'inspirera an outre des dispositions du présent Statut qui s'appliquent en matière contentieuse, dans la mesure où elle les reconnaîtra applicables.

CHAPITRE V

Amendements

Art. 69. – Les amendements au présent Statut seront effectués par la même procédure que celle prévue pour les amendements à la Charte des Nations unies, sous réserve des dispositions qu'adopterait l'Assemblée Générale, sur la recommandation du Conseil de sécurité, pour régler la participation à cette procédure des États qui, tout en ayant accepté le présent Statut de la Cour, ne sont pas membres des Nations unies.

Art. 70. – La Cour pourra proposer les amendements qu'elle jugera nécessaire d'apporter au présent Statut, par la voie de communications écrites adressées au Secrétaire général, aux fins d'examen conformément aux dispositions de l'article 69.

VIII. DÉSARMEMENT

37 Convention sur l'interdiction de la mise au point, de la fabrication, du stockage et de l'emploi des armes chimiques et sur leur destruction (1)

Date d'adoption : 13/01/1993
Date d'entrée en vigueur : 29/04/1997

PRÉAMBULE

Les États parties à la présente Convention,

Résolus à agir en vue de réaliser des progrès effectifs vers un désarmement général et complet sous un contrôle international strict et efficace, y compris l'interdiction et l'élimination de tous les types d'armes de destruction massive,

Désireux de contribuer à la réalisation des buts et principes de la Charte des Nations unies,

Rappelant que l'Assemblée générale des Nations unies a maintes fois condamné tous les actes contraires aux principes et aux objectifs du Protocole concernant la prohibition d'emploi à la guerre de gaz asphyxiants, toxiques ou similaires et de moyens bactériologiques, signé à Genève le 17 juin 1925 (Protocole de Genève de 1925),

Reconnaissant que la présente Convention réaffirme les principes et les objectifs du Protocole de Genève de 1925 et de la Convention sur l'interdiction de la mise au point, de la fabrication et du stockage des armes bactériologiques (biologiques) ou à toxines et sur leur destruction, signée à Londres, Moscou et Washington le 10 avril 1972 ainsi que les obligations contractées en vertu de ces instruments,

Ayant présent à l'esprit l'objectif énoncé à l'article 9 de la Convention sur l'interdiction de la mise au point, de la fabrication et du stockage des armes bactériologiques (biologiques) ou à toxines et sur leur destruction,

---

(1) 36, 582.

Résolus, dans l'intérêt de l'humanité tout entière, à exclure complètement la possibilité de l'emploi des armes chimiques, grâce à l'application des dispositions de la présente Convention, complétant ainsi les obligations contractées en vertu du Protocole de Genève de 1925,

Reconnaissant l'interdiction de l'emploi d'herbicides en tant que moyens de guerre, telle que la traduisent les accords pertinents et les principes du droit international en la matière,

Considérant que les progrès dans le domaine de la chimie devraient être utilisés exclusivement au profit de l'humanité,

Désireux de faciliter la liberté du commerce des produits chimiques ainsi que la coopération entre pays et l'échange international d'informations scientifiques et techniques dans le domaine des activités chimiques à des fins non interdites par la présente Convention, dans le but de renforcer le développement économique et technologique de tous les États parties,

Convaincus que l'interdiction complète et efficace de la mise au point, de la fabrication, de l'acquisition, du stockage, de la conservation, du transfert et de l'emploi des armes chimiques et leur destruction représentent une étape nécessaire vers la réalisation de ces objectifs communs,

Sont convenus de ce qui suit :

Art premier. – Obligations générales

1. Chaque État partie à la présente Convention s'engage à ne jamais, en aucune circonstance :

a) Mettre au point, fabriquer, acquérir d'une autre manière, stocker ou conserver d'armes chimiques, ou transférer, directement ou indirectement d'armes chimiques à qui que ce soit ;

b) Employer d'armes chimiques ;

c) Entreprendre de préparatifs militaires quels qu'ils soient en vue d'un emploi d'armes chimiques ;

d) Aider, encourager ou inciter quiconque, de quelque manière que ce soit, à entreprendre quelque activité que ce soit qui est interdite à un État partie en vertu de la présente Convention.

2. Chaque État partie s'engage à détruire les armes chimiques dont il est le propriétaire ou le détenteur, ou qui se trouvent en des lieux placés sous sa juridiction ou son contrôle, conformément aux dispositions de la présente Convention.

3. Chaque État partie s'engage à détruire toutes les armes chimiques qu'il a abandonnées sur le territoire d'un autre État partie, conformément aux dispositions de la présente Convention.

4. Chaque État partie s'engage à détruire toute installation de fabrication d'armes chimiques dont il est le propriétaire ou le détenteur, ou qui se trouve en un lieu placé sous sa juridiction ou son contrôle, conformément aux dispositions de la présente Convention.

5. Chaque État partie s'engage à ne pas employer d'agents de lutte anti-émeute en tant que moyens de guerre.

Art. 2. – Définitions et critères

Aux fins de la présente Convention :

1. On entend par « armes chimiques » les éléments ci-après, pris ensemble ou séparément :

a) Les produits chimiques toxiques et leurs précurseurs, à l'exception de ceux qui sont destinés à des fins non interdites par la présente Convention, aussi longtemps que les types et quantités en jeu sont compatibles avec de telles fins ;

b) Les munitions et dispositifs spécifiquement conçus pour provoquer la mort ou d'autres dommages par l'action toxique des produits chimiques toxiques définis à l'alinéa a), qui seraient libérés du fait de l'emploi de ces munitions et dispositifs ;

c) Tout matériel spécifiquement conçu pour être utilisé en liaison directe avec l'emploi des munitions et dispositifs définis à l'alinéa b).

2. On entend par « produit chimique toxique » :

Tout produit chimique qui, par son action chimique sur des processus biologiques, peut provoquer chez les êtres humains ou les animaux la mort, une incapacité temporaire ou des dommages permanents. Cela comprend tous les produits chimiques de ce type, quels qu'en soient l'origine ou le mode de fabrication, qu'ils soient obtenus dans des installations, dans des munitions ou ailleurs.

(Aux fins de l'application de la présente Convention, des produits chimiques toxiques qui ont été reconnus comme devant faire l'objet de mesures de vérification sont énumérés aux tableaux figurant dans l'Annexe sur les produits chimiques.)

3. On entend par « précurseur » :

Tout réactif chimique qui entre à un stade quelconque dans la fabrication d'un produit chimique toxique, quel que soit le procédé utilisé. Cela comprend tout composant clé d'un système chimique binaire ou à composants multiples.

(Aux fins de l'application de la présente Convention, des précurseurs qui ont été reconnus comme devant faire l'objet de mesures de vérification sont énumérés aux tableaux figurant dans l'Annexe sur les produits chimiques.)

4. On entend par « composant clé d'un système chimique binaire ou à composants multiples » (ci-après dénommé « composant clé ») :

Le précurseur qui joue le rôle le plus important dans la détermination des propriétés toxiques du produit final et qui réagit rapidement avec d'autres produits chimiques dans le système binaire ou à composants multiples.

5. On entend par « armes chimiques anciennes » :

a) Les armes chimiques qui ont été fabriquées avant 1925 ; ou *b*) Les armes chimiques fabriquées entre 1925 et 1946 qui se sont détériorées au point de ne plus pouvoir être employées en tant qu'armes chimiques.

6. On entend par « armes chimiques abandonnées » :

Les armes chimiques, y compris les armes chimiques anciennes, qui ont été abandonnées par un État après le 1er janvier 1925 sur le territoire d'un autre État sans le consentement de ce dernier.

7. On entend par « agent de lutte anti-émeute » :

Tout produit chimique qui n'est pas inscrit à un tableau et qui peut provoquer rapidement chez les êtres humains une irritation sensorielle ou une incapacité physique disparaissant à bref délai après qu'a cessé l'exposition.

8. L'expression « installation de fabrication d'armes chimiques » :

a) Désigne tout matériel, ainsi que tout bâtiment abritant ce matériel, qui a été conçu, construit ou utilisé à un moment quelconque depuis le 1er janvier 1946 :

i) Pour la fabrication de produits chimiques au stade (« stade technologique final ») où le flux de matières contient, quand le matériel est en service :

a. Un produit chimique inscrit au tableau 1 de l'Annexe sur les produits chimiques; ou

b. Un autre produit chimique qui, sur le territoire de l'État partie ou en un autre lieu placé sous la juridiction ou le contrôle de l'État partie, n'a pas d'utilisation à des fins non interdites par la présente Convention au-dessus d'une tonne par an, mais qui peut être utilisé à des fins d'armes chimiques; ou

ii) Pour le remplissage d'armes chimiques, y compris, entre autres : le chargement de produits chimiques inscrits au tableau 1 dans des munitions, des dispositifs, ou des conteneurs de stockage en vrac le chargement de produits chimiques dans des conteneurs qui font partie de munitions et de dispositifs binaires assemblés ou dans des dispositifs unitaires assemblés et le chargement des conteneurs et des sous-munitions chimiques dans les munitions et les dispositifs correspondants;

b) Ne désigne pas :

i) une installation dont la capacité de synthèse des produits chimiques visés à l'alinéa a) i) est inférieure à une tonne;

ii) une installation dans laquelle l'un des produits chimiques visés à l'alinéa a) i) est ou a été obtenu comme sous-produit inévitable d'activités menées à des fins non interdites par la présente Convention, pour autant que la quantité de ce sous-produit ne soit pas supérieure à 3 % de la quantité totale du produit et que l'installation soit soumise à déclaration et à inspection en vertu de l'Annexe sur l'application de la Convention et la vérification (ci-après dénommée « l'Annexe sur la vérification »);

iii) l'installation unique à petite échelle servant à la fabrication de produits chimiques inscrits au tableau 1 à des fins non interdites par la présente Convention, visée à la sixième partie de l'Annexe sur la vérification.

9. On entend par « fins non interdites par la présente Convention » :

a) Des fins industrielles, agricoles, de recherche, des fins médicales, pharmaceutiques ou d'autres fins pacifiques;

b) Des fins de protection, à savoir les fins ayant un rapport direct avec la protection contre les produits chimiques toxiques et la protection contre les armes chimiques;

c) Des fins militaires sans rapport avec l'emploi d'armes chimiques et qui ne sont pas tributaires de l'emploi, en tant que moyen de guerre, des propriétés toxiques de produits chimiques;

d) Des fins de maintien de l'ordre public, y compris de lutte anti-émeute sur le plan intérieur.

10. On entend par « capacité de production » :

La quantité d'un produit chimique déterminé qui pourrait être fabriquée annuellement à l'aide du procédé technique que l'installation visée utilise effectivement ou qu'elle a l'intention d'utiliser, si ce procédé n'est pas encore opérationnel. Elle est considérée comme étant égale à la capacité nominale ou, si celle-ci n'est pas disponible, à la capacité prévue. Par capacité nominale, on entend la quantité de produit fabriquée dans des conditions optimisées pour que l'installation de fabrication produise une quantité maximale, quantité établie après un ou plusieurs essais d'exploitation. Par capacité prévue, on entend la quantité de produit fabriquée correspondante, telle qu'elle a été déterminée par des calculs théoriques.

11. On entend par « Organisation » l'Organisation pour l'interdiction des armes chimiques dont porte création l'article 8 de la présente Convention.

12. Aux fins de l'article 6 :

a) On entend par « fabrication » d'un produit chimique l'obtention d'un corps par réaction chimique;

b) On entend par « traitement » d'un produit chimique une opération physique, telle que la préparation, l'extraction et la purification, où le produit n'est pas transformé en une autre espèce chimique;

c) On entend par « consommation » d'un produit chimique la transformation de ce corps par réaction chimique en une autre espèce chimique.

Art. 3. – Déclarations

1. Chaque État partie présente à l'Organisation, au plus tard 30 jours après l'entrée en vigueur de la Convention à son égard, des déclarations dans lesquelles :

a) En ce qui concerne les armes chimiques, il :

i) déclare s'il est propriétaire ou détenteur d'armes chimiques ou s'il se trouve des armes chimiques en des lieux placés sous sa juridiction ou son contrôle;

ii) indique l'emplacement exact, la quantité globale et l'inventaire détaillé des armes chimiques dont il est le propriétaire ou le détenteur, ou qui se trouvent en des lieux placés sous sa juridiction ou son contrôle, conformément aux paragraphes 1 à 3 de la quatrième partie (A) de l'Annexe sur la vérification, exception faite des armes chimiques visées au point iii);

iii) signale toute arme chimique qu'il a sur son territoire, dont un autre État est le propriétaire et le détenteur et qui se trouve en un lieu placé sous la juridiction ou le contrôle d'un autre État, conformément au paragraphe 4 de la quatrième partie (A) de l'Annexe sur la vérification;

iv) déclare s'il a transféré ou reçu, directement ou indirectement, des armes chimiques depuis le 1er janvier 1946 et spécifie le transfert ou la réception de telles armes, conformément au paragraphe 5 de la quatrième partie (A) de l'Annexe sur la vérification;

v) présente son plan général de destruction des armes chimiques dont il est le propriétaire ou le détenteur, ou qui se trouvent en des lieux placés sous sa juridiction ou son contrôle, conformément au paragraphe 6 de la quatrième partie (A) de l'Annexe sur la vérification;

b) En ce qui concerne les armes chimiques anciennes et les armes chimiques abandonnées, l'État partie :

i) déclare s'il a sur son territoire des armes chimiques anciennes et fournit tous les renseignements dont il dispose à leur sujet, conformément au paragraphe 3 de la quatrième partie (B) de l'Annexe sur la vérification;

ii) déclare s'il se trouve sur son territoire des armes chimiques abandonnées et fournit tous les renseignements dont il dispose à leur sujet, conformément au paragraphe 8 de la quatrième partie (B) de l'Annexe sur la vérification;

iii) déclare s'il a abandonné des armes chimiques sur le territoire d'autres États et fournit tous les renseignements dont il dispose à leur sujet, conformément au paragraphe 10 de la quatrième partie (B) de l'Annexe sur la vérification;

c) En ce qui concerne les installations de fabrication d'armes chimiques, l'État partie :

i) déclare s'il est ou a été propriétaire ou détenteur d'une installation de fabrication d'armes chimiques, ou s'il se trouve ou s'est trouvé une telle installation en un lieu placé sous sa juridiction ou son contrôle à un moment quelconque depuis le 1er janvier 1946;

ii) spécifie toute installation de fabrication d'armes chimiques dont il est ou a été le propriétaire ou le détenteur, ou qui se trouve ou s'est trouvée en un lieu placé sous sa juridiction ou son contrôle à un moment quelconque depuis le 1er janvier 1946, conformément au paragraphe 1 de la cinquième partie de l'Annexe sur la vérification, exception faite des installations visées au point iii);

iii) signale toute installation de fabrication d'armes chimiques qu'il a ou a eue sur son territoire, dont un autre État est ou a été le propriétaire et le détenteur et qui se trouve ou s'est trouvée en un lieu placé sous la juridiction ou le contrôle d'un autre État à un moment quelconque depuis le 1er janvier 1946, conformément au paragraphe 2 de la cinquième partie de l'Annexe sur la vérification;

iv) déclare s'il a transféré ou reçu, directement ou indirectement du matériel de fabrication d'armes chimiques depuis le 1er janvier 1946 et spécifie le transfert ou la réception d'un tel matériel, conformément aux paragraphes 3 à 5 de la cinquième partie de l'Annexe sur la vérification;

v) présente son plan général de destruction de toute installation de fabrication d'armes chimiques dont il est le propriétaire ou le détenteur, ou qui se trouve en un lieu placé sous sa juridiction ou son contrôle, conformément au paragraphe 6 de la cinquième partie de l'Annexe sur la vérification;

vi) spécifie les mesures à prendre pour fermer toute installation de fabrication d'armes chimiques dont il est le propriétaire ou le détenteur, ou qui se trouve en un lieu placé sous sa juridiction ou son contrôle, conformément au paragraphe 1, alinéa i), de la cinquième partie de l'Annexe sur la vérification;

vii) présente son plan général de toute conversion temporaire d'une installation de fabrication d'armes chimiques dont il est le propriétaire ou le détenteur, ou qui se trouve en un lieu placé sous sa juridiction ou son contrôle, en installation de destruction d'armes chimiques, conformément au paragraphe 7 de la cinquième partie de l'Annexe sur la vérification;

d) En ce qui concerne les autres installations : l'État partie indique l'emplacement exact, la nature et la portée générale des activités de toute installation ou tout établissement dont il est le propriétaire ou le détenteur, ou qui se trouve en un lieu placé sous sa juridiction ou son contrôle et qui, depuis le 1er janvier 1946, a été conçu, construit ou utilisé principalement pour mettre au point des armes chimiques, la déclaration incluant, entre autres, tout laboratoire ainsi que tout site d'essai et d'évaluation;

e) En ce qui concerne les agents de lutte anti-émeute : l'État partie spécifie le nom chimique, la formule développée et le numéro de fichier du *Chemical Abstracts Service* (CAS), s'il a été attribué, de chaque produit chimique qu'il détient aux fins de lutte anti-émeute; cette déclaration est mise à jour au plus tard 30 jours après qu'un changement est effectivement intervenu, le cas échéant.

2. L'État partie est libre d'appliquer ou non les dispositions du présent article et les dispositions pertinentes de la quatrième partie de l'Annexe sur la vérification aux armes chimiques qui ont été enfouies sur son territoire avant le 1er janvier 1977 et qui le restent, ou qui ont été déversées en mer avant le 1er janvier 1985.

Art. 4. – Armes chimiques

1. Les dispositions du présent article et les procédures d'application détaillées qui s'y rapportent s'appliquent à toutes les armes chimiques dont un État partie est le propriétaire ou le détenteur, ou qui se trouvent en des lieux placés sous sa juridiction ou son contrôle, exception faite des armes chimiques anciennes et des armes chimiques abandonnées auxquelles s'applique la quatrième partie (B) de l'Annexe sur la vérification.

2. Les procédures d'application du présent article sont détaillées dans l'Annexe sur la vérification.

3. Tous les emplacements dans lesquels les armes chimiques visées au paragraphe 1 sont stockées ou détruites sont soumis à une vérification systématique par l'inspection sur place et une surveillance au moyen d'instruments installés sur place, conformément à la quatrième partie (A) de l'Annexe sur la vérification.

4. Chaque État partie, immédiatement après avoir présenté la déclaration prévue au paragraphe 1, alinéa a), de l'article 3, donne accès aux armes chimiques visées au paragraphe 1 aux fins de la vérification systématique de cette déclaration par l'inspection sur place. Ensuite, l'État partie ne déplace aucune de ces armes chimiques, si ce n'est pour la transporter dans une installation de destruction d'armes chimiques. Il donne accès à ces armes aux fins de la vérification systématique sur place.

5. Chaque État partie donne accès à toute installation de destruction d'armes chimiques dont il est le propriétaire ou le détenteur ou qui se trouve en un lieu placé sous sa juridiction ou son contrôle, ainsi qu'à toute zone de stockage que comporte cette dernière, aux fins de la vérification systématique par l'inspection sur place et une surveillance au moyen d'instruments installés sur place.

6. Chaque État partie détruit toutes les armes chimiques visées au paragraphe 1 conformément à l'Annexe sur la vérification, ainsi qu'au rythme et dans l'ordre convenus (ci-après dénommés « ordre de destruction »). Leur destruction commence au plus tard deux ans après l'entrée en vigueur de la Convention à l'égard de l'État partie et s'achève au plus tard dix ans après l'entrée en vigueur de la Convention. Rien n'empêche qu'un État partie détruise ces armes chimiques à un rythme plus rapide.

7. Chaque État partie :

a) Présente des plans détaillés de destruction des armes chimiques visées au paragraphe 1 au plus tard 60 jours avant le début de chaque période de destruction annuelle, conformément au paragraphe 29 de la quatrième partie (A) de l'Annexe sur la vérification – ces plans détaillés englobent tous les stocks à détruire au cours de la période de destruction annuelle suivante;

b) Présente annuellement des déclarations concernant la mise en œuvre de ses plans de destruction des armes chimiques visées au paragraphe 1 au plus tard 60 jours après la fin de chaque période de destruction annuelle;

c) Certifie, au plus tard 30 jours après l'achèvement du processus de destruction, que toutes les armes chimiques visées au paragraphe 1 ont été détruites.

8. L'État qui ratifie la présente Convention ou qui y adhère après la période de dix ans prévue pour la destruction, aux termes du paragraphe 6, détruit les armes chimiques visées au paragraphe 1 dès que possible. Le Conseil exécutif établit à l'égard de cet État partie un ordre de destruction des armes et les procédures à suivre pour vérifier rigoureusement leur destruction.

9. Toute arme chimique que découvre un État partie après la déclaration initiale est signalée, mise en lieu sûr, puis détruite conformément à la quatrième partie (A) de l'Annexe sur la vérification.

10. Chaque État partie accorde la plus haute priorité à la sécurité des personnes et à la protection de l'environnement pendant le transport, l'échantillonnage, le stockage et la destruction des armes chimiques. Il transporte, échantillonne, stocke et détruit ces armes en respectant ses normes nationales en matière de sécurité et d'émissions.

11. Tout État partie ayant sur son territoire des armes chimiques dont un autre État est le propriétaire ou le détenteur, ou qui se trouvent en des lieux placés sous la juridiction ou le contrôle d'un autre État, fait tout son possible pour s'assurer que ces armes sont enlevées de son territoire au plus tard un an après l'entrée en vigueur de la Convention à son égard. Si elles ne sont pas enlevées dans un délai d'un an, l'État partie peut demander à l'Organisation et à d'autres États parties de lui venir en aide pour les détruire.

12. Chaque État partie s'engage à coopérer avec d'autres États parties qui demandent des renseignements ou une assistance à l'échelon bilatéral ou par l'intermédiaire du Secrétariat technique concernant des méthodes et des techniques de destruction sûres et efficaces des armes chimiques.

13. Quant aux activités de vérification à exécuter conformément au présent article et à la quatrième partie (A) de l'Annexe sur la vérification, l'Organisation étudie les possibilités d'éviter qu'elles ne fassent double emploi avec ce que prévoient des accords bilatéraux ou multilatéraux conclus entre des États parties en vue de la vérification des stocks d'armes chimiques et de leur destruction.

À cette fin, le Conseil exécutif décide de limiter la vérification à des mesures complétant celles qui sont entreprises conformément à un accord bilatéral ou multilatéral de cette nature, s'il constate que :

a) Les dispositions relatives à la vérification de l'accord considéré sont compatibles avec les dispositions correspondantes du présent article et de la quatrième partie (A) de l'Annexe sur la vérification;

b) L'application de l'accord apporte une garantie suffisante du respect des dispositions pertinentes de la présente Convention;

c) Les parties à l'accord bilatéral ou multilatéral tiennent l'Organisation pleinement informée de leurs activités de vérification.

14. Si le Conseil exécutif décide ce que prévoit le paragraphe 13, l'Organisation a le droit de surveiller l'application de l'accord bilatéral ou multilatéral considéré.

15. Rien dans les paragraphes 13 et 14 n'affecte l'obligation où se trouve l'État partie de présenter des déclarations conformément à l'article 3, au présent article et à la quatrième partie (A) de l'Annexe sur la vérification.

16. Les coûts de la destruction des armes chimiques qu'un État partie est tenu de détruire sont à la charge de cet État. Les coûts de la vérification du stockage et de la destruction de ces armes chimiques le sont également, à moins que le Conseil exécutif n'en décide autrement. Si le Conseil exécutif décide, conformément au paragraphe 13, de limiter la vérification effectuée par l'Organisation, les coûts des mesures de vérification et de surveillance complémentaires qu'exécute l'Organisation sont couverts selon le barème des quotes-parts de l'Organisation des Nations unies, comme indiqué au paragraphe 7 de l'article 8.

17. L'État partie est libre d'appliquer ou non les dispositions du présent article et les dispositions pertinentes de la quatrième partie de l'Annexe sur la vérification aux armes chimiques qui ont été enfouies sur son territoire avant le 1er janvier 1977 et qui le restent, ou qui ont été déversées en mer avant le 1er janvier 1985.

Art. 5. – Installations de fabrication d'armes chimiques

1. Les dispositions du présent article et les procédures d'application détaillées qui s'y rapportent s'appliquent à toutes les installations de fabrication d'armes chimiques dont un État partie est le propriétaire ou le détenteur, ou qui se trouvent en des lieux placés sous sa juridiction ou son contrôle.

2. Les procédures d'application du présent article sont détaillées à l'Annexe sur la vérification.

3. Toutes les installations de fabrication d'armes chimiques visées au paragraphe 1 sont soumises à une vérification systématique par l'inspection sur place et une surveillance au moyen d'instruments installés sur place, conformément à la cinquième partie de l'Annexe sur la vérification.

4. Chaque État partie met immédiatement fin à toute activité dans les installations de fabrication d'armes chimiques visées au paragraphe 1, excepté à celle qui est requise pour les fermer.

5. Aucun État partie ne construit de nouvelles installations de fabrication d'armes chimiques ni ne modifie d'installations existantes aux fins de la fabrication d'armes chimiques ou de toute autre activité interdite par la présente Convention.

6. Chaque État partie, immédiatement après avoir présenté la déclaration prévue au paragraphe 1, alinéa c), de l'article 3, donne accès

aux installations de fabrication d'armes chimiques visées au paragraphe 1, aux fins de la vérification systématique de cette déclaration par l'inspection sur place.

7. Chaque État partie :

a) Ferme, au plus tard 90 jours après l'entrée en vigueur de la Convention à son égard, toutes les installations de fabrication d'armes chimiques visées au paragraphe 1, conformément à la cinquième partie de l'Annexe sur la vérification, et le fait savoir;

b) Donne accès aux installations de fabrication d'armes chimiques visées au paragraphe 1, après leur fermeture, aux fins de la vérification systématique par l'inspection sur place et une surveillance au moyen d'instruments installés sur place, vérification qui a pour but de s'assurer que les installations restent fermées et sont par la suite détruites.

8. Chaque État partie détruit toutes les installations de fabrication d'armes chimiques visées au paragraphe 1 ainsi que les installations et le matériel connexes, conformément à l'Annexe sur la vérification ainsi qu'au rythme et dans l'ordre convenus (ci-après dénommés « ordre de destruction »). Leur destruction commence au plus tard un an après l'entrée en vigueur de la Convention à l'égard de l'État partie et s'achève au plus tard dix ans après l'entrée en vigueur de la Convention. Rien n'empêche qu'un État partie détruise ces installations à un rythme plus rapide.

9. Chaque État partie :

a) Présente des plans détaillés de destruction des installations de fabrication d'armes chimiques visées au paragraphe 1 au plus tard 180 jours avant que la destruction de chaque installation ne commence;

b) Présente annuellement des déclarations concernant la mise en œuvre de ses plans de destruction de toutes les installations de fabrication d'armes chimiques visées au paragraphe 1 au plus tard 90 jours après la fin de chaque période de destruction annuelle;

c) Certifie, au plus tard 30 jours après l'achèvement du processus de destruction, que toutes les installations de fabrication d'armes chimiques visées au paragraphe 1 ont été détruites.

10. L'État qui ratifie la présente Convention ou qui y adhère après la période de dix ans prévue pour la destruction, aux termes du paragraphe 8, détruit les installations de fabrication d'armes chimiques visées au paragraphe 1 dès que possible. Le Conseil exécutif établit à l'égard de cet État partie un ordre de destruction des installations et les procédures à suivre pour vérifier rigoureusement leur destruction.

11. Chaque État partie accorde la plus haute priorité à la sécurité des personnes et à la protection de l'environnement pendant la destruction des installations de fabrication d'armes chimiques. Il détruit les installations en respectant ses normes nationales en matière de sécurité et d'émissions.

12. Les installations de fabrication d'armes chimiques visées au paragraphe 1 peuvent être temporairement converties pour la destruction d'armes chimiques conformément aux paragraphes 18 à 25 de la cinquième partie de l'Annexe sur la vérification. L'installation ainsi convertie doit être détruite aussitôt qu'elle n'est plus utilisée pour la destruction d'armes chimiques et, on tout état de cause, au plus tard dix ans après l'entrée en vigueur de la Convention.

13. L'État partie peut demander, dans les cas exceptionnels de nécessité impérieuse, l'autorisation d'exploiter l'une des installations de fabrication d'armes chimiques visées au paragraphe 1 à des fins non interdites par la présente Convention. La Conférence des États parties décide, sur la recommandation du Conseil exécutif, s'il y a lieu de faire droit à la demande et fixe les conditions auxquelles l'autorisation est subordonnée, conformément à la section D de la cinquième partie de l'Annexe sur la vérification.

14. L'installation de fabrication d'armes chimiques est convertie de telle manière qu'elle ne soit pas plus à même de fabriquer des armes chimiques à l'avenir que toute autre installation exploitée à des fins industrielles, agricoles, de recherche, des fins médicales, pharmaceutiques ou d'autres fins pacifiques ne mettant pas en jeu de produits chimiques inscrits au tableau 1.

15. Toutes les installations converties sont soumises à la vérification systématique par l'inspection sur place et une surveillance au moyen d'instruments installés sur place, conformément à la section D de la cinquième partie de l'Annexe sur la vérification.

16. Quant aux activités de vérification à exécuter conformément au présent article et à la cinquième partie de l'Annexe sur la vérification, l'Organisation étudie les possibilités d'éviter qu'elles ne fassent double emploi avec ce que prévoient des accords bilatéraux ou multilatéraux conclus entre des États parties en vue de la vérification des installations de fabrication d'armes chimiques et de leur destruction.

À cette fin, le Conseil exécutif décide de limiter la vérification à des mesures complétant celles qui sont entreprises conformément à un accord bilatéral ou multilatéral de cette nature s'il constate que :

a) Les dispositions relatives à la vérification de l'accord considéré sont compatibles avec les dispositions correspondantes du présent article et de la cinquième partie de l'Annexe sur la vérification ;

b) L'application de l'accord apporte une garantie suffisante du respect des dispositions pertinentes de la présente Convention ;

c) Les parties à l'accord bilatéral ou multilatéral tiennent l'Organisation pleinement informée de leurs activités de vérification.

17. Si le Conseil exécutif décide ce que prévoit le paragraphe 16, l'Organisation a le droit de surveiller l'application de l'accord bilatéral ou multilatéral considéré.

18. Rien dans les paragraphes 16 et 17 n'affecte l'obligation où se trouve un État partie de présenter des déclarations conformément à

l'article 3, au présent article et à la cinquième partie de l'Annexe sur la vérification.

19. Les coûts de la destruction des installations de fabrication d'armes chimiques qu'un État partie est tenu de détruire sont à la charge de cet État. Les coûts de la vérification prévue par le présent article le sont également, à moins que le Conseil exécutif n'en décide autrement. Si le Conseil exécutif décide, conformément au paragraphe 16, de limiter la vérification effectuée par l'Organisation, les coûts des mesures de vérification et de surveillance complémentaires qu'exécute l'Organisation sont couverts selon le barème des quotes-parts de l'Organisation des Nations unies, comme indiqué au paragraphe 7 de l'article 8.

Art. 6. – Activités non interdites par la présente Convention

1. Chaque État partie a le droit, sous réserve des dispositions de la présente Convention, de mettre au point, de fabriquer, d'acquérir d'une autre manière, de conserver, de transférer et d'utiliser des produits chimiques toxiques et leurs précurseurs à des fins non interdites par la présente Convention.

2. Chaque État partie adopte les mesures nécessaires pour que les produits chimiques toxiques et leurs précurseurs ne soient mis au point, fabriqués, acquis d'une autre manière, conservés, transférés ou utilisés sur son territoire ou en tout autre lieu placé sous sa juridiction ou son contrôle qu'à des fins non interdites par la présente Convention. Dans ce but, et pour donner l'assurance que ses activités sont conformes aux obligations qu'il a contractées en vertu de la présente Convention, chaque État partie soumet les produits chimiques toxiques et leurs précurseurs qui sont inscrits aux tableaux 1, 2 et 3 de l'Annexe sur les produits chimiques ainsi que les installations liées à ces produits chimiques et les autres installations visées à l'Annexe sur la vérification qui sont situées sur son territoire ou en tout autre lieu placé sous sa juridiction ou son contrôle à des mesures de vérification selon les dispositions de l'Annexe sur la vérification.

3. Chaque État partie soumet les produits chimiques inscrits au tableau 1 (ci-après dénommés les « produits chimiques du tableau 1 ») aux interdictions concernant leur fabrication, leur acquisition, leur conservation, leur transfert et leur utilisation, telles que spécifiées dans la sixième partie de l'Annexe sur la vérification. Il soumet ces produits et les installations visées à la sixième partie de l'Annexe sur la vérification à une vérification systématique par l'inspection sur place et une surveillance au moyen d'instruments installés sur place, conformément à cette partie de l'Annexe sur la vérification.

4. Chaque État partie soumet les produits chimiques inscrits au tableau 2 (ci-après dénommés les « produits chimiques du tableau 2 ») et les installations visées à la septième partie de l'Annexe sur la vérification au contrôle des données et à la vérification sur place, conformément à cette partie de l'Annexe sur la vérification.

5. Chaque État partie soumet les produits chimiques inscrits au tableau 3 (ci-après dénommés les « produits chimiques du tableau 3 ») et les installations visées à la huitième partie de l'Annexe sur la vérification au contrôle des données et à la vérification sur place, conformément à cette partie de l'Annexe sur la vérification.

6. Chaque État partie soumet les installations visées à la neuvième partie de l'Annexe sur la vérification au contrôle des données et, éventuellement, à la vérification sur place, conformément à cette partie de l'Annexe sur la vérification, à moins que la Conférence des États parties n'en décide autrement, conformément au paragraphe 22 de la neuvième partie de l'Annexe sur la vérification.

7. Chaque État partie fait, au plus tard 30 jours après l'entrée en vigueur de la Convention à son égard, une déclaration initiale concernant les produits chimiques et les installations pertinents, conformément à l'Annexe sur la vérification.

8. Chaque État partie fait des déclarations annuelles concernant les produits chimiques et les installations pertinents, conformément à l'Annexe sur la vérification.

9. Aux fins de la vérification sur place, chaque État partie donne aux inspecteurs accès à ses installations comme le stipule l'Annexe sur la vérification.

10. En exécutant ses activités de vérification, le Secrétariat technique évite toute intrusion injustifiée dans les activités chimiques que mène l'État partie à des fins non interdites par la présente Convention et, en particulier, il se conforme aux dispositions de l'Annexe sur la protection de l'information confidentielle (ci-après dénommée « l'Annexe sur la confidentialité »).

11. Les dispositions du présent article sont appliquées de manière à éviter d'entraver le développement économique ou technologique des États parties, de même que la coopération internationale dans le domaine des activités chimiques à des fins non interdites par la présente Convention, y compris l'échange international d'informations scientifiques et techniques ainsi que de produits chimiques et de matériel aux fins de la fabrication, du traitement ou de l'utilisation de produits chimiques à des fins non interdites par la présente Convention.

Art. 7. – Mesures d'application nationales

Engagements d'ordre général.

1. Chaque État partie adopte, conformément aux procédures prévues par sa Constitution, les mesures nécessaires pour s'acquitter des obligations qu'il a contractées en vertu de la présente Convention. En particulier :

a) Il interdit aux personnes physiques ou morales se trouvant en quelque lieu de son territoire ou en tout autre lieu placé sous sa juridiction telle qu'elle est reconnue par le droit international, d'entreprendre quelque activité que ce soit qui est interdite à un État partie par la présente Convention et, notamment, promulgue une législation pénale en la matière ;

b) Il n'autorise aucune activité interdite à un État partie par la présente Convention, en quelque lieu qui soit placé sous son contrôle ;

c) Il applique la législation pénale qu'il a promulguée en vertu de l'alinéa a) à toute activité interdite à un État partie par la présente Convention, qui est entreprise en quelque lieu que ce soit par des personnes physiques possédant sa nationalité, conformément au droit international.

2. Chaque État partie coopère avec les autres États parties et apporte, sous la forme appropriée, une assistance juridique pour faciliter l'exécution des obligations découlant du paragraphe 1.

3. En s'acquittant des obligations qu'il a contractées en vertu de la présente Convention, chaque État partie accorde la plus haute priorité à la sécurité des personnes et à la protection de l'environnement et coopère, selon que de besoin, avec d'autres États parties dans ce domaine.

Rapports entre l'État partie et l'Organisation

4. Pour s'acquitter des obligations qu'il a contractées en vertu de la présente Convention, chaque État partie désigne ou met en place une autorité nationale, qui sert de centre national en vue d'assurer une liaison efficace avec l'Organisation et les autres États parties, et en informe l'Organisation au moment où la Convention entre en vigueur à son égard.

5. Chaque État partie informe l'Organisation des mesures législatives et administratives qu'il a prises pour appliquer la présente Convention.

6. Chaque État partie traite de façon confidentielle et particulière l'information et les données qu'il reçoit en confidence de l'Organisation concernant l'application de la présente Convention. Il traite cette information et ces données exclusivement dans le cadre des droits et obligations qui sont les siens aux termes de la Convention et en se conformant aux dispositions de l'Annexe sur la confidentialité.

7. Chaque État partie s'engage à coopérer avec l'Organisation dans l'accomplissement de toutes ses fonctions et, en particulier, à prêter son concours au Secrétariat technique.

Art. 8. – L'organisation

A. Dispositions générales

1. Les États parties créent par les présentes l'Organisation pour l'interdiction des armes chimiques, afin de réaliser l'objet et le but de la présente Convention, de veiller à l'application de ses dispositions, y compris celles qui ont trait à la vérification internationale du res-

pect de l'instrument, et de ménager un cadre dans lequel ils puissent se consulter et coopérer entre eux.

2. Tous les États parties à la présente Convention sont membres de l'Organisation. Aucun État partie ne peut être privé de sa qualité de membre de l'Organisation.

3. L'Organisation a son siège à La Haye (Royaume des Pays-Bas).

4. Sont créés par les présentes la Conférence des États parties, le Conseil exécutif et le Secrétariat technique, qui constituent les organes de l'Organisation.

5. L'Organisation exécute les activités de vérification prévues par la présente Convention de sorte que leurs objectifs soient atteints de la manière la moins intrusive possible dans les délais et avec l'efficacité voulus. Elle ne demande que les informations et données qui lui sont nécessaires pour s'acquitter des responsabilités qui lui sont confiées par la Convention. Elle prend toutes les précautions qui s'imposent pour protéger la confidentialité des informations relatives à des activités et des installations civiles et militaires dont elle a connaissance dans le cadre de l'application de la Convention et, en particulier, elle se conforme aux dispositions de l'Annexe sur la confidentialité.

6. L'Organisation cherche à tirer parti des progrès de la science et de la technique aux fins de ses activités de vérification.

7. Les coûts des activités de l'Organisation sont couverts par les États parties selon le barème des quotes-parts de l'Organisation des Nations unies, ajusté compte tenu des différences entre le nombre des États membres de l'Organisation des Nations unies et celui des États membres de l'Organisation pour l'interdiction des armes chimiques, et sous réserve des dispositions des articles 4 et 5. Les contributions financières des États parties à la Commission préparatoire sont déduites de manière appropriée de leurs contributions au budget ordinaire. Le budget de l'Organisation comprend deux chapitres distincts, consacrés l'un aux dépenses d'administration et autres coûts, et l'autre aux dépenses relatives à la vérification.

8. Un membre de l'Organisation en retard dans le paiement de sa contribution aux dépenses de l'Organisation ne peut pas participer au vote à l'Organisation si le montant de ses arriérés est égal ou supérieur à la contribution due par lui pour les deux années complètes écoulées. La Conférence des États parties peut néanmoins autoriser ce membre à participer au vote si elle constate que le manquement est dû à des circonstances indépendantes de sa volonté.

B. La Conférence des États parties

Composition, procédure et prise de décisions

9. La Conférence des États parties (ci-après dénommée « la Conférence ») se compose de tous les membres de l'Organisation. Chaque

membre a un représentant à la Conférence, qui peut être accompagné de suppléants et de conseillers.

10. La première session de la Conférence est convoquée par le dépositaire au plus tard 30 jours après l'entrée en vigueur de la Convention.

11. La Conférence tient des sessions ordinaires, qui ont lieu chaque année à moins qu'elle n'en décide autrement.

12. Des sessions extraordinaires de la Conférence sont convoquées :

a) Sur décision de la Conférence;

b) À la demande du Conseil exécutif;

c) À la demande de tout membre appuyée par un tiers des membres; ou

d) En vue d'un examen du fonctionnement de la présente Convention, conformément au paragraphe 22.

Excepté dans le cas visé à l'alinéa *d*), la session extraordinaire est convoquée au plus tard 30 jours après réception de la demande par le Directeur général du Secrétariat technique, sauf indication contraire figurant dans la demande.

13. La Conférence se réunit aussi en conférence d'amendement conformément au paragraphe 2 de l'article 15.

14. Les sessions de la Conférence ont lieu au siège de l'Organisation, à moins que la Conférence n'en décide autrement.

15. La Conférence adopte son règlement intérieur. Au début de chaque session ordinaire, elle élit son président et d'autres membres du bureau, en tant que de besoin. Les membres du bureau exercent leurs fonctions jusqu'à ce qu'un nouveau président et d'autres membres soient élus, lors de la session ordinaire suivante.

16. Le quorum pour la Conférence est constitué par la majorité des membres de l'Organisation.

17. Chaque membre de l'Organisation dispose d'une voix à la Conférence.

18. La Conférence prend les décisions relatives aux questions de procédure à la majorité simple des membres présents et votants. Les décisions sur les questions de fond devraient être prises dans la mesure du possible par consensus. S'il ne se dégage aucun consensus lorsqu'il faut se prononcer sur une question, le président ajourne le vote pendant 24 heures, ne ménage aucun effort entre-temps pour faciliter l'obtention du consensus et fait rapport à la Conférence avant l'expiration du délai d'ajournement. S'il est impossible de parvenir au consensus au terme de ces 24 heures, la Conférence prend la décision à la majorité des deux tiers des membres présents et votants, à moins que le présente Convention n'en dispose autrement. En cas de doute sur le point de savoir s'il s'agit ou non d'une question de fond, la question visée est traitée comme une question de fond, à moins que la Conférence n'en décide autrement à la majorité requise pour les décisions sur les questions de fond.

Pouvoirs et fonctions

19. La Conférence est le principal organe de l'Organisation. Elle examine tous points, toutes questions et tous problèmes entrant dans le cadre de la présente Convention, y compris ceux qui ont un rapport avec les pouvoirs et les fonctions du Conseil exécutif et du Secrétariat technique. Elle peut faire des recommandations et se prononcer sur tous points, toutes questions et tous problèmes intéressant la Convention qui seraient soulevés par un État partie ou portés à son attention par le Conseil exécutif.

20. La Conférence supervise l'application de la présente Convention et œuvre à la réalisation de son objet et de son but. Elle détermine dans quelle mesure la Convention est respectée. Elle supervise également les activités du Conseil exécutif et du Secrétariat technique et peut adresser des directives, qui sont conformes aux dispositions de la Convention, à l'un ou l'autre de ces organes dans l'accomplissement de ses fonctions.

21. La Conférence :

a) Examine et adopte à ses sessions ordinaires le rapport et le budget-programme de l'Organisation que lui présente le Conseil exécutif et examine d'autres rapports;

b) Décide du barème des quotes-parts revenant aux États parties conformément au paragraphe 7;

c) Élit les membres du Conseil exécutif;

d) Nomme le Directeur général du Secrétariat technique (ci-après dénommé le « Directeur général »);

e) Approuve le règlement intérieur du Conseil exécutif que lui présente ce dernier;

f) Crée les organes subsidiaires qu'elle estime nécessaires pour exercer les fonctions qui lui sont attribuées par la présente Convention;

g) Favorise la coopération internationale à des fins pacifiques dans le domaine des activités chimiques;

h) Passe en revue les innovations scientifiques et techniques qui pourraient avoir des répercussions sur le fonctionnement de la présente Convention, et, à cette fin, charge le Directeur général de créer un conseil scientifique consultatif pour lui permettre, dans l'exercice de ses fonctions, de fournir à la Conférence, au Conseil exécutif ou aux États parties des avis spécialisés dans des domaines scientifiques et techniques intéressant la Convention. Le Conseil scientifique consultatif est composé d'experts indépendants désignés conformément aux critères adoptés par la Conférence;

i) Examine et approuve à sa première session tout projet d'accord, de disposition et de principe directeur élaboré par la Commission préparatoire;

j) Crée à sa première session le fonds de contributions volontaires pour l'assistance, comme prévu à l'article 10;

k) Prend les mesures nécessaires pour assurer le respect de la présente Convention et pour redresser et corriger toute situation qui contrevient aux dispositions de la Convention, conformément à l'article 12.

22. La Conférence tient des sessions extraordinaires au plus tard un an après l'expiration d'une période de cinq ans et de dix ans à compter de l'entrée en vigueur de la présente Convention et à tous autres moments dans cet intervalle dont il serait décidé, pour procéder à l'examen du fonctionnement de la Convention. Les examens ainsi effectués tiennent compte de tous progrès scientifiques et techniques pertinents qui seraient intervenus. Par la suite, à moins qu'il n'en soit décidé autrement, la Conférence tient tous les cinq ans une session qui a le même objectif.

C. Le Conseil exécutif

Composition, procédure et prise de décision

23. Le Conseil exécutif se compose de 41 membres. Chaque État partie a le droit de siéger au Conseil exécutif suivant le principe de la rotation. Les membres du Conseil exécutif sont élus par la Conférence pour deux ans. Afin d'assurer l'efficacité du fonctionnement de la présente Convention, et compte dûment tenu, en particulier, du principe d'une répartition géographique équitable, de l'importance de l'industrie chimique ainsi que des intérêts politiques et de sécurité, le Conseil exécutif comprend :

a) Neuf États parties d'Afrique désignés par les États parties situés dans cette région. Comme critère de leur désignation, il est entendu que, sur ces neuf États, trois sont, en principe, les États parties dont l'industrie chimique nationale compte parmi les plus importantes de la région, fait qui est établi à partir de données communiquées et publiées internationalement; de plus, le groupe régional convient de prendre en considération d'autres facteurs régionaux pour désigner ces trois membres;

b) Neuf États parties d'Asie désignés par les États parties situés dans cette région. Comme critère de leur désignation, il est entendu que, sur ces neuf États, quatre ont, en principe, les États parties dont l'industrie chimique nationale compte parmi les plus importantes de la région, fait qui est établi à partir de données communiquées et publiées internationalement; de plus, le groupe régional convient de prendre en considération d'autres facteurs régionaux pour désigner ces quatre membres;

c) Cinq États parties d'Europe orientale désignés par les États parties situés dans cette région. Comme critère de leur désignation, il est entendu que l'un de ces cinq États est, en principe, l'État partie dont l'industrie chimique nationale compte parmi les plus importantes de la région, fait qui est établi à partir de données communiquées et publiées internationalement de plus, le groupe régional convient de prendre en considération d'autres facteurs régionaux pour désigner ce membre;

d) Sept États parties d'Amérique latine et des Caraïbes désignés par les États parties situés dans cette région. Comme critère de leur désignation, il est entendu que, sur ces sept États, trois sont, en principe, les États parties dont l'industrie chimique nationale compte parmi les plus importantes de la région, fait qui est établi à partir de données communiquées et publiées internationalement; de plus, le groupe régional convient de prendre en considération d'autres facteurs régionaux pour désigner ces trois membres;

e) Dix États parties du groupe des États d'Europe occidentale et autres États, désignés par les États parties qui sont membres de ce groupe. Comme critère de leur désignation, il est entendu que, sur ces dix États, cinq sont, en principe, les États parties dont l'industrie chimique nationale compte parmi les plus importantes de la région, fait qui est établi à partir de données communiquées et publiées internationalement de plus, le groupe régional convient de prendre en considération d'autres facteurs régionaux pour désigner ces cinq membres;

f) Un autre État partie que désignent à tour de rôle les États parties de la région de l'Asie et de celle de l'Amérique latine et des Caraïbes. Comme critère de cette désignation, il est entendu que les États parties de ces régions choisissent par rotation l'un des membres de leur groupe.

24. Lors de la première élection du Conseil exécutif, 20 États parties seront élus pour un an, compte dûment tenu des proportions numériques énoncées au paragraphe 23.

25. Après que les articles 4 et 5 auront été intégralement appliqués, la Conférence pourra, à la demande de la majorité des membres du Conseil exécutif, réexaminer la composition de ce dernier à la lumière des événements ayant un rapport avec les principes régissant sa composition qui sont spécifiés au paragraphe 23.

26. Le Conseil exécutif élabore son règlement intérieur et le soumet à l'approbation de la Conférence.

27. Le Conseil exécutif élit son président parmi ses membres.

28. Le Conseil exécutif tient des sessions ordinaires. Entre les sessions ordinaires, il se réunit aussi souvent que l'exige l'exercice de ses pouvoirs et fonctions.

29. Chaque membre du Conseil exécutif dispose d'une voix. Sauf disposition contraire de la présente Convention, le Conseil exécutif prend les décisions sur les questions de fond à la majorité des deux tiers de l'ensemble de ses membres. Le Conseil exécutif prend les décisions relatives aux questions de procédure à la majorité simple de l'ensemble de ses membres. En cas de doute sur le point de savoir s'il s'agit ou non d'une question de fond, la question visée est traitée comme une question de fond, à moins que le Conseil exécutif n'en décide autrement à la majorité requise pour les décisions sur les questions de fond.

Pouvoirs et fonctions

30. Le Conseil exécutif est l'organe exécutif de l'Organisation. Il relève de la Conférence. Le Conseil exécutif exerce les pouvoirs et

fonctions qui lui sont attribués par la présente Convention, de même que les fonctions qui lui sont déléguées par la Conférence. Ce faisant, il agit en conformité avec les recommandations, les décisions et les directives de la Conférence et veille à ce qu'elles soient appliquées comme il se doit et de manière suivie.

31. Le Conseil exécutif œuvre à l'application effective et au respect de la présente Convention. Il supervise les activités du Secrétariat technique, coopère avec l'autorité nationale de chaque État partie et facilite la consultation et la coopération entre États parties, à leur demande.

32. Le Conseil exécutif :

a) Examine et présente à la Conférence le projet de budget-programme de l'Organisation;

b) Étudie et présente à la Conférence le projet de rapport de l'Organisation sur l'application de la présente Convention, le rapport sur l'exécution de ses propres activités et les rapports spéciaux qu'il juge nécessaires ou que la Conférence demanderait;

c) Prend les dispositions nécessaires pour l'organisation des sessions de la Conférence et notamment pour l'établissement de l'ordre du jour provisoire.

33. Le Conseil exécutif peut demander la convocation d'une session extraordinaire de la Conférence.

34. Le Conseil exécutif :

a) Conclut des accords ou prend des arrangements avec les États et les organisations internationales au nom de l'Organisation, sous réserve de l'approbation préalable de la Conférence;

b) Conclut des accords avec les États parties au nom de l'Organisation en ce qui concerne l'article 10 et supervise le fonds de contributions volontaires mentionné dans cet article;

c) Approuve les accords ou les arrangements concernant l'exécution des activités de vérification négociés par le Secrétariat technique avec les États parties.

35. Le Conseil exécutif examine tout problème ou toute question relevant de sa compétence qui a des répercussions sur la présente Convention et sur son application, y compris les motifs de préoccupation quant au respect de la Convention et les cas de non-respect, et, selon qu'il convient, en informe les États parties et porte le problème ou la question à l'attention de la Conférence.

36. Lorsqu'il examine des doutes ou des préoccupations quant au respect de la présente Convention et des cas de non-respect, notamment un usage abusif des droits énoncés dans la Convention, le Conseil exécutif consulte les États parties intéressés et, selon qu'il convient, demande à l'État partie de prendre des mesures pour redresser la situation dans des délais fixés. Pour autant que le Conseil exécutif juge nécessaire de poursuivre l'affaire, il prend entre autres une ou plusieurs des mesures suivantes :

a) Il informe tous les États parties du problème ou de la question;

b) Il porte le problème ou la question à l'attention de la Conférence;

c) Il fait des recommandations à la Conférence touchant les mesures à prendre pour redresser la situation et assurer le respect de la Convention.

Si la situation est particulièrement grave et urgente, le Conseil exécutif porte directement le problème ou la question, y compris les informations et les conclusions pertinentes, à l'attention de l'Assemblée générale des Nations unies et du Conseil de sécurité de l'Organisation des Nations unies. Il informe en même temps tous les États parties de cette démarche.

D. Le Secrétariat technique

37. Le Secrétariat technique aide la Conférence et le Conseil exécutif dans l'accomplissement de leurs fonctions. Il exécute les mesures de vérification prévues par la présente Convention. Il exerce les autres fonctions qui lui sont attribuées par la Convention, de même que les fonctions qui lui sont déléguées par la Conférence et le Conseil exécutif.

38. Le Secrétariat technique :

a) Établit et présente au Conseil exécutif le projet de budget-programme de l'Organisation;

b) Établit et présente au Conseil exécutif le projet de rapport de l'Organisation sur l'application de la présente Convention et tous autres rapports que la Conférence ou le Conseil exécutif demanderait;

c) Fournit un appui administratif et technique à la Conférence, au Conseil exécutif et aux organes subsidiaires;

d) Adresse et reçoit au nom de l'Organisation des communications destinées aux États parties ou émanant de ceux-ci et portant sur des questions relatives à l'application de la présente Convention;

e) Fournit une assistance technique aux États parties en vue de l'application des dispositions de la présente Convention et établit pour eux à cette même fin des évaluations techniques, notamment de produits chimiques inscrits et non inscrits.

39. Le Secrétariat technique :

a) Négocie avec les États parties des accords ou des arrangements concernant l'exécution des activités de vérification, qui sont soumis à l'approbation du Conseil exécutif;

b) Au plus tard 180 jours après l'entrée en vigueur de la présente Convention, coordonne la constitution et le maintien de stocks permanents destinés aux secours d'urgence et a l'aide humanitaire fournis par les États parties conformément au paragraphe 7, alinéas b) et c), de l'article 10. Le Secrétariat technique peut inspecter les éléments en stock pour s'assurer qu'ils sont utilisables. La Conférence examine et approuve les listes d'éléments à stocker, conformément à l'alinéa l) du paragraphe 21 ;

c) Administre le fonds de contributions volontaires visés à l'article 10, recueille les déclarations présentées par les États parties et enregistre sur demande les accords bilatéraux conclus entre les États parties ou entre un État partie et l'Organisation aux fins de l'article 10.

40. Le Secrétariat technique informe le Conseil exécutif de toute difficulté qu'il a pu rencontrer dans l'exercice de ses fonctions, y compris des doutes, ambiguïtés ou incertitudes quant au respect de la présente Convention qu'il a constatés dans l'exécution de ses activités de vérification et qu'il n'a pu lever ou éclaircir par des consultations avec l'État partie intéressé.

41. Le Secrétariat technique est composé d'un directeur général, qui en est le chef et en dirige l'administration, d'inspecteurs et de collaborateurs scientifiques, techniques et autres, selon les besoins.

42. L'inspectorat fait partie du Secrétariat technique et est placé sous la supervision du Directeur général.

43. Le Directeur général est nommé par la Conférence sur recommandation du Conseil exécutif, pour quatre ans son mandat peut être renouvelé une seule fois.

44. Le Directeur général est chargé de la nomination des membres du personnel ainsi que de l'organisation et du fonctionnement du Secrétariat technique, et en répond auprès de la Conférence et du Conseil exécutif. La considération dominante dans le recrutement et la définition des conditions d'emploi du personnel est la nécessité d'assurer les plus hautes qualités d'efficacité, de compétence et d'intégrité. Seuls des nationaux des États parties peuvent être nommés directeur général ou engagés comme inspecteurs, collaborateurs, cadres ou employés d'administration. Est dûment prise en considération l'importance d'un recrutement effectué sur une base géographique aussi large que possible. Aux fins du recrutement, il est tenu compte du principe suivant lequel les effectifs doivent être maintenus au minimum nécessaire pour que le Secrétariat technique puisse s'acquitter convenablement de ses responsabilités.

45. Le Directeur général est chargé de l'organisation et du fonctionnement du Conseil scientifique consultatif visé à l'alinéa h) du paragraphe 21. Il nomme, en consultant les États parties, les membres de ce conseil, qui siègent à titre personnel. Les membres du Conseil scientifique consultatif sont recrutés sur la base de leurs compétences dans les domaines scientifiques particuliers ayant un rapport avec l'application de la présente Convention. Le Directeur général peut aussi, en consultant les membres de ce conseil, établir à titre temporaire et selon que de besoin des groupes de travail d'experts scientifiques pour faire des recommandations concernant des problèmes particuliers. Dans ce contexte, les États parties peuvent soumettre des listes d'experts au Directeur général.

46. Dans l'exercice de leurs fonctions, le Directeur général, les inspecteurs et les autres membres du personnel ne demandent ni ne reçoivent d'instructions d'aucun Gouvernement ni d'aucune autre source extérieure à l'Organisation. Ils s'abstiennent de tout acte qui pourrait nuire à leur statut de fonctionnaires internationaux relevant uniquement de la Conférence et du Conseil exécutif.

47. Chaque État partie respecte la nature exclusivement internationale des responsabilités confiées au Directeur général, aux inspecteurs et aux autres membres du personnel et ne cherche pas à les influencer dans l'accomplissement de leurs fonctions.

E. Privilèges et immunités

48. L'Organisation jouit, sur le territoire et en tout autre lieu placé sous la juridiction ou le contrôle d'un État partie, de la capacité juridique et des privilèges et immunités qui lui sont nécessaires pour exercer ses fonctions.

49. Les représentants des États parties ainsi que leurs suppléants et conseillers, les représentants nommés au Conseil exécutif ainsi que leurs suppléants et conseillers, le Directeur général et le personnel de l'Organisation, jouissent des privilèges et immunités qui leur sont nécessaires pour exercer en toute indépendance leurs fonctions dans le cadre de l'Organisation.

50. La capacité juridique et les privilèges et immunités mentionnés dans le présent article sont définis dans des accords entre l'Organisation et les États parties ainsi que dans un accord entre l'Organisation et le pays dans lequel est situé le siège de l'Organisation. La Conférence examine et approuve ces accords, conformément à l'alinéa i) du paragraphe 21.

51. Nonobstant les paragraphes 48 et 49, le Directeur général et le personnel du Secrétariat technique jouissent, durant l'exécution des activités de vérification des privilèges et immunités énoncés dans la deuxième partie, section B, de l'Annexe sur la vérification.

Art. 9. – Consultations, coopération et établissement des faits

1. Les États parties se consultent et coopèrent, directement entre eux ou par l'intermédiaire de l'Organisation ou encore suivant d'autres procédures internationales appropriées, y compris des procédures établies dans le cadre de l'Organisation des Nations unies et conformément à sa Charte, sur toute question qui serait soulevée touchant l'objet et le but de la présente Convention ou l'application de ses dispositions.

2. Sans préjudice du droit de tout État partie de demander une inspection par mise en demeure, les États parties devraient, chaque fois que possible, commencer par tout mettre en œuvre pour éclaircir et régler, par un échange d'informations et par des consultations entre eux, toute question qui susciterait un doute quant au respect de la présente

Convention ou une préoccupation au sujet d'une question connexe qui serait jugée ambiguë. L'État partie qui reçoit d'un autre État partie une demande d'éclaircissements au sujet d'une question dont l'État partie requérant croit qu'elle suscite un tel doute ou une telle préoccupation fournit à cet État, dès que possible, et en tout état de cause au plus tard dix jours après réception de la demande, des informations suffisantes pour lever ce doute ou cette préoccupation ainsi qu'une explication de la façon dont les informations fournies règlent la question. Aucune disposition de la présente Convention n'affecte le droit de deux ou de plusieurs États parties d'organiser par consentement mutuel des inspections ou de prendre entre eux tous autres arrangements pour éclaircir et régler toute question qui susciterait un doute quant au respect de la Convention ou une préoccupation au sujet d'une question connexe qui serait jugée ambiguë. De tels arrangements n'affectent pas les droits et obligations qu'a tout État partie en vertu d'autres dispositions de la présente Convention.

Procédure à suivre dans le cas d'une demande d'éclaircissements

3. Un État partie a le droit de demander au Conseil exécutif de l'aider à éclaircir toute situation qui serait jugée ambiguë ou qui suscite une préoccupation quant au non-respect éventuel de la présente Convention par un autre État partie. Le Conseil exécutif fournit les informations pertinentes qu'il possède à ce sujet.

4. Un État partie a le droit de demander au Conseil exécutif d'obtenir d'un autre État partie des éclaircissement au sujet de toute situation qui serait jugée ambiguë ou qui suscite une préoccupation quant au non-respect éventuel de la présente Convention par ce dernier. En pareil cas, les dispositions suivantes s'appliquent :

a) Le Conseil exécutif transmet la demande d'éclaircissements à l'État partie intéressé par l'intermédiaire du Directeur général au plus tard 24 heures après sa réception;

b) L'État partie requis fournit des éclaircissements au Conseil exécutif dès que possible et en tout état de cause au plus tard dix jours après réception de la demande;

c) Le Conseil exécutif prend note des éclaircissements et les transmet à l'État partie requérant au plus tard 24 heures après leur réception;

d) S'il juge ces éclaircissements insuffisants, l'État partie requérant a le droit de demander au Conseil exécutif d'obtenir de l'État partie requis des précisions supplémentaires;

e) Pour obtenir les précisions complémentaires demandées au titre de l'alinéa d), le Conseil exécutif peut demander au Directeur général de constituer un groupe d'experts en faisant appel aux collaborateurs du Secrétariat technique ou, si ceux-ci n'ont pas les compétences requises en l'occurrence, à des spécialistes extérieurs. Ce groupe est chargé d'examiner toutes les informations et données disponibles se rapportant à la situation qui suscite la préoccupation. Il présente au

Conseil exécutif un rapport factuel dans lequel il apporte ses conclusions;

f) Si l'État partie requérant estime que les éclaircissements obtenus au titre des alinéas d) et e) ne sont pas satisfaisants, il a le droit de demander la convocation d'une réunion extraordinaire du Conseil exécutif, à laquelle les États parties intéressés qui ne sont pas membres du Conseil exécutif sont habilités à participer. À cette réunion extraordinaire, le Conseil exécutif examine la question et peut recommander toute mesure qu'il juge appropriée pour régler la situation.

5. Un État partie a aussi le droit de demander au Conseil exécutif d'éclaircir toute situation qui a été jugée ambiguë ou qui a suscité une préoccupation quant au non-respect éventuel de la présente Convention par cet État. Le Conseil exécutif accède à une telle demande en fournissant l'assistance appropriée.

6. Le Conseil exécutif informe les États parties de toute demande d'éclaircissements faite conformément au présent article.

7. Si le doute ou la préoccupation d'un État partie quant à un cas de non-respect éventuel de la Convention n'a pas été dissipé dans les 60 jours suivant la présentation de la demande d'éclaircissements au Conseil exécutif, ou si cet État estime que ses doutes justifient un examen urgent, il a la faculté, sans nécessairement exercer son droit à une inspection par mise en demeure, de demander la convocation d'une session extraordinaire de la Conférence, conformément au paragraphe 12, alinéa c), de l'article 8. À cette session extraordinaire, la Conférence examine la question et peut recommander toute mesure qu'elle juge appropriée pour régler la situation.

Procédure à suivre dans le cas d'inspections par mise en demeure

8. Chaque État partie a le droit de demander une inspection sur place par mise en demeure de toute installation ou de tout emplacement se trouvant sur le territoire d'un autre État partie ou en tout autre lieu placé sous la juridiction ou le contrôle de cet État à seule fin d'élucider et de résoudre toutes questions liées au non-respect éventuel des dispositions de la présente Convention, et de faire effectuer cette inspection sans retard en quelque lieu que ce soit par une équipe d'inspection désignée par le Directeur général et en conformité avec l'Annexe sur la vérification.

9. Chaque État partie est tenu de veiller à ce que la demande d'inspection par mise en demeure ne sorte pas du cadre de la présente Convention et de fournir dans cette demande toute l'information pertinente qui est à l'origine de la préoccupation quant au non-respect éventuel de la Convention, comme il est spécifié dans l'Annexe sur la vérification. Chaque État partie s'abstient de demandes d'inspection sans fondement, en prenant soin d'éviter des abus. L'inspection par mise en demeure est effectuée à seule fin d'établir les faits se rapportant au non-respect éventuel de la Convention.

10. Aux fins de vérifier le respect des dispositions de la présente Convention, chaque État partie autorise le Secrétariat technique à effectuer l'inspection sur place par mise en demeure conformément au paragraphe 8.

11. À la suite d'une demande d'inspection par mise en demeure visant une installation ou un emplacement, et suivant les procédures prévues dans l'Annexe sur la vérification, l'État partie inspecté a :

a) Le droit et l'obligation de faire tout ce qui lui est raisonnablement possible pour démontrer qu'il respecte la présente Convention et, à cette fin, de permettre à l'équipe d'inspection de remplir son mandat;

b) L'obligation de donner accès à l'intérieur du site requis à seule fin d'établir les faits en rapport avec la préoccupation quant au non-respect éventuel de la présente Convention;

c) Le droit de prendre des mesures pour protéger les installations sensibles et d'empêcher la divulgation d'informations et de données confidentielles, sans rapport avec la présente Convention.

12. La participation d'un observateur à l'inspection est régie par les dispositions suivantes :

a) L'État partie requérant peut, sous réserve de l'accord de l'État partie inspecté, envoyer un représentant observer le déroulement de l'inspection par mise en demeure ce représentant peut être un ressortissant de l'État partie requérant ou d'un État partie tiers;

b) L'État partie inspecté accorde alors à l'observateur l'accès, conformément à l'Annexe sur la vérification;

c) En principe, l'État partie inspecté accepte l'observateur proposé, mais si cet État oppose son refus, le fait est consigné dans le rapport final.

13. L'État partie requérant présente sa demande d'inspection sur place par mise en demeure au Conseil exécutif et, simultanément, au Directeur général afin qu'il y soit donné immédiatement suite.

14. Le Directeur général s'assure immédiatement que la demande d'inspection satisfait aux exigences stipulées au paragraphe 4 de la dixième partie de l'Annexe sur la vérification, et aide au besoin l'État partie requérant à formuler sa demande en conséquence. Lorsque la demande d'inspection satisfait à ces exigences, les préparatifs de l'inspection par mise en demeure commencent.

15. Le Directeur général transmet la demande d'inspection à l'État partie inspecté au moins 12 heures avant l'arrivée prévue de l'équipe d'inspection au point d'entrée.

16. Après avoir reçu la demande d'inspection, le Conseil exécutif prend connaissance des mesures prises par le Directeur général pour donner suite à la demande et reste saisi de l'affaire tout au long de la procédure d'inspection. Toutefois, ses délibérations ne doivent pas retarder le déroulement de l'inspection.

17. Le Conseil exécutif peut, au plus tard 12 heures après réception de la demande d'inspection, se prononcer contre la réalisation de

l'inspection par mise en demeure à la majorité des trois quarts de l'ensemble de ses membres, s'il estime que la demande est frivole ou abusive ou qu'elle sort manifestement du cadre de la présente Convention, au sens des dispositions du paragraphe 8 du présent article. Ni l'État partie requérant ni l'État partie inspecté ne prennent part à une telle décision. Si le Conseil exécutif se prononce contre l'inspection par mise en demeure, les préparatifs sont interrompus, il n'est donné aucune suite à la demande d'inspection, et les États parties intéressés sont informés en conséquence.

18. Le Directeur général délivre un mandat d'inspection pour la conduite de l'inspection par mise en demeure. Ce mandat traduit la demande d'inspection visée aux paragraphes 8 et 9 en termes opérationnels et est conforme à cette demande.

19. L'inspection par mise en demeure est effectuée conformément à la dixième partie de l'Annexe sur la vérification ou, dans le cas d'une allégation d'emploi, conformément à la onzième partie de cette annexe. L'équipe d'inspection est guidée par le principe suivant lequel il convient qu'elle effectue l'inspection par mise en demeure de la manière la moins intrusive possible et compatible avec l'accomplissement de sa mission de façon efficace et dans les délais.

20. L'État partie inspecté prête son concours à l'équipe d'inspection tout au long de l'inspection par mise en demeure et facilite sa tâche. Si l'État partie inspecté propose, conformément à la dixième partie, section C, de l'Annexe sur la vérification, à titre d'alternative à un accès général et complet, des arrangements propres à démontrer qu'il respecte la Convention, il fait tout ce qui lui est raisonnablement possible, au moyen de consultations avec l'équipe d'inspection, pour parvenir à un accord sur les modalités d'établissement des faits dans le but de démontrer qu'il respecte la Convention.

21. Le rapport final contient les faits constatés ainsi qu'une évaluation par l'équipe d'inspection du degré et de la nature de l'accès et de la coopération qui lui ont été accordés aux fins de la bonne exécution de l'inspection par mise en demeure. Le Directeur général transmet sans tarder le rapport final de l'équipe d'inspection à l'État partie requérant, à l'État partie inspecté, au Conseil exécutif et à tous les autres États parties. En outre, il transmet sans tarder au Conseil exécutif l'évaluation de l'État partie requérant et de l'État partie inspecté ainsi que les vues d'autres États parties qui ont pu lui être indiquées pour les besoins de la cause, et les communique ensuite à tous les États parties.

22. Le Conseil exécutif, agissant conformément à ses pouvoirs et fonctions, examine le rapport final de l'équipe d'inspection dès qu'il lui est présenté et traite tout motif de préoccupation afin de déterminer :

a) S'il y a eu non-respect;

b) Si la demande ne sortait pas du cadre de la présente Convention;

c) S'il y a eu abus du droit de demander une inspection par mise en demeure.

23. Si le Conseil exécutif, agissant en conformité avec ses pouvoirs et fonctions, parvient à la conclusion, eu égard au paragraphe 22, qu'il peut être nécessaire de poursuivre l'affaire, il prend les mesures appropriées en vue de redresser la situation et d'assurer le respect de la présente Convention, y compris en faisant des recommandations précises à la Conférence. En cas d'abus, le Conseil exécutif examine la question de savoir si l'État partie requérant doit assumer la totalité ou une partie des incidences financières de l'inspection par mise en demeure.

24. L'État partie requérant et l'État partie inspecté ont le droit de prendre part à la procédure d'examen. Le Conseil exécutif informe les États parties et la Conférence, lors de sa session suivante, du résultat de cette procédure.

25. Si le Conseil exécutif lui fait des recommandations précises, la Conférence étudie la suite à donner, conformément à l'article 12.

Art. 10. – Assistance et protection contre les armes chimiques

1. Aux fins du présent article, on entend par « assistance » la coordination et la fourniture aux États parties d'une protection contre les armes chimiques, qui porte notamment sur les éléments suivants matériel de détection et systèmes d'alarme matériel de protection matériel de décontamination et de décontaminants antidotes et traitements médicaux conseils sur chacune de ces mesures de protection.

2. Aucune disposition de la présente Convention ne doit être Interprétée comme portant atteinte au droit de tout État partie de se livrer à des recherches sur des moyens de protection contre les armes chimiques et de mettre au point, de fabriquer, d'acquérir, de transférer ou d'utiliser de tels moyens à des fins non interdites par la présente Convention.

3. Chaque État partie s'engage à faciliter l'échange le plus complet possible de matériel, de matières et d'informations scientifiques et techniques concernant les moyens de protection contre les armes chimiques, et a le droit de participer à un tel échange.

4. Pour accroître la transparence des programmes nationaux menés à des fins de protection, chaque État partie fournit annuellement au Secrétariat technique des renseignements concernant son programme, selon les procédures qui seront examinées et approuvées par la Conférence conformément au paragraphe 21 alinéa i). de l'article 8.

5. Le Secrétariat technique crée, au plus tard 180 jours après l'entrée en vigueur de la Convention, une banque de données contenant des informations librement disponibles sur divers moyens de protection contre les armes chimiques, ainsi que les informations que fourniraient les États parties, et exploite cette banque de données à l'usage de tout État partie demandeur.

Dans la limite des ressources dont il dispose, et à la demande d'un État partie, le Secrétariat technique fournit également des conseils d'experts et aide cet État à trouver les moyens d'exécuter ses programmes concernant la mise en place et l'amélioration d'une capacité de protection contre les armes chimiques.

6. Aucune disposition de la présente Convention ne doit être interprétée comme portant atteinte au droit des États parties de demander et de fournir une assistance à titre bilatéral et de conclure des accords individuels avec d'autres États parties en ce qui concerne la fourniture d'urgence d'une assistance.

7. Chaque État partie s'engage à fournir une assistance par l'intermédiaire de l'Organisation et à prendre à cette fin une ou plusieurs des mesures suivantes, à son gré :

a) Il contribue au fonds de contributions volontaires pour l'assistance que la Conférence créera lors de sa première session ;

b) Il conclut avec l'Organisation, si possible dans les 180 jours suivant l'entrée en vigueur de la Convention à son égard, des accords concernant la fourniture d'une assistance sur demande ;

c) Il déclare, au plus tard 180 jours après l'entrée en vigueur de la Convention à son égard, le type d'assistance qu'il pourrait fournir si l'Organisation lui en faisait la demande. Cependant, si l'État partie n'est pas à même par la suite de fournir l'assistance indiquée dans sa déclaration, il reste soumis à l'obligation de prêter son concours conformément aux dispositions du présent paragraphe.

8. Chaque État partie a le droit de demander et, sous réserve de la procédure énoncée aux paragraphes 9, 10 et il, de recevoir une assistance et une protection contre l'emploi ou la menace d'armes chimiques s'il estime :

a) Que des armes chimiques ont été employées contre lui ;

b) Que des agents de lutte anti-émeute ont été employés contre lui en tant que moyens de guerre ;

c) Qu'il est menacé par des actes ou des activités d'un État quel qu'il soit, qui sont interdits aux États parties en vertu de l'article premier.

9. La demande, étayée par les informations pertinentes, est adressée au Directeur général, qui la transmet immédiatement au Conseil exécutif et à tous les États parties ; le Directeur général fait immédiatement suivre la demande aux États parties qui se sont offerts, conformément aux alinéas b) et c) du paragraphe 7, à fournir des secours d'urgence en cas d'emploi d'armes chimiques ou d'agents de lutte anti-émeute en tant que moyens de guerre, ou une aide humanitaire en cas de menace grave d'emploi d'armes chimiques ou d'agents de lutte anti-émeute en tant que moyens de guerre, et qui sont susceptibles de fournir une telle assistance à l'État partie intéressé au plus tard 12 heures après réception de la demande. Au plus tard 24 heures après réception de la demande, le Directeur général ouvre une enquête sur laquelle reposeront les mesures à prendre par la suite. Il achève l'enquête dans les 72 heures et remet un rapport au Conseil exécutif. S'il faut davantage de temps pour achever l'enquête, un rapport inté-

rimaire est présenté dans les mêmes délais. La prolongation accordée pour les besoins de l'enquête ne dépasse pas 72 heures. Toutefois, elle peut être étendue d'une ou plusieurs périodes de même durée. Un rapport est présenté au Conseil exécutif à l'expiration de chaque délai supplémentaire. Selon que de besoin, et conformément à la demande et aux informations qui l'accompagnent, l'enquête établit les faits pertinents pour la demande ainsi que la nature et la portée de l'assistance supplémentaire et de la protection requises.

10. Au plus tard 24 heures après avoir reçu un rapport sur les résultats de l'enquête, le Conseil exécutif se réunit afin d'examiner la situation et prend, dans les 24 heures qui suivent, une décision à la majorité simple afin de déterminer si le Secrétariat technique doit être chargé de fournir une assistance supplémentaire. Le Secrétariat technique transmet immédiatement à tous les États parties et aux organisations internationales pertinentes le rapport d'enquête et la décision prise par le Conseil exécutif. Si le Conseil exécutif se prononce pour une assistance, le Directeur général la fournit immédiatement. À cet effet, le Directeur général peut coopérer avec l'État partie requérant, d'autres États parties et les organisations internationales pertinentes. Les États parties font tout leur possible pour fournir une assistance.

11. Si les informations recueillies pendant l'enquête ou provenant d'autres sources dignes de foi donnent la preuve suffisante de l'existence de victimes d'un emploi d'armes chimiques et qu'il est indispensable d'agir immédiatement, le Directeur général le fait savoir à tous les États parties et prend des mesures d'assistance d'urgence en utilisant les ressources que la Conférence a mises à sa disposition pour de tels cas d'urgence. Le Directeur général tient le Conseil exécutif informé des mesures prises conformément au présent paragraphe.

Art. 11. – Développement économique et technologique

1. Les dispositions de la présente Convention sont appliquées de manière à éviter d'entraver le développement économique ou technologique des États parties et la coopération internationale dans le domaine des activités chimiques à des fins non interdites par la Convention, y compris l'échange international d'informations scientifiques et techniques, de produits chimiques et de matériel pour la fabrication, le traitement ou l'utilisation de produits chimiques à des fins non interdites par la Convention.

2. Sous réserve des dispositions de la présente Convention, et sans préjudice des principes et des règles applicables du droit international, les États parties :

a) Ont le droit, individuellement ou collectivement, de se livrer à des recherches sur des produits chimiques et de mettre au point, de fabriquer, d'acquérir, de conserver, de transférer et d'utiliser de tels produits;

b) S'engagent à faciliter l'échange le plus complet possible de produits chimiques, de matériel et d'informations scientifiques et techniques touchant le développement et l'application de la chimie à des fins non interdites par la présente Convention, et ont le droit de participer à un tel échange;

c) N'appliquent pas entre eux de restrictions incompatibles avec les obligations qu'ils ont contractées en vertu de la présente Convention – ni même celles qui figureraient dans des accords internationaux –, qui imposeraient des limites ou feraient obstacle au commerce ou au développement et à la promotion des connaissances scientifiques et techniques dans le domaine de la chimie à des fins industrielles, agricoles, de recherche, des fins médicales, pharmaceutiques ou d'autres fins pacifiques;

d) Ne s'autorisent pas de la présente Convention pour appliquer des mesures autres que celles qui sont prévues ou permises par la Convention et ne s'autorisent d'aucun autre accord international pour poursuivre un objectif incompatible avec la présente Convention;

e) S'engagent à revoir leur réglementation nationale en matière de commerce des produits chimiques pour la rendre compatible avec l'objet et le but de la présente Convention.

Art. 12. – Mesures propres à redresser une situation et à garantir le respect de la présente Convention, y compris les sanctions

1. La Conférence prend, ainsi qu'il est prévu aux paragraphes 2, 3 et 4, les mesures nécessaires pour assurer le respect de la présente Convention et pour redresser et corriger toute situation contrevenant aux dispositions de la Convention. Lorsqu'elle envisage de telles mesures, conformément au présent paragraphe, la Conférence tient compte de toutes les informations et recommandations en la matière qui lui ont été soumises par le Conseil exécutif.

2. Dans les cas où un État partie auquel le Conseil exécutif a demandé de prendre des mesures propres à redresser une situation qui met en cause son respect de la Convention ne satisfait pas à cette demande dans les délais fixés, la Conférence peut, entre autres, sur recommandation du Conseil exécutif, restreindre ou suspendre les droits et privilèges dont jouit cet État partie au titre de la présente Convention jusqu'à ce qu'il fasse le nécessaire pour se conformer aux obligations qu'il a contractées en vertu de la Convention.

3. Dans les cas où un préjudice grave risque d'être porté à l'objet et au but de la présente Convention du fait d'activités interdites par la Convention, en particulier par l'article premier, la Conférence peut recommander aux États parties des mesures collectives, conformément au droit international.

4. Si la situation est particulièrement grave, la Conférence porte la question, y compris les informations et les conclusions pertinentes, à l'attention de l'Assemblée générale des Nations unies et du Conseil de sécurité de l'Organisation des Nations unies.

Art. 13. – Rapports avec d'autres accords internationaux

Aucune disposition de la présente Convention ne doit être interprétée comme restreignant ou amoindrissant de quelque façon que ce soit les obligations contractées par un État en vertu du Protocole concernant la prohibition d'emploi à la guerre de gaz asphyxiants, toxiques ou similaires et de moyens bactériologiques, signé à Genève le 17 juin 1925, et en vertu de la Convention sur l'interdiction de la mise au point, de la fabrication et du stockage des armes bactériologiques (biologiques) ou à toxines et sur leur destruction, signée à Londres, Moscou et Washington, le 10 avril 1972.

Art. 14. – Règlement des différends

1. Les différends qui naîtraient au sujet de l'application ou de l'interprétation de la présente Convention sont réglés suivant les dispositions pertinentes de la Convention et d'une manière conforme aux dispositions de la Charte des Nations unies.

2. En cas de différend entre deux ou plusieurs États parties, ou entre un ou plusieurs États parties et l'Organisation, quant à l'interprétation ou à l'application de la présente Convention, les parties se consultent en vue de régler rapidement ce différend par la voie de négociations ou par tout autre moyen pacifique de leur choix, y compris en ayant recours aux organes appropriés de la Convention et, par consentement mutuel, en saisissant la Cour internationale de justice conformément au Statut de cette dernière. Les États parties en cause tiennent le Conseil exécutif informé des mesures prises.

3. Le Conseil exécutif peut contribuer au règlement d'un différend par tout moyen qu'il juge approprié, y compris en offrant ses bons offices, en invitant les États qui sont parties au différend à entamer le processus de règlement qu'ils ont choisi et en recommandant un délai d'exécution de toute procédure convenue.

4. La Conférence examine, quant aux différends, les points qui sont soulevés par des États parties ou qui sont portés à son attention par le Conseil exécutif. Si elle le juge nécessaire, la Conférence crée, conformément au paragraphe 21, alinéa f), de l'article 8, des organes chargés de contribuer au règlement des différends ou confie cette tâche à des organes existants.

5. La Conférence et le Conseil exécutif sont habilités séparément, sous réserve de l'autorisation de l'Assemblée générale des Nations unies, à demander à la Cour internationale de justice de donner un avis consultatif sur tout point de droit entrant dans le cadre des activités de l'Organisation. L'Organisation conclut un accord avec l'Organisation des Nations unies à cette fin, conformément au paragraphe 34, alinéa a), de l'article 8.

6. Les dispositions du présent article sont sans préjudice de celles de l'article 9 ou des dispositions relatives aux mesures propres à redresser

une situation et à garantir le respect de la présente Convention, y compris les sanctions.

Art. 15. – Amendements

1. Tout État partie peut proposer d'apporter des amendements à la présente Convention. Tout État partie peut aussi proposer d'apporter des modifications, telles que spécifiées au paragraphe 4, aux annexes de la Convention. Les propositions d'amendement sont régies par la procédure énoncée aux paragraphes 2 et 3. Les propositions de modification, telles que spécifiées au paragraphe 4, sont régies par la procédure énoncée au paragraphe 5.

2. Le texte d'une proposition d'amendement est soumis au Directeur général, qui le fait tenir à tous les États parties et au Dépositaire. Une telle proposition ne peut être examinée que par une conférence d'amendement. Cette conférence est convoquée si un tiers au moins des États parties notifient au Directeur général. Au plus tard 30 jours après la distribution du texte, qu'ils sont favorables à la poursuite de l'examen de la proposition. La conférence d'amendement se tient immédiatement après une session ordinaire de la Conférence, à moins que les États parties ne demandent la convocation d'une réunion dans un délai plus rapproché. En aucun cas une conférence d'amendement ne se tient moins de 60 jours après la distribution de la proposition d'amendement.

3. Les amendements entrent en vigueur à l'égard de tous les États parties 30 jours après le dépôt des instruments de ratification ou d'acceptation par tous les États parties visés à l'alinéa b) ci-dessous :

a) Lorsque la conférence d'amendement les a adoptés par un vote positif d'une majorité de tous les États parties sans vote négatif d'aucun État partie ;

b) Lorsqu'ils ont été ratifiés ou acceptés par tous les États parties ayant exprimé un vote positif à la conférence d'amendement.

4. Afin de maintenir la viabilité et l'efficacité de la Convention, les dispositions des annexes sont susceptibles d'être modifiées suivant la procédure énoncée au paragraphe 5 si les modifications proposées n'ont trait qu'à des questions d'ordre administratif ou technique. Toutes les modifications apportées à l'Annexe sur les produits chimiques doivent être faites conformément au paragraphe 5. Cette procédure de modification ne s'applique ni aux sections A et C de l'Annexe sur la confidentialité, ni à la dixième partie de l'Annexe sur la vérification, ni aux définitions de la première partie de l'Annexe sur la vérification qui ont trait exclusivement aux inspections par mise en demeure.

5. Les propositions de modification visées au paragraphe 4 suivent la procédure ci-après :

a) Le texte de la proposition de modification, accompagné des informations nécessaires, est transmis au Directeur général. Tout État partie et le Directeur général peuvent fournir un complément d'information en vue de l'examen de la proposition. Le Directeur général transmet sans retard cette proposition et ces informations à tous les États parties, au Conseil exécutif et au Dépositaire ;

b) Au plus tard 60 jours après réception de la proposition, le Directeur général l'examine afin de déterminer tous les effets qu'elle peut avoir sur les dispositions de la présente Convention et son application, puis communique toute information à ce sujet à tous les États parties et au Conseil exécutif ;

c) Le Conseil exécutif étudie la proposition à la lumière de toutes les informations dont il dispose, notamment pour déterminer si elle remplit les conditions énoncées au paragraphe 4. Au plus tard 90 jours après réception de la proposition, il notifie sa recommandation, avec les explications appropriées, à tous les États parties pour examen. Les États parties en accusent réception dans un délai de dix jours ;

d) Si le Conseil exécutif recommande à tous les États parties d'adopter la proposition, elle est considérée comme étant approuvée si aucun État partie ne s'oppose à ladite proposition dans les 90 jours qui suivent la réception de la recommandation. Si le Conseil exécutif recommande de rejeter la proposition, elle est considérée comme étant rejetée si aucun État partie ne s'oppose au rejet de la proposition dans les 90 jours qui suivent la réception de la recommandation ;

e) Si une recommandation du Conseil exécutif ne recueille pas l'approbation requise aux termes de l'alinéa d), la Conférence se prononce à la session suivante sur cette proposition quant au fond, notamment sur la question de savoir si elle remplit les conditions énoncées au paragraphe 4 ;

f) Le Directeur général notifie à tous les États parties et au Dépositaire toute décision prise en vertu du présent paragraphe ;

g) Les modifications approuvées conformément à cette procédure entrent en vigueur à l'égard de tous les États parties 180 jours après la date à laquelle le Directeur général a donné notification de leur approbation, à moins qu'un autre délai ne soit recommandé par le Conseil exécutif ou arrêté par la Conférence.

Art. 16. – Durée et dénonciation

1. La présente Convention a une durée illimitée.

2. Chaque État partie, dans l'exercice de sa souveraineté nationale, a le droit de dénoncer la présente Convention s'il juge que des événements extraordinaires, en rapport avec l'objet de la Convention, ont compromis ses intérêts suprêmes. Il notifie cette dénonciation, avec un préavis de 90 jours, à tous les autres États parties, au Conseil exécutif, au Dépositaire et au Conseil de sécurité de l'Organisation des Nations unies. Il expose dans cette notification les événements extraordinaires qu'il considère comme ayant compromis ses intérêts suprêmes.

3. La dénonciation de la présente Convention n'affecte en rien le devoir des États de continuer à s'acquitter des obligations assumées en vertu de toutes normes pertinentes du droit international, en particulier du Protocole de Genève de 1925.

Art. 17. – Statut des annexes

Les annexes font partie intégrante de la présente Convention. Toute référence à la Convention renvoie également à ses annexes.

Art. 18. – Signature

La présente Convention est ouverte à la signature de tous les États avant son entrée en vigueur.

Art. 19. – Ratification

La présente Convention est soumise à ratification par les États signataires suivant la procédure prévue par leurs constitutions respectives.

Art. 20. – Adhésion

Tout État qui n'a pas signé la présente Convention avant son entrée en vigueur peut y adhérer à tout moment par la suite.

Art. 21. – Entrée en vigueur

1. La présente Convention entre en vigueur le cent quatre-vingtième jour qui suit la date de dépôt du soixante-cinquième instrument de ratification, mais en aucun cas avant un délai de deux ans à compter de la date de son ouverture à la signature.

2. À l'égard des États dont les instruments de ratification ou d'adhésion sont déposés après l'entrée en vigueur de la présente Convention, celle-ci entre en vigueur le trentième jour qui suit la date de dépôt de ces instruments.

Art. 22. – Réserves

Les articles de la présente Convention ne peuvent pas donner lieu à des réserves. Ses annexes ne peuvent pas donner lieu à des réserves qui sont incompatibles avec son objet et son but.

Art. 23. – Dépositaire

Le Secrétaire général de l'Organisation des Nations unies est désigné par la présente disposition comme dépositaire de la Convention et, entre autres, il :

a) Notifie sans retard à tous les États qui ont signé la Convention ou qui y ont adhéré la date de chaque signature, la date de dépôt de chaque instrument de ratification ou d'adhésion, la date d'entrée en vigueur de la Convention et la réception de toute autre communication;

b) Transmet aux Gouvernements de tous les États qui ont signé la Convention ou qui y ont adhéré des copies certifiées conformes du texte de la Convention ;

c) Enregistre la présente Convention conformément aux dispositions de l'Article 102 de la Charte des Nations unies.

Art. 24. – Textes faisant foi

La présente Convention, dont les textes anglais, arabe, chinois, espagnol, français et russe font également foi, est déposée auprès du Secrétaire général de l'Organisation des Nations unies.

En foi de quoi les soussignés, dûment habilités à cet effet, on signé la présente Convention.

38 Traité sur la non-prolifération des armes nucléaires (1)

Date d'adoption : 01/07/1968
Date d'entrée en vigueur : 05/03/1970

Les États qui concluent le présent traité – nommés ci-après « les parties au traité »,

Considérant la dévastation qui serait imposée à toute l'humanité par une guerre nucléaire, et, en conséquence, le besoin de tout faire pour éviter le danger d'une telle guerre et pour prendre les mesures assurant la sécurité des peuples,

Estimant que la prolifération des armes nucléaires augmenterait considérablement le danger de guerre nucléaire,

Se conformant aux résolutions de l'Assemblée générale des Nations unies, qui demandent la conclusion d'un accord empêchant une plus large dissémination des armes nucléaires,

S'engageant à coopérer pour faciliter l'application des clauses de surveillance de l'Agence atomique internationale, concernant les activités nucléaires pacifiques,

Exprimant leur appui pour la recherche, le développement et tous autres efforts tendant à promouvoir l'application, dans le cadre du système de surveillance de l'Agence atomique internationale, du principe de la surveillance efficace du trafic de matériel fissile, au moyen d'instruments et autres techniques appliquées à certains points stratégiques,

Affirmant le principe que les avantages de l'application pacifique de la technologie nucléaire, y compris tous les sous-produits technologiques résultant pour les Puissances équipées d'armes nucléaires, du développement d'engins nucléaires explosifs, devraient être mis, pour des fins pacifiques, à la disposition de toutes les parties au traité, qu'elles soient ou non équipées d'armes nucléaires,

Convaincus que dans l'application de ce principe toutes les parties au traité ont le droit de participer dans la plus large mesure possible aux échanges d'informations scientifiques, et de contribuer, seuls ou en collaboration avec d'autres États, aux développements nouveaux de l'application pacifique de l'énergie atomique,

Déclarant leur intention de mettre fin le plus tôt possible à la course aux armements nucléaires,

Réclamant d'urgence la coopération de tous les États afin de parvenir à cet objectif,

---

(1) 377, 581, 582, 583.

Désirant encourager la détente internationale et le renforcement de la confiance entre les États, afin qu'il soit plus facile de cesser la fabrication des armes nucléaires, de liquider les stocks existants, et d'éliminer des arsenaux nationaux les armes nucléaires et les véhicules porteurs, conformément à un traité de désarmement général et complet soumis à un contrôle international strict et effectif,

Se sont mis d'accord sur le traité dont le texte suit :

Art. premier. – Tout État équipé d'armes nucléaires et partie au présent traité s'engage à ne transférer à aucun bénéficiaire, quel qu'il soit, des armes nucléaires ni d'autres engins nucléaires explosifs, ni le libre usage de tels armes ou engins, directement ou indirectement à n'assister, encourager ou induire en aucune manière un État non équipé d'armes nucléaires à fabriquer, ou acquérir autrement des armes nucléaires ou d'autres engins nucléaires explosifs, ou acquérir le libre usage de tels armes ou engins.

Art. 2. – Tout État non équipé d'armes nucléaires, et partie au présent traité, s'engage à ne pas accepter le transfert, d'aucune source quelle qu'elle soit, d'armes nucléaires ou d'autres engins nucléaires explosifs, ni à en acquérir le libre usage, directement ou indirectement à ne pas en fabriquer ni s'en procurer à ne pas chercher ni recevoir aucune assistance dans leur fabrication.

Art. 3. – 1. Tout État non équipé d'armes nucléaires, et partie au présent traité, s'engage à accepter des clauses de surveillance, telles qu'elles seront établies dans un accord à négocier et à conclure avec l'Agence atomique internationale, en accord avec la Charte de l'Agence et avec son système de surveillance, pour le but exclusif de vérifier l'accomplissement des obligations assumées dans le cadre de ce traité, afin d'empêcher que l'énergie nucléaire à but pacifique soit déviée vers des armes ou d'autres engins explosifs. Les procédures de surveillance requises par le présent article seront appliquées aux matériaux fissiles, qu'ils soient raffinés, fabriqués ou utilisés dans n'importe quelle installation nucléaire principale ou en dehors d'elle. Les clauses de surveillance requises par cet article seront appliquées à tout matériel fissile employé pour tout usage pacifique, à l'intérieur du territoire de l'État, sous sa juridiction, ou n'importe où il exerce son pouvoir.

2. Tout État partie au traité s'engage à ne fournir *a*) ni matériel fissile, *b*) ni équipement ou matériel destiné ou préparé au raffinage, à l'usage ou à la production de matériel fissile raffiné, à aucun État non équipé d'armes nucléaires, même à des fins pacifiques, à moins que ce matériel fissile soit soumis aux clauses de surveillance requises par cet article.

3. Les clauses de surveillance requises par cet article seront appliquées de manière conforme aux exigences de l'article IV de ce traité,

afin de ne pas empêcher le développement économique ou technologique des parties contractantes, ni la coopération internationale dans le domaine des activités nucléaires pacifiques, y compris les échanges internationaux de matériel nucléaire et d'équipement pour le raffinage, l'utilisation ou la production de matériel nucléaire à des fins pacifiques, en accord avec les clauses de cet article et les principes de surveillance établis dans le préambule.

4. Les États non équipés d'armes nucléaires et parties au présent traité concluront des accords avec l'Agence internationale de l'énergie atomique afin de se conformer aux exigences du présent article, soit individuellement, soit ensemble avec d'autres États, en accord avec la Charte de l'Agence. La négociation de tels accords devra commencer dans un délai de 180 jours à dater de l'entrée en vigueur du présent traité. Pour les États qui déposeraient leurs instruments de ratification après ce délai, la négociation de tels accords commencera au plus tard avec la date de dépôt. Ces accords devront entrer en vigueur au plus tard 18 mois après la date du début des négociations.

Art. 4. – 1. Rien dans le présent traité ne doit être interprété comme affectant le droit inaliénable de toutes les parties contractantes à développer la recherche, la production et l'usage d'énergie nucléaire à des fins pacifiques, sans discrimination et conformément aux articles I et II du présent traité.

2. Toutes les parties du traité ont le droit de participer dans la plus large mesure possible aux échanges d'informations scientifiques et technologiques tendant à l'utilisation pacifique de l'énergie nucléaire. Les parties au traité qui sont à même de le faire devront également coopérer, seules ou avec d'autres États ou organisations internationales, à contribuer au développement ultérieur des applications pacifiques de l'énergie nucléaire, spécialement sur les territoires des États parties au traité qui ne sont pas équipés d'armes nucléaires.

Art. 5. – Tout État partie au traité s'engage à coopérer pour qu'il soit assuré que tout avantage potentiel de n'importe quelle application pacifique d'explosions nucléaires soit mis à la disposition, par la voie de procédures internationales appropriées, des États parties au traité qui ne sont pas équipés d'armes nucléaires, sur une base non discriminatoire, et que le prix demandé pour les engins soit aussi bas que possible et exclue toute participation aux frais de recherche et de développement.

Il est entendu que les États non équipés d'armes nucléaires et parties au présent traité, s'ils le désirent, peuvent, moyennant un ou des accords spéciaux, obtenir de tels avantages par voie bilatérale, ou par un organisme international approprié dans lequel les États non équipés d'armes nucléaires seraient adéquatement représentés.

Art. 6. – Chacune des parties à ce traité s'engage à mener de bonne foi des négociations en vue d'arriver à des mesures efficaces concernant la cessation de la course aux armements nucléaires et le désarmement, et de parvenir à un traité de désarmement général et complet sous un contrôle international strict et effectif.

Art. 7. – Rien dans ce présent traité n'affecte le droit d'aucun groupe d'États de conclure des traités régionaux afin d'assurer l'absence totale d'armes nucléaires sur leurs territoires respectifs.

Art. 8. – 1. Toute partie contractante peut proposer des amendements au présent traité. Le texte de tout amendement proposé sera soumis aux Gouvernements dépositaires du traité, qui feront circuler ce texte auprès de toutes les parties contractantes. À la demande d'un tiers ou plus de celles-ci, les Gouvernements dépositaires convoqueront une Conférence, à laquelle seront invitées toutes les parties contractantes, afin d'examiner cet amendement.

2. Tout amendement au présent traité doit être approuvé par la majorité des voix de toutes les parties au traité, y compris les voix de tous les États contractants équipés d'armes nucléaires, et de tous autres États qui, à la date où l'amendement sera mis en circulation, seront membres du Conseil des gouverneurs de l'Agence atomique internationale.

L'amendement entrera en vigueur pour chaque État qui aura déposé ses instruments de ratification de l'amendement, au moment où auront été déposés une majorité d'instruments, y compris ceux des Puissances équipées d'armes nucléaires et ceux des États qui, à la date de la mise en circulation de l'amendement, étaient membres du Conseil des gouverneurs de l'Agence atomique internationale. Par la suite, il entrera en vigueur pour toute autre partie au moment où elle déposera son instrument de ratification de l'amendement.

3. Cinq ans après l'entrée en vigueur de ce traité, une Conférence des parties contractantes se tiendra à Genève, Suisse, afin de passer en revue son application et de s'assurer que ses objectifs et ses stipulations sont entrés dans la réalité.

Art. 9. – 1. Le présent traité sera ouvert à la signature de tous les États. Tout État qui ne l'aurait pas signé avant son entrée en vigueur, conformément au paragraphe 3 du présent article, peut y accéder à n'importe quel moment.

2. Ce traité sera soumis à la ratification des États signataires. Les instruments de ratification et les instruments d'accession seront déposés auprès des Gouvernements des États-Unis, du Royaume-Uni et de l'URSS, désignés par les présentes comme Gouvernements dépositaires.

3. Le présent traité entrera en vigueur après sa ratification par tous les États qui sont équipés d'armes nucléaires et parties au traité, et par quarante autres États signataires, après dépôt de leurs instruments de ratification. Aux fins du présent traité, un État équipé d'armes

nucléaires est celui qui a fabriqué et fait exploser une arme nucléaire ou un autre engin explosif nucléaire avant le 1er janvier 1967.

4. Pour les États dont les instruments de ratification ou d'accession sont déposés après l'entrée en vigueur du présent traité, celui-ci entrera en vigueur à la date du dépôt des instruments.

5. Les Gouvernements dépositaires du traité informeront promptement tous les États ayant signé ou accédé au traité de la date de dépôt de chaque instrument de ratification ou d'accession, de la date d'entrée en vigueur du traité, de la date de réception de toute requête touchant la convocation d'une conférence, ou de toute autre notification.

6. Le présent traité sera enregistré auprès des Gouvernements dépositaires, conformément à l'article 102 de la Charte des Nations unies.

Art. 10. – 1. Toute partie contractante aura, dans l'exercice de sa souveraineté nationale, le droit de se retirer du traité si elle décide que des événements extraordinaires, reliés à l'objet du traité, ont mis en péril les intérêts suprêmes du pays. Elle notifiera ce retrait à toutes les autres parties contractantes, et au Conseil de sécurité des Nations unies, avec un préavis de trois mois. Cette notification devra inclure une déclaration sur les événements extraordinaires qu'elle considère comme ayant mis en péril ses intérêts suprêmes.

2. Vingt-cinq ans après l'entrée en vigueur du traité, une conférence sera convoquée pour décider s'il doit rester en vigueur indéfiniment, ou être prolongé par une ou plusieurs périodes déterminées. Cette décision sera prise par la majorité des parties contractantes.

Art. 11. – Ce traité, dont les textes anglais, français, espagnol et chinois sont également authentiques, sera déposé dans les archives des Gouvernements dépositaires. Des copies dûment certifiées seront transmises par ces derniers aux Gouvernements des États signataires.

39 Protocole sur la limitation des armements stratégiques (Biélorussie, Kazakhstan, Russie, Ukraine, États-Unis) (1)

Date d'adoption : 23/05/1992

Protocole afférent au Traité entre les États-Unis d'Amérique et l'Union des Républiques socialistes sur la réduction et la limitation des armements stratégiques offensifs.

La République de Biélorussie, la République du Kazakhstan, la Fédération de Russie, l'Ukraine et les États-Unis d'Amérique, ci-après dénommés les parties,

Réaffirmant leur soutien au Traité conclu le 31 juillet 1991 entre les États-Unis d'Amérique et l'Union des Républiques socialistes soviétiques sur la réduction et la limitation des armements stratégiques offensifs, ci-après dénommé le Traité,

Reconnaissant le changement de situation politique résultant du remplacement de l'ex-Union soviétique par un certain nombre d'États indépendants,

Rappelant l'engagement pris par les États membrés de la Communauté des États indépendants afin que les armements nucléaires de l'ex-URSS soient maintenus sous le contrôle sûr et fiable d'une seule et unique autorité,

Désireux de faciliter l'application du Traité dans ce nouveau contexte,

Sont convenus de ce qui suit :

Art. premier. – La République de Biélorussie, la République du Kazakhstan, la Fédération de Russie et l'Ukraine en tant qu'États successeurs de l'ex-URSS par rapport au Traité, assument les obligations de l'ex-URSS aux termes du Traité.

Art. 2. – La République de Biélorussie, la République du Kazakhstan, la Fédération de Russie et l'Ukraine concluront entre eux les arrangements qui sont nécessaires pour appliquer les limitations et les restrictions du Traité pour permettre le fonctionnement des dispositions de vérification du Traité de manière égale et cohérente sur l'ensemble du territoire de la République de Biélorussie, de la République du Kazakhstan, de la Fédération de Russie et de l'Ukraine, pour répartir les coûts.

---

(1) 57.

Art. 3. – 1. Aux fins de l'application du Traité, l'expression « Union des Républiques socialistes soviétiques » sera interprétée comme désignant la République de Biélorussie, la République du Kazakhstan, la Fédération de Russie et l'Ukraine.

2. Aux fins de l'application du Traité, l'expression « territoire national » lorsqu'elle est utilisée dans le Traité pour désigner l'Union des Républiques socialistes soviétiques, sera interprétée comme désignant l'ensemble des territoires nationaux de la République de Biélorussie, de la République du Kazakhstan, de la Fédération de Russie et d'Ukraine.

3. Pour les inspections et les activités de contrôle régulières sur le territoire de la République de Biélorussie, de la République du Kazakhstan, de la Fédération de Russie ou de l'Ukraine, cet État fournira les communications à partir du site d'inspection ou du site de contrôle régulier avec l'Ambassade des États-Unis dans la capitale concernée.

4. Aux fins de l'application du Traité, l'Ambassade de la partie d'inspection mentionnée au chapitre XVI du Protocole concernant les activités d'inspection et de contrôle régulier relatives au Traité entre les États-Unis d'Amérique et l'Union des Républiques socialistes soviétiques sur la réduction et la limitation des armements stratégiques offensifs sera interprétée comme étant l'Ambassade de l'État concerné à Washington ou l'Ambassade des États-Unis d'Amérique dans la capitale concernée.

5. Les langues de travail pour les activités du Traité sont l'anglais et le russe.

Art. 4. – Les représentants de la République de Biélorussie, de la République du Kazakhstan, de la Fédération de Russie et de l'Ukraine participeront à la Commission d'application et d'inspection sur une base qui sera élaborée conformément à l'article I du présent Protocole.

Art. 5. – La République de Biélorussie, la République du Kazakhstan et l'Ukraine adhéreront au Traité du 1er juillet 1968 sur la non-prolifération des armes nucléaires en tant que parties États non nucléaires le plus rapidement possible, et commenceront immédiatement à prendre toutes les mesures nécessaires à cette fin conformément à leurs pratiques constitutionnelles.

Art. 6. – 1. Chaque partie ratifiera le Traité ainsi que le présent Protocole conformément à ses propres procédures constitutionnelles. La République de Biélorussie, avec la République du Kazakhstan, la Fédération de Russie et l'Ukraine échangeront leurs instruments de ratification avec les États-Unis d'Amérique. Le traité entrera en vigueur à la date de l'échange définitif des instruments de ratification.

2. Le présent Protocole fait partie intégrante du Traité et demeurera en vigueur pendant toute la durée du Traité.

Fait à Lisbonne le 23 mai 1993, en cinq exemplaires, rédigés en biélorusse, anglais, kazakh, russe et ukrainien, tous les textes faisant également foi.

IX. DROIT INTERNATIONAL ÉCONOMIQUE

Investissements :

40 Convention pour le règlement des différends relatifs aux investissements entre États et ressortissants d'autres États (1)

Date d'adoption : 18/03/1965
Date d'entrée en vigueur : 14/10/1966

PRÉAMBULE

Les États contractants,

Considérant la nécessité de la coopération internationale pour le développement économique, et le rôle joué dans ce domaine par les investissements privés internationaux;

Ayant présent à l'esprit que les différends peuvent surgir à toute époque au sujet de tels investissements entre États contractants et ressortissants d'autres États contractants;

Reconnaissant que si ces différends doivent normalement faire l'objet de recours aux instances internes, des modes de règlement internationaux de ces différends peuvent être appropriés dans certains cas;

Attachant une importance particulière à la création de mécanismes pour la conciliation et l'arbitrage internationaux auxquels les États contractants et les ressortissants d'autres États contractants puissent, s'ils le désirent, soumettre leurs différends;

Désirant établir ces mécanismes sous les auspices de la Banque internationale pour la reconstruction et le développement;

---

(1) 79, 125, 532, 624.

Reconnaissant que le consentement mutuel des parties de soumettre ces différends à la condition ou à l'arbitrage, en ayant recours auxdits mécanismes, constitue un accord ayant force obligatoire qui exige en particulier que toute recommandation des conciliateurs soit dûment prise en considération et que toute sentence arbitrale soit exécutée; et

Déclarant qu'aucun État contractant, par le seul fait de sa ratification, de son acceptation ou de son approbation de la présente Convention et sans son consentement, ne sera réputé avoir assumé aucune obligation de recourir à la conciliation ou à l'arbitrage, en aucun cas particulier,

Sont convenus de ce qui suit :

CHAPITRE PREMIER

Le Centre international pour le règlement des différends relatifs aux investissements

Section I

Création et Organisation

Art. premier. – 1. Il est institué, en vertu de la présente Convention, un Centre international pour le règlement des différends relatifs aux investissements (ci-après dénommé le Centre).

2. L'objet du Centre est d'offrir des moyens de conciliation et d'arbitrage pour régler les différends relatifs aux investissements opposant des États contractants à des ressortissants d'autres États contractants conformément aux dispositions de la présente Convention.

Art. 2. – Le siège du Centre est celui de la Banque internationale pour la reconstruction et le développement (ci-après dénommée la Banque). Le siège peut être transféré en tout autre lieu par décision du Conseil administratif prise à la majorité des deux tiers de ses membres.

Art. 3. – Le Centre se compose d'un Conseil administratif et d'un Secrétariat. Il tient une liste de conciliateurs et une liste d'arbitres.

Section 2

Du Conseil administratif

Art. 4. – 1. Le Conseil administratif comprend un représentant de chaque État contractant. Un suppléant peut agir en qualité de représentant si le titulaire est absent d'une réunion ou empêché.

2. Sauf désignation différente, le gouverneur et le gouverneur suppléant de la Banque nommés par l'État contractant remplissent de plein droit les fonctions respectives de représentant et de suppléant.

Art. 5. – Le président de la Banque est de plein droit président du Conseil administratif (ci-après dénommé le président) sans avoir le droit de vote. S'il est absent ou empêché ou si la présidence de la Banque est vacante, la personne qui le remplace à la Banque fait fonction de président du Conseil administratif.

Art. 6. – 1. Sans préjudice des attributions qui lui sont dévolues par les autres dispositions de la présente Convention, le Conseil administratif :

a) adopte le règlement administratif et le règlement financier du Centre ;

b) adopte le règlement de procédure relatif à l'introduction des instances de conciliation et d'arbitrage ;

c) adopte les règlements de procédure relatifs aux instances de conciliation et d'arbitrage (ci-après dénommés le Règlement de Conciliation et le Règlement d'arbitrage) ;

d) approuve tous arrangements avec la Banque en vue de l'utilisation de ses locaux et de ses services administratifs ;

e) détermine les conditions d'emploi du Secrétaire général et des Secrétaires généraux adjoints ;

f) adopte le budget annuel des recettes et dépenses du Centre ;

g) approuve le rapport annuel sur les activités du Centre.

Les décisions visées aux alinéas *a, b, c,* et *f* ci-dessus sont prises à la majorité des deux tiers des membres du Conseil administratif.

2. Le Conseil administratif peut constituer toute commission qu'il estime nécessaire.

3. Le Conseil administratif exerce également toutes autres attributions qu'il estime nécessaires à la mise en œuvre des dispositions de la présente Convention.

Art. 7. – 1. Le Conseil administratif tient une session annuelle et toute autre session qui aura été soit décidée par le Conseil, soit convoquée par le président, soit convoquée par le Secrétaire général sur la demande d'au moins cinq membres du Conseil.

2. Chaque membre du Conseil administratif dispose d'une voix et, sauf exception prévue par la présente Convention, toutes les questions soumises au Conseil sont résolues à la majorité des voix exprimées.

3. Dans toutes les sessions du Conseil administratif, le quorum est la moitié de ses membres plus un.

4. Le Conseil administratif peut adopter à la majorité des deux tiers de ses membres une procédure autorisant le président à demander au Conseil un vote par correspondance. Ce vote ne sera considéré comme valable que si la majorité des membres du Conseil y ont pris part dans les délais impartis par ladite procédure.

Art. 8. – Les fonctions de membres du Conseil administratif et de président ne sont pas rémunérées par le Centre.

Section 3

Du Secrétariat

Art. 9. – Le Secrétariat comprend un Secrétaire général, un ou plusieurs Secrétaires généraux adjoints et le personnel.

Art. 10. – 1. Le Secrétaire général et les Secrétaires généraux adjoints sont élus, sur présentation du président, par le Conseil administratif à la majorité de deux tiers de ses membres pour une période ne pouvant excéder six ans et sont rééligibles. Le président, après consultation des membres du Conseil administratif, présente un ou plusieurs candidats pour chaque poste.

2. Les fonctions de Secrétaire général et de Secrétaire général adjoint sont incompatibles avec l'exercice de toute fonction politique. Sous réserve de dérogation accordée par le Conseil administratif, le Secrétaire général et les Secrétaires généraux adjoints ne peuvent occuper d'autres emplois ou exercer d'autres activités professionnelles.

3. En cas d'absence ou d'empêchement du Secrétaire général ou si le poste est vacant, le Secrétaire général adjoint remplit les fonctions de Secrétaire général. S'il existe plusieurs Secrétaires généraux adjoints, le Conseil administratif détermine à l'avance l'ordre dans lequel ils seront appelés à remplir lesdites fonctions.

Art. 11. – Le Secrétaire général représente légalement le Centre, il le dirige et est responsable de son administration, y compris le recrutement du personnel, conformément aux dispositions de la présente Convention et aux règlements adoptés par le Conseil administratif. Il remplit la fonction de greffier et a le pouvoir d'authentifier les sentences arbitrales rendues en vertu de la présente Convention et d'en certifier copie.

Section 4

Des listes

Art. 12. – La liste de conciliateurs et la liste d'arbitres sont composées de personnes qualifiées, désignées comme il est dit ci-dessous et acceptant de figurer sur ces listes.

Art. 13. – 1. Chaque État contractant peut désigner pour figurer sur chaque liste quatre personnes qui ne sont pas nécessairement ses ressortissants.

2. Le président peut désigner dix personnes pour figurer sur chaque liste. Les personnes ainsi désignées sur une même liste doivent toutes être de nationalité différente.

Art. 14. – 1. Les personnes désignées pour figurer sur les listes doivent jouir d'une haute considération morale, être de compétence reconnue en matière juridique, commerciale, industrielle ou financière et offrir une garantie d'indépendance dans l'exercice de leurs fonctions. La compétence en matière juridique des personnes désignées pour la liste d'arbitres est particulièrement importante.

2. Le président, dans ses désignations, tient compte en outre de l'intérêt qui s'attache à représenter sur ces listes les principaux systèmes juridiques du monde et les principaux secteurs de l'activité économique.

Art. 15. – 1. Les désignations sont faites pour des périodes de six ans renouvelables.

2. En cas de décès ou de démission d'une personne figurant sur l'une ou l'autre liste, l'autorité ayant nommé cette personne peut désigner un remplaçant pour la durée du mandat restant à courir.

3. Les personnes portées sur les listes continuent d'y figurer jusqu'à désignation de leur successeur.

Art. 16. – 1. Une même personne peut figurer sur les deux listes.

2. Si une personne est désignée pour figurer sur une même liste par plusieurs États contractants, ou par un ou plusieurs d'entre eux et par le président, elle sera censée l'avoir été par l'autorité qui l'aura désignée la première toutefois si cette personne est le ressortissant d'un État ayant participé à sa désignation, elle sera réputée avoir été désignée par ledit État.

3. Toutes les désignations sont notifiées au Secrétaire général et prennent effet à compter de la date de réception de la notification.

Section 5

Du financement du Centre

Art. 17. – Si les dépenses de fonctionnement du Centre ne peuvent être couvertes par les redevances payées pour l'utilisation de ses services ou par d'autres sources de revenus, l'excédent sera supporté par les États contractants membres de la Banque proportionnellement à leur souscription au capital de celle-ci et par les États qui ne sont pas membres de la Banque conformément aux règlements adoptés par le Conseil administratif.

Section 6

Statut, Immunités et Privilèges

Art. 18. – Le Centre a la pleine personnalité juridique internationale. Il a, entre autres, capacité :

a) de contracter;

b) d'acquérir des biens meubles et immeubles et d'en disposer;

c) d'ester en justice.

Art. 19. – Afin de pouvoir remplir ses fonctions, le Centre jouit, sur le territoire de chaque État contractant, des immunités et des privilèges définis à la présente Section.

Art. 20. – Le Centre, ses biens et ses avoirs, ne peuvent faire l'objet d'aucune action judiciaire, sauf s'il renonce à cette immunité.

Art. 21. – Le président, les membres du Conseil administratif, les personnes agissant en qualité de conciliateurs, d'arbitres ou de membres du Comité prévu à l'article 5, alinéa 3, et les fonctionnaires et employés du Secrétariat :

a) ne peuvent faire l'objet de poursuites en raison d'actes accomplis par eux dans l'exercice de leurs fonctions, sauf si le Centre lève cette immunité;

b) bénéficient, quand ils ne sont pas ressortissants de l'État où ils exercent leurs fonctions, des mêmes immunités en matière d'immigration, d'enregistrement des étrangers, d'obligations militaires ou de prestations analogues et des mêmes facilités en matière de change et de déplacements, que celles accordées par les États contractants aux représentants, fonctionnaires et employés de rang comparable d'autres États contractants.

Art. 22. – Les dispositions de l'article 21 s'appliquent aux personnes participant aux instances qui font l'objet de la présente Convention en qualité de parties, d'agents, de conseillers, d'avocats, de témoins ou d'experts, l'alinéa *b*) ne s'appliquant toutefois qu'à leurs déplacements et à leur séjour dans le pays où se déroule la procédure.

Art. 23. – 1. Les archives du Centre sont inviolables où qu'elles se trouvent.

2. Chaque État contractant accorde au Centre pour ses communications officielles un traitement aussi favorable qu'aux autres institutions internationales.

Art. 24. – 1. Le Centre, ses avoirs, ses biens et ses revenus ainsi que ses opérations autorisées par la présente Convention sont exonérés de tous impôts et droits de douane. Le Centre est également exempt de toute obligation relative au recouvrement ou au paiement d'impôts ou de droits de douane.

2. Aucun impôt n'est prélevé sur les indemnités payées par le Centre au président ou aux membres du Conseil administratif ou sur les traitements, émoluments ou autres indemnités payés par le Centre aux fonctionnaires ou employés du Secrétariat, sauf si les bénéficiaires sont ressortissants du pays où ils exercent leurs fonctions.

3. Aucun impôt n'est prélevé sur les honoraires ou indemnités versés aux personnes agissant en qualité de conciliateurs, d'arbitres ou de membres du Comité prévu à l'article 52, alinéa 3, dans les instances qui font l'objet de la présente Convention, si cet impôt n'a d'autre

base juridique que le lieu où se trouve le Centre, celui où se déroule l'instance ou celui où sont payés lesdits honoraires ou indemnités.

CHAPITRE II

De la compétence du Centre

Art. 25. – 1. La compétence du Centre s'étend aux différends d'ordre juridique entre un État contractant (ou telle collectivité publique ou tel organisme dépendant de lui qu'il désigne au Centre) et le ressortissant d'un autre État contractant qui sont en relation directe avec un investissement et que les parties ont consenti par écrit à soumettre au Centre. Lorsque les parties ont donné leur consentement, aucune d'elles ne peut le retirer unilatéralement.

2. « Ressortissant d'un autre État contractant » signifie :

a) toute personne physique qui possède la nationalité d'un État contractant autre que l'État partie au différend à la date à laquelle les parties ont consenti à soumettre le différend à la conciliation ou à l'arbitrage ainsi qu'à la date à laquelle la requête a été enregistrée conformément à l'article 28, alinéa 3 ou à l'article 36, alinéa 3, à l'exclusion de toute personne qui, à l'une ou à l'autre de ces dates, possède également la nationalité de l'État contractant partie au différend;

b) toute personne morale qui possède la nationalité d'un État contractant autre que l'État partie au différend à la date à laquelle les parties ont consenti à soumettre le différend à la conciliation ou à l'arbitrage et toute personne morale qui possède la nationalité de l'État contractant partie au différend à la même date et que les parties sont convenues, aux fins de la présente Convention, de considérer comme ressortissant d'un autre État contractant en raison du contrôle exercé sur elle par des intérêts étrangers.

3. Le consentement d'une collectivité publique ou d'un organisme dépendant d'un État contractant ne peut être donné qu'après approbation par ledit État, sauf si celui-ci indique au Centre que cette approbation n'est pas nécessaire.

4. Tout État contractant peut, lors de sa ratification, de son acceptation ou de son approbation de la Convention ou à toute date ultérieure, faire connaître au Centre la ou les catégories de différends qu'il considérerait comme pouvant être soumis ou non à la compétence du Centre. Le Secrétaire général transmet immédiatement la notification à tous les États contractants. Ladite notification ne constitue pas le consentement requis aux termes de l'alinéa 1.

Art. 26. – Le consentement des parties à l'arbitrage dans le cadre de la présente Convention est, sauf stipulation contraire, considéré comme impliquant renonciation à l'exercice de tout autre recours. Comme condition à son consentement à l'arbitrage dans le cadre de la présente Convention, un État contractant peut exiger que les recours administratifs ou judiciaires internes soient épuisés.

Art. 27. – 1. Aucun État contractant n'accorde la protection diplomatique ou ne formule de revendication internationale au sujet d'un différend que l'un de ses ressortissants et un autre État contractant ont consenti à soumettre ou ont soumis à l'arbitrage dans le cadre de la présente Convention, sauf si l'autre État contractant ne se conforme pas à la sentence rendue à l'occasion du différend.

2. Pour l'application de l'alinéa 1, la protection diplomatique ne vise pas les simples démarches diplomatiques tendant uniquement à faciliter le règlement du différend.

CHAPITRE III

De la conciliation

Section I

De la demande en conciliation

Art. 28. – 1. Un État contractant ou le ressortissant d'un État contractant qui désire entamer une procédure de conciliation doit adresser par écrit une requête à cet effet au Secrétaire général, lequel en envoie copie à l'autre partie.

2. La requête doit contenir des informations concernant l'objet du différend, l'identité des parties et leur consentement à la conciliation conformément au règlement de procédure relatif à l'introduction des instances de conciliation et d'arbitrage.

3. Le Secrétaire général doit enregistrer la requête sauf s'il estime au vu des informations contenues dans la requête que le différend excède manifestement la compétence du Centre. Il doit immédiatement notifier aux parties l'enregistrement ou le refus d'enregistrement.

Section 2

De la constitution de la Commission de conciliation

Art. 29. – 1. La Commission de conciliation (ci-après dénommée la Commission) est constituée dès que possible après enregistrement de la requête conformément à l'article 28.

2. *a*) La Commission se compose d'un conciliateur unique ou d'un nombre impair de conciliateurs nommés conformément à l'accord des parties.

b) À défaut d'accord entre les parties sur le nombre de conciliateurs et leur mode de nomination, la Commission comprend trois conciliateurs chaque partie nomme un conciliateur et le troisième, qui est le président de la Commission, est nommé par accord des parties.

Art. 30. – Si la Commission n'a pas été constituée dans les 90 jours suivant la notification de l'enregistrement de la requête par le Secrétaire général conformément à l'article 28, alinéa 3 ou dans tout autre délai convenu par les parties, le président, à la demande de la partie la plus diligente et, si possible, après consultation des parties, nomme le conciliateur ou les conciliateurs non encore désignés.

Art. 31. – 1. Les conciliateurs peuvent être pris hors de la liste des conciliateurs, sauf au cas de nomination par le président prévu à l'article 30.

2. Les conciliateurs nommés hors de la liste des conciliateurs doivent posséder les qualités prévues à l'article 14, alinéa 1.

Section 3

De la procédure devant la Commission

Art. 32. – *a*) La Commission est juge de sa compétence.

b) Tout déclinatoire de compétence soulevé par l'une des parties est fondé sur le motif que le différend n'est pas de la compétence du Centre ou, pour toute autre raison, de celle de la Commission et doit être examiné par la Commission qui décide s'il doit être traité comme une question préalable ou si son examen doit être joint à celui des questions de fond.

Art. 33. – Toute procédure de conciliation est conduite conformément aux dispositions de la présente Section et, sauf accord contraire des parties, au Règlement de Conciliation en vigueur à la date à laquelle elles ont consenti à la conciliation. Si une question de procédure non prévue par la présente Section ou le Règlement de Conciliation ou tout autre règlement adopté par les parties se pose, elle est tranchée par la Commission.

Art. 34. – 1. La Commission a pour fonction d'éclaircir les points en litige entre les parties et doit s'efforcer de les amener à une solution mutuellement acceptable. À cet effet, la Commission peut à une phase quelconque de la procédure et à plusieurs reprises recommander aux parties les termes d'un règlement. Les parties doivent collaborer de bonne foi avec la Commission afin de lui permettre de remplir ses fonctions et doivent tenir le plus grand compte de ses recommandations.

2. Si les parties se mettent d'accord, la Commission rédige un procès-verbal faisant l'inventaire des points en litige et prenant acte de l'accord des parties. Si à une phase quelconque de la procédure, la Commission estime qu'il n'y a aucune possibilité d'accord entre les parties, elle clôt la procédure et dresse un procès-verbal constatant que le différend a été soumis à la conciliation et que les parties n'ont pas abouti à un accord. Si une des parties fait défaut ou s'abstient de

participer à la procédure, la Commission clôt la procédure et dresse un procès-verbal constatant qu'une des parties a fait défaut ou s'est abstenue de participer à la procédure.

Art. 35. – Sauf accord contraire des parties, aucune d'elles ne peut, à l'occasion d'une autre procédure se déroulant devant des arbitres, un tribunal ou de toute autre manière, invoquer les opinions exprimées, les déclarations ou les offres de règlement faites par l'autre partie au cours de la procédure non plus que le procès-verbal ou les recommandations de la Commission.

CHAPITRE IV

De l'arbitrage

Section I

De la demande d'arbitrage

Art. 36. – 1. Un État contractant ou le ressortissant d'un État contractant qui désire entamer une procédure d'arbitrage doit adresser par écrit une requête à cet effet au Secrétaire général, lequel en envoie copie à l'autre partie.

2. La requête doit contenir des informations concernant l'objet du différend, l'identité des parties et leur consentement à l'arbitrage conformément au règlement de procédure relatif à l'introduction des instances de conciliation et d'arbitrage.

3. Le Secrétaire général doit enregistrer la requête sauf s'il estime au vu des informations contenues dans la requête que le différend excède manifestement la compétence du Centre. Il doit immédiatement notifier aux parties l'enregistrement ou le refus d'enregistrement.

Section 2

De la Constitution du Tribunal

Art. 37. – 1. Le Tribunal arbitral (ci-après dénommé le Tribunal) est constitué dès que possible après enregistrement de la requête conformément à l'article 36.

2. *a*) Le Tribunal se compose d'un arbitre unique ou d'un nombre impair d'arbitres nommés conformément à l'accord des parties.

b) À défaut d'accord entre les parties sur le nombre des arbitres et leur mode de nomination, le Tribunal comprend trois arbitres chaque partie nomme un arbitre et le troisième, qui est le président du Tribunal est nommé par accord des parties.

Art. 38. – Si le Tribunal n'a pas été constitué dans les 90 jours suivant la notification de l'enregistrement de la requête par le Secrétaire général conformément à l'article 36, alinéa 3, ou dans tout autre délai convenu par les parties, le président, à la demande de la partie la plus diligente et, si possible, après consultation des parties, nomme l'arbitre ou les arbitres non encore désignés. Les arbitres nommés par le président conformément aux dispositions du présent article ne doivent pas être ressortissants de l'État contractant partie au différend ou de l'État contractant dont le ressortissant est partie au différend.

Art. 39. – Les arbitres composant la majorité doivent être ressortissants d'États autres que l'État contractant partie au différend et que l'État contractant dont le ressortissant est partie au différend étant entendu néanmoins que cette disposition ne s'applique pas si, d'un commun accord, les parties désignent l'arbitre unique ou chacun des membres du Tribunal.

Art. 40. – 1. Les arbitres peuvent être pris hors de la liste des arbitres, sauf au cas de nomination par le président prévu à l'article 38.

2. Les arbitres nommés hors de la liste des arbitres doivent posséder les qualités prévues à l'article 14, alinéa 1.

Section 3

Des pouvoirs et des fonctions du Tribunal

Art. 41. – 1. Le Tribunal est juge de sa compétence.

2. Tout déclinatoire de compétence soulevé par l'une des parties est fondé sur le motif que le différend n'est pas de la compétence du Centre ou, pour toute autre raison, de celle du Tribunal et doit être examiné par le Tribunal qui décide s'il doit être traité comme question préalable ou si son examen doit être joint à celui des questions de fond.

Art. 42. – 1. Le Tribunal statue sur le différend conformément aux règles de droit adoptées par les parties. Faute d'accord entre les parties, le Tribunal applique le droit de l'État contractant partie au différend – y compris les règles relatives aux conflits de lois – ainsi que les principes de droit international en la matière.

2. Le Tribunal ne peut refuser de juger sous prétexte du silence ou de l'obscurité du droit.

3. Les dispositions des alinéas précédents ne portent pas atteinte à la faculté pour le Tribunal, si les parties en sont d'accord, de statuer *ex aequo et bono.*

Art. 43. – Sauf accord contraire des parties, le Tribunal s'il l'estime nécessaire, peut à tout moment durant les débats :

a) demander aux parties de produire tous documents ou autres moyens de preuve; et

b) se transporter sur les lieux et y procéder à telles enquêtes qu'il estime nécessaires.

Art. 44. – Toute procédure d'arbitrage est conduite conformément aux dispositions de la présente Section et, sauf accord contraire des parties, au Règlement d'arbitrage en vigueur à la date à laquelle elles ont consenti à l'arbitrage. Si une question de procédure non prévue par la présente Section ou le Règlement d'arbitrage ou tout autre règlement adopté par les parties se pose, elle est tranchée par le Tribunal.

Art. 45. – 1. Si l'une des parties fait défaut ou s'abstient de faire valoir ses moyens, elle n'est pas pour autant réputée acquiescer aux prétentions de l'autre partie.

2. Si l'une des parties fait défaut ou s'abstient de faire valoir ses moyens à tout moment de la procédure, l'autre partie peut demander au Tribunal de considérer les chefs de conclusions qui lui sont soumises et de rendre sa sentence. Le Tribunal doit, en notifiant à la partie défaillante la demande dont il est saisi, accorder à celle-ci un délai de grâce avant de rendre sa sentence, à moins qu'il ne soit convaincu que ladite partie n'a pas l'intention de comparaître ou de faire valoir ses moyens.

Art. 46. – Sauf accord contraire des parties, le Tribunal doit, à la requête de l'une d'elles, statuer sur toutes demandes incidentes, additionnelles ou reconventionnelles se rapportant directement à l'objet du différend, à condition que ces demandes soient couvertes par le consentement des parties et qu'elles relèvent par ailleurs de la compétence du Centre.

Art. 47. – Sauf accord contraire des parties, le Tribunal peut, s'il estime que les circonstances l'exigent, recommander toutes mesures conservatoires propres à sauvegarder les droits des parties.

Section 4

De la Sentence

Art. 48. – 1. Le Tribunal statue sur toute question à la majorité des voix de tous ses membres.

2. La sentence est rendue par écrit elle est signée par les membres du Tribunal qui se sont prononcés en sa faveur.

3. La sentence doit répondre à tous les chefs de conclusions soumises au Tribunal et doit être motivée.

4. Tout membre du Tribunal peut faire joindre à la sentence soit son opinion particulière – qu'il partage ou non l'avis de la majorité – soit la mention de son dissentiment.

5. Le Centre ne publie aucune sentence sans le consentement des parties.

Art. 49. – 1. Le Secrétaire général envoie sans délai aux parties copies certifiées conformes de la sentence. La sentence est réputée avoir été rendue le jour de l'envoi desdites copies.

2. Sur requête d'une des parties, à présenter dans les 45 jours de la sentence, le Tribunal peut, après notification à l'autre partie, statuer sur toute question sur laquelle il aurait omis de se prononcer dans la sentence et corriger toute erreur matérielle contenue dans la sentence. Sa décision fait partie intégrante de la sentence et est notifiée aux parties dans les mêmes formes que celle-ci. Les délais prévus à l'article 51, alinéa 2 et à l'article 52, alinéa 2 courent à partir de la date de la décision correspondante.

Section 5

De l'interprétation, de la révision et de l'annulation de la Sentence

Art. 50. – 1. Tout différend qui pourrait s'élever entre les parties concernant le sens ou la portée de la sentence peut faire l'objet d'une demande en interprétation adressée par écrit au Secrétaire général par l'une ou l'autre des parties.

2. La demande est, si possible, soumise au Tribunal qui a statué. En cas d'impossibilité, un nouveau tribunal est constitué conformément à la Section 2 du présent chapitre. Le Tribunal peut, s'il estime que les circonstances l'exigent, décider de suspendre l'exécution de la sentence jusqu'à ce qu'il se soit prononcé sur la demande en interprétation.

Art. 51. – 1. Chacune des parties peut demander, par écrit, au Secrétaire général la révision de la sentence en raison de la découverte d'un fait de nature à exercer une influence décisive sur la sentence, à condition qu'avant le prononcé de la sentence ce fait ait été inconnu du Tribunal et de la partie demanderesse et qu'il n'y ait pas eu, de la part de celle-ci, faute à l'ignorer.

2. La demande doit être introduite dans les 90 jours suivant la découverte du fait nouveau et, en tout cas, dans les trois ans suivant la date de la sentence.

3. La demande est, si possible, soumise au Tribunal ayant statué. En cas d'impossibilité, un nouveau Tribunal est constitué conformément à la Section 2 du présent chapitre.

4. Le Tribunal peut, s'il estime que les circonstances l'exigent, décider de suspendre l'exécution de la sentence jusqu'à ce qu'il se soit prononcé sur la demande en révision. Si, dans sa demande, la partie en cause requiert qu'il soit sursis à l'exécution de la sentence, l'exécution est provisoirement suspendue jusqu'à ce que le Tribunal ait statué sur ladite requête.

Art. 52. – 1. Chacune des parties peut demander, par écrit, au Secrétaire général l'annulation de la sentence pour l'un quelconque des motifs suivants :

a) vice dans la constitution du Tribunal ;

b) excès de pouvoir manifeste du Tribunal ;

c) corruption d'un membre du Tribunal ;

d) inobservation grave d'une règle fondamentale de procédure ;

e) défaut de motifs.

2. Toute demande doit être formée dans les 120 jours suivant la date de la sentence, sauf si l'annulation est demandée pour cause de corruption, auquel cas ladite demande doit être présentée dans les 120 jours suivant la découverte de la corruption et, en tout cas, dans les trois ans suivant la date de la sentence.

3. Au reçu de la demande, le président nomme immédiatement parmi les personnes dont les noms figurent sur la liste des arbitres, un Comité *ad hoc* de trois membres. Aucun membre dudit Comité ne peut être choisi parmi les membres du Tribunal ayant rendu la sentence, ni posséder la même nationalité qu'un des membres dudit Tribunal ni celle de l'État partie au différend ou de l'État dont le ressortissant est partie au différend, ni avoir été désigné pour figurer sur la liste des arbitres par l'un desdits États, ni avoir rempli les fonctions de conciliateur dans la même affaire. Le Comité est habilité à annuler la sentence en tout ou en partie pour l'un des motifs énumérés à l'alinéa 1 du présent article.

4. Les dispositions des articles 41-45, 48, 49, 53 et 54 et des chapitres VI et VII s'appliquent *mutatus mutandis* à la procédure devant le Comité.

5. Le Comité peut, s'il estime que les circonstances l'exigent, décider de suspendre l'exécution de la sentence jusqu'à ce qu'il se soit prononcé sur la demande en annulation. Si, dans sa demande, la partie en cause requiert qu'il soit sursis à l'exécution de la sentence, l'exécution est provisoirement suspendue jusqu'à ce que le Comité ait statué sur ladite requête.

6. Si la sentence est déclarée nulle, le différend est, à la requête de la partie la plus diligente, soumis à un nouveau Tribunal constitué conformément à la Section 2 du présent chapitre.

Section 6

De la reconnaissance et de l'exécution de la sentence

Art. 53. – 1. La sentence est obligatoire à l'égard des parties et ne peut être l'objet d'aucun appel ou autre recours, à l'exception de ceux prévus à la présente Convention. Chaque partie doit donner effet à la sentence conformément à ses termes, sauf si l'exécution en est suspendue en vertu des dispositions de la présente Convention.

2. Aux fins de la présente Section, une « sentence » inclut toute décision concernant l'interprétation, la révision ou l'annulation de la sentence prise en vertu des articles 50, 51 ou 52.

Art. 54. – 1. Chaque État contractant reconnaît toute sentence rendue dans le cadre de la présente Convention comme obligatoire et assure l'exécution sur son territoire des obligations pécuniaires que la sentence impose comme s'il s'agissait d'un jugement définitif d'un tribunal fonctionnant sur le territoire dudit État. Un État contractant ayant une constitution fédérale peut assurer l'exécution de la sentence par l'entremise de ses tribunaux fédéraux et prévoir que ceux-ci devront considérer une telle sentence comme un jugement définitif des tribunaux de l'un des État fédérés.

2. Pour obtenir la reconnaissance et l'exécution d'une sentence sur le territoire d'un État contractant, la partie intéressée doit en présenter copie certifiée conforme par le secrétaire Général au tribunal national compétent ou à toute autre autorité que ledit État contractant aura désigné à cet effet. Chaque État contractant fait savoir au Secrétaire général le tribunal compétent ou les autorités qu'il désigne à cet effet et le tient informé des changements éventuels.

3. L'exécution est régie par la législation concernant l'exécution des jugements en vigueur dans l'État sur le territoire duquel on cherche à y procéder.

Art. 55. – Aucune des dispositions de l'article 54 ne peut être interprétée comme faisant exception au droit en vigueur dans un État contractant concernant l'immunité d'exécution dudit État ou d'un État étranger.

CHAPITRE V

Du remplacement et de la récusation des conciliateurs et des arbitres

Art. 56. – 1. Une fois qu'une Commission ou un Tribunal a été constitué et la procédure engagée, sa composition ne peut être modifiée. Toutefois, en cas de décès, d'incapacité ou de démission d'un conciliateur ou d'un arbitre, il est pourvu à la vacance selon les dispositions du chapitre III, Section 2 ou du chapitre IV, Section 2.

2. Tout membre d'une Commission ou d'un Tribunal continue à remplir ses fonctions en cette qualité nonobstant le fait que son nom n'apparaisse plus sur la liste.

3. Si un conciliateur ou un arbitre nommé par une partie démissionne sans l'assentiment de la Commission ou du Tribunal dont il est membre, le président pourvoit à la vacance en prenant un nom sur la liste appropriée.

Art. 57. – Une partie peut demander à la Commission ou au Tribunal la récusation d'un de ses membres pour tout motif impliquant un défaut manifeste des qualités requises par l'article 14, alinéa 1. Une partie à une procédure d'arbitrage peut, en outre, demander la récusation d'un arbitre pour le motif qu'il ne remplissait pas les conditions fixées à la Section 2 du chapitre IV pour la nomination au Tribunal Arbitral.

Art. 58. – Les autres membres de la Commission ou du Tribunal, selon le cas, se prononcent sur toute demande en récusation d'un conciliateur ou d'un arbitre. Toutefois, en cas de partage égal des voix, ou si la demande en récusation vise un conciliateur ou un arbitre unique ou une majorité de la Commission ou du Tribunal, la décision est prise par le président. Si le bien-fondé de la demande est reconnu, le conciliateur ou l'arbitre visé par la décision est remplacé conformément aux dispositions du chapitre III, Section 2 ou du chapitre IV, Section 2.

CHAPITRE VI

Des frais de procédure

Art. 59. – Les redevances dues par les parties pour l'utilisation des services du Centre sont fixées par le Secrétaire général conformément aux règlements adoptés en la matière par le Conseil administratif.

Art. 60. – 1. Chaque Commission et chaque Tribunal fixe les honoraires et frais de ses membres dans les limites qui sont définies par le Conseil administratif et après consultation du Secrétaire général.

2. Nonobstant les dispositions de l'alinéa précédent, les parties peuvent fixer par avance, en accord avec la Commission ou le Tribunal, les honoraires et frais de ses membres.

Art. 61. – 1. Dans le cas d'une procédure de conciliation les honoraires et frais des membres de la Commission ainsi que les redevances dues pour l'utilisation des services du Centre sont supportés à parts égales par les parties. Chaque partie supporte toutes les autres dépenses qu'elle expose pour les besoins de la procédure.

2. Dans le cas d'une procédure d'arbitrage le Tribunal fixe, sauf accord contraire des parties, le montant des dépenses exposées par elles pour les besoins de la procédure et décide des modalités de répartition et de paiement desdites dépenses, des honoraires et frais des membres du Tribunal et des redevances dues pour l'utilisation des services du Centre. Cette décision fait partie intégrante de la sentence.

CHAPITRE VII

Du lieu de la Procédure

Art. 62. – Les procédures de conciliation et d'arbitrage se déroulent au siège du Centre, sous réserve des dispositions qui suivent.

Art. 63. – Si les parties en décident ainsi, les procédures de conciliation et d'arbitrage peuvent se dérouler :

a) soit au siège de la Cour Permanente d'arbitrage ou de toute autre institution appropriée, publique ou privée, avec laquelle le Centre aura conclu des arrangements à cet effet;

b) soit en tout autre lieu approuvé par la Commission ou le Tribunal après consultation du Secrétaire général.

CHAPITRE VIII

Différends entre États contractants

Art. 64. – Tout différend qui pourrait surgir entre les États contractants quant à l'interprétation ou l'application de la présente Convention et qui ne serait pas résolu à l'amiable est porté devant la Cour internationale de justice à la demande de toute partie au différend, à moins que les États intéressés ne conviennent d'une autre méthode de règlement.

CHAPITRE IX

Amendements

Art. 65. – Tout État contractant peut proposer des amendements à la présente Convention. Tout texte d'amendement doit être communiqué au Secrétaire général 90 jours au moins avant la réunion du Conseil administratif au cours de laquelle ledit amendement doit être examiné, et doit être immédiatement transmis par lui à tous les membres du Conseil administratif.

Art. 66. – 1. Si le Conseil administratif le décide à la majorité des deux tiers de ses membres, l'amendement proposé est distribué à tous États contractants aux fins de ratification, d'acceptation ou d'approbation. Chaque amendement entre en vigueur 30 jours après l'envoi par le dépositaire de la présente Convention d'une notice adressée aux États contractants les informant que tous les États contractants ont ratifié, accepté ou approuvé l'amendement.

2. Aucun amendement ne peut porter atteinte aux droits et obligations d'un État contractant, d'une collectivité publique ou d'un organisme dépendant de lui ou d'un de ses ressortissants, aux termes de la présente Convention qui découlent d'un consentement à la compétence du Centre donné avant la date d'entrée en vigueur dudit amendement.

CHAPITRE X

Dispositions finales

Art. 67. – La présente Convention est ouverte à la signature des États membres de la Banque. Elle est également ouverte à la signature de tout autre État partie au Statut de la Cour internationale de justice que le Conseil administratif, à la majorité des deux tiers de ses membres, aura invité à signer la Convention.

Art. 68. – 1. La présente Convention est soumise à la ratification, à l'acceptation ou à l'approbation des États signataires conformément à leurs procédures constitutionnelles.

2. La présente Convention entrera en vigueur 30 jours après la date du dépôt du vingtième instrument de ratification, d'acceptation ou d'approbation. À l'égard de tout État déposant ultérieurement son instrument de ratification, d'acceptation ou d'approbation, elle entrera en vigueur 30 jours après la date dudit dépôt.

Art. 69. – Tout État contractant doit prendre les mesures législatives ou autres qui seraient nécessaires en vue de donner effet sur son territoire aux dispositions de la présente Convention.

Art. 70. – La présente Convention s'applique à tous les territoires qu'un État contractant représente sur le plan international, à l'exception de ceux qui sont exclus par ledit État par notification adressée au dépositaire de la présente Convention soit au moment de la ratification, de l'acceptation ou de l'approbation soit ultérieurement.

Art. 71. – Tout État contractant peut dénoncer la présente Convention par notification adressée au dépositaire de la présente Convention. La dénonciation prend effet six mois après réception de ladite notification.

Art. 72. – Aucune notification par un État contractant en vertu des articles 70 et 71 ne peut porter atteinte aux droits et obligations dudit État, d'une collectivité publique ou d'un organisme dépendant de lui ou d'un de ses ressortissants, aux termes de la présente Convention qui découlent d'un consentement à la compétence du Centre donné par l'un d'eux antérieurement à la réception de ladite notification par le dépositaire.

Art. 73. – Les instruments de ratification, d'acceptation ou d'approbation de la présente Convention et de tous amendements qui y seraient apportés seront déposés auprès de la Banque, laquelle agira en qualité de dépositaire de la présente Convention. Le dépositaire transmettra des copies de la présente Convention certifiées conformes aux États membres de la Banque et à tout autre État invité à signer la Convention.

Art. 74. – Le dépositaire enregistrera la présente Convention auprès du Secrétariat des Nations unies conformément à l'article 102 de la Charte des Nations unies et aux Règlements y afférents adoptés par l'Assemblée Générale.

Art. 75. – Le dépositaire donnera notification à tous les États signataires des informations concernant :

a) les signatures conformément à l'article 67 ;

b) le dépôt des instruments de ratification, d'acceptation ou d'approbation conformément à l'article 73 ;

c) la date d'entrée en vigueur de la présente Convention conformément à l'article 68 ;

d) les exclusions de l'application territoriale conformément à l'article 70 ;

e) la date d'entrée en vigueur de tout amendement à la présente Convention conformément à l'article 66 ;

f) les dénonciations conformément à l'article 71.

Fait à Washington en anglais, espagnol et français, les trois textes faisant également foi, en un seul exemplaire qui demeurera déposé aux archives de la Banque internationale pour la reconstruction et le développement, laquelle a indiqué par sa signature ci-dessous qu'elle accepte de remplir les fonctions mises à sa charge par la présente Convention.

41 Convention portant création de l'Agence multilatérale de garantie des investissements (1)

Date d'adoption : 11/10/1985
Date d'entrée en vigueur : 12/04/1988

PRÉAMBULE

Les États contractants,

Considérant qu'il est nécessaire de renforcer la coopération internationale pour stimuler le développement économique et d'encourager le rôle joué dans ce développement par les investissements étrangers en général et les investissements étrangers privés en particulier;

Reconnaissant que les apports d'investissements étrangers aux pays en développement seraient facilités et encouragés par une diminution des préoccupations liées aux risques non commerciaux;

Souhaitant encourager la fourniture aux pays en développement, à des fins productives, de ressources financières et techniques assorties de conditions compatibles avec leurs besoins, leurs politiques et leurs objectifs de développement, sur la base de normes stables et équitables pour le traitement des investissements étrangers;

Convaincus de l'importance du rôle que pourrait jouer dans la promotion des investissements étrangers une Agence Multilatérale de Garantie des Investissements dont l'action viendrait s'ajouter à celle des organismes nationaux et régionaux de garantie des investissements et des assureurs privés contre les risques non commerciaux; et

Conscients qu'une telle Agence devrait, dans toute la mesure du possible, remplir ses obligations sans recourir à son capital appelable et que la réalisation d'un tel objectif serait facilitée par la poursuite de l'amélioration des conditions de l'investissement;

Sont convenus de ce qui suit :

CHAPITRE PREMIER

Création, statut, fonctions et définitions

Art. premier. – Création et Statut de l'Agence

a) La présente Convention porte création d'une Agence Multilatérale de Garantie des Investissements (ci-après dénommée l'Agence).

(1) 79, 164, 625, 684.

b) L'Agence possède la pleine personnalité juridique et elle a, en particulier, la capacité :

i) de contracter;

ii) d'acquérir des biens meubles et immeubles et de les aliéner;

iii) d'ester en justice.

Art. 2. – Objectif et fonctions

L'Agence a pour objectif d'encourager les flux d'investissement à des fins productives entre les États membres, en particulier vers les États membres en développement, complétant ainsi les activités de la Banque internationale pour la reconstruction et le développement (ci-après dénommée la Banque), de la Société Financière Internationale et d'autres institutions internationales de financement du développement.

À cet effet, l'Agence :

a) délivre des garanties, y compris par des opérations de coassurance et de réassurance, contre les risques non commerciaux pour les investissements d'États membres dans un autre État membre;

b) contribue, par des activités complémentaires appropriées à promouvoir les flux d'investissement vers et entre les États membres en développement; et

c) exerce tous autres pouvoirs implicites nécessaires ou favorables à l'accomplissement de son mandat.

Dans toutes ses décisions, l'Agence s'inspire des dispositions du présent article.

Art. 3. – Définitions

Aux fins de la présente Convention :

a) Le terme « État membre » désigne tout État pour lequel la présente Convention est entrée en vigueur conformément à l'article 61.

b) L'expression « pays d'accueil » ou « Gouvernement d'accueil » désigne tout État membre, son Gouvernement ou toute entité publique d'un État membre, sur les territoires, au sens de l'article 66, duquel doit être exécuté l'investissement que l'Agence a garanti ou réassuré ou envisage de garantir ou de réassurer.

c) L'expression « État membre en développement » désigne l'un des États membres de l'Agence classés dans la catégorie des États membres en développement figurant à l'Appendice A de la présente Convention, y compris les modifications qui pourraient être apportées audit Appendice par le Conseil des gouverneurs visé dans l'article 30 (ci-après dénommé le Conseil des gouverneurs).

d) L'expression « majorité spéciale » désigne une majorité des deux tiers au moins du nombre total des voix représentant au moins 55 % des actions souscrites au capital de l'Agence.

e) L'expression « monnaie librement utilisable » désigne :

i) toute monnaie désignée comme telle par le Fonds Monétaire Internationale; et

ii) toute autre monnaie librement disponible et effectivement utilisable que le Conseil d'administration visé dans l'article 30 (ci-après dénommé le Conseil d'administration) peut désigner aux fins de la présente Convention après consultation avec le Fonds Monétaire International et avec l'approbation du pays dont ladite monnaie est la monnaie nationale.

CHAPITRE II

Capital et composition de l'agence

Art. 4. – Adhésion

a) L'adhésion à l'Agence est ouverte à tous les États membres de la Banque et à la Suisse.

b) Les États membres originaires de l'Agence sont les États qui sont énumérés dans l'Appendice A à la présente Convention et qui ont accédé à la présente Convention avant le 30 octobre 1987.

Art. 5. – Capital

a) Le capital autorisé de l'Agence est de 1 milliard de Droits de Tirage Spéciaux (DTS 1 000 000 000). Il est divisé en 100 000 actions, d'un pair de DTS 10 000, qui peuvent être souscrites par les États membres, Tous les paiements incombant aux États membres au titre de leur souscription au capital sont réglés sur la base de la valeur du DTS en dollars des États-Unis pendant la période allant du 1er janvier 1981 au 30 juin 1985, qui est de 1,082 dollar.

b) Le capital est augmenté lors de l'adhésion d'un nouvel État membre dans la mesure où le nombre d'actions jusque-là autorisé est insuffisant pour que le nouvel État membre puisse souscrire le nombre d'actions prévu à l'article 6.

c) Le capital peut à tout moment être augmenté par décision du Conseil des gouverneurs prise à la majorité spéciale.

Art. 6. – Souscription des actions

Chaque État membre originaire de l'Agence souscrit au pair le nombre d'actions indiqué en regard de son nom dans l'Appendice A à la présente Convention. Chacun des autres États membres souscrit le nombre d'actions fixé par le Conseil des gouverneurs, aux conditions fixées par le Conseil des gouverneurs mais à un prix d'émission qui ne peut en aucun cas être inférieur au pair. Le nombre d'actions à souscrire ne peut en aucun cas être inférieur à 50. Le Conseil des gouverneurs peut adopter des règles autorisant les États membres à souscrire des actions supplémentaires du capital autorisé.

Art. 7. – Division et appel du capital souscrit

La souscription initiale de chaque État membre est versée comme suit :

i) dans les 90 jours suivant la date à laquelle la présente Convention entre en vigueur pour chaque État membre concerné ; 10 % du prix de chaque action sont versés en numéraire conformément aux dispositions de la Section a) de l'article 8 et 10 % supplémentaires sous forme de billets à ordre ou d'effets similaires non négociables, ne portant pas intérêt, que l'Agence encaisse, sur décision du Conseil d'administration, pour faire face à ses obligations.

ii) le solde peut être appelé par l'Agence lorsqu'elle en a besoin pour faire face à ses obligations.

Art. 8. – Paiement des actions souscrites

a) Le paiement des souscriptions est effectué dans une ou plusieurs monnaie(s) librement utilisable(s), excepté que les États membres en développement peuvent payer dans leur monnaie nationale jusqu'à 25 % de la fraction en numéraire visée à l'article 7 (i).

b) Les appels sur toute fraction non versée des souscriptions portent uniformément sur toutes les actions.

c) Si, ayant procédé à un appel d'une fraction non versée des souscriptions pour faire face à ses obligations, l'Agence reçoit un montant insuffisant à cette fin, elle appelle successivement de nouvelles fractions jusqu'à ce qu'elle dispose au total du montant suffisant.

d) La responsabilité encourue au titre des actions est limitée à la fraction non versée du prix d'émission.

Art. 9. – Évaluation des monnaies

Chaque fois qu'il est nécessaire aux fins de la présente Convention de déterminer la valeur d'une monnaie par rapport à une autre monnaie, ladite valeur est raisonnablement déterminée par l'Agence, après consultation avec le Fonds Monétaire International.

Art. 10. – Remboursements

a) L'Agence, dès que cela est possible, rembourse aux États membres les montants versés à la suite d'un appel du capital souscrit, à la condition et pour autant :

i) que l'appel ait résulté du versement d'une indemnité due au titre d'une garantie ou d'un contrat de réassurance délivré par l'Agence et que celle-ci ait ultérieurement recouvré tout ou partie du montant versé en une monnaie librement utilisable ;

ii) que l'appel ait résulté d'un défaut de paiement d'un État membre et que ledit État membre ait ultérieurement réglé tout ou partie du montant dû ; ou

iii) que le Conseil des gouverneurs décide, à la majorité spéciale, que la situation financière de l'Agence permet le remboursement de tout ou partie de ces montants sur les recettes de l'Agence.

b) Tout remboursement versé aux États membres en application du présent article est effectué dans la ou les monnaie(s) librement utilisable(s) choisie(s) par l'Agence et chaque État membre reçoit une part dudit remboursement égale à sa part du total versé à l'Agence à la suite des appels lancés avant un tel remboursement.

c) L'équivalent des montants remboursés à un État membre en application du présent article est incorporé à la fraction appelable de la souscription dudit État membre visée à l'article 7 (ii).

CHAPITRE III
Opérations

Art. 11. – Risques assurés

a) Sous réserve des dispositions des Sections (b) et (c) ci-après, l'Agence peut garantir les investissements admissibles contre les pertes résultant d'une ou de plusieurs des catégories de risque ci-après :

i) *risque de transfert* le fait que le Gouvernement d'accueil ait lui-même apporté toute restriction au transfert de sa monnaie hors de son territoire dans une monnaie librement utilisable ou dans une autre monnaie jugée acceptable par l'investisseur assuré, y compris le fait que le Gouvernement d'accueil n'ait pas donné suite dans un délai raisonnable à la demande de transfert présentée par ledit investisseur;

ii) *expropriation et autres mesures analogues* le fait que le Gouvernement d'accueil ait pris toute mesure législative ou administrative ou qu'il ait omis de prendre toute mesure législative ou administrative, lorsque ledit fait a pour conséquence de priver l'investisseur assuré de ses droits sur son capital ou son investissement ou d'une part substantielle des avantages découlant de son investissement, à l'exception des mesures ordinaires non discriminatoires d'application générale que les Gouvernements prennent normalement pour réglementer l'activité économique sur leurs territoires;

iii) *rupture de contrat :* toute dénonciation ou rupture par le Gouvernement d'accueil d'un contrat conclu avec l'investisseur assuré, dans les cas où

a) l'investisseur assuré ne dispose pas de voie de recours lui permettant de demander à une instance judiciaire ou arbitrale de statuer sur une action en dénonciation ou rupture de contrat; ou

b) une décision n'est pas rendue par une telle instance dans un délai raisonnable, défini par le contrat de garantie conformément au règlement de l'Agence; ou

c) une telle décision ne peut être exécutée; et

iv) *conflits armés et troubles civils :* toute action militaire ou tout trouble civil dans tout territoire du pays d'accueil auquel la présente Convention est applicable conformément à l'article 66.

b) Si l'investisseur et le pays d'accueil le demandent conjointement, le Conseil d'administration, par décision prise à la majorité spéciale, peut étendre la couverture prévue dans le présent article à des risques non commerciaux autres que les risques visés dans la Section (a) ci-dessus, mais en aucun cas aux risques de dévaluation ou de dépréciation du change.

c) Les pertes résultant de l'un quelconque des faits énumérés ci-dessous ne sont pas couvertes :

i) toute action ou omission du Gouvernement d'accueil à laquelle l'investisseur assuré a consenti ou dont il est dûment responsable; et

ii) toute action ou omission du Gouvernement d'accueil ou tout autre fait intervenu avant la conclusion du contrat de garantie.

Art. 12. – Investissements admissibles

a) Les investissements admissibles comprennent les prises de participation, y compris les prêts à moyen ou à long terme accordés ou garantis par les détenteurs du capital de l'entreprise intéressée, et toutes formes d'investissement direct jugées admissibles par le Conseil d'administration.

b) Le Conseil d'administration peut, par décision prise à la majorité spéciale, inclure parmi les investissements admissibles toutes autres formes d'investissements à moyen ou à long terme, à l'exception toutefois des prêts autres que ceux mentionnés à la Section (a) ci-dessus qui ne peuvent être couverts que s'ils sont liés à un investissement spécifique couvert ou devant être couvert par l'Agence.

c) Les garanties sont limitées aux investissements dont l'exécution commence après l'enregistrement de la demande de garantie par l'Agence. Lesdits investissements peuvent comprendre :

i) tout transfert de devises effectué en vue de moderniser, de renforcer ou de développer un investissement existant; et

ii) l'utilisation du produit d'investissements existants qui pourrait être transféré à l'étranger.

d) Lorsqu'elle garantit un investissement, l'Agence s'assure :

i) que ledit investissement est économiquement justifié et qu'il contribuera au développement du pays d'accueil;

ii) que ledit investissement satisfait à la législation et à la réglementation du pays d'accueil;

iii) que ledit investissement est compatible avec les objectifs et les priorités déclarés du pays d'accueil en matière de développement; et

iv) des conditions offertes aux investissements dans le pays d'accueil et, notamment, de l'existence d'un régime juste et équitable et de protections juridiques.

Art. 13. – Investisseurs admissibles

a) Toute personne physique et toute personne morale peut être admise au bénéfice des garanties de l'Agence, sous réserve :

i) que ladite personne physique ait la nationalité d'un État membre autre que le pays d'accueil;

ii) que ladite personne morale soit constituée conformément au droit d'un État membre et ait son établissement principal dans ledit État, ou que la majorité de son capital soit détenue par un État membre ou par des États membres ou par des nationaux dudit ou desdits État(s) membre(s), à condition, dans les deux cas ci-dessus, que le pays d'accueil soit un État membre différent; et

iii) que ladite personne morale, qu'elle appartienne ou non à des intérêts privés, opère sur une base commerciale.

b) Au cas où l'investisseur a plus d'une nationalité, aux fins d'application de la Section (a) ci-dessus, la nationalité d'un État membre l'emporte sur celle d'un État non membre, et la nationalité du pays d'accueil l'emporte sur celle de tout autre État membre.

c) Si l'investisseur et le pays d'accueil le demandent conjointement, le Conseil d'administration, par décision prise à la majorité spéciale, peut étendre le bénéfice des garanties de l'Agence à une personne physique qui a la nationalité du pays d'accueil, ou à une personne morale constituée conformément au droit du pays d'accueil, ou dont la majorité du capital appartient à des nationaux dudit pays, sous réserve que les avoirs en cause soient transférés d'un État membre autre que le pays d'accueil dans ledit pays d'accueil.

Art. 14. – Pays d'accueil admissibles

Ne peuvent être garantis en application du présent chapitre que les investissements qui doivent être effectués sur le territoire d'un État membre en développement.

Art. 15. – Approbation du pays d'accueil

L'Agence ne conclut aucun contrat de garantie avant que le Gouvernement du pays d'accueil ait approuvé l'octroi de la garantie par l'Agence contre des risques expressément désignés.

Art. 16. – Modalités et conditions

L'Agence définit les modalités et conditions de chaque contrat de garantie conformément aux règles et règlements adoptés par le Conseil d'administration, étant entendu qu'elle ne peut couvrir le total de l'investissement. Le président de l'Agence approuve les contrats de garantie, conformément aux directives du Conseil d'administration.

Art. 17. – Versement des indemnités

Le président décide, sur la base des directives du Conseil d'administration, du paiement d'une indemnité à un investisseur assuré conformément au contrat de garantie et aux principes définis par le Conseil d'administration. Les contrats de garantie obligent l'investisseur à se prévaloir, avant de recevoir une indemnité de l'Agence, de tous recours administratifs qui peuvent être appropriés en l'occurrence, pourvu que la législation du pays d'accueil lui offre la possibilité de les exercer sans difficulté. Lesdits contrats peuvent exiger l'écoulement de délais raisonnables entre la date du fait générateur de la demande d'indemnisation et le versement d'une indemnité.

Art. 18. – Subrogation

a) Dès lors qu'elle verse ou accepte de verser une indemnité à un investisseur assuré, l'Agence est subrogée dans les droits ou créances dont pourrait disposer ledit investisseur, du fait de l'investissement assuré, à l'encontre du pays d'accueil et d'autres tiers. Le contrat de garantie détermine les modalités et conditions de la subrogation.

b) Tous les États membres reconnaissent les droits conférés à l'Agence en application de la Section (a) ci-dessus.

c) Le pays d'accueil accorde aux montants en monnaie du pays d'accueil acquis par l'Agence en sa qualité de subrogé en vertu de la Section (a) ci-dessus, en ce qui concerne leur utilisation et leur conversion, un traitement aussi favorable que celui auquel lesdits fonds auraient eu droit si l'investisseur assuré les avait détenus. En tout état de cause, l'Agence peut affecter ces montants au paiement de ses dépenses d'administration et d'autres faits. Elle cherche à conclure avec les pays d'accueil des accords sur d'autres utilisations de leur monnaie dans la mesure où celle-ci n'est pas librement utilisable.

Art. 19. – Relations avec d'autres organismes nationaux et régionaux

L'Agence coopère avec des organismes nationaux d'États membres et des organismes régionaux dont la majorité du capital est détenue par des États membres, qui exercent des activités similaires aux siennes, et s'attache à compléter leurs opérations, en vue de maximiser aussi bien l'efficacité de leurs services respectifs que leur contribution à un accroissement des apports d'investissements étrangers. À cette fin, l'Agence peut conclure des arrangements avec ces organismes au sujet des conditions particulières d'une telle coopération, notamment des modalités de la réassurance et de la coassurance.

Art. 20. – Réassurance d'organismes nationaux et régionaux

a) L'Agence peut réassurer un investissement particulier contre une perte résultant d'un ou plusieurs risques non commerciaux garantis par un État membre ou par un organisme d'un État membre ou par un organisme régional de garantie des investissements dont la majorité du capital est détenue par des États membres. Le Conseil d'administration, par décision prise à la majorité spéciale, fixe périodiquement les montants maximaux des engagements que l'Agence peut prendre au titre de contrats de réassurance. S'agissant des investissements qui ont été achevés plus de douze mois avant la réception par l'Agence de la demande de réassurance, le plafond est initialement fixé à 10 % du montant global des engagements pris par l'Agence en vertu du présent chapitre. Les conditions d'admissibilité prévues aux articles 11 à 14 s'appliquent aux opérations de réassurance, excepté qu'il n'est pas exigé que les investissements réassurés soient effectués après la demande de réassurance.

b) Les droits et obligations réciproques de l'Agence et de l'État membre, ou de l'organisme, réassuré sont spécifiés dans un contrat de réassurance conclu conformément aux règles et règlements de réassurance adoptés par le Conseil d'administration. Le Conseil d'administration approuve chaque contrat de réassurance relatif à un investissement effectué avant que l'Agence ait reçu la demande de réassurance, en veillant à minimiser les risques, et à s'assurer que l'Agence perçoit des primes correspondant au risque qu'elle prend et que l'entité réassurée est résolue à promouvoir de nouveaux investissements dans les États membres en développement.

c) L'Agence, dans la mesure du possible, fait en sorte qu'elle-même ou l'entité réassurée ait des droits équivalant, en matière de subrogation et d'arbitrage, à ceux que l'Agence aurait si elle avait elle-même assuré l'investissement, Les modalités et conditions de la réassurance doivent préciser que les recours administratifs sont exercés conformément à l'article 17 avant qu'une indemnité soit payée par l'Agence. La subrogation ne peut être opposée au pays d'accueil concerné qu'après que celui-ci a approuvé la réassurance par l'Agence. L'Agence inclut dans les contrats de réassurance des dispositions prévoyant que l'entité réassurée doit faire valoir avec une diligence raisonnable les droits ou créances liés à l'investissement réassuré.

Art. 21. – Coopération avec des assureurs et des réassureurs privés

a) L'Agence peut conclure des accords avec des assureurs privés d'États membres pour développer ses propres opérations et encourager lesdits assureurs à offrir une couverture contre des risques non commerciaux dans des pays membres en développement à des conditions similaires à celles appliquées par l'Agence. Lesdits accords peuvent prévoir une réassurance par l'Agence aux conditions et selon les procédures indiquées à l'article 20.

b) L'Agence peut faire réassurer, en tout ou en partie, auprès de toute compagnie de réassurance appropriée, toute(s) garantie(s) qu'elle a délivrée(s).

c) L'Agence s'emploie en particulier à garantir les investissements pour lesquels une couverture comparable à des conditions raisonnables ne peut être obtenue auprès d'assureurs et de réassureurs privés.

Art. 22. – Plafond d'engagement

a) À moins que le Conseil des gouverneurs n'en décide autrement à la majorité spéciale, le montant total des engagements que l'Agence peut prendre en vertu de garanties délivrées en application du présent chapitre n'excède pas 150 % de la somme du capital souscrit, net d'obligations, de l'Agence, de ses réserves et de la fraction de ses engagements couverte auprès des réassureurs que le Conseil d'administration pourra fixer. Le Conseil d'administration réétudie de temps à autre le profil des risques du portefeuille de l'Agence en se fondant sur les demandes d'indemnisation effectivement déposées, le degré de diversification des risques, la couverture auprès de réassureurs et d'autres facteurs pertinents, en vue de déterminer si des changements du plafond des engagements devraient être recommandés au Conseil des gouverneurs.

Le plafond ainsi déterminé par le Conseil des gouverneurs ne peut en aucun cas être plus de cinq fois supérieur à la somme du capital souscrit, net d'obligations, de l'Agence, de ses réserves et de la fraction de ses engagements couverte auprès de réassureurs qui peut être jugée appropriée.

b) Sans préjudice du plafond global visé dans la Section (a) ci-dessus, le Conseil d'administration peut fixer :

i) le montant cumulatif maximum des engagements que l'Agence peut prendre en application du présent chapitre au titre de toutes les garanties délivrées aux investisseurs d'un même État membre. Pour déterminer le plafond applicable aux divers États membres, le Conseil d'administration tient dûment compte de la part du capital de l'Agence souscrite par l'État membre concerné et de la nécessité d'une plus grande souplesse à l'égard des investissements en provenance des États membres en développement ; et

ii) le montant cumulatif maximum des engagements que l'Agence peut prendre, pour des motifs de diversification des risques, à l'égard d'un seul projet, d'un seul pays d'accueil ou de certaines catégories d'investissement ou de risque.

Art. 23. – Promotion de l'investissement

a) L'Agence effectue des recherches, entreprend des activités visant à promouvoir les flux d'investissement et diffuse des renseignements sur les possibilités d'investissement dans les États membres en développement en vue de créer des conditions propices à des apports d'investissements étrangers. Elle peut fournir aux États membres qui le lui demandent, une assistance technique et des conseils pour les aider à améliorer le climat de l'investissement dans leurs territoires. En accomplissant ces travaux, l'Agence :

i) tient compte des accords d'investissement conclus entre les États membres ;

ii) s'emploie à lever les obstacles, dans les États membres développés comme dans les États membres en, développement, qui entravent les flux d'investissement vers les États membres en développement; et

iii) coordonne son action avec celle des autres organismes s'occupant aussi de la promotion des investissements étrangers et en particulier avec celle de la Société Financière Internationale.

b) De plus, l'Agence :

i) encourage le règlement à l'amiable des différends entre investisseurs et pays d'accueil;

ii) s'efforce de conclure avec les États membres en développement et, en particulier, avec les pays d'accueil potentiels, des accords en application desquels l'Agence bénéficie, pour tout investissement qu'elle a garanti, d'un traitement au moins aussi favorable que celui que l'État membre concerné accorde, aux termes d'un accord d'investissement, à l'État ou à l'organisme de garantie des investissements le plus favorisé lesdits accords doivent être approuvés par le Conseil d'administration à la majorité spéciale; et

iii) favorise et facilite la conclusion d'accords, entre ses États membres, au sujet de la promotion et de la protection des investissements.

c) Dans ses activités de promotion, l'Agence attache une importance particulière à l'accroissement des flux d'investissement entre ses pays membres en développement.

Art. 24. – Garanties applicables aux investissements parrainés

Outre les opérations de garantie effectuées par l'Agence en application du présent chapitre, l'Agence peut garantir des investissements dans le cadre des arrangements de parrainage prévus à l'Annexe I à la présente Convention.

CHAPITRE IV
Clauses financières

Art. 25. – Gestion financière

L'Agence conduit ses activités conformément aux principes d'une pratique commerciale saine et d'une gestion financière avisée de façon à préserver en toutes circonstances son aptitude à s'acquitter de ses obligations financières.

Art. 26. – Primes et commissions

L'Agence fixe et revoit périodiquement le tarif des primes, des commissions et, le cas échéant, des autres charges à percevoir pour chaque type de risque.

Art. 27. – Affectation du bénéfice net

a) Sans préjudice des dispositions de la Section (a) (iii) de l'article 10, l'Agence affecte la totalité de son bénéfice net à ses réserves jusqu'à ce que le montant desdites réserves atteigne le quintuple de son capital souscrit.

b) Lorsque les réserves de l'Agence atteignent le niveau stipulé à la Section (a) ci-dessus, le Conseil des gouverneurs décide si, et dans quelle mesure, le bénéfice net de l'Agence doit être affecté aux réserves, distribué aux États membres de l'Agence ou utilisé autrement. Le Conseil des gouverneurs décide à la majorité spéciale de toute distribution du bénéfice net de l'Agence aux États membres et la part versée à chacun d'eux est proportionnelle à sa part du capital de l'Agence.

Art. 28. – Budget

Le président de l'Agence établit le budget annuel des recettes et des dépenses de l'Agence et le soumet à l'approbation du Conseil d'administration.

Art. 29. – Comptabilité

L'Agence publie un Rapport annuel qui contient les états de ses comptes et des comptes du Fonds Fiduciaire de Parrainage dûment vérifiés par des commissaires aux comptes. L'Agence communique aux États membres, à intervalles appropriés, un état récapitulatif de sa situation financière et un compte de pertes et profits indiquant le résultat de ses opérations.

CHAPITRE V
Organisation et gestion

Art. 30. – Structure de l'Agence

L'Agence comprend un Conseil des gouverneurs, un Conseil d'administration, un président, et le personnel nécessaire pour remplir les fonctions définies par l'Agence.

Art. 31. – Le Conseil des gouverneurs

a) Tous les pouvoirs de l'Agence sont dévolus au Conseil des gouverneurs, à l'exception des pouvoirs que la présente Convention confère expressément à un autre organe de l'Agence. Le Conseil des gouverneurs peut déléguer au Conseil d'administration l'exercice de tous ses pouvoirs, à l'exception des suivants :

i) admettre de nouveaux États membres et fixer les conditions de leur adhésion;

ii) suspendre un État membre;

iii) statuer sur toute augmentation ou diminution du capital;

iv) relever le plafond du montant cumulatif des engagements pouvant être pris en application de la Section (a) de l'article 22;

v) classer un État membre dans la catégorie des États membres en développement en application de la Section (c) de l'article 3;

vi) classer un nouvel État membre dans la Catégorie I ou dans la Catégorie II aux fins de la répartition des voix en application de la Section (a) de l'article 39 ou reclasser un État déjà membre aux mêmes fins;

vii) fixer la rémunération des administrateurs et de leurs suppléants;

viii) suspendre définitivement les opérations de l'Agence et en liquider les actifs;

ix) répartir les actifs de l'Agence entre les États membres en cas de liquidation; et

x) amender la présente Convention, son Annexe et ses Appendices.

b) Le Conseil des gouverneurs comprend, un gouverneur et un gouverneur suppléant nommés par chaque État membre selon les modalités choisies par ledit État membre. Aucun gouverneur suppléant n'est autorisé à voter, sinon en l'absence du gouverneur. Le Conseil des gouverneurs choisit son président parmi les gouverneurs.

c) Le Conseil des gouverneurs tient une réunion annuelle, ainsi que toutes autres réunions qu'il juge nécessaires ou que demande le Conseil d'administration. Le Conseil d'administration demande au Conseil des gouverneurs de se réunir chaque fois que cinq États membres ou que des États membres disposant de 25 % du nombre total de voix de l'Agence en font la demande.

Art. 32. – Le Conseil d'administration

a) Le Conseil d'administration est chargé de la conduite des opérations générales de l'Agence et prend, à cet effet, toute mesure imposée ou autorisée par la présente Convention.

b) Le Conseil d'administration comprend au moins 12 administrateurs. Le Conseil des gouverneurs peut modifier le nombre des administrateurs pour tenir compte de l'évolution du nombre des États membres. Chaque administrateur peut nommer un administrateur suppléant qui, en cas d'absence ou d'incapacité d'exercice de l'administrateur, a pleins pouvoirs pour agir en ses lieu et place. Le président de la Banque est *ex officio* le président du Conseil d'administration, mais il ne peut prendre part aux votes sauf en cas de partage égal des voix, auquel cas sa voix est prépondérante.

c) Le Conseil des gouverneurs fixe la durée du mandat des administrateurs. Le premier Conseil d'administration est constitué lors de la réunion inaugurale du Conseil des gouverneurs.

d) Le Conseil d'administration se réunit sur convocation de son président, agissant de sa propre initiative ou à la demande de trois administrateurs.

e) Tant que le Conseil des gouverneurs n'a pas décidé que les administrateurs de l'Agence doivent exercer leurs fonctions en permanence au siège de l'Agence, les administrateurs et leurs suppléants ne sont rémunérés qu'à raison des dépenses que leur imposent leur participation aux réunions du Conseil d'administration et l'accomplissement de leurs autres fonctions officielles pour le compte de l'Agence. Si les administrateurs et leurs suppléants doivent exercer leurs fonctions en permanence au siège de l'Agence, leur rémunération est fixée par le Conseil des gouverneurs.

Art. 33. – Président de l'Agence et personnel

a) Le président de l'Agence, sous l'autorité générale du Conseil d'administration, dirige les affaires courantes de l'Agence. Il décide de l'organisation des services, de l'engagement et de la révocation des membres du personnel.

b) Le président de l'Agence est nommé par le Conseil d'administration sur proposition de son président. Le Conseil des gouverneurs fixe le traitement et les conditions du contrat du président de l'Agence.

c) Dans l'accomplissement de leurs fonctions, le président de l'Agence et les membres du personnel sont entièrement au service de l'Agence, à l'exclusion de toute autre autorité. Chaque État membre de l'Agence respecte le caractère international de leurs fonctions et s'abstient de toute tentative d'influence sur le président de l'Agence ou les membres du personnel dans l'exercice de leurs fonctions.

d) Dans le recrutement des membres du personnel, le président, sans négliger l'intérêt capital qui s'attache aux concours les plus actifs et les plus compétents, tient compte de l'importance d'un recrutement effectué sur une base géographique aussi large que possible.

e) Le président et les membres du personnel respectent en tout temps le caractère confidentiel des renseignements obtenus à l'occasion de l'exécution des opérations de l'Agence.

Art. 34. – Interdiction de toute activité politique

L'Agence et ses agents supérieurs s'abstiennent de toute immixtion dans les affaires politiques des États membres. Sans préjudice du droit de l'Agence de tenir compte de toutes les conditions dans lesquelles un investissement est effectué l'Agence et ses agents supérieurs ne doivent pas être influencés dans leurs décisions par le caractère politique de l'État ou des États membres concernés. Les considérations dont ils doivent tenir compte dans leurs décisions doivent être appréciées impartialement afin d'atteindre les objectifs énoncés à l'article 2.

Art. 35. – Relations avec d'autres organisations internationales

Dans le cadre des dispositions de la présente Convention, l'Agence coopère avec l'Organisation des Nations unies et avec d'autres organisations intergouvernementales ayant des fonctions spécialisées dans des domaines connexes, y compris, en particulier, la Banque et la Société Financière Internationale.

Art. 36. – Lieu du Siège

a) Le siège de l'Agence est situé à Washington, DC, à moins que le Conseil des gouverneurs, à la majorité spéciale, n'en décide autrement.

b) L'Agence peut ouvrir d'autres bureaux pour les besoins de son travail.

Art. 37. – Dépositaire des avoirs

Chaque État membre désigne comme dépositaire, où l'Agence peut déposer ses avoirs dans la monnaie dudit État membre ou d'autres avoirs, sa banque centrale ou, s'il n'a pas de banque centrale, toute autre institution jugée acceptable par l'Agence.

Art. 38. – Communications

a) Chaque État membre désigne l'entité avec laquelle l'Agence peut se mettre en rapport au sujet de toute question relevant de la présente Convention. L'Agence peut faire fond sur les déclarations de ladite entité comme représentant des déclarations de l'État membre. À la demande d'un État membre, l'Agence consulte ledit État membre au sujet des questions visées aux articles 19 à 21 et concernant les organismes ou les assureurs de cet État membre.

b) Chaque fois que l'approbation d'un État membre est nécessaire pour que l'Agence puisse agir, ladite approbation est considérée comme donnée, à moins que ledit État membre ne présente des objections dans le délai raisonnable que l'Agence peut fixer en notifiant la mesure envisagée.

CHAPITRE VI

Vote, ajustements des souscriptions et représentation

Art. 39. – Vote et ajustements des souscriptions

a) Afin de tenir compte dans les modalités de vote de l'intérêt égal que l'Agence présente pour les deux Catégories d'États dont la liste figure dans l'Appendice A à la présente Convention, ainsi que de l'importance de la participation financière de chaque État membre, chacun d'eux dispose de 177 voix d'adhésion, plus une voix de souscription pour chaque action du capital détenu.

b) Si à un moment quelconque au cours des trois années suivant l'entrée en vigueur de la présente Convention le total des voix d'adhésion et des voix de souscription des États membres dont dispose l'une ou l'autre des deux Catégories d'États dont la liste figure dans l'Annexe A à la présente Convention est inférieur à 40 % du nombre total de voix, les États membres de ladite Catégorie reçoivent le nombre de voix additionnelles nécessaires pour que le nombre total de voix de ladite Catégorie soit égal à ce pourcentage du nombre total de voix. Ces voix additionnelles sont réparties entre les États membres de cette Catégorie à raison du pourcentage du nombre total de voix de souscription de cette Catégorie dont ils disposent. Le nombre de ces voix additionnelles est ajusté automatiquement de façon à maintenir ce pourcentage et lesdites voix sont annulées à l'expiration de la période de trois ans susmentionnée.

c) La troisième année après l'entrée en vigueur de la présente Convention, le Conseil des gouverneurs réétudie la répartition des actions et s'inspire dans ses décisions des principes suivants :

i) le nombre de voix de chaque État membre correspond à ses souscriptions effectives au capital de l'Agence et à ses voix d'adhésion conformément aux dispositions de la Section (a) du présent article ;

ii) les actions réservées aux pays qui n'ont pas signé la Convention sont libérées et peuvent être réaffectées à certains États membres et selon certaines modalités de façon à rendre possible la parité du nombre de voix entre les catégories susmentionnées ; et

iii) le Conseil des gouverneurs prend des mesures facilitant la souscription par les États membres des actions qui leur sont affectées.

d) Pendant la période de trois ans visée à la Section (b) du présent article, toutes les décisions du Conseil des gouverneurs et du Conseil d'administration sont prises à la majorité spéciale, à l'exception des décisions pour lesquelles la présente Convention exige une majorité supérieure et qui sont prises à cette majorité renforcée.

e) S'il est procédé à une augmentation du capital social de l'Agence conformément à la Section (c) de l'article 5, chaque État membre qui le demande est autorisé à souscrire à cette augmentation à raison du pourcentage du total des actions de l'Agence qu'il a déjà souscrites, étant entendu qu'aucun État membre n'est tenu de souscrire à une augmentation du capital.

f) Le Conseil des gouverneurs fixe, par voie de règlement, les conditions dans lesquelles des souscriptions additionnelles peuvent être effectuées en vertu de la Section (e) du présent article. Ce règlement prévoit des délais raisonnables pour la présentation de leur demande par les États membres qui souhaitent être autorisés à de telles souscriptions.

Art. 40. – Modalités de vote du Conseil des gouverneurs

a) Chaque gouverneur est habilité à exprimer les voix de l'État membre qu'il représente. Sauf disposition contraire de la présente Convention, les décisions du Conseil sont prises à la majorité des suffrages exprimés.

b) Pour toute réunion du Conseil des gouverneurs, le quorum est constitué par la présence de la majorité des gouverneurs disposant des deux tiers du nombre total des voix au moins.

c) Le Conseil des gouverneurs peut, par voie de règlement, instituer une procédure permettant au Conseil d'administration, lorsqu'il le juge conforme aux intérêts de l'Agence, de demander au Conseil des gouverneurs de prendre une décision sur une question particulière sans avoir à convoquer le Conseil des gouverneurs.

Art. 41. – Élection des administrateurs

a) Les administrateurs sont élus conformément à l'Appendice B.

b) Les administrateurs restent en fonctions jusqu'à ce que leurs successeurs soient élus. Lorsqu'un poste d'administrateur devient vacant plus de 90 jours avant l'expiration du mandat de l'administrateur qui occupait ledit poste, les gouverneurs ayant élu l'ancien administrateur élisent un nouvel administrateur pour la durée du mandat restant à courir. Cette élection est effectuée à la majorité des suffrages exprimés. Tant que le poste d'administrateur reste vacant, le suppléant de l'ancien administrateur exerce les pouvoirs dudit administrateur, à l'exception du pouvoir de nommer un suppléant.

Art. 42. – Modalités de vote du Conseil d'administration

a) Chaque administrateur dispose du nombre de voix ayant compté pour son élection. Toutes les voix dont un administrateur dispose doivent être utilisées en bloc. Sauf disposition contraire de la présente Convention, les décisions du Conseil d'administration sont prises à la majorité des suffrages exprimés.

b) Pour toute réunion du Conseil d'administration, le quorum est constitué par la présence de la majorité des administrateurs disposant de la majorité du nombre total des voix.

c) Le Conseil d'administration peut, par voie de règlement, instituer une procédure permettant à son président, lorsqu'il le juge conforme aux intérêts de l'Agence, de demander au Conseil d'administration de prendre une décision sur une question particulière sans avoir à convoquer une réunion du Conseil d'administration.

CHAPITRE VII

Privilèges et immunités

Art. 43. – Objet du présent chapitre

En vue de permettre à l'Agence de remplir ses fonctions, les immunités et privilèges définis au présent chapitre sont reconnus à l'Agence dans les territoires de chaque État membre.

Art. 44. – Immunités de juridiction

En dehors des cas prévus aux articles 57 et 58, l'Agence ne peut être poursuivie que devant un tribunal ayant juridiction sur les territoires d'un État membre où elle possède un bureau ou bien où elle a nommé un agent chargé de recevoir des significations ou sommations. Aucune poursuite ne peut être intentée contre l'Agence :

i) par des États membres ou par des personnes agissant pour le compte desdits États ou faisant valoir des droits cédés par eux ; ou

ii) à propos de questions de personnel.

Les biens et avoirs de l'Agence, en quelque lieu qu'ils se trouvent et quels qu'en soient les détenteurs, sont à l'abri de toutes formes de saisie, d'opposition ou d'exécution avant qu'un jugement ou une sentence arbitrale n'ait été définitivement rendu contre l'Agence.

Art. 45. – Avoirs

a) Les biens et avoirs de l'Agence, où qu'ils se trouvent situés et quel qu'en soit le détenteur, sont exempts de perquisition, réquisition, confiscation, expropriation ou de toute autre forme de saisie par voie exécutive ou législative.

b) Dans la mesure nécessaire à l'accomplissement de ses opérations, en application de la présente Convention, tous les biens et avoirs de l'Agence sont exempts de restrictions, réglementations, contrôles et moratoires de toute nature, étant entendu que les biens et avoirs requis par l'Agence du titulaire d'une garantie, d'un organisme réassuré ou d'un investisseur assuré par un organisme réassuré, par voie de succession ou de subrogation, sont exempts des restrictions, réglementations et contrôles de change normalement applicables dans les territoires du pays membre concerné dans la mesure où ledit titulaire d'une garantie, organisme ou investisseur auquel l'Agence a été subrogée avait droit à une telle exemption.

c) Aux fins d'application du présent chapitre, le terme « avoirs » englobe les avoirs du Fonds Fiduciaire de Parrainage visé dans l'Annexe I à la présente Convention et les autres avoirs administrés par l'Agence.

Art. 46. – Archives et communications

a) Les archives de la Banque sont inviolables, où qu'elles se trouvent.

b) Les communications officielles de l'Agence reçoivent de chaque État membre le même traitement que les communications officielles de la Banque.

Art. 47. – Immunités fiscales

a) L'Agence, ses avoirs, biens et revenus, ainsi que ses opérations et transactions autorisées par la présente Convention, sont exonérés de tous impôts et de tous droits de douane. L'Agence est également exemptée de toute responsabilité concernant le recouvrement ou le paiement de tous droits ou impôts.

b) Sauf dans le cas de nationaux du pays où ils exercent leurs fonctions, aucun impôt n'est perçu sur les indemnités payées par l'Agence aux gouverneurs et à leurs suppléants, ni sur les traitements, indemnités et autres émoluments payés par l'Agence au président du Conseil d'administration, aux administrateurs, aux suppléants et au président de l'Agence ou à son personnel.

c) Aucun impôt de quelque nature que ce soit n'est perçu sur les investissements garantis ou réassurés par l'Agence (y compris les gains en provenant) ni sur les polices d'assurance réassurées par l'Agence (y compris toutes primes et autres recettes y afférentes), quel qu'en soit le détenteur :

i) si cet impôt constitue une mesure discriminatoire contre cet investissement ou cette police d'assurance prise uniquement parce que l'assurance ou la réassurance a été délivrée par l'Agence ; ou

ii) si le seul fondement juridique d'un tel impôt est l'emplacement de tout bureau ou établissement de l'Agence.

Art. 48. – Personnes exerçant des fonctions à l'Agence

Les gouverneurs, les administrateurs, les suppléants, le président et le personnel de l'Agence :

i) ne peuvent faire l'objet de poursuites à raison des actes accomplis par eux dans l'exercice officiel de leurs fonctions ;

ii) bénéficient, lorsqu'ils ne sont pas des nationaux de l'État où ils exercent leurs fonctions, des mêmes immunités en matière de restrictions à l'immigration, de formalités d'enregistrement des étrangers et d'obligations militaires, et des mêmes facilités en matière de restrictions de change que celles qui sont accordées par les États membres concernés aux représentants, fonctionnaires et employés de rang comparable des autres États membres ; et

iii) bénéficient du même traitement, en ce qui concerne les facilités de voyage, que celui que les États membres accordent aux représentants, fonctionnaires et employés de rang comparable des autres États membres.

Art. 49. – Application du présent chapitre

Chaque État membre prend, sur ses propres territoires, toutes mesures nécessaires en vue d'incorporer dans sa législation les principes énoncés dans le présent chapitre il informe l'Agence du détail des mesures qu'il a prises.

Art. 50. – Renonciation aux privilèges et immunités

Les privilèges, immunités et exonérations reconnus dans le présent chapitre sont accordés dans l'intérêt de l'Agence qui peut y renoncer, dans la mesure et aux conditions qu'elle fixe, dans les cas où cette renonciation ne porte pas préjudice aux intérêts de l'Agence. L'Agence lève l'immunité de toute personne exerçant des fonctions à l'Agence dans les cas où, à son avis, cette immunité entraverait l'action de la justice et peut être levée sans porter préjudice aux intérêts de l'Agence.

CHAPITRE VIII
Démission ; suspension d'un État membre ; cessation des opérations

Art. 51. – Démission

Tout État membre peut, après l'expiration d'une période de trois ans à compter de la date à laquelle la présente Convention est entrée en vigueur à son égard, se retirer à tout moment de l'Agence en lui notifiant par écrit sa décision à son siège. L'Agence avise la Banque, dépositaire de la présente Convention, de la réception de ladite notification. La démission prend effet 90 jours après la date de la réception de la notification de l'État membre par l'Agence. Tout État membre peut révoquer sa notification tant qu'elle n'a pas pris effet.

Art. 52. – Suspension d'un État membre

a) Si un État membre manque à l'une quelconque des obligations qui lui incombent en vertu de la présente Convention, le Conseil des gouverneurs peut le suspendre par décision prise à la majorité des États membres et des voix.

b) Pendant sa suspension, l'État membre concerné ne dispose d'aucun droit en vertu de la présente Convention, à l'exception du droit de démission et des autres droits prévus dans le présent chapitre et au chapitre IX, mais il reste astreint à toutes ses obligations.

c) Lorsqu'on doit déterminer si un État membre suspendu peut prétendre à une garantie ou à une réassurance conformément au chapitre III ou à l'Annexe I de la présente Convention, ledit État membre n'est pas traité comme un État membre de l'Agence.

d) L'État membre suspendu perd automatiquement sa qualité d'État membre un an après la date de sa suspension, à moins que le Conseil des gouverneurs ne décide de prolonger la période de suspension ou de le réhabiliter.

Art. 53. – Droits et devoirs des États qui cessent d'être membres

a) Quand un État cesse d'être membre de l'Agence, il reste tenu par toutes ses obligations, y compris les obligations conditionnelles lui incombant en vertu de la présente Convention qu'il a contractées avant d'avoir cessé d'être membre.

b) Sans préjudice de la Section (a) ci-dessus, l'Agence et ledit État prennent des dispositions pour le règlement de leurs créances et obligations respectives. Ces dispositions doivent être approuvées par le Conseil d'administration.

Art. 54. – Suspension des opérations

a) Le Conseil d'administration peut, lorsqu'il l'estime justifié, suspendre l'octroi de nouvelles garanties pour une période déterminée.

b) Dans des circonstances exceptionnelles, le Conseil d'administration peut suspendre toutes les activités de l'Agence jusqu'au retour d'une situation normale, étant entendu que les dispositions nécessaires sont prises pour la protection des intérêts de l'Agence et des tiers.

c) La décision de suspendre les opérations n'a aucun effet sur les obligations incombant aux États membres en vertu de la présente Convention ni sur les obligations de l'Agence vis-à-vis des titulaires d'une garantie ou d'une police de réassurance ou vis-à-vis de tiers.

Art. 55. – Dissolution

a) Le Conseil des gouverneurs peut décider, à la majorité spéciale, de cesser les opérations de l'Agence et de la dissoudre. À la suite de cette décision, l'Agence met immédiatement fin à ses activités, à l'exception de celles se rapportant à la réalisation, à la conservation et à la préservation normales de ses avoirs ainsi qu'au règlement de ses obligations. Jusqu'au jour du règlement définitif de ses obligations et de la distribution de ses avoirs, l'Agence conserve sa personnalité juridique et tous les droits et obligations de ses membres découlant de la présente Convention demeurent inchangés.

b) Aucune distribution des avoirs n'a lieu au profit des États membres avant que toutes les obligations vis-à-vis des investisseurs assurés et des autres créanciers aient été éteintes ou que leur règlement ait été assuré et que le Conseil des gouverneurs ait décidé de procéder à ladite distribution.

c) Sous réserve de ce qui précède, l'Agence distribue ses avoirs entre ses membres proportionnellement à leur part du capital souscrit. L'Agence distribue également tout solde des avoirs du Fonds Fiduciaire de Parrainage entre les États membres parrains au prorata de la part du total des investissements parrainés que représentent les investissements parrainés par chacun d'eux. Aucun État membre ne peut prétendre à sa part des avoirs de l'Agence ou du Fonds Fiduciaire de Parrainage avant d'avoir réglé toutes ses dettes vis-à-vis de l'Agence.

Le Conseil des gouverneurs détermine, selon des modalités qu'il estime justes et équitables, la date de toute distribution des avoirs.

CHAPITRE IX

Règlement des différends

Art. 56. – Interprétation et application de la Convention

a) Toute question d'interprétation ou d'application des dispositions de la présente Convention opposant un État membre à l'Agence ou des États membres entre eux est soumise à la décision du Conseil d'administration. Si la question affecte particulièrement un État membre non déjà représenté par un de ses nationaux au Conseil d'administration, cet État membre a la faculté d'envoyer un représentant à toute séance du Conseil d'administration à laquelle ladite question est examinée.

b) Dans toute affaire où le Conseil d'administration a rendu une décision en vertu de l'alinéa (a) ci-dessus, tout État membre peut demander que la question soit portée devant le Conseil des gouverneurs, dont la décision est sans appel. En attendant que le Conseil des gouverneurs ait statué, l'Agence peut, dans la mesure où elle l'estime nécessaire, agir sur la base de la décision du Conseil d'administration.

Art. 57. – Différends entre l'Agence et les États membres

a) Sans préjudice des dispositions de l'article 56 et de la Section (b) du présent article, tout différend entre l'Agence et un État membre ou un organisme d'un État membre et tout différend entre l'Agence et un pays qui a cessé d'être un État membre (ou un organisme dudit pays) est réglé conformément à la procédure décrite dans l'Annexe II à la présente Convention.

b) Les différends concernant des créances de l'Agence agissant en qualité de subrogée d'un investisseur sont réglés conformément soit :

i) à la procédure décrite dans l'Annexe II à la présente Convention; soit

ii) à un accord devant être conclu entre l'Agence et l'État membre concerné prévoyant une autre méthode ou d'autres méthodes de règlement desdits différends. Dans ce dernier cas, l'Annexe II à la présente Convention sert de base à la rédaction dudit accord qui, dans chaque cas, doit être approuvé par le Conseil d'administration à la majorité spéciale avant que l'Agence n'entreprenne des opérations dans les territoires de l'État membre concerné.

Art. 58. – Différends auxquels sont parties des investisseurs assurés ou réassurés

Tout différend opposant les parties à un contrat d'assurance ou de réassurance et concernant ledit contrat est soumis à arbitrage la sentence est sans appel et la procédure applicable celle qui est décrite ou mentionnée dans le contrat d'assurance ou de réassurance.

CHAPITRE X

Amendements

Art. 59. – Amendement par le Conseil des gouverneurs

a) La présente Convention et ses Annexes peuvent être modifiées par une décision adoptée par les trois-cinquièmes des gouverneurs de pays détenant les quatre-cinquièmes du nombre total des voix il est toutefois entendu que :

i) tout amendement modifiant le droit d'un État membre de se retirer de l'Agence prévu à l'article 51 ou la limitation de la responsabilité prévue par la Section (d) de l'article 8 ne peut être adopté que s'il est approuvé par les gouverneurs à l'unanimité ; et

ii) tout amendement modifiant les dispositions relatives au partage des pertes figurant dans les articles i à 3 de l'Annexe I à la présente Convention qui aurait pour effet d'accroître les obligations incombant à ce titre à un État membre quelconque doit être approuvé par le gouverneur dudit État membre.

b) Les Appendices A et B de la présente Convention peuvent être amendés par le Conseil des gouverneurs par une décision adoptée à la majorité spéciale.

c) Si un amendement a un effet sur une disposition quelconque de l'Annexe I à la présente Convention, le nombre total de voix doit comprendre les voix additionnelles attribuées en vertu de l'article 7 de ladite Annexe aux États membres parrains et aux pays où sont réalisés les investissements parrainés.

Art. 60. – Procédure

Toute proposition tendant à apporter des modifications à la présente Convention, qu'elle émane d'un État membre, d'un gouverneur ou d'un administrateur, est communiquée au président du Conseil d'administration, qui en saisit le Conseil d'administration. Si le Conseil d'administration recommande l'adoption de l'amendement proposé, celui-ci est soumis au Conseil des gouverneurs pour approbation conformément à l'article 59. Lorsqu'un amendement a été dûment approuvé par le Conseil des gouverneurs, l'Agence en certifie l'acceptation par une communication officielle adressée à tous les États membres. Les amendements entrent en vigueur vis-à-vis de tous les États membres 90 jours après la date de la communication officielle, à moins que le Conseil des gouverneurs ne spécifie un délai différent.

CHAPITRE XI

Dispositions finales

Art. 61. – Entrée en vigueur

a) La présente Convention doit être ouverte à la signature de tous les États membres de la Banque et de la Suisse et ratifiée, acceptée ou approuvée par les États signataires conformément à leurs procédures constitutionnelles.

b) La présente Convention entre en vigueur à la date à laquelle au moins cinq instruments de ratification, d'acceptation ou d'approbation ont été déposés au nom d'États signataires de la Catégorie t, et à laquelle au moins quinze instruments de même nature ont été déposés au nom d'États signataires de la Catégorie II; il est entendu toutefois que le total des souscriptions de ces pays ne doit pas être inférieur à un tiers du capital autorisé de l'Agence conformément aux dispositions de l'article 5.

c) Pour chaque État déposant son instrument de ratification, d'acceptation ou d'approbation après l'entrée en vigueur de la présente Convention, celle ci entre en vigueur à la date du dépôt dudit instrument.

d) Si la présente Convention n'est pas entrée en vigueur dans les deux ans suivant son ouverture à la signature, le président de la Banque convoque une conférence des pays intéressés pour déterminer les mesures à prendre.

Art. 62. – Inauguration de l'Agence

Aussitôt que la présente Convention entre en vigueur, le président de la Banque convoque le Conseil des gouverneurs pour une séance inaugurale. Cette séance a lieu au siège de l'Agence dans les 60 jours suivant l'entrée en vigueur de la présente Convention.

Art. 63. – Dépositaire

Les instruments de ratification, d'acceptation ou d'approbation relatifs à la présente Convention et aux amendements qui peuvent y être apportés sont déposés auprès de la Banque qui agit en qualité de dépositaire de la présente Convention. Le dépositaire fait parvenir des copies certifiées conformes de la présente Convention aux États membres de la Banque et à la Suisse.

Art. 64. – Enregistrement

Le dépositaire enregistre la présente Convention au Secrétaire de l'Organisation des Nations unies conformément à l'article 102 de la Charte des Nations unies et du Règlement y relatif adopté par l'Assemblée générale.

Art. 65. – Notification

Le dépositaire notifie à tous les États signataires et, dès l'entrée en vigueur de la présente Convention, à l'Agence :

a) les signatures de la présente Convention;

b) le dépôt des instruments de ratification, d'acceptation et d'approbation visés à l'article 63;

c) la date à laquelle la présente Convention entre en vigueur conformément aux dispositions de l'article 61;

d) les notifications de non-applicabilité territoriale visées à l'article 66; et

e) la démission d'un État membre de l'Agence conformément à l'article 51.

Art. 66. – Applicabilité territoriale

La présente Convention est applicable à tous les territoires qui se trouvent sous la juridiction d'un État membre, y compris les territoires où un État membre est responsable des relations internationales, à l'exception des territoires qu'un État membre exclut par notification écrite adressée au dépositaire de la présente Convention à l'époque de la ratification, de l'acceptation ou de l'approbation, ou ultérieurement.

Art. 67. – Révisions périodiques

a) Le Conseil des gouverneurs entreprend périodiquement un examen approfondi des activités de l'Agence et des résultats qu'elle a obtenus en vue d'adopter toute modification nécessaire pour mettre l'Agence mieux à même d'atteindre ses objectifs.

b) Le premier de ces examens a lieu cinq ans après l'entrée en vigueur de la présente Convention. Le Conseil des gouverneurs détermine la date des examens ultérieurs.

Fait à Séoul le 11/10/1985, en un seul exemplaire, qui sera déposé aux archives de la Banque internationale pour la reconstruction et le développement qui a indiqué par sa signature apposée ci-dessous qu'elle acceptait de remplir les fonctions dont elle est chargée en vertu de la présente Convention.

ANNEXE I

GARANTIE D'INVESTISSEMENTS PARRAINÉS EN APPLICATION DE L'ARTICLE 24

Art. premier. – Parrainage

a) Tout État membre peut parrainer la garantie d'un investissement que doit (doivent) effectuer un investisseur d'une nationalité quelconque ou des investisseurs d'une ou de plusieurs nationalités, quelles qu'elles soient.

b) Sous réserve des dispositions des Sections (b) et (c) de l'article 3 de la présente Annexe, chaque État membre parrain prend en charge avec les autres États membres parrains les pertes couvertes par les garanties délivrées au titre d'investissements parrainés, lorsque et dans la mesure où lesdites pertes ne peuvent être financées par les ressources du Fonds Fiduciaire de Parrainage visé dans l'article 2 de la présente Annexe, au prorata du rapport entre le montant des engagements maximum pris au titre des garanties relatives aux investissements parrainés par ledit État membre et le total des engagements maximum pris au titre des garanties relatives aux investissements parrainés par la totalité des États membres.

c) Pour délivrer des garanties en application de la présente Annexe, l'Agence tient dûment compte de la mesure dans laquelle il est vraisemblable que l'État membre parrain sera en mesure de s'acquitter de ses obligations au titre de la présente Annexe et donne la priorité aux investissements co-parrainés par les pays d'accueil concernés.

d) L'Agence procède périodiquement à des consultations avec les États membres parrains au sujet de ses opérations relevant du présent chapitre.

Art. 2. – Fonds Fiduciaire de Parrainage

a) Le produit des primes et autres recettes attribuables aux garanties accordées à des investissements parrainés, y compris le produit du placement desdites primes et recettes, est versé à un compte distinct dénommé le Fonds Fiduciaire de Parrainage.

b) Toutes les dépenses d'administration et toutes les indemnités versées au titre des garanties délivrées en application de la présente Annexe sont réglées au moyen des ressources du Fonds Fiduciaire de Parrainage.

c) Les avoirs du Fonds Fiduciaire de Parrainage sont détenus et administrés pour le compte collectif des États membres parrains et séparément des avoirs de l'Agence.

Art. 3. – Appels aux États membres parrains

a) Dans la mesure où l'agence doit payer tout montant du fait d'une perte couverte par une garantie parrainée et où ledit montant ne peut être payé au moyen des avoirs du Fonds Fiduciaire de Parrainage, l'Agence demande à chaque État membre parrain de verser audit Fonds une fraction dudit montant calculée conformément aux dispositions de la Section (b) de l'article 1 de la présente Annexe.

b) Aucun État membre n'est tenu de verser un montant quelconque à la suite d'une demande de versement effectuée en application du présent article, si, de ce fait, le total de ses versements doit dépasser le total des garanties couvrant les investissements parrainés par ledit État membre.

c) À l'expiration de toute garantie couvrant un investissement parrainé par un État membre, les engagements dudit État membre sont réduits d'un montant équivalent à celui de cette garantie; ces engagements sont également réduits proportionnellement lors du versement par l'Agence de toute indemnité se rapportant à un investissement parrainé et continuent pour le reste d'être opposables audit pays membre jusqu'à l'expiration de toutes les garanties d'investissements parrainés en vigueur à la date dudit versement.

d) Si l'un quelconque des États membres parrains n'est pas tenu d'effectuer le versement demandé en application du présent article à cause des limites stipulées dans les Sections (b) et (c) ci-dessus, ou si l'un quelconque des États membres parrains manque à son obligation de verser le montant demandé, le versement dudit montant est pris en charge proportionnellement par les autres États membres parrains. L'obligation imposée aux États membres par la présente Section est soumise aux limites stipulées dans les Sections (b) et (c) ci-dessus.

e) Les États membres parrains effectuent tout versement demandé en application du présent article dans les meilleurs délais et dans une monnaie librement utilisable.

Art. 4. – Évaluation des monnaies et remboursements

Les dispositions sur l'évaluation des monnaies et les remboursements qui figurent dans la présente Convention au sujet des souscriptions au capital s'appliquent *mutatis mutandis* aux versements effectués par les États membres au titre d'investissements parraines.

Art. 5. – Réassurance

a) L'Agence peut, dans les conditions stipulées à l'article 1 de la présente Annexe, réassurer un État membre, ou un organisme d'un État membre, ou un organisme régional, tel que défini à la Section (a) de l'article 20 de la présente Convention, ou un assureur privé d'un État membre. Les dispositions de la présente Annexe concernant les garanties et les dispositions des articles 20 et 21 de la présente Convention s'appliquent *mutatis mutandis* aux réassurances délivrées en application de la présente Section.

b) L'Agence peut faire réassurer les investissements qu'elle a garantis en application de la présente Annexe et prélève sur le Fonds Fiduciaire de Parrainage les primes de réassurance correspondantes. Le Conseil d'administration peut décider si et dans quelle mesure l'obligation de partage des pertes incombant aux États membres parrains en application de la Section (b) de l'article 1 de la présente Annexe peut être réduite du fait de la couverture de réassurance obtenue.

Art. 6. – Principes régissant les opérations

Sans préjudice des dispositions de la présente Annexe, les dispositions du chapitre III de la présente Convention relatives aux opérations de garantie et celles du chapitre IV de la présente Convention relatives à la gestion financière s'appliquent *mutatis mutandis* aux garanties relatives aux investissements parrainés, excepté :

i) que lesdits investissements peuvent être parrainés s'ils sont effectués dans les territoires d'un État membre quel qu'il soit, et en particulier de tout État membre en développement, par un ou plusieurs investissements autorisés en vertu de la Section (a) de l'article 1 de la présente Annexe ; et

ii) que l'Agence n'est pas responsable sur ses propres avoirs de toute garantie ou réassurance délivrée en application de la présente Annexe et que chaque contrat de garantie ou de réassurance conclu en vertu de la présente Annexe devra contenir une disposition expresse à cet effet.

Art. 7. – Vote

Pour les décisions relatives à des investissements parrainés, chaque État membre parrain dispose d'une voix supplémentaire par tranche d'une contre-valeur de 10 000 Droits de Tirage Spéciaux du montant garanti ou réassuré qu'il a parrainé, et chaque État membre accueillant un investissement parrainé dispose d'une voix supplémentaire par tranche d'une contre-valeur de 10 000 Droits de Tirage Spéciaux du montant garanti ou réassuré au titre de tout investissement parrainé qu'il a accueilli. Ces voix supplémentaires ne sont utilisées que pour les décisions relatives à des investissements parrainés et dans les autres cas n'entrent pas en ligne de compte dans le nombre de voix des États membres.

ANNEXE II

RÈGLEMENT DES DIFFÉRENDS ENTRE UN ÉTAT MEMBRE ET L'AGENCE VISÉS À L'ARTICLE 57

Art. premier. – Champ d'application de l'Annexe

Tous les différends auxquels s'applique l'article 57 de la présente Convention sont réglés conformément aux procédures décrites dans la présente Annexe, sauf dans les cas où l'Agence a conclu un accord avec un État membre conformément à la Section b (ii) de l'article 57.

Art. 2. – Négociation

Les parties à un différend auquel s'applique la présente Annexe s'efforcent de régler ledit différend par voie de négociation avant de déposer une demande en conciliation ou une demande d'arbitrage. Les négociations sont réputées avoir échoué si les parties ne peuvent parvenir à un règlement dans un délai de 120 jours à compter de la date de la demande d'ouverture des négociations.

Art. 3. – Conciliation

a) Si le différend n'est pas réglé par voie de négociation, chacune des parties peut le soumettre à l'arbitrage conformément aux dispositions de l'article 4 de la présente Annexe, à moins que les parties, par consentement mutuel, n'aient décidé de recourir d'abord à la procédure de conciliation décrite dans le présent article.

b) L'accord de recours à la conciliation précise l'objet du différend, les prétentions des parties à cet égard et, s'il est connu, le nom du conciliateur désigné d'un commun accord par les parties. Si les parties ne peuvent s'entendre sur le choix d'un conciliateur, elles peuvent demander conjointement au Secrétaire général du Centre international pour le règlement des différends relatifs aux investissements (ci-après dénommé le CIRDI) ou au président de la Cour internationale de justice de désigner un conciliateur. La procédure de conciliation prend fin si le conciliateur n'a pas été désigné dans un délai de 90 jours suivant la date de l'accord de recours à la conciliation.

c) Sauf dispositions contraires de la présente Annexe ou convention contraire des parties, le conciliateur fixe les règles régissant la procédure de conciliation et s'inspire à cet égard du règlement de conciliation adopté en application de la Convention pour le Règlement des Différends Relatifs aux Investissements entre États et Ressortissants d'autres États.

d) Les parties coopèrent de bonne foi avec le conciliateur et, en particulier, lui fournissent toutes informations et pièces pouvant l'aider à s'acquitter de ses fonctions; elles tiennent le plus grand compte de ses recommandations.

e) Sauf convention contraire des parties, le conciliateur, dans un délai ne dépassant pas 180 jours à compter de la date de sa nomination, soumet aux parties un rapport rendant compte des résultats qu'il a obtenus et exposant les points en litige et la façon dont il propose qu'ils soient réglés.

f) Chaque partie, dans les 60 jours suivant la date de la présentation du rapport, expose par écrit ses vues sur le rapport à l'intention de l'autre partie.

g) Aucune partie à une procédure de conciliation ne peut recourir à l'arbitrage à moins que :

i) le conciliateur n'ait pas présenté son rapport dans le délai fixé à la Section (e) ci-dessus; ou que

ii) les parties n'aient pas accepté certaines des propositions contenues dans le rapport dans les 60 jours suivant sa réception; ou que

iii) les parties, après un échange de vues sur le rapport, n'aient pu s'entendre sur un règlement de tous les points en litige dans les 60 jours suivant la réception du rapport du conciliateur; ou que

iv) une partie n'ait pas exposé ses vues sur le rapport comme il est prescrit à la Section (f) ci-dessus.

h) Sauf convention contraire des parties, les honoraires du conciliateur sont déterminés sur la base des barèmes applicables aux instances de conciliation qui ont lieu sous l'égide du CIRDI. Chaque partie supporte une part égale de ces honoraires et des autres frais de la procédure de conciliation. Chaque partie paie ses dépenses particulières.

Art. 4. – Arbitrage

a) La procédure d'arbitrage est introduite par voie de notification adressée par la partie qui désire entamer une procédure d'arbitrage (le demandeur) à l'autre partie ou aux autres parties au différend (le défendeur). Cette notification précise la nature du différend, la réparation demandée et le nom de l'arbitre désigné par le requérant. Le défendeur, dans les 30 jours suivant la date de la réception de cette notification, informe le demandeur du nom de l'arbitre désigné par lui. Les deux parties, dans les 30 jours suivant la date de la désignation du deuxième arbitre, choisissent un troisième arbitre, qui agit comme président du Tribunal arbitral (le Tribunal).

b) Si le Tribunal n'a pas été constitué dans les 60 jours suivant la date de la notification, l'arbitre non encore désigné ou le président non encore choisi est nommé, à la demande commune des parties, par le Secrétaire général du CIRDI. Si une telle demande commune n'est pas présentée, ou si le Secrétaire général ne procède pas à la nomination dans les 30 jours suivant la date de la demande, l'une ou l'autre des deux parties peut prier le président de la Cour internationale de justice de procéder à cette nomination.

c) Une partie ne peut revenir sur sa nomination d'un arbitre une fois la procédure engagée. En cas de démission, de décès ou d'incapacité d'un arbitre (y compris le président du Tribunal), un successeur lui est nommé selon les mêmes modalités, et il a les mêmes pouvoirs et devoirs que son prédécesseur.

d) Le président fixe la date et le lieu de la première séance du Tribunal. Par la suite, le Tribunal fixe le lieu et les dates de ses réunions.

e) Sauf dispositions contraires de la présente Annexe ou convention contraire des parties, le Tribunal fixe sa procédure et s'inspire à cet égard du règlement d'arbitrage adopté en application de la Convention pour le Règlement des Différends Relatifs aux Investissements entre États et Ressortissants d'autres États.

f) Le Tribunal est juge de sa compétence, étant entendu toutefois que, s'il est soulevé devant le Tribunal un déclinatoire de compétence fondé sur le motif que le différend est de la compétence du Conseil d'administration ou du Conseil des gouverneurs en vertu de l'article 56, ou de la compétence d'un organe judiciaire ou arbitral désigné dans un accord en vertu de l'article 1 de la présente Annexe, et si le Tribunal estime que ce déclinatoire repose sur une base sérieuse, il en réfère au Conseil d'administration ou au Conseil des gouverneurs ou à l'organe désigné, selon le cas la procédure d'arbitrage est alors suspendue jusqu'à ce que la question ait fait l'objet d'une décision, qui lie le Tribunal.

g) Le tribunal, à l'occasion de tout différend auquel la présente Annexe est applicable, se conforme aux dispositions de la présente Convention et de tout accord pertinent existant entre les parties au différend, aux statuts et au règlement de l'Agence, aux règles applicables du droit international, à la législation de l'État membre concerné et, le cas échéant, aux dispositions du contrat d'investissement. Les dispositions de la présente Convention ne portent pas atteinte à la faculté pour le Tribunal, si l'Agence et l'État membre concernés en sont d'accord, de statuer *ex aequo et bono.* Le Tribunal ne peut refuser de juger sous prétexte du silence ou de l'obscurité du droit.

h) Le tribunal donne à toutes les parties la possibilité de faire valoir leurs moyens. Toutes les décisions du Tribunal sont prises à la majorité des voix et contiennent un exposé des raisons sur lesquelles elles sont fondées. Le sentence du Tribunal est rendue par écrit et signée par deux arbitres au moins, et une copie en est envoyée à chaque partie. La sentence est définitive et a force obligatoire à l'égard des parties et elle n'est pas susceptible d'appel, d'annulation ni de révision.

i) Si un différend s'élève entre les parties au sujet du sens ou de la portée de la sentence, chacune des parties peut, dans les 60 jours suivant la date à laquelle la sentence a été rendue, adresser par écrit une demande en interprétation au président du Tribunal qui a statué. Le président, s'il est possible, soumet la demande au Tribunal qui a statué et convoque ledit Tribunal dans les 60 jours suivant la réception de la demande en interprétation. Si cela n'est pas possible, un nouveau Tribunal est constitué conformément aux dispositions des Sections (a) à (d) ci-dessus. Le Tribunal peut décider de suspendre l'exécution de la sentence jusqu'à ce qu'il se soit prononcé sur la demande en interprétation.

j) Chaque État membre reconnaît qu'une sentence rendue en vertu du présent article a force obligatoire et exécutoire sur ses territoires dans les mêmes conditions que s'il s'agissait d'un jugement définitif rendu par un tribunal de cet État membre. L'exécution de la sentence est régie par la législation sur l'exécution des jugements qui est en vigueur dans l'État sur les territoires duquel l'exécution est demandée et il n'est pas fait de dérogation aux lois en vigueur fondée sur l'immunité d'exécution.

k) À moins que les parties n'en conviennent autrement, les honoraires et la rémunération payables aux arbitres sont fixés sur la base des barèmes applicables aux procédures d'arbitrage engagées sous l'égide du CIRDI.

Chaque partie supporte ses dépenses particulières. Les frais du Tribunal sont supportés à parts égales par les parties à moins que le Tribunal n'en décide autrement. Le Tribunal statue sur toute question concernant la répartition des frais du Tribunal ou les modalités de paiement desdits frais.

Art. 5. – Significations

Toute signification ou notification se rapportant à un acte de procédure prévue dans la présente Annexe est faite par écrit. Elle est adressée par l'Agence à l'autorité désignée par l'État membre concerné en application de l'article 38 de la présente Convention et par cet État membre au siège de l'Agence.

42 Principes directeurs pour le traitement de l'investissement étranger (BIRD)

Date d'adoption : 21/09/1992

(Traduction officieuse).

Le Comité du développement,

Reconnaissant

qu'un accroissement des flux de l'investissement direct étranger profite largement à l'économie mondiale et à l'économie des pays en développement en particulier, en ce qu'il améliora les perspectives économiques à long terme du pays d'accueil par le renforcement de la concurrence, par les transferts de capitaux, de technologie et de savoir faire et par l'élargissement de l'accès aux marchés en ce qu'il favorise l'expansion du commerce international;

que la Banque internationale pour la reconstruction et le développement, la Société financière internationale et l'Agence multilatérale de garantie des investissements ont pour objectif commun de favoriser l'investissement étranger privé;

que ces institutions ont poursuivi cet objectif commun au travers de leurs opérations, de leurs activités de conseil et de leurs travaux de recherche;

qu'à la demande du Comité du développement, un groupe de travail mis sur pied par le président desdites institutions et comprenant le Conseiller juridique de chacune a, après avoir examiné les travaux et instruments juridiques parus sur la question ainsi que la pratique identifiée comme la meilleure du moment par lesdites institutions, rédigé un ensemble de principes directeurs qui représentent un cadre général énonçant les principes essentiels de nature à favoriser l'investissement direct étranger dans l'intérêt commun de tous les membres;

que lesdits principes directeurs, dont l'élaboration a bénéficié de larges consultations tant à l'intérieur qu'à l'extérieur de ces institutions, marquent une nouvelle étape dans les efforts de la communauté internationale vers la création, dans tous les pays, d'un climat favorable à l'investissement affranchi des risques non commerciaux et, par voie de conséquence, vers la mise en confiance des investisseurs internationaux;

que ces principes directeurs ne représentent pas des normes absolues, mais qu'ils sont un pas important dans la mise au point de normes internationales généralement acceptables qui viendraient compléter, mais non remplacer, les traités d'investissements bilatéraux ;

invite en conséquence les pays membres à considérer les principes directeurs ci-après comme d'utiles paramètres pour l'admission et le traitement de l'investissement privé étranger sur leur territoire, sans préjudice des règles contraignantes du droit international en vigueur à ce stade de son évolution.

I
Champ d'application

1. Il est recommandé aux membres des institutions du Groupe de la Banque mondiale d'appliquer à l'investissement privé étranger, sur leurs territoires respectifs, les présents principes directeurs comme complément aux traités bilatéraux et multilatéraux et autres instruments internationaux applicables, pour autant que ces principes directeurs ne contredisent pas lesdits traités et instruments contraignants, et comme source possible d'inspiration pour l'élaboration des lois gouvernant l'investissement privé étranger. Sauf indication contraire du contexte, l'emploi du terme « État » renvoie à l'État, ou à toute subdivision, tout intermédiaire ou tout organisme dudit État, et celui de « national » à toute personne physique ou morale ayant la nationalité de l'État.

2. L'application des présents principes directeurs s'étend aux investissements en cours et aux nouveaux investissements réalisés et gérés en tout temps comme investissements privés étrangers de bonne foi, en pleine conformité avec les lois et règlement du pays d'accueil.

3. Les principes directeurs partent de l'idée qu'il est nécessaire de traiter de la même manière les investisseurs placés dans des circonstances semblables et de les soumettre au jeu de la libre concurrence si l'on veut créer un climat favorable aux investissements. Rien dans les présents principes directeurs ne donne donc à entendre que les investisseurs étrangers devraient bénéficier d'un traitement de faveur qui serait refusé aux investisseurs nationaux placés dans les mêmes circonstances.

II
Admission

1. Chaque État encourage les nationaux d'autres États à investir des capitaux, des technologies et du savoir-faire sur son territoire et admet ce type d'investissement conformément aux dispositions qui suivent.

2. En application du principe qui précède, chaque État :

a) facilite l'admission et la constitution d'investissements par des nationaux d'autres États ; et *b*) évite d'imposer des formalités par trop lourdes ou complexes pour l'admission de ces investissements ou d'en multiplier à l'excès les conditions.

3. Chaque État conserve le droit de réglementer l'admission des investissements privés étrangers. Dans la formulation et l'application de cette réglementation, les États noteront que l'expérience tend à montrer que certaines obligations de résultats imposées aux investisseurs comme condition d'entrée aboutissent souvent à des résultats contraires à ceux recherchés et que la liberté d'entrée, sous réserve éventuellement de l'établissement d'une liste d'investissements qui sont interdits ou qui doivent être placés sous contrôle et subordonnés à une autorisation, représente une approche plus productive. Les obligations de résultats dissuadent souvent l'investisseur étranger d'investir dans le pays en question ou encouragent la fraude et la corruption. En cas de liberté d'entrée assortie d'exceptions, les investissements qui ne figurent pas sur la liste, qui sont dispensés de demande d'autorisation, restent soumis aux lois et règlements applicables aux investissements réalisés dans le pays concerné.

4. Sans préjudice de la règle générale de libre entrée recommandée dans la Section 3, un État peut, à titre exceptionnel, refuser d'admettre un investissement envisagé :

i) que l'État estime, tout bien pesé, contraire à des impératifs de sécurité nationale clairement définis ou aux objectifs de développement économique du pays tels qu'ils sont définis dans ses lois ; ou

ii) qui relève de secteurs que l'État juge nécessaire, pour d'impérieuses raisons de sécurité nationale, de réserver à ses propres nationaux.

5. Les restrictions applicables à l'investissement national pour cause d'ordre public, de santé publique et de protection de l'environnement le sont également à l'investissement étranger.

6. Chaque État est invité à publier, sous forme de manuel ou sous toute autre forme aisément accessible aux autres États et à leurs investisseurs, toute l'information nécessaire et régulièrement mise à jour concernant ses lois, règlements et procédures intéressant l'investissement étranger, ainsi que toute autre information relative à ses politiques d'investissement, comprenant notamment une indication des catégories d'investissement visées aux Sections 4 et 5 du présent Principe directeur.

III
Traitement

1. Pour la promotion de la coopération économique internationale par le moyen de l'investissement privé étranger, la constitution de ce type d'investissement, son exploitation, sa gestion, son contrôle et l'exercice des droits qui s'y rattachent ainsi que toutes autres activités connexes nécessaires ou accessoires sont, sous réserve du principe de réciprocité et sans préjudice des dispositions des instruments interna-

tionaux applicables ainsi que des règles bien établies du droit coutumier international, soumis aux règles qui suivent.

2. Chaque État réservera aux investissements effectués sur son territoire par des nationaux de tout autre État un traitement juste et équitable conformément aux normes recommandées dans les présents principes directeurs.

3. *a*) Pour la protection et la sécurité de leur personne, de leurs droits de propriété et intérêts, de la délivrance de permis, de licences d'importation et d'exportation et l'autorisation de recruter du personnel, la délivrance à leur personnel étranger des indispensables visas d'entrée et de séjour et autres questions juridiques relevant du traitement des investisseurs étrangers tels qu'ils sont décrits dans la Section I, ce traitement doit être non seulement juste et équitable comme il a été précisé plus haut, mais aussi favorable que celui accordé par l'État aux investisseurs nationaux placés dans les mêmes conditions. Dans tous les cas, les droits de l'investisseur touchant la propriété de ses biens, l'usage qu'il en fait et les bénéfices substantiels qu'il en tire, y compris ceux qui relèvent de la propriété intellectuelle, sont pleinement protégés.

b) Dans les domaines spécifiques aux investissements étrangers, le traitement réservé par les lois et règlements de l'État aux investisseurs étrangers sera le même pour tous indépendamment de leur nationalité.

4. Rien dans le présent Principe directeur ne permet à l'ensemble des investisseurs étrangers de bénéficier de plein droit du traitement plus favorable accordé aux nationaux de certains États membres d'une union douanière ou parties à un accord de libre-échange.

5. Sans mettre en cause la portée générale de ce qui précède, chaque État :

a) délivre dans les meilleurs délais des licences et autorisations et accords les concessions nécessaires au bon déroulement de l'opération d'investissement;

b) autorise l'emploi de personnel étranger dans la mesure où des raisons d'efficacité le commandent. Si un État peut exiger de l'investisseur étranger d'établir son incapacité à recruter sur place le personnel dont il a besoin, notamment par voie d'annonces locales, avant de faire appel à du personnel étranger, la souplesse du marché du travail apparaît en ce domaine comme en d'autres comme un élément important d'un climat favorable à l'investissement. Particulièrement importante à cet égard est la liberté reconnue à l'investisseur de pourvoir aux postes de direction sans considérations de nationalité.

6. 1) En ce qui concerne les investissements privés effectués sur son territoire par des nationaux des autres États, chaque État :

a) autorise le libre transfert périodique et régulier d'une fraction raisonnable des traitements et salaires du personnel étranger et, lors de la liquidation de l'investissement, ou, auparavant, en cas de cessation d'emploi, permet le transfert immédiat de la totalité des économies réalisées sur lesdits traitements et salaires;

b) autorise le libre transfert du revenu net tiré de l'investissement;

c) autorise le transfert des sommes nécessaires pour le remboursement des dettes contractées ou l'exécution d'autres obligations contractuelles liées à l'investissement lorsqu'elles deviennent exigibles;

d) autorise, lors de la liquidation, ou de la vente de l'investissement, qu'il s'agisse de la totalité ou d'une partie de l'investissement, le rapatriement et le transfert en une fois du produit net de ladite liquidation ou vente ainsi que de toute plus-value y afférents; dans les cas exceptionnels où l'État manque de devises, ce transfert peut, à titre exceptionnel, se faire par tranches sur une période aussi courte que possible et qui ne devra pas dépasser cinq ans à compter de la date de la liquidation ou de la vente, étant entendu que des intérêts seront versés comme le prévoit la Section 6 (3) du présent Principe directeur; et

e) autorise le transfert de tous autres montants auxquels l'investisseur a droit et notamment de ceux qui sont payables dans les conditions visées dans les principes directeurs IV et V.

2) Les transferts prévus à la Section 6 (1) du présent Principe directeur s'effectuent *a*) dans la monnaie que l'investisseur a apportée dans le pays et qui y est demeurée convertible, dans une autre monnaie désignée par la FMI comme librement utilisable ou dans autre monnaie acceptée par l'investisseur; et *b*) au taux du marché en vigueur au moment du transfert.

3) Dans le cas de transferts opérés conformément à la Section 6 (I) du présent Principe directeur et sans préjudice des dispositions pertinentes des Sections 7 et 8 du Principe directeur IV, tout retard apporté au transfert par la banque centrale (ou une autre autorité publique compétente) du pays d'accueil donne lieu au paiement d'intérêts au taux normal applicable à la monnaie locale en cause pour toute la période comprise entre la date à laquelle ladite monnaie locale a été remise à la Banque centrale (ou à l'autre autorité publique compétente) aux fins de transfert et la date à laquelle le transfert a effectivement lieu.

4) Les règles énoncées dans le présent Principe directeur concernant les transferts de capitaux sont également applicables au transfert de toute indemnité versée en réparation de dommages de guerre, de conflit armé, de révolution ou d'insurrection dans la mesure où une telle indemnisation est prévue par la législation en vigueur.

7. Chaque État permet et facilite le réinvestissement sur son territoire des bénéfices tirés des investissements et du produit de la vente ou de la liquidation de tels investissements.

8. Chaque État prend des mesures appropriées pour prévenir et combattre la corruption dans les pratiques commerciales et pour montrer, dans ses rapports avec les investisseurs étrangers, une cons-

cience accrue des enjeux et un plus grand souci de transparence il coopère à cet effet avec les autres États à l'établissement de procédures et de mécanismes internationaux.

9. Rien dans le présent Principe directeur n'indique qu'un État devrait faire bénéficier les investisseurs étrangers d'exonérations d'impôts ou autres incitations fiscales. Si l'État estime justifiées de telles incitations, celles-ci devraient, dans toute la mesure du possible, être accordées automatiquement, être directement liées au type d'activité à encourager et être étendues aux investisseurs nationaux qui se trouvent dans une situation comparable. Il n'est pas recommandé aux États de rivaliser entre eux en multipliant ce type d'incitations et en particulier les exemptions fiscales. Des taux d'imposition raisonnables et stables sont réputés constituer une meilleure incitation que des exonérations suivies de taux d'imposition incertains ou excessifs.

10. Les États développés qui disposent d'un excédent de capitaux ne doivent pas faire obstacle aux flux d'investissements de leur territoire vers les pays en développement ils sont encouragés à prendre des mesures propres à faciliter ces flux, notamment par des conventions fiscales, la garantie des investissements, l'assistance technique et l'information. Il est reconnu en particulier que les mesures d'incitation fiscale prises par le pays d'origine de certains investisseurs pour encourager l'investissement dans les pays en développement sont un moyen qui peut être efficace pour la promotion de ce type d'investissement.

IV

Expropriation et modification ou résiliation unilatérale des contrats

1. Un État ne peut exproprier un investissement privé étranger ou s'en approprier autrement la totalité ou une partie, ou prendre des mesures ayant même effet si ce n'est conformément aux procédures juridiques en vigueur, quand il poursuit de bonne foi un but d'utilité publique, sans faire de discrimination pour cause de nationalité et moyennant une indemnisation appropriée.

2. L'indemnisation sera en pareil cas réputée « appropriée » si elle est adéquate, effective et rapide au sens des dispositions qui suivent.

3. L'indemnisation sera généralement réputée « adéquate » si elle est calculée à partir de la juste valeur marchande de l'actif exproprié telle que celle-ci est déterminée juste avant l'expropriation ou la publication de la décision d'expropriation.

4. La détermination de la « juste valeur marchande » est acceptable si elle est faite selon une méthode agréée par l'État et l'investisseur étranger (ci-après dénommée les parties) ou par un tribunal ou une autre instance désignée par les parties.

5. À défaut d'accord entre les parties sur la méthode d'évaluation ou sur l'évaluation elle-même, la juste valeur marchande est acceptable si elle est déterminée par l'État sur la base de critères raisonnables en rapport avec la valeur marchande de l'investissement, c'est-à-dire si elle correspond au prix qu'un acheteur de bonne foi serait normalement disposé à payer à un vendeur de bonne foi, compte tenu de la nature de l'investissement, des circonstances où se ferait son exploitation à l'avenir et de ses caractéristiques propres, en particulier de son ancienneté, de la proportion des actifs corporels dans l'investissement total et des autres facteurs en jeu dans le cas d'espèce.

6. Étant entendu qu'il ne faut pas y voir l'affirmation de la validité exclusive d'une norme unique d'équité pour la détermination de l'indemnité à verser et comme exemple de détermination raisonnable par l'État de la valeur marchande de l'investissement au sens de la Section 5 ci-dessus, une évaluation sera réputée raisonnable si elle est faite selon l'une des méthodes suivantes :

i) s'il s'agit d'une affaire rentable dont la rentabilité est bien établie : sur la base de la valeur actualisée des flux financiers ;

ii) s'il s'agit d'une entreprise qui fait la preuve de son manque de rentabilité : sur la base de sa valeur de liquidation ;

iii) s'il s'agit d'autres actifs : sur la base *a*) de la valeur de remplacement ou *b*) de la valeur comptable si celle-ci a été établie récemment ou déterminée au jour de l'expropriation et peut dès lors être considérée comme une estimation raisonnable de la valeur de remplacement.

Au sens de la présente disposition,

- une « *affaire rentable* » est une affaire constituée d'actifs générateurs de revenus qui existe depuis suffisamment longtemps pour générer les informations nécessaires pour calculer ce que serait son revenu futur et dont on aurait pu raisonnablement penser qu'elle aurait, s'il n'y avait pas eu expropriation, continué à produire un juste revenu pendant la durée de sa vie économique dans la conjoncture d'après l'expropriation ;
- la « *valeur actualisée des flux financiers* » est la différence entre les rentrées qu'il est réaliste d'attendre de l'entreprise pour chaque année future de sa vie économique raisonnablement projetée et les dépenses attendues pour cette année, après application d'un taux d'actualisation qui prend en compte la valeur actualisée de la monnaie, l'inflation prévue et les risques inhérents aux flux de trésorerie. Le taux d'actualisation peut se mesurer en considérant les taux de rentabilité qui seraient ceux d'autres investissements possibles sur le même marché à niveau de risque égal, sur la base de leur valeur actuelle ;
- la « *valeur de liquidation* » est la différence entre le prix qu'un acheteur serait disposé à payer pour les différents actifs de l'entreprise ou pour l'ensemble et le passif ;

- la « *valeur de remplacement* » est le prix qu'il faudrait payer pour remplacer les actifs de l'entreprise dans l'état où ils se trouvent à la date de l'expropriation;
- la « *valeur comptable* » est la différence entre l'actif et le passif de l'entreprise telle qu'elle ressort de ses états financiers, ou encore la valeur des actifs corporels expropriés inscrite au bilan de l'entreprise, c'est-à-dire leur coût, déduction faite suivant les règles comptables généralement admises, de l'amortissement cumulé.

7. L'indemnisation est réputée « effective » lorsque l'indemnité est versée dans la monnaie importée par l'investisseur pour autant qu'elle reste convertible dans une autre devise désignée par le Fonds monétaire international comme librement utilisable ou dans une devise acceptée par l'investisseur.

8. L'indemnisation est réputée « rapide » en temps normal si elle est effectuée sans retard. Dans les cas où un État doit faire face à des circonstances exceptionnelles, comme en cas d'accord concernant l'utilisation des ressources du Fonds monétaire international ou dans des circonstances objectives semblables de rigueur imposées en matière de devises, le paiement dans la monnaie dé signée à la Section 7 peut être étalé sur une certaine période qui sera aussi courte que possible et qui ne peut en aucun cas dépasser cinq ans à compter de la date d'expropriation, étant entendu que les paiements différés donneront lieu au paiement, dans la même monnaie, d'intérêts à des taux raisonnables, liés à ceux du marché.

9. L'investisseur n'aura pas droit à l'indemnité ainsi définie ou n'aura droit qu'à une indemnité réduite si l'expropriation dont il est frappé sanctionne une violation, dûment établie par un tribunal, des lois et règlements avant l'expropriation. Les litiges qui pourraient naître de l'introduction d'un recours en réparation en pareil cas seront réglés conformément aux dispositions du Principe directeur V.

10. Dans le cas de nationalisations générales non discriminatoires effectuées dans le cadre de grandes transformations sociales nées d'événements exceptionnels – révolution, guerre et autres états d'urgence –, l'indemnité sera fixée par voie de négociations entre le pays d'accueil et le pays d'origine et, en cas de désaccord persistant, par voie d'arbitrage international.

11. Les dispositions de la Section I du présent Principe directeur sont applicables lorsqu'un État, agissant unilatéralement, résilie ou modifie un contrat passé avec un investisseur privé étranger, ou ne se reconnaît pas d'obligation au titre dudit contrat pour des raisons autres que commerciales, c'est-à-dire lorsque l'État agit dans l'exercice de son pouvoir souverain et non pas en tant que partie contractante. L'indemnité due en pareil cas sera calculée conformément aux dispositions des Sections 2 à 9 du présent Principe directeur. La réparation due pour rupture de contrat pour des raisons commerciales, c'est-à-dire lorsque l'État agit en tant que partie contractante, est déterminée par application de la loi du contrat.

V

Règlement des litiges

1. Les litiges entre investisseurs étrangers privés et pays d'accueil se règlent normalement par voie de négociations et, en cas de désaccord persistant, par voie de recours à une juridiction nationale ou à d'autres instances dont ils seront convenus, y compris des instances de conciliation et d'arbitrage indépendantes.

2. Aux fins du présent Principe directeur, les instances indépendantes d'arbitrage sont toute instance institutionnelle ou d'arbitrage *ad hoc* dont sont convenus par écrit l'État et l'investisseur, ou l'État et le pays d'origine, et dont la majorité des membres n'est pas désignée par une seule des parties au litige.

3. Si les parties sont d'accord pour recourir à une instance indépendante d'arbitrage, chaque État est encouragé à accepter le règlement de leurs différends par les procédures d'arbitrage définies par la Convention portant création du Centre international pour le règlement des différends relatifs aux investissements (CIRDI) s'il en est partie ou par le « Mécanisme supplémentaire du CIRDI » s'il n'est pas partie à la Convention.

Développement :

43 Résolution 1803 (XVII) de l'Assemblée générale des Nations unies : Souveraineté permanente sur les ressources naturelles (1)

Date d'adoption : 14/12/1962

L'Assemblée générale,

Rappelant ses résolutions 523 (VI) du 12 janvier 1952 et 626 (VII) du 21 décembre 1952,

Tenant compte de sa résolution 1314 (XIII) du 12 décembre 1958, par laquelle elle a créé la Commission pour la souveraineté permanente sur les ressources naturelles et l'a chargée de procéder à une enquête approfondie concernant la situation du droit de souveraineté permanente sur les richesses et les ressources naturelles, élément fondamental du droit des peuples et des nations à disposer d'eux-mêmes, et de formuler, le cas échéant, des recommandations, tendant à renforcer ce droit, et a en outre décidé que, dans l'enquête approfondie relative à la question de la souveraineté permanente des peuples et des nations sur leurs richesses et leurs ressources naturelles, il serait dûment tenu compte des droits et des devoirs des États, conformément au droit international, et du fait qu'il importe d'encourager la coopération internationale en matière de développement économique des pays en voie de développement,

Tenant compte de sa résolution 1515 (XV) du 15 décembre 1960, par laquelle elle a recommandé le respect du droit souverain de chaque État de disposer de ses richesses et de ses ressources naturelles,

Considérant que toute mesure prise à cette fin doit se fonder sur la reconnaissance du droit inaliénable qu'a tout État de disposer librement de ses richesses et de ses ressources naturelles, conformément à ses intérêts nationaux et dans le respect de l'indépendance économique des États,

Considérant que rien dans le paragraphe 4 ci-dessous ne porte atteinte de quelque manière que ce soit à la position d'un État membre concernant tout aspect de la question des droits et obligations des États et Gouvernements successeurs en ce qui concerne les biens

(1) 54, 123, 131, 392, 395, 604, 618, 619, 621, 686.

acquis avant l'accession à la pleine souveraineté des pays qui étaient anciennement des colonies,

Notant que la question de la succession d'États et de Gouvernements est actuellement examinée, en priorité, par la Commission du droit international,

Considérant qu'il est souhaitable de favoriser la coopération internationale en vue du développement économique des pays en voie de développement et que les accords économiques et financiers entre pays développés et pays en voie de développement doivent se fonder sur les principes de l'égalité et du droit des peuples et des nations à disposer d'eux-mêmes,

Considérant que la fourniture d'une assistance économique et technique, les prêts et l'augmentation des investissements étrangers ne doivent être soumis à aucune condition qui lèse les intérêts de l'État qui les reçoit,

Considérant l'utilité que présentent les échanges de données techniques et scientifiques de nature à favoriser la mise en valeur et l'utilisation de ces richesses et ressources, ainsi que le rôle important que l'Organisation des Nations unies et d'autres organisations internationales ont à jouer à cet égard,

Attachant une importance particulière à l'encouragement du développement économique des pays en voie de développement et à l'affermissement de leur indépendance économique,

Notant que l'exercice et le renforcement de la souveraineté permanente des États sur leurs richesses et ressources naturelles favorisent l'affermissement de leur indépendance économique,

Souhaitant que les Nations unies examinent plus avant la question de la souveraineté permanente sur les ressources naturelles dans un esprit de coopération internationale en matière de développement économique, en particulier dans les pays en voie de développement,

I

Déclare ce qui suit :

1. Le droit de souveraineté permanent des peuples et des nations sur leurs richesses et leurs ressources naturelles doit s'exercer dans l'intérêt du développement national et du bien-être de la population de l'État intéressé.

2. La prospection, la mise en valeur et la disposition de ces ressources ainsi que l'importation des capitaux étrangers nécessaires à ces fins devraient être conformes aux règles et conditions que les peuples et nations considèrent en toute liberté comme nécessaires ou souhaitables pour ce qui est d'autoriser, de limiter ou d'interdire ces activités.

3. Dans les cas où une autorisation sera accordée, les capitaux importés et les revenus qui en proviennent seront régis par les termes de cette autorisation, par la loi nationale en vigueur et par le droit

international. Les bénéfices obtenus devront être répartis dans la proportion librement convenue, dans chaque cas, entre les investisseurs et l'État où ils investissent, étant entendu qu'on veillera à ne pas restreindre, pour un motif quelconque, le droit de souveraineté dudit État sur ses richesses et ses ressources naturelles.

4. La nationalisation, l'expropriation ou la réquisition devront se fonder sur des raisons ou des motifs d'utilité publique, de sécurité ou d'intérêt national, reconnus comme primant les simples intérêts particuliers ou privés, tant nationaux qu'étrangers. Dans ces cas, le propriétaire recevra une indemnisation adéquate, conformément aux règles en vigueur dans l'État qui prend ces mesures dans l'exercice de sa souveraineté et en conformité du droit international. Dans tout cas où la question de l'indemnisation donnerait lieu à une controverse, les voies de recours nationales de l'État qui prend lesdites mesures devront être épuisées. Toutefois, sur accord des États souverains et autres parties intéressées, le différend devrait être soumis à l'arbitrage ou à un règlement judiciaire international.

5. L'exercice libre et profitable de la souveraineté des peuples et des nations sur leurs ressources naturelles doit être encouragé par le respect mutuel des États, fondé sur leur égalité souveraine.

6. La coopération internationale en vue du développement économique des pays en voie de développement, qu'elle prenne la forme d'investissements de capitaux, publics ou privés, d'échanges de marchandises ou de services, d'assistance technique ou d'échanges de données scientifiques, doit favoriser le développement national indépendant de ces pays et se fonder sur le respect de leur souveraineté sur leurs richesses et leurs ressources naturelles.

7. La violation des droits souverains des peuples et des nations sur leurs richesses et leurs ressources naturelles va à l'encontre de l'esprit et des principes de la Charte des Nations unies et gêne le développement de la coopération internationale et le maintien de la paix.

8. Les accords relatifs aux investissements étrangers librement conclus par des États souverains ou entre de tels États seront respectés de bonne foi ; les États et les organisations internationales doivent respecter strictement et consciencieusement la souveraineté des peuples et des nations sur leurs richesses et leurs ressources naturelles, conformément à la Charte et aux principes énoncés dans la présente résolution.

II

Accueille avec satisfaction la décision de la Commission du droit international d'accélérer ses travaux sur la codification de la question de la responsabilité des États aux fins d'examen par l'Assemblée générale ;

III

Prie le Secrétaire général de poursuivre l'étude des divers aspects de la souveraineté permanente sur les ressources naturelles, en tenant compte du désir des États membres d'assurer la protection de leurs droits souverains tout en encourageant la coopération internationale dans le domaine du développement économique, et de faire rapport sur cette question au Conseil économique et social et à l'Assemblée générale, si possible lors de sa dix-huitième session.

44 Résolution 3281 (XXIX) de l'Assemblée générale des Nations unies : Charte des droits et des devoirs économiques des États (1)

Date d'adoption : 12/12/1974

L'Assemblée générale,

Rappelant que, dans sa résolution 45 (III) du 18 mai 1972, la Conférence des Nations unies sur le commerce et le développement avait souligné qu'il fallait établir d'urgence des normes généralement acceptées qui régiront de manière systématique les relations économiques entre les États et avait reconnu l'impossibilité d'instaurer un ordre juste et un monde stable tant qu'une charte tendant à protéger les droits de tous les pays, en particulier des pays en voie de développement, n'aura pas été formulée,

Rappelant en outre qu'il avait été décidé dans la même résolution de créer un groupe de travail composé de représentants gouvernementaux pour élaborer un projet de charte des droits et devoirs économiques des États, groupe dont l'Assemblée générale avait décidé, dans sa résolution 3037 (XXVII) du 19 décembre 1972, de porter la composition à quarante États membres,

Notant que, dans sa résolution 3082 (XXVIII) du 6 décembre 1973, elle se déclarait de nouveau convaincue de la nécessité d'établir d'urgence des normes d'application universelle pour le développement des relations économiques internationales sur une base juste et équitable et invitait instamment le Groupe de travail chargé d'élaborer la Charte des droits et devoirs économiques des États à achever, à titre de première mesure de codification et de développement dans ce domaine, l'élaboration d'un projet final de charte des droits et devoirs économiques des États qui puisse être examiné et approuvé par l'Assemblée générale à sa vingt-neuvième session,

Consciente de l'esprit et des termes de ses résolutions 3201 (S-VI) et 3202 (S-VI) du 1er mai 1974, contenant, respectivement, la Déclaration et le Programme d'action concernant l'instauration d'un nouvel ordre économique international, où elle soulignait qu'il était d'une importance vitale que l'Assemblée générale adopte la Charte à sa vingt-neuvième session et où elle insistait sur le fait que la Charte devrait constituer un instrument efficace en vue de la mise en place d'un nouveau système international de relations économiques fondé

---

(1) 388, 604, 606, 618, 619, 638.

sur l'équité, l'égalité souveraine et l'interdépendance des intérêts des pays développés et des pays en voie de développement,

Ayant examiné le rapport du Groupe de travail chargé d'élaborer la Charte des droits et devoirs économiques des États sur sa quatrième session, transmis à l'Assemblée générale par le Conseil du commerce et du développement à sa quatorzième session,

Exprimant ses remerciements au Groupe de travail chargé d'élaborer la Charte des droits et devoirs économiques des États qui, grâce à la tâche accomplie durant ses quatre sessions tenues entre février 1973 et juin 1974, a assemblé les éléments requis pour que l'Assemblée générale puisse achever l'examen de la Charte des droits et devoirs économiques des États et l'adopter à sa vingt-neuvième session, comme elle l'avait précédemment recommandé,

Adopte et proclame solennellement la Charte ci-après :

CHARTE DES DROITS ET DEVOIRS ÉCONOMIQUES DES ÉTATS

PRÉAMBULE

L'Assemblée générale,

Réaffirmant les buts fondamentaux des Nations unies, en particulier le maintien de la paix et de la sécurité internationales, le développement de relations amicales entre les nations et la réalisation de la coopération internationale pour résoudre les problèmes internationaux dans les domaines économique et social,

Affirmant la nécessité de renforcer la coopération internationale dans ces domaines,

Réaffirmant en outre la nécessité de renforcer la coopération internationale en vue du développement,

Déclarant que la présente Charte a essentiellement pour but de promouvoir l'instauration du nouvel ordre économique international fondé sur l'équité et l'égalité souveraine, l'interdépendance, l'intérêt commun et la coopération de tous les États, quel que soit leur système économique et social,

Désireuse de contribuer à la création de conditions propres à :

a) Réaliser une prospérité plus grande dans tous les pays et des niveaux de vie plus élevés pour tous les peuples,

b) Promouvoir, par la communauté internationale tout entière, le progrès économique et social de tous les pays, en particulier des pays en voie de développement,

c) Encourager la coopération dans les domaines de l'économie, du commerce, de la science et de la technique sur la base de l'avantage mutuel et de profits équitables pour tous les États épris de paix et désireux d'appliquer les dispositions de la présente Charte, quel que soit leur système politique, économique ou social,

d) Supprimer les principaux obstacles au progrès économique des pays en voie de développement,

e) Accélérer la croissance économique des pays en voie de développement, en vue de combler l'écart économique entre pays en voie de développement et pays développés,

f) Protéger, conserver et valoriser l'environnement,

Consciente de la nécessité d'établir et de maintenir un ordre économique et social juste et équitable par :

a) L'instauration de relations économiques internationales plus rationnelles et plus équitables et l'encouragement de transformations dans la structure de l'économie mondiale,

b) La création de conditions qui permettent une expansion plus poussée du commerce et une coopération économique plus intense entre toutes les nations,

c) Le renforcement de l'indépendance économique des pays en voie de développement,

d) L'instauration et la promotion de relations économiques internationales qui tiennent compte des différences reconnues, sur le plan du développement, entre les pays en voie de développement, ainsi que de leurs besoins particuliers,

Résolue à favoriser la sécurité économique collective en vue du développement, en particulier celui des pays en voie de développement, dans un respect rigoureux de l'égalité souveraine de tous les États et par la coopération de la communauté internationale tout entière,

Considérant qu'une coopération véritable entre les États, fondée sur un examen concerté des problèmes économiques internationaux et sur une action commune en ce qui concerne lesdits problèmes, est indispensable pour répondre au vœu de toute la communauté internationale d'arriver à un développement équitable et rationnel de toutes les régions du monde,

Soulignant qu'il importe d'assurer des conditions appropriées pour la conduite de relations économiques normales entre tous les États, indépendamment des différences entre les systèmes sociaux et économiques, et pour le respect intégral des droits de tous les peuples, ainsi que de renforcer les instruments de la coopération internationale en tant que moyens de consolider la paix dans l'intérêt de tous,

Convaincue de la nécessité de mettre en place un système de relations économiques internationales fondé sur l'égalité souveraine, l'avantage mutuel et équitable et l'interdépendance étroite des intérêts de tous les États,

Réaffirmant que la responsabilité du développement de chaque pays incombe au premier chef à ce pays lui-même, mais qu'une action internationale concomitante et efficace est essentielle pour qu'il atteigne pleinement ses buts en matière de développement,

Fermement convaincue de la nécessité urgente de mettre au point un système notablement amélioré de relations économiques internationales,

Adopte solennellement la présente Charte des droits et devoirs économiques des États.

CHAPITRE PREMIER

Éléments fondamentaux des relations économiques internationales

Les relations économiques, ainsi que les relations politiques et autres, entre États, doivent être régies notamment par les principes suivants :

a) Souveraineté, intégrité territoriale et indépendance politique des États ;

b) Égalité souveraine de tous les États ;

c) Non-agression ;

d) Non-intervention ;

e) Avantage mutuel et équitable ;

f) Coexistence pacifique ;

g) Égalité des droits des peuples et droit des peuples à disposer d'eux-mêmes ;

h) Règlement pacifique des différends ;

i) Réparation des injustices qui ont été imposées par la force et qui privent une nation des moyens naturels nécessaires à son développement normal ;

j) Exécution de bonne foi des obligations internationales ;

k) Respect des droits de l'Homme et des libertés fondamentales ;

l) Devoir des États de ne pas chercher à s'assurer l'hégémonie et des sphères d'influence ;

m) Promotion de la justice sociale internationale ;

n) Coopération internationale en vue du développement ;

o) Libre accès à la mer et à partir de la mer pour les pays sans littoral, dans le cadre des principes ci-dessus.

CHAPITRE II

Droits et devoirs économiques des États

Art. premier. – Chaque État a le droit souverain et inaliénable de choisir son système économique, de même que ses systèmes politique, social et culturel, conformément à la volonté de son peuple, sans ingérence, pression ou menace extérieure d'aucune sorte.

Art. 2. – 1. Chaque État détient et exerce librement une souveraineté entière et permanente sur toutes ses richesses, ressources naturelles et activités économiques, y compris la possession et le droit de les utiliser et d'en disposer.

2. Chaque État a le droit :

a) De réglementer les investissements étrangers dans les limites de sa juridiction nationale et d'exercer sur eux son autorité en conformité avec ses lois et règlements et conformément à ses priorités et objectifs nationaux. Aucun État ne sera contraint d'accorder un traitement privilégié à des investissements étrangers ;

b) De réglementer et de surveiller les activités des sociétés transnationales dans les limites de sa juridiction nationale et de prendre des mesures pour veiller à ce que ces activités se conforment à ses lois, règles et règlements et soient conformes à ses politiques économique et sociale. Les sociétés transnationales n'interviendront pas dans les affaires intérieures d'un État hôte. Chaque État devrait, compte dûment tenu de ses droits souverains, coopérer avec les autres États dans l'exercice du droit énoncé au présent aliéna ;

c) De nationaliser, d'exproprier, ou de transférer la propriété des biens étrangers, auquel cas il devrait verser une indemnité adéquate, compte tenu de ses lois et règlements et de toutes les circonstances qu'il juge pertinentes. Dans tous les cas où la question de l'indemnisation donne lieu à différend, celui-ci sera réglé conformément à la législation interne de l'État qui prend des mesures de nationalisation et par les tribunaux de cet État, à moins que tous les États intéressés ne conviennent librement de rechercher d'autres moyens pacifiques sur la base de l'égalité souveraine des États et conformément au principe du libre choix des moyens.

Art. 3. – Dans l'exploitation des ressources naturelles communes à deux ou à plusieurs pays, chaque État doit coopérer sur la base d'un système d'information et de consultations préalables afin d'assurer l'exploitation optimale de ces ressources sans porter préjudice aux intérêts légitimes des autres États.

Art. 4. – Chaque État a le droit de se livrer au commerce international et à d'autres formes de coopération économique, indépendamment de toutes différences entre les systèmes politiques, économiques et sociaux. Aucun État ne fera l'objet d'une discrimination quelle qu'elle soit, fondée uniquement sur ces différences. Aux fins du commerce international et d'autres formes de coopération économique, chaque État a le droit de choisir librement les modalités d'organisation de ses relations économiques extérieures et de conclure des accords bilatéraux et multilatéraux compatibles avec ses obligations internationales et avec les besoins de la coopération économique internationale.

Art. 5. – Tous les États ont le droit de se grouper en organisations de producteurs de produits de base en vue de développer leur économie nationale, d'assurer un financement stable à leur développement et, dans la poursuite de leurs objectifs, d'aider à promouvoir la croissance soutenue de l'économie mondiale, en accélérant notamment le développement des pays en voie de développement. Réciproquement, tous les États ont le devoir de respecter ce droit en s'abstenant d'appliquer des mesures économiques et politiques qui le limiteraient.

Art. 6. – Les États ont le devoir de contribuer au développement du commerce international de marchandises, notamment au moyen d'arrangements et, le cas échéant, par la conclusion d'accords multilatéraux à long terme de produits de base et compte tenu des intérêts des producteurs et des consommateurs. Tous les États ont en commun la responsabilité de favoriser le courant régulier et l'obtention de tous les produits commerciaux, échangés à des prix stables, rémunérateurs et équitables, contribuant ainsi au développement équitable de l'économie mondiale tout en tenant compte en particulier, des intérêts des pays en voie de développement.

Art. 7. – Chaque État est responsable au premier chef de promouvoir le progrès économique, social et culturel de son peuple. À cette fin, chaque État a le droit et la responsabilité de choisir ses objectifs et ses moyens de développement, de mobiliser et d'utiliser intégralement ses ressources, d'opérer des réformes économiques et sociales progressives et d'assurer la pleine participation de son peuple au processus et aux avantages du développement. Tous les États ont le devoir, individuellement et collectivement, de coopérer à éliminer les obstacles qui entravent cette mobilisation et cette utilisation.

Art. 8. – Les États devraient coopérer pour faciliter des relations économiques internationales plus rationnelles et plus équitables et pour encourager des transformations de structure dans le cadre d'une économie mondiale équilibrée conformément aux besoins et aux intérêts de tous les pays, en particulier des pays en voie de développement, et devraient prendre des mesures appropriées à cette fin.

Art. 9. – Tous les États ont pour responsabilité de coopérer, dans les domaines économique, social, culturel, scientifique et technique, à favoriser le progrès économique et social dans le monde entier, et en particulier dans les pays en voie de développement.

Art. 10. – Tous les États sont juridiquement égaux et, en tant que membres égaux de la communauté internationale, ont le droit de participer pleinement et effectivement à l'adoption, au niveau international, de décisions visant à résoudre les problèmes économiques, financiers et monétaires mondiaux, notamment par l'intermédiaire des organisations internationales appropriées conformément à leurs règlements présents et à venir, et d'avoir part, de manière équitable, aux avantages qui en découlent.

Art. 11. – Tous les États devraient coopérer à renforcer et à améliorer continuellement l'efficacité avec laquelle les organisations internationales appliquent des mesures destinées à stimuler le progrès économique général de tous les pays, en particulier des pays en voie de développement, et ils devraient donc coopérer pour adapter, le cas échéant, ces organisations à l'évolution des exigences de la coopération économique internationale.

Art. 12. – 1. Les États ont le droit, en accord avec les pays intéressés, de participer à la coopération sous-régionale, régionale et interrégionale dans l'intérêt de leur développement économique et social. Tous les États participant à cette coopération ont le devoir de veiller à ce que les politiques suivies par les groupements auxquels ils appartiennent correspondent aux dispositions de la présente Charte et soient tournées vers l'extérieur, compatibles avec leurs obligations internationales et avec les exigences de la coopération économique internationale et tiennent dûment compte des intérêts légitimes des pays tiers, en particulier des pays en voie de développement.

2. Dans le cas de groupements auxquels les États en cause ont délégué ou ont la possibilité de déléguer certaines compétences touchant des questions qui entrent dans le champ d'application de la présente Charte, ses dispositions s'appliqueront également aux dits groupements en ce qui concerne ces questions, conformément aux responsabilités qui incombent à ces États en tant que membres desdits groupements. Ces États coopéreront à l'application par ces groupements des dispositions de la présente Charte.

Art. 13. – 1. Chaque État a le droit d'avoir part aux avantages du progrès et des innovations de la science et de la technique pour accélérer son développement économique et social.

2. Tous les États devraient promouvoir la coopération scientifique et technique internationale et le transfert des techniques, en tenant dûment compte de tous les intérêts légitimes, y compris notamment les droits et les devoirs des détenteurs, des fournisseurs et des bénéficiaires des techniques. En particulier, tous les États devraient faciliter l'accès des pays en voie de développement aux réalisations de la science et de la technique modernes, le transfert des techniques et la création de techniques autochtones dans l'intérêt des pays en voie de développement, sous des formes et conformément à des procédures qui soient adaptées à leur économie et à leurs besoins.

3. Par conséquent, les pays développés devraient coopérer avec les pays en voie de développement à établir, renforcer et développer leurs infrastructures scientifiques et technologiques et leurs activités en matière de recherche scientifique et de technologie, de façon à favoriser l'expansion et la transformation de l'économie des pays en voie de développement.

4. Tous les États devraient coopérer à des travaux de recherche en vue d'élaborer d'autres principes directeurs ou règlements acceptés au niveau international pour le transfert des techniques, en tenant dûment compte des intérêts des pays en voie de développement.

Art. 14. – Chaque État a le devoir de coopérer à favoriser une expansion et une libéralisation régulières et croissantes du commerce mondial, ainsi qu'une amélioration du bien-être et des niveaux de vie de tous les peuples, en particulier de ceux des pays en voie de développement. En conséquence, tous les États devraient coopérer, notamment en vue d'éliminer progressivement les obstacles au commerce et d'améliorer le cadre international dans lequel se déroule le commerce mondial et, à ces fins, des efforts coordonnés seront faits pour résoudre de manière équitable les problèmes commerciaux de tous les pays, en tenant compte des problèmes commerciaux propres aux pays en voie de développement. À cet égard, les États devront prendre des mesures destinées à assurer des avantages supplémentaires pour le commerce international des pays en voie de développement de façon à réaliser un accroissement sensible de leurs recettes en devises, la diversification de leurs exportations, l'accélération du taux de croissance de leur commerce, compte tenu des impératifs de leur développement, une amélioration de leurs possibilités de participer à l'expansion du commerce mondial et un équilibre plus favorable aux pays en voie de développement dans le partage des avantages résultant de cette expansion, moyennant, autant que possible, une amélioration substantielle des conditions d'accès aux marchés pour les produits qui intéressent les pays en voie de développement et, chaque fois qu'il y a lieu, des mesures de nature à établir des prix stables, équitables et rémunérateurs pour les produits primaires.

Art. 15. – Tous les États ont le devoir de promouvoir la réalisation du désarmement général et complet, sous un contrôle international efficace, et d'utiliser les ressources libérées par des mesures effectives de désarmement aux fins du développement économique et social des pays, en affectant une part substantielle de ces ressources, en tant qu'apport supplémentaire, aux besoins de développement des pays en voie de développement.

Art. 16. – 1. Tous les États ont le droit et le devoir, individuellement et collectivement, d'éliminer le colonialisme, *l'apartheid,* la discrimination raciale, le néocolonialisme et toutes les formes d'agression, d'occupation et de domination étrangères, et leurs conséquences économiques et sociales, ce qui est un préalable du développement. Les États qui pratiquent semblables politiques de coercition sont économiquement responsables envers les pays, territoires et peuples en cause, auxquels ils doivent restituer toutes leurs ressources, naturelles ou autres, et qu'ils doivent indemniser intégralement pour l'exploitation, l'épuisement ou la détérioration de ces ressources. Il est du devoir de tous les États d'apporter une aide à ces pays, territoires et peuples.

2. Aucun État n'a le droit de promouvoir ou encourager des investissements qui peuvent constituer un obstacle à la libération d'un territoire occupé par la force.

Art. 17. – La coopération internationale en vue du développement est l'objectif que visent tous les États et leur devoir commun. Chaque État devrait coopérer aux efforts des pays en voie de développement pour accélérer leur progrès économique et social en leur assurant des conditions extérieures favorables et en leur apportant une aide active, conforme à leurs besoins et à leurs objectifs en matière de développement, dans le respect rigoureux de l'égalité souveraine des États et sans conditions qui portent atteinte à leur souveraineté.

Art. 18. – Les pays développés devraient accorder, améliorer et élargir le système de préférences tarifaires généralisées, sans réciprocité ni discrimination, en faveur des pays en voie de développement conformément aux conclusions concertées et décisions pertinentes adoptées à ce sujet, dans le cadre des organisations internationales compétentes. Les pays développés devraient aussi envisager sérieusement d'adopter d'autres mesures différentielles, dans les domaines où cela est possible et approprié et selon des modalités qui aboutissent à l'octroi d'un traitement spécial et plus favorable, afin de pourvoir aux besoins des pays en voie de développement en matière de commerce et de développement. Dans la conduite des relations économiques internationales, les pays développés devraient s'efforcer d'éviter les mesures ayant un effet négatif sur le développement de l'économie nationale des pays en voie de développement, tel qu'il est favorisé par les préférences tarifaires généralisées et autres mesures différentielles généralement convenues en leur faveur.

Art. 19. – Pour accélérer la croissance économique des pays en voie de développement et combler le retard économique qu'ils ont sur les pays développés, ces derniers devraient leur accorder, dans les domaines de la coopération économique internationale qui s'y prêtent, un traitement préférentiel généralisé, sans réciprocité ni discrimination.

Art. 20. – Les pays en voie de développement devraient, dans leurs efforts pour augmenter le volume global de leur commerce, prendre dûment en considération la possibilité d'accroître leurs échanges avec les pays socialistes en accordant à ces pays des conditions commerciales qui ne soient pas inférieures aux conditions normalement consenties aux pays développés à économie de marché.

Art. 21. – Les pays en voie de développement devraient s'efforcer de favoriser l'expansion de leurs échanges mutuels et ils peuvent à cette fin, conformément aux dispositions et procédures existantes et en cours d'élaboration des arrangements internationaux pertinents, accorder des préférences commerciales à d'autres pays en voie de développement sans être tenus d'en faire bénéficier aussi les pays développés, étant entendu toutefois que ces arrangements ne doivent pas constituer un obstacle à la libéralisation et à l'expansion des échanges en général.

Art. 22. – 1. Tous les États devraient répondre aux besoins et objectifs de développement généralement reconnus ou mutuellement acceptés des pays en voie de développement en encourageant des apports nets accrus de ressources réelles de toutes provenances aux pays en voie de développement, compte tenu de tous engagements et obligations contractés par les États intéressés, de façon à étayer les efforts des pays en voie de développement pour accélérer leur progrès économique et social.

2. À cet effet, conformément aux buts et objectifs mentionnés ci-dessus et compte tenu de tous engagements et obligations contractés à cet égard, ils devraient s'efforcer d'augmenter le montant net des apports de ressources financières provenant de sources publiques aux pays en voie de développement et d'en améliorer les modalités et conditions.

3. Le courant de ressources destinées à l'aide au développement devrait comprendre une assistance économique et une assistance technique.

Art. 23. – Pour favoriser la mobilisation effective de leurs propres ressources, les pays en voie de développement devraient renforcer leur coopération économique et accroître les échanges entre eux afin d'accélérer leur développement économique et social. Tous les pays, en particulier les pays développés, agissant individuellement et par l'intermédiaire des organisations internationales compétentes dont ils sont membres, devraient fournir un appui et un concours appropriés et efficaces.

Art. 24. – Tous les États ont le devoir de conduire leurs relations économiques mutuelles d'une manière qui tienne compte des intérêts des autres pays. En particulier, tous les États devraient éviter de porter atteinte aux intérêts des pays en voie de développement.

Art. 25. – Pour favoriser le développement économique mondial, la communauté internationale et en particulier ses membres développés, accordera une attention particulière aux besoins et aux problèmes propres aux pays en voie de développement les moins avancés, aux pays en voie de développement sans littoral, ainsi qu'aux pays insulaires en voie de développement, en vue de les aider à surmonter leurs difficultés particulières et de contribuer ainsi à leur développement économique et social.

Art. 26. – Tous les États ont le devoir de coexister dans la tolérance et dé vivre en paix les uns avec les autres, quelles que soient les différences de systèmes politiques, économiques, sociaux et culturels, et de faciliter le commerce entre les États ayant des systèmes économiques et sociaux différents. Le commerce international devrait être pratiqué sans porter atteinte aux préférences généralisées, sans discrimination ni réciprocité, dont les pays en voie de développement doivent bénéficier, sur la base du profit mutuel, d'avantages équitables et de l'octroi mutuel du traitement de la nation la plus favorisée.

Art. 27. – 1. Chaque État a le droit de bénéficier pleinement des avantages du commerce mondial des invisibles et de participer à l'expansion de ce commerce.

2. Le commerce mondial des invisibles, fondé sur l'efficacité et sur des avantages mutuels et équitables, favorisant l'expansion de l'économie mondiale, est l'objectif commun de tous les États. Le rôle des pays en voie de développement dans le commerce mondial des invisibles devrait être amélioré et renforcé conformément aux objectifs susmentionnés, compte tenu particulièrement des besoins spéciaux des pays en voie de développement.

3. Tous les États devraient coopérer avec les pays en voie de développement dans leurs efforts pour accroître leur capacité de tirer des recettes en devises des transactions en invisibles, compte tenu des possibilités et des besoins de chaque pays en voie de développement et conformément aux objectifs susmentionnés.

Art. 28. – Tous les États ont le devoir de coopérer en vue d'ajuster les prix des exportations des pays en voie de développement par rapport aux prix de leurs importations et faire ainsi en sorte que ces pays bénéficient de termes de l'échange justes et équitables, à la fois rémunérateurs pour les producteurs et équitables pour les producteurs et les consommateurs.

CHAPITRE III

Responsabilités communes envers la communauté internationale

Art. 29. – Le fond des mers et des océans, ainsi que leur sous-sol, au-delà des limites de la juridiction nationale, de même que les ressources de la zone, sont le patrimoine commun de l'humanité. Partant des principes adoptés par l'Assemblée générale dans sa résolution 2749 (XXV) du 17 décembre 1970, tous les États veilleront à ce que l'exploration de la zone et l'exploitation de ses ressources se fassent exclusivement à des fins pacifiques et à ce que les avantages qui en découlent soient partagés équitablement par tous les États, compte tenu des intérêts et des besoins propres aux pays en voie de développement un régime international s'appliquant à la zone et à ses ressources et assorti d'un mécanisme international approprié destiné à donner effet à ses dispositions sera établi par un traité international de caractère universel, généralement accepté.

Art. 30. – La protection, la préservation et la valorisation de l'environnement pour les générations présentes et futures sont la responsabilité de tous les États. Tous les États s'efforceront d'arrêter leurs propres politiques en matière d'environnement et de développement conformément à cette responsabilité. La politique écologique de tous les États devrait avoir pour effet de renforcer le potentiel de développement actuel et futur des pays en voie de développement et ne devrait pas y porter atteinte. Tous les États ont la responsabilité de veiller à ce que les activités menées dans les limites de leur juridiction ou sous leur contrôle ne nuisent pas à l'environnement d'autres États ou de zones situées au-delà des limites de leur juridiction nationale. Tous les États devraient coopérer à la mise au point de normes et d'une réglementation internationales en matière d'environnement.

CHAPITRE IV
Dispositions finales

Art. 31. – Tous les États ont le devoir de contribuer à l'expansion équilibrée de l'économie mondiale, compte dûment tenu de l'interdépendance étroite qui existe entre le bien-être des pays développés, d'une part, et la croissance et le développement des pays en voie de développement, d'autre part, et du fait que la prospérité de la communauté internationale tout entière dépend de la prospérité des éléments qui la constituent.

Art. 32. – Aucun État ne peut recourir ni encourager le recours à des mesures économiques, politiques ou autres pour contraindre un autre État à lui subordonner l'exercice de ses droits souverains.

Art. 33. – 1. Rien, dans la présente Charte, ne sera interprété comme portant atteinte ou dérogeant aux dispositions de la Charte des Nations unies ou aux décisions prises conformément à ses dispositions.

2. Les dispositions de la présente Charte sont interdépendantes dans leur interprétation et dans leur application et chacune doit s'entendre en fonction des autres.

Art. 34. – Une question relative à la Charte des droits et des devoirs économiques des États sera inscrite à l'ordre du jour de l'Assemblée générale à sa trentième session, puis toutes les cinq sessions. L'Assemblée générale procédera ainsi à un examen systématique et complet de l'application de la Charte, du point de vue à la fois des progrès réalisés et des améliorations et compléments qui pourraient devenir nécessaires, et elle recommandera les mesures convenables. Dans cet examen, l'Assemblée générale devrait tenir compte de l'évolution de tous les facteurs économiques, sociaux, juridiques et autres se rapportant aux principes sur lesquels est fondée la présente Charte, ainsi que du but même de la Charte.

Commerce :

45 Accord instituant l'Organisation mondiale du commerce (1)

Date d'adoption : 15/04/1994
Date d'entrée en vigueur : 01/01/1995

Les parties au présent accord,

Reconnaissant que leurs apports dans le domaine commercial et économique devraient être orientés vers le relèvement des niveaux de vie, la réalisation du plein emploi et d'un niveau élevé et toujours croissant du revenu réel et de la demande effective, et l'accroissement de la production et du commerce de marchandises et de services, tout en permettant l'utilisation optimale des ressources mondiales conformément à l'objectif de développement durable, en vue à la fois de protéger et préserver l'environnement et de renforcer les moyens d'y parvenir d'une manière qui soit compatible avec leurs besoins et soucis respectifs à différents niveaux de développement économique,

Reconnaissant en outre qu'il est nécessaire de faire des efforts positifs pour que les pays en développement, et en particulier les moins avancés d'entre eux, s'assurent une part de la croissance du commerce international qui corresponde aux nécessités de leur développement économique,

Désireuses de contribuer à la réalisation de ces objectifs par la conclusion d'accords visant, sur une base de réciprocité et d'avantages mutuels, à la réduction substantielle des tarifs douaniers et des autres obstacles au commerce et à l'élimination des discriminations dans les relations commerciales internationales,

Résolues, par conséquent, à mettre en place un système commercial multilatéral intégré, plus viable et durable, englobant l'Accord général sur les tarifs douaniers et le commerce, les résultats des efforts de libéralisation du commerce entrepris dans le passé, et tous les résultats des Négociations commerciales multilatérales du Cycle d'Uruguay,

---

(1) 593.

Déterminées à préserver les principes fondamentaux et à favoriser la réalisation des objectifs qui sous-tendent ce système commercial multilatéral,

Conviennent de ce qui suit :

Art. premier. – Institution de l'Organisation

L'Organisation mondiale du commerce (ci-après dénommée l'« OMC ») est instituée par le présent accord.

Art. 2. – Champ d'action de l'OMC

1. L'OMC servira de cadre institutionnel commun pour la conduite des relations commerciales entre ses membres en ce qui concerne les questions liées aux accords et instruments juridiques connexes repris dans les Annexes du présent accord.

2. Les accords et instruments juridiques connexes repris dans les Annexes 1, 2 et 3 (ci-après dénommés les « Accords commerciaux multilatéraux ») font partie intégrante du présent accord et sont contraignants pour tous les membres.

3. Les accords et instruments juridiques connexes repris dans l'Annexe 4 (ci-après dénommés les « Accords commerciaux plurilatéraux ») font également partie du présent accord pour les membres qui les ont acceptés et sont contraignants pour ces membres. Les Accords commerciaux plurilatéraux ne créent ni obligations ni droits pour les membres qui ne les ont pas acceptés.

4. L'Accord général sur les tarifs douaniers et le commerce de 1994 tel qu'il est spécifié à l'Annexe 1A (ci-après dénommé le « GATT de 1994 ») est juridiquement distinct de l'Accord général sur les tarifs douaniers et le commerce, en date du 30 octobre 1947, annexé à l'Acte final adopté à la clôture de la deuxième session de la Commission préparatoire de la Conférence des Nations unies sur le commerce et l'emploi, tel qu'il a été rectifié, amendé ou modifié par la suite (ci-après dénommé le « GATT de 1947 »).

Art. 3. – Fonctions de l'OMC

1. L'OMC facilitera la mise en œuvre, l'administration et le fonctionnement du présent accord et des Accords commerciaux multilatéraux et favorisera la réalisation de leurs objectifs, et servira aussi de cadre pour la mise en œuvre, l'administration et le fonctionnement des Accords commerciaux plurilatéraux.

2. L'OMC sera l'enceinte pour les négociations entre ses membres au sujet de leurs relations commerciales multilatérales concernant des questions visées par les accords figurant dans les Annexes du présent accord. L'OMC pourra aussi servir d'enceinte pour d'autres négociations entre ses membres au sujet de leurs relations commerciales multilatérales, et de cadre pour la mise en œuvre des résultats de ces négociations, selon ce que la Conférence ministérielle pourra décider.

3. L'OMC administrera le Mémorandum d'accord sur les règles et procédures régissant le règlement des différends (ci-après dénommé le « Mémorandum d'accord sur le règlement des différends ») qui figure à l'Annexe 2 du présent accord.

4. L'OMC administrera le Mécanisme d'examen des politiques commerciales (ci-après dénommé le « MEPC ») prévu à l'Annexe 3 du présent accord.

5. En vue de rendre plus cohérente l'élaboration des politiques économiques au niveau mondial, l'OMC coopérera, selon qu'il sera approprié, avec le Fonds monétaire international et avec la Banque internationale pour la reconstruction et le développement et ses institutions affiliées.

Art. 4. – Structure de l'OMC

1. Il sera établi une Conférence ministérielle composée de représentants de tous les membres, qui se réunira au moins une fois tous les deux ans. La Conférence ministérielle exercera les fonctions de l'OMC, et prendra les mesures nécessaires à cet effet. La Conférence ministérielle sera habilitée à prendre des décisions sur toutes les questions relevant de tout Accord commercial multilatéral, si un membre en fait la demande, conformément aux prescriptions concernant la prise de décisions qui sont énoncées dans le présent accord et dans l'Accord commercial multilatéral correspondant.

2. Il sera établi un Conseil général composé de représentants de tous les membres, qui se réunira selon qu'il sera approprié. Dans l'intervalle entre les réunions de la Conférence ministérielle, les fonctions de celle-ci seront exercées par le Conseil général. Le Conseil général exercera aussi les fonctions qui lui sont assignées par le présent accord. Il établira son règlement intérieur et approuvera le règlement intérieur des Comités prévus au paragraphe 7.

3. Le Conseil général se réunira, selon qu'il sera approprié, pour s'acquitter des fonctions de l'Organe de règlement des différends prévu dans le Mémorandum d'accord sur le règlement des différends. L'Organe de règlement des différends pourra avoir son propre président et établira le règlement intérieur qu'il jugera nécessaire pour s'acquitter de ces fonctions.

4. Le Conseil général se réunira, selon qu'il sera approprié, pour s'acquitter des fonctions de l'Organe d'examen des politiques commerciales prévu dans le MPEC. L'Organe d'examen des politiques commerciales pourra avoir son propre président et établira le règlement intérieur qu'il jugera nécessaire pour s'acquitter de ces fonctions.

5. Il sera établi un Conseil du commerce des marchandises, un Conseil du commerce des services et un Conseil des aspects des droits de propriété intellectuelle qui touchent au commerce (ci-après dénommé le « Conseil des ADPIC »), qui agiront sous la conduite générale du Conseil général. Le Conseil du commerce des marchandises supervisera le fonctionnement des Accords commerciaux multilatéraux figu-

rant à l'Annexe 1A. Le Conseil du commerce des services supervisera le fonctionnement de l'Accord général sur le commerce des services (ci-après dénommé l'« AGCS »). Le Conseil des ADPIC supervisera le fonctionnement de l'Accord sur les aspects de droits de propriété intellectuelle qui touchent au commerce (ci-après dénommé l'« Accord sur les ADPIC »). Ces Conseils exerceront les fonctions qui leur sont assignées par les accords respectifs et par le Conseil général. Ils établiront leurs règlements intérieurs respectifs sous réserve de l'approbation du Conseil général. Les représentants de tous les membres pourront participer à ces Conseils. Ces Conseils se réuniront selon qu'il sera nécessaire pour s'acquitter de leurs fonctions.

6. Le Conseil du commerce des marchandises, le Conseil du commerce des services et le Conseil des ADPIC établiront des organes subsidiaires selon les besoins. Ces organes subsidiaires établiront leurs règlements intérieurs respectifs sous réserve de l'approbation des Conseils respectifs.

7. La Conférence ministérielle établira un Comité du commerce et du développement, un Comité des restrictions appliquées à des fins de balance des paiements et un Comité du budget, des finances et de l'administration, qui exerceront les fonctions qui leur sont assignées par le présent accord ainsi que par les Accords commerciaux multilatéraux, et toutes fonctions additionnelles qui leur seront assignées par le Conseil général, et pourra établir des comités additionnels auxquels elle confiera les fonctions qu'elle pourra juger appropriées. Dans le cadre de ses fonctions, le Comité du commerce et du développement examinera périodiquement les dispositions spéciales des Accords commerciaux multilatéraux en faveur des pays les moins avancés membres et fera rapport au Conseil général pour que celui-ci prenne les mesures appropriées. Les représentants de tous les membres pourront participer à ces Comités.

8. Les organes prévus dans les Accords commerciaux plurilatéraux exerceront les fonctions qui leur sont assignées en vertu de ces accords et agiront dans le cadre institutionnel de l'OMC. Ils tiendront le Conseil général régulièrement informé de leurs activités.

Art. 5. – Relations avec d'autres organisations

1. Le Conseil général conclura des arrangements appropriés pour assurer une coopération efficace avec les autres organisations intergouvernementales qui ont des fonctions en rapport avec celles de l'OMC.

2. Le Conseil général pourra conclure des arrangements appropriés aux fins de consultation et de coopération avec les organisations non gouvernementales s'occupant de questions en rapport avec celles dont l'OMC traite.

Art. 6. – Secrétariat

1. Il sera établi un Secrétariat de l'OMC (ci-après dénommé le « Secrétariat ») dirigé par un Directeur général.

2. La Conférence ministérielle nommera le Directeur général et adoptera des règles énonçant les pouvoirs, les attributions, les conditions d'emploi et la durée du mandat du Directeur général.

3. Le Directeur général nommera les membres du personnel du Secrétariat et déterminera leurs attributions et leurs conditions d'emploi conformément aux règles adoptées par la Conférence ministérielle.

4. Les fonctions du Directeur général et du personnel du Secrétariat auront un caractère exclusivement international. Dans l'accomplissement de leurs tâches, le Directeur général et le personnel du Secrétariat ne solliciteront ni n'accepteront d'instructions d'aucun Gouvernement ni d'aucune autorité extérieure à l'OMC. Ils s'abstiendront de tout acte incompatible avec leur situation de fonctionnaires internationaux. Les membres de l'OMC respecteront le caractère international des fonctions du Directeur général et du personnel du Secrétariat et ne chercheront pas à influencer ceux-ci dans l'accomplissement de leurs tâches.

Art. 7. – Budget et contributions

1. Le Directeur général présentera au Comité du budget, des finances et de l'administration le projet de budget et le rapport financier annuels de l'OMC. Le Comité du budget, des finances et de l'administration examinera le projet de budget et le rapport financier annuels présentés par le Directeur général et fera des recommandations à leur sujet au Conseil général. Le projet de budget annuel sera soumis à l'approbation du Conseil général.

2. Le Comité du budget, des finances et de l'administration proposera au Conseil général un règlement financier qui inclura des dispositions indiquant :

a) le barème des contributions répartissant les dépenses de l'OMC entre ses membres ; et

b) les mesures à prendre en ce qui concerne les membres ayant des arriérés de contributions.

Le règlement financier sera fondé, pour autant que cela sera réalisable, sur les règles et pratiques du GATT de 1947.

3. Le Conseil général adoptera le règlement financier et le projet de budget annuel à une majorité des deux tiers comprenant plus de la moitié des membres de l'OMC.

4. Chaque membre versera à l'OMC, dans les moindres délais, la contribution correspondant à sa part des dépenses de l'OMC conformément au règlement financier adopté par le Conseil général.

Art. 8. – Statut de l'OMC

1. L'OMC aura la personnalité juridique et se verra accorder, par chacun de ses membres, la capacité juridique qui pourra être nécessaire à l'exercice de ses fonctions.

2. L'OMC se verra accorder, par chacun de ses membres, les privilèges et immunités qui seront nécessaires à l'exercice de ses fonctions.

3. Les fonctionnaires de l'OMC et les représentants des membres se verront semblablement accorder par chacun des membres les privilèges et immunités qui leur seront nécessaires pour exercer en toute indépendance leurs fonctions en relation avec l'OMC.

4. Les privilèges et immunités qui seront accordés par un membre à l'OMC, à ses fonctionnaires et aux représentants de ses membres seront analogues aux privilèges et immunités qui figurent dans la Convention sur les privilèges et immunités des institutions spécialisées, approuvée par l'Assemblée générale des Nations unies le 21 novembre 1947.

5. L'OMC pourra conclure un accord de siège.

Art. 9. – Prise de décisions

1. L'OMC conservera la pratique de prise de décisions par consensus suivie en vertu du GATT de 1947 (2). Sauf disposition contraire, dans les cas où il ne sera pas possible d'arriver à une décision par consensus, la décision sur la question à l'examen sera prise aux voix. Aux réunions de la Conférence ministérielle et du Conseil général, chaque membre de l'OMC disposera d'une voix. Dans les cas où les Communautés européennes exerceront leur droit de vote, elles disposeront d'un nombre de voix égal au nombre de leurs États membres (3) qui sont membres de l'OMC. Les décisions de la Conférence ministérielle et du Conseil général seront prises à la majorité des votes émis, à moins que le présent accord ou l'Accord commercial multilatéral correspondant n'en dispose autrement (4).

2. La Conférence ministérielle et le Conseil général auront le pouvoir exclusif d'adopter des interprétations du présent accord et des Accords commerciaux multilatéraux. S'agissant d'une interprétation d'un Accord commercial multilatéral figurant à l'Annexe 1, ils exerceront leur pouvoir en se fondant sur une recommandation du Conseil qui supervise le fonctionnement dudit accord. La décision d'adopter une interprétation sera prise à une majorité des trois quarts des membres. Le présent paragraphe ne sera pas utilisé d une manière susceptible d'éroder les dispositions relatives aux amendements de l'article 10.

3. Dans des circonstances exceptionnelles, la Conférence ministérielle pourra décider d'accorder à un membre une dérogation à une des obligations qui lui sont imposées par le présent accord ou par l'un

---

(2) L'organe concerné sera réputé avoir pris une décision par consensus sur une question dont il a été saisi si aucun membre, présent à la réunion au cours de laquelle la décision est prise, ne s'oppose formellement à la décision proposée.

(3) Le nombre de voix des Communautés européennes et de leurs États membres ne dépassera en aucun cas le nombre des États membres des Communautés européennes.

(4) Les décisions du Conseil général lorsque celui-ci se réunira en tant qu'organe de règlement des différends ne seront prises que conformément aux dispositions du paragraphe 4 de l'article 2 du Mémorandum d'accord sur le règlement des différends.

des Accords commerciaux multilatéraux, à la condition qu'une telle décision soit prise par les trois quarts (5) des membres, exception faite de ce qui est prévu dans le présent paragraphe.

a) Une demande de dérogation concernant le présent accord sera présentée à la Conférence ministérielle pour examen conformément à la pratique de prise de décisions par consensus. La Conférence ministérielle établira un délai, qui ne dépassera pas 90 jours, pour examiner la demande. S'il n'y a pas de consensus dans ce délai, toute décision d'accorder une dérogation sera prise par les trois quarts (5) des membres.

b) Une demande de dérogation concernant les Accords commerciaux multilatéraux figurant aux Annexe 1A, 1B ou 1C et leurs annexes sera présentée initialement au Conseil du commerce des marchandises, au Conseil du commerce des services ou au Conseil des ADPIC, respectivement, pour examen dans un délai qui ne dépassera pas 90 jours. À la fin de ce délai, le Conseil saisi présentera un rapport à la Conférence ministérielle.

4. Une décision prise par la Conférence ministérielle à l'effet d'accorder une dérogation indiquera les circonstances exceptionnelles qui justifient la décision, les modalités et conditions régissant l'application de la dérogation et la date à laquelle celle-ci prendra fin. Toute dérogation accordée pour une période de plus d'une année sera réexaminée par la Conférence ministérielle une année au plus après qu'elle aura été accordée, puis chaque année jusqu'à ce qu'elle prenne fin. À chaque réexamen, la Conférence ministérielle déterminera si les circonstances exceptionnelles qui avaient justifié la dérogation existent encore et si les modalités et conditions attachées à la dérogation ont été respectées. Sur la base du réexamen annuel, la Conférence ministérielle pourra proroger, modifier ou abroger la dérogation.

5. Les décisions au titre d'un Accord commercial plurilatéral, y compris toutes décisions concernant des interprétations et des dérogations, seront régies par les dispositions dudit accord.

Art. 10. – Amendements

1. Tout membre de l'OMC pourra prendre l'initiative d'une proposition d'amendement des dispositions du présent accord ou des Accords commerciaux multilatéraux figurant à l'Annexe 1 en présentant ladite proposition à la Conférence ministérielle. Les Conseils énumérés au paragraphe 5 de l'article 4 pourront également présenter à la Conférence ministérielle des propositions d'amendement des dispositions des Accords commerciaux multilatéraux correspondants

---

(5) Une décision d'accorder une dérogation pour ce qui est de toute obligation soumise à une période de transition ou à un délai pour une mise en œuvre échelonnée dont le membre requérant ne sera pas acquitté à la fin de la période ou du délai en question sera prise uniquement par consensus.

figurant à l'Annexe 1 dont ils supervisent le fonctionnement. À moins que la Conférence ministérielle ne décide d'une période plus longue, pendant une période de 90 jours après que la proposition aura été présentée formellement à la Conférence ministérielle, toute décision de la Conférence ministérielle de présenter aux membres, pour acceptation, l'amendement proposé sera prise par consensus. À moins que les dispositions des paragraphes 2, 5 ou 6 ne soient applicables, cette décision précisera si les dispositions des paragraphes 3 ou 4 seront d'application. S'il y a consensus, la Conférence ministérielle présentera immédiatement aux membres, pour acceptation, l'amendement proposé. S'il n'y a pas consensus à une réunion de la Conférence ministérielle pendant la période établie, la Conférence ministérielle décidera, à une majorité des deux tiers des membres, de présenter ou non aux membres, pour acceptation, l'amendement proposé. Sous réserve des dispositions des paragraphes 2, 5 et 6, les dispositions du paragraphe 3 seront applicables à l'amendement proposé, à moins que la Conférence ministérielle ne décide, à une majorité des trois quarts des membres, que les dispositions du paragraphe 4 seront d'application.

2. Les amendements aux dispositions du présent article et aux dispositions des articles ci-après ne prendront effet que lorsqu'ils auront été acceptés par tous les membres :

Article 9 du présent accord;

Articles 1er et 2 du GATT de 1994;

Article 2.1 de l'AGCS;

Article 4 de l'Accord sur les ADPIC.

3. Les amendements aux dispositions du présent accord, ou des Accords commerciaux multilatéraux figurant aux Annexes 1A et 1C, autres que celles qui sont énumérées aux paragraphes 2 et 6, de nature à modifier les droits et obligations des membres, prendront effet à l'égard des membres qui les auront acceptés dès qu'ils auront été acceptés par les deux tiers des membres et, ensuite, à l'égard de tout autre membre, dès que celui-ci les aura acceptés. La Conférence ministérielle pourra décider, à une majorité des trois quarts des membres, qu'un amendement ayant pris effet en vertu du présent paragraphe est d'une nature telle que tout membre qui ne l'aura pas accepté dans un délai fixé par la Conférence ministérielle dans chaque cas pourra se retirer de l'OMC ou continuer à en être membre avec le consentement de la Conférence ministérielle.

4. Les amendements aux dispositions du présent accord ou des Accords commerciaux multilatéraux figurant aux Annexes 1A et 1C, autres que celles qui sont énumérées aux paragraphes 2 et 6, d'une nature qui ne modifierait pas les droits et obligations des membres, prendront effet à l'égard de tous les membres dès qu'ils auront été acceptés par les deux tiers des membres.

5. Sous réserve des dispositions du paragraphe 2 ci-dessus, les amendements aux parties I, II et III de l'AGCS et aux annexes respectives prendront effet à l'égard des membres qui les auront accep-

tés dès qu'ils auront été acceptés par les deux tiers des membres et, ensuite, à l'égard de chaque membre, dès que celui-ci les aura acceptés. La Conférence ministérielle pourra décider, à une majorité des trois quarts des membres, qu'un amendement ayant pris effet en vertu de la disposition précédente est d'une nature telle que tout membre qui ne l'aura pas accepté dans un délai fixé par la Conférence ministérielle dans chaque cas pourra se retirer de l'OMC ou continuer à en être membre avec le consentement de la Conférence ministérielle. Les amendements aux parties IV, V et VI de l'AGCS et aux annexes respectives prendront effet à l'égard de tous les membres dès qu'ils auront été acceptés par les deux tiers des membres.

6. Nonobstant les autres dispositions du présent article, les amendements à l'Accord sur les ADPTC qui répondent aux prescriptions du paragraphe 2 de l'article 71 dudit accord pourront être adoptés par la Conférence ministérielle sans autre processus d'acceptation formel.

7. Tout membre qui acceptera un amendement au présent accord ou à un Accord commercial multilatéral figurant à l'Annexe 1 déposera un instrument d'acceptation auprès du Directeur général de l'OMC dans le délai fixé par la Conférence ministérielle pour l'acceptation.

8. Tout membre de l'OMC pourra prendre l'initiative d'une proposition d'amendement des dispositions des Accords commerciaux multilatéraux figurant aux Annexes 2 et 3 en présentant ladite proposition à la Conférence ministérielle. La décision d'approuver des amendements à l'Accord commercial multilatéral figurant à l'Annexe 2 sera prise uniquement par consensus et lesdits amendements prendront effet à l'égard de tous les membres dès qu'ils auront été approuvés par la Conférence ministérielle. Les décisions d'approuver des amendements à l'Accord commercial multilatéral figurant à l'Annexe 3 prendront effet à l'égard de tous les membres dès qu'ils auront été approuvés par la Conférence ministérielle.

9. La Conférence ministérielle, à la demande des membres parties à un accord commercial, pourra décider exclusivement par consensus d'ajouter cet accord à l'Annexe 4. La Conférence ministérielle, à la demande des membres parties à un Accord commercial plurilatéral, pourra décider de supprimer ledit accord de l'Annexe 4.

10. Les amendements à un Accord commercial plurilatéral seront régis par les dispositions dudit accord.

Art. 11. – Membres originels

1. Les parties contractantes au GATT de 1947 à la date d'entrée en vigueur du présent accord, et les Communautés européennes, qui acceptent le présent accord et les Accords commerciaux multilatéraux et pour lesquelles des Listes de concessions et d'engagements sont annexées au GATT de 1994 et pour lesquelles des Listes d'engagements spécifiques sont annexées à l'AGCS, deviendront membres originels de l'OMC.

2. Les pays les moins avancés reconnus comme tels par les Nations unies ne seront tenus de contracter des engagements et de faire des concessions que dans la mesure compatible avec les besoins du développement, des finances et du commerce de chacun d'entre eux ou avec leurs capacités administratives et institutionnelles.

Art. 12. – Accession

1. Tout État ou territoire douanier distinct jouissant d'une entière autonomie dans la conduite de ses relations commerciales extérieures et pour les autres questions traitées dans le présent accord et dans les Accords commerciaux multilatéraux pourra accéder au présent accord à des conditions à convenir entre lui et l'OMC. Cette accession vaudra pour le présent accord et pour les Accords commerciaux multilatéraux qui y sont annexés.

2. Les décisions relatives à l'accession seront prises par la Conférence ministérielle. La Conférence ministérielle approuvera l'accord concernant les modalités d'accession à une majorité des deux tiers des membres de l'OMC.

3. L'accession à un Accord commercial plurilatéral sera régie par les dispositions dudit accord.

Art. 13. – Non-application des Accords commerciaux multilatéraux entre des membres

1. Le présent accord et les Accords commerciaux multilatéraux figurant aux Annexes 1 et 2 ne s'appliqueront pas entre un membre et tout autre membre si l'un des deux, au moment où il devient membre, ne consent pas à cette application.

2. Le paragraphe 1 ne pourra être invoqué entre des membres originels de l'OMC qui étaient parties contractantes du GATT de 1947 que dans les cas où l'article 35 dudit accord avait été invoqué précédemment et était en vigueur entre ces parties contractantes au moment de l'entrée en vigueur pour elles du présent accord.

3. Le paragraphe 1 ne s'appliquera entre un membre et un autre membre qui a accédé au titre de l'article 12 que si le membre ne consentant pas à l'application l'a notifié à la Conférence ministérielle avant que celle-ci n'ait approuvé l'accord concernant les modalités d'accession.

4. À la demande d'un membre la Conférence ministérielle pourra examiner le fonctionnement du présent article dans des cas particuliers et faire des recommandations appropriées.

5. La non-application d'un Accord commercial plurilatéral entre parties audit accord sera régie par les dispositions dudit accord.

Art. 14. – Acceptation, entrée en vigueur et dépôt

1. Le présent accord sera ouvert à l'acceptation, par voie de signature ou autrement, des parties contractantes au GATT de 1947, et des

Communautés européennes, qui sont admises à devenir membres originels de l'OMC conformément à l'article 11 du présent accord. Cette acceptation vaudra pour le présent accord et pour les Accords commerciaux multilatéraux qui y sont annexés. Le présent accord et les Accords commerciaux multilatéraux qui y sont annexés entreront en vigueur à la date fixée par les ministres conformément au paragraphe 3 de l'Acte final reprenant les résultats des Négociations commerciales multilatérales du Cycle d'Uruguay et resteront ouverts à l'acceptation pendant une période de deux ans suivant cette date à moins que les ministres n'en décident autrement. Une acceptation intervenant après l'entrée en vigueur du présent accord entrera en vigueur le trentième jour qui suivra la date de ladite acceptation.

2. Un membre qui acceptera le présent accord après son entrée en vigueur mettra en œuvre les concessions et obligations prévues dans les Accords commerciaux multilatéraux qui doivent être mises en œuvre sur une période commençant à l'entrée en vigueur du présent accord comme s'il avait accepté le présent accord à la date de son entrée en vigueur.

3. Jusqu'à l'entrée en vigueur du présent accord, le texte du présent accord et les Accords commerciaux multilatéraux sera déposé auprès du Directeur général des parties Contractantes du GATT de 1947. Le Directeur général remettra dans les moindres délais une copie certifiée conforme du présent accord et des Accords commerciaux multilatéraux et une notification de chaque acceptation à chaque Gouvernement et aux Communautés européennes ayant accepté le présent accord. Le présent accord et les Accords commerciaux multilatéraux, ainsi que tous amendements qui y auront été apportés, seront, à l'entrée en vigueur du présent accord, déposés auprès du Directeur général de l'OMC.

4. L'acceptation et l'entrée en vigueur d'un Accord commercial plurilatéral seront régies par les dispositions dudit accord. Les Accords de ce type seront déposés auprès du Directeur général des parties contractantes du GATT de 1947. À l'entrée en vigueur du présent accord, ces accords seront déposés auprès du Directeur général de l'OMC.

Art. 15. – Retrait

1. Tout membre pourra se retirer du présent accord. Ce retrait vaudra à la fois pour le présent accord et pour les Accords commerciaux multilatéraux et prendra effet à l'expiration d'un délai de six mois à compter de la date à laquelle le Directeur général de l'OMC en aura reçu notification par écrit.

2. Le retrait d'un Accord commercial plurilatéral sera régi par les dispositions dudit accord.

Art. 16. – Dispositions diverses

1. Sauf disposition contraire du présent accord ou des Accords commerciaux multilatéraux, l'OMC sera guidée par les décisions, les

procédures et les pratiques habituelles des parties contractantes du GATT de 1947 et des organes établis dans le cadre du GATT de 1947.

2. Dans la mesure où cela sera réalisable, le Secrétariat du GATT de 1947 deviendra le Secrétariat de l'OMC et, jusqu'à ce que la Conférence ministérielle ait nommé un Directeur général conformément au paragraphe 2 de l'article 6 du présent accord, le Directeur général des parties contractantes du GATT de 1947 exercera les fonctions de Directeur général de l'OMC.

3. En cas de conflit entre une disposition du présent accord et une disposition de l'un des Accords commerciaux multilatéraux, la disposition du présent accord prévaudra dans la limite du conflit.

4. Chaque membre assurera la conformité de ses lois, réglementations et procédures administratives avec ses obligations telles qu'elles sont énoncées dans les Accords figurant en annexe.

5. Il ne pourra pas être formulé de réserves en ce qui concerne une disposition du présent accord. Il ne pourra être formulé de réserves en ce qui concerne des dispositions des Accords commerciaux multilatéraux que dans la mesure prévue dans lesdits accords. Les réserves concernant une disposition d'un Accord commercial plurilatéral seront régies par les dispositions dudit accord.

6. Le présent accord sera enregistré conformément aux dispositions de l'article 102 de la Charte des Nations unies.

Fait à Marrakech, le quinze avril mil neuf cent quatre-vingt-quatorze, en un seul exemplaire, en langues française, anglaise et espagnole, les trois textes faisant foi.

Notes explicatives :

Le terme « pays » tel qu'il est utilisé dans le présent accord et dans les Accords commerciaux multilatéraux doit être interprété comme incluant tout territoire douanier distinct membre de l'OMC.

S'agissant d'un territoire douanier distinct membre de l'OMC, dans les cas où le qualificatif « national » accompagnera une expression utilisée dans le présent accord et dans les Accords commerciaux multilatéraux, cette expression s'interprétera, sauf indication contraire, comme se rapportant a ce territoire douanier.

45 *bis* Mémorandum d'accord concernant les règles et procédures régissant le règlement des différends (1)

Date d'adoption : 15/04/1994
Date d'entrée en vigueur : 01/01/1995

Les *membres conviennent* de ce qui suit :

Art. premier. – Champ et mode d'application

1. Les règles et procédures du présent mémorandum d'accord s'appliqueront aux différends soumis en vertu des dispositions relatives aux consultations et au règlement des différends des accords énumérés à l'Appendice 1 du présent mémorandum d'accord (dénommés dans le présent mémorandum d'accord les « accords visés »). Les règles et procédures du présent mémorandum d'accord s'appliqueront aussi aux consultations et au règlement des différends entre les membres concernant leurs droits et obligations au titre des dispositions de l'Accord instituant l'Organisation mondiale du commerce (dénommé dans le présent mémorandum d'accord l'« Accord sur l'OMC ») et du présent mémorandum d'accord considérés isolément ou conjointement avec tout autre accord visé.

2. Les règles et procédures du mémorandum d'accord s'appliqueront sous réserve des règles et procédures spéciales ou additionnelles relatives au règlement des différends contenues dans les accords visés qui sont récapitulées à l'Appendice 2 du mémorandum d'accord. Dans la mesure où il y a une différence entre les règles et procédures du présent mémorandum d'accord et les règles et procédures spéciales ou additionnelles indiquées à l'Appendice 2, ces dernières prévaudront. Dans les différends concernant des règles et procédures qui relèvent de plus d'un accord visé, s'il y a conflit entre les règles et procédures spéciales ou additionnelles de ces accords soumis à examen, et dans les cas où les parties au différend ne peuvent s'entendre sur des règles et procédures dans un délai de 20 jours à compter de l'établissement du groupe spécial, le président de l'Organe de règlement des différends visé au paragraphe 1 de l'article 2 (dénommé dans le mémorandum d'accord l'« ORD »), en consultation avec les parties au différend, déterminera les règles et procédures à suivre dans les 10 jours suivant une demande de l'un ou l'autre membre. Le président se fondera sur le principe selon lequel les règles et procédures spéciales ou addition-

(1) 593.

nelles devraient être utilisées dans le cas où cela est possible, et les règles et procédures énoncées dans le mémorandum d'accord devraient être utilisées dans la mesure nécessaire pour éviter un conflit.

Art. 2. – Administration

1. L'Organe de règlement des différends est institué pour administrer les présentes règles et procédures et, sauf disposition contraire d'un accord visé, les dispositions des accords visés relatives aux consultations et au règlement des différends. En conséquence, l'ORD aura le pouvoir d'établir des groupes spéciaux, d'adopter les rapports de groupes spéciaux et de l'organe d'appel, d'assurer la surveillance de la mise en œuvre des décisions et recommandations, et d'autoriser la suspension de concessions et d'autres obligations qui résultent des accords visés. S'agissant des différends qui surviennent dans le cadre d'un accord visé qui est un Accord commercial plurilatéral, le terme « membre » tel qu'il est utilisé dans le présent mémorandum d'accord ne désignera que les membres qui sont parties à l'Accord commercial plurilatéral pertinent. Dans les cas où l'ORD administre les dispositions relatives au règlement des différends d'un Accord commercial plurilatéral, seuls les membres qui sont parties à cet accord pourront prendre part au processus de prise de décisions ou de mesures qu'engagera l'ORD en ce qui concerne ce différend.

2. L'ORD informera les Conseils et Comités compétents de l'OMC de l'évolution des différends en rapport avec des dispositions des accords visés respectifs.

3. L'ORD se réunira aussi souvent qu'il sera nécessaire pour s'acquitter de ses fonctions dans les délais prévus par le présent mémorandum d'accord.

4. Dans les cas où les règles et procédures du présent mémorandum d'accord prévoient que l'ORD doit prendre une décision, celui-ci le fera par consensus (2).

Art. 3. – Dispositions générales

1. Les membres affirment leur adhésion aux principes du règlement des différends appliqués jusqu'ici conformément aux articles XXII et XXIII du GATT de 1947, et aux règles et procédures telles qu'elles sont précisées et modifiées dans le présent mémorandum d'accord.

2. Le système de règlement des différends de l'OMC est un élément essentiel pour assurer la sécurité et la prévisibilité du système commercial multilatéral. Les membres reconnaissent qu'il a pour objet de préserver les droits et les obligations résultant pour les membres des accords visés, et de clarifier les dispositions existantes de ces accords

---

(2) L'ORD sera réputé avoir pris une décision par consensus sur une question dont il a été saisi si aucun membre, présent à la réunion de l'ORD au cours de laquelle la décision est prise, ne s'oppose formellement à la décision proposée.

conformément aux règles coutumières d'interprétation du droit international public. Les recommandations et décisions de l'ORD ne peuvent pas accroître ou diminuer les droits et obligations énoncés dans les accords visés.

3. Le règlement rapide de toute situation dans laquelle un membre considère qu'un avantage résultant pour lui directement ou indirectement des accords visés se trouve compromis par des mesures prises par un autre membre est indispensable au bon fonctionnement de l'OMC et à l'existence d'un juste équilibre entre les droits et les obligations des membres.

4. En formulant ses recommandations ou en statuant sur la question, l'ORD visera à la régler de manière satisfaisante conformément aux droits et obligations résultant du présent mémorandum d'accord et des accords visés.

5. Toutes les solutions apportées aux questions soulevées formellement au titre des dispositions des accords visés relatives aux consultations et au règlement des différends, y compris les décisions arbitrales, seront compatibles avec ces accords et n'annuleront ni ne compromettront des avantages résultant pour tout membre desdits accords, ni n'entraveront la réalisation de l'un de leurs objectifs.

6. Les solutions convenues d'un commun accord pour régler des questions soulevées formellement au titre des dispositions des accords visés relatives aux consultations et au règlement des différends seront notifiées à l'ORD et aux Conseils et Comités compétents, devant lesquels tout membre pourra soulever toute question à ce sujet.

7. Avant de déposer un recours, un membre jugera si une action au titre des présentes procédures serait utile. Le but du mécanisme de règlement des différends est d'arriver à une solution positive des différends. Une solution mutuellement acceptable pour les parties et compatible avec les accords visés est nettement préférable. En l'absence d'une solution mutuellement convenue, le mécanisme de règlement des différends a habituellement pour objectif premier d'obtenir le retrait des mesures en cause, s'il est constaté qu'elles sont incompatibles avec les dispositions de l'un des accords visés. Il ne devrait être recouru à l'octroi d'une compensation que si le retrait immédiat de la mesure en cause est irréalisable, et qu'à titre temporaire en attendant le retrait de la mesure incompatible avec un accord visé. Le dernier recours que le présent mémorandum d'accord ouvre au membre qui se prévaut des procédures de règlement des différends est la possibilité de suspendre l'application de concessions ou l'exécution d'autres obligations au titre des accords visés, sur une base discriminatoire, à l'égard de l'autre membre, sous réserve que l'ORD l'y autorise.

8. Dans les cas où il y a infraction aux obligations souscrites au titre d'un accord visé, la mesure en cause est présumée annuler ou compromettre un avantage. En d'autres termes, il y a normalement présomption qu'une infraction aux règles a une incidence défavorable pour

d'autres membres parties à l'accord visé, et il appartiendra alors au membre mis en cause d'apporter la preuve du contraire.

9. Les dispositions du présent mémorandum d'accord sont sans préjudice du droit des membres de demander une interprétation faisant autorité des dispositions d'un accord visé, par la prise de décisions au titre de l'Accord sur l'OMC ou d'un accord visé qui est un Accord commercial plurilatéral.

10. Il est entendu que les demandes de conciliation et le recours aux procédures de règlement des différends ne devraient pas être conçus ni considérés comme des actes contentieux, et que, si un différend survient, tous les membres engageront ces procédures de bonne foi dans un effort visant à régler ce différend. Il est également entendu que les recours et contre-recours concernant des questions distinctes ne devraient pas être liés.

11. Le présent mémorandum d'accord s'appliquera uniquement dans le cas des nouvelles demandes de consultations présentées au titre des dispositions des accords visés relatives aux consultations à la date d'entrée en vigueur de l'Accord sur l'OMC, ou après celle-ci. S'agissant des différends pour lesquels une demande de consultations au titre du GATT de 1947 ou de tout autre accord ayant précédé les accords visés a été présentée avant la date d'entrée en vigueur de l'Accord sur l'OMC, les règles et procédures pertinentes de règlement des différends applicables immédiatement avant la date d'entrée en vigueur de l'Accord sur l'OMC resteront d'application (3).

12. Nonobstant le paragraphe 11, si une plainte est déposée par un pays en développement membre contre un pays développé membre, sur la base de l'un des accords visés, la partie plaignante aura le droit d'invoquer, au lieu des dispositions contenues dans les articles 4, 5, 6 et 12 du présent mémorandum d'accord, les dispositions correspondantes de la Décision du 5 avril 1966 (IBDD, S14/19), à cela près que, dans les cas où le groupe spécial considérera que le délai prévu au paragraphe 7 de cette Décision est insuffisant pour la présentation de son rapport, et avec l'accord de la partie plaignante, ce délai pourra être prolongé. Dans la mesure où il y a une différence entre les règles et procédures des articles 4, 5, 6 et 12 et les règles et procédures correspondantes de la Décision, ces dernières prévaudront.

Art. 4. – Consultations

1. Les membres affirment leur résolution de renforcer et d'améliorer l'efficacité des procédures de consultation utilisées par les membres.

2. Chaque membre s'engage à examiner avec compréhension toutes représentations que pourra lui adresser un autre membre au sujet de mesures affectant le fonctionnement de tout accord visé prises sur

---

(3) Ce paragraphe s'appliquera aussi aux différends au sujet desquels les rapports des groupes spéciaux n'ont pas été adoptés ou n'ont pas été pleinement mis en œuvre.

son territoire et à ménager des possibilités adéquates de consultation sur ces représentations (4).

3. Si une demande de consultations est formulée en vertu d'un accord visé, le membre auquel la demande est adressée y répondra, sauf accord mutuel, dans les 10 jours suivant la date de sa réception et engagera des consultations de bonne foi au plus tard 30 jours après la date de réception de la demande, en vue d'arriver à une solution mutuellement satisfaisante. Si le membre ne répond pas dans les 10 jours suivant la date de réception de la demande, ou n'engage pas de consultations au plus tard 30 jours, ou dans un délai convenu par ailleurs d'un commun accord, après la date de réception de la demande, le membre qui aura demandé l'ouverture de consultations pourra alors directement demander l'établissement d'un groupe spécial.

4. Toutes les demandes de consultations de ce type seront notifiées à l'ORD et aux Conseils et Comités compétents par le membre qui demande l'ouverture de consultations. Toute demande de consultations sera déposée par écrit et motivée elle comprendra une indication des mesures en cause et du fondement juridique de la plainte.

5. Au cours des consultations engagées conformément aux dispositions d'un accord visé, avant de poursuivre leur action au titre du présent mémorandum d'accord, les membres devraient s'efforcer d'arriver à un règlement satisfaisant de la question.

6. Les consultations seront confidentielles et sans préjudice des droits que tout membre pourrait exercer dans une suite éventuelle de la procédure.

7. Si les consultations n'aboutissent pas à un règlement du différend dans les 60 jours suivant la date de réception de la demande de consultations, la partie plaignante pourra demander l'établissement d'un groupe spécial. Elle pourra faire cette demande dans le délai de 60 jours si les parties qui ont pris part aux consultations considèrent toutes que celles-ci n'ont pas abouti à un règlement du différend.

8. En cas d'urgence, y compris dans les cas où il s'agit de biens périssables, les membres engageront des consultations au plus tard 10 jours après la date de réception de la demande. Si les consultations n'aboutissent pas à un règlement du différend dans les 20 jours suivant la date de réception de la demande, la partie plaignante pourra demander l'établissement d'un groupe spécial.

9. En cas d'urgence, y compris dans les cas où il s'agit de biens périssables, les parties au différend, les groupes spéciaux et l'Organe d'appel ne ménageront aucun effort pour accélérer la procédure dans toute la mesure du possible.

---

(4) Dans les cas où les dispositions de tout autre accord visé au sujet de mesures prises par des Gouvernements ou administrations régionaux ou locaux sur le territoire d'un membre diffèrent des dispositions du présent paragraphe, les dispositions de cet autre accord visé prévaudront.

10. Au cours des consultations, les membres devraient accorder une attention spéciale aux problèmes et intérêts particuliers des pays en développement membres.

11. Chaque fois qu'un membre autre que les membres qui prennent part aux consultations considérera qu'il a un intérêt commercial substantiel dans les consultations tenues en vertu du paragraphe I de l'article XXII du GATT de 1994, du paragraphe 1 de l'article XXII de l'AGCS ou des dispositions correspondantes des autres accords visés (5), il pourra informer lesdits membres ainsi que l'ORD, dans les 10 jours suivant la date de transmission de la demande de consultations au titre dudit article, de son désir d'être admis à participer aux consultations. Ledit membre sera admis à participer aux consultations à condition que le membre auquel la demande de consultations est adressée reconnaisse l'existence d'un intérêt substantiel dans l'affirmative, ils en informeront l'ORD. S'il n'est pas donné suite à la demande de participer aux consultations, le membre requérant aura la faculté de demander l'ouverture de consultations au titre du paragraphe 1 de l'article XXII ou du paragraphe 1 de l'article XXIII du GATT de 1994, du paragraphe 1 de l'article XXII ou du paragraphe 1 de l'article XXIII de l'AGCS, ou des dispositions correspondantes des autres accords visés.

Art. 5. – Bons offices, conciliation et médiation

1. Les bons offices, la conciliation et la médiation sont des procédures qui sont ouvertes volontairement si les parties au différend en conviennent ainsi.

2. Les procédures de bons offices, de conciliation et de médiation et, en particulier, la position adoptée par les parties au différend au cours de ces procédures seront confidentielles et sans préjudice des droits que chacune des parties pourrait exercer dans une suite éventuelle de la procédure menée au titre des présentes procédures.

3. Les bons offices, la conciliation ou la médiation pourront être demandés à tout moment par l'une des parties à un différend. Ces

---

(5) Les dispositions correspondantes des accords visés relatives aux consultations sont les suivantes Accord sur l'agriculture, article 19 Accord sur l'application des mesures sanitaires et phytosanitaires, paragraphe 1 de l'article 11; Accord sur les textiles et les vêtements, paragraphe 4 de l'article 8 Accord sur les obstacles techniques au commerce, paragraphe 1 de l'article 14 Accord sur les mesures concernant les investissements et liées au commerce, article 8; Accord sur la mise en œuvre de l'article VI du GATT de 1994, paragraphe 2 de l'article 17 Accord sur la mise en œuvre de l'article VII du GATT de 1994, paragraphe 2 de l'article 19 Accord sur l'inspection avant expédition, article 7; Accord sur les règles d'origine, article 7; Accord sur les procédures de licences d'importation, article 6; Accord sur les subventions et les mesures compensatoires, article 30; Accord sur les sauvegardes, article 14; Accord sur les aspects des droits de propriété intellectuelle qui touchent au commerce, article 64.1; et les dispositions correspondantes des Accords commerciaux plurilatéraux relatives aux consultations, telles qu'elles sont déterminées par les organes compétents de chaque Accord et notifiées à l'ORD.

procédures pourront commencer à tout moment et il pourra y être mis fin à tout moment. Lorsqu'il aura été mis fin aux procédures de bons offices, de conciliation ou de médiation, une partie plaignante pourra demander l'établissement d'un groupe spécial.

4. Lorsque des procédures de bons offices, de conciliation ou de médiation seront engagées dans les 60 jours suivant la date de réception d'une demande de consultations, la partie plaignante devra attendre que se soit écoulé un délai de 60 jours après la date de réception de la demande de consultations avant de demander l'établissement d'un groupe spécial. Elle pourra demander l'établissement d'un groupe spécial dans le délai de 60 jours si les parties au différend considèrent toutes que les procédures de bons offices, de conciliation ou de médiation n'ont pas abouti à un règlement du différend.

5. Si les parties à un différend en conviennent ainsi, les procédures de bons offices, de conciliation ou de médiation pourront continuer pendant que la procédure du groupe spécial se poursuivra.

6. Le Directeur général pourra, dans le cadre de ses fonctions, offrir ses bons offices, sa conciliation ou sa médiation en vue d'aider les membres à régler leur différend.

Art. 6. – Établissement de groupes spéciaux

1. Si la partie plaignante le demande, un groupe spécial sera établi au plus tard à la réunion de l'ORD qui suivra celle à laquelle la demande aura été inscrite pour la première fois à l'ordre du jour de l'ORD, à moins qu'à ladite réunion l'ORD ne décide par consensus de ne pas établir de groupe spécial (6).

2. La demande d'établissement d'un groupe spécial sera présentée par écrit. Elle précisera si des consultations ont eu lieu, indiquera les mesures spécifiques en cause et contiendra un bref exposé du fondement juridique de la plainte, qui doit être suffisant pour énoncer clairement le problème. Dans le cas où la partie requérante demande l'établissement d'un groupe spécial dont le mandat diffère du mandat type, sa demande écrite contiendra le texte du mandat spécial proposé.

Art. 7. – Mandat des groupes spéciaux

1. Les groupes spéciaux auront le mandat ci-après, à moins que les parties au différend n'en conviennent autrement dans un délai de 20 jours à compter de l'établissement du groupe spécial :

« Examiner, à la lumière des dispositions pertinentes de (nom de l'(des) accord(s) visé(s) cité(s) par les parties au différend), la question portée devant l'ORD par (nom de la partie) dans le document... faire des constatations propres à aider l'ORD à formuler des recom-

---

(6) Si la partie plaignante le demande, l'ORD sera convoqué pour une réunion à cette fin dans les 15 jours suivant la présentation de la demande, à condition qu'il soit donné un préavis de 10 jours au moins avant la réunion.

mandations ou à statuer sur la question, ainsi qu'il est prévu dans ledit (lesdits) accord(s) ».

2. Les groupes spéciaux examineront les dispositions pertinentes de l'accord visé ou des accords visés par les parties au différend.

3. Lorsqu'il établira un groupe spécial, l'ORD pourra autoriser son président à en définir le mandat en consultation avec les parties au différend, sous réserve des dispositions du paragraphe 1. Le mandat ainsi défini sera communiqué à tous les membres. Si un mandat autre que le mandat type est accepté, tout membre pourra soulever toute question à son sujet à l'ORD.

Art. 8. – Composition des groupes spéciaux

1. Les groupes spéciaux seront composés de personnes très qualifiées ayant ou non des attaches avec des administrations nationales, y compris des personnes qui ont fait partie d'un groupe spécial ou présenté une affaire devant un tel groupe, qui ont été représentants d'un membre ou d'une partie contractante au GATT de 1947, ou représentants auprès du Conseil ou du Comité d'un accord visé ou de l'accord qui l'a précédé, ou qui ont fait partie du Secrétariat, qui ont enseigné le droit ou la politique commercial international ou publié des ouvrages dans ces domaines, ou qui ont été responsables de la politique commerciale d'un membre.

2. Les membres des groupes spéciaux devraient être choisis de façon à assurer l'indépendance des membres, la participation de personnes d'origines et de formations suffisamment diverses, ainsi qu'un large éventail d'expérience.

3. Aucun ressortissant des membres dont le Gouvernement (7) est partie à un différend, ou tierce partie au sens du paragraphe 2 de l'article 10, ne siégera au groupe spécial appelé à en connaître, à moins que les parties au différend n'en conviennent autrement.

4. Pour aider au choix des personnes appelées à faire partie de groupes spéciaux, le Secrétariat tiendra une liste indicative de personnes ayant ou non des attaches avec des administrations nationales et possédant les qualifications indiquées au paragraphe 1, parmi lesquelles les membres des groupes spéciaux seront choisis selon qu'il sera approprié. Cette liste comprendra la liste des personnes sans attaches avec des administrations nationales appelées à faire partie de groupes spéciaux établie le 30 novembre 1984 (IBDD, S31/9), ainsi que les listes, indicatives et autres, établies en vertu de l'un des accords visés, et les noms des personnes figurant sur ces dernières au moment de l'entrée en vigueur de l'Accord sur l'OMC y seront maintenus. Les membres pourront périodiquement suggérer des noms de

---

(7) Dans le cas où une union douanière ou un marché commun est partie à un différend, cette disposition s'applique aux ressortissants de tous les pays membres de l'union douanière ou du marché commun.

personnes ayant ou non des attaches avec des administrations nationales qui pourraient être inclus dans la liste indicative, en fournissant les renseignements pertinents sur la connaissance du commerce international et des secteurs ou questions relevant des accords visés que ces personnes possèdent, et ces noms seront ajoutés à la liste lorsque l'ORD aura donné son approbation. Pour chacune des personnes inscrites sur la liste, celle-ci indiquera les domaines spécifiques d'expérience ou de compétence de ces personnes pour les secteurs ou questions relevant des accords visés.

5. Les groupes spéciaux seront composés de trois personnes, à moins que les parties au différend ne conviennent, dans un délai de 10 jours à compter de l'établissement du groupe spécial, que celui-ci sera composé de cinq personnes. Les membres seront informés dans les moindres délais de la composition du groupe spécial.

6. Le Secrétariat proposera aux parties au différend des personnes désignées comme membres du groupe spécial. Les parties au différend ne s'opposeront pas à ces désignations, sauf pour des raisons contraignantes.

7. Si un accord sur la composition du groupe spécial n'intervient pas dans un délai de 20 jours après la date d'établissement du groupe, le Directeur général, à la demande de l'une ou l'autre des parties et en consultation avec le président de l'ORD et le président du Comité ou Conseil compétent, déterminera la composition du groupe spécial en désignant les personnes qui lui paraissent les plus indiquées, conformément aux règles et procédures spéciales ou additionnelles pertinentes de l'accord visé ou des accords visés qui sont invoqués dans le différend, après avoir consulté les parties au différend. Le président de l'ORD informera les membres de la composition du groupe spécial ainsi constitué au plus tard 10 jours après la date à laquelle il aura reçu une telle demande.

8. Les membres s'engageront, en règle générale, à autoriser leurs fonctionnaires à faire partie de groupes spéciaux.

9. Les personnes appelées à faire partie de groupes spéciaux y siégeront à titre personnel et non en qualité de représentants d'un Gouvernement ou d'une organisation. Les membres ne leur donneront donc pas d'instructions et ne chercheront pas à les influencer en tant qu'individus en ce qui concerne les questions dont le groupe spécial est saisi.

10. En cas de différend entre un pays en développement membre et un pays développé membre, le groupe spécial comprendra, si le pays en développement membre le demande, au moins un ressortissant d'un pays en développement membre.

11. Les frais des personnes appelées à faire partie de groupes spéciaux, y compris les frais de déplacement et les indemnités de subsistance, seront mis à la charge du budget de l'OMC conformément aux critères qu'adoptera le Conseil général sur la base de recommandations du Comité du budget, des finances et de l'administration.

Art. 9. – Procédures applicables en cas de pluralité des plaignants

1. Dans les cas où plusieurs membres demanderont l'établissement d'un groupe spécial en relation avec la même question, un seul groupe pourra être établi pour examiner leurs plaintes, en tenant compte des droits de tous les membres concernés. Chaque fois que possible, il conviendra d'établir un seul groupe spécial pour examiner ces plaintes.

2. Le groupe spécial unique examinera la question et présentera ses constatations à l'ORD de manière à ne compromettre en rien les droits dont les parties au différend auraient joui si des groupes spéciaux distincts avaient examiné leurs plaintes respectives. Si l'une des parties au différend le demande, le groupe spécial présentera des rapports distincts concernant le différend en question. Les communications écrites de chacune des parties plaignantes seront mises à la disposition des autres et chacune aura le droit d'être présente lorsque l'une quelconque des autres exposera ses vues au groupe spécial.

3. Si plusieurs groupes spéciaux sont établis pour examiner des plaintes relatives à la même question, les mêmes personnes, dans toute la mesure du possible, feront partie de chacun de ces groupes et le calendrier des travaux des groupes spéciaux saisis de ces différends sera harmonisé.

Art. 10. – Tierces parties

1. Les intérêts des parties à un différend et ceux des autres membres dans le cadre d'un accord visé invoqué dans le différend seront pleinement pris en compte dans la procédure des groupes spéciaux.

2. Tout membre qui aura un intérêt substantiel dans une affaire portée devant un groupe spécial et qui en aura informé l'ORD (dénommé dans le présent mémorandum d'accord « tierce partie ») aura la possibilité de se faire entendre par ce groupe spécial et de lui présenter des communications écrites. Ces communications seront également remises aux parties au différend et il en sera fait état dans le rapport du groupe spécial.

3. Les tierces parties recevront les communications présentées par les parties au différend à la première réunion du groupe spécial.

4. Si une tierce partie estime qu'une mesure qui a déjà fait l'objet de la procédure des groupes spéciaux annule ou compromet des avantages résultant pour elle d'un accord visé, ce membre pourra avoir recours aux procédures normales de règlement des différends prévues dans le présent mémorandum d'accord. Un tel différend sera, dans tous les cas où cela sera possible, porté devant le groupe spécial initial.

Art. 11. – Fonction des groupes spéciaux

La fonction des groupes spéciaux est d'aider l'ORD à s'acquitter de ses responsabilités au titre du présent mémorandum d'accord et des accords visés. En conséquence, un groupe spécial devrait procéder à une évaluation objective de la question dont il est saisi, y compris une évaluation objective des faits de la cause, de l'applicabilité des dispositions des accords visés pertinents et de la conformité des faits avec ces dispositions, et formuler d'autres constatations propres à aider l'ORD à faire des recommandations ou à statuer ainsi qu'il est prévu dans les accords visés. Le groupe spécial devrait avoir régulièrement des consultations avec les parties au différend et leur donner des possibilités adéquates d'élaborer une solution mutuellement satisfaisante.

Art. 12. – Procédure des groupes spéciaux

1. Les groupes spéciaux suivront les procédures de travail énoncées dans l'Appendice 3, à moins qu'ils n'en décident autrement après avoir consulté les parties au différend.

2 La procédure des groupes spéciaux devrait offrir une flexibilité suffisante pour que les rapports des groupes soient de haute qualité, sans toutefois retarder indûment les travaux des groupes.

3. Après avoir consulté les parties au différend, les personnes qui font partie du groupe spécial établiront dès que cela sera réalisable et, chaque fois que possible, au plus tard une semaine après que la composition et le mandat du groupe spécial auront été arrêtés, le calendrier des travaux de ce groupe, compte tenu des dispositions du paragraphe 9 de l'article 4, s'il y a lieu.

4. Lorsqu'il établira le calendrier de ses travaux, le groupe spécial ménagera aux parties au différend un délai suffisant pour rédiger leurs communications.

5. Les groupes spéciaux devraient fixer des délais de réponse précis en ce qui concerne les communications écrites des parties et les parties devraient les respecter.

6. Chaque partie au différend déposera ses communications écrites auprès du Secrétariat pour transmission immédiate au groupe spécial et à l'autre ou aux autres parties au différend. La partie plaignante présentera sa première communication avant celle de la partie défenderesse, à moins que le groupe spécial ne décide, en établissant le calendrier auquel il est fait référence au paragraphe 3 et après consultation des parties au différend, que les parties devraient présenter leurs premières communications simultanément. Lorsqu'il est prévu que les premières communications seront déposées successivement, le groupe spécial fixera un délai ferme pour la réception de la communication de la partie défenderesse. Toutes les communications écrites ultérieures seront présentées simultanément.

7. Dans les cas où les parties au différend ne seront pas arrivées à élaborer une solution mutuellement satisfaisante, le groupe spécial présentera ses constatations sous la forme d'un rapport écrit à l'ORD. Dans ces cas, les groupes spéciaux exposeront dans leur rapport leurs constatations de fait, l'applicabilité des dispositions en la matière et les justifications fondamentales de leurs constatations et recomman-

dations. Dans le cas où un règlement sera intervenu entre les parties au différend, le groupe spécial se bornera dans son rapport à exposer succinctement l'affaire et à faire savoir qu'une solution a été trouvée.

8. Afin de rendre la procédure plus efficace, le délai dans lequel le groupe spécial procédera à son examen, depuis la date à laquelle sa composition et son mandat auront été arrêtés jusqu'à celle à laquelle le rapport final sera remis aux parties au différend, ne dépassera pas, en règle générale, six mois. En cas d'urgence, y compris dans les cas où il s'agit de biens périssables, le groupe spécial s'efforcera de remettre son rapport aux parties au différend dans les trois mois.

9. Lorsque le groupe spécial estimera qu'il ne peut pas remettre son rapport dans un délai de six mois, ou de trois mois en cas d'urgence, il informera l'ORD par écrit des raisons de ce retard et lui indiquera dans quel délai il estime pourvoir remettre son rapport. En aucun cas, le délai compris entre l'établissement d'un groupe spécial et la distribution de son rapport aux membres ne devrait dépasser neuf mois.

10. Dans le contexte de consultations portant sur une mesure prise par un pays en développement membre, les parties pourront convenir d'étendre les délais fixés aux paragraphes 7 et 8 de l'article 4. Si, à l'expiration du délai indiqué, les parties qui ont pris part aux consultations ne peuvent pas convenir que celles-ci ont abouti, le président de l'ORD décidera, après les avoir consultées, si ce délai doit être prolongé et, si tel est le cas, pour combien de temps. En outre, lorsqu'il examinera une plainte visant un pays en développement membre, le groupe spécial ménagera à celui-ci un délai suffisant pour préparer et exposer son argumentation. Aucune action entreprise en application du présent paragraphe n'affectera les dispositions du paragraphe 1 de l'article 20 et du paragraphe 4 de l'article 21.

11. Dans les cas où une ou plusieurs parties seront des pays en développement membres, le rapport du groupe spécial indiquera expressément la façon dont il aura été tenu compte des dispositions pertinentes sur le traitement différencié et plus favorable pour les pays en développement membres, qui font partie des accords visés et qui auront été invoqués par le pays en développement membre au cours de la procédure de règlement des différends.

12. Le groupe spécial pourra, à tout moment, suspendre ses travaux à la demande de la partie plaignante, pendant une période qui ne dépassera pas 12 mois. En cas de suspension, les délais fixés aux paragraphes 8 et 9 du présent article, au paragraphe 1 de l'article 20 et au paragraphe 4 de l'article 21 seront prolongés d'une durée égale à celle de la suspension des travaux. Si les travaux du groupe spécial ont été suspendus pendant plus de 12 mois, le pouvoir conféré pour l'établissement du groupe spécial deviendra caduc.

Art. 13. – Droit de demander des renseignements

1. Chaque groupe spécial aura le droit de demander à toute personne ou à tout organisme qu'il jugera approprié des renseignements

et des avis techniques. Toutefois, avant de demander de tels renseignements ou avis à toute personne ou à tout organisme relevant de la juridiction d'un membre, il en informera les autorités de ce membre. Les membres devraient répondre dans les moindres délais et de manière complète à toute demande de renseignements présentée par un groupe spécial qui jugerait ces renseignements nécessaires et appropriés. Les renseignements confidentiels ne seront pas divulgués sans l'autorisation formelle de la personne, de l'organisme ou des autorités du membre qui les aura fournis.

2. Les groupes spéciaux pourront demander des renseignements à toute source qu'ils jugeront appropriée et consulter des experts pour obtenir leur avis sur certains aspects de la question. À propos d'un point de fait concernant une question scientifique ou une autre question technique soulevée par une partie à un différend, les groupes spéciaux pourront demander un rapport consultatif écrit à un groupe consultatif d'experts. Les règles régissant l'établissement d'un tel groupe et les procédures de celui-ci sont énoncées dans l'Appendice 4.

Art. 14. – Caractère confidentiel

1. Les délibérations de groupes spéciaux seront confidentielles.

2. Les rapports des groupes spéciaux seront rédigés sans que les parties au différend soient présentes, au vu des renseignements fournis et des déclarations faites.

3. Les avis exprimés dans le rapport du groupe spécial par les personnes faisant partie de ce groupe seront anonymes.

Art. 15. – Phase de réexamen intérimaire

1. Après l'examen des communications et arguments oraux présentés à titre de réfutation, le groupe spécial remettra aux parties au différend les sections descriptives (éléments factuels et arguments) de son projet de rapport. Dans un délai fixé par le groupe spécial, les parties présenteront leurs observations par écrit.

2. Après l'expiration du délai fixé pour la réception des observations des parties au différend, le groupe spécial remettra à celles-ci un rapport intérimaire comprenant aussi bien les sections descriptives que ses constatations et conclusions. Dans un délai fixé par le groupe spécial, une partie pourra demander par écrit que celui-ci réexamine des aspects précis de son rapport intérimaire avant de distribuer le rapport final aux membres. À la demande d'une partie, le groupe spécial tiendra une nouvelle réunion avec les parties pour examiner les questions identifiées dans les observations présentées par écrit. Si aucune observation n'est reçue d'une partie durant la période prévue à cet effet, le rapport intérimaire sera considéré comme étant le rapport final du groupe spécial et distribué dans les moindres délais aux membres.

3. Les constatations du rapport final du groupe spécial comprendront un examen des arguments avancés durant la phase de réexamen

intérimaire. La phase de réexamen intérimaire sera menée à bien dans le délai indiqué au paragraphe 8 de l'article 12.

Art. 16. – Adoption des rapports des groupes spéciaux

1. Afin que les membres aient un délai suffisant pour examiner les rapports des groupes spéciaux, l'ORD n'examinera ces rapports, en vue de leur adoption, que 20 jours après la date de leur distribution aux membres.

2. Les membres ayant des objections au sujet du rapport d'un groupe spécial exposeront par écrit les raisons de leurs objections, afin que ces exposés soient distribués au moins 10 jours avant la réunion de l'ORD au cours de laquelle le rapport sera examiné.

3. Les parties à un différend auront le droit de participer pleinement à l'examen du rapport du groupe spécial par l'ORD et leurs vues seront dûment consignées.

4. Dans les 60 jours suivant la date de distribution du rapport d'un groupe spécial aux membres, ce rapport sera adopté à une réunion de l'ORD (8), à moins qu'une partie au différend ne notifie formellement à l'ORD sa décision de faire appel ou que l'ORD ne décide par consensus de ne pas faire adopter le rapport. Si une partie a notifié sa décision de faire appel, le rapport du groupe spécial ne sera pas examiné par l'ORD, en vue de son adoption, avant l'achèvement de la procédure d'appel. Cette procédure d'adoption est sans préjudice du droit des membres d'exprimer leurs vues sur le rapport d'un groupe spécial.

Art. 17. – Examen en appel

Organe d'appel permanent

1. Un organe d'appel permanent sera institué par l'ORD. Cet organe connaîtra des appels concernant des affaires soumises à des groupes spéciaux. Il sera composé de sept personnes, dont trois siégeront pour une affaire donnée. Les personnes faisant partie de l'Organe d'appel siégeront par roulement. Ce roulement sera déterminé dans les procédures de travail de l'Organe d'appel.

2. L'ORD désignera les personnes qui feront partie de l'Organe d'appel. Leur mandat sera de quatre ans et, pour chacune, sera renouvelable une fois. Toutefois, les mandats de trois personnes tirées au sort parmi les sept personnes désignées immédiatement après l'entrée en vigueur de l'Accord sur l'OMC arriveront à expiration après deux ans Dès qu'ils deviendront vacants, les postes seront repourvus. Une personne désignée pour remplacer une personne dont le mandat ne sera pas arrivé à expiration occupera le poste pendant la durée restante du mandat de son prédécesseur.

---

(8) S'il n'est pas prévu de réunion de l'ORD pendant cette période, à un moment qui permette de satisfaire aux prescriptions des paragraphes 1 et 4 de l'article 16, l'ORD tiendra une réunion à cette fin.

3. L'Organe d'appel comprendra des personnes dont l'autorité est reconnue, qui auront fait la preuve de leur connaissance du droit, du commerce international et des questions relevant des accords visés en général. Elles n'auront aucune attache avec une administration nationale. La composition de l'Organe d'appel sera, dans l'ensemble, représentative de celle de l'OMC. Toutes les personnes qui feront partie de l'Organe d'appel seront disponibles à tout moment et à bref délai et se maintiendront au courant des activités de l'OMC en matière de règlement des différends et de ses autres activités pertinentes. Elles ne participeront pas à l'examen d'un différend qui créerait un conflit d'intérêt direct ou indirect.

4. Seules les parties au différend, et non les tierces parties, pourront faire appel du rapport d'un groupe spécial. Les tierces parties qui auront informé l'ORD qu'elles ont un intérêt substantiel dans l'affaire conformément au paragraphe 2 de l'article 10 pourront présenter des communications écrites à l'Organe d'appel et avoir la possibilité de se faire entendre par lui.

5. En règle générale, la durée de la procédure, entre la date à laquelle une partie au différend notifiera formellement sa décision de faire appel et la date à laquelle l'Organe d'appel distribuera son rapport, ne dépassera pas 60 jours. Lorsqu'il établira son calendrier, l'Organe d'appel tiendra compte des dispositions du paragraphe 9 de l'article 4, s'il y a lieu. Lorsque l'Organe d'appel estimera qu'il ne peut pas présenter son rapport dans les 60 jours, il informera l'ORD par écrit des raisons de ce retard et lui indiquera dans quel délai il estime pouvoir présenter son rapport. En aucun cas, la procédure ne dépassera 90 jours.

6. L'appel sera limité aux questions de droit couvertes par le rapport du groupe spécial et aux interprétations du droit données par celui-ci.

7. L'Organe d'appel recevra le soutien administratif et juridique dont il aura besoin.

8. Les frais des personnes faisant partie de l'Organe d'appel, y compris les frais de déplacement et les indemnités de subsistance, seront mis à la charge du budget de l'OMC, conformément aux critères qu'adoptera le Conseil général sur la base de recommandations du Comité du budget, des finances et de l'administration.

Procédures pour l'examen en appel

9. L'Organe d'appel, en consultation avec le président de l'ORD et le Directeur général, élaborera des procédures de travail qui seront communiquées aux membres pour leur information.

10. Les travaux de l'Organe d'appel seront confidentiels. Les rapports de l'Organe d'appel seront rédigés sans que les parties au différend soient présentes et au vu des renseignements fournis et des déclarations faites.

11. Les avis exprimés dans le rapport de l'Organe d'appel par les personnes faisant partie de cet organe seront anonymes.

12. L'Organe d'appel examinera chacune des questions soulevées conformément au paragraphe 6 pendant la procédure d'appel.

13. L'Organe d'appel pourra confirmer, modifier ou infirmer les constatations et les conclusions juridiques du groupe spécial.

Adoptions des rapports de l'Organe d'appel

14. Un rapport de l'Organe d'appel sera adopté par l'ORD et accepté sans condition par les parties au différend, à moins que l'ORD ne décide par consensus de ne pas adopter le rapport de l'Organe d'appel, dans les 30 jours suivant sa distribution aux membres (9). Cette procédure d'adoption est sans préjudice du droit des membres d'exprimer leurs vues sur un rapport de l'Organe d'appel.

Art. 18. – Communications avec le groupe spécial ou l'Organe d'appel

1. Il n'y aura pas de communication *ex parte* avec le groupe spécial ou l'Organe d'appel en ce qui concerne les questions que l'un ou l'autre examine.

2. Les communications écrites présentées au groupe spécial ou à l'Organe d'appel seront traitées comme confidentielles, mais elles seront tenues à la disposition dès parties au différend. Aucune disposition du présent mémorandum d'accord n'empêchera une partie à un différend de communiquer au public ses propres positions. Les membres traiteront comme confidentiels les renseignements qui auront été communiqués par un autre membre au groupe spécial ou à l'Organe d'appel et que ce membre aura désignés comme tels. Une partie à un différend fournira aussi, si un membre le demande, un résumé non confidentiel des renseignements contenus dans ses exposés écrits qui peuvent être communiqués au public.

Art. 19. – Recommandations d'un groupe spécial ou de l'organe d'appel

1. Dans les cas où un groupe spécial ou l'Organe d'appel conclura qu'une mesure est incompatible avec un accord visé, il recommandera que le membre concerné (10) la rende conforme audit accord (11). Outre les recommandations qu'il fera, le groupe spécial ou l'Organe

---

(9) S'il n'est pas prévu de réunion de l'ORD pendant cette période, celui-ci tiendra une réunion à cette fin.

(10) Le « membre concerné » est la partie au différend à laquelle le groupe spécial ou l'Organe d'appel adressent leurs recommandations.

(11) Pour ce qui est des recommandations dans les affaires qui ne comportent pas de violation du GATT de 1994 ni de tout autre accord visé, voir l'article 26.

d'appel pourra suggérer au membre concerné des façons de mettre en œuvre ces recommandations.

2. Conformément au paragraphe 2 de l'article 3, dans leurs constatations et leurs recommandations, le groupe spécial et l'Organe d'appel ne pourront pas accroître ou diminuer les droits et obligations énoncés dans les accords visés.

Art. 20. – Délais pour les décisions de l'ORD

À moins que les parties au différend n'en conviennent autrement, le délai entre la date à laquelle l'ORD établira le groupe spécial et celle à laquelle il examinera le rapport du groupe spécial ou de l'Organe d'appel en vue de son adoption ne dépassera pas, en règle générale, neuf mois dans les cas où il ne sera pas fait appel du rapport ou douze mois dans les cas où il en sera fait appel. Dans les cas où soit le groupe spécial, soit l'Organe d'appel, aura pris des dispositions, conformément au paragraphe 9 de l'article 12 ou au paragraphe 5 de l'article 17, pour prolonger le délai pour la présentation de son rapport, le délai supplémentaire qu'il se sera accordé sera ajouté aux périodes susmentionnées.

Art. 21. – Surveillance de la mise en œuvre des recommandations et décisions

1. Pour que les différends soient résolus efficacement dans l'intérêt de tous les membres, il est indispensable de donner suite dans les moindres délais aux recommandations ou décisions de l'ORD.

2. Une attention particulière devrait être accordée aux questions qui affecteraient les intérêts des pays en développement membres pour ce qui est des mesures qui auraient fait l'objet des procédures de règlement des différends.

3. À une réunion de l'ORD qui se tiendra dans les 30 jours (12) suivant la date d'adoption du rapport du groupe spécial ou de l'Organe d'appel, le membre concerné informera l'ORD de ses intentions au sujet de la mise en œuvre des recommandations et décisions de celui-ci. S'il est irréalisable pour un membre de se conformer immédiatement aux recommandations et décisions, ce membre aura un délai raisonnable pour le faire. Le délai raisonnable sera :

a) le délai proposé par le membre concerné, à condition que ce délai soit approuvé par l'ORD ou, en l'absence d'une telle approbation,

b) un délai mutuellement convenu par les parties au différend dans les 45 jours suivant la date d'adoption des recommandations et décisions ou, en l'absence d'un tel accord,

---

(12) S'il n'est pas prévu de réunion de l'ORD pendant cette période, celui-ci tiendra une réunion à cette fin.

c) un délai déterminé par arbitrage contraignant dans les 90 jours suivant la date d'adoption des recommandations et décisions (13). Dans cette procédure d'arbitrage, l'arbitre (14) devrait partir du principe que le délai raisonnable pour la mise en œuvre des recommandations du groupe spécial ou de l'Organe d'appel ne devrait pas dépasser 15 mois à compter de la date d'adoption du rapport du groupe spécial ou de l'Organe d'appel. Toutefois, ce délai pourrait être plus court ou plus long, en fonction des circonstances.

4. Sauf dans les cas où le groupe spécial ou l'Organe d'appel aura prolongé, conformément au paragraphe 9 de l'article 12 ou au paragraphe 5 de l'article 17, le délai pour la présentation de son rapport, le délai entre la date à laquelle le groupe spécial a été établi par l'ORD et la date de détermination du délai raisonnable ne dépassera pas 15 mois, à moins que les parties au différend n'en conviennent autrement. Dans les cas où soit le groupe spécial, soit l'Organe d'appel, aura pris des dispositions pour prolonger le délai pour la présentation de son rapport, le délai supplémentaire qu'il se sera accordé sera ajouté au délai de 15 mois il est entendu que, à moins que les parties au différend ne conviennent qu'il existe des circonstances exceptionnelles, le délai total ne dépassera pas 18 mois.

5. Dans les cas où il y aura désaccord au sujet de l'existence ou de la compatibilité avec un accord visé de mesures prises pour se conformer aux recommandations et décisions, ce différend sera réglé suivant les présentes procédures de règlement des différends, y compris, dans tous les cas où cela sera possible, avec recours au groupe spécial initial. Le groupe spécial distribuera son rapport dans les 90 jours suivant la date à laquelle il aura été saisi de la question. Lorsque le groupe spécial estimera qu'il ne peut pas présenter son rapport dans ce délai, il informera l'ORD par écrit des raisons de ce retard et lui indiquera dans quel délai il estime pouvoir présenter son rapport.

6. L'ORD tiendra sous surveillance la mise en œuvre des recommandations ou décisions adoptées. La question de la mise en œuvre des recommandations ou décisions pourra être soulevée à l'ORD par tout membre à tout moment après leur adoption. À moins que l'ORD n'en décide autrement, la question de la mise en œuvre des recommandations ou décisions sera inscrite à l'ordre du jour de la réunion de l'ORD après une période de six mois suivant la date à laquelle le délai raisonnable prévu au paragraphe 3 aura été fixée et restera inscrite à l'ordre du jour des réunions de l'ORD jusqu'à ce qu'elle soit résolue. Dix jours au moins avant chacune de ces réunions, le membre concerné présentera à l'ORD un rapport de situation écrit indiquant où en est la mise en œuvre des recommandations ou décisions.

---

(13) Si les parties ne parviennent pas à s'entendre sur le choix d'un arbitre dans un délai de 10 jours après que la question aura été soumise à arbitrage, le Directeur général désignera l'arbitre dans les 10 jours, après avoir consulté les parties.

(14) Le terme « arbitre » s'entendra soit d'une personne, soit d'un groupe.

7. S'il s'agit d'une affaire soulevée par un pays en développement membre, l'ORD étudiera quelle suite il pourrait en outre y donner, qui soit appropriée aux circonstances.

8. S'il s'agit d'un recours déposé par un pays en développement membre, en examinant quelles mesures il pourrait être approprié de prendre, l'ORD tiendra compte non seulement des échanges visés par les mesures en cause mais aussi de leur incidence sur l'économie des pays en développement membres concernés.

Art. 22. – Compensation et suspension de concessions

1. La compensation et la suspension de concessions ou d'autres obligations sont des mesures temporaires auxquelles il peut être recouru dans le cas où les recommandations et décisions ne sont pas mises en œuvre dans un délai raisonnable. Toutefois, ni la compensation ni la suspension de concessions ou d'autres obligations ne sont préférables à la mise en œuvre intégrale d'une recommandation de mettre une mesure en conformité avec les accords visés. La compensation est volontaire et, si elle est accordée, elle sera compatible avec les accords visés.

2. Si le membre concerné ne met pas la mesure jugée incompatible avec un accord visé en conformité avec ledit accord ou ne respecte pas autrement les recommandations et décisions dans le délai raisonnable déterminé conformément au paragraphe 3 de l'article 21, ce membre se prêtera, si demande lui en est faite et au plus tard à l'expiration du délai raisonnable, à des négociations avec toute partie ayant invoqué les procédures de règlement des différends, en vue de trouver une compensation mutuelle acceptable. Si aucune compensation satisfaisante n'a été convenue dans les 20 jours suivant la date à laquelle le délai raisonnable sera venu à expiration, toute partie ayant invoqué les procédures de règlement des différends pourra demander à l'ORD l'autorisation de suspendre, à l'égard du membre concerné, l'application de concessions ou d'autres obligations au titre des accords visés.

3. Lorsqu'elle examinera les concessions ou autres obligations à suspendre, la partie plaignante appliquera les principes et procédures ci-après :

a) le principe général est le suivant la partie plaignante devrait d'abord chercher à suspendre des concessions ou d'autres obligations en ce qui concerne le(s) même(s) secteur(s) que celui (ceux) dans lequel (lesquels) le groupe spécial ou l'Organe d'appel a constaté une violation ou autre annulation ou réduction d'avantages;

b) Si cette partie considère qu'il n'est pas possible ou efficace de suspendre des concessions ou d'autres obligations en ce qui concerne le(s) même(s) secteur(s), elle pourra chercher à suspendre des concessions ou d'autres obligations dans d'autres secteurs au titre du même accord;

c) Si cette partie considère qu'il n'est pas possible ou efficace de suspendre des concessions ou d'autres obligations en ce qui concerne d'autres secteurs au titre du même accord, et que les circonstances sont suffisamment graves, elle pourra chercher à suspendre des concessions ou d'autres obligations au titre d'un autre accord visé;

d) dans l'application des principes ci-dessus, cette partie tiendra compte des éléments suivants :

i) le commerce dans le secteur ou dans le cadre de l'accord au titre duquel le groupe spécial ou l'Organe d'appel a constaté une violation ou autre annulation ou réduction d'avantages, et l'importance de ce commerce pour cette partie;

ii) les éléments économiques plus généraux se rapportant à l'annulation ou à la réduction d'avantages et les conséquences économiques plus générales de la suspension de concessions ou d'autres obligations;

e) Si cette partie décide de demander l'autorisation de suspendre des concessions ou d'autres obligations conformément aux alinéas b) ou c), elle en indiquera les raisons dans sa demande. En même temps que la demande sera transmise à l'ORD, elle sera aussi communiquée aux Conseils compétents et aussi, dans le cas d'une demande relevant de l'alinéa b), aux organes sectoriels compétents;

f) aux fins du présent paragraphe, le terme « secteur » désigne :

i) pour ce qui est des marchandises, toutes les marchandises;

ii) pour ce qui est des services, un secteur principal recensé dans la « Classification sectorielle des services », qui recense ces secteurs (15);

iii) pour ce qui est des aspects des droits de propriété intellectuelle qui touchent au commerce, chacune des catégories de droits de propriété intellectuelle visées dans la section 1, 2, 3, 4, 5, 6 ou 7 de la partie II, ou les obligations résultant de la partie III ou de la partie IV de l'Accord sur les ADPIC;

g) aux fins du présent paragraphe, le terme « accord » désigne :

i) pour ce qui est des marchandises, les accords figurant à l'Annexe 1A de l'Accord sur l'OMC pris dans leur ensemble ainsi que les Accords commerciaux plurilatéraux dans la mesure où les parties au différend concernées sont parties à ces accords;

ii) pour ce qui est des services, l'AGCS;

iii) pour ce qui est des droits de propriété intellectuelle, l'Accord sur les ADPIC.

4. Le niveau de la suspension de concessions ou d'autres obligations autorisée par l'ORD sera équivalent au niveau de l'annulation ou de la réduction des avantages.

---

(15) La liste qui figure dans le document MTN. GNS/W/120 recense onze secteurs.

5. L'ORD n'autorisera pas la suspension de concessions ou d'autres obligations si un accord visé interdit une telle suspension.

6. Lorsque la situation décrite au paragraphe 2 se produira, l'ORD accordera, sur demande, l'autorisation de suspendre des concessions ou d'autres obligations dans un délai de 30 jours à compter de l'expiration du délai raisonnable, à moins qu'il ne décide par consensus de rejeter la demande. Toutefois, si le membre concerné conteste le niveau de la suspension proposée, ou affirme que les principes et procédures énoncés au paragraphe 3 n'ont pas été suivis dans les cas où une partie plaignante a demandé l'autorisation de suspendre des concessions ou d'autres obligations conformément au paragraphe 3 b) ou c) la question sera soumise à arbitrage. Cet arbitrage sera assuré par le groupe spécial initial si les membres sont disponibles, ou par un arbitre (16) désigné par le Directeur général, et sera mené à bien dans les 60 jours suivant la date à laquelle le délai raisonnable sera venu à expiration. Les concessions ou autres obligations ne seront pas suspendues pendant l'arbitrage.

7. L'arbitre (17), agissant en vertu du paragraphe 6, n'examinera pas la nature des concessions ou des autres obligations à suspendre, mais déterminera si le niveau de ladite suspension est équivalent au niveau de l'annulation ou de la réduction des avantages. L'arbitre pourra aussi déterminer si la suspension de concessions ou d'autres obligations proposées est autorisée en vertu de l'accord visé. Toutefois, si la question soumise à arbitrage comprend l'affirmation selon laquelle les principes et procédures énoncés au paragraphe 3 n'ont pas été suivis, l'arbitre examinera cette affirmation. Dans le cas où l'arbitre déterminera que ces principes et procédures n'ont pas été suivis, la partie plaignante les appliquera conformément au paragraphe 3. Les parties accepteront comme définitive la décision de l'arbitre et les parties concernées ne demanderont pas un second arbitrage. L'ORD sera informé dans les moindres délais de cette décision et accordera, sur demande, l'autorisation de suspendre des concessions ou d'autres obligations dans les cas où la demande sera compatible avec la décision de l'arbitre, à moins que l'ORD ne décide par consensus de rejeter la demande.

8. La suspension de concessions ou d'autres obligations sera temporaire et ne durera que jusqu'à ce que la mesure jugée incompatible avec un accord visé ait été éliminée, ou que le membre devant mettre en œuvre les recommandations ou les décisions ait trouvé une solution à l'annulation ou à la réduction d'avantages, ou qu'une solution mutuellement satisfaisante soit intervenue. Conformément au paragraphe 6 de l'article 21, l'ORD continuera de tenir sous surveillance

---

(16) Le terme « arbitre » s'entendra soit d'une personne, soit d'un groupe.

(17) Le terme « arbitre » s'entendra soit d'une personne, soit d'un groupe, soit des membres du groupe spécial initial siégeant en qualité d'arbitre.

la mise en œuvre des recommandations ou décisions adoptées, y compris dans les cas où une compensation aura été octroyée ou dans les cas où des concessions ou d'autres obligations auront été suspendues, mais où des recommandations de mettre une mesure en conformité avec les accords visés n'auront pas été mises en œuvre.

9. Les dispositions des accords visés relatives au règlement des différends pourront être invoquées pour ce qui est des mesures affectant l'observation desdits accords prises par des Gouvernements ou administrations régionaux ou locaux sur le territoire d'un membre. Lorsque l'ORD aura déterminé qu'une disposition d'un accord visé n'a pas été observée, le membre responsable prendra toutes mesures raisonnables en son pouvoir pour faire en sorte qu'elle le soit. Dans les cas où il n'aura pas été possible d'obtenir que cette disposition soit observée, les dispositions des accords visés et du présent mémorandum d'accord relatives à la compensation et à la suspension de concessions ou d'autres obligations seront d'application (18).

Art. 23. – Renforcement du système multilatéral

1. Lorsque des membres chercheront à obtenir réparation en cas de violation d'obligations ou d'annulation ou de réduction d'avantages résultant des accords visés, ou d'entrave à la réalisation d'un objectif desdits accords, ils auront recours et se conformeront aux règles et procédures du présent mémorandum d'accord.

2. Dans de tels cas, les membres :

a) ne détermineront pas qu'il y a eu violation, que des avantages ont été annulés ou compromis ou que la réalisation d'un objectif des accords visés a été entravée si ce n'est en recourant au règlement des différends conformément aux règles et procédures du présent mémorandum d'accord, et établiront toute détermination de ce genre au regard des constatations contenues dans le rapport du groupe spécial ou de l'Organe d'appel adopté par l'ORD ou d'une décision arbitrale rendue au titre du présent mémorandum d'accord;

b) suivront les procédures énoncées à l'article 21 pour déterminer le délai raisonnable à ménager au membre concerné pour lui permettre de mettre en œuvre les recommandations et décisions; et

c) suivront les procédures énoncées à l'article 22 pour déterminer le niveau de la suspension de concessions ou d'autres obligations et obtenir l'autorisation de l'ORD, conformément à ces procédures, avant de suspendre des concessions ou d'autres obligations résultant des accords visés au motif que le membre en cause n'a pas mis en œuvre les recommandations et décisions dans ce délai raisonnable.

---

(18) Dans les cas où les dispositions de tout accord visé au sujet de mesures prises par des Gouvernements ou administrations régionaux ou locaux sur le territoire d'un membre diffèrent des dispositions de ce paragraphe, les dispositions de l'accord visé prévaudront.

Art. 24. – Procédures spéciales concernant les pays les moins avancés membres

1. À tous les stades de la détermination des causes d'un différend et d'une procédure de règlement des différends concernant un pays moins avancé membre, une attention particulière sera accordée à la situation spéciale des pays les moins avancés membres. À cet égard, les membres feront preuve de modération lorsqu'ils soulèveront des questions au titre des présentes procédures concernant un pays moins avancé membre. S'il est constaté qu'une mesure prise par un pays moins avancé membre a pour effet d'annuler ou de compromettre des avantages, les parties plaignantes feront preuve de modération lorsqu'elles demanderont une compensation ou l'autorisation de suspendre l'application de concessions ou d'autres obligations conformément aux présentes procédures.

2. Dans toute affaire soumise au règlement des différends concernant un pays moins avancé membre pour laquelle aucune solution satisfaisante n'aura été trouvée au cours de consultations, le Directeur général ou le président de l'ORD, à la demande d'un pays moins avancé membre, offrira ses bons offices, sa conciliation et sa médiation en vue d'aider les parties à régler le différend, avant qu'une demande d'établissement de groupe spécial ne soit faite. Pour apporter ce concours, le Directeur général ou le président de l'ORD pourra consulter toute source qu'il jugera appropriée.

Art. 25. – Arbitrage

1. Un arbitrage rapide dans le cadre de l'OMC, conçu comme un autre moyen de règlement des différends, peut faciliter la solution de certains différends concernant des questions clairement définies par les deux parties.

2. Sauf disposition contraire du présent mémorandum d'accord, le recours à un arbitrage sera subordonné à l'accord mutuel des parties qui conviendront des procédures à suivre. Les accords sur le recours à l'arbitrage seront notifiés à tous les membres assez longtemps avant l'ouverture effective de la procédure d'arbitrage.

3. D'autres membres ne pourront devenir parties à une procédure d'arbitrage qu'avec l'accord des parties qui sont convenues d'avoir recours à l'arbitrage. Les parties à la procédure conviendront de se conformer à la décision arbitrale. Les décisions arbitrales seront notifiées à l'ORD et au Conseil ou Comité de tout accord pertinent, où tout membre pourra soulever toute question s'y rapportant.

4. Les articles 21 et 22 du présent mémorandum d'accord s'appliqueront *mutatis mutandis* aux décisions arbitrales.

Art. 26. – Non-violation

1. *Plaintes en situation de non-violation du type décrit au paragraphe 1 b) de l'article XXIII du GATT de 1994*

Lorsque les dispositions du paragraphe 1 b) de l'article XXIII du GATT de 1994 seront applicables à un accord visé, un groupe spécial ou l'Organe d'appel ne pourra statuer ni faire de recommandations que dans les cas où une partie au différend considérera qu'un avantage résultant pour elle directement ou indirectement de l'accord visé en l'espèce se trouve annulé ou compromis, ou que la réalisation de l'un des objectifs dudit accord est entravée du fait qu'un membre applique une mesure, contraire ou non aux dispositions dudit accord. Dans les cas et dans la mesure où cette partie considérera, et où un groupe spécial ou l'Organe d'appel déterminera, que l'affaire concerne une mesure qui n'est pas contraire aux dispositions d'un accord visé auquel les dispositions du paragraphe 1 b) de l'article XXIII du GATT de 1994 sont applicables, les procédures énoncées dans le présent mémorandum d'accord seront d'application, sous réserve de ce qui suit :

a) la partie plaignante présentera une justification détaillée à l'appui de toute plainte concernant une mesure qui n'est pas contraire à l'accord visé en l'espèce ;

b) dans les cas où il a été constaté qu'une mesure annule ou compromet des avantages résultant de l'accord visé en l'espèce ou entrave la réalisation des objectifs dudit accord, sans qu'il y ait violation de celui-ci, il n'y a pas obligation de la retirer. Toutefois, dans ces cas, le groupe spécial ou l'Organe d'appel recommandera que le membre concerné procède à un ajustement mutuellement satisfaisant ;

c) nonobstant les dispositions de l'article 21, l'arbitrage prévu au paragraphe 3 de l'article 21 pourra, à la demande de l'une ou l'autre des parties, inclure une détermination du niveau des avantages qui ont été annulés ou compromis, et des suggestions concernant les moyens d'arriver à un ajustement mutuellement satisfaisant ces suggestions ne seront pas contraignantes pour les parties au différend ;

d) nonobstant les dispositions du paragraphe 1 de l'article 22, la compensation pourra faire partie de l'ajustement mutuellement satisfaisant qui réglera définitivement le différend.

2. *Plaintes du type décrit au paragraphe 1 c) de l'article XXIII du GATT de 1994*

Lorsque les dispositions du paragraphe 1 c) de l'article XXIII du GATT de 1994 seront applicables à un accord visé, un groupe spécial ne pourra statuer ni faire de recommandations que dans les cas où une partie considérera qu'un avantage résultant pour elle directement ou indirectement de l'accord visé en l'espèce se trouve annulé ou compromis, ou que la réalisation de l'un des objectifs dudit accord est entravée du fait qu'il existe une situation autre que celles auxquelles les dispositions du paragraphe 1 a) et b) de l'article XXIII du GATT de 1994 sont applicables. Dans les cas et dans la mesure où cette partie considérera, et où un groupe spécial déterminera, que la question est visée par le présent paragraphe, les procédures énoncées dans le présent mémorandum d'accord s'appliqueront uniquement jusqu'au point de la procédure où le rapport du groupe spécial a été distribué au membres inclusivement. Les règles et procédures de règlement des différends énoncées dans la Décision du 12 avril 1989 (IBDD, S36/64-70) s'appliqueront à l'examen du rapport en vue de son adoption, à la surveillance et à la mise en œuvre de recommandations et décisions. Les dispositions ci-après seront aussi d'application :

a) la partie plaignante présentera une justification détaillée à l'appui de tout argument avancé au sujet de questions visées dans le présent paragraphe ;

b) dans une affaire concernant des questions visées par le présent paragraphe, si un groupe spécial constate que l'affaire fait aussi intervenir des questions de règlement des différends autres que celles qui sont visées par le présent paragraphe, il distribuera un rapport sur ces questions à l'ORD et un rapport distinct sur les questions relevant du présent paragraphe.

Art. 27. – Attributions du Secrétariat

1. Le Secrétariat sera chargé d'aider les groupes spéciaux, notamment en ce qui concerne les aspects juridiques, historiques et procéduraux des questions traitées, et d'offrir des services de secrétariat et un soutien technique.

2. À la demande d'un membre, le Secrétariat lui apportera son concours dans le règlement d'un différend, mais il sera peut-être aussi nécessaire de donner des avis et une aide juridiques additionnels aux pays en développement membres en ce qui concerne le règlement des différends. À cette fin, le Secrétariat mettra à la disposition de tout pays en développement membre qui le demandera un expert juridique qualifié des services de coopération technique de l'OMC. Cet expert aidera le pays en développement membre d'une manière qui permette de maintenir l'impartialité du Secrétariat.

3. Le Secrétariat organisera des stages de formation spéciaux à l'intention des membres intéressés, qui porteront sur les présentes procédures et les pratiques de règlement des différends, de manière à permettre aux experts des membres d'être mieux informés en la matière.

APPENDICE 3

PROCÉDURES DE TRAVAIL

1. Pour mener ses travaux, le groupe spécial suivra les dispositions pertinentes du présent mémorandum d'accord. En outre, les procédures de travail ci-après seront d'application.

2. Le groupe spécial se réunira en séance privée. Les parties au différend, et les parties intéressées, n'assisteront aux réunions que lorsque le groupe spécial les y invitera.

3. Les délibérations du groupe spécial et les documents qui lui auront été soumis resteront confidentiels. Aucune disposition du présent mémorandum d'accord n'empêchera une partie à un différend de communiquer au public ses propres positions. Les membres traiteront comme confidentiels les renseignements qui auront été communiqués par un autre membre au groupe spécial et que ce membre aura désignés comme tels. Dans les cas où une partie à un différend communiquera au groupe spécial une version confidentielle de ses exposés écrits, elle fournira aussi, si un membre le demande, un résumé non confidentiel des renseignements contenus dans ses exposés qui peuvent être communiqués au public.

4. Avant la première réunion de fond du groupe spécial avec les parties, les parties au différend feront remettre au groupe spécial des exposés écrits dans lesquels elles présenteront les faits de la cause et leurs arguments respectifs.

5. À sa première réunion de fond avec les parties, le groupe spécial demandera à la partie qui a introduit la plainte de présenter son dossier, puis, pendant la même séance, la partie mise en cause sera invitée à exposer ses vues.

6. Toutes les tierces parties qui auront informé l'ORD de leur intérêt dans l'affaire seront invitées par écrit à présenter leurs vues au cours d'une séance de la première réunion de fond du groupe spécial réservée à cette fin. Toutes ces tierces parties pourront être présentes pendant toute cette séance.

7. Les réfutations formelles seront présentées lors d'une deuxième réunion de fond du groupe spécial. La partie mise en cause aura le droit de prendre la parole avant la partie plaignante. Les parties présenteront des réfutations écrites au groupe spécial avant cette réunion.

8. Le groupe spécial pourra à tout moment poser des questions aux parties et leur demander de donner des explications, soit lors d'une réunion avec elles, soit par écrit.

9. Les parties au différend, ainsi que toute tierce partie invitée à exposer ses vues conformément à l'article 10, mettront à la disposition du groupe spécial une version écrite de leurs déclarations orales.

10. Afin de garantir une totale transparence, les parties seront présentes lors des exposés, réfutations et déclarations dont il est fait mention aux paragraphes 5 à 9. De plus, les exposés écrits de chaque partie y compris les observations sur la partie descriptive du rapport et les réponses aux questions posées par le groupe spécial, seront mis à la disposition de l'autre partie ou des autres parties.

11. Toute procédure additionnelle propre au groupe spécial.

X. ESPACES, RESSOURCES, ENVIRONNEMENT

Droit de la mer :

46 Convention des Nations unies sur le droit de la mer (1)

Date d'adoption : 10/12/1982
Date d'entrée en vigueur : 16/11/1994

---

(1) Convention des Nations unies sur le droit de la mer : 24, 168, 336, 386, 596, 629, 648, 651, 663, 666, 669, 683.
Article 1 : 678.
Article 2 : 664, 657.
Article 7 : 641.
Article 10 : 642.
Article 19 : 644.
Article 47 : 643.
Partie V : 386.
Article 56 : 653.
Article 61 : 653.
Article 69 : 654.
Article 70 : 654.
Article 76 : 648, 650.
Article 77 : 651.
Article 83 : 649, 650.
Article 86 : 664.
Article 89 : 663.
Article 90 : 665.
Article 91 : 81.
Article 94 : 666.
Article 111 : 668.
Article 117 : 666.
Article 122 : 655.
Article 123 : 655.
Partie XI : 386, 596, 676, 677, 680, 681.
Article 134 : 678.
Article 137 : 679, 680.
Article 138 : 679.
Article 139 : 679.
Article 141 : 679.
Article 161 : 156.
Article 162 : 681.
Article 176 : 164.
Article 208 : 653.
Article 211 : 654.
Article 217 : 654, 666, 669.
Article 218 : 654, 669.
Article 219 : 669.
Article 220 : 669.
Article 228 : 537.
Article 279 : 681.
Article 280 : 522, 537, 681.

Les États parties à la Convention,

Animés du désir de régler, dans un esprit de compréhension et de coopération mutuelles, tous les problèmes concernant le droit de la mer et conscients de la portée historique de la Convention qui constitue une contribution importante au maintien de la paix, à la justice et au progrès pour tous les peuples du monde,

Constatant que les faits nouveaux intervenus depuis les Conférences des Nations unies sur le droit de la mer qui se sont tenues à Genève en 1958 et en 1960 ont renforcé la nécessité d'une convention nouvelle sur le droit de la mer généralement acceptable,

Conscients que les problèmes des espaces marins sont étroitement liés entre eux et doivent être envisagés dans leur ensemble,

Reconnaissant qu'il est souhaitable d'établir, au moyen de la Convention, compte dûment tenu de la souveraineté de tous les États, un ordre juridique pour les mers et les océans qui facilite les communications internationales et favorise les utilisations pacifiques des mers et des océans, l'utilisation équitable et efficace de leurs ressources, la conservation de leurs ressources biologiques et l'étude, la protection et la préservation du milieu marin,

Considérant que la réalisation de ces objectifs contribuera à la mise en place d'un ordre économique international juste et équitable dans lequel il serait tenu compte des intérêts et besoins de l'humanité tout entière et, en particulier, des intérêts et besoins spécifiques des pays en développement, qu'ils soient côtiers ou sans littoral,

Souhaitant développer, par la Convention, les principes contenus dans la résolution 2 749 (XXV) du 17 décembre 1970, dans laquelle l'Assemblée générale des Nations unies a déclaré solennellement, notamment, que la zone du fond des mers et des océans, ainsi que de leur sous-sol, au-delà des limites de la juridiction nationale et les ressources de cette zone sont le patrimoine commun de l'humanité tout entière, indépendamment de la situation géographique des États,

Convaincus que la codification et le développement progressif du droit de la mer réalisés dans la Convention contribueront au renforcement de la paix, de la sécurité, de la coopération et des relations amicales entre toutes les nations, conformément aux principes de justice et d'égalité des droits, et favoriseront le progrès économique et social de tous les peuples du monde, conformément aux buts et principes des Nations unies, tels qu'ils sont énoncés dans la Charte,

Affirmant que les questions qui ne sont pas réglementées par la Convention continueront d'être régies par les règles et principes du droit international général,

Sont convenus de ce qui suit :

Première partie

INTRODUCTION

Art. premier. – Emploi des termes et champ d'application

1. Aux fins de la Convention :

1) on entend par « zone » les fonds marins et leur sous-sol au-delà des limites de la juridiction nationale;

2) on entend par « autorité » l'Autorité internationale des fonds marins;

3) on entend par « activités menées dans la zone » toutes les activités d'exploration et d'exploitation des ressources de la zone;

4) on entend par « pollution du milieu marin » l'introduction directe ou indirecte, par l'homme, de substances ou d'énergie dans le milieu marin, y compris les estuaires, lorsqu'elle a ou peut avoir des effets nuisibles tels que dommages aux ressources biologiques et à la faune

et la flore marines, risques pour la santé de l'homme, entrave aux activités maritimes, y compris la pêche et les autres utilisations légitimes de la mer, altération de la qualité de l'eau de mer du point de vue de son utilisation et dégradation des valeurs d'agrément;

5) *a*) on entend par « immersion » :

i) tout déversement délibéré de déchets ou autres matières, à partir de navires, aéronefs, plates-formes ou autres ouvrages placés en mer;

ii) tout sabordage en mer de navires, aéronefs, plates-formes ou autres ouvrages;

b) le terme « immersion » ne vise pas :

i) le déversement de déchets ou autres matières produits directement ou indirectement lors de l'exploitation normale de navires, aéronefs, plates-formes ou autres ouvrages placés en mer, ainsi que de leur équipement, à l'exception des déchets ou autres matières transportés par ou transbordés sur des navires, aéronefs, plates-formes ou autres ouvrages placés en mer qui sont utilisés pour l'élimination de ces matières, ou provenant du traitement de tels déchets ou autres matières à bord de ces navires, aéronefs, plates-formes ou ouvrages;

ii) le dépôt de matières à des fins autres que leur simple élimination, sous réserve que ce dépôt n'aille pas à l'encontre des buts de la Convention.

2. 1) On entend par « États parties » les États qui ont consenti à être liés par la convention et à l'égard desquels la Convention est en vigueur.

2) La Convention s'applique *mutatis mutandis* aux entités visées à l'article 305, paragraphe 1, lettres *b*), *c*), *d*), *e*) et f), qui deviennent parties à la Convention conformément aux conditions qui concernent chacune d'entre elles dans cette mesure, le terme « États parties » s'entend de ces entités.

DEUXIÈME PARTIE

MER TERRITORIALE ET ZONE CONTIGUË

Section I

Dispositions générales

Art. 2. – Régime juridique de la mer territoriale et de l'espace aérien surjacent, ainsi que du fond de cette mer et de son sous-sol

1. La souveraineté de l'État côtier s'étend, au-delà de son territoire et de ses eaux intérieures et, dans le cas d'un État archipel, de ses

eaux archipélagiques, à une zone de mer adjacente désignée sous le nom de mer territoriale.

2. Cette souveraineté s'étend à l'espace aérien au-dessus de la mer territoriale, ainsi qu'au fond de cette mer et à son sous-sol.

3. La souveraineté sur la mer territoriale s'exerce dans les conditions prévues par les dispositions de la Convention et les autres règles du droit international.

Section 2

Limites de la mer territoriale

Art. 3. – Largeur de la mer territoriale

Tout État a le droit de fixer la largeur de sa mer territoriale cette largeur ne dépasse pas 12 milles marins mesurés à partir de lignes de base établies conformément à la Convention.

Art. 4. – Limite extérieure de la mer territoriale

La limite extérieure de la mer territoriale est constituée par la ligne dont chaque point est à une distance égale à la largeur de la mer territoriale du point le plus proche de la ligne de base.

Art. 5. – Ligne de base normale

Sauf disposition contraire de la Convention, la ligne de base normale à partir de laquelle est mesurée la largeur de la mer territoriale est la laisse de basse mer le long de la côte, telle qu'elle est indiquée sur les cartes marines à grande échelle reconnues officiellement par l'État côtier.

Art. 6. – Récifs

Lorsqu'il s'agit de parties insulaires d'une formation atollienne ou d'îles bordées de récifs frangeants, la ligne de base à partir de laquelle est mesurée la largeur de la mer territoriale est la laisse de basse mer sur le récif, côté large, telle qu'elle est indiquée sur les cartes marines reconnues officiellement par l'État côtier.

Art 7. – Lignes de base droites

1. Là où la côte est profondément échancrée et découpée, ou s'il existe un chapelet d'îles le long de la côte, à proximité immédiate de celle-ci, la méthode des lignes de base droites reliant des points appropriés peut être employée pour tracer la ligne de base à partir de laquelle est mesurée la largeur de la mer territoriale.

2. Là où la côte est extrêmement instable en raison de la présence d'un delta et d'autres caractéristiques naturelles, les points appropriés peuvent être choisis le long de la laisse de basse mer la plus avancée et, même en cas de recul ultérieur de la laisse de basse mer,

ces lignes de base droites restent en vigueur tant qu'elles n'ont pas été modifiées par l'État côtier conformément à la Convention.

3. Le tracé des lignes de base droites ne doit pas s'écarter sensiblement de la direction générale de la côte et les étendues de mer situées en deçà doivent être suffisamment liées au domaine terrestre pour être soumises au régime des eaux intérieures.

4. Les lignes de base droites ne doivent pas être tirées vers ou depuis des hauts-fonds découvrants, à moins que des phares ou des installations similaires émergées en permanence n'y aient été construits ou que le tracé de telles lignes de base droites n'ait fait l'objet d'une reconnaissance internationale générale.

5. Dans les cas où la méthode des lignes de base droites s'applique en vertu du paragraphe 1, il peut être tenu compte, pour l'établissement de certaines lignes de base, des intérêts économiques propres à la région considérée dont la réalité et l'importance sont manifestement attestées par un long usage.

6. La méthode des lignes de base droites ne peut être appliquée par un État de manière telle que la mer territoriale d'un autre État se trouve coupée de la haute mer ou d'une zone économique exclusive.

Art. 8. – Eaux intérieures

1. Sous réserve de la partie IV, les eaux situées en deçà de la ligne de base de la mer territoriale font partie des eaux intérieures de l'État.

2. Lorsque le tracé d'une ligne de base droite établie conformément à la méthode décrite à l'article 7 inclut dans les eaux intérieures des eaux qui n'étaient pas précédemment considérées comme telles, le droit de passage inoffensif prévu dans le Convention s'étend à ces eaux.

Art. 9. – Embouchure des fleuves

Si un fleuve se jette dans la mer sans former l'estuaire, la ligne de base est une ligne droite tracée à travers l'embouchure du fleuve entre les points limites de la laisse de basse mer sur les rives.

Art. 10. – Baies

1. Le présent article ne concerne que les baies dont un seul État est riverain.

2. Aux fins de la Convention, on entend par « baie » une échancrure bien marquée dont la pénétration dans les terres par rapport à sa largeur à l'ouverture est telle que les eaux qu'elle renferme sont cernées par la côte et qu'elle constitue plus qu'une simple inflexion de la côte. Toutefois, une échancrure n'est considérée comme une baie que si sa superficie est au moins égale à celle d'un demi-cercle ayant pour diamètre la droite tracée en travers de l'entrée de l'échancrure.

3. La superficie d'une échancrure est mesurée entre la laisse de basse mer le long du rivage de l'échancrure et la droite joignant les

laisses de basse mer aux points d'entrée naturels. Lorsque, en raison de la présence d'îles, une échancrure a plusieurs entrées, le demi-cercle a pour diamètre la somme des longueurs des droites fermant les différentes entrées. La superficie des îles situées à l'intérieur d'une échancrure est comprise dans la superficie totale de celle-ci.

4. Si la distance entre les laisses de basse mer aux points d'entrée naturels d'une baie n'excède pas 24 milles marins, une ligne de délimitation peut être tracée entre ces deux laisses de basse mer, et les eaux se trouvant en deçà de cette ligne sont considérées comme eaux intérieures.

5. Lorsque la distance entre les laisses de basse mer aux points d'entrée naturels d'une baie excède 24 milles marins, une ligne de base droite de 24 milles marins est tracée à l'intérieur de la baie de manière à enfermer l'étendue d'eau maximale.

6. Les dispositions précédentes ne s'appliquent pas aux baies dites « historiques » ni dans les cas où la méthode des lignes de base droites prévue à l'article 7 est suivie.

Art. 11. – Ports

Aux fins de la délimitation de la mer territoriale, les installations permanentes faisant partie intégrante d'un système portuaire qui s'avancent le plus vers le large sont considérées comme faisant partie de la côte. Les installations situées au large des côtes et les îles artificielles ne sont pas considérées comme des installations portuaires permanentes.

Art. 12. – Rades

Lorsqu'elles servent habituellement au chargement, au déchargement et au mouillage des navires, les rades qui normalement se trouveraient entièrement ou partiellement au-delà de la limite extérieure de la mer territoriale sont considérées comme faisant partie de la mer territoriale.

Art. 13. – Hauts-fonds découvrants

1. Par « hauts-fonds découvrants », on entend les élévations naturelles de terrain qui sont entourées par la mer, découvertes à marée basse et recouvertes à marée haute. Lorsque des hauts-fonds découvrants se trouvent, entièrement ou en partie, à une distance du continent ou d'une île ne dépassant pas la largeur de la mer territoriale, la laisse de basse mer sur ces hauts-fonds peut être prise comme ligne de base pour mesurer la largeur de la mer territoriale.

2. Lorsque des hauts-fonds découvrants se trouvent entièrement à une distance du continent ou d'une île qui dépasse la largeur de la mer territoriale, ils n'ont pas de mer territoriale qui leur soit propre.

Art. 14. – Combinaison de méthodes pour établir les lignes de base

L'État côtier peut, en fonction des différentes situations, établir les lignes de base selon une ou plusieurs des méthodes prévues dans les articles précédents.

Art. 15. – Délimitation de la mer territoriale entre États dont les côtes sont adjacentes ou se font face

Lorsque les côtes de deux États sont adjacentes ou se font face, ni l'un ni l'autre de ces États n'est en droit, sauf accord contraire entre eux, d'étendre sa mer territoriale au-delà de la ligne médiane dont tous les points sont équidistants des points les plus proches des lignes de base à partir desquelles est mesurée la largeur de la mer territoriale de chacun des deux États. Cette disposition ne s'applique cependant pas dans le cas où, en raison de l'existence de titres historiques ou d'autres circonstances spéciales, il est nécessaire de délimiter autrement la mer territoriale des deux États.

Art. 16. – Cartes marines et listes des coordonnées géographiques

1. Les lignes de base à partir desquelles est mesurée la largeur de la mer territoriale établies conformément aux articles 7, 9 et 10 ou les limites qui en découlent et les lignes de délimitation tracées conformément aux articles 12 et 15 sont indiquées sur des cartes marines à l'échelle appropriée pour en déterminer l'emplacement. À défaut, une liste de coordonnées géographiques de points précisant le système géodésique utilisé peut y être substituée.

2. L'État côtier donne la publicité voulue aux cartes ou listes des coordonnées géographiques et en dépose un exemplaire auprès du Secrétaire général de l'Organisation des Nations unies.

Section 3

Passage inoffensif dans la mer territoriale

Sous-section 1. – Règles applicables à tous les navires

Art. 17. – Droit de passage inoffensif

Sous réserve de la Convention, les navires de tous les États, côtiers ou sans littoral, jouissent du droit de passage inoffensif dans la mer territoriale.

Art. 18. – Signification du terme « passage »

1. On entend par « passage » le fait de naviguer dans la mer territoriale aux fins de :

a) la traverser sans entrer dans les eaux intérieures ni faire escale dans une rade ou une installation portuaire située en dehors des eaux intérieures ; ou

b) se rendre dans les eaux intérieures ou les quitter, ou faire escale dans une telle rade ou installation portuaire ou la quitter.

2. Le passage doit être continu et rapide. Toutefois, le passage comprend l'arrêt et le mouillage, mais seulement s'ils constituent des incidents ordinaires de navigation ou s'imposent par suite d'un cas de force majeure ou de détresse ou dans le but de porter secours à des personnes, des navires ou des aéronefs en danger ou en détresse.

Art. 19. – Signification de l'expression « passage inoffensif »

1. Le passage est inoffensif aussi longtemps qu'il ne porte pas atteinte à la paix, au bon ordre ou à la sécurité de l'État côtier. Il doit s'effectuer en conformité avec les dispositions de la Convention et les autres règles de droit international.

2. Le passage d'un navire étranger est considéré comme portant atteinte à la paix, au bon ordre ou à la sécurité de l'État côtier si, dans la mer territoriale, ce navire se livre à l'une quelconque des activités suivantes :

a) menace ou emploi de la force contre la souveraineté, l'intégrité territoriale ou l'indépendance politique de l'État côtier ou de toute autre manière contraire aux principes du droit international énoncés dans la Charte des Nations unies ;

b) exercice ou manœuvre avec armes de tout type ;

c) collecte de renseignements au détriment de la défense ou de la sécurité de l'État côtier ;

d) propagande visant à nuire à la défense ou à la sécurité de l'État côtier ;

e) lancement, appontage ou embarquement d'aéronefs ;

f) lancement, appontage ou embarquement d'engins militaires ;

g) embarquement ou débarquement de marchandises, de fonds ou de personnes en contravention aux lois et règlements douaniers, fiscaux, sanitaires ou d'immigration de l'État côtier ;

h) pollution délibérée et grave, en violation de la Convention ;

i) pêche ;

j) recherches ou levés ;

k) perturbation du fonctionnement de tout système de communication ou de tout autre équipement ou installation de l'État côtier ;

l) toute autre activité sans rapport direct avec le passage.

Art. 20. – Sous-marins et autres véhicules submersibles

Dans la mer territoriale, les sous-marins et autres véhicules submersibles sont tenus de naviguer en surface et d'arborer leur pavillon.

Art. 21. – Lois et règlements de l'État côtier relatifs au passage inoffensif

1. L'État côtier peut adopter, en conformité avec les dispositions de la Convention et les autres règles du droit international, des lois et règlements relatifs au passage inoffensif dans sa mer territoriale, qui peuvent porter sur les questions suivantes :

a) sécurité de la navigation et régulation du trafic maritime;

b) protection des équipements et systèmes d'aide à la navigation et des autres équipements ou installations;

c) protection des câbles et des pipelines;

d) conservation des ressources biologiques de la mer;

e) prévention des infractions aux lois et règlements de l'État côtier relatifs à la pêche;

f) préservation de l'environnement de l'État côtier et prévention, réduction et maîtrise de sa pollution;

g) recherche scientifique marine et levés hydrographiques;

h) prévention des infractions aux lois et règlements douaniers, fiscaux, sanitaires ou d'immigration de l'État côtier.

2. Ces lois et règlements ne s'appliquent pas à la conception, à la construction ou à l'armement des navires étrangers, à moins qu'ils ne donnent effet à des règles ou des normes internationales généralement acceptées.

3. L'État côtier donne la publicité voulue à ces lois et règlements.

4. Les navires étrangers exerçant le droit de passage inoffensif dans la mer territoriale se conforment à ces lois et règlements ainsi qu'à tous les règlements internationaux généralement acceptés relatifs à la prévention des abordages en mer.

Art. 22. – Voies de circulation et dispositifs de séparation du trafic dans la mer territoriale

1. L'État côtier peut, lorsque la sécurité de la navigation le requiert, exiger des navires étrangers qui exercent le droit de passage inoffensif dans sa mer territoriale qu'ils empruntent les voies de circulation désignées par lui et respectent les dispositifs de séparation du trafic prescrits par lui pour la régulation du passage des navires.

2. En particulier, les navires-citernes, les navires à propulsion nucléaire et les navires transportant des substances ou des matières radioactives ou autres substances intrinsèquement dangereuses ou nocives peuvent être requis de n'emprunter que ces voies de circulation.

3. Lorsqu'il désigne des voies de circulation et prescrit des dispositifs de séparation du trafic en vertu du présent article, l'État côtier tient compte :

a) des recommandations de l'organisation internationale compétente;

b) de tous chenaux utilisés habituellement pour la navigation maritime internationale;

c) des caractéristiques particulières de certains navires et chenaux; et

d) de la densité du trafic.

4. L'État côtier indique clairement ces voies de circulation et ces dispositifs de séparation du trafic sur des cartes marines auxquelles il donne la publicité voulue.

Art. 23. – Navires étrangers à propulsion nucléaire et navires transportant des substances radioactives ou autres substances intrinsèquement dangereuses ou nocives

Les navires étrangers à propulsion nucléaire, ainsi que ceux transportant des substances radioactives ou autres substances intrinsèquement dangereuses ou nocives, sont tenus, lorsqu'ils exercent leur droit de passage inoffensif dans la mer territoriale, d'être munis des documents et de prendre les mesures spéciales de précaution prévus par des accords internationaux pour ces navires.

Art. 24. – Obligations de l'État côtier

1. L'État côtier ne doit pas entraver le passage inoffensif des navires étrangers dans la mer territoriale, en dehors des cas prévus par la Convention. En particulier, lorsqu'il applique la Convention ou toute loi ou tout règlement adopté conformément à la Convention, l'État côtier ne doit pas :

a) imposer aux navires étrangers des obligations ayant pour effet d'empêcher ou de restreindre l'exercice du droit de passage inoffensif de ces navires;

b) exercer de discrimination de droit ou de fait contre les navires d'un État déterminé ou les navires transportant des marchandises en provenance ou a destination d'un État déterminé ou pour le compte d'un État déterminé.

2. L'État côtier signale par une publicité adéquate tout danger pour la navigation dans sa mer territoriale dont il a connaissance.

Art. 25. – Droits de protection de l'État côtier

1. L'État côtier peut prendre, dans sa mer territoriale, les mesures nécessaires pour empêcher tout passage qui n'est pas inoffensif.

2. En ce qui concerne les navires qui se rendent dans les eaux intérieures ou dans une installation portuaire située en dehors de ces eaux, l'État côtier a également le droit de prendre les mesures nécessaires pour prévenir toute violation des conditions auxquelles est subordonnée l'admission de ces navires dans ces eaux ou cette installation portuaire.

3. L'État côtier peut, sans établir aucune discrimination de droit ou de fait entre les navires étrangers, suspendre temporairement, dans des zones déterminées de sa mer territoriale, l'exercice du droit de pas-

sage inoffensif des navires étrangers, si cette mesure est indispensable pour assurer sa sécurité, entre autres pour lui permettre de procéder à des exercices d'armes. La suspension ne prend effet qu'après avoir été dûment publiée.

Art. 26. – Droits perçus sur les navires étrangers

1. Il ne peut être perçu de droits sur les navires étrangers en raison de leur simple passage dans la mer territoriale.

2. Il ne peut être perçu de droits sur un navire étranger passant dans la mer territoriale sinon en rémunération de services particuliers rendus à ce navire. Ces droits sont perçus de façon non discriminatoire.

Sous-section 2. – Règles applicables aux navires marchands et aux navires d'État utilisés à des fins commerciales

Art. 27. – Juridiction pénale à bord d'un navire étranger

1. L'État côtier ne devrait pas exercer sa juridiction pénale à bord d'un navire étranger passant dans la mer territoriale pour y procéder à une arrestation ou à l'exécution d'actes d'instruction à la suite d'une infraction pénale commise à bord pendant le passage, sauf dans les cas suivants :

a) si les conséquences de l'infraction s'étendent à l'État côtier;

b) si l'infraction est de nature à troubler la paix du pays ou l'ordre dans la mer territoriale;

c) si l'assistance des autorités locales a été demandée par le capitaine du navire ou par un agent diplomatique ou un fonctionnaire consulaire de l'État de pavillon; ou

d) si ces mesures sont nécessaires pour la répression du trafic illicite des stupéfiants ou des substances psychotropes.

2. Le paragraphe 1 ne porte pas atteinte au droit de l'État côtier de prendre toutes mesures prévues par son droit interne en vue de procéder à des arrestations ou à des actes d'instruction à bord d'un navire étranger qui passe dans la mer territoriale après avoir quitté les eaux intérieures.

3. Dans les cas prévus aux paragraphes 1 et 2, l'État côtier doit, si le capitaine le demande, notifier préalablement toute mesure à un agent diplomatique ou à un fonctionnaire consulaire de l'État du pavillon et doit faciliter le contact entre cet agent ou ce fonctionnaire et l'équipage du navire. Toutefois, en cas d'urgence, cette notification peut être faite alors que les mesures sont en cours d'exécution.

4. Lorsqu'elle examine l'opportunité et les modalités de l'arrestation, l'autorité locale tient dûment compte des intérêts de la navigation.

5. Sauf en application de la partie XII ou en cas d'infraction à des lois et règlements adoptés conformément à la partie V, l'État côtier ne peut prendre aucune mesure à bord d'un navire étranger qui passe dans la mer territoriale en vue de procéder à une arrestation ou à des

actes d'instruction à la suite d'une infraction pénale commise avant l'entrée du navire dans la mer territoriale si le navire, en provenance d'un port étranger, ne fait que passer dans la mer territoriale sans entrer dans les eaux intérieures.

Art. 28. – Juridiction civile à l'égard des navires étrangers

1. L'État côtier ne devrait ni stopper ni dérouter un navire étranger passant dans la mer territoriale pour exercer sa juridiction civile à l'égard d'une personne se trouvant à bord.

2. L'État côtier ne peut prendre de mesures d'exécution ou de mesures conservatoires en matière civile à l'égard de ce navire, si ce n'est en raison d'obligations contractées ou de responsabilités encourues par le navire au cours ou en vue de son passage dans les eaux de l'État côtier.

3. Le paragraphe 2 ne porte pas atteinte au droit de l'État côtier de prendre les mesures d'exécution ou les mesures conservatoires en matière civile prévues par son droit interne à l'égard d'un navire étranger qui stationne dans la mer territoriale ou qui passe dans la mer territoriale après avoir quitté les eaux intérieures.

Sous-section 3. – Règles applicables aux navires de guerre et autres navires d'État utilisés à des fins non commerciales

Art. 29. – Définition de « navire de guerre »

Aux fins de la Convention, on entend par « navire de guerre » tout navire qui fait partie des forces armées d'un État et porte les marques extérieures distinctives des navires militaires de sa nationalité, qui est placé sous le commandement d'un officier de marine au service de cet État et inscrit sur la liste des officiers ou un document équivalent, et dont l'équipage est soumis aux règles de la discipline militaire.

Art. 30. – Inobservation par un navire de guerre des lois et règlements de l'État côtier

Si un navire de guerre ne respecte pas les lois et règlements de l'État côtier relatif au passage dans la mer territoriale et passe outre à la demande qui lui est faite de s'y conformer, l'État côtier peut exiger que ce navire quitte immédiatement la mer territoriale.

Art. 31. – Responsabilité de l'État du pavillon du fait d'un navire de guerre ou d'un autre navire d'État

L'État du pavillon porte la responsabilité internationale de toute perte ou de tout dommage causé à l'État côtier du fait de l'inobservation par un navire de guerre ou par tout autre navire d'État utilisé à des fins non commerciales des lois et règlements de l'État côtier relatifs au passage dans la mer territoriale ou des dispositions de la Convention ou d'autres règles du droit international.

Art. 32. – Immunités des navires de guerre et autres navires d'État utilisés à des fins non commerciales

Sous réserve des exceptions prévues à la sous-section A et aux articles 30 et 31, aucune disposition de la Convention ne porte atteinte aux immunités dont jouissent les navires de guerre et les autres navires d'État utilisés à des fins non commerciales.

Section 4

Zone contiguë

Art. 33. – Zone contiguë

1. Dans une zone contiguë à sa mer territoriale, désignée sous le nom de zone contiguë, l'État côtier peut exercer le contrôle nécessaire en vue de :

a) prévenir les infractions à ses lois et règlements douaniers, fiscaux, sanitaires ou d'immigration sur son territoire ou dans sa mer territoriale ;

b) réprimer les infractions à ces mêmes lois et règlements commises sur son territoire ou dans sa mer territoriale.

2. La zone contiguë ne peut s'étendre au-delà de 24 milles marins des lignes de base à partir desquelles est mesurée la largeur de la mer territoriale.

TROISIÈME PARTIE

DÉTROITS SERVANT À LA NAVIGATION INTERNATIONALE

Section I

Dispositions générales

Art. 34. – Régime juridique des eaux des détroits servant à la navigation internationale

1. Le régime du passage par les détroits servant à la navigation internationale qu'établit la présente partie n'affecte à aucun autre égard le régime juridique des eaux de ces détroits ni l'exercice, par les États riverains, de leur souveraineté ou de leur juridiction sur ces eaux, les fonds marins correspondants et leur sous-sol ainsi que sur l'espace aérien surjacent.

2. Les États riverains des détroits exercent leur souveraineté ou leur juridiction dans les conditions prévues par les dispositions de la présente partie et les autres règles du droit international.

Art. 35. – Champ d'application de la présente partie

Aucune disposition de la présente partie n'affecte :

a) les eaux intérieures faisant partie d'un détroit, sauf lorsque le tracé d'une ligne de base droite établie conformément à la méthode décrite à l'article 7 inclut dans les eaux intérieures des eaux qui n'étaient pas précédemment considérées comme telles ;

b) le régime juridique des eaux situées au-delà de la mer territoriale des États riverains des détroits, qu'elles fassent partie d'une zone économique exclusive ou de la haute mer ;

c) le régime juridique des détroits où le passage est réglementé, en tout ou en partie, par des conventions internationales existant de longue date et toujours en vigueur qui les visent spécifiquement.

Art. 36. – Routes de haute mer ou routes passant par une zone économique exclusive dans les détroits servant à la navigation internationale

La présente partie ne s'applique pas aux détroits servant à la navigation internationale qu'il est possible de franchir par une route de haute mer ou une route passant par une zone économique exclusive de commodité comparable au point de vue de la navigation et des caractéristiques hydrographiques ; en ce qui concerne ces routes, sont applicables les autres parties pertinentes de la Convention, y compris les dispositions relatives à la liberté de navigation et de survol.

Section 2

Passage en transit

Art. 37. – Champ d'application de la présente section

La présente section s'applique aux détroits qui servent à la navigation internationale entre une partie de la haute mer ou une zone économique exclusive et une autre partie de la haute mer ou une zone économique exclusive.

Art. 38. – Droit de passage en transit

1. Dans les détroits visés à l'article 37, tous les navires et aéronefs jouissent du droit de passage en transit sans entrave, à cette restriction près que ce droit ne s'étend pas aux détroits formés par le territoire continental d'un État et une île appartenant à cet État, lorsqu'il existe au large de l'île une route de haute mer, ou une route passant par une zone économique exclusive, de commodité comparable du point de vue de la navigation et des caractéristiques hydrographiques.

2. On entend par « passage en transit » l'exercice, conformément à la présente partie, de la liberté de navigation et de survol à seule fin d'un transit continu et rapide par le détroit entre une partie de la haute mer ou une zone économique exclusive et une autre partie de la haute

mer ou une zone économique exclusive. Toutefois, l'exigence de la continuité et de la rapidité du transit n'interdit pas le passage par le détroit pour accéder au territoire d'un État riverain, le quitter ou en repartir sous réserve des conditions d'admission sur le territoire de cet État.

3. Toute activité qui ne relève pas de l'exercice du droit de passage en transit par les détroits reste subordonnée aux autres dispositions applicables de la Convention.

Art. 39. – Obligations des navires et aéronefs pendant le passage en transit

1. Dans l'exercice du droit de passage en transit, les navires et aéronefs :

a) traversent ou survolent le détroit sans délai ;

b) s'abstiennent de recourir à la menace ou à l'emploi de la force contre la souveraineté, l'intégrité territoriale ou l'indépendance politique des États riverains du détroit ou de toute autre manière contraire aux principes du droit international énoncés dans la Charte des Nations unies ;

c) s'abstiennent de toute activité autre que celles qu'implique un transit continu et rapide, selon leur mode normal de navigation, sauf cas de force majeure ou de détresse ;

d) se conforment aux autres dispositions pertinentes de la présente partie.

2. Pendant le passage en transit, les navires se conforment :

a) aux règlements, procédures et pratiques internationaux généralement acceptés en matière de sécurité de la navigation, notamment au Règlement international pour prévenir les abordages en mer ;

b) aux règlements, procédures et pratiques internationaux généralement acceptés visant à prévenir, réduire et maîtriser la pollution par les navires.

3. Pendant le passage en transit, les aéronefs :

a) respectent les règlements aériens établis par l'Organisation de l'aviation civile internationale qui sont applicables aux aéronefs civils les aéronefs d'État se conforment normalement aux mesures de sécurité prévues par ces règlements et manœuvrent en tenant dûment compte, à tout moment, de la sécurité de la navigation ;

b) surveillent en permanence la fréquence radio que l'autorité compétente internationalement désignée pour le contrôle de la circulation aérienne leur a attribuée, ou la fréquence internationale de détresse.

Art. 40. – Recherche et levés hydrographiques

Pendant le passage en transit, les navires étrangers, y compris ceux qui sont affectés à la recherche scientifique marine ou à des levés hydrographiques, ne peuvent être utilisés pour des recherches ou des levés sans l'autorisation préalable des États riverains.

Art. 41. – Voies de circulation et dispositifs de séparation du trafic dans les détroits servant à la navigation internationale

1. Conformément à la présente partie, les États riverains de détroits peuvent, lorsque la sécurité des navires dans les détroits l'exige, désigner des voies de circulation et prescrire des dispositifs de séparation du trafic.

2. Ces États peuvent, lorsque les circonstances l'exigent et après avoir donné la publicité voulue à cette mesure, désigner de nouvelles voies de circulation ou prescrire de nouveaux dispositifs de séparation du trafic en remplacement de toute voie ou de tout dispositif qu'ils avaient désigné ou prescrit antérieurement.

3. Les voies de circulation et les dispositifs de séparation du trafic doivent être conformes à la réglementation internationale généralement acceptée.

4. Avant de désigner ou remplacer des voies de circulation ou de prescrire ou remplacer des dispositifs de séparation du trafic, les États riverains de détroits soumettent leurs propositions, pour adoption, à l'organisation internationale compétente. Cette organisation ne peut adopter que les voies de circulation et les dispositifs de séparation du trafic dont il a pu être convenu avec les États riverains; ceux-ci peuvent alors les désigner, les prescrire ou les remplacer.

5. Lorsqu'il est proposé d'établir dans un détroit des voies de circulation ou des dispositifs de séparation du trafic intéressant les eaux de plusieurs États riverains, les États concernés coopèrent pour formuler des propositions en consultation avec l'organisation internationale compétente.

6. Les États riverains de détroits indiquent clairement sur des cartes marines auxquelles ils donnent la publicité voulue toutes les voies de circulation ou tous les dispositifs de séparation du trafic qu'ils ont établis.

7. Pendant le passage en transit, les navires respectent les voies de circulation et les dispositifs de séparation du trafic établis conformément au présent article.

Art. 42. – Lois et règlements des États riverains de détroits relatifs au passage en transit

1. Sous réserve de la présente section, les États riverains d'un détroit peuvent adopter des lois et règlements relatifs au passage par le détroit portant sur :

a) la sécurité de la navigation et la régulation du trafic maritime, comme il est prévu à l'article 41 ;

b) la prévention, la réduction et la maîtrise de la pollution, en donnant effet à la réglementation internationale applicable visant le rejet dans le détroit d'hydrocarbures, de résidus d'hydrocarbures et d'autres substances nocives;

c) s'agissant des navires de pêche, l'interdiction de la pêche, y compris la réglementation de l'arrimage des engins de pêche ;

d) l'embarquement ou le débarquement de marchandises, de fonds ou de personnes en contravention aux lois et règlements douaniers, fiscaux, sanitaires ou d'immigration des États riverains.

2. Ces lois et règlements ne doivent entraîner aucune discrimination de droit ou de fait entre les navires étrangers, ni leur application avoir pour effet d'empêcher, de restreindre ou d'entraver l'exercice du droit de passage en transit tel qu'il est défini dans la présente section.

3. Les États riverains donnent la publicité voulue à ces lois et règlements.

4. Les navires étrangers exerçant le droit de passage en transit par le détroit doivent se conformer à ces lois et règlements.

5. En cas de contravention à ces lois et règlements ou aux dispositions de la présente partie par un navire ou un aéronef jouissant de l'immunité souveraine, l'État du pavillon du navire ou l'État d'immatriculation de l'aéronef porte la responsabilité internationale de toute perte ou de tout dommage qui peut en résulter pour les États riverains.

Art. 43. – Installations de sécurité, aides à la navigation et autres équipements, et prévention, réduction et maîtrise de la pollution

Les États utilisateurs d'un détroit et les États riverains devraient, par voie d'accord, coopérer pour :

a) établir et entretenir dans le détroit les installations de sécurité et les aides à la navigation nécessaires, ainsi que les autres équipements destinés à faciliter la navigation internationale ; et

b) prévenir, réduire et maîtriser la pollution par les navires.

Art. 44. – Obligations des États riverains de détroits

Les États riverains de détroits ne doivent pas entraver le passage en transit et doivent signaler par une publicité adéquate tout danger pour la navigation dans le détroit ou le survol du détroit dont ils ont connaissance. L'exercice du droit de passage en transit ne peut être suspendu.

Section 3

Passage inoffensif

Art. 45. – Passage inoffensif

1. Le régime du passage inoffensif prévu à la section 3 de la partie II s'applique aux détroits servant à la navigation internationale qui :

a) sont exclus du champ d'application du régime du passage en transit en vertu de l'article 38, paragraphe 1 ; ou

b) relient la mer territoriale d'un État à une partie de la haute mer ou à la zone économique exclusive d'un autre État.

2. L'exercice du droit de passage inoffensif dans ces détroits ne peut être suspendu.

QUATRIÈME PARTIE

ÉTATS ARCHIPELS

Art. 46. – Emploi des termes

Aux fins de la Convention, on entend par :

a) « État archipel » : un État constitué entièrement par un ou plusieurs archipels et éventuellement d'autres îles;

b) « archipel » : un ensemble d'îles, y compris des parties d'îles, les eaux attenantes et les autres éléments naturels qui ont les uns avec les autres des rapports si étroits qu'ils forment intrinsèquement un tout géographique, économique et politique, ou qui sont historiquement considérés comme tels.

Art. 47. – Lignes de base archipélagiques

1. Un État archipel peut tracer des lignes de base archipélagiques droites reliant les points extrêmes des îles les plus éloignées et des récifs découvrants de l'archipel à condition que le tracé de ces lignes de base englobe les îles principales et définisse une zone où le rapport de la superficie des eaux à celle des terres, atolls inclus, soit compris entre 1 à 1 et 9 à 1.

2. La longueur de ces lignes de base ne doit pas dépasser 100 milles marins toutefois, 3 % au maximum du nombre total des lignes de base entourant un archipel donné peuvent avoir une longueur supérieure, n'excédant pas 125 milles marins.

3. Le tracé de ces lignes de base ne doit pas s'écarter sensiblement du contour général de l'archipel.

4. Ces lignes de base ne peuvent être tirées vers ou depuis des hauts-fonds découvrants, à moins que des phares ou des installations similaires émergées en permanence n'y aient été construits ou que le haut-fond ne soit situé, entièrement ou en partie, à une distance de l'île la plus proche ne dépassant pas la largeur de la mer territoriale.

5. Un État archipel ne peut appliquer la méthode de tracé de ces lignes de base d'une manière telle que la mer territoriale d'un autre État se trouve coupée de la haute mer ou d'une zone économique exclusive.

6. Si une partie des eaux archipélagiques d'un État archipel est située entre deux portions du territoire d'un État limitrophe, les droits et tous intérêts légitimes que ce dernier État fait valoir traditionnellement dans ces eaux, ainsi que tous les droits découlant d'accords conclus entre les deux États, subsistent et sont respectés.

7. Aux fins de calcul du rapport de la superficie des eaux à la superficie des terres prévu au paragraphe 1, peuvent être considérées comme faisant partie des terres les eaux situées en deçà des récifs frangeants bordant les îles et les atolls ainsi que toute partie d'un plateau océanique à flancs abrupts entièrement ou presque entièrement cernée par une chaîne d'îles calcaires et de récifs découvrants.

8. Les lignes de base tracées conformément au présent article doivent être indiquées sur des cartes marines à l'échelle appropriée pour en déterminer l'emplacement. Des listes des coordonnées géographiques de points précisant le système géodésique utilisé peuvent être substituées à ces cartes.

9. L'État archipel donne la publicité voulue aux cartes ou listes de coordonnées géographiques et en dépose un exemplaire auprès du Secrétaire général de l'Organisation des Nations unies.

Art. 48. – Mesures de la largeur de la mer territoriale, de la zone contiguë, de la zone économique exclusive et du plateau continental

La largeur de la mer territoriale, de la zone contiguë, de la zone économique exclusive et du plateau continental est mesurée à partir des lignes de base archipélagiques conformément à l'article 47.

Art. 49. – Régime juridique des eaux archipélagiques et de l'espace aérien surjacent ainsi que des fonds marins correspondants et de leur sous-sol

1. La souveraineté de l'État archipel s'étend aux eaux situées en deçà des lignes de base archipélagiques tracées conformément à l'article 47, désignées sous le nom d'eaux archipélagiques, quelle que soit leur profondeur ou leur éloignement de la côte.

2. Cette souveraineté s'étend à l'espace aérien surjacent aux eaux archipélagiques, ainsi qu'au fond de ces eaux et au sous-sol correspondant, et aux ressources qui s'y trouvent.

3. Cette souveraineté s'exerce dans les conditions prévues par la présente partie.

4. Le régime du passage archipélagique qu'établit la présente partie n'affecte à aucun autre égard le régime juridique des eaux archipélagiques, y compris les voies de circulation, ni l'exercice par l'État archipel de sa souveraineté sur ces eaux, l'espace aérien surjacent, le fond de ces eaux et le sous-sol correspondant, ainsi que sur les ressources qui s'y trouvent.

Art. 50. – Délimitation des eaux intérieures

À l'intérieur de ses eaux archipélagiques, l'État archipel peut tracer des lignes de fermeture pour délimiter ses eaux intérieures, conformément aux articles 9, 10 et 11.

Art. 51. – Accords existants, droits de pêche traditionnels et câbles sous-marins déjà en place

1. Sans préjudice de l'article 49, les États archipels respectent les accords existants conclus avec d'autres États et reconnaissent les droits de pêche traditionnels et les activités légitimes des États limitrophes dans certaines zones faisant partie de leurs eaux archipélagiques. Les conditions et modalités de l'exercice de ces droits et activités, y compris leur nature, leur étendue et les zones dans lesquelles ils s'exercent, sont, à la demande de l'un quelconque des États concernés, définies par voie d'accords bilatéraux conclus entre ces États. Ces droits ne peuvent faire l'objet d'un transfert ou d'un partage au bénéfice d'États tiers ou de leurs ressortissants.

2. Les États archipels respectent les câbles sous-marins déjà en place qui ont été posés par d'autres États et passent dans leurs eaux sans toucher le rivage. Ils autorisent l'entretien et le remplacement de ces câbles après avoir été avisés de leur emplacement et des travaux d'entretien ou de remplacement envisagés.

Art. 52. – Droit de passage inoffensif

1. Sous réserve de l'article 53 et sans préjudice de l'article 50, les navires de tous les États jouissent dans les eaux archipélagiques du droit de passage inoffensif défini à la section 3 de la partie II.

2. L'État archipel peut, sans établir aucune discrimination de droit ou de fait entre les navires étrangers, suspendre temporairement, dans des zones déterminées de ses eaux archipélagiques, l'exercice du droit de passage inoffensif des navires étrangers si cette mesure est indispensable pour assurer sa sécurité. La suspension ne prend effet qu'après avoir été dûment publiée.

Art. 53. – Droit de passage archipélagique

1. Dans ses eaux archipélagiques et la mer territoriale adjacente, l'État archipel peut désigner des voies de circulation et, dans l'espace aérien surjacent à ces voies, des routes aériennes qui permettent le passage continu et rapide des navires ou aéronefs étrangers.

2. Tous les navires et aéronefs jouissent du droit de passage archipélagique par ces voies de circulation et ces routes aériennes.

3. On entend par « passage archipélagique » l'exercice sans entrave par les navires et aéronefs, selon leur mode normal de navigation et conformément à la Convention, des droits de navigation et de survol, à seule fin d'un transit continu et rapide entre un point de la haute mer ou d'une zone économique exclusive et un autre point de la haute mer ou d'une zone économique exclusive.

4. Ces voies de circulation et routes aériennes qui traversent les eaux archipélagiques et la mer territoriale adjacente ou l'espace aérien surjacent doivent comprendre toutes les routes servant normalement à la navigation internationale dans les eaux archipélagiques et l'espace aérien

surjacent les voies de circulation doivent suivre tous les chenaux servant normalement à la navigation, étant entendu qu'il n'est pas nécessaire d'établir entre un point d'entrée et un point de sortie donnés plusieurs voies de commodité comparables.

5. Ces voies de circulation et routes aériennes sont définies par une série de lignes axiales continues joignant leurs points d'entrée aux points de sortie. Durant leur passage, les navires et aéronefs ne peuvent s'écarter de plus de 25 milles marins de ces lignes axiales, étant entendu qu'ils ne doivent pas naviguer à une distance des côtes inférieure au dixième de la distance qui sépare les points les plus proches des îles bordant une voie de circulation.

6. L'État archipel qui désigne des voies de circulation en vertu du présent article peut aussi prescrire des dispositifs de séparation du trafic pour assurer la sécurité du passage des navires empruntant des chenaux étroits à l'intérieur de ces voies.

7. Quand les circonstances l'exigent, l'État archipel peut, après avoir donné à cette mesure la publicité voulue, désigner de nouvelles voies de circulation ou prescrire de nouveaux dispositifs de séparation du trafic en remplacement de toutes voies ou de tous dispositifs antérieurement établis par lui.

8. Ces voies de circulation et dispositifs de séparation du trafic doivent être conformes à la réglementation internationale généralement acceptée.

9. Lorsqu'il désigne ou remplace des voies de circulation ou qu'il prescrit ou remplace des dispositifs de séparation du trafic, l'État archipel soumet ses propositions pour adoption à l'organisation internationale compétente. Cette organisation ne peut adopter que les voies de circulation et les dispositifs de séparation du trafic dont il a pu être convenu avec l'État archipel celui-ci peut alors les désigner, les prescrire ou les remplacer.

10. L'État archipel indique clairement sur des cartes marines auxquelles il donne la publicité voulue les lignes axiales des voies de circulation qu'il désigne et les dispositifs de séparation du trafic qu'il prescrit.

11. Lors du passage archipélagique, les navires respectent les voies de circulation et les dispositifs de séparation du trafic établis conformément au présent article.

12. Si l'État archipel n'a pas désigné de voies de circulation ou de route aériennes, le droit de passage archipélagique peut s'exercer en utilisant les voies et routes servant normalement à la navigation internationale.

Art. 54. – Obligations des navires et des aéronefs pendant leur passage, recherche et levés hydrographiques, obligations des États archipels et lois et règlements de l'État archipel concernant le passage archipélagique

Les articles 39, 40, 42 et 44 s'appliquent *mutatis mutandis* au passage archipélagique.

CINQUIÈME PARTIE

ZONE ÉCONOMIQUE EXCLUSIVE

Art. 55. – Régime juridique particulier de la zone économique exclusive

La zone économique exclusive est une zone située au-delà de la mer territoriale et adjacente à celle-ci, soumise au régime juridique particulier établi par la présente partie, en vertu duquel les droits et la juridiction de l'État côtier et les droits et libertés des autres États sont gouvernés par les dispositions pertinentes de la Convention.

Art. 56. – Droits, juridiction et obligations de l'État côtier dans la zone économique exclusive

1. Dans la zone économique exclusive, l'État côtier a :

a) des droits souverains aux fins d'exploration et d'exploitation, de conservation et de gestion des ressources naturelles, biologiques ou non biologiques, des eaux surjacentes aux fonds marins, des fonds marins et de leur sous-sol, ainsi qu'en ce qui concerne d'autres activités tendant à l'exploration et à l'exploitation de la zone à des fins économiques, telles que la production d'énergie à partir de l'eau, des courants et des vents;

b) juridiction, conformément aux dispositions pertinentes de la Convention, en ce qui concerne :

i) la mise en place et l'utilisation d'îles artificielles, d'installations et d'ouvrages,

ii) la recherche scientifique marine,

iii) la protection et la préservation du milieu marin;

c) les autres droits et obligations prévus par la Convention.

2. Lorsque, dans la zone économique exclusive, il exerce ses droits et s'acquitte de ses obligations en vertu de la Convention, l'État côtier tient dûment compte des droits et des obligations des autres États et agit d'une manière compatible avec la Convention.

3. Les droits relatifs aux fonds marins et à leur sous-sol énoncés dans le présent article s'exercent conformément à la partie VI.

Art. 57. – Largeur de la zone économique exclusive

La zone économique exclusive ne s'étend pas au-delà de 200 milles marins des lignes de base à partir desquelles est mesurée la largeur de la mer territoriale.

Art. 58. – Droits et obligations des autres États dans la zone économique exclusive

1. Dans la zone économique exclusive, tous les États, qu'ils soient côtiers ou sans littoral, jouissent, dans les conditions prévues par les

dispositions pertinentes de la Convention, des libertés de navigation et de survol et de la liberté de poser des câbles et pipelines sous-marins visées à l'article 87, ainsi que de la liberté d'utiliser la mer à d'autres fins internationalement licites liées à l'exercice de ces libertés et compatibles avec les autres dispositions de la Convention, notamment dans le cadre de l'exploitation des navires, d'aéronefs et de câbles et pipelines sous-marins.

2. Les articles 88 à 115, ainsi que les autres règles pertinentes du droit international, s'appliquent à la zone économique exclusive dans la mesure où ils ne sont pas incompatibles avec la présente partie.

3. Lorsque, dans la zone économique exclusive, ils exercent leurs droits et s'acquittent de leurs obligations en vertu de la Convention, les États tiennent dûment compte des droits et des obligations de l'État côtier et respectent les lois et règlements adoptés par celui-ci conformément aux dispositions de la Convention et, dans la mesure où elles ne sont pas incompatibles avec la présente partie, aux autres règles du droit international.

Art. 59. – Base de règlement des conflits dans le cas où la Convention n'attribue ni droits ni juridiction à l'intérieur de la zone économique exclusive

Dans les cas où la Convention n'attribue de droits ou de juridiction, à l'intérieur de la zone économique exclusive, ni à l'État côtier ni à d'autres États et où il y a conflit entre les intérêts de l'État côtier et ceux d'un ou de plusieurs autres États, ce conflit devrait être résolu sur la base de l'équité et eu égard à toutes les circonstances pertinentes, compte tenu de l'importance que les intérêts en cause présentent pour les différentes parties et pour la communauté internationale dans son ensemble.

Art. 60. – Îles artificielles, installations et ouvrages dans la zone économique exclusive

1. Dans la zone économique exclusive, l'État côtier a le droit exclusif de procéder à la construction et d'autoriser et réglementer la construction, l'exploitation et l'utilisation :

a) d'îles artificielles;

b) d'installations et d'ouvrages affectés aux fins prévues à l'article 56 ou à d'autres fins économiques;

c) d'installations et d'ouvrages pouvant entraver l'exercice des droits de l'État côtier dans la zone.

2. L'État côtier a juridiction exclusive sur ces îles artificielles, installations et ouvrages, y compris en matière de lois et règlements douaniers, fiscaux, sanitaires, de sécurité et d'immigration.

3. La construction de ces îles artificielles, installations et ouvrages doit être dûment notifiée et l'entretien de moyens permanents pour signaler leur présence doit être assuré. Les installations ou ouvrages

abandonnés ou désaffectés doivent être enlevés afin d'assurer la sécurité de la navigation, compte tenu des normes internationales généralement acceptées établies en la matière par l'organisation internationale compétente. Il est procédé à leur enlèvement en tenant dûment compte aussi de la pêche, de la protection du milieu marin et des droits et obligations des autres États. Une publicité adéquate est donnée à la position, aux dimensions et à la profondeur des éléments restant d'une installation ou d'un ouvrage qui n'a pas été complètement enlevé.

4. L'État côtier peut, si nécessaire, établir autour de ces îles artificielles, installations ou ouvrages des zones de sécurité de dimension raisonnable dans lesquelles il peut prendre les mesures appropriées pour assurer la sécurité de la navigation comme celle des îles artificielles, installations et ouvrages.

5. L'État côtier fixe la largeur des zones de sécurité compte tenu des normes internationales applicables. Ces zones de sécurité sont conçues de manière à répondre raisonnablement à la nature et aux fonctions des îles artificielles, installations et ouvrages et elles ne peuvent s'étendre sur une distance de plus de 500 mètres autour des îles artificielles, installations ou ouvrages, mesurés à partir de chaque point de leur bord extérieur, sauf dérogation autorisée par les normes internationales généralement acceptées ou recommandée par l'organisation internationale compétente. L'étendue des zones de sécurité est dûment notifiée.

6. Tous les navires doivent respecter ces zones de sécurité et se conformer aux normes internationales généralement acceptées concernant la navigation dans les parages des îles artificielles, installations, ouvrages et zones de sécurité.

7. Il ne peut être mis en place d'îles artificielles, installations ou ouvrages, ni établi de zones de sécurité à leur entour, lorsque cela risque d'entraver l'utilisation de voies de circulation reconnues essentielles pour la navigation internationale.

8. Les îles artificielles, installations et ouvrages n'ont pas le statut d'îles. Ils n'ont pas de mer territoriale qui leur soit propre et leur présence n'a pas d'incidence sur la délimitation de la mer territoriale, de la zone économique exclusive ou du plateau continental.

Art. 61. – Conservation des ressources biologiques

1. L'État côtier fixe le volume admissible des captures en ce qui concerne les ressources biologiques dans sa zone économique exclusive.

2. L'État côtier, compte tenu des données scientifiques les plus fiables dont il dispose, prend des mesures appropriées de conservation et de gestion pour éviter que le maintien des ressources biologiques de sa zone économique exclusive ne soit compromis par une surexploitation. L'État côtier et les organisations internationales compétentes, sous-régionales, régionales ou mondiales, coopèrent selon qu'il convient à cette fin.

3. Ces mesures visent aussi à maintenir ou rétablir les stocks des espèces exploitées à des niveaux qui assurent le rendement constant

maximum, eu égard aux facteurs écologiques et économiques pertinents, y compris les besoins économiques des collectivités côtières vivant de la pêche et les besoins particuliers des États en développement, et compte tenu des méthodes en matière de pêche, de l'interdépendance des stocks et de toutes normes minimales internationales généralement recommandées au plan sous-régional, régional ou mondial.

4. Lorsqu'il prend ces mesures, l'État côtier prend en considération leurs effets sur les espèces associées aux espèces exploitées ou dépendant de celles-ci afin de maintenir ou de rétablir les stocks de ces espèces associées ou dépendantes à un niveau tel que leur reproduction ne risque pas d'être sérieusement compromise.

5. Les informations scientifiques disponibles, les statistiques relatives aux captures et à l'effort de pêche et les autres données concernant la conservation des stocks de poissons sont diffusées et échangées régulièrement par l'intermédiaire des organisations internationales compétentes, sous-régionales, régionales ou mondiales, lorsqu'il y a lieu, avec la participation de tous les États concernés, notamment de ceux dont les ressortissants sont autorisés à pêcher dans la zone économique exclusive.

Art. 62. – Exploitation des ressources biologiques

1. L'État côtier se fixe pour objectif de favoriser une exploitation optimale des ressources biologiques de la zone économique exclusive, sans préjudice de l'article 61.

2. L'État côtier détermine sa capacité d'exploitation des ressources biologiques de la zone économique exclusive. Si cette capacité d'exploitation est inférieure à l'ensemble du volume admissible des captures, il autorise d'autres États, par voie d'accords ou d'autres arrangements et conformément aux modalités, aux conditions et aux lois et règlements visés au paragraphe 4, à exploiter le reliquat du volume admissible ce faisant, il tient particulièrement compte des articles 69 et 70, notamment à l'égard des États en développement visés par ceux-ci.

3. Lorsqu'il accorde à d'autres États l'accès à sa zone économique exclusive en vertu du présent article, l'État côtier tient compte de tous les facteurs pertinents, entre autres l'importance que les ressources biologiques de la zone présentent pour son économie et ses autres intérêts nationaux, les articles 69 et 70, les besoins des États en développement de la région ou de la sous-région pour ce qui est de l'exploitation d'une partie du reliquat, et la nécessité de réduire à un minimum les perturbations économiques dans les États dont les ressortissants pratiquent habituellement la pêche dans la zone ou qui ont beaucoup contribué à la recherche et à l'inventaire des stocks.

4. Les ressortissants d'autres États qui pêchent dans la zone économique exclusive se conforment aux mesures de conservation et aux autres modalités et conditions fixées par les lois et règlements de l'État côtier. Ces lois et règlements doivent être compatibles avec la Convention et peuvent porter notamment sur les questions suivantes :

a) délivrance de licences aux pêcheurs ou pour les navires et engins de pêche, y compris le paiement de droits ou toute autre contrepartie qui, dans le cas des États côtiers en développement, peut consister en une contribution adéquate au financement, à l'équipement et au développement technique de l'industrie de la pêche ;

b) indication des espèces dont la pêche est autorisée et fixation de quotas, soit pour des stocks ou groupes de stocks particuliers ou pour les captures par navire pendant un laps de temps donné, soit pour les captures par les ressortissants d'un État pendant une période donnée ;

c) réglementation des campagnes et des zones de pêche, du type, de la taille et du nombre des engins, ainsi que du type, de la taille et du nombre des navires de pêche qui peuvent être utilisés ;

d) fixation de l'âge et de la taille des poissons et des autres organismes qui peuvent être pêchés ;

e) renseignements exigés des navires de pêche notamment statistiques relatives aux captures et à l'effort de pêche et communication de la position des navires ;

f) obligation de mener, avec l'autorisation et sous le contrôle de l'État côtier, des programmes de recherche déterminés sur les pêches et réglementation de la conduite de ces recherches, y compris l'échantillonnage des captures, la destination des échantillons et la communication de données scientifiques connexes ;

g) placement, par l'État côtier, d'observateurs ou de stagiaires à bord de ces navires ;

h) déchargement de la totalité ou d'une partie des captures de ces navires dans les ports de l'État côtier ;

i) modalités et conditions relatives aux entreprises conjointes ou autres formes de coopération ;

j) conditions requises en matière de formation du personnel et de transfert des techniques dans le domaine des pêches, y compris le renforcement de la capacité de recherche halieutique de l'État côtier ;

k) mesures d'exécution.

5. L'État côtier notifie dûment les lois et règlements qu'il adopte en matière de conservation et de gestion.

Art. 63. – Stocks de poissons se trouvant dans les zones économiques exclusives de plusieurs États côtiers ou à la fois dans la zone économique exclusive et dans un secteur adjacent à la zone

1. Lorsqu'un même stock de poissons ou des stocks d'espèces associées se trouvent dans les zones économiques exclusives de plusieurs États côtiers, ces États s'efforcent, directement ou par l'intermédiaire des organisations sous-régionales ou régionales appropriées, de s'entendre sur les mesures nécessaires pour coordonner et assurer la conservation et le développement de ces stocks, sans préjudice des autres dispositions de la présente partie.

2. Lorsqu'un même stock de poissons ou des stocks d'espèces associées se trouvent à la fois dans la zone économique exclusive et dans un secteur adjacent à la zone, l'État côtier et les États qui exploitent ces stocks dans le secteur adjacent s'efforcent, directement ou par l'intermédiaire des organisations sous-régionales ou régionales appropriées, de s'entendre sur les mesures nécessaires à la conservation de ces stocks dans le secteur adjacent.

Art. 64. – Grands migrateurs

1. L'État côtier et les autres États dont les ressortissants se livrent dans la région à la pêche de grands migrateurs figurant sur la liste de l'annexe I coopèrent, directement ou par l'intermédiaire des organisations internationales appropriées, afin d'assurer la conservation des espèces en cause et de promouvoir l'exploitation optimale de ces espèces dans l'ensemble de la région, aussi bien dans la zone économique exclusive qu'au-delà de celle-ci. Dans les régions pour lesquelles il n'existe pas d'organisation internationale appropriée, l'État côtier et les autres États dont les ressortissants exploitent ces espèces dans la région coopèrent pour créer une telle organisation et participer à ses travaux.

2. Le paragraphe 1 s'applique en sus des autres dispositions de la présente partie.

Art. 65. – Mammifères marins

Aucune disposition de la présente partie ne restreint le droit d'un État côtier d'interdire, de limiter ou de réglementer l'exploitation des mammifères marins plus rigoureusement que ne le prévoit cette partie, ni éventuellement la compétence d'une organisation internationale pour ce faire. Les États coopèrent en vue d'assurer la protection des mammifères marins et ils s'emploient en particulier, par l'intermédiaire des organisations internationales appropriées, à protéger, gérer et étudier les cétacés.

Art. 66. – Stocks de poissons anadromes

1. Les États dans les cours d'eau desquels se reproduisent des stocks de poissons anadromes sont les premiers intéressés par ceux-ci et en sont responsables au premier chef.

2. Un État dont sont originaires des stocks de poissons anadromes veille à leur conservation par l'adoption de mesures appropriées de réglementation de la pêche dans toutes les eaux situées en deçà des limites extérieures de sa zone économique exclusive, ainsi que de la pêche visée au paragraphe 3, lettre *b*). L'État d'origine peut, après avoir consulté les autres États visés aux paragraphes 3 et 4 qui exploitent ces stocks, fixer le total admissible des captures de poissons originaires de ses cours d'eau.

3. *a*) Les stocks de poissons anadromes ne peuvent être pêchés que dans les eaux situées en deçà des limites extérieures des zones économiques exclusives, sauf dans les cas où l'application de cette disposition entraînerait des perturbations économiques pour un État autre que l'État d'origine. En ce qui concerne la pêche au-delà des limites extérieures des zones économiques exclusives, les États concernés se consultent en vue de s'entendre sur les modalités et conditions de cette pêche, en tenant dûment compte des exigences de la conservation et des besoins de l'État d'origine pour ce qui est des stocks en question.

b) L'État d'origine contribue à réduire à un minimum les perturbations économiques dans les autres États qui exploitent ces espèces, en tenant compte des captures normales de ces États et de la façon dont ils exploitent ces stocks ainsi que de tous les secteurs où ceux-ci sont exploités.

c) Les États visés à la lettre *b*) qui participent, par voie d'accord avec l'État d'origine, à des mesures visant à assurer le renouvellement des stocks de poissons anadromes, particulièrement en contribuant au financement de ces mesures, sont spécialement pris en considération par l'État d'origine pour ce qui est de l'exploitation des espèces originaires de ses cours d'eau.

d) L'application de la réglementation concernant les stocks de poissons anadromes au-delà de la zone économique exclusive est assurée par voie d'accord entre l'État d'origine et les autres États concernés.

4. Lorsque les stocks de poissons anadromes migrent vers des eaux ou traversent des eaux situées en deçà des limites extérieures de la zone économique exclusive d'un État autre que l'État d'origine, cet État coopère avec l'État d'origine à la conservation et à la gestion de ces stocks.

5. L'État dont sont originaires des stocks de poissons anadromes et les autres États qui pratiquent la pêche de ces poissons concluent des arrangements en vue de l'application du présent article, s'il y a lieu, par l'intermédiaire d'organisations régionales.

Art. 67. – Espèces catadromes

1. Un État côtier dans les eaux duquel des espèces catadromes passent la majeure partie de leur existence est responsable de la gestion de ces espèces et veille à ce que les poissons migrateurs puissent y entrer et en sortir.

2. Les espèces catadromes ne sont exploitées que dans les eaux situées en deçà des limites extérieures des zones économiques exclusives. Dans les zones économiques exclusives, l'exploitation est régie par le présent article et les autres dispositions de la Convention relative à la pêche dans ces zones.

3. Dans les cas où les poissons catadromes, qu'ils soient parvenus ou non au stade de la maturation, migrent à travers la zone économique exclusive d'un autre État, la gestion de ces poissons, y compris leur

exploitation, est réglementée par voie d'accord entre l'État visé au paragraphe 1 et l'autre État concerné. Cet accord doit assurer la gestion rationnelle des espèces considérées et tenir compte des responsabilités de l'État visé au paragraphe 1 concernant la conservation de ces espèces.

Art. 68. – Espèces sédentaires

La présente partie ne s'applique pas aux espèces sédentaires, telles qu'elles sont définies à l'article 77, paragraphe 4.

Art. 69. – Droit des États sans littoral

1. Un État sans littoral a le droit de participer, selon une forme équitable, à l'exploitation d'une part appropriée du reliquat des ressources biologiques des zones économiques exclusives des États côtiers de la même sous-région, compte tenu des caractéristiques économiques et géographiques pertinentes de tous les États concernés et conformément au présent article et aux articles 61 et 62.

2. Les conditions et modalités de cette participation sont arrêtées par les États concernés par voie d'accords bilatéraux, sous-régionaux et régionaux, compte tenu notamment :

a) de la nécessité d'éviter tous effets préjudiciables aux communautés de pêcheurs ou à l'industrie de la pêche des États côtiers;

b) de la mesure dans laquelle l'État sans littoral, conformément au présent article, participe ou a le droit de participer, en vertu d'accords bilatéraux, sous-régionaux ou régionaux existants, à l'exploitation des ressources biologiques des zones économiques exclusives d'autres États côtiers;

c) de la mesure dans laquelle d'autres États sans littoral ou des États géographiquement désavantagés participent déjà à l'exploitation des ressources biologiques de la zone économique exclusive de l'État côtier et de la nécessité d'éviter d'imposer à tel État côtier ou à telle région de cet État une charge particulièrement lourde;

d) des besoins alimentaires de la population des États considérés.

3. Lorsque la capacité de pêche d'un État côtier lui permettrait presque d'atteindre à lui seul l'ensemble du volume admissible des captures fixé pour l'exploitation des ressources biologiques de sa zone économique exclusive, cet État et les autres États concernés coopèrent en vue de conclure des arrangements bilatéraux, sous-régionaux ou régionaux équitables permettant aux États en développement sans littoral de la même région ou sous-région de participer à l'exploitation des ressources biologiques des zones économiques exclusives des États côtiers de la sous-région ou région, selon qu'il convient, eu égard aux circonstances et à des conditions satisfaisantes pour toutes les parties. Pour l'application de la présente disposition, il est tenu compte également des facteurs mentionnés au paragraphe 2.

4. Les États développés sans littoral n'ont le droit de participer à l'exploitation des ressources biologiques, en vertu du présent article, que dans les zones économiques exclusives d'États côtiers développés de la même sous-région ou région, compte tenu de la mesure dans laquelle l'État côtier, en donnant accès aux ressources biologiques de sa zone économique exclusive à d'autres États, a pris en considération la nécessité de réduire à un minimum les effets préjudiciables aux communautés de pêcheurs ainsi que les perturbations économiques dans les États dont les ressortissants pratiquent habituellement la pêche dans la zone.

5. Les dispositions précédentes s'appliquent sans préjudice des arrangements éventuellement conclus dans des sous-régions ou régions où les États côtiers peuvent accorder à des États sans littoral de la même sous-région ou région des droits égaux ou préférentiels pour l'exploitation des ressources biologiques de leur zone économique exclusive.

Art. 70. – Droit des États géographiquement désavantagés

1. Les États géographiquement désavantagés ont le droit de participer, selon une formule équitable, à l'exploitation d'une part appropriée du reliquat des ressources biologiques des zones économiques exclusives des États côtiers de la même sous-région ou région, compte tenu des caractéristiques économiques et géographiques pertinentes de tous les États concernés et conformément au présent article et aux articles 61 et 62.

2. Aux fins de la présente partie, l'expression « États géographiquement désavantagés » s'entend des États côtiers, y compris les États riverains d'une mer fermée ou semi-fermée, que leur situation géographique rend tributaires de l'exploitation des ressources biologiques des zones économiques exclusives d'autres États de la sous-région ou région pour un approvisionnement suffisant en poisson destiné à l'alimentation de, leur population ou d'une partie de leur population, ainsi que des États côtiers qui ne peuvent prétendre à une zone économique exclusive propre.

3. Les conditions et modalités de cette participation sont arrêtées par les États concernés par voie d'accords bilatéraux, sous-régionaux ou régionaux, compte tenu notamment :

a) de la nécessité d'éviter tous effets préjudiciables aux communautés de pêcheurs ou à l'industrie de la pêche des États côtiers;

b) de la mesure dans laquelle l'État géographiquement désavantagé, conformément au présent article, participe ou a le droit de participer, en vertu d'accords bilatéraux, sous-régionaux ou régionaux existants, à l'exploitation des ressources biologiques des zones économiques exclusives d'autres États côtiers;

c) de la mesure dans laquelle d'autres États géographiquement désavantagés et des États sans littoral participent déjà à l'exploitation des ressources biologiques de la zone économique exclusive de l'État côtier et de la nécessité d'éviter d'imposer à tel État côtier ou à telle région de cet État une charge particulièrement lourde ;

d) des besoins alimentaires de la population des États considérés.

4. Lorsque la capacité de la pêche d'un État côtier lui permettrait presque d'atteindre à lui seul l'ensemble du volume admissible des captures fixé pour l'exploitation des ressources biologiques de sa zone économique exclusive, cet État et les autres États concernés coopèrent en vue de conclure des arrangements bilatéraux, sous-régionaux ou régionaux équitables permettant aux États en développement géographiquement désavantagés de la même sous-région ou région de participer à l'exploitation des ressources biologiques des zones économiques exclusives des États côtiers de la sous-région ou région, selon qu'il convient, eu égard aux circonstances et à des conditions satisfaisantes pour toutes les parties. Pour l'application de la présente disposition, il est tenu compte également des facteurs mentionnés au paragraphe 3.

5. Les États développés géographiquement désavantagés n'ont le droit de participer à l'exploitation des ressources biologiques, en vertu du présent article, que dans les zones économiques exclusives d'États côtiers développés de la même sous-région ou région, compte tenu de la mesure dans laquelle l'État côtier, en donnant accès aux ressources biologiques de sa zone économique exclusive à d'autres États, a pris en considération la nécessité de réduire à un minimum les effets préjudiciables aux communautés de pêcheurs ainsi que les perturbations économiques dans les États dont les ressortissants pratiquent habituellement la pêche dans la zone.

6. Les dispositions précédentes s'appliquent sans préjudice des arrangements éventuellement conclus dans des sous-régions ou régions où les États côtiers peuvent accorder à des États géographiquement désavantagés de la même sous-région ou région des droits égaux ou préférentiels pour l'exploitation des ressources biologiques de leur zone économique exclusive.

Art. 71. – Cas où les articles 69 et 70 ne sont pas applicables

Les articles 69 et 70 ne s'appliquent pas aux États côtiers dont l'économie est très lourdement tributaire de l'exploitation des ressources biologiques de leur zone économique exclusive.

Art. 72. – Restrictions au transfert des droits

1. Les droits d'exploitation des ressources biologiques prévus aux articles 69 et 70 ne peuvent être transférés directement ou indirectement à des États tiers ou à leurs ressortissants, ni par voie de bail ou de licence, ni par la création d'entreprises conjointes, ni en vertu d'aucun autre arrangement ayant pour effet un tel transfert, sauf si les États concernés en conviennent autrement.

2. La disposition ci-dessus n'interdit pas aux États concernés d'obtenir d'États tiers ou d'organisations internationales une assistance technique ou financière destinée à leur faciliter l'exercice de leurs droits conformément aux articles 69 et 70, à condition que cela n'entraîne pas l'effet visé au paragraphe 1.

Art. 73. – Mise en application des lois et règlements de l'État côtier

1. Dans l'exercice de ses droits souverains d'exploration, d'exploitation, de conservation et de gestion des ressources biologiques de la zone économique exclusive, l'État côtier peut prendre toutes mesures, y compris l'arraisonnement, l'inspection, la saisie et l'introduction d'une instance judiciaire, qui sont nécessaires pour assurer le respect des lois et règlements qu'il a adoptés conformément à la Convention.

2. Lorsqu'une caution ou autre garantie suffisante a été fournie, il est procédé sans délai à la mainlevée de la saisie dont un navire aurait fait l'objet et à la libération de son équipage.

3. Les sanctions prévues par l'État côtier pour les infractions aux lois et règlements en matière de pêche dans la zone économique exclusive ne peuvent comprendre l'emprisonnement, à moins que les États concernés n'en conviennent autrement, ni aucun autre châtiment corporel.

4. Dans le cas de saisie ou d'immobilisation d'un navire étranger, l'État côtier notifie sans délai à l'État du pavillon, par les voies appropriées, les mesures prises ainsi que les sanctions qui seraient prononcées par la suite.

Art. 74. – Délimitation de la zone économique exclusive entre États dont les côtes sont adjacentes ou se font face

1. La délimitation de la zone économique exclusive entre États dont les côtes sont adjacentes ou se font face est effectuée par voie d'accord conformément au droit international tel qu'il est visé à l'article 38 du statut de la Cour internationale de justice, afin d'aboutir à une solution équitable.

2. S'ils ne parviennent pas à un accord dans un délai raisonnable, les États concernés ont recours aux procédures prévues à la partie XV.

3. En attendant la conclusion de l'accord visé au paragraphe 1, les États concernés, dans un esprit de compréhension et de coopération, font tout leur possible pour conclure des arrangements provisoires de caractère pratique et pour ne pas compromettre ou entraver pendant cette période de transition la conclusion de l'accord définitif. Les arrangements provisoires sont sans préjudice de la délimitation finale.

4. Lorsqu'un accord est en vigueur entre les États concernés, les questions relatives à la délimitation de la zone économique exclusive sont réglées conformément à cet accord.

Art. 75. – Cartes marines et listes des coordonnées géographiques

1. Sous réserve de la présente partie, les limites extérieures de la zone économique exclusive et les lignes de délimitation tracées conformément à l'article 74 sont indiquées sur des cartes marines à l'échelle appropriée pour en déterminer l'emplacement. Le cas échéant, le tracé de ces limites extérieures ou de ces lignes de délimitation peut être remplacé par des listes des coordonnées géographiques de points précisant le système géodésique utilisé.

2. L'État côtier donne la publicité voulue aux cartes ou listes des coordonnées géographiques et en dépose un exemplaire auprès du Secrétaire général de l'Organisation des Nations unies.

SIXIÈME PARTIE

PLATEAU CONTINENTAL

Art. 76. – Définition du plateau continental

1. Le plateau continental d'un État côtier comprend les fonds marins et leur sous-sol au-delà de sa mer territoriale, sur toute l'étendue du prolongement naturel du territoire terrestre de cet État jusqu'au rebord externe de la marge continentale, ou jusqu'à 200 milles marins des lignes de base à partir desquelles est mesurée la largeur de la mer territoriale, lorsque le rebord externe de la marge continentale se trouve à une distance inférieure.

2. Le plateau continental ne s'étend pas au-delà des limites prévues aux paragraphes 4 à 6.

3. La marge continentale est le prolongement immergé de la masse terrestre de l'État côtier; elle est constituée par les fonds marins correspondant au plateau, au talus et au glacis ainsi que leur sous-sol. Elle ne comprend ni les grands fonds des océans, avec leurs dorsales océaniques, ni leur sous-sol.

4. *a*) Aux fins de la Convention, l'État côtier définit le rebord externe de la marge continentale, lorsque celle-ci s'étend au-delà des 200 milles marins des lignes de base à partir desquelles est mesurée la largeur de la mer territoriale, par :

i) une ligne tracée conformément au paragraphe 7 par référence aux points fixes extrêmes où l'épaisseur des roches sédimentaires est égale au centième au moins de la distance entre le point considéré et le pied du talus continental; ou

ii) une ligne tracée conformément au paragraphe 7 par référence à des points fixes situés à 60 milles marins au plus du pied du talus continental;

b) sauf preuve du contraire, le pied du talus continental coïncide avec la rupture de pente la plus marquée à la base du talus.

5. Les points fixes qui définissent la ligne marquant, sur les fonds marins, la limite extérieure du plateau continental, tracée conformément au paragraphe 4, lettre *a*), i. et ii., sont situés soit à une distance n'excédant pas 350 milles marins des lignes de base à partir desquelles est mesurée la largeur de la mer territoriale, soit à une distance n'excédant pas 100 milles marins de l'isobathe de 2 500 mètres, qui est la ligne reliant les points de 2 500 mètres de profondeur.

6. Nonobstant le paragraphe 5, sur une dorsale sous-marine, la limite extérieure du plateau continental ne dépasse pas une ligne tracée à 350 milles marins des lignes de base à partir desquelles est mesurée la largeur de la mer territoriale. Le présent paragraphe ne s'applique pas aux hauts-fonds qui constituent des éléments naturels de la marge continentale, tels que les plateaux, seuils, crêtes, bancs ou éperons qu'elle comporte.

7. L'État côtier fixe la limite extérieure de son plateau continental, quand ce plateau s'étend au-delà de 200 milles marins des lignes de base à partir desquelles est mesurée la largeur de la mer territoriale, en reliant par des droites d'une longueur n'excédant pas 60 milles marins des points fixes définis par des coordonnées en longitude et en latitude.

8. L'État côtier communique des informations sur les limites de son plateau continental, lorsque celui-ci s'étend au-delà de 200 milles marins des lignes de base à partir desquelles est mesurée la largeur de la mer territoriale, à la Commission des limites du plateau continental constituée en vertu de l'annexe II sur la base d'une représentation géographique équitable. La Commission adresse aux États côtiers des recommandations sur les questions concernant la fixation des limites extérieures de leur plateau continental. Les limites fixées par un État côtier sur la base de ces recommandations sont définitives et de caractère obligatoire.

9. L'État côtier remet au Secrétaire général de l'Organisation des Nations unies les cartes et renseignements pertinents, y compris les données géodésiques, qui indiquent de façon permanente la limite extérieure de son plateau continental. Le Secrétaire général donne à ces documents la publicité voulue.

10. Le présent article ne préjuge pas de, la question de la délimitation du plateau continental entre des États dont les côtes sont adjacentes ou se font face.

Art. 77. – Droits de l'État côtier sur le plateau continental

1. L'État côtier exerce des droits souverains sur le plateau continental aux fins de son exploration et de l'exploitation de ses ressources naturelles.

2. Les droits visés au paragraphe 1 sont exclusifs en ce sens que si l'État côtier n'explore pas le plateau continental ou n'en exploite pas

les ressources naturelles, nul ne peut entreprendre de telles activités sans son consentement exprès.

3. Les droits de l'État côtier sur le plateau continental sont indépendants de l'occupation effective ou fictive, aussi bien que de toute proclamation expresse.

4. Les ressources naturelles visées dans la présente partie comprennent les ressources minérales et autres ressources non biologiques des fonds marins et de leur sous-sol, ainsi que les organismes vivants qui appartiennent aux espèces sédentaires, c'est-à-dire les organismes qui, au stade où ils peuvent être pêchés, sont soit immobiles sur le fond ou au-dessous du fond, soit incapables de se déplacer autrement qu'en restant constamment en contact avec le fond ou le sous-sol.

Art. 78. – Régime juridique des eaux et de l'espace aérien surjacents, et droits et libertés des autres États

1. Les droits de l'État côtier sur le plateau continental n'affectent pas le régime juridique des eaux surjacentes ou de l'espace aérien situé au-dessus de ces eaux.

2. L'exercice par l'État côtier de ses droits sur le plateau continental ne doit pas porter atteinte à la navigation ou aux autres droits et libertés reconnus aux autres États par la Convention, ni en gêner l'exercice de manière injustifiable.

Art. 79. – Câbles et pipelines sous-marins sur le plateau continental

1. Tous les États ont le droit de poser des câbles et des pipelines sous-marins sur le plateau continental conformément au présent article.

2. Sous réserve de son droit de prendre des mesures raisonnables pour l'exploration du plateau continental, l'exploitation de ses ressources naturelles et la prévention, la réduction et la maîtrise de la pollution par les pipelines, l'État côtier ne peut entraver la pose ou l'entretien de ces câbles ou pipelines.

3. Le tracé des pipelines posés sur le plateau continental doit être agréé par l'État côtier.

4. Aucune disposition de la présente partie n'affecte le droit de l'État côtier d'établir des conditions s'appliquant aux câbles ou pipelines qui pénètrent dans son territoire ou dans sa mer territoriale, ni sa juridiction sur les câbles et pipelines installés ou utilisés dans le cadre de l'exploration de son plateau continental ou de l'exploitation de ses ressources, ou de l'exploitation d'îles artificielles, d'installations ou d'ouvrages relevant de sa juridiction.

5. Lorsqu'ils posent des câbles ou des pipelines sous-marins, les États tiennent dûment compte des câbles et pipelines déjà en place. Ils veillent en particulier à ne pas compromettre la possibilité de réparer ceux-ci.

Art. 80. – Îles artificielles, installations et ouvrages sur le plateau continental

L'article 60 s'applique, *mutatis mutandis,* aux îles artificielles, installations et ouvrages situés sur le plateau continental.

Art. 81. – Forages sur le plateau continental

L'État côtier a le droit exclusif d'autoriser et de réglementer les forages sur le plateau continental, quelles qu'en soient les fins.

Art. 82. – Contributions en espèces ou en nature au titre de l'exploitation du plateau continental au-delà de 200 milles marins

1. L'État côtier acquitte des contributions en espèces ou en nature au titre de l'exploitation des ressources non biologiques du plateau continental au-delà de 200 milles marins des lignes de base à partir desquelles est mesurée la largeur de la mer territoriale.
2. Les contributions sont acquittées chaque année pour l'ensemble de la production d'un site d'exploitation donné, après les cinq premières années d'exploitation de ce site. La sixième année, le taux de contribution est de 1 % de la valeur ou du volume de la production du site d'exploitation. Ce taux augmente ensuite d'un point de pourcentage par an jusqu'à la douzième année, à partir de laquelle il reste 7 %. La production ne comprend pas les ressources utilisées dans le cadre de l'exploitation.
3. Tout État en développement qui est importateur net d'un minéral extrait de son plateau continental est dispensé de ces contributions en ce qui concerne ce minéral.
4. Les contributions s'effectuent par le canal de l'Autorité, qui les répartit entre les États parties selon des critères de partage équitables, compte tenu des intérêts et besoins des États en développement, en particulier des États en développement les moins avancés ou sans littoral.

Art. 83. – Délimitation du plateau continental entre États dont les côtes sont adjacentes ou se font face

1. La délimitation du plateau continental entre États dont les côtes sont adjacentes ou se font face est effectuée par voie d'accord conformément au droit international tel qu'il est visé à l'article 38 du statut de la Cour internationale de justice, afin d'aboutir à une solution équitable.
2. S'ils ne parviennent pas à un accord dans un délai raisonnable, les États concernés ont recours aux procédures prévues à la partie XV.
3. En attendant la conclusion de l'accord visé au paragraphe 1, les États concernés, dans un esprit de compréhension et de coopération, font tout leur possible pour conclure des arrangements provisoires de caractère pratique et pour ne pas compromettre ou entraver pendant cette période de transition la conclusion de l'accord définitif. Les arrangements provisoires sont sans préjudice de la délimitation finale.

4. Lorsqu'un accord est en vigueur entre les États concernés, les questions relatives à la délimitation du plateau continental sont réglées conformément à cet accord.

Art. 84. – Cartes marines et listes des coordonnées géographiques

1. Sous réserve de la présente partie, les limites extérieures du plateau continental et les lignes de délimitation tracées conformément à l'article 83 sont indiquées sur des cartes marines à l'échelle appropriée pour en déterminer l'emplacement. Le cas échéant, le tracé de ces limites extérieures ou lignes de délimitation peut être remplacé par des listes des coordonnées géographiques de points précisant le système géodésique utilisé.
2. L'État côtier donne la publicité voulue aux cartes ou listes des coordonnées géographiques et en dépose un exemplaire auprès du Secrétaire général de l'organisation des Nations unies et, dans le cas de celles indiquant l'emplacement de la limite extérieure du plateau continental, auprès du Secrétaire général de l'Autorité.

Art. 85. – Creusement de galeries

La présente partie ne porte pas atteinte au droit qu'a l'État côtier d'exploiter le sous-sol en creusant des galeries, quelle que soit la profondeur des eaux à l'endroit considéré.

SEPTIÈME PARTIE

HAUTE MER

Section I

Dispositions générales

Art. 86. – Champ d'application de la présente partie

La présente partie s'applique à toutes les parties de la mer qui ne sont comprises ni dans la zone économique exclusive, la mer territoriale ou les eaux intérieures d'un État, ni dans les eaux archipélagiques d'un État archipel. Le présent article ne restreint en aucune manière les libertés dont jouissent tous les États dans la zone économique exclusive en vertu de l'article 58.

Art. 87. – Liberté de la haute mer

1. La haute mer est ouverte à tous les États, qu'ils soient côtiers ou sans littoral. La liberté de la haute mer s'exerce dans les conditions prévues par les dispositions de la Convention et les autres règles du

droit international. Elle comporte notamment pour les États, qu'ils soient côtiers ou sans littoral :

a) la liberté de navigation;

b) la liberté de survol;

c) la liberté de poser des câbles et des pipelines sous-marins, sous réserve de la partie VI;

d) la liberté de construire des îles artificielles et autres installations autorisées par le droit international, sous réserve de la partie VI;

e) la liberté de la pêche, sous réserve des conditions énoncées à la section 2;

f) la liberté de la recherche scientifique, sous réserve des parties VI et XIII.

2. Chaque État exerce ces libertés en tenant dûment compte de l'intérêt que présente l'exercice de la liberté de la haute mer pour les autres États, ainsi que des droits reconnus par la Convention concernant les activités menées dans la zone.

Art. 88. – Affectation de la haute mer à des fins pacifiques

La haute mer est affectée à des fins pacifiques.

Art. 89. – Illégitimité des revendications de souveraineté sur la haute mer

Aucun État ne peut légitimement prétendre soumettre une partie quelconque de la haute mer à sa souveraineté.

Art. 90. – Droit de navigation

Tout État, qu'il soit côtier ou sans littoral, a le droit de faire naviguer en haute mer des navires battant son pavillon.

Art. 91. – Nationalité des navires

1. Chaque État fixe les conditions auxquelles il soumet l'attribution de sa nationalité aux navires, les conditions d'immatriculation des navires sur son territoire et les conditions requises pour qu'ils aient le droit de battre son pavillon. Les navires possèdent la nationalité de l'État dont ils sont autorisés à battre le pavillon. Il doit exister un lien substantiel entre l'État et le navire.

2. Chaque État délivre aux navires auxquels il a accordé le droit de battre son pavillon des documents à cet effet.

Art. 92. – Condition juridique des navires

1. Les navires naviguent sous le pavillon d'un seul État et sont soumis, sauf dans les cas exceptionnels expressément prévus par des traités internationaux ou par la Convention, à sa juridiction exclusive en haute mer. Aucun changement de pavillon ne peut intervenir au

cours d'un voyage ou d'une escale, sauf en cas de transfert réel de la propriété ou de changement d'immatriculation.

2. Un navire qui navigue sous les pavillons de plusieurs États, dont il fait usage à sa convenance, ne peut se prévaloir, vis-à-vis de tout État tiers, d'aucune de ces nationalités et peut être assimilé à un navire sans nationalité.

Art. 93. – Navires battant le pavillon de l'Organisation des Nations unies, des institutions spécialisées des Nations unies ou de l'Agence internationale de l'énergie atomique

Les articles précédents ne préjugent en rien la question des navires affectés au service officiel de l'Organisation des Nations unies, de ses institutions spécialisées ou de l'Agence internationale de l'énergie atomique battant pavillon de l'Organisation.

Art. 94. – Obligations de l'État du pavillon

1. Tout État exerce effectivement sa juridiction et son contrôle dans les domaines administratif, technique et social sur les navires battant son pavillon.

2. En particulier, tout État :

a) tient un registre maritime où figurent les noms et les caractéristiques des navires battant son pavillon, à l'exception de ceux qui, du fait de leur petite taille, ne sont pas visés par la réglementation internationale généralement acceptée;

b) exerce sa juridiction conformément à son droit interne sur tout navire battant son pavillon, ainsi que sur le capitaine, les officiers et l'équipage pour les questions d'ordre administratif, technique et social concernant le navire.

3. Tout État prend à l'égard des navires battant son pavillon les mesures nécessaires pour assurer la sécurité en mer, notamment en ce qui concerne :

a) la construction et l'équipement du navire et sa navigabilité;

b) la composition, les conditions de travail et la formation des équipages, en tenant compte des instruments internationaux applicables;

c) l'emploi des signaux, le bon fonctionnement des communications et la prévention des abordages.

4. Ces mesures comprennent celles qui sont nécessaires pour s'assurer que :

a) tout navire est inspecté, avant son inscription au registre et, ultérieurement, à des intervalles appropriés, par un inspecteur maritime qualifié, et qu'il a à son bord les cartes maritimes, les publications nautiques ainsi que le matériel et les instruments de navigation que requiert la sécurité de la navigation;

b) tout navire est confié à un capitaine et à des officiers possédant les qualifications voulues, en particulier en ce qui concerne la manœuvre, la navigation, les communications et la conduite des machines, et que l'équipage possède les qualifications voulues et est suffisamment nombreux eu égard au type, à la dimension, à la machinerie et à l'équipement du navire;

c) le capitaine, les officiers et, dans la mesure du nécessaire, l'équipage connaissent parfaitement et sont tenus de respecter les règles internationales applicables concernant la sauvegarde de la vie humaine en mer, la prévention des abordages, la prévention, la réduction et la maîtrise de la pollution et le maintien des services de radiocommunication.

5. Lorsqu'il prend les mesures visées aux paragraphes 3 et 4, chaque État est tenu de se conformer aux règles, procédures et pratiques internationales généralement acceptées et de prendre toutes les dispositions nécessaires pour en assurer le respect.

6. Tout État qui a des motifs sérieux de penser que la juridiction et le contrôle appropriés sur un navire n'ont pas été exercés peut signaler les faits à l'État du pavillon. Une fois avisé, celui-ci procède à une enquête et prend, s'il y a lieu, les mesures nécessaires pour remédier à la situation.

7. Chaque État ordonne l'ouverture d'une enquête, menée par ou devant une ou plusieurs personnes dûment qualifiées, sur tout accident de mer ou incident de navigation survenu en haute mer dans lequel est impliqué un navire battant son pavillon et qui a coûté la vie ou occasionné de graves blessures à des ressortissants d'un autre État, ou des dommages importants à des navires ou installations d'un autre État ou au milieu marin. L'État du pavillon et l'autre État coopèrent dans la conduite de toute enquête menée par ce dernier au sujet d'un accident de mer ou incident de navigation de ce genre.

Art. 95. – Immunité des navires de guerre en haute mer

Les navires de guerre jouissent en haute mer de l'immunité complète de juridiction vis-à-vis de tout État autre que l'État du pavillon.

Art. 96. – Immunité des navires utilisés exclusivement pour un service public non commercial

Les navires appartenant à un État ou exploités par lui et utilisés exclusivement pour un service public non commercial jouissent, en haute mer, de l'immunité complète de juridiction vis-à-vis de tout État autre que l'État du pavillon.

Art. 97. – Juridiction pénale en matière d'abordage ou en ce qui concerne tout autre incident de navigation maritime

1. En cas d'abordage ou de tout autre incident de navigation maritime en haute mer qui engage la responsabilité pénale ou disciplinaire du capitaine ou de tout autre membre du personnel du navire, il ne peut être intenté de poursuites pénales ou disciplinaires que devant les autorités judiciaires ou administratives soit de l'État du pavillon, soit de l'État dont l'intéressé a la nationalité.

2. En matière disciplinaire, l'État qui a délivré un brevet de commandement ou un certificat de capacité ou permis est seul compétent pour prononcer, en respectant les voies légales, le retrait de ces titres, même si le titulaire n'a pas la nationalité de cet État.

3. Il ne peut être ordonné de saisie ou d'immobilisation du navire, même dans l'exécution d'actes d'instruction, par d'autres autorités que celle de l'État du pavillon.

Art. 98. – Obligation de prêter assistance

1. Tout État exige du capitaine d'un navire battant son pavillon que, pour autant que cela lui est possible sans faire courir de risques graves au navire, à l'équipage ou aux passagers :

a) il prête assistance à quiconque est trouvé en péril en mer;

b) il se porte aussi vite que possible au secours des personnes en détresse s'il est informé qu'elles ont besoin d'assistance, dans la mesure où l'on peut raisonnablement s'attendre qu'il agisse de la sorte;

c) en cas d'abordage, il prête assistance à l'autre navire, à son équipage et à ses passagers, et, dans la mesure du possible, indique à l'autre navire le nom et le port d'enregistrement de son propre navire et le port, le plus proche qu'il touchera.

2. Tous les États côtiers facilitent la création et le fonctionnement d'un service permanent de recherche et de sauvetage adéquat et efficace pour assurer la sécurité maritime et aérienne et, s'il y a lieu, collaborent à cette fin avec leurs voisins dans le cadre d'arrangements régionaux.

Art. 99. – Interdiction de transport d'esclaves

Tout État prend des mesures efficaces pour prévenir et réprimer le transport d'esclaves par les navires autorisés à battre son pavillon et pour prévenir l'usurpation de son pavillon à cette fin. Tout esclave qui se réfugie sur un navire, quel que soit son pavillon, est libre *ipso facto.*

Art. 100. – Obligation de coopérer à la répression de la piraterie

Tous les États coopèrent dans toute la mesure du possible à la répression de la piraterie en haute mer ou en tout autre lieu ne relevant de la juridiction d'aucun État.

Art. 101. – Définition de la piraterie

On entend par piraterie l'un quelconque des actes suivants :

a) tout acte illicite de violence ou de détention ou toute déprédation commis par l'équipage ou des passagers d'un navire ou d'un aéronef privé, agissant à des fins privées, et dirigé :

i) contre un autre navire ou aéronef, ou contre des personnes ou des biens à leur bord, en haute mer,

ii) contre un navire ou aéronef, des personnes ou des biens, dans un lieu ne relevant de la juridiction d'aucun État;

b) tout acte de participation volontaire à l'utilisation d'un navire ou d'un aéronef, lorsque son auteur a connaissance de faits dont il découle que ce navire ou aéronef est un navire ou aéronef pirate;

c) tout acte ayant pour but d'inciter à commettre les actes définis aux lettres *a*) ou *b*), ou commis dans l'intention de les faciliter.

Art. 102. – Piraterie du fait d'un navire de guerre, d'un navire d'État ou d'un aéronef d'État dont l'équipage s'est mutiné

Les actes de piraterie, tels qu'ils sont définis à l'article 101, perpétrés par un navire de guerre, un navire d'État ou un aéronef d'État dont l'équipage mutiné s'est rendu maître sont assimilés à des actes commis par un navire ou un aéronef privé.

Art. 103. – Définition d'un navire ou d'un aéronef pirate

Sont considérés comme navires ou aéronefs pirates les navires ou aéronefs dont les personnes qui les contrôlent effectivement entendent se servir pour commettre l'un des actes visés à l'article 101. Il en est de même des navires ou aéronefs qui ont servi à commettre de tels actes tant qu'ils demeurent sous le contrôle des personnes qui s'en sont rendues coupables.

Art. 104. – Conservation ou perte de la nationalité d'un navire ou d'un aéronef pirate

Un navire ou aéronef devenu pirate peut conserver sa nationalité. La conservation ou la perte de la nationalité est régie par le droit interne de l'État qui l'a conférée.

Art. 105. – Saisie d'un navire ou d'un aéronef pirate

Tout État peut, en haute mer ou en tout autre lieu ne relevant de la juridiction d'aucun État, saisir un navire ou un aéronef pirate, ou un navire ou un aéronef capturé à la suite d'un acte de piraterie et aux mains de pirates, et appréhender les personnes et saisir les biens se trouvant à bord. Les tribunaux de l'État qui a opéré la saisie peuvent se prononcer sur les peines à infliger, ainsi que sur les mesures à prendre en ce qui concerne le navire, l'aéronef ou les biens, réserve faite des tiers de bonne foi.

Art. 106. – Responsabilité en cas de saisie arbitraire

Lorsque la saisie d'un navire ou aéronef suspect de piraterie a été effectuée sans motif suffisant, l'État qui y a procédé est responsable vis-à-vis de l'État dont le navire ou l'aéronef a la nationalité de toute perte ou de tout dommage causé de ce fait.

Art. 107. – Navires et aéronefs habilités à effectuer une saisie pour raison de piraterie

Seuls les navires de guerre ou aéronefs militaires, ou les autres navires ou aéronefs qui portent des marques extérieures indiquant clairement qu'ils sont affectés à un service public et qui sont autorisés à cet effet, peuvent effectuer une saisie pour cause de piraterie.

Art. 108. – Trafic illicite de stupéfiants et de substances psychotropes

1. Tous les États coopèrent à la répression du trafic illicite de stupéfiants et de substances psychotropes auquel se livrent, en violation des conventions internationales, des navires naviguant en haute mer.

2. Tout État qui a de sérieuses raisons de penser qu'un navire battant son pavillon se livre au trafic illicite de stupéfiants ou de substances psychotropes peut demander la coopération d'autres États pour mettre fin à ce trafic.

Art. 109. – Émissions non autorisées diffusées depuis la haute mer

1. Tous les États coopèrent à la répression des émissions non autorisées diffusées depuis la haute mer.

2. Aux fins de la Convention, on entend par « émissions non autorisées » les émissions de radio ou de télévision diffusées à l'intention du grand public depuis un navire ou une installation en haute mer en violation des règlements internationaux, à l'exclusion de la transmission des appels de détresse.

3. Toute personne qui diffuse des émissions non autorisées peut être poursuivie devant les tribunaux de :

a) l'État du pavillon du navire émetteur;

b) l'État d'immatriculation de l'installation;

c) l'État dont la personne en question est ressortissante;

d) tout État où les émissions peuvent être captées; ou

e) tout État dont les radiocommunications autorisées sont brouillées par ces émissions.

4. En haute mer, un État ayant juridiction conformément au paragraphe 3 peut, en conformité avec l'article 110, arrêter toute personne ou immobiliser tout navire qui diffuse des émissions non autorisées et saisir le matériel d'émission.

Art. 110. – Droit de visite

1. Sauf dans les cas où l'intervention procède de pouvoirs conférés par traité, un navire de guerre qui croise en haute mer un navire étranger, autre qu'un navire jouissant de l'immunité prévue aux articles 95 et 96, ne peut l'arraisonner que s'il a de sérieuses raisons de soupçonner que ce navire :

a) se livre à la piraterie;

b) se livre au transport d'esclaves;

c) sert à des émissions non autorisées, l'État du pavillon du navire de guerre ayant juridiction en vertu de l'article 109;

d) est sans nationalité ; ou

e) a en réalité la même nationalité que le navire de guerre, bien qu'il batte pavillon étranger ou refuse d'arborer son pavillon.

2. Dans les cas visés au paragraphe 1, le navire de guerre peut procéder à la vérification des titres autorisant le port du pavillon. À cette fin, il peut dépêcher une embarcation, sous le commandement d'un officier, auprès du navire suspect. Si, après vérification des documents, les soupçons subsistent, il peut poursuivre l'examen à bord du navire, en agissant avec tous les égards possibles.

3. Si les soupçons se révèlent dénués de fondement, le navire arraisonné est indemnisé de toute perte ou de tout dommage éventuel, à condition qu'il n'ait commis aucun acte le rendant suspect.

4. Les présentes dispositions s'appliquent *mutatis mutandis* aux aéronefs militaires.

5. Les présentes dispositions s'appliquent également à tous autres navires ou aéronefs dûment autorisés et portant des marques extérieures indiquant clairement qu'ils sont affectés à un service public.

Art. 111. – Droit de poursuite

1. La poursuite d'un navire étranger peut être engagée si les autorités compétentes de l'État côtier ont de sérieuses raisons de penser que ce navire a contrevenu aux lois et règlements de cet État. Cette poursuite doit commencer lorsque le navire étranger ou une de ses embarcations se trouve dans les eaux intérieures, dans les eaux archipélagiques, dans la mer territoriale ou dans la zone contiguë de l'État poursuivant, et ne peut être continuée au-delà des limites de la mer territoriale ou de la zone contiguë qu'à la condition de ne pas avoir été interrompue. Il n'est pas nécessaire que le navire qui ordonne de stopper au navire étranger naviguant dans la mer territoriale ou dans la zone contiguë s'y trouve également au moment de la réception de l'ordre par le navire visé. Si le navire étranger se trouve dans la zone contiguë, définie à l'article 33, la poursuite ne peut être engagée que s'il a violé des droits que l'institution de cette zone a pour objet de protéger.

2. Le droit de poursuite s'applique *mutatis mutandis* aux infractions aux lois et règlements de l'État côtier applicables, conformément à la Convention, à la zone économique exclusive ou au plateau continental, y compris les zones de sécurité entourant les installations situées sur le plateau continental, si ces infractions ont été commises dans les zones mentionnées.

3. Le droit de poursuite cesse dès que le navire poursuivi entre dans la mer territoriale de l'État dont il relève ou d'un autre État.

4. La poursuite n'est considérée comme commencée que si le navire poursuivant s'est assuré, par tous les moyens utilisables dont il dispose, que le navire poursuivi ou l'une de ses embarcations ou d'autres embarcations fonctionnant en équipe et utilisant le navire poursuivi comme navire gigogne se trouvent à l'intérieur des limites de la mer territoriale ou, le cas échéant, dans la zone contiguë, dans la zone

économique exclusive ou au-dessus du plateau continental. La poursuite ne peut commencer qu'après l'émission d'un signal de stopper, visuel ou sonore, donné à une distance permettant au navire visé de la percevoir.

5. Le droit de poursuite ne peut être exercé que par des navires de guerre ou des aéronefs militaires ou d'autres navires ou aéronefs qui portent des marques extérieures indiquant clairement qu'ils sont affectés à un service public et qui sont autorisés à cet effet.

6. Dans le cas où le navire est poursuivi par un aéronef :

a) les paragraphes 1 à 4 s'appliquent *mutatis mutandis*;

b) l'aéronef qui donne l'ordre de stopper doit lui-même poursuivre le navire jusqu'à ce qu'un navire ou un autre aéronef de l'État côtier, alerté par le premier aéronef, arrive sur les lieux pour continuer la poursuite, à moins qu'il ne puisse lui-même arrêter le navire. Pour justifier l'arrêt d'un navire en dehors de la mer territoriale, il ne suffit pas que celui-ci ait été simplement repéré comme ayant commis une infraction ou comme étant suspect d'infraction il faut encore qu'il ait été à la fois requis de stopper et poursuivi par l'aéronef qui l'a repéré ou par d'autres aéronefs ou navires sans que la poursuite ait été interrompue.

7. La mainlevée de l'immobilisation d'un navire arrêté en un lieu relevant de la juridiction d'un État et escorté vers un port de cet État en vue d'une enquête par les autorités compétentes ne peut être exigée pour le seul motif que le navire a traversé sous escorte, parce que les circonstances l'imposaient, une partie de la zone économique exclusive ou de la haute mer.

8. Un navire qui a été stoppé ou arrêté en dehors de la mer territoriale dans des circonstances ne justifiant pas l'exercice du droit de poursuite est indemnisé de toute perte ou de tout dommage éventuel.

Art. 112. – Droit de poser des câbles ou des pipelines sous-marins

1. Tout État a le droit de poser des câbles ou des pipelines sous-marins sur le fond de la haute mer, au-delà du plateau continental.

2. L'article 79, paragraphe 5, s'applique à ces câbles et pipelines.

Art. 113. – Rupture ou détérioration d'un câble ou d'un pipeline sous-marin

Tout État adopte les lois et règlements nécessaires pour que constituent des infractions passibles de sanctions, la rupture ou la détérioration délibérée ou due à une négligence coupable par un navire battant son pavillon ou une personne relevant de sa juridiction d'un câble à haute tension ou d'un pipeline sous-marin en haute mer, ainsi que d'un câble télégraphique ou téléphonique sous-marin dans la mesure où il risque de s'ensuivre des perturbations ou l'interruption des communications télégraphiques ou téléphoniques. Cette disposition vise également tout comportement susceptible de provoquer la rupture ou la détérioration de tels câbles ou pipelines, ou y tendant délibérément. Toutefois, elle ne s'applique pas lorsque la rupture ou la détérioration de tels câbles et pipelines est le fait de personnes qui, après avoir pris toutes les précautions nécessaires pour l'éviter, n'ont agi que dans le but légitime de sauver leur vie ou leur navire.

Art. 114. – Rupture ou détérioration d'un câble ou d'un pipeline sous-marin par le propriétaire d'un autre câble ou pipeline

Tout État adopte les lois et règlements nécessaires pour qu'en cas de rupture ou de détérioration en haute mer d'un câble ou d'un pipeline sous-marin causée par la pose d'un autre câble ou pipeline appartenant à une personne relevant de sa juridiction, cette personne supporte les frais de réparation des dommages qu'elle a causés.

Art. 115. – Indemnisation des pertes encourues pour avoir évité de détériorer un câble ou un pipeline sous-marin

Tout État adopte les lois et règlements nécessaires pour que le propriétaire d'un navire qui apporte la preuve qu'il a sacrifié une ancre, un filet ou un autre engin de pêche pour éviter d'endommager un câble ou un pipeline sous-marin soit indemnisé par le propriétaire du câble ou du pipeline à condition que le propriétaire du navire ait pris toutes mesures de précaution raisonnables.

Section 2

Conservation et gestion des ressources biologiques de la haute mer

Art. 116. – Droit de pêche en haute mer

Tous les États ont droit à ce que leurs ressortissants pêchent en haute mer, sous réserve :

a) de leurs obligations conventionnelles ;

b) des droits et obligations ainsi que des intérêts des États côtiers tels qu'ils sont prévus, entre autres, à l'article 63, paragraphe 2, et aux articles 64 et 67 ; et

c) de la présente section.

Art. 117. – Obligation pour les États de prendre à l'égard de leurs ressortissants des mesures de conservation des ressources biologiques de la haute mer

Tous les États ont l'obligation de prendre les mesures, applicables à leurs ressortissants, qui peuvent être nécessaires pour assurer la conservation des ressources biologiques de la haute mer, ou de coopérer avec d'autres États à la prise de telles mesures.

Art. 118. – Coopération des États à la conservation et à la gestion des ressources biologiques

Les États coopèrent à la conservation et à la gestion des ressources biologiques en haute mer. Les États dont les ressortissants exploitent des ressources biologiques différentes situées dans une même zone ou des ressources biologiques identiques négocient en vue de prendre les mesures nécessaires à la conservation des ressources concernées. À cette fin, ils coopèrent, si besoin est, pour créer des organisations de pêche sous-régionales ou régionales.

Art. 119. – Conservation des ressources biologiques de la haute mer

1. Lorsqu'ils fixent le volume admissible des captures et prennent d'autres mesures en vue de la conservation des ressources biologiques en haute mer, les États :

a) s'attachent, en se fondant sur les données scientifiques les plus fiables dont ils disposent, à maintenir ou rétablir les stocks des espèces exploitées à des niveaux qui assurent le rendement constant maximum, eu égard aux facteurs écologiques et économiques pertinents, y compris les besoins particuliers des États en développement, et compte tenu des méthodes en matière de pêche, de l'interdépendance des stocks et de toutes normes minimales internationales généralement recommandées au plan sous-régional, régional ou mondial ;

b) prennent en considération les effets de ces mesures sur les espèces associées aux espèces exploitées ou dépendant de celles-ci, afin de maintenir ou de rétablir les stocks de ces espèces associées ou dépendantes à un niveau tel que leur reproduction ne risque pas d'être sérieusement compromise.

2. Les informations scientifiques disponibles, les statistiques relatives aux captures et à l'effort de pêche et les autres données concernant la conservation des stocks de poisson sont diffusées et échangées régulièrement par l'intermédiaire des organisations internationales compétentes, sous-régionales, régionales ou mondiales, lorsqu'il y a lieu, et avec la participation de tous les États concernés.

3. Les États concernés veillent à ce que les mesures de conservation et leur application n'entraînent aucune discrimination de droit ou de fait à l'encontre d'aucun pêcheur, quel que soit l'État dont il est ressortissant.

Art. 120. – Mammifères marins

L'article 65 s'applique aussi à la conservation et à la gestion de mammifères marins en haute mer.

HUITIÈME PARTIE

RÉGIME DES ÎLES

Art. 121. – Régime des îles

1. Une île est une étendue naturelle de terre entourée d'eau qui reste découverte à marée haute.

2. Sous réserve du paragraphe 3, la mer territoriale, la zone contiguë, la zone économique exclusive et le plateau continental d'une île sont délimités conformément aux dispositions de la Convention applicables aux autres territoires terrestres.

3. Les rochers qui ne se prêtent pas à l'habitation humaine ou à une vie économique propre n'ont pas de zone économique exclusive ni de plateau continental.

NEUVIÈME PARTIE

MERS FERMÉES OU SEMI-FERMÉES

Art. 122. – Définition

Aux fins de la Convention, on entend par « mer fermée ou semi-fermée » un golfe, un bassin ou une mer entouré par plusieurs États et relié à une autre mer ou à l'océan par un passage étroit, ou constitué, entièrement ou principalement, par les mers territoriales et les zones économiques exclusives de plusieurs États.

Art. 123. – Coopération entre États riverains de mers fermées ou semi-fermées

Les États riverains d'une mer fermée ou semi-fermée devraient coopérer entre eux dans l'exercice des droits et l'exécution des obligations qui sont les leurs en vertu de la Convention. À cette fin, ils s'efforcent, directement ou par l'intermédiaire d'une organisation régionale appropriée, de :

a) coordonner la gestion, la conservation, l'exploration et l'exploitation des ressources biologiques de la mer ;

b) coordonner l'exercice de leurs droits et l'exécution de leurs obligations concernant la protection et la préservation du milieu marin ;

c) coordonner leurs politiques de recherche scientifique et entreprendre, s'il y a lieu, des programmes communs de recherche scientifique dans la zone considérée ;

d) inviter, le cas échéant, d'autres États ou organisations internationales concernés à coopérer avec eux à l'application du présent article.

DIXIÈME PARTIE

DROIT D'ACCÈS DES ÉTATS SANS LITTORAL À LA MER ET DEPUIS LA MER ET LIBERTÉ DE TRANSIT

Art. 124. – Emploi des termes

1. Aux fins de la Convention, on entend par :

a) « État sans littoral » tout État qui ne possède pas de côte maritime ;

b) « État de transit » tout État avec ou sans côte maritime, situé entre un État sans littoral et la mer, à travers le territoire duquel passe le trafic en transit ;

c) « trafic en transit » le transit de personnes, de bagages, de biens et de moyens de transport à travers le territoire d'un ou de plusieurs États de transit, lorsque le trajet dans ce territoire, qu'il y ait ou non transbordement, entreposage, rupture de charge ou changement de mode de transport, ne représente qu'une fraction d'un voyage complet qui commence ou se termine sur le territoire de l'État sans littoral ;

d) « moyens de transport » :

i) le matériel ferroviaire roulant, les navires servant à la navigation maritime, lacustre ou fluviale et les véhicules routiers,

ii) lorsque les conditions locales l'exigent, les porteurs et les bêtes de charge.

2. Les États sans littoral et les États de transit peuvent convenir d'inclure dans les moyens de transport les pipelines et les gazoducs et des moyens de transport autres que ceux mentionnés au paragraphe 1.

Art. 125. – Droit d'accès à la mer et depuis la mer et liberté de transit

1. Les États sans littoral ont le droit d'accès à la mer et depuis la mer pour l'exercice des droits prévus dans la Convention, y compris ceux relatifs à la liberté de la haute mer et au patrimoine commun de l'humanité. À cette fin, ils jouissent de la liberté de transit à travers le territoire des États de transit par tous moyens de transport.

2. Les conditions et modalités de l'exercice de la liberté de transit sont convenues entre les États sans littoral et les États de transit concernés par voie d'accords bilatéraux, sous-régionaux ou régionaux.

3. Dans l'exercice de leur pleine souveraineté sur leur territoire, les États de transit ont le droit de prendre toutes mesures nécessaires pour s'assurer que les droits et facilités stipulés dans la présente partie au profit des États sans littoral ne portent en aucune façon atteinte à leurs intérêts légitimes.

Art. 126. – Exclusion de l'application de la clause de la nation la plus favorisée

Les dispositions de la Convention ainsi que les accords particuliers relatifs à l'exercice du droit d'accès à la mer et depuis la mer qui prévoient des droits et des facilités en faveur des États sans littoral en raison de leur situation géographique particulière sont exclus de l'application de la clause de la nation la plus favorisée.

Art. 127. – Droits de douane, taxes et autres redevances

1. Le trafic en transit n'est soumis à aucun droit de douane, taxe ou autre redevance, à l'exception des droits perçus pour la prestation de services particuliers en rapport avec ce trafic.
2. Les moyens de transport en transit et les autres facilités de transit prévus pour l'État sans littoral et utilisés par lui ne sont pas soumis à des taxes ou redevances plus élevées que celles qui sont perçues pour l'utilisation de moyens de transport de l'État de transit.

Art. 128. – Zones franches et autres facilités douanières

Pour faciliter le trafic en transit, des zones franches ou d'autres facilités douanières peuvent être prévues aux ports d'entrée et de sortie des États de transit, par voie d'accord entre ces États et les États sans littoral.

Art. 129. – Coopération dans la construction et l'amélioration des moyens de transport

Lorsqu'il n'existe pas dans l'État de transit de moyens de transport permettant l'exercice effectif de la liberté de transit, ou lorsque les moyens existants, y compris les installations et les équipements portuaires, sont inadéquats à quelque égard que ce suit, l'État de transit et l'État sans littoral concerné peuvent coopérer pour en construire ou améliorer ceux qui existent.

Art. 130. – Mesures destinées à éviter les retards ou les difficultés de caractère technique dans l'acheminement du trafic en transit, ou à en éliminer les causes

1. L'État de transit prend toutes les mesures appropriées pour éviter les retards ou les difficultés de caractère technique dans l'acheminement du trafic en transit.
2. Les autorités compétentes de l'État de transit et celles de l'État sans littoral coopèrent, en cas de retard ou de difficultés, afin d'en éliminer rapidement les causes.

Art. 131. – Égalité de traitement dans les ports de mer

Les navires battant pavillon d'un État sans littoral jouissent dans les ports de mer d'un traitement égal à celui qui est accordé aux autres navires étrangers.

Art. 132. – Octroi de facilités de transit plus étendues

La Convention n'implique en aucune façon le retrait de facilités de transit plus étendues que celles qu'elle prévoit, qui auraient été convenues entre les États parties ou accordées par un État partie.

De même, la Convention n'interdit aucunement aux États parties d'accorder ainsi à l'avenir des facilités plus étendues.

ONZIÈME PARTIE

LA ZONE

Section I

Dispositions générales

Art. 133. – Emploi des termes

Aux fins de la présente partie :

a) on entend par « ressources » toutes les ressources minérales solides, liquides ou gazeuses *in situ* qui, dans la zone, se trouvent sur les fonds marins ou dans leur sous-sol, y compris les nodules polymétalliques;

b) les ressources, une fois extraites de la zone, sont dénommées « minéraux ».

Art. 134. – Champ d'application de la présente partie

1. La présente partie s'applique à la zone.

2. Les activités menées dans la zone sont régies par la présente partie.

3. Le dépôt des cartes ou listes des coordonnées géographiques indiquant l'emplacement des limites visées à l'article premier, paragraphe 1, sous-paragraphe 1), ainsi que la publicité à donner à ces cartes ou listes, sont régis par la partie VI.

4. Aucune disposition du présent article ne porte atteinte à la définition de la limite extérieure du plateau continental conformément à la partie VI ou à la validité des accords relatifs à la délimitation entre États dont les côtes sont adjacentes ou se font face.

Art. 135. – Régime juridique des eaux et de l'espace aérien surjacents

Ni la présente partie, ni les droits accordés ou exercés en vertu de celle-ci n'affectent le régime juridique des eaux surjacentes à la zone ou celui de l'espace aérien situé au-dessus de ces eaux.

Section 2

Principes régissant la zone

Art. 136. – Patrimoine commun de l'humanité

La zone et ses ressources sont le patrimoine commun de l'humanité.

Art. 137. – Régime juridique de la zone et de ses ressources

1. Aucun État ne peut revendiquer ou exercer de souveraineté ou de droits souverains sur une partie quelconque de la zone ou de ses ressources aucun État ni aucune personne physique ou morale ne peut s'approprier une partie quelconque de la zone ou de ses ressources. Aucune revendication, aucun exercice de souveraineté ou de droits souverains ni aucun acte d'appropriation n'est reconnu.

2. L'humanité tout entière, pour le compte de laquelle agit l'Autorité, est investie de tous les droits sur les ressources de la zone. Ces ressources sont inaliénables. Les minéraux extraits de la zone ne peuvent, quant à eux, être aliénés que conformément à la présente partie et aux règles, règlements et procédures de l'Autorité.

3. Un État ou une personne physique ou morale ne revendique, n'acquiert ou n'exerce de droits sur les minéraux extraits de la zone que conformément à la présente partie. Les droits autrement revendiqués, acquis ou exercés ne sont pas reconnus.

Art. 138. – Conduite générale des États concernant la zone

Dans leur conduite générale concernant la zone, les États se conforment à la présente partie, aux principes énoncés dans la Charte des Nations unies et aux autres règles du droit international, avec le souci de maintenir la paix et la sécurité et de promouvoir la coopération internationale et la compréhension mutuelle.

Art. 139. – Obligation de veiller au respect de la Convention et responsabilité en cas de dommages

1. Il incombe aux États parties de veiller à ce que les activités menées dans la zone, que ce soit par eux-mêmes, par leurs entreprises d'État ou par des personnes physiques ou morales possédant leur nationalité ou effectivement contrôlées par eux ou leurs ressortissants, le soient conformément à la présente partie. La même obligation incombe aux organisations internationales pour les activités menées dans la zone par elles.

2. Sans préjudice des règles du droit international et de l'article 22 de l'annexe III, un État partie ou une organisation internationale est responsable des dommages résultant d'un manquement de sa part aux obligations qui lui incombent en vertu de la présente partie des États parties ou organisations internationales agissant de concert assument conjointement et solidairement cette responsabilité. Toutefois, l'État partie n'est

pas responsable des dommages résultant d'un tel manquement de la part d'une personne patronnée par lui en vertu de l'article 153, paragraphe 2, lettre *b*), s'il a pris toutes les mesures nécessaires et appropriées pour assurer le respect effectif de la présente partie et des annexes qui s'y rapportent, comme le prévoient l'article 153, paragraphe 4, et l'article 4, paragraphe 4, de l'annexe III.

3. Les États parties qui sont membres d'organisations internationales prennent les mesures appropriées pour assurer l'application du présent article en ce qui concerne ces organisations.

Art. 140. – Intérêt de l'humanité

1. Les activités menées dans la zone le sont, ainsi qu'il est prévu expressément dans la présente partie, dans l'intérêt de l'humanité tout entière, indépendamment de la situation géographique des États, qu'il s'agisse d'États côtiers ou sans littoral, et compte tenu particulièrement des intérêts et besoins des États en développement et des peuples qui n'ont pas accédé à la pleine indépendance ou à un autre régime d'autonomie reconnu par les Nations unies conformément à la résolution 1514 (XV) et aux autres résolutions pertinentes de l'Assemblée générale.

2. L'Autorité assure le partage équitable, sur une base non discriminatoire, des avantages financiers et autres avantages économiques tirés des activités menées dans la zone par un mécanisme approprié conformément à l'article 160, paragraphe 2, lettre *f*) i.

Art. 141. – Utilisation de la zone à des fins exclusivement pacifiques

La zone est ouverte à l'utilisation à des fins exclusivement pacifiques par tous les États, qu'il s'agisse d'États côtiers ou sans littoral, sans discrimination et sans préjudice des autres dispositions de la présente partie.

Art. 142. – Droits et intérêts légitimes des États côtiers

1. Dans le cas de gisements de ressources de la zone qui s'étendent au-delà des limites de celle-ci, les activités menées dans la zone le sont compte dûment tenu des droits et intérêts légitimes de l'État côtier sous la juridiction duquel s'étendent ces gisements.

2. Un système de consultations avec l'État concerné, et notamment de notification préalable, est établi afin d'éviter toute atteinte à ces droits et intérêts. Dans les cas où des activités menées dans la zone peuvent entraîner l'exploitation de ressources se trouvant en deçà des limites de la juridiction nationale d'un État côtier, le consentement préalable de cet État est nécessaire.

3. Ni la présente partie ni les droits accordés ou exercés en vertu de celle-ci ne portent atteinte au droit qu'ont les États côtiers de prendre les mesures compatibles avec les dispositions pertinentes de la partie XII qui peuvent être nécessaires pour prévenir, atténuer ou éli-

miner un danger grave et imminent pour leur littoral ou pour des intérêts connexes, imputable à une pollution ou à une menace de pollution résultant de toutes activités menées dans la zone ou à tous autres accidents causés par de telles activités.

Art. 143. – Recherche scientifique marine

1. La recherche scientifique marine dans la zone est conduite à des fins exclusivement pacifiques et dans l'intérêt de l'humanité tout entière, conformément à la partie XIII.

2. L'Autorité peut effectuer des recherches scientifiques marines sur la zone et ses ressources et peut passer des contrats à cette fin. Elle favorise et encourage la recherche scientifique marine dans la zone, et elle coordonne et diffuse les résultats de ces recherches et analyses, lorsqu'ils sont disponibles.

3. Les États parties peuvent effectuer des recherches scientifiques marines dans la zone. Ils favorisent la coopération internationale en matière de recherches scientifiques marines dans la zone :

a) en participant à des programmes internationaux et en encourageant la coopération en matière de recherches scientifiques marines effectuées par le personnel de différents pays et celui de l'Autorité;

b) en veillant à ce que des programmes soient élaborés par l'intermédiaire de l'Autorité ou d'autres organisations internationales, le cas échéant, au bénéfice des États en développement et des États technologiquement moins avancés en vue de :

i) renforcer leur potentiel de recherche,

ii) former leur personnel et celui de l'Autorité aux techniques et aux applications de la recherche,

iii) favoriser l'emploi de leur personnel qualifié pour les recherches menées dans la zone;

c) en diffusant effectivement les résultats des recherches et analyses, lorsqu'ils sont disponibles, par l'intermédiaire de l'Autorité ou par d'autres mécanismes internationaux, s'il y a lieu.

Art. 144. – Transfert des techniques

1. Conformément à la Convention, l'Autorité prend des mesures :

a) pour acquérir les techniques et les connaissances scientifiques relatives aux activités menées dans la zone; et

b) pour favoriser et encourager le transfert aux États en développement de ces techniques et connaissances scientifiques, de façon que tous les États parties puissent en bénéficier.

2. À cette fin, l'Autorité et les États parties coopèrent pour promouvoir le transfert des techniques et des connaissances scientifiques relatives aux activités menées dans la zone, de façon que l'entreprise et tous les États parties puissent en bénéficier. En particulier, ils prennent ou encouragent l'initiative :

a) de programmes pour le transfert à l'entreprise et aux États en développement de techniques relatives aux activités menées dans la zone, prévoyant notamment, pour l'entreprise et les États en développement, des facilités d'accès aux techniques pertinentes selon des modalités et à des conditions justes et raisonnables;

b) de mesures visant à assurer le progrès des techniques de l'entreprise et des techniques autochtones des États en développement, et particulièrement à permettre au personnel de l'entreprise et de ces États de recevoir une formation aux sciences et techniques marines, ainsi que de participer pleinement aux activités menées dans la zone.

Art. 145. – Protection du milieu marin

En ce qui concerne les activités menées dans la zone, les mesures nécessaires doivent être prises conformément à la Convention pour protéger efficacement le milieu marin des effets nocifs que pourraient avoir ces activités. L'Autorité adopte à cette fin des règles, règlements et procédures appropriés visant notamment à :

a) prévenir, réduire et maîtriser la pollution du milieu marin, y compris le littoral, et faire face aux autres risques qui le menacent, ainsi qu'à toute perturbation de l'équilibre écologique du milieu marin, en accordant une attention particulière à la nécessité de protéger celui-ci des effets nocifs d'activités telles que forages, dragages, excavations, élimination de déchets, construction et exploitation ou entretien d'installations, de pipelines et d'autres engins utilisés pour ces activités;

b) protéger et conserver les ressources naturelles de la zone et prévenir les dommages à la flore et à la faune marines.

Art. 146. – Protection de la vie humaine

En ce qui concerne les activités menées dans la zone, les mesures nécessaires doivent être prises en vue d'assurer une protection efficace de la vie humaine. L'Autorité adopte à cette fin des règles, règlements et procédures appropriés pour compléter le droit international existant tel qu'il est contenu dans les traités en la matière.

Art. 147. – Compatibilité des activités menées dans la zone et des autres activités s'exerçant dans le milieu marin

1. Les activités menées dans la zone le sont en tenant raisonnablement compte des autres activités s'exerçant dans le milieu marin.

2. Les conditions ci-après s'appliquent aux installations utilisées pour des activités menées dans la zone :

a) ces installations ne doivent être montées, mises en place et enlevées que conformément à la présente partie et dans les conditions fixées par les règles, règlements et procédures de l'Autorité. Leur montage, leur mise en place et leur enlèvement doivent être dûment notifiés et l'entretien de moyens permanents pour signaler leur présence doit être assuré;

b) ces installations ne doivent pas être mises en place là où elles risquent d'entraver l'utilisation de voies de circulation reconnues essentielles pour la navigation internationale, ni dans des zones où se pratique une pêche intensive ;

c) ces installations doivent être entourées de zones de sécurité convenablement balisées de façon à assurer la sécurité des installations elles-mêmes et celle de la navigation. La configuration et l'emplacement de ces zones de sécurité sont déterminés de telle sorte qu'elles ne forment pas un cordon empêchant l'accès licite des navires à certaines zones marines ou la navigation dans des voies servant à la navigation internationale ;

d) ces installations sont utilisées à des fins exclusivement pacifiques ;

e) ces installations n'ont pas le statut d'îles. Elles n'ont pas de mer territoriale qui leur soit propre et leur présence n'a pas d'incidence sur la délimitation de la mer territoriale, de la zone économique exclusive ou du plateau continental.

3. Les autres activités s'exerçant dans le milieu marin sont menées en tenant raisonnablement compte des activités menées dans la zone.

Art. 148. – Participation des États en développement aux activités menées dans la zone

La participation effective des États en développement aux activités menées dans la zone est encouragée, comme le prévoit expressément la présente partie, compte dûment tenu des intérêts et besoins particuliers de ces États, et notamment du besoin particulier qu'ont ceux d'entre eux qui sont sans littoral ou géographiquement désavantagés de surmonter les obstacles qui résultent de leur situation défavorable, notamment de leur éloignement de la zone et de leurs difficultés d'accès à la zone et depuis celle-ci.

Art. 149. – Objets archéologiques et historiques

Tous les objets de caractère archéologique ou historique trouvés dans la zone sont conservés ou cédés dans l'intérêt de l'humanité tout entière, compte tenu en particulier des droits préférentiels de l'État ou du pays d'origine, ou de l'État d'origine culturelle, ou encore de l'État d'origine historique ou archéologique.

Section 3

Mise en valeur des ressources de la zone

Art. 150. – Politique générale relative aux activités menées dans la zone

Les activités menées dans la zone le sont, ainsi que le prévoit expressément la présente partie, de manière à favoriser le développement harmonieux de l'économie mondiale et l'expansion équilibrée du commerce international, à promouvoir la coopération internationale aux fins du développement général de tous les pays, et spécialement les États en développement, et en vue :

a) de mettre en valeur les ressources de la zone ;

b) de gérer de façon méthodique, sûre et rationnelle les ressources de la zone, notamment en veillant à ce que les activités menées dans la zone le soient efficacement, en évitant tout gaspillage conformément à de sains principes de conservation ;

c) d'accroître les possibilités de participation à ces activités, en particulier d'une manière compatible avec les articles 144 et 148 ;

d) d'assurer la participation de l'Autorité aux revenus et le transfert des techniques à l'entreprise et aux États en développement conformément à la Convention ;

e) d'augmenter, en fonction des besoins, les quantités disponibles des minéraux provenant de la zone conjointement avec les minéraux provenant d'autres sources, pour assurer l'approvisionnement des consommateurs de ces minéraux ;

f) de favoriser pour les minéraux provenant de la zone comme pour les minéraux provenant d'autres sources, la formation de prix justes et stables, rémunérateurs pour les producteurs et justes pour les consommateurs, et d'assurer à long terme l'équilibre de l'offre et de la demande ;

g) de donner à tous les États parties, indépendamment de leur système social et économique ou de leur situation géographique, de plus grandes possibilités de participation à la mise en valeur des ressources de la zone, et d'empêcher la monopolisation des activités menées dans la zone ;

h) de protéger les États en développement des effets défavorables que pourrait avoir sur leur économie ou sur leurs recettes d'exportation la baisse du cours d'un minéral figurant parmi ceux extraits de la zone ou la réduction du volume de leurs exportations de ce minéral, pour autant que cette baisse ou réduction soit due à des activités menées dans la zone, conformément à l'article 151 ;

i) de mettre en valeur le patrimoine commun dans l'intérêt de l'humanité tout entière ;

j) de faire en sorte que les conditions d'accès aux marchés pour l'importation de minéraux provenant de la zone et pour l'importation de produits de base tirés de ces minéraux ne soient pas plus favorables que les conditions les plus favorables appliquées aux importations de ceux provenant d'autres sources.

Art. 151. – Politique en matière de production

1. *a*) Sans préjudice des objectifs énoncés à l'article 150 et en vue d'appliquer la lettre *h*) de cet article, l'Autorité, agissant par l'intermédiaire d'instances existantes ou, si besoin est, dans le cadre de

nouveaux arrangements ou accords avec la participation de toutes les parties intéressées, producteurs et consommateurs compris, prend les mesures nécessaires pour favoriser la croissance, le fonctionnement efficace et la stabilité des marchés pour les produits de base tirés des minéraux provenant de la zone, à des prix rémunérateurs pour les producteurs et justes pour les consommateurs. Tous les États parties coopèrent à cette fin.

b) L'Autorité a le droit de prendre part à toute conférence de produit dont les travaux portent sur ces produits de base et à laquelle participent toutes les parties intéressées, y compris les producteurs et les consommateurs. Elle a le droit de devenir partie à tout arrangement ou accord conclu à l'issue de telles conférences. Elle participe, pour ce qui a trait à la production dans la zone, à tout organe créé en vertu d'un tel arrangement ou accord conformément aux règles relatives à l'organe en question.

c) L'Autorité s'acquitte des obligations qui lui incombent en vertu des arrangements ou accords visés au présent paragraphe de manière à en assurer l'application uniforme et non discriminatoire à l'intégralité de la production des minéraux en cause, dans la zone. Ce faisant, elle agit d'une manière compatible avec les clauses des contrats en vigueur et les dispositions des plans de travail approuvés de l'entreprise.

2. *a*) Pendant la période intermédiaire définie au paragraphe 3, la production commerciale ne peut commencer au titre d'un plan de travail approuvé que si l'exploitant a demandé à l'Autorité et obtenu d'elle une autorisation de production; cette autorisation ne peut être demandée ou délivrée plus de cinq ans avant la date prévue pour le démarrage de la production commerciale en vertu du plan de travail, à moins que l'Autorité ne prescrive un autre délai dans ses règles, règlements et procédures, eu égard à la nature et au calendrier d'exécution des projets.

b) Dans sa demande d'autorisation, l'exploitant indique la quantité annuelle du nickel qu'il prévoit d'extraire au titre du plan de travail approuvé. La demande comprend un tableau des dépenses qui seront engagées par l'exploitant après la réception de l'autorisation et qui ont été raisonnablement calculées pour permettre le démarrage de la production commerciale à la date prévue.

c) Aux fins de l'application des lettres *a*) et *b*), l'Autorité adopte des normes d'efficacité conformément à l'article 17 de l'annexe III.

d) L'Autorité délivre une autorisation de production pour la quantité spécifiée dans la demande, à moins que la somme de cette quantité et des quantités précédemment autorisées n'excède, pour une année quelconque de production comprise dans la période intérimaire, le plafond de la production de nickel calculé conformément au paragraphe 4 pour l'année au cours de laquelle l'autorisation est délivrée.

e) La demande et l'autorisation de production deviennent partie intégrante du plan de travail approuvé.

f) Si la demande d'autorisation présentée par l'exploitant lui est refusée en vertu de la lettre *d*), celui-ci peut à tout moment présenter une nouvelle demande à l'Autorité.

3. La période intérimaire commence cinq ans avant le 1er janvier de l'année prévue pour le démarrage de la première production commerciale au titre d'un plan de travail approuvé. Si le démarrage de cette production commerciale est reporté à une année postérieure à celle qui était prévue, le début de la période intérimaire et le plafond de production initialement calculé sont ajustés en conséquence. La période intérimaire prend fin au bout de 25 ans ou à la fin de la Conférence de révision visée à l'article 155 ou à l'entrée en vigueur des nouveaux accords ou arrangements visés au paragraphe 1, la date la plus proche étant retenue. Si ces arrangements ou accords deviennent caducs ou cessent d'avoir effet pour une raison quelconque, l'Autorité recouvre pour le reste de la période intérimaire les pouvoirs prévus au présent article.

4. *a*) Le plafond de production valable pour une année quelconque de la période intérimaire est donné par la somme de :

i) la différence entre la valeur de la courbe de tendance de la consommation de nickel pour l'année précédant l'année de démarrage de la première production commerciale et la valeur de cette courbe pour l'année précédant le début de la période intérimaire, ces valeurs étant calculées conformément à la lettre *b*)*; et*

ii) soixante pour cent de la différence entre la valeur de la courbe de tendance de la consommation de nickel pour l'année pour laquelle l'autorisation de production est demandée et la valeur de cette courbe pour l'année précédant l'année de démarrage de la première production commerciale, ces valeurs étant calculées conformément à la lettre *b*);

b) aux fins de la lettre *a*) :

i) les valeurs de la courbe de tendance utilisée pour calculer le plafond de la production de nickel sont les valeurs annuelles de la consommation de nickel lues sur une courbe de tendance établie au cours de l'année pendant laquelle l'autorisation de production est délivrée. La courbe de tendance s'obtient par régression linéaire des logarithmes des données sur la consommation annuelle effective de nickel correspondant à la période de 15 ans la plus récente pour laquelle on dispose de données, le temps étant pris comme variable indépendante. Cette courbe de tendance est dite courbe de tendance initiale,

ii) si le taux annuel d'accroissement indiqué par la courbe de tendance est inférieur à 3 %, on substitue à cette courbe, pour déterminer les quantités visées à la lettre *a*), une courbe de tendance construite de telle façon qu'elle coupe la courbe de tendance initiale au point représentant la valeur de la consommation pour la première année de la période de 15 ans considérée et que sa pente corresponde à une augmentation annuelle de 3 %. Toutefois, le plafond de production fixé pour une année quelconque de la période intérimaire ne peut en aucun cas excéder la différence entre la valeur de la courbe de tendance initiale pour l'année considérée et la valeur de cette courbe pour l'année précédant le début de la période intérimaire.

5. L'Autorité réserve à l'entreprise, pour sa production initiale, une quantité de 38 000 tonnes métriques de nickel sur la quantité fixée comme plafond de production conformément au paragraphe 4.

6. *a*) Un exploitant peut, au cours d'une année quelconque, produire moins que la production annuelle de minéraux provenant de nodules polymétalliques qui est indiquée dans son autorisation de production ou dépasser cette production de 8 % au maximum, pourvu que l'ensemble de sa production ne dépasse pas celle indiquée dans cette autorisation. Tout dépassement compris entre 8 % et 20 % pour une année quelconque ou tout dépassement pour toute année qui suit deux années consécutives au cours desquelles la production fixée a déjà été dépassée fait l'objet de négociations avec l'Autorité qui peut exiger de l'exploitant qu'il demande une autorisation de production supplémentaire.

b) L'Autorité n'examine les demandes d'autorisations de production supplémentaire que lorsqu'elle a statué sur toutes les demandes d'autorisations de production en instance et a dûment considéré l'éventualité d'autres demandes. Le principe qui guide l'Autorité à cet égard est que, pendant une année quelconque de la période intérimaire, la production totale autorisée en vertu de la formule de limitation de la production ne doit pas être dépassée. L'Autorité n'autorise pour aucun plan de travail la production d'une quantité supérieure à 46 500 tonnes métriques de nickel par an.

7. La production d'autres métaux, tels que le cuivre, le cobalt et le manganèse, provenant des nodules polymétalliques extraits en vertu d'une autorisation de production ne devrait pas dépasser le niveau qu'elle aurait atteint si l'exploitant avait produit à partir de ces nodules la quantité maximale de nickel calculée conformément au présent article. L'Autorité adopte, conformément à l'article 17 de l'annexe III, des règles, règlements et procédures prévoyant les modalités d'application du présent paragraphe.

8. Les droits et obligations relatifs aux pratiques économiques déloyales qui sont prévus dans le cadre des accords commerciaux multilatéraux pertinents s'appliquent à l'exploration et à l'exploitation des minéraux de la zone. Pour le règlement des différends relevant de la présente disposition, les États parties qui sont parties à ces accords commerciaux multilatéraux ont recours aux procédures de règlement des différends prévues par ceux-ci.

9. L'Autorité a le pouvoir de limiter le niveau de la production de minéraux dans la zone autres que les minéraux extraits de nodules polymétalliques, selon des conditions et méthodes qu'elle juge appropriées, en adoptant des règlements conformément à l'article 161, paragraphe 8.

10. Sur recommandation du Conseil, fondée sur l'avis de la Commission de planification économique, l'Assemblée institue un système de compensation ou prend d'autres mesures d'assistance propres à faciliter l'ajustement économique, y compris la coopération avec les institutions spécialisées et d'autres organisations internationales, afin de venir en aide aux États en développement dont l'économie et les recettes d'exportation se ressentent gravement des effets défavorables d'une baisse du cours d'un minéral figurant parmi ceux extraits de la zone ou d'une réduction du volume de leurs exportations de ce minéral, pour autant que cette baisse ou réduction est due à des activités menées dans la zone. Sur demande, l'Autorité entreprend des études sur les problèmes des États qui risquent d'être le plus gravement touchés, en vue de réduire à un minimum leurs difficultés et de les aider à opérer leur ajustement économique.

Art. 152. – Exercice des pouvoirs et fonctions

1. L'Autorité évite toute discrimination dans l'exercice de ses pouvoirs et fonctions, notamment quand elle accorde la possibilité de mener des activités dans la zone.

2. Néanmoins, elle peut accorder, en vertu des dispositions expresses de la présente partie, une attention particulière aux États en développement, et spécialement à ceux d'entre eux qui sont sans littoral ou géographiquement désavantagés.

Art. 153. – Système d'exploration et d'exploitation

1. Les activités, dans la zone, sont organisées, menées et contrôlées par l'Autorité pour le compte de l'humanité tout entière conformément au présent article, et aux autres dispositions pertinentes de la présente partie et des annexes qui s'y rapportent ainsi qu'aux règles, règlements et procédures de l'Autorité.

2. Les activités menées dans la zone le sont conformément au paragraphe 3 :

a) par l'entreprise et,

b) en association avec l'Autorité, par des États parties ou des entreprises d'État ou par des personnes physiques ou morales possédant la nationalité d'États parties ou effectivement contrôlées par eux ou leurs ressortissants, lorsqu'elles sont patronnées par ces États ou par tout groupe des catégories précitées qui satisfait aux conditions stipulées dans la présente partie et à l'annexe III.

3. Les activités menées dans la zone le sont selon un plan de travail formel et écrit, établi conformément à l'annexe III et approuvé par le Conseil après examen par la Commission juridique et technique. Lorsque, sur autorisation de l'Autorité, des activités sont menées dans la zone par les entités ou personnes mentionnées au paragraphe 2, lettre *b)*, le plan de travail revêt la forme d'un contrat conformément à l'arti-

cle 3 de l'annexe III. Ce contrat peut prévoir des accords de coentreprise conformément à l'article 11 de l'annexe III.

4. L'Autorité exerce sur les activités menées dans la zone le contrôle nécessaire pour assurer le respect des dispositions pertinentes de la présente partie et des annexes qui s'y rapportent, des règles, règlements et procédures de l'Autorité ainsi que des plans de travail approuvés conformément au paragraphe 3. Les États parties aident l'Autorité en prenant toutes les mesures nécessaires pour assurer le respect de ces textes conformément à l'article 139.

5. L'Autorité a le droit de prendre, à tout moment, toute mesure prévue dans la présente partie pour en assurer le respect et pour être à même d'exercer les fonctions de contrôle et de réglementation qui lui incombent en vertu de la présente partie ou d'un contrat. Elle a le droit d'inspecter toutes les installations qui sont utilisées pour des activités menées dans la zone et qui sont situées dans celle-ci.

6. Tout contrat passé conformément au paragraphe 3 prévoit la garantie du titre. Il ne peut donc être révisé, suspendu ou résilié qu'en application des articles 18 et 19 de l'annexe III.

Art. 154. – Examen périodique

Tous les cinq ans à compter de l'entrée en vigueur de la Convention, l'Assemblée procède à un examen général et systématique de la manière dont le régime international de la zone établi par la Convention a fonctionné dans la pratique. À la lumière de cet examen, l'Assemblée peut prendre ou recommander à d'autres organes de prendre des mesures conformes aux dispositions et procédures prévues dans la présente partie et les annexes qui s'y rapportent et permettant d'améliorer le fonctionnement du régime.

Art. 155. – Conférence de révision

1. Quinze ans après le 1er janvier de l'année du démarrage de la première production commerciale au titre d'un plan de travail approuvé, l'Assemblée convoquera une conférence pour la révision des dispositions de la présente partie et des annexes qui s'y rapportent régissant le système d'exploration et d'exploitation des ressources de la zone. La Conférence de révision examinera en détail, à la lumière de l'expérience acquise pendant la période écoulée :

a) si les dispositions de la présente partie qui régissent le système d'exploration et d'exploitation des ressources de la zone ont atteint leurs objectifs à tous égards, et notamment si l'humanité tout entière en a bénéficié ;

b) si, pendant la période de 15 ans, les secteurs réservés ont été exploités de façon efficace et équilibrée par rapport aux secteurs non réservés ;

c) si la mise en valeur et l'utilisation de la zone et de ses ressources ont été entreprises de manière à favoriser le développement harmonieux de l'économie mondiale et l'expansion équilibrée du commerce international;

d) si la monopolisation des activités menées dans la zone a été empêchée;

e) si les politiques visées aux articles 150 et 151 ont été suivies; et

f) si le système a permis de partager équitablement les avantages tirés des activités menées dans la zone, compte tenu particulièrement des intérêts et besoins des États en développement.

2. La Conférence de révision veillera à ce que soient maintenus le principe du patrimoine commun de l'humanité, le régime international visant à son exploitation équitable au bénéfice de tous les pays, en particulier des États en développement, et l'existence d'une autorité chargée d'organiser, de mener et de contrôler les activités dans la zone. Elle veillera également au maintien des principes énoncés dans la présente partie en ce qui concerne l'exclusion de toute revendication et de tout exercice de souveraineté sur une partie quelconque de la zone, les droits des États et leur conduite générale ayant trait à la zone, ainsi que leur participation aux activités menées dans la zone, conformément à la Convention, la prévention de la monopolisation des activités menées dans la zone, l'utilisation de la zone à des fins exclusivement pacifiques, les aspects économiques des activités menées dans la zone, la recherche scientifique marine, le transfert des techniques, la protection du milieu marin et la protection de la vie humaine, les droits des États côtiers, le régime juridique des eaux surjacentes à la zone et celui de l'espace aérien situé au-dessus de ces eaux et la compatibilité des activités menées dans la zone et des autres activités s'exerçant dans le milieu marin.

3. La Conférence de révision suivra la même procédure de prise de décisions que la troisième Conférence des Nations unies sur le droit de la mer. Elle ne devrait ménager aucun effort pour aboutir à un accord sur tous amendements éventuels par voie de consensus et il ne devrait pas y avoir de vote sur ces questions tant que tous les efforts en vue d'aboutir à un consensus n'auront pas été épuisés.

4. Si, cinq ans après son début, la Conférence de révision n'est pas parvenue à un accord sur le système d'exploration et d'exploitation des ressources de la zone, elle pourra, dans les 12 mois qui suivront, décider à la majorité des trois quarts des États parties d'adopter et de soumettre aux États parties pour ratification ou adhésion les amendements portant changement ou modification du système qu'elle juge nécessaires et appropriés. Ces amendements entreront en vigueur pour tous les États parties 12 mois après le dépôt des instruments de ratification ou d'adhésion par les trois quarts des États parties.

5. Les amendements adoptés par la Conférence de révision en application du présent article ne porteront pas atteinte aux droits acquis en vertu de contrats existants.

Section 4

L'Autorité

Sous-section 1. – Dispositions générales

Art. 156. – Création de l'Autorité

1. Il est créé une Autorité internationale des fonds marins dont le fonctionnement est régi par la présente partie.
2. Tous les États parties sont *ipso facto* membres de l'Autorité.
3. Les observateurs auprès de la troisième Conférence des Nations unies sur le droit de la mer, qui ont signé l'acte final et qui ne sont pas visés à l'article 305, paragraphe 1, lettres *c), d), e)* ou *f)*, ont le droit de participer aux travaux de l'Autorité en qualité d'observateurs, conformément à ses règles, règlements et procédures.
4. L'Autorité a son siège à la Jamaïque.
5. L'Autorité peut créer les centres ou bureaux régionaux qu'elle juge nécessaires à l'exercice de ses fonctions.

Art. 157. – Nature de l'Autorité et principes fondamentaux régissant son fonctionnement

1. L'Autorité est l'organisation par l'intermédiaire de laquelle les États parties organisent et contrôlent les activités menées dans la zone, notamment aux fins de l'administration des ressources de celle-ci, conformément à la présente partie.
2. L'Autorité détient les pouvoirs et fonctions qui lui sont expressément conférés par la Convention. Elle est investie des pouvoirs subsidiaires, compatibles avec la Convention, qu'implique nécessairement l'exercice de ces pouvoirs et fonctions quant aux activités menées dans la zone.
3. L'Autorité est fondée sur le principe de l'égalité souveraine de tous ses membres.
4. Afin d'assurer a chacun d'eux les droits et avantages découlant de sa qualité de membre, tous les membres de l'Autorité s'acquittent de bonne foi des obligations qui leur incombent en vertu de la présente partie.

Art. 158. – Organes de l'Autorité

1. Il est créé une Assemblée, un Conseil et un Secrétariat, qui sont les organes principaux de l'Autorité.
2. Il est créé une entreprise, qui est l'organe par l'intermédiaire duquel l'Autorité exerce les fonctions visées à l'article 170, paragraphe 1.
3. Les organes subsidiaires jugés nécessaires peuvent être créés conformément à la présente partie.
4. Il incombe à chacun des organes principaux de l'Autorité et à l'entreprise d'exercer les pouvoirs et fonctions qui leur sont conférés.

Dans l'exercice de ces pouvoirs et fonctions, chaque organe évite d'agir d'une manière qui puisse porter atteinte ou nuire à l'exercice des pouvoirs et fonctions particuliers conférés à un autre organe.

Sous-section 2. – L'Assemblée

Art. 159. – Composition, procédure et vote

1. L'Assemblée se compose de tous les membres de l'Autorité. Chaque membre a un représentant à l'Assemblée, qui peut être accompagné de suppléants et de conseillers.

2. L'Assemblée se réunit en session ordinaire tous les ans, et en session extraordinaire chaque fois qu'elle le décide ou lorsqu'elle est convoquée par le Secrétaire général à la demande du Conseil ou de la majorité des membres de l'Autorité.

3. Les sessions de l'Assemblée, à moins qu'elle n'en décide autrement, ont lieu au siège de l'Autorité.

4. L'Assemblée adopte son règlement intérieur. À l'ouverture de chaque session ordinaire, elle élit son président et autant d'autres membres du bureau qu'il est nécessaire. Ils restent en fonction jusqu'à l'élection d'un nouveau bureau à la session ordinaire suivante.

5. Le quorum est constitué par la majorité des membres de l'Assemblée.

6. Chaque membre de l'Assemblée a une voix.

7. Leurs décisions sur les questions de procédure, y compris la convocation d'une session extraordinaire de l'Assemblée, sont prises à la majorité des membres présents et votants.

8. Les décisions sur les questions de fond sont prises à la majorité des deux tiers des membres présents et votants, à condition que cette majorité comprenne celle des membres participant à la session. En cas de doute sur le point de savoir s'il s'agit d'une question de fond, la question débattue est considérée comme telle, à moins que l'Autorité n'en décide autrement à la majorité requise pour les décisions sur les questions de fond.

9. Lorsqu'une question de fond est sur le point d'être mise aux voix pour la première fois, le président peut, et doit si un cinquième au moins des membres de l'Assemblée en font la demande, ajourner la décision et recourir au vote sur cette question pendant un délai ne dépassant pas cinq jours civils. Cette règle ne peut s'appliquer qu'une seule fois à propos de la même question, et son application ne doit pas entraîner l'ajournement de questions au-delà de la clôture de la session.

10. Lorsque le président est saisi par un quart au moins des membres de l'Autorité d'une requête écrite tendant à ce que l'Assemblée demande un avis consultatif sur la conformité avec la Convention d'une proposition qui lui est soumise au sujet d'une question quelconque, l'Assemblée demande un avis consultatif à la Chambre pour le règlement des différends relatifs aux fonds marins du Tribunal

international du droit de la mer. Le vote est reporté jusqu'à ce que la Chambre ait rendu son avis. Si celui-ci ne lui est pas parvenu avant la dernière semaine de la session au cours de laquelle il a été demandé, l'Assemblée décide quand elle se réunira pour voter sur la proposition ajournée.

Art. 160. – Pouvoirs et fonctions

1. L'Assemblée, seul organe composé de tous les membres de l'Autorité, est considérée comme l'organe suprême de celle-ci devant lequel les autres organes principaux sont responsables, ainsi qu'il est expressément prévus dans la Convention. L'Assemblée a le pouvoir d'arrêter, en conformité avec les dispositions pertinentes de la Convention, la politique générale de l'Autorité sur toute question ou tout sujet relevant de la compétence de celle-ci.

2. En outre, l'Assemblée a les pouvoirs et fonctions ci-après :

a) élire les membres du Conseil conformément à l'article 161 ;

b) élire le Secrétaire général parmi les candidats proposés par le Conseil ;

c) élire, sur recommandation du Conseil, les membres du Conseil d'administration de l'entreprise et le Directeur général de celle-ci ;

d) créer les organes subsidiaires qu'elle juge nécessaires pour exercer ses fonctions conformément à la présente partie. En ce qui concerne la composition de tels organes, il est dûment tenu compte du principe de la répartition géographique équitable des sièges des intérêts particuliers et de la nécessité d'assurer à ces organes le concours de membres qualifiés et compétents dans les domaines techniques dont ils s'occupent ;

e) fixer les contributions des membres au budget d'administration de l'Autorité conformément à un barème convenu, fondé sur le barème utilisé pour le budget ordinaire de l'Organisation des Nations unies, jusqu'à ce que l'Autorité dispose de recettes suffisantes provenant d'autres sources pour faire face à ses dépenses d'administration ;

f) i) examiner et approuver, sur recommandation du Conseil, les règles, règlements et procédures relatifs au partage équitable des avantages financiers et autres avantages économiques tirés des activités menées dans la zone, ainsi qu'aux contributions prévues à l'article 82, en tenant particulièrement compte des intérêts et besoins des États en développement et des peuples qui n'ont pas accédé à la pleine indépendance ou à un autre régime d'autonomie. Si l'Assemblée n'approuve pas les recommandations du Conseil, elle les renvoie à celui-ci pour qu'il les réexamine à la lumière des vues qu'elle a exprimées,

ii) examiner et approuver les règles, règlements et procédures de l'Autorité, ainsi que tous amendements à ces textes, que le Conseil a provisoirement adoptés en application de l'article 162, paragraphe 2, lettre *o*), ii. Ces règles, règlements et procédures ont pour objet la prospection, l'exploration et l'exploitation dans la zone, la gestion financière de l'Autorité et son administration interne et, sur recommandation du Conseil d'administration de l'entreprise, les virements de fonds de l'entreprise à l'Autorité ;

g) décider du partage équitable des avantages financiers et autres avantages économiques tirés des activités menées dans la zone, d'une manière compatible avec la Convention et les règles, règlements et procédures de l'Autorité ;

h) examiner et approuver le projet de budget annuel de l'Autorité soumis par le Conseil ;

i) examiner les rapports périodiques du Conseil et de l'entreprise ainsi que les rapports spéciaux demandés au Conseil et à tout autre organe de l'Autorité ;

j) faire procéder à des études et formuler des recommandations tendant à promouvoir la coopération internationale concernant les activités menées dans la zone et à encourager le développement progressif du droit international et sa codification ;

k) examiner les problèmes de caractère général ayant trait aux activités menées dans la zone, qui surgissent en particulier pour les États en développement, ainsi que les problèmes qui se posent à propos de ces activités à certains États en raison de leur situation géographique, notamment aux États sans littoral et aux États géographiquement désavantagés ;

l) sur recommandation du Conseil, fondée sur l'avis de la Commission de planification économique, instituer un système de compensation ou prendre d'autres mesures d'assistance propres à faciliter l'ajustement économique comme le prévoit l'article 151, paragraphe 10 ;

m) prononcer la suspension de l'exercice des droits et privilèges inhérents à la qualité de membre, en application de l'article 185 ;

n) délibérer de toute question ou de tout sujet relevant de la compétence de l'Autorité et décider, d'une manière compatible avec la répartition des pouvoirs et fonctions entre les organes de l'Autorité, lequel de ces organes traitera d'une question ou d'un sujet dont l'examen n'a pas été expressément attribué par l'un d'eux.

Sous-section 3. – Le Conseil

Art. 161. – Composition, procédure et vote

1. Le Conseil se compose de 36 membres de l'Autorité, élus par l'Assemblée dans l'ordre suivant :

a) quatre membres choisis parmi les États parties dont la consommation ou les importations nettes de produits de base relevant des catégories de minéraux devant être extraits de la zone ont dépassé, au cours des cinq dernières années pour lesquelles il existe des statistiques, 2 % du total mondial de la consommation ou des importations de ces produits de base, dont au moins un État de la région de l'Europe orientale (socialiste), ainsi que le plus grand consommateur ;

b) quatre membres choisis parmi les huit États parties qui ont effectué, directement ou par l'intermédiaire de leurs ressortissants, les investissements les plus importants pour la préparation et la réalisation d'activités menées dans la zone, dont au moins un État de la région de l'Europe orientale (socialiste);

c) quatre membres choisis parmi les États parties qui, sur la base de la production provenant des zones soumises à leur juridiction, sont parmi les principaux exportateurs nets des catégories de minéraux devant être extraits de la zone, dont au moins deux États en développement dont l'économie est fortement tributaire de leurs exportations de ces minéraux;

d) six membres choisis parmi les États parties en développement et représentant des intérêts particuliers. Les intérêts particuliers devant être représentés comprennent ceux des États à population nombreuse, des États sans littoral ou géographiquement désavantagés, des États qui figurent parmi les principaux importateurs des catégories de minéraux devant être extraits de la zone, des États potentiellement producteurs de tels minéraux et des États les moins avancés;

e) dix-huit membres élus suivant le principe d'une répartition géographique équitable de l'ensemble des sièges du Conseil, étant entendu qu'au moins un membre par région géographique est élu membre en application de la présente disposition. À cette fin, les régions géographiques sont l'Afrique, l'Amérique latine, l'Asie, l'Europe orientale (socialiste), ainsi que l'Europe occidentale et autres États.

2. Lorsqu'elle élit les membres du Conseil conformément au paragraphe 1, l'Assemblée veille à ce que :

a) la représentation des États sans littoral et des États géographiquement désavantagés corresponde raisonnablement à leur représentation au sein de l'Assemblée;

b) la représentation des États côtiers, en particulier des États en développement qui ne remplissent pas les conditions énoncées au paragraphe 1, lettre *a*), *b*), *c*) ou *d*), corresponde raisonnablement à leur représentation au sein de l'Assemblée;

c) chaque groupe d'États parties devant être représentés au Conseil soit représenté par les membres éventuellement désignés par ce groupe.

3. Les élections ont lieu lors d'une session ordinaire de l'Assemblée. Chaque membre du Conseil est élu pour quatre ans. Toutefois, lors de la première élection, la durée du mandat de la moitié des membres représentant chacun des groupes visés au paragraphe 1 est de deux ans.

4. Les membres du Conseil sont rééligibles mais il devrait être dûment tenu compte du fait qu'une rotation des sièges est souhaitable.

5. Le Conseil exerce ses fonctions au siège de l'Autorité il se réunit aussi souvent que l'exigent les activités de l'Autorité, mais en tout cas trois fois par an.

6. Le quorum est constitué par la majorité des membres du Conseil.

7. Chaque membre du Conseil a une voix.

8. *a*) les décisions sur les questions de procédure sont prises à la majorité des membres présents et votants ;

b) les décisions sur les questions de fond qui se posent à propos de l'article 162, paragraphe 2, lettres *f*), *g*), *h*), *i*), *n*), *p*), *v*), et de l'article 191 sont prises à la majorité des deux tiers des membres présents et votants, à condition que cette majorité comprenne celle des membres du Conseil ;

c) les décisions sur les questions de fond qui se posent à propos des dispositions énumérées ci-après sont prises à la majorité des trois quarts des membres présents et votants, à condition que cette majorité comprenne celle des membres du Conseil ; article 162, paragraphe 1 ; article 162, paragraphe 2, lettres *a*), *b*), *c*), *d*), *e*), *l*), *q*), *r*), *s*), *t*) ; article 162, paragraphe, 2, lettre *u*), dans les cas d'inobservation par un contractant ou l'État qui le patronne article 162, paragraphe 2, lettre *w*), étant entendu que les ordres émis en vertu de cette disposition ne peuvent être obligatoires pendant plus de 30 jours que s'ils sont confirmés par une décision prise conformément à la lettre *d*) ; article 162, paragraphe 2, lettres *x*), *y*) et *z*) article 163, paragraphe 2 article 174, paragraphe 3 ; article 11 de l'annexe IV ;

d) les décisions sur les questions de fond qui se posent à propos de l'article 162, paragraphe 2, lettres *m*) et *o*), ainsi qu'à propos de l'adoption des amendements à la partie XI, sont prises par consensus ;

e) aux fins des lettres *d*), *f*) et *g*), on entend par « consensus » l'absence de toute objection formelle. Dans les 14 jours qui suivent la soumission d'une proposition au Conseil, le président examine s'il y aurait une objection à son adoption. S'il constate qu'une telle objection serait formulée, le président constitue et convoque, dans les trois jours, une commission de conciliation composée, au plus, de neuf membres du Conseil et présidée par lui-même, chargée d'éliminer les divergences et de formuler une proposition susceptible d'être adoptée par consensus. La commission s'acquitte promptement de sa tâche et fait rapport au Conseil dans les 14 jours qui suivent sa constitution. Si elle n'est pas en mesure de recommander une proposition susceptible d'être adoptée par consensus, elle expose dans son rapport les motifs de l'opposition à la proposition ;

f) les décisions sur les questions non énumérées ci-dessus que le Conseil est habilité à prendre en vertu des règles, règlements et procédures de l'Autorité ou à tout autre titre sont prises conformément aux dispositions du présent paragraphe indiquées dans ces règles, règlements et procédures ou, à défaut, conformément à la disposition déterminée par une décision du Conseil prise par consensus ;

g) en cas de doute sur le point de savoir si une question relève des catégories visées aux lettres *a*), *b*), *c*) ou *à*), la question est réputée relever de la disposition exigeant la majorité la plus élevée ou le consensus, selon le cas, à moins que le Conseil n'en décide autrement à cette majorité ou par consensus.

9. Le Conseil établit une procédure permettant à un membre de l'Autorité qui n'est pas représenté au sein du Conseil de se faire représenter à une séance de celui-ci lorsque ce membre présente une demande à cet effet ou que le Conseil examine une question qui le concerne particulièrement. Le représentant de ce membre peut participer aux débats sans droit de vote.

Art. 162. – Pouvoirs et fonctions

1. Le Conseil est l'organe exécutif de l'Autorité. Il a le pouvoir d'arrêter, en conformité avec la Convention et avec la politique générale définie par l'Assemblée, les politiques spécifiques à suivre par l'Autorité sur toute question ou tout sujet relevant de sa compétence.

2. En outre, le Conseil :

a) surveille et coordonne l'application de la présente partie pour toutes les questions et tous les sujets relevant de la compétence de l'Autorité et appelle l'attention de l'Assemblée sur les cas d'inobservation;

b) soumet à l'Assemblée une liste de candidats au poste de Secrétaire général;

c) recommande à l'Assemblée des candidats aux fonctions de membres du conseil d'administration de l'entreprise et au poste de Directeur général de celle-ci;

d) crée, selon qu'il convient, et compte dûment tenu des impératifs d'économie et d'efficacité, les organes subsidiaires qu'il juge nécessaires pour exercer ses fonctions conformément à la présente partie. En ce qui concerne la composition de tels organes, l'accent doit être mis sur la nécessité de leur assurer le concours de membres qualifiés et compétents dans les domaines techniques dont ils s'occupent, compte dûment tenu néanmoins du principe de la répartition géographique équitable et d'intérêts particuliers;

e) adopte son règlement intérieur, dans lequel il fixe notamment le mode de désignation de son président;

f) conclut, au nom de l'Autorité, des accords avec l'Organisation des Nations unies et d'autres organisations internationales, dans les limites de sa compétence et sous réserve de l'approbation de l'Assemblée;

g) examine les rapports de l'entreprise et les transmet à l'Assemblée, en y joignant ses recommandations;

h) présente à l'Assemblée des rapports annuels ainsi que les rapports spéciaux que celle-ci lui demande;

i) donne des directives à l'entreprise conformément à l'article 170;

j) approuve les plans de travail conformément à l'article 6 de l'annexe III. Le Conseil statue sur chaque plan de travail dans les 60 jours suivant la date à laquelle celui-ci lui a été soumis à une de ses sessions par la Commission juridique et technique, conformément aux procédures indiquées ci-après;

i) lorsque la Commission recommande l'approbation d'un plan de travail, celui-ci est réputé accepté par le Conseil si aucun membre de ce dernier ne soumet par écrit au président, dans un délai de 14 jours, une objection précise dans laquelle il allègue l'inobservation des conditions énoncées à l'article 6 de l'annexe III. Si une telle objection est formulée, la procédure de conciliation prévue à l'article 161, paragraphe 8, lettre *e*), s'applique. Si, au terme de cette procédure l'objection est maintenue, le plan de travail est réputé approuvé par le Conseil, à moins qu'il ne le rejette par consensus à l'exclusion de l'État ou des États qui ont fait la demande ou patronné le demandeur,

ii) lorsque la Commission recommande le rejet d'un plan de travail ou ne formule pas de recommandation, le Conseil peut approuver celui-ci à la majorité des trois quarts des membres présents et votants, à condition que cette majorité comprenne celle des membres participant à la session;

k) approuve les plans de travail présentés par l'entreprise conformément à l'article 12 de l'annexe IV, en appliquant, *mutatis mutandis,* les procédures prévues à la lettre *j*);

l) exerce un contrôle sur les activités menées dans la zone, conformément à l'article 153, paragraphe 4, et aux règles, règlements et procédures de l'Autorité;

m) prend, sur recommandation de la Commission de planification économique, les mesures nécessaires et appropriées pour protéger les États en développement, conformément à l'article 150, lettre *h*), des effets économiques défavorables visés dans cette disposition;

n) fait à l'Assemblée, en se fondant sur l'avis de la Commission de planification économique, des recommandations concernant l'institution d'un système de compensation ou la prise d'autres mesures d'assistance propres à faciliter l'ajustement économique, comme le prévoit l'article 151, paragraphe 10;

o) i) recommande à l'Assemblée des règles, règlements et procédures relatifs au partage équitable des avantages financiers et autres avantages économiques tirés des activités menées dans la zone, ainsi qu'aux contributions prévues à l'article 82, en tenant particulièrement compte des intérêts et besoins des États en développement et des peuples qui n'ont pas accédé à la pleine indépendance ou à un autre régime d'autonomie,

ii) adopte et applique provisoirement, en attendant l'approbation de l'Assemblée, les règles, règlements et procédures de l'Autorité et tous amendements à ces textes en tenant compte des recommandations de la Commission juridique et technique ou de tout autre organe subordonné concerné. Ces règles, règlements et procédures ont pour objet la prospection, l'exploration et l'exploitation dans la zone, ainsi que la gestion financière de l'Autorité et son administration interne. La priorité est accordée à l'adoption de règles, règlements et procédures relatifs à l'exploration et l'exploitation de nodules polymétalliques. Les règles, règlements et procédures portant sur l'exploration et l'exploitation de toute ressource autre que les nodules polymétalliques sont adoptés dans un délai de trois ans à compter de la date à laquelle l'Autorité a été saisie d'une demande à cet effet par un de ses membres. Ils demeurent tous en vigueur à titre provisoire jusqu'à leur approbation par l'Assemblée ou jusqu'à leur modification par le Conseil, à la lumière des vues exprimées par l'Assemblée;

p) veille au paiement de toutes les sommes dues par l'Autorité ou à celle-ci au titre des opérations effectuées conformément à la présente partie;

q) fait un choix entre les demandeurs d'autorisation de production en vertu de l'article 7 de l'annexe III dans les cas prévus à cet article;

r) soumet le projet de budget annuel de l'Autorité à l'approbation de l'Assemblée;

s) fait à l'Assemblée des recommandations sur la politique à suivre sur toute question ou tout sujet qui relève de la compétence de l'Autorité;

t) fait à l'Assemblée des recommandations sur la suspension de l'exercice des droits et privilèges inhérents à la qualité de membre en application de l'article 185;

u) saisit, au nom de l'Autorité, la Chambre pour le règlement des différends relatifs aux fonds marins dans les cas d'inobservation;

v) notifie à l'Assemblée la décision rendue par la Chambre pour le règlement de différends relatifs aux fonds marins, saisie conformément à la lettre *u*), et lui fait les recommandations qu'il juge nécessaires sur les mesures à prendre;

w) émet des ordres en cas d'urgence, y compris éventuellement l'ordre de suspendre ou de modifier les opérations, afin de prévenir tout dommage grave pouvant être causé au milieu marin par des activités menées dans la zone;

x) exclut la mise en exploitation de certaines zones par des contractants ou par l'entreprise lorsqu'il y a de sérieuses raisons de penser qu'il en résulterait un risque de dommage grave pour le milieu marin;

y) crée un organe subsidiaire chargé de l'élaboration de projets de règles, règlements et procédures financiers relatifs :

i) à la gestion financière conformément aux articles 171 à 175; et

ii) aux modalités financières prévues à l'article 13 et à l'article 17, paragraphe 1, lettre *c*), de l'annexe III;

z) met en place des mécanismes appropriés pour diriger et superviser un corps d'inspecteurs chargés de surveiller les activités menées dans la zone pour déterminer si la présente partie, les règles, règlements et procédures de l'Autorité et les clauses et conditions des contrats conclus avec l'Autorité sont observés.

Art. 163. – Organes du Conseil

1. Il est créé en tant qu'organes du Conseil :

a) une Commission de planification économique ;

b) une Commission juridique et technique.

2. Chaque commission est composée de 15 membres, élus par le Conseil parmi les candidats présentés par les États parties. Le Conseil peut néanmoins, si besoin est, décider d'élargir la composition de l'une ou de l'autre en tenant dûment compte des impératifs d'économie et d'efficacité.

3. Les membres d'une commission doivent avoir les qualifications requises dans les domaines relevant de la compétence de celle-ci. Afin de permettre aux commissions d'exercer leurs fonctions efficacement, les États parties désignent des candidats de la plus haute compétence et de la plus haute intégrité, ayant les qualifications requises dans les domaines pertinents.

4. Lors de l'élection, il est dûment tenu compte de la nécessité d'une répartition géographique équitable des sièges et d'une représentation des intérêts particuliers.

5. Aucun État partie ne peut présenter plus d'un candidat à une même commission. Nul ne peut être élu à plus d'une commission.

6. Les membres des commissions sont élus pour cinq ans. Ils sont rééligibles pour un nouveau mandat.

7. En cas de décès, d'incapacité ou de démission d'un membre d'une commission avant l'expiration de son mandat, le Conseil élit, pour la durée du mandat restant à courir, un membre de la même région géographique ou représentant la même catégorie d'intérêts.

8. Les membres des commissions ne doivent posséder d'intérêts financiers dans aucune des activités touchant l'exploration et l'exploitation dans la zone. Sous réserve de leurs obligations envers la commission dont ils font partie, ils ne doivent divulguer, même après la cessation de leurs fonctions, aucun secret industriel, aucune donnée qui est propriété industrielle et qui a été transférée à l'Autorité en application de l'article 14 de l'annexe III, ni aucun autre renseignement confidentiel dont ils ont connaissance à raison de leurs fonctions.

9. Chaque commission exerce ses fonctions conformément aux principes et directives arrêtés par le Conseil.

10. Chaque commission élabore et soumet à l'approbation du Conseil les règles et règlements nécessaires à son bon fonctionnement.

11. Les procédures de prise de décision des commissions sont fixées par les règles, règlements et procédures de l'Autorité. Les recommandations faites au Conseil sont accompagnées, le cas échéant, d'un exposé succinct des divergences qui sont apparues au sein de la commission.

12. Les commissions exercent normalement leurs fonctions au siège de l'Autorité et se réunissent aussi souvent que nécessaire pour s'acquitter efficacement de leur tâche.

13. Dans l'exercice de ses fonctions, chaque commission consulte, le cas échéant, une autre commission ou tout organe compétent de l'Organisation des Nations unies et de ses institutions spécialisées ou toute autre organisation internationale ayant compétence dans le domaine considéré.

Art. 164. – La Commission de planification économique

1. Les membres de la Commission de planification économique doivent posséder les qualifications voulues, notamment en matière d'activités minières, de gestion des ressources minérales, de commerce international et d'économie internationale. Le Conseil s'efforce de faire en sorte que, par sa composition, la Commission dispose de l'éventail complet des qualifications requises. La Commission doit compter parmi ses membres au moins deux ressortissants d'États en développement dont l'économie est fortement tributaire des exportations de catégories de minéraux devant être extraits de la zone.

2. La Commission :

a) propose au Conseil, à la demande de celui-ci, des mesures d'application des décisions prises conformément à la Convention en ce qui concerne les activités menées dans la zone ;

b) étudie les tendances de l'offre et de la demande de minéraux pouvant provenir de la zone et de leur prix, ainsi que les facteurs qui affectent ces données, en prenant en considération les intérêts États exportateurs, notamment des États importateurs comme des, de ceux d'entre eux qui sont des États en développement ;

c) examine toute situation susceptible d'entraîner les effets défavorables visés à l'article 150, lettre *h*), portée à son attention par l'État partie ou les États parties concernés et fait au Conseil les recommandations appropriées ;

d) propose au Conseil, pour soumission à l'Assemblée, comme le prévoit l'article 151, paragraphe 10, un système de compensation en faveur des États en développement pour lesquels les activités menées dans la zone ont des effets défavorables, ou d'autres mesures d'assistance propres à faciliter l'ajustement économique, et fait au Conseil les recommandations nécessaires à la mise en œuvre, dans des cas précis, du système ou des mesures adoptés par l'Assemblée.

Art. 165. – La Commission juridique et technique

1. Les membres de la Commission juridique et technique doivent posséder les qualifications voulues, notamment en matière d'exploration, d'exploitation et de traitement des ressources minérales, d'océanologie et de protection du milieu marin, ou en ce qui concerne les questions économiques ou juridiques relatives aux activités minières en mer, ou dans d'autres domaines connexes. Le Conseil s'efforce de faire en sorte que, par sa composition, la Commission dispose de l'éventail complet des qualifications requises.

2. La Commission :

a) fait au Conseil, à la demande de celui-ci, des recommandations concernant l'exercice des fonctions de l'Autorité ;

b) examine les plans de travail formels et écrits concernant les activités à mener dans la zone conformément à l'article 153, paragraphe 3, et fait au Conseil des recommandations appropriées. La Commission fonde ses recommandations sur les seules dispositions de l'annexe III et présente au Conseil un rapport complet sur le sujet ;

c) surveille, à la demande du Conseil, les activités menées dans la zone, le cas échéant, en consultation et en collaboration avec toute entité ou personne qui mène ces activités ou avec l'État ou les États concernés, et fait rapport au Conseil ;

d) évalue les incidences écologiques des activités menées ou à mener dans la zone ;

e) fait au Conseil des recommandations sur la protection du milieu marin, en tenant compte de l'opinion d'experts reconnus ;

f) élabore et soumet au Conseil les règles, règlements et procédures visés à l'article 162, paragraphe 2, lettre *o*), compte tenu de tous les facteurs pertinents, y compris l'évaluation des incidences écologiques des activités menées dans la zone ;

g) réexamine de temps à autre ces règles, règlements et procédures et recommande au Conseil les amendements qu'elle juge nécessaires ou souhaitables ;

h) fait au Conseil des recommandations concernant la mise en place d'un programme de surveillance consistant à observer, mesurer, évaluer et analyser régulièrement, par des méthodes scientifiques reconnues, les risques ou les conséquences des activités menées dans la zone quant à la pollution du milieu marin, s'assure que les réglementations existantes sont appropriées et respectées et coordonne l'exécution du programme de surveillance une fois celui-ci approuvé par le Conseil ;

i) recommande au Conseil de saisir, au nom de l'Autorité, la Chambre pour le règlement des différends relatifs aux fonds marins, compte tenu en particulier de l'article 187, conformément à la présente partie et aux annexes qui s'y rapportent ;

j) fait au Conseil des recommandations sur les mesures à prendre après que la Chambre pour le règlement des différends relatifs aux fonds marins, saisie conformément à la lettre *i*), a rendu sa décision ;

k) recommande au Conseil d'émettre des ordres en cas d'urgence, y compris éventuellement l'ordre de suspendre ou de modifier les opérations, afin de prévenir tout dommage grave pouvant être causé au milieu marin par des activités menées dans la zone le Conseil examine ces recommandations en priorité ;

l) recommande au Conseil d'exclure la mise en exploitation de certaines zones par des contractants ou par l'entreprise lorsqu'il y a de sérieuses raisons de penser qu'il en résulterait un risque de dommage grave pour le milieu marin ;

m) fait au Conseil des recommandations concernant la direction et la supervision d'un corps d'inspecteurs chargés de surveiller les activités menées dans la zone et de déterminer si la présente partie, les règles, règlements et procédures de l'Autorité et les clauses et conditions de tout contrat conclu avec l'Autorité sont observés;

n) calcule le plafond de production et délivre des autorisations de production au nom de l'Autorité en application de l'article 151, paragraphes 2 à 7, une fois que le Conseil a opéré, le cas échéant, le choix nécessaire entre les demandeurs conformément à l'article 7 de l'annexe III.

3. À la demande de tout État partie ou de toute autre partie concernée, les membres de la Commission se font accompagner d'un représentant de cet État ou de cette partie concernée lorsqu'ils exercent leurs fonctions de surveillance et d'inspection.

Sous-section 4. – Le Secrétariat

Art. 166. – Le Secrétariat

1. Le Secrétariat de l'Autorité comprend un Secrétaire général et le personnel nécessaire à l'Autorité.

2. Le Secrétaire général est élu par l'Assemblée parmi les candidats proposés par le Conseil pour une durée de quatre ans et il est rééligible.

3. Le Secrétaire général est le plus haut fonctionnaire de l'Autorité et agit en cette qualité à toutes les réunions de l'Assemblée et du Conseil et de tout organe subsidiaire il exerce toutes autres fonctions administratives dont il est chargé par ces organes.

4. Le Secrétaire général présente à l'Assemblée un rapport annuel sur l'activité de l'Autorité.

Art. 167. – Personnel de l'Autorité

1. Le personnel de l'Autorité comprend les personnes qualifiées dans les domaines scientifiques, technique et autres dont elle a besoin pour exercer ses fonctions administratives.

2. La considération dominante dans le recrutement et la fixation des conditions d'emploi du personnel est d'assurer de l'Autorité les services de personnes possédant les plus hautes qualités de travail, de compétence et d'intégrité. Sous cette réserve, il est dûment tenu compte de l'importance d'un recrutement effectué sur une base géographique aussi large que possible.

3. Le personnel est nommé par le Secrétaire général. Les conditions et modalités de nomination, de rémunération et de licenciement du personnel doivent être conformes aux règles, règlements et procédures de l'Autorité.

Art. 168. – Caractère International du Secrétariat

1. Dans l'exercice de leurs fonctions, le Secrétaire général et le personnel ne sollicitent et n'acceptent d'instructions d'aucun Gouverne-

ment ni d'aucune autre source extérieure à l'Autorité. Ils s'abstiennent de tout acte incompatible avec leur qualité de fonctionnaires internationaux et ne sont responsables qu'envers l'Autorité. Chaque État partie s'engage à respecter le caractère exclusivement international des fonctions du Secrétaire général et du personnel et à ne pas chercher à les influencer dans l'exécution de leur tâche. Tout manquement à ses obligations de la part d'un fonctionnaire est soumis à un tribunal administratif désigné selon les règles, règlements et procédures de l'Autorité.

2. Le Secrétaire général et le personnel ne doivent posséder d'intérêts financiers dans aucune des activités touchant l'exploration et l'exploitation dans la zone. Sous réserve de leurs obligations envers l'Autorité, ils ne doivent divulguer, même après la cessation de leurs fonctions, aucun secret industriel, aucune donnée qui est propriété industrielle et qui a été transférée à l'Autorité en application de l'article 14 de l'annexe III, ni aucun autre renseignement confidentiel dont ils ont connaissance à raison de leurs fonctions.

3. Les manquements de la part d'un fonctionnaire de l'Autorité aux obligations énoncées au paragraphe 2 donnent lieu, à la demande d'un État partie lésé par un tel manquement ou d'une personne physique ou morale patronnée par un État partie conformément à l'article 153, paragraphe 2, lettre *b*), et lésée par un tel manquement, à des poursuites de l'Autorité contre le fonctionnaire en cause devant un tribunal désigné selon les règles, règlements et procédures de l'Autorité. La partie lésée a le droit de participer à la procédure. Si le tribunal le recommande, le Secrétaire général licencie le fonctionnaire en cause.

4. Les règles, règlements et procédures de l'Autorité prévoient les modalités d'application du présent article.

Art. 169. – Consultations et coopération avec les organisations internationales et les organisations non gouvernementales

1. Pour les questions qui sont du ressort de l'Autorité, le Secrétaire général conclut, après approbation du Conseil, des accords aux fins de consultations et de coopération avec les organisations internationales et les organisations non gouvernementales reconnues par le Conseil économique et social de l'Organisation des Nations unies.

2. Toute organisation avec laquelle le Secrétaire général a conclu un accord en vertu du paragraphe 1 peut désigner des représentants qui assistent en qualité d'observateurs aux réunions des organes de l'Autorité conformément au règlement intérieur de ceux-ci. Des procédures sont instituées pour permettre à ces organisations de faire connaître leurs vues dans les cas appropriés.

3. Le Secrétaire général peut faire distribuer aux États parties des rapports écrits présentés par les organisations non gouvernementales visées au paragraphe 1 sur des sujets qui relèvent de leur compétence particulière et se rapportent aux travaux de l'Autorité.

Sous-section 5. – L'entreprise

Art. 170. – L'entreprise

1. L'entreprise est l'organe de l'Autorité qui mène des activités dans la zone directement en application de l'article 153, paragraphe 2, lettre *a*), ainsi que des activités de transport, de traitement et de commercialisation des minéraux tirés de la zone.

2. Dans le cadre de l'Autorité, personne juridique internationale, l'entreprise a la capacité juridique prévue à l'annexe IV. L'entreprise agit conformément à la Convention et aux règles, règlements et procédures de l'Autorité, ainsi qu'à la politique générale arrêtée par l'Assemblée, et elle observe les directives du Conseil et est soumise à son contrôle.

3. L'entreprise a son établissement principal au siège de l'Autorité.

4. L'entreprise est dotée, conformément à l'article 173, paragraphe 2, et à l'article 1 1 de l'annexe IV, des ressources financières dont elle a besoin pour exercer ses fonctions, et elle dispose des techniques qui lui sont transférées en application de l'article 144 et des autres dispositions pertinentes de la Convention.

Sous-section 6. – Organisation financière de l'Autorité

Art. 171. – Ressources financières de l'Autorité

Les ressources financières de l'Autorité comprennent :

a) les contributions des membres de l'Autorité fixées conformément à l'article 160, paragraphe 2, lettre *e*);

b) les recettes que perçoit l'Autorité, en application de l'article 13 de l'annexe III, au titre des activités menées dans la zone;

c) les sommes virées par l'entreprise conformément à l'article 10 de l'annexe IV;

d) le produit des emprunts contractés en application de l'article 174;

e) les contributions volontaires versées par les membres ou provenant d'autres sources; et

f) les paiements effectués à un fonds de compensation conformément à l'article 151, paragraphe 10, dont la Commission de la planification économique doit recommander les sources.

Art. 172. – Budget annuel de l'Autorité

Le Secrétaire général établit le projet de budget annuel de l'Autorité et le présente au Conseil. Celui-ci l'examine et le soumet, avec ses recommandations, à l'approbation de l'Assemblée en application de l'article 160, paragraphe 2, lettre *h*).

Art. 173. – Dépenses de l'Autorité

1. Les contributions visées à l'article 171, lettre *a*), sont versées à un compte spécial et servent à couvrir les dépenses d'administration

de l'Autorité jusqu'au moment où celui-ci dispose, à cette fin, de recettes suffisantes provenant d'autres sources.

2. Les ressources financières de l'Autorité servent d'abord à régler les dépenses d'administration. À l'exception des contributions visées à l'article 171, lettre *a*), les fonds qui restent après paiement de ces dépenses peuvent notamment :

a) être partagés conformément à l'article 140 et à l'article 160, paragraphe 2, lettre *g*) ;

b) servir à doter l'entreprise des ressources financières visées à l'article 170, paragraphe 4 ;

c) servir à dédommager les États en développement conformément à l'article 151, paragraphe 10, et à l'article 160, paragraphe 2, lettre *l*).

Art. 174. – Capacité de l'Autorité de contracter des emprunts

1. L'Autorité a la capacité de contracter des emprunts.
2. L'Assemblée fixe les limites de cette capacité dans le règlement financier adopté en application de l'article 160, paragraphe 2, lettre *f*).
3. Le Conseil exerce cette capacité.
4. Les États parties ne sont pas responsables des dettes de l'Autorité.

Art. 175. – Vérification annuelle des comptes

Les rapports, livres et comptes de l'Autorité, y compris ses états financiers annuels, sont vérifiés chaque année par un contrôleur indépendant, nommé par l'Assemblée.

Sous-section 7. – Statut juridique, privilèges et immunités

Art. 176. – Statut juridique

L'Autorité possède la personnalité juridique internationale et a la capacité juridique qui lui est nécessaire pour exercer ses fonctions et atteindre ses buts.

Art. 177. – Privilèges et immunités

Pour pouvoir exercer ses fonctions, l'Autorité jouit, sur le territoire de chaque État partie, des privilèges et immunités prévus dans la présente sous-section. Les privilèges et immunités relatifs à l'entreprise sont prévus à l'article 13 de l'annexe IV.

Art. 178. – Immunité de juridiction et d'exécution

L'Autorité, ainsi que ses biens et ses avoirs, jouissent de l'immunité de juridiction et d'exécution, sauf dans la mesure ou l'Autorité y renonce expressément dans un cas particulier.

Art. 179. – Exemption de perquisition et de toute autre forme de contrainte

Les biens et les avoirs de l'Autorité, où qu'ils se trouvent et quel qu'en soit le détenteur, sont exempts de perquisition, réquisition, confiscation, expropriation et de toute autre forme de contrainte procédant d'une mesure du pouvoir exécutif ou du pouvoir législatif.

Art. 180. – Exemption de tout contrôle, restriction, règlement ou moratoire

Les biens et les avoirs de l'Autorité sont exempts de tout contrôle, de toute restriction ou réglementation et de tout moratoire.

Art. 181. – Archives et communications officielles de l'Autorité

1. Les archives de l'Autorité sont inviolables, où qu'elles se trouvent.
2. Les données qui sont propriété industrielle, les renseignements couverts par le secret industriel et les informations analogues, ainsi que les dossiers du personnel, ne doivent pas être conservés dans des archives accessibles au public.
3. Chaque État partie accorde à l'Autorité, pour ses communications officielles, un traitement au moins aussi favorable que celui qu'il accorde aux autres organisations internationales.

Art. 182. – Privilèges et immunités des personnes agissant dans le cadre de l'Autorité

Les représentants des États parties qui assistent aux réunions de l'Assemblée, du Conseil ou des organes de l'Assemblée ou du Conseil, ainsi que le Secrétaire général et le personnel de l'Autorité, jouissent, sur le territoire de chaque État partie :

a) de l'immunité de juridiction et d'exécution pour les actes accomplis par eux dans l'exercice de leurs fonctions, sauf dans la mesure où l'État qu'ils représentent ou l'Autorité, selon le cas, y renonce expressément dans un cas particulier;

b) des mêmes exemptions que celles accordées par l'État sur le territoire duquel ils se trouvent aux représentants, fonctionnaires et employés de rang comparable des autres États parties en ce qui concerne les conditions d'immigration, les formalités d'enregistrement des étrangers et les obligations de service national, ainsi que des mêmes facilités relatives à la réglementation des changes et aux déplacements, à moins qu'il ne s'agisse de ressortissants de l'État concerné.

Art. 183. – Exemption d'impôts ou taxes et de droits de douane

1. L'Autorité, dans l'exercice de ses fonctions, ainsi que ses biens, avoirs et revenus, de même que ses activités et transactions autorisées par la Convention, sont exempts de tout impôt direct, et les biens qu'elle importe ou exporte pour son usage officiel sont exempts de tous droits de douane. L'Autorité ne peut demander aucune exemption de droits perçus en rémunération de services rendus.

2. Si des achats de biens ou de services d'une valeur substantielle, nécessaires à l'exercice des fonctions de l'Autorité, sont effectués par elle ou pour son compte et si le prix de ces biens ou services inclut des impôts, taxes ou droits, les États parties prennent, autant que possible, les mesures appropriées pour accorder l'exemption de ces impôts, taxes ou droits ou pour en assurer le remboursement. Les biens importés ou achetés sous le régime d'exemption prévu au présent article ne doivent être ni vendus ni aliénés d'une autre manière sur le territoire de l'État partie qui a accordé l'exemption, à moins que ce ne soit à des conditions convenues avec cet État.

3. Les États parties ne perçoivent aucun impôt prenant directement ou indirectement pour base les traitements, émoluments et autres sommes versés par l'Autorité au Secrétaire général et aux membres du personnel de l'Autorité, ainsi qu'aux experts qui accomplissent des missions pour l'Autorité, à moins qu'ils ne soient leurs ressortissants.

Sous-section 8. – Suspension de l'exercice des droits et privilèges des membres

Art. 184. – Suspension du droit de vote

Un État partie en retard dans le paiement de ses contributions à l'Autorité ne peut participer aux votes si le montant de ses arriérés est égal ou supérieur aux contributions dues par lui pour les deux années complètes écoulées. L'Assemblée peut néanmoins autoriser cet État à participer aux votes si elle constate que le manquement est dû à des circonstances indépendantes de sa volonté.

Art. 185. – Suspension de l'exercice des droits et privilèges inhérents à la qualité de membre

1. Un État partie qui a enfreint gravement et de façon persistante la présente partie peut, sur recommandation du Conseil, être suspendu de l'exercice des droits et privilèges inhérents à la qualité de membre par l'Assemblée.

2. Aucune décision ne peut être prise en vertu du paragraphe 1 tant que la Chambre pour le règlement des différends relatifs aux fonds marins n'a pas constaté que l'État partie en cause a enfreint gravement et de façon persistante la présente partie.

Section 5

Règlement des différends et avis consultatifs

Art. 186. – Chambre pour le règlement des différends relatifs aux fonds marins du Tribunal international du droit de la mer

La présente section, la partie XV et l'annexe VI régissent la constitution de la Chambre pour le règlement des différends relatifs aux fonds marins et la manière dont elle exerce sa compétence.

Art. 187. – Compétence de la Chambre pour le règlement des différends relatifs aux fonds marins

La Chambre pour le règlement des différends relatifs aux fonds marins a compétence, en vertu de la présente partie et des annexes qui s'y rapportent, pour connaître des catégories suivantes de différends portant sur des activités menées dans la zone :

a) différends entre États parties relatifs à l'interprétation ou à l'application de la présente partie et des annexes qui s'y rapportent;

b) différends entre un État partie et l'Autorité relatifs à :

i) des actes ou omissions de l'Autorité ou d'un État partie dont il est allégué qu'ils contreviennent aux dispositions de la présente partie ou des annexes qui s'y rapportent ou à des règles, règlements ou procédures adoptés par l'Autorité conformément à ces dispositions; ou

ii) des actes de l'Autorité dont il est allégué qu'ils excèdent sa compétence ou constituent un détournement de pouvoir;

c) différents entre parties à un contrat, qu'il s'agisse d'États parties, de l'Autorité ou de l'entreprise, ou d'entreprises d'État ou de personnes physiques ou morales visées à l'article 153, paragraphe 2, lettre *b*), relatifs à :

i) l'interprétation ou l'exécution d'un contrat ou d'un plan de travail; ou

ii) des actes ou omissions d'une partie au contrat concernant des activités menées dans la zone et affectant l'autre partie ou portant directement atteinte à ses intérêts légitimes;

d) différends entre l'Autorité et un demandeur qui est patronné par un État conformément à l'article 153, paragraphe 2, lettre *b*), et qui a satisfait aux conditions stipulées à l'article 4, paragraphe 6, et à l'article 13, paragraphe 2, de l'annexe III, relatifs à un refus de contracter ou à une question juridique surgissant lors de la négociation du contrat;

e) différends entre l'Autorité et un État partie, une entreprise d'État ou une personne physique ou morale patronnée par un État partie conformément à l'article 153, paragraphe 2, lettre *b*), lorsqu'il est allégué que la responsabilité de l'Autorité est engagée en vertu de l'article 22 de l'annexe III;

f) tout autre différend pour lequel la compétence de la Chambre est expressément prévue par la Convention.

Art. 188. – Soumission des différends à une chambre spéciale du Tribunal international du droit de la mer ou à une chambre *ad hoc* de la Chambre pour le règlement des différends relatifs aux fonds marins ou à un arbitrage commercial obligatoire

1. Les différends entre États parties visées à l'article 187, lettre *a*), peuvent être soumis :

a) à une chambre spéciale du Tribunal international du droit de la mer constituée conformément aux articles 15 et 17 de l'annexe VI, à la demande des parties au différend; ou

b) à une chambre *ad hoc* de la Chambre pour le règlement des différends relatifs aux fonds marins constituée conformément à l'article 36 de l'annexe VI, à la demande de toute partie au différend.

2. a) Les différends relatifs à l'interprétation ou à l'application d'un contrat visés à l'article 187, lettre *c*), i., sont soumis, à la demande de toute partie au différend, à un arbitrage commercial obligatoire, à moins que les parties au différend n'en conviennent autrement. Le tribunal arbitral commercial saisi d'un tel différend n'a pas compétence pour se prononcer sur un point d'interprétation de la Convention. Si le différend comporte un point d'interprétation de la partie XI et des annexes qui s'y rapportent au sujet des activités menées dans la zone, ce point est renvoyé pour décision à la Chambre pour le règlement des différends relatifs aux fonds marins.

b) Si, au début ou au cours d'une telle procédure d'arbitrage, le tribunal arbitral commercial, agissant à la demande de l'une des parties au différend ou d'office, constate que sa décision est subordonnée à une décision de la Chambre pour le règlement des différends relatifs aux fonds marins, il renvoie ce point à la Chambre pour décision. Le tribunal arbitral rend ensuite sa sentence conformément à la décision de la Chambre.

c) En l'absence, dans le contrat, d'une disposition sur la procédure arbitrale applicable au différend, l'arbitrage se déroule, à moins que les parties n'en conviennent autrement, conformément au Règlement d'arbitrage de la CNUDCI (2) ou à tout autre règlement d'arbitrage qui pourrait être prévu dans les règles, règlements et procédures de l'Autorité.

Art. 189. – Limitation de compétence en ce qui concerne les décisions de l'Autorité

La Chambre pour le règlement des différends relatifs aux fonds marins n'a pas compétence pour se prononcer sur l'exercice par l'Autorité, conformément à la présente partie, de ses pouvoirs discrétionnaires; elle ne peut en aucun cas se substituer à l'Autorité dans l'exercice des pouvoirs discrétionnaires de celle-ci. Sans préjudice de l'article 191, lorsqu'elle exerce la compétence qui lui est reconnue en vertu de l'article 187, la Chambre pour le règlement des différends relatifs aux fonds marins ne se prononce pas sur la question de savoir si une règle, un règlement ou une procédure de l'Autorité est conforme à la Convention et ne peut déclarer nul cette règle, ce règlement ou cette procédure. Sa compétence se limite à établir si l'application de

(2) CNUDCI : Commission des Nations unies pour le droit commercial international (NDLR).

règles, règlements ou procédures de l'Autorité dans des cas particuliers seraient en conflit avec les obligations contractuelles des parties au différend ou les obligations qui leur incombent en vertu de la Convention et à connaître des recours pour incompétence ou détournement de pouvoir, ainsi que des demandes de dommages-intérêts et autres demandes de réparation introduites par l'une des parties contre l'autre pour manquement de celle-ci à ses obligations contractuelles ou aux obligations qui lui incombent en vertu de la Convention.

Art. 190. – Participation à la procédure et comparution des États parties ayant accordé leur patronage

1. L'État partie qui patronne une personne physique ou morale partie à un différend visé à l'article 187 reçoit notification du différend et a le droit de participer à la procédure en présentant des observations écrites ou orales.

2. Lorsqu'une action est intentée contre un État partie par une personne physique ou morale patronnée par un autre État partie pour un différend visé à l'article 187, lettre *c*), l'État défendeur peut demander à l'État qui patronne cette personne de comparaître au nom de celle-ci. À défaut de comparaître, l'État défendeur peut se faire représenter par une personne morale possédant sa nationalité.

Art. 191. – Avis consultatifs

La Chambre pour le règlement des différends relatifs aux fonds marins donne des avis consultatifs, à la demande de l'Assemblée ou du Conseil, sur les questions juridiques qui se posent dans le cadre de leur activité. Ces avis sont donnés dans les plus brefs délais.

DOUZIÈME PARTIE

PROTECTION ET PRÉSERVATION DU MILIEU MARIN

Section I

Dispositions générales

Art. 192. – Obligation d'ordre général

Les États ont l'obligation de protéger et de préserver le milieu marin.

Art. 193. – Droit souverain des États d'exploiter leurs ressources naturelles

Les États ont le droit souverain d'exploiter leurs ressources naturelles selon leur politique en matière d'environnement et conformément à leur obligation de protéger et de préserver le milieu marin.

Art. 194. – Mesures visant à prévenir, réduire et maîtriser la pollution du milieu marin

1. Les États prennent, séparément ou conjointement selon qu'il convient, toutes les mesures compatibles avec la Convention qui sont nécessaires pour prévenir, réduire et maîtriser la pollution du milieu marin, quelle qu'en soit la source ils mettent en œuvre à cette fin les moyens les mieux adaptés dont ils disposent, en fonction de leurs capacités, et ils s'efforcent d'harmoniser leurs politiques à cet égard.

2. Les États prennent toutes les mesures nécessaires pour que les activités relevant de leur juridiction ou de leur contrôle le soient de manière à ne pas causer de préjudice par pollution à d'autres États et à leur environnement et pour que la pollution résultant d'incidents ou d'activités relevant de leur juridiction ou de leur contrôle ne s'étende pas au-delà des zones où ils exercent des droits souverains conformément à la Convention.

3. Les mesures prises en application de la présente partie doivent viser toutes les sources de pollution du milieu marin. Elles comprennent notamment les mesures tendant à limiter autant que possible :

a) l'évacuation de substances toxiques, nuisibles ou nocives, en particulier de substances non dégradables, à partir de sources telluriques, depuis ou à travers l'atmosphère ou par immersion ;

b) la pollution par les navires, en particulier les mesures visant à prévenir les accidents et à faire face aux cas d'urgence, à assurer la sécurité des opérations en mer, à prévenir les rejets, qu'ils soient intentionnels ou non, et à réglementer la conception, la construction, l'armement et l'exploitation des navires ;

c) la pollution provenant des installations ou engins utilisés pour l'exploration ou l'exploitation des ressources naturelles des fonds marins et de leur sous-sol, en particulier les mesures visant à prévenir les accidents et à faire face aux cas d'urgence, à assurer la sécurité des opérations en mer et à réglementer la conception, la construction, l'équipement, l'exploitation de ces installations ou engins et la composition du personnel qui y est affecté ;

d) la pollution provenant des autres installations ou engins qui fonctionnent dans le milieu marin, en particulier les mesures visant à prévenir les accidents et à faire face aux cas d'urgence, à assurer la sécurité des opérations en mer et à réglementer la conception, la construction, l'équipement, l'exploitation de ces installations ou engins et la composition du personnel qui y est affecté.

4. Lorsqu'ils prennent des mesures pour prévenir, réduire ou maîtriser la pollution du milieu marin, les États s'abstiennent de toute ingérence injustifiable dans les activités menées par d'autres États qui exercent leurs droits ou s'acquittent de leurs obligations conformément à la Convention.

5. Les mesures prises conformément à la présente partie comprennent les mesures nécessaires pour protéger et préserver les écosystèmes rares ou délicats ainsi que l'habitat des espèces et autres organismes marins en régression, menacés ou en voie d'extinction.

Art. 195. – Obligation de ne pas déplacer le préjudice ou les risques et de ne pas remplacer un type de pollution par un autre

Lorsqu'ils prennent des mesures pour prévenir, réduire et maîtriser la pollution du milieu marin, les États agissent de manière à ne pas déplacer, directement ou indirectement, le préjudice ou les risques d'une zone dans une autre et à ne pas remplacer un type de pollution par un autre.

Art. 196. – Utilisation de techniques ou introduction d'espèces étrangères ou nouvelles

1. Les États prennent toutes les mesures nécessaires pour prévenir, réduire et maîtriser la pollution du milieu marin résultant de l'utilisation de techniques dans le cadre de leur juridiction ou sous leur contrôle, ou l'introduction intentionnelle ou accidentelle en une partie du milieu marin d'espèces étrangères ou nouvelles pouvant y provoquer des changements considérables et nuisibles.

2. Le présent article n'affecte pas l'application des dispositions de la Convention relative aux mesures visant à prévenir, réduire et maîtriser la pollution du milieu marin.

Section 2

Coopération mondiale et régionale

Art. 197. – Coopération au plan mondial ou régional

Les États coopèrent au plan mondial et, le cas échéant, au plan régional, directement ou par l'intermédiaire des organisations internationales compétentes, à la formulation et à l'élaboration de règles et de normes, ainsi que de pratiques et procédures recommandées de caractère international compatibles avec la Convention, pour protéger et préserver le milieu marin, compte tenu des particularités régionales.

Art. 198. – Notification d'un risque imminent de dommage ou d'un dommage effectif

Tout État qui a connaissance de cas où le milieu marin est en danger imminent de subir des dommages ou a subi des dommages du fait de la pollution, en informe immédiatement les autres États qu'il juge exposés à ces dommages ainsi que les organisations internationales compétentes.

Art. 199. – Plans d'urgence contre la pollution

Dans les cas visés à l'article 198, les États situés dans la zone affectée, selon leurs capacités, et les organisations internationales compétentes coopèrent, dans toute la mesure du possible, en vue d'éliminer les effets de la pollution et de prévenir ou réduire à un minimum les dommages. À cette fin, les États doivent élaborer et promouvoir conjointement des plans d'urgence pour faire face aux incidents entraînant la pollution du milieu marin.

Art. 200. – Études, programmes de recherche et échange de renseignements et de données

Les États coopèrent, directement ou par l'intermédiaire des organisations internationales compétentes, en vue de promouvoir des études, entreprendre des programmes de recherche scientifique et encourager l'échange de renseignements et de données sur la pollution du milieu marin. Ils s'efforcent de participer activement aux programmes régionaux et mondiaux visant à l'acquisition des connaissances requises pour déterminer la nature et l'ampleur de la pollution, l'exposition à la pollution, les voies qu'elle emprunte, les risques qu'elle comporte et les remèdes possibles.

Art. 201. – Critères scientifiques pour l'élaboration de règlements

Compte tenu des renseignements et données recueillis en application de l'article 200, les États coopèrent directement ou par l'intermédiaire des organisations internationales compétentes, en vue d'établir des critères scientifiques appropriés pour la formulation et l'élaboration de règles et de normes, ainsi que de pratiques et procédures recommandées visant à prévenir, réduire et maîtriser la pollution du milieu marin.

Section 3

Assistance technique

Art. 202. – Assistance aux États en développement dans les domaines de la science et de la technique

Les États, agissant directement ou par l'intermédiaire des organisations internationales compétentes, doivent :

a) promouvoir des programmes d'assistance aux États en développement dans les domaines de la science, de l'éducation, de la technique et dans d'autres domaines, en vue de protéger et de préserver le milieu marin et de prévenir, réduire et maîtriser la pollution marine. Cette assistance consiste notamment à :

i) former le personnel scientifique et technique de ces États,

ii) faciliter leur participation aux programmes internationaux pertinents,

iii) fournir à ces États le matériel et les facilités nécessaires,

iv) accroître leur capacité de fabriquer eux-mêmes ce matériel,

v) fournir les services consultatifs et développer les moyens matériels concernant les programmes de recherche, de surveillance continue, d'éducation et autres programmes;

b) fournir l'assistance appropriée, spécialement aux États en développement, pour aider ceux-ci à réduire à un minimum les effets des accidents majeurs risquant d'entraîner une pollution importante du milieu marin;

c) fournir l'assistance appropriée, spécialement aux États en développement, pour l'établissement d'évaluations écologiques.

Art. 203. – Traitement préférentiel à l'intention des États en développement

En vue de prévenir, réduire et maîtriser la pollution du milieu marin ou de réduire à un minimum ses effets, les organisations internationales accordent un traitement préférentiel aux États en développement en ce qui concerne :

a) l'allocation de fonds et de moyens d'assistance technique appropriés; et

b) l'utilisation de leurs services spécialisés.

Section 4

Surveillance continue et évaluation écologique

Art. 204. – Surveillance continue des risques de pollution et des effets de la pollution

1. Les États s'efforcent, dans toute la mesure possible et d'une manière compatible avec les droits des autres États, directement ou par l'intermédiaire des organisations internationales compétentes, d'observer, mesurer, évaluer et analyser, par des méthodes scientifiques reconnues, les risques de pollution du milieu marin ou les effets de cette pollution.

2. En particulier, ils surveillent constamment les effets de toutes les activités qu'ils autorisent ou auxquelles ils se livrent afin de déterminer si ces activités risquent de polluer le milieu marin.

Art. 205. – Publication de rapports

Les États publient des rapports sur les résultats obtenus en application de l'article 204 ou fournissent, à intervalles appropriés, de tels rapports aux organisations internationales compétentes, qui devront les mettre à la disposition de tous les autres États.

Art. 206. – Évaluation des effets potentiels des activités

Lorsque des États ont de sérieuses raisons de penser que des activités envisagées relevant de leur juridiction ou de leur contrôle risquent d'entraîner une pollution importante ou des modifications considérables et nuisibles du milieu marin, ils évaluent, dans la mesure du possible, les effets potentiels de ces activités sur ce milieu et rendent compte des résultats de ces évaluations de la manière prévue à l'article 205.

Section 5

Réglementation internationale et droit interne visant à prévenir, réduire et maîtriser la pollution du milieu marin

Art. 207. – Pollution d'origine tellurique

1. Les États adoptent des lois et règlements pour prévenir, réduire et maîtriser la pollution du milieu marin d'origine tellurique, y compris la pollution provenant des fleuves, rivières, estuaires, pipelines et installations de décharge, en tenant compte des règles et des normes, ainsi que des pratiques et procédures recommandées, internationalement convenues.

2. Les États prennent toutes autres mesures qui peuvent être nécessaires pour prévenir, réduire et maîtriser cette pollution.

3. Les États s'efforcent d'harmoniser leurs politiques à cet égard au niveau régional approprié.

4. Les États, agissant en particulier par l'intermédiaire des organisations internationales compétentes ou d'une conférence diplomatique, s'efforcent d'adopter au plan mondial et régional, des règles et des normes, ainsi que des pratiques et procédures recommandées pour prévenir, réduire et maîtriser cette pollution, en tenant compte des particularités régionales, de la capacité économique des États en développement et des exigences de leur développement économique. Ces règles et ces normes, ainsi que ces pratiques et procédures recommandées, sont réexaminées de temps à autre, selon qu'il est nécessaire.

5. Les lois, règlements et mesures, ainsi que les règles et les normes et les pratiques et procédures recommandées, visés aux paragraphes 1, 2 et 4, comprennent des mesures tendant à limiter autant que possible l'évacuation dans le milieu marin dé substances toxiques, nuisibles ou nocives, en particulier de substances non dégradables.

Art. 208. – Pollution résultant des activités relatives aux fonds marins relevant de la juridiction nationale

1. Les États côtiers adoptent des lois et règlements afin de prévenir, réduire et maîtriser la pollution du milieu marin qui résulte directement

ou indirectement d'activités relatives aux fonds marins et relevant de leur juridiction ou qui provient d'îles artificielles, d'installations et d'ouvrages relevant de leur juridiction en vertu des articles 60 et 80.

2. Les États prennent toutes autres mesures qui peuvent être nécessaires pour prévenir, réduire et maîtriser cette pollution.

3. Ces lois, règlements et mesures ne doivent pas être moins efficaces que les règles et les normes internationales ou les pratiques et procédures recommandées de caractère international.

4. Les États s'efforcent d'harmoniser leurs politiques à cet égard au niveau régional approprié.

5. Les États, agissant en particulier par l'intermédiaire des organisations internationales compétentes ou d'une conférence diplomatique, adoptent, au plan mondial et régional, des règles et des normes, ainsi que des pratiques et procédures recommandées, pour prévenir, réduire et maîtriser la pollution du milieu marin visée au paragraphe 1. Ces règles et ces normes, ainsi que ces pratiques et procédures recommandées, sont réexaminées de temps à autre, selon qu'il est nécessaire.

Art. 209. – Pollution résultant d'activités menées dans la zone

1. Les règles, règlements et procédures internationaux sont adoptés conformément à la partie XI pour prévenir, réduire et maîtriser la pollution du milieu marin résultant d'activités menées dans la zone. Ces règles, règlements et procédures sont réexaminés de temps à autre, selon qu'il est nécessaire.

2. Sous réserve des dispositions pertinentes de la présente section, les États adoptent des lois et règlements pour prévenir, réduire et maîtriser la pollution du milieu marin résultant d'activités menées dans la zone par des navires ou à partir d'installations, ouvrages ou autres engins, battant leur pavillon, immatriculés sur leur territoire ou relevant de leur autorité, selon le cas ces lois et règlements ne doivent pas être moins efficaces que les règles, règlements et procédures internationaux visés au paragraphe 1.

Art. 210. – Pollution par immersion

1. Les États adoptent des lois et règlements afin de prévenir, réduire et maîtriser la pollution du milieu marin par immersion.

2. Les États prennent toutes autres mesures qui peuvent être nécessaires pour prévenir, réduire et maîtriser cette pollution.

3. Ces lois, règlements et mesures garantissent que nulle immersion ne peut se faire sans l'autorisation des autorités compétentes des États.

4. Les États, agissant en particulier par l'intermédiaire des organisations internationales compétentes ou d'une conférence diplomatique, s'efforcent d'adopter au plan mondial et régional des règles et des normes, ainsi que des pratiques et procédures recommandées, pour prévenir, réduire et maîtriser cette pollution. Ces règles et ces normes,

ainsi que ces pratiques et procédures recommandées, sont réexaminées de temps à autre, selon qu'il est nécessaire.

5. L'immersion dans la mer territoriale et la zone économique exclusive ou sur le plateau continental ne peut avoir lieu sans l'accord préalable exprès de l'État côtier celui-ci a le droit d'autoriser, de réglementer et de contrôler cette immersion, après avoir dûment examiné la question avec les autres États pour lesquels, du fait de leur situation géographique, cette immersion peut avoir des effets préjudiciables.

6. Les lois et règlements nationaux ainsi que les mesures nationales ne doivent pas être moins efficaces pour prévenir, réduire et maîtriser cette pollution que les règles et normes de caractère mondial.

Art. 211. – Pollution par les navires

1. Les États, agissant par l'intermédiaire de l'organisation internationale compétente ou d'une conférence diplomatique générale, adoptent des règles et normes internationales visant à prévenir, réduire et maîtriser la pollution du milieu marin par les navires et s'attachent à favoriser l'adoption, s'il y a lieu de la même manière, de dispositifs de circulation des navires visant à réduire à un minimum le risque d'accidents susceptibles de polluer le milieu marin, y compris le littoral, et de porter atteinte de ce fait aux intérêts connexes des États côtiers. Ces règles et normes sont, de la même façon, réexaminées de temps à autre, selon qu'il est nécessaire.

2. Les États adoptent des lois et règlements pour prévenir, réduire et maîtriser la pollution du milieu marin par les navires battant leur pavillon ou immatriculés par eux. Ces lois et règlements ne doivent pas être moins efficaces que les règles et normes internationales généralement acceptées, établies par l'intermédiaire de l'organisation internationale compétente ou d'une conférence diplomatique générale.

3. Les États qui, dans le but de prévenir, réduire et maîtriser la pollution du milieu marin, imposent aux navires étrangers des conditions particulières pour l'entrée dans leurs ports ou leurs eaux intérieures ou l'utilisation de leurs installations terminales au large, donnent la publicité voulue à ces conditions et les communiquent à l'organisation internationale compétente. Lorsque, en vue d'harmoniser la politique suivie en la matière, deux ou plusieurs États côtiers imposent de telles conditions sous une forme identique, il est indiqué dans la communication quels sont les États qui participent à de tels arrangements. Tout État exige du capitaine d'un navire battant son pavillon ou immatriculé par lui, lorsque ce navire se trouve dans la mer territoriale d'un État participant à ces arrangements conjoints, qu'il fournisse à la demande de cet État des renseignements indiquant s'il se dirige vers un État de la même région qui participe à ces arrangements et, dans l'affirmative, de préciser si le navire satisfait aux conditions imposées par cet État concernant l'entrée dans ses ports. Le présent article s'applique sans préjudice de la continuation de l'exercice par un navire de son droit de passage inoffensif ou de l'application de l'article 25, paragraphe 2.

4. Les États côtiers peuvent, dans l'exercice de leur souveraineté sur leur mer territoriale adopter des lois et règlements pour prévenir, réduire et maîtriser la pollution du milieu marin par les navires étrangers, y compris les navires exerçant le droit de passage inoffensif. Ces lois et règlements, conformément à la section 3 de la partie II, ne doivent pas entraver le passage inoffensif des navires étrangers.

5. Aux fins de la mise en application visée à la section 6, les États côtiers peuvent adopter pour leur zone économique exclusive des lois et règlements visant à prévenir, réduire et maîtriser la pollution par les navires qui soient conformes et donnent effet aux règles et normes internationales généralement acceptées établies par l'intermédiaire de l'organisation internationale compétente ou d'une conférence diplomatique générale.

6. *a*) Lorsque les règles et normes internationales visées au paragraphe 1 ne permettent pas de faire face d'une manière adéquate à des situations particulières et qu'un État côtier est raisonnablement fondé à considérer qu'une zone particulière et clairement définie de sa zone économique exclusive requiert l'adoption de mesures obligatoires spéciales pour la prévention de la pollution par les navires, pour des raisons techniques reconnues tenant à ses caractéristiques océanographiques et écologiques, à son utilisation ou à la protection de ses ressources et au caractère particulier du trafic, cet État peut, après avoir tenu par l'intermédiaire de l'organisation internationale compétente les consultations appropriées avec tout État concerné, adresser à cette organisation une communication concernant la zone considérée en fournissant, à l'appui, des justifications scientifiques et techniques ainsi que des renseignements sur les installations de réception nécessaires. Dans un délai de 12 mois après réception de la communication, l'organisation décide si la situation dans la zone considérée répond aux conditions précitées. Si l'organisation décide qu'il en est ainsi, l'État côtier peut adopter pour cette zone des lois et règlements visant à prévenir, réduire et maîtriser la pollution par les navires qui donnent effet aux règles et normes ou pratiques de navigation internationales que l'organisation a rendues applicables aux zones spéciales. Ces lois et règlements ne deviennent applicables aux navires étrangers qu'à l'expiration d'un délai de 15 mois à compter de la date de la communication à l'organisation.

b) L'État côtier publie les limites de ces zones particulières et clairement définies.

c) Lorsqu'il fait la communication précitée, l'État côtier indique parallèlement à l'organisation s'il a l'intention d'adopter pour la zone qui en fait l'objet des lois et règlements supplémentaires visant à prévenir, réduire et maîtriser la pollution par les navires. Ces lois et règlements supplémentaires peuvent porter sur les rejets ou sur les pratiques de navigation, mais n'obligent pas les navires étrangers à respecter d'autres normes en matière de conception, de construction et d'armement que les règles et les normes internationales généralement acceptées ils deviennent applicables aux navires étrangers à l'expiration d'un délai de 15 mois à compter de la date de la communication à l'organisation, sous réserve que celle-ci les approuve dans un délai de 12 mois à compter de cette date.

7. Les règles et normes internationales visées dans le présent article devraient prévoir, entre autres, l'obligation de notifier sans délai aux États côtiers dont le littoral ou les intérêts connexes risquent d'être affectés les accidents de la mer, notamment ceux qui entraînent ou risquent d'entraîner des rejets.

Art. 212. – Pollution d'origine atmosphérique ou trans-atmosphérique

1. Les États, afin de prévenir, réduire ou maîtriser la pollution du milieu marin d'origine atmosphérique ou trans-atmosphérique, adoptent des lois et règlements applicables à l'espace aérien où s'exerce leur souveraineté et aux navires battant leur pavillon ou aux navires ou aéronefs immatriculés par eux, en tenant compte des règles et des normes, ainsi que des pratiques et procédures recommandées, internationalement convenues, et de la sécurité de la navigation aérienne.

2. Les États prennent toutes autres mesures qui peuvent être nécessaires pour prévenir, réduire et maîtriser cette pollution.

3. Les États, agissant en particulier par l'intermédiaire des organisations internationales compétentes ou d'une conférence diplomatique, s'efforcent d'adopter sur le plan mondial et régional des règles et des normes, ainsi que des pratiques et procédures recommandées, pour prévenir, réduire et maîtriser cette pollution.

Section 6

Mise en application

Art. 213. – Mise en application de la réglementation relative à la pollution d'origine tellurique

Les États assurent l'application des lois et règlements adoptés conformément à l'article 207 ils adoptent les lois et règlements et prennent les autres mesures nécessaires pour donner effet aux règles et normes internationales applicables, établies par l'intermédiaire des organisations internationales compétentes ou d'une conférence diplomatique, afin de prévenir, réduire et maîtriser la pollution du milieu marin d'origine tellurique.

Art. 214. – Mise en application de la réglementation concernant la pollution résultant d'activités relatives aux fonds marins

Les États assurent l'application des lois et règlements adoptés conformément à l'article 208 ils adoptent les lois et règlements et prennent les autres mesures nécessaires pour donner effet aux règles et normes internationales applicables, établies par l'intermédiaire des organisations internationales compétentes ou d'une conférence diplomatique, afin de prévenir, réduire et maîtriser la pollution du milieu marin qui résulte directement ou indirectement des activités relatives aux fonds marins et relevant de leur juridiction, ou qui provient d'îles artificielles, d'installations et d'ouvrages relevant de leur juridiction en vertu des articles 60 et 80.

Art. 215. – Mise en application de la réglementation internationale relative à la pollution résultant d'activités menées dans la zone

La mise en application des règles, règlements et procédures internationaux établis conformément à la partie XI pour prévenir, réduire et maîtriser la pollution du milieu marin résultant d'activités menées dans la zone est régie par cette partie.

Art. 216. – Mise en application de la réglementation relative à la pollution par immersion

1. Les lois et règlements adoptés en conformité avec la Convention et les règles et normes internationales applicables établies par l'intermédiaire des organisations internationales compétentes ou d'une conférence diplomatique afin de prévenir, réduire et maîtriser la pollution du milieu marin par immersion sont mis en application par :

a) l'État côtier, pour ce qui est de l'immersion dans les limites de sa mer territoriale ou de sa zone économique exclusive ou sur son plateau continental ;

b) l'État du pavillon, pour ce qui est des navires battant son pavillon ou des navires ou aéronefs immatriculés par lui ;

c) tout État, pour ce qui est du chargement de déchets ou autres matières sur son territoire ou à ses installations terminales au large.

2. Aucun État n'est tenu, en vertu du présent article, d'intenter une action lorsqu'une action a déjà été engagée par un autre État conformément à ce même article.

Art. 217. – Pouvoirs de l'État du pavillon

1. Les États veillent à ce que les navires battant leur pavillon ou immatriculés par eux respectent les règles et normes internationales applicables établies par l'intermédiaire de l'organisation internationale compétente ou d'une conférence diplomatique générale, ainsi que les lois et règlements qu'ils ont adoptés conformément à la Convention afin de prévenir, réduire et maîtriser la pollution du milieu marin par les navires et ils adoptent les lois et règlements et prennent les mesures nécessaires pour leur donner effet. L'État du pavillon veille à ce que ces règles, normes, lois et règlements soient effectivement appliqués, quel que soit le lieu de l'infraction.

2. Les États prennent en particulier les mesures appropriées pour interdire aux navires battant leur pavillon ou immatriculés par eux d'appareiller tant qu'ils ne se sont pas conformés aux règles et normes internationales visées au paragraphe 1, y compris les dispositions concernant la conception, la Construction et l'armement des navires.

3. Les États veillent à ce que les navires battant leur pavillon ou immatriculés par eux soient munis des certificats requis et délivrés en application des règles et normes internationales visées au paragraphe 1, les États veillent à ce que les navires battant leur pavillon soient inspectés périodiquement pour vérifier que les mentions portées sur les certificats sont conformes à l'état effectif du navire. Les autres États acceptent ces certificats comme preuve de l'état du navire et leur reconnaissent la même force qu'à ceux qu'ils délivrent, à moins qu'il n'y ait de sérieuses raisons de penser que l'état du navire ne correspond pas, dans une mesure importante, aux mentions portées sur les certificats.

4. Si un navire commet une infraction aux règles et normes établies par l'intermédiaire de l'organisation internationale compétente ou d'une conférence diplomatique générale, l'État du pavillon, sans préjudice des articles 218, 220 et 228, fait immédiatement procéder à une enquête et, le cas échéant, intente une action pour l'infraction présumée, quel que soit le lieu de cette infraction ou l'endroit où la pollution en résultant s'est produite ou a été constatée.

5. Lorsqu'il enquête sur l'infraction, l'État du pavillon peut demander l'assistance de tout État dont la coopération pourrait être utile pour élucider les circonstances de l'affaire, les États s'efforcent de répondre aux demandes appropriées de l'État du pavillon.

6. Les États, sur demande écrite d'un État, enquêtent sur toute infraction qui aurait été commise par les navires battant leur pavillon. L'État du pavillon engage sans retard, conformément à son droit interne, des poursuites du chef de l'infraction présumée s'il est convaincu de disposer de preuves suffisantes pour ce faire.

7. L'État du pavillon informe sans délai l'État demandeur et l'organisation internationale compétente de l'action engagée et de ses résultats. Tous les États ont accès aux renseignements ainsi communiqués.

8. Les sanctions prévues par les lois et règlements des États à l'encontre des navires battant leur pavillon doivent être suffisamment rigoureuses pour décourager les infractions en quelque lieu que ce soit.

Art. 218. – Pouvoirs de l'État du port

1. Lorsqu'un navire se trouve volontairement dans un port ou à une installation terminale au large, l'État du port peut ouvrir une enquête et, lorsque les éléments de preuve le justifient, intenter une action pour tout rejet effectué au-delà de ses eaux intérieures, de sa mer territoriale ou de sa zone économique exclusive par le navire en infraction aux règles et normes internationales applicables établies par l'intermédiaire

de l'organisation internationale compétente ou d'une conférence diplomatique générale.

2. L'État du port n'intente pas d'action en vertu du paragraphe 1 pour une infraction du fait de rejets effectués dans les eaux intérieures, la mer territoriale ou la zone économique exclusive d'un autre État, sauf si ces rejets ont entraîné ou risquent d'entraîner la pollution de ses eaux intérieures, de sa mer territoriale ou de sa zone économique exclusive, ou si l'autre État, l'État du pavillon ou un État qui a subi ou risque de subir des dommages du fait de ces rejets, le demande.

3. Lorsqu'un navire se trouve volontairement dans un port ou à une installation terminale au large, l'État du port s'efforce de faire droit aux demandes d'enquête de tout autre État au sujet de rejets susceptibles de constituer l'infraction visée au paragraphe 1 qui auraient été effectués dans les eaux intérieures, la mer territoriale ou la zone économique exclusive de l'État demandeur, et qui auraient pollué ou risqueraient de polluer ces zones. L'État du port s'efforce également de faire droit aux demandes d'enquête de l'État du pavillon au sujet de telles infractions, où que celles-ci puissent avoir été commises.

4. Le dossier de l'enquête effectuée par l'État du port en application du présent article est transmis, sur leur demande, à l'État du pavillon ou à l'État côtier. Toute action engagée par l'État du port sur la base de cette enquête peut, sous réserve de la Section 7, être suspendue à la demande de l'État côtier, lorsque l'infraction a été commise dans les eaux intérieures, la mer territoriale ou la zone économique exclusive de ce dernier. Les éléments de preuve, le dossier de l'affaire, ainsi que toute caution ou autre garantie financière déposée auprès des autorités de l'État du port, sont alors transmis à l'État côtier. Cette transmission exclut que l'action soit poursuivie dans l'État du port.

Art. 219. – Mesures de contrôle de la navigabilité visant à éviter la pollution

Sous réserve de la section 7, les États, lorsqu'ils ont déterminé, sur demande ou de leur propre initiative, qu'un navire se trouvant dans un de leurs ports ou à une de leurs installations terminales au large a enfreint les règles et normes internationales applicables concernant la navigabilité des navires et risque de ce fait de causer des dommages au milieu marin, prennent, autant que faire se peut, des mesures administratives pour empêcher ce navire d'appareiller. Ils ne l'autorisent qu'à se rendre au chantier de réparation approprié le plus proche et, une fois éliminées les causes de l'infraction, ils lui permettent de poursuivre sa route sans délai.

Art. 220. – Pouvoirs de l'État côtier

1. Lorsqu'un navire se trouve volontairement dans un port ou à une installation terminale au large, l'État du port peut, sous réserve de la section 7, intenter une action pour toute infraction aux lois et

règlements qu'il a adoptés conformément à la Convention ou aux règles et normes internationales applicables visant à prévenir, réduire et maîtriser la pollution par les navires, si l'infraction a été commise dans sa mer territoriale ou sa zone économique exclusive.

2. Lorsqu'un État a de sérieuses raisons de penser qu'un navire naviguant dans sa mer territoriale a enfreint, lors de son passage, des lois et règlements qu'il a adoptés en conformité de la Convention ou des règles et normes internationales applicables visant à prévenir, réduire et maîtriser la pollution par les navires, il peut procéder, sans préjudice de l'application des dispositions pertinentes de la section 3 de la partie II, à l'inspection matérielle du navire pour établir l'infraction et, lorsque les éléments de preuve le justifient, intenter une action et notamment ordonner l'immobilisation du navire conformément à son droit interne, sous réserve de la section 7.

3. Lorsqu'un État a de sérieuses raisons de penser qu'un navire naviguant dans sa zone économique exclusive ou sa mer territoriale a commis, dans la zone économique exclusive, une infraction aux règles et normes internationales applicables visant à prévenir, réduire et maîtriser la pollution par les navires ou aux lois et règlements qu'il a adoptés conformément à ces règles et normes internationales en leur donnant effet, cet État peut demander au navire de fournir des renseignements concernant son identité et son port d'immatriculation, son dernier et son prochain port d'escale et autres renseignements pertinents requis pour établir si une infraction a été commise.

4. Les États adoptent les lois et règlements et prennent les mesures nécessaires pour que les navires battant leur pavillon fassent droit aux demandes de renseignements visées au paragraphe 3.

5. Lorsqu'un État a de sérieuses raisons de penser qu'un navire naviguant dans sa zone économique exclusive ou sa mer territoriale a commis, dans la zone économique exclusive, une infraction visée au paragraphe 3 entraînant des rejets importants dans le milieu marin qui ont causé ou risquent d'y causer une pollution notable, il peut procéder à l'inspection matérielle du navire pour déterminer s'il y a eu infraction, si le navire a refusé de donner des renseignements ou si les renseignements fournis sont en contradiction flagrante avec les faits, et si les circonstances de l'affaire justifient cette inspection.

6. Lorsqu'il y a preuve manifeste qu'un navire naviguant dans la zone économique exclusive ou la mer territoriale d'un État a commis, dans la zone économique exclusive, une infraction visée au paragraphe 3 ayant entraîné des rejets qui ont causé ou risquent de causer des dommages importants au littoral ou aux intérêts connexes de l'État côtier ou à toutes ressources de sa mer territoriale ou de sa zone économique exclusive, cet État peut, sous réserve de la section 7, si les éléments de preuve le justifient, intenter une action, notamment ordonner l'immobilisation du navire conformément à son droit interne.

7. Nonobstant le paragraphe 6, dans tous les cas où des procédures appropriées ont été soit établies par l'intermédiaire de l'organisation

internationale compétente, soit convenues de toute autre manière pour garantir le respect des obligations concernant le versement d'une caution ou le dépôt d'une autre garantie financière appropriée, l'État côtier, s'il est lié par ces procédures, autorise le navire à poursuivre sa route.

8. Les paragraphes 3, 4, 5, 6 et 7 s'appliquent également aux lois et règlements nationaux adoptés en vertu de l'article 211, paragraphe 6.

Art. 221. – Mesures visant à empêcher la pollution à la suite d'un accident de mer

1. Aucune disposition de la présente partie ne porte atteinte au droit qu'ont les États, en vertu du droit international, tant coutumier que conventionnel, de prendre et faire appliquer au-delà de la mer territoriale des mesures proportionnées aux dommages qu'ils ont effectivement subis ou dont ils sont menacés afin de protéger leur littoral ou les intérêts connexes, y compris la pêche, contre la pollution ou une menace de pollution résultant d'un accident de mer, ou d'actes liés à un tel accident, dont on peut raisonnablement attendre des conséquences préjudiciables.

2. Aux fins du présent article, on entend par « accident de mer » un abordage, échouement ou autre incident de navigation ou événement survenu à bord ou à l'extérieur d'un navire entraînant des dommages matériels ou une menace imminente de dommages matériels pour un navire ou sa cargaison.

Art. 222. – Mise en application de la réglementation relative à la pollution d'origine atmosphérique ou trans-atmosphérique

Dans les limites de l'espace aérien où s'exerce leur souveraineté ou à l'égard des navires battant leur pavillon ou des navires ou aéronefs immatriculés par eux, les États assurent l'application des lois et règlements qu'ils ont adoptés conformément à l'article 212, paragraphe 1, et à d'autres dispositions de la Convention et adoptent des lois et règlements et prennent d'autres mesures pour donner effet aux règles et normes internationales applicables établies par l'intermédiaire des Organisations internationales compétentes ou d'une conférence diplomatique afin de prévenir, réduire et maîtriser la pollution du milieu marin d'origine atmosphérique ou trans-atmosphérique, conformément à toutes les règles et normes internationales pertinentes relatives à la sécurité de la navigation aérienne.

Section 7

Garanties

Art. 223. – Mesures visant à faciliter le déroulement d'une action

Lorsqu'une action est intentée en application de la présente partie, les États prennent des mesures pour faciliter l'audition de témoins et l'admission des preuves produites par les autorités d'un autre État ou par l'organisation internationale compétente et facilitent la participation aux débats de représentants officiels de cette organisation, de l'État du pavillon ou de tout État touché par la pollution résultant de toute infraction. Les représentants officiels participant à ces débats ont les droits et obligations prévus par le droit interne ou le droit international.

Art. 224. – Exercice des pouvoirs de police

Seuls les agents officiellement habilités, ainsi que les navires de guerre ou aéronefs militaires ou les autres navires ou aéronefs qui portent des marques extérieures indiquant clairement qu'ils sont affectés à un service public et qui sont autorisés à cet effet, peuvent exercer des pouvoirs de police à l'encontre de navires étrangers en application de la présente partie.

Art. 225. – Obligation pour les États d'éviter les conséquences néfastes que peut avoir l'exercice de leurs pouvoirs de police

Lorsqu'ils exercent, en vertu de la Convention, leurs pouvoirs de police à l'encontre des navires étrangers, les États ne doivent pas mettre en danger la sécurité de la navigation, ni faire courir aucun risque à un navire ou le conduire à un port ou lieu de mouillage dangereux ni non plus faire courir de risque excessif au milieu marin.

Art. 226. – Enquêtes dont peuvent faire l'objet les navires étrangers

1. a) Les États ne retiennent pas un navire étranger plus longtemps qu'il n'est indispensable aux fins des enquêtes prévues aux articles 216, 218 et 220. L'inspection matérielle d'un navire étranger doit être limitée à l'examen des certificats, registres ou autres documents dont le navire est tenu d'être muni en vertu des règles et normes internationales généralement acceptées, ou de tous documents similaires il ne peut être entrepris d'inspection matérielle plus poussée du navire qu'à la suite de cet examen et uniquement si :

i) il y a de sérieuses raisons de penser que l'état du navire ou de son équipement ne correspond pas essentiellement aux mentions portées sur les documents,

ii) la teneur de ces documents ne suffit pas pour confirmer ou vérifier l'infraction présumée,

iii) le navire n'est pas muni de certificats et documents valables.

b) Lorsqu'il ressort de l'enquête qu'il y a eu infraction aux lois et règlements applicables ou aux règles et normes internationales visant à protéger et préserver le milieu marin, il est procédé sans délai à la mainlevée de l'immobilisation du navire, après l'accomplissement de formalités raisonnables, telles que le dépôt d'une caution ou d'une autre garantie financière.

c) Sans préjudice des règles et normes internationales applicables en matière de navigabilité des navires, si la mainlevée de l'immobilisation d'un navire devait entraîner un risque de dommage inconsidéré pour le milieu marin, le navire en question pourrait ne pas être autorisé à poursuivre sa route ou l'être à la condition de se rendre au chantier approprié de réparation le plus proche. Dans le cas où la mainlevée de l'immobilisation du navire a été refusée ou a été soumise à des conditions, l'État du pavillon doit en être informé sans retard et peut demander cette mainlevée conformément à la partie XV.

2. Les États coopèrent à l'élaboration de procédures visant à éviter toute inspection matérielle superflue de navires en mer.

Art. 227. – Non-discrimination à l'encontre des navires étrangers

Lorsqu'ils exercent leurs droits et s'acquittent de leurs obligations, en vertu de la présente partie, les États ne soumettent les navires d'aucun autre État à aucune discrimination de droit ou de fait.

Art. 228. – Suspension des poursuites et restrictions à l'institution de poursuites

1. Lorsque des poursuites ont été engagées par un État en vue de réprimer une infraction aux lois et règlements applicables ou aux règles et normes internationales visant à prévenir, réduire et maîtriser la pollution par les navires, commise au-delà de sa mer territoriale par un navire étranger, ces poursuites sont suspendues dès lors que l'État du pavillon a lui-même engagé des poursuites du chef de la même infraction, dans les six mois suivant l'introduction de la première action, à moins que celle-ci ne porte sur un cas de dommage grave causé à l'État côtier ou que l'État du pavillon en question ait à plusieurs reprises manqué à son obligation d'assurer l'application effective des règles et normes internationales en vigueur à la suite d'infractions commises par ses navires. L'État du pavillon qui a demandé la suspension des poursuites conformément au présent article remet en temps voulu au premier État un dossier complet de l'affaire et les minutes du procès. Lorsque les tribunaux de l'État du pavillon ont rendu leur jugement, il est mis fin aux poursuites. Après règlement des frais de procédure, toute caution ou autre garantie financière déposée à l'occasion de ces poursuites est restituée par l'État côtier.

2. Il ne peut être engagé de poursuites à l'encontre des navires étrangers après l'expiration d'un délai de trois ans à compter de la date de l'infraction, et aucun État ne peut engager de telles poursuites si un autre État en a déjà engagé, sous réserve du paragraphe 1.

3. Le présent article n'affecte pas le droit qu'a l'État du pavillon de prendre toutes mesures, y compris le droit d'engager des poursuites, conformément à son droit interne, indépendamment de celles précédemment engagées par un autre État.

Art. 229. – Action en responsabilité civile

Aucune disposition de la Convention ne porte atteinte au droit d'introduire une action en responsabilité civile en cas de pertes ou de dommages résultant de la pollution du milieu marin.

Art. 230. – Peines pécuniaires et respect des droits reconnus de l'accusé

1. Seules des peines pécuniaires peuvent être infligées en cas d'infraction aux lois et règlements nationaux ou aux règles et normes internationales applicables visant à prévenir, réduire et maîtriser la pollution du milieu marin, qui ont été commises par des navires étrangers au-delà de la mer territoriale.
2. Seules des peines pécuniaires peuvent être infligées en cas d'infraction aux lois et règlements nationaux ou aux règles et normes internationales applicables visant à prévenir, réduire et maîtriser la pollution du milieu marin, qui ont été commises par des navires étrangers dans la mer territoriale, sauf s'il s'agit d'un acte délibéré et grave de pollution.
3. Dans le déroulement des poursuites engagées en vue de réprimer des infractions de ce type commises par un navire étranger pour lesquelles des peines peuvent être infligées, les droits reconnus de l'accusé sont respectés.

Art. 231. – Notification à l'État du pavillon et aux autres États concernés

Les États notifient sans retard à l'État du pavillon et à tout autre État concerné toutes les mesures prises à l'encontre de navires étrangers en application de la section 6, et soumettent à l'État du pavillon tous les rapports officiels concernant ces mesures. Toutefois, dans le cas d'infractions commises dans la mer territoriale, l'État côtier n'est tenu de ces obligations qu'en ce qui concerne les mesures prises dans le cadre de poursuites. Les agents diplomatiques ou les fonctionnaires consulaires et, dans la mesure du possible, l'autorité maritime de l'État du pavillon sont immédiatement informés de toutes mesures de cet ordre.

Art. 232. – Responsabilité des États du fait des mesures de mise en application

Les États sont responsables des pertes ou dommages qui leur sont imputables à la suite de mesures prises en application de la section 6, lorsque ces mesures sont illicites ou vont au-delà de celles qui sont raisonnablement nécessaires, eu égard aux renseignements disponibles. Les États prévoient des voies de recours devant leurs tribunaux pour les actions en réparation de ces pertes ou dommages.

Art. 233. – Garanties concernant les détroits servant à la navigation internationale

Aucune disposition des sections 5, 6 et 7 ne porte atteinte au régime juridique des détroits servant à la navigation internationale. Toutefois, si un navire étranger autre que ceux visés à la section 10 a enfreint les lois et règlements visés à l'article 42, paragraphe 1, lettre *a)* et *b),* causant ou menaçant de causer des dommages importants au milieu marin des détroits, les États riverains des détroits peuvent prendre les mesures de police appropriées tout en respectant *mutatis mutandis* la présente section.

Section 8

Zones recouvertes par les glaces

Art. 234. – Zones recouvertes par les glaces

Les États côtiers ont le droit d'adopter et de faire appliquer des lois et règlements non discriminatoires afin de prévenir, réduire et maîtriser la pollution du milieu marin par les navires dans les zones recouvertes par les glaces et comprises dans les limites de la zone économique exclusive, lorsque des conditions climatiques particulièrement rigoureuses et le fait que ces zones sont recouvertes par les glaces pendant la majeure partie de l'année font obstacle à la navigation ou la rendent exceptionnellement dangereuse, et que la pollution du milieu marin risque de porter gravement atteinte à l'équilibre écologique ou de le perturber de façon irréversible. Ces lois et règlements tiennent dûment compte de la navigation, ainsi que de la protection et de la préservation du milieu marin sur la base des données scientifiques les plus sûres dont on puisse disposer.

Section 9

Responsabilité

Art. 235. – Responsabilité

1. Il incombe aux États de veiller à l'accomplissement de leurs obligations internationales en ce qui concerne la protection et la préservation du milieu marin. Ils sont responsables conformément au droit international.

2. Les États veillent à ce que leur droit interne offre des voies de recours permettant d'obtenir une indemnisation rapide et adéquate ou

autre réparation des dommages résultant de la pollution du milieu marin par des personnes physiques ou morales relevant de leur juridiction.

3. En vue d'assurer une indemnisation rapide et adéquate de tous dommages résultant de la pollution du milieu marin, les États coopèrent pour assurer l'application et le développement du droit international de la responsabilité en ce qui concerne l'évaluation et l'indemnisation des dommages et le règlement des différends en la matière, ainsi que, le cas échéant, l'élaboration de critères et de procédures pour le paiement d'indemnités adéquates, prévoyant, par exemple, une assurance obligatoire ou des fonds d'indemnisation.

Section 10

Immunité souveraine

Art. 236. – Immunité souveraine

Les dispositions de la Convention relatives à la protection et à la préservation du milieu marin ne s'appliquent ni aux navires de guerre ou navires auxiliaires, ni aux autres navires ou aux aéronefs appartenant à un État ou exploités par lui lorsque celui-ci les utilise, au moment considéré, exclusivement à des fins de service public non commerciales. Cependant, chaque État prend des mesures appropriées n'affectant pas les opérations ou la capacité opérationnelle des navires ou aéronefs lui appartenant ou exploités par lui de façon à ce que ceux-ci agissent, autant que faire se peut, d'une manière compatible avec la Convention.

Section 11

Obligations découlant d'autres conventions sur la protection et la préservation du milieu marin

Art. 237. – Obligations découlant d'autres conventions sur la protection et la préservation du milieu marin

1. La présente partie n'affecte pas les obligations particulières qui incombent aux États en vertu de conventions et d'accords spécifiques conclus antérieurement en matière de protection et de préservation du milieu marin, ni les accords qui peuvent être conclus en application des principes généraux énoncés dans la Convention.

2. Les États s'acquittent des obligations particulières qui leur incombent en ce qui concerne la protection et la préservation du milieu marin en vertu de conventions spéciales d'une manière compatible avec les principes et objectifs généraux de la Convention.

TREIZIÈME PARTIE

RECHERCHE SCIENTIFIQUE MARINE

Section I

Dispositions générales

Art. 238. – Droit d'effectuer des recherches scientifiques marines

Tous les États, quelle que soit leur situation géographique, ainsi que les organisations internationales compétentes, ont le droit d'effectuer des recherches scientifiques marines, sous réserve des droits et obligations des autres États tels qu'ils sont définis dans la Convention.

Art. 239. – Obligation de favoriser la recherche scientifique marine

Les États et les organisations internationales compétentes encouragent et facilitent le développement et la conduite de la recherche scientifique marine conformément à la Convention.

Art. 240. – Principes généraux régissant la conduite de la recherche scientifique marine

La recherche scientifique marine obéit aux principes suivants :

a) elle est menée à des fins exclusivement pacifiques;

b) elle est menée en utilisant des méthodes et moyens scientifiques appropriés compatibles avec la Convention;

c) elle ne gêne pas de façon injustifiable les autres utilisations légitimes de la mer compatibles avec la Convention et elle est dûment prise en considération lors de ces utilisations;

d) elle est menée conformément à tous les règlements pertinents adoptés en application de la Convention, y compris ceux visant à protéger et à préserver le milieu marin.

Art. 241. – Non-reconnaissance de la recherche scientifique marine en tant que fondement juridique d'une revendication quelconque

La recherche scientifique marine ne constitue le fondement juridique d'aucune revendication sur une partie quelconque du milieu marin ou de ses ressources.

Section 2

Coopération internationale

Art. 242. – Obligation de favoriser la coopération internationale

1. En se conformant au principe du respect de la souveraineté et de la juridiction, et sur la base de la réciprocité des avantages, les États

et les organisations internationales compétentes favorisent la coopération internationale en matière de recherche scientifique marine à des fins pacifiques.

2. Dans ce contexte et sans préjudice des droits et obligations des États en vertu de la Convention, un État, agissant en application de la présente partie, offre aux autres États, selon qu'il convient, des possibilités raisonnables d'obtenir de lui ou avec sa coopération les informations nécessaires pour prévenir et maîtriser les effets dommageables à la santé et à la sécurité des personnes et au milieu marin.

Art. 243. – Instauration de conditions favorables

Les États et les organisations internationales compétentes coopèrent, par la conclusion d'accords bilatéraux et multilatéraux, pour créer des conditions favorables à la conduite de la recherche scientifique marine dans le milieu marin et unir les efforts des chercheurs qui étudient la nature des phénomènes et processus dont il est le lieu et leurs interactions.

Art. 244. – Publication et diffusion d'informations et de connaissances

1. Les États et les organisations internationales compétentes publient et diffusent, par les voies appropriées et conformément à la Convention, des renseignements concernant les principaux programmes envisagés et leurs objectifs, ainsi que les connaissances tirées de la recherche scientifique marine.

2. À cette fin, les États, tant individuellement qu'en coopération avec d'autres États et avec les organisations internationales compétentes, favorisent activement la communication de données et d'informations scientifiques, et le transfert, en particulier aux États en développement, des connaissances tirées de la recherche scientifique marine, ainsi que le renforcement de la capacité propre de ces États de mener des recherches scientifiques marines, notamment au moyen de programmes visant à dispenser un enseignement et une formation appropriés à leur personnel technique et scientifique.

Section 3

Conduite de la recherche scientifique marine et action visant à la favoriser

Art. 245. – Recherche scientifique marine dans la mer territoriale

Les États côtiers, dans l'exercice de leur souveraineté, ont le droit exclusif de réglementer, d'autoriser et de mener des recherches scientifiques marines dans leur mer territoriale. La recherche scientifique marine dans la mer territoriale n'est menée qu'avec le consentement exprès de l'État côtier et dans les conditions fixées par lui.

Art. 246. – Recherche scientifique marine dans la zone économique exclusive et sur le plateau continental

1. Les États côtiers, dans l'exercice de leur juridiction, ont le droit de réglementer, d'autoriser et de mener des recherches scientifiques marines dans leur zone économique exclusive et sur leur plateau continental conformément aux dispositions pertinentes de la Convention.

2. La recherche scientifique marine dans la zone économique exclusive et sur le plateau continental est menée avec le consentement de l'État côtier.

3. Dans des circonstances normales, les États côtiers consentent à la réalisation des projets de recherche scientifique marine que d'autres États ou les organisations internationales compétentes se proposent d'entreprendre dans leur zone économique exclusive ou sur leur plateau continental conformément à la Convention, à des fins exclusivement pacifiques et en vue d'accroître les connaissances scientifiques sur le milieu marin dans l'intérêt de l'humanité tout entière. À cette fin, les États côtiers adoptent des règles et des procédures garantissant que leur consentement sera accordé dans des délais raisonnables et ne sera pas refusé abusivement.

4. Aux fins de l'application du paragraphe 3, les circonstances peuvent être considérées comme normales même en l'absence de relations diplomatiques entre l'État côtier et l'État qui se propose d'effectuer des recherches.

5. Les États côtiers peuvent cependant, à leur discrétion, refuser leur consentement à l'exécution d'un projet de recherche scientifique marine par un autre État ou par une organisation internationale compétente dans leur zone économique exclusive ou sur leur plateau continental dans les cas suivants :

a) si le projet a une incidence directe sur l'exploration et l'exploitation des ressources naturelles, biologiques ou non biologiques;

b) si le projet prévoit des forages dans le plateau continental, l'utilisation d'explosifs ou l'introduction de substances nocives dans le milieu marin;

c) si le projet prévoit la construction, l'exploitation ou l'utilisation des îles artificielles, installations et ouvrages visés aux articles 60 et 80;

d) si les renseignements communiqués quant à la nature et aux objectifs du projet en vertu de l'article 248 sont inexacts ou si l'État ou l'organisation internationale compétente auteur du projet ne s'est pas acquitté d'obligations contractées vis-à-vis de l'État côtier concerné au titre d'un projet de recherche antérieur.

6. Nonobstant le paragraphe 5, les États côtiers ne peuvent pas exercer leur pouvoir discrétionnaire de refuser leur consentement en

vertu de la lettre *a*) de ce paragraphe, en ce qui concerne les projets de recherche scientifique marine devant être entrepris, conformément à la présente partie, sur le plateau continental, à plus de 200 milles marins des lignes de base à partir desquelles est mesurée la largeur de la mer territoriale, en dehors de zones spécifiques qu'ils peuvent, à tout moment, désigner officiellement comme faisant l'objet, ou devant faire l'objet dans un délai raisonnable, de travaux d'exploitation ou de travaux d'exploration poussée. Les États côtiers notifient dans des délais raisonnables les zones qu'ils désignent ainsi que toutes modifications s'y rapportant, mais ne sont pas tenus de fournir des détails sur les travaux dont elles font l'objet.

7. Le paragraphe 6 s'applique sans préjudice des droits sur le plateau continental reconnus aux États côtiers à l'article 77.

8. Les recherches scientifiques marines visées au présent article ne doivent pas gêner de façon injustifiable les activités entreprises par les États côtiers dans l'exercice des droits souverains et de la juridiction que prévoit la Convention.

Art. 247. – Projets de recherche réalisés par des organisations internationales ou sous leurs auspices

Un État côtier qui est membre d'une organisation internationale ou lié à une telle organisation par un accord bilatéral et dans la zone économique exclusive ou sur le plateau continental duquel cette organisation veut exécuter directement ou faire exécuter sous ses auspices un projet de recherche scientifique marine, est réputé avoir autorisé l'exécution du projet conformément aux spécifications convenues s'il a approuvé le projet détaillé lorsque l'organisation a pris la décision de l'entreprendre ou s'il est disposé à y participer et n'a émis aucune objection à l'expiration d'un délai de quatre mois à compter du moment où notification du projet lui a été faite par l'organisation.

Art. 248. – Obligation de fournir des renseignements à l'État côtier

Les États et les organisations internationales compétentes qui ont l'intention d'entreprendre des recherches scientifiques marines dans la zone économique exclusive ou sur le plateau continental d'un État côtier fournissent à ce dernier, six mois au plus tard avant la date prévue pour le début du projet de recherche scientifique marine, un descriptif complet indiquant :

a) la nature et les objectifs du projet ;

b) la méthode et les moyens qui seront utilisés, en précisant le nom, le tonnage, le type et la catégorie des navires, et un descriptif du matériel scientifique ;

c) les zones géographiques précises où le projet sera exécuté ;

d) les dates prévues de la première arrivée et du dernier départ des navires de recherche ou celles de l'installation et du retrait du matériel de recherche, selon le cas;

e) le nom de l'institution qui patronne le projet de recherche, du Directeur de cette institution et du responsable du projet;

f) la mesure dans laquelle on estime que l'État côtier peut participer au projet ou se faire représenter.

Art. 249. – Obligation de satisfaire à certaines conditions

1. Les États et les organisations internationales compétentes qui effectuent des recherches scientifiques marines dans la zone économique exclusive ou sur le plateau continental d'un État côtier doivent satisfaire aux conditions suivantes :

a) garantir à l'État côtier, si celui-ci le désire, le droit de participer au projet de recherche scientifique marine ou de se faire représenter, en particulier, lorsque cela est possible, à bord des navires et autres embarcations de recherche ou sur les installations de recherche scientifique, mais sans qu'il y ait paiement d'aucune rémunération aux chercheurs de cet État et sans que ce dernier soit obligé de participer aux frais du projet;

b) fournir à l'État côtier, sur sa demande, des rapports préliminaires, aussitôt que possible, ainsi que les résultats et conclusions finales, une fois les recherches terminées;

c) s'engager à donner à l'État côtier, sur sa demande, accès à tous les échantillons et données obtenus dans le cadre du projet de recherche scientifique marine, ainsi qu'à lui fournir des données pouvant être reproduites et des échantillons pouvant être fractionnés sans que cela nuise à leur valeur scientifique;

d) fournir à l'État côtier, sur sa demande, une évaluation de ces données, échantillons et résultats de recherche, ou l'aider à les évaluer ou à les interpréter;

e) faire en sorte, sous réserve du paragraphe 2, que les résultats des recherches soient rendus disponibles aussitôt que possible sur le plan international par les voies nationales ou internationales appropriées;

f) informer immédiatement l'État côtier de toute modification majeure apportée au projet de recherche;

g) enlever les installations ou le matériel de recherche scientifique, une fois les recherches terminées, à moins qu'il n'en soit convenu autrement.

2. Le présent article s'applique sans préjudice des conditions fixées par les lois et règlements de l'État côtier en ce qui concerne l'exercice de son pouvoir discrétionnaire d'accorder ou de refuser son consentement en application de l'article 246, paragraphe 5, y compris l'obligation d'obtenir son accord préalable pour diffuser sur le plan international les résultats des recherches relevant d'un projet intéressant directement l'exploration et l'exploitation de ressources naturelles.

Art. 250. – Communications concernant les projets de recherche scientifique marine

Les communications concernant les projets de recherche scientifique marine sont faites par les voies officielles appropriées, à moins qu'il n'en soit convenu autrement.

Art. 251. – Critères généraux et principes directeurs

Les États s'efforcent de promouvoir, par l'intermédiaire des organisations internationales compétentes, l'établissement de critères généraux et de principes directeurs propres à les aider à déterminer la nature et les implications des travaux de recherche scientifique marine.

Art. 252. – Consentement tacite

Les États ou les organisations internationales compétentes peuvent mettre à exécution un projet de recherche scientifique marine à l'expiration d'un délai de six mois à compter de la date à laquelle les renseignements requis en vertu de l'article 248 ont été communiqués à l'État côtier, à moins que, dans un délai de quatre mois à compter de la réception de ces renseignements, celui-ci n'ait fait savoir à l'État ou à l'organisation qui se propose d'effectuer les recherches :

a) qu'il refuse son consentement, en vertu de l'article 246; ou

b) que les renseignements fournis par cet État ou cette organisation internationale compétente quant à la nature ou aux objectifs du projet ne correspondent pas aux faits patents; ou

c) qu'il a besoin d'un complément d'information à propos des renseignements ou des conditions visés aux articles 248 et 249; ou

d) que des obligations découlant des conditions fixées à l'article 249 pour un projet de recherche scientifique marine précédemment exécuté par cet État ou cette organisation n'ont pas été remplies.

Art. 253. – Suspension ou cessation des travaux de recherche scientifique marine

1. L'État côtier a le droit d'exiger la suspension des travaux de recherche scientifique marine en cours dans sa zone économique exclusive ou sur son plateau continental :

a) si ces travaux ne sont pas menés conformément aux renseignements communiqués en vertu de l'article 248, sur lesquels l'État côtier s'est fondé pour donner son consentement; ou

b) si l'État ou l'organisation internationale compétente qui les mènent ne respecte pas les dispositions de l'article 249 relatives aux droits de l'État côtier en ce qui concerne le projet de recherche scientifique marine.

2. L'État côtier a le droit d'exiger la cessation de tous travaux de recherche scientifique marine dans tous les cas où l'inobservation de l'article 248 équivaut à modifier de façon importante le projet ou les travaux de recherche.

3. L'État côtier peut également exiger la cessation des travaux de recherche scientifique marine s'il n'est pas remédié dans un délai raisonnable à l'une quelconque des situations visées au paragraphe 1.

4. Après avoir reçu notification par l'État côtier de sa décision d'exiger la suspension ou la cessation de travaux de recherche scientifique marine, les États ou les Organisations internationales compétentes autorisés à mener ces travaux mettent fin à ceux qui font l'objet de la notification.

5. L'ordre de suspension donné en vertu du paragraphe 1 est levé par l'État côtier et le projet de recherche scientifique marine peut se poursuivre dès que l'État ou l'organisation internationale compétente qui effectue ces travaux de recherche scientifique marine s'est conformé aux conditions prévues aux articles 248 et 249.

Art. 254. – Droits des États voisins sans littoral et des États voisins géographiquement désavantagés

1. Les États et les organisations internationales compétentes qui ont présenté à un État côtier un projet de recherche scientifique marine visé à l'article 246, paragraphe 3, en avisent les États voisins sans littoral et les États voisins géographiquement désavantagés et notifient à l'État côtier l'envoi de ces avis.

2. Une fois que l'État côtier concerné a donné son consentement au projet, conformément à l'article 246 et aux autres dispositions pertinentes de la Convention, les États et les organisations internationales compétentes qui entreprennent le projet fournissent aux États voisins sans littoral et aux États voisins géographiquement désavantagés, sur leur demande et selon qu'il convient, les renseignements spécifiés à l'article 248 et à l'article 249, paragraphe 1, lettre *f*).

3. Les États sans littoral et les États géographiquement désavantagés susvisés se voient accorder, sur leur demande, la possibilité de participer autant que faire se peut au projet de recherche scientifique marine envisagé par l'intermédiaire d'experts qualifiés désignés par eux et non récusés par l'État côtier, selon les conditions dont l'État côtier et l'État ou les organisations internationales compétentes qui mènent les travaux de recherche scientifique marine sont convenus pour l'exécution du projet, en conformité de la Convention.

4. Les États et les organisations internationales compétentes visés au paragraphe 1 fournissent, sur leur demande, aux États sans littoral et aux États géographiquement désavantagés susvisés les renseignements et l'assistance spécifiés à l'article 249, paragraphe 1, lettre *o*), sous réserve du paragraphe 2 du même article.

Art. 255. – Mesures visant à faciliter la recherche scientifique marine et l'assistance aux navires de recherche

Les États s'efforcent d'adopter des règles, règlements et procédures raisonnables en vue d'encourager et de faciliter la recherche scientifique marine menée conformément à la Convention au-delà de leur mer territoriale et, si besoin est, de faciliter aux navires de recherche scientifique marine qui se conforment aux dispositions pertinentes de la présente partie l'accès à leurs ports, sous réserve de leurs lois et règlements, et de promouvoir l'assistance à ces navires.

Art. 256. – Recherche scientifique marine dans la zone

Tous les États, quelle que soit leur situation géographique, ainsi que les organisations internationales compétentes, ont le droit d'effectuer des recherches scientifiques marines dans la zone, conformément à la partie XI.

Art. 257. – Recherche scientifique marine dans la colonne d'eau au-delà des limites de la zone économique exclusive

Tous les États, quelle que soit leur situation géographique, ainsi que les organisations internationales compétentes, ont le droit, conformément à la Convention, d'effectuer des recherches scientifiques marines dans la colonne d'eau au-delà des limites de la zone économique exclusive.

Section 4

Installations et matériel de recherche scientifique dans le milieu marin

Art. 258. – Mise en place et utilisation

La mise en place et l'utilisation d'installations ou de matériel de recherche scientifique de tout type dans une zone quelconque du milieu marin sont subordonnées aux mêmes conditions que celles prévues par la Convention pour la conduite de la recherche scientifique marine dans la zone considérée.

Art. 259. – Régime juridique

Les installations ou le matériel visés dans la présente section n'ont pas le statut d'îles. Elles n'ont pas de mer territoriale qui leur soit propre, et leur présence n'influe pas sur la délimitation de la mer territoriale, de la zone économique exclusive ou du plateau continental.

Art. 260. – Zones de sécurité

Des zones de sécurité d'une largeur raisonnable ne dépassant pas 500 mètres peuvent être établies autour des installations de recherche scientifique, conformément aux dispositions pertinentes de la Convention. Tous les États veillent à ce que leurs navires respectent ces zones de sécurité.

Art. 261. – Obligation de ne pas créer d'obstacle à la navigation internationale

La mise en place et l'utilisation d'installations ou de matériel de recherche scientifique de tout type ne doivent pas entraver la navigation par les routes internationalement pratiquées.

Art. 262. – Marques d'identification et moyens de signalisation

Les installations ou le matériel visés dans la présente section sont munis de marques d'identification indiquant l'État d'immatriculation ou l'organisation internationale à laquelle ils appartiennent, ainsi que de moyens appropriés de signalisation internationalement convenus pour assurer la sécurité de la navigation maritime et aérienne, compte tenu des règles et normes établies par les organisations internationales compétentes.

Section 5

Responsabilité

Art. 263. – Responsabilité

1. Il incombe aux États et aux organisations internationales compétentes de veiller à ce que les recherches scientifiques marines, qu'elles soient entreprises par eux ou pour leur compte, soient menées conformément à la Convention.

2. Les États et les organisations internationales compétentes sont responsables des mesures qu'ils prennent en violation de la Convention en ce qui concerne les travaux de recherche scientifique marine menés par d'autres États, par des personnes physiques ou morales ayant la nationalité de ces États ou par les Organisations internationales compétentes, et ils réparent les dommages découlant de telles mesures.

3. Les États et les organisations internationales compétentes sont responsables, en vertu de l'article 235, des dommages causés par la pollution du milieu marin résultant de recherches scientifiques marines effectuées par eux ou pour leur compte.

Section 6

Règlement des différends et mesures conservatoires

Art. 264. – Règlement des différends

Les différends relatifs à l'interprétation ou à l'application des dispositions de la Convention visant la recherche scientifique marine sont réglés conformément aux sections 2 et 3 de la partie XV.

Art. 265. – Mesures conservatoires

Tant qu'un différend n'est pas réglé conformément aux sections 2 et 3 de la partie XV, l'État ou l'organisation internationale compétente autorisé à exécuter le projet de recherche scientifique marine ne permet pas d'entreprendre ou de poursuivre les recherches sans le consentement exprès de l'État côtier concerné.

QUATORZIÈME PARTIE

DÉVELOPPEMENT ET TRANSFERT DES TECHNIQUES MARINES

Section I

Dispositions générales

Art. 266. – Promotion du développement et du transfert des techniques marines

1. Les États, directement ou par l'intermédiaire des organisations internationales compétentes, coopèrent dans la mesure de leurs capacités, en vue de favoriser activement le développement et le transfert des sciences et techniques de la mer selon des modalités et à des conditions justes et raisonnables.

2. Les États favorisent le développement de la capacité, dans le domaine des sciences et techniques marines, de ceux d'entre eux qui ont besoin et demandent à bénéficier d'une assistance technique dans ce domaine, notamment les États en développement, y compris les États sans littoral ou géographiquement désavantagés, en ce qui concerne l'exploration, l'exploitation, la conservation et la gestion des ressources de la mer, la protection et la préservation du milieu marin, la recherche scientifique marine et autres activités s'exerçant dans le milieu marin qui sont compatibles avec la Convention, en vue d'accélérer le progrès social et économique des États en développement.

3. Les États s'efforcent de favoriser l'instauration de conditions économiques et juridiques propices au transfert des techniques marines, sur une base équitable, au profit de toutes les parties concernées.

Art. 267. – Protection des intérêts légitimes

Les États, en favorisant la coopération en application de l'article 266, tiennent dûment compte de tous les intérêts légitimes, ainsi que des droits et obligations des détenteurs, des fournisseurs et des acquéreurs de techniques marines.

Art. 268. – Objectifs fondamentaux

Les États, directement ou par l'intermédiaire des organisations internationales compétentes, doivent promouvoir :

a) l'acquisition, l'évaluation et la diffusion de connaissances dans le domaine des techniques marines ils facilitent l'accès à l'information et aux données pertinentes;

b) le développement de techniques marines appropriées;

c) le développement de l'infrastructure technique nécessaire pour faciliter le transfert des techniques marines;

d) la mise en valeur des ressources humaines par la formation et l'enseignement dispensés aux ressortissants des États et pays en développement, en particulier de ceux d'entre eux qui sont les moins avancés;

e) la coopération internationale à tous les niveaux, notamment la coopération régionale, sous-régionale et bilatérale.

Art. 269. – Mesures à prendre en vue d'atteindre les objectifs fondamentaux

En vue d'atteindre les objectifs visés à l'article 268, les États s'emploient, entre autres, directement ou par l'intermédiaire des organisations internationales compétentes à :

a) établir des programmes de coopération technique en vue du transfert effectif de techniques marines de tous ordres aux États qui ont besoin et demandent à bénéficier d'une assistance technique dans ce domaine, notamment aux États en développement sans littoral ou géographiquement désavantagés, ainsi qu'à d'autres États en développement qui n'ont pas été en mesure soit de créer, soit de développer leur propre capacité technique dans le domaine des sciences de la mer et dans celui de l'exploration et l'exploitation des ressources marines, ni de développer l'infrastructure qu'impliquent ces techniques;

b) favoriser l'instauration de conditions propices à la conclusion d'accords, de contrats ou d'autres arrangements similaires, dans des conditions équitables et raisonnables;

c) tenir des conférences, des séminaires et des colloques sur des sujets scientifiques et techniques, notamment sur les politiques et les méthodes à adopter pour le transfert des techniques marines;

d) favoriser l'échange de scientifiques, techniciens et autres experts;

e) entreprendre des projets et promouvoir les entreprises conjointes et autres formes de coopération bilatérale et multilatérale.

Section 2

Coopération internationale

Art. 270. – Cadre de la coopération internationale

La coopération internationale pour le développement et le transfert des techniques marines s'exerce, lorsque cela est possible et approprié, aussi bien dans le cadre des programmes bilatéraux, régionaux et multilatéraux existants que dans le cadre de programmes élargis et de nouveaux programmes visant à faciliter la recherche scientifique marine et le transfert des techniques marines, en particulier dans de nouveaux domaines, et le financement international approprié de la recherche océanique et de la mise en valeur des océans.

Art. 271. – Principes directeurs, critères et normes

Les États, directement ou par l'intermédiaire des organisations internationales compétentes, s'emploient à promouvoir l'élaboration de principes directeurs, critères et normes généralement acceptés pour le transfert des techniques marines dans le cadre d'arrangements bilatéraux ou dans le cadre d'organisations internationales et d'autres organismes, compte tenu en particulier des intérêts et besoins des États en développement.

Art. 272. – Coordination des programmes internationaux

Dans le domaine du transfert des techniques marines, les États s'efforcent de faire en sorte que les organisations internationales compétentes coordonnent leurs activités, y compris tous programmes régionaux ou mondiaux, en tenant compte des intérêts et besoins des États en développement, en particulier des États sans littoral ou géographiquement désavantagés.

Art. 273. – Coopération avec les organisations internationales et l'Autorité

Les États coopèrent activement avec les organisations internationales compétentes et avec l'Autorité en vue d'encourager et de faciliter le transfert aux États en développement, à leurs ressortissants et à l'entreprise de connaissances pratiques et de techniques marines se rapportant aux activités menées dans la zone.

Art. 274. – Objectifs de l'Autorité

Compte tenu de tous les intérêts légitimes, ainsi que des droits et obligations des détenteurs, des fournisseurs et des acquéreurs de techniques, l'Autorité, en ce qui concerne les activités menées dans la zone, fait en sorte que :

a) conformément au principe d'une répartition géographique équitable, des ressortissants d'États en développement, qu'il s'agisse d'États côtiers, sans littoral ou géographiquement désavantagés, soient engagés comme stagiaires parmi les membres du personnel technique, de gestion et de recherche recruté pour les besoins de ses activités ;

b) la documentation technique sur le matériel, les machines, les dispositifs et les procédés employés soit mise à la disposition de tous les États, notamment des États en développement qui ont besoin et demandent à bénéficier d'une assistance technique dans ce domaine ;

c) des dispositions appropriées soient prises en son sein pour faciliter l'acquisition par les États qui ont besoin et demandent à bénéficier d'une assistance technique dans le domaine des techniques marines, notamment les États en développement, et par leurs ressortissants, des connaissances et du savoir-faire nécessaires, y compris l'acquisition d'une formation professionnelle ;

d) les États qui ont besoin et demandent à bénéficier d'une assistance technique dans ce domaine, notamment les États en développement, reçoivent une assistance pour l'acquisition de l'équipement, des procédés, du matériel et du savoir-faire technique nécessaires, dans le cadre des arrangements financiers prévus dans la Convention.

Section 3

Centres nationaux et régionaux de recherche scientifique et technique marine

Art. 275. – Création de centres nationaux

1. Les États, directement ou par l'intermédiaire des organisations internationales compétentes et de l'Autorité, favorisent la création, notamment dans les États côtiers en développement, de centres nationaux de recherche scientifique et technique marine, et le renforcement des centres nationaux existants, afin de stimuler et faire progresser la recherche scientifique marine dans ces États et d'accroître leurs capacités respectives d'utiliser et de préserver leurs ressources marines à des fins économiques.

2. Les États, par l'intermédiaire des organisations internationales compétentes et de l'Autorité, apportent un appui adéquat pour faciliter la création et le renforcement de centres nationaux afin de mettre des moyens de formation poussée, l'équipement, les connaissances pratiques et le savoir-faire nécessaires ainsi que des experts techniques à la disposition des États qui ont besoin et demandent à bénéficier d'une telle assistance.

Art. 276. – Création de centres régionaux

1. Les États facilitent, en coordination avec les organisations internationales compétentes, l'Autorité et les instituts nationaux de recherche scientifique et technique marine, la création, notamment dans les États en développement, de centres régionaux de recherche scientifique et technique marine, afin de stimuler et faire progresser la recherche scientifique marine dans ces États et de favoriser le transfert des techniques marines.

2. Tous les États d'une même région coopèrent avec les centres régionaux pour mieux assurer la réalisation de leurs objectifs.

Art. 277. – Fonctions des centres régionaux

Les centres régionaux, entre autres fonctions, sont chargés d'assurer :

a) des programmes de formation et d'enseignement à tous les niveaux dans divers domaines de la recherche scientifique et technique marine, en particulier la biologie marine, portant notamment sur la conservation et la gestion des ressources biologiques, l'océanographie, l'hydrographie, l'ingénierie, l'exploration géologique des fonds marins, l'extraction minière et les techniques de dessalement de l'eau ;

b) des études de gestion ;

c) des programmes d'études ayant trait à la protection et à la préservation du milieu marin et à la prévention, la réduction et la maîtrise de la pollution ;

d) l'organisation de conférences, séminaires et colloques régionaux ;

e) le rassemblement et le traitement de données et d'informations dans le domaine des sciences et techniques marines ;

f) la diffusion rapide des résultats de la recherche scientifique et technique marine dans des publications facilement accessibles ;

g) la diffusion d'informations sur les politiques nationales concernant le transfert des techniques marines, et l'étude comparative systématique de ces politiques ;

h) la compilation et la systématisation des informations relatives à la commercialisation des techniques ainsi qu'aux contrats et aux autres arrangements relatifs aux brevets ;

i) la coopération technique avec d'autres États de la région.

Section 4

Coopération entre organisations internationales

Art. 278. – Coopération entre organisations internationales

Les organisations internationales compétentes visées dans la présente partie et la partie XIII prennent toutes les mesures voulues pour s'acquitter directement ou en étroite coopération, des fonctions et des responsabilités dont elles sont chargées en vertu de la présente partie.

Quinzième partie

RÈGLEMENT DES DIFFÉRENDS

Section I

Dispositions générales

Art. 279. – Obligation de régler les différends par des moyens pacifiques

Les États parties règlent tout différend surgissant entre eux à propos de l'interprétation ou de l'application de la Convention par des moyens pacifiques conformément à l'article 2, paragraphe 3, de la Charte des Nations unies et, à cette fin, doivent en rechercher la solution par les moyens indiqués à l'article 33, paragraphe 1, de la Charte.

Art. 280. – Règlement des différends par tout moyen pacifique choisi par les parties

Aucune disposition de la présente partie n'affecte le droit des États parties de convenir à tout moment de régler par tout moyen pacifique de leur choix un différend surgissant entre eux à propos de l'interprétation ou de l'application de la Convention.

Art. 281. – Procédure à suivre lorsque les parties ne sont pas parvenues à un règlement

1. Lorsque les États parties qui sont parties à un différend relatif à l'interprétation ou à l'application de la Convention sont convenues de chercher à le régler par un moyen pacifique de leur choix, les procédures prévues dans la présente partie ne s'appliquent que si l'on n'est pas parvenu à un règlement par ce moyen et si l'accord entre les parties n'exclut pas la possibilité d'engager une autre procédure.

2. Si les parties sont également convenues d'un délai, le paragraphe 1 ne s'applique qu'à compter de l'expiration de ce délai.

Art. 282. – Obligations résultant d'accords généraux, régionaux ou bilatéraux

Lorsque les États parties qui sont parties à un différend relatif à l'interprétation ou à l'application de la Convention sont convenus, dans le cadre d'un accord général, régional ou bilatéral ou de toute autre manière, qu'un tel différend sera soumis, à la demande d'une des parties, à une procédure aboutissant à une décision obligatoire, cette procédure s'applique au lieu de celles prévues dans la présente partie, à moins que les parties en litige n'en conviennent autrement.

Art. 283. – Obligation de procéder à des échanges de vues

1. Lorsqu'un différend surgit entre des États parties à propos de l'interprétation ou de l'application de la Convention, les parties en litige procèdent promptement à un échange de vues concernant le règlement du différend par la négociation ou par d'autres moyens pacifiques.

2. De même, les parties procèdent promptement à un échange de vues chaque fois qu'il a été mis fin à une procédure de règlement d'un tel différend sans que celui-ci ait été réglé ou chaque fois qu'un règlement est intervenu et que les circonstances exigent des consultations concernant la manière de le mettre en œuvre.

Art. 284. – Conciliation

1. Tout État partie qui est partie à un différend relatif à l'interprétation ou à l'application de la Convention peut inviter l'autre ou les

autres parties à soumettre le différend à la conciliation selon la procédure prévue à la section 1 de l'annexe V ou selon une autre procédure de conciliation.

2. Lorsque l'invitation est acceptée et que les parties s'accordent sur la procédure de conciliation qui sera appliquée, toute partie peut soumettre le différend à la conciliation selon cette procédure.

3. Lorsque l'invitation n'est pas acceptée ou que les parties ne s'accordent pas sur la procédure de conciliation, il est réputé avoir été mis fin à la conciliation.

4. Lorsqu'un différend a été soumis à la conciliation, il ne peut être mis fin à celle-ci que conformément à la procédure de conciliation convenue, sauf accord contraire entre les parties.

Art. 285. – Application de la présente section aux différends soumis en vertu de la partie XI

La présente section s'applique à tout différend qui, en vertu de la section 5 de la partie XI, doit être réglé conformément aux procédures prévues dans la présente partie. Si une entité autre qu'un État partie est partie à un tel différend, la présente section s'applique *mutatis mutandis*.

Section 2

Procédures obligatoires aboutissant à des décisions obligatoires

Art. 286. – Champ d'application de la présente section

Sous réserve de la section 3, tout différend relatif à l'interprétation ou à l'application de la Convention qui n'a pas été réglé par l'application de la section 1 est soumis, à la demande d'une partie au différend, à la cour ou au tribunal ayant compétence en vertu de la présente section.

Art. 287. – Choix de la procédure

1. Lorsqu'il signe ou ratifie la Convention ou y adhère, ou à n'importe quel moment par la suite, un État est libre de choisir, par voie de déclaration écrite, un ou plusieurs des moyens suivants pour le règlement des différends relatifs à l'interprétation ou à l'application de la Convention :

a) le Tribunal international du droit de la mer constitué conformément à l'annexe VI;

b) la Cour internationale de justice;

c) un tribunal arbitral constitué conformément à l'annexe VII;

d) un tribunal arbitral spécial, constitué conformément à l'annexe VIII, pour une ou plusieurs des catégories de différends qui y sont spécifiés.

2. Une déclaration faite en vertu du paragraphe i n'affecte pas l'obligation d'un État partie d'accepter, dans la mesure et selon les modalités prévues à la section 5 de la partie XI, la compétence de la Chambre pour le règlement des différends relatifs aux fonds marins du Tribunal international du droit de la mer, et n'est pas affectée par cette obligation.

3. Un État partie qui est partie à un différend non couvert par une déclaration en vigueur est réputé avoir accepté la procédure d'arbitrage prévue à l'annexe VII.

4. Si les parties en litige ont accepté la même procédure pour le règlement du différend, celui-ci ne peut être soumis qu'à cette procédure, à moins que les parties n'en conviennent autrement.

5. Si les parties en litige n'ont pas accepté la même procédure pour le règlement du différend, celui-ci ne peut être soumis qu'à la procédure d'arbitrage prévue à l'annexe VII, à moins que les parties n'en conviennent autrement.

6. Une déclaration faite conformément au paragraphe 1 reste en vigueur pendant trois mois après le dépôt d'une notification de révocation auprès du Secrétaire général de l'Organisation des Nations unies.

7. Une nouvelle déclaration, une notification de révocation ou l'expiration d'une déclaration n'affecte en rien la procédure en cours devant une cour ou un tribunal ayant compétence en vertu du présent article, à moins que les parties n'en conviennent autrement.

8. Les déclarations et notifications visées au présent article sont déposées auprès du Secrétaire général de l'Organisation des Nations unies, qui en transmet copie aux États parties.

Art. 288. – Compétence

1. Une cour ou un tribunal visé à l'article 287 a compétence pour connaître de tout différend relatif à l'interprétation ou à l'application de la Convention qui lui est soumis conformément à la présente partie.

2. Une cour ou un tribunal visé à l'article 287 a aussi compétence pour connaître de tout différend qui est relatif à l'interprétation ou à l'application d'un accord international se rapportant aux buts de la Convention et qui lui est soumis conformément à cet accord.

3. La Chambre pour le règlement des différends relatifs aux fonds marins constituée conformément à l'annexe VI et toute autre chambre ou tout autre tribunal arbitral visé à la section 5 de la partie XI ont compétence pour connaître de toute question qui leur est soumise conformément à celle-ci.

4. En cas de contestation sur le point de savoir si une cour ou un tribunal est compétent, la cour ou le tribunal décide.

Art. 289. – Experts

Pour tout différend portant sur des questions scientifiques ou techniques, une cour ou un tribunal exerçant sa compétence en vertu de la présente section peut, à la demande d'une partie ou d'office, et en consultation avec les parties, choisir, de préférence sur la liste appropriée établie conformément à l'article 2 de l'annexe VIII, au moins deux experts scientifiques ou techniques qui siègent à la cour ou au tribunal sans droit de vote.

Art. 290. – Mesures conservatoires

1. Si une cour ou un tribunal dûment saisi d'un différend considère, *prima facie,* avoir compétence en vertu de la présente partie ou de la section 5 de la partie XI, cette cour ou ce tribunal peut prescrire toutes mesures conservatoires qu'il juge appropriées en la circonstance pour préserver les droits respectifs des parties en litige ou pour empêcher que le milieu marin ne subisse de dommages graves en attendant la décision définitive.

2. Les mesures conservatoires peuvent être modifiées ou rapportées dès que les circonstances les justifiant ont changé ou cessé d'exister.

3. Des mesures conservatoires ne peuvent être prescrites, modifiées ou rapportées en vertu du présent article qu'à la demande d'une partie au différend et après que la possibilité de se faire entendre a été donnée aux parties.

4. La cour ou le tribunal notifie immédiatement toute mesure conservatoire ou toute décision la modifiant ou la rapportant aux parties au différend et, s'il le juge approprié, à d'autres États parties.

5. En attendant la constitution d'un tribunal arbitral saisi d'un différend en vertu de la présente section, toute cour ou tout tribunal désigné d'un commun accord par les parties ou, à défaut d'accord dans un délai de deux semaines à compter de la date de la demande de mesures conservatoires, le Tribunal international du droit de la mer ou, dans le cas d'activités menées dans la zone, la Chambre pour le règlement des différends relatifs aux fonds marins, peut prescrire, modifier ou rapporter des mesures conservatoires conformément au présent article s'il considère, *prima facie,* que le tribunal devant être constitué aurait compétence et s'il estime que l'urgence de la situation l'exige. Une fois constitué, le tribunal saisi du différend, agissant conformément aux paragraphes 1 à 4, peut modifier, rapporter ou confirmer ces mesures conservatoires.

6. Les parties au différend se conforment sans retard à toutes mesures conservatoires prescrites en vertu du présent article.

Art. 291. – Accès aux procédures de règlement des différends

1. Toutes les procédures de règlement des différends prévues dans la présente partie sont ouvertes aux États parties.

2. Les procédures de règlement des différends prévues dans la présente partie ne sont ouvertes à des entités autres que les États parties que dans la mesure où la Convention le prévoit expressément.

Art. 292. – Prompte mainlevée de l'immobilisation du navire ou prompte libération de son équipage

1. Lorsque les autorités d'un État partie ont immobilisé un navire battant pavillon d'un autre État partie et qu'il est allégué que l'État qui a immobilisé le navire n'a pas observé les dispositions de la Convention prévoyant la prompte mainlevée de l'immobilisation du navire ou la mise en liberté de son équipage dès le dépôt d'une caution raisonnable ou d'une autre garantie financière, la question de la mainlevée ou de la mise en liberté peut être portée devant une cour ou un tribunal désigné d'un commun accord par les parties à défaut d'accord dans un délai de 10 jours à compter du moment de l'immobilisation du navire ou de l'arrestation de l'équipage, cette question peut être portée devant une cour ou un tribunal accepté conformément à l'article 287 par l'État qui a procédé à l'immobilisation ou à l'arrestation, ou devant le Tribunal international du droit de la mer, à moins que les parties n'en conviennent autrement.

2. La demande de mainlevée ou de mise en liberté ne peut être faite que par l'État du pavillon ou en son nom.

3. La cour ou le tribunal examine promptement cette demande et n'a à connaître que de la question de la mainlevée ou de la mise en liberté, sans préjudice de la suite qui sera donnée à toute action dont le navire, son propriétaire ou son équipage peuvent être l'objet devant la juridiction nationale appropriée. Les autorités de l'État qui a procédé à l'immobilisation ou à l'arrestation demeurent habilitées à ordonner à tout moment la mainlevée de l'immobilisation du navire ou la mise en liberté de son équipage.

4. Dès le dépôt de la caution ou de l'autre garantie financière déterminée par la cour ou le tribunal, les autorités de l'État qui a immobilisé le navire se conforment à la décision de la cour ou du tribunal concernant la mainlevée de l'immobilisation du navire ou la mise en liberté de son équipage.

Art. 293. – Droit applicable

1. Une cour ou un tribunal ayant compétence en vertu de la présente section applique les dispositions de la Convention et les autres règles du droit international qui ne sont pas incompatibles avec celle-ci.

2. Le paragraphe 1 ne porte pas atteinte à la faculté qu'a la cour ou le tribunal ayant compétence en vertu de la présente section de statuer *ex aequo et bono* si les parties sont d'accord.

Art. 294. – Procédures préliminaires

1. La cour ou le tribunal prévu à l'article 287 saisi d'une demande au sujet d'un différend visé à l'article 297 décide, à la requête d'une partie, ou peut décider d'office, si cette demande constitue un abus des voies de droit ou s'il est établi *prima facie* qu'elle est fondée. Si la cour ou le tribunal décide que la demande constitue un abus des voies

de droit ou qu'elle est *prima facie* dénuée de fondement, il cesse d'examiner la demande.

2. À la réception de la demande, la cour ou le tribunal la notifie immédiatement à l'autre ou aux autres parties et fixe un délai raisonnable dans lequel elles peuvent lui demander de statuer sur les points visés au paragraphe 1.

3. Le présent article ne porte en rien atteinte au droit d'une partie à un différend de soulever des exceptions préliminaires conformément aux règles de procédure applicables.

Art. 295. – Épuisement des recours internes

Un différend entre États parties relatif à l'interprétation ou à l'application de la Convention peut être soumis aux procédures prévues à la présente section seulement après que les recours internes ont été épuisés selon ce que requiert le droit international.

Art. 296. – Caractère définitif et force obligatoire des décisions

1. Les décisions rendues par une cour ou un tribunal ayant compétence en vertu de la présente section sont définitives, et toutes les parties au différend doivent s'y conformer.

2. Ces décisions n'ont force obligatoire que pour les parties et dans le cas d'espèce considéré.

Section 3

Limitations et exceptions à l'application de la section 2

Art. 297. – Limitations à l'application de la section 2

1. Les différends relatifs à l'interprétation ou à l'application de la Convention quant à l'exercice par un État côtier de ses droits souverains ou de sa juridiction tels que prévus dans la Convention sont soumis aux procédures de règlement prévues à la section 2 dans les cas où :

a) il est allégué que l'État côtier a contrevenu à la Convention en ce qui concerne la liberté et le droit de navigation ou de survol ou la liberté et le droit de poser des câbles et des pipelines sous-marins, ainsi qu'en ce qui concerne les utilisations de la mer aux autres fins internationalement licites visées à l'article 58 ;

b) il est allégué que, dans l'exercice de ces libertés et droits ou dans ces utilisations, un État a contrevenu à la Convention ou aux lois ou règlements adoptés par l'État côtier en conformité avec les dispositions de la Convention et les autres règles du droit international qui ne sont pas incompatibles avec celle-ci ; ou

c) il est allégué que l'État côtier a contrevenu à des règles ou normes internationales déterminées visant à protéger et à préserver le milieu marin qui lui sont applicables et qui ont été établies par la Convention, ou par l'intermédiaire d'une organisation internationale compétente ou d'une conférence diplomatique agissant en conformité avec la Convention.

2. *a*) Les différends relatifs à l'interprétation ou à l'application des dispositions de la Convention concernant la recherche scientifique marine sont réglés conformément à la section 2, sauf que l'État côtier n'est pas tenu d'accepter que soit soumis à un tel règlement un différend découlant :

i) de l'exercice par cet État d'un droit ou d'un pouvoir discrétionnaire conformément à l'article 246; ou

ii) de la décision de cet État d'ordonner la suspension ou la cessation d'un projet de recherche conformément à l'article 253.

b) Les différends découlant d'une allégation de l'État chercheur que l'État côtier n'exerce pas, dans le cas d'un projet particulier, les droits que lui confèrent les articles 246 et 253 d'une manière compatible avec la Convention sont soumis, à la demande de l'une ou l'autre partie, à la conciliation selon la procédure prévue à la section 2 de l'annexe V, étant entendu que la commission de conciliation ne doit mettre en cause ni l'exercice par l'État côtier de son pouvoir discrétionnaire de désigner des zones spécifiques, tel qu'il est prévu à l'article 246, paragraphe 6, ni l'exercice de son pouvoir discrétionnaire de refuser son consentement conformément au paragraphe 5 du même article.

3. *a*) Les différends relatifs à l'interprétation ou à l'application des dispositions de la Convention concernant la pêche sont réglés conformément à la section 2, sauf que l'État côtier n'est pas tenu d'accepter que soit soumis à un tel règlement un différend relatif a ses droits souverains sur les ressources biologiques de sa zone économique exclusive ou à l'exercice de ces droits, y compris son pouvoir discrétionnaire de fixer le volume admissible des captures et sa capacité de pêche, de répartir le reliquat entre d'autres États et d'arrêter les modalités et conditions établies dans ses lois et règlements en matière de conservation et de gestion.

b) Si le recours à la section 1 n'a pas permis d'aboutir à un règlement, le différend est soumis, à la demande de l'une quelconque des parties en litige, à la conciliation selon la procédure prévue à la section 2 de l'annexe V, lorsqu'il est allégué que l'État côtier :

i) a manifestement failli à son obligation d'assurer, par des mesures appropriées de conservation et de gestion, que le maintien des ressources biologiques de la zone économique exclusive ne soit pas sérieusement compromis,

ii) a refusé arbitrairement de fixer, à la demande d'un autre État, le volume admissible des captures et sa capacité d'exploiter les ressources biologiques pour ce qui est des stocks dont l'exploitation intéresse cet autre État, ou

iii) a refusé arbitrairement à un État quelconque de lui attribuer, comme le prévoient les articles 62, 69 et 70 et selon les modalités et conditions qu'il a lui-même arrêtées et qui sont compatibles avec la Convention, tout ou partie du reliquat qu'il a déclaré exister.

c) En aucun cas la commission de conciliation ne substitue son pouvoir discrétionnaire à celui de l'État côtier.

d) Le rapport de la commission de conciliation doit être communiqué aux organisations internationales appropriées.

e) Lorsqu'ils négocient les accords prévus aux articles 69 et 70, les États parties, à moins qu'ils n'en conviennent autrement, y incluent une clause prévoyant les mesures qu'ils doivent prendre pour réduire à un minimum les possibilités de divergence quant à l'interprétation ou à l'application de l'accord, ainsi que la procédure à suivre au cas où il y aurait néanmoins divergence.

Art. 298. – Exceptions facultatives à l'application de la section 2

1. Lorsqu'il signe ou ratifie la Convention ou y adhère, ou à n'importe quel moment par la suite, un État peut, sans préjudice des obligations découlant de la section 1, déclarer par écrit qu'il n'accepte pas une ou plusieurs des procédures de règlement des différends prévues à la section 2 en ce qui concerne une ou plusieurs des catégories suivantes de différends :

a) i) les différends concernant l'interprétation ou l'application des articles 15, 74 et 83 relatifs à la délimitation de zones maritimes ou les différends qui portent sur des baies ou titres historiques, pourvu que l'État qui a fait la déclaration accepte, lorsqu'un tel différend surgit après l'entrée en vigueur de la Convention et si les parties ne parviennent à aucun accord par voie de négociations dans un délai raisonnable, de le soumettre, à la demande de l'une d'entre elles, à la conciliation selon la procédure prévue à la section 2 de l'annexe V, et étant entendu que ne peut être soumis à cette procédure aucun différend impliquant nécessairement l'examen simultané d'un différend non réglé relatif à la souveraineté ou à d'autres droits sur un territoire continental ou insulaire,

ii) une fois que la commission de conciliation a présenté son rapport, qui doit être motivé, les parties négocient un accord sur la base de ce rapport; si les négociations n'aboutissent pas, les parties soumettent la question, par consentement mutuel, aux procédures prévues à la section 2, à moins qu'elles n'en conviennent autrement,

iii) le présent alinéa ne s'applique ni aux différents relatifs à la délimitation de zones maritimes qui ont été définitivement réglés par un arrangement entre les parties, ni aux différents qui doivent être réglés conformément à un accord bilatéral ou multilatéral liant les parties;

b) les différends relatifs à des activités militaires, y compris les activités militaires des navires et aéronefs d'État utilisés pour un service non commercial, et les différends qui concernent les actes d'exécution forcée accomplis dans l'exercice de droits souverains ou de la juridiction et que l'article 297, paragraphe 2 ou 3, exclut de la compétence d'une cour ou d'un tribunal;

c) les différends pour lesquels le Conseil de sécurité de l'Organisation des Nations unies exerce les fonctions qui lui sont conférées par la Charte des Nations unies, à moins que le Conseil de sécurité ne décide de rayer la question de son ordre du jour ou n'invite les parties à régler leur différend par les moyens prévus dans la Convention.

2. Un État partie qui a fait une déclaration en vertu du paragraphe 1 peut à tout moment la retirer ou convenir de soumettre un différend exclu par cette déclaration à toute procédure de règlement prévue dans la Convention.

3. Un État partie qui a fait une déclaration en vertu du paragraphe 1 ne peut soumettre un différend entrant dans une catégorie de différends exclus à l'une quelconque des procédures prévues dans la Convention sans le consentement de l'État partie avec lequel il est en litige.

4. Si un État partie a fait une déclaration en vertu du paragraphe 1, lettre *a*), tout autre État partie peut soumettre à la procédure spécifiée dans cette déclaration tout différend qui l'oppose à l'État auteur de la déclaration et qui entre dans une catégorie de différends exclus.

5. Une nouvelle déclaration ou une notification de retrait d'une déclaration n'affecte en rien la procédure en cours devant une cour ou un tribunal saisi conformément au présent article, à moins que les parties n'en conviennent autrement.

6. Les déclarations ou les notifications de leur retrait visées au présent article sont déposées auprès du Secrétaire général de l'Organisation des Nations unies, qui en transmet copie aux États parties.

Art. 299. – Droit des parties de convenir de la procédure

1. Tout différend qui a été exclu des procédures de règlement des différends prévues à la section 2 en vertu de l'article 297 ou par une déclaration faite conformément à l'article 298 ne peut être soumis à ces procédures que par accord des parties au différend.

2. Aucune disposition de la présente section ne porte atteinte au droit des parties à un différend de convenir d'une autre procédure de règlement de ce différend ou de le régler à l'amiable.

SEIZIÈME PARTIE

DISPOSITIONS GÉNÉRALES

Art. 300. – Bonne foi et abus de droit

Les États parties doivent remplir de bonne foi les obligations qu'ils ont assumées aux termes de la Convention et exercer les droits, les compétences et les libertés reconnus dans la Convention d'une manière qui ne constitue pas un abus de droit.

Art. 301. – Utilisation des mers à des fins pacifiques

Dans l'exercice de leurs droits et l'exécution de leurs obligations en vertu de la Convention, les États parties s'abstiennent de recourir à la menace ou à l'emploi de la force contre l'intégrité territoriale ou l'indépendance politique de tout État, ou de toute autre manière incompatible avec les principes du droit international énoncés dans la Charte des Nations unies.

Art. 302. – Divulgation de renseignements

Sans préjudice du droit de tout État partie de recourir aux procédures de règlement des différends prévues dans la Convention, aucune disposition de celle-ci ne peut être interprétée comme obligeant un État partie, dans l'exécution des obligations qui lui incombent en vertu de la Convention, à fournir des renseignements dont la divulgation serait contraire à ses intérêts essentiels en matière de sécurité.

Art. 303. – Objets archéologiques et historiques découverts en mer

1. Les États ont l'obligation de protéger les objets de caractère archéologique ou historique découverts en mer et coopèrent à cette fin.
2. Pour contrôler le commerce de ces objets, l'État côtier peut, en faisant application de l'article 33, considérer que leur enlèvement du fond de la mer dans la zone visée à cet article, sans son approbation, serait cause d'une infraction sur son territoire ou dans sa mer territoriale, aux lois et règlements de l'État côtier visés à ce même article.
3. Le présent article ne porte atteinte ni aux droits des propriétaires identifiables, au droit de récupérer des épaves et aux autres règles du droit maritime, ni aux lois et pratiques en matière d'échanges culturels.
4. Le présent article est sans préjudice des autres accords internationaux et règles du droit international concernant la protection des objets de caractère archéologique ou historique.

Art. 304. – Responsabilité en cas de dommages

Les dispositions de la Convention relatives à la responsabilité encourue en cas de dommages sont sans préjudice de l'application des règles existantes et de l'établissement de nouvelles règles concernant la responsabilité en vertu du droit international.

DIX-SEPTIÈME PARTIE

DISPOSITIONS FINALES

Art. 305. – Signature

1. La Convention est ouverte à la signature :

a) de tous les États ;

b) de la Namibie, représentée par le Conseil des Nations unies pour la Namibie ;

c) de tous les États associés autonomes qui ont choisi ce régime par un acte d'autodétermination supervisé et approuvé par l'Organisation des Nations unies, conformément à la résolution 1514 (XV) de l'Assemblée générale et qui ont compétence pour les matières dont traite la Convention, y compris la compétence pour conclure des traités sur ces matières ;

d) de tous les États associés autonomes qui, en vertu de leurs instruments d'association, ont compétence pour les matières dont traite la Convention, y compris la compétence pour conclure des traités sur ces matières ;

e) de tous les territoires qui jouissent d'une complète autonomie interne, reconnue comme telle par l'Organisation des Nations unies, mais qui n'ont pas accédé à la pleine indépendance conformément à la résolution 1514 (XV) de l'Assemblée générale, et qui ont compétence pour les matières dont traite la Convention, y compris la compétence pour conclure des traités sur ces matières ;

f) des Organisations internationales, conformément à l'annexe IX.

2. La Convention est ouverte à la signature, au ministère des Affaires étrangères de la Jamaïque jusqu'au 9 décembre 1984, ainsi qu'au siège de l'Organisation des Nations unies à New York, du 1er juillet 1983 au 9 décembre 1984.

Art. 306. – Ratification et confirmation formelle

La Convention est soumise à ratification par les États et les autres entités visées à l'article 305, paragraphe 1, lettres *b*), *c*), *d*) et *e*), et à confirmation formelle, conformément à l'annexe IX, par les entités visées au paragraphe 1, lettre *f*), de cet article. Les instruments de ratification et de confirmation formelle sont déposés auprès du Secrétaire général de l'Organisation des Nations unies.

Art. 307. – Adhésion

La Convention reste ouverte à l'adhésion des États et des autres entités visées à l'article 305. L'adhésion des entités visées à l'article 305, paragraphe 1, lettre *f*), est régie par l'annexe IX. Les instruments d'adhésion sont déposés auprès du Secrétaire général de l'organisation des Nations unies.

Art. 308. – Entrée en vigueur

1. La Convention entre en vigueur douze mois après la date de dépôt du soixantième instrument de ratification ou d'adhésion.

2. Pour chaque État qui ratifie la Convention ou y adhère après le dépôt du soixantième instrument de ratification ou d'adhésion, la

Convention entre en vigueur le trentième jour qui suit la date de dépôt de l'instrument de ratification ou d'adhésion, sous réserve du paragraphe 1.

3. L'Assemblée de l'Autorité se réunit à la date d'entrée en vigueur de la Convention et élit le Conseil de l'Autorité. Au cas où l'article 161 ne pourrait être strictement appliqué, le premier Conseil est constitué de manière compatible avec les fins visées à cet article.

4. Les règles, règlements et procédures élaborés par la Commission préparatoire s'appliquent provisoirement en attendant qu'ils soient officiellement adoptés par l'Autorité conformément à la partie XI.

5. L'Autorité et ses organes agissent conformément à la résolution II de la troisième Conférence des Nations unies sur le droit de la mer, relative aux investissements préparatoires, et aux décisions prises par la Commission préparatoire en application de cette résolution.

Art. 309. – Réserves et exceptions

La Convention n'admet ni réserves ni exceptions autres que celles qu'elle autorise expressément dans d'autres articles.

Art. 310. – Déclarations

L'article 309 n'interdit pas à un État, au moment où il signe ou ratifie la Convention, ou adhère à celle-ci, de faire des déclarations, quels qu'en soient le libellé ou la dénomination, notamment en vue d'harmoniser ses lois et règlements avec la Convention, à condition que ces déclarations ne visent pas à exclure ou à modifier l'effet juridique des dispositions de la Convention dans leur application à cet État.

Art. 311. – Relation avec d'autres conventions et accords internationaux

1. La Convention l'emporte, entre les États parties, sur les Conventions de Genève du 29 avril *1958* sur le droit de la mer.

2. La Convention ne modifie en rien les droits et obligations des États parties qui découlent d'autres traités compatibles avec elle, et qui ne portent atteinte ni à la jouissance par les autres États parties des droits qu'ils tiennent de la Convention, ni à l'exécution de leurs obligations découlant de celle-ci.

3. Deux ou plus de deux États parties peuvent conclure des accords qui modifient ou suspendent l'application des dispositions de la Convention et qui s'appliquent uniquement à leurs relations mutuelles, à condition que ces accords ne portent pas sur une des dispositions de la Convention dont le non-respect serait incompatible avec la réalisation de son objet et de son but, et à condition également que ces accords n'affectent pas l'application des principes fondamentaux énoncés dans la Convention et ne portent atteinte ni à la jouissance par les autres États parties des droits qu'ils tiennent de la Convention, ni à l'exécution de leurs obligations découlant de celle-ci.

4. Les États parties qui se proposent de conclure un accord visé au paragraphe 3 notifient aux autres parties, par l'entremise du dépositaire de la Convention, leur intention de conclure l'accord ainsi que les modifications ou la suspension de l'application des dispositions de la Convention qu'il prévoirait.

5. Le présent article ne porte pas atteinte aux accords internationaux expressément autorisés ou maintenus par d'autres articles de la Convention.

6. Les États parties conviennent qu'aucune modification ne peut être apportée au principe fondamental concernant le patrimoine commun de l'humanité énoncé à l'article 136 et qu'ils ne seront parties à aucun accord dérogeant à ce principe.

Art. 312. – Amendement

1. À l'expiration d'une période de 10 ans à compter de la date d'entrée en vigueur de la Convention, tout État partie peut proposer, par voie de communication écrite adressée au Secrétaire général de l'Organisation des Nations unies, des amendements à la Convention sur des points précis, pour autant qu'ils ne portent pas sur les activités menées dans la zone, et demander la convocation d'une conférence chargée d'examiner les amendements ainsi proposés. Le Secrétaire général transmet cette communication à tous les États parties. Il convoque la conférence si, dans les 12 mois qui suivent la date de transmission de la communication, la moitié au moins des États parties répondent favorablement à cette demande.

2. À moins qu'elle n'en décide autrement, la conférence d'amendement applique la procédure de prise de décisions suivie par la troisième Conférence des Nations unies sur le droit de la mer. Elle ne devrait ménager aucun effort pour aboutir à un accord sur les amendements par voie de consensus et il ne devrait pas y avoir de vote sur ces amendements tant que tous les efforts en vue d'aboutir à un consensus n'auront pas été épuisés.

Art. 313. – Amendement par procédure simplifiée

1. Tout État partie peut proposer, par voie de communication écrite adressée au Secrétaire général de l'Organisation des Nations unies, un amendement à la Convention, autre qu'un amendement portant sur les activités menées dans la zone, et demander qu'il soit adopté selon la procédure simplifiée prévue au présent article, sans convocation d'une conférence. Le Secrétaire général transmet la communication à tous les États parties.

2. Si, dans les 12 mois qui suivent la date de transmission de la communication, un État partie fait une objection à l'amendement proposé ou à la proposition tendant à le faire adopter selon la procédure simplifiée, l'amendement proposé est considéré comme rejeté. Le Secrétaire général en adresse notification à tous les États parties.

3. Si, 12 mois après la date de transmission de la communication, aucun État partie n'a fait d'objection à l'amendement proposé ou à la proposition tendant à le faire adopter selon la procédure simplifiée, l'amendement proposé est considéré comme adopté. Le Secrétaire général en adresse notification à tous les États parties.

Art. 314. – Amendements aux dispositions de la Convention portant exclusivement sur les activités menées dans la zone

1. Tout État partie peut présenter, par voie de communication écrite adressée au Secrétaire général de l'Autorité, une proposition d'amendement aux dispositions de la Convention portant exclusivement sur les activités menées dans la zone, y compris les dispositions de la section 4 de l'annexe VI. Le Secrétaire général transmet cette communication à tous les États parties. Une fois approuvé par le Conseil, l'amendement proposé doit être approuvé par l'Assemblée. Les représentants des États parties sont munis des pleins pouvoirs pour examiner et approuver l'amendement proposé. La proposition d'amendement, telle qu'elle a été approuvée par le Conseil et l'Assemblée, est considérée comme adoptée.

2. Avant d'approuver un amendement conformément au paragraphe 1, le Conseil et l'Assemblée s'assurent qu'il ne porte pas atteinte au système d'exploration et d'exploitation des ressources de la zone, en attendant la convocation de la Conférence de révision conformément à l'article 155.

Art. 315. – Amendements : signature, ratification, adhésion et textes faisant foi

1. Les amendements à la Convention, une fois adoptés, sont ouverts à la signature des États parties au siège de l'Organisation des Nations unies à New York, pendant une période de 12 mois à compter de la date de leur adoption, à moins que ces amendements n'en disposent autrement.

2. Les articles 306, 307 et 320 s'appliquent à tous les amendements à la Convention.

Art. 316. – Entrée en vigueur des amendements

1. Pour les États parties qui les ont ratifiés ou y ont adhéré, les amendements à la Convention, autres que ceux qui sont visés au paragraphe 5, entrent en vigueur le trentième jour qui suit la date de dépôt des instruments de ratification ou d'adhésion des deux tiers des États parties ou de soixante États parties, le plus élevé de ces deux nombres étant retenu. Les amendements ne portent atteinte ni à la jouissance par les autres États parties des droits qu'ils tiennent de la Convention, ni à l'exécution de leurs obligations découlant de celle-ci.

2. Un amendement peut prévoir que son entrée en vigueur requiert un nombre de ratifications ou d'adhésions plus élevé que celui exigé par le présent article.

3. Pour chaque État partie qui a ratifié un amendement visé au paragraphe 1 ou y a adhéré après la date de dépôt du nombre requis d'instruments de ratification ou d'adhésion, cet amendement entre en vigueur le trentième jour qui suit la date de dépôt par l'État partie de son instrument de ratification ou d'adhésion.

4. Tout État qui devient partie à la Convention après l'entrée en vigueur d'un amendement conformément au paragraphe 1 est, faute d'avoir exprimé une intention différente, considéré comme étant :

a) partie à la Convention telle qu'elle est amendée ; et

b) partie à la Convention non amendée au regard de tout État partie qui n'est pas lié par cet amendement.

5. Les amendements portant exclusivement sur les activités menées dans la zone et les amendements à l'annexe VI entrent en vigueur pour tous les États parties un an après la date de dépôt des instruments de ratification ou d'adhésion des trois quarts des États parties.

6. Tout État qui devient partie à la Convention après l'entrée en vigueur d'amendements visés au paragraphe 5 est considéré comme étant partie à la Convention telle qu'elle est amendée.

Art. 317. – Dénonciation

1. Un État partie peut dénoncer la Convention, par voie de notification écrite adressée au Secrétaire général de l'Organisation des Nations unies, et indiquer les motifs de la dénonciation. Le fait de ne pas indiquer de motifs n'affecte pas la validité de la dénonciation. Celle-ci prend effet un an après la date de réception de la notification, à moins qu'elle ne prévoie une date ultérieure.

2. La dénonciation ne dégage pas un État des obligations financières et contractuelles encourues par lui alors qu'il était partie à la Convention, et la dénonciation n'affecte pas non plus les droits, obligations ou situations juridiques découlant pour cet État de l'application de la Convention avant que celle-ci ne cesse d'être en vigueur à son égard.

3. La dénonciation n'affecte en rien le devoir de tout État partie de remplir toute obligation énoncée dans la Convention à laquelle il serait soumis en vertu du droit international indépendamment de celle-ci.

Art. 318. – Statut des annexes

Les annexes font partie intégrante de la Convention et, sauf disposition contraire expresse, une référence à la Convention renvoie également à ses annexes, et une référence à une partie de la Convention renvoie aussi aux annexes qui s'y rapportent.

Art. 319. – Dépositaire

1. Le Secrétaire général de l'Organisation des Nations unies est le dépositaire de la Convention et des amendements qui s'y rapportent.

2. Outre ses fonctions de dépositaire, le Secrétaire général :

a) fait rapport à tous les États parties, à l'Autorité et aux organisations internationales compétentes sur les questions de caractère général qui ont surgi à propos de la Convention :

b) notifie à l'Autorité les ratifications, confirmations formelles et adhésions dont la Convention et les amendements qui s'y rapportent font l'objet, ainsi que les dénonciations de la Convention;

c) notifie aux États parties les accords conclus conformément à l'article 311, paragraphe 4;

d) transmet aux États parties, pour ratification ou adhésion, les amendements adoptés conformément à la Convention;

e) convoque les réunions nécessaires des États parties conformément à la Convention.

3. *a*) Le Secrétaire général transmet également aux observateurs visés à l'article 156 :

i) les rapports visés au paragraphe 2, lettre *a*),

ii) les notifications visées au paragraphe 2, lettres *b*) et *c*),

iii) à titre d'information, le texte des amendements visés au paragraphe 2, lettre *d*);

b) le Secrétaire général invite également ces observateurs à participer en qualité d'observateurs aux réunions des États parties visées au paragraphe 2, lettre *e*).

Art. 320. – Textes faisant foi

L'original de la Convention, dont les textes anglais, arabe, chinois, espagnol, français et russe font également foi, est déposé, compte tenu de l'article 305, paragraphe 2, auprès du Secrétaire général de l'Organisation des Nations unies.

En foi de quoi, les plénipotentiaires soussignés, dûment autorisés à cet effet, ont signé la Convention.

Fait à Montego Bay, le dix décembre mil neuf cent quatre-vingt-deux.

46 *bis* Accord relatif à l'application de la partie XI de la Convention des Nations unies sur le droit de la mer (1)

Date d'adoption : 29/07/1994
Date d'entrée en vigueur : 28/07/1996

Les États parties au présent Accord,

Reconnaissant que la Convention des Nations unies sur le droit de la mer du 10 décembre 1982 (ci-après dénommée « la Convention ») constitue une contribution importante au maintien de la paix, à la justice et au progrès pour tous les peuples du monde,

Réaffirmant que les fonds marins et leur sous-sol au-delà des limites de la juridiction nationale (ci-après dénommée « la zone »), et les ressources de la zone, sont le patrimoine commun de l'humanité,

Conscients de l'importance que revêt la Convention pour la protection et la préservation du milieu marin, et de la préoccupation croissante que suscite l'environnement mondial,

Ayant examiné le rapport du Secrétaire général de l'organisation des Nations unies sur les résultats des consultations officieuses entre États qui ont eu lieu de 1990 à 1994 sur les questions en suspens touchant la partie XI et les dispositions connexes de la Convention (ci-après dénommée « la partie XI »),

Notant les changements politiques et économiques, y compris les orientations fondées sur l'économie de marché, qui affectent l'application de la partie XI,

Désireux de faciliter une participation universelle à la Convention,

Considérant que le meilleur moyen d'atteindre cet objectif est de conclure un accord relatif à l'application de la partie XI,

Sont convenus de ce qui suit :

Art. premier. – Application de la partie XI

1. Les États parties au présent Accord s'engagent à appliquer la partie XI conformément au présent Accord.

2. L'Annexe fait partie intégrante du présent Accord.

---

(1) 680, 681, 682, 683.

Art. 2. – Relation entre le présent Accord et la partie XI

1. Les dispositions du présent Accord et de la partie XI doivent être interprétées et appliquées ensemble comme un seul et même instrument. En cas d'incompatibilité entre le présent Accord et la partie XI, les dispositions du présent Accord l'emportent.

2. Les articles 309 à 319 de la Convention s'appliquent au présent Accord comme ils s'appliquent à la Convention.

Art. 3. – Signature

Le présent Accord restera ouvert, au Siège de l'Organisation des Nations unies, à la signature des États et entités visés à l'article 305, paragraphe 1, lettres a), c), d), e) et f) de la Convention pendant 12 mois à compter de la date de son adoption.

Art. 4. – Consentement à être lié

1. Après l'adoption du présent Accord, tout instrument de ratification ou de confirmation formelle de la Convention ou d'adhésion à celle-ci vaudra également consentement à être lié par ledit Accord.

2. Un État ou une entité ne peut établir son consentement à être lié par le présent Accord s'il n'a préalablement établi ou n'établit simultanément son consentement à être lié par la Convention.

3. Tout État ou entité visé à l'article 3 peut exprimer son consentement à être lié par le présent Accord par :

a) signature non soumise à ratification ou à confirmation formelle ou à la procédure prévue à l'article 5 ;

b) signature sous réserve de ratification ou de confirmation formelle, suivie d'une ratification ou d'une confirmation formelle ;

c) signature assujettie à la procédure prévue à l'article 5 ; ou

d) adhésion.

4. La confirmation formelle par les entités visées à l'article 305, paragraphe 1, lettre f) de la Convention sera faite conformément à l'Annexe IX de la Convention.

5. Les instruments de ratification, de confirmation formelle ou d'adhésion sont déposés auprès du Secrétariat général de l'Organisation des Nations unies.

Art. 5. – Procédure simplifiée

1. Un État ou une entité ayant déposé avant la date d'adoption du présent Accord un instrument de ratification, de confirmation formelle ou d'adhésion concernant la Convention et ayant signé le présent Accord conformément à l'article 4, paragraphe 3, alinéa c), est réputé avoir établi son consentement à être lié par le présent Accord 12 mois après la date de son adoption, à moins que cet État ou cette entité ne notifie par écrit au dépositaire avant cette date qu'il ne souhaite pas se prévaloir de la procédure simplifiée prévue par le présent article.

2. Si une telle notification est faite, le consentement à être lié par le présent Accord est établi conformément à l'article 4, paragraphe 3, alinéa b).

Art. 6. – Entrée en vigueur

1. Le présent Accord entrera en vigueur 30 jours après la date à laquelle 40 États auront établi leur consentement à être liés conformément aux articles 4 et 5, étant entendu qu'au nombre de ces États doivent figurer au moins sept des États visés au paragraphe 1, lettre a) de la résolution II de la troisième Conférence des Nations unies sur le droit de la mer (ci-après dénommée la « résolution II ») et qu'au moins cinq d'entre eux doivent être des États développés. Si ces conditions d'entrée en vigueur sont remplies avant le 16 novembre 1994, le présent Accord entrera en vigueur le 16 novembre 1994.

2. Pour chaque État ou entité établissant son consentement à être lié par le présent Accord après que les conditions énoncées au paragraphe 1 auront été remplies, le présent Accord entrera en vigueur le trentième jour suivant la date à laquelle ledit État ou ladite entité aura établi son consentement à être lié.

Art. 7. – Application à titre provisoire

1. Si le présent Accord n'est pas entré en vigueur le 16 novembre 1994, il sera appliqué à titre provisoire jusqu'à son entrée en vigueur par :

a) les États qui ont consenti à son adoption au sein de l'Assemblée générale des Nations unies, à l'exception de ceux qui avant le 16 novembre 1994 notifieront par écrit au dépositaire soit qu'ils n'appliquent pas l'Accord à titre provisoire soit qu'ils ne consentent à une telle application que moyennant une signature ou notification écrite ultérieure ;

b) les États et entités qui signent le présent Accord, à l'exception de ceux qui notifieront par écrit au dépositaire au moment de la signature qu'ils n'appliquent pas l'Accord à titre provisoire ;

c) les États et entités qui consentent à son application à titre provisoire en adressant au dépositaire une notification écrite à cet effet ;

d) les États qui adhèrent au présent Accord.

2. Tous ces États et entités appliquent l'Accord à titre provisoire conformément à leurs lois et règlements nationaux ou internes à compter du 16 novembre 1994 ou de la date, si celle-ci est postérieure, de la signature, de la notification, du consentement ou de l'adhésion.

3. L'application à titre provisoire du présent Accord cessera le jour où celui-ci entrera en vigueur. Dans tous les cas, l'application à titre provisoire prendra fin le 16 novembre 1998 si à cette date la condition énoncée à l'article 6, paragraphe 1, selon laquelle au moins sept des États visés au paragraphe 1, lettre a) de la résolution II (dont au moins cinq doivent être des États développés) doivent avoir établi leur consentement à être liés par le présent Accord, n'est pas satisfaite.

Art. 8. – États parties

1. Aux fins du présent Accord, on entend par « États parties » les États qui ont consenti à être liés par le présent Accord et à l'égard desquels celui-ci est en vigueur.

2. Le présent Accord s'applique *mutatis mutandis* aux entités visées à l'article 305, paragraphe 1, lettres c), d), e) et f) de la Convention, qui y deviennent parties conformément aux conditions qui concernent chacune d'entre elles et, dans cette mesure, le terme « États parties » s'entend de ces entités.

Art. 9. – Dépositaire

Le Secrétaire général de l'Organisation des Nations unies est le dépositaire du présent Accord.

Art. 10. – Textes faisant foi

L'original du présent Accord, dont les textes anglais, arabe, chinois, espagnol, français et russe font également foi, est déposé auprès du Secrétaire général de l'Organisation des Nations unies.

En foi de quoi, les Plénipotentiaires soussignés, à ce dûment autorisés, ont signé le présent Accord.

Fait à New York, le vingt-neuf juillet mil neuf cent quatre-vingt-quatorze.

ANNEXE

Section I

Coûts pour les États parties et arrangements institutionnels

1. L'Autorité internationale des fonds marins (ci-après dénommée « l'Autorité ») est l'organisation par l'intermédiaire de laquelle les États parties à la Convention, conformément au régime établi pour la zone dans la partie XI et le présent Accord, organisent et contrôlent les activités menées dans la zone, en particulier aux fins de l'administration des ressources de celle-ci. L'Autorité détient les pouvoirs et exerce les fonctions qui lui sont expressément conférés par la Convention. Elle est investie des pouvoirs subsidiaires, compatibles avec la Convention, qu'implique nécessairement l'exercice de ces pouvoirs et fonctions quant aux activités menées dans la zone.

2. Afin de réduire au minimum les coûts à la charge des États parties, tous les organes et organes subsidiaires devant être créés en application de la Convention et du présent Accord devront répondre à un souci d'économie. Ce principe s'applique également à la fréquence, à la durée et à la programmation des réunions.

3. La création et le fonctionnement des organes et organes subsidiaires de l'Autorité sont basés sur une approche évolutive, compte tenu des besoins fonctionnels des organes et organes subsidiaires concernés, afin qu'ils puissent s'acquitter efficacement de leurs responsabilités respectives aux différentes étapes du développement des activités menées dans la zone.

4. Lors de l'entrée en vigueur de la Convention, les fonctions initiales de l'Autorité seront exercées par l'Assemblée, le Conseil, le Secrétariat, la Commission juridique et technique et la Commission des finances. Les fonctions de la Commission de planification économique seront assurées par la Commission juridique et technique jusqu'à ce que le Conseil en décide autrement ou jusqu'à l'approbation du premier plan de travail relatif à l'exploitation.

5. Entre l'entrée en vigueur de la Convention et l'approbation du premier plan de travail relatif à l'exploitation, l'Autorité s'attache à :

a) étudier les demandes d'approbation de plans de travail relatifs à l'exploration conformément à la partie XI et au présent Accord ;

b) appliquer les décisions de la Commission préparatoire de l'Autorité internationale des fonds marins et du Tribunal international du droit de la mer (ci-après dénommée la « Commission préparatoire ») concernant les investisseurs pionniers enregistrés et les États certificateurs, y compris leurs droits et obligations, conformément aux dispositions de l'article 308, paragraphe 5 de la Convention et du paragraphe 13 de la résolution II ;

c) veiller au respect des plans de travail relatifs à l'exploration approuvés sous la forme de contrats ;

d) suivre et étudier les tendances et l'évolution touchant les activités d'exploitation des ressources des fonds marins, notamment en analysant régulièrement la situation du marché mondial des métaux ainsi que les cours des métaux et les tendances et perspectives en la matière ;

e) étudier l'impact potentiel de la production de minéraux provenant de la zone sur les économies des pays en développement producteurs terrestres de ces minéraux qui sont susceptibles d'être le plus gravement affectés afin de réduire au minimum leurs difficultés et de les aider dans leurs efforts d'ajustement économique, compte tenu des travaux réalisés à cet égard par la Commission préparatoire ;

f) adopter les règles, règlements et procédures nécessaires à la conduite des activités menées dans la zone au fur et à mesure de leur avancement. Nonobstant les dispositions de l'article 17, paragraphe 2, lettres b) et c) de l'Annexe III de la Convention, ces règles, règlements et procédures tiennent compte des dispositions du présent Accord, des longs délais dans la production commerciale des minéraux marins et du rythme probable des activités menées dans la zone ;

g) adopter des règles, règlements et procédures incorporant les normes applicables de protection et de préservation du milieu marin ;

h) promouvoir et encourager la conduite de la recherche scientifique marine relative aux activités menées dans la zone ainsi que la collecte et la diffusion des résultats des recherches et analyses, lorsqu'ils sont disponibles, en mettant l'accent en particulier sur les recherches touchant l'impact sur l'environnement des activités menées dans la zone ;

i) acquérir les connaissances scientifiques et suivre le développement des technologies marines en rapport avec les activités menées dans la zone, et en particulier des technologies relatives à la protection et à la préservation du milieu marin ;

j) évaluer les données disponibles concernant la prospection et l'exploration ;

k) élaborer en temps voulu des règles, règlements et procédures applicables à l'exploitation, y compris en ce qui concerne la protection et la préservation du milieu marin.

6. *a*) La demande d'approbation d'un plan de travail relatif à l'exploration est examinée par le Conseil après réception de la recommandation de la Commission juridique et technique y relative. Elle est étudiée conformément aux dispositions de la Convention, y compris son Annexe III, ainsi qu'au présent Accord, étant entendu que :

i) un plan de travail relatif à l'exploration soumis au nom d'un État ou d'une entité, ou d'une composante d'une entité, visés au paragraphe 1, lettre a) ii) ou iii) de la résolution II, autre qu'un investisseur pionnier enregistré, ayant déjà entrepris des activités substantielles dans la zone avant l'entrée en vigueur de la Convention, ou ses ayants cause, est réputé répondre aux conditions financières et techniques de qualification auxquelles est subordonnée l'approbation si l'État ou les États qui patronnent la demande certifient que le demandeur a investi l'équivalent d'au moins 30 millions de dollars des États-Unis dans des activités de recherche et d'exploration et a consacré dix pour cent au moins de ce montant à la localisation, à l'étude topographique et à l'évaluation du secteur visé dans le plan de travail. Le plan de travail, s'il répond à tous autres égards aux exigences de la Convention ainsi qu'aux règles, règlements et procédures adoptés en application de la Convention, est approuvé par le Conseil sous forme de contrat. Les dispositions de la section 3, paragraphe 11 de la présente Annexe sont interprétées et appliquées en conséquence ;

ii) nonobstant les dispositions du paragraphe 8, lettre a) de la résolution II, un investisseur pionnier enregistré peut demander l'approbation d'un plan de travail relatif à l'exploration dans les 36 mois qui suivent l'entrée en vigueur de la Convention. Ce plan de travail relatif à l'exploration devra comprendre les documents, rapports et autres données présentés à la Commission préparatoire tant avant qu'après l'enregistrement et être accompagné d'un certificat de conformité, consistant en un rapport factuel décrivant l'état de l'exécution des obligations incombant aux investisseurs pionniers, délivré par la Commission préparatoire en application du paragraphe 11, lettre a) de la résolution II. Un tel plan de travail sera réputé avoir été approuvé. Il revêtira la forme d'un contrat conclu entre l'Autorité et l'investisseur pionnier enregistré conformément à la partie XI et au présent Accord. Le droit de 250 000 dollars des États-Unis versé conformément au paragraphe 7, lettre a) de la résolution II est réputé être le droit dû pour la phase d'exploration conformément à la section 8, paragraphe 3 de la présente Annexe. La section 3, paragraphe 11 de la présente Annexe est interprétée et appliquée en conséquence;

iii) conformément au principe de non-discrimination, les contrats conclus avec les États ou entités, ou les composantes des entités, visés au sous-alinéa i) de l'alinéa a), doivent comprendre des dispositions similaires à celles convenues avec les investisseurs pionniers enregistrés visés au sous-alinéa ii) de l'alinéa a) et non moins favorables à celles-ci. Si des dispositions plus favorables sont accordées à un État ou une entité, ou à une composante d'une entité, visés au sous-alinéa i) de l'alinéa a), le Conseil prend des dispositions similaires et non moins favorables en ce qui concerne les droits et obligations des investisseurs pionniers enregistrés visés au sous-alinéa ii) de l'alinéa a), sous réserve que lesdites dispositions n'affectent pas les intérêts de l'Autorité ou ne leur soient pas préjudiciables;

iv) l'État qui patronne une demande d'approbation d'un plan de travail conformément aux dispositions des sous-alinéas i) ou ii) de l'alinéa a) peut être un État partie, un État qui applique le présent Accord à titre provisoire en vertu de l'article 7 ou un État qui est membre de l'Autorité à titre provisoire en vertu du paragraphe 12;

v) le paragraphe 8, lettre c) de la résolution II est interprété et appliqué conformément au sous-alinéa iv) de l'alinéa a);

b) les plans de travail relatifs à l'exploration sont approuvés conformément aux dispositions de l'article 153, paragraphe 3 de la Convention.

7. La demande d'approbation d'un plan de travail est accompagnée d'une évaluation de l'impact potentiel sur l'environnement des activités proposées, et d'une description d'un programme d'études océanographiques et écologiques conformément aux règles, règlements et procédures adoptés par l'Autorité.

8. Sous réserve des dispositions du paragraphe 6, alinéa a), sous-alinéa i) ou ii), la demande d'approbation d'un plan de travail relatif à l'exploration est étudiée selon les procédures énoncées à la Section 3, paragraphe il de la présente Annexe.

9. Les plans de travail relatifs à l'exploration sont approuvés pour 15 ans. À l'expiration d'un tel plan, le contractant doit, s'il ne l'a pas déjà fait et si ledit plan n'a pas été prorogé, présenter une demande d'approbation d'un plan de travail relatif à l'exploitation. Le contractant peut demander la prorogation d'un plan de travail relatif à l'exploitation pour des périodes ne dépassant pas cinq ans chacune. Ces prorogations sont accordées si le contractant s'est efforcé de bonne

foi de se conformer aux stipulations du plan de travail mais n'a pas pu, pour des raisons indépendantes de sa volonté, mener à bien les travaux préparatoires nécessaires pour passer à la phase d'exploitation ou si les circonstances économiques du moment ne justifient pas le passage à la phase d'exploitation.

10. Un secteur réservé à l'Autorité est désigné conformément à l'article 8 de l'Annexe III de la Convention lors de l'approbation d'un plan de travail relatif à l'exploration ou relatif à l'exploration et l'exploitation.

11. Nonobstant les dispositions du paragraphe 9, un plan de travail approuvé relatif à l'exploration qui est patronné par au moins un État appliquant le présent Accord à titre provisoire cesse d'être valable si ledit État cesse d'appliquer ledit Accord à titre provisoire et s'il n'est pas devenu membre à titre provisoire conformément au paragraphe 12 ou État partie.

12. Lors de l'entrée en vigueur du présent Accord, les États et entités visés à l'article 3 dudit Accord qui l'appliquaient à titre provisoire conformément à l'article 7 et vis-à-vis desquels il n'est pas en vigueur peuvent demeurer membres de l'Autorité à titre provisoire jusqu'à l'entrée en vigueur de l'Accord à leur égard, conformément aux alinéas suivants :

a) si le présent Accord entre en vigueur avant le 16 novembre 1996, lesdits États et entités peuvent continuer à participer à l'Autorité en qualité de membres à titre provisoire en notifiant au dépositaire de l'Accord leur intention de participer à l'Autorité en qualité de membre à titre provisoire. Le statut de membre à titre provisoire prend fin le 16 novembre 1996 ou à la date à laquelle le présent Accord et la Convention entrent en vigueur à l'égard du membre concerné si celle-ci est antérieure. Le Conseil peut, à la demande de l'État ou de l'entité intéressé, proroger son statut de membre à titre provisoire au-delà du 16 novembre 1996 pendant une ou plusieurs périodes ne dépassant pas deux ans au total s'il considère que ledit État ou ladite entité s'est efforcé de bonne foi de devenir partie à l'Accord et à la Convention;

b) si le présent Accord entre en vigueur après le 15 novembre 1996, lesdits États et entités peuvent demander au Conseil à demeurer membres de l'Autorité à titre provisoire pour une ou plusieurs périodes ne s'étendant pas au-delà du 16 novembre 1998. S'il considère que l'État ou l'entité intéressé s'est efforcé de bonne foi de devenir partie à l'Accord et à la Convention, le Conseil fait droit à cette demande avec effet à la date de celle-ci;

c) les États et entités qui sont membres de l'Autorité à titre provisoire en vertu des alinéas a) ou b) appliquent les dispositions de la partie XI et du présent Accord conformément à leurs lois et règlements nationaux ou internes et à leurs allocations budgétaires annuelles et ont les mêmes droits et obligations que les autres membres, et notamment :

i) l'obligation de contribuer au budget d'administration de l'Autorité conformément au barème convenu,

ii) le droit de patronner des demandes d'approbation de plans de travail relatifs à l'exploration. Dans le cas d'entités dont les composantes sont des personnes physiques ou morales ayant la nationalité de plus d'un État, un plan de travail relatif à l'exploration n'est approuvé que si tous les États dont les personnes physiques ou morales constituent lesdites entités sont des États parties ou des membres à titre provisoire;

d) nonobstant les dispositions du paragraphe 9, un plan de travail relatif à l'exploration approuvé sous la forme d'un contrat qui était patronné par un État membre à titre provisoire en vertu du sous-alinéa ii) de l'alinéa c) cesse d'être valable si ce statut de membre à titre provisoire prend fin sans que l'État ou l'entité soit devenu État partie;

e) si un tel membre à titre provisoire n'a pas versé ses contributions ou ne s'est pas, à d'autres égards, acquitté de ses obligations conformément au présent paragraphe, son statut de membre à titre provisoire prend fin.

13. La référence à l'exécution non satisfaisante d'un plan de travail approuvé figurant à l'article 10 de l'Annexe III de la Convention est interprétée comme signifiant que le contractant n'a pas respecté les stipulations du plan de travail malgré les avertissements écrits que l'Autorité lui a adressés à cet effet.

14. L'Autorité a son propre budget. Jusqu'à la fin de l'année suivant celle où le présent Accord entrera en vigueur, les dépenses d'administration de l'Autorité seront imputées sur le budget de l'Organisation des Nations unies. Par la suite, les dépenses d'administration de l'Autorité seront financées au moyen des contributions versées par ses membres, y compris le cas échéant les membres à titre provisoire, conformément aux articles 171, lettre a) et 173 de la Convention et au présent Accord, jusqu'à ce que l'Autorité dispose afin de faire face aux dites dépenses de recettes suffisantes provenant d'autres sources. L'Autorité n'exerce pas la capacité de contracter des emprunts que lui confère l'article 174, paragraphe 1 de la Convention pour financer son budget d'administration.

15. L'Autorité élabore et adopte les règles, règlements et procédures prévus à l'article 162, paragraphe 2, lettre o) ii) en se fondant sur les principes énoncés aux sections 2, 5, 6, 7 et 8 de la présente Annexe, ainsi que tous autres règles, règlements et procédures nécessaires pour faciliter l'approbation des plans de travail relatifs à l'exploration ou l'exploitation, conformément aux alinéas suivants :

a) le Conseil peut entreprendre l'élaboration de ces règles, règlements ou procédures lorsqu'il juge qu'ils sont nécessaires pour la conduite des activités menées dans la Zone, ou lorsqu'il détermine que l'exploitation commerciale est imminente, ou encore à la demande d'un État dont un ressortissant entend présenter une demande d'approbation d'un plan de travail relatif à l'exploitation;

b) si une demande est faite par un État visé à l'alinéa a), le Conseil adopte ces règles, règlements et procédures dans les deux ans qui suivent la demande, conformément à l'article 162, paragraphe 2, lettre o) de la Convention ;

c) si le Conseil n'a pas achevé l'élaboration des règles, règlements et procédures relatifs à l'exploitation dans le délai prescrit et si une demande d'approbation d'un plan de travail relatif à l'exploitation est en instance, il doit néanmoins examiner et approuver provisoirement ce plan de travail sur la base des dispositions de la Convention ainsi que des règles, règlements et procédures qu'il a pu adopter à titre provisoire, ou sur la base des normes énoncées dans la Convention ainsi que des conditions et principes figurant dans la présente Annexe et du principe de la non-discrimination entre contractants.

16. Les projets de règles, règlements et procédures ainsi que toutes recommandations concernant les dispositions de la partie XI qui figurent dans les rapports et les recommandations de la Commission préparatoire sont pris en considération par l'Autorité lorsqu'elle adopte des règles, règlements et procédures conformément à la partie XI et au présent Accord.

17. Les dispositions pertinentes de la section 4 de la partie XI de la Convention sont interprétées et appliquées conformément au présent Accord.

Section 2

L'entreprise

1. Le Secrétariat de l'Autorité s'acquitte des fonctions de l'entreprise jusqu'à ce que celle-ci commence à fonctionner indépendamment du Secrétariat. Le Secrétaire général de l'Autorité nomme parmi le personnel de celle-ci un Directeur général par intérim pour superviser l'exercice de ces fonctions par le Secrétariat. Il s'agit des fonctions suivantes :

a) suivre et étudier les tendances et l'évolution touchant les activités d'exploitation des ressources des fonds marins, notamment en analysant régulièrement la situation du marché mondial des métaux ainsi que les cours des métaux et les tendances et les perspectives en la matière ;

b) évaluer les résultats de la recherche scientifique marine relative aux activités menées dans la zone, en mettant l'accent en particulier sur les recherches touchant l'impact sur l'environnement des activités menées dans la zone ;

c) évaluer les données disponibles concernant les activités de prospection et d'exploration, notamment les critères applicables aux dites activités ;

d) évaluer les innovations technologiques intéressant les activités menées dans la zone, et en particulier les techniques relatives à la protection et la préservation du milieu marin;

e) évaluer les informations et données relatives aux secteurs réservés à l'Autorité;

f) évaluer les approches en matière d'entreprises conjointes;

g) rassembler des informations sur la disponibilité de main-d'œuvre qualifiée;

h) étudier les politiques de gestion pouvant être appliquées à l'administration de l'entreprise aux différentes étapes de ses opérations.

2. L'entreprise mène ses premières opérations d'exploitation des ressources des fonds marins dans le cadre d'entreprises conjointes. Lorsqu'un plan de travail relatif à l'exploitation présentée par une entité autre que l'entreprise sera approuvé ou lorsque le Conseil recevra une demande pour une opération d'entreprise conjointe avec l'entreprise, le Conseil examinera la question du fonctionnement de l'entreprise indépendamment du Secrétariat de l'Autorité. S'il estime que les opérations d'entreprise conjointe sont conformes aux principes d'une saine gestion commerciale, le Conseil adopte une directive autorisant le fonctionnement indépendant de l'entreprise, conformément à l'article 170, paragraphe 2 de la Convention.

3. L'obligation des États parties de financer un site minier de l'entreprise prévu à l'article 11, paragraphe 3, de l'annexe IV de la Convention ne s'applique pas et les États parties ne sont tenus de financer aucune opération sur un site minier de l'entreprise ou dans le cadre de ses accords d'entreprise conjointe.

4. Les obligations qui incombent aux contractants incombent à l'entreprise. Nonobstant les dispositions de l'article 153, paragraphe 3, et de l'annexe III, article 3, paragraphe 5 de la Convention, tout plan de travail de l'entreprise revêt, lorsqu'il est approuvé, la forme d'un contrat conclu entre l'Autorité et l'entreprise.

5. Le contractant ayant remis un secteur spécifique à l'Autorité en tant que Secteur réservé a un droit de priorité pour conclure avec l'entreprise un accord d'entreprise conjointe en vue de l'exploration et de l'exploitation dudit Secteur. Si, dans les 15 ans qui suivent la date à laquelle elle aura commencé à fonctionner indépendamment du Secrétariat de l'Autorité ou la date à laquelle ledit secteur a été réservé à l'Autorité si celle-ci est plus tardive, l'entreprise ne présente pas de demande d'approbation d'un plan de travail en vue d'activités dans ce secteur réservé, le contractant ayant remis ledit secteur peut présenter une demande d'approbation d'un plan de travail pour ce secteur, à charge pour lui d'offrir de bonne foi d'associer l'entreprise à ses activités dans le cadre d'une entreprise conjointe.

6. L'article 170, paragraphe 4, l'annexe IV et les autres dispositions de la Convention relatives à l'entreprise sont interprétés et appliqués conformément à la présente section.

Section 3

Prise de décisions

1. Les politiques générales de l'Autorité sont arrêtées par l'Assemblée en collaboration avec le Conseil.

2. En règle générale, les organes de l'Autorité s'efforcent de prendre leurs décisions par consensus.

3. Si tous les efforts pour aboutir à une décision par consensus ont été épuisés, les décisions mises aux voix à l'Assemblée sur les questions de procédure sont prises à la majorité des membres présents et votants, et celles sur les questions de fond à la majorité des deux tiers des membres présents et votants, comme prévu à l'article 159, paragraphe 8 de la Convention.

4. Les décisions de l'Assemblée sur toute question qui relève également de la compétence du Conseil ou sur toute question administrative, budgétaire ou financière sont fondées sur les recommandations du Conseil. Si l'Assemblée n'accepte pas la recommandation du Conseil sur une question quelconque, elle renvoie celle-ci au Conseil pour un nouvel examen. Le Conseil réexamine la question à la lumière des vues exprimées par l'Assemblée.

5. Si tous les efforts pour aboutir à une décision par consensus ont été épuisés, les décisions mises aux voix du Conseil sur les questions de procédure sont prises à la majorité des membres présents et votants, et celles sur les questions de fond, sauf lorsque la Convention dispose que le Conseil doit décider par consensus, à la majorité des deux tiers des membres présents et votants, à condition que ces décisions ne suscitent pas l'opposition de la majorité au sein de l'une quelconque des chambres mentionnées au paragraphe 9, Lorsqu'il prend des décisions, le Conseil s'attache à promouvoir les intérêts de tous les membres de l'Autorité.

6. Le Conseil peut décider de surseoir à une décision pour faciliter la poursuite des négociations chaque fois qu'il apparaît que tous les efforts pour aboutir à un consensus sur une question n'ont pas été épuisés.

7. Les décisions de l'Assemblée ou du Conseil qui ont des incidences financières ou budgétaires sont fondées sur les recommandations de la Commission des finances.

8. Les dispositions de l'article 161, paragraphe 8, lettres b) et c) de la Convention ne sont pas applicables.

9. *a*) Chaque groupe d'États élus conformément au paragraphe 15, alinéas a) à c) est considéré comme une chambre pour les votes au Conseil. Les États en développement élus conformément au paragraphe 15, alinéas d) et e) sont considérés comme une seule chambre pour les votes au Conseil.

b) Avant d'élire les membres du Conseil, l'Assemblée établit des listes de pays répondant aux critères d'appartenance aux groupes d'États visés aux alinéas a) à d) du paragraphe 15. Si un État répond aux critères d'appartenance de plus d'un groupe, il ne peut être présenté que par un groupe pour les élections au Conseil et ne représente que ce groupe lors, des votes au Conseil.

10. Chacun des groupes d'États visés aux alinéas a) à d) du paragraphe 15 est représenté au Conseil par les membres dont il a présenté la candidature. Chaque groupe ne peut présenter qu'autant de candidats qu'il doit pourvoir de sièges. En règle générale, le principe de la rotation s'applique lorsque le nombre de candidats potentiels dans chacun des groupes visés aux alinéas a) à e) du paragraphe 15 dépasse le nombre de sièges à pourvoir dans le même groupe. Les États appartenant à ces groupes déterminent comment ce principe s'applique dans leurs groupes respectifs.

11. *a*) Le Conseil approuve toute recommandation de la Commission juridique et technique favorable à l'approbation d'un plan de travail sauf s'il décide de rejeter celui-ci à la majorité des deux tiers de ses membres présents et votants, dont la majorité des membres présents et votants au sein de chacune de ses chambres. Si le Conseil ne statue pas dans le délai prescrit sur une recommandation favorable à l'approbation d'un plan de travail, cette recommandation est réputée approuvée par le Conseil à l'expiration dudit délai. Le délai prescrit est normalement de 60 jours, à moins que le Conseil ne fixe un délai plus long. Si la Commission recommande le rejet d'un plan de travail ou ne fait pas de recommandation, le Conseil peut néanmoins approuver le plan de travail conformément aux dispositions de son règlement intérieur régissant la prise de décisions sur les questions de fond.

b) Les dispositions de l'article 162, paragraphe 2, lettre j) de la Convention ne sont pas applicables.

12. Tout différend qui pourrait surgir concernant le rejet d'un plan de travail est soumis aux procédures de règlement des différends prévues dans la Convention.

13. Les décisions mises aux voix à la Commission juridique et technique sont prises à la majorité des membres présents et votants.

14. Les sous-sections B et C de la section 4 de la partie XI de la Convention sont interprétées et appliquées conformément à la présente section.

15. Le Conseil se compose de 36 membres de l'Autorité, élus par l'Assemblée dans l'ordre suivant :

a) quatre membres choisis parmi les États parties dont la consommation ou les importations nettes de produits de base relevant des catégories de minéraux devant être extraits de la zone ont dépassé, au cours des cinq dernières années pour lesquelles il existe des statistiques, 2 % en valeur du total mondial de la consommation ou des importations de ces produits de base, dont l'État de la région de l'Europe orientale qui a l'économie la plus importante de la région en termes de produit intérieur brut et l'État qui, au moment de l'entrée en vigueur de la Convention, a l'économie la plus importante en termes de produit intérieur brut, si lesdits États souhaitent être représentés dans ce groupe ;

b) quatre membres choisis parmi les huit États parties qui ont effectué, directement ou par l'intermédiaire de leurs ressortissants, les plus gros investissements pour la préparation et la réalisation d'activités menées dans la zone ;

c) quatre membres choisis parmi les États parties qui, sur la base de la production provenant des zones soumises à leur juridiction, sont parmi les principaux exportateurs nets des catégories de minéraux devant être extraits de la zone, dont au moins deux États en développement dont l'économie est fortement tributaire de leurs exportations de ces minéraux ;

d) six membres choisis parmi les États parties en développement et représentant des intérêts particuliers. Les intérêts particuliers devant être représentés comprennent ceux des États à populations nombreuses des États sans littoral ou géographiquement désavantagés, des États insulaires, des États qui figurent parmi les principaux importateurs des catégories de minéraux devant être extraits de la zone, des États potentiellement producteurs de tels minéraux et des États les moins avancés ;

e) dix-huit membres élus suivant le principe d'une répartition géographique équitable de l'ensemble des sièges du Conseil, étant entendu qu'au moins un membre par région géographique est élu membre en application de la présente disposition. À cette fin, les régions géographiques sont l'Afrique, l'Amérique latine et les Caraïbes, l'Asie, l'Europe orientale ainsi que l'Europe occidentale et autres États.

16. Les dispositions de l'article 161, paragraphe 1 de la Convention ne sont pas applicables.

Section 4

Conférence de révision

Les dispositions relatives à la Conférence de révision figurant à l'article 155, paragraphes 1, 3 et 4 de la Convention ne sont pas applicables. Nonobstant les dispositions de l'article 314, paragraphe 2 de la Convention, l'Assemblée peut à tout moment, sur la recommandation du Conseil, entreprendre un examen des questions visées à l'article 155, paragraphe 1 de la Convention. Les amendements relatifs au présent Accord et à la partie XI sont soumis aux procédures prévues aux articles 314, 315 et 316 de la Convention, étant entendu que les principes, régimes et autres dispositions visés à l'article 155, paragraphe 2 de la Convention doivent être maintenus et que les droits visés au paragraphe 5 dudit article ne doivent pas être affectés.

Section 5

Transfert des techniques

1. Le transfert des techniques, aux fins de la partie XI, est régi par les dispositions de l'article 144 de la Convention et par les principes suivants :

a) l'entreprise et les États en développement désireux d'obtenir des techniques d'exploitation minière des fonds marins s'efforcent de les obtenir selon des modalités et à des conditions commerciales justes et raisonnables sur le marché libre, ou par le biais d'accords d'entreprise conjointe ;

b) si l'entreprise ou les États en développement ne peuvent obtenir de techniques d'exploitation minière des fonds marins, l'Autorité peut prier les contractants, ainsi que l'État ou les États qui les ont patronnés, à coopérer avec elle pour permettre à l'entreprise, à son entreprise conjointe ou à un ou plusieurs États en développement désireux d'acquérir ces technologies de les acquérir plus facilement selon des modalités et à des conditions commerciales justes et raisonnables, compatibles avec la protection effective des droits de propriété intellectuelle. Les États parties s'engagent à coopérer pleinement et efficacement avec l'Autorité à cette fin et à faire en sorte que les contractants qu'ils patronnent coopèrent eux aussi pleinement avec l'Autorité;

c) en règle générale, les États parties s'emploient à promouvoir la coopération scientifique et technique internationale en ce qui concerne les activités menées dans la zone soit entre les parties intéressées, soit en élaborant des programmes de formation, d'assistance technique et de coopération scientifique en matière de sciences et techniques marines et dans le domaine de la protection et de la préservation du milieu marin.

2. Les dispositions de l'article 5 de l'annexe III de la Convention ne sont pas applicables.

Section 6

Politique en matière de production

1. La politique de l'Autorité en matière de production est fondée sur les principes suivants :

a) la mise en valeur des ressources de la zone doit se faire conformément aux principes d'une saine gestion commerciale;

b) les dispositions de l'Accord général sur les tarifs douaniers et le commerce, ses codes pertinents et les accords destinés à leur succéder ou à les remplacer s'appliquent s'agissant des activités menées dans la zone;

c) en particulier, les activités menées dans la zone ne sont pas subventionnées, sauf dans la mesure où les accords visés à l'alinéa b) l'autorisent. Aux fins des présents principes, les subventions sont définies comme dans les accords visés à l'alinéa b);

d) il n'est pas fait de discrimination entre les minéraux extraits de la zone et ceux provenant d'autres sources. Ces minéraux et les importations de produits de base obtenus à partir de ces minéraux ne bénéficient d'aucun accès préférentiel aux marchés, en particulier :

i) par l'utilisation de barrières tarifaires ou non tarifaires; et

ii) par l'octroi par les États parties d'un traitement préférentiel à ces minéraux ou aux produits de base obtenus à partir de ces minéraux par leurs entreprises d'État ou par des personnes physiques ou morales qui ont leur nationalité ou qui sont contrôlées par eux ou leurs ressortissants;

e) le plan de travail approuvé par l'Autorité pour l'exploitation de chaque secteur minier comprend un calendrier de production qui indique les quantités maximales de minéraux qui seraient extraites chaque année en application de ce plan;

j) les différends concernant les dispositions des accords visés à l'alinéa b) sont réglés comme suit :

i) si les États parties concernés sont parties aux dits accords, ils ont recours aux procédures de règlement des différends qui y sont prévues,

ii) si un ou plusieurs des États parties concernés ne sont pas parties aux dits accords, ils ont recours aux procédures de règlement des différends prévues dans la Convention;

g) lorsqu'il est établi, en vertu des accords visés à l'alinéa b), qu'un État partie a accordé des subventions qui sont interdites ou qui ont eu pour effet de léser les intérêts d'un autre État partie et que 1'État partie ou les États parties intéressés n'ont pas adopté les mesures adéquates, tout État partie peut demander au Conseil de prendre des mesures appropriées.

2. Les principes énoncés au paragraphe 1 n'affectent pas les droits et obligations découlant des dispositions des accords visés à l'alinéa b) du paragraphe 1, ou des accords de libre-échange ou d'union douanière pertinents, dans les relations entre États parties qui sont parties aux dits accords.

3. L'acceptation par un contractant de subventions autres que celles qui peuvent être autorisées par les accords visés à l'alinéa b) du paragraphe 1 constitue une violation des clauses fondamentales du contrat constituant un plan de travail pour l'exécution d'activités dans la zone.

4. Tout État partie qui a des raisons de croire que les dispositions des alinéas b) à d) du paragraphe 1 ou du paragraphe 3 ont été enfreintes peut engager des procédures de règlement des différends conformément aux alinéas f) ou g) du paragraphe 1.

5. Les États parties peuvent à tout moment porter à l'attention du Conseil des activités qu'ils jugent incompatibles avec les dispositions des alinéas b) à d) du paragraphe 1.

6. L'Autorité élabore des règles, règlements et procédures propres à assurer l'application des dispositions de la présente Section, et notamment des règles, règlements et procédures régissant l'approbation des plans de travail.

7. Les dispositions de l'article 151, paragraphes 1 à 7 et paragraphe 9, de l'article 162, paragraphe 2, lettre q), de l'article 165, paragraphe 2, lettre n), ainsi que de l'article 6, paragraphe 5, et de l'article 7 de l'annexe III de la Convention ne sont pas applicables.

Section 7

Assistance économique

1. La politique mise en œuvre par l'Autorité pour venir en aide aux États en développement dont l'économie et les recettes d'exportation se ressentent gravement des effets défavorables d'une baisse du cours d'un minéral figurant parmi ceux extraits de la zone ou d'une réduction du volume de leurs exportations de ce minéral, pour autant que cette baisse ou réduction est due à des activités menées dans la zone, est fondée sur les principes suivants :

a) l'Autorité établit un fonds d'assistance économique avec la part de ses ressources qui dépasse le montant nécessaire pour couvrir ses dépenses d'administration. Le montant réservé à cette fin est périodiquement déterminé par le Conseil sur la recommandation de la Commission des finances. Seuls les fonds reçus en paiement des contractants, y compris l'entreprise, et les contributions volontaires peuvent être utilisés pour établir ce fonds d'assistance économique;

b) les États en développement producteurs terrestres dont il a été établi que l'économie a été gravement affectée par la production de minéraux de fonds marins bénéficient de l'assistance du fonds d'assistance économique de l'Autorité;

c) au moyen de ce fonds, l'Autorité fournit une assistance aux États en développement producteurs terrestres affectés, le cas échéant en coopération avec les institutions mondiales ou régionales de développement existantes qui disposent de l'infrastructure et des compétences requises pour mener à bien de tels programmes d'assistance;

d) l'étendue et la durée de cette assistance sont déterminées au cas par cas. Ce faisant, il est tenu dûment compte de la nature et de l'ampleur des problèmes rencontrés par les États en développement producteurs terrestres affectés.

2. Il est donné effet à l'article 151, paragraphe 10 de la Convention au moyen des mesures d'assistance économique prévues au paragraphe 1. L'article 160, paragraphe 2, lettre l), l'article 162, paragraphe 2, lettre n), l'article 164, paragraphe 2, lettre d), l'article 171, lettre f) et l'article 173,

paragraphe 2, lettre c) de la Convention sont interprétés en conséquence.

Section 8

Clauses financières des contrats

1. Les principes suivants servent de base à l'établissement des règles, règlements et procédures relatifs aux clauses financières des contrats :

a) le système de paiements à l'Autorité doit être équitable tant pour le contractant que pour l'Autorité et prévoir des moyens adéquats pour déterminer que le contractant s'y conforme ;

b) les taux des paiements appliqués dans le cadre de ce système doivent être comparables à ceux en vigueur en ce qui concerne la production terrestre des mêmes minéraux ou de minéraux similaires afin d'éviter de donner aux producteurs de minéraux extraits des fonds marins un avantage artificiel ou de leur imposer un désavantage, au regard de la concurrence ;

c) le système ne devrait pas être compliqué ni imposer de lourdes dépenses d'administration à l'Autorité ou aux contractants. L'adoption d'un système de redevances ou d'un système associant redevances et partage des bénéfices devrait être envisagée. S'il est établi différents systèmes, le contractant a le droit de choisir le système applicable à son contrat. Tout changement ultérieur dans le choix du système exige néanmoins un accord entre l'Autorité et le contractant ;

d) un droit annuel fixe est payable dès le démarrage de la production commerciale. Ce droit peut être déduit des autres paiements dus en application du système adopté conformément à l'alinéa c). Le montant de ce droit est fixé par le Conseil ;

e) le système de paiements peut être révisé périodiquement compte tenu des changements de circonstances. Toute modification est appliquée de façon non discriminatoire. Elle ne peut s'appliquer aux contrats existants que si le contractant le souhaite. Tout changement ultérieur dans le choix entre les systèmes exige un accord entre l'Autorité et le contractant ;

f) les différends concernant l'interprétation ou l'application des règles et règlements fondés sur les présents principes sont soumis aux procédures de règlement des différends prévues dans la Convention.

2. Les dispositions de l'article 13, paragraphes 3 à 10 de l'annexe III de la Convention ne sont pas applicables.

3. En ce qui concerne l'application de l'article 13, paragraphe 2 de l'annexe III de la Convention, le droit à acquitter pour l'étude des demandes d'approbation d'un plan de travail limité à une seule phase, qu'il s'agisse de l'exploration ou de l'exploitation, est de 250 000 dollars des États-Unis.

Section 9

La Commission des finances

1. Il est constitué une Commission des finances composée de 15 membres ayant les qualifications voulues en matière financière. Les candidats proposés par les États parties doivent posséder les plus hautes qualités de compétence et d'intégrité.

2. La Commission des finances ne peut comprendre plus d'un ressortissant du même État partie.

3. Les membres de la Commission des finances sont élus par l'Assemblée compte dûment tenu de la nécessité d'assurer une répartition géographique équitable ainsi que la représentation des intérêts spéciaux. Chacun des groupes d'États visés à la section 3, paragraphe 15, alinéas a), b), c) et d) de la présente annexe est représenté à la Commission des finances par au moins un membre. Jusqu'à ce que l'Autorité dispose de ressources suffisantes provenant de sources autres que les contributions pour faire face à ses dépenses d'administration, la Commission doit comprendre un représentant de chacun des cinq États versant les contributions les plus importantes au budget d'administration de l'Autorité. Par la suite, l'élection d'un membre de chaque groupe se fait sur la base des candidatures présentées par les membres de ce groupe, sans préjudice de la possibilité que d'autres membres de chaque groupe soient élus.

4. Les membres de la Commission des finances sont élus pour cinq ans et sont rééligibles une fois.

5. En cas de décès, d'empêchement ou de démission d'un membre de la Commission des finances avant l'expiration de son mandat, l'Assemblée élit pour achever le terme du mandat un membre appartenant à la même région géographique ou du même groupe d'États.

6. Les membres de la Commission des finances ne doivent avoir d'intérêt financier dans quelque activité que ce soit liée à des questions à propos desquelles la Commission doit formuler des recommandations. Même après que leurs fonctions ont pris fin, ils ne divulguent aucune information confidentielle dont ils ont eu connaissance en raison des fonctions qu'ils ont accomplies au service de l'Autorité.

7. Le Conseil et l'Assemblée tiennent compte des recommandations de la Commission des finances lorsqu'ils prennent des décisions sur les questions ci-après :

a) les projets de règles, règlements et procédures applicables en matière financière aux organes de l'Autorité ainsi que la gestion financière et l'administration financière interne de l'Autorité ;

b) le calcul des contributions des membres au budget d'administration de l'Autorité conformément à l'article 160, paragraphe 2, lettre e) de la Convention ;

c) toutes les questions financières pertinentes, y compris le projet de budget annuel établi par le Secrétaire général de l'Autorité conformément à l'article 172 de la Convention, ainsi que les aspects financiers de l'exécution des programmes de travail du Secrétariat;

d) le budget d'administration;

e) les obligations financières découlant pour les États parties de l'application du présent Accord et de la partie XI ainsi que les incidences administratives et budgétaires des propositions et des recommandations entraînant des dépenses devant être financées au moyen des ressources de l'Autorité;

f) les règles, règlements et procédures applicables au partage équitable des avantages financiers et autres avantages économiques tirés des activités menées dans la zone ainsi que les décisions à prendre à ce sujet.

8. Les décisions de la Commission des finances sur les questions de procédure sont prises à la majorité des membres présents et votants et celles sur les questions de fond par consensus.

9. Les dispositions de l'article 162, paragraphe 2, lettre y) de la Convention prévoyant la création d'un organe subsidiaire chargé des questions financières sont réputées avoir reçu effet par la création de la Commission des finances conformément à la présente Section.

Fleuves internationaux :

47 Convention sur le droit relatif aux utilisations des cours d'eau internationaux à des fins autres que la navigation

Date d'adoption : 21/05/1997
Date d'entrée en vigueur : non en vigueur

L'Assemblée générale,

Ayant à l'esprit l'alinéa *a* du paragraphe 1 de l'article 13 de la Charte des Nations unies,

Rappelant sa résolution 2669 (XXV) du 8 décembre 1970, dans laquelle elle recommandait que la Commission du droit international entreprenne l'étude du droit relatif aux utilisations des cours d'eau internationaux à des fins autres que la navigation en vue du développement progressif et de la codification de ce droit,

Rappelant également que la Commission du droit international a présenté un projet d'articles final sur le droit relatif aux utilisations des cours d'eau internationaux à des fins autres que la navigation au chapitre III de son rapport sur les travaux de sa quarante-sixième session,

Rappelant en outre ses résolutions 49/52 du 9 décembre 1994 et 51/206 du 17 décembre 1996, dans lesquelles elle a décidé que la Sixième Commission se constituerait en groupe de travail plénier, ouvert aux États membres de l'Organisation des Nations unies ou membres des institutions spécialisées, pour élaborer une convention-cadre sur le droit relatif aux utilisations des cours d'eau internationaux à des fins autres que la navigation, et que le Groupe de travail plénier lui ferait directement rapport lorsqu'il aurait mené son mandat à terme,

Ayant examiné le rapport de la Sixième Commission constituée en Groupe de travail plénier et exprimant sa gratitude pour le travail accompli,

1. *Remercie vivement* la Commission du droit international pour son travail appréciable sur le droit relatif aux utilisations des cours d'eau internationaux à des fins autres que la navigation, ainsi que les rapporteurs spéciaux successifs pour leur contribution à ce travail;
2. *Adopte* la Convention sur le droit relatif aux utilisations des cours d'eau internationaux à des fins autres que la navigation, qui figure

en annexe à la présente résolution, et prie le Secrétaire général, en sa qualité de dépositaire, de l'ouvrir à la signature;

3. *Invite* les États et les organisations d'intégration économique régionale à devenir parties à la Convention.

ANNEXE

CONVENTION SUR LE DROIT RELATIF AUX UTILISATIONS DES COURS D'EAU INTERNATIONAUX À DES FINS AUTRES QUE LA NAVIGATION

Les parties à la présente Convention,

Conscientes de l'importance des cours d'eau internationaux et de leurs utilisations à des fins autres que la navigation dans de nombreuses régions du monde,

Ayant à l'esprit l'alinéa *a* du paragraphe 1 de l'article 13 de la Charte des Nations unies, qui dispose que l'Assemblée générale provoque des études et fait des recommandations en vue d'encourager le développement progressif du droit international et sa codification,

Considérant qu'une codification et un développement progressif adéquats de règles du droit international régissant les utilisations des cours d'eau internationaux à des fins autres que la navigation contribueraient à la promotion et à la mise en œuvre des buts et principes énoncés aux articles premier et 2 de la Charte des Nations unies,

Tenant compte des problèmes touchant de nombreux cours d'eau internationaux qui résultent, entre autres, de l'accroissement de la consommation et de la pollution,

Convaincues qu'une convention-cadre permettra d'utiliser, de mettre en valeur, de conserver, de gérer et de protéger les cours d'eau internationaux, ainsi que d'en promouvoir l'utilisation optimale et durable au bénéfice des générations actuelles et futures,

Affirmant l'importance de la coopération internationale et du bon voisinage dans ce domaine,

Conscientes de la situation et des besoins particuliers des pays en développement,

Rappelant les principes et recommandations adoptés par la Conférence des Nations unies sur l'environnement et le développement, tenue en 1992, dans la Déclaration de Rio et Action 21,

Rappelant également les accords bilatéraux et multilatéraux régissant les utilisations des cours d'eau internationaux à des fins autres que la navigation,

Ayant à l'esprit la contribution précieuse des organisations internationales, gouvernementales comme non gouvernementales, à la codification et au développement progressif du droit international dans ce domaine,

Satisfaites de l'œuvre accomplie par la Commission du droit international concernant le droit relatif aux utilisations des cours d'eau internationaux à des fins autres que la navigation,

Gardant à l'esprit la résolution 49/52 de l'Assemblée des Nations unies, en date du 9 décembre 1994,

Sont convenues de ce qui suit :

PREMIÈRE PARTIE
INTRODUCTION

Art. premier. – Champ d'application de la présente Convention

1. La présente Convention s'applique aux utilisations des cours d'eau internationaux à des fins autres que la navigation et aux mesures de protection, de préservation et de gestions liées aux utilisations de ces cours d'eau et de leurs eaux.

2. La présente Convention ne s'applique à l'utilisation des cours d'eau internationaux à des fins autres que la navigation que dans la mesure où d'autres utilisations ont une incidence sur la navigation ou sont affectées par elle.

Art. 2. – Expressions employées

Aux fins de la présente Convention :

a) l'expression « cours d'eau » s'entend d'un système d'eaux de surface et d'eaux souterraines constituant, du fait de leurs relations physiques, un ensemble unitaire et aboutissant normalement à un point d'arrivée commun;

b) l'expression « cours d'eau international » s'entend d'un cours d'eau dont les parties se trouvent dans des États différents;

c) l'expression « État du cours d'eau » s'entend d'un État partie à la présente Convention dans le territoire duquel se trouve une partie d'un cours d'eau internationale ou d'une partie qui est une organisation d'intégration économique régionale dans le territoire d'un ou plusieurs États membres de laquelle se trouve une partie d'un cours d'eau international;

d) l'expression « organisation d'intégration économique régionale » s'entend de toute organisation créée par les États souverains d'une région donnée, à laquelle ses États membres ont cédé leur compétence à raison des questions régies par la présente Convention et qui est dûment autorisée conformément à ses procédures internes à signer, à ratifier, à accepter ou à approuver la Convention ou à y adhérer.

Art. 3. – Accords de cours d'eau

1. À moins que les États du cours d'eau n'en soient convenus autrement, la présente Convention ne modifie en rien les droits ou obligations résultant pour ces États d'accords en vigueur à la date à laquelle ils sont devenus parties à la présente Convention.

2. Nonobstant les dispositions du paragraphe 1, les parties à des accords visés au paragraphe 1 peuvent, si besoin est, envisager de mettre lesdits accords en harmonie avec les principes fondamentaux de la présente Convention.

3. Les États du cours d'eau peuvent conclure un ou plusieurs accords, ci-après dénommés « accords de cours d'eau », qui appliquent et adaptent les dispositions de la présente Convention aux caractéristiques et aux utilisations d'un cours international particulier ou d'une partie d'un tel cours d'eau.

4. Lorsqu'un accord de cours d'eau est conclu ente deux ou plusieurs États du cours d'eau, il doit définir les eaux auxquelles il s'applique. Un tel accord peut être conclu pour un cours d'eau international tout entier, ou pour une partie quelconque d'un tel cours d'eau, ou pour un projet ou un programme particulier, ou pour une utilisation particulière, dans la mesure où cet accord ne porte pas atteinte, de façon significative, à l'utilisation des eaux du cours d'eau par un ou plusieurs États du cours d'eau sans le consentement exprès de cet État ou ces États.

5. Lorsqu'un État du cours d'eau estime qu'il faudrait adapter et appliquer les dispositions de la présente Convention en raison des caractéristiques et des utilisations d'un cours d'eau international particulier, les États du cours d'eau se consultent en vue de négocier de bonne foi dans le but de conclure un accord ou des accords de cours d'eau.

6. Lorsque certains États du cours d'eau d'un cours d'eau international particulier, mais non pas tous, sont parties à un accord, aucune disposition de cet accord ne porte atteinte aux droits et obligations qui découlent de la présente Convention pour les États du cours d'eau qui n'y sont pas parties.

Art. 4. – Parties aux accords de cours d'eau

1. Tout État du cours d'eau a le droit de participer à la négociation de tout accord de cours d'eau qui s'applique au cours d'eau international tout entier et de devenir partie à un tel accord, ainsi que de participer à toutes consultations appropriées.

2. Un État du cours d'eau dont l'utilisation du cours d'eau international risque d'être affectée de façon significative par la mise en œuvre

d'un éventuel accord de cours d'eau ne s'appliquant qu'à une partie du cours d'eau, ou à un projet ou programme particulier, ou à une utilisation particulière, a le droit de participer à des consultations sur cet accord et, le cas échéant, à sa négociation de bonne foi afin d'y devenir partie, dans la mesure où son utilisation du cours d'eau en serait affectée.

Deuxième partie

PRINCIPES GÉNÉRAUX

Art. 5. – Utilisation et participation équitables et raisonnables

1. Les États du cours d'eau utilisent sur leurs territoires respectifs le cours d'eau international de manière équitable et raisonnable. En particulier, un cours d'eau international sera utilisé et mis en valeur par les États du cours d'eau en vue de parvenir à l'utilisation et aux avantages optimaux et durables – compte tenu des intérêts des États du cours d'eau concernés – compatibles avec les exigences d'une protection adéquate du cours d'eau.

2. Les États du cours d'eau participent à l'utilisation, à la mise en valeur et à la protection d'un cours d'eau international de manière équitable et raisonnable. Cette participation comporte à la fois le droit d'utiliser le cours d'eau et le devoir de coopérer à sa protection et à sa mise en valeur, comme prévus dans les présents articles.

Art. 6. – Facteurs pertinents pour une utilisation équitable et raisonnable

1. L'utilisation de manière équitable et raisonnable d'un cours d'eau international au sens de l'article 5 implique la prise en considération de tous les facteurs et circonstances, notamment :

a) les facteurs géographiques, hydrographiques, hydrologiques, climatiques, écologiques et autres facteurs de caractère naturel ;

b) les besoins économiques et sociaux des États du cours d'eau intéressés ;

c) la population tributaire du cours d'eau dans chaque État du cours d'eau ;

d) les effets de l'utilisation ou des utilisations du cours d'eau dans un État du cours d'eau sur d'autres États du cours d'eau ;

e) les utilisations actuelles et potentielles du cours d'eau ;

f) la conservation, la protection, la mise en valeur et l'économie dans l'utilisation des ressources en eau du cours d'eau ainsi que les coûts des mesures prises à cet effet ;

g) l'existence d'autres options, de valeur comparable, susceptibles de remplacer une utilisation particulière, actuelle ou envisagée.

2. Dans l'application de l'article 5 ou du paragraphe 1 du présent article, les États du cours d'eau intéressés engagent, si besoin est, des consultations dans un esprit de coopération.

3. Le poids à accorder à chaque facteur est fonction de l'importance de ce facteur par rapport à celle d'autres facteurs pertinents. Pour déterminer ce qu'est une utilisation raisonnable et équitable, tous les facteurs pertinents doivent être examinés ensemble et une conclusion tirée sur la base de l'ensemble de ces facteurs.

Art. 7. – Obligation de ne pas causer de dommages significatifs

1. Lorsqu'ils utilisent un cours d'eau international sur leur territoire, les États du cours d'eau prennent toutes les mesures appropriées pour ne pas causer de dommages significatifs aux autres États du cours d'eau.

2. Lorsqu'un dommage significatif est néanmoins causé à un autre État du cours d'eau, les États dont l'utilisation a causé ce dommage prennent, en l'absence d'accord concernant cette utilisation, toutes les mesures appropriées, en prenant en compte comme il se doit les dispositions des articles 5 et 6 et en consultation avec l'État touché, pour éliminer ou atténuer ce dommage et, le cas échéant, discuter de la question de l'indemnisation.

Art. 8. – Obligation générale de coopérer

1. Les États du cours d'eau coopèrent sur la base de l'égalité souveraine, de l'intégrité territoriale, de l'avantage mutuel et de la bonne foi en vue de parvenir à l'utilisation optimale et à la protection adéquate du cours d'eau international.

2. Pour arrêter les modalités de cette coopération, les États du cours d'eau peuvent, s'ils le jugent nécessaire, envisager de créer des mécanismes ou commissions mixtes en vue de faciliter la coopération touchant les mesures et procédures appropriées compte tenu de l'expérience acquise à la faveur de la coopération dans le cadre des mécanismes et commissions mixtes existant dans diverses régions.

Art. 9. – Échange régulier de données et d'informations

1. En application de l'article 8, les États du cours d'eau échangent régulièrement les données et les informations aisément disponibles sur l'état du cours d'eau, en particulier celles d'ordre hydrologique, météorologique, hydrogéologique, écologique et concernant la qualité de l'eau, ainsi que les prévisions s'y rapportant.

2. Si un État du cours d'eau demande à un autre État du cours d'eau de fournir des données ou des informations qui ne sont pas aisément disponibles, cet État s'emploie au mieux de ses moyens à

accéder à cette demande, mais il peut subordonner son acquiescement au paiement, par l'État auteur de la demande, du coût normal de la collecte et, le cas échéant, de l'élaboration de ces données ou informations.

3. Les États du cours d'eau s'emploient au mieux de leurs moyens à collecter et, le cas échéant, à élaborer les données et informations d'une manière propre à en faciliter l'utilisation par les autres États au cours d'eau auxquels elles sont communiquées.

Art. 10. – Rapport entre les utilisations

1. En l'absence d'accord ou de coutume en sens contraire, aucune utilisation d'un cours d'eau international n'a en soi priorité sur d'autres utilisations.

2. En cas de conflit entre des utilisations d'un cours d'eau international, le conflit est résolu eu égard aux articles 5 à 7, une attention spéciale étant accordée à la satisfaction des besoins humains essentiels.

TROISIÈME PARTIE

MESURES PROJETÉES

Art. 11. – Renseignements sur les mesures projetées

Les États du cours d'eau échangent des renseignements, se consultent et, si nécessaire, négocient au sujet des effets éventuels des mesures projetées sur l'état d'un cours d'eau international.

Art. 12. – Notification des mesures projetées pouvant avoir des effets négatifs

Avant qu'un État du cours d'eau mette en œuvre ou permette que soient mises en œuvre des mesures projetées susceptibles d'avoir des effets négatifs significatifs pour les autres États du cours d'eau, il en donne notification à ces derniers en temps utile. La notification est accompagnée des données techniques et informations disponibles, y compris, le cas échéant, les résultats de l'étude d'impact sur l'environnement, afin de mettre les États auxquels elle est adressée à même d'évaluer les effets éventuels des mesures projetées.

Art. 13. – Délai de réponse à la notification

À moins qu'il n'en soit convenu autrement :

a) tout État du cours d'eau qui donne notification en vertu de l'article 12 laisse aux États auxquels la notification est adressée un délai de six mois pour étudier et évaluer les effets éventuels des mesures projetées et pour lui communiquer leurs conclusions ;

b) à la demande d'un État à qui la notification a été adressée et à qui l'évaluation des mesures projetées crée une difficulté particulière, ce délai est prorogé d'une durée de six mois.

Art. 14. – Obligations de l'État auteur de la notification pendant le délai de réponse

Pendant le délai visé à l'article 13, l'État auteur de la notification :

a) coopère avec les États auxquels la notification a été adressée en leur fournissant, sur demande, toutes données et informations supplémentaires disponibles et nécessaires à une évaluation précise;

b) ne met pas en œuvre ni ne permet que soient mises en œuvre les mesures projetées sans le consentement des États auxquels la notification a été adressée.

Art. 15. – Réponse à la notification

Tout État auquel la notification a été adressée communique aussitôt que possible ses conclusions à l'État auteur de la notification, dans le délai à respecter en application de l'article 13. Si l'État auquel la notification a été adressée conclut que la mise en œuvre des mesures projetées serait incompatible avec les dispositions des articles 5 ou 7, il accompagne cette conclusion d'un exposé documenté en expliquant les raisons.

Art. 16. – Absence de réponse à la notification

1. Si, dans le délai à respecter en application de l'article 13, l'État auteur de la notification ne reçoit pas de communication au titre de l'article 15, il peut, sous réserve des obligations qui lui incombent en vertu des articles 5 et 7, procéder à la mise en œuvre des mesures projetées conformément à la notification et à toutes autres données et informations fournies aux États auxquels la notification a été adressée.

2. Pour tout État qui n'a pas répondu à la notification qui lui a été adressée pendant le délai prévu à l'article 13, le montant de l'indemnisation demandée peut être amputé des dépenses encourues par l'État auteur de la notification au titre des mesures qui ont été entreprises après l'expiration du délai de réponse et qui ne l'auraient pas été si le premier État y avait fait objection en temps voulu.

Art. 17. – Consultations et négociations concernant les mesures projetées

1. Quand une communication faite en vertu de l'article 15 indique que la mise en œuvre des mesures projetées serait incompatible avec les dispositions des articles 5 ou 7, l'État auteur de la notification et l'État auteur de la communication engagent des consultations et, au besoin, des négociations en vue de résoudre la situation d'une manière équitable.

2. Les consultations et les négociations se déroulent selon le principe que chaque État doit de bonne foi tenir raisonnablement compte des droits et des intérêts légitimes de l'autre État.

3. Au cours des consultations et des négociations, l'État auteur de la notification s'abstient, si l'État auquel la notification a été adressée le lui demande au moment où il fait sa communication, de mettre en œuvre ou de permettre que soient mises en œuvre les mesures projetées pendant une période de six mois, sauf s'il en est autrement convenu.

Art. 18. – Procédures en cas d'absence de notification

1. Si un État du cours d'eau a des motifs raisonnables de penser qu'un autre État du cours d'eau projette des mesures qui peuvent avoir des effets négatifs significatifs pour lui, il peut demander à cet autre État d'appliquer les dispositions de l'article 12. La demande doit être accompagnée d'un exposé documenté qui en explique les raisons.

2. Si l'État qui projette ces mesures conclut néanmoins qu'il n'est pas tenu de donner notification en vertu de l'article 12, il en informe le premier État en lui adressant un exposé documenté expliquant les raisons de sa conclusion. Si cette conclusion ne satisfait pas le premier État, les deux États doivent, à la demande de ce premier État, engager promptement des consultations et des négociations de la manière indiquée aux paragraphes 1 et 2 de l'article 17.

3. Au cours des consultations et des négociations, l'État qui projette les mesures s'abstient, si le premier État le lui demande au moment où il demande l'ouverture de consultations et de négociations, de mettre en œuvre ou de permettre que soient mises en œuvre ces mesures pendant une période de six mois, sauf s'il en est autrement convenu.

Art. 19. – Mise en œuvre d'urgence de mesures projetées

1. Si la mise en œuvre des mesures projetées est d'une extrême urgence pour la protection de la santé ou de la sécurité publiques ou d'autres intérêts également importants, l'État qui projette ces mesures peut, sous réserve des articles 5 et 7, procéder immédiatement à leur mise en œuvre nonobstant les dispositions de l'article 14 et du paragraphe 3 de l'article 17.

2. En pareil cas, un déclaration formelle proclamant l'urgence des mesures accompagnée des données et informations pertinentes est communiquée sans délai aux autres États du cours d'eau visés à l'article 12.

3. L'État qui projette les mesures engage promptement, à la demande de l'un quelconque des États visés au paragraphe 2, des consultations et des négociations avec lui, de la manière indiquée aux paragraphes 1 et 2 de l'article 17.

QUATRIÈME PARTIE

PROTECTION, PRÉSERVATION ET GESTION

Art. 20. – Protection et préservation des écosystèmes

Les États du cours d'eau, séparément et, s'il y a lieu, conjointement, protègent et préservent les écosystèmes des cours d'eau internationaux.

Art. 21. – Prévention, réduction et maîtrise de la pollution

1. Aux fins du présent article, on entend par « pollution d'un cours d'eau international » toute modification préjudiciable de la composition ou de la qualité des eaux d'un cours d'eau international résultant directement ou indirectement d'activités humaines.

2. Les États du cours d'eau, séparément et, s'il y a lieu, conjointement, préviennent, réduisent et maîtrisent la pollution d'un cours d'eau international qui risque de causer un dommage significatif à d'autres États du cours d'eau ou à leur environnement, y compris un dommage à la santé ou à la sécurité de l'homme, ou bien à toute utilisation positive des eaux ou bien ressources biologiques du cours d'eau. Les États du cours d'eau prennent des mesures pour harmoniser leurs politiques à cet égard.

3. À la demande de l'un quelconque d'entre eux, les États du cours d'eau se consultent en vue d'arrêter des mesures et méthodes mutuellement acceptables pour prévenir, réduire et maîtriser la pollution telles que :

a) définir des objectifs et des critères communs concernant la qualité de l'eau;

b) mettre au point des techniques et des pratiques pour combattre la pollution de sources ponctuelles ou diffuses;

c) établir des listes de substances dont l'introduction dans les eaux d'un cours d'eau international doit être interdite, limitée, étudiée ou contrôlée.

Art. 22. – Introduction d'espèces étrangères ou nouvelles

Les États du cours d'eau prennent toutes les mesures nécessaires pour prévenir l'introduction dans un cours d'eau international d'espèces étrangères ou nouvelles qui risquent d'avoir des effets préjudiciables pour l'écosystème du cours d'eau et de causer finalement un dommage significatif à d'autres États du cours d'eau.

Art. 23. – Protection et préservation du milieu marin

Les États du cours d'eau, séparément et, s'il y a lieu, en coopération avec d'autres États, prennent toutes les mesures se rapportant à un cours d'eau international qui sont nécessaires pour protéger et préserver le milieu marin, y compris les estuaires, en tenant compte des règles et normes internationales généralement acceptées.

Art. 24. – Gestion

1. Sur la demande de l'un quelconque d'entre eux, les États du cours d'eau engagent des consultations sur la gestion d'un cours d'eau international, y compris éventuellement la création d'un mécanisme mixte de gestion.

2. Aux fins du présent article, on entend par « gestion », en particulier :

a) le fait de planifier la mise en valeur durable d'un cours d'eau international et d'assurer l'exécution des plans qui auront pu être adoptés ; et

b) le fait de promouvoir de toute autre manière l'utilisation, la protection et le contrôle du cours d'eau dans des conditions rationnelles et optimales.

Art. 25. – Régulation

1. Les États du cours d'eau coopèrent, selon que de besoin, pour répondre à la nécessité ou pour exploiter les possibilités de réguler le débit des eaux d'un cours d'eau international.

2. À moins qu'il n'en soit convenu autrement, les États du cours d'eau participent sur une base équitable à la construction et à l'entretien ou au financement des ouvrages de régulation qu'ils ont pu convenir d'entreprendre.

3. Aux fins du présent article, le terme « régulation » s'entend de l'utilisation d'ouvrages hydrauliques ou de toute autre mesure employée de façon continue pour modifier, faire varier ou contrôler d'une autre manière le débit des eaux d'un cours d'eau international.

Art. 26. – Installations

1. Les États du cours d'eau, à l'intérieur de leurs territoires respectifs, s'emploient au mieux de leurs moyens à assurer l'entretien et la protection des installations, aménagements et autres ouvrages liés à un cours d'eau international.

2. Sur le demande de l'un quelconque d'entre eux qui a des motifs raisonnables de croire qu'il risque de subir des effets négatifs significatifs, les États du cours d'eau engagent des consultations concernant :

a) le bon fonctionnement et l'entretien des installations, aménagements ou autres ouvrages liés à un cours d'eau international ;

b) la protection des installations, aménagements ou autres ouvrages contre les actes intentionnels ou les actes de négligence ou les forces de la nature.

CINQUIÈME PARTIE

CONDITIONS DOMMAGEABLES ET CAS D'URGENCE

Art. 27. – Prévention et atténuation des conditions dommageables

Les États du cours d'eau, séparément ou, s'il y a lieu, conjointement, prennent toutes les mesures appropriées pour prévenir ou atténuer les conditions relatives à un cours d'eau international résultant de causes naturelles ou d'activités humaines qui risquent d'être dommageables pour d'autres États du cours d'eau, telles que les inondations ou la formation de glace, les maladies à transmission hydrique, l'envasement, l'érosion, l'intrusion d'eaux salées, la sécheresse ou la désertification.

Art. 28. – Cas d'urgence

1. Aux fins du présent article, le terme « urgence » s'entend des situations qui causent, ou menacent de façon imminente de causer, un dommage grave aux États du cours d'eau ou à d'autres États et qui sont brusquement provoquées par des causes naturelles, telles que les inondations, la débâcle, les éboulements ou les tremblements de terre, ou par des activités humaines, en cas, par exemple, d'accident industriel.

2. Tout État du cours d'eau informe sans retard et par les moyens les plus rapides disponibles les autres États qui risquent d'être touchés ainsi que les organisations internationales compétentes de toute situation d'urgence survenant sur son territoire.

3. Tout État du cours d'eau sur le territoire duquel survient une situation d'urgence prend immédiatement, en coopération avec les États qui risquent d'être touchés et, le cas échéant, les organisations internationales compétentes, toutes les mesures possibles en pratique que dictent les circonstances pour prévenir, atténuer et éliminer les conséquences dommageables de la situation d'urgence.

4. En cas de nécessité, les États du cour d'eau élaborent conjointement des plans d'urgence pour faire face aux situations d'urgence en coopération, le cas échéant, avec les autres États qui risquent d'être touchés et les organisations internationales compétentes.

SIXIÈME PARTIE

DISPOSITIONS DIVERSES

Art. 29. – Cours d'eau internationaux et installations en période de conflit armé

Les cours d'eau internationaux et les installations, aménagements et autres ouvrages complexes bénéficient de la protection accordée par les principes et règles du droit international applicables aux conflits armés internationaux et non internationaux et ne sont pas utilisés en violation de ces principes et règles.

Art. 30. – Procédures indirectes

Dans les cas où il existe des obstacles sérieux à l'établissement de contacts directs entre États du cours d'eau, les États concernés s'acquittent des obligations de coopération prévues dans la présente Convention, y compris échange de données et d'informations, notification, communication, consultations et négociations, par le biais de toute procédure indirecte acceptée par eux.

Art. 31. – Données et informations vitales pour la défense ou la sécurité nationales

Aucune disposition de la présente Convention n'oblige un État du cours d'eau à fournir des données ou des informations qui sont vitales pour sa défense et sa sécurité nationales. Néanmoins, cet État doit coopérer de bonne foi avec les autres États du cours d'eau en vue de fournir autant d'informations que les circonstances le permettent.

Art. 32. – Non-discrimination

À moins que les États du cours d'eau intéressé n'en conviennent autrement pour protéger les intérêts des personnes, physiques ou morales, qui ont subi un dommage transfrontière significatif résultant d'activités liées à un cours d'eau international ou qui se trouvent sérieusement menacées d'un tel dommage, un État du cours d'eau ne fait pas de discrimination fondée sur la nationalité, le lieu de résidence ou le lieu où le préjudice a été subi dans l'octroi auxdites personnes, conformément à son droit interne, de l'accès aux procédures juridictionnelles et autres ou bien d'un droit à indemnisation ou autres forme de réparation au titre d'un dommage significatif causé par de telles activités menées sur son territoire.

Art. 33. – Règlement des différends

1. En cas de différend entre deux ou plusieurs parties concernant l'interprétation ou l'application de la présente Convention, les parties intéressées, en l'absence d'un accord applicable entre elles, s'efforcent de résoudre le différend par des moyens pacifiques, conformément aux dispositions ci-après.

2. Si les parties intéressées ne peuvent parvenir à un accord par la voie de la négociation demandée par l'une d'entre elles, elles peuvent solliciter conjointement les bons offices d'une tierce partie – ou lui demander d'intervenir à des fins de médiation ou de conciliation, ou avoir recours, selon qu'il conviendra, à toute institution mixte de cours d'eau qu'elles peuvent avoir établie, ou décider de soumettre le différend à une procédure d'arbitrage ou à la Cour internationale de justice.

3. Sous réserve de l'application du paragraphe 10 du présent article, si, après un délai de six mois à compter de la date de la demande de négociation mentionnées au paragraphe 2, les parties intéressées n'ont pu résoudre leur différend par la négociation ou par tout autre moyen mentionné dans ledit paragraphe, le différend est soumis, à la demande de l'une quelconque d'entre elles, à une procédure d'enquête impartiale, conformément aux paragraphes 4 à 9, sauf accord contraire des parties.

4. Il est établi une commission d'enquête, composée d'un membre désigné par chacune des parties intéressées plus un membre n'ayant la nationalité d'aucune desdites parties, choisi par les deux autres, qui fait fonction de président.

5. Si les membres désignés par les parties ne parviennent pas à s'entendre sur un président dans un délai de trois mois à compter de la demande d'établissement de la Commission, toute partie intéressée peut demander au Secrétaire général de l'Organisation des Nations unies de désigner le président, lequel n'aura la nationalité d'aucune des parties au différend ou d'aucun État riverain du cours d'eau visé. Si l'une des parties ne procède pas à la désignation d'un membre dans un délai de trois mois à compter de la demande initiale faite conformément au paragraphe 3, toute autre partie intéressée peut demander au Secrétaire général de l'Organisation des Nations unies de désigner une personne n'ayant la nationalité d'aucune des parties au différend ni d'aucun État riverain du cours d'eau visé. La personne ainsi désignée sera le membre unique de la Commission.

6. La Commission arrête elle-même sa procédure.

7. Les parties intéressées ont l'obligation de fournir à la Commission les renseignements dont elle peut avoir besoin et de lui permettre, sur sa demande, d'entrer sur leur territoire et d'inspecter les installations, établissements, équipements, constructions ou accidents topographiques présentant un intérêt pour l'enquête.

8. La Commission adopte son rapport à la majorité de ses membres, sauf si elle n'en compte qu'un seul, et soumet ce rapport aux parties intéressées e y énonçant ses conclusions motivées et les recommandations qu'elle juge appropriées en vue d'un règlement équitable du différend, que les parties intéressées examinent de bonne foi.

9. Les dépenses de la Commission sont supportées à parts égales par les parties intéressées.

10. Lors de la ratification, de l'acceptation et de l'approbation de la présente Convention, ou de l'adhésion à cet instrument, ou à tout moment par la suite, une partie qui n'est pas une organisation d'intégration économique régionale peut déclarer, dans un instrument écrit adressé au Dépositaire, qu'en ce qui concerne tout différent non résolu conformément au paragraphe 2, elle reconnaît comme obligatoire *ipso facto* et sans accord spécial concernant l'une quelconque des parties acceptant la même obligation :

a) la soumission du différend à la Cour internationale de justice ; et/ou

b) l'arbitrage par un tribunal arbitral dont la compétence est établie et qui exerce ses pouvoirs, sauf accord contraire entre les parties au différend, conformément à la procédure énoncée à l'appendice de la présente Convention.

Une partie qui est une organisation d'intégration économique régionale peut faire une déclaration dans le même sens concernant l'arbitrage, conformément à l'alinéa *b*.

SEPTIÈME PARTIE

CLAUSES FINALES

Art. 34. – Signature

La présente Convention sera ouverte à la signature de tous les États et des organisations d'intégration économique régionale à partir du 21 mai 1997 et jusqu'au 20 mai 2000 au Siège de l'Organisation des Nations unies.

Art. 35. – Ratification, acceptation, approbation ou adhésion

1. La présente Convention sera soumise à ratification, acceptation, approbation ou adhésion par les États et les organisations d'intégration économique régionale. Les instruments de ratification, d'acceptation, d'approbation ou d'adhésion seront déposés auprès du Secrétaire général de l'Organisation des Nations unies.

2. Toute organisation d'intégration économique régionale qui devient partie à la présente Convention alors qu'aucun de ses États membres n'y est lui-même partie est tenue de toutes les obligations imposées par la Convention. Lorsqu'un ou plusieurs États membres d'une telle organisation sont parties à la présent Convention, l'organisation et ses États membres décident de leurs responsabilités respectives quant à l'exécution des obligations que la Convention leur impose. Dans de tels cas, l'organisation et les États membres ne sont pas habilités à exercer concurremment les droits qu'ouvre la Convention.

3. Dans leurs instruments de ratification, d'acceptation, d'approbation ou d'adhésion, les organisations d'intégration économique régionale doivent indiquer l'étendue de leur compétence dans les domaines relevant de la Convention. Ces organisations doivent également informer le Secrétaire général de l'Organisation des Nations unies de toute modification substantielle de l'étendue de leur compétence.

Art. 36. – Entrée en vigueur

1. La présente Convention entrera en vigueur le quatre-vingt-dixième jour suivant la date du dépôt du trente-cinquième instrument

de ratification, d'acceptation, d'approbation ou d'adhésion auprès du secrétaire général de l'Organisation des Nations unies.

2. Pour chacun des États ou chacune des organisations d'intégration économique régionale qui ratifieront, accepteront ou approuveront la Convention ou y adhéreront après le dépôt du trente-cinquième instrument de ratification, d'acceptation, d'approbation ou d'adhésion, la Convention entrera en vigueur le quatre-vingt-dixième jour suivant le dépôt par cet État ou cette organisation d'intégration économique régionale de son instrument de ratification, d'acceptation, d'approbation ou d'adhésion.

3. Aux fins des paragraphes 1 et 2, un instrument déposé par une organisation d'intégration économique régionale ne sera pas considéré comme s'ajoutant à ceux déposés par les États.

Art. 36. – Textes authentiques

L'original de la présente Convention, dont les textes anglais, arabe, chinois, espagnol, français et russe dont également foi, sera déposé auprès du Secrétaire général de l'Organisation des Nations unies.

En foi de quoi, les plénipotentiaires soussignés, à ce dûment autorisés, ont signé la présente Convention.

Fait à New York, le.............. mil neuf cent quatre-vingt-dix-sept.

APPENDICE

ARBITRAGE

Art. premier. – À moins que les parties au différend n'en décident autrement, il est procédé à l'arbitrage prévu à l'article 33 de la Convention conformément aux articles 2 à 14 du présent appendice.

Art. 2. – La partie requérante notifie à la partie défenderesse qu'elle renvoie un différend à l'arbitrage conformément à l'article 33 de la Convention. La notification indique l'objet de l'arbitrage et notamment les articles de la Convention dont l'interprétation ou l'application font l'objet du différend. Si les parties ne s'accordent pas sur l'objet du différend, c'est le Tribunal arbitral qui le détermine.

Art. 3. – 1. En cas de différend entre deux parties, le Tribunal arbitral est composé de trois membres. Chacune des parties au différend nomme un arbitre; les deux arbitres ainsi nommés désignent d'un commun accord le troisième arbitre, qui assume la président du Tribunal. Ce dernier ne doit pas être ressortissant de l'une des parties au différend ou d'un État riverain du cours d'eau concerné, ni avoir sa résidence habituelle sur le territoire de l'une de ces parties ou d'un tel État riverain, ni s'être déjà occupé de l'affaire à quelque autre titre.

2. En cas de différend entre plus de deux parties, les parties ayant le même intérêt désignent un arbitre d'un commun accord.

3. En cas de vacance, il est pourvu à la vacance selon la procédure prévue pour la nomination initiale.

Art. 4. – 1. Si, dans un délai de deux mois après la nomination du deuxième arbitre, le président du Tribunal arbitral n'est pas désigné, le président de la Cour internationale de justice procède, à la requête d'une partie, à sa désignation dans un nouveau délai de deux mois.

2. Si, dans un délai de deux mois après réception de la requête, l'une des parties au différend n'a pas procédé à la nomination d'un arbitre, l'autre partie peut saisir le président de la Cour internationale de justice, qui procède à la désignation dans un nouveau délai de deux mois.

Art. 5. – Le tribunal arbitral rend ses décisions conformément aux dispositions de la Convention et au droit international.

Art. 6. – Sauf si les parties au différend en décident autrement, le Tribunal arbitral établit ses propres règles de procédure.

Art. 7. – À la demande de l'une des parties, le Tribunal arbitral peut recommander les mesures conservatoires indispensables.

Art. 8. – 1. Les parties au différend facilitent les travaux du Tribunal arbitral et, en particulier, utilisent tous les moyens à leur disposition pour :

a) fournir au Tribunal tous les documents, renseignements et facilités nécessaires ;

b) permettre au Tribunal, en cas de besoin, de faire comparaître des témoins ou des experts et de recueillir leur déposition.

2. Les parties et les arbitres sont tenus de conserver le caractère confidentiel de tout renseignement qu'ils obtiennent confidentiellement au cours des audiences du Tribunal arbitral.

Art. 9. – À moins que le Tribunal arbitral n'en décide autrement du fait des circonstances particulières de l'affaire, les frais du Tribunal sont pris en charge, à parts égales, par les parties au différend. Le Tribunal tient un relevé de tous ses frais et en fournit un état final aux parties.

Art. 10. – Toute partie ayant, en ce qui concerne l'objet du différend, un intérêt d'ordre juridique susceptible d'être affecté par la décision peut intervenir dans la procédure avec le consentement du Tribunal arbitral.

Art. 11. – Le Tribunal arbitral peut connaître et décider des demandes reconventionnelles directement liées à l'objet du différend.

Art. 12. – Les décisions du Tribunal arbitral, tant sur la procédure que sur le fond, sont prises à la majorité des voix de ses membres.

Art. 13. – Si l'une des parties au différend ne se présente pas devant le Tribunal arbitral ou ne défend pas sa cause, l'autre partie peut demander au Tribunal de poursuivre la procédure et de prononcer sa décision. Le fait qu'une des parties ne se soit pas présentée devant le Tribunal ou se soit abstenue de faire valoir ses droits ne fait pas obstacle à la procédure. Avant de prononcer sa sentence définitive, le Tribunal arbitral doit s'assurer que la demande est fondée dans les faits et en droit.

Art. 14. – 1. Le Tribunal arbitral prononce sa sentence définitive au plus tard cinq mois à partir de la date à laquelle il a été créé, à moins qu'il n'estime nécessaire de prolonger ce délai pour une période qui ne devrait pas excéder cinq mois supplémentaires.

2. La sentence définitive du Tribunal arbitral est limitée à la question qui fait l'objet du différend et est motivée. Elle contient les noms des membres qui ont participé au délibéré et la date à laquelle elle a été prononcée. Tout membre du Tribunal peut y annexer un avis distinct ou une opinion divergente.

3. La sentence est obligatoire pour les parties au différend. Elle est sans appel, à moins que les parties ne se soient entendues d'avance sur une procédure d'appel.

4. Tout différend qui pourrait surgir entre les parties au différend concernant l'interprétation ou l'exécution de la sentence peut être soumis par l'une des parties au Tribunal arbitral qui l'a rendue.

Droit de l'espace :

48 Traité sur les principes régissant les activités des États en matière d'exploration et d'utilisation de l'espace extra-atmosphérique, y compris la lune et les autres corps célestes (1)

Date d'adoption : 27/01/1967
Date d'entrée en vigueur : 10/10/1967

Les États parties au présent Traité,

S'inspirant des vastes perspectives qui s'offrent à l'humanité du fait de la découverte de l'espace extra-atmosphérique par l'homme,

Reconnaissant l'intérêt que présente pour l'humanité tout entière le progrès de l'exploration et de l'utilisation de l'espace extra-atmosphérique à des fins pacifiques,

Estimant que l'exploration et l'utilisation de l'espace extra-atmosphérique devraient s'effectuer pour le bien de tous les peuples, quel que soit le stade de leur développement économique ou scientifique,

Désireux de contribuer au développement d'une large coopération internationale en ce qui concerne les aspects scientifiques aussi bien que juridiques de l'exploration et de l'utilisation de l'espace extra-atmosphérique à des fins pacifiques,

Estimant que cette coopération contribuera à développer la compréhension mutuelle et à consolider les relations amicales entre les États et entre les peuples,

Rappelant la résolution 1962 (XVIII), intitulée « Déclaration des principes juridiques régissant les activités des États en matière d'exploration et d'utilisation de l'espace extra-atmosphérique », que l'Assemblée générale des Nations unies a adoptée à l'unanimité le 13 décembre 1963,

Rappelant la résolution 1884 (XVIII), qui engage les États à s'abstenir de mettre sur orbite autour de la Terre tous objets porteurs d'armes nucléaires ou de tout autre type d'armes de destruction massive et d'installer de telles armes sur des corps célestes, résolution que

---

(1) 372, 494, 558, 644, 646.

l'Assemblée générale des Nations unies a adoptée à l'unanimité le 17 octobre 1963,

Tenant compte de la résolution 110 (II) de l'Assemblée générale des Nations unies en date du 3 novembre 1947, résolution qui condamne la propagande destinée ou de nature à provoquer ou à encourager toute menace à la paix, toute rupture de la paix ou tout acte d'agression, et considérant que ladite résolution est applicable à l'espace extra-atmosphérique,

Convaincus que le Traité sur les principes régissant les activités des États en matière d'exploration et d'utilisation de l'espace extra-atmosphérique, y compris la Lune et les autres corps célestes, contribuera à la réalisation des buts et principes de la Charte des Nations unies,

Sont convenus de ce qui suit :

Art. premier. – L'exploration et l'utilisation de l'espace extra-atmosphérique, y compris la Lune et les autres corps célestes, doivent se faire pour le bien et dans l'intérêt de tous les pays, quel que soit le stade de leur développement économique ou scientifique elles sont l'apanage de l'humanité tout entière.

L'espace extra-atmosphérique, y compris la Lune et les autres corps célestes, peut être exploré et utilisé librement par tous les États sans aucune discrimination, dans des conditions d'égalité et conformément au droit international, toutes les régions des corps célestes devant être librement accessibles.

Les recherches scientifiques sont libres dans l'espace extra-atmosphérique, y compris la Lune et les autres corps célestes, et les États doivent faciliter et encourager la coopération internationale dans ces recherches.

Art. 2. – L'espace extra-atmosphérique, y compris la Lune et les autres corps célestes, ne peut faire l'objet d'appropriation nationale par proclamation de souveraineté, ni par voie d'utilisation ou d'occupation, ni par aucun autre moyen.

Art. 3. – Les activités des États parties au Traité relatives à l'exploration et à l'utilisation de l'espace extra-atmosphérique, y compris la Lune et les autres corps célestes, doivent s'effectuer conformément au droit international, y compris la Charte des Nations unies, en vue de maintenir la paix et la sécurité internationales et de favoriser la coopération et la compréhension internationales.

Art. 4. – Les États parties au Traité s'engagent à ne mettre sur orbite autour de la terre aucun objet porteur d'armes nucléaires ou de tout autre type d'armes de destruction massive, à ne pas installer de telles armes sur des corps célestes et à ne pas placer de telles armes, de toute autre manière, dans l'espace extra-atmosphérique.

Tous les États parties au Traité utiliseront la Lune et les autres corps célestes exclusivement à des fins pacifiques. Sont interdits sur les corps célestes l'aménagement de bases et installations militaires et de fortifications, les essais d'armes de tous types et l'exécution de manœuvres militaires. N'est pas interdite l'utilisation de personnel militaire à des fins de recherche scientifique ou à toute autre fin pacifique. N'est pas interdite non plus l'utilisation de tout équipement ou installation nécessaire à l'exploration pacifique de la Lune et des autres corps célestes.

Art. 5. – Les États parties au Traité considéreront les astronautes comme des envoyés de l'humanité dans l'espace extra-atmosphérique et leur prêteront toute l'assistance possible en cas d'accident, de détresse ou d'atterrissage forcé sur le territoire d'un autre État partie au Traité ou d'amerrissage en haute mer. En cas d'un tel atterrissage ou amerrissage, le retour des astronautes à l'État d'immatriculation de leur véhicule spatial devra être effectué promptement et en toute sécurité.

Lorsqu'ils poursuivront des activités dans l'espace extra-atmosphérique et sur les corps célestes, les astronautes d'un État partie au Traité prêteront toute l'assistance possible aux astronautes des autres États parties au Traité.

Les États parties au Traité porteront immédiatement à la connaissance des autres États parties au Traité ou du Secrétaire général de l'Organisation des Nations unies tout phénomène découvert par eux dans l'espace extra-atmosphérique, y compris la Lune et les autres corps célestes, qui pourrait présenter un danger pour la vie ou la santé des astronautes.

Art. 6. – Les États parties au Traité ont la responsabilité internationale des activités nationales dans l'espace extra-atmosphérique, y compris la Lune et les autres corps célestes, qu'elles soient entreprises par des organismes gouvernementaux ou par des entités non gouvernementales, et de veiller à ce que les activités nationales soient poursuivies conformément aux dispositions énoncées dans le présent Traité. Les activités des entités non gouvernementales dans l'espace extra-atmosphérique, y compris la Lune et les autres corps célestes, doivent faire l'objet d'une autorisation et d'une surveillance continue de la part de l'État approprié partie au Traité. En cas d'activités poursuivies par une organisation internationale dans l'espace extra-atmosphérique, y compris la Lune et les autres corps célestes, la responsabilité du respect des dispositions du présent Traité incombera à cette organisation internationale et aux États parties au Traité qui font partie de ladite organisation.

Art. 7. – Tout État partie au Traité qui procède ou fait procéder au lancement d'un objet dans l'espace extra-atmosphérique, y compris la Lune et les autres corps célestes, et tout État partie dont le territoire ou les installations servent au lancement d'un objet, est responsable du point de vue international des dommages causés par ledit objet ou par ses éléments constitutifs, sur la terre, dans l'atmosphère ou dans l'espace extra-atmosphérique, y compris la Lune et les autres corps célestes, à un autre État partie au Traité ou aux personnes physiques ou morales qui relèvent de cet autre État.

Art. 8. – L'État partie au Traité sur le registre duquel est inscrit un objet lancé dans l'espace extra-atmosphérique conservera sous sa juridiction et son contrôle ledit objet et tout le personnel dudit objet, alors qu'ils se trouvent dans l'espace extra-atmosphérique ou sur un corps céleste. Les droits de propriété sur les objets lancés dans l'espace extra-atmosphérique, y compris les objets amenés ou construits sur un corps céleste, ainsi que sur leurs éléments constitutifs, demeurent entiers lorsque ces objets ou éléments se trouvent dans l'espace extra-atmosphérique ou sur un corps céleste, et lorsqu'ils reviennent sur la terre. Les objets ou éléments constitutifs d'objets trouvés au-delà des limites de l'État partie au Traité sur le registre duquel ils sont inscrits doivent être restitués à cet État partie au Traité, celui-ci étant tenu de fournir, sur demande, des données d'identification avant la restitution.

Art. 9. – En ce qui concerne l'exploration et l'utilisation de l'espace extra-atmosphérique, y compris la Lune et les autres corps célestes, les États parties au Traité devront se fonder sur les principes de la coopération et de l'assistance mutuelle et poursuivront toutes leurs activités dans l'espace extra-atmosphérique, y compris la Lune et les autres corps célestes, en tenant dûment compte des intérêts correspondants de tous les autres États parties au Traité. Les États parties au Traité effectueront l'étude de l'espace extra-atmosphérique, y compris la Lune et les autres corps célestes, et procéderont à leur exploration de manière à éviter les effets préjudiciables de leur contamination ainsi que les modifications nocives du milieu terrestre résultant de l'introduction de substances extraterrestres et, en cas de besoin, ils prendront les mesures appropriées à cette fin. Si un État partie au Traité a lieu de croire qu'une activité ou expérience envisagée par lui-même ou par ses ressortissants dans l'espace extra-atmosphérique, y compris la Lune et les autres corps célestes, causerait une gêne potentiellement nuisible aux activités d'autres États parties au Traité en matière d'exploration et d'utilisation pacifiques de l'espace extra-atmosphérique, y compris la Lune et les autres corps célestes, il devra engager les consultations internationales appropriées avant d'entreprendre ladite activité ou expérience. Tout État partie au Traité ayant lieu de croire qu'une activité ou expérience envisagée par un autre État partie du Traité dans l'espace extra-atmosphérique, y compris la Lune et les autres corps célestes, causerait une gêne potentiellement nuisible aux activités poursuivies en matière d'exploration et d'utilisation pacifiques de l'espace extra-atmosphérique, y compris la Lune et les autres corps célestes, peut demander que des consultations soient ouvertes au sujet de ladite activité ou expérience.

Art. 10. – Pour favoriser la coopération internationale en matière d'exploration et d'utilisation de l'espace extra-atmosphérique, y compris la Lune et les autres corps célestes, conformément aux buts du présent Traité, les États parties au Traité examineront dans des conditions d'égalité les demandes des autres États parties au Traité tendant à obtenir des facilités pour l'observation du vol des objets spatiaux lancés par ces États.

La nature de telles facilités d'observation et les conditions dans lesquelles elles pourraient être consenties seront déterminées d'un commun accord par les États intéressés.

Art. 11. – Pour favoriser la coopération internationale en matière d'exploration et de l'utilisation pacifiques de l'espace extra-atmosphérique, les États parties au Traité qui mènent des activités dans l'espace extra-atmosphérique, y compris la Lune et les autres corps célestes, conviennent, dans toute la mesure où cela est possible et réalisable, d'informer le Secrétaire général de l'Organisation des Nations unies, ainsi que le public et la communauté scientifique internationale, de la nature et de la conduite de ces activités, des lieux où elles sont poursuivies et de leurs résultats. Le Secrétaire général de l'Organisation des Nations unies devra être prêt à assurer, aussitôt après les avoir reçus, la diffusion effective de ces renseignements.

Art. 12. – Toutes les stations et installations, tout le matériel et tous les véhicules spatiaux se trouvant sur la Lune ou sur d'autres corps célestes seront accessibles, dans des conditions de réciprocité, aux représentants des autres États parties au Traité. Ces représentants notifieront au préalable toute visite projetée, de façon que les consultations voulues puissent avoir lieu et que le maximum de précautions puissent être prises pour assurer la sécurité et éviter de gêner les opérations normales sur les lieux de l'installation à visiter.

Art. 13. – Les dispositions du présent Traité s'appliquent aux activités poursuivies par les États parties au Traité en matière d'exploration et d'utilisation de l'espace extra-atmosphérique, y compris la Lune et les autres corps célestes, que ces activités soient menées par un État partie au Traité seul ou en commun avec d'autres États, notamment dans le cadre d'organisations intergouvernementales internationales.

Toutes questions pratiques se posant à l'occasion des activités poursuivies par des organisations intergouvernementales internationales en matière d'exploration et d'utilisation de l'espace extra-atmosphérique, y compris la Lune et les autres corps célestes, seront réglées par les États parties au Traité soit avec l'organisation internationale compétente, soit avec un ou plusieurs des États membres de ladite organisation qui sont parties au Traité.

Art. 14. – 1. Le présent Traité est ouvert à la signature de tous les États. Tout État qui n'aura pas signé le présent Traité avant son entrée en vigueur conformément au paragraphe 3 du présent article pourra y adhérer à tout moment.

2. Le présent Traité sera soumis à la ratification des États signataires. Les instruments de ratification et les instruments d'adhésion seront déposés auprès des Gouvernements du Royaume-Uni de Grande-Bretagne et d'Irlande du Nord, des États-Unis d'Amérique et de l'Union des Républiques socialistes soviétiques, qui sont, dans le présent Traité, désignés comme étant les Gouvernements dépositaires.

3. Le présent Traité entrera en vigueur lorsque cinq Gouvernements, y compris ceux qui sont désignés comme étant les Gouvernements dépositaires aux termes du présent Traité, auront déposé leurs instruments de ratification.

4. Pour les États dont les instruments de ratification ou d'adhésion seront déposés après l'entrée en vigueur du présent Traité, celui-ci entrera en vigueur à la date du dépôt de leurs instruments de ratification ou d'adhésion.

5. Les Gouvernements dépositaires informeront sans délai tous les États qui auront signé le présent Traité ou y auront adhéré de la date de chaque Signature, de la date du dépôt de chaque instrument de ratification du présent Traité ou d'adhésion au présent Traité, de la date d'entrée en vigueur du Traité ainsi que de toute autre communication.

6. Le présent Traité sera enregistré par les Gouvernements dépositaires conformément à l'article 102 de la Charte des Nations unies.

Art. 15. – Tout État partie au présent Traité peut proposer des amendements au Traité. Les amendements prendront effet à l'égard de chaque État partie au Traité acceptant les amendements dès qu'ils auront été acceptés par la majorité des États parties au Traité, et par la suite, pour chacun des autres États parties au Traité, à la date de son acceptation des dits amendements.

Art. 16. – Tout État partie au présent Traité peut, un an après l'entrée en vigueur du Traité, communiquer son intention de cesser d'y être partie par voie de notification écrite adressée aux Gouvernements dépositaires. Cette notification prendra effet un an après la date à laquelle elle aura été reçue.

Art. 17. – Le présent Traité, dont les textes anglais, russe, espagnol, français et chinois font également foi, sera déposé dans les archives des Gouvernements dépositaires. Des copies dûment certifiées du présent Traité seront adressées par les Gouvernements dépositaires aux Gouvernements des États qui auront signé le Traité ou qui y auront adhéré.

En foi de quoi les soussignés, dûment habilités à cet effet, ont signé le présent Traité.

Fait en trois exemplaires à Londres, Moscou et Washington, le vingt-sept janvier mille neuf cent soixante-sept.

Antarctique :

49 Traité sur l'Antarctique (1)

Date d'adoption : 01/12/1959
Date d'entrée en vigueur : 23/06/1961

Les Gouvernements de l'Argentine, de l'Australie, de la Belgique, du Chili, de la République française, du Japon, de la Nouvelle-Zélande, de la Norvège, de l'Union Sud-Africaine, de l'Union des Républiques socialistes soviétiques, du Royaume-Uni de Grande-Bretagne et d'Irlande du Nord, et des États-Unis d'Amérique,

Reconnaissant qu'il est de l'intérêt de l'humanité tout entière que l'Antarctique soit à jamais réservé aux seules activités pacifiques et ne devienne ni le théâtre ni l'enjeu de différends internationaux,

Appréciant l'ampleur des progrès réalisés par la science grâce à la coopération internationale en matière de recherche scientifique dans l'Antarctique,

Persuadés qu'il est conforme aux intérêts de la science et au progrès de l'humanité d'établir une construction solide permettant de poursuivre et de développer cette coopération en la fondant sur la liberté de la recherche scientifique dans l'Antarctique telle qu'elle a été pratiquée pendant l'Année Géophysique internationale,

Persuadés qu'un Traité réservant l'Antarctique aux seules activités pacifiques et maintenant dans cette région l'harmonie internationale, servira les intentions et les principes de la Charte des Nations unies,

Sont convenus de ce qui suit :

Art. premier. – 1. Seules les activités pacifiques sont autorisées dans l'Antarctique. Sont interdites, entre autres, toutes mesures de caractère militaire telles que l'établissement de bases, la construction de fortifications, les manœuvres, ainsi que les essais d'armes de toutes sortes.

2. Le présent Traité ne s'oppose pas à l'emploi de personnel ou de matériel militaires pour la recherche scientifique ou pour toute autre fin pacifique.

---

(1) 41, 500, 507, 583, 671.

Art. 2. – La liberté de la recherche scientifique dans l'Antarctique et la coopération à cette fin, telles qu'elles ont été pratiquées durant l'Année Géophysique internationale, se poursuivront conformément aux dispositions du présent Traité.

Art. 3. – 1. En vue de renforcer dans l'Antarctique la coopération internationale en matière de recherches scientifiques comme il est prévu à l'article 2 du présent Traité, les parties contractantes conviennent de procéder, dans toute la mesure du possible :

a) à l'échange de renseignements relatifs aux programmes scientifiques dans l'Antarctique, afin d'assurer au maximum l'économie des moyens et le rendement des opérations;

b) à des échanges de personnel scientifique entre expéditions et stations dans cette région;

c) à l'échange des observations et des résultats scientifiques obtenus dans l'Antarctique qui seront rendus librement disponibles.

2. Dans l'application de ces dispositions, la coopération dans les relations de travail avec les Institutions spécialisées des Nations unies et les autres organisations internationales pour lesquelles l'Antarctique offre un intérêt scientifique ou technique, sera encouragée par tous les moyens.

Art. 4. – 1. Aucune disposition du présent Traité ne peut être interprétée :

a) comme constituant, de la part d'aucune des parties contractantes, une renonciation à ses droits de souveraineté territoriale, ou aux revendications territoriales, précédemment affirmés par elle dans l'Antarctique;

b) comme un abandon total ou partiel, de la part d'aucune des parties contractantes, d'une base de revendication de souveraineté territoriale dans l'Antarctique, qui pourrait résulter de ses propres activités ou de celles de ses ressortissants dans l'Antarctique, ou de toute autre cause;

c) comme portant atteinte à la position de chaque partie contractante en ce qui concerne la reconnaissance ou la non-reconnaissance par cette partie, du droit de souveraineté, d'une revendication ou d'une base de revendication de souveraineté territoriale de tout autre État, dans l'Antarctique.

2. Aucun acte ou activité intervenant pendant la durée du présent Traité ne constituera une base permettant de faire valoir, de soutenir ou de contester une revendication de souveraineté territoriale dans l'Antarctique, ni ne créera des droits de souveraineté dans cette région. Aucune revendication nouvelle, ni aucune extension d'une revendication de souveraineté territoriale précédemment affirmée, ne devra être présentée pendant la durée du présent Traité.

Art. 5. – 1. Toute explosion nucléaire dans l'Antarctique est interdite, ainsi que l'élimination dans cette région de déchets radioactifs.

2. Au cas où seraient conclus des accords internationaux, auxquels participeraient toutes les parties contractantes dont les représentants sont habilités à participer aux réunions prévues à l'article 9, concernant l'utilisation de l'énergie nucléaire y compris les explosions nucléaires et l'élimination de déchets radioactifs, les règles établies par de tels accords seront appliquées dans l'Antarctique.

Art. 6. – Les dispositions du présent Traité s'appliquent à la région située au sud du 60e degré de latitude Sud, y compris toutes les plates-formes glaciaires mais rien dans le présent Traité ne pourra porter préjudice ou porter atteinte en aucune façon aux droits ou à l'exercice des droits reconnus à tout État par le droit international en ce qui concerne les parties de haute mer se trouvant dans la région ainsi délimitée.

Art. 7. – 1. En vue d'atteindre les objectifs du présent Traité et d'en faire respecter les dispositions, chacune des parties contractantes dont les représentants sont habilités à participer aux réunions mentionnées à l'article 9 de ce Traité, a le droit de désigner des observateurs chargés d'effectuer toute inspection prévue au présent article. Ces observateurs seront choisis parmi les ressortissants de la partie contractante qui les désigne. Leurs noms seront communiqués à chacune des autres parties contractantes habilitées à désigner des observateurs la cessation de leurs fonctions fera l'objet d'une notification analogue.

2. Les observateurs désignés conformément aux dispositions du paragraphe 1 du présent article auront complète liberté d'accès à tout moment à l'une ou à toutes les régions de l'Antarctique.

3. Toutes les régions de l'Antarctique, toutes les stations et installations, tout le matériel s'y trouvant, ainsi que tous les navires et aéronefs aux points de débarquement et d'embarquement de fret ou de personnel dans l'Antarctique, seront accessibles à tout moment à l'inspection de tous observateurs désignés conformément aux dispositions du paragraphe 1 du présent article.

4. Chacune des parties contractantes habilitées à désigner des observateurs peut effectuer à tout moment l'inspection aérienne de l'une ou de toutes les régions de l'Antarctique.

5. Chacune des parties contractantes doit, au moment de l'entrée en vigueur du présent Traité en ce qui la concerne, informer les autres parties contractantes et par la suite leur donner notification préalable :

a) de toutes les expéditions se dirigeant vers l'Antarctique ou s'y déplaçant, effectuées à l'aide de ses navires ou par ses ressortissants, de toutes celles qui seront organisées sur son territoire ou qui en partiront;

b) de l'existence de toutes stations occupées dans l'Antarctique par ses ressortissants;

c) de son intention de faire pénétrer dans l'Antarctique, conformément aux dispositions du paragraphe 2 de l'article 1er du présent Traité, du personnel ou du matériel militaires quels qu'ils soient.

Art. 8. – 1. Afin de faciliter l'exercice des fonctions qui leur sont dévolues par le présent Traité et sans préjudice des positions respectives prises par les parties contractantes en ce qui concerne la juridiction sur toutes les autres personnes dans l'Antarctique, les observateurs désignés conformément aux dispositions du paragraphe 1 de l'article 7 et le personnel scientifique faisant l'objet d'un échange aux termes de l'alinéa 1 *b*) de l'article 3 du Traité ainsi que les personnes qui leur sont attachées et qui les accompagnent, n'auront à répondre que devant la juridiction de la partie contractante dont ils sont ressortissants, en ce qui concerne tous actes ou omissions durant le séjour qu'ils effectueront dans l'Antarctique pour y remplir leurs fonctions.

2. Sans préjudice des dispositions du paragraphe 1 du présent article et en attendant l'adoption des mesures prévues à l'alinéa 1 *e*) de l'article 9, les parties contractantes se trouvant parties à tout différend relatif à l'exercice de la juridiction dans l'Antarctique devront se consulter immédiatement en vue de parvenir à une solution acceptable de part et d'autre.

Art. 9. – 1. Les représentants des parties contractantes qui sont mentionnées au préambule du présent Traité se réuniront à Canberra dans les deux mois suivant son entrée en vigueur et, par la suite, à des intervalles et en des lieux appropriés, en vue d'échanger des informations, de se consulter sur des questions d'intérêt commun concernant l'Antarctique, d'étudier, formuler et recommander à leurs Gouvernements des mesures destinées à assurer le respect des principes et la poursuite des objectifs du présent Traité, et notamment des mesures :

a) se rapportant à l'utilisation de l'Antarctique à des fins exclusivement pacifiques ;

b) facilitant la recherche scientifique dans l'Antarctique ;

c) facilitant la coopération scientifique internationale dans cette région ;

d) facilitant l'exercice des droits d'inspection prévus à l'article 7 du présent Traité ;

e) relatives à des questions concernant l'exercice de la juridiction dans l'Antarctique ;

f) relatives à la protection et à la conservation de la faune et de la flore dans l'Antarctique.

2. Toute partie contractante ayant adhéré au présent Traité conformément aux dispositions de l'article 13 a le droit de nommer des représentants qui participeront aux réunions mentionnées au paragraphe 1 du présent article, aussi longtemps qu'elle démontre l'intérêt qu'elle porte à l'Antarctique en y menant des activités substantielles de recherche scientifique telles que l'établissement d'une station ou l'envoi d'une expédition.

3. Les rapports des observateurs mentionnés à l'article 7 du présent Traité seront transmis aux représentants des parties contractantes qui participent aux réunions mentionnées au paragraphe 1 du présent article.

4. Les mesures prévues au paragraphe 1 du présent article prendront effet dès leur approbation par toutes les parties contractantes dont les représentants étaient habilités à participer aux réunions tenues pour l'examen desdites mesures.

5. L'un quelconque ou tous les droits établis par le présent Traité peuvent être exercés dès son entrée en vigueur, qu'il y ait eu ou non, comme il est prévu au présent article, examen, proposition ou approbation de mesures facilitant l'exercice de ces droits.

Art. 10. – Chacune des parties contractantes s'engage à prendre des mesures appropriées, compatibles avec la Charte des Nations unies, en vue d'empêcher que personne n'entreprenne dans l'Antarctique aucune activité contraire aux principes ou aux intentions du présent Traité.

Art. 11. – 1. En cas de différend entre deux ou plusieurs des parties contractantes en ce qui concerne l'interprétation ou l'application du présent Traité, ces parties contractantes se consulteront en vue de régler ce différend par voie de négociation, enquête, médiation, conciliation, arbitrage, règlement judiciaire ou par tout autre moyen pacifique de leur choix.

2. Tout différend de cette nature qui n'aura pu être ainsi réglé, devra être porté avec l'assentiment dans chaque cas de toutes les parties en cause, devant la Cour internationale de justice en vue de règlement cependant l'impossibilité de parvenir à un accord sur un tel recours ne dispensera aucunement les parties en cause de l'obligation de continuer à rechercher la solution du différend par tous les modes de règlement pacifique mentionnés au paragraphe 1 du présent article.

Art. 12. – 1. *a*) Le présent Traité peut être modifié ou amendé à tout moment par accord unanime entre les parties contractantes dont les représentants sont habilités à participer aux réunions prévues à l'article 9. Une telle modification ou un tel amendement entrera en vigueur lorsque le Gouvernement dépositaire aura reçu de toutes ces parties contractantes avis de leur ratification.

b) Par la suite une telle modification ou un tel amendement entrera en vigueur à l'égard de toute autre partie contractante lorsqu'un avis de ratification émanant de celle-ci aura été reçu par le Gouvernement dépositaire. Chacune de ces parties contractantes dont l'avis de ratification n'aura pas été reçu dans les deux ans suivant l'entrée en vigueur de la modification ou de l'amendement conformément aux dispositions de l'alinéa 1 *a*) du présent article, sera considérée comme ayant cessé d'être partie au présent Traité à l'expiration de ce délai.

2. *a*) Si à l'expiration d'une période de trente ans à dater de l'entrée en vigueur du présent Traité, une des parties contractantes dont les représentants sont habilités à participer aux réunions prévues à l'article 9, en fait la demande par une communication adressée au Gouvernement dépositaire, une Conférence de toutes les parties contractantes

sera réunie aussitôt que possible, en vue de revoir le fonctionnement du Traité.

b) Toute modification ou tout amendement au présent Traité, approuvé à l'occasion d'une telle Conférence par la majorité des parties contractantes qui y seront représentées, y compris la majorité des parties contractantes dont les représentants sont habilités à participer aux réunions prévues à l'article 9, sera communiqué à toutes les parties contractantes par le Gouvernement dépositaire, dès la fin de la Conférence, et entrera en vigueur conformément aux dispositions du paragraphe 1 du présent article.

c) Si une telle modification ou un tel amendement n'est pas entré en vigueur, conformément aux dispositions de l'alinéa 1 *a*) du présent article, dans un délai de deux ans à compter de la date à laquelle toutes les parties contractantes en auront reçu communication, toute partie contractante peut, à tout moment après l'expiration de ce délai, notifier au Gouvernement dépositaire qu'elle cesse d'être partie au présent Traité ce retrait prendra effet deux ans après la réception de cette notification par le Gouvernement dépositaire.

Art. 13. – 1. Le présent Traité sera soumis à la ratification des États signataires. Il restera ouvert à l'adhésion de tout État membre des Nations unies, ou de tout autre État qui pourrait être invité à adhérer au Traité avec le consentement de toutes les parties contractantes dont les représentants sont habilités à participer aux réunions mentionnées à l'article 9 du Traité.

2. La ratification du présent Traité ou l'adhésion à celui-ci sera effectuée par chaque État conformément à sa procédure constitutionnelle.

3. Les instruments de ratification et les instruments d'adhésion seront déposés près le Gouvernement des États-Unis d'Amérique qui sera le Gouvernement dépositaire.

4. Le Gouvernement dépositaire avisera tous les États signataires et adhérents de la date de dépôt de chaque instrument de ratification ou d'adhésion ainsi que de la date d'entrée en vigueur du Traité et de toute modification ou de tout amendement qui y serait apporté.

5. Lorsque tous les États signataires auront déposé leurs instruments de ratification, le présent Traité entrera en vigueur pour ces États et pour ceux des États qui auront déposé leurs instruments d'adhésion. Par la suite, le Traité entrera en vigueur, pour tout État adhérent, à la date du dépôt de son instrument d'adhésion.

6. Le présent Traité sera enregistré par le Gouvernement dépositaire conformément aux dispositions de l'article 102 de la Charte des Nations unies.

Art. 14. – Le présent Traité, rédigé dans les langues anglaise, française, russe et espagnole, chaque version faisant également foi, sera déposé aux archives du Gouvernement des États-Unis d'Amérique qui en transmettra des copies certifiées conformes aux Gouvernements des États signataires ou adhérents.

En foi de quoi, les Plénipotentiaires soussignés, dûment autorisés, ont apposé leur signature au présent Traité.

Fait à Washington, le premier décembre mil neuf cent cinquante-neuf.

Environnement :

50 Déclaration de Rio sur l'environnement et le développement (1)

Date d'adoption : 13/06/1992

Réaffirmant la Déclaration de la Conférence des Nations unies sur l'environnement adoptée à Stockholm le 16 juin 1972, et cherchant à en assurer le prolongement,

Dans le but d'établir un partenariat mondial sur une base nouvelle et équitable par la création de niveaux de coopération nouveaux entre les États, les secteurs clefs de la société et les peuples,

Œuvrant en vue d'accords internationaux qui respectent les intérêts de tous et protègent l'intégrité du système mondial de l'environnement et du développement,

Reconnaissant que la Terre, foyer de l'humanité, constitue un tout marqué par l'interdépendance,

Proclame ce qui suit :

Principe 1

Les êtres humains sont au centre des préoccupations relatives au développement durable. Ils ont droit à une vie saine et productive en harmonie avec la nature.

Principe 2

Conformément à la Charte des Nations unies et aux principes du droit international, les États ont le droit souverain d'exploiter leurs propres ressources conformément à leurs propres politiques en matière d'environnement et de développement, et ils ont le devoir de veiller à ce que les activités qui relèvent de leur compétence ou de leur pouvoir ne portent pas atteinte à l'environnement d'autres États ou de zones situées au-delà des limites de leur juridiction nationale.

---

(1) 105, 684, 685.

Principe 3

Le droit au développement doit être réalisé de façon à satisfaire équitablement les besoins relatifs au développement et à l'environnement des générations présentes et futures.

Principe 4

Pour parvenir à un développement durable, la protection de l'environnement doit constituer une partie intégrante du processus de développement et ne peut être considérée isolément.

Principe 5

Tous les États et tous les peuples doivent coopérer à la tâche essentielle de l'éradication de la pauvreté, qui constitue une condition indispensable du développement durable, afin de réduire les différences de niveaux de vie et de mieux répondre aux besoins de la majorité des peuples du monde.

Principe 6

La situation et les besoins particuliers des pays en développement, en particulier des pays les moins avancés et de ceux qui sont les plus vulnérables sur le plan de l'environnement, doivent se voir accorder une priorité vulnérable. Les actions internationales entreprises en matière d'environnement et de développement devraient également prendre en considération les intérêts et les besoins de tous les pays.

Principe 7

Les États doivent coopérer dans un esprit de partenariat mondial en vue de conserver, de protéger et de rétablir la santé et l'intégrité de l'écosystème terrestre. Étant donné la diversité des rôles joués dans la dégradation de l'environnement mondial, les États ont des responsabilités communes mais différenciées. Les pays développés reconnaissent la responsabilité qui leur revient dans la recherche internationale du développement durable eu égard aux pressions que leurs sociétés exercent sur l'environnement mondial et aux technologies et ressources financières dont ils disposent.

Principe 8

Afin de parvenir à un développement durable et à une qualité de vie plus élevée pour tous les peuples, les États devraient réduire et éliminer les modes de production et de consommation non viables et promouvoir des politiques démographiques appropriées.

Principe 9

Les États devraient coopérer en vue d'accentuer le renforcement des capacités endogènes aux fins du développement durable en améliorant la compréhension scientifique par des échanges de connaissances scientifiques et technologiques et en facilitant la mise au point, l'adaptation, la diffusion et le transfert de techniques, y compris de techniques nouvelles et novatrices.

Principe 10

Il vaut mieux que les questions d'environnement soient traitées avec la participation de tous les citoyens concernés, au niveau qui convient. Au niveau national, chaque individu doit avoir dûment accès aux informations relatives à l'environnement que détiennent les autorités publiques, y compris des informations relatives aux substances et activités dangereuses dans la communauté, et avoir la possibilité de participer aux processus de prise de décisions. Les États doivent faciliter et encourager la sensibilisation et la participation du public en mettant les informations à la disposition de celui-ci. Un accès effectif à des actions judiciaires et administratives, y compris à des sanctions et réparations, doit être assuré.

Principe 11

Les États doivent promulguer des mesures législatives efficaces en matière d'environnement. Les normes écologiques et les objectifs et priorités de gestion de l'environnement devraient être fonction du contexte en matière d'environnement et de développement dans lequel ils s'appliquent. Les normes appliquées par certains pays peuvent ne pas convenir à d'autres pays, en particulier à des pays en développement, et leur imposer un coût économique et social injustifié.

Principe 12

Les États devraient coopérer pour promouvoir un système économique international ouvert et favorable propre à engendrer une croissance économique et un développement durable dans tous les pays et à permettre de mieux lutter contre des problèmes de dégradation de l'environnement. Les instruments d'intervention commerciale à des fins écologiques ne devraient pas constituer un moyen de discrimination arbitraire ou injustifiable ou une restriction déguisée aux échanges internationaux. Toute action unilatérale visant à résoudre les grands problèmes écologiques en dehors de la juridiction du pays importateur doit être évitée. Les mesures de lutte contre les problèmes écologiques trans-frontières ou mondiaux devraient, autant que possible, être fondées sur un consensus international.

Principe 13

Les États doivent élaborer des lois nationales concernant la responsabilité pour les dommages causés par la pollution et autres dommages à l'environnement et pour l'indemnisation des victimes. Ils doivent également coopérer avec diligence et de manière plus résolue en vue d'élaborer de nouvelles mesures de droit international concernant la responsabilité et l'indemnisation en ce qui concerne les effets nocifs de dommages causés à l'environnement par des activités relevant de leur compétence ou de leur pouvoir dans des régions situées au-delà des limites de leur juridiction.

Principe 14

Les États devraient concerter efficacement leurs efforts pour décourager ou prévenir les déplacements et les transferts dans d'autres États de toutes activités et substances qui provoquent une sérieuse dégradation de l'environnement ou sont jugées nocives pour la santé de l'homme.

Principe 15

Pour protéger l'environnement, des mesures de précaution doivent être largement appliquées par les États selon leurs capacités. En cas de risque de dommages graves ou irréversibles, l'absence de certitude scientifique absolue ne doit pas servir de prétexte pour remettre à plus tard l'adoption de mesures effectives visant à prévenir la dégradation de l'environnement.

Principe 16

Les autorités nationales devraient s'efforcer de promouvoir l'internationalisation des coûts de protection de l'environnement et l'utilisation d'instruments économiques, compte tenu de l'idée que c'est le pollueur qui doit, en principe, assumer le coût de la pollution, en ayant en vue l'intérêt du public et sans fausser le jeu du commerce international et de l'investissement.

Principe 17

Une étude d'impact sur l'environnement, en tant qu'instrument national, doit être entreprise dans le cas des activités envisagées qui risquent d'avoir des effets nocifs importants sur l'environnement et dépendent de la décision d'une autorité nationale compétente.

Principe 18

Les États doivent notifier immédiatement aux autres États toute catastrophe naturelle ou toute autre situation d'urgence qui risque d'avoir des effets néfastes imprévus sur l'environnement de ces derniers. La Communauté internationale doit faire tout son possible pour aider les États sinistrés.

Principe 19

Les États doivent notifier suffisamment à l'avance les États pouvant être affectés et leur communiquer toutes informations pertinentes sur les activités qui peuvent avoir des effets trans-frontières sérieusement négatifs sur l'environnement et mener des consultations avec ces États rapidement et en toute bonne foi.

Principe 20

Les femmes ont un rôle vital dans la gestion et la mise en valeur de l'environnement. Leur pleine participation est donc essentielle pour la réalisation d'un développement durable.

Principe 21

Il faut mobiliser la créativité, les idéaux et le courage des jeunes du monde entier afin de créer un partenariat mondial, de manière à assurer un développement durable et de garantir à chacun un avenir meilleur.

Principe 22

Les populations et communautés autochtones et les autres collectivités locales ont un rôle vital à jouer dans la gestion et le développement de l'environnement du fait de leurs connaissances du milieu et de leurs pratiques traditionnelles. Les États devraient reconnaître leur identité, leur culture et leurs intérêts, et leur accorder tout l'appui nécessaire, et leur permettre de participer efficacement à la réalisation d'un développement durable.

Principe 23

L'environnement et les ressources naturelles des peuples qui se trouvent en état d'oppression, de domination et d'occupation doivent être protégés.

Principe 24

La guerre exerce une action intrinsèquement destructrice sur le développement durable. Les États doivent donc respecter le droit international relatif à la protection de l'environnement en temps de conflit armé et participer à son développement, si nécessaire.

Principe 25

La paix, le développement et la protection de l'environnement sont interdépendants et indissociables.

Principe 26

Les États doivent résoudre pacifiquement tous leurs différends en matière d'environnement et par des moyens appropriés conformément à la Charte des Nations unies.

Principe 27

Les États et les peuples doivent coopérer de bonne foi et dans un esprit de solidarité à l'application des principes consacrés dans la présente Déclaration et au développement du droit international de façon à réaliser un développement durable.

51 Convention-cadre des Nations unies sur les changements climatiques (1)

Date d'adoption : 09/05/1992
Date d'entrée en vigueur : 21/03/1994

Les parties à la présente Convention,

Conscientes que les changements du climat de la planète et leurs effets néfastes sont un sujet de préoccupation pour l'humanité tout entière,

Préoccupées par le fait que l'activité humaine a augmenté sensiblement les concentrations de gaz à effet de serre dans l'atmosphère, que cette augmentation renforce l'effet de serre naturel et qu'il en résultera en moyenne un réchauffement supplémentaire de la surface terrestre et de l'atmosphère, ce dont risquent de souffrir les écosystèmes naturels et l'humanité,

Notant que la majeure partie des gaz à effet de serre émis dans le monde par le passé et à l'heure actuelle ont leur origine dans les pays développés, que les émissions par habitant dans les pays en développement sont encore relativement faibles et que la part des émissions totales imputable aux pays en développement ira en augmentant pour leur permettre de satisfaire leurs besoins sociaux et leurs besoins de développement,

Conscientes du rôle et de l'importance des puits et réservoirs de gaz à effet de serre dans les écosystèmes terrestres et marins,

Notant que la prévision des changements climatiques recèle un grand nombre d'incertitudes, notamment en ce qui concerne leur déroulement dans le temps, leur ampleur et leurs caractéristiques régionales,

Conscientes que le caractère planétaire des changements climatiques requiert de tous les pays qu'ils coopèrent le plus possible et participent à une action internationale, efficace et appropriée, selon leurs responsabilités communes mais différenciées, leurs capacités respectives et leur situation sociale et économique,

Rappelant les dispositions pertinentes de la Déclaration de la Conférence des Nations unies sur l'environnement adoptée à Stockholm le 16 juin 1972,

Rappelant que, conformément à la Charte des Nations unies et aux principes du droit international, les États ont le droit souverain d'exploiter leurs propres ressources selon leur propre politique

---

(1) 603, 685.

d'environnement et de développement, et ont le devoir de faire en sorte que les activités exercées dans les limites de leur juridiction ou sous leur contrôle ne causent pas de dommage à l'environnement dans d'autres États ou dans des régions ne relevant d'aucune juridiction nationale,

Réaffirmant que le principe de la souveraineté des États doit présider à la coopération internationale destinée à faire face aux changements climatiques,

Considérant qu'il appartient aux États d'adopter une législation efficace en matière d'environnement, que les normes objectifs de gestion et priorités écologiques doivent refléter les conditions d'environnement et de développement dans lesquelles ils s'inscrivent et que les normes appliquées par certains pays risquent d'être inappropriées et par trop coûteuses sur les plans économique et social pour d'autres pays, en particulier les pays en développement,

Rappelant les dispositions de la résolution 44/228 de l'Assemblée générale, en date du 22 décembre 1989, relative à la Conférence des Nations unies sur l'environnement et le développement, et de ses résolutions 43/53 du 6 décembre 1988, 44/207 du 22 décembre 1989, 45/212 du 21 décembre 1990 et 46/169 du 19 décembre 1991 sur la protection du climat mondial pour les générations présentes et futures,

Rappelant également les dispositions de la résolution 44/206 de l'Assemblée générale, en date du 22 décembre 1989, sur les effets néfastes éventuels d'une hausse du niveau des mers sur les îles et les zones côtières, en particulier les zones côtières de faible élévation, ainsi que les dispositions pertinentes de sa résolution 44/172 du 19 décembre 1989 sur l'application du Plan d'action pour lutter contre la désertification,

Rappelant en outre la Convention de Vienne de 1985 pour la protection de la couche d'ozone et le Protocole de Montréal de 1987 relatif à des substances qui appauvrissent la couche d'ozone, ajusté et modifié le 29 juin 1990,

Prenant note de la Déclaration ministérielle de la deuxième Conférence mondiale sur le climat, adoptée le 7 novembre 1990,

Conscientes des utiles travaux d'analyse menés par nombre d'États sur les changements climatiques et des contributions importantes apportées par l'Organisation météorologique mondiale, le Programme des Nations unies pour l'environnement et d'autres organes, Organisations et organismes des Nations unies, ainsi que par d'autres organismes internationaux et intergouvernementaux, à l'échange des résultats de la recherche scientifique et à la coordination de la recherche,

Conscientes que les mesures permettant de comprendre les changements climatiques et d'y faire face auront une efficacité pour l'environnement et une efficacité sociale et économique maximales si elles se fondent sur les considérations scientifiques, techniques et économiques appropriées et si elles sont constamment réévaluées à la lumière des nouveaux progrès réalisés dans ces domaines,

Sachant que diverses mesures prises pour faire face aux changements climatiques peuvent trouver en elles-mêmes leur justification économique et peuvent aussi contribuer à résoudre d'autres problèmes d'environnement,

Sachant également que les pays développés doivent agir immédiatement et avec souplesse sur la base de priorités clairement définies, ce qui constituera une première étape vers des stratégies d'ensemble aux niveaux mondial, national et éventuellement régional, ces stratégies de riposte devant tenir compte de tous les gaz à effet de serre et prendre dûment en considération la part de chacun d'eux dans le renforcement de l'effet de serre,

Sachant en outre que les pays de faible élévation et autres petits pays insulaires, les pays ayant des zones côtières de faible élévation, des zones arides ou semi-arides ou des zones sujettes aux inondations, à la sécheresse et à la désertification, ainsi que les pays en développement ayant des écosystèmes montagneux fragiles sont particulièrement vulnérables aux effets néfastes des changements climatiques,

Conscientes des difficultés particulières que connaîtront les pays, notamment les pays en développement, dont l'économie est particulièrement tributaire de la production, de l'utilisation et de l'exportation de combustibles fossiles, du fait des mesures prises pour limiter les émissions de gaz à effet de serre,

Affirmant que les mesures prises pour parer aux changements climatiques doivent être étroitement coordonnées avec le développement social et économique afin d'éviter toute incidence néfaste sur ce dernier, compte pleinement tenu des besoins prioritaires légitimes des pays en développement, à savoir une croissance économique durable et l'éradication de la pauvreté,

Conscientes que tous les pays, et plus particulièrement les pays en développement, doivent pouvoir accéder aux ressources nécessaires à un développement social et économique durable et que, pour progresser vers cet objectif, les pays en développement devront accroître leur consommation d'énergie en ne perdant pas de vue qu'il est possible de parvenir à un meilleur rendement énergétique et de maîtriser les émissions de gaz à effet de serre d'une manière générale et notamment en appliquant des technologies nouvelles dans des conditions avantageuses du point de vue économique et du point de vue social,

Résolues à préserver le système climatique pour les générations présentes et futures,

Sont convenues de ce qui suit :

Art. premier. – Définitions (2)

Aux fins de la présente Convention :

1. On entend par « effets néfastes des changements climatiques » les modifications de l'environnement physique ou des biotes dues à des changements climatiques et qui exercent des effets nocifs significatifs sur la composition, la résistance ou la productivité des écosystèmes naturels et aménagés, sur le fonctionnement des systèmes socio-économiques ou sur la santé et le bien-être de l'homme.

2. On entend par « changements climatiques » des changements de climat qui sont attribués directement ou indirectement à une activité humaine altérant la composition de l'atmosphère mondiale et qui viennent s'ajouter à la variabilité naturelle du climat observée au cours de périodes comparables.

3. On entend par « système climatique » un ensemble englobant l'atmosphère, l'hydrosphère, la biosphère et la géosphère, ainsi que leurs interactions.

4. On entend par « émissions » la libération de gaz à effet de serre ou de précurseurs de tels gaz dans l'atmosphère au-dessus d'une zone et au cours d'une période données.

5. On entend par « gaz à effet de serre » les constituants gazeux de l'atmosphère, tant naturels qu'anthropiques, qui absorbent et réémettent le rayonnement infrarouge.

6. On entend par « Organisation régionale d'intégration économique » une Organisation constituée par des États souverains d'une région donnée qui a compétence dans des domaines régis par la présente Convention ou ses protocoles et a été dûment autorisée, selon ses procédures internes, à signer, à ratifier, à accepter ou à approuver lesdits instruments ou à y adhérer.

7. On entend par « réservoir » un ou plusieurs constituants du système climatique qui retiennent un gaz à effet de serre ou un précurseur de gaz à effet de serre.

8. On entend par « puits » tout processus, toute activité ou tout mécanisme, naturel ou artificiel, qui élimine de l'atmosphère un gaz à effet de serre, un aérosol ou un précurseur de gaz à effet de serre.

9. On entend par « source » tout processus ou activité qui libère dans l'atmosphère un gaz à effet de serre, un aérosol ou un précurseur de gaz à effet de serre.

Art. 2. – L'objectif

L'objectif ultime de la présente Convention et de tous instruments juridiques connexes que la Conférence des parties pourrait adopter est de stabiliser, conformément aux dispositions pertinentes de la Convention, les concentrations de gaz à effet de serre dans l'atmos-

---

(2) Les titres des articles sont exclusivement donnés pour la commodité du lecteur.

phère à un niveau qui empêche toute perturbation anthropique dangereuse du système climatique. Il conviendra d'atteindre ce niveau dans un délai suffisant pour que les écosystèmes puissent s'adapter naturellement aux changements climatiques, que la production alimentaire ne soit pas menacée et que le développement économique puisse se poursuivre d'une manière durable.

Art. 3. – Principes

Dans les mesures qu'elles prendront pour atteindre l'objectif de la Convention et en appliquer les dispositions, les parties se laisseront guider, entre autres, par ce qui suit :

1. Il incombe aux parties de préserver le système climatique dans l'intérêt des générations présentes et futures, sur la base de l'équité et en fonction de leurs responsabilités communes mais différenciées et de leurs capacités respectives. Il appartient, en conséquence, aux pays développés parties d'être à l'avant-garde de la lutte contre les changements climatiques et leurs effets néfastes.

2. Il convient de tenir pleinement compte des besoins spécifiques et de la situation spéciale des pays en développement parties, notamment de ceux qui sont particulièrement vulnérables aux effets néfastes des changements climatiques, ainsi que des parties, notamment des pays en développement parties, auxquelles la Convention imposerait une charge disproportionnée ou anormale.

3. Il incombe aux parties de prendre des mesures de précaution pour prévoir, prévenir ou atténuer les causes des changements climatiques et en limiter les effets néfastes. Quand il y a risque de perturbations graves ou irréversibles, l'absence de certitude scientifique absolue ne doit pas servir de prétexte pour différer l'adoption de telles mesures, étant entendu que les politiques et mesures qu'appellent les changements climatiques requièrent un bon rapport coût-efficacité, de manière à garantir des avantages globaux au coût le plus bas possible. Pour atteindre ce but, il convient que ces politiques et mesures tiennent compte de la diversité des contextes socio-économiques, soient globales, s'étendent à toutes les sources et à tous les puits et réservoirs de gaz à effet de serre qu'il conviendra, comprennent des mesures d'adaptation et s'appliquent à tous les secteurs économiques. Les initiatives visant à faire face aux changements climatiques pourront faire l'objet d'une action concertée des parties intéressées.

4. Les parties ont le droit d'œuvrer pour un développement durable et doivent s'y employer. Il convient que les politiques et mesures destinées à protéger le système climatique contre les changements provoqués par l'homme soient adaptées à la situation propre de chaque partie et intégrées dans les programmes nationaux de développement, le développement économique étant indispensable pour adopter des mesures destinées à faire face aux changements climatiques.

5. Il appartient aux parties de travailler de concert à un système économique international qui soit porteur et ouvert et qui mène à une

croissance économique et à un développement durables de toutes les parties, en particulier des pays en développement parties, pour leur permettre de mieux s'attaquer aux problèmes posés par les changements climatiques. Il convient d'éviter que les mesures prises pour lutter contre les changements climatiques, y compris les mesures unilatérales, constituent un moyen d'imposer des discriminations arbitraires ou injustifiables sur le plan du commerce international, ou des entraves déguisées à ce commerce.

Art. 4. – Engagements

1. Toutes les parties, tenant compte de leurs responsabilités communes mais différenciées et de la spécificité de leurs priorités nationales et régionales de développement, de leurs objectifs et de leur situation :

a) établissent, mettent à jour périodiquement, publient et mettent à la disposition de la Conférence des parties, conformément à l'article 12, des inventaires nationaux des émissions anthropiques par leurs sources et de l'absorption par leurs puits de tous les gaz à effet de serre non réglementés par le Protocole de Montréal, en recourant à des méthodes comparables qui seront approuvées par la Conférence des parties ;

b) établissent, mettent en œuvre, publient et mettent régulièrement à jour des programmes nationaux et, le cas échéant, régionaux contenant des mesures visant à atténuer les changements climatiques en tenant compte des émissions anthropiques par leurs sources et de l'absorption par leurs puits de tous les gaz à effet de serre non réglementés par le Protocole de Montréal, ainsi que des mesures visant à faciliter l'adaptation voulue aux changements climatiques ;

c) encouragent et soutiennent par leur coopération la mise au point, l'application et la diffusion – notamment par voie de transfert – de technologies, pratiques et procédés qui permettent de maîtriser, de réduire ou de prévenir les émissions anthropiques des gaz à effet de serre non réglementés par le Protocole de Montréal dans tous les secteurs pertinents, en particulier ceux de l'énergie, des transports, de l'industrie, de l'agriculture, des forêts et de la gestion des déchets ;

d) encouragent la gestion rationnelle et encouragent et soutiennent par leur coopération la conservation et, le cas échéant, le renforcement des puits et réservoirs de tous les gaz à effet de serre non réglementés par le Protocole de Montréal, notamment la biomasse, les forêts et les océans de même que les autres écosystèmes terrestres, côtiers et marins ;

e) préparent, en coopération, l'adaptation à l'impact des changements climatiques et conçoivent et mettent au point des plans appropriés et intégrés pour la gestion des zones côtières, pour les ressources en eau et l'agriculture, et pour la protection et la remise en état des zones frappées par la sécheresse et la désertification, notamment en Afrique, et par les inondations ;

f) tiennent compte, dans la mesure du possible, des considérations liées aux changements climatiques dans leurs politiques et actions sociales, économiques et écologiques et utilisent des méthodes appropriées, par exemple des études d'impact, formulées et définies sur le plan national, pour réduire au minimum les effets – préjudiciables à l'économie, à la santé publique et à la qualité de l'environnement – des projets ou mesures qu'elles entreprennent en vue d'atténuer les changements climatiques ou de s'y adapter ;

g) encouragent et soutiennent par leur coopération les travaux de recherche scientifique, technologique, technique, socio-économique et autres, l'observation systématique et la constitution d'archives de données sur le système climatique permettant de mieux comprendre les causes, les effets, l'ampleur et l'échelonnement dans le temps des changements climatiques, ainsi que les conséquences économiques et sociales des diverses stratégies de riposte, et de réduire et dissiper les incertitudes qui subsistent à cet égard ;

h) encouragent et soutiennent par leur coopération l'échange de données scientifiques, technologiques, techniques, socio-économiques et juridiques sur le système climatique et les changements climatiques ainsi que sur les conséquences économiques et sociales des diverses stratégies de riposte, ces données devant être échangées dans leur intégralité, librement et promptement ;

i) encouragent et soutiennent par leur coopération l'éducation, la formation et la sensibilisation du public dans le domaine des changements climatiques et encouragent la participation le plus large à ce processus, notamment celle des organisations non gouvernementales ;

j) communiquent à la Conférence des parties des informations concernant l'application, conformément à l'article 12.

2. Les pays développés parties et les autres parties figurant à l'annexe I prennent les engagements spécifiques prévus ci-après :

a) chacune de ces parties adopte des politiques nationales (3) et prend en conséquence les mesures voulues pour atténuer les changements climatiques en limitant ses émissions anthropiques de gaz à effet de serre et en protégeant et renforçant ses puits et réservoirs de gaz à effet de serre. Ces politiques et mesures démontreront que les pays développés prennent l'initiative de modifier les tendances à long terme des émissions anthropiques conformément à l'objectif de la Convention, reconnaissant que le retour, d'ici à la fin de la présente décennie, aux niveaux antérieurs d'émissions anthropiques de dioxyde de carbone et d'autres gaz à effet de serre non réglementés par le Protocole de Montréal contribuerait à une telle modification et, tenant compte des différences entre ces parties quant à leur point de départ et à leur approche, à leur structure économique et à leur base de res-

---

(3) Ce terme s'entend aussi des politiques et mesures adoptées par les organisations d'intégration économique régionale.

sources, de la nécessité de maintenir une croissance économique forte et durable, des technologies disponibles et des autres circonstances propres à chaque cas, ainsi que de la nécessité pour chacune de ces parties de contribuer de façon appropriée et équitable à l'action mondiale entreprise pour atteindre cet objectif. Ces parties peuvent appliquer de telles politiques et mesures en association avec d'autres parties et aider d'autres parties à contribuer à l'objectif de la Convention, en particulier à celui du présent alinéa;

b) afin de favoriser le progrès dans ce sens, chacune de ces parties soumettra, conformément à l'article 12, dans les six mois suivant l'entrée en vigueur de la Convention à son égard, puis à intervalles périodiques, des informations détaillées sur ses politiques et mesures visées à l'alinéa a), de même que sur les projections qui en résultent quant aux émissions anthropiques par ses sources et à l'absorption par ses puits de gaz à effet de serre non réglementés par le Protocole de Montréal, pour la période visée à l'alinéa a), en vue de ramener individuellement ou conjointement à leurs niveaux de 1990 les émissions anthropiques de dioxyde de carbone et d'autres gaz à effet de serre non réglementés par le Protocole de Montréal. La Conférence des parties passera ces informations en revue, à sa première session puis à intervalles périodiques, conformément à l'article 7;

c) il conviendra que le calcul, aux fins de l'alinéa b), des quantités de gaz à effet de serre émises par les sources et absorbées par les puits s'effectue sur la base des meilleures connaissances scientifiques disponibles, notamment en ce qui concerne la capacité effective des puits et la contribution de chacun de ces gaz aux changements climatiques. La Conférence des parties examinera et adoptera les méthodes à utiliser pour ce calcul à sa première session et les passera en revue à intervalles réguliers par la suite;

d) la Conférence des parties, à sa première session, examinera les alinéas a) et b) pour voir qu'ils sont adéquats. Elle le fera à la lumière des données scientifiques et évaluations les plus sûres concernant les changements climatiques et leur impact, ainsi que des données techniques, sociales et économiques pertinentes. Sur la base de cet examen, la Conférence des parties prendra les mesures voulues, qui pourront comporter l'adoption d'amendements aux engagements visés aux alinéas a) et b). À sa première session, elle prendra également des décisions au sujet des critères régissant une application conjointe, comme indiqué à l'alinéa. Elle procédera à un deuxième examen des alinéas a) et b) au plus tard le 31 décembre 1998, puis à des intervalles réguliers dont elle décidera, jusqu'à ce que l'objectif de la Convention ait été atteint;

e) chacune de ces parties :

i) coordonne selon les besoins avec les autres parties visées les instruments économiques et administratifs appropriés élaborés aux fins de l'objectif de la Convention,

ii) recense et examine périodiquement celles de ses politiques et pratiques qui encouragent des activités ajoutant aux émissions anthropiques de gaz à effet de serre non réglementés par le Protocole de Montréal ;

f) la Conférence des parties passera en revue, le 31 décembre 1998 au plus tard, les informations disponibles afin de statuer sur les modifications qu'il y aurait lieu d'apporter aux listes figurant aux annexes I et II, avec l'accord de la partie intéressée ;

g) toute partie ne figurant pas à l'annexe I pourra, dans son instrument de ratification, d'acceptation, d'approbation ou d'adhésion, ou à tout moment par la suite, notifier au Dépositaire son intention d'être liée par les dispositions des alinéas a) et b). Le Dépositaire informera les autres signataires et parties de toute notification en ce sens.

3. Les pays développés parties et les autres parties développées figurant à l'annexe II fournissent des ressources financières nouvelles et additionnelles pour couvrir la totalité des coûts convenus encourus par les pays en développement parties du fait de l'exécution de leurs obligations découlant de l'article 12, paragraphe 1. Ils fournissent également les ressources financières nécessaires aux pays en développement parties, notamment aux fins de transferts de technologie, pour couvrir la totalité des coûts supplémentaires convenus entraînés par l'application des mesures visées au paragraphe 1 du présent article et sur lesquels un pays en développement partie se sera entendu avec l'entité ou les entités internationales visées à l'article 11, conformément audit article. L'exécution de ces engagements tient compte du fait que les apports de fonds doivent être adéquats et prévisibles, ainsi que de l'importance d'un partage approprié de la charge entre les pays développés parties.

4. Les pays développés parties et les autres parties développées figurant à l'annexe II aident également les pays en développement parties particulièrement vulnérables aux effets néfastes des changements climatiques à faire face au coût de leur adaptation auxdits effets.

5. Les pays développés parties et les autres parties développées figurant à l'annexe II prennent toutes les mesures possibles en vue d'encourager, de faciliter et de financer, selon les besoins, le transfert ou l'accès de technologies et de savoir-faire écologiquement rationnels aux autres parties, et plus particulièrement à celles d'entre elle, qui sont des pays en développement, afin de leur permettre d'appliquer les dispositions de la Convention. Dans ce processus, les pays développés parties soutiennent le développement et le renforcement des capacités et technologies propres aux pays en développement parties. Les autres parties et organisations en mesure de le faire peuvent également aider à faciliter le transfert de ces technologies.

6. La Conférence des parties accorde aux parties figurant à l'annexe I qui sont en transition vers une économie de marché, pour les mettre mieux à même de faire face aux changements climatiques, une certaine latitude dans l'exécution de leurs engagements au titre du para-

graphe 2, notamment en ce qui concerne le niveau historique, qui sera choisi comme référence, des émissions anthropiques de gaz à effet de serre non réglementés par le Protocole de Montréal.

7. La mesure dans laquelle les pays en développement parties s'acquitteront effectivement de leurs engagements au titre de la Convention dépendra de l'exécution efficace pour les pays développés parties de leurs propres engagements en ce qui concerne les ressources financières et le transfert de technologies et tiendra pleinement compte du fait que le développement économique et social et l'éradication de la pauvreté sont les priorités premières et essentielles des pays en développement parties.

8. Aux fins de l'exécution des engagements énoncés dans le présent article, les parties étudient les mesures – concernant notamment le financement, l'assurance et le transfert de technologie – qui doivent être prises dans le cadre de la Convention pour répondre aux besoins et préoccupations spécifiques des pays en développement parties face aux effets néfastes des changements climatiques et à l'impact des mesures de riposte, notamment dans les pays suivants :

a) les petits pays insulaires;

b) les pays ayant des zones côtières de faible élévation;

c) les pays ayant des zones arides et semi-arides, des zones de forêts et des zones sujettes au dépérissement des forêts;

d) les pays ayant des zones sujettes à des catastrophes naturelles;

e) les pays ayant des zones sujettes à la sécheresse et à la désertification;

f) les pays ayant des zones de forte pollution de l'atmosphère urbaine;

g) les pays ayant des écosystèmes, notamment des écosystèmes montagneux, fragiles;

h) les pays dont l'économie est fortement tributaire soit des revenus de la production, de la transformation et de l'exportation de combustibles fossiles et de produits apparentés à forte intensité énergétique, soit de la consommation desdits combustibles et produits;

i) les pays sans littoral et les pays de transit.

La Conférence des parties peut en outre prendre les mesures voulues, selon qu'il conviendra, touchant le présent paragraphe.

9. Les parties tiennent pleinement compte, dans leur action concernant le financement et le transfert de technologie, des besoins particuliers et de la situation spéciale des pays les moins avancés.

10. Dans l'exécution des engagements découlant de la Convention, les parties tiennent compte, conformément à l'article 10, de la situation de celles d'entre elles, notamment les pays en développement, dont l'économie est vulnérable aux effets néfastes des mesures de riposte aux changements climatiques. Tel est notamment le cas des parties dont l'économie est fortement tributaire soit des revenus de la production, de la transformation et de l'exportation de combustibles

fossiles et de produits apparentés à forte intensité énergétique, soit de la consommation desdits combustibles et produits, soit de l'utilisation de combustibles fossiles qu'il est très difficile à ces parties de remplacer par des produits de substitution.

Art. 5. – Recherche et observation systématique

Lorsqu'elles s'acquittent de leurs engagements en vertu de l'article 4, paragraphe 1 g), les parties :

a) soutiennent et, selon le cas, développent davantage les organisations ou les programmes et réseaux internationaux et intergouvernementaux dont le but est de définir, réaliser, évaluer et financer des travaux de recherche, de collecte de données et d'observation systématique, en tenant compte de la nécessité de limiter le plus possible les doubles emplois ;

b) soutiennent les efforts menés aux niveaux international et intergouvernemental pour renforcer l'observation systématique et les capacités et moyens nationaux de recherche scientifique et technique, notamment dans les pays en développement, et pour encourager l'accès aux données provenant de zones ne relevant pas de la juridiction nationale et à leur analyse, ainsi que pour en promouvoir l'échange ;

c) prennent en considération les préoccupations et les besoins particuliers des pays en développement et coopèrent pour améliorer leurs moyens et capacités endogènes de participation aux efforts visés aux alinéas a) et b).

Art. 6. – Éducation, formation et sensibilisation du public

Lorsqu'elles s'acquittent de leurs engagements en vertu de l'article 4, paragraphe 1 i) les parties :

a) s'emploient à encourager et à faciliter aux niveaux national et, le cas échéant, sous-régional et régional, conformément à leurs lois et règlements et selon leurs capacités respectives ;

i) l'élaboration et l'application de programmes d'éducation et de sensibilisation du public sur les changements climatiques et leurs effets,

ii) l'accès public aux informations concernant les changements climatiques et leurs effets,

iii) la participation publique à l'examen des changements climatiques et de leurs effets et à la mise au point de mesures appropriées pour y faire face, et

iv) la formation de personnel scientifique, technique et de gestion ;

b) soutiennent par leur coopération et encouragent au niveau international, en recourant s'il y a lieu aux organismes existants :

i) la mise au point et l'échange de matériel éducatif et de matériel destiné à sensibiliser le public aux changements climatiques et à leurs effets, et

ii) la mise au point et l'exécution de programmes d'éducation et de formation, y compris par le renforcement des organismes nationaux et par l'échange ou le détachement de personnel chargé de former des experts en la matière, notamment pour les pays en développement.

Art. 7. – Conférence des parties

1. Il est créé une Conférence des parties.

2. En tant qu'organe suprême de la présente Convention, la Conférence des parties fait régulièrement le point de l'application de la Convention et de tous autres instruments juridiques connexes qu'elle pourrait adopter et prend, dans les limites de son mandat, les décisions nécessaires pour favoriser l'application effective de la Convention. À cet effet :

a) elle examine périodiquement les obligations des parties et les arrangements institutionnels découlant de la Convention, en fonction de l'objectif de la Convention, de l'expérience acquise lors de son application et de l'évolution des connaissances scientifiques et techniques ;

b) elle encourage et facilite l'échange d'informations sur les mesures adoptées par les parties pour faire face aux changements climatiques et à leurs effets, en tenant compte de la diversité de situations, de responsabilités et de moyens des parties ainsi que de leurs engagements respectifs au titre de la Convention ;

c) elle facilite, à la demande de deux parties ou davantage, la coordination des mesures adoptées par elles pour faire face aux changements climatiques et à leurs effets, en tenant compte de la diversité de situations, de responsabilités et de moyens des parties ainsi que de leurs engagements respectifs au titre de la Convention ;

d) elle encourage et dirige, conformément à l'objectif et aux dispositions de la Convention, l'élaboration et le perfectionnement périodique de méthodes comparables, dont conviendra la Conférence des parties, visant notamment à inventorier les émissions de gaz à effet de serre par les sources et leur absorption par les puits, ainsi qu'à évaluer l'efficacité des mesures prises pour limiter ces émissions et renforcer l'absorption de ces gaz ;

e) elle évalue, sur la base de toutes les informations qui lui sont communiquées conformément aux dispositions de la Convention, l'application de la Convention par les parties, les effets d'ensemble des mesures prises en application de la Convention, notamment les effets environnementaux, économiques et sociaux et leurs incidences cumulées, et les progrès réalisés vers l'objectif de la Convention ;

f) elle examine et adopte des rapports périodiques sur l'application de la Convention et en assure la publication ;

g) elle fait des recommandations sur toutes questions nécessaires à l'application de la Convention ;

h) elle s'efforce de mobiliser des ressources financières conformément à l'article 4, paragraphe 3, 4 et 5 et à l'article 11 ;

i) elle crée les organes subsidiaires jugés nécessaires à l'application de la Convention;

j) elle examine les rapports de ces organes, à qui elle donne des directives;

k) elle arrête et adopte, par consensus, des règlements intérieurs et des règles de gestion financière pour elle-même et pour tous organes subsidiaires;

l) le cas échéant, elle sollicite et utilise les services et le concours des organisations internationales et des organismes intergouvernementaux et non gouvernementaux compétents, ainsi que les informations qu'ils fournissent;

m) elle exerce les autres fonctions nécessaires pour atteindre l'objectif de la Convention, ainsi que toutes les autres fonctions qui lui sont conférées par la Convention.

3. La Conférence des parties adopte, à sa première session, son propre règlement intérieur et ceux des organes subsidiaires créés en application de la Convention lesdits règlements comprennent la procédure de prise de décisions applicable aux questions pour lesquelles la Convention ne prévoit pas déjà de procédure à cet égard. Cette procédure peut préciser la majorité requise pour l'adoption de telle ou telle décision.

4. La première session de la Conférence des parties sera convoquée par le secrétariat provisoire visé à l'article 21, et se tiendra un an au plus tard après l'entrée en vigueur de la Convention. Par la suite, la Conférence des parties, à moins qu'elle n'en décide autrement, tient des sessions ordinaires une fois par an.

5. La Conférence des parties tient des sessions extraordinaires à tout autre moment qu'elle juge nécessaire, ou si une partie en fait la demande par écrit, à condition que cette demande soit appuyée par un tiers au moins des parties, dans les six mois qui suivent sa communication aux parties par le secrétariat.

6. L'Organisation des Nations unies, les institutions spécialisées des Nations unies et l'Agence internationale de l'énergie atomique, ainsi que tous États membres d'une de ces organisations ou observateurs auprès d'une de ces organisations qui ne sont pas parties à la Convention peuvent être représentés aux sessions de la Conférence des parties en tant qu'observateurs. Tout organe ou organisme national ou international, gouvernemental ou non gouvernemental compétent dans les domaines visés par la Convention, qui a fait savoir au secrétariat qu'il souhaite être représenté à une session de la Conférence des parties en qualité d'observateur, peut y être admis en cette qualité à moins qu'un tiers au moins des parties présentes n'y fassent objection. L'admission et la participation d'observateurs sont régies par le règlement intérieur adopté par la Conférence des parties.

Art. 8. – Secrétariat

1. Il est créé un secrétariat.

2. Les fonctions du secrétariat sont les suivantes :

a) organiser les sessions de la Conférence des parties et des organes subsidiaires de la Conférence créés en vertu de la Convention et leur fournir les services voulus;

b) compiler et diffuser les rapports qu'il reçoit;

c) sur demande, aider les parties, et en particulier, parmi elles, les pays en développement, à compiler et diffuser les informations requises par la Convention;

d) établir des rapports sur ses activités et les soumettre à la Conférence des parties;

e) assurer la coordination nécessaire avec les secrétariats des autres organes internationaux compétents;

j) prendre, sous la supervision de la Conférence des parties, les dispositions administratives et contractuelles que peut requérir l'accomplissement efficace de ses fonctions et;

g) exercer les autres fonctions de secrétariat qui lui sont dévolues par la Convention ou par l'un quelconque de ses protocoles, et toutes autres fonctions que la Conférence des parties peut lui assigner.

3. À sa première session, la Conférence des parties désignera un secrétariat permanent et prendra les dispositions voulues pour son fonctionnement.

Art. 9. – Organe subsidiaire de conseil scientifique et technologique

1. Il est créé un organe subsidiaire de conseil scientifique et technologique, chargé de fournir en temps opportun à la Conférence des parties et, le cas échéant, à ses autres organes subsidiaires des renseignements et des avis sur les aspects scientifiques et technologiques de la Convention. Cet organe, ouvert à la participation de toutes les parties, est multidisciplinaire. Il est composé de représentants des Gouvernements faisant autorité dans leur domaine de compétence. Il rend régulièrement compte de tous les aspects de ses travaux à la Conférence des parties.

2. L'organe, agissant sous l'autorité de la Conférence des parties et s'appuyant sur les travaux des organes internationaux compétents, a pour fonctions :

a) de faire le point des connaissances scientifiques sur les changements climatiques et leurs effets;

b) de faire le point, sur le plan scientifique, des effets des mesures prises en application de la Convention;

c) de recenser les technologies et savoir-faire de pointe, novateurs et performants et d'indiquer les moyens d'en encourager le développement et d'en assurer le transfert;

d) de fournir des avis sur les programmes scientifiques, sur la coopération internationale et la recherche-développement en matière de changements climatiques et sur les moyens d'aider les pays en développement à se doter d'une capacité propre;

e) de répondre aux questions scientifiques, technologiques et méthodologiques que la Conférence des parties et ses organes subsidiaires pourront lui poser.

3. Les fonctions et le mandat de l'organe pourront être précisés plus avant par la Conférence des parties.

Art. 10. – Organe subsidiaire de mise en œuvre

1. Il est créé un organe subsidiaire de mise en œuvre, chargé d'aider la Conférence des parties à assurer l'application et le suivi de la Convention. Cet organe, ouvert à la participation de toutes les parties, est composé de représentants des Gouvernements, experts dans le domaine des changements climatiques. Il rend régulièrement compte de tous les aspects de ses travaux à la Conférence des parties.

2. L'organe, agissant sous l'autorité de la Conférence des parties, a pour fonctions :

a) d'examiner les informations communiquées conformément à l'article 12, paragraphe 1, pour évaluer l'effet global conjugué des mesures prises par les parties à la lumière des évaluations scientifiques les plus récentes des changements climatiques;

b) d'examiner les informations communiquées conformément à l'article 12, paragraphe 2, pour aider la Conférence des parties à effectuer les examens prévus à l'article 4, paragraphe 2 d);

c) d'aider la Conférence des parties, selon les besoins, à préparer et exécuter ses décisions.

Art. 11. – Mécanisme financier

1. Le mécanisme chargé de fournir des ressources financières sous forme de dons ou à des conditions de faveur, notamment pour le transfert de technologies, est ici défini. Ce mécanisme relève de la Conférence des parties devant laquelle il est responsable et qui définit ses politiques, les priorités de son programme et les critères d'agrément liés à la Convention. Son fonctionnement est confié à une ou plusieurs entités internationales existantes.

2. Le mécanisme financier est constitué sur la base d'une représentation équitable et équilibrée de toutes les parties, dans le cadre d'un système de gestion transparent.

3. La Conférence des parties et l'entité – ou les entités – chargées d'assurer le fonctionnement du mécanisme financier conviennent des arrangements voulus pour donner effet aux paragraphes qui précèdent, parmi lesquels devront figurer :

a) des modalités destinées à assurer que les projets financés dans le domaine des changements climatiques sont conformes aux politiques, priorités de programme et critères d'agrément définis par la Conférence des parties;

b) les modalités selon lesquelles telle ou telle décision de financement pourra être revue à la lumière de ces politiques, priorités de programme et critères;

c) la présentation régulière par l'entité – ou les entités – à la Conférence des parties, de rapports sur ses opérations de financement – conformément au principe de sa responsabilité posé au paragraphe 1;

d) le calcul sous une forme prévisible et identifiable du montant des moyens financiers nécessaires et disponibles pour appliquer la présente Convention et la façon dont ce montant sera périodiquement revu.

4. À sa première session, la Conférence des parties fera le nécessaire pour donner effet aux dispositions ci-dessus, en examinant et prenant en considération les dispositions provisoires visées à l'article 21, paragraphe 3, et elle décidera du maintien éventuel de ces dispositions. Ensuite, et dans les quatre ans, elle fera le point du fonctionnement du mécanisme et prendra les mesures appropriées.

5. Les pays développés parties pourront également fournir, et les pays en développement parties pourront obtenir, des ressources financières par voie bilatérale, régionale ou multilatérale aux fins de l'application de la Convention.

Art. 12. – Communication d'informations concernant l'application

1. Conformément à l'article 4, paragraphe 1, chacune des parties communique à la Conférence des parties, par l'intermédiaire du secrétariat, les éléments d'information ci-après :

a) un inventaire national des émissions anthropiques par ses sources, et de l'absorption par ses puits, de tous les gaz à effet de serre non réglementés par le Protocole de Montréal, dans la mesure où ses moyens le lui permettent, en utilisant des méthodes comparables sur lesquelles la Conférence des parties s'entendra et dont elle encouragera l'utilisation;

b) une description générale des mesures qu'elle prend ou envisage de prendre pour appliquer la Convention;

c) toute autre information que la partie juge utile pour atteindre l'objectif de la Convention et propre à figurer dans sa communication, y compris, dans la mesure du possible, des données utiles à la détermination des tendances des émissions dans le monde.

2. Chacun des pays développés parties et chacune des autres parties inscrites à l'annexe I fait figurer dans sa communication les éléments d'information ci-après :

a) la description détaillée des politiques et mesures qu'ils ont adoptées pour se conformer à l'engagement souscrit à l'article 4, paragraphes 2 a) et 2 b);

b) l'estimation précise des effets que les politiques et mesures visées à l'alinéa a) ci-dessus auront sur les émissions anthropiques de gaz à effet de serre par leurs sources et l'absorption par leurs puits pendant la période visée à l'article 4, paragraphe 2 a).

3. En outre, chacun des pays développés parties et chacune des autres parties développées figurant à l'annexe II donnent le détail des mesures prises conformément à l'article 4, paragraphes 3 et 5.

4. Il est loisible aux pays en développement parties de proposer des projets à financer en précisant les technologies, les matériaux, l'équipement, les techniques ou les pratiques qu'il faudrait pour les exécuter et en donnant si possible une estimation de tous les coûts supplémentaires de ces projets, des progrès de la réduction des émissions et de l'absorption des gaz à effet de serre ainsi qu'une estimation des avantages que l'on peut en attendre.

5. Chacun des pays développés parties et chacune des autres parties inscrites à l'annexe I présentera sa communication initiale dans les six mois qui suivront l'entrée en vigueur de la Convention à son égard. Chacune des parties qui ne figurent pas sur cette liste présentera sa communication initiale dans les trois ans de l'entrée en vigueur de la Convention à son égard ou de la mise à disponibilité des ressources financières conformément à l'article 4, paragraphe 3. Les parties qui sont au nombre des pays les moins avancés seront libres du choix de la date de leur communication initiale. Par la suite, la fréquence des communications de toutes les parties sera fixée par la Conférence des parties, qui tiendra compte des différences d'échéance indiquées dans le présent paragraphe.

6. Les informations communiquées par les parties en application du présent article seront transmises dans les meilleurs délais par le secrétariat à la Conférence des parties et aux organes subsidiaires compétents. La Conférence des parties révisera au besoin les procédures de transmission des informations.

7. À partir de sa première session, la Conférence des parties prendra des dispositions pour assurer la fourniture aux pays en développement parties, sur leur demande, d'un concours technique et financier qui les aide à réunir et à communiquer les informations demandées dans le présent article et à recenser les moyens techniques et financiers nécessaires à l'exécution des projets proposés et des mesures de riposte prises au titre de l'article 4. Ce concours pourra être fourni par d'autres parties, par les organisations internationales compétentes et par le secrétariat, selon qu'il conviendra.

8. Tout groupe de parties peut, sous réserve de se conformer aux directives de la Conférence des parties et d'en aviser au préalable celle-ci, s'acquitter des obligations énoncées dans le présent article en présentant une communication conjointe, à condition d'y faire figurer des informations sur la façon dont chacune de ces parties s'est acquittée des obligations que la Convention lui impose en propre.

9. Les informations reçues par le secrétariat et dont la partie qui les fournit aura indiqué qu'elles sont confidentielles, selon des critères qu'établira la Conférence des parties, seront compilées par le secréta-

riat de manière à préserver ce caractère avant d'être transmises à l'un des organes appelés à les recevoir et à les examiner.

10. Sous réserve du paragraphe 9 et sans préjudice de la possibilité pour toute partie de rendre sa communication publique en tout temps, les communications présentées par les parties en application du présent article sont mises par le secrétariat à la disposition du public en même temps qu'elles sont soumises à la Conférence des parties.

Art. 13. – Règlement des questions Concernant l'application

La Conférence des parties étudiera, à sa première session, la mise en place d'un processus consultatif multilatéral, à la disposition des parties sur leur demande, pour le règlement des questions relatives à l'application de la Convention.

Art. 14. – Règlement des différends

1. En cas de différend entre deux ou plus de deux parties au sujet de l'interprétation ou de l'application de la Convention, les parties concernées s'efforcent de le régler par voie de négociation ou par tout autre moyen pacifique de leur choix.

2. Lorsqu'elle ratifie, accepte ou approuve la Convention ou y adhère, ou à tout moment par la suite, une partie qui n'est pas une organisation régionale d'intégration économique peut déclarer dans un instrument écrit soumis au Dépositaire que pour ce qui est de tout différend lié à l'interprétation ou à l'application de la Convention, elle reconnaît comme obligatoire de plein droit et sans convention spéciale, à l'égard de toute partie acceptant la même obligation :

a) la soumission du différend à la Cour internationale de justice ;

b) l'arbitrage conformément à la procédure qu'adoptera dès que possible la Conférence des parties dans une annexe consacrée à l'arbitrage.

Une partie qui est une organisation régionale d'intégration économique peut faire en matière d'arbitrage une déclaration allant dans le même sens, conformément à la procédure visée à l'alinéa b).

3. La déclaration faite en application du paragraphe 2 reste en vigueur jusqu'à ce qu'elle expire conformément à ses termes ou jusqu'à l'expiration d'un délai de trois mois à compter de la date à laquelle notification écrite de la révocation de cette déclaration aura été déposée auprès du Dépositaire.

4. Le dépôt d'une nouvelle déclaration, la notification de la révocation d'une déclaration ou l'expiration d'une déclaration n'affecte en rien une procédure engagée devant la Cour internationale de justice ou le tribunal arbitral, à moins que les parties au différend n'en conviennent autrement.

5. Sous réserve du paragraphe 2, si, à l'expiration d'un délai de 12 mois à compter de la date à laquelle une partie a notifié à une autre partie l'existence d'un différend entre elles, les parties concernées ne

sont pas parvenues à régler leur différend en utilisant les moyens décrits au paragraphe 1, le différend, à la demande de l'une quelconque des parties au différend, est soumis à conciliation.

6. Une commission de conciliation est créée à la demande de l'une des parties au différend. La Commission est composée de membres désignés, en nombre égal, par chaque partie concernée et d'un président choisi conjointement par les membres désignés par les parties. La Commission présente une recommandation que les parties examinent de bonne foi.

7. La Conférence des parties adoptera, dès que possible, une procédure complémentaire de conciliation dans une annexe consacrée à la conciliation.

8. Les dispositions du présent article s'appliquent à tout instrument juridique connexe que la Conférence des parties pourra adopter, à moins que l'instrument n'en dispose autrement.

Art. 15. – Amendements à la Convention

1. Toute partie peut proposer des amendements à la Convention.

2. Les amendements à la Convention sont adoptés à une session ordinaire de la Conférence des parties. Le texte de toute proposition d'amendement à la Convention est communiqué aux parties par le secrétariat six mois au moins avant la réunion à laquelle il est proposé pour adoption. Le secrétariat communique aussi les propositions d'amendement aux signataires de la Convention et, pour information, au Dépositaire.

3. Les parties n'épargnent aucun effort pour parvenir à un accord par consensus sur toute proposition d'amendement à la Convention. Si tous les efforts dans ce sens demeurent vains et qu'aucun accord n'intervienne, l'amendement est adopté en dernier recours par un vote à la majorité des trois quarts des parties présentes et votantes. L'amendement adopté est communiqué par le secrétariat au Dépositaire, qui le transmet à toutes les parties pour acceptation.

4. Les instruments d'acceptation des amendements sont déposés auprès du Dépositaire. Tout amendement adopté conformément au paragraphe 3 entre en vigueur à l'égard des parties l'ayant accepté le quatre-vingt-dixième jour qui suit la date de réception, par le Dépositaire, des instruments d'acceptation des trois quarts au moins des parties à la Convention.

5. L'amendement entre en vigueur à l'égard de toute autre partie le quatre-vingt-dixième jour qui suit la date du dépôt par cette partie, auprès du Dépositaire, de son instrument d'acceptation dudit amendement.

6. Aux fins du présent article, l'expression « parties présentes et votantes » s'entend des parties qui sont présentes et qui votent pour ou contre.

Art. 16. – Adoption et amendement d'annexes de la Convention

1. Les annexes de la Convention font partie intégrante de celle-ci et, sauf disposition contraire expresse, toute référence à la Convention constitue également une référence à ses annexes. Sans préjudice des dispositions de l'article 14, paragraphe 2 b) et 7, les annexes se limitent à des listes, formules et autres documents descriptifs de caractère scientifique, technique, procédural ou administratif.

2. Les annexes de la Convention sont proposées et adoptées selon la procédure décrite à l'article 15, paragraphes 2, 3 et 4.

3. Toute annexe adoptée en application du paragraphe 2 entre en vigueur à l'égard de toutes les parties à la Convention six mois après la date à laquelle le Dépositaire leur en a notifié l'adoption, exception faite des parties qui, dans le même délai, notifient par écrit au Dépositaire qu'elles n'acceptent pas l'annexe en question. À l'égard des parties qui retirent cette notification de non-acceptation, l'annexe entre en vigueur le quatre-vingt-dixième jour qui suit la date de réception par le Dépositaire de la notification de ce retrait.

4. Pour la proposition, l'adoption et l'entrée en vigueur d'amendements à des annexes de la Convention, la procédure est la même que pour la proposition, l'adoption et l'entrée en vigueur des annexes elles-mêmes, conformément aux paragraphes 2 et 3.

5. Si l'adoption d'une annexe ou d'un amendement à une annexe nécessite un amendement à la Convention, cette annexe ou cet amendement n'entre en vigueur que lorsque l'amendement à la Convention entre lui-même en vigueur.

Art. 17. – Protocoles

1. La Conférence des parties peut, à l'une quelconque de ses sessions ordinaires, adopter des protocoles à la Convention.

2. Le texte de tout protocole proposé est communiqué aux parties par le secrétariat six mois au moins avant la session.

3. Les règles régissant l'entrée en vigueur de tout protocole sont définies par le protocole lui-même.

4. Seules les parties à la Convention peuvent être parties à un protocole.

5. Seules les parties à un protocole prennent des décisions en vertu dudit protocole.

Art. 18. – Droit de vote

1. Chaque partie à la Convention dispose d'une voix sous réserve des dispositions du paragraphe 2 ci-après.

2. Dans les domaines de leur compétence, les organisations d'intégration économique régionale disposent pour exercer leur droit de vote, d'un nombre de voix égal au nombre de leurs États membres qui sont parties à la Convention. Ces organisations n'exercent pas leur droit de

vote si l'un quelconque de leurs États membres exerce le sien, et inversement.

Art. 19. – Dépositaire

Le Secrétaire général de l'organisation des Nations unies est le Dépositaire de la Convention et des protocoles adoptés conformément à l'article 17.

Art. 20. – Signature

La présente Convention est ouverte à la signature des États membres de l'Organisation des Nations unies ou membres d'une institution spécialisée des Nations unies ou parties au Statut de la Cour internationale de justice, ainsi que des organisations d'intégration économique régionale, à Rio de Janeiro, pendant la Conférence des Nations unies sur l'environnement et le développement, puis au Siège de l'Organisation des Nations unies, à New York, du 20 juin 1992 au 19 juin 1993.

Art. 21. – Dispositions transitoires

1. Jusqu'à la fin de la première session de la Conférence des parties, les fonctions de secrétariat visées à l'article 8 seront exercées provisoirement par le Secrétariat créé par l'Assemblée générale des Nations unies dans sa résolution 45/212 du 21 décembre 1990.

2. Le chef du secrétariat provisoire visé au paragraphe 1 ci-dessus collaborera étroitement avec le Groupe intergouvernemental d'experts pour l'étude du changement climatique, de manière que celui-ci puisse répondre aux besoins d'avis scientifiques et techniques objectifs. D'autres organes scientifiques compétents pourront aussi être consultés.

3. Le Fonds pour l'environnement mondial du Programme des Nations unies pour le développement, du Programme des Nations unies pour l'environnement et de la Banque internationale pour la reconstruction et le développement sera l'entité internationale chargée d'assurer à titre provisoire le fonctionnement du mécanisme financier visé à l'article 11. Il conviendra, à cet égard, que le Fonds soit réaménagé de la manière voulue et que la composition de ses membres devienne universelle, pour qu'il puisse répondre aux exigences de l'article 11.

Art. 22. – Ratification, acceptation, approbation ou adhésion

1. La Convention est soumise à la ratification, à l'acceptation, à l'approbation ou à l'adhésion des États et des organisations d'intégration économique régionale. Elle sera ouverte à l'adhésion dès le lendemain du jour où elle cessera d'être ouverte à la signature. Les instruments de ratification, d'acceptation, d'approbation ou d'adhésion sont déposés auprès du Dépositaire.

2. Toute organisation d'intégration économique régionale qui devient partie à la Convention sans qu'aucun de ses États membres y

soit partie est liée par toutes les obligations découlant de la Convention. Lorsqu'un ou plusieurs États membres d'une telle organisation sont parties à la Convention, cette organisation et ses États membres conviennent de leurs responsabilités respectives dans l'exécution des obligations que leur impose la Convention. En pareil cas, l'organisation et ses États membres ne sont pas habilités à exercer concurremment les droits découlant de la Convention.

3. Dans leurs instruments de ratification, d'acceptation, d'approbation ou d'adhésion, les organisations d'intégration économique régionale indiquent l'étendue de leur compétence à l'égard des questions régies par la Convention. En outre, ces organisations informent le Dépositaire, qui en informe à son tour les parties, de toute modification importante de l'étendue de leur compétence.

Art. 23. – Entrée en vigueur

1. La Convention entrera en vigueur le quatre-vingt-dixième jour qui suivra la date du dépôt du cinquantième instrument de ratification, d'acceptation, d'approbation ou d'adhésion.

2. À l'égard de chaque État ou organisation d'intégration économique régionale qui ratifie, accepte ou approuve la Convention, ou y adhère, après le dépôt du cinquantième instrument de ratification, d'acceptation, d'approbation ou d'adhésion, la Convention entrera en vigueur le quatre-vingt-dixième jour suivant la date du dépôt par cet État ou cette organisation de son instrument de ratification, d'acceptation, d'approbation ou d'adhésion.

3. Aux fins des paragraphes 1 et 2, l'instrument déposé par une organisation d'intégration économique régionale n'est pas compté en sus de ceux déposés par ses États membres.

Art. 24. – Réserves

Aucune réserve ne peut être faite à la présente Convention.

Art. 25. – Dénonciation

1. À l'expiration d'un délai de trois ans à compter de la date d'entrée en vigueur de la Convention à l'égard d'une partie, cette partie pourra la dénoncer par notification écrite donnée au Dépositaire.

2. Cette dénonciation prendra effet à l'expiration d'un délai d'un an à compter de la date à laquelle le Dépositaire en aura reçu notification, ou à toute date ultérieure spécifiée dans ladite notification.

3. Toute partie qui aura dénoncé la Convention sera réputée avoir dénoncé également tout protocole auquel elle est partie.

Art. 26. – Textes faisant foi

L'original de la présente Convention, dont les textes anglais, arabe, chinois, espagnol, français et russe font également foi, sera déposé auprès du Secrétaire général de l'Organisation des Nations unies.

En foi de quoi les soussignés, dûment autorisés à cet effet, ont signé la présente Convention.

Fait à New York le neuf mai mil neuf cent quatre-vingt-douze.

ANNEXE I

Allemagne
Australie
Autriche
Bélarus (4)
Belgique
Bulgarie (4)
Canada
Communauté européenne
Danemark
Espagne
Estonie (4)
États-Unis d'Amérique
Fédération de Russie (4)
Finlande
France
Grèce
Hongrie (4)
Irlande
Islande
Italie
Japon
Lettonie (4)
Lituanie (4)
Luxembourg
Norvège
Nouvelle-Zélande
Pays-Bas
Pologne (4)
Portugal
Roumanie (4)
Royaume-Uni de Grande-Bretagne et d'Irlande du Nord
Suède
Suisse
Tchécoslovaquie (4)
Turquie
Ukraine (4)

---

(4) Pays en transition vers une économie de marché.

ANNEXE II

Allemagne
Australie
Autriche
Belgique
Canada
Communauté européenne
Danemark
Espagne
États-Unis d'Amérique
Finlande
France
Grèce
Irlande
Islande
Italie
Japon
Luxembourg
Norvège
Nouvelle-Zélande
Pays-Bas
Portugal
Royaume-Uni de Grande-Bretagne et d'Irlande du Nord
Suède
Suisse
Turquie

52 Convention sur la diversité biologique (1)

Date d'adoption : 05/06/1992
Date d'entrée en vigueur : 29/12/1993

PRÉAMBULE

Les parties contractantes,

Conscientes de la valeur intrinsèque de la diversité biologique et de la valeur de la diversité et de ses éléments constitutifs sur les plans environnemental, génétique, social, économique, scientifique, éducatif, culturel, récréatif et esthétique,

Conscientes également de l'importance de la diversité biologique pour l'évolution et pour la préservation des systèmes qui entretiennent la biosphère,

Affirmant que la conservation de la diversité biologique est une préoccupation commune à l'humanité,

Réaffirmant que les États ont des droits souverains sur leurs ressources biologiques,

Réaffirmant également que les États sont responsables de la conservation de leur diversité biologique et de l'utilisation durable de leurs ressources biologiques,

Préoccupées par le fait que la diversité biologique s'appauvrit considérablement par suite de certaines des activités de l'homme,

Conscientes du fait que les renseignements et les connaissances sur la diversité biologique font généralement défaut et qu'il est nécessaire de développer d'urgence les moyens scientifiques, techniques et institutionnels propres à assurer le savoir fondamental nécessaire à la conception des mesures appropriées et à leur mise en œuvre,

Notant qu'il importe au plus haut point d'anticiper et de prévenir les causes de la réduction ou de la perte sensible de la diversité biologique à la source et de s'y attaquer,

Notant également que lorsqu'il existe une menace de réduction sensible ou de perte de la diversité biologique, l'absence de certitudes scientifiques totales ne doit pas être invoquée comme raison pour différer les mesures qui permettraient d'en éviter le danger ou d'en atténuer les effets,

Notant en outre que la conservation de la diversité biologique exige essentiellement la conservation *in situ* des écosystèmes et des habi-

---

(1) 608, 685, 686.

tats naturels ainsi que le maintien et la reconstitution de populations viables d'espèces dans leur milieu naturel,

Notant en outre que des mesures *ex situ*, de préférence dans le pays d'origine, revêtent également une grande importance,

Reconnaissant qu'un grand nombre de communautés locales et de populations autochtones dépendent étroitement et traditionnellement des ressources biologiques sur lesquelles sont fondées leurs traditions et qu'il est souhaitable d'assurer le partage équitable des avantages découlant de l'utilisation des connaissances innovations et pratiques traditionnelles intéressant la conservation de la diversité biologique et l'utilisation durable de ses éléments,

Reconnaissant également le rôle capital que jouent les femmes dans la conservation et l'utilisation durable de la diversité biologique et affirmant la nécessité d'assurer leur pleine participation à tous les niveaux aux décisions politiques concernant la conservation de la diversité biologique et à leur application,

Soulignant qu'il importe et qu'il est nécessaire de favoriser la coopération internationale, régionale et mondiale entre les États et les organisations intergouvernementales et le secteur non gouvernemental aux fins de conservation de la diversité biologique et de l'utilisation durable de ses éléments,

Reconnaissant que le fait d'assurer des ressources financières nouvelles et additionnelles ainsi qu'un accès satisfaisant aux techniques pertinentes devrait influer sensiblement sur la mesure dans laquelle le monde sera à même de s'attaquer à l'appauvrissement de la diversité biologique,

Reconnaissant en outre que des moyens spéciaux sont nécessaires pour satisfaire les besoins des pays en développement, notamment la fourniture de ressources financières nouvelles et additionnelles ainsi qu'un accès approprié aux techniques pertinentes,

Notant à cet égard les conditions particulières des pays les moins avancés et des petits États insulaires,

Reconnaissant que des investissements importants sont nécessaires pour assurer la conservation de la diversité biologique, dont on peut escompter de nombreux avantages sur les plans environnemental, économique et social,

Reconnaissant que le développement économique et social et l'éradication de la pauvreté sont les premières priorités des pays en développement qui prennent le pas sur toutes les autres,

Conscientes du fait que la conservation et l'utilisation durable de la diversité biologique revêtent la plus haute importance pour la satisfaction des besoins alimentaires, sanitaires et autres de la population de la planète, qui ne cesse de Croître, et que l'accès aux ressources génétiques et à la technologie ainsi que leur partage sont de ce fait indispensables,

Notant qu'à terme la conservation et l'utilisation durable de la diversité biologique renforceront les relations amicales entre États et contribueront à la paix de l'humanité,

Désireuses d'améliorer et de compléter les arrangements internationaux existant en matière de conservation de la diversité biologique et d'utilisation durable de ses éléments,

Déterminées à conserver et à utiliser durablement la diversité biologique au profit des générations présentes et futures,

Sont convenues de ce qui suit :

Art. premier. – Objectifs

Les objectifs de la présente Convention, dont la réalisation sera conforme à ses dispositions pertinentes, sont la conservation de la diversité biologique, l'utilisation durable de ses éléments et le partage juste et équitable des avantages découlant de l'exploitation des ressources génétiques, notamment grâce à un accès satisfaisant aux ressources génétiques et à un transfert approprié des techniques pertinentes, compte tenu de tous les droits sur ces ressources et aux techniques, et grâce à un financement adéquat.

Art. 2. – Emploi des termes

Aux fins de la présente Convention, on entend par :

Biotechnologie : toute application technologique qui utilise des systèmes biologiques, des organismes vivants, ou des dérivés de ceux-ci, pour réaliser ou modifier des produits ou des procédés à usage spécifique.

Conditions in situ : conditions caractérisées par l'existence de ressources génétiques au sein d'écosystèmes et d'habitats naturels et, dans le cas des espèces domestiquées et cultivées, dans le milieu où se sont développés leurs caractères distinctifs.

Conservation ex situ : la conservation d'éléments constitutifs de la diversité biologique en dehors de leur milieu naturel.

Conservation in situ : la conservation des écosystèmes et des habitats naturels et le maintien et la reconstitution de populations viables d'espèces dans leur milieu naturel et, dans le cas des espèces domestiquées et cultivées, dans le milieu où se sont développés leurs caractères distinctifs.

Diversité biologique : variabilité des organismes vivants de toute origine y compris, entre autres, les écosystèmes terrestres, marins et autres écosystèmes aquatiques et les complexes écologiques dont ils font partie cela comprend la diversité au sein des espèces et entre espèces ainsi que celle des écosystèmes.

Écosystème : le complexe dynamique formé de communautés de plantes, d'animaux et de micro-organismes et de leur environnement non vivant qui, par leur interaction, forment une unité fonctionnelle.

Espèce domestiquée ou cultivée : toute espèce dont le processus d'évolution a été influencé par l'homme pour répondre à ses besoins.

Habitat : le lieu ou type de site dans lequel un organisme ou une population existe à l'état naturel.

Matériel génétique : le matériel d'origine végétale, animale, microbienne ou autre, contenant des unités fonctionnelles de l'hérédité.

Organisation régionale d'intégration économique : toute organisation constituée par des États souverains d'une région donnée, à laquelle ces États membres ont transféré des compétences en ce qui concerne les questions régies par la présente Convention et qui a été dûment mandatée, conformément à ses procédures internes, pour signer, ratifier, accepter, approuver ladite Convention ou y adhérer.

Pays d'origine des ressources génétiques : pays qui possède ces ressources génétiques dans des conditions *in situ.*

Pays fournisseur de ressources génétiques : tout pays qui fournit des ressources génétiques récoltées auprès de sources *in situ*, y compris les populations d'espèces sauvages ou domestiques, ou prélevées auprès de sources *ex situ*, qu'elles soient ou non originaires de ce pays.

Ressources biologiques : les ressources génétiques, les organismes ou éléments de ceux-ci, les populations, ou tout autre élément biotique des écosystèmes ayant une utilisation ou une valeur effective ou potentielle pour l'humanité.

Ressources génétiques : le matériel génétique ayant une valeur effective ou potentielle.

Technologie : toute technologie y compris la biotechnologie.

Utilisation durable : l'utilisation des éléments constitutifs de la diversité biologique d'une manière et à un rythme qui n'entraînent pas leur appauvrissement à long terme, et sauvegardent ainsi leur potentiel pour satisfaire les besoins et les aspirations des générations présentes et futures.

Zone protégée : toute zone géographiquement délimitée qui est désignée, ou réglementée, et gérée en vue d'atteindre des objectifs spécifiques de conservation.

Art. 3. – Principe

Conformément à la Charte des Nations unies et aux principes du droit international, les États ont le droit souverain d'exploiter leurs propres ressources selon leur politique d'environnement et ils ont le devoir de faire en sorte que les activités exercées dans les limites de leur juridiction ou sous leur contrôle ne causent pas de dommage à l'environnement dans d'autres États ou dans des régions ne relevant d'aucune juridiction nationale.

Art. 4. – Champ d'application

Sous réserve des droits des autres États et sauf disposition contraire expresse de la présente convention, les dispositions de la Convention s'appliquent à chacune des parties contractantes :

a) lorsqu'il s'agit des éléments de la diversité biologique de zones situées dans les limites de sa juridiction nationale;

b) lorsqu'il s'agit des processus et activités qui sont réalisés sous sa juridiction ou son contrôle, que ce soit à l'intérieur de la zone relevant de sa juridiction nationale ou en dehors des limites de sa juridiction nationale, indépendamment de l'endroit où ces processus et activités produisent leurs effets.

Art. 5. – Coopération

Chaque partie contractante, dans la mesure du possible et selon qu'il conviendra, coopère avec d'autres parties contractantes, directement ou, le cas échéant, par l'intermédiaire d'organisations internationales compétentes, dans des domaines ne relevant pas de la juridiction nationale et dans d'autres domaines d'intérêt mutuel, pour la conservation et l'utilisation durable de la diversité biologique.

Art. 6. – Mesures générales en vue de la conservation et de l'utilisation durable

Chacune des parties contractantes, en fonction des conditions et moyens qui lui sont propres :

a) élabore des stratégies, plans ou programmes nationaux tendant à assurer la conservation et l'utilisation durable de la diversité biologique ou adapte à cette fin ses stratégies, plans ou programmes existants qui tiendront compte, entre autres, des mesures énoncées dans la présente Convention qui la concernent;

b) intègre, dans toute la mesure possible et comme il convient, la conservation et l'utilisation durable de la diversité biologique dans ses plans, programmes et politiques sectoriels ou intersectoriels pertinents.

Art. 7. – Identification et surveillance

Chaque partie contractante, dans la mesure du possible et selon qu'il conviendra, notamment aux fins des articles 8 à 10 :

a) identifie les éléments constitutifs de la diversité biologique importants pour sa conservation et son utilisation durable, en tenant compte de la liste indicative de catégories figurant à l'annexe I;

b) surveille par prélèvement d'échantillons et d'autres techniques, les éléments constitutifs de la diversité biologique identifiés en application de l'alinéa a) ci-dessus, et prête une attention particulière à ceux qui doivent d'urgence faire l'objet de mesures de conservation ainsi qu'à ceux qui offrent le plus de possibilités en matière d'utilisation durable;

c) identifie les processus et catégories d'activités qui ont ou risquent d'avoir une influence défavorable sensible sur la conservation et l'utilisation durable de la diversité biologique et surveille leurs effets par prélèvement d'échantillons et d'autres techniques;

d) conserve et structure à l'aide d'un système les données résultant des activités d'identification et de surveillance entreprises conformément aux alinéas a), b) et c) ci-dessus.

Art. 8. – Conservation *in situ*

Chaque partie contractante, dans la mesure du possible et selon qu'il conviendra :

a) établit un système de zones protégées ou de zones où des mesures spéciales doivent être prises pour conserver la diversité biologique ;

b) élabore, si nécessaire, des lignes directrices pour le choix, la création et la gestion de zones protégées ou de zones où des mesures spéciales doivent être prises pour conserver la diversité biologique ;

c) réglemente ou gère les ressources biologiques présentant une importance pour la conservation de la diversité biologique à l'intérieur comme à l'extérieur des zones protégées afin d'assurer leur conservation et leur utilisation durable ;

d) favorise la protection des écosystèmes et des habitats naturels, ainsi que le maintien de populations viables d'espèces dans leur milieu naturel ;

e) promeut un développement durable et écologiquement rationnel dans les zones adjacentes aux zones protégées en vue de renforcer la protection de ces dernières ;

f) remet en état et restaure les écosystèmes dégradés et favorise la reconstitution des espèces menacées moyennant, entre autres, l'élaboration et l'application de plans ou autres stratégies de gestion ;

g) met en place ou maintient des moyens pour réglementer, gérer ou maîtriser les risques associés à l'utilisation et à la libération d'organismes vivants et modifiés résultant de la biotechnologie qui risquent d'avoir sur l'environnement des impacts défavorables qui pourraient influer sur la conservation et l'utilisation durable de la diversité biologique, compte tenu également des risques pour la santé humaine ;

h) empêche d'introduire, contrôle ou éradique les espèces exotiques qui menacent des écosystèmes, des habitats ou des espèces ;

i) s'efforce d'instaurer les conditions nécessaires pour assurer la compatibilité entre les utilisations actuelles et la conservation de la diversité biologique et l'utilisation durable de ses éléments constitutifs ;

j) sous réserve des dispositions de sa législation nationale, respecte, préserve et maintient les connaissances, innovations et pratiques des communautés autochtones et locales qui incarnent des modes de vie traditionnels présentant un intérêt pour la conservation et l'utilisation durable de la diversité biologique et en favorise l'application sur une plus grande échelle, avec l'accord et la participation des dépositaires de ces connaissances, innovations et pratiques et encourage le partage équitable des avantages découlant de l'utilisation de ces connaissances, innovations et pratiques ;

k) formule ou maintient en vigueur les dispositions législatives et autres dispositions réglementaires nécessaires pour protéger les espèces et populations menacées;

l) lorsqu'un effet défavorable important sur la diversité biologique a été déterminé conformément à l'article 7, réglemente ou gère les processus pertinents ainsi que les catégories d'activités;

m) coopère à l'octroi d'un appui financier et autre pour la conservation *in situ* visée aux alinéas a) à 1) ci-dessus, notamment aux pays en développement.

Art. 9. – Conservation *ex situ*

Chaque partie contractante, dans la mesure du possible et selon qu'il conviendra, et au premier chef afin de compléter les mesures de conservation *in situ :*

a) adopte des mesures pour conserver *ex situ* des éléments constitutifs de la diversité biologique, de préférence dans le pays d'origine de ces éléments;

b) met en place et entretient des installations de conservation *ex situ* et de recherche pour les plantes, les animaux et les micro-organismes, de préférence dans le pays d'origine des ressources génétiques;

c) adopte des mesures en vue d'assurer la reconstitution et la régénération des espèces menacées et la réintroduction de ces espèces dans leur habitat naturel dans de bonnes conditions;

d) réglemente et gère la collecte des ressources biologiques dans les habitats naturels aux fins de la conservation *ex situ* de manière à éviter que soient menacés les écosystèmes et les populations d'espèces *in situ*, excepté lorsque des mesures *ex situ* particulières sont temporairement nécessaires, conformément à l'alinéa c) ci-dessus;

e) coopère à l'octroi d'un appui financier et autre pour la conservation *ex situ* visée aux alinéas a) à d) ci-dessus, et à la création et au maintien de moyens de conservation *ex situ* dans les pays en développement.

Art. 10. – Utilisation durable des éléments constitutifs de la diversité biologique

Chaque partie contractante, dans la mesure du possible et selon qu'il conviendra :

a) intègre les considérations relatives à la conservation et à l'utilisation durable des ressources biologiques dans le processus décisionnel national;

b) adopte des mesures concernant l'utilisation des ressources biologiques pour éviter ou atténuer les effets défavorables sur la diversité biologique;

c) protège et encourage l'usage coutumier des ressources biologiques conformément aux pratiques culturelles traditionnelles compatibles avec les impératifs de leur conservation ou de leur utilisation durable ;

d) aide les populations locales à concevoir et à appliquer des mesures correctives dans les zones dégradées où la diversité biologique a été appauvrie ;

e) encourage ses pouvoirs publics et son secteur privé à coopérer pour mettre au point des méthodes favorisant l'utilisation durable des ressources biologiques.

Art. 11. – Mesures d'incitation

Chaque partie contractante adopte, dans la mesure du possible et selon qu'il conviendra, des mesures économiquement et socialement rationnelles incitant à conserver et à utiliser durablement les éléments constitutifs de la diversité biologique.

Art. 12. – Recherche et formation

Les parties contractantes, tenant compte des besoins particuliers des pays en développement :

a) mettent en place et poursuivent des programmes d'éducation et de formation scientifiques et techniques pour identifier et conserver la diversité biologique et ses éléments constitutifs et en assurer l'utilisation durable, et apportent un appui à l'éducation et à la formation répondant aux besoins particuliers des pays en développement ;

b) favorisent et encouragent la recherche qui contribue à conserver la diversité biologique et à en assurer l'utilisation durable, en particulier dans les pays en développement, en se conformant entre autres aux décisions de la Conférence des parties faisant suite aux recommandations de l'organe subsidiaire chargé de fournir des avis scientifiques, techniques et technologiques ;

c) conformément aux dispositions des articles 16, 18 et 20, encouragent l'exploitation des progrès de la recherche scientifique sur la diversité biologique pour mettre au point des méthodes de conservation et d'utilisation durable des ressources biologiques, et coopèrent à cet effet.

Art. 13. – Éducation et sensibilisation du public

Les parties contractantes :

a) favorisent et encouragent une prise de conscience de l'importance de la conservation de la diversité biologique et des mesures nécessaires à cet effet et en assurent la promotion par les médias, ainsi que la prise en compte de ces questions dans les programmes d'enseignement ;

b) coopèrent, selon qu'il conviendra, avec d'autres États et des organisations internationales, pour mettre au point des programmes d'éducation et dé sensibilisation du public concernant la conservation et l'utilisation durable de la diversité biologique.

Art. 14. – Études d'impact et réduction des effets nocifs

1. Chaque partie contractante, dans la mesure du possible et selon qu'il conviendra :

a) adopte des procédures permettant d'exiger l'évaluation des impacts sur l'environnement des projets qu'elle a proposés et qui sont susceptibles de nuire sensiblement à la diversité biologique en vue d'éviter et de réduire au minimum de tels effets, et, s'il y a lieu, permet au public de participer à ces procédures ;

b) prend les dispositions voulues pour qu'il soit dûment tenu compte des effets sur l'environnement de ses programmes et politiques susceptibles de nuire sensiblement à la diversité biologique ;

c) encourage, sur une base de réciprocité, la notification, l'échange de renseignements et les consultations au sujet des activités relevant de sa juridiction ou de son autorité et susceptibles de nuire sensiblement à la diversité biologique d'autres États ou de zones situées hors des limites de la juridiction nationale, en encourageant la conclusion d'accords bilatéraux, régionaux ou multilatéraux, selon qu'il conviendra ;

d) dans le cas d'un danger ou d'un dommage imminent ou grave trouvant son origine sous sa juridiction ou son contrôle et menaçant la diversité biologique dans une zone relevant de la juridiction d'autres États ou dans des zones situées en dehors des limites de la juridiction des États, en informe immédiatement les États susceptibles d'être touchés par ce danger ou ce dommage, et prend les mesures propres à prévenir ce danger ou ce dommage ou à en atténuer autant que possible les effets ;

e) facilite les arrangements nationaux aux fins de l'adoption de mesures d'urgence au cas où des activités ou des événements, d'origine naturelle ou autre, présenteraient un danger grave ou imminent pour la diversité biologique, et encourage la coopération internationale en vue d'étayer ces efforts nationaux et, selon qu'il est approprié et comme en conviennent les États ou les organisations régionales d'intégration économique concernés, en vue d'établir des plans d'urgence communs.

2. La Conférence des parties examine, sur la base des études qui seront entreprises, la question de la responsabilité et de la réparation, y compris la remise en état et l'indemnisation pour dommages causés à la diversité biologique, sauf si cette responsabilité est d'ordre strictement interne.

Art. 15. – Accès aux ressources génétiques

1. Étant donné que les États ont droit de souveraineté sur leurs ressources naturelles, le pouvoir de déterminer l'accès aux ressources génétiques appartient aux Gouvernements et est régi par la législation nationale.

2. Chaque partie contractante s'efforce de créer les conditions propres à faciliter l'accès aux ressources génétiques aux fins d'utilisation écologiquement rationnelle par d'autres parties contractantes et

de ne pas imposer de restrictions allant à l'encontre des objectifs de la présente Convention.

3. Aux fins de la présente Convention, on entend par ressources génétiques fournies par une partie contractante, et dont il est fait mention dans le présent article et aux articles 16 et 19 ci-après, exclusivement les ressources qui sont fournies par des parties contractantes qui sont des pays d'origine de ces ressources ou par des parties qui les ont acquises conformément à la présente Convention.

4. L'accès, lorsqu'il est accordé, est régi par des conditions convenues d'un commun accord et est soumis aux dispositions du présent article.

5. L'accès aux ressources génétiques est soumis au consentement préalable donné en connaissance de cause de la partie contractante qui fournit lesdites ressources, sauf décision contraire de cette partie.

6. Chaque partie contractante s'efforce de développer et d'effectuer des recherches scientifiques fondées sur les ressources génétiques fournies par d'autres parties contractantes avec la pleine participation de ces parties et, dans la mesure du possible, sur leur territoire.

7. Chaque partie contractante prend les mesures législatives, administratives ou de politique générale appropriées, conformément aux articles 16 et 19 et, le cas échéant, par le biais du mécanisme de financement créé en vertu des articles 20 et 21, pour assurer le partage juste et équitable des résultats de la recherche et de la mise en valeur ainsi que des avantages résultant de l'utilisation commerciale et autre des ressources génétiques avec la partie contractante qui fournit ces ressources. Ce partage s'effectue selon des modalités mutuellement convenues.

Art. 16. – Accès à la technologie et transfert de technologie

1. Chaque partie contractante, reconnaissant que la technologie inclut la biotechnologie, et que l'accès à la technologie et le transfert de celle-ci entre parties contractantes sont des éléments essentiels à la réalisation des objectifs de la présente Convention, s'engage, sous réserve des dispositions du présent article, à assurer et/ou à faciliter à d'autres parties contractantes l'accès aux technologies nécessaires à la conservation et à l'utilisation durable de la diversité biologique, ou utilisant les ressources génétiques sans causer de dommages sensibles à l'environnement, et le transfert desdites technologies.

2. L'accès à la technologie et le transfert de celle-ci, tels que visés au paragraphe 1 ci-dessus, sont assurés et/ou facilités pour ce qui concerne les pays en développement à des conditions justes et les plus favorables, y compris à des conditions de faveur et préférentielles s'il en est ainsi mutuellement convenu, et selon que de besoin conformément aux mécanismes financiers établis aux termes des articles 20 et 21. Lorsque les technologies font l'objet de brevets et autres droits de propriété intellectuelle, l'accès et le transfert sont assurés selon des modalités qui reconnaissent les droits de propriété intellectuelle

et sont compatibles avec leur protection adéquate et effective. L'application du présent paragraphe sera conforme aux dispositions des paragraphes 3, 4 et 5 ci-après.

3. Chaque partie contractante prend, comme il convient, les mesures législatives, administratives ou de politique générale voulues pour que soit assuré aux parties contractantes qui fournissent des ressources génétiques, en particulier celles qui sont des pays en développement, l'accès à la technologie utilisant ces ressources et le transfert de ladite technologie selon des modalités mutuellement convenues, y compris à la technologie protégée par des brevets et autres droits de propriété intellectuelle, le cas échéant par le biais des dispositions des articles 20 et 21, dans le respect du droit international et conformément aux paragraphes 4 et 5 ci-après.

4. Chaque partie contractante prend, comme il convient les mesures législatives, administratives, ou de politique générale, voulues pour que le secteur privé facilite l'accès à la technologie visée au paragraphe 1 ci-dessus, sa mise au point conjointe et son transfert au bénéfice tant des institutions gouvernementales que du secteur privé des pays en développement et, à cet égard, se conforme aux obligations énoncées aux paragraphes 1, 2 et 3 ci-dessus.

5. Les parties contractantes, reconnaissant que les brevets et autres droits de propriété intellectuelle peuvent avoir une influence sur l'application de la Convention, coopèrent à cet égard sans préjudice des législations nationales et du droit international pour assurer que ces droits s'exercent à l'appui et non à l'encontre de ses objectifs.

Art. 17. – Échanges d'informations

1. Les parties contractantes facilitent l'échange d'informations, provenant de toutes les sources accessibles au public, intéressant la conservation et l'utilisation durable de la diversité biologique en tenant compte des besoins spéciaux des pays en développement.

2. Cet échange comprend l'échange d'informations sur les résultats des recherches techniques, scientifiques et socio-économiques ainsi que d'informations sur les programmes de formation et d'études, les connaissances spécialisées et les connaissances autochtones et traditionnelles en tant que telles ou associées aux technologies visées au paragraphe 1 de l'article 16. Cet échange comprend aussi, lorsque c'est possible, le rapatriement des informations.

Art. 18. – Coopération technique et scientifique

1. Les parties contractantes encouragent la coopération technique et scientifique internationale dans le domaine de la conservation et de l'utilisation durable de la diversité biologique, au besoin par le biais des institutions nationales et internationales compétentes.

2. Chaque partie contractante encourage la coopération technique et scientifique avec d'autres parties contractantes, en particulier les pays en développement, pour l'application de la présente Convention,

notamment par l'élaboration et l'application de politiques nationales. En encourageant cette coopération, il convient d'accorder une attention particulière au développement et au renforcement des moyens nationaux par le biais de la mise en valeur des ressources humaines et du renforcement des institutions.

3. La Conférence des parties, à sa première réunion, détermine comment créer un centre d'échange pour encourager et faciliter la coopération technique et scientifique.

4. Conformément à la législation et aux politiques nationales, les parties contractantes encouragent et mettent au point des modalités de coopération aux fins de l'élaboration et de l'utilisation de technologies, y compris les technologies autochtones et traditionnelles, conformément aux objectifs de la présente Convention. À cette fin, les parties contractantes encouragent également la coopération en matière de formation de personnel et d'échange d'experts.

5. Les parties contractantes encouragent, sous réserve d'accords mutuels, l'établissement de programmes de recherche conjoints et de coentreprises pour le développement de technologies en rapport avec les objectifs de la présente Convention.

Art. 19. – Gestion de la biotechnologie et répartition de ses avantages

1. Chaque partie contractante prend les mesures législatives, administratives ou de politique voulues pour assurer la participation effective aux activités de recherche biotechnologique des parties contractantes, en particulier les pays en développement, qui fournissent les ressources génétiques pour ces activités de recherche, si possible dans ces parties contractantes.

2. Chaque partie contractante prend toutes les mesures possibles pour encourager et favoriser l'accès prioritaire, sur une base juste et équitable, des parties contractantes, en particulier des pays en développement, aux résultats et aux avantages découlant des biotechnologies fondées sur les ressources génétiques fournies par ces parties. Cet accès se fait à des conditions convenues d'un commun accord.

3. Les parties examinent s'il convient de prendre des mesures et d'en fixer les modalités éventuellement sous forme d'un protocole, comprenant notamment un accord préalable donné en connaissance de cause définissant les procédures appropriées dans le domaine du transfert, de la manutention et de l'utilisation en toute sécurité de tout organisme vivant modifié résultant de la biotechnologie qui risquerait d'avoir des effets défavorables sur la conservation et l'utilisation durable de la diversité biologique.

4. Chaque partie contractante communique directement ou exige que soit communiquée par toute personne physique ou morale relevant de sa juridiction et fournissant des organismes visés au paragraphe 3 ci-dessus toute information disponible relative à l'utilisation et aux règlements de sécurité exigés par ladite partie contractante en

matière de manipulation de tels organismes, ainsi que tout renseignement disponible sur l'impact défavorable potentiel des organismes spécifiques en cause, à la partie contractante sur le territoire de laquelle ces organismes doivent être introduits.

Art. 20. – Ressources financières

1. Chaque partie contractante s'engage à fournir, en fonction de ses moyens, un appui et des avantages financiers en ce qui concerne les activités nationales tendant à la réalisation des objectifs de la présente Convention, conformément à ses plans, priorités et programmes nationaux.

2. Les parties qui sont des pays développés fournissent des ressources financières nouvelles et additionnelles pour permettre aux parties qui sont des pays en développement de faire face à la totalité des surcoûts convenus que leur impose la mise en œuvre des mesures par lesquelles ils s'acquittent des obligations découlant de la présente Convention et de bénéficier de ses dispositions, ces surcoûts étant convenus entre une partie qui est un pays en développement et la structure institutionnelle visée à l'article 21, selon la politique, la stratégie, les priorités du programme et les conditions d'attribution ainsi qu'une liste indicative des surcoûts établies par la Conférence des parties. Les autres parties, y compris les pays qui se trouvent dans une phase de transition vers l'économie de marché, peuvent assumer volontairement les obligations des parties qui sont des pays développés. Aux fins du présent article, la Conférence des parties dresse à sa première réunion la liste des parties qui sont des pays développés et des autres parties qui assument volontairement les obligations des parties qui sont des pays développés. La Conférence des parties revoit périodiquement cette liste et la modifie en cas de besoin. Les autres pays et sources seraient également encouragés à fournir des contributions à titre volontaire. Pour traduire ces engagements en actes, on tiendra compte de la nécessité de faire en sorte que le flux des fonds soit adéquat, prévisible et ponctuel et du fait qu'il est important de répartir le fardeau entre les parties contribuantes inscrites sur la liste susmentionnée.

3. Les parties qui sont des pays développés peuvent aussi fournir, au bénéfice des parties qui sont des pays en développement, des ressources financières liées à l'application de la présente Convention, par des voies bilatérales, régionales et multilatérales.

4. Les pays en développement ne pourront s'acquitter effectivement des obligations qui leur incombent en vertu de la Convention que dans la mesure où les pays développés s'acquitteront effectivement des obligations qui leur incombent en vertu de la Convention s'agissant des ressources financières et du transfert de technologie et où ces derniers tiendront pleinement compte du fait que le développement économique et social et l'élimination de la pauvreté sont les priorités premières et absolues des pays en développement.

5. Les parties tiennent pleinement compte des besoins spécifiques et de la situation particulière des pays les moins avancés dans les mesures qu'ils prennent en matière de financement et de transfert de technologie.

6. Les parties contractantes prennent aussi en considération les conditions spéciales résultant de la répartition et de la localisation de la diversité biologique sur le territoire des parties qui sont des pays en développement, et de la dépendance de ces dernières, en particulier de celles qui sont des petits États insulaires.

7. Elles prennent également en considération la situation particulière des pays en développement notamment de ceux qui sont les plus vulnérables du point de vue de l'environnement, tels que ceux qui ont des zones arides et semi-arides, des zones côtières et montagneuses.

Art. 21. – Mécanisme de financement

1. Un mécanisme de financement est institué pour fournir des ressources financières aux parties qui sont des pays en développement, aux fins de la présente Convention, sous forme de dons ou à des conditions de faveur, dont les éléments essentiels sont exposés dans le présent article. Aux fins de la Convention, le mécanisme fonctionne sous l'autorité et la direction de la Conférence des parties, envers laquelle il est comptable. Le fonctionnement du mécanisme est assuré par la structure institutionnelle dont pourrait décider la Conférence des parties à sa première réunion. Aux fins de la présente Convention, la Conférence des parties détermine la politique générale, la stratégie et les priorités du programme ainsi que les critères définissant les conditions d'attribution et d'utilisation de ces ressources. Les contributions seront telles qu'elles permettront de prendre en compte la nécessité de versements prévisibles, adéquats et ponctuels comme il est prévu à l'article 20, en rapport avec le montant des ressources nécessaires dont la Conférence des parties décidera périodiquement, et l'importance du partage du fardeau entre les parties contribuantes figurant sur la liste mentionnée au paragraphe 2 de l'article 20. Les parties qui sont des pays développés ainsi que d'autres pays et d'autres sources peuvent également verser des contributions volontaires. Le mécanisme fonctionne selon un système de gestion démocratique et transparent.

2. Conformément aux objectifs de la présente Convention, la Conférence des parties détermine, à sa première réunion, la politique générale, la stratégie et les priorités du programme, ainsi que des critères et des lignes directrices détaillés pour définir les conditions requises pour avoir accès aux ressources financières et les utiliser, y compris le contrôle et l'évaluation régulière de cette utilisation. La Conférence des parties décide des dispositions nécessaires pour donner effet au paragraphe 1 ci-dessus après consultation avec la structure institutionnelle à laquelle aura été confié le fonctionnement du mécanisme de financement.

3. La Conférence des parties examine l'efficacité du mécanisme de financement créé par le présent article, notamment les critères et les

lignes directrices visés au paragraphe 2 ci-dessus, au plus tôt deux ans après l'entrée en vigueur de la présente Convention et ensuite de façon régulière. Sur la base de cet examen, elle prend des mesures appropriées pour rendre le mécanisme plus efficace si nécessaire.

4. Les parties contractantes envisagent de renforcer les institutions financières existantes pour qu'elles fournissent des ressources financières en vue de la conservation et de l'utilisation durable de la diversité biologique.

Art. 22. – Relations avec d'autres conventions internationales

1. Les dispositions de la présente Convention ne modifient en rien les droits et obligations découlant pour une partie contractante d'un accord international existant, sauf si l'exercice de ces droits ou le respect de ces obligations causait de sérieux dommages à la diversité biologique ou constituait pour elle une menace.

2. Les parties contractantes appliquent la présente Convention, en ce qui concerne le milieu marin, conformément aux droits et obligations des États découlant du droit de la mer.

Art. 23. – La Conférence des parties

1. Il est institué par les présentes une Conférence des parties. La première réunion de la Conférence des parties est convoquée par le Directeur exécutif du Programme des Nations unies pour l'environnement un an au plus tard après l'entrée en vigueur de la présente Convention. Par la suite, les réunions ordinaires de la Conférence des parties auront lieu régulièrement, selon la fréquence déterminée par la Conférence à sa première réunion.

2. Des réunions extraordinaires de la Conférence des parties peuvent avoir lieu à tout autre moment si la Conférence le juge nécessaire, ou à la demande écrite d'une partie, sous réserve que cette demande soit appuyée par un tiers au moins des parties dans les six mois suivant sa communication aux dites parties par le Secrétariat.

3. La Conférence des parties arrête et adopte par consensus son propre règlement intérieur et celui de tout organe subsidiaire qu'elle pourra créer, ainsi que le règlement financier régissant le financement du Secrétariat. À chaque réunion ordinaire, elle adopte le budget de l'exercice financier courant jusqu'à la session ordinaire suivante.

4. La Conférence des parties examine l'application de la présente Convention et, à cette fin :

a) établit la forme et la fréquence de la communication des renseignements à présenter conformément à l'article 26 et examine ces renseignements ainsi que les rapports présentés par tout organe subsidiaire;

b) étudie les avis techniques, technologiques et scientifiques sur la diversité biologique fournis conformément à l'article 25;

c) examine et adopte, en tant que de besoin, des protocoles conformément à l'article 28;

d) examine et adopte, selon qu'il convient, les amendements à la présente Convention et à ses annexes, conformément aux articles 29 et 30 ;

e) examine les amendements à tout protocole, ainsi qu'à toute annexe audit protocole et, s'il en est ainsi décidé, recommande leur adoption aux parties au protocole considéré ;

f) examine et adopte, en tant que de besoin, et conformément à l'article 30, les annexes supplémentaires à la présente Convention ;

g) crée les organes subsidiaires jugés nécessaires à l'application de la présente Convention, en particulier pour donner des avis scientifiques et techniques ;

h) se met en rapport, par l'intermédiaire du Secrétariat, avec les organes exécutifs des conventions traitant des questions qui font l'objet de la présente Convention en vue de fixer avec eux les modalités de coopération appropriées ;

i) examine et prend toutes autres mesures nécessaires à la poursuite des objectifs de la présente Convention en fonction des enseignements tirés de son application.

5. L'Organisation des Nations unies, ses institutions spécialisées et l'Agence internationale de l'énergie atomique, de même que tout État qui n'est pas partie à la présente Convention, peuvent se faire représenter aux réunions de la Conférence des parties en qualité d'observateurs. Tout organe ou organisme, gouvernemental ou non gouvernemental, qualifié dans les domaines se rapportant à la conservation et à l'utilisation durable de la diversité biologique qui a informé le Secrétariat de son désir de se faire représenter à une réunion de la Conférence des parties en qualité d'observateur peut être admis à y prendre part à moins qu'un tiers au moins des parties présentes n'y fassent objection. L'admission et la participation des observateurs sont subordonnées au respect du règlement intérieur adopté par la Conférence des parties.

Art. 24. – Le Secrétariat

1. Il est institué par les présentes un secrétariat. Ses fonctions sont les suivantes :

a) organiser les réunions de la Conférence des parties prévues à l'article 23 et en assurer le service ;

b) s'acquitter des fonctions qui lui sont assignées en vertu de tout protocole à la présente Convention ;

c) établir des rapports sur l'exercice des fonctions qui lui sont assignées en vertu de la présente Convention et les présenter à la Conférence des parties ;

d) assurer la coordination avec les autres organismes internationaux compétents, et en particulier conclure les arrangements administratifs et contractuels qui pourraient lui être nécessaires pour s'acquitter efficacement de ses fonctions ;

e) s'acquitter de toutes autres fonctions que la Conférence des parties pourrait décider de lui assigner.

2. À sa première réunion ordinaire, la Conférence des parties désigne le Secrétariat parmi les organisations internationales compétentes qui se seraient proposées pour assurer les fonctions de secrétariat prévues par la présente Convention.

Art. 25. – Organe subsidiaire chargé de fournir des avis scientifiques, techniques et technologiques

1. Un organe subsidiaire chargé de fournir des avis scientifiques, techniques et technologiques est créé par les présentes pour donner en temps opportun à la Conférence des parties et, le cas échéant, à ses autres organes subsidiaires, des avis concernant l'application de la présente Convention. Cet organe est ouvert à la participation de toutes les parties et il est pluridisciplinaire. Il se compose de représentants gouvernementaux compétents dans les domaines de spécialisation concernés. Il fait régulièrement rapport à la Conférence des parties sur tous les aspects de son travail.

2. Sous l'autorité de la Conférence des parties, conformément aux directives qu'elle aura établies, et sur sa demande, cet organe :

a) fournit des évaluations scientifiques et techniques sur la situation en matière de diversité biologique;

b) réalise des évaluations scientifiques et techniques sur les effets des types de mesures prises conformément aux dispositions de la présente Convention;

c) repère les technologies et savoir-faire de pointe, novateurs et efficaces concernant la conservation et l'utilisation durable de la diversité biologique et indique les moyens d'en promouvoir le développement ou d'en assurer le transfert;

d) fournit des avis sur les programmes scientifiques et la coopération internationale en matière de recherche-développement concernant la conservation et l'utilisation durable de la diversité biologique;

e) répond aux questions d'ordre scientifique, technique, technologique et méthodologique que la Conférence des parties et ses organes subsidiaires lui adressent.

3. Les attributions, le mandat, la structure et le fonctionnement de cet organe pourront être précisés par la Conférence des parties.

Art. 26. – Rapports

Selon une périodicité qui sera déterminée par la Conférence des parties, chaque partie contractante présente à la Conférence des parties un rapport sur les dispositions qu'elle a adoptées pour appliquer la présente Convention et la mesure dans laquelle elles ont permis d'assurer la réalisation des objectifs qui y sont énoncés.

Art. 27. – Règlement des différends

1. En cas de différend entre parties contractantes touchant l'interprétation ou l'application de la présente Convention, les parties concernées recherchent une solution par voie de négociation.

2. Si les parties concernées ne peuvent pas parvenir à un accord par voie de négociation, elles peuvent conjointement faire appel aux bons offices ou à la médiation d'une tierce partie.

3. Au moment de ratifier, d'accepter ou d'approuver la présente Convention ou d'y adhérer, et à tout moment par la suite, tout État ou organisation régionale d'intégration économique peut déclarer par écrit auprès du Dépositaire que, dans le cas d'un différend qui n'a pas été réglé conformément aux paragraphes 1 et 2 ci-dessus, il ou elle accepte de considérer comme obligatoire l'un ou l'autre des modes de règlement ci-après, ou les deux :

a) l'arbitrage, conformément à la procédure énoncée à la première partie de l'annexe II ;

b) la soumission du différend à la Cour internationale de justice.

4. Si les parties n'ont pas accepté la même procédure ou une procédure quelconque, conformément au paragraphe 3 ci-dessus, le différend est soumis à la conciliation conformément à la deuxième partie de l'annexe II, à moins que les parties n'en conviennent autrement.

5. Les dispositions du présent article s'appliquent aux différends touchant un protocole, sauf si celui-ci en dispose autrement.

Art. 28. – Adoption de protocoles

1. Les parties contractantes coopèrent pour formuler et adopter des protocoles à la présente Convention.

2. Les protocoles sont adoptés à une réunion de la Conférence des parties.

3. Le Secrétariat communique aux parties le texte de tout projet de protocole au moins six mois avant la réunion de la Conférence des parties.

Art. 29. – Amendements à la Convention ou aux protocoles

1. Toute partie contractante peut proposer des amendements à la présente Convention. Toute partie à un protocole peut proposer des amendements à ce protocole.

2. Les amendements à la présente Convention sont adoptés à une réunion de la Conférence des parties. Les amendements à un protocole sont adoptés à une réunion des parties au protocole considéré. Le texte de tout projet d'amendement à la présente Convention ou à un protocole, sauf disposition contraire du protocole considéré, est communiqué par le Secrétariat aux parties à l'instrument considéré au moins six mois avant la réunion à laquelle il est proposé pour adoption. Le Secrétariat communique aussi les amendements proposés aux signataires de la présente Convention, pour information.

3. Les parties n'épargnent aucun effort pour parvenir à un consensus sur tout projet d'amendement à la présente Convention ou à un protocole. Si tous les efforts en ce sens ont été épuisés sans qu'un accord soit intervenu, l'amendement est adopté en dernier recours par le vote à la majorité des deux tiers des parties à l'instrument considéré, présentes à la réunion et exprimant leur vote il est soumis par le Dépositaire à la ratification, l'acceptation ou l'approbation de toutes les parties.

4. La ratification, l'acceptation ou l'approbation des amendements est notifiée par écrit au Dépositaire. Les amendements adoptés conformément au paragraphe 3 ci-dessus entrent en vigueur pour les parties les ayant acceptés le quatre-vingt-dixième jour après le dépôt des instruments de ratification, d'acceptation ou d'approbation par les deux tiers au moins des parties à la présente Convention ou au protocole considéré, sauf disposition contraire du protocole en question. Par la suite, les amendements entrent en vigueur à l'égard de toute autre partie le quatre-vingt-dixième jour après le dépôt par cette partie de son instrument de ratification, d'acceptation ou d'approbation des amendements.

5. Aux fins du présent article, l'expression « parties présentes à la réunion et exprimant leur vote » s'entend des parties présentes à la réunion qui ont émis un vote affirmatif ou négatif.

Art. 30. – Adoption des annexes et des amendements aux annexes

1. Les annexes à la présente Convention ou à ses protocoles font partie intégrante de la Convention ou de ses protocoles, selon le cas, et, sauf disposition contraire expresse, toute référence à la présente Convention ou à ses protocoles renvoie également à leurs annexes. Les annexes sont limitées aux questions de procédure et aux questions scientifiques, techniques et administratives.

2. Sauf disposition contraire d'un protocole concernant ses propres annexes, la proposition, l'adoption et l'entrée en vigueur d'annexes supplémentaires à la présente Convention ou d'annexes à un protocole sont régies par la procédure suivante :

a) les annexes à la présente Convention ou à ses protocoles sont proposées et adoptées selon la procédure fixée à l'article 29;

b) toute partie qui ne peut approuver une annexe supplémentaire à la présente Convention ou une annexe à l'un de ses protocoles auquel elle est partie en donne par écrit notification au Dépositaire dans l'année qui suit la date de communication de l'adoption par le Dépositaire. Ce dernier informe sans délai toutes les parties de toute notification reçue. Une partie peut à tout moment retirer une objection et l'annexe considérée entre alors en vigueur à l'égard de cette partie sous réserve de l'alinéa c) ci-dessous;

c) un an après la communication par le Dépositaire de l'adoption de l'annexe, celle-ci entre en vigueur à l'égard de toutes les parties à la présente Convention ou au protocole considéré qui n'ont pas donné par écrit la notification prévue à l'alinéa b) ci-dessus.

3. La proposition, l'adoption et l'entrée en vigueur d'amendements aux annexes à la présente Convention ou à l'un de ses protocoles sont soumises à la même procédure que la proposition, l'adoption et l'entrée en vigueur des annexes à la Convention ou à l'un de ses protocoles.

4. Si une annexe supplémentaire ou un amendement à une annexe se rapporte à un amendement à la Convention ou à un protocole, cette annexe supplémentaire ou cet amendement n'entre en vigueur que lorsque l'amendement à la Convention ou au protocole considéré entre lui-même en vigueur.

Art. 31. – Droit de vote

1. Sous réserve des dispositions du paragraphe 2 ci-dessous, chaque partie à la présente Convention ou à tout protocole dispose d'une voix;

2. Les organisations régionales d'intégration économique disposent, pour exercer leur droit de vote dans les domaines qui relèvent de leur compétence, d'un nombre de voix égal au nombre de leurs États membres qui sont parties à la Convention ou au protocole considéré. Elles n'exercent pas leur droit de vote si leurs États membres exercent le leur, et inversement.

Art. 32. – Rapports entre la présente Convention et ses protocoles

1. Aucun État ni aucune organisation régionale d'intégration économique ne peut devenir partie à un protocole sans être ou devenir simultanément partie à la présente Convention.

2. Les décisions prises en vertu d'un protocole sont prises par les seules parties au protocole considéré. Toute partie contractante qui n'a pas ratifié, accepté ou approuvé un protocole peut participer, en qualité d'observateur, à toute réunion des parties à ce protocole.

Art. 33. – Signature

La présente Convention est ouverte à la signature de tous les États et organisations régionales d'intégration économique à Rio de Janeiro, du 5 au 14 juin 1992, et au siège de l'Organisation des Nations unies à New York, du 15 juin 1992 au 4 juin 1993.

Art. 34. – Ratification, acceptation, approbation

1. La présente Convention et ses protocoles sont soumis à la ratification, à l'acceptation ou à l'approbation des États et des organisations régionales d'intégration économique. Les instruments de ratification, d'acceptation ou d'approbation seront déposés auprès du Dépositaire.

2. Toute organisation visée au paragraphe 1 ci-dessus qui devient partie à la présente Convention ou à l'un quelconque de ses protoco-

les et dont aucun État membre n'est lui-même partie contractante, est liée par toutes les obligations énoncées dans la Convention ou dans le protocole considéré, selon le cas. Lorsqu'un ou plusieurs États membres d'une de ces organisations sont parties à la Convention ou à un protocole, l'organisation et ses États membres conviennent de leurs responsabilités respectives en ce qui concerne l'exécution de leurs obligations en vertu de la Convention ou du protocole, selon le cas. En tel cas, l'organisation et ses États membres ne sont pas habilités à exercer concurremment leurs droits au titre de la Convention ou du protocole.

3. Dans leurs instruments de ratification, d'acceptation ou d'approbation, les organisations visées au paragraphe 1 ci-dessus indiquent l'étendue de leurs compétences dans les domaines régis par la Convention ou par le protocole considéré. Elles informent également le Dépositaire de toute modification pertinente de l'étendue de ces compétences.

Art. 35. – Adhésion

1. La présente Convention et ses protocoles éventuels sont ouverts à l'adhésion des États et des organisations régionales d'intégration économique à partir de la date à laquelle la Convention ou le protocole considéré ne sont plus ouverts à la signature. Les instruments d'adhésion seront déposés auprès du Dépositaire.

2. Dans leurs instruments d'adhésion, les organisations visées au paragraphe 1 ci-dessus indiquent l'étendue de leurs compétences dans les domaines régis par la Convention ou par le protocole considéré. Elles informent également le Dépositaire de toute modification pertinente de l'étendue de ces compétences.

3. Les dispositions du paragraphe 2 de l'article 34 s'appliquent aux organisations régionales d'intégration économique qui adhèrent à la présente Convention ou à l'un quelconque de ses protocoles.

Art. 36. – Entrée en vigueur

1. La présente Convention entrera en vigueur le quatre-vingt-dixième jour suivant la date du dépôt du trentième instrument de ratification, d'acceptation, d'approbation ou d'adhésion.

2. Un protocole entre en vigueur le quatre-vingt-dixième jour suivant la date du dépôt du nombre d'instruments de ratification, d'acceptation, d'approbation ou d'adhésion précisé dans ledit protocole.

3. À l'égard de chacune des parties contractantes qui ratifie, accepte ou approuve la présente Convention, ou y adhère, après le dépôt du trentième instrument de ratification, d'acceptation, d'approbation ou d'adhésion, la Convention entrera en vigueur le quatre-vingt-dixième jour suivant la date du dépôt, par ladite partie contractante, de son instrument de ratification d'acceptation, d'approbation ou d'adhésion.

4. À moins qu'il n'en dispose autrement, un protocole entre en vigueur pour une partie contractante qui le ratifie, l'accepte, l'approuve

ou y adhère après son entrée en vigueur conformément au paragraphe 2 ci-dessus, soit le quatre-vingt-dixième jour après la date de dépôt par cette partie contractante de son instrument de ratification, d'acceptation, d'approbation ou d'adhésion, soit au moment où la Convention entre en vigueur pour cette partie, la dernière date étant retenue.

5. Aux fins des paragraphes 1 et 2 ci-dessus, aucun des instruments déposés par une organisation régionale d'intégration économique n'est considéré comme un instrument venant s'ajouter aux instruments déjà déposés par les États membres de ladite organisation.

Art. 37. – Réserves

Aucune réserve ne peut être faite à la présente Convention.

Art. 38. – Dénonciation

1. À l'expiration d'un délai de deux ans à compter de la date d'entrée en vigueur de la présente Convention à l'égard d'une partie contractante, cette partie contractante peut à tout moment dénoncer la Convention par notification écrite au Dépositaire.

2. Toute dénonciation prend effet à l'expiration d'un délai d'un an suivant la date de sa réception par le Dépositaire, ou à toute autre date ultérieure qui pourra être spécifiée dans la notification de dénonciation.

3. Toute partie contractante qui aura dénoncé la présente Convention sera considérée comme ayant également dénoncé les protocoles auxquels elle est partie.

Art. 39. – Arrangements financiers provisoires

Sous réserve qu'il ait été intégralement restructuré, conformément aux dispositions de l'article 21, le Fonds pour l'environnement mondial du Programme des Nations unies pour le développement, du Programme des Nations unies pour l'environnement et de la Banque internationale pour la reconstruction et le développement est, provisoirement, la structure institutionnelle prévue par l'article 21, pour la période allant de l'entrée en vigueur de la présente Convention à la première réunion de la Conférence des parties ou jusqu'à ce que la Conférence des parties ait désigné une structure institutionnelle conformément à l'article 21.

Art. 40. – Arrangements intérimaires pour le Secrétariat

Le Secrétariat à fournir par le Directeur exécutif du Programme des Nations unies pour l'environnement est le secrétariat prévu au paragraphe 2 de l'article 24, établi sur une base intérimaire pour la période allant de l'entrée en vigueur de la présente Convention à la première réunion de la Conférence des parties.

Art. 41. – Dépositaire

Le Secrétaire général de l'Organisation des Nations unies assume les fonctions de Dépositaire de la présente Convention et de ses protocoles.

Art. 42. – Textes faisant foi

L'original de la présente Convention, dont les textes anglais, arabe, chinois, espagnol, français et russe font également foi, sera déposé auprès du Secrétaire général de l'Organisation des Nations unies.

En foi de quoi les soussignés, à ce dûment habilités, ont signé la présente Convention.

Fait à Rio de Janeiro, le cinq juin mille neuf cent quatre-vingt-douze.

ANNEXE I

IDENTIFICATION ET SURVEILLANCE

1. Écosystèmes et habitats : comportant une forte diversité, de nombreuses espèces endémiques ou menacées, ou des étendues sauvages nécessaires pour les espèces migratrices ayant une importance sociale, économique, culturelle ou scientifique; ou qui sont représentatifs, uniques ou associés à des processus d'évolution ou d'autres processus biologiques essentiels.
2. Espèces et communautés qui sont menacées des espèces sauvages apparentées à des espèces domestiques ou cultivées d'intérêt médicinal, agricole ou économique d'importance sociale, scientifique ou culturelle ou d'un intérêt pour la recherche sur la conservation et l'utilisation durable de la diversité biologique, telles que les espèces témoins.
3. Génomes et gènes décrits revêtant une importance sociale, scientifique ou économique.

ANNEXE II

PREMIÈRE PARTIE

Arbitrage

Art. premier. – La partie requérante notifie au Secrétariat que les parties renvoient un différend à l'arbitrage conformément à l'article 27.

La notification indique l'objet de l'arbitrage et notamment les articles de la Convention ou du protocole dont l'interprétation ou l'application font l'objet du litige. Si les parties ne s'accordent pas sur l'objet du litige avant la désignation du président du Tribunal arbitral, c'est ce dernier qui le détermine. Le Secrétariat communique les informations ainsi reçues à toutes les parties à la Convention ou au protocole concerné.

Art. 2. – 1. En cas de différend entre deux parties, le Tribunal arbitral est composé de trois membres. Chacune des parties au différend nomme un arbitre les deux arbitres ainsi nommés désignent d'un commun accord le troisième arbitre, qui assume la présidence du Tribunal. Ce dernier ne doit pas être ressortissant de l'une des parties au différend, ni avoir sa résidence habituelle sur le territoire de l'une de ces parties, ni se trouver au service de l'une d'elles, ni s'être déjà occupé de l'affaire à aucun titre.

2. En cas de différend entre plus de deux parties, les parties ayant le même intérêt désignent un arbitre d'un commun accord.

3. En cas de vacance, il est pourvu à la vacance selon la procédure prévue pour la nomination initiale.

Art. 3. – 1. Si, dans un délai de deux mois après la nomination du deuxième arbitre, le président du Tribunal arbitral n'est pas désigné, le Secrétaire général de l'Organisation des Nations unies procède, à la requête d'une partie, à sa désignation dans un nouveau délai de deux mois.

2. Si, dans un délai de deux mois après réception de la requête, l'une des parties au différend n'a pas procédé à la nomination d'un arbitre, l'autre partie peut saisir le Secrétaire général, qui procède à la désignation dans un nouveau délai de deux mois.

Art. 4. – Le Tribunal arbitral rend ses décisions conformément aux dispositions de la présente Convention, à tout protocole concerné et au droit international.

Art. 5. – Sauf si les parties au différend en décident autrement, le Tribunal arbitral établit ses propres règles de procédure.

Art. 6. – À la demande de l'une des parties, le Tribunal arbitral peut recommander les mesures conservatoires indispensables.

Art. 7. – Les parties au différend facilitent les travaux du Tribunal arbitral et, en particulier, utilisent tous les moyens à leur disposition pour :

a) fournir au Tribunal tous les documents, renseignements et facilités nécessaires ;

b) permettre au Tribunal, en cas de besoin, de faire comparaître des témoins ou des experts et d'enregistrer leur déposition.

Art. 8. – Les parties et les arbitres sont tenus de conserver le caractère confidentiel de tout renseignement qu'ils obtiennent confidentiellement au cours des audiences du Tribunal arbitral.

Art. 9. – À moins que le Tribunal arbitral n'en décide autrement du fait des circonstances particulières de l'affaire, les frais du Tribunal sont pris en charge, à parts égales, par les parties au différend. Le Tribunal tient un relevé de tous ses frais et en fournit un état final aux parties.

Art. 10. – Toute partie contractante ayant, en ce qui concerne l'objet du différend, un intérêt d'ordre juridique susceptible d'être affecté par la décision, peut intervenir dans la procédure avec le consentement du Tribunal.

Art. 11. – Le Tribunal peut connaître et décider des demandes reconventionnelles directement liées à l'objet du différend.

Art. 12. – Les décisions du Tribunal arbitral, tant sur la procédure que sur le fond, sont prises à la majorité des voix de ses membres.

Art. 13. – Si l'une des parties au différend ne se présente pas devant le Tribunal arbitral ou ne défend pas sa cause, l'autre partie peut demander au Tribunal de poursuivre la procédure et de prononcer sa décision. Le fait qu'une des parties ne se soit pas présentée devant le Tribunal ou se soit abstenue de faire valoir ses droits ne fait pas obstacle à la procédure. Avant de prononcer sa sentence définitive, le Tribunal arbitral doit s'assurer que la demande est fondée dans les faits et en droit.

Art. 14. – Le Tribunal prononce sa sentence définitive au plus tard cinq mois à partir de la date à laquelle il a été créé, à moins qu'il n'estime nécessaire de prolonger ce délai pour une période qui ne devrait pas excéder cinq mois supplémentaires.

Art. 15. – La sentence définitive du Tribunal arbitral est limitée à la question qui fait l'objet du différend et est motivée. Elle contient les noms des membres qui ont participé au délibéré et la date à laquelle elle a été prononcée. Tout membre du Tribunal peut y annexer un avis distinct ou une opinion divergente.

Art. 16. – La sentence est obligatoire pour les parties au différend. Elle est sans appel, à moins que les parties ne se soient entendues d'avance sur une procédure d'appel.

Art. 17. – Tout différend qui pourrait surgir entre les parties au différend concernant l'interprétation ou l'exécution de la sentence peut être soumis par l'une des parties au Tribunal arbitral qui l'a rendue.

DEUXIÈME PARTIE

Conciliation

Art. premier. – Une Commission de conciliation est créée à la demande de l'une des parties au différend. À moins que les parties n'en conviennent autrement, la Commission se compose de cinq membres, chaque partie concernée en désignant deux et le président étant choisi d'un commun accord par les membres ainsi désignés.

Art. 2. – En cas de différend entre plus de deux parties, les parties ayant le même intérêt désignent leurs membres de la Commission d'un commun accord. Lorsque deux parties au moins ont des intérêts indépendants ou lorsqu'elles sont en désaccord sur la question de savoir si elles ont le même intérêt, elles nomment leurs membres séparément.

Art. 3. – Si, dans un délai de deux mois après la demande de création d'une commission de conciliation, tous les membres de la Commission n'ont pas été nommés par les parties, le Secrétaire général de l'Organisation des Nations unies procède, à la requête de la partie qui a fait la demande, aux désignations nécessaires dans un nouveau délai de deux mois.

Art. 4. – Si dans un délai de deux mois après la dernière nomination d'un membre de la Commission, celle-ci n'a pas choisi son président, le Secrétaire général de l'Organisation des Nations unies procède, à la requête d'une partie, à la désignation du président dans un nouveau délai de deux mois.

Art. 5. – La Commission de conciliation prend ses décisions à la majorité des voix de ses membres. À moins que les parties au différend n'en conviennent autrement, elle établit sa propre procédure. Elle rend une proposition de résolution du différend que les parties examinent de bonne foi.

Art. 6. – En cas de désaccord au sujet de la compétence de la Commission de conciliation, celles-ci décide si elle est ou non compétente.

53 Convention de Aarhus sur l'accès à l'information, la participation du public au processus décisionnel et l'accès à la justice en matière d'environnement (1)

Date d'adoption : 25/06/1998
Date d'entrée en vigueur : 30/10/2001

Les parties à la présente Convention,

Rappelant le premier principe de la Déclaration de Stockholm sur l'environnement humain,

Rappelant aussi le principe 10 de la Déclaration de Rio sur l'environnement et le développement,

Rappelant en outre les résolutions de l'Assemblée générale 37/7 du 28 octobre 1982 relative à la Charte mondiale de la nature et 45/94 du 14 décembre 1990 relative à la nécessité d'assurer un environnement salubre pour le bien-être de chacun,

Rappelant également la Charte européenne sur l'environnement et la santé adoptée à la Première Conférence européenne sur l'environnement et la santé qui s'est tenue sous l'égide de l'Organisation mondiale de la santé à Francfort-sur-le-Main (Allemagne) le 8 décembre 1989,

Affirmant la nécessité de protéger, de préserver et d'améliorer l'état de l'environnement et d'assurer un développement durable et écologiquement rationnel,

Reconnaissant qu'une protection adéquate de l'environnement est essentielle au bien-être de l'homme ainsi qu'à la jouissance des droits fondamentaux, y compris du droit à la vie lui-même,

Reconnaissant également que chacun a le droit de vivre dans un environnement propre à assurer sa santé et son bien-être et le devoir, tant individuellement qu'en association avec d'autres, de protéger et d'améliorer l'environnement dans l'intérêt des générations présentes et futures,

Considérant qu'afin d'être en mesure de faire valoir ce droit et de s'acquitter de ce devoir, les citoyens doivent avoir accès à l'information, être habilités à participer au processus décisionnel et avoir accès à la justice en matière d'environnement, étant entendu qu'ils peuvent avoir besoin d'une assistance pour exercer leurs droits,

Reconnaissant que, dans le domaine de l'environnement, un meilleur accès à l'information et la participation accrue du public au proces-

(1) 105.

sus décisionnel permettent de prendre de meilleures décisions et de les appliquer plus efficacement, contribuent à sensibiliser le public aux problèmes environnementaux, lui donnent la possibilité d'exprimer ses préoccupations et aident les autorités publiques à tenir dûment compte de celles-ci,

Cherchant par là à favoriser le respect du principe de l'obligation redditionnelle et la transparence du processus décisionnel et à assurer un appui accru du public aux décisions prises dans le domaine de l'environnement,

Reconnaissant qu'il est souhaitable que la transparence règne dans toutes les branches de l'administration publique et invitant les organes législatifs à appliquer les principes de la présente Convention dans leurs travaux,

Reconnaissant également que le public doit avoir connaissance des procédures de participation au processus décisionnel en matière d'environnement, y avoir librement accès et savoir comment les utiliser,

Reconnaissant en outre le rôle important que les citoyens, les organisations non gouvernementales et le secteur privé peuvent jouer dans le domaine de la protection de l'environnement,

Désireuses de promouvoir l'éducation écologique afin de faire mieux comprendre ce que sont l'environnement et le développement durable et d'encourager le grand public à être attentif aux décisions qui ont des incidences sur l'environnement et le développement durable et à participer à ces décisions,

Notant, à cet égard, qu'il est important de recourir aux médias ainsi qu'aux modes de communication électroniques et aux autres modes de communication qui apparaîtront dans l'avenir,

Reconnaissant qu'il est important que les Gouvernements tiennent pleinement compte dans leur processus décisionnel des considérations liées à l'environnement et que les autorités publiques doivent donc disposer d'informations exactes, détaillées et à jour sur l'environnement,

Sachant que les autorités publiques détiennent des informations relatives à l'environnement dans l'intérêt général,

Souhaitant que le public, y compris les organisations, aient accès à des mécanismes judiciaires efficaces afin que leurs intérêts légitimes soient protégés et la loi respectée,

Notant qu'il est important d'informer convenablement les consommateurs sur les produits pour leur permettre de faire des choix écologiques en toute connaissance de cause,

Conscientes de l'inquiétude du public au sujet de la dissémination volontaire d'organismes génétiquement modifiés dans l'environnement et de la nécessité d'accroître la transparence et de renforcer la participation du public au processus décisionnel dans ce domaine,

Convaincues que l'application de la présente Convention contribuera à renforcer la démocratie dans la région de la Commission économique des Nations unies pour l'Europe (CEE),

Conscientes du rôle joué à cet égard par la CEE et rappelant, notamment, les Directives de la CEE pour l'accès à l'information sur l'environnement et la participation du public à la prise de décisions en matière d'environnement, approuvées dans la Déclaration ministérielle adoptée à la troisième Conférence ministérielle sur le thème « Un environnement pour l'Europe » à Sofia (Bulgarie) le 25 octobre 1995,

Tenant compte des dispositions pertinentes de la Convention sur l'évaluation de l'impact sur l'environnement dans un contexte transfrontière, adoptée à Espoo (Finlande) le 25 février 1991, ainsi que de la Convention sur les effets transfrontières des accidents industriels et de la Convention sur la protection et l'utilisation des cours d'eau transfrontières et des lacs internationaux, adoptées l'une et l'autre à Helsinki le 17 mars 1992 et d'autres conventions régionales,

Sachant que l'adoption de la présente Convention ne pourra que contribuer au renforcement du processus « un environnement pour l'Europe » et au succès de la quatrième Conférence ministérielle qui se tiendra à Aarhus (Danemark) en juin 1998,

Sont convenues de ce qui suit :

Art. premier. – Objet

Afin de contribuer à protéger le droit de chacun, dans les générations présentes et futures, de vivre dans un environnement propre à assurer sa santé et son bien-être, chaque partie garantit les droits d'accès à l'information sur l'environnement, de participation du public au processus décisionnel et d'accès à la justice en matière d'environnement conformément aux dispositions de la présente Convention.

Art. 2. – Définitions

Aux fins de la présente Convention,

1. Le terme « partie » désigne, sauf indication contraire, une partie contractante à la présente Convention.

2. L'expression « autorité publique » désigne :

a) L'administration publique à l'échelon national ou régional ou à un autre niveau ;

b) Les personnes physiques ou morales qui exercent, en vertu du droit interne, des fonctions administratives publiques, y compris des tâches, activités ou services particuliers en rapport avec l'environnement ;

c) Toute autre personne physique ou morale assumant des responsabilités ou des fonctions publiques ou fournissant des services publics en rapport avec l'environnement sous l'autorité d'un organe ou d'une personne entrant dans les catégories visées aux alinéas a) et b) ci-dessus ;

d) Les institutions de toute organisation d'intégration économique régionale visée à l'article 17 qui est partie à la présente Convention.

La présente définition n'englobe pas les organes ou institutions agissant dans l'exercice de pouvoirs judiciaires ou législatifs.

3. L'expression « information(s) sur l'environnement » désigne toute information disponible sous forme écrite, visuelle, orale ou électronique ou sous toute autre forme matérielle, et portant sur :

a) L'état d'éléments de l'environnement tels que l'air et l'atmosphère, l'eau, le sol, les terres, le paysage et les sites naturels, la diversité biologique et ses composantes, y compris les organismes génétiquement modifiés, et l'interaction entre ces éléments;

b) Des facteurs tels que les substances, l'énergie, le bruit et les rayonnements et des activités ou mesures, y compris des mesures administratives, des accords relatifs à l'environnement, des politiques, lois, plans et programmes qui ont, ou risquent d'avoir, des incidences sur les éléments de l'environnement relevant de l'alinéa a) ci-dessus et l'analyse coût-avantages et les autres analyses et hypothèses économiques utilisées dans le processus décisionnel en matière d'environnement;

c) L'état de santé de l'homme, sa sécurité et ses conditions de vie ainsi que l'état des sites culturels et des constructions dans la mesure où ils sont, ou risquent d'être, altérés par l'état des éléments de l'environnement ou, par l'intermédiaire de ces éléments, par les facteurs, activités ou mesures visés à l'alinéa b) ci-dessus.

4. Le terme « public » désigne une ou plusieurs personnes physiques ou morales et, conformément à la législation ou à la coutume du pays, les associations, organisations ou groupes constitués par ces personnes.

5. L'expression « public concerné » désigne le public qui est touché ou qui risque d'être touché par les décisions prises en matière d'environnement ou qui a un intérêt à faire valoir à l'égard du processus décisionnel; aux fins de la présente définition, les organisations non gouvernementales qui œuvrent en faveur de la protection de l'environnement et qui remplissent les conditions pouvant être requises en droit interne sont réputées avoir un intérêt.

Art. 3. – Dispositions générales

1. Chaque partie prend les mesures législatives, réglementaires ou autres nécessaires, y compris des mesures visant à assurer la compatibilité des dispositions donnant effet aux dispositions de la présente Convention relatives à l'information, à la participation du public et à l'accès à la justice, ainsi que des mesures d'exécution appropriées, dans le but de mettre en place et de maintenir un cadre précis, transparent et cohérent aux fins de l'application des dispositions de la présente Convention.

2. Chaque partie tâche de faire en sorte que les fonctionnaires et les autorités aident le public et lui donnent des conseils pour lui permettre d'avoir accès à l'information, de participer plus facilement au processus décisionnel et de saisir la justice en matière d'environnement.

3. Chaque partie favorise l'éducation écologique du public et sensibilise celui-ci aux problèmes environnementaux afin notamment qu'il sache comment procéder pour avoir accès à l'information, participer au processus décisionnel et saisir la justice en matière d'environnement.

4. Chaque partie accorde la reconnaissance et l'appui voulus aux associations, organisations ou groupes qui ont pour objectif la protection de l'environnement et fait en sorte que son système juridique national soit compatible avec cette obligation.

5. Les dispositions de la présente Convention ne portent pas atteinte au droit des parties de continuer d'appliquer ou d'adopter, à la place des mesures prévues par la présente Convention, des mesures assurant un accès plus large à l'information, une participation accrue du public au processus décisionnel et un accès plus large à la justice en matière d'environnement.

6. Rien dans la présente Convention n'oblige à déroger aux droits existants concernant l'accès à l'information, la participation du public au processus décisionnel et l'accès à la justice en matière d'environnement.

7. Chaque partie œuvre en faveur de l'application des principes énoncés dans la présente Convention dans les processus décisionnels internationaux touchant l'environnement ainsi que dans le cadre des organisations internationales lorsqu'il y est question d'environnement.

8. Chaque partie veille à ce que les personnes qui exercent leurs droits conformément aux dispositions de la présente Convention ne soient en aucune façon pénalisées, persécutées ou soumises à des mesures vexatoires en raison de leur action. La présente disposition ne porte nullement atteinte au pouvoir des tribunaux nationaux d'accorder des dépens d'un montant raisonnable à l'issue d'une procédure judiciaire.

9. Dans les limites du champ d'application des dispositions pertinentes de la présente Convention, le public a accès à l'information, il a la possibilité de participer au processus décisionnel et a accès à la justice en matière d'environnement sans discrimination fondée sur la citoyenneté, la nationalité ou le domicile et, dans le cas d'une personne morale, sans discrimination concernant le lieu où elle a son siège officiel ou un véritable centre d'activités.

Art. 4. – Accès à l'information sur l'environnement

1. Chaque partie fait en sorte que, sous réserve des paragraphes suivants du présent article, les autorités publiques mettent à la disposition du public, dans le cadre de leur législation nationale, les informations sur l'environnement qui leur sont demandées, y compris, si la demande leur en est faite et sous réserve de l'alinéa b) ci-après, des copies des documents dans lesquels ces informations se trouvent effectivement consignées, que ces documents renferment ou non d'autres informations :

a) Sans que le public ait à faire valoir un intérêt particulier;

b) Sous la forme demandée à moins :

i) qu'il soit raisonnable pour l'autorité publique de communiquer les informations en question sous une autre forme, auquel cas les raisons de ce choix devront être indiquées ; ou

ii) que les informations en question aient déjà été rendues publiques sous une autre forme.

2. Les informations sur l'environnement visées au paragraphe 1 ci-dessus sont mises à la disposition du public aussitôt que possible et au plus tard dans un délai d'un mois à compter de la date à laquelle la demande a été soumise, à moins que le volume et la complexité des éléments d'information demandés ne justifient une prorogation de ce délai, qui pourra être porté au maximum à deux mois. L'auteur de la demande est informé de toute prorogation du délai et des motifs qui la justifient.

3. Une demande d'informations sur l'environnement peut être refusée si :

a) L'autorité publique à laquelle la demande est adressée n'est pas en possession des informations demandées ;

b) La demande est manifestement abusive ou formulée en termes trop généraux ; ou

c) La demande porte sur des documents qui sont en cours d'élaboration ou concerne des communications internes des autorités publiques à condition que cette exception soit prévue par le droit interne ou la coutume, compte tenu de l'intérêt que la divulgation des informations demandées présenterait pour le public.

4. Une demande d'informations sur l'environnement peut être rejetée au cas où la divulgation de ces informations aurait des incidences défavorables sur :

a) Le secret des délibérations des autorités publiques, lorsque ce secret est prévu par le droit interne ;

b) Les relations internationales, la défense nationale ou la sécurité publique ;

c) La bonne marche de la justice, la possibilité pour toute personne d'être jugée équitablement ou la capacité d'une autorité publique d'effectuer une enquête d'ordre pénal ou disciplinaire ;

d) Le secret commercial et industriel lorsque ce secret est protégé par la loi afin de défendre un intérêt économique légitime. Dans ce cadre, les informations sur les émissions qui sont pertinentes pour la protection de l'environnement doivent être divulguées ;

e) Les droits de propriété intellectuelle ;

f) Le caractère confidentiel des données et/ou des dossiers personnels concernant une personne physique si cette personne n'a pas consenti à la divulgation de ces informations au public, lorsque le caractère confidentiel de ce type d'information est prévu par le droit interne ;

g) Les intérêts d'un tiers qui a fourni les informations demandées sans y être contraint par la loi ou sans que la loi puisse l'y contraindre et qui ne consent pas à la divulgation de ces informations ; ou

h) Le milieu sur lequel portent les informations, comme les sites de reproduction d'espèces rares. Les motifs de rejet susmentionnés devront être interprétés de manière restrictive compte tenu de l'intérêt que la divulgation des informations demandées présenterait pour le public et selon que ces informations ont trait ou non aux émissions dans l'environnement.

5. Si une autorité publique n'est pas en possession des informations sur l'environnement demandées, elle fait savoir aussi rapidement que possible à l'auteur de la demande à quelle autorité publique celui-ci peut, à sa connaissance, s'adresser pour obtenir les informations en question ou transmet la demande à cette autorité et en informe son auteur.

6. Chaque partie fait en sorte que, s'il est possible, sans en compromettre le caractère confidentiel, de dissocier les informations sur l'environnement demandées qui, en vertu de l'alinéa c) du paragraphe 3 et du paragraphe 4 ci-dessus, n'ont pas à être divulguées, des autres informations sur l'environnement demandées, les autorités publiques communiquent ces dernières.

7. Le rejet d'une demande d'informations est notifié par écrit si cette demande a été faite par écrit ou si son auteur sollicite une réponse écrite. Dans la notification du rejet, l'autorité publique expose les motifs de ce rejet et informe l'auteur de la demande du recours dont il dispose en vertu de l'article 9. Le rejet de la demande est notifié aussitôt que possible et au plus tard dans un délai d'un mois, à moins que la complexité des informations demandées ne justifie une prorogation de ce délai, qui pourra être porté au maximum à deux mois. L'auteur de la demande est informé de toute prorogation du délai et des motifs qui la justifient.

8. Chaque partie peut autoriser les autorités publiques qui fournissent des informations à percevoir un droit pour ce service mais ce droit ne doit pas dépasser un montant raisonnable. Les autorités publiques qui ont l'intention de faire payer les informations qu'elles fournissent font connaître aux auteurs des demandes d'informations le barème des droits à acquitter, en indiquant les cas dans lesquels elles peuvent renoncer à percevoir ces droits et ceux dans lesquels la communication des informations est subordonnée à leur paiement préalable.

Art. 5. – Rassemblement et diffusion d'informations sur l'environnement

1. Chaque partie fait en sorte :

a) Que les autorités publiques possèdent et tiennent à jour les informations sur l'environnement qui sont utiles à l'exercice de leurs fonctions ;

b) Que des mécanismes obligatoires soient mis en place pour que les autorités publiques soient dûment informées des activités proposées ou en cours qui risquent d'avoir des incidences importantes sur l'environnement;

c) Qu'en cas de menace imminente pour la santé ou l'environnement, qu'elle soit imputable à des activités humaines ou qu'elle soit due à des causes naturelles, toutes les informations susceptibles de permettre au public de prendre des mesures pour prévenir ou limiter d'éventuels dommages qui sont en la possession d'une autorité publique soient diffusées immédiatement et sans retard aux personnes qui risquent d'être touchées.

2. Chaque partie veille à ce que, dans le cadre de la législation nationale, les autorités publiques mettent les informations sur l'environnement à la disposition du public de façon transparente et à ce que ces informations soient réellement accessibles, notamment :

a) En fournissant au public des renseignements suffisants sur le type et la teneur des informations sur l'environnement détenues par les autorités publiques compétentes, sur les principales conditions auxquelles ces informations sont mises à sa disposition et lui sont accessibles et sur la procédure à suivre pour les obtenir;

b) En prenant et en maintenant des dispositions pratiques, par exemple :

i) en établissant des listes, des registres ou des fichiers accessibles au public;

ii) en faisant obligation aux fonctionnaires d'apporter leur concours au public qui cherche à avoir accès à des informations en vertu de la présente Convention; et

iii) en désignant des points de contact; et

c) En donnant accès gratuitement aux informations sur l'environnement figurant dans les listes, registres ou fichiers visés à l'alinéa b) i) ci-dessus.

3. Chaque partie veille à ce que les informations sur l'environnement deviennent progressivement disponibles dans des bases de données électroniques auxquelles le public peut avoir facilement accès par le biais des réseaux de télécommunications publics. Devraient notamment être accessibles sous cette forme les informations suivantes :

a) Les rapports sur l'état de l'environnement visés au paragraphe 4 ci-après;

b) Les textes de lois sur l'environnement ou relatifs à l'environnement;

c) Le cas échéant, les politiques, plans et programmes sur l'environnement ou relatifs à l'environnement et les accords portant sur l'environnement; et

d) D'autres informations, dans la mesure où la possibilité de les obtenir sous cette forme faciliterait l'application de la législation nationale visant à donner effet à la présente Convention, pour autant que ces informations soient déjà disponibles sous forme électronique.

4. Chaque partie publie et diffuse à des intervalles réguliers ne dépassant pas trois ou quatre ans un rapport national sur l'état de l'environnement, y compris des informations sur la qualité de l'environnement et des informations sur les contraintes qui s'exercent sur l'environnement.

5. Chaque partie prend des mesures, dans le cadre de sa législation, afin de diffuser notamment :

a) Les textes de lois et les documents directifs tels que les documents sur les stratégies, politiques, programmes et plans d'action relatifs à l'environnement et les rapports faisant le point de leur application, établis aux différents échelons de l'administration publique ;

b) Les traités, conventions et accords internationaux portant sur des questions relatives à l'environnement ; et

c) Le cas échéant, les autres documents internationaux importants portant sur des questions relatives à l'environnement.

6. Chaque partie encourage les exploitants dont les activités ont un impact important sur l'environnement à informer périodiquement le public de l'impact sur l'environnement de leurs activités et de leurs produits, le cas échéant dans le cadre de programmes volontaires d'étiquetage écologique ou d'écobilans ou par d'autres moyens.

7. Chaque partie :

a) Rend publics les faits et les analyses des faits qu'elle juge pertinents et importants pour élaborer les propositions concernant les mesures essentielles à prendre en matière d'environnement ;

b) Publie ou rend accessibles d'une autre manière les documents disponibles expliquant comment elle traite avec le public dans les affaires relevant de la présente Convention ; et

c) Communique sous une forme appropriée des informations sur la façon dont l'administration, à tous les échelons, exerce les fonctions publiques ou fournit des services publics relatifs à l'environnement.

8. Chaque partie met au point des mécanismes dans le but de faire en sorte que des informations suffisantes sur les produits soient mises à la disposition du public de manière à permettre aux consommateurs de faire des choix écologiques en toute connaissance de cause.

9. Chaque partie prend des mesures pour mettre en place progressivement, compte tenu, le cas échéant, des processus internationaux, un système cohérent de portée nationale consistant à inventorier ou enregistrer les données relatives à la pollution dans une base de données informatisée structurée et accessible au public, ces données étant recueillies au moyen de formules de déclaration normalisées. Ce système pourra prendre en compte les apports, les rejets et les transferts dans les différents milieux et sur les lieux de traitement et d'élimination sur le site et hors du site d'une série donnée de substances et de produits découlant d'une série donnée d'activités, y compris de l'eau, de l'énergie et des ressources utilisées aux fins de ces activités.

10. Rien dans le présent article ne saurait porter atteinte au droit des parties de refuser de divulguer certaines informations relatives à l'environnement conformément aux paragraphes 3 et 4 de l'article 4.

Art. 6. – Participation du public aux décisions relatives à des activités particulières

1. Chaque partie :

a) Applique les dispositions du présent article lorsqu'il s'agit de décider d'autoriser ou non des activités proposées du type de celles énumérées à l'annexe I;

b) Applique aussi les dispositions du présent article, conformément à son droit interne, lorsqu'il s'agit de prendre une décision au sujet d'activités proposées non énumérées à l'annexe I qui peuvent avoir un effet important sur l'environnement. Les parties déterminent dans chaque cas si l'activité proposée tombe sous le coup de ces dispositions;

c) Peut décider, au cas par cas, si le droit interne le prévoit, de ne pas appliquer les dispositions du présent article aux activités proposées répondant aux besoins de la défense nationale si cette partie estime que cette application irait à l'encontre de ces besoins.

2. Lorsqu'un processus décisionnel touchant l'environnement est engagé, le public concerné est informé comme il convient, de manière efficace et en temps voulu, par un avis au public ou individuellement, selon le cas, au début du processus. Les informations concernent notamment :

a) L'activité proposée, y compris la demande correspondante au sujet de laquelle une décision sera prise;

b) La nature des décisions ou du projet de décision qui pourraient être adoptés;

c) L'autorité publique chargée de prendre la décision;

d) La procédure envisagée, y compris, dans les cas où ces informations peuvent être fournies :

i) la date à laquelle elle débutera;

ii) les possibilités qui s'offrent au public d'y participer;

iii) la date et le lieu de toute audition publique envisagée;

iv) l'autorité publique à laquelle il est possible de s'adresser pour obtenir des renseignements pertinents et auprès de laquelle ces renseignements ont été déposés pour que le public puisse les examiner;

v) l'autorité publique ou tout autre organisme public compétent auquel des observations ou questions peuvent être adressées et le délai prévu pour la communication d'observations ou de questions;

vi) l'indication des informations sur l'environnement se rapportant à l'activité proposée qui sont disponibles; et

e) Le fait que l'activité fait l'objet d'une procédure d'évaluation de l'impact national ou transfrontière sur l'environnement.

3. Pour les différentes étapes de la procédure de participation du public, il est prévu des délais raisonnables laissant assez de temps pour informer le public conformément au paragraphe 2 ci-dessus et pour que le public se prépare et participe effectivement aux travaux tout au long du processus décisionnel en matière d'environnement.

4. Chaque partie prend des dispositions pour que la participation du public commence au début de la procédure, c'est-à-dire lorsque toutes les options et solutions sont encore possibles et que le public peut exercer une réelle influence.

5. Chaque partie devrait, lorsqu'il y a lieu, encourager quiconque a l'intention de déposer une demande d'autorisation à identifier le public concerné, à l'informer de l'objet de la demande qu'il envisage de présenter et à engager la discussion avec lui à ce sujet avant de déposer sa demande.

6. Chaque partie demande aux autorités publiques compétentes de faire en sorte que le public concerné puisse consulter sur demande lorsque le droit interne l'exige, et gratuitement, dès qu'elles sont disponibles, toutes les informations présentant un intérêt pour le processus décisionnel visé dans le présent article qui peuvent être obtenues au moment de la procédure de participation du public, sans préjudice du droit des parties de refuser de divulguer certaines informations conformément aux paragraphes 3 et 4 de l'article 4. Les informations pertinentes comprennent au minimum et sans préjudice des dispositions de l'article 4 :

a) Une description du site et des caractéristiques physiques et techniques de l'activité proposée, y compris une estimation des déchets et des émissions prévues ;

b) Une description des effets importants de l'activité proposée sur l'environnement ;

c) Une description des mesures envisagées pour prévenir et/ou réduire ces effets, y compris les émissions ;

d) Un résumé non technique de ce qui précède ;

e) Un aperçu des principales solutions de remplacement étudiées par l'auteur de la demande d'autorisation ; et

f) Conformément à la législation nationale, les principaux rapports et avis adressés à l'autorité publique au moment où le public concerné doit être informé conformément au paragraphe 2 ci-dessus.

7. La procédure de participation du public prévoit la possibilité pour le public de soumettre par écrit ou, selon qu'il convient, lors d'une audition ou d'une enquête publique faisant intervenir l'auteur de la demande toutes observations, informations, analyses ou opinions qu'il estime pertinentes au regard de l'activité proposée.

8. Chaque partie veille à ce que, au moment de prendre la décision, les résultats de la procédure de participation du public soient dûment pris en considération.

9. Chaque partie veille aussi à ce que, une fois que la décision a été prise par l'autorité publique, le public en soit promptement informé suivant les procédures appropriées. Chaque partie communique au public le texte de la décision assorti des motifs et considérations sur lesquels ladite décision est fondée.

10. Chaque partie veille à ce que, lorsqu'une autorité publique réexamine ou met à jour les conditions dans lesquelles est exercée une activité visée au paragraphe 1, les dispositions des paragraphes 2 à 9 du présent article s'appliquent *mutatis mutandis* lorsqu'il y a lieu.

11. Chaque partie applique, dans le cadre de son droit interne, dans la mesure où cela est possible et approprié, des dispositions du présent article lorsqu'il s'agit de décider s'il y a lieu d'autoriser la dissémination volontaire d'organismes génétiquement modifiés dans l'environnement.

Art. 7. – Participation du public en ce qui concerne les plans, programmes et politiques relatifs à l'environnement

Chaque partie prend les dispositions pratiques et/ou autres voulues pour que le public participe à l'élaboration des plans et des programmes relatifs à l'environnement dans un cadre transparent et équitable, après lui avoir fourni les informations nécessaires. Dans ce cadre, les paragraphes 3, 4 et 8 de l'article 6 s'appliquent. Le public susceptible de participer est désigné par l'autorité publique compétente, compte tenu des objectifs de la présente Convention. Chaque partie s'efforce autant qu'il convient de donner au public la possibilité de participer à l'élaboration des politiques relatives à l'environnement.

Art. 8. – Participation du public durant la phase d'élaboration de dispositions réglementaires et/ou d'instruments normatifs juridiquement contraignants d'application générale

Chaque partie s'emploie à promouvoir une participation effective du public à un stade approprié et tant que les options sont encore ouvertes – durant la phase d'élaboration par des autorités publiques des dispositions réglementaires et autres règles juridiquement contraignantes d'application générale qui peuvent avoir un effet important sur l'environnement. À cet effet, il convient de prendre les dispositions suivantes :

a) Fixer des délais suffisants pour permettre une participation effective;

b) Publier un projet de règles ou mettre celui-ci à la disposition du public par d'autres moyens; et

c) Donner au public la possibilité de formuler des observations, soit directement, soit par l'intermédiaire d'organes consultatifs représentatifs.

Les résultats de la participation du public sont pris en considération dans toute la mesure possible.

Art. 9. – Accès à la justice

1. Chaque partie veille, dans le cadre de sa législation nationale, à ce que toute personne qui estime que la demande d'informations qu'elle a présentée en application de l'article 4 a été ignorée, rejetée abusivement, en totalité ou en partie, ou insuffisamment prise en compte ou qu'elle n'a pas été traitée conformément aux dispositions de cet article, ait la possibilité de former un recours devant une instance judiciaire ou un autre organe indépendant et impartial établi par la loi. Dans les cas où une partie prévoit un tel recours devant une instance judiciaire, elle veille à ce que la personne concernée ait également accès à une procédure rapide établie par la loi qui soit gratuite ou peu onéreuse, en vue du réexamen de la demande par une autorité publique ou de son examen par un organe indépendant et impartial autre qu'une instance judiciaire. Les décisions finales prises au titre du présent paragraphe 1 s'imposent à l'autorité publique qui détient les informations. Les motifs qui les justifient sont indiqués par écrit, tout au moins lorsque l'accès à l'information est refusé au titre du présent paragraphe.

2. Chaque partie veille, dans le cadre de sa législation nationale, à ce que les membres du public concerné

a) ayant un intérêt suffisant pour agir ou, sinon,

b) faisant valoir une atteinte à un droit, lorsque le code de procédure administrative d'une partie pose une telle condition, puissent former un recours devant une instance judiciaire et/ou un autre organe indépendant et impartial établi par loi pour contester la légalité, quant au fond et à la procédure, de toute décision, tout acte ou toute omission tombant sous le coup des dispositions de l'article 6 et, si le droit interne le prévoit et sans préjudice du paragraphe 3 ci-après, des autres dispositions pertinentes de la présente Convention. Ce qui constitue un intérêt suffisant et une atteinte à un droit est déterminé selon les dispositions du droit interne et conformément à l'objectif consistant à accorder au public concerné un large accès à la justice dans le cadre de la présente Convention. A cet effet, l'intérêt qu'a toute organisation non gouvernementale répondant aux conditions visées au paragraphe 5 de l'article 2 est réputé suffisant au sens de l'alinéa a) ci-dessus. Ces organisations sont également réputées avoir des droits auxquels il pourrait être porté atteinte au sens de l'alinéa b) ci-dessus. Les dispositions du présent paragraphe 2 n'excluent pas la possibilité de former un recours préliminaire devant une autorité administrative et ne dispensent pas de l'obligation d'épuiser les voies de recours administratif avant d'engager une procédure judiciaire lorsqu'une telle obligation est prévue en droit interne.

3. En outre, et sans préjudice des procédures de recours visées aux paragraphes 1 et 2 ci-dessus, chaque partie veille à ce que les membres du public qui répondent aux critères éventuels prévus par son droit interne puissent engager des procédures administratives ou judi-

ciaires pour contester les actes ou omissions de particuliers ou d'autorités publiques allant à l'encontre des dispositions du droit national de l'environnement.

4. En outre, et sans préjudice du paragraphe 1, les procédures visées aux paragraphes 1, 2 et 3 ci-dessus doivent offrir des recours suffisants et effectifs, y compris un redressement par injonction s'il y a lieu, et doivent être objectives, équitables et rapides sans que leur coût soit prohibitif. Les décisions prises au titre du présent article sont prononcées ou consignées par écrit. Les décisions des tribunaux et, autant que possible, celles d'autres organes doivent être accessibles au public.

5. Pour rendre les dispositions du présent article encore plus efficaces, chaque partie veille à ce que le public soit informé de la possibilité qui lui est donnée d'engager des procédures de recours administratif ou judiciaire, et envisage la mise en place de mécanismes appropriés d'assistance visant à éliminer ou à réduire les obstacles financiers ou autres qui entravent l'accès à la justice.

Art. 10. – Réunion des parties

1. La première réunion des parties est convoquée un an au plus tard après la date d'entrée en vigueur de la présente Convention. Par la suite, les parties tiennent une réunion ordinaire au moins une fois tous les deux ans, à moins qu'elles n'en décident autrement, ou si l'une d'entre elles en fait la demande par écrit, sous réserve que cette demande soit appuyée par un tiers au moins des parties dans les six mois qui suivent sa communication à l'ensemble des parties par le Secrétaire exécutif de la Commission économique pour l'Europe.

2. Lors de leurs réunions, les parties suivent en permanence l'application de la présente Convention sur la base de rapports communiqués régulièrement par les parties et, en ayant cet objectif présent à l'esprit :

a) Examinent les politiques qu'elles appliquent et les démarches juridiques et méthodologiques qu'elles suivent pour assurer l'accès à l'information, la participation du public au processus décisionnel et l'accès à la justice en matière d'environnement en vue d'améliorer encore la situation à cet égard ;

b) Se font part des enseignements qu'elles tirent de la conclusion et de l'application d'accords bilatéraux et multilatéraux ou d'autres arrangements ayant un rapport avec l'objet de la présente Convention, auxquels une ou plusieurs d'entre elles sont parties ;

c) Sollicitent, s'il y a lieu, les services des organes compétents de la CEE, ainsi que d'autres organismes internationaux ou de comités particuliers compétents pour toutes les questions à prendre en compte pour atteindre les objectifs de la présente Convention ;

d) Créent des organes subsidiaires si elles le jugent nécessaire ;

e) Élaborent, s'il y a lieu, des protocoles à la présente Convention ;

f) Examinent et adoptent des propositions d'amendement à la présente Convention conformément aux dispositions de l'article 14 ;

g) Envisagent et entreprennent toute autre action qui peut se révéler nécessaire aux fins de la présente Convention ;

h) À leur première réunion, étudient et adoptent, par consensus, le règlement intérieur de leurs réunions et des réunions des organes subsidiaires ;

i) À leur première réunion, examinent les enseignements qu'elles tirent de l'application des dispositions du paragraphe 9 de l'article 5 et étudient les mesures nécessaires pour perfectionner le système visé dans ces dispositions, compte tenu des procédures applicables et des faits nouveaux intervenus au niveau national, notamment l'élaboration d'un instrument approprié concernant l'établissement de registres ou d'inventaires des rejets ou transferts de polluants qui pourrait être annexé à la présente Convention.

3. La Réunion des parties peut, au besoin, envisager d'arrêter des dispositions d'ordre financier par consensus.

4. L'Organisation des Nations unies, ses institutions spécialisées et l'Agence internationale de l'énergie atomique, ainsi que tout État ou organisation d'intégration économique régionale qui est habilité en vertu de l'article 17 à signer la Convention mais qui n'est pas partie à ladite Convention, et toute organisation intergouvernementale qui possède des compétences dans des domaines ayant un rapport avec la présente Convention sont autorisés à participer en qualité d'observateurs aux réunions des parties.

5. Toute organisation non gouvernementale qui possède des compétences dans des domaines ayant un rapport avec la présente Convention et qui a fait savoir au Secrétaire exécutif de la Commission économique pour l'Europe qu'elle souhaitait être représentée à une réunion des parties est autorisée à participer en qualité d'observateur à moins qu'un tiers au moins des parties n'y fassent objection.

6. Aux fins des paragraphes 4 et 5 ci-dessus, le règlement intérieur visé au paragraphe 2 h) ci-dessus prévoit les modalités pratiques d'admission et les autres conditions pertinentes.

Art. 11. – Droit de vote

1. Sous réserve des dispositions du paragraphe 2 ci-après, chaque partie à la présente Convention dispose d'une voix.

2. Dans les domaines relevant de leur compétence, les organisations d'intégration économique régionale disposent, pour exercer leur droit de vote, d'un nombre de voix égal au nombre de leurs États membres qui sont parties à la présente Convention. Ces organisations n'exercent pas leur droit de vote si leurs États membres exercent le leur, et inversement.

Art. 12. – Secrétariat

Le Secrétaire exécutif de la Commission économique pour l'Europe exerce les fonctions de secrétariat suivantes :

a) Il convoque et prépare les réunions des parties ;

b) Il transmet aux parties les rapports et autres renseignements reçus en application des dispositions de la présente Convention ; et

c) Il s'acquitte des autres fonctions que les parties peuvent lui assigner.

Art. 13. – Annexes

Les annexes de la présente Convention font partie intégrante de la Convention.

Art. 14. – Amendements à la Convention

1. Toute partie peut proposer des amendements à la présente Convention.

2. Le texte de toute proposition d'amendement à la présente Convention est soumis par écrit au Secrétaire exécutif de la Commission économique pour l'Europe, qui le communique à toutes les parties quatre-vingt-dix jours au moins avant la réunion des parties au cours de laquelle l'amendement est proposé pour adoption.

3. Les parties n'épargnent aucun effort pour parvenir à un accord par consensus sur tout amendement qu'il est proposé d'apporter à la présente Convention. Si tous les efforts en ce sens sont demeurés vains et si aucun accord ne s'est dégagé, l'amendement est adopté en dernier ressort par un vote à la majorité des trois quarts des parties présentes et votantes.

4. Les amendements à la présente Convention adoptés conformément au paragraphe 3 ci-dessus sont soumis par le Dépositaire à toutes les parties aux fins de ratification, d'approbation ou d'acceptation. Les amendements à la présente Convention autres que ceux qui se rapportent à une annexe entrent en vigueur à l'égard des parties qui les ont ratifiés, approuvés ou acceptés le quatre-vingt-dixième jour qui suit la réception par le Dépositaire de la notification de leur ratification, approbation ou acceptation par les trois quarts au moins de ces parties. Par la suite, ils entrent en vigueur à l'égard de toute autre partie le quatre-vingt-dixième jour qui suit le dépôt par cette partie de son instrument de ratification, d'approbation ou d'acceptation des amendements.

5. Toute partie qui n'est pas en mesure d'approuver un amendement à une annexe de la présente Convention en donne notification au Dépositaire par écrit dans les douze mois qui suivent la date de la communication de son adoption. Le Dépositaire informe sans retard toutes les parties de la réception de cette notification. Une partie peut à tout moment substituer une acceptation à sa notification antérieure et, après le dépôt d'un instrument d'acceptation auprès du Dépositaire, les amendements à ladite annexe entrent en vigueur à l'égard de cette partie.

6. À l'expiration d'un délai de douze mois à compter de la date de sa communication par le Dépositaire visée au paragraphe 4 ci-dessus, tout amendement à une annexe entre en vigueur à l'égard des parties qui n'ont pas soumis de notification au Dépositaire conformément aux dispositions du paragraphe 5 ci-dessus pour autant qu'un tiers au plus des parties aient soumis cette notification.

7. Aux fins du présent article, l'expression « parties présentes et votantes » désigne les parties présentes à la réunion qui émettent un vote affirmatif ou négatif.

Art. 15. – Examen du respect des dispositions

La Réunion des parties adopte, par consensus, des arrangements facultatifs de caractère non conflictuel, non judiciaire et consultatif pour examiner le respect des dispositions de la présente Convention. Ces arrangements permettent une participation appropriée du public et peuvent prévoir la possibilité d'examiner des communications de membres du public concernant des questions ayant un rapport avec la présente Convention.

Art. 16. – Règlement des différends

1. Si un différend surgit entre deux ou plusieurs parties au sujet de l'interprétation ou de l'application de la présente Convention, ces parties s'efforcent de le régler par voie de négociation ou par tout autre moyen de règlement des différends qu'elles jugent acceptable.

2. Lorsqu'elle signe, ratifie, accepte, approuve la présente Convention ou y adhère, ou à tout moment par la suite, une partie peut signifier par écrit au Dépositaire que, pour les différends qui n'ont pas été réglés conformément au paragraphe 1 ci-dessus, elle accepte de considérer comme obligatoires l'un des deux ou les deux moyens de règlement ci-après dans ses relations avec toute partie acceptant la même obligation :

a) Soumission du différend à la Cour internationale de justice ;

b) Arbitrage, conformément à la procédure définie à l'annexe II.

3. Si les parties au différend ont accepté les deux moyens de règlement des différends visés au paragraphe 2 ci-dessus, le différend peut n'être soumis qu'à la Cour internationale de justice, à moins que les parties n'en conviennent autrement.

Art. 17. – Signature

La présente Convention est ouverte à la signature des États membres de la Commission économique pour l'Europe ainsi que des États dotés du statut consultatif auprès de la Commission économique pour l'Europe en vertu des paragraphes 8 et 11 de la résolution 36 (IV) du Conseil économique et social du 28 mars 1947, et des organisations d'intégration économique régionale constituées par des États souverains, membres de la Commission économique pour l'Europe, qui leur ont transféré compétence pour des matières dont traite la présente Convention, y compris la compétence pour conclure des traités sur ces matières, à Aarhus (Danemark) le 25 juin 1998, puis au Siège de l'Organisation des Nations unies à New York jusqu'au 21 décembre 1998.

Art. 18. – Dépositaire

Le Secrétaire général de l'Organisation des Nations unies remplit les fonctions de Dépositaire de la présente Convention.

Art. 19. – Ratification, acceptation, approbation et adhésion

1. La présente Convention est soumise à la ratification, l'acceptation ou l'approbation des États et des organisations d'intégration économique régionale signataires.

2. La présente Convention est ouverte à l'adhésion des États et organisations d'intégration économique régionale visés à l'article 17 à compter du 22 décembre 1998.

3. Tout État, autre que ceux visés au paragraphe 2 ci-dessus, qui est membre de l'Organisation des Nations unies, peut adhérer à la Convention avec l'accord de la Réunion des parties.

4. Toute organisation visée à l'article 17 qui devient partie à la présente Convention sans qu'aucun de ses États membres n'y soit partie est liée par toutes les obligations qui découlent de la Convention. Lorsqu'un ou plusieurs États membres d'une telle organisation sont parties à la présente Convention, cette organisation et ses États membres conviennent de leurs responsabilités respectives dans l'exécution des obligations que leur impose la Convention. En pareil cas, l'organisation et les États membres ne sont pas habilités à exercer concurremment les droits qui découlent de la présente Convention.

5. Dans leurs instruments de ratification, d'acceptation, d'approbation ou d'adhésion, les organisations d'intégration économique régionale visées à l'article 17 indiquent l'étendue de leur compétence à l'égard des matières dont traite la présente Convention. En outre, ces organisations informent le Dépositaire de toute modification importante de l'étendue de leur compétence.

Art. 20. – Entrée en vigueur

1. La présente Convention entre en vigueur le quatre-vingt-dixième jour qui suit la date de dépôt du seizième instrument de ratification, d'acceptation, d'approbation ou d'adhésion.

2. Aux fins du paragraphe 1 ci-dessus, l'instrument déposé par une organisation d'intégration économique régionale ne s'ajoute pas à ceux qui sont déposés par les États membres de cette organisation.

3. À l'égard de chaque État ou organisation visé à l'article 17 qui ratifie, accepte ou approuve la présente Convention ou y adhère après le dépôt du seizième instrument de ratification, d'acceptation, d'appro-

bation ou d'adhésion, la Convention entre en vigueur le quatre-vingt-dixième jour qui suit la date du dépôt par cet État ou cette organisation de son instrument de ratification, d'acceptation, d'approbation ou d'adhésion.

Art. 21. – Dénonciation

À tout moment après l'expiration d'un délai de trois ans commençant à courir à la date à laquelle la présente Convention est entrée en vigueur à l'égard d'une partie, cette partie peut dénoncer la Convention par notification écrite adressée au Dépositaire. Cette dénonciation prend effet le quatre-vingt-dixième jour qui suit la date de réception de sa notification par le Dépositaire.

Art. 22. – Textes authentiques

L'original de la présente Convention, dont les textes anglais, français et russe sont également authentiques, est déposé auprès du Secrétaire général de l'Organisation des Nations unies. En foi de quoi les soussignés, à ce dûment autorisés, ont signé la présente Convention.

Fait à Aarhus (Danemark), le vingt-cinq juin mil neuf cent quatre-vingt-dix-huit.

ANNEXE I

LISTE DES ACTIVITÉS VISÉES AU PARAGRAPHE 1 A) DE L'ARTICLE 6

1. Secteur de l'énergie :

- Raffineries de pétrole et de gaz;
- Installations de gazéification et de liquéfaction;
- Centrales thermiques et autres installations de combustion d'un apport thermique d'au moins 50 mégawatts (MW);
- Cokeries;
- Centrales nucléaires et autres réacteurs nucléaires, y compris le démantèlement ou le déclassement de ces centrales ou réacteurs (1) (à l'exception des installations de recherche pour la production et la transformation des matières fissiles et fertiles, dont la puissance maximale ne dépasse pas 1 kilowatt de charge thermique continue);
- Installations pour le retraitement de combustibles nucléaires irradiés;
- Installations destinées :
- À la production ou à l'enrichissement de combustibles nucléaires;

(1) Les centrales nucléaires et autres réacteurs nucléaires cessent d'être des installations nucléaires lorsque tous les combustibles nucléaires et tous les autres éléments contaminés ont été définitivement retirés du site d'implantation.

– Au traitement de combustibles nucléaires irradiés ou de déchets hautement radioactifs;
– À l'élimination définitive de combustibles nucléaires irradiés;
– Exclusivement à l'élimination définitive de déchets radioactifs;
– Exclusivement au stockage (prévu pour plus de dix ans) de combustibles nucléaires irradiés ou de déchets radioactifs dans un site différent du site de production.

2. Production et transformation des métaux :

– Installations de grillage ou de frittage de minerai métallique (y compris de minerai sulfuré);
– Installations pour la production de fonte ou d'acier (fusion primaire ou secondaire), y compris les équipements pour coulée continue d'une capacité de plus de 2,5 tonnes par heure;
– Installations destinées à la transformation des métaux ferreux :

i) par laminage à chaud avec une capacité supérieure à 20 tonnes d'acier brut par heure;

ii) par forgeage à l'aide de marteaux dont l'énergie de frappe dépasse 50 kilojoules par marteau et lorsque la puissance calorifique mise en œuvre est supérieure à 20 mégawatts;

iii) application de couches de protection de métal en fusion avec une capacité de traitement supérieure à 2 tonnes d'acier brut par heure;

– Fonderies de métaux ferreux d'une capacité de production supérieure à 20 tonnes par jour;
– Installations :

i) destinées à la production de métaux bruts non ferreux à partir de minerais, de concentrés ou de matières premières secondaires par procédés métallurgiques, chimiques ou électrolytiques;

ii) destinées à la fusion, y compris l'alliage, de métaux non ferreux, incluant des produits de récupération (affinage, moulage en fonderie), d'une capacité de fusion supérieure à 4 tonnes par jour pour le plomb et le cadmium ou 20 tonnes par jour pour tous les autres métaux;

– Installations de traitement de surface de métaux et matières plastiques utilisant un procédé électrolytique ou chimique, lorsque le volume des cuves affectées au traitement mises en œuvre est supérieur à 30 mètres cubes.

3. Industrie minérale :

– Installations destinées à la production de clinker (ciment) dans des fours rotatifs avec une capacité de production supérieure à 500 tonnes par jour, ou de chaux dans des fours rotatifs avec une capacité de production supérieure à 50 tonnes par jour, ou dans d'autres types de fours avec une capacité de production supérieure à 50 tonnes par jour;
– Installations destinées à la production d'amiante et à la fabrication de produits à base d'amiante;

- Installations destinées à la fabrication du verre, y compris celles destinées à la production de fibres de verre avec une capacité de fusion supérieure à 20 tonnes par jour;
- Installations destinées à la fusion de matières minérales, y compris celles destinées à la production de fibres minérales, avec une capacité de fusion supérieure à 20 tonnes par jour;
- Installations destinées à la fabrication de produits céramiques par cuisson, notamment de tuiles, de briques, de pierres réfractaires, de carrelages, de grès ou de porcelaines, avec une capacité de production supérieure à 75 tonnes par jour, et/ou une capacité de four de plus de 4 m^3 et de plus de 300 kg/m^3 par four.

4. Industrie chimique : La production, au sens des catégories d'activités énumérées dans la présente rubrique, désigne la production en quantité industrielle par transformation chimique des substances ou groupes de substances visés aux alinéas a) à g) :

a) Installations chimiques destinées à la fabrication de produits chimiques organiques de base, tels que :

i) hydrocarbures simples (linéaires ou cycliques, saturés ou insaturés, aliphatiques ou aromatiques);

ii) hydrocarbures oxygénés, notamment alcools, aldéhydes, cétones, acides carboxyliques, esters, acétates, éthers, peroxydes, résines époxydes;

iii) hydrocarbures sulfurés;

iv) hydrocarbures azotés, notamment amines, amides, composés nitreux, nitrés ou nitratés, nitriles, cyanates, isocyanates;

v) hydrocarbures phosphorés;

vi) hydrocarbures halogénés;

vii) composés organométalliques;

viii) matières plastiques de base (polymères, fibres synthétiques, fibres à base de cellulose);

ix) caoutchoucs synthétiques;

x) colorants et pigments;

xi) tensioactifs et agents de surface;

b) Installations chimiques destinées à la fabrication de produits chimiques inorganiques de base, tels que :

i) gaz, notamment ammoniac, chlore ou chlorure d'hydrogène, fluor ou fluorure d'hydrogène, oxydes de carbone, composés soufrés, oxydes d'azote, hydrogène, dioxyde de soufre, dichlorure de carbonyle;

ii) acides, notamment acide chromique, acide fluorhydrique, acide phosphorique, acide nitrique, acide chlorhydrique, acide sulfurique, oléum, acides sulfurés;

iii) bases, notamment hydroxyde d'ammonium, hydroxyde de potassium, hydroxyde de sodium;

iv) sels, notamment chlorure d'ammonium, chlorate de potassium, carbonate de potassium, carbonate de sodium, perborate, nitrate d'argent;

v) non-métaux, oxydes métalliques ou autres composés inorganiques, tels que carbure de calcium, silicium, carbure de silicium;

c) Installations chimiques destinées à la fabrication d'engrais à base de phosphore, d'azote ou de potassium (engrais simples ou composés);

d) Installations chimiques destinées à la fabrication de produits de base phytosanitaires et de biocides;

e) Installations utilisant un procédé chimique ou biologique pour la fabrication de produits pharmaceutiques de base;

f) Installations chimiques destinées à la fabrication d'explosifs;

g) Installations chimiques dans lesquelles un traitement chimique ou biologique est utilisé pour produire des additifs protéiques aux aliments des animaux, des ferments et d'autres substances protéiques.

5. Gestion des déchets :

- Installations pour l'incinération, la valorisation, le traitement chimique et la mise en décharge des déchets dangereux;
- Installations pour l'incinération des déchets municipaux, d'une capacité supérieure à 3 tonnes par heure;
- Installations pour l'élimination des déchets non dangereux, d'une capacité de plus de 50 tonnes par jour;
- Décharges recevant plus de 10 tonnes par jour ou d'une capacité totale de plus de 25 000 tonnes, à l'exclusion des décharges de déchets inertes.

6. Installations de traitement des eaux usées d'une capacité supérieure à 150 000 équivalents-habitants.

7. Installations industrielles destinées à :

a) La fabrication de pâte à papier à partir de bois ou d'autres matières fibreuses;

b) La fabrication de papier et de carton, d'une capacité de production supérieure à 20 tonnes par jour.

8. *a*) Construction de voies pour le trafic ferroviaire à grande distance ainsi que d'aéroports (2) dotés d'une piste de décollage et d'atterrissage principale d'une longueur d'au moins 2 100 mètres;

b) Construction d'autoroutes et de voies rapides (3);

---

(2) Aux fins de la présente Convention, la notion d'« aéroport » correspond à la définition donnée dans la Convention de Chicago de 1944 portant création de l'Organisation de l'aviation civile internationale (annexe 14).

(3) Aux fins de la présente Convention, on entend par « voie rapide » une route répondant à la définition donnée dans l'Accord européen du 15 novembre 1975 sur les grandes routes de trafic international.

c) Construction d'une nouvelle route à quatre voies ou plus, ou alignement et/ou élargissement d'une route existante à deux voies ou moins pour en faire une route à quatre voies ou plus, lorsque la nouvelle route ou la section de route alignée et/ou élargie doit avoir une longueur ininterrompue d'au moins 10 kilomètres.

9. *a*) Voies navigables et ports de navigation intérieure permettant l'accès de bateaux de plus de 1 350 tonnes;

b) Ports de commerce, quais de chargement et de déchargement reliés à la terre et avant-ports (à l'exclusion des quais pour transbordeurs) accessibles aux bateaux de plus de 1 350 tonnes.

10. Dispositifs de captage ou de recharge artificielle des eaux souterraines lorsque le volume annuel d'eaux à capter ou à recharger atteint ou dépasse 10 millions de mètres cubes.

11. *a*) Ouvrages servant au transvasement de ressources hydrauliques entre bassins fluviaux lorsque cette opération vise à prévenir d'éventuelles pénuries d'eau et que le volume annuel des eaux transvasées dépasse 100 millions de mètres cubes;

b) Dans tous les autres cas, ouvrages servant au transvasement de ressources hydrauliques entre bassins fluviaux lorsque le débit annuel moyen, sur plusieurs années, du bassin de prélèvement dépasse 2 000 millions de mètres cubes et que le volume des eaux transvasées dépasse 5 % de ce débit. Dans les deux cas, les transvasements d'eau potable amenée par canalisations sont exclus.

12. Extraction de pétrole et de gaz naturel à des fins commerciales, lorsque les quantités extraites dépassent 500 tonnes de pétrole et 500 000 mètres cubes de gaz par jour.

13. Barrages et autres installations destinées à retenir les eaux ou à les stocker de façon permanente lorsque le nouveau volume d'eau ou un volume supplémentaire d'eau à retenir ou à stocker dépasse 10 millions de mètres cubes.

14. Canalisations pour le transport de gaz, de pétrole ou de produits chimiques, d'un diamètre supérieur à 800 millimètres et d'une longueur supérieure à 40 kilomètres.

15. Installations destinées à l'élevage intensif de volailles ou de porcs disposant de plus de :

a) 40 000 emplacements pour la volaille;

b) 2 000 emplacements pour porcs de production (de plus de 30 kg); ou

c) 750 emplacements pour truies.

16. Carrières et exploitations minières à ciel ouvert lorsque la surface du site dépasse 25 hectares ou, pour les tourbières, 150 hectares.

17. Construction de lignes aériennes de transport d'énergie électrique d'une tension de 220 kilovolts ou plus et d'une longueur supérieure à 15 kilomètres.

18. Installations de stockage de pétrole, de produits pétrochimiques ou de produits chimiques, d'une capacité de 200 000 tonnes ou plus.

19. Autres activités :

– Installations destinées au prétraitement (opérations de lavage, blanchiment, mercerisage) ou à la teinture de fibres ou de textiles dont la capacité de traitement est supérieure à 10 tonnes par jour ;

– Installations destinées au tannage des peaux, lorsque la capacité de traitement est supérieure à 12 tonnes de produits finis par jour ;

a) Abattoirs d'une capacité de production de carcasses supérieure à 50 tonnes par jour ;

b) Traitement et transformation destinés à la fabrication de produits alimentaires à partir de :

i) matières premières animales (autres que le lait), d'une capacité de production de produits finis supérieure à 75 tonnes par jour ;

ii) matières premières végétales, d'une capacité de production de produits finis supérieure à 300 tonnes par jour (valeur moyenne sur une base trimestrielle) ;

c) Traitement et transformation du lait, la quantité de lait reçue étant supérieure à 200 tonnes par jour (valeur moyenne sur une base annuelle) ;

– Installations destinées à l'élimination ou au recyclage de carcasses et de déchets d'animaux d'une capacité de traitement supérieure à 10 tonnes par jour ;

– Installations destinées au traitement de surface de matières, d'objets ou de produits, et ayant recours à l'utilisation de solvants organiques, notamment pour les opérations d'apprêt, d'impression, de revêtement, de dégraissage, d'imperméabilisation, de collage, de peinture, de nettoyage ou d'imprégnation, d'une capacité de consommation de solvant de plus de 150 kilogrammes par heure ou de plus de 200 tonnes par an ;

– Installations destinées à la fabrication de carbone (charbon dur) ou d'électrographite par combustion ou graphitisation.

20. Toute activité non visée aux paragraphes 1 à 19 ci-dessus pour laquelle la participation du public est prévue dans le cadre d'une procédure d'évaluation de l'impact sur l'environnement conformément à la législation nationale.

21. Les dispositions du paragraphe 1 a) de l'article 6 de la présente Convention ne s'appliquent à aucune des activités mentionnées ci-dessus qui sont entreprises exclusivement ou essentiellement pour rechercher, mettre au point et expérimenter de nouvelles méthodes ou de nouveaux produits et ne doivent pas durer plus de deux ans à moins qu'elles ne risquent d'avoir un effet préjudiciable important sur l'environnement ou la santé.

22. Toute modification ou extension des activités qui répond en elle-même aux critères ou aux seuils énoncés dans la présente annexe est régie par le paragraphe 1 a) de l'article 6 de la présente Convention. Toute autre modification ou extension d'activités relève du paragraphe 1 b) de l'article 6 de la présente Convention.

ANNEXE II

ARBITRAGE

1. Dans le cas d'un différend soumis à l'arbitrage en vertu du paragraphe 2 de l'article 16 de la présente Convention, une partie (ou les parties) notifie(nt) au secrétariat l'objet de l'arbitrage et indique(nt), en particulier, les articles de la présente Convention dont l'interprétation ou l'application est en cause. Le secrétariat transmet les informations reçues à toutes les parties à la présente Convention.

2. Le tribunal arbitral est composé de trois membres. La (ou les) partie(s) requérante(s) et l'autre (ou les autres) partie(s) au différend nomment un arbitre et les deux arbitres ainsi nommés désignent d'un commun accord le troisième arbitre qui est le président du tribunal arbitral. Ce dernier ne doit pas être ressortissant de l'une des parties au différend ni avoir sa résidence habituelle sur le territoire de l'une de ces parties, ni être au service de l'une d'elles, ni s'être déjà occupé de l'affaire à quelque autre titre que ce soit.

3. Si, dans les deux mois qui suivent la nomination du deuxième arbitre, le président du tribunal arbitral n'a pas été désigné, le Secrétaire exécutif de la Commission économique pour l'Europe procède, à la demande de l'une des parties au différend, à sa désignation dans un nouveau délai de deux mois.

4. Si, dans un délai de deux mois à compter de la réception de la demande, l'une des parties au différend ne procède pas à la nomination d'un arbitre, l'autre partie peut en informer le Secrétaire exécutif de la Commission économique pour l'Europe, qui désigne le président du tribunal arbitral dans un nouveau délai de deux mois. Dès sa désignation, le président du tribunal arbitral demande à la partie qui n'a pas nommé d'arbitre de le faire dans un délai de deux mois. Si elle ne le fait pas dans ce délai, le président en informe le Secrétaire exécutif de la Commission économique pour l'Europe, qui procède à cette nomination dans un nouveau délai de deux mois.

5. Le tribunal rend sa sentence conformément au droit international et aux dispositions de la présente Convention.

6. Tout tribunal arbitral constitué en application des dispositions de la présente annexe arrête lui-même sa procédure.

7. Les décisions du tribunal arbitral, tant sur les questions de procédure que sur le fond, sont prises à la majorité de ses membres.

8. Le tribunal peut prendre toutes les mesures voulues pour établir les faits.

9. Les parties au différend facilitent la tâche du tribunal arbitral et, en particulier, par tous les moyens à leur disposition :

a) Lui fournissent tous les documents, facilités et renseignements pertinents;

b) Lui permettent, si cela est nécessaire, de citer et d'entendre des témoins ou des experts.

10. Les parties et les arbitres protègent le secret de tout renseignement qu'ils reçoivent à titre confidentiel pendant la procédure d'arbitrage.

11. Le tribunal arbitral peut, à la demande de l'une des parties, recommander des mesures conservatoires.

12. Si l'une des parties au différend ne se présente pas devant le tribunal arbitral ou ne fait pas valoir ses moyens, l'autre partie peut demander au tribunal de poursuivre la procédure et de rendre sa sentence définitive. Le fait pour une partie de ne pas se présenter ou de ne pas faire valoir ses moyens ne fait pas obstacle au déroulement de la procédure.

13. Le tribunal arbitral peut connaître et décider des demandes reconventionnelles directement liées à l'objet du différend.

14. À moins que le tribunal arbitral n'en décide autrement en raison des circonstances particulières de l'affaire, les frais du tribunal, y compris la rémunération de ses membres, sont supportés à parts égales par les parties au différend. Le tribunal tient un relevé de tous ses frais et en fournit un état final aux parties.

15. Toute partie à la présente Convention qui a, en ce qui concerne l'objet du différend, un intérêt d'ordre juridique susceptible d'être affecté par la décision rendue dans l'affaire peut intervenir dans la procédure, avec l'accord du tribunal.

16. Le tribunal arbitral rend sa sentence dans les cinq mois qui suivent la date à laquelle il a été constitué, à moins qu'il ne juge nécessaire de prolonger ce délai d'une durée qui ne devrait pas excéder cinq mois.

17. La sentence du tribunal arbitral est assortie d'un exposé des motifs. Elle est définitive et obligatoire pour toutes les parties au différend. Le tribunal arbitral la communique aux parties au différend et au secrétariat. Ce dernier transmet les informations reçues à toutes les parties à la présente Convention.

18. Tout différend entre les parties au sujet de l'interprétation ou de l'exécution de la sentence peut être soumis par l'une des parties au tribunal arbitral qui a rendu ladite sentence ou, si ce dernier ne peut en être saisi, à un autre tribunal constitué à cet effet de la même manière que le premier.

Annexe : Codification de la responsabilité de l'État pour fait internationalement illicite

54 Résolution 56/83 adoptée par l'Assemblée générale des Nations unies sur la codification du droit de la responsabilité de l'État pour fait internationalement illicite (1)

Date d'adoption : 12/12/2001

L'Assemblée générale,

Ayant examiné le chapitre IV du rapport de la Commission du droit international sur les travaux de sa cinquante-troisième session (2), qui contient le projet d'articles sur la responsabilité de l'État pour fait internationalement illicite,

Notant que la Commission du droit international a décidé de lui recommander de prendre acte du projet d'articles sur la responsabilité de l'État pour fait internationalement illicite dans une résolution et d'annexer le projet d'articles à ladite résolution, ainsi que d'envisager la possibilité, à un stade ultérieur et compte tenu de l'importance du sujet, de convoquer une conférence internationale de plénipotentiaires pour examiner le projet d'articles en vue de la conclusion d'une convention sur le sujet (3),

Soulignant l'importance que continuent d'avoir le développement progressif du droit international et sa codification que prévoit l'alinéa *a* du paragraphe 1 de l'article 13 de la Charte des Nations unies,

Notant que le sujet de la responsabilité de l'État pour fait internationalement illicite est d'une importance capitale pour les relations entre États,

1. *Note avec satisfaction* que la Commission du droit international a achevé ses travaux sur la responsabilité de l'État pour fait internationalement illicite et qu'elle a adopté en cette matière un projet d'articles assorti d'un commentaire détaillé;

2. *Rend hommage* à la Commission du droit international pour la contribution qu'elle continue d'apporter à la codification et au développement progressif du droit international;

---

(1) 361, 375, 405, 457, 459, 462, 463, 464, 468, 469, 470, 473, 482, 483, 485, 486, 490, 491, 493, 494, 566.

(2) *Documents officiels de l'Assemblée générale, cinquante-sixième session, Supplément n° 10* et rectificatif (A/56/10 et Corr.1).

(3) *Ibid.*, par. 72 et 73.

3. *Prend note* des articles sur la responsabilité de l'État pour fait internationalement illicite présentés par la Commission du droit international, dont le texte figure en annexe à la présente résolution, et les recommande à l'attention des Gouvernements, sans préjudice de leur adoption éventuelle ou de toute autre mesure appropriée;

4. *Décide* d'inscrire à l'ordre du jour provisoire de sa cinquante-neuvième session une question intitulée « Responsabilité de l'État pour fait internationalement illicite ».

85e séance plénière
12 décembre 2001

ANNEXE

RESPONSABILITÉ DE L'ÉTAT POUR FAIT INTERNATIONALEMENT ILLICITE

PREMIÈRE PARTIE

LE FAIT INTERNATIONALEMENT ILLICITE DE L'ÉTAT

CHAPITRE PREMIER

Principes généraux

Art. premier. – Responsabilité de l'État pour fait internationalement illicite

Tout fait internationalement illicite de l'État engage sa responsabilité internationale.

Art. 2. – Éléments du fait internationalement illicite de l'État

Il y a fait internationalement illicite de l'État lorsqu'un comportement consistant en une action ou une omission :

a) Est attribuable à l'État en vertu du droit international; et

b) Constitue une violation d'une obligation internationale de l'État.

Art. 3. – Qualification du fait de l'État comme internationalement illicite

La qualification du fait de l'État comme internationalement illicite relève du droit international. Une telle qualification n'est pas affectée par la qualification du même fait comme licite par le droit interne.

CHAPITRE II

Attribution d'un comportement à l'État

Art. 4. – Comportement des organes de l'État

1. Le comportement de tout organe de l'État est considéré comme un fait de l'État d'après le droit international, que cet organe exerce des fonctions législative, exécutive, judiciaire ou autres, quelle que soit la position qu'il occupe dans l'organisation de l'État, et quelle que soit sa nature en tant qu'organe du Gouvernement central ou d'une collectivité territoriale de l'État.

2. Un organe comprend toute personne ou entité qui a ce statut d'après le droit interne de l'État.

Art. 5. – Comportement d'une personne ou d'une entité exerçant des prérogatives de puissance publique

Le comportement d'une personne ou entité qui n'est pas un organe de l'État au titre de l'article 4, mais qui est habilitée par le droit de cet État à exercer des prérogatives de puissance publique, pour autant que, en l'espèce, cette personne ou entité agisse en cette qualité, est considéré comme un fait de l'État d'après le droit international.

Art. 6. – Comportement d'un organe mis à la disposition de l'État par un autre État

Le comportement d'un organe mis à la disposition de l'État par un autre État, pour autant que cet organe agisse dans l'exercice de prérogatives de puissance publique de l'État à la disposition duquel il se trouve, est considéré comme un fait du premier État d'après le droit international.

Art. 7. – Excès de pouvoir ou comportement contraire aux instructions

Le comportement d'un organe de l'État ou d'une personne ou entité habilitée à l'exercice de prérogatives de puissance publique est considéré comme un fait de l'État d'après le droit international si cet organe, cette personne ou cette entité agit en cette qualité, même s'il outrepasse sa compétence ou contrevient à ses instructions.

Art. 8. – Comportement sous la direction ou le contrôle de l'État

Le comportement d'une personne ou d'un groupe de personnes est considéré comme un fait de l'État d'après le droit international si cette personne ou ce groupe de personnes, en adoptant ce comportement, agit en fait sur les instructions ou les directives ou sous le contrôle de cet État.

Art. 9. – Comportement en cas d'absence ou de carence des autorités officielles

Le comportement d'une personne ou d'un groupe de personnes est considéré comme un fait de l'État d'après le droit international si cette personne ou ce groupe de personnes exerce en fait des prérogatives de puissance publique en cas d'absence ou de carence des autorités officielles et dans des circonstances qui requièrent l'exercice de ces prérogatives.

Art. 10. – Comportement d'un mouvement insurrectionnel ou autre

1. Le comportement d'un mouvement insurrectionnel qui devient le nouveau Gouvernement de l'État est considéré comme un fait de cet État d'après le droit international.

2. Le comportement d'un mouvement insurrectionnel ou autre qui parvient à créer un nouvel État sur une partie du territoire d'un État préexistant ou sur un territoire sous son administration est considéré comme un fait de ce nouvel État d'après le droit international.

3. Le présent article est sans préjudice de l'attribution à l'État de tout comportement, lié de quelque façon que ce soit à celui du mouvement concerné, qui doit être considéré comme un fait de cet État en vertu des articles 4 à 9.

Art. 11. – Comportement reconnu et adopté par l'État comme étant sien

Un comportement qui n'est pas attribuable à l'État selon les articles précédents est néanmoins considéré comme un fait de cet État d'après le droit international si, et dans la mesure où, cet État reconnaît et adopte ledit comportement comme sien.

CHAPITRE III

Violation d'une obligation internationale

Art. 12. – Existence de la violation d'une obligation internationale

Il y a violation d'une obligation internationale par un État lorsqu'un fait dudit État n'est pas conforme à ce qui est requis de lui en vertu de cette obligation, quelle que soit l'origine ou la nature de celle-ci.

Art. 13. – Obligation internationale en vigueur à l'égard de l'État

Le fait de l'État ne constitue pas une violation d'une obligation internationale à moins que l'État ne soit lié par ladite obligation au moment où le fait se produit.

Art. 14. – Extension dans le temps de la violation d'une obligation internationale

1. La violation d'une obligation internationale par le fait de l'État n'ayant pas un caractère continu a lieu au moment où le fait se produit, même si ses effets perdurent.

2. La violation d'une obligation internationale par le fait de l'État ayant un caractère continu s'étend sur toute la période durant laquelle le fait continue et reste non conforme à l'obligation internationale.

3. La violation d'une obligation internationale requérant de l'État qu'il prévienne un événement donné a lieu au moment où l'événement survient et s'étend sur toute la période durant laquelle l'événement continue et reste non conforme à cette obligation.

Art. 15. – Violation constituée par un fait composite

1. La violation d'une obligation internationale par l'État à raison d'une série d'actions ou d'omissions, définie dans son ensemble comme illicite a lieu quand se produit l'action ou l'omission qui, conjuguée aux autres actions ou omissions, suffit à constituer le fait illicite.

2. Dans un tel cas, la violation s'étend sur toute la période débutant avec la première des actions ou omissions de la série et dure aussi longtemps que ces actions ou omissions se répètent et restent non conformes à ladite obligation internationale.

CHAPITRE IV

Responsabilité de l'État à raison du fait d'un autre État

Art. 16. – Aide ou assistance dans la commission du fait internationalement illicite

L'État qui aide ou assiste un autre État dans la commission du fait internationalement illicite par ce dernier est internationalement responsable pour avoir agi de la sorte dans le cas où :

a) Ledit État agit ainsi en connaissance des circonstances du fait internationalement illicite; et

b) Le fait serait internationalement illicite s'il était commis par cet État.

Art. 17. – Directives et contrôle dans la commission du fait internationalement illicite

L'État qui donne des directives à un autre État et qui exerce un contrôle dans la commission du fait internationalement illicite par ce dernier est internationalement responsable de ce fait dans le cas où :

a) Ledit État agit ainsi en connaissance des circonstances du fait internationalement illicite; et

b) Le fait serait internationalement illicite s'il était commis par cet État.

Art. 18. – Contrainte sur un autre État

L'État qui contraint un autre État à commettre un fait est internationalement responsable de ce fait dans le cas où :

a) Le fait constituerait, en l'absence de contrainte, un fait internationalement illicite de l'État soumis à la contrainte ; et

b) L'État qui exerce la contrainte agit en connaissance des circonstances dudit fait.

Art. 19. – Effet du présent chapitre

Le présent chapitre est sans préjudice de la responsabilité internationale, en vertu d'autres dispositions des présents articles, de l'État qui commet le fait en question ou de tout autre État.

CHAPITRE V
Circonstances excluant l'illicéité

Art. 20. – Consentement

Le consentement valide de l'État à la commission par un autre État d'un fait donné exclut l'illicéité de ce fait à l'égard du premier État pour autant que le fait reste dans les limites de ce consentement.

Art. 21. – Légitime défense

L'illicéité du fait de l'État est exclue si ce fait constitue une mesure licite de légitime défense prise en conformité avec la Charte des Nations unies.

Art. 22. – Contre-mesures à raison d'un fait internationalement illicite

L'illicéité du fait d'un État non conforme à l'une de ses obligations internationales à l'égard d'un autre État est exclue si, et dans la mesure où, ce fait constitue une contre-mesure prise à l'encontre de cet autre État conformément au chapitre II de la troisième partie.

Art. 23. – Force majeure

1. L'illicéité du fait d'un État non conforme à une obligation internationale de cet État est exclue si ce fait est dû à la force majeure, consistant en la survenance d'une force irrésistible ou d'un événement extérieur imprévu qui échappe au contrôle de l'État et fait qu'il est matériellement impossible, étant donné les circonstances, d'exécuter l'obligation.

2. Le paragraphe 1 ne s'applique pas :

a) Si la situation de force majeure est due, soit uniquement soit en conjonction avec d'autres facteurs, au comportement de l'État qui l'invoque; ou

b) Si l'État a assumé le risque que survienne une telle situation.

Art. 24. – Détresse

1. L'illicéité du fait d'un État non conforme à une obligation internationale de cet État est exclue si l'auteur dudit fait n'a raisonnablement pas d'autre moyen, dans une situation de détresse, de sauver sa propre vie ou celle de personnes qu'il a la charge de protéger.

2. Le paragraphe 1 ne s'applique pas :

a) Si la situation de détresse est due, soit uniquement soit en conjonction avec d'autres facteurs, au comportement de l'État qui l'invoque; ou

b) Si ledit fait est susceptible de créer un péril comparable ou plus grave.

Art. 25. – État de nécessité

1. L'État ne peut invoquer l'état de nécessité comme cause d'exclusion de l'illicéité d'un fait non conforme à l'une de ses obligations internationales que si ce fait :

a) Constitue pour l'État le seul moyen de protéger un intérêt essentiel contre un péril grave et imminent; et

b) Ne porte pas gravement atteinte à un intérêt essentiel de l'État ou des États à l'égard desquels l'obligation existe ou de la communauté internationale dans son ensemble.

2. En tout cas, l'état de nécessité ne peut être invoqué par l'État comme cause d'exclusion de l'illicéité :

a) Si l'obligation internationale en question exclut la possibilité d'invoquer l'état de nécessité; ou

b) Si l'État a contribué à la survenance de cette situation.

Art. 26. – Respect de normes impératives

Aucune disposition du présent chapitre n'exclut l'illicéité de tout fait de l'État qui n'est pas conforme à une obligation découlant d'une norme impérative du droit international général.

Art. 27. – Conséquences de l'invocation d'une circonstance excluant l'illicéité

L'invocation d'une circonstance excluant l'illicéité conformément au présent chapitre est sans préjudice :

a) Du respect de l'obligation en question si, et dans la mesure où, la circonstance excluant l'illicéité n'existe plus;

b) De la question de l'indemnisation de toute perte effective causée par le fait en question.

DEUXIÈME PARTIE

CONTENU DE LA RESPONSABILITÉ INTERNATIONALE DE L'ÉTAT

CHAPITRE PREMIER

Principes généraux

Art. 28. – Conséquences juridiques d'un fait internationalement illicite

La responsabilité internationale de l'État qui, conformément aux dispositions de la première partie, résulte d'un fait internationalement illicite comporte les conséquences juridiques qui sont énoncées dans la présente partie.

Art. 29. – Maintien du devoir d'exécuter l'obligation

Les conséquences juridiques d'un fait internationalement illicite prévues dans la présente partie n'affectent pas le maintien du devoir de l'État responsable d'exécuter l'obligation violée.

Art. 30. – Cessation et non-répétition

L'État responsable du fait internationalement illicite a l'obligation :

a) D'y mettre fin si ce fait continue;

b) D'offrir des assurances et des garanties de non-répétition appropriées si les circonstances l'exigent.

Art. 31. – Réparation

1. L'État responsable est tenu de réparer intégralement le préjudice causé par le fait internationalement illicite.

2. Le préjudice comprend tout dommage, tant matériel que moral, résultant du fait internationalement illicite de l'État.

Art. 32. – Non-pertinence du droit interne

L'État responsable ne peut pas se prévaloir des dispositions de son droit interne pour justifier un manquement aux obligations qui lui incombent en vertu de la présente partie.

Art. 33. – Portée des obligations internationales énoncées dans la présente partie

1. Les obligations de l'État responsable énoncées dans la présente partie peuvent être dues à un autre État, à plusieurs États ou à la communauté internationale dans son ensemble, en fonction notamment de la nature et du contenu de l'obligation internationale violée et des circonstances de la violation.

2. La présente partie est sans préjudice de tout droit que la responsabilité internationale de l'État peut faire naître directement au profit d'une personne ou d'une entité autre qu'un État.

CHAPITRE II

Réparation du préjudice

Art. 34. – Formes de la réparation

La réparation intégrale du préjudice causé par le fait internationalement illicite prend la forme de restitution, d'indemnisation et de satisfaction, séparément ou conjointement, conformément aux dispositions du présent chapitre.

Art. 35. – Restitution

L'État responsable du fait internationalement illicite a l'obligation de procéder à la restitution consistant dans le rétablissement de la situation qui existait avant que le fait illicite ne soit commis, dès lors et pour autant qu'une telle restitution :

a) N'est pas matériellement impossible;

b) N'impose pas une charge hors de toute proportion avec l'avantage qui dériverait de la restitution plutôt que de l'indemnisation.

Art. 36. – Indemnisation

1. L'État responsable du fait internationalement illicite est tenu d'indemniser le dommage causé par ce fait dans la mesure où ce dommage n'est pas réparé par la restitution.

2. L'indemnité couvre tout dommage susceptible d'évaluation financière, y compris le manque à gagner dans la mesure où celui-ci est établi.

Art. 37. – Satisfaction

1. L'État responsable d'un fait internationalement illicite est tenu de donner satisfaction pour le préjudice causé par ce fait dans la mesure où il ne peut pas être réparé par la restitution ou l'indemnisation.

2. La satisfaction peut consister en une reconnaissance de la violation, une expression de regrets, des excuses formelles ou toute autre modalité appropriée.

3. La satisfaction ne doit pas être hors de proportion avec le préjudice et ne peut pas prendre une forme humiliante pour l'État responsable.

Art. 38. – Intérêts

1. Des intérêts sur toute somme principale due en vertu du présent chapitre sont payables dans la mesure nécessaire pour assurer la réparation intégrale. Le taux d'intérêt et le mode de calcul sont fixés de façon à atteindre ce résultat.

2. Les intérêts courent à compter de la date à laquelle la somme principale aurait dû être versée jusqu'au jour où l'obligation de payer est exécutée.

Art. 39. – Contribution au préjudice

Pour déterminer la réparation, il est tenu compte de la contribution au préjudice due à l'action ou à l'omission, intentionnelle ou par négligence, de l'État lésé ou de toute personne ou entité au titre de laquelle réparation est demandée.

CHAPITRE III

Violations graves d'obligations découlant de normes impératives du droit international général

Art. 40. – Application du présent chapitre

1. Le présent chapitre s'applique à la responsabilité internationale qui résulte d'une violation grave par l'État d'une obligation découlant d'une norme impérative du droit international général.
2. La violation d'une telle obligation est grave si elle dénote de la part de l'État responsable un manquement flagrant ou systématique à l'exécution de l'obligation.

Art. 41. – Conséquences particulières d'une violation grave d'une obligation en vertu du présent chapitre

1. Les États doivent coopérer pour mettre fin, par des moyens licites, à toute violation grave au sens de l'article 40.
2. Aucun État ne doit reconnaître comme licite une situation créée par une violation grave au sens de l'article 40, ni prêter aide ou assistance au maintien de cette situation.
3. Le présent article est sans préjudice des autres conséquences prévues dans la présente partie et de toute conséquence supplémentaire que peut entraîner, d'après le droit international, une violation à laquelle s'applique le présent chapitre.

TROISIÈME PARTIE

MISE EN ŒUVRE DE LA RESPONSABILITÉ INTERNATIONALE DE L'ÉTAT

CHAPITRE PREMIER

Invocation de la responsabilité de l'État

Art. 42. – Invocation de la responsabilité par l'État lésé

Un État est en droit en tant qu'État lésé d'invoquer la responsabilité d'un autre État si l'obligation violée est due :

a) À cet État individuellement; ou

b) À un groupe d'États dont il fait partie ou à la communauté internationale dans son ensemble, et si la violation de l'obligation :

i) atteint spécialement cet État; ou

ii) est de nature à modifier radicalement la situation de tous les autres États auxquels l'obligation est due quant à l'exécution ultérieure de cette obligation.

Art. 43. – Notification par l'État lésé

1. L'État lésé qui invoque la responsabilité d'un autre État notifie sa demande à cet État.

2. L'État lésé peut préciser notamment :

a) Le comportement que devrait adopter l'État responsable pour mettre fin au fait illicite si ce fait continue;

b) La forme que devrait prendre la réparation, conformément aux dispositions de la deuxième partie.

Art. 44. – Recevabilité de la demande

La responsabilité de l'État ne peut pas être invoquée si :

a) La demande n'est pas présentée conformément aux règles applicables en matière de nationalité des réclamations;

b) Toutes les voies de recours internes disponibles et efficaces n'ont pas été épuisées au cas où la demande est soumise à la règle de l'épuisement des voies de recours internes.

Art. 45. – Renonciation au droit d'invoquer la responsabilité

La responsabilité de l'État ne peut pas être invoquée si :

a) L'État lésé a valablement renoncé à la demande; ou

b) L'État lésé doit, en raison de son comportement, être considéré comme ayant valablement acquiescé à l'abandon de la demande.

Art. 46. – Pluralité d'États lésés

Lorsque plusieurs États sont lésés par le même fait internationalement illicite, chaque État lésé peut invoquer séparément la responsabilité de l'État qui a commis le fait internationalement illicite.

Art. 47. – Pluralité d'États responsables

1. Lorsque plusieurs États sont responsables du même fait internationalement illicite, la responsabilité de chaque État peut être invoquée par rapport à ce fait.

2. Le paragraphe 1 :

a) Ne permet à aucun État lésé de recevoir une indemnisation supérieure au dommage qu'il a subi;

b) Est sans préjudice de tout droit de recours à l'égard des autres États responsables.

Art. 48. – Invocation de la responsabilité par un État autre qu'un État lésé

1. Conformément au paragraphe 2, tout État autre qu'un État lésé est en droit d'invoquer la responsabilité d'un autre État, si :

a) L'obligation violée est due à un groupe d'États dont il fait partie, et si l'obligation est établie aux fins de la protection d'un intérêt collectif du groupe ; ou

b) L'obligation violée est due à la communauté internationale dans son ensemble.

2. Tout État en droit d'invoquer la responsabilité en vertu du paragraphe 1 peut exiger de l'État responsable :

a) La cessation du fait internationalement illicite et des assurances et garanties de non-répétition, conformément à l'article 30 ; et

b) L'exécution de l'obligation de réparation conformément aux articles précédents, dans l'intérêt de l'État lésé ou des bénéficiaires de l'obligation violée.

3. Les conditions posées par les articles 43, 44 et 45 à l'invocation de la responsabilité par un État lésé s'appliquent à l'invocation de la responsabilité par un État en droit de le faire en vertu du paragraphe 1.

CHAPITRE II

Contre-mesures

Art. 49. – Objet et limites des contre-mesures

1. L'État lésé ne peut prendre de contre-mesures à l'encontre de l'État responsable du fait internationalement illicite que pour amener cet État à s'acquitter des obligations qui lui incombent en vertu de la deuxième partie.

2. Les contre-mesures sont limitées à l'inexécution temporaire d'obligations internationales de l'État prenant les mesures envers l'État responsable.

3. Les contre-mesures doivent, autant que possible, être prises d'une manière qui permette la reprise de l'exécution des obligations en question.

Art. 50. – Obligations ne pouvant être affectées par des contre-mesures

1. Les contre-mesures ne peuvent porter aucune atteinte :

a) À l'obligation de ne pas recourir à la menace ou à l'emploi de la force telle qu'elle est énoncée dans la Charte des Nations unies ;

b) Aux obligations concernant la protection des droits fondamentaux de l'homme ;

c) Aux obligations de caractère humanitaire excluant les représailles ;

d) Aux autres obligations découlant de normes impératives du droit international général.

2. L'État qui prend des contre-mesures n'est pas dégagé des obligations qui lui incombent :

a) En vertu de toute procédure de règlement des différends applicable entre lui et l'État responsable ;

b) De respecter l'inviolabilité des agents locaux, archives et documents diplomatiques ou consulaires.

Art. 51. – Proportionnalité

Les contre-mesures doivent être proportionnelles au préjudice subi, compte tenu de la gravité du fait internationalement illicite et des droits en cause.

Art. 52. – Conditions du recours à des contre-mesures

1. Avant de prendre des contre-mesures, l'État lésé doit :

a) Demander à l'État responsable, conformément à l'article 43, de s'acquitter des obligations qui lui incombent en vertu de la deuxième partie ;

b) Notifier à l'État responsable toute décision de prendre des contre-mesures et offrir de négocier avec cet État.

2. Nonobstant l'alinéa *b* du paragraphe 1, l'État lésé peut prendre les contre-mesures urgentes qui sont nécessaires pour préserver ses droits.

3. Des contre-mesures ne peuvent être prises et, si elles sont déjà prises, doivent être suspendues sans retard indu si :

a) Le fait internationalement illicite a cessé ; et

b) Le différend est en instance devant une cour ou un tribunal habilité à rendre des décisions obligatoires pour les parties.

4. Le paragraphe 3 ne s'applique pas si l'État responsable ne met pas en œuvre de bonne foi les procédures de règlement des différends.

Art. 53. – Cessation des contre-mesures

Il doit être mis fin aux contre-mesures dès que l'État responsable s'est acquitté des obligations qui lui incombent à raison du fait internationalement illicite conformément à la deuxième partie.

Art. 54. – Mesures prises par des États autres qu'un État lésé

Le présent chapitre est sans préjudice du droit de tout État, habilité en vertu du paragraphe 1 de l'article 48 à invoquer la responsabilité d'un autre État, de prendre des mesures licites à l'encontre de ce dernier afin d'assurer la cessation de la violation ainsi que la réparation dans l'intérêt de l'État lésé ou des bénéficiaires de l'obligation violée.

QUATRIÈME PARTIE

DISPOSITIONS GÉNÉRALES

Art. 55. – *Lex specialis*

Les présents articles ne s'appliquent pas dans les cas et dans la mesure où les conditions de l'existence d'un fait internationalement illicite ou le contenu ou la mise en œuvre de la responsabilité internationale d'un État sont régis par des règles spéciales de droit international.

Art. 56. – Questions concernant la responsabilité de l'État non régies par les présents articles

Les règles de droit international applicables continuent de régir les questions concernant la responsabilité de l'État pour fait internationalement illicite dans la mesure où ces questions ne sont pas régies par les présents articles.

Art. 57. – Responsabilité d'une organisation internationale

Les présents articles sont sans préjudice de toute question relative à la responsabilité d'après le droit international d'une organisation internationale ou d'un État pour le comportement d'une organisation internationale.

Art. 58. – Responsabilité individuelle

Les présents articles sont sans préjudice de toute question relative à la responsabilité individuelle d'après le droit international de toute personne qui agit pour le compte d'un État.

Art. 59. – Charte des Nations unies

Les présents articles sont sans préjudice de la Charte des Nations unies.

Photocomposition : **SCM**, Toulouse

706 649 (I) OSB - P50g SCM

Achevé d'imprimer en août 2006
sur les presses de Normandie Roto Impression s.a.s.
61250 Lonrai
N° d'impression : 061844
Dépôt légal : août 2006

Imprimé en France